中国社会科学院创新工程学术出版资助项目

U0592630

2011~2012
中国区域经济学前沿

资源型城市转型与区域协调发展

FRONTIER OF
REGIONAL ECONOMICS
IN CHINA(2011~2012)

李平 陈耀 主编

Transformation of Resources-based Cities and Regional Coordinated Development

经济管理出版社
ECONOMY & MANAGEMENT PUBLISHING HOUSE

图书在版编目（CIP）数据

中国区域经济学前沿.2011~2012：资源型城市转型与区域协调发展/李平，陈耀主编.
—北京：经济管理出版社，2012.7
ISBN 978-7-5096-2056-4

Ⅰ.①中…　Ⅱ.①李…　②陈…　Ⅲ.①区域经济发展—研究—中国—2011~2012
②城市经济—可持续发展—研究—中国—2011~2012　　Ⅳ.①F127 ②F299.2

中国版本图书馆 CIP 数据核字（2012）第 164716 号

组稿编辑：申桂萍
责任编辑：孙　宇　张　达
责任印制：黄　铄
责任校对：李玉敏　陈　颖　曹　平

出版发行：经济管理出版社
　　　　　（北京市海淀区北蜂窝 8 号中雅大厦 11 层　100038）
网　　址：www.E-mp.com.cn
电　　话：(010) 51915602
印　　刷：三河市延风印装厂
经　　销：新华书店
开　　本：880×1230mm/16
印　　张：60.5
字　　数：1735 千字
版　　次：2012 年 7 月第 1 版　2012 年 7 月第 1 次印刷
书　　号：ISBN 978-7-5096-2056-4
定　　价：198.00 元

编委会名单

编委会名誉主任：王洛林

编委会主任：李 平

编委（以姓氏笔画为序）：

王一鸣 孙久文 吴文庆 张军扩 李 平 李闽榕 李海舰

杨开忠 杨继瑞 肖金成 陈 耀 周金堂 郝寿义 喻新安

魏后凯

主编：李 平 陈 耀

前　言

近些年，随着国家加大区域协调发展的布局，我国区域经济发展的均衡性、协调性和可持续性不断增强。一些突出的"问题区域"正在发生很大的变化，尤其是资源型地区经济转型等问题受到了政府和学术界的高度重视。在"十二五"规划开局之年，深入推进资源型城市经济转型和实现区域科学发展的任务更加艰巨，亟待从理论上不断创新，从政策上加快完善，在实践中取得突破。

地处祖国大西部的新疆克拉玛依市是依托石油资源开发建立起来的资源型城市，具有我国资源型城市发展的共性特征。经商议，中国区域经济学会和克拉玛依市人民政府于2011年7月24日在该市共同举办了"2011年中国区域经济学会年会暨资源型城市可持续发展高层论坛"。这次会议的主题是：资源型城市经济转型与区域科学发展。本届年会是历年提交论文数量最多的一年，共收到高校和科研院所的参会论文135篇，来自全国20个省（市、区）的130多位专家学者参加了本届年会。参会代表围绕会议主题，从不同方面展开热烈讨论和深入研讨，会议取得了丰硕而有价值的学术成果。

会议设立"资源型经济转型"、"产业转移与转型升级"和"区域科学发展"三个分论坛。国内知名专家学者和政府官员应邀在大会上作主题发言，他们分别就新时期资源型城市发展、资源型城市转型面临的突出问题、资源型城市的国家援助政策、资源型城市转型经验与新疆发展以及"十二五"我国区域经济发展需要研究的若干重大课题，进行了精彩的演讲，极富启迪价值。

在资源型城市转型分论坛上，与会专家认为，研究资源型城市转型的困难、机制和路径，要注重考察不同类型资源型城市的特征和问题，有针对性地选择产业转型模式和实施相关的配套政策；与此同时，国家应重视不同阶段、不同产业类型的资源型城市转型的宏观指导，加大对资源枯竭型城市的援助力度。在产业转移与转型升级论坛上，专家学者们围绕产业转移对转出地、承接地的影响，产业转移的测度方法，中西部承接产业转移的配套政策，产业转移与产业转型升级的关系等现实问题进行广泛交流。大家认为，产业转移是促进区域协调发展的有效途径，也是扩大内需和促进产业转型升级的重要抓手。"十二五"时期，中西部地区正面临承接产业转移的良好机遇，要充分利用后发优势，实现工业化和城镇化协调推进，同时，要注意防范地方恶性竞争、低水平重复建设以及落后产能和污染转移等问题。在区域科学发展论坛上，专家学者们对"十二五"我国区域发展战略、主体功能区战略及重点经济区发展进行研讨，认为"十二五"将延续"十一五"区域发展和互动的良好势头，地区差距将可能继续缩小，国家区域政策体系更加完善，区域发展不平衡、不协调、不可持续的问题有所缓解，多极驱动的区域经济格局将发挥重要作用，城镇化对内需的拉动作用会得到显著增强。

中国区域经济学会是由中国社会科学院主管的全国性学术团体，是我国区域经济学及相关的经济地理学、资源与环境经济学、城市经济学和国土经济学等学科领域的重要学术交流平台，每年举办的学会年会已成为我国区域经济学界的"思想盛宴"。在社会各界的长期关心和支持下，学会的学术和社会影响力不断提升。本届年会提交的学术论文数量和质量都较往年有所突破，可以说，是我国区域经济学界又一次成功的学术盛会。本次会议能成功举办，离不开全国区域经济学界专家学者们的积极参与和鼎力支持，离不开会议承办单位领导和工作人员的精心组织与周到安排。

这本《中国区域经济学前沿（2011~2012）》汇集了本届中国区域经济学会年会的优秀论文，也是国家社科基金重大项目《引导产业有序转移与促进区域协调发展研究》（09&ZD028）的一个中间成果。本着宁缺毋滥、对读者负责的态度，我们从所有参会论文中遴选出符合学术规范、思路新颖、论证严谨、学术价值和应用价值较高的论文编辑成书。根据论文选题，将入选论文划分为资源型城市转型、绿色低碳发展、产业转移与承接、区域协调发展与城市化、沿海经济发展、工业发展与转型升级、中西部地区发展等专题，从不同方面展示我国区域经济学界前沿研究成果。我们希望本文集能给有兴趣的读者提供理论或方法上的启示，同时希望它能够对各级政府制定地区发展战略提供有益的参考，并引领中国区域经济学的发展方向。

在此，我们对长期关心支持学会工作的领导和学界同仁，对承办这次年会的克拉玛依市政府，对承担本书编辑出版的经济管理出版社，一并表示衷心的感谢！同时热忱欢迎读者对本文集及这套前沿丛书提出批评意见或改进性建议。

祝愿我国区域经济理论不断创新、繁荣，更好地服务于区域经济发展实践！

编　者

目　录

资源型城市转型

绿色低碳发展

产业转移与承接

区域协调发展与城市化

沿海经济发展

工业发展与转型升级

中西部地区发展

其他领域

资源型城市转型

转变区域经济发展方式的路径探索*
——中国区域经济学会 2011 年年会观点综述

2011 年 7 月 24 日，中国区域经济学会 2011 年年会暨资源型城市可持续发展高层论坛在新疆克拉玛依市隆重召开。本届年会由中国区域经济学会与新疆克拉玛依市人民政府共同主办，由克拉玛依市发展和改革委员会、克拉玛依市社会经济发展研究中心、新疆油田公司工程咨询中心承办。大会共收到论文 120 余篇，来自全国各地近 150 位专家学者出席了会议。大会采取主题演讲和专题讨论的方式，设立了资源型城市转型、产业转移与转型升级、区域科学发展三个分论坛，就区域经济学前沿问题和我国区域经济发展实践进行了交流和研讨。

一、资源型城市转型

克拉玛依市副市长赵武生做了题为"克拉玛依可持续发展之路——建设世界石油城的探索与实践"的主题演讲，介绍了克拉玛依市的经济社会发展现状和实现城市转型的构想与展望。克拉玛依建市 50 多年来经济社会发展迅猛，但是作为资源型城市，仍面临生存环境差、经济结构单一、抵御经济风险能力弱、城市政府职能不完全或不到位、城市基础设施不完善等现实问题。为摆脱资源型城市"矿竭城衰"的"宿命"，克拉玛依市在油气资源储备还较为丰富的今天就未雨绸缪，提前着手制定城市转型战略，提出了立足中国西部，面向中亚、西亚、南亚，放眼俄罗斯、非洲，把克拉玛依打造成"世界石油城"的战略目标。该战略的核心内容是：建设油气生产、炼油化工、技术服务、机械制造、石油储备、工程教育"六大基地"，大力发展金融、信息、旅游"三大新兴产业"，打造高品质城市、最安全城市"两大平台"，最终实现由"单一资源型城市"向"综合型城市"的转变，实现克拉玛依跨越式发展和长治久安，为促进和带动区域加快发展做出积极贡献。

赵武生副市长在演讲中对国家扶持资源型城市转型的政策提出了三个方面的建议：一是建议国家调整有关自然资源开发的税收政策，将资源税更多地留给当地以支持其城市转型战略；二是建议国家制定明确的资源型城市产业转移援助政策，鼓励资源型中央企业对口支援资源型城市；三是建议国家对于资源型城市的扶持要扩大范围，不能只关注处于枯竭期的资源型城市，应该确定一批资源型城市转型试点城市，制定特殊的扶持政策和财政措施，并希望把克拉玛依市打造成"世界石油城"的战略规划纳入国家《天山北坡经济带发展规划》，为克拉玛依市的城市转型提供制度保障。

国家发展和改革委员会国土开发与地区经济研究所所长肖金成研究员做了题为"资源型城市转型与新疆的发展"的主题演讲，对我国资源型城市转型的背景和发展方向进行了分析。肖金成研究员认为我国资源型城市具有三个基本特征：一是产业比较单一，城市依靠单一的矿产业；二是中心性不强，城市仅仅是因为有矿，所以聚集

---

* 本文发表于《中国工业经济》2011 年第 9 期。

了很多人，与周边区域没有多大的经济关联；三是以国有大企业为主体，往往是先有企业，后有城市。他将资源型城市划分为三大类型：一是资源尚未枯竭的综合发展型城市，包括大同、焦作、淮北等；二是资源已枯竭的产业单一型城市，包括阜新、东川、万山等；三是资源丰富的产业单一型城市，包括金昌、个旧、鄂尔多斯、德兴等。针对各类资源型城市不同的自然条件和经济条件，肖金成研究员提出了资源型城市转型的三个方向：一是转型为区域性中心城市，适合于区位条件好、交通便捷、有较大腹地的城市，具备此条件的资源型城市需要同周边的城乡建立紧密的经济联系，构建现代产业体系，实现产业多元化，并构建科学合理的城镇体系；二是转型为功能性城市，适合于靠近大城市、没有自己独立的腹地、难以成为区域中心的城市，这些资源型城市可以依托大城市，对接大城市，融入大城市，承担大城市的一定功能，并在产业上与大城市形成分工，发展产业集群，实现专业化生产；三是实现异地发展，适合于腹地不大、规模狭小、交通不便、接续替代产业发展困难的城市，这些城市的大型企业可搬迁到资源丰富的地区谋求发展，同时实现职工随迁，妥善安置退休、病退职工，这些资源型城市的任务不是经济增长和人口集聚，而是搞好生态环境的恢复和保护。关于新疆的发展思路，肖金成研究员提出了几个建议：一是打造天山北坡城市群，促使产业向"北斗星"状布局的天山北坡七大城市集聚；二是培育经济增长极；三是东西合作共建边境经济合作区；四是加大向西开放力度，开拓中亚、南亚和欧洲市场，化资源优势为经济优势。

中国社会科学院城市发展与环境研究所副所长魏后凯研究员做了关于"中国资源型城市转型的国家援助政策"的主题演讲，指出资源型城市是一种按职能划分的城市类型，是经济发展初中期阶段的产物，主要分布于中西部和东北地区，但目前我国对资源型城市的界定还缺乏统一的标准，并认为当前中国资源型城市面临的问题突出表现为"四性一不顺"。"四性"指经济结构单一性（包括产业结构单一、就业结构单一和所有制结构单一）、城市形成的资源性、产业链条的断裂性和城市布局的分散性；"一不顺"指大多数资源

型城市仍实行政企合一的体制，造成城矿关系和体制不顺。目前全国2/3的矿山进入了中老年期，1/4的资源型城市面临资源枯竭，这些资源枯竭城市面临的问题尤为严重：一是产业接替困难，城市对资源的过度依赖性和资产专用性、劳动力技能刚性等造成产业转型的基础薄弱，非资源型产业发展严重滞后；二是财政包袱沉重，各种历史遗留问题多，棚户区改造等任务重；三是社会矛盾突出，就业和再就业压力大，部分群众生活极度困难，社会保障任务繁重，不稳定因素大量存在；四是环境问题凸显，"三废"排放量大，耕地占用和破坏严重，诱发性地质灾害频发，采矿沉陷区治理和生态恢复任务繁重。他还指出，资源型城市面临的诸多问题是传统发展模式的产物，将传统发展模式的特点概括为"五重五轻"，即重生产发展，轻服务和居民生活改善；重重化工业，轻轻纺和高新技术产业；重资源开发，轻精深加工和综合利用；重经济建设，轻社会和生态环境建设；重中央企业，轻地方配套和融合发展。因此，要解决资源型城市的各种问题，就必须转变发展方式，走转型升级的科学发展之路。

魏后凯研究员指出，资源型城市的转型需要国家给予适当的援助政策，但目前我国对资源型城市的援助政策还存在很多问题：一是援助标准比较单一，没有对享受援助政策的资格设定综合性判断标准，主要依靠资源型城市的产业结构和是否存在明显的矿区沉陷、资源枯竭等具体问题进行判断，带有较强的主观性；二是援助政策尚未形成体系，现有政策多是针对具体问题进行"一事一议"，缺乏从城市综合体角度出发的系统考虑；三是缺乏宏观层面的规划，现有的关于资源型城市转型的规划多是针对具体地区进行编制的，缺乏全国性的资源型城市转型总体规划，容易造成地方利益与国家整体利益的冲突；四是政府间职责分工不明确，中央、省、市三级政府之间以及政府与市场之间的行为边界都比较模糊，不利于各级政府财政义务的合理划分和地方政府及企业积极性的充分发挥；五是尚未建立长效机制，援助机制和补偿机制尚未真正建立，援助政策没有实现制度化；六是监管体系不完善，对援助资金的具体去向、用途和使用效果等缺乏有效的监督机制和管理制度；七是援助政策缺乏明确

的法律地位，政策的实施具有较强的暂时性，其实施效果是否达到预期目的也缺乏严格的法律规定。他提出了我国资源型城市援助政策调整的重点：第一，尽快启动编制《全国资源枯竭城市转型规划》，明确资源枯竭城市转型的目标、实施阶段、方向、重点领域和政府援助政策。第二，根据资源枯竭、相对衰退、接替产业发展难度、生态环境压力、社会负担、地方财力等标准，建立评价指标体系，采用定性与定量相结合的方法，确定国家支持和重点援助的资源型城市。第三，政府援助政策支持的重点明确为资源型城市的接替产业发展、生态环境治理、社会建设和保障体系等。第四，加快建立资源开发利用的补偿机制，重点是改革资源税费征收制度，完善资源价格形成机制，建立资源开发补偿基金，并建立产业结构调整专项基金和矿山环保与土地复垦保证金制度。第五，组建专门机构，统筹解决资源型城市的转型发展问题，负责研究制定系统的国家援助规划、援助措施以及政策实施的协调、效果评价等工作。

集美大学工商管理学院蒋晓蕙院长和汤韵讲师认为资源型城市转型策略的制定首先应从宏观层面出发，寻找城市经济发展的新优势；其次应依据新的区域发展优势条件，从微观层面出发，确定产业转型的模式，具体包括产业延伸模式、产业更新模式和产业复合模式。她们对各种不同类型的资源型城市转型路径进行了讨论。按资源类型划分，煤炭型、石油型和森工型城市的转型发展首先应采取产业延伸模式，在此基础上再推动产业更新转型模式；冶金城市则应把转型重点放在产业更新上。按区域类型划分，东部地区的资源型城市首先应延伸产业链，打造东部地区的能源基地，同时积极承接发达城市的转移产业，降低对资源的依赖程度；中西部地区和东北地区的资源型城市可利用国家政策，通过发展国家重点扶持的产业以实现经济转型。按发展阶段划分，处于开发期的资源型城市可采取产业延伸模式，加快资源型产业的技术升级；处于繁荣期的资源型城市可抓住有利时机采取产业复合模式，完善城市产业体系；处于衰退期的资源型城市则应采取产业更新模式，尽快发展替代产业，可借助外力直接将新兴产业植入资源型城市，建立新的产业体系，再造城市竞争力。

西北大学经济管理学院王开盛博士等对我国资源型城市的人力资本积累进行了研究，认为处在资源丰裕期的城市通过开发自然资源即可在短期内获得高收益，这往往会降低居民和城市政府对教育投资的动力，对人力资本投资与积累形成了挤出效应，进而使接替产业因缺乏人力资本而难以发展，据此提出促进资源型城市接替产业发展的关键是加强人力资本投资与积累。

二、产业转移与承接

中国社会科学院工业经济研究所陈耀研究员和陈钰博士从工业布局调整的角度考察了我国区际产业转移现象。他们分析了我国地区行业产值、产量等指标，发现从2005年到2009年，38个主要工业行业中，东部地区除了4个行业在全国的份额略有上升外，其余34个行业的份额都出现了下降，表明东部沿海部分产业在向外转移，转出的主要是资源型产业和家具制造、食品制造、纺织服装等劳动密集型产业；同时，从东部的工业布局结构来看，珠三角和长三角地区分别有9个和8个行业在全国的份额上升，而环渤海地区有16个行业的份额上升，表明我国产业还呈现出了由珠三角、长三角向环渤海地区转移的"北上"趋势。他们指出，目前我国工业布局存在的问题主要表现在四个方面：一是各地普遍追求重工业化，结构调整难度大。"十一五"期间，我国重工业化趋势继续延续，到2009年，全国31个省级地区的重工业占规模以上工业的比重全部超过了50%，其中23个地区该比重超过80%，山西和青海两省甚至超过了90%。二是制造业仍主要集中于沿海少数省份，向外转移有阻力。2009年各行业的地理集中度（CR5）表明，山东、广东、浙江、江苏四省几乎在每个工业行业所占的份额都位列前五位，中西部省份能进入全国前五位的主要是矿产和能源开采类行业，虽然东部产业存在向中西部转移的动力，但东部省份往往优先鼓励产业在省内转移，给制造业的区际转移造成了一定的阻力。三是内陆粗放型增长特征显著，沿海沿江工业污染重。2009年中西部地区的单位规模以上工业增加值能耗分别是东部地区的1.76倍和2.21倍，在生产方式上表现出明显的区域差别；而废水、废气等污染物排放主要集中在江苏、浙江、广东、山东、福建、河北等东部沿海省份，固体废物排放则主要集中在重庆、山西、新疆、贵州、云南等中西部地区，全国水体污染形势不容乐观。四是多数地区工业研发能力不强，新的重复建设苗头出现。2009年高技术产业进出口贸易仍以进料加工贸易为主导，占出口额比重为72.4%，而且外资企业仍是我国高技术产业的主体，外商独资企业占高技术产品出口与进口的比重分别为67.5%和60.2%；在新兴产业的培育上，各地区选择的重点行业重叠严重，风电、光伏等新能源产业已出现投资过热。他们认为，我国未来的工业布局应以主体功能区规划为基础，以推动城市群的形成为依托，以发展循环经济和生态工业为要求，推动各类区域转型升级，着力改善中西部地区投资环境，培育其内生发展能力，引导东部地区产业有序转移。

陈耀研究员在大会发言中将我国产业转移形式按主要动力来源划分为三种类型，分别是成本驱动型、资源驱动型和市场驱动型，并认为国内较为成功的区际产业转移案例多采取了集群式转移的方式。他还对国内区域经济学界对于产业转移研究的现状进行了总结，认为其难点在于如何使用现有统计数据识别产业转移，并有效地区分出对于促进区域协调发展作用较大的产业转移方式，从而为制定有针对性的政策提供依据和参考。

中国人民大学区域与城市经济研究所孙久文所长和胡安俊博士从雁阵模式的基本内涵出发，论证了雁阵模式在中国区域间的适用性：一是中国地区间存在巨大的资源禀赋差异；二是中西部地区经济发展水平在不断提高；三是东部资金正在大规模投向中西部地区。他们使用我国各省级地区接收的境内省外资金作为识别产业转移的指标，对我国产业区际转移现状进行了分析。2005~2010年，中西部地区接收的省外资金增长了2.5~12.8倍，说明中西部承接东部产业转移的规模在高速增长。同期，各承接地接收省外资金年度规模的标准差由264亿元提高到了2032亿元，说明我国区际产业转移是一种"聚集式转移"，承接区域集中度不断提高。此外，他们还认为中西部承接产业等级在提升，投资产业正逐步由劳动密集型产业向资本密集型、技术密集型产业转化，第三产业正在成为投资的主要领域。

中国社会科学院工业经济研究所石碧华副研究员对外商投资向中西部转移的问题进行了研究。她通过考察外商投资在我国各地区的数额和行业变化，认为自2007年以来，外商直接投资在空间上由集中走向分散，趋于均衡，外商投资"北上"和"西进"的趋势日益明显。但是，外商投资向中西部的转移也存在很多问题。一是外商投资总量和规模都较小，与东部差距大。二是外商投资于中西部的产业过度集中，主要集中于建材、造纸等传统制造业及房地产业、电力燃气及水的生产和供应业。三是投资方式和来源较为单一，在方式上以外商独资和中外合资为主，股份制企业等投资方式所占比重很小；在来源上以亚洲国家和地区为主，来自欧美国家的投资数额较小。四是外商投资的地区分布不均衡，2007年以来，四川、重庆、内蒙古、陕西和广西一直是西部地区利用外资最多的省份，这5个省2009年实际利用外资额占到西部地区的90%。五是在引资中存在盲目性，缺乏规划指导。六是东部地区外资内迁面临政府性拦蓄。七是存在污染转移问题。她认为国家应加大对外商投资向中西部转移的政策引导力度。建议尽快编制《西部地区外商投资发展规划》；实行差别化的产业政策，重点扶持中西部地区优势产业发展；针对中西部在招商引资中遇到的实际问题，在土地、能源、财税等方面采取更加优惠灵活的外资政策。

中国纺织经济研究中心研究处副处长田丽副研究员使用地区行业投资额、新开工项目数、产品产量等指标考察了我国纺织产业的布局情况，认为我国纺织产业在东部沿海地区高度集中的同时，向中西部转移的速度正在加快，但中西部纺织产业发展相对零散，竞争力相对较低，提出中西部应抓住机遇，积极发展纺织整机，带动配套产业发展，实现产业链条整体转移，并加强产业集群和特色区域的建设。

淮海工学院商学院孙军副教授和东南大学经济管理学院高彦彦博士后认为随着经济的发展，生产性服务业和制造业将发生空间分离，他们将生产者服务视为一种投入品，基于D-S模型研究了融入空间因素后生产性服务业和制造业之间的互动关系，证明了制造业产业转移的规模取决于转移带来的工资成本优势和制造业与生产服务业空间分离产生的距离成本之间的权衡，为保证区域产业结构升级和产业转移的顺利进行，应通过政策调整弱化市场分割带来的负面影响，推进区域一体化进程，并通过基础设施的建设，为区域经济一体化提供硬件支撑。

中国社会科学院工业经济研究所郑鑫博士和陈耀研究员指出，原有的产业转移理论模型源自新古典国际贸易理论，并没有考虑空间因素的影响，他们将运输费用、需求分布等空间变量引入了雁阵模型和产品生命周期理论，构建出一个基于区位论思想的两地区模型，证明了在考虑空间因素后，生产成本差异并不能构成产业转移的充分条件。他们还使用该模型阐释了产业转移过程中产业布局形态由集中变为分散、再由分散变为集中的一般过程，并认为该变化过程的快慢可反映产业转移的效率；使用模型推导和案例分析的方法，证明了运输费用的降低和内需的扩大有助于产业转移效率的提高，而地方保护主义则会降低产业转移的效率。

东南大学经济管理学院薛漫天讲师和何玉梅讲师依据2000~2008年的企业、行业、地区等多层面数据，使用计量经济模型考察了我国出口企业在内陆省市进行区位选择的影响因素，发现与市场的接近度、本省运输基础设施、本省产业基础和产业多样化等因素对区位选择决策的影响作用明显，而包括工资在内的其他因素影响不大。

湖南科技大学商学院贺胜兵讲师等使用2010年和2011年普通工人网络招聘工资数据，对沿海产业向中西部转移的劳动力成本因素进行了计量分析，发现东西部的工资差距趋于缩小，劳动力成本降低不足以构成驱动沿海企业跨区域大规模转移的充分条件。

兰州商学院经贸学院胡静寅副教授和研究生刘珊珊指出，我国各地区在承接国外产业转移过程中存在政府过度让渡职能的现象，如在引进国外自来水厂商时将自来水定价权也转让给了外商，严重侵犯了居民利益。他们设计了评价政府职能让渡的指标体系，并利用该指标体系对我国各地区进行评价，发现东部地区在承接国际产业转移中对政府职能的维护情况明显优于西部地区，据此提出西部地区应汲取东部地区的经验，地方政府应合理运用自己的职能，争取承接高附加值、对当地经济发展有正面效应的国际产业，避免过度让渡政府职能。

三、区域工业化与产业转型升级

中国社会科学院工业经济研究所王钦副研究员和肖红军助理研究员使用人均GDP、三次产业产值比、制造业增加值占比、人口城镇化率和第一产业就业占比五个指标对2009年中国的工业化水平进行了测评，结果表明当前中国正处于工业化中期的后半阶段，并正快速朝工业化后期迈进，预计"十二五"期间中国将进入工业化后期的前半阶段。"十二五"时期中国工业发展总体上将表现出"重化工业进一步深化、先进制造业加速发展、战略性新兴产业快速培育和信息化与工业化融合全面提速"的趋势。他们认为"十二五"时期工业结构调整与优化升级将表现在多个方面：在产业层次结构方面表现为淘汰落后与发展先进并举，在产业组织结构方面表现为兼并重组和企业差异化发展，在产业技术结构方面表现为技术改造与自主创新提速，在产业布局结构方面表现为集聚化发展和差别化调控。"十二五"时期，中国工业发展必须处理好市场与政府的关系、内需与外需的关系、工业和服务业的关系，以及新兴产业与传统产业的关系。

中国社会科学院工业经济研究所周民良研究员从区域经济学的视角出发，对我国"十一五"期间的区域制造业转型升级的成效和问题进行了分析。他认为"十一五"时期制造业转型升级的趋势明显，表现为：制造业各行业的区域分布结构发生了显著变化；主要区域先进制造业的快速增长趋势已经确立；高新技术制造业成为推动各地区制造业发展的重要力量；制造业的跨区域产业转移大规模发生；区域制造业转型升级中支撑要素的培育取得进展；不少地区在淘汰制造业落后产能方面有明显进步；各地因地制宜地确定了制造业转型升级方向。同时，我国区域产业发展也暴露出了很多问题：一是东南沿海一些轻型工业基础较好的省份出现了明显的热衷于大钢铁、大化工的建设倾向，导致经济重型化重复建设问题恶化；二是伴随着产业的跨地区转移，内地的环境压力也不断加大；三是部分地区片面地把转变经济发展方式等同于转变生产方式，通过层层分解节能降耗指标到具体企业，忽视了对粗放型消费方式的转变；四是毒奶粉、瘦肉精等安全事件反映出政府对制造业的质量监管不到位。他指出，引导各个地区制造业的转型升级，需要清楚把握资源禀赋、要素供求、经济优势和环境背景，加快建设国家调控和引导下的市场经济新体制，把握政府和市场两个方面的积极力量。

江西财经大学经济发展研究院张进铭教授对中国工业化和经济发展模式的负面效应和挑战进行了研究。改革开放以来我国经济持续高速增长，一些学者将我国的发展方式誉为"中国模式"，但是这种模式本身却存在严重的负面效应，包括财富累积效应偏弱、产品质量效应堪忧、就业带动效应很小、收入分配效应较差、环境破坏效应过大等。未来"中国模式"还将面临三大严峻挑战：一是有限的资源将难以支持未来经济的持续、高速增长；二是政府主导的以投资为主的增长方式难以持续；三是缺少高技术和创新的劳动密集型生产难以为继。因此，这种所谓的"中国模式"并不适用于未来的中国，中国的经济发展必须探索新的模式，走科学发展道路。

中国社会科学院工业经济研究所梁泳梅博士后等使用基于包含劳动力素质的效率损失法，测算了各地区不同素质层次的劳动力利用效率，发现现在我国各类技术等级的劳动力中，高素质劳动力的利用效率低于普通劳动力，利用效率最低的则是中低技术水平劳动力；各地区劳动力素质结构与产业结构和经济发展水平的匹配程度不同，多数内陆省份对高素质劳动力和中低技术劳动力的利用效率明显低于东部沿海地区。要提高我国各地区劳动力的利用效率，需要加快地区产业结构升级，尤其需要为高素质劳动者提供更多的更适合发挥其才能的就业机会。

西南民族大学经济学院安果教授使用Spengler纵向博弈模型，证明了重化工业阶段东道国对资本化技术的重复引进是稳定均衡，这意味着我国产业技术进步路径将被锁定于外生型，导致产业结构低位固化、在世界资源配置格局中占比减少以及持续创新机会丧失等潜在的中长期风险，要化解这些风险，政府必须从外部干预，破解技术的重复引进循环。

江西财经大学经济发展研究院陈雁云副研究员对我国稀土产业发展现状进行了分析。他指出，虽然我国是世界上稀土资源最为丰富的国家，但我国在国际稀土市场却没有定价权，而且国内的无序开采导致了资源的浪费和生态环境的破坏。他认为我国在对稀土初级产品出口采取限制措施的同时，需要尽快整顿国内稀土产业秩序，促使其走上可持续发展的轨道。一是提高稀土产业进入门槛，引导稀土有序生产经营；二是发展稀土循环经济，加强稀土的科学开发、合理利用、资源保护和环境管理；三是完善区域稀土产业链，发展稀土高新技术产业群；四是加快稀土企业整合，提高稀土产业发展规模；五是加大科技投入，提高稀土高端产品研发；六是建立稀土资源储备体系，取得国际话语权。

西南民族大学经济学院院长郑长德教授对西部民族地区工业结构的变化进行了研究。他认为这些地区的产业结构呈逆向调整（去工业化）和结构低级化的态势，典型的表现是采掘工业与原材料工业等资源型工业比重持续增大，且资源加工深度和综合利用程度长期低下，同时高技术产业比重大幅度下降。他利用新经济地理学理论模型解释了这种现象，证明了这种态势是由东中西之间运输成本和贸易成本的降低而引发的使产业向核心区集聚的机制造成的。他建议国家采取措施促进西部民族地区的产业结构升级，提高并保持住西部民族地区的制造业份额：一是鼓励国有资源型企业把企业总部迁移到资源所在地，从而提高西部民族地区的支出份额；二是重点改进边缘区内部的基础设施，而不是连通非核心区与边缘区之间的基础设施；三是对西部民族地区企业实施投资补贴。

新疆财经大学经济学院陈闻君副教授和胡序勇副教授认为新疆作为资源富集区，经济增长对资源开发产业的依赖造成了区域产业结构的严重失衡，产业竞争力低下，进而使农村剩余劳动力转移问题非常尖锐。他们提出，一地区的资源富集并不意味着其资源密集型产品就具有竞争优势，新疆应以市场需求为导向，而不是以资源禀赋为导向，积极培育有市场竞争力的新产业和新产品，规避"比较优势陷阱"，优化区域产业结构。

河南省社会科学院院长喻新安研究员介绍了建设中原经济区的时代背景和现实意义。他认为中原经济区的建设在保障国家粮食安全、完善全国经济布局、形成全国生态屏障等方面具有重要的战略意义。推进中原经济区建设，核心任务是要探索一条不以牺牲农业和粮食、生态和环境为代价的经济发展道路，实现工业化、城镇化和农业现代化的协调发展。

宁夏社会科学院综合经济研究所所长段庆林研究员对宁夏"十二五"时期的发展战略进行了研究，认为应争取使呼包银经济区、西兰银经济区上升为国家发展战略，把宁夏作为一个以黄河金岸为核心区、固原为次中心的大城市来规划建设。

甘肃省社会科学院经济研究所魏晓蓉研究员认为甘肃具有发展新能源产业的资源优势和区位优势，提出以甘肃为核心，建设"全国重要新能源基地"，建议甘肃以构建新型绿色产业群作为发展新能源产业的大目标，用"新能源产业—新型工业化—新型城市化"三位一体式的发展模式，谋划新能源产业的大发展。

江西财经大学经济发展研究院朱丽萌研究员和曹元坤院长对江西省的人口城市化在县域经济发展中的作用进行了实证研究，认为江西省的县域经济还处在工业化的初级阶段，不应过分强调城市化对县域经济发展的作用。

首都经济贸易大学城市经济与公共管理学院祝尔娟教授对京津地区产业合作的理论依据、战略机遇和现实基础进行了分析，认为京津两地可采取互补式、共建式、链接式、联盟式、集团式、配套式、协作式等多种方式实现产业对接，并提出近期京津产业合作可以京津金融合作、北京科技研发与天津现代制造的合作、京津现代物流合作、京津旅游合作四个方面为切入点。

北京工商大学经济学院龚晓菊副教授对促进中西部欠发达地区产业发展的金融政策进行了研究。她认为中西部欠发达地区资本市场落后，金融体系不完善且资金大量外流，严重影响了这些地区的工业化进程和产业发展。在对广西、内蒙古地区的金融供需进行了案例分析后，她指出国家金融政策对中西部的支持功能尚未得到有效释放，表现出金融在地区经济发展中的功能趋于弱化、现行金融体系及政策与地区金融需求不适应、中小企业金融需求仍难满足等问题。为促进中西部欠发达地区的工业化进程和产业发展，需要采取四大金融政策：一是培育完善的金融市场；二是建立健全金融机构体系；三是建立欠发达地区金融改革试验区；四是创新金融工具大力发展风险投资。

四、区域协调与可持续发展

中国社会科学院荣誉学部委员、中国区域经济学会顾问陈栋生研究员做了关于"'十二五'规划与区域经济学的研究"的大会主题演讲，他认为"十一五"期间我国西部大开发、振兴东北地区等老工业基地、促进中部地区崛起三大战略取得了实质性的进展，我国区域经济格局实现了由东部"一马当先"到四大板块"协调共进"的根本转变，同时一系列国家级区域规划的出台，与国家各产业规划相辅相成，较好地解决了中央和地方政府的协调问题，为下一步全面推进国土空间格局的科学调整创造了条件。

国家发展和改革委员会国土开发与地区经济研究所黄征学副研究员在系统回顾了改革开放以来我国各个五年计划（规划）对于"区域协调发展"的相关表述后，提出"区域协调发展"的内容主要包括各地区居民享有均等化的基本公共服务、以资源环境承载力为基础的空间结构得到优化、地区间差距保持在适度范围内、各地区比较优势得到合理有效发挥四个方面。

中国社会科学院工业经济研究所叶振宇助理研究员介绍了评价区域发展及其协调性的 DAI 分析框架，即区域经济发展在需求（Demand）、集聚（Agglomeration）和一体化（Integration）三个方面的表现，他使用这一框架分析了我国"十一五"期间的区域发展成效，认为"十一五"期间我国区域协调性显著增强。同时，他也提出了我国区域经济发展存在的几个问题：一是东部地区产业和人口过度集聚；二是大量劳动力流出导致中西部地区人口空心化；三是产业转移仍面临障碍和矛盾；四是流动人口城市化进程相对缓慢；五是区域基本公共服务均等化推进困难。

北京师范大学资源学院廖建辉和中国社会科学院工业经济研究所李钢副研究员使用我国 31 个省份 2000~2009 年的数据对地区产业结构进行了聚类分析，发现 10 年来我国区域产业分类格局较为固定，在一定程度上体现了区域资源禀赋的不同，但是地区产业结构趋同步伐在加快，缺乏合理的区域分工。

四川大学经济学院副院长邓翔教授和西南石油大学经济管理学院李建平讲师利用厂商的生产函数和成本函数推导出关于生产成本与集聚经济效应的数学模型，并将集聚经济效应分解成两类，即由要素投入扩大引起的规模报酬递增和由各经济主体彼此靠近引起的外部性，使用该模型对我国 2007 年统计数据的计量分析发现，虽然集聚经济效应对我国各地区的经济发展都起到了正面作用，但是其主要来源却有所不同，东部沿海地区主要受益于来自生产要素投入扩大产生的规模报酬递增，而中西部地区由于生产要素大量外流，其集聚经济效应主要源自城市化进程带来的外部性，说明我国总体的经济增长还主要依靠要素投入，东部地区的经济增长主要依靠集聚全国的生

产要素，这种增长方式是中西部难以复制的。

四川大学经济学院余川江博士从新经济地理理论和技术互补性理论出发，反驳了"劳动力持续向东部沿海集聚才能缩小地区收入差距，有效扩大内需"的观点，认为中西部劳动力向东部的流动减缓了中西部的工业化进程，拉大了区域收入差距，主张通过相关政策的实施创造"软环境"，促使中西部农村劳动力向当地城市转移，以加快中西部工业化步伐，缩小区域差距。

天津滨海综合发展研究院院长、南开大学中国城市与区域研究中心秘书长郝寿义教授和南开大学徐刚博士后通过回顾我国历史上的区域发展规划和区域政策，梳理了我国区域发展战略思路的演变过程，认为我国区域发展规划形式和内容在不断丰富，目前已形成了区域发展总体战略、主体功能区战略和差异化的区域政策体系，以及民族地区对口援助政策。他们认为，"十二五"时期我国的区域发展规划与区域政策应着力做好四个方面的工作：一是通过多种措施推进实施主体功能区战略；二是完善区域发展规划出台、实施和评价机制；三是制定与区域发展水平相配套的政策体系；四是进一步完善对口支援政策。

郑长德教授和西南民族大学经济学院罗晓芹教授认为区域协调发展的关键在于实现总体经济效率与空间公平的双赢。他们介绍了将内生增长理论与新经济地理模型相结合的马丁模型，并使用该模型对区域政策效果进行了理论分析，指出不同的区域政策对于总体经济效率和空间公平两大目标具有不同的效果，传统的转移支付政策或单纯改善区际（区内）交易成本的政策，面临着空间公平与总体经济效率间的权衡，使两个目标难以兼顾，而降低创新成本的政策则可以实现总体经济效率和空间公平兼得，据此提出我国西部大开发战略在深入推进阶段应致力于西部地区自我发展能力的构建，主要措施包括给企业 R&D 提供补贴、提升各族人民的平均受教育水平和技能水平、实现区域内市场一体化、改善地区内部交通通讯基础设施等。

中国科学技术大学管理学院刘志迎教授使用地区专业化指数对泛长三角地区的经济联系强度进行了测算，认为安徽省的城市与长三角经济圈的城市存在较大的经济联系强度，说明安徽省参

与长三角经济圈的分工已经实大于名，建议安徽抓住机遇，系统构建合作机制，实现东向发展。

武汉大学国际问题研究院熊灵讲师等总结了低碳概念的演变和世界低碳城市建设的实践模式与经验，指出围绕碳减排目标，国际上先后出现了"低碳经济"、"低碳社会"和"低碳城市"的概念，并将世界大城市气候领导联盟（C40）成员的低碳城市建设经验概括为五种模式，即城市能源结构的低碳化、城市产业结构的低碳化、城市空间形态的低碳化、城市基础支撑的低碳化和城市居民行为的低碳化。

首都经济贸易大学城市经济与公共管理学院单吉堃副教授认为我国低碳城市发展面临巨大挑战：一是城市化与工业化尚未完成，温室气体排放量继续增长的势头短期难以改变；二是工业技术水平较低，导致排放强度高；三是经济以第二产业为主体，尤其是重化工业比重偏高，导致经济的高碳特征明显。

青岛科技大学经济与管理学院雷仲敏教授等从经济结构、资源产出效率、社会发展、生态环境四个方面构建了低碳城市评价指标体系，并针对我国低碳城市的发展，提出了优化升级产业结构、调整优化能源结构、积极扩大自然碳汇、促进碳交易和碳金融、引导推进生活低碳化等建议。

浙江理工大学经济管理学院副院长陆根尧教授等从经济社会发展水平、生态保护水平、资源消耗水平、污染排放水平、资源循环利用水平五个方面构建了区域产业生态化水平评价指标体系，并对我国各地区产业生态化水平进行了评估，认为我国产业生态化水平呈东、中、西梯度递减分布特征，与区域经济发展水平具有相关性。

新疆财经大学经济学院院长高志刚教授从资源效率、环境质量、经济发展、社会发展四个方面构建了区域循环经济发展水平评价指标体系，并用以对新疆15个地州市进行评价，认为克拉玛依、巴州和乌鲁木齐分列新疆前三位，从全新疆的区域循环经济发展来看，环境质量因子的贡献最大，而经济发展因子的贡献最小。

安徽农业大学经济管理学院江激宇教授等对安徽省1978~2009年的生态足迹与经济增长的关系进行了实证研究，发现安徽省的生态足迹与经济增长满足倒"U"型的曲线关系，认为从长期来看，经济增长对缓解安徽省环境承载压力有积极的作用。

李钢副研究员等利用一个纳入环境管制成本的CGE模型，评估了提升环境管制强度对中国经济的影响，认为如果使工业污染物排放全部达到现行法律标准，将使中国经济增长率、制造业部门就业和出口出现不同幅度的下降，但这种影响尚在可以接受的范围内。他们还使用该模型对提升环境管制给各地区经济造成的影响进行了评估，认为短期内东部地区受到的影响最大，而长期内东部只在绝对量意义上受到的影响最大，中西部则在相对量意义上受到的影响更大。据此，他们提出：中国的环境管制强度可以加强，提高环境管制强度的措施应先在阻力较小的地区实施，然后再向阻力较大的地区推广。

上海财经大学国际工商管理学院全华教授等对我国城市水域问题进行了研究，并对美国、欧洲、日本等国外城市水域问题处理经验进行了总结，认为使用工程技术手段只能使城市水域问题得到局部改善，难以扭转整体恶化，建议我国借鉴国外经验，以美化水域景观和开展休闲旅游的方式维护水域治理成果。

（郑鑫，中国社会科学院研究生院）

资源型城市的特征和转型的方向

2003 年国家发展改革委国土开发与地区经济研究所组织了一个非常庞大的课题组，到东北、河南、山西、云南去调研，调研了很多资源型城市。笔者去了云南的东川和个旧、湖南的娄底和涟源、山西的大同和阳泉等。通过调研我们对资源型城市有了比较深刻的认识：我国资源型城市曾经为国家的经济建设做出了重要贡献，相当多的资源型城市特别是资源趋于衰竭的城市，面临一系列的经济社会问题。这些问题是长期累积形成的，如果得不到及时解决，危及的将不仅仅是资源型城市本身的可持续发展，而且有可能引发区域性的经济衰退。要解决好这些问题，仅靠城市自身力量有一定困难，国家及有关省（区）应予以支持和帮助。近几年，资源型城市转型问题受到国家的重视，国务院分两批公布了试点城市的名单，对试点城市给予重点支持。各试点城市编制了转型规划，转型的序幕已经拉开。但转型的艰巨性和复杂性仍然不容忽视，各城市应根据自身的实际选择转型的方向。

一、资源型城市的基本特征

一是产业比较单一。一个城市就依靠一个产业，就是矿产，拼命地挖，拼命地卖。山西就有"挖煤、卖煤、倒煤（霉）"之说。我们当时对资源型城市的确定，就是用资源型产业总产值占整个城市产值的一定比重和从事资源型产业的劳动力占劳动力总数的比重来确定的。二是中心性不强。谈及城市我们一般会想到其中心性，指的是区域性中心城市。一个城市应该是一个区域的中心，大家都跑到这里交易。但是我们的资源型城市不是区域的中心，就仅仅是因为有矿，所以聚集了很多人。它和周围的居民、周围的区域没有太大的关系。它不是因为条件好而成立的城市，而是一下子冒出一个城市，和历史是完全断裂的，因此它的可持续性天生就存在问题。城市所依托的资源一旦没有了，可持续性的问题也就暴露出来了。三是以国有大企业为主体。像大庆、白银、个旧、金昌等，都是依托国有大企业建设的城市。先有企业，后有城市。实际上企业的生存发展决定了居民未来的生活，也决定了城市的走向。这就是一个企业支撑一个城市，一个城市吃一个企业，这是资源型城市比较典型的特征。从资源型城市的特征来分析，就要进一步认识资源型城市的选址问题。例如，白云鄂博有丰富的铁矿资源，它为包钢供应铁矿石。如果当时在那建一个城市，那么现在一定很困难。但是它把矿挖了以后运到包头冶炼，所以现在即使资源枯竭了，困难也不会很大。而包头本来就是一个中心城市，交通方便，笔者觉得这样的选择就比较好。所以说我们在建城市的时候，缺乏综合性、长远性的考虑，才出现了资源型城市资源枯竭之后异常困难的情况。对一个城市的发展应该做更长远、更深层的考虑。我们根据这三大特征，经过大量的数据处理，计算出全国有 118 座资源型城市。

在城市建立时期，资源是一个优势，有资源总比没有资源好，但是资源怎样对当地的发展起拉动作用？我们过去是很少考虑的。例如，云南的东川，东川有铜矿。东川的资源实实在在枯竭了，现在成为昆明下辖的一个区了。我们到东川调研的时候发现，当时苏联人给东川搞了一个规划，我们发现这个规划是比较科学、合理的。但是我们当时把矿工的居住放在了海拔三千米的高山上，城市里没有给矿工安排居住。本来矿工挖矿下班以后回到城里是挺好的，苏联专家也是这么考虑的，但是我们没有这么考虑，我们让矿工住在山上，矿工很少下来。同时商业、服务业为了给矿工服务，也没有安排在城市，也安排在海拔三千米的高山上。东川于1958年就设立了地级市，到了2003年，城市的人口还不到7万人。现在矿没了，企业破产了，在海拔3000米的高山上居住的矿工怎么办？所以决定把矿工搬下来。我们去看了一下山上的棚户区，比我们所想的还要困难。对矿工有政策，决定在山下给盖房子，但是从事第三产业的职工，当时为矿工服务的人，就没人管了，有一些还是大集体，像供销社等，这些问题应该由谁来解决？地方政府没有财力。云南省采取的办法也是国家采取的办法，当时赚钱的时候就归国家管理，赔钱、破产的时候就下放地方。当时云南省觉得很麻烦，就把东川市由地级市改成县级区，归昆明管，云南省也不管了。这样，资源型城市的资格也没有了，因为它变成区了。东川周边本来有六个县，如果这六个县隶属于东川，那么东川就能发展成为一个区域性中心城市。但是当时这六个县都比较穷，东川只有30万人，还有一个大矿，自己过得很好，所以它不要这六个县，自己管自己。但是到现在它不行了，周边的六个县倒是发展得不错。如果说东川当时是辖六个县的地级市，现在它的规模和产业发展绝对不会像现在一样，它有机会成为一个区域性中心城市，但是它失去了这个机遇。像辽宁的阜新，它的出路就是建设成为区域性中心城市，这就是中心性的问题。资源型城市没有发展成为区域性中心城市，随之而来的问题就是产业单一，城市规模小。

二、企业活力是资源型城市转型的关键

资源型城市多因矿产开发而兴起，因矿业的繁荣而壮大，也可能因矿业的萧条而衰落。资源型城市与矿山企业之间的关系可以归结为"成也萧何，败也萧何"。因此，要扶持资源型城市经济结构转型，就必须使矿山企业有发展活力，必须使矿山企业有转型能力。资源型城市多数以国有大企业为主体，靠一个企业支撑一个城市，一个矿山支撑一个城市，服务业没有相应的发展，使得资源型城市的问题越来越严重。怎么会出现这种情况？从体制上看，和我们当时的财政体制有关系，企业的折旧要交给各部委，所以企业不但没有扩大再生产的能力，甚至没有简单再生产的能力。就是说不但是赚的钱，就连折旧都上缴了。根据马克思的理论，折旧是可以利用的，应该在企业内部循环。但是我们国家的企业都上交给各部委了。以前计划由各个部委返还，随着体制的变革，主管部门撤销了，谁来返还？这就给企业带来很大的困难。这就是为什么企业特别是国有企业包袱沉重，设备陈旧，难以为继。这是体制的原因。资源型城市中的国有企业过去为国家做了很大的贡献，后来体制一变革就没人管了。还有一个就是我们的资源税，税率很低。政府很难对居民提供公共服务，本来资源开采以后，向政府交一部分钱，政府根据这笔钱负责公共服务。我觉得资源税的税率应该提高，这是很迫切的问题。现在开矿的企业利润率很高，但是仅上交很小的一部分给政府。当地的政府虽然比不开矿好，但是资源税比例很低，而且是从量计征而不是从价计征，物价水平提高了，工资和消费水平提高了，但企业给当地政府缴纳的资源税还是那么多。政府也就没有能力解决矿工、家属和其他方面的公共需求。让企业搞环境保护，我们知道环境是有外部性的，很难保证企业将资金全部用于环境保护上，企业的钱会尽量少用，也很难监督。但是地方政府有这个责任保护地区的环境，提供相关服务。因此我觉得资源税过低是资源型城市困难的一个重要原因。

国有企业的体制是导致资源型城市异常困难

的原因。我在阜新资源型城市转型论坛上提出了一个观点：只有资源枯竭型的城市，没有资源枯竭型的企业，更没有资源枯竭型的人。企业在市场经济体制下是可以转移的。这里没有矿，企业可以到别的地方去开矿。东部没有了到中部，中部没有了到西部。企业要居安思危，资源总是会开采完的，要考虑到别的地方开采。实际上我们国家发现了很多煤田，包括内蒙古的煤田，这些煤田都需要煤矿企业转移过去。而且企业的转移比当地的牧民转化为矿工要快得多。但是因为我们的体制限制，对企业的限制，比如说地方政府，就不愿意企业转移到别的地方。像阜新的矿没了，就等着倒闭，而不到别的地方去开矿。山东的肥城矿务局就到吕梁去开矿，不仅开煤矿，而且还开铝矿，这样企业就活了，矿工就富了。前几年我去东北一个硫铁矿搞调研，矿业公司因为市场问题干不下去了，矿工就等着领救济。农村的农民都到外地打工去了，而矿工却哪里也不去。按道理说，资源枯竭的时候，人有两条腿，完全可以走出来。但是因为我们的体制和观念，他不走出来，只等着政府救济。所以资源型城市的问题是多方面的，非常复杂。解决资源型城市的问题也应该从多个途径去突破。如果仅仅是靠政府，愿意戴帽子的城市很多，很多城市都能戴上资源型城市的帽子。但是一旦这些企业和企业的职工都只靠政府，不管是地方政府还是中央政府都要面临很大的困难，都可能难以承受这个包袱。但是像刚才所说的折旧上交，政府没有尽到责任，对濒临破产的企业，对困难的矿工，应该给予大力的扶持。这是补偿，这是对历史欠账给予弥补，不然政府就是不负责任的。在计划经济时期，很多矿工都拿着低工资，住着低矮的房子，福利特别差，生活也特别差。有的全家都在一个企业，若政府还不给予支持就是道德上的问题，对这些人应该负责到底。但是在解决这些企业问题的同时，应该考虑到城市到底应该怎么发展，实际上每个城市都应该有自己的战略。发展方向是什么？当地有没有条件？我们在资源型城市转型的时候有很多设想很好，但是这些措施能不能够适用于特定的城市，这是需要考虑的。无论是从企业自身长远发展考虑，还是从推进资源型城市的经济结构转型考虑，都必须加快建立现代企业制度，规范企业行为，使企业管理者真正立足长远，谋划企业发展。

三、资源型城市转型的三个方向

一是把资源型城市发展成为区域性中心城市。很多资源型城市未能在资源开发过程中与周边地区的城市和农村建立密切的经济联系，成了一个个嵌入式"孤岛"。既未起到辐射带动周边地区经济发展的作用，也使自身发展受到很大影响。因此，资源型城市转型的方向之一就是发展为区域性中心城市，同周边的城乡建立紧密的经济联系，构建科学合理的城镇体系和城乡关系，在带动周围城乡经济发展的同时，也使自身获得发展。

二是发展为临近大城市的一个功能区。有相当数量的资源型城市离大城市很近，有条件接受大城市的辐射和带动，且自身腹地很小或没有腹地可以支撑，像兰州附近的白银、西安附近的铜川、重庆附近的万盛等，无条件发展成为区域性中心城市，可向功能性城市或功能区方向发展，依托大城市，融入大城市，与大城市错位发展，优势互补，成为大城市的重要组成部分和经济的重要支撑。

三是异地搬迁。对区位条件差、交通物流成本高、远离大城市的资源枯竭型城市，自身既无辐射带动能力，又无大城市可供依托，可不在原地发展接续性产业而采取异地发展的模式，不要像日本的夕张市那样勉强在原地转型，最后导致市政府破产。过去我们把日本夕张市的转型作为成功经验来学习的。夕张市是一个煤炭资源型城市，城市只有11万人。后来矿没了，搞旅游，建了很多旅游设施，又搞高科技，借了很多钱，但这些产业都不赚钱，长期亏损，从长远来看根本不可能赚钱，最后政府宣布破产。关闭走人是资源枯竭型城市的选项之一，也算是一个方向。某种程度讲，资源枯竭了，表明此地完成了历史使命，为国家做出了应有的贡献。只是要对退休职工和患有职业病的职工妥善安置，使其老有所养、病有所医。资源型企业可到资源丰富的地区寻求发展。

（肖金成，国家发展改革委国土开发与地区经济研究所）

中国资源型城市国家援助政策

资源型城市作为专门化职能城市的一种，承载着为经济发展提供矿产、石油、天然气等生产性能源和资源的重要功能。新中国成立以来，中国资源型城市为国家做出了突出的贡献，在国家工业化、现代化进程中发挥着重要作用。当前部分资源型城市的资源已开发殆尽，资源枯竭现象严重，产业亟须转型，而在转型过程中又面临着自身难以突破的问题，影响其转型效果，进而对区域经济甚至国家的经济发展产生制约作用。因此，当前国家对资源型城市实行援助迫在眉睫，加强对资源型城市援助政策的研究就显得尤为重要。

一、资源型城市的内涵及对中国资源型城市的初步界定

（一）资源型城市的界定及内涵

目前，学界对资源型城市的界定存在一定的差异。从主要职能角度来讲，田霍卿（2000）认为，资源型城市是随着社会分工的发展，以自然资源为开发对象的资源性产业（资源生产和资源初加工产业）及相配套的社会劳动集中到一定规模后所形成的以资源开发为主要职能的城市。从主导产业角度看，李建华（2007）认为资源型城市是以当地不可再生性自然资源开采和加工业（统称为资源性产业）为主导产业的工业城市，张米尔等（2001）认为其主导产业是围绕资源开发而建立的采掘业和初级加工业。张秀生等（2001）把资源型城市直接界定为向社会提供矿产及其初加工品等资源型产品的一类城市，认为矿业是该类城市的主导产业或支柱产业，这类城市往往因矿开发而兴起，因资源衰竭而衰退甚至消亡；齐建珍等（2004）则把不可再生资源界定为矿产资源，所以也把资源型城市称为"矿业城市"。

金凤君和陆大道（2004）认为"本地"和"可耗竭的自然资源"是资源型城市的两个核心，并将资源型城市定义为以本地的某一种或几种可耗竭的自然资源的开发、生产、加工为主要经营活动的城市。王青云（2003）则认为资源型城市是因自然资源的开采而兴起或发展壮大，且资源性产业在工业中占有较大份额的城市。这里所指的自然资源大部分为矿产资源，也包括森林资源；资源性产业既包括矿产资源的开发，也包括矿产资源的初加工，如钢铁工业和有色冶金工业。

以上有关资源型城市的界定，其共同点在于都认为资源型城市主要是发展同资源相关的产业，而在资源的范围及资源性产业的界定上却存在差异。从广义上讲，资源既包括矿产等不可再生的资源，也包括森林等可再生资源，而资源性产业则既可以是开发型的，也可以是加工型的。从狭义上讲，仅把资源视为矿产资源，从而资源性产业被认为是同矿产资源的开发和加工有关的产业，进而仅把资源型城市限定在矿业城市上。应该看到，矿业城市同资源型城市是两个不同的概念，前者是后者的一种主要类别，矿业城市一定是资源型城市，但资源型城市不一定就是矿业城市。

综上所述，我们认为，资源型城市是依托本地区具有的可再生及不可再生自然资源为基础而发展起来的一类城市，资源性产业即为其主导产业，包括对这些资源的开采、加工、利用等。一

般来讲，资源型城市包括矿业城市和森工城市。有些资源型城市是因当地自然资源的开采而出现的，有些资源型城市则是因当地资源的开采而壮大的。

（二）对中国资源型城市的初步界定

1. 资源型城市的确定原则

（1）定量为主的原则。指在界定资源型城市时，主要是以定量的指标作为依据。绝大部分城市在发展过程中都或多或少地利用当地的自然资源，而只有当自然资源能够提供较长期的开发，且城市对自然资源的开发利用程度达到一定规模后，这种依赖于自然资源的开发利用才对城市的基本特征产生质的影响，城市的功能和性质才不同于一般的城市。因此，资源型城市的相关指标应达到一定的阈值，包括相关指标的总体规模和相应比重。

（2）发生学原则。指界定资源型城市时，不仅要看相关的数量指标，更要注重对城市形成历史的分析。城市的形成是一个历史发展的过程，而资源的开发同资源型城市的最终形成关系密切。

因此，还要考虑资源型城市形成的历史过程，即使在某一年份某一或某些定量化指标达不到，但确实是因资源开采而形成的，也应考虑界定为资源型城市。

（3）动态性原则。指在界定资源型城市时，应考虑资源的开发利用及资源性产业在城市发展壮大过程中的地位及作用的动态变化。如果一个城市在某一发展阶段上资源性产业占主导地位，但是随着时间的推移，资源性产业在经济中所占比重变小，发生了产业的转型，则该城市只能在那个特定的阶段称为资源型城市，而资源性产业的地位和作用明显下降后，其城市的主要功能也发生了变化，就不能称为资源型城市了。

（4）地域性原则。根据中国目前的行政单元，在确定资源型城市时应适当考虑地域范围的影响。因为不同的行政单元其发展状况和经济特点存在较大差异。比如，地级市、县级市是两个不同级别的行政单元，在确定资源型城市时就不能以同一的量化阈值来衡量。

2. 资源型城市的确定标准及初步界定结果

现有成果对资源型城市确定的标准及由此界定出的城市数量存在较大差异，具体结果见表1。

表 1　已有成果对资源型城市的界定

来源	界定标准	年份	城市类型	数量
李文彦（1978）	煤矿职工占全市工业职工的比重大于25%；全市工业总产值构成中煤炭工业的比重不小于15%；煤矿生产规模，一般应是大型（1000万吨/年以上）或中型（500万吨/年至1000万吨/年）矿区，最小不低于200万吨/年；煤炭开发应是该城市兴起的主要原因	1975	煤矿城市	24座
樊杰（1993）	煤炭采选业在本市工业总产值中的比重大于或等于10%	1990	煤矿城市	54座
沈镭等（1998）	—	1987年和1995年	矿业城市	69座（1987年）和100座（1995年）
胡魁（2001）	矿业产值地级大于1亿元，县级、镇级大于4500万元；矿业产值占国内生产总值的比重大于5%；矿业从业人数大于6000人。凡符合上述标准之一者即可被认定为矿业城市	1999	矿业城市	426座
刘云刚（2006）	先矿后城、资源立市，对于新中国成立前已有城市，新中国成立后的资源开发是其再兴的主要原因（定性界定标准）	1950年以来	煤炭型、石油型、金属型、非金属型和森工型城市	63座
张秀生等（2001）	采选业工业产值占全部工业总产值比重大于或等于10%	1991	以采选业为主的城市	81座

续表

来源	界定标准	年份	城市类型	数量
周长庆（1994）	—	—	—	至 1992 年，约占 518 座城市总数的 1/3
国家发展改革委宏观经济研究院（2002）	采掘业产值占工业总产值的比重在 10% 以上；采掘业产值规模县级市应大于 1 亿元，地级市应大于 2 亿元；采掘业从业人员占全部工业从业人员的比重在 5% 以上；采掘业从业人员规模县级市应超过 1 万人，地级市应超过 2 万人	1996 年（辅以 2000 年数据）	煤炭、有色冶金、黑色冶金、石油、森工型城市	118 座

资料来源：根据相关资料整理。

比较以上界定标准，以及通过对资源型城市内涵的理解，可以看出，资源性产业地位突出是资源型城市的最主要特征，因此，可以选择采掘业的总体规模和相应比重作为资源型城市界定的主要指标。具体来讲，资源型城市界定指标包括采掘业产值、采掘业从业人员数、采掘业产值占工业总产值的比重、采掘业从业人员数占全部工业从业人员的比重四个定量评价指标。由此，我们采用国家发展改革委宏观经济研究院 2002 年重点课题《资源型城市经济结构转型》研究报告给出的标准（见表1）。

此外，根据定性分析与判断，对一些特别的城市作一些特殊处理。①因资源开采而兴起的冶金城市，尽管其采掘业比重偏低，但以采掘业为基础的一次冶炼所占比重很高，并且这些城市确实是因资源开采而兴起，因而也将其划入资源型城市；②一些省会城市或综合性城市，虽然其采掘业或冶金工业占工业产值比重大，但其城市性质与以资源开发为主的城市有本质上的差异，因此不将其列为资源型城市；③一些城市的采掘业从业人数虽不足 1 万人，但考虑其采掘业产值比重特别高，也将其列入资源型城市；④一些城市虽然其采掘业产值不足 10%，但其从业人员比重及采掘业产值和从业人员的绝对量大，也将其列为资源型城市；⑤一些城市虽然某些指标值没达到标准，但考虑到其有重要矿区分布，因此也将其列为资源型城市；⑥个别城市采掘业产值比重偏低，但其采掘业从业人员数量大且比重较高，故也将其列为资源型城市。

将以上定量及定性标准相结合，初步界定中国现有资源型城市 118 座，占全国城市总数（以 2006 年底全国共 652 座城市计）的 18.1%，土地总面积 96 万平方公里，涉及总人口 1.5 亿人（见表 2）。

表 2   中国资源型城市的初步界定结果

省区	个数	资源型城市（县）
河北	5	唐山、邯郸、邢台、武安、迁安
山西	11	大同、阳泉、长治、晋城、朔州、古交、霍州、孝义、介休、高平、原平
内蒙古	9	乌海、赤峰、满洲里、牙克石、东胜、① 锡林浩特、霍林郭勒、根河、阿尔山
辽宁	7	抚顺、本溪、阜新、盘锦、葫芦岛、调兵山市、② 北票
吉林	10	辽源、白山、敦化、珲春、桦甸、蛟河、松原、舒兰、临江、和龙
黑龙江	13	鸡西、鹤岗、双鸭山、大庆、伊春、七台河、五大连池、铁力、尚志、海林、宁安、穆棱、虎林
安徽	4	淮南、马鞍山、淮北、铜陵
福建	2	永安、漳平
江西	5	萍乡、丰城、德兴、乐平、高安
山东	9	枣庄、东营、新泰、龙口、莱州、滕州、招远、邹城、肥城
河南	8	平顶山、鹤壁、焦作、濮阳、义马、汝州、灵宝、登封
湖北	2	潜江、大冶

省区	个数	资源型城市（县）
湖南	6	耒阳、冷水江、郴州、资兴、涟源、临湘
广东	3	韶关、云浮、乐昌
广西	2	凭祥、合山
四川	5	攀枝花、广元、华蓥、达州、绵竹
贵州	2	六盘水、福泉
云南	4	东川、③个旧、开远、宣威
陕西	2	铜川、韩城
甘肃	3	白银、金昌、玉门
宁夏	1	石嘴山
新疆	5	克拉玛依、哈密、阿勒泰、库尔勒、阜康

注：①2001年设立地级鄂尔多斯市，将原县级东胜市改为东胜区，隶属于鄂尔多斯市，本研究按县级市处理；②原铁法市，于2002年更名为调兵山市；③1999年撤市，设昆明市东川区，本研究按县级市处理。

资料来源：根据国家发展改革委宏观经济研究院《资源型城市经济结构转型》研究报告整理。

二、中国资源型城市的类型、特点和发展状况

（一）中国资源型城市的分布和类型

城市在区域间分布的不均衡，加上矿产及森林等自然资源分布的先天非均衡性，导致资源型城市在中国区域间的分布存在较大差异。同时，按照不同的划分标准，中国资源型城市可以分为不同的类型。

1. 中国资源型城市的分布

资源型城市在四大区域的分布很不均衡，多集中在东北及中西部地区（见图1）。全国118座资源型城市分别有30座、19座、36座、33座分布于东北、东部、中部和西部地区，所占比例依次为25.4%、16.1%、30.5%和28.0%。其中，中西部地区共有资源型城市69座，占到全国资源型城市总数的58.5%，再加上东北地区的30座，这三个区域资源型城市所占比例达83.9%。

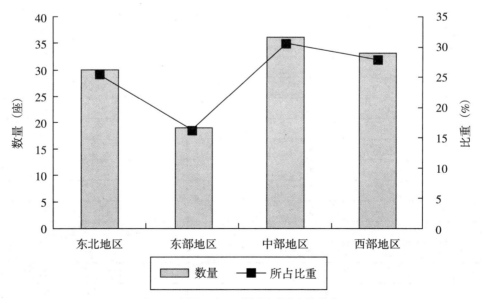

图1 中国四大区域资源型城市的分布

在四大区域内部，各类资源型城市所占比重也表现出显著不同（见表3）。东部地区城市数最多，但其资源型城市数最少，资源型城市仅占城市总数的8.3%，资源型地级市和资源型县级市占城市数的份额相同。东北地区资源型城市在其城市总数中所占比重最高，分别高出比例最低的东部地区25.4个百分点、中部地区12.3个百分点、西部地区13.8个百分点。

表3 中国四大区域资源型城市的分布情况

单位：座、%

地区	地级市	县级市	城市总数	资源型地级市	资源型县级市	资源型城市数	资源型地级市/地级市	资源型县级市/县级市	资源型城市数/城市总数
东北地区	34	55	89	14	16	30	41.2	29.1	33.7
东部地区	84	145	229	7	12	19	8.3	8.3	8.3
中部地区	81	87	168	15	21	36	18.5	24.1	21.4
西部地区	84	81	165	10	23	33	11.9	28.4	20.0

注：行政区划以2007年为标准。截至2007年底，全国共有城市655座，其中地级市283座，县级市368座，直辖市4个。

资源型城市在省区间的分布也存在较大差异（见表4）。资源型城市分布于大陆的22个省区中，占到中国大陆28个省区（包括省和自治区）的近4/5，可见，资源型城市在各省区的分布也相当广泛。拥有资源型城市较多的省份是黑龙江、山西、吉林、内蒙古、山东和河南省，这六个省份资源型城市数达到60座，占到总数的一半还多。资源型城市数较少的宁夏、陕西、贵州、广西、湖北、福建等省区仅有11座，不到资源型城市总数的1/10。

表4 中国资源型城市在各省区的分布

省份	资源型城市（座）	所占比例（%）
黑龙江	13	11
山西	11	9.3
吉林	10	8.5
山东	9	7.6
内蒙古	9	7.6
河南	8	6.8
辽宁	7	5.9
湖南	6	5.1
河北	5	4.2
江西	5	4.2
四川	5	4.2
新疆	5	4.2
安徽	4	3.4
云南	4	3.4
广东	3	2.5
甘肃	3	2.5
福建	2	1.7
湖北	2	1.7
广西	2	1.7

续表

省份	资源型城市（座）	所占比例（%）
贵州	2	1.7
陕西	2	1.7
宁夏	1	0.8
合计	118	100

资源型城市在各个省区内所占比重各异（见表5）。以资源型城市占省域内城市数比重来计，资源型城市所占比重最高的省份是山西省。山西省资源型城市总数虽逊于黑龙江省，但其城市总数较少，故资源型城市比重较高，占到省域内城市总数的一半。资源型城市最多的黑龙江省，则排在了第三位。内蒙古、吉林、江西、云南、新疆、辽宁、河南、湖南等省份资源型城市所占比重均超过1/4。资源型城市在这些省份分布较为集中，其发展的优劣一定程度上影响着整个区域经济的发展进程。

表5 各省区资源型城市的分布

单位：座、%

省份	地级市	县级市	城市总数	资源型地级市	资源型县级市	资源型城市数	资源型地级市/地级市	资源型县级市/县级市	资源型城市数/城市总数
山西	11	11	22	5	6	11	45.5	54.5	50.0
内蒙古	9	11	20	2	7	9	22.2	63.6	45.0
黑龙江	12	18	30	6	7	13	50.0	38.9	43.3
吉林	8	20	28	3	7	10	37.5	35.0	35.7
江西	11	10	21	1	4	5	9.1	40.0	23.8
云南	8	9	17	0	4	4	0.0	44.4	23.5
新疆	2	19	21	1	4	5	50.0	21.0	23.8
辽宁	14	17	31	5	2	7	35.7	11.8	22.6
河南	17	21	38	4	4	8	23.5	19.0	21.1
湖南	13	16	29	1	5	6	7.7	31.3	20.7
山东	17	31	48	2	7	9	11.8	22.6	18.8
甘肃	12	4	16	2	1	3	16.7	25.0	18.8
安徽	17	5	22	4	0	4	23.5	0.0	18.2
四川	18	14	32	3	2	5	16.7	14.3	15.6
贵州	4	9	13	1	1	2	25.0	11.1	15.4
陕西	10	3	13	1	1	2	10.0	33.3	15.4
河北	11	22	33	3	2	5	27.3	9.1	15.2
宁夏	5	2	7	1	0	1	20.0	0.0	14.3
广西	14	7	21	0	2	2	0.0	28.6	9.5
福建	9	14	23	0	2	2	0.0	14.3	8.7
广东	21	23	44	2	1	3	9.5	4.3	6.8
湖北	12	24	36	0	2	2	0.0	8.3	5.6
合计	255	310	565	47	71	118	18.4	22.9	20.8

2. 中国资源型城市的类型

根据不同的分类标准，可将资源型城市划分为不同的类型。

(1) 按资源种类。根据资源型城市发展所依赖的自然资源的不同，可把资源型城市划分为金属矿产资源型城市、非金属矿产资源型城市、能源矿产资源型城市和森工城市。其中，金属矿产包括黑色金属和有色金属，前者主要指铁、锰、铬，后者又可分为重有色金属、轻有色金属、贵金属、稀有稀土金属；非金属矿产包括土砂石、化学矿等；能源矿产包括煤炭、石油和天然气；森工城市则是依托丰富的森林资源进行开采加工的城市。结合中国资源型城市的资源特点，可将初步界定的118座资源型城市划分为煤炭资源型城市、有色冶金资源型城市、黑色冶金资源型城市、石油城市、森工城市和其他城市六种类型（见表6）。在118座资源型城市中，煤炭城市占53.4%；森工城市占16.9%；有色冶金城市、石油城市、黑色冶金城市分别占11%、7.6%、6.8%。

表6　中国资源型城市按资源种类的分类

城市类型	数量（座）	比重（%）	城市名
煤炭城市	63	53.4	唐山、邯郸、邢台、武安、大同、阳泉、长治、晋城、朔州、古交、霍州、孝义、介休、高平、原平、乌海、赤峰、满洲里、东胜、霍林郭勒、抚顺、阜新、调兵山、北票、辽源、鸡西、鹤岗、双鸭山、七台河、淮南、淮北、永安、萍乡、丰城、乐平、高安、枣庄、新泰、龙口、滕州、邹城、肥城、平顶山、鹤壁、焦作、义马、汝州、登封、耒阳、资兴、涟源、合山、广元、华蓥、达州、绵竹、六盘水、宣威、开远、铜川、韩城、石嘴山、哈密
森工城市	20	16.9	牙克石、根河、阿尔山、白山、敦化、珲春、桦甸、蛟河、松原、舒兰、临江、和龙、伊春、五大连池、铁力、尚志、海林、宁安、穆棱、虎林
有色冶金城市	13	11.0	葫芦岛、铜陵、德兴、冷水江、乐昌、韶关、凭祥、东川、个旧、白银、金昌、阿勒泰、阜康
黑色冶金城市	8	6.8	迁安、本溪、马鞍山、漳平、大冶、郴州、攀枝花、临湘
石油城市	9	7.6	锡林浩特、大庆、盘锦、东营、濮阳、潜江、玉门、克拉玛依、库尔勒
其他城市	5	4.3	莱州、招远、灵宝、云浮、福泉

(2) 按人口规模。根据中国城市规模划分的数量标准，市区非农业人口大于200万人的为超大城市，100万~200万人为特大城市，50万~100万人为大城市，20万~50万人为中等城市，20万人以下为小城市。据此，可将资源型城市划分为超大型资源型城市、特大型资源型城市、大型资源型城市、中型资源型城市和小型资源型城市（见表7）。在118座资源型城市中，特大、大、中、小型城市分别占2.5%、11.9%、37.3%和48.3%。

(3) 按行政级别。按照行政级别，可将资源型城市分为资源型地级市和资源型县级市（见表8），其中资源型地级市和县级市所占比重分别为39.8%和60.2%。在全国652座城市中，有地级市283座，县级市369座，其中，资源型地级市占到地级市总数的16.6%，资源型县级市占到县级市总数的19.2%。

表7　按照城市规模划分的资源型城市

城市规模	城市（座）	比重（%）	城市名称
特大城市	3	2.5	唐山、抚顺、邯郸
大城市	14	11.9	大同、淮南、大庆、本溪、伊春、鸡西、枣庄、阜新、平顶山、淮北、鹤岗、焦作、东营、攀枝花

续表

城市规模	城市（座）	比重（%）	城市名称
中等城市	44	37.3	盘锦、赤峰、葫芦岛、阳泉、双鸭山、邢台、马鞍山、长治、滕州、辽源、牙克石、萍乡、新泰、乌海、郴州、肥城、石嘴山、鹤壁、邹城、潜江、铜川、松原、铜陵、濮阳、东川、铁力、广元、白银、白山、敦化、丰城、海林、六盘水、尚志、克拉玛依、龙口、哈密、个旧、库尔勒、达州、舒兰、莱州、北票
小城市	57	48.3	桦甸、冷水江、五大连池、晋城、根河、云浮、调兵山、蛟河、耒阳、虎林、朔州、乐昌、金昌、宁安、高安、涟源、珲春、永安、招远、和龙、乐平、东胜、孝义、满洲里、宣威、义马、古交、黑河、灵宝、穆林、大冶、韩城、玉门、临江、阿勒泰、原平、德兴、开远、资兴、锡林浩特、临湘、绵竹、霍州、介休、迁安、华蓥、汝州、阜康、登封、武安、合山、高平、漳平、霍林郭勒、福泉、阿尔山、凭祥

表8　按照行政级别划分的资源型城市

行政级别	城市数（座）	城市
地级市	47	唐山、邯郸、邢台、大同、阳泉、长治、晋城、朔州、乌海、赤峰、抚顺、本溪、阜新、盘锦、葫芦岛、辽源、白山、松原、鸡西、鹤岗、双鸭山、大庆、伊春、七台河、淮南、马鞍山、淮北、铜陵、萍乡、枣庄、东营、平顶山、鹤壁、焦作、濮阳、郴州、韶关、云浮、攀枝花、广元、达州、六盘水、铜川、白银、金昌、石嘴山、克拉玛依
县级市	71	武安、迁安、古交、霍州、孝义、介休、高平、原平、满洲里、牙克石、东胜、锡林浩特、霍林郭勒、根河、阿尔山、调兵山、北票、敦化、珲春、桦甸、蛟河、舒兰、临江、和龙、五大连池、铁力、尚志、海林、宁安、穆棱、虎林、永安、漳平、丰城、德兴、乐平、高安、新泰、龙口、莱州、滕州、招远、邹城、肥城、义马、汝州、灵宝、登封、潜江、大冶、耒阳、冷水江、资兴、涟源、临湘、乐昌、凭祥、合山、华蓥、绵竹、福泉、东川、个旧、开远、宣威、韩城、玉门、哈密、阿勒泰、库尔勒、阜康

（二）中国资源型城市的特点

资源型城市在形成、发展、布局等方面呈现出不同于一般城市的显著特点。

1. 因资源而生、以资源立市特征明显

资源型城市或是由于资源开发而设立，或是由于资源的发现而发展，资源已经在城市的建设过程中打上了深深的烙印，资源与城市发展之间一脉相连。资源型城市的发展分为两种：一种是"先矿后城式"，即城市完全是因为资源的开采而出现的。在矿产资源开发的基础上，人员不断聚集，建设逐渐扩大，当人口及用地规模达到一定临界值后便设立为城市。如伊春、大庆、金昌、攀枝花、克拉玛依等。其中，伊春林区开发建设于1948年，随后在开发的基础上于1958年建市；而大庆的地名和城市的出现都是因大庆油田而来的，油田于1959年发现于松辽盆地，当时正值国

庆节前夕，于是将油田命名为大庆油田，其后在大庆油田上崛起的新兴石油城亦被命名为大庆市。

另一种模式是城市设立在先，资源开发在后的"先城后矿式"，即在资源开发之前已有城市存在，资源的开发加快了城市的发展，如山西省大同市、河北省邯郸市。得天独厚的煤炭资源优势，使大同市成为国家重要的能源基地，被誉为中国"煤都"；河北省邯郸市蕴藏有种类繁多的矿产资源，是全国著名的煤炭和高品位的铁矿石产区，这些资源为邯郸市早期的发展奠定了坚实的基础。

2. 城市的形成具有突发性

国家进入工业化时期，对资源的需求大增，特别是改革开放以来，由于国家对资源的需求，往往加大了资源开发的力度，这就导致了资源型城市早期的发展通常是极其迅速的。以油都大庆为例，20世纪50年代大庆地域内总人口不足2万人，到了90年代，大庆已发展成为人口近百万的大城市。不仅大庆如此，其他资源型城市如鸡西、

鹤岗、伊春等，其城市建设也存在类似情况。早期超常规的城市建设速度，虽然为资源的开发和利用提供了便利的条件和生产服务基地，但这样的建设速度在当时的建设条件下，必然使城市建设缺少全面的规划和统筹安排，从而使生产和生活产生越来越明显的冲突和矛盾，资源型城市也难以形成特色的文化底蕴。

3. 资源分布与城市布局呈现分散性特征

资源的分布是具有随机性的，任何一个资源型城市其资源的分布都不可能是均衡的或是集中的，相反多呈现出分散分布的特征，因此资源开发的过程也具有分散性。资源分布的分散性使得资源型城市的布局出现分散特征。如伊春市的85万市区人口分布于市区总面积为19600多平方公里的15个区，人口密度仅43人/平方公里；大庆市的111万城区人口分布于市区总面积5100平方公里的5个城区，人口密度只有217人/平方公里；鹤岗市的70万城区人口分布于市区面积4550平方公里的6个城区，人口密度只有153人/平方公里。这一分散的特征使得城市很难产生中心集聚效应，也使城市基础设施建设铺的面过宽，资金投入分流严重，给市政设施建设与合理利用带来诸多问题，不便于城市的管理。

4. 经济发展表现出强烈的阶段性特征

城市经济的发展与资源性产业的发展具有较强的相关性。资源性产业必然要经历开发、建设、兴盛、衰亡的过程，相应地，资源型城市经济的发展也呈现出阶段性特征。资源开发早期，为城市经济起飞的准备阶段；资源开发进入鼎盛时期，城市经济的活力完全爆发，处于快速发展阶段；当资源逐渐被开发枯竭时，城市经济进入停滞甚至衰退阶段，城市发展面临经济转型。改革开放初期，是多数资源型城市经济活力表现最明显的阶段，曾涌现出一批煤炭城市、石油城市、森工城市等。经过多年的大规模开发，目前一些资源型城市的资源已开发殆尽，城市经济发展陷入停滞阶段，资源枯竭型城市进入经济转型阶段。

5. 城市建设与企业发展具有较大的粘合性

企业是资源型城市发展过程中最主要的经济主体，资源型城市的建设虽然不能单纯地视为资源型企业的建设，但是城市与企业之间存在着紧密的联系，甚至于部分资源型城市的行政与企业是合而管理的，资源型城市政府与城中矿业企业之间的关系至今没有完全理顺。因此，城市的建设与企业的发展之间具有一定的粘合性。对于城市政府而言，作为矿业工业基地，既承担一般城市经济社会的综合服务职能，又承担发展工业的产业支柱功能；对于矿业企业而言，既要抓生产经营，又要办社会，履行生产和社会服务的双重职能。从而派生出两个履行城市功能的主体，由此导致市政重复建设，企业效益低下，城市和企业容易出现运转不畅的现象。

(三) 中国资源型城市的经济发展状况

近年来，118座资源型城市在经济增长、产业结构、经济开放程度、地方财政等方面呈现出一些新的特点。[①]

1. 经济整体增长速度略高于城市平均水平

资源型城市整体的经济增长速度略高于全国城市平均水平。首先，在经济增长的绝对量上，资源型城市的生产总值由2000年的11381亿元增至2007年的29171亿元（以2000年为基期，利用居民消费价格指数进行了调整，以下如未特别说明，均为进行调整后的数据），增长了1.56倍（见表9）。其中，47座资源型地级市生产总值的增长额占到总增长额的73.6%；71座资源型县级市的相对增幅较大，增长了近182%。同全国总体情况相比，资源型地级市增长速度略高于地级市平均水平（约0.23个百分点），资源型县级市增长速度则高于全国县级市平均水平2.61个百分点。

其次，从人均地区生产总值的增长看，资源型城市人均GRP由2000年的7596元增至2007年的18598元，增加了11002元，年均增长13.65%（见图2）。其中，资源型地级市由7648元增至18138元，而地级市则由8257元增至18845元，资源型地级市相当于地级市的比例也由2000年的92.6%增至2007年的96.2%。同期，资源型县级市由7425元增至20139元，增长了171%。相应

---

① 基于数据可得性及可比性，在以下对资源型城市的分析中，剔除了由县改为区的东胜市和东川市。

表9 资源型城市与全部城市生产总值增长率比较

城市类型	2000年（亿元）	2007年（亿元）	增长额（亿元）	年均增长率（%）
资源型地级市	8803	21903	13100	13.91
资源型县级市	2578	7267	4689	15.95
资源型城市	11381	29171	17789	14.39
地级市	83874	205787	121912	13.68
县级市	19820	47619	27798	13.34

注：按照全国行政区划，2000年全国有地级市259个，县级市400个；2007年有地级市283个，县级市368个。基于数据可得性和易于比较，选择了与2000年相对应的地级市259个，与2007年相对应的县级市365个（剔除新疆阿尔山、图木舒克、五家渠三座由建设兵团管理的城市）。

资料来源：根据相应年份的《中国城市统计年鉴》及中国统计数据应用支持系统整理，下同。

地，县级市由8412元增至19608元，资源型县级市相当于县级市的比例由2000年的88.3%增至 2007年的102.7%。

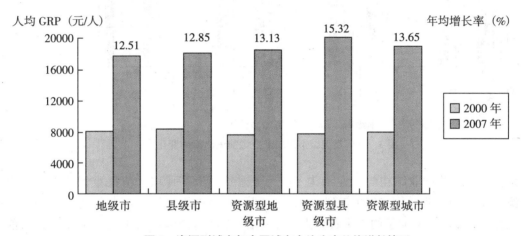

图2 资源型城市与全国城市人均生产总值增长情况

2. 产业结构不协调

资源型城市经济增长呈现向第二产业集中的明显趋势。由于资源性产业发展突出的特点，资源型城市第二产业所占比重均高于相应年份的城市平均水平（见图3）。在第二产业增加值比重较大的情况下，其经济增长仍然呈现向第二产业集中的趋势。2000年，118座资源型城市三次产业占地区生产总值的比重分别为15.7%、55.2%、29.1%，至2007年，相应数据变为10.7%、60.5%、28.8%，第二产业所占比重增加了5.3个百分点。这一特点在资源型县级市中表现尤为明显（见表10），第二产业比重由2000年的50%增至2007年的57%，增加值年均增长率高达18%，高于全国县级市相应水平约2.6个百分点。

表10 资源型城市与全国相应城市三次产业增加值增长

单位：亿元

	资源型地级市			资源型县级市		
	第一产业	第二产业	第三产业	第一产业	第二产业	第三产业
2000年	1354	4982	2461	432	1292	854
2007年	2315	13358	6230	766	4116	2098
年均增长率（%）	7.96	15.13	14.19	8.54	18.00	13.71
	地级市			县级市		
	第一产业	第二产业	第三产业	第一产业	第二产业	第三产业
2000年	11945	33131	33510	3878	9565	6700
2007年	21559	107195	78716	5847	26092	15718
年均增长率（%）	8.80	18.26	12.98	6.04	15.41	12.96

在资源型城市经济增长中，第三产业的贡献出现弱化趋势。从以上资源型城市三次产业增加值比重的变化可以看出，在第二产业比重大幅增加的同时，第一产业比重趋于下降，而第三产业比重也出现微弱下降趋势。在 2000 年至 2007 年，虽然资源型地级市第三产业比重保持不变，但资源型县级市第三产业比重却下降了 4 个百分点（见图 4）。这与产业结构演变的一般趋势相背离。

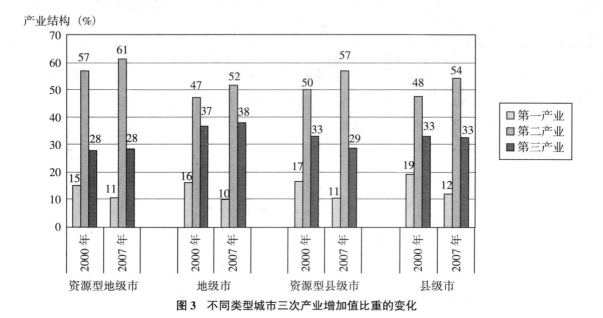

图 3　不同类型城市三次产业增加值比重的变化

此外，资源型城市的就业结构与产业结构不协调。以资源型地级市为例，从 2000 年到 2007 年，第二产业从业人员比重增加了约 1 个百分点，而第三产业比重则增加了近 5 个百分点（见图 4）。同三次产业增加值比重的变化相比，明显不协调。

考虑到第三产业增加值比重保持不变，说明这期间资源型地级市第三产业的比较劳动生产率在急剧下降。同全国城市平均水平相比，目前全国地级市就业结构已呈现"三二一"的结构，而资源型地级市则呈现出典型的"二三一"结构。

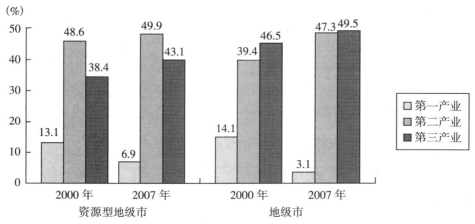

图 4　不同类型城市就业结构的变化

3. 资源性产业发展缓慢甚至停滞

随着资源开采殆尽，依托于资源开采及加工的产业几近停滞，矿空及企业破产现象严重，资源性产业发展滞缓甚至停滞。近些年随着中国 2/3 的矿山进入中老年期，1/4 的资源型城市面临资源枯竭，这些城市在经济上严重依赖资源开采、加工，资源性产业一业独大，产业链条短，城市可持续发展能力极弱。例如，阜新市煤炭工业占规模以上工业的比重由 2001 年的 33.4% 下降到 2007 年的 19.5%，曾经是亚洲最大的露天煤矿的阜新市海州露天煤矿，已因煤源衰竭而被弃用。潜江市石油剩余可采储量 573.88 万吨，占可采储量总量的 16.98%，产油丰产时期，境内江汉油田工业总产值占潜江市工农业总产值的 70% 以上，最高产油年份占到 80% 以上。而到 2007 年时，潜江市石油资源开采业产值只占全市工业总产值的 14% 左右（潘建军，2009）。黑龙江省鹤岗、鸡西、双鸭山、七台河四大煤炭生产基地现已面临煤炭资源枯竭或大量关井的局面。即使是可再生的森林资源，由于多年来重采轻育，使得实际可采成过熟林的比重显著下降，绝大部分林区都出现了无林可采或严重过伐的局面。

4. 接续替代产业发展困难

资源型城市大多是因矿业开发而兴建或发展起来的城市，矿业在城市产业结构中占据主导地位。第二产业中的采掘业与配套产业作为主导产业形成了紧密的产业链，产业关联度大，配套产业的依附性强，整个城市经济发展对资源具有高度的依赖性，城市产业结构难以对资源性产业的衰退产生缓冲作用，产业转型的基础薄弱，多数资源型城市还处于探索转型的早期，并未找到能有效利用原有产业基础发展地方经济的接续替代产业，由此出现资源性产业的衰退与接续替代产业发展困难并存的局面。例如，在 2007 年的工业增加值中，大庆市油与非油产业比为 61:39。

5. 对外开放程度偏低

首先，工业产值中外资份额偏少。资源型地级市和全国地级市相比，所有制结构较为单一，主要是内资企业，对外开放程度偏低。2000 年，资源型地级市港澳台及外商投资企业工业产值比重仅为 4.7%，至 2007 年虽有所上升，但仍不足 10%。而全国地级市相应年份的港澳台及外商投资企业工业产值比重分别为 24.2% 和 29.4%（见表 11）。

表 11　不同类型工业企业产值结构

年份	城市类型	内资企业		港澳台投资企业		外商投资企业	
		产值（亿元）	比重（%）	产值（亿元）	比重（%）	产值（亿元）	比重（%）
2000	资源型地级市	7290.44	95.3	237	3.1	119.88	1.6
	地级市	53228.93	75.8	8505.99	12.1	8527.95	12.1
2007	资源型地级市	31382.75	91.0	1343.46	3.9	1769.74	5.1
	地级市	241008.9	70.6	37088.51	10.9	63036.59	18.5

注：本表企业均指限额以上工业企业。

其次，外商实际投资额度小。资源型城市外商实际投资额所占份额远小于其城市数量所占份额。从总量上讲，2000 年，全国地级市外商实际投资额 286.24 亿美元，资源型地级市为 12.40 亿美元，仅占地级市的 4.33%，至 2007 年则降为 4.09%。而从城市数量上看，资源型地级市数占到全国地级市总数的 18%。资源型县级市实际外商投资额从 2000 年到 2007 年增长了近 10 倍，占全国县级市外商实际投资总额的比重也上升了 7.4 个百分点，占到 11.44%，但仍低于其城市数比重约 8 个百分点。从人均水平来看，无论是资源型地级市还是县级市，人均外商实际投资额从 2000 年到 2007 年均有较大幅度增长，特别是资源型县级市，年均增速达 40%，但是，和全国同类城市相比仍偏低。2000 年全国地级市人均外商实际投资额为 28 美元，是资源型地级市的 2 倍多，至 2007 年，全国地级市上升至 94 美元，而资源型地级市仅约 35 美元；全国县级市人均外商实际投资额由 2000 年的 29 美元增至 2007 年的 109 美元，资源型县级市虽亦有较大增幅，但仍然低于县级市整体水平，仅分别为全国县级市的 27% 和 77%（见表 12）。

6. 地方财力薄弱

由于地方财源有限，加上历史包袱较重，资源型城市大多财政紧张，地方财政收支严重失衡，缺口较大。2000 年，资源型县级市财政缺口已达 37.38 亿元，到 2007 年则升至 283.62 亿元，资源型地级市财政缺口也高达 762.22 亿元（见表 13）。

表12　资源型城市外商实际投资额及其比较

资源型城市	年份	外商实际投资额（万美元）	相当于地（县）级市（%）	人均外商实际投资额（美元/人）	相当于地（县）级市（%）
资源型地级市	2000	124032	4.33	10.78	38.25
	2007	422450	4.09	34.98	37.05
资源型县级市	2000	27678	4.04	7.97	27.47
	2007	302771	11.44	83.90	76.97

表13　资源型城市财政收支状况

单位：亿元

资源型城市（年份）	地方财政预算内收入	地方财政预算内支出	财政缺口
资源型县级市（2000）	98.77	136.15	37.38
资源型县级市（2007）	350.85	634.47	283.62
资源型地级市（2007）	1562	2324.22	762.22

（四）中国资源型城市的社会发展状况

在社会发展方面，中国资源型城市也面临着巨大的压力，包括失业人员多、就业岗位少、居民生活困难、社会不稳定因素多、生态环境破坏严重等诸多问题。

1. 下岗职工多，再就业压力大

在资源开发旺盛时期，资源性产业吸纳了大量的地方劳动力，但是随着可开采资源的数量逐步减少、矿山的关闭以及国有企业改制等，许多工人被迫下岗。这些下岗工人技能单一、年龄较大，地方吸纳能力又较弱，就业和再就业压力大。据中国矿业联合会调查统计，全国面临资源枯竭威胁的矿山有400多座，直接涉及300多万矿工的就业。如2002~2007年湖北省潜江市失业人员达到27.4%，市内石油产业工人的社会隐性失业率累计高达30%以上（潘建军，2009），下岗失业人员大多数为40~50岁人员，因其身体素质和文化素质难以适应新形势的需求，就业能力差。

2. 居民生活困难，贫困人口集中

相比较而言，资源型城市职工平均工资低。据全国政协的"四矿问题"（矿业、矿山、矿工、矿城）专题调查表明，矿工收入已从过去的各行业之首倒退为各行业之末，年人均收入仅为最高收入行业的1/9（张娜，2009）。2007年全国118座资源型城市职工平均工资为20307元，比全国职工平均工资低4625元。同时，资源型城市贫困

人口集中并呈现代际传递的特点。东北地区是资源型城市最为集中的区域，贫困人口也在该区域表现出集中趋势。在人口计生委组织的抽样调查中，抚顺、本溪和阜新人均月收入低于低保线（175元）的家庭所占比例分别为28.92%、21.30%和47.42%，三市的绝对贫困发生率平均达7.25%（宋晓梧，2006）。由于家庭贫困，地方财力紧张，教育经费不足，许多家庭无力负担高额的教育经费，辍学现象严重，无形中增加了贫困的代际传递风险。

3. 社会矛盾突出，存在大量不稳定因素

由于失业人口众多、居民收入低、生活贫困等问题的存在，资源枯竭型城市潜在的不稳定因素增加。表现较为突出的是群众集体上访事件大幅增加。如辽宁阜新海州矿宣布破产后，从2005年6月10日至6月29日，短期内共发生集体上访16批次，其中全民职工8次，集体职工8次，几乎每天都有百人以上的海州矿职工上访，最多达到千人左右。

4. 重开采轻修复，生态环境破坏严重

随着资源的不断开发，加之城市缺乏规划和管理，资源型城市生态环境恶化问题越来越严重。目前，中国每年85%的工业废弃物来自矿山开采。据不完全统计，中国金属尾矿、煤矸石堆积已分别超过50亿吨和40亿吨，并且以每年4亿~5亿吨剧增（宋晓梧，2006）。因采矿活动诱发的地面坍塌、滑坡、泥石流等次生地质灾害时有发生，每年造成的直接经济损失超过100亿元。由于长

期过量采伐林木,伊春的红松林被砍伐98%,大庆由于开采石油造成森林覆盖率大幅下降,草原退化、盐碱化和沙化面积已占总面积的84%。部分资源型城市空气中污染物颗粒含量高,空气质量差。在国家环保总局发布的《全国城市环境管理和综合整治2004年度报告》中,113个国家环保重点城市中空气污染指数最大的10个城市分别是临汾、阳泉、大同、金昌、宜宾、株洲、重庆、焦作、长治、攀枝花(中华人民共和国环境保护部,2009)。其中,有6座是资源型城市。

三、国家对资源型城市的援助政策及实施效果评价

(一) 国家对资源型城市的援助政策回顾

近年来,国务院先后出台多项政策文件支持资源型城市发展,重点扶持资源枯竭型城市经济转型和生态环境治理。各有关部门也积极研究制定具体的援助办法和实施细则,从财税、投资、环境保护、社会保障等方面给予支持。

1. 国家对资源型城市实施援助的历程

国家对资源型城市实施援助的历程,大体可划分为三个阶段。

第一阶段是1990~2000年的初步探索阶段。该阶段出台的政策颇有局限性,主要政策之一是1998年8月启动的天然林保护工程,为东北林业资源型城市的转型与可持续发展提供了间接的支持。

第二阶段是2001~2006年的转型试点阶段。2001年,国务院把阜新确定为全国第一个资源枯竭城市经济转型试点市。2002年11月,党的十六大报告明确提出"支持资源开采型城市和地区发展接续产业",这是中央第一次从政治层面提出加快资源型城市转型的要求。2003年10月,中共中央、国务院颁布《关于实施东北地区等老工业基地振兴战略的若干意见》,明确了资源型城市经济转型的原则、方向和具体政策,提出要加大对采煤沉陷区治理的支持力度,研究建立资源开发补偿机制和衰退产业援助机制。2005年5月,国务院振兴东北地区等老工业基地领导小组第二次会议决定将资源型城市转型试点范围扩大到大庆、伊春和辽源,随后又扩大到白山和盘锦等市。2006年4月,国务院常务会议又决定在山西省开展煤炭工业可持续发展政策措施试点工作。

第三阶段是2007年至今的全面启动阶段。2007年10月,党的十七大报告明确提出要"帮助资源枯竭地区实现经济转型"。同年12月,国务院发布了《关于促进资源型城市可持续发展的若干意见》,提出到"2010年前,资源枯竭城市存在的突出矛盾和问题得到基本解决","2015年前,在全国范围内普遍建立健全资源开发补偿机制和衰退产业援助机制,使资源型城市经济社会步入可持续发展轨道"。该《意见》明确了资源枯竭城市转型的目标、方向、重点和政策措施,是中国促进资源型城市转型的纲领性文件。根据意见的精神,经国务院批准,国家发展改革委会同相关部门分别于2008年3月和2009年3月分两批确定了全国44座资源枯竭城市(见表14),并要求其编制转型规划。2009年7月,国家发展改革委在吉林省辽源市召开全国资源型城市可持续发展工作会议,对下一步转型和可持续发展工作做出部署,并强调要研究制定促进资源枯竭城市转型的相关政策措施。2010年6月,伊春、焦作等8个资源枯竭城市(地区)的转型规划通过了国家发展改革委的审查论证,下一步将进入实施阶段。

表14 国家分两批确定的资源枯竭型城市(地区)名单

省区	城市数	第一批	第二批	省区	城市数	第一批	第二批
河北	2		承德市鹰手营子矿区、张家口市下花园区	湖南	3		耒阳、冷水江、资兴
山西	1		孝义	广西	1		合山
内蒙古	1		阿尔山	重庆	1		万盛

续表

省区	城市数	第一批	第二批	省区	城市数	第一批	第二批
辽宁	7	阜新、盘锦	抚顺、北票、葫芦岛市杨家杖子开发区、葫芦岛市南票区、辽阳市弓长岭区	四川	1		华蓥
吉林	5	辽源、白山	舒兰市、九台、敦化	贵州	2		铜仁地区、万山特区
黑龙江	3	伊春	七台河、五大连池	云南	2		个旧、昆明市东川区
安徽	2		淮北、铜陵	陕西	1	铜川	
江西	2	萍乡	景德镇	甘肃	2	白银	玉门
山东	1		枣庄	宁夏	1	石嘴山	
河南	2	焦作	灵宝	其他	1	大兴安岭地区	
湖北	4	大冶	黄石、潜江、钟祥				

2. 国家对资源型城市的具体援助政策

近年来，国家高度重视资源型城市的经济转型问题，先后明确了资源枯竭城市的范围以及政策支持的重点和方向，各有关部门也相继实施了一些具体政策措施，包括财政、投资、环境治理政策等。

（1）财政政策。针对国务院分两批确定的全国44座资源枯竭城市，财政部在2007~2008年度给予财力性转移支付资金累计达43亿元，重点用于完善社会保障、教育卫生、环境保护、公共基础设施、专项贷款贴息等方面。2009年度则加大了转移支付力度，财力性转移支付总量高达50亿元，致力于进一步加快化解社会管理和公共服务等方面的历史欠账，推动经济转型，尽快走出金融危机的影响。2010年度的财力性转移支付总额目前还未公布，但已经预拨安徽省淮北市资源枯竭城市财力性转移支付资金2.89亿元，预拨江西省3.1亿元，其中萍乡市1.63亿元、景德镇市1.47亿元。

（2）投资政策。在振兴东北老工业基地国债资金支持项目中，曾安排专门为资源型城市经济转型农产品深加工项目设立的投资专项，国家发展改革委于2006年先后两批下达了资源型城市经济转型农产品深加工项目投资计划。其中，第一批资源型城市经济转型农产品深加工项目共5个，包括辽宁阜新市2个，获资金补助2890万元；本溪市2个，获资金补助1300万元；抚顺市1个，获资金补助1200万元。在第二批资源型城市经济转型农产品深加工项目专项资金中，阜新市又有两个项目获得2540万元资金补助。

为贯彻落实《国务院关于促进资源型城市可持续发展的若干意见》精神，国家发展改革委决定，在2009~2013年安排部分中央预算内基本建设资金，设立东北地区资源型城市吸纳就业、资源综合利用和发展接续替代产业专项资金，促进资源型城市经济转型和可持续发展。2009年6月，国家发展改革委下达了2009年首批东北地区资源型城市吸纳就业、资源综合利用和发展接续替代产业项目预算内资金投资计划。本次中央预算内投资计划1亿元，涉及项目19个，项目总投资11亿元，预计可为东北地区资源型城市下岗矿工、林业工人、厂办大集体职工提供约1.3万个就业岗位。

国家发展改革委还与国家开发银行合作设立了资源型城市可持续发展专项贷款项目。目前，已有8个资源枯竭型城市签署了《开发性金融支持资源型城市转型和可持续发展合作备忘录》，包括山东省枣庄市、河北省承德市鹰手营子矿区、辽宁省北票市、安徽省淮北市、江西省萍乡市和景德镇市、湖北省黄石市、云南省个旧市。其中6个城市已与开发银行签订的融资总额达到320亿元。

（3）环境治理政策。在沉陷区治理方面，2002年以来，国家率先对东北地区15个原国有重点煤矿采煤沉陷区进行治理，已累计安排中央投资41亿元。国家发展改革委在2005年批准了山西省9个国有重点煤矿采煤沉陷区的治理方案，总投资69亿元，用于解决沉陷区居民住房问题。

在棚户区改造方面，国家先后投资12.2亿元用于资源型城市密集的东北棚户区改造配套的基础设施、学校和医院建设补助。在2008年11月新增 1000 亿元中央投资中，国家就安排 18.5 亿元用于中央下放地方煤矿棚户区改造试点和中西部中央下放地方煤矿和林业棚户区改造。

（二）国家对资源型城市援助政策的实施效果

现行对资源型城市的援助政策，主要是围绕国家确定的 44 座资源枯竭城市经济转型试点展开的。由于其他试点城市才确定不久，国家援助政策的效果主要体现在较早确定的试点城市上，如阜新、盘锦、辽源、白山、伊春等试点城市。总体来看，国家对这些试点城市的援助政策取得了较好的效果，具体表现在以下几个方面：

1. 地区经济增长速度稳步加快

从最早列入试点城市的情况看，近年来，在国家政策的有力支持和地方政府的努力下，地区经济增长速度不断加快，尤其是阜新、辽源和白山等市呈现出快速增长态势。从 2001 年到 2008 年，阜新市生产总值由 70.33 亿元跃升到 233.91 亿元，年均增长幅度达到 16.4%，而该市"九五"期间年均增速仅为 2.1%。在"十一五"前四年（2006~2009 年），辽源市生产总值年均增长率达到 21.1%，白山市达到 20.3%。这说明，国家的援助政策起到了明显的促进作用。

2. 接替产业初具雏形

在较早确定的试点城市中，一些城市在探索发展接替产业方面已经取得了显著成效。如阜新市自 2001 年被确定为第一个经济转型试点市后，在国家支持及地方政府的努力下，转型的主导产业及装备制造业正在做大做强，产业结构日趋多元化。2007 年，阜新市非煤产业的比重已上升到近 90%。2008 年，在阜新市规模以上工业增加值中，除能源工业外，装备制造、农产品加工和原材料工业所占比重已分别达到 15.4%、13.9% 和 11.4%。辽源市也开始向新材料、新能源、装备制造、冶金建材等新兴产业转型。2009 年，在辽源市工业增加值中，煤炭开采和洗选业所占比重已下降到 11.9%，而农副食品加工、非金属制品、通用设备制造、专用设备制造、纺织等行业所占比重提升到 42.7%。

3. 资源型企业改制力度加大

在国家政策的支持下，部分试点城市加快了企业改革的步伐。以阜新市为例，在 376 户各类国有企业中，已有 292 户国有企业实行了产权制度改革，完成全部应改制国有企业的 80%。到 2008 年末，全市正常生产经营的国有工业企业改制已经全部完成；国有商贸、交通企业大部分完成了改制；国有粮食企业（不含仓储企业）的改制完成了 80% 以上（李清等，2009）。辽源市在 2005~2007 年，改革国有企业 463 户，卸掉债务 68 亿元，95% 以上的改制企业已经启动生产并扩大规模（赵晓展等，2009）。

4. 资源开采利用进一步规范化

国家支持地方探索建立资源规范化开发及利用的各项机制。如国务院对煤矿集中的山西省探索建立资源有偿使用机制给予鼓励和支持。以 2004 年率先在全国开展煤矿采矿权有偿使用试点的临汾市为例，试点工作开展后，取得了以下几方面的成效：一是明确了责任主体。先后有 450 座煤矿的采矿权转让给了个人，解决了乡村煤矿层层转包、责任主体混乱的状况，实现了采矿权和经营权的高度统一。二是维护了国有资源的权益。对明晰了产权的煤矿收缴了资源价款，实现了对已取得采矿权煤矿补交资源价款的突破，充分体现了国有资源有偿使用的原则，有效维护了国有矿产资源的所有权益。三是减少了资源浪费，实现了煤炭资源的科学、合理、高效开采。四是遏制了私开滥挖。合法煤矿对自己的矿区范围实行严格看管，采取一切措施，协助政府及时查处本矿区范围内的私开滥挖行为。五是确保了安全生产。全市煤矿重特大死亡事故得到有效遏制，煤炭百万吨死亡率大幅度下降，由以往在 3 左右徘徊，于 2004 年下降到 1.79，2005 年又下降到 0.93，首次降到 1 以下。

5. 居民居住环境得到一定程度的改善

阜新市从 2002 年开始，在地方财力严重不足的情况下，国家给予资助，先后进行了采煤沉陷区治理和棚户区改造，目前已有约 30 万名群众搬进了总建筑面积近 400 万平方米的新房。从 2005 年到 2007 年，白山市区共完成煤矿棚户区改造工程投资 5.3 亿元，24 栋住宅楼开工建设，采煤沉陷区治理工程开工建设 53 万平方米，安置居民

7835户,人民群众的住房条件得到了明显改善。伊春市在2008年不到一年的时间内,完成棚户区改造面积54.9万平方米,棚户区改造拆迁9280户,改造面积相当于过去10年的总和。

6. 社会保障体系日趋完善

目前,阜新、伊春、辽源等市已初步建立以养老保险、失业保险、医疗保险和城镇最低生活保障等为主要内容的社会保障体系。例如,伊春市2009年有26.2万人参加养老保险,有12.1万职工参加失业保险,有54.3万职工参加基本医疗保险,比2005年增长136%,有13.6万城镇居民得到最低生活保障救济,人均月补助162元,比上年提高67元,救灾、救济和低保资金到位率为100%,新型农村合作医疗参合率达到95.88%,参合覆盖率为100%。

(三) 现行资源型城市援助政策存在的主要问题

当前,国家对资源枯竭城市的援助政策刚刚启动,还很不完善。总体上看,现有政策尚存在以下问题:

1. 援助政策尚未形成体系

目前,中国尚未形成一个促进资源型城市经济转型和可持续发展的政策体系。现有已出台的政策主要是针对各个具体问题展开,且多限于"一事一议",缺乏从城市综合体角度的系统考虑。事实上,资源型城市转型是一个巨大的系统工程,其所涉及的产业发展、就业安置、社会保障体系完善、生态环境和基础设施建设等方面,都是相互联系和相互制约的。比如,解决就业问题需要强化产业支撑,而产业发展又需要培育良好的环境。因此,促进资源型城市转型将需要制定一揽子的综合政策措施,即各种政策工具的有机组合。

2. 缺乏宏观层面的规划

目前,国务院确定的资源枯竭城市都在积极开展转型规划编制工作。但从总体上看,全国资源枯竭城市转型的总体规划却是缺失的。各地的规划虽然有利于发挥各自优势,突出地方特色,但如果缺乏宏观层面的全国总体规划指导,也容易带来诸多方面的问题,如目标和标准的不一致,与国家整体利益的冲突等。因此,尽快启动

编制《全国资源枯竭城市转型规划》,明确资源枯竭城市转型的目标、实施阶段、方向、重点领域和政府援助政策,这是十分必要的。

3. 政府间职责分工不明确

促进资源型城市加快转型,这是中央、省和城市政府的共同责任。然而,迄今为止,在资源型城市转型方面,中央、省、市三级政府的职责分工并不明确,政府与市场的边界也有些模糊不清。很明显,在扶持资源型城市转型过程中,首先要分清哪些城市需要国家扶持,其次要分清哪些领域需要中央政府援助,哪些由地方政府买单,哪些由市场解决。不能把本该由市场解决的事情推给政府,把本该由地方政府买单的推给中央政府,由此将模糊政府与市场、中央与地方的职能边界,不利于发挥政府与市场的合力作用。如果援助政策过分强调中央政府的作用,不仅容易滋生"等、靠、要"的依赖思想,而且也会加重中央财政的负担,使援助政策难以持续下去。

4. 尚未建立长效机制

迄今为止,中国的资源型城市尚未真正建立起衰退产业的援助机制和资源性产业的补偿机制,尽管一些城市近年来在这方面已经进行了有益的探索。同时,现行的援助政策尚未制度化,缺乏一个可以长期见效的、能够保障资源型城市顺利转型的制度体系,即促使资源型城市顺利转型和可持续发展的长效机制。

5. 监管体系不完善

近年来,中央和地方政府都加大了对资源型城市的资金支持力度。然而,对这些资金的具体去向和用途、使用效果等,目前还缺乏有效的监督机制和完善的管理制度,缺乏专项综合审计、监督。为提高资金的使用效率,保障援助资金不被挪用,尽快建立行之有效的监督管理体制,同时建立中期和后评估制度,是资源型城市转型中必须解决的一个重要问题。

6. 缺乏明确的法律地位

在欧美发达国家,衰退产业区都是按照"立法—规划—治理"的程序进行援助和治理的,相关区域政策都是立法先行,然后才是对衰退产业区的规划和治理,而中国对资源型城市的援助则缺乏法律依据,政策的实施具有较强的暂时性,政策的实施效果是否达到预期目的也缺乏法律规

定。因此，推动资源型城市援助政策和措施法规化，明确资源型城市援助政策的法律地位，将是资源型城市实现经济转型和可持续发展的重要保证。

四、新时期国家对资源型城市援助政策的调整思路

从现实情况来看，对资源型城市进行援助是很有必要的，中央也已出台相关政策支持资源型城市转型，但并非对所有的资源型城市都要援助，而是要支持那些发展确实困难，自身难以解决这些困难的城市，这就需要根据统一的标准和资源型城市所面临问题的严重程度，确定需要国家援助的对象。在援助内容上也应有所侧重，并非所有问题都要中央出面来解决，而是要有援助的重点，从而为具体援助政策的制定提供导向。

（一）对资源型城市进行援助的科学基础

从发展转型面临的问题看，资源型城市大体可分为三种类型：一是处于成长期的资源型城市，其资源储量仍较丰富，面临的问题较少，完全有能力依靠自身力量解决发展限制；二是处于成熟或衰退期的资源型城市，虽然其资源性产业出现了衰退迹象，但是其接替产业发展基础较好，发展潜力大，或者已经顺利实现了发展转型，这些城市也不需要国家投入大量的财力、物力进行援助；三是那些资源型产业出现衰退，或者资源面临枯竭，其发展遭受到瓶颈制约，而依靠自身力量又无法走出困境的问题型资源型城市，这些城市应该成为国家援助的重点对象。也就是说，并非所有的资源型城市国家都要给予政策支持，国家援助的只能是那些处于相对衰退或者面临资源枯竭和诸多困难、自身无力持续发展下去、确实需要国家帮助的问题型资源型城市。在欧美国家，中央政府对资源型城市给予政策支持的都是针对资源枯竭及产业衰退等萧条地区而言的，很少有带"普惠制"性质的面向所有资源型城市的援助政策。因此，单纯的资源型城市本身并不能成为中央政府给予政策援助的依据。

中央政府所以要重点对问题型资源型城市实施援助，主要有四个方面的理由：第一，从理论上讲，在社会主义市场经济条件下，资源配置的效率问题主要依靠市场机制来解决，中央的区域政策主要是根据公平原则，对问题区域实行"雪中送炭"，而不是对发达的繁荣区域"锦上添花"。第二，由于矿产资源开发具有生命周期性，因此依托当地矿产资源发展起来的资源型城市，一旦面临资源枯竭，将会导致大量矿业企业关闭，进而影响到资源性产业的增长甚至导致其走向衰退，造成大量失业和社会稳定问题。对于那些没有及时培育起接替产业的资源枯竭城市，由中央政府进行援助，帮助它们尽快实现转型，这是十分必要的，也是中央政府的职责所在。第三，资源型城市过去曾经为国家工业化作出过较大贡献。在传统的计划经济体制下，由于资源产品定价较低，加上国有企业实现的利润全部上交，因此，在过去较长一段时期内，资源型城市创造的价值有相当部分被转移出去了，而长期累积的历史遗留问题，如企业办社会、银行呆坏账、生态环境欠账等，却留给了企业和地方政府。在这种情况下，中央政府对这些资源型城市实行援助政策，也带有一定的补偿性质。第四，目前不少资源型城市生态恢复和环境治理的任务十分繁重。这些生态环境问题大多是历史时期形成的，按照现行的"谁开发、谁保护，谁破坏、谁治理"原则，有不少已经找不到造成破坏和污染的主体了。如有的国有企业已经破产，有的民营企业挣了钱以后就走了，其结果把这种生态成本、环境成本等甩给了政府，这种遗留的外部成本需要由中央政府和地方政府来共同承担。资源型城市政府因自身财力有限，很难独自完全承担这么繁重的生态环境治理重任。

（二）国家援助的资源型城市的确定标准

由上可知，既然并非所有的资源型城市都需

要国家援助,那么,哪些资源型城市可以作为国家援助的对象呢?我们认为,对于已界定出的资源型城市,应根据资源枯竭、相对衰退、接替产业发展难度、生态环境压力、社会负担、地方财力等标准,建立相应的评价指标体系,采用定性与定量相结合的方法,在进行综合评价的基础上,进一步确定今后一定时期内国家支持或重点支持的资源型城市,以此作为国家实行政策支持的依据。

1. 资源枯竭标准

资源枯竭是资源型城市不可持续发展的关键影响因素。因此,资源枯竭程度是确定是否进行国家援助的主要标准之一。例如,关键矿产资源开采年限的长短、因资源枯竭导致矿井关闭的数量多少等,应该成为国家给予政策支持的重要标准。

2. 相对衰退标准

重点考察资源型城市资源性主导产业和总体经济是否处于相对衰退状态。主要指标有:资源性主导产业多年平均增长速度;近年来 GRP 或工业增加值平均增长率;人均 GRP 或工业增加值相对水平的变化。如果增长速度较低,且低于全国各地区同期平均增长速度,说明资源型城市增长处于相对衰退之中,其经济总量在全国的地位和人均 GRP 或人均工业增加值相对水平将趋于下降。

3. 接替产业发展难度标准

资源型城市多以资源性产业作为主导产业,多数资源型城市的资源开采殆尽,资源枯竭现象严重,但是如果接续替代产业发展较好,也没有必要对资源枯竭的城市进行援助。关键是那些资源枯竭,但是接替产业依靠自身力量难以发展起来的城市,国家需要对其进行援助。如果不及时建立起接替产业,则整个城市的经济运转将陷入困境,城市的可持续发展面临威胁,因此,应把接续替代产业发展难度作为政策援助的重要标准。当前可以重点考察以下四个方面:一是资源性产业所占产值比重的大小;二是资源性国有企业技术改造投入的比重;三是资源性国有企业的技术装备水平;四是接续替代产业所占产值比重。

4. 生态环境压力标准

大多数资源型城市面临的生态环境压力非常突出,如因长期开采造成大面积的地表沉陷和生态破坏,棚户区连片分布,区域性环境污染严重等,其生态修复和环境治理需要投入大量人力和物力,对缺乏能力的城市国家应该给予援助。

5. 社会负担标准

资源型城市所承担的各种社会负担大小,应是国家确定是否给予政策援助的优先标准。这些社会负担大都是历史时期遗留的,如不尽快加以解决,很容易引起和激发各种社会矛盾。如城市失业规模、国企债务负担、社会保险资金缺口等,都包含着潜在的不稳定因素,应视为是否成为援助对象所需考虑的标准。

6. 地方财力标准

资源型城市当前所面临的许多问题,单纯依靠地方政府(包括省和城市政府)是难以根本解决的,确实需要中央政府在资金和政策上给予大力支持。因此,可以考虑将地方财力大小作为重要的标准。地方人均财力越小,中央政府越应优先给予支持,或者给予支持的力度要更大。

根据以上六个标准,在资料可得的情况下,可以建立相应的评价指标体系,对资源型城市进行综合评估。表15列举了国家援助资源型城市的主要判别标准。根据综合评价的结果,最终确定需要国家援助的资源型城市。

表 15　国家援助资源型城市的判别标准

判别标准	判别指标	判别依据
1. 资源枯竭标准	关键矿产资源的开采年限 因资源枯竭而关闭的矿井数量	较短 较多
2. 相对衰退标准	资源性主导产业多年平均增长速度 近 5 年 GRP 或工业平均增长率 人均 GRP 或工业增加值相对水平	低于平均增速 低于平均增速 趋于下降
3. 接替产业发展难度标准	资源性产业所占产值比重 资源性国有企业技术改造投入比重 资源性国有企业技术装备水平 接替产业所占产值比重	较高 较低 较低 较低

续表

判别标准	判别指标	判别依据
4. 生态环境压力标准	采空区和地表沉陷区面积	较大
	棚户区面积	较大
	区域性环境污染问题	较突出
5. 社会负担标准	近3年平均城市登记失业率	较高
	国有企业债务负担	较重
	社会保险资金缺口	较大
6. 地方财力标准	人均地方可支配财力	较低

当然，由于各个资源型城市情况差别较大，一些城市可能在某些方面问题比较严重，而在其他方面可能问题不太突出。因此，在评估过程中，应采取定性与定量相结合的办法。一些关键性指标应设计出临界值（阈值），作为入选的门槛。

（三）对资源型城市进行援助的重点

对资源型城市的援助应着重强调以下几点：在关系民生方面，应支持资源型城市完善社会保障体系，创造良好的发展环境；支持棚户区改造，改善居住环境，保障居民居住安全。在改革与开放方面，支持深化国有企业改革，分离企业办社会职能，增强企业活力；支持资源型城市扩大对外开放，提高对外资的吸引能力，鼓励国外有实力的企业参与国企改革。在产业发展方面，支持资源型城市发展接续产业，促进资源型城市经济转型；支持建立技术创新与研发体系，鼓励大中型企业建立技术研发中心和提高自主创新能力，帮助重大技术成果就地产业化。在城市建设方面，支持生态环境整治，改善因资源过度无序开发造成的地面沉降、地表堆积物过多、植被破坏严重等现象，重塑城市优美的景观环境；支持资源型城市解决基础设施和公共设施落后问题，完善城市基础建设，为生产生活提供有力的设施保障。

1. 支持完善社会保障体系和居民居住环境的改善

资源型城市失业人员较多，贫困人口集中，加之地方财力紧张，一些下岗失业和贫困人口基本生活缺乏保障。同时，资源开采过程中形成的棚户区连片分布现象较普遍，居住环境亟待改善，改造任务繁重，需要国家重点支持。

（1）支持完善社会保障体系。

第一，支持完善失业保险制度。以确保国有企业下岗职工基本生活和失业人员生活救助为重点，逐步扩大覆盖范围，将所有城镇企事业单位及其职工、个体工商户及其雇工纳入覆盖范围；建立起完善的失业保险登记、变更、年检、注销制度，形成完整的失业保险费征缴体系；建立完善的失业人员管理服务机制，实行失业保险对象的微机化管理和失业保险金社会化发放工作，提供多方位、多形式的再就业技能培训和再就业指导。

第二，支持完善养老保险制度。一是扩大统筹范围，将所有用人单位纳入社会统筹，努力实现城镇养老保险全覆盖；二是加强基金征缴，采用多种形式、多种渠道筹集养老保险基金，逐步建立国家、用人单位、职工个人合理负担的依法缴费机制；三是加大监督检查力度，制定破产兼并企业资产变现缴费办法，减少基金流失；四是完善省、市级统筹，扩大结存基金的规模，增强养老基金抵御风险的能力；五是确保发放，对所有参保用人单位做到按时足额拨付。

第三，支持完善医疗保险制度。建立社会统筹与个人账户相结合的医疗保险制度，完善医疗保险基金管理制度和医疗保险基金对诊疗和药品报销的范围和办法，解决大病统筹和特殊人群的医疗保障问题，满足不同层次的医疗需求。

（2）支持棚户区改造，改善居住环境。重点支持连片分布的棚户区的改造工作。一是逐步扩大棚户区改造项目的覆盖范围，将东北三省的棚户区改造经验扩展到需要援助的中西部资源型城市；二是建立稳定的改造资金来源渠道，制定合理的改造规划，利用多种途径，如商业开发、小区建设等，分阶段、分类型对棚户区进行改造；三是做好棚户区居民安置工作；四是将棚户区改造与城市规划结合起来，站在城市乃至区域整体布局的角度进行统筹开发和改造。

2. 支持国企改革和对外开放

资源型城市国有经济比重大，下岗、离退休人员比重高，历史遗留包袱重，开放型经济发展滞后，体制性障碍和深层次矛盾突出，改革开放任务繁重，国家应当给予重点支持。

（1）支持深化国企改革。根据"有进有退"的原则，对国有经济进行战略性改组。采用多种方式，推进国有资本减持，促使国有经济逐步退出竞争性领域。大力支持非公有制经济参与国有企业改制、改组和改造，鼓励国有企业、集体企业和非公有制企业相互持股，发展混合所有制经济。

支持大中型国有企业产权制度改革。建立归属清晰、权责明确、保护严格、流转顺畅的现代产权制度，健全产权交易规则和监管制度，推动产权有序流转。建立权责明确，运转协调的国有资产、监督和运营体系。对符合破产条件的国有企业，实行政策性破产。在此基础上，进一步推进企业内部劳动、人事和分配三项制度改革。推进国有企业离退休职工转交社区管理，对实行养老保险、失业保险和医疗保险制度的国有企业，新退休职工由企业负责直接进入社区管理，老离退休职工按照政府支持与企业分担的原则进行社区管理，使企业能够集中精力于生产经营。

（2）支持进一步扩大开放。支持资源型城市进一步开放投资领域，充分利用资源和产业优势，全方位开展招商引资，加快对内对外开放步伐，扩展发展空间。支持引进附加值高、产业关联大、带动作用强、产业链条长、有利于形成产业集聚的制造业项目。大力调整和优化利用外资结构，鼓励外商投向先进制造业、高新技术产业、现代服务业、基础设施建设等重要产业和领域，支持国外大公司参与国有企业、公用事业等的改组改制。继续争取和利用国外优惠贷款，加快重点领域基础设施建设。

3. 支持产业转型和创新体系建设

随着资源开采殆尽，资源型城市传统资源性产业将趋向衰落，企业关闭破产现象将增加，因此，亟须加强技术创新，积极发展接替产业，开发新产品，增强地区经济活力和可持续发展能力。

（1）支持接替产业发展。按照分类指导、因地制宜的原则，支持资源型城市培育发展接替产业，推动经济发展转型。结合各地产业基础，以提高经济效益、增强经济实力和增加就业岗位为中心，实行重大项目向资源型城市倾斜，以项目带动企业集聚和产业链延伸，促进接续替代产业的发展。接续产业是对原有老产业的进一步延伸和发展，针对那些资源储备丰富的城市，应加强对资源的精深加工，大力发展科技含量高、附加价值高的产品，使产业链逐步向纵深方向发展，同时考虑培育辅助性产业及相关服务业；替代产业是发展新产业以取代原有产业，对于一些资源枯竭，已经无望在依赖于原有资源的基础上深化产业链的城市就需要考虑发展替代产业。

（2）支持区域创新体系建设。根据政府引导、市场化运作的原则，加大研发投入，构建充满活力的科技创新与开发体系。特别要推进重点行业技术创新体系建设，集中攻克解决一些制约行业发展的核心技术和关键技术，开发一批具有自主知识产权和行业领先水平的新产品，增强行业发展后劲。重点支持加快以企业为主体、以市场为导向、产学研相结合的技术创新体系建设。鼓励大中型企业建设技术研发中心，大力扶持民营科技企业，支持科技型企业转型，鼓励应用技术研发机构进入企业，推动企业成为技术创新的主体。支持发展创业风险投资，健全知识产权保护制度，完善技术市场体系。支持产学研结合，鼓励企业与市内外高校和科研机构开展技术合作与技术开发，加速科技成果转化和产业化。

4. 支持生态环境整治和城市建设

长期以来，由于体制等问题，资源开采无序，环境污染突出，使得当前资源型城市生态破坏现象严重，超出自然承载能力，严重影响了城市功能的发挥。城市基础设施落后，城市景观缺乏美化，亟待中央政府加大支持力度。

（1）支持生态环境整治。许多资源型城市发展过程中由于乱采乱挖，忽略资源环境保护，造成生态环境恶化，地面塌陷，城市面貌破坏严重。为此，加强对资源型城市的环境治理力度是当务之急。一是拓宽对采煤沉陷区的治理范围。对于过去开采已形成沉陷但目前显现不明显或逐步显现的，国家也应纳入补偿或帮助治理的范畴。因为采煤沉陷区形成是一个长期、动态的过程，只有持续的支持才能显示政策的有效性。二是支持对废弃资源再利用技术的研究开发。露天堆放的煤矸石、粉煤灰不仅侵占了大量的土地，而且严重地污染城市环境，污染了地下水，更加剧了生态环境的恶化，导致了局部荒漠化。国家应加强研究并支持对矸石山、粉煤灰等堆积物的综合利用，并在信贷资金、税收等方面对综合开发利用废弃资源的企业实行特殊支持。三是加强对资源利用的规范化管理。要制定合理的资源开采规划，加快建立完善资源开发补偿机制。

（2）支持城市基础设施建设。支持资源型城市交通、通信、水利、电网和城市燃气、暖气、供排水管网等基础设施建设，促使其尽快改变基础设施陈旧和落后的面貌。同时，要支持资源型城市科技、教育、文化和卫生等公共设施建设，促进资源型城市社会事业发展，提高其公共服务能力和全民整体素质。

（四）对资源型城市进行援助的具体政策措施

资源型城市的经济转型及可持续发展，需要国家给予政策支持。根据当前国家的政策导向，结合问题严重的资源型城市的发展现状，可在以下方面对资源型城市实行具体的援助。

1. 制定合理的资源型城市援助规划

目前，国家的援助主要集中在 44 个试点城市上，整体来讲，对这 44 个城市的援助还处于起步阶段，同时，需要援助的问题型资源型城市也并不仅仅局限于这些列为试点的城市，在试点城市取得一定成效之后，有必要将援助政策及试点城市的经验推广到所有需要援助的城市。在当前援助的试点阶段，很有必要制定科学的国家援助规划，为资源型城市的顺利转型提供战略指导。

（1）合理确定援助对象。在现有依赖于林业、矿产等资源发展起来的城市中，并非所有城市都需要国家援助，有些资源型城市资源储量仍较丰富，面临的问题较少，完全可以依靠自身力量解决其发展中的问题，这些城市就不需要国家投入大量的财力、物力进行援助。而那些发展遭受到瓶颈制约，依靠自身力量无法走出困境的资源型城市才可成为国家援助的重点对象。目前国家的援助对象主要局限于列为试点的 44 个城市（地区），而从长远来看，需要援助的资源型城市范围还较宽广，因此，在现行的对试点城市进行援助之外，很有必要对需要国家援助的资源型城市进行全面规划，并参考前述的援助标准，确定需要国家援助的资源型城市。

（2）清晰定位援助目标。充分提供就业岗位，保障民生，促进产业转型和可持续发展是对资源型城市进行援助的主要目标。根据所明确的援助对象，对不同类型的资源型城市所确定的援助目标也应有所侧重，比如针对煤炭资源枯竭型城市，生态环境破坏严重，地面塌陷现象普遍，居民住宅安全隐患较多，援助政策的目标可适当考虑向住房方面倾斜；森工类城市则是砍伐现象严重，不利于森林资源的持续利用，在制定政策目标时就要考虑向林业可持续发展方面倚重。

（3）适时调整援助内容。应用历史的、发展的眼光看待对资源型城市的援助。资源型城市的发展具有阶段性，面临的问题也并非一成不变。对不同发展阶段的资源型城市的援助内容也应有所不同，即在横截面上，应考虑对不同类型的资源型城市实施不同的援助内容，而在某类或某一资源型城市发展的纵断面上，应该考虑不同阶段实施不同的援助内容，只有这样，才能够激发资源型城市的发展潜力，利于资源型城市的长远发展。

2. 加快建立资源开发利用的补偿机制

资源收益在不同利益主体之间的合理分配是建立资源开发补偿机制的核心，目前的主要问题在于资源收益分配的不合理，这样就需要利用市场及行政手段进行调节。改革资源税费制度，合理安排资源税所得的再分配，完善市场主导资源品价格机制是建立资源开发补偿长效机制的关键。针对资源已经或濒临枯竭的城市，国家有必要在长效机制的建立过程中给予适当的资金和政策支持，帮助其解决历史遗留问题，弥补社会保障、生态、人居环境和基础设施建设等方面的欠账。

（1）改革资源税费征收制度。建立资源开发补偿机制须有一定的资金保障，而资源税费可作为资源开发补偿资金的重要来源之一，因此，很有必要对不符合当前实际的资源税费征收制度进行改革。国家发展改革委在《2009 年深化经济体制改革工作的意见》中明确提出：研究制订并择机出台资源税改革方案。目前专门针对资源征收的资源税费主要有矿产资源补偿费、探矿权采矿权使用费、探矿权采矿权价款和资源税等。

针对资源税，一是扩大资源税征收范围。目前资源税的征税范围主要是矿产资源，建议把森林资源也纳入资源税的征收范围，加强对森林资源的合理利用。二是调整计征方式。建议将现行从量定额征收改为从价计征的征税方式。最近几年，资源价格波动频繁，例如煤的价格过去每吨200~300元，现在变成了上千元，如果仍采用从量征收的方式，则价格上涨过程当中，那些资源型垄断企业的收入增加很多，而政府的税收却没有增加。根据目前情况，可将资源税的征收比例提高到销售价格的5%~10%，这样就提高了地方政府可支配的财力。三是调整资源税的税收优惠政策。现行的资源税只在资源的开采生产环节征收，其税收优惠政策也只能对资源开采企业发挥作用，可以考虑对资源回采率和选矿率达到一定标准的资源开采企业给予一定资源税税收减免，以激励资源开采企业自觉保护资源，提高资源开采效率，保护生态环境。

针对各种资源费，一是实行弹性的矿产资源补偿费征收费率。现行的矿产资源补偿费是按照矿产品销售收入的一定比例计征的，这一比例是根据不同的矿种设定的，具有一定的固定性。由于资源开采具有一定的周期性，在资源丰裕时期，缴纳矿产资源补偿费对企业来讲并不困难，但是当资源开采难度增加，富矿少贫矿多，甚至资源枯竭时，资源补偿费就相对增加，不利于企业的发展，现阶段资源型城市资源开采较多进入衰退期，企业困难重重。因此，应针对企业的不同阶段实行不同的费率，增加费率的弹性化，实行人性化管理。二是提高矿产资源补偿费的地方留成比例。按照现行的《矿产资源补偿费征收管理规定》，中央与省、直辖市矿产资源补偿费的分成比例为5:5；中央与自治区为4:6。随着一些城市资源开采殆尽，如资源型城市集中的东北三省，在援助资源型城市转型及可持续发展中，财政压力很大。因此，国家可考虑在分成比例上适当上调省级政府的留成比例，以缓解目前的地方财政压力，为资源型城市顺利转型提供必要的财力保障。三是适当减免探矿权采矿权使用费和价款。

很多资源型城市资源蕴藏丰富，已开发探明的矿藏周边也有未探明矿藏，这就为资源性产业的可持续发展提供了机遇。为充分调动各方面探矿的积极性，可考虑将国家的探矿权采矿权使用费减免办法扩大到资源型试点城市。

（2）完善资源价格形成机制。在对资源税费合理调整的条件下，加快资源产品价格改革步伐，逐步形成能够反映资源稀缺程度、市场供求关系、环境治理与生态修复成本的资源性产品价格形成机制。制定科学的资源性产品的成本核算方法。要把矿业权取得、资源开采、环境治理、生态修复、安全设施投入、基础设施建设、企业退出和转产等费用列入资源性产品的成本构成，完善森林生态效益补偿制度，防止企业内部成本外部化、私人成本社会化。

（3）建立资源开发补偿基金。建立资源开发补偿的专项基金，形成稳定的补偿资金来源渠道。从目前征收的资源税、矿产资源补偿费中抽取一定的比例，加上中央和地方财政（省级和市级财政）的投入，建立资源开发补偿基金，用于保护和恢复被破坏的生态和地质环境，提高可持续发展能力。对资源开发进行补偿具体应包括四方面内容：第一，在资源合法开采的前提下，由于资源开采影响了资源的重复利用，应当对资源的所有权者给予补偿；第二，因资源的合法开采而给周围环境造成的环境污染和生态破坏，要对受环境污染和生态破坏牵涉到的行为主体给予补偿；第三，因资源的开采利用对城市景观造成的破坏应给予一定的补偿，以帮助资源型城市修复城市面貌。

3. 加大对产业转型的援助力度

通过财税扶持、资金和项目支持、减轻企业负担等方式，对因资源枯竭而走向衰退或者退出的产业进行直接援助，并通过政策引导对接续替代产业进行间接的援助，促进资源型城市的产业转型。

（1）增强对衰退产业退出的援助力度。对资源型城市的衰退产业进行援助，以缓解衰退产业退出时产生的种种社会压力，是一些发达国家的共同做法。如联邦德国在20世纪60年代针对鲁尔区的衰落趋势，采取了一系列产业转移援助政策，使鲁尔区走上产业结构多元化的道路。日本也曾对处于衰退中的煤炭行业的退出实行援助政策。一般而言，对资源型城市衰退产业退出的援助手段主要是资金和劳动力方面的援助。在资金方面，可通过财政、金融等手段促进衰退产业要素的合理流动，包括对无法继续经营下去的企业实施依法破产；对历史债务给予一定比例的豁免；对固定资产进行加速折旧处理；对已破产的企业用地进行再开发和置换，通过土地置换和变卖企业固定资产，偿还历史债务；为企业提供技术和融资支持，帮助企业开发新产品，实现转型升级等。在劳动力方面，一是为下岗职工提供就业指导、进行技能培训，为再就业提供人力资本投资；二是对录用指定失业者的企业进行补贴；三是为不能及时再就业的失业者提供最低生活保障。

（2）加大对接续替代产业的扶持力度。从澳大利亚、日本、欧盟等一些国家和地区的资源型城市发展经验来看，实现资源型城市可持续发展的重要途径就是大力发展资源型城市的接续替代产业。当前，可考虑通过财政专项拨款、财政参股、财政贴息、项目投资等方式扶持接续替代产业发展，增加资源型城市的税收返还比例和财政补贴，并监督用于改善投资环境，加强道路、通信、环境、卫生基础设施和公共事业的建设，以吸引外来投资、促进接续替代产业的企业进入和建立。

（3）建立产业结构调整专项基金。在中央财政的支持下建立国家资源型城市产业结构调整专项基金，主要用于四个方面：一是支持资源型城市工业升级；二是支持发展新兴的接替产业；三是矿山关闭后，用于下岗工人的再培训和安置问题；四是矿山开采引起地面塌陷后，要进行土地修复和环境保护等工作。这个基金可以设在国家开发银行，或委托给其他银行，对资源型城市的资源开发项目、经济转型项目给予贷款贴息或贷款支持，促进资源型城市的资源开发利用和替代产业发展。其来源可以通过征收矿产开采费、资源税等方式获取，比如从资源税费增加收入中提取一部分以及通过加大资源税征收力度等。在管理上由政府和企业在指定银行设立"共管账户"，共同监督，专款专用。此外，为保证基金能够持续发挥作用，应考虑根据资源型城市不同发展阶段、不同资源及不同开采量，调整税费征收率，使税费的征收更加弹性化，建立完善对资源型城市进行援助的长效机制。

4. 加快国企改革步伐，推进企业多元化进程

资源型城市的突出特征之一就是国有企业所占比重大，经济结构较为单一，机制体制活力不足。尤其当资源出现衰竭、市场情况突变时，国有企业往往调整转型较慢，人员退出和就业转移难度大，对政府的依赖思想严重。因此，必须加快国有企业改革步伐，推进企业多元化进程，提高资源型城市转型发展的能力。

（1）加快国有企业改革与重组步伐。有针对性地对国有企业的退出实施政策扶持。对竞争性企业应通过产权出售、"赎买"退出、破产关闭、破产重组、兼并重组等多元化方式实现国有资产的退出。而对垄断性较强的企业应鼓励民营资金和外商的进入，不断增强企业活力，以避免国有大型企业国有股"一股独大"。

要按照市场经济的原则，站在区域乃至全国的角度对资源进行整合，打破地域限制，首先着手对优势资源在产业链方面的整合。在推进企业重组的过程中，中央应加大财政支持力度。企业重组后的分离社会职能、失业职工再培训等，中央应根据实际情况给予补贴，以减轻地方财政负担。

（2）积极鼓励企业多元化发展。要鼓励和扶持中小企业参与资源型城市的转型发展，对符合优先发展条件的中小企业给予一定的税收优惠和财政贴息贷款等，以改变某些行业国有企业一家独大的局面。鼓励中小企业发展，不仅可以改善资源型城市企业结构单一的状况，还可以吸纳失业人员，缓解其就业压力。要充分利用民间资本，改善不利于民间资本进入投资市场的限制条件，消除不利于民营经济发展的税收歧视政策，降低民间资本进入垄断行业的限制门槛，为民间资本提供良好的投资环境。为此，要在税收政策上全面实行国民待遇，建立统一的企业所得税制，完善所得税体系，对民营企业一视同仁，加大对民间投资的支持力度。

（3）创造良好的金融支持氛围。在资源枯竭城市，已有的资金配置去向使得金融机构同原有资源型企业之间形成紧密的互动关系，伴随着企业的不断衰落，金融机构亦遭受损失，形成大量的呆账坏账。一方面，对原有主导产业的支持使得企业对金融机构的债务积压严重，金融机构不愿再贷款给这些原有老企业;另一方面,新的中小企业由于没有足够的担保能力亦得不到金融机构的资金支持。这使得整个金融信贷环境不利于资源型城市的产业转型和可持续发展。可以考虑根据原有主导产业及接续替代产业的发展状况,制定存量信贷资金投向的调整规划,用于指导地方金融机构采取相应的阶段性的资金投入退出计划;采取适当的激励机制,对于金融机构增量资金中用于支持新兴产业发展超过一定比例的,给予一定的奖励;对于从事接续替代产业的无担保能力的中小企业,可以考虑采取适当的措施对支持接续替代产业的金融机构给予一定的风险补偿,同时建立健全担保和反担保机构,扶持接续替代产业中小企业的发展。

5. 完善社会保障体系,促进居民安居乐业

妥善做好下岗人员的安置工作,增加对社会保障的投入,有利于安定民心,促进社会稳定,为资源型城市顺利转型提供有力的保障。

(1)积极推进就业,完善社会保障体系。有必要建立针对资源型城市失业人员再就业的特殊财政支持政策。综观发达国家对失业问题的治理,都非常重视对失业人员进行再就业的职业技能培训。如美国政府每年都有再就业预算,近百万人得到培训后技能提升,70%以上人员在培训后都找到了工作。德国有专门的《劳动促进法》,规定接受培训的失业者可得到生活补贴等。根据资源型城市产业转型对就业人员的需要,设立不同类型、不同层次的培训机构,进行有针对性的培训,培训费用可考虑由中央、地方财政分摊。而对于那些企业无力提供培训和实施再就业的职工或者不具备再就业条件的职工,应由中央、省和当地政府建立资源型城市转型就业保障专项基金,以保证其基本生存的需求。此外,要尽快完善包括失业、养老、医疗、工伤、社会救助等在内的社会保障体系,多渠道筹措资金,加大中央转移支付力度,建立专项社会保障基金,形成社会保障的长效机制。

(2)进一步加大棚户区改造力度,改善居民居住条件。近年来,国家先后投入了大量资金对东北老工业基地棚户区改造进行援助,2009年底住房和城乡建设部等五部门又联合发布《关于推进城市和国有工矿棚户区改造工作的指导意见》,明确采取财政补助、银行贷款、企业支持等办法多渠道筹集资金,扎实推进城市和国有工矿棚户区改造工作。当前急需贯彻落实意见精神,制定具体的实施细则,并加大对资源枯竭城市棚户区改造的支持力度。重点要加大对资源枯竭城市棚户区改造的财政补贴力度,尤其对棚户区集中分布的资源枯竭城市,除国家规定的城市经济适用房、廉租房、保障性住房等相关优惠政策外,应再加大政策优惠力度,给予特殊对待;对于不能通过商业开发的棚户区改造所必要的小区内部基础设施、与市政公共设施连接的基础设施以及配套学校、医院的建设等,国家应根据具体情况给予相应的投资补助。

6. 重视环境修复工作,重建良好生态环境

生态环境破坏严重是多数资源型城市面临的普遍问题,根据西方发达国家的成功经验,均非常重视采矿后环境的修复工作。如德国鲁尔区把煤矿转型同国土整治结合起来,列入整个地区的发展规划中,并为此成立专门的整治部门,负责处理老矿区遗留下来的土地破坏和环境污染问题,对关闭后的企业进行整体改造,加强绿化、住宅小区建设和商业中心开发等,以加快改变老矿区的形象,如今的鲁尔区环境优美,吸引了众多商家前来投资,也提供了大量的就业岗位。

(1)加强塌陷区治理力度,做好土地复垦规划。继续做好采煤沉陷区治理,抓紧组织治理废弃的露天矿坑、矸石山等重大地质灾害隐患,修复生态,有效预防矸石山自燃和坍塌等事件发生。加大对石油开采造成的水位沉降漏斗、土地盐碱化等问题的治理力度。按照"谁治理,谁受益"的原则,积极引导社会力量参与矿山生态修复和环境治理,加强对矸石山和尾矿砂的综合利用。有关地方政府和企业可研究组建专业化矿区治理公司,依托其研究制定矿山治理规划并组织实施。做好土地复垦规划,从征收的土地复垦费中拨出一部分资金,加大矿山废弃土地的复垦力度。科学编制水资源规划,合理配置水资源,统筹协调生活、生产和生态用水。有关部门在安排土地开发整理项目时,适当向资源型城市倾斜。

(2)建立矿山环保与土地复垦保证金制度。通过加大增产稳产期的资源型城市的资源税征收力度以及从重要资源产品(包括石油、天然气、煤炭等）涨价收入中提取必要份额等作为保证金的来源，主要用于资源枯竭城市转型所需的环境建设，包括解决普遍存在的地面沉陷、固体废弃物堆放、水资源破坏等特殊生态治理问题。同时，对于增产稳产期的资源型城市，应当未雨绸缪，设立地方预算稳定基金。从本地资源性收入中提取必要的部分作为地方财政稳定基金的来源，在资源枯竭时用于弥补地方财政收入不足，以及用于地方环境治理工作。

（3）建立分阶段环境评估体系。根据实际情况，可分阶段建立采前、采中、采后的环境评估体系，并拟定相应的生态修复和环境治理措施。第一，制定环境破坏限制范围，在开采前，要对开采会造成的环境破坏进行评估，超过限制范围的不予颁发开采权；第二，在开采过程中，对生产方式进行严格限制，对那些容易造成环境破坏的生产技术和工艺要进行淘汰和限制，并及时加以改进；第三，在开采后，要根据相应的治理细则，区分不同情况，采取多元化途径进行生态环境治理。

7. 明确援助政策的法律地位

中国资源型城市类型多样，面临资源枯竭的城市也不在少数，其问题非常复杂且较难解决，这些城市实现产业转型和可持续发展是一项长期的系统工程，转型过程中涉及诸多部门和地区的利益，为协调各方利益，提高政策的援助效果，建议组建专门机构来统筹资源型城市的转型发展问题，负责研究制定系统的国家援助规划、援助措施以及政策实施的协调、效果评价等工作。这也是发达国家资源型城市成功转型的经验之一，如德国政府为促进鲁尔老工业区的转型，成立了鲁尔煤管区开发协会，专门负责编制具有法律意义的总体规划。同时，要确立资源型城市援助规划和政策的法律地位，以法律的形式确立资源型城市转型的地位，从而保障援助资金的稳定来源、各项政策措施的有效实施以及形成长效机制。

参考文献

樊杰. 我国煤矿城市产业结构转换问题研究 [J]. 地理学报，1993（3）.

国家发展改革委宏观经济研究院课题组. 资源型城市经济结构转型研究. 国家发展改革委宏观经济研究院，2002.

胡魁. 中国矿业城市基本问题 [J]. 资源·产业，2001（5）.

蒋承菘. 矿业城市与可持续发展文集 [C]. 冶金工业出版社，1998.

金凤君，陆大道. 东北老工业基地振兴与资源型城市发展 [J]. 科技导报，2004（10）.

李清等. 阜新市国有企业改革情况考察报告 [R]. 萍乡市经济贸易委员会网站，2009-7-15.

李文彦. 煤矿城市的工业发展与城市规划问题 [J]. 地理学报，1978（1）.

刘云刚. 中国资源型城市界定方法的再考察 [J]. 经济地理，2006（6）.

潘建军. 支柱产业面临资源危机 [N]. 潜江日报，2009-4-28.

齐建珍等. 资源型城市转型学 [M]. 人民出版社，2004.

沈镭等. 论矿业城市经济发展中的优势转换战略 [J]. 经济地理，1998（2）.

宋晓梧. 大力促进我国资源型城市可持续发展 [J]. 北方经济，1999（6）.

谭飞，朱建军，宋常青. 中国资源型矿业城市将大力发展循环经济. 人民网（http://politics.people.com.cn/GB/1026/3549710.html），2005-7-18.

田霍卿. 资源型城市可持续发展的思考 [M]. 人民出版社，2000.

王青云. 资源型城市经济转型研究 [M]. 中国经济出版社，2003.

王元. 重视单一产业性城市的可持续发展 [N]. 人民日报，2000-1-11.

赵海云，张以诚. 中国矿业城市界定标准几个问题的探讨 [J]. 资源·产业，2004（2）.

赵景海，俞滨洋. 资源型城市空间可持续发展战略初探 [J]. 城市规划，1999（6）.

赵晓展，黄明. 资源枯竭城市调查 [N]. 工人日报，2009-11-26.

郑伯红. 资源型城市可持续发展优化及案例研究 [J]. 云南地理环境研究，1999（1）.

中华人民共和国环境保护部. 2003~2007 全国城市环境管理与综合整治年度报告汇编 [R]. 中国环境科学出版社，2009.

周长庆. 浅论资源型城市属性、结构及成长中的协调发展 [J]. 经济体制改革，1994（5）.

（魏后凯，中国社会科学院城市发展与环境研究所；时慧娜，河南财政政法大学研究院）

我国资源型城市经济转型的科学思路

资源型城市是指因自然资源的开发而兴起，又以资源开发、加工为主导产业的城市，绝大多数国家都有这类城市，在国家经济发展中具有重要的战略地位。我国有426座资源型城镇，其中城市179座。经过多年的开发，一部分城镇已资源枯竭，2005年以来，先后有44座资源枯竭型城市被国家列为经济转型试点市。从全局看、长远看，这类城市无论是资源丰富还是资源枯竭，都应推进经济转型、体制创新，可以说，转型创新是资源型城市的共同使命，每座资源型城市都必须确立转型创新的科学思路。当然，每座资源型城市的情况不同，转型创新的内容也各异，但也有共同的规律，转型创新的科学思路也会有共同的特征。基于这样的认识，本文从四个方面对我国资源型城市转型创新的科学思路试作探讨。

一、从产业经济学意义上讲，推进资源产品向产业链的转型延伸

产业的转型是资源型城市转型创新的基本面，中外经验都表明，资源型城市的成功转型，都是重点实现了产业结构的成功转型。由于资源型产业是资源型城市的主导产业，那么，从产业经济学意义上讲，资源型城市产业结构的转型创新，必须推进资源产品向产业链的转型延伸。

任何一个产业，都是基于资源与需求两个因素发展起来的。根据产业发生学原理，可以把全部产业分为两大类型：一是存量产业，即历史形成的既在产业，或称现有产业；二是增量产业，即有了新的需求而吸引投资者兴办的产业，或称新兴产业。[①] 我国的资源型城市大多也有这两类产业，但以存量产业为主，而存量产业又是以资源型产业为主体，生产的是资源产品。基于这种情况，资源型城市应以产业链为中心调整产业结构，无论是存量产业还是增量产业，都应推进产品向产业链的转型延伸，尤其是资源产品向产业链的转型延伸。

产业链是在社会再生产体系中形成的以产品或服务为载体的产业关联。在一般经济活动中，每一个产业都需要其他产业提供相关产出，也把自己的产出以市场需求提供给其他产业，通过产业之间的前向的或后向的、单向的或多向的复杂关联，形成了产业链。资源型城市的存量产业主要是为其他产业提供资源产品，处于产业链的低端，产业链条很短，而不可再生的资源总是要趋向枯竭，产业发展必然会面临危机。因此，推进资源产品向产业链的延伸，拉长产业链条，应该是提升资源型产业存量产业的必然选择。

资源产品向产业链的延伸，主要是开发关联产品，培育关联企业，以产业链为中心形成产业共生圈，以产业共生圈为依托拉长产业共生链，资源型城市的产业发展就会开拓新空间。在产业链上，产品可以不断创新品种，产业就可得到不断发展。所以，从这个意义上完全可以说，"只有夕阳产品，没有夕阳产业"，资源型产业更不是"夕阳产业"，而是人类生活和社会再生产不可或缺的产业。如果产业链走到成熟的程度，那么，

---

① 程必定. 产业转移"粘性"及安徽的对策 [J]. 江淮论坛，2009（5）.

即使资源枯竭了，也因为在产业链的形成过程中已培育出接续产业，城市仍会保持产业生命力、发展力和竞争力。何况，资源枯竭了，还可以通过其他渠道获取资源，足以维持产业链的存在和发展。这样的情况，在国外和国内的许多资源型城市都有出现，而且发展良好。

还有一个不可忽视的因素是，资源型城市在依靠资源开发过程中所积累的产业队伍、科技力量、管理经验，特别是培育和发展了所在地的城市，更是非常重要的资源。这些资源不仅是城市存量产业发展的促进因素，也为资源型城市增量产业的发展提供了必要与充分条件。

随着科学技术的进步和经济社会的发展，人们的需求层次逐步提高，产业边界也日益模糊，产业发展处于革命性变化之中，具有新需求的新兴产业或增量产业不断出现，而且有着广泛的市场空间。处于重大转型时期的中国经济，不仅要确保存量产业的发展，还要引导社会资本和境外资本面向新需求投资新兴产业或增量产业。在我国，具有市场前景的增量产业或新兴产业很多，主要有电子信息产业、节能环保产业、新材料产业、新能源汽车产业、节能环保产业、高端装备制造业，以及旅游业、新能源、文化产业、创意产业、公共安全产业、生物农业、中医中药业、康体保健业、民间手工艺业和职业培训业等。这些产业适应我国生产方式和消费方式的历史性转变，既有旺盛的市场需求，又有巨大的就业容量，将会陆续成为拉动中国经济发展的新兴支柱产业。有人统计，从我国近几年的情况看，上述新兴产业的增长率都高于 GDP 增长率 5~8 个百分点，[①] 表现出比存量产业更好的成长性。资源型城市由于在依靠资源开发过程中长期形成的产业积累、人才积累、技术积累、管理经营积累，更具备发展这些新兴产业或增量产业的优势，各资源型城市应该从自身的优势出发，选择若干适宜发展的上述产业，作为经济结构调整的接续产业，并且以产业链为中心，不断扩大这类产业的规模，提升这类产业的水平。这样的情况在国内外资源型城市的转型中也很常见，而且势头良好，可以在我国资源型城市广泛发展。

二、从生态学意义上讲，推进城市由高碳发展模式向低碳发展模式的转型提升

大气中 CO_2 浓度不断升高和温室气体大量排放而带来的全球气候变化，使人们深刻认识到，要摈弃 20 世纪的传统增长方式，通过低碳发展模式和低碳生活方式，实现人类的可持续发展。CO_2 温室气体的排放主要集中在城市，而资源型城市又是高碳发生的城市。因此，从生态学的意义上讲，资源型城市的经济转型，必须推进由高碳发展模式向低碳发展模式的转型提升。

推进资源型城市由高碳发展模式向低碳发展模式的转型提升，重点是推进低碳生产方式，努力实现高碳产业低碳化。因为资源型城市的产业大多是高碳产业，在我国现阶段的经济技术状况下，高碳产业仍然是不可缺少的，但高碳产业的生产必须向低碳方向发展，使资源型城市的高碳产业逐步实现低碳化。最基本的途径是发展循环经济，坚持资源开发和集约利用相结合，按照减量化、再利用、资源化的原则，在资源开采、废物产生、生产消耗、产品储存与运输等环节，建立起资源型城市的资源循环利用体系，最大限度地节约能源，减少污水、污气、固体废弃物的排放。尤为重要的是，各类资源型城市要加强对资源的综合利用，在煤炭、化工、黑色和有色金属冶炼的资源型城市，尤其要加强对粉煤灰、煤矸石、尾矿、冶金和化工废渣等工业废物以及废水、废气的综合利用，即使需要排放的，也应该达到国家规定的环境质量标准，做到达标排放。为此，资源型城市的行业和企业都要淘汰落后设备，参与城市大气和水资源的污染防治体系，注重修复

① 张孝德. 应对危机需要双驱动产业发展战略 [N]. 中国经济时报，2009-5-6.

城市的生态环境，充分发挥企业在推进低碳生产模式中的骨干作用。

资源型城市推进高碳产业低碳化，关键是研究、开发和运用低碳技术。在未来时期，低碳技术将成为国家核心竞争力的基本体现，更是资源型城市彻底转型的基本标志，但低碳技术的研究、开发是一个长期的过程，目前虽然已开发出一些低碳技术，如节能技术、无碳和低碳能源技术、二氧化碳捕捉与埋存技术等，但这些低碳技术在我国资源型城市的运用还很少。因此，积极运用已成熟的低碳技术，努力研究和开发先进适用低碳技术，应成为我国资源型城市的共同使命。

低碳消费方式也是低碳发展模式不可分割的重要组成部分，我国资源型城市也应该积极提倡和推行低碳消费方式。低碳消费方式又称绿色消费，内容十分广泛，有人概括为五个层次的消费：一是"恒温消费"，即消费过程中温室气体排放量最低；二是"经济消费"，即人们生活对资源和能源的消费量最小；三是"安全消费"，即消费结果对消费主体和人类生存环境的健康危害最小；四是"可持续消费"，即消费对人类可持续发展的危害最小；五是"新领域消费"，即消费向低碳领域转变，包括使用新能源、低碳产品、再生资源制品等。[①]可见，低碳消费不仅是节能、节水、节地、节材、节时，还有更多的内容，体现了人们的一种价值观和生存心境。资源型城市由于处于高碳环境之中，在广大民众中提倡和推行低碳消费就更为重要了。

需要指出的是，伦敦未来森林公司于1997年提出的"碳中和"(Carbon-neutrl)技术，对我国资源型城市向低碳模式的转型具有积极的意义。碳中和技术是指通过植树造林增加碳汇，可以将二氧化碳排放量吸收而捕捉或埋存，在一个局域范围内能实现碳的中和归零。这就表明，资源型城市大力推进植树造林，建设"园林城市"、"森林城市"或"生态城市"，从而改善城市的自然生态环境，是非常重要的，也是普遍可行的。

三、从城市经济学意义上讲，推进城市由资源型向价值型的转型拓展

经济学是研究社会资源的优化配置，使之最具有价值性；城市经济则是研究城市资源的优化配置，使城市更具有价值性。从这个意义上讲，资源型城市的转型创新，不仅要突出使资源得以优化配置的产业链，更要突出使资源更具有价值性的价值链。这样，对资源型城市而言，在推进资源产品向产业链转型延伸的基础上，更要推进城市由资源型向价值型的转型拓展，不仅是题中应有之义，而且更具有重要性。

对资源型城市而言，推进城市由资源型向价值型的转型拓展有狭义和广义两层含义。从狭义上讲是对产业而言的，这种转型拓展使各类产品更具有价值性；从广义上讲是对城市而言的，这种转型拓展使资源型城市更具有价值性。

从狭义上讲，通过使产品更具有价值而推进城市由资源型向价值型的转型拓展，就要从价值链的角度审视产业链，对那些可以被拉长的产业链，还应从价值链的角度，对如何拉长产业链作出科学选择。很显然，这就需要在价值链曲线的左、右两端选择突破口，或是推出新设计、新技术，或是培育品牌、优化服务、着手资本营运，都能提升产业的价值性。这就需要加入创新因素，以创新驱动产业价值的提升。但是，对不同的资源型城市来说，创新资源是不同的，既要充分利用既有的创新资源，积极推进自主创新，又要培育乃至引进创新资源，积极推进联合创新，特别是要推进企业、高校、科研机构的"产学研"结合，努力将资源型城市建设成创新型城市。在创新点的选择上，应先从那些具备条件的方面入手，形成先发优势，然后向相关领域拓展，培育产业优势，逐步推进城市产业由资源型向价值型的转型，实现传统产业新型化、新兴产业规模化。我

① 陈晓春，谭娟，陈文婕. 论低碳消费方式 [N]. 光明日报，2009-04-21.

国的资源型城市大多是国家和地区的老工业基地，都具有一定的人才优势、技术积累，具有产品开发与技术创新的能力，已有许多资源型城市在向价值型的转型创新中取得很多新进展。所以，通过使产品更具有价值而推进城市由资源型向价值型的转型创新，在我国具有广阔的前景。

从广义上讲，通过使城市更具有价值而推进城市由资源型向价值型的转型拓展，对我国的资源型城市来说还是一个新的课题。使城市更具有价值，首先应明确什么是城市的价值。

城市是人类经济社会活动的空间载体，是区域经济社会发展的高地，城市应该具有使人们生存和发展最适宜的条件。从这个意义上讲，城市的价值就是城市的质量，使城市更具有价值，就要使城市更具有质量。而恰恰在这方面，资源型城市与其他城市相比有很大的差距。由于资源开发是城市的主导产业，这种产业格局使人们对资源型城市的印象是：环境脏、乱、差，布局散、碎、乱，人们也不愿意到资源型城市生活和发展。因此，通过使城市更具有价值而推进城市由资源型向价值型的转型创新，就是要提高资源型城市的发展质量。为此，应更新资源型城市的发展模式，推进资源型城市建设的三个转变：

一是城市布局应从区位扩散向人口聚集转变，通过"紧凑型"布局提高资源型城市的发展质量。我国的资源型城市大多是随矿建城，资源开发到哪里，城区建设就蔓延到哪里，形成区位扩散的城市布局，这是一种最不经济的城市布局。城区面积的蔓延还给基础设施建设造成压力，城市质量就很难提高。而且，由于布局散，市区人口形不成规模，又导致人气、商气不足，人们生活很不方便，城市发展缺乏生机。因此，资源型城市布局应纠正随矿建城的传统模式，通过"紧凑型"布局提高市区的人口聚集能力，精心建设城市集中区，矿区只作为生产中心，将生活中心集中于市区，用通勤办法解决生产中心与生活中心的分离，在资源型城市的范围内，真正实现"同城化"。资源型城市布局从"区位扩散"向人口聚集

的转变，形成人口集中区，又会引发商业、服务业等第三产业乃至加工制造业的发展，从而会培育城市的生气和新的增长点。这样，即使是资源被开发枯竭，城市仍有生存和发展的深厚基础。

二是城市建设应从重视基础设施建设向功能建设转变。基础设施是城市存在的物质支撑，在资源型城市受到普遍重视，但是，城市生存和发展的基础性支撑并不是基础设施，而是城市的功能，这个问题在资源型城市并没有受到普遍重视。长期以来，我国资源型城市普遍存在重视基础设施建设、轻视城市功能建设的倾向，许多城市基础设施齐备，建设水平也很好，但城市功能不明晰，在资源枯竭的情况下，城市发展就失去了方向。城市功能是对区域而言的，是城市在区域中的作用，或是区域的经济中心，或是区域的交通枢纽，或是区域的文化中心，每个资源型城市都应从自己的特色出发，确立在区域中的功能定位，并且围绕发挥这种作用而培育城市功能，资源型城市才会把握转型创新的方向，得到持续发展。因此，资源型城市的建设应从重视基础建设向重视功能建设转变，将功能建设作为城市建设的重点。

三是城市发展模式应从经济增长型向经济、社会、生态、环境协调发展型转变，在城市发展过程中化解人口、资源、环境与经济增长和社会发展的矛盾，促进资源型城市的可持续发展。资源型城市的突出问题是生态、环境压力大，有的城市还存在社会事业发展相对滞后的问题，经济发展与人口、资源、环境的矛盾较多，有时甚至发生冲突，限制了城市的经济发展。因此，资源型城市尤其要克服片面追求经济增长的观念，城市发展模式要由经济增长型向经济、社会、生态、环境协调发展的模式转变，树立城市发展质量的理念，不仅是提高经济发展的质量，更要提高城市的生态环境质量、社会发展容量和城市文化含量，以及城市管理的效率，通过提高城市质量化解人口、资源、环境与经济社会发展的矛盾和冲突，通过增强可持续发展能力，提升资源型城市的质量与价值。

四、从区域经济学意义上讲，推进城市与区域由"二元"发展向统筹发展的转型创新

区域经济学认为，经济区域有三大构成要素：一是经济中心，即区域内的城市；二是区域腹地，即城市所辐射的区域；三是区域网络，即中心与腹地经济、社会、文化与市场联系的各种载体与渠道。[①]也就是说，城市与区域不是独立发展的，相互之间具有密切的联系，城市与区域的科学发展，必须是统筹发展。资源型城市也是一样，从区域经济学意义上讲，资源型城市发展道路的转型创新，必须推进城市与区域由"二元"发展向统筹发展的转型创新。

在我国，资源型城市与所在区域的发展关系，大体经历了两个阶段：第一阶段是改革开放前的计划经济体制时期，资源型城市基本上是独立于所在区域而发展的，各城市按照资源开发的产业类型，实行上下垂直的部门"条条"管理体制，在产业发展上也与所在地区即"块块"基本没有联系，处于"二元"发展状态。第二阶段是改革开放的社会主义市场经济体制时期，全国普遍推行市带县（部分县改市）的体制，资源型城市也不例外，其中，地级资源型城市都管辖几个县，资源型的县（镇）也改制为县级市，资源型城市与所在地区成为一个行政区，但城市只是"区划型"城市，而不是"区域型"城市，资源型城市与所在区域的经济发展仍是"二元"格局。尽管这个时期中央各部门已把管理权下放给地方，也没有改变资源型城市经济发展与地方经济发展相脱节的局面。可以说，这两个阶段的行政管理体制虽然不同，但城市与区域在产业和经济上孤立发展的"二元"局面没有改变，资源型城市大多没有形成区域经济中心，对区域经济发展的带动作用普遍较小。有的城市在资源枯竭的情况下，城市发展失去方向，区域发展也缺乏支撑。因此，改变资源型城市与区域"二元"发展的局面，推

进城市与区域向统筹发展方向的转型创新，不仅十分必要，而且极为紧迫。

推进资源型城市与所在区域由"二元"发展向统筹发展的转型创新，对城市来说主要是培育城市的区域中心功能，对腹地区域来说主要是推进经济社会结构向城市化的转型。

资源型城市培育区域中心的功能，关键是要推进"区划型"城市向区域型城市的转型创新，核心是培育城市对区域的经济辐射与带动功能。因为在市带县或市县合一的行政体制下，城市与区域并不存在行政界限，但却存在产业界限、经济界限，城市作为区划意义上的行政中心功能很强，而作为区域意义上的经济中心功能却很弱，发挥不了以城带乡的作用。这就要从拓展城市与区域间的人口、劳动力、资金、技术等要素流动入手，充分发挥市场机制调节作用，优化城乡之间的资源配置，发展城乡之间的经济联系，构建起城市与区域间分工合作的产业体系、经济体系，发挥城市在区域经济体系发展中的主导作用，就会逐步形成资源型城市的区域中心功能，带动所在区域的经济社会发展。这样，资源型城市就不只是区划意义上的行政中心，更是区域意义上的经济中心。

资源型城市所在区域，要确立融入城市、融入市场的发展方向，充分运用城市对区域的辐射与带动功能，推进产业结构的城市化转型、就业结构的城市化转型、空间结构的城市化转型和文化与观念的城市化转型，通过四个方面的城市化转型，呼应城市的辐射与带动，或承接城市的产业转移，或融入城市的经济体系，就会不断提升区域的发展水平。这样，资源型城市与所在区域就会在发展中统筹，在统筹中发展，开拓转型创新的发展前景。

---

① 程必定.区域经济学 [M].安徽人民出版社，1989.

五、结论：走创新之路，推进资源型城市顺利转型

资源型城市在我国也占有相当的比重，并且大多是中国工业化的新老基地，不少城市的资源虽然已接近枯竭，但由于积极探索和推进经济结构转型，城市发展走出了"资源诅咒"的困境，又呈现出新的发展生机。特别是国务院 2008~2009 年两批公布的 44 座资源枯竭型经济转型试点城市，在探索经济转型的科学思路方面积累了不少成功的经验，本文从四个方面概括的经济转型思路，也得益于这些试点城市的宝贵经验。这些城市的经验还表明，推进资源型城市的顺利转型，必须走创新之路，以创新推动经济转型。

资源型城市经济转型的创新包括技术创新、管理创新、体制创新、观念创新乃至文化创新等诸多方面，范围十分广泛，涉及的矛盾和问题也很多。特别是各市的情况千差万别，创新的任务和重点也不相同。不过，无论如何千差万别，从城市整体角度看，每一个资源型城市经济结构的转型创新，都要有"顶层设计"，整体地、系统地规划与设计转型创新，而从创新角度看，"顶层设计"的关键是构建有活力的创新体系。一般来说，这个创新体系至少要有三个构成要素：创新者、创新点、创新力。创新者是创新体系的策划者、启动者、操作者，应该是城市党委、政府负责人及领导班子，并要延伸到企业家、银行家和投资者；创新点是资源型城市转型的那些关键点，既有"硬件"，又有"软件"，如果关键点突破了，城市转型就会推进一大步；创新力是推进城市创新的动力，包括体制、机制、政策等，是创新体系得以建立和发展的发动机、加油机。创新者、创新点、创新力三者缺一不可，是资源型城市转型的必要条件。因此，搞好"顶层设计"，构建创新体系，才可能更好地推进资源型城市的资源型产品向产业链的转型延伸、高碳发展模式向低碳发展模式的转型提升、城市由资源型向价值型的转型拓展、由"二元"发展向统筹发展的转型创新，开拓各资源型城市转型发展的新前景。

参考文献

凌亢. 中国城市可持续发展评价理论与实践 [M]. 中国财政经济出版社，2000.

朱明峰，洪天求，贾志海. 我国资源型城市可持续发展的问题与策略研究 [J]. 华东经济管理，2004（3）.

高海峰. 资源型城市转型路在何方 [J]. 中国城市经济，2007（6）.

张复明，景普秋. 资源型经济的形成：自强机制与个案研究 [J]. 中国社会科学，2008（5）.

徐君，王育红. 资源型城市转型研究 [M]. 中国轻工业出版社，2009.

张毅成，张新. 解读资源枯竭型城市产业接续 [J]. 中国城市经济，2009（5）.

刘志林等. 低碳城市理念与国际经验. 城市发展研究，2009（6）.

肖劲松，冒亚明. 中国资源型城市可持续发展的驱动机制研究 [J]. 城市发展研究，2009（10）.

程必定. 我国资源型城市转型创新的科学思路 [J]. 城市（天津），2010（9）.

程必定. 从区域视角重思城市化 [M]. 经济科学出版社，2011.

（程必定，安徽省社科联）

资源型城市转型：重生、困境与路径

一、引　言

资源型城市是工业化和城市化进程中的伴随产物，通常是指依托煤炭、石油、天然气、有色金属等不可再生自然资源而兴建、开发起来的城市，其主导产业大多是围绕资源开采的采掘业和加工业，表现为资源相关产业的总产值占 GDP 比重较高。比较典型的资源型城市有加拿大的萨德伯里（Sudbury），美国的梅萨比（Mesabi），中国的克拉玛依、抚顺、大庆、焦作、阜新和唐山等。尽管不同学者对资源型城市的概念和划分标准仍存在争论，但也取得了一些基本的共识并对此进行过分类统计。周长庆（1994）认为，我国大约有 170 个资源型城市；王青云（2003）则认为，我国有 118 个资源型城市；徐向国（2006）的研究则表明，我国有 113 座资源型城市，其土地面积约为 90 万平方公里，涉及总人口 1.5 亿人。无论具体数目如何，中国资源型城市总体而言数量较大、涉及人口较多、地域覆盖较广，在国民经济中起着举足轻重的作用。

然而，受不可再生自然资源可采储量的制约，一地的资源型产业必然要经历"开发——建设——兴盛——萎缩——报废"的发展过程（孙艳峰、龚昕，2010）。在我国，资源型城市的转型发展不仅要面对资源枯竭的困境，而且还背负着庞大的人口、基础设施重构、承受巨大环境压力等负担。尤其是这些人口的生存发展问题以及生态环境的保护，已成为资源型城市实现可持续发展所需解决的重大问题。资源型城市转型和可持续发展是一个长期的、系统的过程。当前，我国资源型城市正处于转型的初级阶段，如何在科学发展观的指导下，根据资源型城市的不同类型、不同地域、不同基础、不同特点的比较优势及短板，因地制宜、因时制宜、因势利导来确立相应的转型模式及路径，无疑是值得广泛探讨和深入研究的。

二、资源型城市转型：重生的必然抉择

资源型城市在历史上为国民经济的发展提供了丰富的石油、煤炭、天然气和矿产资源，但面对不可再生资源储量竭尽的困境，又不得不"另起炉灶"，按照科学发展观的指向，选择一条适合于自身的可持续发展道路。可持续发展是指既满足当代人的需要，又不对后代人满足其需要的能力构成危害的发展。从可持续发展的内涵中不难发现，资源型城市必须降低（甚至摒弃）对自然资源的依赖，转变单纯依靠增加投入、增加消耗以实现发展的传统发展模式。

（一）不可再生资源有限

毋庸置疑，不可再生的资源终究是有限的，

开采一点就会少一点。这已构成资源型城市生存和发展的巨大压力。根据中国矿业协会的统计，中国目前已经形成了 390 多座以采矿为主的、规模大小不一的资源型城市，其中，20%处于成长期，68%处于成熟期，12%处于衰落期；全国约有 400 多座矿山已经或者将要闭坑，约有 50 多座矿城资源处于衰减状态，面临着严重资源枯竭的威胁（宋冬林、汤吉军，2004）。Vernon（1966）最早提出了生命周期理论，他将包括资源型产品在内的产品市场营销过程划分为产品导入期、产品成长期、产品成熟期和产品衰退期四个阶段。事实上，资源型城市与资源性产品开发一样，也呈现出相应的生命周期性特征。这一理论对于探讨资源型城市的生命周期具有重要意义。理论与实践证明，资源型城市的生命周期具有阶段性，即原始阶段、成长阶段、成熟阶段和衰退阶段（见图 1）。按照这种模型的设想，只有打破不可再生资源的限制，才能实现资源型城市的可持续发展。在资源单一开发下城市生命周期模型的基础上，有的学者还构建了综合资源开发下的生命周期模型，从而使生命周期模型在解释资源型城市转型方面显得更为细化①（见图 2）。

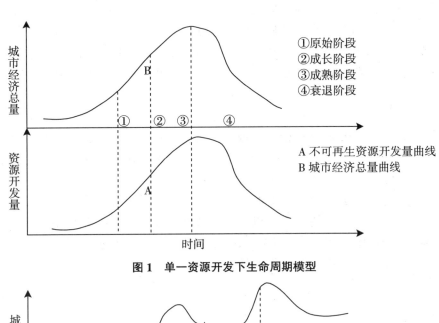

图 1　单一资源开发下生命周期模型

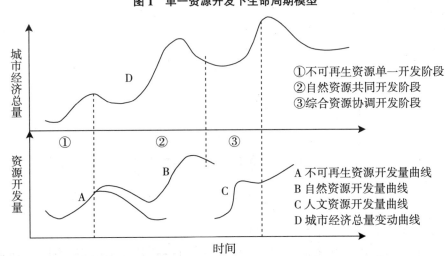

图 2　综合资源开发下生命周期模型

目前，我国许多资源型城市已面临着资源开采难度越来越大、资源开采量提高缓慢甚至下降、剩余资源储量越来越小等现实且紧迫问题，这些资源型城市已经进入明显的衰退期。这迫使资源型城市根据资源禀赋及其预期，尽快构建其他接替产业，以抵消自然资源衰竭对资源型城市发展

① 毛蒋兴，何邑健. 资源型城市生命周期模型研究［J］. 地理与地理信息科学，2008（1）：56-60.

的限制作用，及早避免"资源诅咒"的发生。因此，资源型城市在进行资源开发的同时，要按照科学发展观的要求，尽早规划、未雨绸缪，积极发展新兴产业，增强产业凝聚力和城市辐射力，以实现资源型城市向综合型城市的发展转型。

（二）资源型产业收益递减

不可再生资源大规模开采的结果，必然是资源储量的迅速下降，这也是不可逆转的客观规律。一般而言，资源开采大都遵循自上而下、由近而远、先易后难、先优后劣的原则，而在一段时间的大规模开采后，剩余资源的开采难度开始不断增大，使资源型企业面临着边际成本上升和规模不经济的困境。微观实体企业的衰退，必然引致资源型城市生命周期的终结。

因此，即使资源型城市仍有一定数量的矿产资源，但大多属于不易开采、开采成本较高、或者矿产品质较差的贫矿，资源型企业难以从开采这些矿产资源中获利甚至亏损。由此，势必导致资源型城市原有的资源优势会逐渐消失，资源型产业迅速衰退，从而制约相关产业的发展，以至最终导致这类城市经济的衰退。所以，未雨绸缪，根据科学发展观取向，及时探寻资源型城市的转型路径无疑是明智之举。

（三）资本积累缓慢和人才缺乏

资源型城市的主导产业为资源开采和初级加

工业，因此其产品附加值往往较低，相应的资本积累也就比较缓慢。基于我国对资源性产品实行价格干预和管制，以维持市场价格体系的稳定和保证能源的有效供应，从而使得资源性产品价格未能反映出真实的供需状况，以致资本收益增长困难。从经济增长的另一主动力（人力资本）的角度来看，受资源型城市主导产业的影响，其从业人员的文化水平大多不高；特别是当地区资源枯竭、经济社会发展困难加大以后，高级人才流失较多。不仅如此，受地理位置、生活环境等因素的影响，资源型城市的教育发展水平与其他综合型城市相比也有不小的差距；同时，其科技创新体系主要围绕着资源的开采和加工进行建设，对市场经济条件下瞬息万变的需求适应能力弱。

因此，就经济增长中的两大要素（物质资本和人力资本）的角度来看，资本积累缓慢和人才缺乏已成为资源型城市实施可持续发展战略的短板。其不利影响在于，政府无力投资新兴产业的发展和解决沉重的人口、生态负担，同时人才的缺乏又限制了技术进步和资本的流入，最终形成恶性的"马太效应"循环。所以，为了重构资源型城市在市场经济条件下的资源配置机制，焕发其潜在生机与活力，资源型城市的转型势在必行。

三、资源型城市转型：困境中的严峻挑战

从总体上审视，我国资源型城市的转型显得步履维艰，长期以来主要依靠自然资源开采和粗加工的单一增长模式，产业依赖及思维惯性，"船大难掉头"，从而使资源型城市在转型中面临诸多困难。

（一）产业结构不协调，产业间关联简单

在传统计划经济体制下，我国资源型城市的发展是受到国有资源开发企业的垄断控制，表现为一个城市企业化和企业城市化的过程（刘云刚，2002）。在制度和产业技术的双重约束下，资源型城市的产业结构具有高度刚性（刘玉劲、陈凡，

2004）。这主要表现为，资源型城市形成了以煤炭、石油、天然气、有色金属等不可再生自然资源的勘探开发、生产及加工销售为主的生产性结构，而非综合发展的产业结构系统。因此，资源型城市第一产业基础薄弱、第二产业比重过分偏大且超重型化、第三产业发展缓慢，对城市经济发展形成刚性制约。正如图3所示，通过比较几个资源型城市的产业结构，不难发现大都呈现出上述特征。

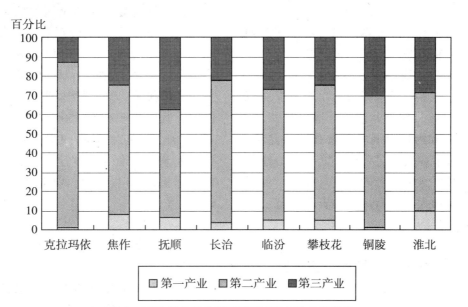

图3 2009年代表性资源型城市的三次产业结构

长期以来，我国把重工业放在优先发展的地位，轻视轻工业发展，导致轻重工业的比例关系不合理，形成了超重型的产业结构，这就使资源的合理利用和生产力的合理配置受到严重制约。而这种重化的产业结构，还导致产业间的发展失衡，轻工业以及现代服务业的发展相对滞后，致使产业间的关联简单。不仅如此，单一的工业结构使资源利用面窄，产品门类简单，产品附加值低；输出区外的产品以资源型产品为主；同时消费品对外依赖性强，造成资源型城市长期存在着利润向外转移的现象。从而不利于城市轻工业和第三产业的发展，同时也降低了政府财政收入，进而加大了资源型城市的转型约束。

（二）市场规模小，市场化程度偏低

资源的开发和生产，例如油气资源、煤炭资源的开发和生产，存在较高的进入门槛，于是形成了以国家行政为主导、国有企业垄断经营为手段的经济管理模式，导致资源型企业长期在行业垄断和封闭的状态下运行。同时，也导致了资本、人才、技术等要素市场不发达、垄断性强等特征。宋东林、汤吉军（2004）从经济性沉淀成本和社会性沉淀成本的角度对该问题进行了进一步的阐述，其认为沉淀成本与信息不完全的结合会在很大程度上扭曲资源配置，不利于生产要素的流动以及资源型城市的转型。

也就是说，资源型城市的市场较为单一、市场规模较小、市场化程度偏低。这既不利于区域内和区域间生产要素的流动，又不利于城市发挥其集聚效应和扩散效应，从而成为资源型城市向可持续发展模式转型的主要障碍。

（三）城市负担过重，社会矛盾累积

大中型国有资源型企业是资源型城市的经济主体。受长期以来计划经济模式的影响，这些资源型企业承担了许多城市公共服务职能，除与企业经营相关的税费负担、债务负担外，还有离退休人员负担、教育负担、社会保障负担等，形成了"企业办社会"的模式。这无疑会提高企业成本、降低运行效率、加大企业资金压力，最终不

利于企业的可持续发展与竞争实力的提升。不仅如此，"企业办社会"的模式还导致了一系列的问题，比如许多医院、学校、社区，甚至一些基础设施和部分公共设施都依赖于矿业企业投资或支撑，从而导致基础建设成本高、基础设施条件差、城市的公共服务水平相对较低。

1994年实行国有企业改革以来，国有资源型企业的负担虽然有所减轻，但上述问题又由企业向政府转嫁，导致政府的财政负担较重；同时，由于资源枯竭，许多资源型城市的生产规模和就业机会也大幅下降，直接导致了下岗人员骤增，居民就业困难，成为社会矛盾积重难返的症结。因此，资源型城市在转型过程中，既要考虑经济效率的提升，又要考虑社会的安定与和谐。上述矛盾的累积无疑加大了转型期内的资源型城市政府的财政压力和社会压力。

（四）生态破坏严重，地质灾害加剧

众所周知，资源的开采和加工所排放的废物、废气以及工业固体废物，对生态环境有较大的负面影响；同时，由于资源开采会在一定程度上改变地质结构，导致地质灾害的加剧。据有关部门统计，2009年，我国各行业共产生工业固体废物170674吨，其中23869吨来自于煤炭开采和洗选业、23442吨来自于黑色金属矿采选业、33894吨来自于黑色金属冶炼及压延加工业。[①]上述三项之和累计占到了47.57%，而这些行业都是资源型城市的支柱产业，所产生的工业固体废物无疑会对环境造成危害。

尤其需要指出的是，长期以来，许多资源开采企业在生产时只是注重短期经济效益，从而加速了矿产资源的耗竭，进而对环境造成了巨大的破坏。在资源开采过程中，由于一些地段的地下采空，导致了山体开裂、崩塌、滑坡、泥石流等地质灾害，从而加剧了水土流失和沙化，特别是对地下水资源的破坏更直接威胁到城市的基本用水需求。据统计，目前全国因采矿损毁土地累计达40万公顷，因采空或超采地下水引起的地面沉降、坍塌、滑坡、地裂缝以及泥石流等地质灾害达千余处，全国每年工业固体废弃物排放量85%来自矿山排放，现有固体矿渣积存量达60亿~70亿吨，其中煤矿石山1500余处，占地5000公顷（徐向国，2006）。这不仅威胁着现阶段人类的生存与发展，限制着新兴产业在资源型城市的生根和成长，更对子孙后代的发展环境产生了巨大破坏。

（五）城市发展缺乏规划，基础设施落后

我国资源型城市的建立和发展的目的在于为国民经济发展提供能源保障与支持，所以资源型城市大都围绕这个中心进行建设，但这与现代城市的发展理念和规划思路显然不符。当前，资源型城市在规划中的主要不足表现为：城市生活配套设施设备陈旧、建设滞后；城市功能区的分布不协调，从而难以发挥城市在生产要素配置中的规模效应和集聚效应。在资源型城市发展过程中，不少资源型企业只是追求短期经济效益，即使在资源开采的繁荣时期，当地政府也忽视了城市的可持续发展规划。因此，当资源型城市面临发展模式的转型时，发现之前的城市格局和基础设施建设水平并不能满足经济、文化、交通、通信等城市功能需求和可持续发展的要求。

四、资源型城市转型：比较优势的路径

总体而言，资源型城市的比较优势在于自然资源相对丰厚，土地、人文等其他资源丰富，人力资源潜力巨大，工业基础较为雄厚，国家政策上的扶持与倾斜等。因此，资源型城市要扬长避短，扬长克短，因地制宜，因时制宜，因势利导，探寻其成功的转型路径。

---

① 中国环境统计年鉴2010 [M]. 北京：中国统计出版社，2009.

（一）城市产业结构转型

产业结构转型是资源型城市经济转型的关键。由于资源开发的不可持续性，资源型城市必须根据自身资源禀赋和比较优势，确定新的主导产业，实现替代与创新。新的主导产业必须具备产业规模优势、生产比较优势、市场需求优势、区位竞争优势，这样才能充分发挥主导产业在经济发展中的扩散效应，充分发挥其在前向关联产业和后向关联产业的纽带作用，成为区域产业链的中心环节。例如，美国的休斯敦在20世纪60年代受石油资源的制约，经济发展水平下降很快，但其加大了石油冶炼的研发，并带动机械、电子、航空、运输等新兴产业的发展。法国的洛林原以煤炭资源丰富而著称，其在转型过程中重点选择了核电、计算机、激光、电子等高新技术产业作为发展重点，成功实现了产业结构转型。[①]

我国的资源型城市也有其各自的比较优势。因此，资源型城市应根据自身所处发展阶段和比较优势，瞄准国内市场和国外市场的发展机遇，进行主导产业替代、重构和产业结构的升级。笔者以为，资源型城市应该以新能源、能源深加工、机械、电子、物流、旅游等为特色产业来作为资源型城市产业结构转型的取向。当然，资源型城市产业结构转型，并不意味着完全放弃传统产业。相反，对传统产业链进行延伸与升级，包括：拓宽资源产业领域、延长资源产业链条、提升资源产业档次，可以促进资源粗加工向资源深加工转化，通过技术进步来提高产品的附加值，无疑有助于使传统资源型产业焕发新的生机和活力。

（二）城市功能定位转型

资源型城市主要承担着为国家经济发展提供能源和矿产资源的重要功能与城市定位。但受到不可再生资源储量有限的制约，资源型城市必须着力于功能的定位转型。我国的资源型城市经历了几十年的发展建设，大都积累了一定的工业基础、人力资本和基础设施条件。因此，我国大中型资源型城市功能定位转型过程中，可将构建区域中心城市作为基本导向。区域中心城市是指在一定区域的城市带中具有相当经济实力，能在经济、科技、文化等方面对周围区域产生辐射作用的中心城市。

大中型资源型城市重构区域中心城市的可行性在于：①资源型城市往往辖区面积广大，人口规模大，人口密度较大，具备形成区域中心城市的基本条件。②为方便资源的输出与加工，资源型城市在发展过程中大都建立了连接省会城市或经济重镇的交通道路设施，这有利于作为新兴中心城市来促进人员的流动和商业的发展。③资源型城市已有的工业设施能为新兴工业的发展奠定基础，对于形成多种工业综合发展的格局有明显的促进作用；累积的工业技术和设备有利于传统资源型产业向上下游产业链延伸，也有利于促进传统工业的升级。④资源型城市在发展过程中形成的规模优势、技术优势和集聚能力能够有效配置周边资源，产生聚集效应，使中心城市逐渐成为带动周边地区经济发展的重心。

（三）城市生态环境转型

自然资源的开采和加工会不可避免地对环境造成污染，在此过程中所形成的工业固体废弃物、废水和废气直接对城市生态平衡和生物繁衍造成危害，也对人类的生存造成巨大威胁。所以，资源型城市要促进城市生态环境的转型，必须加大对环境污染的治理力度和对经济发展的环境约束力度，来逐步扭转城市生态环境恶化的趋势。

首先，资源型城市要通过技术创新和生产工艺、流程改造，降低资源开采和加工过程中的污染物排放水平。其次，要加大对城市污染的治理，通过科学规划来促进城市生态的保护，提高排污权和排污费管制水平来控制污染物排放数量，增加污染治理投资来提供良好的生活环境。通过建立生态补偿机制，按照"谁破坏、谁恢复"的原则，明确治理责任，保证治理资金和措施落实到位。

同时，除了在工业上对环境污染进行治理和约束以外，建立健全城市生态环境监测和预警体

① 沈镭. 我国资源型城市转型的理论与案例研究 [D]. 中国科学院研究生院博士论文，2005.

系也是资源型城市生态环境转型的一个重要方面。资源型城市应该通过实施城市生态资源普查、建立动态监控机制、构建城市生态数据库等方式,对城市生态系统进行科学分析、评判和预测,从而进行有针对性的防护和治理。另外,资源型城市还需在城市人文环境方面加强引导,包括倡导绿色生活方式、节能建筑、低碳城市、树立城市文化名片等。

(四) 城市形态网络转型

我国的资源型城市大多因资源开采而设立。在建设初期,资源型城市基本上未按照城市对区位条件的要求来布局。目前,大多数资源型城市呈现出布局分散、城市功能区划分不明确、城市发展规划不科学等问题。张复明(2001)指出,资源型城市的空间布局呈现出城市产业同构现象严重、城市之间及其与区域之间的职能联系薄弱、高度城市化的中心市区与低水平城市化的邻近区域之间呈现明显的嵌入式二元结构等典型特征。若维持当前的城市形态,则不利于资源型城市的资源优化配置和发展方式转变。因此,需要对现有的城市形态网络转型。沈镭、万会(2003)认为,在资源型城市转型过程中,应当实施特殊的区域开发政策,促进资源型城市与区域之间融合互补发展,加快资源型城市的城乡二元经济结构转换。

因此,资源型城市实现城市形态网络转型的基本思路是:构建以中心城区为核心,以次级中心城镇为两翼的"一核多心"空间结构布局。一方面,这有利于资源型城市发挥其中心城区经济高度集中、资本和产业密集度高、基础设施相对完善、人力资本积累相对丰厚等优势,提升中心城区在政治、经济、文化、科技、教育等方面的综合实力,在实现中心城区快速发展的同时,对周边地区的经济发展起到带动作用;另一方面,资源型城市次级中心城镇在中心城区的辐射效应下,通过吸纳资金、技术、市场等资源,与当地的优势资源融合,打造特色工业园区、生态旅游区、绿色农业产区等,从而有助于形成推动次级中心城镇发展的重要生产力单元与产业集群。

(五) 城市要素聚集转型

我国资源型城市的布局一般都存在"点多、线长、面广"的特点,实际建成区小,不少城市中间夹杂着耕地、菜地等非城市景观,集聚度低(沈镭,2005)。例如,淮南和淮北受煤炭资源分布的影响,在长期的发展过程中形成了"大分散、小集中、城乡交错"的城市布局,致使城镇分散、城市功能弱化。

因此,应根据资源型城市转型的定位,对城市功能区进行科学规划,实现城市要素的集聚。这包括:产业的分布与集聚;资本的集中与合理使用;人才的集聚和创新体系建设;整合学校、医院、电力等公共服务资源,实现公共服务的均衡分布;科学规划、建设城市的交通设施道路等。在上述因素中,产业在空间上的集聚具有显著意义,其不仅有利于资源型城市的产业结构转型,而且有利于促进资源型城市的要素集聚。一个城市能否实现产业的空间集聚取决于三个效应(孙米强,2006):第一,市场接近效应,指企业倾向于选择市场规模较大的区位进行生产;第二,价格指数效应,指企业集中的地区可以降低当地居民的生活成本;第三,市场竞争效应,指企业倾向于选择竞争者较少的区位。要素的集聚可以产生规模经济效应,形成扩张性人气与商机。

(六) 城市基础设施转型

长期以来,出于自然资源开采和加工的需要,资源型城市在基础设施布局与建设过程中,往往围绕着重工业的发展需求来进行规划和建设,而较少地从人居环境、城市功能定位、现代城市交通体系等方面从长计议。

所以,实现资源型城市的基础设施转型,就是要在充分发挥已有基础设施功能的基础上,促进循环经济在城市基础设施建设中的作用。这就要求注重不可再生资源、水资源、大气资源的保护和高效利用,提高资源的循环使用效能。资源型城市要结合旧城改造、城市交通条件改善、城市土地整理,进行城市基础设施的改造与重建,充分考虑发展模式转变后的产业发展需求和人民生活需求，着力打造现代化的城市基础设施，进而为资源型城市的可持续发展提供支持。

参考文献

刘云刚. 中国资源型城市的发展机制及其调控对策研究 [D]. 东北师范大学博士学位论文，2002.

柳忠武. 浅谈经济发展软环境建设 [J]. 决策参考，2003（8）：27-39.

刘玉劲，陈凡. 我国资源型城市产业转型的分析框架 [J]. 东北大学学报（社会科学版），2004（3）：184-187.

毛蒋兴，何邑健. 资源型城市生命周期模型研究 [J]. 地理与地理信息科学，2008（1）：56-60.

宋东林，汤吉军. 沉淀成本与资源型城市转型分析 [J]. 中国工业经济，2004（6）：58-64.

沈镭. 我国资源型城市转型的理论与案例研究 [D]. 中国科学院研究生院博士学位论文，2005.

沈镭，万会. 试论资源型城市的再城市化与转型 [J]. 资源产业，2003（6）：16-119.

孙艳峰，龚昕. 基于生命周期理论的资源型城市转型研究 [J]. 经济管理，2010（1）：109-110.

孙米强. 我国资源城市可持续发展若干问题研究——以大庆为例 [D]. 天津大学博士学位论文，2006.

王青云. 资源型城市经济转型研究 [M]. 北京：中国经济出版社，2003.

徐向国. 黑龙江省资源型城市转型进程与测度体系的研究 [D]. 东北林业大学博士学位论文，2006.

张复明. 工矿区域城市化模式研究——以山西省为例 [J]. 经济地理，2001（4）：418-422.

周长庆. 浅论资源型城市属性、结构及成长中的协调发展 [J]. 经济体制改革，1994（5）：23-30.

Bradbury J H，St-Martin I. Winding down in a Qubic town：a case study of Schefferville [J]. Canadian Geographer，1983，27（2）：128-144.

Lucas R A. Minetown，miltown，railtown life in Canadian communities of single industry [M]. Toronto：University of Toronto Press，1971.

Vernon R. International investment and international trade in the product cycle [J]. The Quarterly Journal of Economics，1966，80（2）：190-207.

（杨继瑞、黄潇、张松，重庆工商大学长江上游经济研究中心、西南财经大学经济学院）

资源枯竭型地区承接东部地区产业转移的案例分析

——以宁夏石嘴山市为例

宁夏石嘴山市是国家"一五"时期布局建设的十大煤炭基地之一，是典型的因煤而立、因煤而兴的资源型城市。工业总产值曾一度占宁夏的40%以上。但进入20世纪90年代以后，煤炭资源日趋枯竭，国家建设的7个大型矿井相继破产闭井，煤炭及其相关产业加剧萎缩，7万多人失业或半失业，3万多煤炭职工下岗或转岗，涉及家属10.7万人；市辖区城市低保人数达到4.88万人，占全市城市人口的11.6%。生态环境也遭到严重破坏，形成了大面积的采煤沉陷区和棚户区，曾被列入全国重点污染城市"黑名单"。2007年12月19日国务院出台了《国务院关于促进资源型城市可持续发展的若干意见》，2008年，石嘴山市被列为全国首批12个资源枯竭转型试点城市。

资源型地区可持续发展问题是一个世界性的课题，一些发达国家在这方面也做了一些探索，比如法国的洛林、德国的鲁尔、日本的九州等。到目前为止，这些资源型地区已经基本完成了经济转型，有了一些可资借鉴的经验。实践证明，资源型地区通过产业转型能够而且可以实现可持续发展。宁夏石嘴山市近些年在产业转型领域进行了多方面的探索，取得了很好的效果，尤其是其通过承接东部地区产业转移实现本地产业升级转型的案例值得其他地区借鉴。

一、宁夏石嘴山市承接产业转移的基础

石嘴山是一个拥有74万人口、5310平方公里土地的重要工业城市和资源枯竭型城市，随着昔日自身传统资源优势的逐步消失和国际国内形势背景的变化，其产业发展正面临着战略转移的重大考验和优势的重新整合。

（1）交通物流发展迅速，区位优势明显。从区位优势看，石嘴山市地处宁夏银川平原北部，是宁夏沿黄城市带的核心工业型城市和沿黄经济区重要节点，也是大银川经济辐射圈重要一极。与晋北、陕北、蒙西等地区共同构成支撑华北、东北、西北的能源板块，既是京津—呼包鄂榆银经济带上的节点城市，也是宁夏与华北、东北、西北地区经济交流合作的主要经济通道。从发展态势看，现代交通物流发展迅速。向东，以包兰、京包铁路为纽带，通过天津港、曹妃甸港与京津冀都市圈、东亚经济圈开展协作；以包兰铁路和西陇海铁路为纽带，实现与长江三角洲的对接。向西，可以欧亚大陆桥西陇海兰新铁路为纽带，实现与东亚、中东欧洲的贸易流通。向南，可以通过规划建设中的中银武铁路，实现与中部经济区的协作。中宝铁路可有效实现石嘴山市与周边内蒙古、甘肃、陕西相邻地区的产业协作联合。

（2）发展环境逐步优化，政策机遇增多。近年来，石嘴山市面临的较多的政策发展机遇主要有：2007年被列为全国首批12个资源枯竭转型试点城市和全国第二批循环经济试点城市；2008年9月国务院出台了《国务院关于进一步促进宁夏经济社会发展的若干意见》，该市的能源战略地位确立；2009年国家加大西部大开发力度，出台了《国务院办公厅关于应对国际金融危机保持西部地区经

济平稳较快发展的意见》等利好政策。同时，宁夏回族自治区政府专门出台了《关于促进石嘴山市经济转型与可持续发展的意见》，这些都为石嘴山市加快经济转型和发展提供了前所未有的政策支持等。良好的政策机遇，为石嘴山的发展创造了较好的政策环境。

（3）经济发展水平区域内领先，产业基础良好。其特点：一是经济发展发展迅速。2004年以来，石嘴山市GDP增速一直保持较快的增长势头，2009年GDP增速位居全区第一，全市工业实现增加值161.85亿元，占GDP的比重为68.6%，全市工业企业已发展到5000多家，规模以上企业317家，涌现出了中色（宁夏）东方集团有限公司、宁夏天地奔牛实业集团有限公司、宁夏英力特化工股份有限公司、宁夏恒力钢丝绳股份有限公司、宁夏西北骏马电机制造股份有限公司等40多家大中型企业。二是产业基础相对较好。该市是因煤而建、因煤而兴的工业城市，是宁夏和西北重要的能源化工基地、先进机械装备制造基地，全球重要的新材料研发生产基地。现已形成五大支柱产业，主要是以钢铁、煤机制造、汽车装配等为主的机械装备制造产业，以钽铌铍稀有金属、镁及镁合金、多晶硅、炭基材料等为主的新材料产业，以火电、风电、太阳能、氯碱化工、精细化工、煤化工、生物化工、光伏产业等为主的能源化工产业，以特色牛羊肉加工、脱水蔬菜等为主的农业优势特色产业和以现代物流业和特色旅游业为主的现代服务业。

（4）土地、劳动力、电力等要素资源丰富。石嘴山市拥有丰富优质的土地资源和储备。现有耕地115万亩，农业人均占有4.05亩，居宁夏灌区首位，可开发利用土地112万亩，人均3.94亩，农业开发潜力大。电力优势明显，目前总装机容量170万千瓦，发电量占全区发电量的3/5，成为宁夏最大的电力生产基地。该市作为宁夏较早的煤炭工业基地，劳动力成本相对较低，可利用劳动力极为丰富，拥有劳动力达28万人，技术工人15万。此外，宁夏理工学院、宁夏煤炭职业技术学院、西北煤机高级技校等6所大中专学院，每年可为各类企业提供所需的大中专毕业生和技术工人。

（5）科技创新基础较好。2008年企业技术创新能力全区评比第一，科技特派员创造的"平罗模式"成为全国科技特派员创业行动的典型，全市拥有国家级企业技术研究中心2家，自治区级技术研究中心8家，经国家认定的国家级和自治区级高新技术企业5家，国家和自治区专利试点企业6家。全市骨干企业中80%已建立了不同形式的企业技术开发机构。全市有42家企业与98个国家科研院所和高校建立了形式多样的科技合作关系。全市拥有国家百千万人才9人，享受国家津贴63人，享受自治区津贴14人，自治区313人才23人，市级以上专家60人，拔尖人才100人，形成了雄厚的人才优势，造就了一批高素质的产业工人队伍。区域创新能力在全自治区5个地级市中名列前茅，为加快推进产业集群提供了重要的技术、智力与创新支持。

（6）东部发达地区产业转移为转型提供了契机。目前，东部沿海经济发达地区面临产业结构调整、地价上涨、劳动力成本增加等因素的制约，而西部在劳动力、土地等方面的比较优势已经形成"洼地"效应，吸引东部许多产业和企业向西部转移。这为石嘴山市承接东部地区的产业并顺势转型提供了难得的历史机遇。结合国务院办公厅《关于应对国际金融危机保持西部地区经济平稳较快发展的意见》，石嘴山市正在着力构建承接东部转移示范区。近5年来，全市承接产业转移的质量和效益有了进一步的提高。截至目前，全市共引进项目237项，中粮集团番茄种植加工生产基地、国电集团年产5000吨多晶硅、江苏阳光集团年产4500吨多晶硅、中国节能投资公司年产4×8000万块煤矸石制砖、中色集团重组宁夏东方集团、天地集团重组西北奔牛集团和西北煤机二厂、三一重工重组西北骏马公司、三庆公司年产1万辆专用汽车改装项目、上海华谊集团和英力特合作建设年产12万吨PVC、10万吨烧碱项目等一批重大产业转移项目。从产业规模来看，承接世界500强1家，中国500强4家；从承接方式来看，合资、合作成为主要的承接方式；从承接的质量和效益来看，规模越来越大，质量越来越好；从承接的技术水平来看，不断引进拥有自主知识产权的高新技术，提升了产业的规模和档次；从产业构成来看，涉及机械加工制造、化工、建材、能源、农业产业化等多个门类和领域。

二、宁夏石嘴山市承接产业转移的制约因素

随着煤炭资源的大规模开采，矿产资源逐步枯竭，国家布局的矿井相继闭坑，资源型城市石嘴山市目前正面临着因煤而困的局面。和全国其他资源枯竭型城市一样，主要表现为资源枯竭与产业经济的增长需求之间的矛盾、产业结构单一与综合经济发展的矛盾、市场化因素先天不足与发展市场经济的矛盾、以矿山企业为主体的区域封闭与对外开放的矛盾、环境质量下降和生态恶化与城市人居环境改善的矛盾、职工下岗失业增加群众生活困难与社会稳定的矛盾等。更为关键的是在产业转型的过程中还面临许多挑战和瓶颈。

（一）低碳经济的挑战

2009年底哥本哈根会议签署的《联合国气候变化框架公约》，使以低能耗、低污染为基础的"低碳经济"成为全球热点。中国到2020年单位国内生产总值二氧化碳排放比2005年下降40%~45%的承诺，使工业化任务还未完成的欠发达地区遇到更大的挑战，由于传统高耗能工业生产和需求规模大，正处在能源需求快速增长阶段，高投入、高消耗、高污染、低效益的发展模式尚未根本转变，转向低碳经济面临着巨大困难。石嘴山单位GDP和单位工业产值的能耗水平均高居全国第一，全市万元地区生产总值耗标准煤7.21吨，分别是全区和全国水平的1.96倍和6.55倍。固体废弃物累计堆存量近5000万吨，且每年以400多万吨的速度增长。在国际低碳经济背景下，发展的不利因素增多，影响了区域经济的整体发展。

（二）生态环境脆弱的挑战

位于黄河上游的石嘴山，是国家贺兰山自然生态保护、内蒙古草原保护和风沙治理、黄河水源保护的重要生态敏感脆弱地区，高度重化的工业化发展模式已经给该地区的自然生态造成很大压力。由于长期超大强度的煤炭开采，造成矿区生态破坏严重，植被逐年退化，土壤沙化，地下水位下降，矿区内产生了大片塌陷区，沉陷面积达41.35平方公里，每年因地表下沉，仅铁路、公路、供水管线、供电线路等矿区基础设施维修费用达1200万元。全市矿区2200平方公里，有近1980平方公里的天然植被遭到不同程度的破坏，城市周围大部分地方成为无林区，水土流失面积达695.33平方公里，占土地总面积的13%。土壤沙化和盐渍化面积也较大，分别占土地总面积的14.7%和11.5%。

（三）产业结构的挑战

随着全球消费需求的放缓和全国经济形势面临的不确定性因素增加，对于工业化中期和加速发展期的外向型经济依赖较大的石嘴山市而言，无疑是更大的挑战。该市不仅与区内银川、中卫、吴忠等地产业结构类同，而且与毗邻的乌海市、鄂尔多斯市资源和产业结构类同。一旦竞争条件恶化，就有可能降低产业承接的"门槛"，对产业发展和生态的长远良性发展带来负面影响。一是产业结构仍然不合理。2009年，全市三次产业构成为6.2∶69.9∶23.9，轻重工业比为5.6∶94.4，呈典型的畸轻畸重结构。工业增加值构成中，48.2%来自煤炭开采、洗选业和电力生产与供应业，资源依托型产业占工业经济总量的66%。接续替代产业尚未形成规模，抵御经济风险的能力较弱。二是产业配套能力相对较弱。现代产业发展的一个重要趋势是分工的不断细化和产业链的不断延长。石嘴山市的产业多以能源、原材料等重化工业为主，规模块状区和特色产业带尚未形成，集聚效益仍不明显，通过市场作用形成的社会化分工协作格局还未显现，中小企业整体素质仍不高，大多数产业产品零部件配套率相对较低，很多核心零部件还需从外地购进，不少园区项目之间协作关联程度不高，生产性服务业还跟不上，转移企业所需配套要求还相对薄弱。产业集聚力尚有

差距。加之，产业组织方面长期存在的"大而全"、"小而全"现象严重，制约了产业配套能力的提高。

（四）产业转移路径选择的挑战

从国际及东部沿海地区产业转移地区选择看，考虑到产业"区域粘性"，即产业在原产地形成的多种关联性而对产业转移产生的阻力，大多数劳动密集型产业并没有遵循梯度转移规律有序向中西部地区转移，甚至出现了产业领域逆向转移现象。发达地区的产业转移首选本地区欠发达地区，多数选择了同一经济圈内的欠发达县市；一些东南亚国家也在利用相对低廉的劳动力和资源等优势，争夺我国东部地区的产业转移；中西部地区也竞相出击，甚至恶性竞争，比环境、抢客商、

争项目，分享东部产业转移这块有限的蛋糕；宁夏区内部银川、吴忠、中卫、固原等市也在积极承接东部地区产业转移，由于产业结构的趋同性，如不积极实施联合和协同，同省区的挑战也随之而来。

（五）创新能力的挑战

高级人才匮乏，企业创新能力薄弱。科技人才紧缺，科技投入偏低，缺少科研科技中介咨询机构。工业企业中高层次复合型科技人才、实用技能型人才短缺严重。产学研结合欠佳，缺少科技成果孵化场所，科研成果转化率低。企业自主创新意识薄弱，创新能力不强等。

三、资源枯竭型城市承接产业转移的建议

（一）从战略高度思考承接产业转移问题

一是将石嘴山能源化工产业的发展纳入到宁东基地建设中去通盘布局和考虑。随着国家能源战略中心的西移，宁夏的能源战略地位日益凸显，宁东能源化工基地的地位突出，国家及自治区相关的政策集中向宁东地区倾斜。随着石嘴山市煤炭资源的日趋衰竭，构建新的能源格局已成为一个紧迫问题。石嘴山能源化工产业发展不能仅局限在石嘴山市，应主动在全区能源化工发展大布局中科学定位，应积极协调国家和自治区投资石嘴山连接宁东煤田的铁路、公路建设，同时加快规划建设石嘴山至鄂尔多斯的高等级公路等。随着平罗黄河大桥的建成通车，使石嘴山市成为通向鄂尔多斯煤炭基地的能源战略"桥头堡"。二是将石嘴山市的产业规划纳入国家重点经济区产业规划中去。把石嘴山市的发展视野放宽，要有大区域的视野，包括与国家战略的衔接、与周边区域的合作，以及区域内部的城镇布局、产业分工、交通组织、生态建设等统一安排，以石嘴山市为辐射点，联动呼、包、乌、鄂资源和市场共同发

展。实现原材料、能源、工农业生产能力、资金、人才等有形资源及技术、信息、管理等无形资源的共享。实施地区联动发展战略，以沿黄经济区整体发展为方向，淡化行政区划色彩，改变各自为政重复布局的混乱局面，以区域经济发展为目的，发挥产业集群的规模效应，最终达到沿黄经济区的区域效益最大化，并以整体优势参与国内外竞争。

（二）明确区域功能定位，发展产业集群，有选择、有方向地承接产业转移

按照国家主体功能区划和宁夏沿黄经济区战略布局，石嘴山市属于沿黄城市带上重点开发建设的新材料、机械装备制造、能源化工产业带的主体功能区。其所处地理位置、自身资源条件决定了该市作为宁夏的门户城市，是宁蒙交界区域的经济中心和物流中心。石嘴山市应进一步明确区域功能定位，并以此为依据，制定承接产业转移的规划方向。

现阶段产业转移呈现出企业"抱团"转移的趋势，不仅是产品生产的转移，同时将研发、采

购、销售、物流、售后服务等各个运营环节也转移过去。遵循发展方向与路径，综合考虑现有产业的配套能力、技术前景、生态效益、劳动力吸纳能力等因素，石嘴山市应鼓励科技型、带动型、环保型产业优先发展。确定能源化工、新材料、装备制造、农副食品加工、清洁能源、环保技术、高新技术7个优先发展产业；物流、金融服务、商贸、旅游4个鼓励发展产业；建筑材料工业、造纸工业和冶金工业3个限制整改产业。围绕优先发展产业和鼓励发展产业进行产业承接的科学布局。按照大项目—产业链—产业集群—产业基地的模式，精心选择符合国家产业政策的接续产业，依托现有新材料和相关材料产业，承接钽铌铍稀有金属、镁及镁合金、铝及铝合金、碳基材料、PVC材料、煤基等新型特色材料产业及其下游产业，发展新材料产业集群；依托机械制造产业承接机械制造产业及相应的零部件生产企业，发展机械制造产业集群。依托氯碱化工、精细化工、煤化工、生物化工等为主的能源化工产业等承接一批煤化工生产企业，发展新型煤化工产业集群。与电力和光伏产业相适应，重点承接一批发电、输变电配套设备和电器开关设施、仪器、仪表以及多晶硅、太阳能薄膜电池等硅产业项目，发展光伏产业集群。

（三）转变政府职能，优化投资环境

优良的投资环境是产业转移项目顺利转入、根植、发展的重要条件，也是产业承接区域维护自身利益，避免落入"产业梯度转移陷阱"的必要保障。石嘴山市投资软环境相对良好。但从长远看，政府的作用重心不应是在招商引资前台穿针引线，更不是无原则地竞相降低准入门槛，而是强化政府服务职能，尽快实现从生产建设型政府向公共服务型政府转变，在继续加强政府效能建设的前提下，规范政府行为，提高政府行政效率，改善市场环境，遵循产业发展规律，发挥市场在推动产业转移中的基础性作用，形成有利于产业发展的长期有效机制。

（四）重视科技与人才支撑体系建设

加强与区内外高校和科研院所的合作。积极与区内外高校和科研院所沟通联系，建立长期科技合作和人才开发关系，建立新技术试验示范基地，吸收高新科技成果。鼓励发展多种形式的科技中介服务机构，为企业提供科技咨询和创业服务。鼓励和支持企业与高校、科研院所共建研发机构和研发平台。积极探索和推行符合市场经济规律的产学研联合机制。结合人才实际需求，与高校联合制定培养计划。重点培养和引进一批产业化项目策划人才、投融资人才和懂技术、会管理、善营销的复合型人才，不断增强企业发展策划、建设和运营的能力。鼓励职业学院强化重点学科建设，调整专业设置，结合可持续发展需求，培养短缺人才。同时，实行积极的人才引进政策，吸引科技人才、企业经营管理人才、各类专业技术人才。

（五）创新园区开发模式，加快园区载体建设

工业园区是承接产业转移、加速产业集聚、培育产业集群的重要载体。以已有四大工业园区为依托，结合产业转移实际需要，建设承接东部产业转移的主体园区，使工业园区成为承接产业转移、带动本地工业快速发展的基地和龙头。进一步完善园区基础设施，创新园区管理体制和开发机制，积极与发达地区各级政府、行业协会和大型企业集团加强联系与合作，吸引其设立产业转移示范园区。借鉴江浙地区的成功模式，创新园区开发模式，鼓励共建"飞地经济"、行业协会或企业为主体的园区开发模式，探索与境内外商业协会及沿海地区实力强、信誉好的经济实体合作建设产业示范园区，组建和引进具有独立法人资格的园区开发公司，促进园区建设和管理市场化、企业化。

（六）优化金融环境，加大对承接产业转移的支持

在市场经济条件下，产业转移的本质是资本转移，主轴是技术转移，核心是产品和技术的创新，而资本转移、技术转移和创新，都离不开金融业的支持。

（1）优先满足重点产业和项目的信贷需求，围绕石嘴山市重点产业发展规划，加大对经济、社会发展重点领域和在建重点项目的信贷支持。

（2）大力支持节能环保、新能源、新材料等战略性新兴产业的发展，加大对节能环保、新一代信息技术、生物、高端装备制造、新能源、新材料等战略性新兴产业的支持力度，促进产业结构升级和发展。

（3）加大对技术创新的金融支持力度，将支持高科技发展和企业自主创新，与规划的优先发展产业和产品结合起来，利用信贷手段，培育和支持企业发展。

参考文献

石嘴山市政府工作报告（2009年）. 宁夏石嘴山市政府网.

戴宏伟. 国际产业转移与中国制造业发展 [M]. 北京：人民出版社，2006.

陈耀. 产业资本转移新趋势与中部地区承接策略 [J]. 中国产业发展观察，2009（5）.

王春全. 产业转移与中部地区产业结构研究 [M]. 北京：人民出版社，2008.

陈栋生. 东西互动、产业转移是实现区域协调发展的重要途径 [J]. 珠江经济，2008（4）.

曲建. 内地如何更多地承接产业转移 [N]. 第一财经日报，2008-9-11.

程必定. 产业转移"区域粘性"与皖江城市带承接产业转移的战略思路 [J]. 华东经济管理，2010（4）.

（陈冬红、杨巧红，宁夏社会科学院）

我国资源型城市类型及转型战略初探

一、引　言

资源型城市一般是指以本地区矿产、森林等自然资源开采、加工为主导产业的城市类型。2002年国家计委宏观研究院对我国资源型城市进行了较为全面的统计，结果显示我国现有资源型城市达到118个。这些资源型城市是我国重要的基础能源和原材料的供应地，对我国国民经济的发展发挥过重要作用。但由于资源储量的有限性和资源的不可再生性，资源型城市迟早要面临经济转型的问题，否则就可能步入衰退期。目前，我国相当部分资源型城市已面临资源枯竭、经济衰退、环境恶化、失业和贫困人口增加等一系列经济及社会问题。这些资源型城市已经成为区域发展中各方面矛盾集中凸显的问题地区，因此如何引导这些城市成功转型，实现可持续发展，已成为当前学界与政府所关注的重要议题。

事实上从20世纪90年代起，国内学者就已经开始关注我国资源型城市转型问题，如樊杰（1993）、张以诚（1999）就较全面地研究了矿业城市经济转型的有关理论以及具体城市的转型思路。进入21世纪，国内资源型城市发展形势日益严峻，相关研究尤其对资源型城市转型路径与模式的研究取得了丰硕成果，其中较有代表性的有：张军涛（2001），刘祥、孟浩（2003），李成军（2005）分别从创新战略、优势转换战略、多元化发展战略等不同角度分析了资源型城市转型的路径和方法；郑志国（2002）汲取了日、美、欧等国的发展经验，总结出适合我国单一资源型城市产业转轨的三种模式：新型产业植入模式、产业链扩展模式以及新型主导产业的扶植模式；张米尔（2004）总结出资源型城市产业转型的三个方向：一是产业延伸模式；二是产业更新模式；三是复合模式。

现有文献对我国资源型城市转型问题提供了重要理论基础。但相关研究普遍较为宏观，解决的多是资源型城市转型的共性问题。然而，资源型城市种类繁多，不同类型的资源型城市在资源、区域、发展阶段等诸多方面差异性很大，这些差异将深刻影响其各自的经济转型。因此，本文将在现有文献的基础上，把研究重点放于资源型城市个性问题的探讨上，全文将首先对我国资源型城市进行详尽分类，在此基础上针对不同类型的资源型城市总结出不同的发展路径与转型模式。

二、我国资源型城市的分类

资源型城市主要是依托资源开发而兴建起来的城市。虽然城市崛起与发展的总体模式相近，但是由于自然资源、区位条件等经济发展因素的差异，不同资源型城市之间的差别是很大的。例如，从城市规模来看，资源型城市就有特大型资源型城市、大型资源型城市、中型资源型城市、小型资源型城市以及资源型城镇之分。采用不同的标准，资源型城市可分为不同的种类。由于资源、区位以及资源开采发展阶段是影响资源型城市发展及转型的主要因素，因此本文就从这几个角度对我国资源型城市进行分类：

（一）以资源类型划分

根据各地不同的资源类型划分，我国资源型

城市可分为煤炭城市、有色冶金城市、黑色冶金城市、石油城市、森工城市等。如表1所示，在我国118个资源型城市中，煤炭城市有63个，占53%；森工城市有21个，占18%；有色冶金城市有12个，石油城市有9个，黑色冶金城市有8个，其他城市5个，分别占10%、8%、7%和4%。

表1 我国资源型城市产业分布

城市类型	数量	城市名
煤炭城市	63	唐山、邯郸、邢台、武安、大同、阳泉、长治、晋城、朔州、古交、霍州、孝义、介休、高平、原平、乌海、赤峰、满洲里、东胜、霍林郭勒、抚顺、阜新、铁法、北票、辽源、鸡西、鹤岗、双鸭山、七台河、淮南、淮北、永安、萍乡、丰城、乐平、高安、枣庄、新泰、龙口、滕州、邹城、肥城、平顶山、鹤壁、焦作、义马、汝州、登封、耒阳、资兴、涟源、合山、广元、华蓥、达州、绵竹、六盘水、宣威、开远、铜川、韩城、石嘴山、哈密
有色冶金城市	12	葫芦岛、铜陵、德兴、冷水江、乐昌、凭祥、东川、个旧、白银、金昌、阿勒泰、阜康
黑色冶金城市	8	迁安、本溪、马鞍山、漳平、大冶、郴州、攀枝花、临湘
石油城市	9	锡林浩特、大庆、盘锦、东营、濮阳、潜江、玉门、克拉玛依、库尔勒
森工城市	21	牙克石、根河、阿尔山、白山、敦化、珲春、桦甸、蛟河、松原、舒兰、临江、和龙、伊春、黑河、五大连池、铁力、尚志、海林、宁安、穆棱、虎林
其他城市	5	莱州、招远、灵宝、云浮、福泉

资料来源：北京国际城市发展研究院数据中心。

（二）以经济区域划分

如表2所示，以经济区域角度来划分，我国资源型城市可分为：东部资源型城市，主要分布在河北、福建、山东、广东、广西5个省（区），共计21个城市，占总比重的18%；中部资源型城市，主要分布在山西、内蒙古、安徽、江西、河南、湖北、湖南7个省（区），共计45个城市，占总比重的38%；西部资源型城市，主要分布在四川、贵州、云南、陕西、甘肃、宁夏、新疆7个省（区），共计22个城市，占19%；东北资源型城市，主要分布在辽宁、吉林、黑龙江3省，城市数目达到30个，占总比重的25%。总体而言，全国80%以上的资源型城市集聚在经济较不发达的中西部地区和东北地区。

表2 资源型城市地区分布

省（区）	数量	城市	省（区）	数量	城市
河北省	5	唐山、邯郸、邢台、武安、迁安	湖北省	2	潜江、大冶
山西省	11	大同、阳泉、长治、晋城、朔州、古交、霍州、孝义、介休、高平、原平	湖南省	6	耒阳、冷水江、郴州、资兴、涟源、临湘
内蒙古	9	乌海、赤峰、满洲里、牙克石、东胜、锡林浩特、霍林郭勒、根河、阿尔山	广东省	3	韶关、云浮、乐昌
辽宁省	7	抚顺、本溪、阜新、盘锦、葫芦岛、铁法、北票	广西区	2	凭祥、合山

续表

省（区）	数量	城市	省（区）	数量	城市
吉林省	10	辽源、白山、敦化、珲春、桦甸、蛟河、松原、舒兰、临江、和龙	四川省	5	攀枝花、广元、华蓥、达州、绵竹
黑龙江省	13	鸡西、鹤岗、双鸭山、七台河、大庆、伊春、五大连池、铁力、尚志、海林、穆棱、宁安、虎林	贵州省	2	六盘水、福泉
安徽省	4	淮南、淮北、铜陵、马鞍山	云南省	4	东川、个旧、开远、宣威
福建省	2	永安、漳平	陕西省	2	铜川、韩城
江西省	5	萍乡、丰城、德兴、乐平、高安	甘肃省	3	白银、金昌、玉门
山东省	9	枣庄、东营、新泰、龙口、莱州、滕州、邹城、肥城、招远	宁夏区	1	石嘴山
河南省	8	平顶山、鹤壁、焦作、濮阳、义马、汝州、灵宝、登封	新疆区	5	克拉玛依、哈密、阿勒泰、库尔勒、阜康

资料来源：北京国际城市发展研究院数据中心。

（三）以发展阶段划分

由于资源的不可再生性，资源产业的发展一般都经历"开发——发展——兴盛——衰落"的发展阶段。因此以自然资源的开发程度和发展阶段来划分，资源型城市可分为开发期资源型城市、繁荣期资源型城市和衰退期资源型城市。目前我国有相当部分资源型城市已步入衰退期，面临着资源枯竭的严峻形势，亟待经济转型，否则就可能彻底荒废。国务院于2008年、2009年先后公布了2批共44个国家资源枯竭型城市（表3），这些城市就是典型的衰退期资源型城市。

表3 国家资源枯竭型城市

级别	城市	
	2008 年	2009 年
地级市	阜新、伊春、辽源、白山、盘锦、石嘴山、白银、焦作、萍乡、大兴安岭	枣庄、黄石、淮北、铜陵、七台河、重庆市万盛区、抚顺、铜川、景德镇
县级市	个旧、大冶	铜仁万山特区、玉门、潜江、灵宝、合山、耒阳、冷水江、北票、舒兰、华蓥、九台、资兴、钟祥、孝义、五大连池、阿尔山、敦化市
市辖区		葫芦岛市杨家杖子开发区、承德市鹰手营子矿区、葫芦岛市南票区、昆明市东川区、辽阳市弓长岭区、张家口市下花园区

资料来源：作者根据2008年、2009年国务院公布的资源枯竭城市名单整理所得。

三、资源型城市经济转型策略

本文认为，资源型城市经济转型策略首先应该从宏观层面出发，寻找区域经济发展的新优势，其次则应依据新的区域发展优势条件，从微观层面出发确立产业转型的模式。

（一）寻找资源型城市经济发展的新优势

经济转型问题是资源型城市普遍面临的重要课题，综观国内外资源型城市的转型案例，可发现资源型城市经济转型的关键在于如何寻找新的经济增长点，寻找区域经济发展的新优势。依据经济地理学理论，经济地域的形成与发展离不开五个主要条件：自然条件与自然资源、地理区位条件、人口与劳动力资源、经济条件（具体包括区域的发展阶段、原有的经济基础、市场条件与资金条件）、社会条件。这五个条件共同作用于经济地域，从而决定了该区域的产业及经济的发展状况。但是上述条件对于不同产业与区域发展的作用又是不同的，有主次之分。以产业发展来看，由于各类产业的生产特点不同，因此对于各条件因素的依赖也不尽相同。例如，对于第一产业的采掘业、农业，第二产业的重型机械、农副产品加工业等产业部门来说，自然资源条件就是影响其发展的首要条件或可称为产业发展的主导因素；对于第二产业的中轻型机械，第三产业的交通运输业等部门，地理区位条件则成为其发展的主导因素；而现代经济中的主导产业部门如高新技术产业及服务业，则较依赖于人口劳动力条件。区域经济的发展也类似于此，影响其发展的条件也有主次之分。例如，对于资源型城市来说，其推动经济发展的主导因素就是自然资源条件。

如上所述，经济地域的发展受众多因素的制约，这些因素的影响有主次之分。主要因素与次要因素互为作用，并与具体地域相结合，形成不同的经济地域发展类型与产业结构类型。然而，在区域经济发展过程中，其主要因素并不是一成不变的，会随着生产力发展、自然资源、区位条件、人口劳动力素质的变化而发生改变。因此，在主要因素发生改变的时候，区域发展应及时选择和创造新的主要因素，并依此调整产业结构。资源型城市经济转型的实质就是在经济发展的主导因素发生改变时，如何找到新的主导因素，及时进行产业结构调整的过程。对于资源型城市而言，早期的发展中自然资源对于区域发展的主导优势是显著的，因此成为主导因素，其他条件则成为次要因素，但随着资源日益减少，自然资源的作用将逐渐减弱，其他次要因素的作用则逐渐加强，在这一时期，新的主导因素就可能诞生，经济地域的产业结构就将发生相应的改变，经济转型势在必行。例如，俄罗斯乌拉尔经济区在形成之初，以煤、铁为主的自然资源发挥了主要作

用，其他条件为次要因素。但是，经过长期的开发，区域内的资源逐渐减少，煤炭产量日减，铁矿石储量减少，能源与原材料必须由外地大量调入。这样，在区域发展中自然资源的作用逐渐减弱，位置与交通信息条件的作用逐渐加强，高质量劳动力在区域的作用也在加强。目前，这一区域就已经从资源型经济区转为资源—加工型经济区了。由此可见，资源型城市要稳定发展，实现城市转型，就不能依赖单一的资源优势，而应适时地进行优势转化，在资源优势减弱时，寻找或创造诸如区位、人力、资金、市场或社会等其他优势条件。

（二）确立资源型城市产业转型模式

在充分了解本地区的发展优势基础上，各资源型城市就可以依据自身发展的条件，选择产业转型模式，构建新的产业结构，以推动经济新一轮的发展。基于国内外典型案例，产业转型模式总体可归结为以下三种形式：

（1）产业延伸模式。即在资源开发基础上，通过向前、向后及横向关联，推动资源加工产业向深度发展，以延长加工产业链。一般而言，资源型城市过度依赖资源产业，因而产业结构较为单一，且产业链较短，经济发展不可持续。而产业延伸模式通过产业链的前后延伸，可有助于资源型城市形成"低能耗、低物耗、低污染、高技术含量、高附加值"的产业结构，降低经济增长的资源和环境消耗，有利于资源型城市的可持续发展。同时，对于资源型城市来说，这一转型模式具有的突出优点是有利于其利用已有的资源与产业基础创造出新的发展优势，因此转型难度较小。目前，国内外已有不少通过产业链延伸模式成功转型的案例。例如，我国的安徽铜陵为应对资源枯竭带来的负面影响，积极延伸产业链，纵向向铜的深加工、精细化等环节延伸，横向与电子、装备制造业密切合作，推动了经济新一轮的发展。

（2）产业更新模式。这是一种彻底的转型模式，即抛开传统产业，建立不依赖原有资源的新兴产业。这一模式的优势是可以彻底摆脱对资源的依赖，特别对于一些传统产业延伸没有前景或

者不经济、区域发展又缺乏竞争优势的地区来说，发展新兴产业是一条可行的出路。但与产业链延伸模式相比较，这一模式对于资源型城市来说实施难度较大，最大的难点在于如何选择与发展起具有竞争力的替代产业。一般来说，各地区应该依据本地发展的经济条件选择产业更新发展模式，对于农业自然资源丰富地区，可以采取"退矿进一"模式，发展特色农业产业；对于老工业基地来说，可以采取"退矿进二"模式，利用人才技术优势重点发展新型工业；除此之外，资源型城市还可以采取"退矿进三"模式，大力发展原来较为薄弱的第三产业，实现产业结构的优化升级。在典型的资源型转型案例中，法国的洛林就成功地采用了产业更新方式实现了可持续发展。洛林在其原有的优势产业煤炭和钢铁开采业丧失竞争力时，关闭了大量效益差的铁矿与煤矿，大力发展激光、电子、生物制药、汽车产业，开拓了新的产业发展之路。

（3）产业复合模式。这种模式是产业延伸和产业更新两种模式的复合。事实上，纵观资源型城市转型案例，我们可发现大部分城市在转型中并不是采取单一的转型模式，而是常常采取复合型模式。例如在转型初期采用产业延伸模式，引导主导产业向深度发展；在城市功能和基础设施逐步完善时，则逐步推动新兴产业发展，使资源型城市转变为综合性城市。这一转型模式的优点是能够循序渐进地促进资源型城市的转型。美国休斯敦就是复合模式的典型代表。在石油资源优势有所减弱时，休斯敦按照延伸传统石油产业、新建航天主导产业，带动食品加工和金属加工等相关产业，完善交通通信基础产业的顺序逐步推进产业结构调整。最终，休斯敦从石油城市转变为多产业集群共同发展的综合性现代化大都市。

四、我国各类资源型城市转型路径选择

虽然基本的转型思路大致相同，但是不同类型的资源型城市在转型中所面临的困难是不相同的，因此仍需根据各城市自身情况选择与之相适应的转型路径。下文就将针对不同类型的城市分析各自不同的发展路径：

（一）不同资源类型城市的路径选择

依据前文的分析，以资源类型划分，我国资源型城市可分为煤炭城市、有色冶金城市、黑色冶金城市、石油城市、森工城市。由于资源禀赋的差异，我国不同资源类型的城市形成了不同的产业结构特点。依据刘云刚（2009）对中国资源型城市的职能分类与演化的研究，我国煤炭型、石油型、森工型城市普遍以采掘业为主导产业，生产的产品以资源初级产品为主。而冶金型城市则由于产地加工程度要求较高，因此很多城市都逐步发展为以制造业为主导产业的格局。所以，就我国各资源类型的城市发展来看，不同类型城市的转型策略有所差异：煤炭型、石油型和森工

型城市的转型发展应先延伸产业链，积极发展下游产业，在此基础上再推动产业更新转型模式，发展新兴产业，以减小对资源的过度依赖，提高产业的科技含量、提高产品的附加值；而冶金城市则应把转型重点放在产业更新上，在原有制造业基础上，推动其他产业的发展，使城市职能更为多样，产业部门更为齐全，以维持城市的可持续发展。

除了总体转型策略的差异之外，在具体的产业延伸模式和产业更新模式选择路径上，不同资源类型城市也是有所差异的。首先，不同类型城市的产业链延伸方式各异。①煤炭城市：开采→洗选→发电→煤化工等高耗能产业；②石油城市：开采→炼油→石化→精细化工；③森工城市：培育→采伐→粗加工→精加工；④冶金城市：采矿→精炼→型材→制品。其次，在产业更新模式选择上也有差别。对于森工城市而言，其可依托自然区位优势，采取"进一"模式，大力发展特色农林业，特色农林产业链的形成可成为其经济转型中的新增长点；对于那些以采掘业及初级产

品加工业为主导产业的煤炭城市、石油城市，可以利用已有的工业技术和人才，重点发展相关制造业以及其他先进制造业，即采取"进二"模式，由采掘业城市发展为高度专业化的制造业城市，最终向职能多样化的制造业城市转变；而对于那些已有较好的制造业基础的冶金城市，则可以在发展多样化的制造业基础上，促进第三产业发展，特别是生产者服务业的发展，即采取产业更新的"进三"模式，这有利于促进工业技术进步，推动产业升级提高生产效率。

（二）不同区域类型城市的路径选择

区位是影响城市发展的重要因素，有利的地理位置及交通信息条件能促进经济地域的发展，如我国东部沿海地区，而不利的区位条件则能严重影响其经济的发展，如我国的西部内陆地区。因此，资源型城市在实现经济转型中，应充分考虑区位因素带来的影响。对于地处不同经济区域的城市，应该借助各地不同的区域条件，推动经济转型。

东部资源型城市，地处我国经济最发达地区，这一地区拥有便利的交通设施，铁路水运发达，也拥有相当规模的工农业基础，但支持其高速经济发展所需的能源储量并不丰富。因此这一地区的资源型城市首先应延伸产业链，提高资源产业的竞争优势，尽力打造成东部地区的能源基地，同时可通过积极承接东部地区发达城市转移的产业，来发展资源依赖度较小的其他新兴产业。而我国的中西部地区和东北部地区的资源型城市，所处的区位条件则较为不利，但可结合近年来国家出台的区域发展战略例如西部开发战略、振兴东北老工业基地战略，通过发展国家重点扶持的产业以实行经济的转型。事实上，即使大的区域环境条件不是十分有利，各地仍能利用各自的地域特点发展特色产业，例如煤炭城市阜新市就利用其地处辽西北地区的主要交通节点的优势，在产业更新上，大力推动现代物流业和现代商贸业的发展；而有色冶金城市白银则利用其位于黄河上游的地理位置，发展黄河文化旅游业，使其成为城市发展的新经济增长点；石油城市盘锦位于辽宁省西南部、辽河下游，是沿海开放城市，因此在其转型发展中，依托沿海优势，发展港口服务业以及与海洋相关的制造业。由此可见，各区域的资源型城市应该因地制宜地发展特色产业，才能实现经济转型的成功。

（三）不同发展阶段城市的路径选择

如前文所述，资源开发一般经历开发期、发展期、成熟期和衰退期。从开发期到发展期，城市资源储量充足，自然资源是区域发展的主导因素，以资源采掘为主导的产业能有效推动经济迅速增长。成熟期是资源开发的繁荣期，资源产业发展稳定，尚未面临资源衰退问题，但这一时期资源开发程度加深导致开发难度增加，因此开发及生产成本上升，资源仍是区域发展的主导因素，但影响有所减弱，这是城市转型发展的最佳时期。进入衰退期，资源储量逐渐衰竭，产量下降，生产成本大幅度上升，自然资源逐步丧失了对区域经济发展的主导权，如不尽快寻找区域发展新的优势，进行产业结构调整，城市很可能陷入没落。

针对不同发展阶段的特点，处于不同资源开发阶段的城市，转型路径的选择也必然不同。开发期资源型城市，经济尚未遇到问题，但须未雨绸缪，提早研究除资源之外的区域发展优势条件，并积极规划未来的产业发展模式。这一阶段，可以采取产业延伸模式，以促进下游深加工产业的发展，加快资源型产业的技术升级。繁荣期的资源型城市则可以抓住有利时机，开启城市经济转型，可采取产业延伸与产业更新复合型转型模式，一方面加深原有产业的发展深度，另一方面选择发展潜力大、带动力强的产业作为更新产业，完善城市产业体系，以减小经济发展对资源的依赖程度，及早避免因资源枯竭带来的社会经济问题。而衰退期资源型城市，资源已经枯竭，社会经济问题比较突出，这一类型的城市应该马上进行经济转型，但是不宜再选择产业延伸转型模式，因为资源型产业已无力再推动经济发展，面临淘汰境地，选择产业更新模式则是较好的选择，政府应该尽快选择不依赖于原有资源且又能体现本地比较优势的产业为替代产业，可借助外力直接将新兴产业植入资源型城市，逐步建立新的城市产业体系，再造城市的竞争力。

五、结论及政策建议

经济转型问题一直是资源型城市发展中面临的重要议题。我国资源型城市种类多样，不同类型的城市在资源类型、区位条件和发展阶段等方面存在着较大的差异，因此在如何转型的问题上，不存在普遍性的模式。各类城市应该因地制宜，研究区域发展新的优势条件，在此基础上选择适合自身发展的产业转型模式，如若忽视自身的比较优势，盲目效仿其他资源型城市的发展经验，势必无法取得转型的成功。

同时，我们也应注意政府相关的配套政策对于资源型城市的成功转型也起着重要作用。在德国鲁尔、法国洛林、日本九州的成功转型案例中，政府都扮演着积极的角色。因此，在我国资源型城市转型中，从中央到地方各级政府都需给予相应的政策支持，以促进区域经济结构的调整与优化。本文认为相关政府应该从以下几个方面发挥导向性作用：①政策规划。资源型城市转型是一项复杂的系统工程，政府应及早对资源型城市的转型作出相应的政策规划，以积极培育潜在的主导产业，推动新旧产业对接和主导产业的转移，实现城市经济的成功转型。可以借鉴德国鲁尔区的经验，成立专门机构负责产业政策及其他相关配套政策的统一规划，为资源型城市转型提供正确的政策导向。同时，中央政府也可为资源型城市提供一些优惠政策。②资金扶持。不少资源型城市经济较为落后，而在经济转型中，扶持新兴产业的发展，引进相应的人才技术等都需要耗费大量的资金。因此中央政府和省级政府最好能为转型问题最为突出的资源枯竭城市提供专项发展基金。而各地方政府也应该善用相应的财政政策与税收政策，援助需要转型的产业及新兴主导产业的发展。③社会保障。资源型城市的转型不仅是经济问题，更是社会问题，首当其冲的社会问题就是下岗人员的安置问题，因此政府在社会保障方面的工作任重道远。这一点，日本的经验值得我们学习。日本政府对于从煤炭业退下的从业人员提供再就业培训，同时给予相关人员生活补贴，对于年满55岁的煤炭工人则实行养老保险，对于不够年龄的人员则一次性发放平均800万日元的离职费，这些措施对于相关产业下岗人员的生活提供了有力的保障。同时，政府还应制定相应方案加强当地公用事业建设，包括医疗卫生、社会福利、环境保护、社会教育等建设，如此则能从另一方面对下岗员工及其家庭的生活提供保障，并且有利于改善城市的投资环境和经济的转型发展。

参考文献

樊杰. 我国煤矿城市产业结构转换问题研究 [J]. 地理学报，1993 (3)：218-226.

张以诚. 我国矿业城市现状和可持续发展对策 [J]. 中国矿业大学学报 (社会科学版)，1999 (1)：75-80.

张军涛. 从代际公平的角度研究资源型城市的可持续发展 [J]. 资源产业，2001 (4)：27-28.

刘祥，孟浩. 创新集成：矿业城市可持续发展的有效途径 [J]. 城市问题，2003 (4)：33-36.

李成军. 中国煤矿城市经济转型研究 [M]. 北京：中国市场出版社，2005.

郑志国. 我国单一资源城市产业转轨模式初探 [J]. 经济纵横，2002 (2)：11.

张米尔. 市场化进程中的资源型城市产业转型 [M]. 北京：机械工业出版社，2004.

陈才. 区域经济地理学 [M]. 北京：科学出版社，2001：80-117.

金贤锋，董锁成，刘薇，李雪. 产业链延伸与资源型城市演化研究 [J]. 经济地理，2010 (3)：403-408.

张文忠，王岱，余建辉. 资源型城市接续替代产业发展路径与模式研究 [J]. 中国科学院院刊，2011 (2)：134-141.

黄震. 资源型城市产业结构调整与优化的国际比较研究 [D]. 长春：吉林大学，2009.

刘云刚. 中国资源型城市的职能分类与演化特征 [J]. 地理研究，2009 (1)：153-160.

于艳丽. 资源型城市的经济转型研究——以东营市为例 [D]. 济南：山东大学，2009.

（蒋晓蕙、汤韵，集美大学工商管理学院）

河南省资源型城市转型发展策略探讨

资源型城市是依托资源开发而兴建或者发展起来的城市，作为一种特殊类型的城市，资源型城市的主要功能或重要功能是向社会提供矿产品及其初加工品等资源型产品。国内有学者把单一产业性城市（一般指有40%以上的劳动力以直接或间接方式从事同种资源或产品开发、生产和经营活动的城市）分为两种基本类型：一是资源型城市，如大庆（石油）、大同（煤炭）、铜陵（铜矿）等；二是产品型城市，如十堰（汽车）、攀枝花（钢铁）、仪征（化纤）等。

一、资源型城市内涵与数量的界定

国外对资源型城市经济结构转型问题的研究始于20世纪50年代甚至更早，当时主要是为了地区振兴的需要。如德国鲁尔区的振兴、日本九州地区的振兴等。在我国，这方面的研究主要开始于20世纪80年代末，起因是一些老资源型城市特别是那些新中国成立前就进行较大规模开采资源的城市在80年代中期以后出现了不少问题，并且是资源型城市面临着共性的问题，这时引起了很多学者的关注。到20世纪90年代以来，这方面的研究成果已有不少。归纳起来，这方面的研究成果大致可分两大类：一类是就单个特定的资源型城市或地区（如大庆市、大同市、山西省等）进行了经济结构转型研究。另一类是就资源型城市结构转型的一些共性问题进行了探讨。但是对资源型城市的定义、数量标准一直存在争议。有学者认为在资源型城市的宏观经济结构中，以资源（石油、煤炭、木材等）初级开发为主的第二产业占工业总产值的50%以上，且工业产值结构中初级产品占绝对优势。也就是说，矿产资源采掘业及初加工业产值总和超过工业总产值的50%，则该城市可定义为资源型城市；而有的学者认为以矿产资源采选业在城市工业总产值的比重大于或等于10%就可以认为该城市为资源型城市；按照这一标准，据不完全统计，我国拥有县、市以上资源型城市约130座左右。也有学者则从劳动力人口比例角度出发来定义资源型城市，认为有40%以上人口以直接或间接方式从事同种资源开发、生产和经营活动的城市，可称为资源型城市，即劳动就业人口在资源及初加工业中就业比例占全社会就业人口的40%以上，该城市可定性为资源型城市。河南省有县市级以上资源型城市12座，分别为平顶山、濮阳、焦作、鹤壁、永城、义马、灵宝、新密、登封、汝州、巩义、禹州。河南煤炭资源型城市在数量上占全省资源型城市总数的4/5，GDP占全省资源型城市总量的79.5%、占全省GDP的70.8%，工业总产值占全省资源型城市总量的81.11%、占全省工业总产值的26%，在河南经济和河南工业中占有重要地位。

二、资源型城市转型发展面临主要问题

资源型面临的问题很多,许多学者从不同角度进行了研究,但归纳起来主要有人往哪里去、钱从哪里来、产业怎么转、环境怎么治、城市怎么建五个方面:

1. 产业结构单一、经济增长过分依赖自然资源的产出是资源型城市经济结构中最重要的特征

资源型城市过去把提高矿产资源开采量、完成矿产资源调拨任务作为追求目标,忽视产业的多元化发展,经济结构单一。由此带来的一个突出问题则是结构的不稳定。一旦支柱产业或支柱企业出现衰退,则整个城市经济陷入困境,从而严重影响城市的持续发展。如河南省的义马、禹州等市以矿产资源开采和初加工为主的粗放型、结构单一的矿业工业结构。轻、重工业比例不合理,一、二、三产业比例不协调,产业结构超重型化比较突出。据统计,2001年义马市一、二、三产业的比重达2∶66∶32。所以,一旦自然资源开采进入后期,资源型城市必然出现"三危"(资源危机、经济危困、生态危机)现象。可见,资源型城市社会经济发展所走的是一条既"不持续"也"难发展"的粗放式的发展之路。

2. 低层次产业结构之下的不合理城市布局建设

城市布局与建设受到城市产业发展及城市建设政策的影响,以资源开采为主的产业结构使资源型城市布局呈现过于分散的特征,并对城市建设造成很大困难,城市布局迫切需要进一步更新和优化组合。首先,过于分散的城市布局造成了聚集效益较差。资源型城市的布局一般存在"点多、线长、面广"的不利局面。即使是相对集中的地域也由于条块分割等原因存在各单位画地为牢,各自为政的问题,使相对集中区域也形成松散的结构。这不仅增加了配套服务设施建设的费用,而且浪费了土地,增加了经营费用。其次,城镇体系建设尚未形成具有强大吸引力与辐射力的地域中心。当前资源型城市市域尚未形成具有较高综合功能和综合效益的核心地域,尤其是作为生活服务中心和为生产科研服务的中心尚未形

成,严重影响着矿区向城市过渡的进程。最后,综合经济发展缺乏必要的优化组合空间。资源型城市建设的封闭性、高度指令性、内向性仍很突出;条块分割现象仍很突出;综合经济的起步和发展仍然很分散,未能形成较好的聚集效益和规模经济。

3. 劳动力技能单一,转型任务重,再就业压力大

矿业城市是因矿业开发而兴建或发展起来的城市,矿业在城市产业结构中占据主导或支柱产业的地位。相当比例的人口就业依赖矿业,甚至一个家庭的主要成员都在一个企业或行业工作,完全依赖某个企业而生存。随着矿产资源城市矿产资源的逐步枯竭和国家对国有经济结构的进一步调整,大批从事矿业的劳动力面临着转型。而这些劳动力大多受教育程度较低,劳动技能单一,加之矿业城市经济结构的单一,再就业的难度很大。平顶山、鹤壁、焦作、禹州等城市的部分企业,由于资源枯竭、企业效益下滑而造成职工下岗失业,如果没有必需的生活保障和新的谋生技能,就会成为城市中的贫困阶层,严重影响着社会的稳定与"和谐社会"的构建。

4. 生态环境问题严重

长期矿业开发,使得矿业城市环境问题十分突出。一是生态环境的破坏殃及池鱼。矿山开采往往造成地表植被的破坏,水土流失,地表塌陷,废矿废渣占地,从而引起矿业城市地下水、空气的严重污染,影响了城市居民的生活质量。二是环境治理的投入杯水车薪。许多矿业城市由于地方财政投入不足,矿山企业对生态环境治理又缺乏动力,因而造成了矿业城市生活质量难以从根本上得到改善的局面。生态环境问题已成为许多资源型城市可持续发展的严重障碍。平顶山、焦作、鹤壁、义马、汝州、永城、禹州等,由于煤炭等矿产资源的长时间开采和与之相关的环保工作滞后,导致较为严重的生态破坏和环境污染;近年来地下煤炭过量开采所造成的采煤区及周边

城乡地区地面塌陷比较严重，给当地居民生活和城市经济发展造成严重困难。再譬如，焦煤集团已堆积18座煤矸山，占地954亩，不但占用大量耕地，一旦遇到风沙天气，矸石灰尘漫天飞舞，给当地及周边大气环境造成严重破坏，而且还对水土造成污染，破坏生态环境，严重损坏矿区的景观和煤炭企业的形象，给当地居民生活带来许多不便。

5. 部分城市地方财力薄弱，面临巨大财政支出压力

过去受计划经济、国家定价影响，矿产资源产品价格长期低于市场供给的真实价格，对资源产品税收作为财政收入主要来源之一的资源型城市造成巨大损失。中央或省属的资源型企业平煤集团、焦煤集团、鹤煤集团等过去为国家现代化建设做出很大贡献，把大部分财力都奉献给国家，使得河南省资源型城市长期处于利益大量流失状态，造成目前自身建设财力不足的局面。随着矿产资源不断衰竭，许多矿井将被关闭，资源型企业经济效益下滑，城市的后续财源更加短缺，再加上企业办社会部分移交给城市承担，使得河南省资源型城市如鹤壁等进行城市基础设施建设面临巨大财政支出压力。

三、资源型城市转型发展的思路与对策

针对河南省资源型城市存在的问题，结合国内外资源型城市研究和实践的经验，我们认为应着重从以下几个方面着手：

1. 高度重视资源型城市转型发展的重要意义

资源型城市在我国工业化进程中发挥着重大作用，不但提供了满足国民经济发展所需的基础原材料，而且通过利税上交为国家积累了巨额的资金。同时，这些城市大多数位于原有经济基础薄弱的中西部地区和边疆少数民族聚居区，在区域经济发展中发挥着经济聚集和辐射作用，对中西部地区经济和社会发展有举足轻重的作用。经过几十年的高强度开采，这些城市的资源开采大多数已进入稳产期或衰退期。国家有必要制定相应的规划和政策，加大对资源型城市产业转型的支持力度。一方面应针对资源型城市的实际情况实施一系列优惠政策；另一方面，对于部分已陷入严重困境的资源型城市，应给予及时的财政支持，如加大转移支付力度，投资兴建大型基础设施等，使这些城市摆脱衰退陷阱，重新走上发展之路。

2. 进一步解放思想，大胆创新，成功挖潜，华丽转身

国内资源型城市主要兴起于计划经济时代，带有十分显著的计划经济烙印。如国有经济比重过大，条块分割，企业办社会，观念陈旧，改革滞后等，这些都是造成产业转型障碍的重要原因。

因此，资源型城市必须加大改革力度，实施制度创新，释放被原有体制所束缚的经济潜能。一方面，继续围绕矿产资源拉长产业链条；另一方面，及时探询替代产业，实现产业的顺利转型。河南省焦作市由煤炭城市向山水城市、矿业向旅游业的成功转型给我们提供了有益的借鉴。

3. 积极引进域外资金，推动城市资源结构、产业结构和城市空间结构的转型

一方面要未雨绸缪，及早考虑资源替代，由资源输出变为输入；另一方面要适时地调整产业结构以适应已经变化了的资源结构。在发展过程中，只要条件允许，就应由资源开发主导型向资源与加工混合型转化，进而向综合性发展过渡。

吸引外部投资，包括国外投资和国内投资是产业转型和完善城市空间结构的一条捷径，外部投资的进入不仅带来资金，还伴随着先进的技术、管理和观念，这对资源型城市的产业转型同样重要。资源型城市虽然存在区位偏离、环境污染等劣势，但具有丰富的资源，充足的动力供应，大量空闲土地和厂房以及廉价的劳动力，这是吸引外部投资的重要因素。资源型城市在吸引外资时应扬长避短，从具备比较优势的资源精深加工起步，慎重选择主导产业，逐步形成多样化的产业结构。在吸引外资的过程中，应注重投资环境，尤其是投资软环境的改善。

空间结构是资源结构、产业结构通过经济活动而逐步形成的一种社会结果。通过空间结构的调整，特别是城市第三产业的发展，将资源消费引向资源富存区，或是将富存资源引向资源需求区，是促进区域发展的又一重要手段。

4. 务实开展国际合作，学习借鉴国外有益经验，探索转型发展最优路径

资源型城市和资源型产业在世界范围内广泛存在，其转型是一个全球性的问题。工业发达国家由于工业化进程和资源大规模开发较早，比我国更早地面临了产业转型的问题。20世纪80年代以来，以欧盟国家为代表，进行了有益的探索和积极的实践，并已在某些地区取得了明显的成效，如法国洛林地区煤炭工业转型，德国鲁尔地区煤炭和钢铁工业转型，许多做法值得学习和借鉴，可以谋求政府间和企业间的多渠道交流和合作，探询适合自己实际的资源型城市转型发展的最优路径。

5. 加强职业培训，鼓励个人创业，实施"多元化就业转型"战略

从国内外的经验来看，由于我国资源型城市的产业属于资源劳动密集型产业，产业转型的最大难点是人员的"转型"，这是因为资源型产业的大多数从业人员受教育程度低，技能单一，适应能力差，转移到其他行业就业的难度很大。因此，必须大力加强培训，根据城市产业发展的需求和个人自愿，开展有针对性的职业技能培训。同时，通过提供创业支持和优惠政策，鼓励转型人员个人创业和自谋职业，形成良好的个人创业环境和氛围，这是一个城市得以持续繁荣发展的根本动力。

6. 大力治理、改良生态环境，重塑矿业城市新形象

第一，要树立可持续发展观念，正确处理环境保护与可持续发展的关系。从满足资源市场需求和城市经济综合化发展的角度出发，坚持"矿产资源开发与加工转化相结合，开采与保护生态环境相结合"的原则，协调好资源开发与经济建设和环境整治的关系。第二，多方筹集资金，加大投资力度。废水、废气、大量煤矸山的处理及工业垃圾的处理均需要投资额巨大的专用设备，

对矿业企业与资源型城市来说，资金的缺乏是治污效果的重要原因之一。第三，要加速资源采掘、开发、加工业的环保技术改造，减少"三废"排放量。对工艺落后、对环境污染严重的小型矿井、小型炼油厂等应采取坚决措施予以取缔或关闭；对新建的基本建设项目，从立项、设计、施工到投产都实行一票否决制，减少新污染源的产生。第四，要从规划方面入手，在城市总体布局上尽可能减少对环境不利的因素，合理规划城市园林绿地，建设园林化资源型城市。

参考文献

周德群，龙如银. 我国矿业城市可持续发展的问题与出路 [J]. 中国矿业大学学报（社会科学版），2001（3）：15-18.

田霍卿. 资源型城市可持续发展的思考 [M]. 北京：人民出版社，2000.

郭迎光. 从平顶山看矿业城市的经济转型 [J]. 中州学刊，2000（9）：23-26.

唐立峰. 鸡西市发展非煤产业的对策研究 [J]. 黑龙江矿业学院学报，1999（9）：40-43.

张以诚. 矿业城市与可持续发展 [M]. 北京：石油工业出版社，1998.

鲍寿柏，胡兆量，焦华富等. 专业性工矿城市发展模式 [M]. 北京：科学出版社，2000.

刘金友. 我国资源型城市存在的问题及出路 [J]. 理论前沿，2000（14）：15-17.

俞滨洋，赵景海. 资源型城市可持续发展战略初探 [J]. 城市规划，1999（6）：18-23.

樊杰. 我国煤矿城市产业结构转换问题研究 [J]. 地理学报，1993（5）：328-339.

王元. 重视单一产业性城市的可持续发展 [N]. 人民日报，2000-01-11.

张以诚. 我国矿业城市现状和可持续发展对策 [J]. 中国矿业大学学报（社会科学版），1999（1）：76-81.

路建涛. 工矿城市发展模式比较研究 [J]. 经济地理，1997（3）：19-24.

罗树清. 资源型城市的改革与发展 [N]. 经济日报，1997-08-18（6）.

王焕良，李克忠，尚克昌. 论资源型城市持续发展问题 [J]. 管理世界，1994（4）：211-212.

（刘荣增，河南科技学院城市与区域发展研究中心、郑州大学区域经济研究所）

煤炭资源型区域经济发展方式转变：基于山西的实证研究

党的十七大报告中，胡锦涛总书记提出"加快转变经济发展方式，推动产业结构优化升级"，并进一步细化了其内涵，即"促进经济增长由主要依靠投资、出口拉动向依靠消费、投资、出口协调拉动转变，由主要依靠第二产业带动向依靠第一、第二、第三产业协同带动转变，由主要依靠增加物质资源消耗向主要依靠科技进步、劳动者素质提高、管理创新转变"。十七届五中全会、"十二五"规划建议，明确了"十二五"指导思想，即以加快转变经济发展方式为主线，其基本要求是：坚持把经济结构战略性调整作为加快转变经济发展方式的主攻方向；坚持把科技进步和创新作为加快转变经济发展方式的重要支撑；坚持把保障和改善民生作为加快转变经济发展方式的根本出发点和落脚点；坚持把建设资源节约型、环境友好型社会作为加快转变经济发展方式的重要着力点；坚持把改革开放作为加快转变经济发展方式的强大动力，从五个方面阐释了转变经济发展方式的内涵。

煤炭资源型区域，兼具有国家整体发展背景与阶段的判定特征，需要转变经济发展方式；而由于对煤炭资源的大规模开发与依赖，导致其独特的资源型经济特征和问题，必须进行资源型经济转型。本文以山西省为例，侧重三个问题即为什么要转、转什么、如何转，对煤炭资源型区域经济发展的基本特征、发展方式转变的内涵及其基本思路进行了研究。

一、为什么要转：煤炭资源型区域的经济特征与发展难题

一般而言，描述区域经济体系的基本特征，主要从经济增长、结构演进与制度环境方面入手。山西省在这三个方面表现出不同于一般区域经济发展的典型资源型经济特征，具体如图1所示。从经济增长特征看，表现为：高耗能、高污染、高危险性的经济增长方式，与物质资本、自然资源投入为动力的生产要素结构。前者会引起资源型区域的资源财富流失、生态环境破坏以及安全事故频发；后者会引起人力资本流失，科技投入不足，导致企业竞争力弱。从结构演进特征看，表现为：资源产业为支柱的单一产业结构、矿区布局与城市建设冲突的空间经济结构。其中，以资源产业为支柱的单一产业结构特征，会随着资源价格波动而引起幅度较为剧烈的经济增长波动，并且由于资源价格的变化，会强化资源部门的发展，对人力资本与制造业具有挤出效应，更突出了资源部门在经济体系中的核心地位与产业结构的单一性。矿区布局与城市建设冲突的空间经济结构会导致城市规模小、城市功能缺失、城市建设落后、区域空间经济布局分散。收入分配特征表现为资源财富流失型的收入分配结构，具体为：地方宏观税负高、GDP虚高而城市居民、农村居民收入水平并不高、收入分配的两极分化以及由此造成的消费不足。

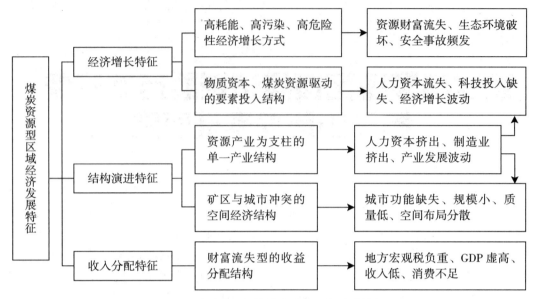

图1 山西省资源型经济基本特征及其引致的问题

（一）高耗能、高污染、高危险性的经济增长方式

山西资源部门为支柱的产业结构特征，决定了经济增长方式中存在高耗能、高污染、高危险性的特征，即单位GDP的能耗、电耗高，污染物的排放量高，矿产开发中的事故发生频率高。资源型产业结构导致山西经济增长以高耗能、高耗电为代价，山西单位GDP能耗、单位GDP电耗，2008年在全国均排第4位，仅次于宁夏、青海、贵州；单位工业增加值能耗在全国排第一。山西污染物排放量相对较高，城市空气质量较差，二氧化硫排放量在全国居于前列；太原空气质量达二级以上天数为303天，占全年比重83%，在全国省会城市中排第20名。煤炭百万吨死亡率虽然较低，但因为煤炭产量高，事故发生频率高，死亡的绝对人数多。

（二）物质资本、煤炭资源驱动的要素投入结构

根据1980~2008年以来的山西省、全国的劳动力、资本投入及其GDP的相关数据，分析要素对经济增长的贡献，结果发现：山西省经济发展的主要推动力来自于资本投入，全要素生产率对经济增长的贡献份额远低于全国平均水平。大量

的资源收益并没有被用于人力资本投资，教育投资、科教文卫支出低于全国平均水平。从1998~2007年教育经费占GDP的比重看，2003年之前山西省教育经费占GDP比重高于全国平均水平，之后山西低于全国平均水平；同期山西教育经费占GDP的比重提高了0.50个百分点，而全国提高了1.14个百分点。从2003年开始，山西省科教文卫支出占一般预算财政支出的比重持续下降，科教文卫支出比重与采矿业比重之间的反向关系明显（见图2）。显示山西经济发展在煤炭资源开发的驱动下，对人力资本投资的重视程度不及全国，对人力资本积累有挤出效应。

对物质资本、煤炭资源投入的依赖，引起煤炭产业与资源型区域经济增长的大起大落。通过对新中国成立以来，山西经济增长与全国的比较来看（见图3），山西省与全国经济增长趋势呈现高度相关性，但山西省经济增长的波动幅度高于全国，全国经济增长率每上升或下降1个百分点，山西上升或下降1.25个百分点。

（三）资源产业为支柱的单一产业结构

资源产业强化发展，"挤出"制造业，导致技术进步缓慢。1998~2000年，采掘业增加值占工业增加值的比重在下降，从31%下降到27.9%；制造业比重在上升，从54.6%上升到56.4%。2000年以来的变化趋势相反，采掘业比重不断攀升，从

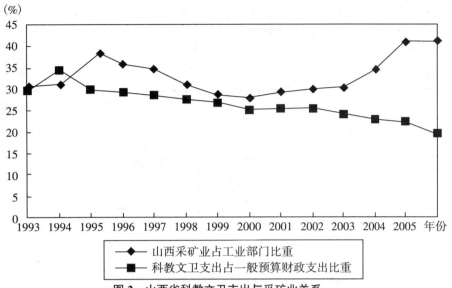

图2　山西省科教文卫支出与采矿业关系

资料来源：1994~2007 年《山西统计年鉴》。

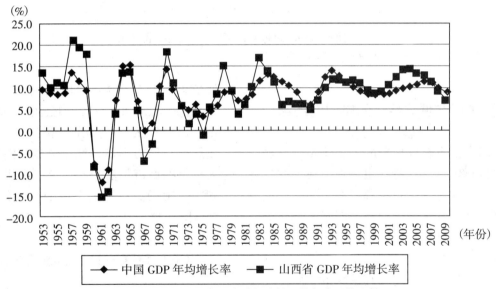

图3　1952~2009 年山西省经济增长趋势及其与全国的比较

注：增长率为三年滑动平均增长率。

资料来源：《山西统计 50 年》、历年《山西统计年鉴》、《2009 年山西统计公报》。

27.9%上升到 2008 年的 52.9%，8 年内上升了 25 个百分点，尤其是 2008 年一年内上升了 11 个百分点；制造业比重则持续下降，从 56.4%下降到 2008 年的 41.5%，8 年内下降了 15 个百分点左右（见图 4）。这一期间，工业增加值年均增长率为 30.7%，采矿业增加值年均增长率为 41.6%，而制造业增加值的年均增长率为 25.8%。制造业被"挤出"，出现"反工业化"现象，制造业中技术人才流失严重。

1999 年，制造业城镇单位专业技术人员为 13.5 万人，而到 2006 年下降到 11.1 万人，7 年间总共减少了 2.4 万人，2007 年有所回升，为 12.4 万人；制造业城镇单位专业技术人员占全部技术人员的比重也基本呈现下降趋势。从全国范围来看，2008 年山西省制造业职工平均工资为 20345 元，在全国位居第 29 位，比全国平均水平 24192 元要低，①制造业收益的低下不利于人才向山西省制造业的流入，影响了制造业

————————

① 国家统计局网站。

人力资本的积累；而且制造业的低水平以及人才流失致使制造业"干中学"无法成为山西人力资本积

累重要途径之一。

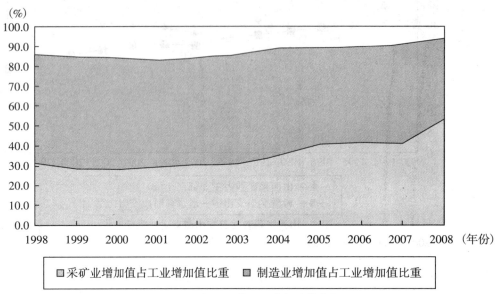

图4 1998~2008年山西省工业内部结构变化

资料来源：根据《2009年山西统计年鉴》计算得到。

（四）矿区与城市冲突的空间经济结构

资源部门占有较大比重的经济体系，其城镇化演进与区域空间结构特征也表现出典型的资源型经济特征。这是因为资源部门在空间布局上与人口的经济活动存在较大偏差，即资源部门的布局属于资源指向性，矿产开发活动主要集中于资源分布地，大多是在偏远的、交通不便、人口稀少的山区；人口经济活动尤其是城市布局，主要集中于地形地貌条件较好的平原地带。从山西整体分布来看，矿产开发活动主要集中于东、西两山，城市（城镇）布局以及经济活动主要集中于中部盆地。矿区分布与城市发展的冲突导致的结果是：城市发展不足，功能缺乏，规模难以扩张，城镇化与工业化、非农化脱节。矿区布局与经济活动的分离制约了城市发展。山西城市设施水平普遍低于全国平均水平，且在全国的排序基本上都处于下游。其中城市用水平普及率2005年、2008年均低于全国平均水平，排序从第19名前进到第18名；城市燃气普及率与全国平均水平差距较大，排序在"十一五"期间有较大改善，前进了3名；每万人拥有公共交通车辆，在全国居于

倒数第一；人均城市道路面积也远低于全国平均水平，排名第26位；人均公园绿地面积排名第27位。山西省城市规模普遍偏小，中心城市对区域发展带动能力不足，城市群发展滞后。其中百万人以上的城市仍然只有两个，分别为太原市与大同市。20万人以下的小城市有3个，而在中东部地区除安徽、山西外，大多数省份为0或1。

（五）财富流失型的收益分配结构

受全国经济趋势影响，以及资源型经济特征的强化影响，山西省在收益分配方面表现出不合理现象，影响总体消费水平及其对经济增长的拉动。收益分配不合理是山西省资源型经济的典型特征，具体表现在宏观税负重，资源收益分配在国家与地方之间分配不合理，造成GDP增长率高，居民实际收入水平并不高；收益分配在区域内部分配的不合理，造成区域收入、城乡收入差距扩大，分阶层收入差距扩大。

山西省属于经济发展相对落后的中西部地区，但税收负担相对较重，近几年甚至高于全国平均水平，2005~2008年山西省的财政总收入占GDP的比重分别为18.14%、22.23%、20.94%、21.52%，分

别高出全国平均水平的 0.87、3.94、0.37、1.12 个百分点。山西的支柱产业及采掘业，尤其是煤炭采掘业，按照增值税，其抵扣非常少，大量的部分作为增加值，事实上，并不是新增加价值，而是大自然赋予的财富，以及环境成本损失，造成价值流失，实际收入水平并不高。从横向比较来看，2008 年山西人均 GDP 为 20398 元，在全国排第 14 名。从一般预算收入占 GDP 的比重来看，山西在全国排第 4 名，仅低于北京、上海、重庆三大直辖市。这与山西在全国的经济地位不匹配。

收入分配不平衡的结果导致山西居民实际收入水平偏低，消费严重不足，对经济的推动能力相对较弱。山西 GDP 增长速度相对较快，山西人均 GDP 是全国人均 GDP 的 0.901，在全国的排序为第 14 名，与之比较，山西居民实际收入水平与全国的差距较大，排序靠后，其中城镇居民人均可支配收入在全国 31 个省（市、区）排第 18 名，农村居民人均纯收入排第 22 名，城镇居民、农村居民收入水平分别是全国的收入水平的 0.831、

0.861，山西城市、农村居民收入水平与全国的差距要大于人均 GDP 与全国的差距。收入的不合理分配，导致消费拉动力减小。山西城镇居民人均消费性支出为 8806 元，远远低于全国 11242 元的平均水平，在全国 31 个省（市、区）中排第 24位；农村居民人均生活消费支出为 3097 元，低于全国 3660 元的平均水平，在全国排第 19 位。消费水平低，经济增长中消费对需求的拉动能力弱。2000~2008 年，山西名义 GDP 年均增长率为 18%，高于全国同期 GDP 年均 16.56%的增长水平；而同期山西消费品零售总额增长则要缓慢得多，年均增长率为 15.92%，低于全国 17.85%的平均水平。

上述分析说明，山西资源型经济特征显著，带来经济发展中的诸多问题，包括资源生态环境破坏、资源财富流失、经济增长波动、制造业挤出、城市发展滞后、经济长期增长乏力等，导致区域可持续发展能力显著下降等，资源型经济转型势在必行。

二、转什么：煤炭资源型区域经济发展方式转变的内涵

根据煤炭资源型区域的经济特征与发展中存在的问题，山西资源型区域经济发展方式转变的如图 5 所示。从经济增长方式来看，包括资源利用方式转变，即资源的集约、节约利用，保护或修复生态环境；要素投入结构转变，即经济增长从资源依赖向创新驱动转变。从经济结构调整来看，包括产业结构转型和区域空间结构重组，其

中前者包括产业体系转型、产业结构优化升级以及产业组织方式转变；后者包括矿（区）—城（市）—乡（村）统筹发展、区域空间结构优化以及资源型城市转型。资源产权与收益分配制度改革，重点包括煤炭增值税改革、煤炭价格体系完善、稳定基金制度、促进消费需求与资本积累等。

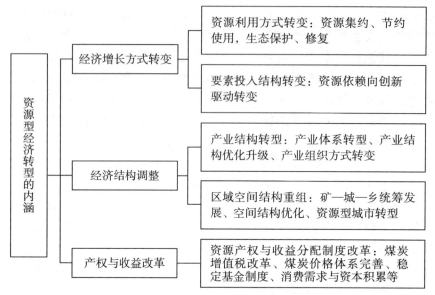

图5　煤炭资源型区域经济发展方式转变的内涵

三、如何转：煤炭资源型区域经济发展方式转变的基本思路

资源型经济转型基本思路，与资源型区域经济发展基本特征、转型内涵对应，重点解决资源型经济体系中存在的突出问题，即增长方式粗放化、要素结构初级化、产业结构单一化、空间结构分散化、收入分配两极化等。针对经济增长方式粗放化，加强资源的集约、节约利用与生态环境的修复，推进资源利用与经济发展方式转型（见图6）。针对要素结构初级化，加强研发投入与人力资源开发，建设区域创新体系，打破资源依赖型发展路径，推进创新驱动型发展路径的形成。针对产业结构单一化，进行产业体系转型与产业结构优化升级，通过传统产业新型化、优势产业规模化、新兴产业支柱化、三次产业协同化、产业布局集群化、资源型企业集团化，推进主导产业多元化与产业结构高级化，降低经济体系对资源部门的依赖。针对空间结构的分散化，要加强资源型城市转型与区域的空间结构重组。收入分配两极化，主要是因为矿产开发中收入分配制度尚不完善，需要继续推进资源生态环境补偿、矿产品价格完善等收入分配制度建设。

综上，煤炭资源型区域经济发展方式转变，重点是推进资源利用方式转变、要素投入结构转变，实现粗放型经济增长方式向集约型经济增长方式转变；推进产业结构升级、区域空间重组，实现产业结构多元化、工业化与城镇化协调互动发展；推进收益分配合理化，增强资源财富向其他资本形式财富转化的能力。整体目标是提升区域可持续发展能力，实现资源型经济体系向工业型、知识型经济体系的跨越。

四、推进煤炭资源型区域经济发展方式转变的几点建议

资源型区域获取的高额资源租金收益，经过　　合理的收益分配与转化，可能成为工业化演进的

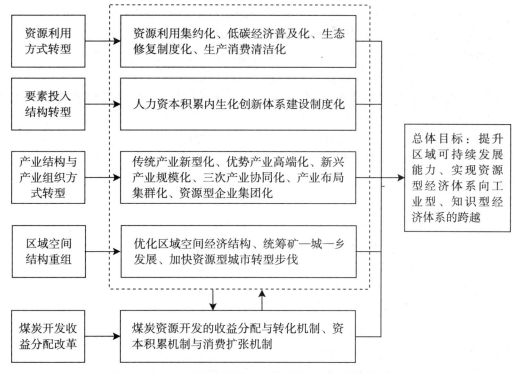

图6 山西省煤炭资源型区域经济发展方式转变的基本思路

资本积累，推进区域的工业化进程与多元化，提高区域总体收入与福利水平；但也可能形成对资源的非合理分配与使用，导致资本流失，形成贫穷的、资源依赖型的经济体系。需要打破路径依赖，将资源收益转化为区域发展的物质资本财富、人力资本财富与社会资本财富，以提高区域的可持续发展能力，须采取以下措施。

（一）调整煤炭开发收益在中央与地方的分配

煤炭开发中的收益分配，适当向资源型区域倾斜，增强资源型区域资源财富积累能力。虽然从现有资源收益分配来看，国家作为矿产资源所有者尚未完全行使要素所有者的权力，获取合理的资源租金，造成资源租金的大量流失；但是就现有的收益分配结构来看，资源型区域在其中所获取的收益更少，且由于生态环境补偿等制度的不到位，资源财富损耗与生态环境负效应现象非常严重，导致资源型区域财富的净流失。随着资源收益分配机制的调整与资源租金收益分配制度的确立，资源收益分配逐步走向合理化。其中，资源型区域作为资源损耗与生态环境负效应区域，

理应获得较大的资源收益分配比例，用于生态环境补偿、基础设施、制造业发展等物质资本投入，用于区域创新体系建设与教育等社会资本、人力资本投入。

（二）提高资源部门进入门槛，增强资源开发集约度

加大对资源部门的研发投入，提高矿业企业的技术门槛，增强资源开发的集约利用程度。矿产资源是可耗竭的，在开采与使用时必须做到集约、节约。技术进步是资源集约、节约开发与利用的前提，包括探矿技术、开采技术、冶炼技术、加工技术等。推进资源部门的技术进步，一是能够降低资源的损耗，实现资源的持续利用；二是能够提高劳动者的技能与资本投入比例，弱化资源部门发展对物质资本与人力资本的挤出效应；三是增加了技术这一要素在矿产资源开发租金收益中的分配，防止高额租金可能引发的各种经济社会问题。通过提高矿业企业的技术门槛，将资源部门从一个低技术含量的初级部门，转变为高技术含量的、能够带来规模报酬递增的现代化产业部门。

（三）加大教育投入与劳动力就业培训力度，加快人力资本积累

政府通过制定相关的制度，以及相关政策的实施，将资源部门繁荣时期所获得的资源收益用于教育投入、人才引进与就业培训，加快资源型区域的人力资本积累。芬兰是世界上最富裕、最具有竞争力的创新国家之一。芬兰大力普及九年制义务教育，并实行免费高中和高等教育，其教育经费在国家财政预算中所占比例高达18%，仅次于社会福利支出，在国家预算中居第二位，远高于美国和日本。而且，芬兰还拥有各类图书馆3000多家，人均图书占有率居世界前列，目前该国的科技论文产出率已超过美国和英国。资源型区域要加大教育投入，在强化九年义务教育和高中教育的同时，也要加大对职业教育和高等教育的投资，重视专业化教育。充分利用各种教育和培训资源，多渠道地推进在职培训和创业培训。适应大型现代化、规模化、集约化采矿的需要，通过新技术、新设备的应用，提高对资源部门从业人员的技能要求，增加对资源开采技术、设备研发人员的需求。通过对采矿工人的岗前培训，可以提高开采效率，提高工人安全意识以减少矿难的发生，也减少了资源开采有可能引发的职业病。在资源濒临枯竭区，提前加大对采矿工人的转岗培训，降低采矿工人人力资本的专有性，进而减弱采矿行业对人力资本的"锁定效应"，为实现采矿工人就业结构调整提前储备人力资本。

（四）强化政府在资源开发中的引导与监管作用

强化政府在资源型区域的监管与引导作用，制定政策、监管执行，规范煤炭资源型区域的开发行为。矿产资源开发中的特殊性决定了资源部门不可能成为一个完全市场化的部门。政府在其中的作用主要表现在：一是制定相关制度，如矿产资源使用权出让制度、资源收益分配制度、区域创新体系建设制度、教育与科技投入的倾斜制度、企业进入行业的门槛制度、安全制度等；二是对企业行为与资源收益的使用进行监管，保证

企业对生态环境的保护与补偿、安全设施与安全投入到位、资源收益管理透明化、资源收益使用合理化等。

（五）建立国家/区域财富总量监控账户

建立国家/区域财富总量监控账户，加强自然资本财富向物质资本、人力资本、社会资本财富的转化力度，提高区域真实储蓄（率），增强区域可持续发展能力。矿产资源的开发导致区域自然资本财富的减少，只有物质资本、人力资本、社会资本财富的增加量高于自然资本财富的减少量，区域财富总量才可能增加，区域可持续发展能力才可能增强。现有统计体系主要关注物质资本财富的增加，而很少考虑自然资本财富的减少，以及人力资本的流失、社会问题凸显等社会资本的下降，导致资源型区域出现资源主导或者资源诅咒。在资源型区域建立区域财富监控账户，关注资源财富、人力资本财富、社会资本财富的动态变化，以增强资源型区域的可持续发展能力。

参考文献

J.Hartwick, Intergenerational Equity and the Investing of Rents from Exhaustible Resources [J]. The American Economic Review, Vol.67, No.5, 1977, pp.972-974.

K.Matsuyama. Agricultural Productivity, Comparative Advantage and Economic Growth [J]. Journal of Economic Theory, Vol.58, 1992, pp.317-334.

T.Gylfason. Natural Resources, Education and Economic Development [J]. European Economic Review, Vol.45, No.4-6, 2001, pp.847-859.

W.M.Corden, J. R.Neary. Booming Sector and De-industrialization in a Small Economy [J]. The Economic Journal, Vol.92, 1982, pp.825-848.

景普秋，范昊. 基于矿产资源开发的区域经济发展模式：理论假设与个案研究 [J]. 中国软科学，2010（10）.

景普秋. 基于矿产开发特殊性的收益分配研究 [J]. 中国工业经济，2010（9）.

王勇，杜德斌. 芬兰科技创新之路及对我国西部大开发的启示 [J]. 经济地理，2007（4）.

张复明，景普秋. 资源型经济的形成：自强机制与个案研究 [J]. 中国社会科学，2008（5）.

（景普秋，山西财经大学资源型经济转型发展研究院）

资源枯竭型城市转型可持续发展研究*

——以江西省为例

资源枯竭型城市是指以资源开发加工为主导产业,但资源开发进入衰退或枯竭过程的城市。资源枯竭型城市转型是一道"世界性难题",不少国家对此已经进行过艰辛的探索,既有成功的经验,更有失败的教训。2007年12月18日,国务院下发《关于促进资源型城市可持续发展的若干意见》的文件,国家发改委根据文件先后确定了两批国家资源枯竭城市,江西省萍乡市、景德镇市名列其中。三年过去了,资源型城市转型成效如何,还存在什么问题需要进一步解决?为此,我们选择以萍乡市、景德镇市为案例,对资源枯竭型城市转型进行了跟踪调查,全面了解实施转型战略后两市发生的变化及尚存的问题,并提出相应的政策建议,以便有助于进一步促进资源枯竭型城市的可持续发展。

一、江西省资源枯竭城市转型的成效

萍乡、景德镇先后被国家发改委列入国家资源型城市后,江西省政府高度重视,迅速出台了相关实施意见,提出资源型城市要切实解决好矿山关闭破产、职工安置、沉陷区居民搬迁、矿区生态环境治理等紧迫问题,中央对原国有重点煤矿历史遗留的采煤沉陷区治理和煤炭安全生产给予适当支持;鼓励资源型城市积极发展能够充分吸纳就业、实现资源综合利用和促进产业结构优化的接续替代产业,对相关项目中央财政给予必要的支持;支持改善低收入困难家庭和棚户区居民的居住条件。并由省发改委、省财政厅、省国土资源厅、省煤炭行业办、省建设厅、省煤矿安监局负责具体配合实施。

从2007年资源枯竭型城市政策实施以来,截至2010年底,萍乡市连续四年争取国家财力性转移支付资金4.55亿元,景德镇连续三年争取国家财力性转移支付资金3.9亿元,两市共争取国家资金8.45亿元。省财政各配套了4200万元,对萍乡市、景德镇市完善社会保障、教育卫生、环境保护、公共基础设施建设和专项贷款贴息等方面给予大力支持。

经过三年的艰辛探索,萍乡市、景德镇市转型取得初步成效,主要经济指标增速连续三年位居全省前列。

(1)经济增长率保持较好水平。2006年以来,萍乡市生产总值的增长速度均超过13%,人均GDP年均递增14.7%,在全省排位也明显提升。2009年生产总值达到421.49亿元,增长13.6%,比全省增幅高0.5个百分点;规模以上工业增加值实现177.68亿元,增长21.2%,比全省增幅高1.1个百分点。2010年生产总值达到520.39亿元,增长14.3%,比全省增幅高0.3个百分点;规模以上工业增加值实现227.9亿元,增长22.4%,比全省增幅高0.7个百分点。景德镇市,2009年生产总值达到364亿元,增长13.8%,比全省增幅高0.7个百分点;规模以上工业增加值实现144亿元,

---

* 本篇内容参考和引用了萍乡市、景德镇市资源枯竭城市转型评估报告的相关资料。

增长 21.5%，比全省增幅高 1.4 个百分点。2010 年生产总值达到 461 亿元，增长 15.1%，比全省增幅高 1.1 个百分点；规模以上工业增加值实现 160.03 亿元，增长 22.5%，比全省增幅高 0.8 个百分点。生产总值三年平均增长速度在全省 11 个设区市或全国第二批 9 个资源枯竭城市中比较，位次前移。

表 1　2006~2010 年萍乡市经济增长率纵向比较

年份	2006	2007	2008	2009	2010
GDP 累计（亿元）	265.5	316.28	387.6	421.49	520.39
同比增长（%）	13.1	13.9	15.1	13.6	14.3
人均 GDP（元）	14544	17240	21002	22686	

资料来源：2006~2010 年江西省统计公报。

表 2　2006~2010 年景德镇市经济增长率纵向比较

年份	2006	2007	2008	2009	2010
GDP 累计（亿元）	224.78	270.1	322	364	461
同比增长（%）	14.6	14.1	15.3	13.8	15.1
人均 GDP（元）					

资料来源：2006~2010 年江西省统计公报。

表 3　2010 年与 2007 年江西省经济增长率横向比较

单位：亿元

地区	生产总值					
	2010 年			2007 年		
	累计	同比增长（%）	增速位次	累计	同比增长（%）	增速位次
江西省	9435.0	14.0	—	5469.25	13	—
南昌市	2207.0	14.0	10	1390.1	15.5	2
景德镇市	461	15.1	2	270.14	14.5	3
萍乡市	520.39	14.3	5	316.28	13.9	7
九江市	1032.06	14.3	5	592.56	14.1	4
新余市	631.22	15.6	1	278.12	15.8	1
鹰潭市	342.70	14.1	8	204.78	14	5
赣州市	1119.47	13.8	11	701.68	13.5	11
吉安市	720.52	14.2	7	406.01	13.6	9
宜春市	870.00	14.1	8	508.86	13.6	9
抚州市	630.01	15.0	3	367.92	14	5
上饶市	901.00	14.8	4	528.06	13.7	8

资料来源：2006~2010 年江西省统计公报。

（2）财政收入增长较快。2007 年以来，萍乡市、景德镇市财政收入增长明显提速，为实施转型提供了基本的财力支撑。萍乡市，2009 年完成财政总收入 46.9 亿元，增长 13.6%，与全省增幅基本持平；2010 年完成财政总收入 64.1 亿元，增长 36.5%，比全省增幅高 4.5 个百分点。景德镇市，2009 年完成财政总收入 35.55 亿元，增长 25.1%，比全省增幅高 11.4 个百分点；2010 年完成财政总收入 53.1 亿元，增长 49.5%，比全省增幅高 17.5 个百分点。

（3）产业结构不断调整优化。萍乡市是个工矿城市，工业化程度在全省比较高，工业增加值在三次产业中比重也较高。在转型实施初级阶段，该市按照"提升传统产业、发展新兴产业、打造特色产业，实现传统产业新型化、支柱产业多元化、新型产业特色化"的经济转型思路，率先加

表4 2006~2010年江西省财政总收入横向比较

单位：亿元

地区	2010年财政总收入			2009年财政总收入			2008年财政总收入			2007年财政总收入			2006年财政总收入		
	金额	增减(%)	排位	金额	增减(%)	排位	金额	增减(%)	排位	金额	增减(%)	排位	金额	增减(%)	排位
江西省	1226	32		928.7	13.7		816.69	22.8		66.46	28.2		518.12	21.65	
南昌市	259.3	22.4	10	211.7	11.5	8	189.97	14.4	11	166.04	23.7	9	134.20	17.85	7
景德镇	53.1	49.5	1	35.6	25.1	3	28.42	41.8	1	20.03	22.6	10	16.33	10.85	11
萍乡市	64.1	36.5	6	46.9	13.6	7	41.33	25.0	8	33.08	22.1	11	27.09	13.84	10
九江市	116.7	36.4	7	86.2	30.3	2	66.17	15.0	10	57.52	25.4	8	45.81	15.05	9
新余市	80.63	42.5	4	56.6	2.7	11	55.07	32.5	3	41.56	38.4	3	30.04	30.40	3
鹰潭市	55.14	48.7	2	37.1	2.9	10	36.04	28.1	7	28.14	43.3	2	19.64	36.02	1
赣州市	128.3	15.3	11	111.3	11.1	9	100.13	34.4	2	74.51	31.5	7	56.65	21.29	6
宜春市	107.9	33.9	9	80.6	24.2	4	64.75	28.7	5	50.32	30.1	5	38.69	25.06	4
上饶市	113.9	36.4	7	83.5	22.8	5	68.01	22.8	9	55.37	34.9	4	41.04	22.16	5
吉安市	87.55	37.6	5	64.4	20.3	6	53.52	31.1	4	40.83	26.9	6	32.17	16.79	8
抚州市	74.0	45.5	3	50.9	33.4	1	38.12	28.4	6	29.69	44.6	1	20.54	33.81	2

资料来源：2006~2010年江西省统计公报。

大了改造提升传统产业投入力度，因此，在一定时期内第二产业仍将占有较高比重。2006年以来三次产业比重的具体情况是：2006年为9.9∶59.6∶30.5，2007年为9.1∶61.1∶29.8，2008年为8.5∶62.5∶29.0，2009年为8.7∶61.7∶29.6，2010年为5.8∶63.9∶30.3。到2010年，萍乡市高新技术产业企业达234户，完成增加值96.2亿元，同比增长42%，由以传统产业为主转变为传统产业与新兴产业共同发展，十大接续替代产业完成工业增加值170.68亿元，同比增长23.45%，对规模以上工业增加值贡献率达74.9%。

景德镇市一方面加强对传统陶瓷企业的技术改造和创新，另一方面瞄准前沿，大力招商引企，发展高技术陶瓷产业，使全市陶瓷产业重新焕发了生机。2009年，陶瓷产业产值总量突破100亿元大关，达到100.3亿元，增长43%；出口突破1亿美元，达到1.08亿美元，增长53.7%。2010年上半年陶瓷产业产值总量达76.6亿元，同比增长52%，出口达2.06亿美元，同比增长140%。

（4）产业转型成效明显。景德镇市高技术陶瓷占陶瓷工业总产值比重明显上升，2009年，高技术陶瓷占整个陶瓷产业产值比重为13.7%，较2008年提高2个百分点，直升机、汽车家电、光伏、医药化工和文化创意等战略性新兴产业全面铺开，经济结构不断优化。

萍乡市采掘业及原材料加工业比率逐年下降，矿山企业由2007年的507个，整合到2009年底的305个，年采出矿石量960.4万吨，其中煤炭507.55万吨。2007年采掘业及原材料加工业的工业增加值占规模以上工业的19.9%，2010年上半年采掘业及原材料加工业的工业增加值占规模以上工业的17.9%。

（5）全社会固定资产投资高速增长。2006年，萍乡市全社会固定资产投资125.65亿元；2007年188.3亿元，同比增长44.1%；2008年353.3亿元，同比增长68.8%；2009年507.43亿元，同比增长43.6%；2010年503.5亿元，同比增长42.5%。景德镇市2009年固定资产投资完成330.55亿元，比上年增长48.7%，增速列全省第二；2010年固定资产投资完成439.6亿元，比上年增长34.6%，比2007年增长305.5%，连续三年增速位于全省前列。

（6）社会消费品零售总额快速扩张。"十一五"以来，萍乡市2006~2009年分别较上年增加16.1%、17.5%、24.2%和19.4%，分别达到76.76亿元、90.15亿元、111.92亿元和133.64亿元。2010年实现社会消费品零售总额158.14亿元，同比增长19.2%。2009年，景德镇市全社会消费品零售总额118.54亿元，增长19.4%，与全省平均水平持平；2010年实现社会消费品零售总额

140.37 亿元，同比增长 19.7%，增速列全省第一。

（7）城乡居民收入稳步提高。萍乡市城市居民人均年可支配收入 2006~2009 年分别达到 10095 元、12013 元、13597 元和 14825 元，分别较上年增长 12.5%、19.0%、15.7% 和 9.0%。萍乡市农民人均纯收入 2006~2009 年分别达到 4397 元、5053 元、5872 元、6344 元；分别较上年增长 12.1%、15.6%、16.2%、8.0%。2010 年，萍乡市城市居民人均可支配收入 16381 元，同比增长 10.5%；农民人均现金收入 7219 元，同比增长 13.8%。景德镇市城市居民人均年可支配收入 2007~2010 年分别达到 11951.67 元、13583.19 元、14996 元和 16657

元，分别较上年增长 20.0%、16.69%、10.4% 和 11.1%。景德镇市农民人均纯收入 2007~2010 年分别达到 4472.4 元、5252.89 元、5705.28 元、6521 元；分别较上年增长 13.1%、17.45%、8.6%、14.3%。

（8）民生、就业水平不断提升。2007 年以来，萍乡市连续三年全面超额完成了省市下达的就业再就业工作目标任务。但受资源枯竭和世界金融危机影响，大批煤矿工人下岗，一批外出务工人员返乡，且这些人员年纪偏大，技能单一，再就业难度相对较大，因而导致城镇登记失业率几年来均在 4% 左右。

表 5　2007~2010 年上半年萍乡市就业安置及失业率

单位：人

		2007 年	2008 年	2009 年	2010 年上半年
城镇新增就业人数及完成率	人数	35719	44310	44475	20575
	%	145.2	169.8	181	75
下岗失业人员再就业人数及完成率	人数	18703	15136	13924	6944
	%	170	135.1	124.32	62
城镇登记失业率	%	3.65	3.7	4.2	3.88

资料来源：萍乡市资源枯竭城市转型评估报告。

2006 年以来，建立了城乡低保对象信息平台，实行低保对象在线动态管理和监督，规范了低保对象认定和管理，做了"应保尽保，应退尽退"。

4 年来，萍乡市基本形成了城镇低保对象、所占比例"双下降"，农村低保对象、所占比例"双上升"趋势。

表 6　2006~2010 年萍乡市上半年低保人数及比率

单位：人

		2006 年	2007 年	2008 年	2009 年	2010 年上半年
城市低保	人数	61517	59641	62018	62668	59744
	%	11	10.8	10	11.4	10.3
农村低保	人数	37334	35314	55462	56698	54847
	%	3	2.8	4.4	4.4	4.3

资料来源：萍乡市资源枯竭城市转型评估报告。

景德镇市加大了对社会保障方面的投入，社会保障体系不断完善，2007 年和 2010 年全市预算内社会保障和就业支出分别为 48728 万元、172550 万元，两年人均预算内社会保障支出分别为 312.2 元、803.4 元，2010 年人均社保投入是 2007 年的 2.6 倍。参加各种社会保险的人数稳步增加，社保覆盖面不断扩大，2007 年、2010 年参加城镇基本养老保险的人数分别为 25.99 万人、

34.34 万人，占城镇从业人员的比重分别为 68.9%、98.5%。2007 年、2010 年参加城镇基本医疗保险人数快速增长，分别为 35.9 万人、73.22 万人，2010 年参加城镇基本医疗保险人数是 2007 年的 2 倍。

城镇就业进一步得到加强，2007 年以来，连续三年全面超额完成了省市下达的就业再就业工作目标任务。虽然受资源瓶颈和世界金融危机影

响，工人下岗，外出务工人员返乡，再就业难度相对较大，但政府加大了促进就业力度，通过发展接续替代产业、建设就业基地和增加公共事业岗位等多种方式解决就业，2007年全市城镇登记失业率是全省平均水平的99.87%，2010年全市城镇登记失业率是全省平均水平的99.96%。连续几年来城镇登记失业率都控制在3.5%以下。

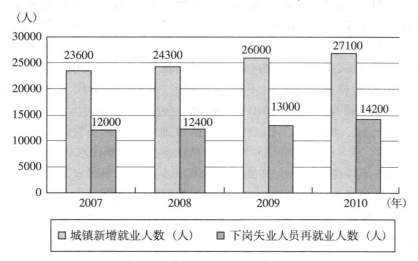

图1　景德镇市2007~2010年就业安置状况

（9）环境治理效果显著。萍乡市，在矿区采煤沉陷区综合治理方面：着力改善矿区职工居住条件，规划建设安源新村、光丰、上栗滨河和高坑民主村小区40.5万平方米，安置萍矿矿区居民3968户。采取整体搬迁、异地重建方式，下拨搬迁补偿及小区配套设施建设费4218万元，规划建设高坑村、王家源村、腊市镇、巨源村和略下安置小区，为近千户受损严重地区村民整体搬离了沉陷区。采取货币补偿办法，共拨付补偿金及不可预计费5787万元，对矿区32万平方米C、D级受损房屋得到拆除新建，137万平方米A级、B级受损房屋得到了维修加固。着力治理采煤沉陷区社会公益基础设施损害问题，完成总投资20288.62万元，异地新建和维修加固学校46所，新建和维修卫生院7所，新建饮水及水利工程9项，新建和维修公路桥梁15项。

二氧化硫和化学需氧量减排方面：2006年萍乡市SO_2排放总量为52219吨，COD排放总量为21312吨，2009年萍乡市SO_2排放总量为47000吨，COD排放总量为19272吨。2007~2010年上半年萍乡市共完成COD减排2982吨，SO_2减排16340吨。

水环境治理方面：2007年，萍乡市自主融资建设城市污水处理厂，2008年6月，一期一阶段日处理4万吨工程建成投入运行。2008年底，四县区污水处理工程同步推进，2010年上半年相继投入运行。2009年，城市生活污水集中率达到74.9%，比2006年提高73个百分点。据水质监测显示，麻山水厂和五陂下水厂取水口源水监测结果大多为Ⅰ和Ⅱ类标准，出境水质保持在三类标准以上。

城市绿化美化方面：突出抓好创建国家园林城市工作，萍乡市园林绿化水平明显提升。2007~2010年萍乡市共计完成造林绿化面积66.51万亩，建立和完善了小金山、横龙洞、石硖冲、富田、十里、鹅湖、幸福村、坛华、明山、神童岭、三湾11个环城森林生态保护示范园。到2010年上半年，城市建成区园林绿地面积达到1550.12公顷，较2006年增加392.12公顷，绿地率达到36.82%，较2006年增长7.62个百分点，绿化覆盖率达到41.6%，较2006年增长8个百分点，人均公共绿地面积达11.4平方米，较2006年增长3.7平方米。同时，综合投入40多亿元，新建了一批城市主次干道，建成区道路总面积达372万平方米，人均拥有道路面积10.25平方米。实施了临街房屋"穿衣戴帽"工程，清洗、刷新临街建筑20万平方米。城市主要路段空中网线下地，实现了无杆化。

景德镇市，在环境保护方面加大了投入，2007~2010 年全市预算内环境保护支出分别为 3925 万元、14017 万元、17090 万元、18500 万元，人均预算内环境保护支出分别为 25.13 元、88.59 元、106.67 元、115.6 元，年均增幅为 93.6%。积极推进节能降耗工作，通过实施"上大压小"、窑炉改造等措施，2007~2010 年全市单位 GDP 能耗下降率分别为 4%、5.29%、6.74%、5.8%。加大创建全国生态园林城市力度，不断美化城市环境，绿化率逐年提高，2007~2010 年城市绿化率分别为 42.1%、44.67%、45.5%、52.1%。

污染减排方面：2007 年景德镇市 SO_2 排放总量为 50300 吨，COD 排放总量为 24600 吨，2010 年景德镇市 SO_2 排放总量为 37700 吨，COD 排放总量为 21500 吨。2007~2010 年，SO_2 削减率年均达到 9.33%，COD 削减率年均达到 7.23%，废弃物处理率达 98%，完成全省第一指标。

水资源保护方面：2007 年以来，西瓜洲、高新区、乐平工业园、浮梁陶瓷工业园 4 座污水处理厂相继建成并投入运行。如西瓜洲污水处理厂建设面积 93.28 亩，并配套建设 14 公里污水收集管网，主要收集处理市区中部以及东部城市污水，

服务面积约 25.63 平方公里，日处理污水能力 8 万吨。新开工的第二城市污水处理厂（高新区），坐落于昌江区鲇鱼山镇上徐村东北侧，是景市城市建设的又一配套工程。工程占地 100 余亩，首期投资 8956 万元，日处理污水能力为 2 万吨，项目全部建成后，日处理能力达 4 万吨。建设青塘电厂、黄泥头水厂、洋湖水厂截污干管工程 3500 米，投资 800 余万元；建设一江两岸城东浮桥至南河、城西人民公园至金鱼山截污干管工程 3000 米，投资 1000 余万元；封闭自排污口八处，将城区范围内污水纳入管网。据水质监测显示，饶河昌江源头监测断面水质标准保持在国家 II 类以上，城市饮用水优于国家 II 类标准，出境水质保持在 III 类标准以上。

城市绿化美化方面：突出抓好创建国家园林城市工作，景德镇市绿化水平明显提升。2007~2010 年，累计投入 3.5 亿元，景德镇市共计完成造林绿化面积 52.45 万亩，建立和完善了景德大道南河段、景东大道、陶玉路延伸段、湖田桥头、国贸周边、生态路南段风光带、昌江两岸、机场路北段等 11 个环城森林生态保护示范园、带。建成区绿化率达到 52.1%。

二、资源枯竭城市转型存在的问题与主要困难

资源枯竭城市转型是一项系统而长期的工作，二次创业任务艰巨，面临的问题和困难很多，最主要的问题和困难是：

（1）转型成本高，资金缺口大。一是提升改造传统产业、发展接续替代产业的资金投入需求大。萍乡市、景德镇市国有企业经营普遍困难，缺乏积累和自身投资能力，而民营经济又不够发达，民间资本规模较小，难以成为投资主力。资源型产业的改造、转产和发展接续替代产业，完全依靠自身资本积累无疑使经济转型步履艰难，延缓转型进程。二是基础设施建设投入高。转型中迫切需要加强生产、生活、生态等方面的基础设施建设。基础设施建设成为城市转型的一项重要成本。三是企业改制安置成本高。萍乡市、景德镇

市工矿企业普遍进入衰退期，煤炭企业、陶瓷企业历史遗留包袱重。截至 2010 年底，景德镇市需要改制的企业有 46 户，职工总数 7.43 万人，其中离退休人员 2.6 万人。经测算，改制成本需 41.89 亿元，现有资产评估 14.89 亿元，资金缺口 27 亿元，需要由本级财政在今后若干年通过分年划拨给社保局支付方式来保障改制职工的养老保险和医疗保险待遇，包括改制企业历史旧欠 8.76 亿元和作为经济补偿金为职工预付改制后若干年养老保险费、医疗保险费合计 18.24 亿元。萍乡市国有资源型企业累计拖欠养老保险费、失业保险费、工伤保险费达 11.8 亿元。据测算，对国有资源型企业进行破产改制，需要支付经济补偿、失业保险、伤残补助等改制成本达 30 亿元。

（2）政府债务负担重。从景德镇情况来看，2010 年实现地区生产总值 461.5 亿元，综合实力预计居于江西省 11 个城市中的第 11 位，规模以上工业增加值 160.03 亿元，居全省 11 位，其他总量指标也较为落后。但是，由于推进国有陶瓷企业改制、历史遗迹保护、陶瓷老城区穿衣戴帽工程向商业银行、世界银行借贷、发行地方政府债券等，全市债务额高达 77 亿元，其中市本级 59 亿元。政府债务负担沉重，财政风险日益凸显。

（3）接续产业层次较低，产业创新能力不强。两市机械、冶金、航空、汽车、建材、烟花等接续产业加快发展，长期依赖资源的单一产业结构得到调整。但是，一、二、三次产业结构失衡依然严重，第三产业发展相对滞后。接续产业总体层次较低，资源型和劳动密集型产业比重过大，高新技术和高附加值产业不多。新兴产业尚处于起步阶段，没有形成规模化生产，对经济发展拉动作用小。特色产业虽然企业数量众多，但普遍存在规模小、缺乏行业领军企业、产品附加值低和低质同构、低水平竞争等问题，还没有形成有效的集群效应。

（4）转型安置任务重，就业压力较大。随着煤炭、陶瓷企业改制和转产步伐的不断加快，煤炭、陶瓷产业能够容纳的劳动力数量急剧减少，转移出来的职工不断增加，造成较大就业压力。目前，萍乡市煤炭系统有在册职工 15.94 万人，仅下岗职工就有 10 万余人。由于煤炭资源剩余服务年限大部分不足 10 年，现有在岗煤炭工人未来几年也将面临下岗失业。另外，萍乡市还有 15 万农村富余劳动力和每年城镇新增 2 万劳动力需要安置就业，更加重了就业压力。景德镇市养老保险赡养比为 2.14∶1，大大低于全省平均水平（3.02∶1）。同时，随着国有瓷矿和陶瓷企业改制的深入，大批职工面临再就业的困难，加上城镇新增劳动力就业、农村富余劳动力转移就业、农民工就业、高校毕业生就业、复员退伍军人就业"五峰叠加"效应，就业形势更加严峻。

（5）瓷矿资源严重枯竭，财政收入萎缩。目前景德镇已探明可开采储量不足 100 万吨，已进入瓷矿资源严重枯竭期，地下瓷矿资源越来越少。随着资源枯竭，全市国有和集体瓷矿及制瓷企业数量从 20 世纪 90 年代中期的 316 家急剧减少到 2007 年的 157 家，减少 50.2%，生产能力 5 万吨以上的较大瓷土矿已经关闭 13 家，小型瓷土矿倒闭更是不计其数。资源萎缩束缚经济发展。经济总量在全省城市中偏小，2008 年景德镇市实现地区生产总值居于江西省第 10 位，规模以上工业总产值仅居全省最末一位，其他总量指标也较为落后。2005~2007 年资源型行业分别提供税收 4553 万元、4412 万元和 4324 万元，固有税源不断下滑。

（6）生态环境破坏严重，治理难度大成本高。由于资源利用补偿机制的长期缺失，资源型城市在生态环境治理欠账很多。萍乡市煤炭、铁矿、石灰石、高岭土和石英砂等矿产资源开采量大、面广、时间长，造成环境污染和生态破坏严重。主要表现为固体废弃物污染、地下水位下降和跌水、地面塌陷和地裂、水源污染等，有些污染治理的技术难度非常大，治理需要大量资金投入。景德镇生态环境本底优越，由于瓷土矿开采引起的植被复垦、复土还田和废石堆处理问题，经统计，全市瓷土矿矿区破坏面积达 37.7 平方公里，急需投入治理。

（7）社会负担沉重。景德镇就业压力巨大。2005~2007 年，城镇登记失业率分别为 3.4%、4%、3.5%。受国际金融危机的影响，就业形势进一步恶化。陶瓷企业职工社会保障欠费严重，目前，全市国有资源型企业累计历史欠税、表外欠息和不良资产达 16.47 亿元；对国有资源型困难企业进行破产改制，据测算要支付经济补偿、失业保险、养老保险、伤残补助等改制成本达 34 亿元，地方财政无力支付。养老保险收支缺口巨大，到 2010 年底，景德镇市陶瓷企业退休人员达到 83833 人，比上一年净增 5333 人，平均每年净增 4000 多人，养老保险基金收支矛盾面临前所未有的压力。年资金刚性缺口达 4.72 亿元，又以市本级最为严重，缺口有 2.75 亿元，占全市的 58.26%，除去中央转移支付、省级调剂和本级征收，净缺口达 9000 多万元。

三、进一步加大扶持资源枯竭城市政策建议

（1）制定支持资源枯竭城市转型的配套政策。国发〔2007〕38号文件出台非常鼓舞人心，给资源枯竭城市的未来发展带来希望。但目前国家相关部委没有制定具体可操作性的政策措施，从而增加了资源枯竭城市执行落实政策的难度。建议：一是将国发〔2007〕38号文件进一步细化，增强可操作性；二是国家相关部委应制定出台与之配套、可操作的政策文件，支持资源枯竭城市加快转型步伐；三是制定产业发展扶持政策。包括建议国家在发展规划、产业布局、项目审批、资金安排等方面，对资源型城市采取适度的产业发展优惠政策，引导因地制宜培育新兴产业，高起点改造传统产业，大力发展接续替代产业，加快产业结构调整和优化升级；建议国家加大国债资金和中央预算内基本建设资金投入，扶持资源型城市集中建设一批既能充分吸纳就业又能促进资源综合利用的接续替代产业项目；对国家确定的资源枯竭城市实行税收增量返还政策，将上缴中央税收的增量部分，通过转移支付的形式，按照一定比例返还资源枯竭市，专项用于扶持发展接续替代产业以及解决职工培训与就业、社会保障与救助、污染治理与生态修复等问题。

（2）延长资源枯竭城市财力性转移支付年限。萍乡、景德镇是资源枯竭城市，也是中部老工业基地城市，国有资源型企业举债改革改制，导致财政沉重包袱，改制企业医保社保欠账、不良资产和表外欠息等问题，严重影响萍乡、景德镇资源型城市可持续发展。资源枯竭城市转型是一项长期任务，要经历一个逐步推进的过程，不可能一蹴而就。世界上最早实现工业化国家资源城市转型最短的也耗时三四十年，长的达半个多世纪。希望国家对资源枯竭城市转型工作从长计议，确保支持政策要保持稳定、连续和长期性，延长资源枯竭城市财力性转移支付年限，帮助萍乡市、景德镇市全面可持续发展的道路。

（3）对资源枯竭城市转型实施规划和重点项目要给予支持。一是资金支持。希望国家从巩固发展资源型城市转型成果出发，加大对资源型城市转移支付力度，延长对资源型城市的支持时间。同时，在国家基本建设投资、科技攻关项目资金、技术改造资金、环境治理资金、信贷资金等方面给予支持。二是加强协调支持。转型中无论是提升改造传统产业，还是发展新兴替代产业，涉及领域广、相关部门多，做好协调工作非常重要。如萍乡市为充分利用煤矸石和低质煤资源，国电拟投资建设2×300MW煤矸石发电项目，但由于受装机容量限制而难以开工建设，而装机容量问题不是自己能解决的，希望国家有关部门帮助协调解决。

（4）解决资源枯竭城市转型过程中的项目用地指标。大量资源型企业由"地下"转到"地面"，难免形成转型项目用地"瓶颈"，由于用地指标难以解决，一批项目不能落户开工，直接影响到经济转型进程，希望国家有关部门帮助解决，对资源枯竭城市适当放宽项目用地指标。建议国家在新一轮土地利用规划中，对资源枯竭型城市给予倾斜，对资源型城市在建设用地审批方面给予优惠政策：对国家批准的基础设施项目的控制性工程，经省级国土资源主管部门报国土资源部审核同意后，可以先行用地；对土地利用总体规划确定的城市建设用地范围内的转型改造项目，优先办理用地手续等。

（5）建立资源开发补偿机制，实施差别化的节能减排标准。应提高资源补偿费的征收标准，并将补偿纳入资源补偿费的开支项目；调整资源补偿费的地方分成比例，由现行的中央、省5∶5的分成比例调整为4∶6，多返还的部分专项用于资源开采的环境治理和资源型城市基础设施建设；完善相关的法律法规，修改《矿产资源补偿费使用管理办法》，将矿区复垦和矿区居民生产生活补偿列入矿产资源费的使用范围；研究建立矿业补偿基金，对处于高产稳定阶段的矿产资源开发企业征收一定比例的税金，形成"矿业补偿基金"，用于资源枯竭时的产业转型补给和职工安置。节能

减排和环保指标分解"一刀切"的做法对江西压力较大，也不够合理，应根据资源枯竭城市的主体功能、产业结构和发展阶段特点实施差别化的节能减排标准。

（6）应加大对资源枯竭型城市县乡两级财政转移支付的力度，积极化解乡镇债务。由于资源枯竭型城市长期以来财力困难，导致县乡（镇）两级债务沉重，基础设施建设落后，财政供养人口较多，乡镇用于公共事业资金较少，公共服务能力低下；并由于缺乏产业基础，财源严重不足。因此，应加快完善县乡财政体制，加大国家对中部地区资源枯竭型城市转移支付力度，对免除农业税而造成的地方财力缺口，中央财政按每年递增15%的比例给予补助，缓解基层政府压力。

参考文献

国家发展与改革委员会. 促进中部地区崛起规划实施意见. 2010-05-09.

江西省人民政府办公厅. 促进中部地区崛起规划贯彻实施意见. 赣府厅发〔2010〕46号文.

萍乡市人民政府. 萍乡市资源型城市转型与可持续发展规划. 2010-04.

江西省发展与改革委员会. 萍乡市资源枯竭城市转型评估报告. 2010-09-15.

景德镇市人民政府. 景德镇市资源型城市转型与可持续发展规划. 2010-04.

江西省发展与改革委员会. 景德镇资源枯竭城市转型评估报告. 2011-04-02.

（麻智辉，江西省社会科学院经济研究所）

促进山东资源型城市可持续发展的思考

资源枯竭型城市可持续发展是一个世界性的难题。加大对资源型城市尤其是资源枯竭城市转型发展的支持力度，尽快建立有利于资源型城市转型发展的体制机制，促进资源型城市实现可持续发展，是当前保障能源资源供给、保持国民经济持续健康协调发展的重要举措，是推进经济结构调整、转变增长方式的必由之路，也是解决民生问题、维护民族长远利益、提高国家和地区综合竞争力的重要途径。

一、山东主要资源型城市发展现状

长期以来，资源型城市作为基础能源和重要原材料的供应地，为山东省和全国经济社会发展做出了突出贡献。但是，由于缺乏统筹规划和资源衰减等原因，这些城市在发展过程中积累了许多矛盾和问题，主要是经济结构失衡、失业和贫困人口较多、接续替代产业发展乏力、生态环境破坏严重、维护社会稳定压力较大等。

枣庄市是一座因煤而建的资源型工业城市，属典型的煤炭资源城市，境内煤炭累计探明储量20亿吨，从1949年至今，累计生产原煤约5亿吨，其中计划性调出原煤4亿吨，供应全国20多个省、市，为全省和全国经济建设做出了巨大贡献。由于长时期高强度、大规模开采，枣庄煤炭资源日渐枯竭，已呈现典型的资源枯竭型城市特征。其境内的陶枣、官桥、滕州三大煤田中，陶枣煤田已经枯竭，区域内的田屯、枣庄、朱子埠、山家林等一批老矿井已经闭井，甘霖、陶庄等矿井已经破产；官桥煤田接近枯竭，开采年限已不足5年；滕州煤田虽有一定的地质储量，但扣除道路、集镇、村庄等占压储量外，可采量不足6亿吨，按年生产能力2000万吨及65%的矿井回采率计算，服务年限已不足20年，而且地质结构复杂、煤层埋藏深、可采煤层薄，开采难度大、成本高。枣庄煤炭产量已由20世纪90年代的3000万吨衰减至目前的2000万吨，经历了一个"因煤而建、因煤而兴、因煤而衰"的发展过程。

淄博市前身是淄博工矿特区，境内矿产资源种类繁多，储量丰富，煤、铝、粘土等矿产资源储量大、分布广、品位高，新中国成立初期煤炭探明可采储量5.58亿吨；铝矾土储量3119.8万吨，占全省的90%；石灰岩储量7.57亿吨；耐火粘土储量5435.6万吨，占全省的45.9%；铁矿石储量3.05亿吨，铁矿富矿占全省的25%。经过新中国成立五十多年来的长期大规模开采，淄博市矿产资源严重枯竭。一是矿产资源储量大幅度下降，煤炭保有可采储量6793.5万吨，可采年限仅为7年，并且分布零散、开采难度大、开采成本高；铝矾土储量580.95万吨，已达不到工业标准，无法开采利用；铁矿石储量1.58亿吨，可采年限为14.6年，但因矿石品位下降，开采难度加大等因素影响，开采成本大幅提高，产量难以保证；陶瓷用资源已基本枯竭，本市需求基本依靠外购。二是矿产资源开发规模大幅度降低，原煤产量从1960年的最高1700万吨，下降为2006年的288万吨，国家大型企业淄矿集团已将绝大部分生产任务转移到外地；由于铝土资源日渐枯竭，到2001年已全部停止开采，12个矿先后倒闭。三是矿山企业大幅度缩减。1991~2007年，全市共关闭煤矿矿井 237 处。2006 年全市仅存煤炭矿井 80 余处，职工 2 万余人，并且多为 9 万吨以下的小型煤矿，今后还将面临转产或关闭的问题。

济宁市是国家重点规划建设的十三大煤炭基地之一，属于典型的煤炭资源型城市，目前处于稳定开发期。济宁市现有含煤面积 3920 平方公里，占全市总面积的 36.7%。已探明煤炭资源可采储量 140 亿吨，占全省的 53.8%。目前保有资源储量 117.6 亿吨，设计可动用储量 39 亿吨，预计可采出量 28 亿吨。境内有兖州、枣庄、淄博、临沂、肥城 5 大矿业集团（矿务局）以及监狱系统煤矿、市县属煤矿共 53 对矿井，2006 年全市煤炭产量 7585 万吨。

东营市是典型的石油类资源型城市，到 2007 年累计生产原油 9 亿多吨，生产天然气 406 亿立方米，上缴利税近 3000 亿元，对国家贡献巨大。经过 40 多年的开发，石油、天然气生产已呈稳中有降趋势。一是石油勘探开采难度不断加大，可采地质储量下降。到 2006 年底，累计探明石油地质储量 46.18 亿吨，探明天然气地质储量 2213.1 亿立方米，其中东营市境内约占石油地质储量的 80%。截至 2006 年底，74 个油田中已投入开发 70 个，已动用地质储量 39.9 亿吨，动用程度达到 86.4%，东营境内大区块、易开采、质量高的油藏已基本开采殆尽，后备储量大多是小区块、低渗透、质量差、难开采的油藏，且东营境内陆上勘探已基本达到全覆盖，新增探明储量的可能性很小，胜利油田勘探开发重点已转向浅海和境外。二是原油生产已过开发上升期，产量呈下降趋势。胜利油田的发展大体经历了勘探开发（1955~1963 年）、持续增长（1964~1991 年）、逐年下降（1991~2006 年）三个阶段，原油产量从 1964 年的 13.31 万吨，至 1973 年突破 1000 万吨，1984 年突破 2000 万吨，1987 年迅速突破 3000 万吨，至 1991 年达到最高峰为 3355.19 万吨；之后逐年下降，自 2000 年开始基本稳定在 2700 万吨左右。东营境内的原油产量 1992 年为 2890 万吨，到 2006 年降到 2360 万吨。

二、山东资源型城市发展中存在的主要问题

山东省几个主要资源型城市的发展由于过度依赖当地资源的开发利用，经济发展的重心侧重开发规模的扩张，导致产业结构严重失衡，上下游产业不匹配，近年来经济社会发展中的矛盾和问题开始集中显现。

（1）产业结构单一，缺乏替代、接续产业。枣庄市工业增加值占 GDP 的 60% 以上，重工业又占到工业的 3/4 以上，其中煤、焦炭、水泥、电力四大行业工业增加值占规模以上工业增加值的一半，其中煤炭开采业更是占到 34.4%；四大行业提供的两税收入占地方财政收入近 50%，是全市最主要的财源；高技术产业比重不足 10%，新兴接续替代产业培植尚处于起步阶段。淄博市工业增加值占 GDP 的 60% 以上，轻重工业比例为 25∶75，采掘、建材、化工、冶金、电力等资源开发和原材料加工行业实现工业增加值占规模以上工业增加值的 60% 以上。济宁市 2006 年煤炭行业完成增加值占规模以上工业的 33.36%，占全市 GDP 的 13.9%；实现销售收入、利税、利润分别占全市规模以上工业的 29.5%、45.25% 和 45.7%；上缴税金占全市税收收入的 43.52%。东营市石油工业增加值占 2007 年全市 GDP 的近 40%，占全市规模以上工业增加值的 48% 以上；地方市级财政收入中，石油工业占到近 70%。长期以来，由于国家对油气产品实行高度计划配置，胜利油田油气产品 95% 以上调往外地，致使东营市至今尚未形成为油田生产配套服务的规模加工制造业，也未能利用丰富的油气资源形成精深加工产业链。

（2）能耗高、污染重，节能减排压力大。枣庄市由于过分依赖资源的重型产业结构，特别是焦炭、水泥、火电等高耗能高污染行业比重偏高，致使万元 GDP 能耗量、SO_2 和粉尘排放量大大高于全省和全国平均水平。全市煤矸石堆积 3300 万吨，占地近 800 亩，并且每年还要增加 100 多万吨，既占压了大量土地，又造成了环境污染。此外，全市 239 条立窑水泥生产线，2007 年排放粉

尘 6.6 万吨，最高年份排放 16 多万吨，是全省大气污染最严重的地区。淄博市以能源消耗为主的重工业占 70% 左右，50% 以上的产品为高耗能产品，能源结构中煤炭比重占 80% 以上，致使能源消耗和污染物排放明显高于其他城市。2006 年，全市能源消耗总量 3353 万吨标煤，居全省第 1 位；万元 GDP 能耗 2.02 吨标煤，比全省高 0.82 吨标煤。全市主要污染物排放居全省前列，单位增加值废水、废气、固体废物排放量大大高于全省平均水平，二氧化硫排放总量、烟尘排放总量居全省第 1 位。

（3）地质塌陷、土壤地下水污染，生态环境破坏严重。经过上百年的资源规模开采，枣庄市积累了大量的生态环境破坏问题，尤其严重的是煤矿、石膏矿采空造成地面塌陷。全市采空面积 2.53 万亩，现有塌陷土地 13 万亩，并且每年还要继续增加 200 亩。淄博市由于资源的过量开采，生态破坏面积较大，全市仅露天矿场造成的土地破坏总面积已达 5.13 平方公里，毁损山体 82 处。水体污染严重，全市主要河流和浅层地下水源均受到矿井水的污染。大气污染加剧，全市仅水泥生产每年向大气排放的工业粉尘就达 2.686 万吨。截至 2006 年底，济宁市共有煤矿矿区总面积 255 万亩，已塌陷 26 万亩，并以每年 2 万~3 万亩的速度递增。同时，随着矿井和一批坑口电厂的建设，产生了大量煤矸石、粉煤灰及二氧化硫气体，造成严重的固体废弃物污染、大气污染和水污染，影响了地下水系。2006 年境内矿区煤矸石等工业废渣堆积总量超过 3000 万吨，占压土地 2600 余亩；发电企业二氧化硫排放量 11.26 万吨，比 2000 年增加 46.4%，粉煤灰达 200 多万吨；年产煤矿废水 6200 万立方米、外排量 3500 万立方米。采煤塌陷地造成公路严重损坏，涉及国家、省级干线公路中有 19 处共 20.65 公里、县乡级公路 300 多公里。2006 年，东营市油气开采排放工业废水 3170.4 万吨，占全市废水排放量的 1/3 以上；排放石油类 180.9 吨、COD7219.3 吨，占全市的一半以上；年产生钻井泥浆 35 万吨左右，对土壤、地下水、地表水及农作物造成了不同程度的污染。

（4）原主导产业萎缩、失业增多，就业、社会保障等问题突出。随着煤炭资源的日渐枯竭，枣庄市自 1998 年以来，原有的 147 处矿井已有 91 处陆续关闭，与煤炭相关的市直及区（市）属企业破产面达 80% 以上，造成大量煤矿职工下岗无法安排工作，就业再就业形势比较严峻。而枣矿集团等大型企业的全部职工纳入市级统筹，导致全市社会保障压力加剧。而淄博市企业养老保险负担比例为 24.9%，高出全省平均水平 2 个百分点，最高时曾达 30.2%，将近三个职工负担一个退休人员；全市国有、集体企业养老保险单位缴纳比例为 23%，是全省最高的市。因矿产企业经营困难或破产，造成大批职工提前退休、离岗，加重了地方各级财政负担。受矿产开发企业生产经营困难以及企业破产关闭增多或转移等的影响，企业下岗失业人员大量增加。全市破产企业达到 300 多户，涉及职工 5.9 万余人，预计"十一五"期间还将有 400 多户企业破产。目前，每年领取失业保险金的失业职工 5 万人左右。到 2006 年底，济宁市因采煤塌陷已使 45 个村庄、1 个镇政府、43 个企事业单位的 6.65 万居民被迫搬迁。预计到 2010 年，全市还将有 130 多个压煤村庄需要搬迁，搬迁人数超过 10 万人。由于塌陷区土地征用和青苗的补偿标准较低，无法从根本上解决农民的就业和保障等长远问题，失地农民养老及就业问题越来越突出。随着塌陷区面积逐步增大，积累的社会矛盾将不断加剧，给社会和谐稳定带来较大隐患。随着胜利油田生产规模的持续衰减，油田先后减员 5 万多人，存续企业亏损和下岗增多及职工子女就业难的问题日益突出，潜在就业再就业压力日益加剧。同时，还存在诸如住房、土地、工农关系等一系列社会矛盾和问题。

（5）资源开发利用与城市建设的矛盾突出。根据省政府批准的《济宁市城市总体规划》，济宁市到 2020 年，建设用地规模将达到 115 平方公里，建设用地区域总体含煤面积 76.3 平方公里，占总面积的 66.35%，新增建设用地几乎全部压煤。如果不能妥善处理压煤与建设的矛盾，城市建设特别是城市可持续发展能力将受到严重影响。

三、促进资源型城市转型发展的有效探索

近年来，山东省资源型城市按照科学发展观、构建社会主义和谐社会的要求，紧紧围绕可持续发展，着力促进资源节约型、环境友好型社会建设，加快工作指导转变，推进区域经济结构调整，推动经济发展由资源开发向综合利用转变、由规模型向质量效益型转变，在促进资源型城市经济转型和可持续发展方面进行了诸多有效探索。

枣庄市把煤化工作为战略优势产业进行培植，着力发展煤—气—化、煤—焦—化和煤—电—化联产，形成合成氨、清洁能源、碳—化工、煤基烯烃与新型合成材料四大产业链。把新兴服务业作为重点产业进行培育，着力打造"江北水乡·运河古城"城市品牌，以水为魂，以运河为线，大力开发重点旅游景区和旅游项目；依托京杭大运河的航运优势，大力发展现代物流业，重点培育以沿运经济带为载体的煤炭、建材、农产品三大物流中心。大力发展民营经济，按照"整体规划，分步实施，突出优势，各具特色"的思路，培植城郊型、中心型民营经济园区；强化措施，扶优扶强，培植骨干民营企业；实行倾斜政策，扶持、促进民营经济上规模、上水平。

淄博市积极调整产业结构，转变增长方式。实施抓大放小，大力扶持 100 个骨干企业和高成长型企业，重点抓好 100 个有市场、有效益、符合产业政策的大项目，提升产业素质，优化投资结构；鼓励开展技术创新，实施专利申请补助政策，设立创新奖励基金，提高了企业技术创新能力；大力发展现代服务业，加强服务业载体建设，加大服务业投入，促进了资源替代产业的发展和产业结构的优化升级。扩大职工就业渠道，完善社会保障制度。实施积极的就业政策，帮助近 2 万名"40""50"和"双零"职工以及困难家庭实现了再就业；加大对弱势群体再就业的帮扶力度；推进城乡一体化就业，两年新增农村劳动力转移就业 14.3 万人；完善社会保障机制，社会保障和救助能力有所改善。加强污染防治，改善生态环境。组织实施"碧水蓝天行动计划"，在全市重点流域、重点区域集中开展"三废"治理和生态修复工作；集中整治重点环境污染问题，实施了中心城区近郊水泥企业搬迁改造；加大炉窑治理力度，对近千个燃煤工业炉实施了技术改造，关停燃煤工业炉窑 680 余个。

济宁市围绕把资源优势转化为经济优势，明确提出煤炭工业发展"地下转地上、采掘转加工、低值转高值"的工作思路，大力发展非煤产业，集中建设一批煤炭精深加工大项目，形成了 500 万吨焦炭、35 万吨焦油和 50 万吨甲醇生产能力。同时，坚持资源开发与保护并重，科学编制资源开发利用总体规划，适度控制开采规模和速度，加大生态环境保护，努力实现经济持续发展、资源合理利用、生态环境改善的良性循环。

东营市积极应对石油资源开采量下降所带来的压力和挑战，采取多种有力措施，加大结构调整力度，推进城市经济转型，集中突破四大主体产业区，发展接续替代产业。建设临港产业区，突出发展化工、电力能源、现代物流业；建设生态旅游区，打造特色旅游品牌；建设生态渔业畜牧区，带动和推广规模化标准化养殖；建设先进装备制造和高新技术产业区，突出发展石油装备制造等先进制造业、电子信息、新材料、生物制药等高新技术产业和高附加值服务业。搞好油地结合，推进区域经济一体化。目前，石油化工、盐化工、造纸、纺织服装、机械电子、橡胶轮胎等产业初具规模，为城市实现经济转型奠定了基础。

四、促进资源型城市可持续发展的目标和思路

当前和今后一个时期，山东省促进资源型城市可持续发展，必须以邓小平理论和"三个代表"重要思想为指导，全面贯彻落实科学发展观和构建社会主义和谐社会的重要战略思想，深化改革开放，着力提高自主创新能力，大力推进产业结构优化升级和转变经济发展方式，积极培育壮大接续替代产业，努力优化经济结构，优化资源利用，改善生态环境，促进资源型城市经济社会全面协调可持续发展。

在工作指导上，要把握以下原则：一是坚持深化改革，扩大开放。建立健全资源开发补偿机制和衰退产业援助机制，积极引进外部资金、技术和人才，拓展资源型城市发展空间。二是坚持以人为本，统筹规划。努力解决关系人民群众切身利益的实际问题，实现资源产业与非资源产业、城区与矿区、农村与城市、经济与社会、人与自然的协调发展。三是坚持远近结合，标本兼治。着眼于解决资源型城市存在的共性问题和深层次矛盾，抓紧构建长效发展机制，同时加快资源枯竭城市经济转型，解决好民生问题。四是坚持政府调控，市场导向。充分发挥市场配置资源的基础性作用，激发各类市场主体的内在活力；政府要制定并完善政策，积极进行引导和支持。

初步考虑：用5年左右的时间，力争使资源型城市在实现经济转型、建立长效发展机制、加强环境保护和生态治理、促进社会和谐发展等重点领域和关键环节取得实质性突破，经济社会可持续发展的能力得到显著提高。

（1）制定产业发展扶持政策。一是建议国家在发展规划、产业布局、项目审批、资金安排等方面，对资源型城市采取适度的产业发展优惠政策，引导资源型城市因地制宜培育新兴产业，高起点改造传统产业，大力发展接续替代产业，加快产业结构调整和优化升级，促使单一产业向多元产业转变。二是建议国家加大国债资金和中央预算内基本建设资金投入，扶持资源型城市集中建设一批既能充分吸纳就业又能促进资源综合利用的

接续替代产业项目。三是对国家确定的资源枯竭城市试行税收增量返还政策，将上缴中央税收的增量部分，通过转移支付的形式，按照一定比例返还资源枯竭城市，专项用于扶持发展接续替代产业以及解决职工培训与就业、社会保障与救助、污染治理与生态修复等问题。

（2）实行土地使用优惠政策。建议国家对资源型城市在建设用地审批方面给予以下优惠政策：一是对经国家批准的基础设施项目的控制性工程，经省级国土资源主管部门报国土资源部审核同意后，可以先行用地。二是对土地利用总体规划确定的城市建设用地范围内的转型改造项目，优先办理用地手续。三是对重要的基础设施和重点工程项目，单独批次报批用地。四是属单独选址的重点建设项目用地，涉及补充耕地的可以依据经审查批准的补充耕地方案边占边补。

（3）建立资源开发补偿机制。一是提高资源补偿费的征收标准。针对我国能源资源短缺的状况，参照国际标准，较大幅度提高油气、煤炭等矿产资源补偿费标准，并将生态补偿纳入资源补偿费的开支项目。二是调整资源补偿费的地方分成比例。建议国家将省上缴中央的矿产资源补偿费，由现行的中央、省5∶5的分成比例调整为4∶6，多返还的部分专项用于资源开采的环境治理和资源型城市基础设施建设。三是完善相关的法律法规。修改《矿产资源补偿费使用管理办法》，将矿区复垦和矿区居民生产生活补偿列入矿产资源费的使用范围。四是研究建立矿业补偿基金。对处于高产稳产阶段的矿产资源开发企业征收一定比例的税金，形成"矿业补偿基金"，用于资源枯竭时的产业转型补贴和职工安置。

（4）建立生态恢复补偿机制。一是在总结煤炭行业试点经验的基础上，建立矿山环境治理恢复保证金制度，由矿山企业从矿产品销售收入中，提取一定比例资金，列入成本，专项用于矿山环境治理和生态恢复。二是加大财政转移支付力度，在中央财政转移支付项目中增加生态补偿项目，

用于支持资源型城市矿区生态恢复治理。三是加大矿产资源补偿费、矿业权使用费和价款、矿业税收用于矿山地质环境治理的投入比例，用于治理矿产资源开发引发的大规模生态环境等问题。四是加大塌陷区的土地整理复垦力度，结合实施土地开发整理重大工程，在国家安排土地开发整理项目时，优先考虑资源型城市土地复垦项目，将采煤塌陷区作为土地复垦重点区域。

（秦庆武，山东社会科学院省情研究中心）

资源型城市转型中禀赋条件约束与突破机制探析

一、引 言

人类社会发展是文明发育、演替和不断进化的过程。不论在何种时代，人类的经济活动都不能离开对自然资源的利用。马克思（1975）说，不论生产的社会形式如何，劳动者和生产资料始终是生产的因素。这里的生产资料当然包含自然资源。随着经济的发展，对自然资源的依赖程度会更强、需求会更大。但是，因资源枯竭而引发的经济失衡、失业加剧、环境恶化等一系列问题在各国一些资源型城市相继出现，使转型迫在眉睫。为此，各国政府和学术界在推进转型过程中逐渐认识到，既往的发展忽视了自然资源的有限性和人类发展的可持续性。

所谓自然资源的有限性，是指自然资源开发地区，资源总量和可开采量在技术上或经济上客观的存在一个上限。从经验上来看，资源丰裕地区未必一定会因资源枯竭而导致城市衰败，[①] 但对于绝大多数国家和地区而言，富集的自然资源会使那里在当期获得巨大的收益和发展，尽管"事后"可以评述资源开发政策有种种失当，但从帕累托趋优的角度来说，在资源产业兴盛时期，人们放弃其他产业而追求比较优势更为明显的资源产业则是一种更经济的行为。

因此，一旦走上依靠不可再生的自然资源的开发和应用进行区域发展之路，则总会有一天走到尽头。如何突破这种约束并尽早实施转型，以及如何选择合理的转型路径便需未雨绸缪。中国有资源型城市 118 座[②]（王青云，2003），典型的如石油城市大庆、玉门等，冶金城市铜陵、攀枝花、本溪等，煤炭城市大同、阜新、萍乡等，森工城市敦化、松原、伊春等。这些资源型城市经济社会变化对整个国家发展影响十分明显。但因早期历史、区位、政策和禀赋条件的差异，盲目学习和照搬国外成功转型经验或实施"一刀切"的转型政策未必能见成效。因此，能否认清自身资源禀赋条件的约束，并据此不断调整资源开发策略，以期突破约束条件，是资源型城市能否成功转型和实现可持续发展的关键。

---

① R. Findlay 和 M. Lundahl（1999）考察了 1870~1914 年 15 个资源丰裕型国家的经济情况，并根据三要素经典模型（Three-factor Classical Model），探索这些国家的资源与经济相关性的本质，认为并非所有资源丰裕型国家或地区都会经历"资源诅咒"，出现问题的区域往往是错误的政策选择所致。

② 按照胡魁 2002 年编著的《中国矿业城市基础数据库》，全国共有矿业城市（镇）426 座，而按照中国矿业联合会的统计，国家建制市的矿业城市共有 178 座。本文采用王青云在 2003 年编著的《资源型城市经济转型研究》一书中的成果，将中国目前的资源型城市限定为 118 座，其中矿业城市 97 座，森工城市 21 座。

二、资源可开采储量的条件约束与突破机制

资源型城市或地区长期发展的资源约束主要是：其一，基于目前的勘探、开采技术制约和经济的不合理性，形成区域资源可开采的储量约束；其二，资源存量的约束。

因资源可开采储量短期内不变，当资源型城市面临着是以资源开采为经济发展驱动力还是以其他产业为驱动力进行抉择时，面临着如图1所示的约束曲线和如图2所示的资源开发曲线。

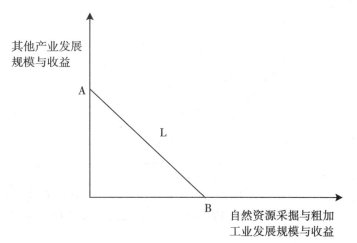

图1　区域发展禀赋约束线

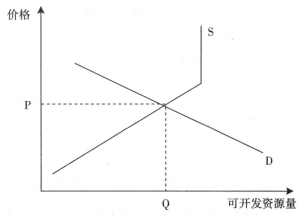

图2　资源开发均衡曲线

曲线L为区域发展禀赋约束线，地方政府可根据该区域的禀赋条件和比较优势选择重点发展产业。由于既定技术条件下已探明可开采储量，使完全依靠资源禀赋进行区域发展的规模与收益达到B点。事实上，由于与生产、生活相关产业的存在，最大发展点应该沿L向左上方移动，移动幅度取决于对资源的开发程度。如果考虑资源耗竭的使用者成本①和污染的社会成本，最大发展点还要外移。在图2中因资源可开采量固定，使供给曲线呈现先右升而后垂直的特性，需求曲线在接近枯竭点处与供给曲线相交。同样，考虑到使用者成本和外部性成本，真正的均衡还将右移。

有两种途径可以突破资源开采量约束：其一，加大勘探与开采技术的研发与投入。从世界范围来看，勘探技术与资源开采技术无时无刻不在革新。为避免政治风险和降低沉淀成本投入，世界各国都在通过技术创新来积极探索提升本土资源可开采量。[①]其二，当基于现有开采技术和开采成本无法进一步开采域内资源时，往往采取通过到域外有偿开采的方式，突破资源可开采量的约束。如河南省灵宝市，[②]因资源枯竭，开始把目光转向外部，充分利用自身开采金矿的经验和技术优势向国内（甘肃、新疆、内蒙古等）外（吉尔吉斯斯坦、老挝等）延伸，有效地突破了自身资源的约束（刘学敏，2009）。这两种约束条件的突破途径均属于资源可开采储量约束的突破，其机理如图3和图4所示。

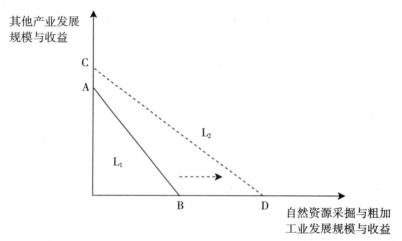

图3　突破资源可开采储量约束而导致区域发展禀赋约束线的移动

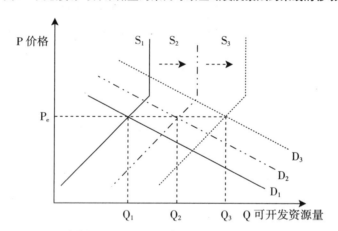

图4　突破资源可开采储量约束而导致资源开发曲线的移动

随着可开采储量增加，图3中的区域发展禀赋约束线由 L_1 移至 L_2，这时能够实现更高的产业发展规模和收益。考虑到对于资源产业先期投入的沉淀成本和对资源开发的路径依赖，曲线 L_1 并不是平行移至 L_2，而是如图3中显示的那样 BD>AC。图4中假设资源的均衡价格 P_e 由国际市场决定，随着可开采储量的增加，供给曲线不断由 S_1 移至 S_2 和 S_3，可开发资源量也不断由 Q_1 增至 Q_2 和 Q_3。这时，资源型城市虽然以转型为目的寻求了禀赋约束条件的突破，但转型的主要方略仍是以继续勘探并开采资源为主，辅以延长资源开发的产业链条，增加对以资源为主体的加工制造业投入。从当前实际情况看，我国大部分资源枯竭型城市仍是以此类的转型为主导思路。

[①] 据《2009 中国国土资源公报》，我国自 2005 年以来，石油新增探明地质储量超 10 亿吨，天然气新增 7234 亿立方米，创历史新高，而随着稀土资源勘测，可开采储量也有望提升 80%以上。

[②] 河南省灵宝市是因黄金资源的开采而发展起来的资源型城市。随着黄金资源的逐渐枯竭，城市的经济、社会、环境等方面均出现严峻的问题。2009 年 3 月，灵宝市被列为国家第二批资源枯竭型城市。

三、资源存量条件约束与突破机制

资源型地区的另一约束是资源存量。许多种自然资源相对于人类的时间尺度是不可再生的，它或迟或早将在某个时点上枯竭。为此，仅仅探求可开采储量的突破仍然无益于长期可持续发展，必须探求突破存量约束之路，否则就会陷于许多资源开发地区的宿命——"矿竭城衰"。①

这时，转型的策略就不能仅仅局限于通过技术和产业升级继续开发资源，也不能依托于资源产业发展其上下游相关产业，而必须要通过资源开发租金或者政府财政补贴以培育新兴非资源类产业。这种转型方式虽然在短期内会造成增长减缓，但从长期来看，却更有效地突破资源存量约束，实现区域可持续发展。法国的洛林区②在资源枯竭后，便积极推进新兴产业的发展，通过政府每年 30 亿法郎的补贴（田霍卿，2000），突破了资源存量的约束，成功实现了产业转型。

资源存量约束突破的机理如图 5 所示。

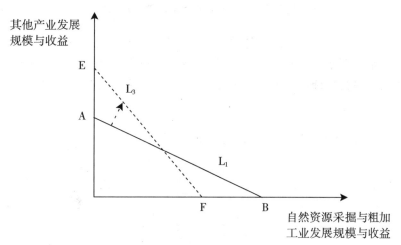

图 5　突破资源总存量约束而导致区域发展禀赋约束线的移动

随着对非资源产业投入的增加，区域发展禀赋约束线向右发生了旋转，由 L_1 移至 L_3，即通过前期资源收益的积累或政府的财政补贴，在即期减少资源产业的发展规模，转而稳步地提升适合该区域发展的其他产业。基于资源存量约束突破而实施转型，按照城市或地区资源型产业发展是否有依托划分，其产业发展周期与转型机理如图 6 和图 7 所示。

图 6 可以说明有依托资源型城市的产业周期与转型机理。所谓有依托，即城市的建立早于资源开发，在资源产业发展的全过程中，城市仍有一定的非资源产业基础，如山西大同、河北邯郸等。在资源开发之前乃至资源产业的形成期（即图 6 中的时期 I），原有产业仍属主导产业。进入资源型产业发展的成长期（时期 II），随着资源勘探的结束和先期资金的投入，大量资源被开采和粗加工，此时因资源产业所带来的巨大收益而使原主导产业受到抑制。进入资源开发的成熟期（时期 III）后便到了一个关键时期。若继续全力发展资源产业，便会失去早期的产业依托优势，城市会在资源开发的衰退期（时期 IV）随着资源产业一同衰落；若在成熟期能够将一部分资源收益用于扶持和振兴城市原有产业，城市便无须在资源枯竭时

---

① 在早期美国和加拿大等地的矿产开发中，对于区位和基础条件较好的城市，往往由政府投入基础设施，由市场和企业带动区域发展，成为现代化的弹性城市（Resilient Towns），而区位较差的城市在资源枯竭后可能被废弃，成为所谓"鬼城"（Ghost Towns）。

② 洛林区位于法国东北部，是依靠矿产资源的开发而发展起来的重要工业基地，素有法国"工业头巾"（écharpe industrielle）之称，全法 90% 的钢铁曾产于该地区。

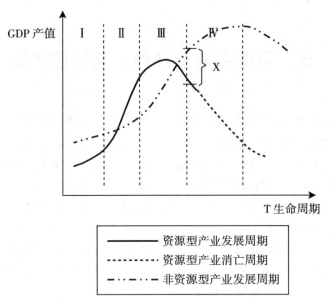

图6 有依托资源型城市产业周期与转型机理

被动地选择替代产业，而是依托于原有产业基础顺利实现产业的交接，或是培育新兴产业。此时，在衰退期，非资源产业的发展会顺理成章地成为主导

产业，可以通过积累的资金（即图6中的X）解决资源产业衰败所带来的问题，也可以补贴新兴产业，使产业发展周期顺利过渡和产业成功转型。

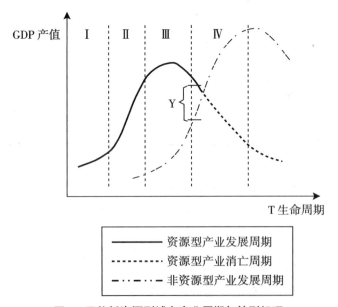

图7 无依托资源型城市产业周期与转型机理

图7可以说明无依托资源型城市的产业周期与转型机理。所谓无依托，是指城市因矿而兴，完全是因资源开发而兴建。这类城市早期没有任何产业基础，如黑龙江大庆、甘肃金昌等。在资源产业的形成期，这类城市大多是依靠资源开发人员和加工人员的移居而聚集起来，除了满足人们基本生存和生活需要外，没有其他产业。进入

资源产业的成长期，随着城市人口的增加和人们收入的提高，逐渐由矿工家属、新移居人群和退休矿工开始发展农业、服务业等，但与兴盛发展的资源产业相比，简直微不足道。在资源开发的成熟期，即便是地方政府注意到产业的不均衡和未来发展的困境，也因缺乏产业基础而无法有效实施转型。此时，对于无依托资源型城市仍旧十

分关键。若继续大规模地开发资源而不培育新兴产业，最终便会矿竭城"衰"（甚至"亡"），如加拿大的谢费维尔；[①]若通过资源收益积极补助与扶持其他非资源产业，那么虽然到资源开发的衰退期仍然会出现产业过渡的发展"缺口"（即图7中的Y），这时可以通过申请政府的财政补贴来渡过难关，最终完成城市的产业转型。

四、结 论

自然资源的稀缺性和可耗竭性决定了资源型城市转型是历史的必然选择。在决定转型路径和转型方略时，资源禀赋条件至关重要。对于可开采储量的约束，既要加大技术升级和科技创新的投入以继续勘测和开采新的资源，也要摆脱域内资源的限制，利用现有技术、人才和经验，到域外进行资源开发和加工。对于资源存量约束，则要及早制定接续产业战略，在资源产业发展进入衰退期之前，就要通过资源开发获得的收益培育和扶持接续产业、新兴产业的发展，以避免矿竭城衰，实现资源型城市顺利转型和可持续发展。

参考文献

Auty，R. M. Sustaining development in mineral economies：the resource curse thesis ［M］. London：Routledge，1993.

Bradbury，J. H. Winding down in a Qubic town：a case study of Schefferville ［J］. The Canadian Geographer，1983，Vol. 2.

Findlay，R. and M. Lundahl. Resource–led growth：a long–term perspective the relevance of the 1870–1914 experience for today's developing economies ［M］. United Nations University，1999.

胡魁. 中国矿业城市基础数据库 ［J］. 资源产业，2002（4）.

卡尔·马克思. 资本论 ［M］. 人民出版社，1975.

刘学敏. 关于资源型城市转型的几个问题 ［J］. 宏观经济研究，2009（10）.

沈镭，程静. 论矿业城市经济发展中的优势转化战略 ［J］. 经济地理，1998（18）.

田霍卿. 资源型城市可持续发展的思考 ［M］. 人民出版社，2000.

王青云. 资源型城市经济转型研究 ［M］. 中国经济出版社，2003.

张以诚. 但问路在何方——矿业城市理论与实践 ［M］. 中国大地出版社，2005.

赵文祥等. 资源枯竭型城市劳动力转移规律与就业问题研究 ［M］. 中国劳动社会保障出版社，2007.

（曹斐、刘学敏，北京师范大学资源学院）

---

① 谢费维尔是加拿大魁北克省的一个城镇，由于在当地发现大量的铁矿而于1954年由加拿大铁矿石公司（Iron Ore Company of Canada）建立。由于大量冶炼铁矿石，一度被当地居民称为"燃烧的河"（Burnt Creek）。1982年，因资源枯竭和外部竞争而停止开采。1986年，城镇因被废弃而不复存在（引自Wikipedia，http：//en.wikipedia.org/wiki/Schefferville，_Quebec）。

我国钢铁城市产业转型效果初探

一、引 言

钢铁城市（也称黑色冶金城市）是资源型城市的类型之一，是在铁矿资源开发基础上形成的，以钢铁产业为主导产业的城市。根据有关部门和专家的确定，我国共有地级市以上的矿业城市76座，其中钢铁城市有11座：邯郸、临汾、包头、鞍山、本溪、马鞍山、新余、莱芜、黄石、攀枝花和嘉峪关。

与一般城市相比，钢铁城市在长期发展过程中不可避免地遇到了许多特殊性问题，包括矿山资源萎缩、产业结构单一、城市功能不完善、生态环境恶化、社会保障及就业压力较大等，这一系列问题已经成为影响钢铁城市可持续发展的制约因素。而城市要可持续发展，原来资源产业为主导的产业结构必然要调整；从历史角度看，随着工业经济向新经济转变，钢铁城市的产业转型也是客观和历史发展的必然。然而，发达国家实践表明，转型并非易事。历史的教训比比皆是，不少城市的产业转型绕了弯路或付出了巨大成本。

我国资源型城市的转型开始较晚，部分学者在20世纪80~90年代开始进行转型的论证研究，有些城市开展了一些新兴产业的试点扶植工作。但是，普遍把产业转型作为政府的工作重点，制定接续产业发展规划，出台对新产业的扶植措施和对衰退产业的退出援助政策等，是从"十五"期间开始的。同时由于各市的市情不同，转型的具体做法也不尽相同。因此对钢铁城市的产业转型效果进行评价是有意义的。通过对所有钢铁城市的产业转型效果进行评价，明确各个城市在同类城市中的地位，有利于其他资源型城市向转型效果好的城市吸取经验，重新评估城市的发展潜力，调整可能影响转型的各项经济政策。

目前，在资源型城市产业转型之后怎样评价资源型城市产业转型的效果研究比较少。侯强（2007）以阜新经济转型为例研究了资源枯竭型城市产业转型效果的评价问题，依据产业转型前后的指标对比，分析其转型效果。张团结（2008）等建立了替代产业在资源型城市发展的产业契合度模型，以此来评价资源型城市产业转型的效果。

二、利用因子分析综合评价转型效果

根据本文研究重点，选择了数据较完善的11个钢铁城市。由于本文的研究中无法获得足够数量的合格的专家意见，因此选择采用SPSS软件进行因子分析来得到各城市产业转型效果的综合评价。各指标的定义和意义如下：

X1——经济增长率（%）：是一个地区报告期内GDP比基期增长的比率。该指标从总产出增长速度角度反映了经济增长水平，表明城市的发展能力和潜力。

X2——人均GDP（元）：报告期内GDP与总人口的比值。该指标综合反映经济、社会发展水平，概括整个城市社会物质生产发展水平。

X3——第二产业增加值占GDP比重（%）。

X4——第三产业增加值占GDP比重（%）。

X3、X4两个指标定义如名称解释，反映钢铁城市产业结构演进的变化状况。

X5——出口总额占GDP比重（%）：进出口总额占GDP的比重。该指标反映城市经济的对外依存度，依存度越高，表明城市的外向拉动性越大。

X6——采矿业从业人员占全部从业人员比重（%）：定义如名称解释。该指标是反映钢铁城市产业结构变化的另一个重要指标。

X7——财政自给率（%）：本市财政总收入与本市财政总支出的比值。该指标反映了城市的经济自主能力。钢铁城市转型期往往陷入财政困境，因此财政自给率提高也可视为转型成功。

X8——人均固定资产投资额（元）：报告期内城市全部固定资产与城市人口的比值。该指标反映了钢铁城市固定资产存量状况，对于城市发展潜力非常重要。

X9——城镇居民人均可支配收入（元）：城镇居民家庭在支付个人所得税后余下的实际人均收入。它是反映城镇居民家庭生活水平的最重要指标。

X10——城镇登记失业率（%）：城镇登记失业人数占城镇登记失业人数和城镇登记就业人数总和的比重。钢铁城市转型期间，由于原主导资源产业的衰退，常导致失业率上升，因此该指标也是反映转型成果的重要指标。

X11——人均教育支出（元）：城市教育支出与城市总人口的比值。钢铁城市转型也需要劳动者素质全面提高，教育投入是提高人口素质的重要保证。

X12——人均耕地面积（亩）：定义如名称解释。

X13——人口密度指数（人/平方公里）：定义如名称解释。

X14——工业废水处理达标率（%）：工业废水达标量占工业废水排放总量的比重。

X15——固体废物综合利用率（%）：固体废物综合利用量占固体废物产生总量的比重。

X14、X15两个指标反映对废物的利用程度。

X16——人均绿地面积（平方米/人）：城市绿地面积与城市总人口的比值。该指标常被用于衡量城市环境的改善程度。

表1是11个钢铁城市2007年在16个指标上的原始数据。运用统计软件SPSS13.0进行主成分分析，得到如表2所示结果。

表1　各城市原始数据

	邯郸	临汾	包头	鞍山	本溪	马鞍山	新余	莱芜	黄石	攀枝花	嘉峪关
经济增长率（%）	14.7	10.3	19.9	16.3	14.5	17.8	15.8	16.9	16.4	14.2	17.76
人均GDP（元）	18406	15821	59719	38387	31066	41917	25013	29011	19409	30251	58856
第二产业增加值占GDP比重（%）	52.58	64.67	51.48	55.79	61.85	65.71	63.2	66.03	53.06	71.32	81.59
第三产业增加值占GDP比重（%）	34.44	29.47	44.99	39.65	32.19	30.31	28.09	27.81	38.9	23.92	17.17
出口额占GDP比重（%）	8.7	4.56	10.97	13.51	19.37	3.72	36.33	34.1	19.83	6.05	57.88
采矿业从业人员占全部从业人员比重（%）	12.48	11.91	3.01	2.27	7.5	9.92	2.29	5.83	13.18	12.58	0.23
财政自给率（%）	53.3	52.09	67.09	61.63	53.4	90.99	59	75.49	48.32	54.95	71.06
人均固定资产投资额（元）	8991.1	5486.94	39375.58	13622.3	10598.28	26023.96	13790.07	13188.84	7042.17	13509.83	29190.4
城镇居民人均可支配收入（元）	12584	9997	17876	12857	11100.5	16137	11776	14906.38	11151	11660	13448.18

续表

	邯郸	临汾	包头	鞍山	本溪	马鞍山	新余	莱芜	黄石	攀枝花	嘉峪关
城镇登记失业率（%）	4.1	2.1	3.82	4.6	5.2	3.3	4.5	2.7	4.3	4.2	3
人均教育支出（元）	347.14	405.83	697.51	431.33	711.89	474.14	420.22	674.01	334.63	572.93	617.25
人均耕地面积（亩）	0.74	1.16	1.96	0.69	0.44	0.64	0.49	0.49	0.42	0.29	0.17
人口密度指数（人/平方公里）	743.13	210.56	77.28	378.57	185.44	755.16	357.91	558.1	557.26	147.96	61.81
工业废水处理达标率（%）	98.57	99	91.89	95.07	98.03	94.2	90.07	100	97.83	98.53	99.8
固定废物综合利用率（%）	86.75	82.7	69.11	17.64	37.65	59.04	58.54	94.75	45.5	30.92	21.61
人均绿地面积（平方米/人）	26.21	12.3	47.97	34.59	46.27	63.64	23.2	19.28	35.6	28.46	74.48

资料来源：《中国城市统计年鉴2007》。

表2　总方差解释

Component	Initial Eigenvalues			Extraction Sums of Squared Loadings		
	Total	% of Variance	Cumulative %	Total	% of Variance	Cumulative %
1	5.793	36.204	36.204	5.793	36.204	36.204
2	3.629	22.682	58.886	3.629	22.682	58.886
3	2.190	13.687	72.573	2.190	13.687	72.573
4	1.576	9.849	82.423	1.576	9.849	82.423
5	1.036	6.473	88.896	1.036	6.473	88.896
6	0.751	4.697	93.592			
7	0.517	3.230	96.823			
8	0.269	1.681	98.504			
9	0.162	1.014	99.518			
10	0.077	0.482	100.000			
11	3.53E−016	2.21E−015	100.000			
12	1.67E−016	1.04E−015	100.000			
13	3.49E−018	2.18E−017	100.000			
14	−1.27E−016	−7.95E−016	100.000			
15	−1.70E−016	−1.06E−015	100.000			
16	−3.48E−016	−2.17E−015	100.000			

设定主成分的特征根大于1，累计贡献率大于85%。结果显示共有5个特征值大于1的因子，累计方差贡献率为88.896%，因此可选取5个主成分。通过正交旋转后的载荷矩阵，各因子的典型代表变量突出，因子意义较明显，可解释为5个主成分，这5个主成分与前面的因素指标选择有一定的差距，反映了指标间一些潜在的联系，旋转后的因子载荷矩阵见表3，旋转后的总方差解释见表4。

表3 旋转后的因子载荷矩阵

	Component				
	1	2	3	4	5
经济增长率	0.842	0.188	−0.061	−0.162	0.345
人均GDP	0.830	−0.026	0.469	−0.148	0.216
第二产业增加值占GDP比重	0.148	−0.911	0.280	0.048	0.076
第三产业增加值占GDP比重	0.052	0.942	−0.091	−0.092	−0.087
出口额占GDP比重	0.118	−0.573	0.111	−0.065	0.713
采矿业从业人员占全部从业人员比重	−0.390	0.049	−0.333	0.093	−0.801
财政自给率	0.849	−0.227	−0.191	0.288	0.080
人均固定资产投资额	0.871	0.135	0.368	0.038	0.193
城镇居民人均可支配收入	0.896	0.286	0.025	0.266	0.100
城镇登记失业率	−0.132	0.361	−0.094	−0.826	0.123
人均教育支出	0.435	−0.148	0.654	0.053	0.064
人均耕地面积	0.194	0.780	0.359	0.426	−0.058
人口密度指数	0.076	0.090	−0.953	0.163	−0.176
工业废水处理达标率	−0.281	−0.569	0.064	0.142	−0.523
固定废物综合利用率	−0.113	0.254	−0.253	0.865	−0.061
人均绿地面积	0.784	−0.260	0.137	−0.406	−0.014

表4 旋转后的总方差解释

Rotation Sums of Squared Loadings		
Total	% of Variance	Cumulative %
4.828	30.172	30.172
3.462	21.637	51.809
2.165	13.534	65.343
2.055	12.846	78.189
1.713	10.707	88.896

第一主成分主要由经济增长率、人均GDP、财政自给率、人均固定资产投资额、城镇居民人均可支配收入、人均绿地面积组成。包含指标信息最多,反映了钢铁城市转型过程中经济发展对既往投入规模的依赖,也反映了经济发展对人民生活水平和城市建设水平的贡献,体现了钢铁城市当前综合经济发展程度。第一主成分对各变量的方差贡献率为30.172%。第二主成分主要由第二产业增加值占GDP比重、第三产业增加值占GDP比重、人均耕地面积、工业废水处理达标率组成。第二主成分反映了钢铁城市转型过程中产业结构的变化与环境破坏程度。第二主成分对各变量的方差贡献率为21.637%。第三主成分主要由人均教育支出和人口密度指数组成,主要体现了产业转型中人口素质的提高。第三主成分对各变量的方

差贡献率为13.534%。第四主成分包含了城镇登记失业率和固体废物综合利用率,反映了转型时期的就业情况和资源利用。第四主成分对各变量的方差贡献率为12.846%。第五主成分包含出口总额占GDP比重和采矿业从业人员占全部从业人员比重,该主成分反映钢铁城市经济的对外依存度和产业结构单一化程度。第五主成分对各变量的方差贡献率为10.707%

利用因子得分矩阵得出各城市的各个主成分得分,各个主成分得分乘以各个主成分的方差贡献率表示的权重,得到各城市的总分。如表5所示,包头市以综合得分19.51分高居榜首,而且同其他城市拉开了较大的差距。其次是马鞍山、莱芜、嘉峪关。在经济总量上,马鞍山得分最高,其次是包头和嘉峪关;包头市在产业结构和人口

素质方面的得分最高。攀枝花、黄石、临汾得分　位居最后。

三、聚类分析判别类型

聚类分析（Cluster Analysis）是根据事物本身的特性研究个体分类的方法。聚类分析原则是同一类中的个体有较大的相似性，不同类中的个体差异很大。利用SPSS13.0统计软件，可以直接得出东北11个钢铁城市的谱系图（见图1）及相应的聚类过程（见表5）。

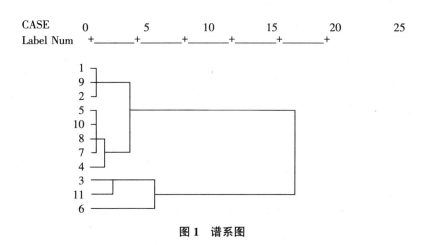

图1　谱系图

表5　聚类过程

Agglomeration Schedule

Stage	Cluster Combined		Coefficients	Stage Cluster First Appears		Next Stage
	Cluster 1	Cluster 2		Cluster 1	Cluster 2	
1	1	9	6894492.91	0	0	4
2	5	10	9475830.84	0	0	3
3	5	8	18963662.8	2	0	5
4	1	2	21346672.1	1	0	8
5	5	7	33749281.0	3	0	6
6	4	5	101529190	0	5	8
7	3	11	124101855	0	0	9
8	1	4	228084527	4	6	10
9	3	6	401702184	7	0	10
10	1	3	1.37E+009	8	9	0

从谱系图可以看出，11个钢铁城市可以分成两大类，包头、马鞍山、嘉峪关为一类，邯郸、临汾、鞍山、本溪、新余、莱芜、黄石、攀枝花为一类。结合前面做出的每个城市在各个主成分上的得分及总体得分，包头、马鞍山和嘉峪关属于产业转型效果最佳的三个城市。

从实际情况来看，包头市从"一五"期间被确定为国家重点建设城市。近年来，充分利用国家政策的扶持给城市发展带来机遇，积极进行招商引资。高能耗型产业逐渐被淘汰，高新技术型产业将成为主导。环保和新型工业是包头发展的两大思路。包头稀土高新技术产业开发区应运而生；大力发展非资源型产业、旅游业和服务业，全市整体经济以持续、有效、高速、健康的态势发展。2008 年以来，稀土高新区以推进二次创业、实现二次腾飞为目标，以产业化推进和城市化建设为引擎，加快特色园区建设。2008 年实现地区生产总值 136 亿元，增长 70%；工业增加值 91 亿元，增长 78.4%；财政收入 30.3 亿元，增长 70.2%。

马鞍山的经济转型不是传统产业的相互替代，而是以提高国际竞争力为目标的产业结构升级。近年来，马鞍山市先后否决近两百个投资额较大但存在严重污染问题的项目，清理关停近百家轧钢厂、水泥厂、小铁厂。马鞍山吸引法国圣戈班、日本三菱、台湾中橡、蒙牛等企业入驻，培育出华凌汽车等一批拥有自主知识产权的企业。在发展经济的同时，扎实有序开展整顿规范矿山资源开发秩序的工作，狠抓生态环境保护和建设，促进经济、社会、环境的协调发展和城乡环境的进一步改善。2006 年 1 月，马鞍山市被国家环保总局正式命名为国家环保模范城。

近年来，嘉峪关市建立起了地方工业经济增长的长效机制，制定了《嘉峪关市招商引资若干政策规定》、《关于鼓励地方经济发展的若干政策规定》、《关于加快发展非公有制经济的实施意见》、《甘肃省嘉峪关工业园区政策规定》等一系列促进经济增长的政策。另一方面，为了增强经济发展后劲，嘉峪关市把培养和壮大接续产业作为发展地方经济的重中之重，建设工业园区正是实现这一目标的重要载体。2002 年建园以来，围绕酒钢"上游搞配套、下嘉峪关机场游深加工、延伸产业链、做强做大优势产业"的园区开发要求，科学规划、合理布局、准确定位，确保了工业园区的健康发展。"风吹石头跑，遍地不见草"，曾是嘉峪关市生态环境的真实写照。为改变这种面貌，嘉峪关市委、市政府历届领导班子把绿化戈壁滩、提高城市绿化覆盖率当作第一要务常抓不懈。从 1995 年至今，嘉峪关连续 13 年开展全民义务植树"绿化年"活动，累计完成合格造林面积 1.5 万亩，城市绿化覆盖率达 35.12%，人均公共绿地达到 17.6 平方米，是全国城市人均公共绿地面积的 2.4 倍。实际情况证明，包头、马鞍山和嘉峪关的转型是成功的。

四、钢铁城市产业转型的建议

（一）发展产业延伸

产业延伸就是在煤炭资源开发的基础上，发展前后及旁侧关联的相关产业，建立起资源深度加工和利用的产业群，以增加它的附加值和延长它的服务期。钢铁城市继续发展壮大黑色冶金，发挥工业优势，增强城市综合经济实力，为今后矿业城市的转型储备"积蓄"。紧紧围绕钢铁深加工，提高产品的科技含量，大力发展具有地方特色的黑色金属材料。必须延伸钢铁产业链条，在充分考虑市场需求的条件下，拓宽资源，提高产品的附加值，增强资源型城市结构转换能力。

（二）培育新兴替代产业

城市在资源趋于枯竭的时候，尽快建立起基本上不依赖原资源的全新产业，把原来从事资源开发的人员转移到新型产业上来，这无疑是最彻底的产业转型模式。新兴产业的核心部分是高新技术产业，它通常是指那些以高新技术为基础，从事一种或多种高新技术及其产品的研究、开发、生产和技术服务的企业集合，这种产业所拥有的关键技术开发难度很大，但一旦开发成功，却具有高于一般的经济效益和社会效益。高新技术产业包括：电子与信息技术、生物工程和新医药技术、新材料及应用技术、新能源与高效节能技术、环境保护新技术、现代农业技术等。

（三）加强人才体系创新

人才是矿业城市经济转型的核心要素，缺少人才，转型也就变成空谈。同时，需要对原有人力资源进行二次开发，以满足新产业、新经济的要求。新产业发展也需要大量的专业技术人才，否则再多的资金投入和政策支持都是无效的，因此人才资源的引进或培养是重要的转型支撑。钢铁城市人才建设主要通过教育，通过业务培训提高他们的综合素质并积极主动的引进人才。从经验看，大学往往是资源型城市产业转型的中流砥柱，"空降"外部企业（或机构）与人才嵌入到资源型城市可以有效与迅速地促进产业转型。同时，要改善人才生活环境和工作氛围，营造良好的环境留住人才。

（四）重视生态环境改善

铁矿业在为国民经济和社会发展做出辉煌贡献的同时，不得不面对大量占用土地、植被损毁、大气和水污染、水资源匮乏、自然人文景观破坏等问题。因此，钢铁城市应大力保护生态环境，整治污染源。切实加强清洁生产，促进生态城市建设，重视发展循环经济，坚持技术创新，推广和开发节水节能新技术，提高资源利用率，提高"三废"资源化水平，拓宽矿山环境治理，实现生态环境可持续发展。

（五）多渠道筹措转型资金

钢铁城市的产业转型在关闭企业、职工安置和转业培训、社会保障、发展接续和替代产业、环境整治等方面需要支付巨额的转型资金。这是一个地区或一个国家财力不能企及的，必须在国家财力和政策大力支持的基础上，全方位、多层次、多方式、多渠道地筹措转型资金。各国资源型城市转型中为了吸引外来投资，都制定了大量优惠政策，主要包括用地优惠、融资优惠和税制优惠等，并广泛开拓资金来源。

（六）完善社会保障，走可持续发展道路

钢铁城市拥有众多的卫星矿区，矿山企业办社会包袱沉重，失业、下岗人员多。因此，政府要加强企地联合，关心与安排好下岗失业人员的生活出路，维护社会和谐稳定。政府可以在贷款、培训方面给予优惠，鼓励创造就业岗位，避免贫富差距扩大，促进社会公平。在转变产业结构的过程中，始终应坚持可持续发展的原则，促进资源、环境、人口协调发展。

参考文献

国家统计局. 中国城市统计年鉴 2007. 北京：中国统计出版社，2008：29-372.

唐志丹，张加奇，田晓雨. 基于因子分析的钢铁城市可持续发展的实证研究 [J]. 辽宁科技大学学报，2008（5）：485-491.

史英杰. 东北地区资源型城市产业转型问题研究 [D]. 天津大学，2008.

罗寿博. 包头打造高效节能型重工业基地 [N]. 中国工商时报，2007-04-25.

鲍寿柏. 马鞍山：探索钢铁工业城市转型之路 [J]. 中国城市经济，2007（6）：32-34.

郭成录，赵大鹏，鱼辉，武文昌. 戈壁钢城展新颜 [J]. 党的建设，2008（8）：10-14.

王玉梅. 嘉峪关市"工业强市"的思考 [J]. 中国国情国力，2009（11）：61-64.

陈旭升. 资源型城市可持续发展研究 [D]. 哈尔滨理工大学，2004.

侯强. 资源枯竭型城市产业转型的评价 [J]. 资源与产业，2007（2）：1-4.

张团结. 基于产业契合度的资源型城市产业转型效果评价模型研究 [J]. 资源与产业，2008（1）：1-3.

（罗溪，东南大学经济管理学院）

阜新资源型城市经济转型实证分析

资源型城市是依托资源开发而兴建或者发展起来的城市，城市因资源而兴，当资源枯竭时，城市也面临着生死抉择。资源型城市经济转型在全国具有普遍性。阜新作为第一个进行经济转型试点的城市，其经济转型的模式、途径、方式、方法和政策等受到普遍的关注，其经济转型的经验也将产生巨大的影响。

一、阜新经济转型的背景

阜新市地处辽宁省西北部，土地面积 10355 平方公里，总人口 193 万人，其中市区人口 78 万人。阜新市是一座典型的"因煤而立、因煤而兴"的资源型城市，素有"煤电之城"的美称。"一五"期间，中国在前苏联的援助下确定了 156 个重点发展的重工业项目，其中 58 个在东北地区，阜新一个市就占了其中 4 个（海州露天矿、阜新发电厂、平安竖井、新邱矿），是共和国最早建立起来的能源基地之一。

从新中国成立到 21 世纪初，50 多年来，阜新为共和国的建设和发展做出了巨大的贡献，累计生产煤炭 5.6 亿吨，累计发电 1600 亿千瓦时。阜新每年的煤炭产量年均达到 1200 万吨，一个人们经常提到的比喻是，用载重 60 吨的卡车装载阜新出产的原煤，排起队来可以绕地球赤道 4 圈半。进入 20 世纪 80 年代以来，随着煤炭资源可采量的减少及开采成本的上升，阜新以煤炭为主导的产业开始衰退，带来一系列严重的经济和社会问题，呈现出"矿竭城衰"的趋势。

一是煤炭资源萎缩，矿区沉陷问题严重。20 世纪 80 年代以来，作为百年老矿，阜新的煤炭资源逐渐萎缩。到 2000 年，阜新矿区已报废主体矿井 58 对，报废生产能力 862 万吨。"九五"末，原阜新矿务局的煤炭年产量已由历史最高时的 1600 万吨降至 800 万吨左右。而且在当时已探明的剩余可采储量中，经济可采储量少，煤层过深，条件复杂，采掘成本过高。阜新矿区采煤形成 20 个沉陷盆地和 2 个露天坑，总面积 101.4 平方公里，受灾建筑面积达 145.2 万平方米。

二是经济总量小，产业结构单一。阜新 2001 年末人口占辽宁全省总人口的 4.6%，地区生产总值却仅占全省的 1.4%。全市的国内生产总值、工业现价总产值、农业现价总产值在辽宁省的 14 个省辖市中均排在第 14 位。"九五"期间，阜新全市 GDP 平均增幅仅为 2.1%，比中国西部地区还慢。由于计划经济的束缚，阜新产业结构单一、所有制结构单一、劳动力结构单一，新的接替产业没有形成。50 多年来，阜新全市固定资产投资中，3/5 集中在煤电工业上，形成煤电为主的单一产业结构。而且城市经济过分依赖于一两家大型资源开发企业，产品构成多以初级产品和原材料为主，其他经济类型企业和中小企业以及第三产业发展极不充分。

三是地方财政困难，基础设施薄弱。阜新财政状况十分困难，2001 年全市地方财政一般预算收入 4.54 亿元，人均 236 元，为辽宁省平均水平的 34.5%。基本建设支出每年仅 1000 万元左右，只能用于简单的房屋维修。城市维护费支出不足 3000 万元左右，仅为全国水平的 18.4%。市区每万人拥有铺装道路面积 3.3 万平方米，为全国平均水平的 35.8%。还是辽宁 14 个城市中唯一的一个市本级和 7 个县区全部享受省补贴的市。而且阜新地处内蒙古科尔沁沙地南部，生态环境较差，水土流失严重，基础设施薄弱，防御自然灾害能力低。

四是居民收入水平低，就业压力大。2001 年，阜新城市居民人均可支配收入 4327 元，比全国和辽宁省平均水平分别低 2533 元和 1458 元。低于最低生活保障标准 156 元的特困居民 19.8 万人，占市区人口的 25.3%。一些特困职工家庭生活已处于绝对贫困线之下。截至 2001 年末，阜新下岗职工和失业人员达到 15.6 万人，其中，下岗职工 12.9 万人，占全市职工的 36.7%；失业人员 2.7 万人，城镇登记失业率 7%，居辽宁之首。在下岗失业人员中，矿区占 45%。长期以采煤为生的矿区下岗失业人员技能单一、就业观念落后，再就业困难重重。

五是水资源贫乏，环境污染严重。阜新是资源型缺水城市，人均占有水量 544 立方米，是辽宁省平均水平的 62%，是全国平均水平的 20%。阜新长期大量开采煤炭资源，又大量排放煤矸石、粉煤灰、炉渣等废物。在煤炭资源逐步枯竭的同时，也给城市空气、河流造成严重污染，生态环境日趋恶化。矿石、粉煤灰等固体废弃物严重堆积，煤矸石累计堆积量 9234 万吨；城市中悬浮颗粒物超标，降尘超标；流经城市的主要河流细河污染严重，全河段化学需氧量超过 V 类水体标准 4 倍。

阜新的资源枯竭问题的由来，有三个主要原因：第一个原因是阜新是因煤而兴的城市。因为阜新蕴藏着丰富的煤炭资源，所以国家"一五"

时期 156 个重点项目，有 4 个建设在阜新，有亚洲最大的露天矿海州矿，还有发电厂等，阜新因此迅速地发展起来。之后在长达 30 年计划经济体制下形成了单一的煤、电结构，也可以说国家交给阜新的任务就是挖煤、发电，贡献能源。早些年代阜新的有些领导也提出要发展纺织业，发展安排就业的产业等，都被批评为不务正业。这一点同国外的资源型城市不同，有资源型产业同时又伴生其他产业。阜新单一的产业结构是在计划经济体制下形成的，不是在市场经济体制下形成的。

第二个原因是不合理的煤炭价格。如果煤炭非常赚钱，阜新这个城市也会很富裕。但实际情况是，以 1986 年的煤炭价格为例，当时一吨煤的成本是 61 元钱，调出一吨煤的价格是 29 元钱，挖一吨煤赔一吨，挖得越多赔得越多。国家虽然对煤炭企业给予政策性的亏损补贴，但是这些补贴只是补到企业能够维持简单再生产，而工人的福利、住房、接替产业的发展等却没有得到相应的补偿。

第三个原因是煤炭资源的枯竭。改革开放，煤炭开始赚钱，阜新的煤炭资源也开始枯竭，一个接一个矿井报废，20 多年报废了两座露天矿和大量的矿井，一共报废了 1000 多万吨的生产能力。煤越挖越深，成本越来越高，开采条件越来越差。

此外，煤炭产业的特点决定了煤炭企业一旦报废，没有什么剩余价值。一个企业经营不下去，还有土地、厂房、设备等剩余资产，可以转产别的东西。而煤矿挖完之后就是一个大坑，矿井挖完之后就是一个黑洞，而且还会造成地面下沉。

二、阜新经济转型的启动与总体规划

早在 20 世纪 80 年代中期，阜新的老书记就指出，煤电之城的发展规律是"发现—开采—高潮—萎缩—枯竭"。如果接下来的 20 年，国家不扶植阜新把其他工业发展起来的话，后果将不堪设想。这之后，对于转型的呼吁和争取一直没有停止。1991 年 8 月，当时的国务院副总理朱镕基

到阜新考察。1992 年 11 月和 1997 年 4 月国家计委先后下发 2085 号和 721 号两个文件，支持阜新转型。几位当时的国务院主要领导分别对 2085 号文件做了批示，但阜新的经济转型还没有真正落实。

直到 2001 年，当时的辽宁省省长薄熙来到阜新调研，提出两个基本观点：第一，阜新问题，

是阜新长期为国家经济建设作贡献带来的结果；第二，解决阜新的问题，不光要靠阜新人民艰苦奋斗，而且国家和省都要管。并就此问题向当时的国务院副总理李岚清同志汇报。2001年8月16~22日，李岚清副总理来辽宁视察期间，在听取了中共辽宁省委、省人民政府关于阜新工作的转型汇报之后，提出辽宁要搞好资源枯竭型城市经济转型的课题，并在阜新进行尝试。2001年9月11日，李岚清副总理亲自主持召开研究阜新煤炭资源枯竭型城市经济转型问题的国务院办公会议。决定由国家计委牵头，成立工作组，把结构调整作为总体思路，年内拿出转型方案，三年之内要见成效。2001年12月14日，国务院召开总理专题办公会议，召集十六个部委领导专题研究阜新经济转型的有关问题。12月28日，《听取辽宁阜新资源枯竭型城市经济转型等有关情况汇报的会议纪要》（国阅〔2001〕76号）正式下发，将阜新确定为首个全国资源枯竭型城市经济转型试点市，提出阜新面临的困难，明确阜新经济转型要把握的问题，确定支持阜新转型。这是第一个指导资源型城市经济转型的文件。

按照国务院纪要精神和辽宁省政府99次常务会议的要求，立足阜新的实际，着眼阜新未来的发展，阜新市委、市政府提出阜新经济转型的总体构想，明确指导思想、主要任务、主要预期指标。

阜新经济转型的主要任务：经济转型规划期确定为15年（2001~2015年），经济转型计划用10~15年的时间基本完成。前5年着力培育自身发展能力，为全面实施经济转型计划奠定基础；后10年形成具有地域特色的优势产业，实现一、二、三产业的协调发展。到2010年，地域特色产业形成规模，经济综合实力明显增强，生态环境显著改善，下岗职工基本就业，城乡人民生活和质量得到较大提高，两个文明协调发展。到2015年，全地区建立起以现代农业为代表的、一、二、三产业协调发展的城市经济体系，城市经济实力、综合竞争能力大大增强，就业供需基本平衡。

主要预期目标：2001~2005年，①国内生产总值达到130.0亿元，年递增14.8%。其中，第一产业递增26.8%，第二产业递增13.3%，第三产业递增11.6%。②地方财政一般预算收入达到8.95亿元。③全社会固定资产投资5年累计达到200亿元。④出口创汇额达到4000万美元；实际利用外资额达到4500万美元。⑤社会消费品零售额达到75亿元。⑥城镇居民人均可支配收入达到7000元；农民人均纯收入3500元。⑦4年间全市安置失业人员和下岗职工就业10万人。

2006~2010年，①国内生产总值达到260.0亿元，年均递增14.9%。其中，第一产业递增15.3%，第二产业递增18.4%，第三产业递增11.1%。②地方财政一般预算收入达到17.0亿元。③全社会固定资产投资5年累计达到380亿元。④出口创汇额达到15000万美元；实际利用外资额达到18000万美元。⑤社会消费品零售额达到125.0亿元。⑥城镇居民人均可支配收入达到12000元；农民人均纯收入5500元。⑦5年间全市安置人员就业5万人。

2011~2015年，①国内生产总值达到425.0亿元，年均递增10.3%。其中，第一产业递增5.9%，第二产业递增12.7%，第三产业递增10.0%。②地方财政一般预算收入达到27.0亿元。③全社会固定资产投资5年累计达到600亿元。④出口创汇额达到30000万美元；实际利用外资额达到36000万美元。⑤社会消费品零售额达到185.0亿元。⑥城镇居民人均可支配收入达到17000元；农民人均纯收入7500元。⑦5年间全市安置人员就业5万人。

此后，中发〔2003〕11号文件（《中共中央国务院关于实施东北地区等老工业基地振兴战略的若干意见》）指出："研究建立资源开发补偿机制和衰退产业援助机制，促进资源型城市经济转型和可持续发展"。从那时起，国务院东北振兴办就会同资源型城市共同探讨和研究"两个机制"的建立，2007年《关于资源型城市可持续发展的若干意见》（国发〔2007〕38号）出台，"两个机制"初步建立起来。

在2008年8月底，辽宁省委、省政府做出决定，同意阜新加入沈阳经济区，使阜新融入到辽宁中部城市群一体化发展的行列中，把阜新的发展提升到一个新的平台上。加入沈阳经济区，阜新可以更好地接受沈阳的带动和辐射，更好地接受沈阳等城市的产业转移，发展配套产业，促进接续替代产业的形成，尽早完成经济转型试点任务。同年底，辽宁省委、省政府又推出"突破辽西北"战略，强力支持包括阜新在内的辽西北三市的发展。随着国家对资源型城市经济转型政策的落实、沈阳经济区正式成为国家新型工业化综合改革试验区以及突破辽西北战略的深入实施，阜新经济转型的速度加快，成效越来越显著。现在阜新正在研究由资源型城市经济转型试点市向示范市转化，以更好地推动阜新的经济转型。

三、阜新资源型城市经济转型的主要工作

实施经济转型的十年来，阜新市边实践、边探索、边总结、边完善，经过反复研究和论证，制定了"自力更生、龙头牵动、科技支撑、民营为主、市场运作"的转型基本方针。按照这个方针，阜新对经济转型进行了大胆的实践和积极的探索，取得了阶段性的成果。

（一）环境为先——努力实现环境的可持续发展

（1）突出生态环境建设。阜新抓住国家退耕还林政策机遇，实施了退耕还林、"三北四期"造林、绿色通道、防沙治沙、农田林网、矿区绿化、村屯绿化等一系列工程。在城市周边建设了一条长102公里、宽500米的环城防护林带。实施了海州矿排土场和新邱东、西排土场复垦项目等矿区矸石山复垦治理工程，治理后的海州矿15平方公里排土场，已成为阜新绿色屏障。2010年，环境空气质量达到国家二级标准的天数已达到337天。

（2）突出城市环境建设。转型以来，阜新市投入巨资用于城市基础设施建设，完成了煤城路、阜塔路、阿金公铁立交桥、污水处理厂、垃圾处理场、小街小巷治理等一批基础设施工程；建设了广场、游园等一批改善城市面貌的重点工程；加强了城市水系规划和治理，实施了细河城市段治理和丝河月亮湾段治理工程；启动实施了"生态园林城市"和"清洁卫生城市"建设并取得了初步成效。海州露天矿已被改造成国家矿山公园，并被命名为国家科普基地。

（3）突出群众生活环境建设。结合采煤沉陷区治理和棚户区改造，加强了对城市矿区基础设施建设，极大地改善了广大煤矿工人的生活环境。阜新共有13个采煤沉陷区，总面积达101.38万平方米，涉及28733户矿区居民。2002年以来，在国家的大力支持下，实施采煤沉陷区治理工程。工程总投资11.8亿元，新建5个楼房小区和5个平房小区，总建筑面积达92.9万平方米，累计有18333户采煤沉陷区居民得到搬迁安置。同时，加大了对棚户区的改造力度，"十一五"时期共改造棚户区377万平方米。

（二）民生为本——全力提高人民群众的生活水平和生活质量

（1）以民生为本，千方百计扩大就业。坚持就业优先战略，在上项目、发展经济方面都优先考虑就业，并把就业作为一项重要指标来考核。始终以并轨失业人员、"40""50"人员、"零就业家庭"成员就业为重点，以培育农业产业化龙头企业、发展民营经济、扩大劳务输出、发展服务业等为依托，拓宽10条就业渠道，创造大量的就业岗位，使阜新的就业压力得到了缓解。坚持在提高下岗失业人员的就业技能上下工夫，开展多层次、多形式的技能培训，共培训下岗失业人员12万人，特别是加大了对"4050"下岗职工子女的免费培训力度，使部分下岗职工家庭通过子女就业摆脱了困境。

（2）以民生为本，健全社会保障体系。为了解除下岗失业人员的后顾之忧，从制度上保证下岗失业人员和困难群众今后能够享有比较稳定的生活，阜新抓住国家在辽宁进行完善社保试点的机遇，加强社会保障体系建设。如今，城镇职工基本养老保险制度基本完善，覆盖面不断扩大，养老标准不断提高，农村社会养老保险开始试点；城镇职工基本医疗保险全面实施，新农合覆盖率达到97%；处于低保线以下的城镇困难居民享受

到最低生活保障。

（3）以民生为本，不断提升人口素质。在转型中，阜新市委、市政府出台了《关于进一步加强人才工作，促进转型振兴的实施意见》，把人才工作作为一项长期的战略任务来落实。通过积极争取，中国农大、沈阳农大、辽工大、大连轻工四所高校采取降低分数线等形式，为阜新定向招收本科生，培养人才。还出台了《关于加快全市职业教育改革与发展的决定》，切实解决职业教育投入不足、职业教育模式陈旧、专业设置不适应市场需求等问题。积极调整中等职业教育布局，整合教育资源，扩大办学规模。

（三）产业为基——发挥优势培育和壮大接替产业

在确立转型方向和选择接替产业时，阜新把握住了一条最基本的原则，那就是从实际出发。早在20世纪80年代煤炭资源走向萎缩时，阜新曾多次探索直接向工业转型找出路，力图寻找新的主导产业（纺织、电子和化工）作为煤炭产业的接替产业，但是由于没有充分估计技术人才的严重缺乏和煤矿工人的技术结构弱点而遭到失败。历史的教训使阜新人清醒地认识到，转型不能机械地按产业发展程序进行，而必须从自身的比较优势出发。因此，结合阜新传统产业优势、现有资源优势及未来市场前景，阜新把转型重点放在建设现代农业及农产品精深加工基地和新型能源基地上。

选择发展现代农业及农产品加工业是基于阜新丰富的资源。阜新市人均占有土地15亩，耕地6亩，居辽宁省之首。百里矿区有大量适宜农业生产的废弃地，这里的气候、土壤、光照适合发展绿色农业。阜新市煤矿工人大部分来自周边城乡，其中相当一部分矿工原来就是农民，其家属也是农民，对农业生产并不陌生，让他们重新从事农业生产的可行性较大。矿工文化程度偏低，劳动技能单一，40、50岁人群较大，转业从事其他行业的工作有一定的困难，比较适合于从事农业生产。与发展第二产业相比，农业投资少，见效快，

安排人员多。建个大棚种植蔬菜、花卉、养猪，每个劳动力只需3万元，而且可以当年见效。

发展现代农业和农产品精深加工业，阜新选择了一条捷径，即面向国内外引进和培育龙头企业，以拉动种养和加工的共同发展。为此阜新市政府先后下发两个鼓励性文件，引进国内外70多家农产品加工龙头企业，建成14个农产品生产基地和生猪、食用菌、奶牛、肉羊、獭兔、肉兔、牧草、花卉、杂粮等12个农业产业化链条，通过名牌效应，快速推动阜新相关产业的发展。

选择建设新型能源基地，则是基于阜新传统的产业优势。煤炭工业对阜新来讲，无论是市场还是技术，无论是管理还是人才，都是最具优势的产业。经过认真的勘探，阜新矿区的煤炭地质储量尚有12亿吨，其中可采储量5.1亿吨。以目前年产1000万吨的生产能力计算，起码还有近50年的服务年限。而且发展非煤接替产业，从选项立项到融资建设等多个环节，都需要时间运转和资金支持。在今后一定时期内，也需要有煤炭产业经济总量作支撑，来"掩护"矿区的经济转型，为转型赢得时间和资金上的支持。此外，中央和地方政府也都积极支持阜新新型能源基地的建设。

建设新型能源基地，阜新突出一个"新"字。一方面，在原有煤炭开采领域拓展新空间。新建两个立井，对原有煤矿进行改造和扩建，并在国家的协调下，充分利用破产矿的技术、装备和人才优势，开发内蒙古白音华煤田，稳定煤炭产量，进一步巩固能源基地地位。另一方面，积极探索新型能源的开发和利用。发挥阜新坑口电厂优势，实施煤电联产，大力推进一批电力工业项目；建设煤矸石热电厂，利用原来废弃无用、既占地又污染环境的煤矸石发电；在风能普查的基础上，依托风能资源优势，规划和建设"4大3小"7个风电场区；同时，探索和发展煤矿瓦斯发电，并实现了煤层气商业化运行。

此外，阜新还依托原有产业基础，重点培育壮大北派服饰、精细化工、玛瑙制品、装备制造配套、新型建材等优势特色产业。并围绕发展优势特色产业，规划建设了一批园区，为扩大对外合资合作、引进培育项目搭建了平台。

四、阜新资源型城市经济转型的阶段性成果与启示

经过十年的努力,阜新经济转型试点取得了阶段性成果。国民经济实现历史性跨越,地区生产总值由2001年的70.5亿元上升到2010年的361.1亿元,年均增长19.9%,人均GDP也由2001年的3652元上升到2010年的18775元。地方财政一般预算收入由2001年4.5亿元增加到30.1亿元,年均增长23.5%;产业结构调整成效显著,装备制造、农产品加工等接续替代产业初步形成,2010年,装备制造业、农产品加工业、能源工业共完成工业增加值105.81亿元,占阜新规模以上工业增加值的比重为86.4%。其中,装备制造业实现增加值25.49亿元;农产品加工业实现增加值22.07亿元;能源工业实现增加值58.25亿元。经济发展后劲明显增强,全社会固定资产投资额由2001年的29.2亿元猛增到2010年的350.7亿元,巴新铁路等一批事关阜新长远发展的重大项目开工建设。体制机制创新迈出重要步伐,仅"十一五"期间,就有192户国有企业实现转制,直接利用外资2.7亿美元,出口总额4.6亿美元,分别是"十五"时期的2.3倍和3.7倍。城乡基础设施显著改善,沈彰等3条高速公路建成通车,引白水源等一批重点工程投入使用,城市供水、供热、供气保障水平不断提高,森林覆盖率达到32.1%,城市绿化覆盖率达到40.5%。人民群众得到更多实惠,"十一五"时期,累计实现城镇实名制就业33.4万人次,社会保障覆盖面进一步扩大,城乡救助体系不断完善,城镇居民家庭人均可支配收入由2001年的4327元上升到2010年的12711元,增长近3倍,农村居民家庭人均纯收入由2001年的1122元上升到2010年的6372元,增长5倍多,2010年社会消费品零售额达到149.03亿元。

但是,资源枯竭型城市经济转型是一个漫长而复杂的过程,由于体制、机制原因而长期积累的一些深层次矛盾和历史遗留问题,还没有得到根本解决,阜新经济转型还面临许多困难。阜新经济发展主要指标在总量上均处于辽宁省的最后

一位。2010年,阜新地区生产总值在辽宁的比重仅为1.98%,人均地区生产总值仅为辽宁省平均水平的44%,财政收支矛盾也非常突出。阜新城镇居民人均可支配收入12711元,比辽宁省平均水平低5002元,农民人均纯收入6372元,比辽宁省平均水平低536元。装备制造业、农产品加工业等接替产业虽然成长较快,但规模仍然较小,而且,阜新进行经济转型所处的大环境是我国已进入买方市场,市场竞争激烈,弱小产业的发展壮大面临严峻的挑战。

从阜新资源型城市经济转型的实践中,可以认识到:

第一,资源型城市转型是一项长期的战略任务,任重而道远。德法等国资源型城市转型从20世纪五六十年代就开始,经过了三十多年的不懈努力才取得成效。但这些老工业区与本国其他地区相比仍有不少差距。我国的资源型城市转型面临的问题更为复杂,因此要有长期奋斗的思想准备。要充分认识依靠地方自身复兴发展经济的艰巨性。通过发展新兴产业扭转城市衰退的趋势是不易做到的,这需要付出时间、耐心和资金。经济多样化、劳动力再培训、老企业的现代化、解决逆工业化的遗留问题及更新住房和基础设施等任务十分艰巨,需要多方面的参与。矛盾积累了50年,不要幻想希望通过5~10年来解决所有问题,要克服城市转型阶段化倾向,长期、稳定、可持续发展才是经济转型最终要达到的目标。

第二,拓宽转型的思路与方式,在科学发展上下工夫。推动转型的主体是地方政府和企业。地方政府依托有限财力,破解发展瓶颈,各种行政和经济手段悉数用上,土地出让金高比例返还、"零地价"、税收优惠、税收先征后返等均被高密度使用。狠抓项目建设,拼增长速度的老办法,其结果是经济增长方式无法转变,资源浪费很大,环境污染严重,生态破坏加剧。转型城市一般都是生态环境比较脆弱地区,经济社会的自我发展和可持续发展能力不足,不适于再进行大规模的

开发。鉴于目前由地方政府主导经济转型，对GDP的追求就成为一种必然。因此，转型城市的扶持不仅在于政策和资金，还应在改变政府管理体制和考核体系上做文章。引导地方政府转变发展观念，转变经济增长方式，把重点放在如何增强转型城市的"造血"功能上。

第三，尽快出台综合性扶持政策措施，促进资源型城市可持续发展。国家已多次讨论扶持资源型城市可持续发展问题，并明确提出中央财政要加大转移支付力度，并在 2007 年出台《关于资源型城市可持续发展的若干意见》，初步建立起"两个机制"。但目前的许多扶持政策还限于一事一议或一事一补上，不具有稳定性、可预见性和连续性，没有形成规范化、制度化的运行机制，不能从根本上解决问题，同时还增加了资源型城市政府对上级财政的依赖和寻求政策支持的成本支出。这种非制度性的支持在执行当中存在很多问题，也很难为其他资源型城市转型提供典型经验。因此，完善规范、有效的资源开发补偿机制和衰退产业援助机制，为资源型城市实现经济转型提供一个稳定的制度性保障是非常必要的。

第四，要把民生问题作为优先目标，下大力气解决就业和贫困等社会问题。目前，转型城市普遍面临"就业压力大，维稳任务重"的现状，扩大就业、消除贫困、维护社会稳定是促进其可持续发展的重点。对于促进就业和再就业可考虑从以下途径着手：一是成立专门机构进行创业咨询和提供小额优惠贷款，支持矿工创业；二是对创造就业的企业政府给予补贴；三是提供更广泛的免费教育和培训；四是健全就业服务，提供就业信息，帮助劳动力去外地就业；五是大力开发公益性岗位。对于贫困问题，长远要立足于发展经济，近期要采取针对性措施。要进一步完善社会保险制度，扩大覆盖面，保证按时足额支付。完善社会救助制度，对符合条件的贫困人群按规定及时给予救助。

第五，建设生态型城市，努力营造良好环境吸引外来投资。由矿区型城市向生态型城市转变是城市转型的必由之途。经过长期的、大规模的资源开采和加工，生态环境恶化、污染加剧等问题是大多数资源型城市的一个共性特征。这个问题的存在已经成为资源型城市进行招商引资、引智、发展接替产业和提高城市居民生活水准的巨大障碍。而资源型城市在转型中选择发展的一些接替产业，同样存在不容回避的资源瓶颈和污染隐患。因此，做好生态环境保护，实现可持续发展就显得尤为重要。

参考文献

王行伟，薛巍. 区域经济视角下的辽宁老工业基地振兴 [M]. 北京：中国社会科学出版社，2009.

常国利，贺德宝. 解读阜新经济转型 [M]. 北京：中国社会科学出版社，2004.

辽宁省统计局. 辽宁统计年鉴 2002 [M]. 北京：中国统计出版社，2002.

薛巍. 资源枯竭型城市经济转型实证分析 [J]. 煤炭经济研究，2007（8）.

阜新市统计局. 2010 年阜新市国民经济和社会发展统计公报 [R]. 阜新，2011.

辽宁省统计局. 2010 年辽宁省国民经济和社会发展统计公报 [R]. 沈阳，2011.

（薛巍，中共辽宁省委党校）

内蒙古资源型城市经济转型研究

一、引 言

资源型城市是指伴随石化资源（如石油、煤、铁矿等金属和非金属等矿产）开发而兴起的城市。经济转型是指一个国家或地区的经济结构和经济制度在一定时期内发生的根本变化。具体地讲，经济转型是经济体制的更新，是经济增长方式的转变，是经济结构的提升，是支柱产业的替换，是国民经济体制和结构发生的一个由量变到质变的过程。资源型城市作为一种特殊类型的城市，曾经为国家的经济建设做出巨大的贡献，其建立、发展、壮大、兴盛及衰退无不与其所拥有的资源息息相关，这使得资源型城市经济的发展过度依赖于当地的资源。但由于资源储量的有限性和资源的不可再生性，严重影响了这些地区的可持续发展。经济转型是可持续发展的前提，是内在需求，是必要条件，可持续发展是经济转型的目标。也就是实现资源型城市经济转型的最终目的是实现其经济的可持续发展。国外学者对于资源型城市经济转型的研究开始于 20 世纪 30 年代，加拿大学者伊内斯（H.A.Innis）对资源型城市进行了开创性的研究；国内学者对资源型城市经济转型的研究是在改革开放之后开始进行的。20 世纪 90 年代以来，由于资源的枯竭、经济体制的变化等一系列原因，引起了国内学者的关注。资源型城市的经济转型成功与否不仅影响到国民经济的运行，而且还影响到社会的安定。

内蒙古自治区能源矿产资源富集，作为国家重要的生态安全屏障和能源原材料基地，在长期资源开发利用的同时，形成了一大批以煤炭、矿产、森林开采加工为主导产业的资源型城市。在资源还未枯竭的情况下实现经济的转型是内蒙古自治区经济发展过程中不可回避的问题。然而资源型城市经济转型是一个复杂的系统工程，涉及经济、社会、环境和就业等问题。本文在从内蒙古资源型城市经济转型的发展阶段分析了其经济转型的发展模式，并充分利用经济转型的优势改善其劣势，从而实现经济转型的目的。据此，提出有利于内蒙古经济转型的政策建议。

二、内蒙古资源型城市经济转型的必要性分析

1. 外部环境的逼迫

加入世界贸易组织后，我国经济的开放性不断增强，"两种资源，两个市场"对我国国民经济的社会发展的影响巨大，对于资源型城市的影响尤其显著；给内蒙古自治区既带来了良好的发展机遇，同时也提出了严峻的挑战。从国内看，随着国家对矿业市场的进一步开放，使得行业间的市场竞争将更加激烈。从国际看，更多质优廉价的矿产品将纷纷进入我国，对国内市场产生巨大的冲击。在矿业经济全球化的背景下，内蒙古

矿山企业面临着国内国际市场竞争。全区许多城镇都是依托当地的矿产资源开发而形成的，矿业是这些地区重要的支柱产业，由于市场竞争的压力，给内蒙古资源型城市的生存和发展造成了一定的负面影响。因此，实现经济转型已经是全区上下的共识。

2. 资源产业特殊的生命周期

由于可耗竭性资源不可再生性，资源产业的整个存亡过程成"生命曲线"形态，可划分为五个阶段。根据资源型产业的"生命轨迹"可按资源储量的消耗程度大致分为开发期、成长期、成熟期、衰退期和衰亡期五个阶段，资源枯竭即资源产业生命终结的时刻。由于资源型城市是依托区域内资源开发而兴建或者发展起来的，资源型产业的这种阶段性发展在很大程度上左右着区域的发展轨迹，资源型城市的经济发展也将呈现出明显的阶段性。

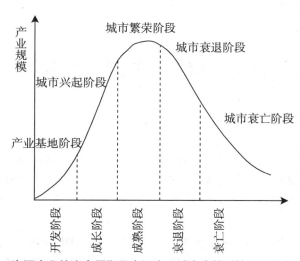

图1　资源产业的生命周期及资源产业城市未转型情况下的发展规律

资源型产业周期性发展的特点决定了资源型城市产业转型的必要性。资源型城市在资源大规模开发的同时，如果不能建立接续和替代产业，随着资源的枯竭，城市将逐步衰退甚至消亡；反之，如果能成功实现产业转型，城市就能继续保持繁荣和发展，并逐步发展为综合型城市。

3. 产业结构刚性化和单一化

内蒙古资源型城市形成初期，主要以采掘业为支柱产业，在稳定发展阶段，又以采掘业为基础，延伸了产业链条。因此，地区经济发展对当地的自然资源具有较高的依赖性。从表1看出，内蒙古绝大多数城市的GDP的实现是以第二产业为主，只有东胜区除外。然而，第二产业的资源型产业在实现GDP中起着主导作用，出现了单一的自然资源型的产业结构。

表1　2009年内蒙古部分资源型城市GDP分布

	国内生产总值（万元）	第一产业（万元）	第二产业（万元）	第三产业（万元）
东胜区	5073976	21000	2004708	3048268
霍林郭勒市	1509332	17300	995618	496414
白云矿区	189132	287	137670	51175
石拐区	521792	4640	451435	65717
元宝山区	1261088	97120	699891	464077
锡林浩特市	1247519	60098	824021	363400
准格尔旗	5394800	63800	3352300	1978700
伊金霍洛旗	3934876	52001	2416407	1466467

资料来源：《内蒙古统计年鉴2010》。

内蒙古资源型城市经济发展伴随着大规模的资源开发，生产规模比较大，生产要素占用比较多，一旦建成定型，调整较为困难。因此，产业刚性较强，适应市场变化的能力十分脆弱。由于产业结构的单一性和刚性化，随着资源型产业经济不景气而出现的剩余劳动力很难在城市内向其他部门转移，从而使就业更为困难，由此而带来的一系列社会矛盾很容易集中爆发。

4. 环境污染严重

矿产资源开发是一把"双刃剑"，在为资源城市带来财富和满足城市发展对资源需求的同时，也造成了一系列的环境问题。在矿产资源开采和初加工过程中不可避免地产生诸多的生态环境问题。如造成地表植被破坏，水土流失严重，自然生态景观受到极大破坏，生态系统失衡。在选矿和资源的初加工过程中，会产生大量的废水、废渣、废气等污染物。这些造成了城市生态系统脆弱，严重影响了生态可持续发展，同时也成为影响城市形象和招商引资的重要因素。

三、内蒙古资源型城市经济转型的优劣势及战略分析

1. 内蒙古资源型城市经济转型的优势

（1）国家对资源型城市的政策支持。在全国只有内蒙古既享有西又享受东这两个大战略政策优惠。西部大开发为自治区西部资源型城市的发展提供了良好的政策环境。振兴东北老工业基地为自治区东部资源型城市提供了良好的发展机遇。西部大开发的主要任务是通过国家财政政策转移加快西部地区基础设施和生态环境建设，提高西部地区的科技教育发展水平，集中在水利、交通、通讯、能源、生态、科技、教育等领域建设一批具有明显带动作用的重点工程。这些为自治区资源型城市经济的发展解决了很多困难。由于东北老工业基地的振兴离不开资源的保障，而自治区东部资源型城市是东北三省重要的能源、有色金属和原材料的供应基地，这就为其发展提供了广阔的舞台。

（2）矿产资源优势。内蒙古自治区矿产资源富集。世界上已查明的140多种矿产中，现已发现矿产种类128种，其中储量居全国前十位的有56种，探明储量的78种，22种列前3位，7种居全国首位。内蒙古包头白云鄂博矿山是世界上最大的稀土矿山。到1997年已探明的稀土氧化物储量占世界稀土总量的76%。该矿山含矿物172种，是世界上含矿物种类最多的矿山。内蒙古是世界最大的"露天煤矿"之乡。中国五大露天煤矿内蒙古有四个，霍林河煤矿是我国建成最早的现代化露天煤矿。准格尔煤田是目前全国最大的露天开采煤田。至2008年末全区探明煤炭储量7016亿吨，跃居全国首位。

（3）经济实力较强。以2008年国内各主要城市的GDP为主要评判标准，内蒙古自治区包头、鄂尔多斯、呼和浩特三个城市进入全国88个GDP过千亿元城市榜单，居西部之首。包头市以1700亿元的经济总量排列全国第46位，鄂尔多斯市以1560亿元的经济总量排全国第57位，其经济发展令世人瞩目，被经济学界称为"鄂尔多斯"现象。呼和浩特市以1294亿元的经济总量排全国第76位。较强的经济实力，在一定程度上为资源型城市实施可持续发展战略缓解了资金制约。特别是那些尚处于上升阶段的资源型城市，可以利用充足的资源和财力及早进行产业规划，及早培育接续产业，未雨绸缪，真正实现全面、协调、可持续发展。

2. 内蒙古资源型城市经济转型的劣势

（1）区位偏离。区位的优劣势是决定城市发展潜力的重要因素。资源型城市的形成与发展服务于资源的开发与利用，由于矿产资源分布的区域固定性和矿种分布的分散性，因此造成资源型城市空间分布过于分散，无法满足一般城市对区位条件的要求。内蒙古绝大多数矿业城市地处交通不便地区，在城市经济体系中往往处于一个比较封闭的状态，信息不畅，投资环境差。

（2）生态环境破坏严重。内蒙古作为国家重要能源原材料基地，为全国经济发展做出重大贡献。

然而，大规模、高强度、大面积的资源开采，各类高耗能工业的迅速发展，使环境急剧恶化，生态环境失衡，严重阻碍了内蒙古经济的发展。①土壤沙化。露天矿的采掘直接破坏大量土地的同时，开采排出的废渣、废石、尾矿堆置也侵占了大量的土地，堆放的尾矿导致严重的土壤沙化。内蒙古西部的一些矿区已成为沙尘暴的主要沙源。②大气污染。2007年内蒙古工业废气排放总量超过18199亿标立方米，是2003年的2.3倍。③地下水系受损，河流污染。大量开采和冶炼煤炭、金属矿产等地下资源，造成地下水系的严重破坏和水资源浪费，废水、废料的排放还造成河流和地下水严重污染。还有很多由于矿产资源开发所造成的环境污染和破坏，给生产和人民的生活带来了很大的危害。

（3）过分依赖自然资源。资源型城市的发展是紧紧围绕其所在区域内资源的开发与利用而进行的，对资源依赖性较高。长期以来，内蒙古矿业城市开采资源、挖掘资源，出售矿产品、外运矿产品，产业递进缓慢，产业链条短。在产业结构上，内蒙古资源型城市以资源的开采和初加工为主，呈粗放型特征，而且产业结构单一。传统区域分工格局，造成了靠输出矿产品的内蒙古矿业城市与依托输入矿产品搞深加工的发达地区城市经济上的巨大差距，直接导致矿业城市过分依赖资源开发，产业层次低，经济效益低下。

（4）人才流失严重。资源型城市的教育基础较弱，难以自主培养大批高层次人才。在人才自主择业、自主流动的条件下，由于资源型城市的工作、生活环境明显低于沿海开放城市，不但很难从外界吸引人才，还出现大批人才外流的现象，这种教育产品"外部性"，导致产业转型所急需的高层次、综合型人才奇缺。由于人才缺乏，很多项目都存在技术上不过关，管理跟不上，销路打不开的问题，难以适应市场的需求和变化。

3. 内蒙古资源型城市产业的发展战略

资源型城市是依托自然资源的开发兴建或发展起来的，其主要功能是向社会提供矿产品及其初加工等资源型产品的城市，就产业结构来说，资源型产业是城市的主导产业或支柱产业。下面通过分析内蒙古资源型城市产业的发展，对于资源型城市的产业转型中替代产业的选择更替、产业政策的确立都会起到重要的理论认知作用。

根据内蒙古资源型城市经济转型的优势和劣势的分析，建立了自治区资源型城市产业发展的SWOT矩阵战略组合框架（见表2）。

表2　内蒙古资源型城市产业发展的SWOT矩阵战略组合分布

外部环境　　　内部条件	优势（S）矿产资源富集；较强的经济实力；具有相对的科技优势；具有重化工业发展的基础条件，有完善的配套设施和工业体系	劣势（W）城市生态环境破坏严重；资源储量不断减少；劳动力素质低，高技术人才缺乏；产业技术老化，技术创新能力低；产业结构单一；第三产业发育缓慢，城市经济发展后劲不足等
机会（O）国家对煤炭、石油等资源基础性资源的定位在一段时间不变；国家西部大开发战略、振兴东北老工业基地战略等政策的支持；加入WTO的机遇；世界工业化发展趋势提供了机会；知识经济和信息时代的到来带来的机会等	SO战略加大生产能力投入，发挥资源型产业的绝对优势；积极发展相关产业投资，延长资源型产业链；科技开发战略；传统与新兴相关产业综合发展战略	WO战略最大限度地利用外部环境带来的机会；强化集团化运作提高生产能力；优化生产力布局，提高产业集中度
威胁（T）环保政策的加强产生的影响；相对封闭的社会结构；外商的涌入对资源型城市的全方位冲击；国际经济形势变化的影响；政府运行机制不适应WTO和工业化运行等	ST战略采取多样化经营，利用相关优势，分散产业风险，实施可持续发展战略；进行技术改造提高生产效率，降低消耗；实施城市化发展战略；充分发挥政府作用，实施政府改革战略	WT战略采取限产改造，实施资源型产业收缩或调整战略；发展第三产业战略；农业发展战略

从表2中可以看出，对于不同的资源型城市以及城市不同的发展阶段，要因地制宜地根据实际情况选择不同的战略模式，而且要根据产业的发展适时地进行调整和变化。

四、内蒙古资源型城市经济转型时机和模式的选择

1. 资源型城市经济转型时机选择的理论模型

$$\pi = PQ(t) - [C_a + C_b(t)Q(t) + C_d]$$

其中，π——资源产业的利润；P——单位产品的市场价格；$C_b(t)$——开采的变动成本；$Q(t)$——产量随时间变化的函数；C_a——开采的固定成本；C_d——转型成本。

其利润函数的变化趋势如图2所示：

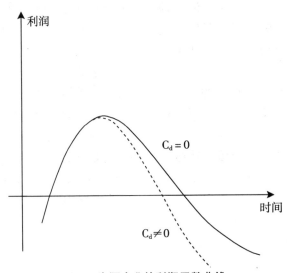

图2　资源产业的利润函数曲线

具体分析如下：

（1）矿业城市转型成本（C_d）＝决策成本＋实施成本＋风险成本；实施成本和风险成本是影响矿业城市转型成本的主要因素。实施成本具体包括：产业退出成本、劳动力安置和转移成本、环境治理与生态恢复成本和建立社会保障体系成本。风险成本具体包括：社会安全成本、转型产业进入壁垒成本、矫正工作失误所发生的成本费用和筹资成本。从实施成本的角度看，劳动力安置和转移成本和环境治理与生态恢复成本都是随时间的推移而逐渐增加。从风险成本的角度看，风险成本与矿业城市的转型风险紧密相连。

（2）当 MC＝MR 时，利润为最大；当 AC＝AR 时，利润为零；MR＞MC 时，利润增加。在利润增加的阶段实施转型，将会失去利润最大化的机会。而在利润为负值的时候实施转型，由于缺少转型资金使得转型难以进行。

（3）转型成本是随着时间的推移而逐渐增加的，在资源接近枯竭的时候实施转型，其成本代价是最大的。因此综合转型成本和利润函数，在利润由最大到0的过程是转型的最优期间。虽然我们从图2中可以看出，资源产业转型后其利润减少，但是在利润由最大到0的过程中进行转型，既没有失去利润最大的目标和时期，也没有失去转型的最佳时机，实现经济和社会均衡发展，城市也就避免了消亡的命运（见图3）。

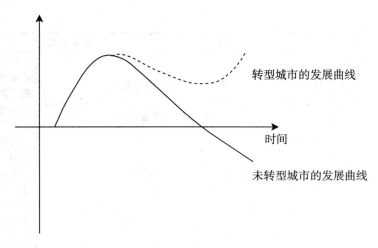

图 3　矿业城市的发展曲线

根据数学模型得出这样的结论，在资源产业利润为负的区间实施转型所花费转型成本是最大的。所以在不损失利润最大的前提下，在利润到最大化时开始城市的转型将是最优的选择。

表 3　内蒙古部分城市类型情况统计

序号	城市名称	行政级别	发展阶段	主要矿产类型
1	乌海市	地级市	成熟期	煤炭
2	包头市	地级市	成熟期	冶金
3	东胜市	地级	成熟期	煤炭
4	霍林郭勒市	县级市	成熟期	煤炭
5	白云矿区	县级	成熟期	冶金
6	石拐区	县级	衰退期	煤炭
7	元宝山区	县级	成长期	煤炭
8	薛家湾镇	建制镇	成熟期	煤炭
9	乌兰木龙	建制镇	成长期	煤炭
10	锡林浩特市	地级	成长期	油气
11	准格尔旗	县城	成长期	煤炭
12	伊金霍洛旗	县城	成长期	煤炭

资料来源：《中国矿业城市基础数据库》。

2. 内蒙古资源型城市经济转型时机和模式

由表 3 看出，内蒙古资源型城市的发展阶段主要是在成熟期和成长期，处于成熟期的资源型城市是启动转型的最佳时机，处于成长期的资源型城市是预先（规避）转型的时期，处于衰退期的资源型城市是紧急转型的时期。内蒙古资源型城市在发展阶段无论是处于衰退期，还是处于成长期和成熟期，从长远看，都要未雨绸缪，根据不同的发展阶段实施合理的经济转型。

下面结合资源型城市发展的周期性，具体分析内蒙古资源型城市经济转型的模式。

表 4　内蒙古资源型城市经济转型模式

城市名称	发展阶段	发展特点	发展模式	具体思想
元宝山区 乌兰木龙 锡林浩特市 准格尔旗 伊金霍洛旗	成长期	（1）资源储量丰富，开采成本低，矿产资源开发潜力巨大； （2）城市基础相对薄弱，城市功能不完善	延长产业链	利用资源优势，发展下游深加工，从而带动其他产业的发展

续表

城市名称	发展阶段	发展特点	发展模式	具体思想
乌海市 包头市 东胜市 霍林郭勒市 白云矿区 薛家湾镇	成熟期	(1) 资源开发处于成熟期阶段，城市经济与社会发展形成一定基础，城市初具规模； (2) 资源开采所带来的资源与环境问题开始显现	产业多元化	在城市主导产业逐步由采掘业转变为以资源深加工业为主导的产业群的基础上，推动不依赖本地资源的新产业的发展，逐渐降低对资源的依赖程度，实现城市的产业更替
石拐区	衰退期	(1) 资源开发历史悠久，已面临资源枯竭问题； (2) 城市虽然还有资源储量，但其开采条件发生变化，开采成本上升，在目前的技术经济条件下，已不具备开采价值； (3) 城市的经济发展已经到了衰退期，城市发展面临着"矿竭城衰"的危险	产业更新	利用资源开发所积累的资金、技术和人才，或借助外部力量，建立起基本不依赖原有资源的全新产业群，把原来从事资源开发的人员转移到新兴的产业上来

五、结论及政策建议

内蒙古资源型城市在经济转型的过程中，发展方向和重点是：根据不同的地区，不同的自然条件和经济社会情况，不同的资源型城市的类型和城市的不同发展阶段，经济转型不同。根据自身的情况选择其模式。同时，本文提出以下建议：

第一，政府主导和市场调节相结合。从国际经验来看，资源型城市产业转型的模式主要有两种：一是市场主导模式，如美国的休斯敦、洛杉矶；二是政府主导模式，如德国鲁尔区、法国的洛林区等。与市场需求相适应是资源型城市经济转型的依据，内蒙古资源型城市也不例外。内蒙古资源型城市必须按照市场经济的方式来运作，充分发挥市场在资源配置中的作用，树立科学的资源观和市场观念，拓展立足资源优势搞开发的发展思路，从资源依赖型转向市场导向型，同时政府运用行政手段制定政策，提供财政和金融支持推动资源型城市转型，形成两股力量支持经济转型。

第二，培育壮大工业接续与替代产业。资源型城市经济转型的主要方向是再造工业化。根据资源型城市的历史发展基础，培育工业接续替代产业的基本思路是主要围绕结构调整主线展开。一是资源开发企业的传统产业深加工与非矿产资源产业的发展。资源深加工，通过产业链条的延伸和扩展，阶梯性地提供产业附加值与技术含量；发挥产业集群集约化生产效应，通过增强企业、产业自身的竞争能力和其他产业的发展，摆脱对矿产资源的单纯依赖，从而提高城市经济结构调整的弹性。二是促进区域内新兴产业的增长。资源型城市在资源萎缩枯竭后，大多难以完全依靠原有的产业结构调整实现转型目标，而必须培养和促进新兴产业的发展，以逐步代替原有的支撑城市经济发展的产业。促进新产业的发展，必须采取有效的措施，鼓励和吸引区外生产要素向资源型城市流动。如实行企业投资补贴政策。

第三，建立多元化的接续与替代产业发展基础。资源型城市建立多元化的接续与替代产业是克服资源型城市由于资源开发产业衰退进而导致区域经济衰退的一个根本措施。尽管工业化或"再造工业化"是资源型城市经济转型的一个重要方向，但是工业化绝不是资源型城市经济转型的全部。在现在市场经济条件下，许多非物质生产部门或服务领域在国民经济中已经处于十分重要的地位，是经济转型的重要组成部分和推动力量。资源型城市与发达地区的差距实质上是体制差距、知识差距、技术差距、信息差距和人的素质差距，仅靠增加有形资本投入很难最终缩小差距。在体制差距消除后，经济发展归根结底是依靠科学技术和人才，特别是在知识经济时代，科技和人才的作用更加重要。

第四，加强环境保护与治理。环境保护是实现资源型城市可持续发展的关键。资源型城市的环境问题是伴随着资源开发而生产的，在现有科技水平条件下，还无法从根本上消除。内蒙古资源型城市依赖的矿区，由于长期对环境的保护和治理未足够重视，导致环境严重影响和制约着城市的形象与经济发展。成长期的资源型城市，从起步就要严格按环境规划，从源头上将环境破坏和污染控制在可承载能力限定的范围内。处于中兴的资源型城市，要增加资金投入，有计划有步骤地进行环境修复和治理，改变资源型城市生态环境，以此吸引外资和人才。资源枯竭型城市环境治理和修复难度很大。因此，必须采取国家、地方共同出资治理的办法加以解决。

参考文献

Frederik N. Lafeber. Economic transition and environmental constraints in Eastern Europe and former USSR [J]. Journal of Cleaner Production, 1994, 2 (1): 51-56.

John M. Letiche. Positve economic incentives: New behavior economic and successful economic transitions [J]. Journal of Asian Economics, 2006, 17 (5): 775-796.

Kevin Crowston and Michael D. Myers. Information technology and the transformation of industries: three research perspectives [J]. The Journal of Strategic Information Systems, 2004, 13 (1): 5-28.

Olli Tahvonen and Speppo Salo. Economic growth and transitions between renewable and nonrenewable energy resources [J]. European Economic Review, 2001, 45 (8): 1379-1398.

李成军. 中国煤矿城市经济转型研究 [M]. 中国市场出版社, 2005.

孙雅静. 资源型城市转型与发展出路 [M]. 中国经济出版社, 2006.

徐君, 王育红. 资源型城市转型研究 [M]. 中国轻工业出版社, 2009.

丁志平, 刘奕姿. 内蒙古矿业城市经济转型的模式选择 [J]. 资源与产业, 2008, 10 (4).

宋玉祥, 满强. 东北地区资源型城市经济结构转型 [J]. 世界地理研究, 2008, 17 (4).

路卓铭, 于蕾, 沈桂龙. 我国资源型城市经济转型的理论时机选择与实现操作模式 [J]. 财经理论与实践, 2007, 28 (149).

丁湘城, 张颖. 基于生命周期理论的资源型城市经济转型研究 [J]. 世界地理研究, 2008, 17 (3).

杨振超. 国内外资源型城市转型理论研究述评 [J]. 上海经济研究, 2010 (6).

（郝戍、仇欣欣，内蒙古科技大学经济与管理学院）

采煤矿区统筹城乡发展及经济转型策略

——以两淮矿区为例

两淮（淮南、淮北市）煤矿地处皖北，煤田分布于淮南、颍上、淮北、砀山、萧县、濉溪、涡阳、埇桥等地，已探明煤炭资源保有储量255.3亿吨，居全国第5位、华东第1位，其中，淮南煤田165亿吨，淮北煤田90亿吨。两淮矿区横跨淮南、淮北、宿州、亳州、阜阳5个地市，东西绵延数百公里，总面积1.26万平方公里，约占皖北平原的1/3，其中，淮南矿区约0.3万平方公里，淮北矿区约0.96万平方公里。

两淮煤矿是我国东南部地区资源条件最好、资源量最大、最具开发潜力的整装煤田，煤种齐全，煤炭质量优良，目前已经占有资源储量237亿吨，分属淮北矿业集团、淮南矿业集团、皖北煤电集团、国投新集四大国有矿业集团，现有生产矿井39对，年生产煤炭逾亿吨，拥有资产总额近千亿元，有员工22万多人。

两淮矿区是个复杂且独特的经济地理单元。作为煤炭工业基地，两淮矿区的核心区淮南、淮北市2009年城市化率分别为64.1%和56.1%，明显高出全省平均（42.1%）水平；农民人均纯收入淮北市与全省平均持平，淮南市高出8.6%；而地处的皖北平原经济欠发达，人均GDP仅约相当于全省平均水平的一半，城市化率约低于全省平均水平9个百分点。两淮矿区有城乡人口近千万人，农村人口居多，涉矿乡镇近百个，城市空间结构呈现明显的"随矿建镇、多点分片、城乡交错"的分散性特征，城镇建设范围大，但实际建成区较小，聚合度不高。两淮矿区"农村城市化、城市农村化"特点明显：作为工矿基地，区内城镇化水平高于周边地区，是农村但点缀的城镇并不少；受经济欠发达影响，矿区城镇现代化水平不高，涉矿乡镇"矿内现代化、矿外脏乱差"现象明显，是城镇但又像农村。

研究采煤矿区统筹城乡发展及经济转型策略，对促进煤炭资源型城市可持续发展，两淮矿区城乡一体化建设，振兴皖北经济及解决该地"三农"问题都有重要意义。

一、采煤矿区面临的资源环境及经济社会问题

当前采煤矿区面临的突出问题：

（一）采煤沉陷区失地农民搬迁安置任务繁重

随着大批现代化高产矿井相继投产和先进煤炭开采技术的快速应用，两淮矿区采煤沉陷区面积不断扩大。截至2009年底，淮南市采煤沉陷区面积约24.6万亩，占全市总面积的6.5%，其中耕地约16万亩。目前仍在以每年约1.8万~2.5万亩的速度沉陷，其中耕地面积比重还将逐年加大。2004~2009年底，采煤沉陷涉及居民40686户约15.4万人。预计从2010年到2020年，全市需要搬迁约38032户（约13.7万人）。淮北市目前已累计沉陷土地24万余亩，涉及28个乡镇，135个行政村，36万多人，致使25万农民失去耕地，25.32万农民人均耕地不足0.2亩，且沉陷区还在以每年近万亩的速度递增。截至目前，淮北市因

采煤沉陷已先后搬迁村庄（自然村）250个，村庄动迁率居全国之首。采煤沉陷使地面农田和住房处于不稳定状态中，影响了农民的生产、生活。矿区乡镇干部反映，一到汛期或下雪天他们就十分紧张，房倒屋塌经常发生。目前淮南市沉陷区安置补偿每人限28平方米，每平方米补偿520元。由于沉陷区搬迁安置房建设、失地农民就业、沉陷区治理任务艰巨，加上存在补偿资金不足、搬迁用地短缺、土地复垦政策（项目）支持不力等情况，引发的矛盾日益加剧，给矿区农村社会稳定带来一定隐患。

（二）产业结构单一，城乡就业形势较为严峻

两淮矿区"煤电化"行业占主导地位，但产业结构较为单一，经济增长过度依赖于煤电，非煤产业比重较低，加工工业相对落后，地方工业缺乏带动性强的支柱产业支撑，服务业发展相对滞后，民营企业实力不强。由于存在土地沉陷和生态环境问题，加上采掘企业出于保密需要往往对外不公开沉陷信息，投资商心存疑虑，采煤矿区招商引资较为困难。这样造成的后果是：上规模、高投入、高技术含量的企业难以引进来，新能源、新材料、电子信息、生物医药等新兴产业发展缓慢，整体规模偏小，矿区传统产业改造步伐不快，县属企业整体来看效益不高，吸纳就业能力有限，而能源工业就业效应差，给矿区城乡居民尤其是失地农民就业和再就业带来困难。此外，矿区经济受煤炭行业景气水平影响较大，经济整体平稳性差，抗风险能力弱。经济欠发达的皖北地区虽然煤炭资源丰富，但基本上处于无序开发状态，煤炭、粮食等资源性产品多以原材料或半成品、粗加工品进入市场，产业链条短，产品附加值低，赚取的仅仅是微薄利润。矿区自身可持续发展尚存问题，撬动皖北经济发展更是力不从心。

（三）农业基础薄弱，农民持续增收困难加大

采煤矿区受土地沉陷影响，地下水系受到污染，耕地资源逐年减少，尚利用的浅沉陷耕地多成为低产田，尤其是地处沿淮低洼地的淮南潘谢新矿区，许多农田因地面沉陷易受内涝侵害，失地、少地及等待搬迁安置的农民逐年增多，其生存和再就业问题突出。对于采煤沉陷区治理，由于两淮煤田均是多槽煤，淮北煤田可采煤层3~7槽，淮南煤田可采2~5槽，这样煤炭开采及地面沉陷时间较长，沉陷地达到稳沉条件时间慢，这些非稳沉耕地和水面难以被农业利用，土地复垦亦难以进行。淮北市实施了投资4.2亿元的"采煤沉降区治理项目"，已治理沉陷土地13.1万亩，占沉陷总面积的54%，远高于全国采煤沉陷复垦12%的平均水平，但仍然有11万亩土地无法使用。土地复垦投入不足，通过土地复垦补充耕地存在"重数量、轻质量"现象。此外，两淮矿区采煤企业掘进挖煤是租用农民承包耕地进行，每年给付农民1200元/亩的补偿金，并未办理征地报批手续。这样在第二次农业普查时，这些沉陷耕地无法报减，虽然耕地在账面上存在，但实际上已经退出了农业耕作，即实际的农业发展后劲已被削弱。土地是农业赖以生存的基本要素，矿区农业生产的基本条件遭到破坏，加上矿区政府财政拮据扶持资金不足，导致现代农业发展滞后，农业结构调整缓慢，农业产业化水平较低，龙头企业实力较弱，农民持续增收困难加大。

（四）基础设施建设和社会事业发展相对滞后

由于采煤沉陷，矿区农村"村村通"道路、桥梁、沟渠管网等交通、水利基础设施损毁严重，县内道路路况差，通行能力不强，防洪除涝水利设施亟待完善。采煤沉陷区失地农民搬迁安置任务沉重，挤占了大量的政府财政资源，资金拮据导致矿区农村普遍缺乏诸如卫生院、福利院、文化站等公益性基础设施，沉陷土地大部分形成不能耕作、杂草丛生、常年积水的荒地和封闭湖，沉陷区域生态环境遭到严重破坏，地下水受到污染，农村饮水安全设施难以满足需要，城乡环境治理任务艰巨。

（五）人才结构较为单一，与经济转型不相适应

采煤矿区多是些"煤电化"专业人才，人才结构比较单一，非煤产业、地方工业、加工制造业及民私营企业科技人才短缺，新技术新设备应用比较缓慢，科技创新能力不强，企业适应市场的核心竞争力弱。为应对采煤矿区转型发展，尤其缺乏能够胜任各类转型接续产业植入的专业化人才，以及具有本科学历以上的高素质、复合式、创新型人才，矿区经济可持续发展面临人力资本不足的"瓶颈"制约。

（六）体制机制问题还未理顺，全民创业氛围不浓

例如在采煤沉陷地治理上，由于是租用农民耕地挖煤，在采矿企业补偿农民青苗费年限内，沉陷土地使用权归谁不清楚，采煤沉陷地治理及土地复垦责任归谁也不清楚，是原承包耕地的租赁方农民，还是租用耕地挖煤的矿企？这些体制机制问题尚未理顺，必然会影响到治理采煤沉陷地的积极性。另一方面，采煤矿区的经济发展过于依赖煤电，矿企的行事风格也常表现出"一煤独大"，地方政府在围绕其服务过程中也习惯形成"等、靠、要"思想，招商引资和全民创业氛围往往不浓、措施不强，矿区投资环境尚待进一步优化。少数部门存在服务意识不强、工作效率不高、抓落实不够问题，极少数公务员责任意识淡薄，存在推诿扯皮、办事效率不高等现象。

二、采煤矿区统筹城乡发展及经济转型策略

两淮矿区统筹城乡发展及经济转型应采取以下几个方面策略：

（一）统筹城乡发展与采煤沉陷区失地农民搬迁安置，同步解决经济发展和移民就业问题

首先，搬迁安置要针对塌陷态势，顺应"工业化、城市化"的发展要求，与矿区经济发展及解决失地农民就业相结合，做到统筹城乡发展，实现以城带乡。如淮南潘谢新矿区是多层煤、深层煤开采，地表沉陷深、面积大、时间长。预测表明：到该矿区开采服务年限终结时，地面将形成大型沉陷湖，现有可耕地和园林面积将减少近50%，新增沉陷面积约70万亩，占目前全市总面积的21%。针对这一农地资源消失的长期态势，以及应用现代化采煤技术后塌陷快的情况，提出搬迁形式由"先采后搬"向"先搬后采"转变，安置模式由"小、近、散"向"大集中"转变，

提倡就地安置与异地安置相结合，安置就业与劳务输出相结合，加速矿区农村人口向城镇转移，加快工业、特色产业和优势项目向县城、重点镇及园区集聚，为搬迁安置农民创造更多的就业机会。如凤台县针对采煤沉陷面积大、搬迁安置农民多的实际，在县城北规划建设一个占地3.6万亩，以安置搬迁农民为主体的凤凰湖新区，其中配套建设一个占地1800亩的工业园区，以及商贸物流、教育培训等相应设施，目前投资20亿元的华都纺织工业园已开工建设，计划通过技能培训、引入劳动密集型企业、支持创业等形式，促进安置农民全方位、多领域就业。颍上县迪沟镇是搬迁安置及转型发展的另一个典范。通过治理沉陷区生态环境及发展旅游业、商贸业，八年来已入住失地农民约3万人，城镇化水平由26%提高到60%，搬迁安置节约用地52%，农民人均年收入也大大增加。

其次，搬迁安置要迎合建设社会主义新农村的需要，与村庄整治及采煤沉陷区综合治理相结

合。在两淮矿区，采煤沉陷区与农区、稳沉区与非稳沉区呈现出"犬牙交错、天女散花"状态，为了方便综合治理采煤沉陷区及开发可利用农业资源，除集中安置外，还需要就近、就地安置部分失地农民。要根据地表沉陷或重点工程建设情况，制定周密的采煤沉陷区村庄搬迁安置计划，将旧村庄整体搬迁与安置新村建设结合起来，落实应搬尽搬；将旧村庄复垦及沉陷区治理与发展现代农业结合起来，实施能治都治；将解决失地农民社会保障与就业创业结合起来，实行可保均保。截至2011年4月底，两淮矿区已开工建设采煤沉陷区应急搬迁安置新村102个，涉及383个自然村23.4万人，占需搬迁人口总数的92%，其中已建成61个，涉及211个自然村13.9万人。此外，还要促进矿区耕地向规模经营集中，村以下居民点向中心村集中，提高土地集约利用率，建设与现代化城镇、煤电化基地相适应、城乡地矿一体化、适宜于农民全面发展的社会主义新农村，形成矿区城乡经济社会发展一体化新格局。

（二）统筹"煤电化"产业链条延伸与非矿转型产业接续，力求经济转型早起步

可从转型时机、转型路径和转型层面三个方面来考虑：

首先，采煤矿区的经济转型起步要早，最好在资源开采鼎盛期前就考虑并着手实施。这是因为，延伸矿产业链条和发展非矿接续产业尤其是高新技术产业需要大量资金投入，早转型可以从资源开采及加工品销售收入中得到足够的财力支持，不能等到矿产资源枯竭了、产业结构老化了、问题成堆了、企业生存不下去了再来考虑。此外，发展接续产业需要人才和技术支撑，而这需要较长时间来培养和积累，迟了就会来不及。如德国鲁尔和法国洛林均是以煤电化、钢铁、建材等重化工产业为主导的矿产资源型城市。20世纪60年代末，受市场、资源及技术条件变化影响产品滞销，鲁尔区适时发展起煤液化汽油、汽车、电子电器、精密机械和仪表、纺织服装等技术密集型行业，洛林则转而发展核电、计算机、激光、电子、生物制药、环保机械和汽车制造等高新技术产业，两地均采用高新技术改造传统产业，调整

了偏重的产业结构而成功转型。这一事例告诉我们，资源型矿区经济转型要同时发展矿产业和非矿产业，矿产业要延伸产业链条，非矿产业要提高科技含量，并适时根据市场需求及资源、技术条件变化调整其产业、产品结构。类似的成功案例还有日本的北九州，由传统产煤矿区转换成为新的高新技术产业区。两淮煤矿目前正处于"中年"阶段，延伸矿产业链条做得较好，一些矿区城镇适时发展起了一批非矿接续产业，如淮北市的纺织，淮南市的装备制造业等。应当抓住当前有利时机加快经济转型步伐。

其次，采煤矿区要遵循"立足煤、延伸煤、不惟煤、超越煤"的转型路径。"立足煤"就是要以煤炭采掘业为基础，通过提高机械化、现代化水平实现高效率开采，增强煤炭洗选能力，做大做强主业；"延伸煤"就是要尽快延长煤炭加工产业链条，大力发展煤电、煤化工、新型建材、新材料等煤炭资源深加工产业，加强煤矸石、粉煤灰、脱硫石膏、瓦斯气等固体、气体废弃物的综合利用，推动煤电化产业向高端化、精细化方向发展，如"十一五"期间安徽在淮北临涣实施了总投资达400亿元的"煤化盐化一体化"项目，配合省内丰富的岩盐和石灰石资源，生产聚氯乙烯、甲醇等深加工产品，促进煤炭资源转化增值；"不惟煤、超越煤"就是要适时发展非煤（电）产业，如食品、纺织轻工、生物医药、电子信息、电器仪表、装备制造、新能源等新兴工业，促进采煤矿区的产业结构优化和升级。

最后，应从城市、县城（区）和乡镇三个层面来谋划经济转型。在城市层面，要高起点制定全市采煤矿区经济转型的战略规划，统筹市域范围内的"煤电化"产业链条延伸与非矿转型产业接续，加快工业结构的战略性调整，改造提升传统产业，突出发展地方工业，加快发展科技含量高的现代制造业。通过实施"主导产业高端化、新兴产业规模化、传统产业品牌化"战略，将淘汰落后产能与抢占战略性新兴产业制高点结合起来，促进工业又好又快发展与大力发展服务业结合起来，推动工业化、城镇化"双轮驱动"与发展现代农业结合起来，走城（矿）乡发展一体化之路。安徽采煤矿区技术人才总量不算少，但结构单一，除煤电化行业外，其他方面的人才不多。

这样转型过程中会受到人才和技术的较大制约，尤其是选择高新技术产业来接续的转型模式。因此，地方政府要重视发展科教事业，重视引进和培养人才，充分发挥软实力对经济转型的支撑作用。如德国鲁尔区十分重视科教发展，区内及周边有波恩大学、科隆大学、亚琛工业大学等多所高等院校，转型过程中又新办了规模宏大的波鸿鲁尔大学、多特蒙德工业大学、杜伊斯堡内河航运学院等，拥有马克斯普朗克研究所等近15家国家级研究机构，科教事业的发展有力地支持了鲁尔区的经济转型。

在县城（区）层面，县级政府要结合好、协调好经济转型的"市场机制"和"政府作用"。从经济转型的动力机制看，有休斯敦的"市场机制"和匹兹堡的"政府作用"两种方式。但往往"政府作用"需要通过"市场机制"来实现，而"市场机制"也离不开"政府作用"。如何将这两种机制应用在采煤矿区经济转型的不同阶段中，是实现成功转型的关键所在。两淮矿区所处的淮北平原农民建房对建材的需求量很大，而煤炭采掘和煤电发展会产生很多煤矸石、粉煤灰及脱硫石膏等固体废弃物，给发展新型墙体材料提供了原料。要结合落实"四煤"战略，充分发挥煤伴生资源和劳动力丰富优势，加强财税扶持力度，大力发展新型建材业和新材料产业，既可以解决煤炭工业发展带来的环境污染问题，又可以降低建材生产成本和保护耕地。县级政府要将促进采煤矿区失地农民安置就业作为工作重点，要调整、优化县域产业结构，培育和引进有实力的农业产业化龙头企业，大力发展农副产品深加工业，促进传统农业向现代农业转变；要大力发展劳动密集型产业，着力培育区域化的产业集群，逐步实现劳动密集型产业向资金技术密集型过渡；要大力发展商贸物流等第三产业，支持民营经济做大做强，形成企业发展既"顶天"、又"立地"的城乡经济社会发展一体化格局。

在乡镇层面，要统筹矿镇（乡）发展，实行以矿带镇（乡）。统筹做好矿镇（乡）规划，加强矿镇（乡）在城镇化发展、土地利用、搬迁安置房建设、就业等经济社会发展方面的合作与协调，统筹安排矿企和镇区发展所需的交通、供水、供电、供气、环保、通信等基础设施建设，力争共

同投资、合作使用。本着矿乡合作、城乡联动原则，在采煤沉陷区因地制宜地发展各种形式的乡镇企业与第三产业，促进废弃土地资源的再生与循环利用，促进采煤乡镇的农村经济社会发展，做好采煤沉陷区农民的搬迁安置及就业工作。

（三）统筹地下煤炭开采与地表沉陷区治理，推广土地复垦预治理模式

采煤沉陷区治理是一个世界级难题。目前，国内传统方法是等待稳沉后再进行治理。这一模式的弊病是：沉陷过程中的耕地处于闲置状态，不能够有效利用；沉陷地表积水后，熟土已白白陷入水中，复垦困难且费用高昂；传统方法复垦的耕地质量较差，需经过一段时期熟化和改良后才能耕种。可以看出，传统土地复垦方法多以事后补救为主，错过了保护和利用耕地的最佳时机，常常造成塌陷较深的土地无法再复垦。而预治理模式采取的方法是：先科学测算即将沉陷区位置及可取土壤资源量，再与附近稳沉区治理所需土壤资源量进行对接。在开采煤炭同时，对即将沉陷区的农地耕作层土壤进行抢救式挖掘，将剥离的熟土按照回填标高运送、摊铺在稳沉区地表，这样交付农民耕种，不存在地力恢复期，当年即可获得同等地力的农作物收益。这一模式的好处是：能够进行大规模机械化作业，可以有效保护和利用耕地，治理成本低且复垦效率高；减去了稳沉期，可避免土地资源的闲置浪费，有益于保持和提高我国的农业综合生产力。实施预治理模式的关键是：要超前制定地下煤炭开采与地表沉陷治理的统一规划，树立大规划理念；要兼顾矿企和地方利益，协调好双方行动步骤，做到地矿统筹，共谋发展；矿企要及时明确开采计划和沉陷时序，地方政府要做好治理规划和土地使用者的协调工作。淮北市采取这一模式治理杜集区朔南村的土地复垦项目已经获得成功。据不完全统计，该市目前已达稳沉条件待治理的土地面积约16万亩，每年新增塌陷面积约0.8万亩。若采用预治理模式对即将塌陷耕地进行抢救利用，无论是新增耕地保证占补平衡，或新增建设用地保值增值，都能够产生巨大的经济和生态效益。

对于浅层塌陷，可以采取挖塘造地来发展种

养业。挖深的水体可以养殖鸭、鹅、鱼、虾、蟹、甲鱼等，水边种植荆条、杞柳用于发展编织业，还可以种植菱藕等水生作物。垫高的土地可以养殖奶牛、肉牛、猪、鸡、肉鸽、肉狗、波尔山羊等。淮北矿区洪庄村在浅层塌陷区实施造地工程，建设温室大棚发展种植业，在挖深的鱼塘区发展水产养殖，有效地促进了农民增收。对于深层塌陷和大水面塌陷，则可以发展网箱养鱼或作为湿地保留，还可以通过生态修复治理后发展休闲旅游业、水上运动等。淮北市利用沉陷区大水面建设成南湖湿地公园就是一个成功案例。淮南新集镇利用深层塌陷水域养殖俄罗斯鲟鱼获得成功。淮南大通在因采煤沉陷废弃的"城市荒地"上种植生态恢复林，林间招商引资发展畜牧养殖业，开创了一条资源枯竭矿区生态修复与开发新路。

（四）统筹采煤沉陷区土地复垦与煤矸石、粉煤灰污染治理，科学利用固体废弃物

采煤矿区多配套有坑口电厂和洗煤厂，除采煤沉陷引发的生态环境破坏外，还有采煤、洗煤、电厂燃煤及烟气脱硫大量产生并长期堆存的煤矸石、粉煤灰、低热值煤泥、脱硫石膏等固体废弃物，不仅侵占大量农田，而且对周边空气、水质、土壤、植被等环境造成一定程度污染与破坏，影响人体健康、居住环境、市容市貌及城市整体形象。可以利用低热值煤泥和煤矸石来发电，或采用煤矸石、粉煤灰制砖。皖北煤电集团现在拥有 3 座煤泥煤矸石电厂，1 座瓦斯电厂，总装机 7.56MW，1 座年产 6000 万块标准砖的煤矸石砖厂，并且计划新建大型矿井全部同步建设配套的煤泥煤矸石电厂和砖厂。

利用煤矸石、粉煤灰填充无水沉陷地覆土造地也是可行的。复垦土地既可用于压煤村庄搬迁等村镇建设，还可作为城市工业、仓储、居住等生产生活设施建设用地。淮北市任圩林场采用粉煤灰充填塌陷地，然后覆盖一层 30~40 厘米厚的土营造人工林，栽植杨树、速生柳获得了成功，不仅改善了区域生态环境，而且取得了良好的经济效益。淮南市规划利用田集电厂粉煤灰填充潘一矿沉陷区，潘集电厂粉煤灰填充潘三矿东部沉陷区，凤台电厂粉煤灰填充潘三矿西北沉陷区，刘庄、板集和口孜集电厂的粉煤灰充填张谢采煤沉陷区。

（五）统筹采煤沉陷区治理与淮河水利工程建设，兴建沿淮、淮北平原水库

淮河被称为"中国最难治理的河流"。淮河流域处于南北气候过渡带上，受梅雨影响降雨集中，易旱易涝。淮河中游河道弯曲狭窄而比降平缓，汛期时受干流洪峰顶托，沿淮湖泊洼地内水无法外排，形成"关门淹"。淮南矿区处于淮河中游，区内西淝河（花家湖）、东风湖、焦岗湖及上下六坊堤等湖泊洼地均可在汛期起分洪蓄洪作用。然而，由于行蓄洪区内土地利用强度和人口居住密度增加，调蓄洪水功能受人水争地矛盾制约时常难以发挥。难以根治的水患矛盾严重制约了当地经济社会发展，人民生活水平提高不快。

淮南潘谢新矿区即将出现的大型沉陷湖为解决上述矛盾提供了一个可试方案。预测表明，至 2043 年该矿区第一水平原煤采完后，将新增沉陷面积 37.6 万亩；随着煤炭开采继续，最终地面将形成一个东西向延伸、与淮河干流平行的大型沉陷湖泊。沟通沉陷湖及与周边水系联系，建设一个具有蓄洪、灌溉、饮水、除涝、生态等多功能作用的平原水库，既可以有效截蓄汛期时的阜亳上游来水，减轻淮河干流汇水压力，替代西淝河洼地、东风湖等原行蓄洪区作用；又可留住淡水，用于农业灌溉和人饮，扩大淮北平原水稻生产。因此，要尽快成立一个政府和煤矿企业参加的联合办事机构，统筹采煤沉陷区综合治理与沿淮水利工程建设，超前谋划，力推淮北平原水库项目尽快进入治淮工程规划。库区内的村庄搬迁、水利工程、土地等应当比照国家大型水利工程等相关政策执行。

参考文献

倪发科. 加快推进采煤塌陷区综合治理 [N]. 安徽日报, 2011-6-14.

王巧妮等. 采煤塌陷地复垦研究综述 [J]. 中国国土资源经济, 2009（6）.

（谢培秀，安徽省社会科学院）

自然资源尾效对皖北地区经济增长影响的实证研究

一、引 言

现有的经济增长理论可以分为古典理论、新古典增长理论和新经济增长理论，这些理论在不同的假设条件下研究了经济增长的动力因素（资本和劳动投入、技术进步、制度等因素），忽视了对自然资源的研究，尤其忽视了对自然约束条件下的可持续的经济增长研究。

自然资源是人类赖以生存和发展的重要物质基础，随着经济的不断发展和人口的不断增加，对于自然资源的需求不断增加，自然资源变得日益紧缺，从而对经济造成了约束，为了量化这一"约束"作用，在这里引入"尾效"概念。由于资源的约束，经济增长的速度同不存在资源约束的经济增长速度所降低的程度，我们将之定义为资源"尾效"。自然资源，按照联合国环境规划署的定义，是"在一定时间和地点条件下能够产生经济价值的、以提高当前和未来的自然环境因素和条件"，也就是说，与人造资源相比，自然资源不依赖人力而存在与自然界的有用的物质。自然资源有非耗竭性自然资源与耗竭性自然资源之分。非耗竭性自然资源在经济学中被称为"自由物品"和"无限物品"，不在经济学研究范围之内。耗竭性自然资源指总量固定，存量随着时间的推移逐渐减少，直至枯竭。本文中出现的自然资源仅考虑耗竭性自然资源，为了实证研究的可行性和数据的可获取性，文中定义自然资源仅包括土地资源、水资源、能源。

Nordhaus 在索洛模型的基础上纳入自然资源，分别建立一个有资源约束和一个无资源约束的新古典增长模型，将两个模型得到的稳态人均产出增长率之差定义为自然资源 Growth Drag，并据此测算出美国土地和其他自然资源的增长阻力为 0.0024；Romer 对此进行了进一步研究，并将这种资源对经济增长的阻力定义为"尾效"。薛俊波等研究中国土地约束对经济增长的"尾效"问题；谢书玲等基于新古典经济增长理论，运用 C-D 函数，得出水资源、土地对中国经济增长阻力分别为 0.01397 和 0.013201，而水资源与土地资源引起的增长阻力为 0.14548；崔云采用 C-D 生产函数进行分析，度量了中国经济增长的土地资源的"尾效"；杨杨等通过将建设用地加入到土地资源数据中，估算出水土资源对中国经济的增长阻力为 0.0118，是美国的 4.92 倍，认为水土资源对中国经济增长的可能影响至多是中度的。刘耀斌等计算出中国水资源、土地资源、能源的"尾效"分别是 0.00028236、0.015188131、0.00848989。王家庭计算出我国区域经济增长中东、中、西三个地区土地资源"尾效"分别为 7.37%、1.24%、1.77%。李雷等对 1955~2005 年日本经济的数据进行分析，得出日本经济中土地资源尾效值为 0.3561%。

本文通过构建包含自然资源的经济增长函数，得出资源尾效值的计算公式。通过实证研究，最终得到皖北地区经济增长中资源尾效值并给出相应的政策建议。

二、模型构建

模型的假设：①经济体是封闭的，且生产满足规模报酬不变。②自然资源是经济生产中必需的要素，且资源要素满足边际报酬递减。考虑自然资源只包括三类资源：土地资源、水资源、能源。资源总量是固定的，即增长率为0。

采用新经济增长模型，分别建立土地资源、综合资源增长模型。

（一）土地的增长尾效

考虑柯布—道格拉斯生产函数，有：

$$Y(t) = K(t)^\alpha T(t)^\gamma [A(t)L(t)]^{1-\alpha-\gamma} \quad (\alpha < 0, \gamma < 0, 1-\alpha-\gamma < 0) \qquad (1)$$

其中，$Y(t)$、$K(t)$、$T(t)$、$A(t)L(t)$ 分别表示生产总值、资本存量、土地面积、有效劳动数量。由于土地的面积是固定的，所以可得

$$dT(t)/dt = 0 \qquad (2)$$

资本存量与技术进步和劳动力的增长可以表示为：

$$dK(t)/dt = sY(t) - \delta K(t), \quad dA(t)/dt = gA(t), \quad dL(t)/dt = nL(t) \qquad (3)$$

其中，s 为储蓄率，δ 为资本的折旧率，n 和 g 分别为劳动的增长和技术进步。

对式（1）两边取对数，可以得到：

$$\ln Y(t) = \alpha \ln K(t) + \gamma \ln T(t) + (1-\alpha-\gamma)[\ln A(t) + \ln L(t)] \qquad (4)$$

对式（4）两边对时间求导数，同时利用一个变量的对数对时间的导数等于该变量的增长率的事实，可以得到：

$$gY(t) = \alpha gK(t) + \gamma gT(t) + (1-\alpha-\gamma)[gA(t) + gL(t)] \qquad (5)$$

其中，$gX(t)$ 表示 $X(K、T、A、L)$ 的增长率。T、A 和 L 的增长率分别为0、g 和 n，则式（5）可以简化为：

$$gY(t) = \alpha gK(t) + (1-\alpha-\gamma)(g+n) \qquad (6)$$

注意到在平衡增长路径上，$gY(t)$ 与 $gK(t)$ 相等，则由式（6）有：

$$g^{bgpY} = (1-\alpha-\gamma)(n+g)/1-\alpha \qquad (7)$$

式（9）意味着在平衡增长路径上，单位劳动力平均产出增长率为：

$$g^{bgpY/L} = g^{bgpY} - g^{bgpL}$$
$$= (1-\alpha-\gamma)(n+g)(1-\alpha) - n$$
$$= [(1-\alpha-\gamma)-\gamma n]/(1-\alpha) \qquad (8)$$

假设不存在土地的限制，即

$$dT(t)/dt = nT(t)$$

采用与式（8）类似的方法，同理可以得到在经济的平衡路径上，单位劳动力平均产出的增长率为：

$$g^{-bgpY/L} = (1-\alpha-\gamma)g/(1-\alpha) \qquad (9)$$

实际上土地限制的"增长尾效"等于在这种情况下的增长与土地限制情形中的增长之间的差额：

$$DragT = g^{-bgpY/L} - g^{bgpY/L}$$
$$= [(1-\alpha-\gamma)g]/(1-\alpha) - [(1-\alpha-\gamma)g - \gamma n]/(1-\alpha)$$
$$= \gamma n/(1-\alpha) \qquad (10)$$

$DragT$ 表示土地资源的"增长尾效"，"增长尾效"随土地弹性（γ）、人口增长率（n）和资本弹性（α）而递增。

（二）综合资源的增长尾效

构建包含土地资源、水资源、能源要素的生产函数，考虑柯布—道格拉斯生产函数

$$Y(t) = K(t)^\alpha W(t)^\beta T(t)^\gamma R(t)^\sigma [A(t)L(t)]^{1-\alpha-\beta-\gamma-\sigma} \quad (\alpha > 0, \beta > 0, \gamma > 0, \sigma > 0) \qquad (11)$$

假定土地资源、水资源、能源均是不可再生的，可得到综合资源的增长尾效为

$$DragQ = (\beta+\gamma+\sigma)n/(1-\alpha) \qquad (12)$$

三、实证研究

（一）皖北地区的基本情况

皖北地区是指安徽省淮河以北的地区和县市，包括淮北、亳州、宿州、蚌埠、阜阳、淮南以及沿淮部分地区，总面积达到64154平方公里，占安徽省总面积的45.9%，皖北地区2009年总人口达到3053万人，占安徽省总人口的44.9%，2009年GDP达到2994亿元，占安徽省GDP的33.73%。

（二）数据采集与分析

本文以《安徽省统计年鉴》（2000~2010）、中国城市统计年鉴（2000~2010）的统计数据为数据来源，考虑数据的可获得性、一致性和实证操作性，从中采集了1999~2009年淮北、亳州、宿州、蚌埠、阜阳、淮南的地区生产总值、固定资产投资额、林业用地以及耕地面积、水资源总量、从业人口、能源总量数等指标，并对指标进行处理，得到皖北地区的数据。

表1　1999~2009年皖北地区的相关数据

变量城市 （群）时间	地区生产总值 （万元）	资本存量 （万元）	固定资产投资 （万元）	土地面积 （公顷）	水资源总量 （亿立方米）	从业人员数 （万人）	能源总量 （万千瓦时）
1999	9210527	5793915	1041489	2864807	85	1449	2251326
2000	9166597	6902170	1277010	2009738	144	1482	2294297
2001	9597350	8012624	1311488	2858229	69	1492	2910510
2002	10475427	9251746	1472500	2858229	141	1492	3178968
2003	11093767	11309284	2327006	2846781	314	1488	3288832
2004	13272845	14394740	3414852	2824607	74	1513	3457172
2005	15609745	17860881	3885406	2854840	208	1533	4062310
2006	17575714	22504836	5164174	2841876	141	1561	7661242
2007	19635731	28350764	6501409	2848529	236	1631	8777159
2008	22457958	34725040	7200026	2859716	142	1663	11538821
2009	24712702	45457765	11744134	2842663	105	1694	13995699

资料来源：《安徽省统计年鉴》（2000~2010）、《中国城市统计年鉴》（2000~2010）。

（三）数据平稳性检验

根据设定模型，先将皖北地区生产总值、资本存量、土地面积、水资源总量、从业人员数、能源总量取对数，分别为 $\ln Y(t)$、$\ln K(t)$、$\ln T(t)$、$\ln W(t)$、$\ln F(t)$、$\ln R(t)$。为了得到人均生产总值、人均资本存量、人均土地资源、人均能源量的对数值，将 $\ln Y(t)$、$\ln K(t)$、$\ln T(t)$、$\ln W(t)$、$\ln R(t)$ 分别减去 $\ln F(t)$ 得到 $\ln YF(t)$、$\ln KF(t)$、$\ln TF(t)$、$\ln WF(t)$、$\ln RF(t)$。采用Eviews6.0软件对 $\ln YF(t)$、$\ln KF(t)$、$\ln TF(t)$、$\ln WF(t)$、$\ln RF(t)$ 进行ADF检验，检验过程中的常数项和滞后项采用SC准则确定。检验结果如表2所示。

从表2可以看出，变量 $\ln YF$、$\ln KF$、$\ln RF$ 在置信度为10%水平下均不平稳，$\ln YF$、$\ln KF$ 在一阶差分在10%的置信度水平不平稳，可以看出 $\ln YF$、$\ln KF$、$\ln TF$、$\ln WF$、$\ln RF$ 是二阶单整的，可以认定为I(2)类型。

表 2　ADF 检验结果

序列	趋势类型（C.T.n）	ADF 检验值	显著性水平	临界值			结论
				1%	5%	10%	
lnYF	(C.T.1)	1.128	0.9939	−4.29	−3.21	−2.74	不平稳
lnKF	(C.T.1)	2.669	0.9998	−4.29	−3.21	−2.74	不平稳
lnTF	(C.T.1)	−3.85	0.0192	−4.29	−3.21	−2.74	平稳
lnWF	(C.T.1)	−4.36	0.0090	−4.29	−3.21	−2.74	平稳
lnRF	(C.T.1)	0.8046	0.9875	−4.29	−3.21	−2.74	不平稳
D（lnYF）	(C.T.2)	−2.564	0.135	−4.42	−3.25	−2.77	不平稳
D（lnKF）	(C.T.2)	−1.114	0.658	−4.42	−3.25	−2.77	不平稳
D（lnTF）	(C.T.1)	−8.25	0.000	−4.42	−3.25	−2.77	平稳
D（lnWF）	(C.T.1)	−3.58	0.035	−4.42	−3.25	−2.77	平稳
D（lnRF）	(C.T.1)	−3.17	0.056	−4.42	−3.25	−2.77	平稳
D（lnYF，2）	(C.T.1)	−2.866	0.093	−4.58	−3.32	−2.801	平稳
D（lnKF，2）	(C.T.1)	−2.972	0.087	−4.58	−3.32	−2.801	平稳
D（lnTF，2）	(C.T.1)	−19.8	0.000	−4.58	−3.32	−2.801	平稳
D（lnWF，2）	(C.T.1)	−4.14	0.025	−4.58	−3.32	−2.801	平稳
D（lnRF，2）	(C.T.1)	−4.5	0.011	−4.58	−3.32	−2.801	平稳

（四）计量分析

1. 建立回归方程

根据设定的模型，皖北地区经济增长的公式可以表示为

$$lnYF = c + \alpha(lnKF) + \beta(lnWF) + \gamma(lnTF) + \sigma(lnRE) \quad (13)$$

lnYF、lnKF、lnTF、lnWF、lnRF 分别表示人均地区生产总值、人均资本存量、人均水资源量、人均土地面积、人均能源拥有量。

根据表 1 的数据，利用 Eviews6.0 软件对数据进行二次差分处理后，再进行 OLS 回归，得到包含资源要素增长的方程为：

$$lnYF = -8.2437 + 0.6659lnKF - 0.0273lnWF +$$
$$(2.3008) \quad (-0.695) \quad (1.859)$$
$$0.307lnTF + 0.175lnRF$$
$$(1.516) \quad (14)$$
$$\overline{R}^2 = 0.9701 \quad F = 44.18 \quad DW = 2.293$$

可得 $\alpha = 0.6659$、$\beta = -0.273$、$\gamma = 0.307$、$\sigma = 0.175$

2. 计算资源综合尾效

利用公式 $F(T) = F(t)(1 + n)^{T-t}$，求出劳动增长率 n。其中，F（T）为 2009 年皖北地区从业人员数，F(t) 为 1999 年皖北地区从业人员数，计算出皖北地区劳动增长率为 0.01576。

把上面的系数代入式（12）中，得到皖北地区经济增长的土地资源尾效值为 0.014486，能源尾效值为 0.00828，综合资源尾效值为 0.02147。

3. 结果分析

从以上分析的结果来看，皖北地区的"自然资源尾效"是显著的，其中对经济增长阻尼作用最明显的是土地资源，其次是能源和水资源，这说明土地资源是皖北地区经济增长面临的最大瓶颈。从"自然资源尾效"的公式可知，各类资源的"尾效"的大小与资本弹性 α 成反比，与其自身的弹性以及有效劳动增长率即从业人口增长率成正比。这也就是说当经济增长中资本要素所占的比例越高，因自然资源有限性造成的对经济增长的负面效果就会越小。对比文献计算安徽省经济增长中的资本弹性 0.476 与文献中计算出全国经济增长的资本弹性 0.507，可知安徽省的经济增长中资本所占的比例低于全国水平，因此，在人口增长率以及各类资源的弹性相同的情况下，安徽省的"资源尾效"要大于全国水平（本文因与上述文献的公式计算方法、假设不同，遂不将皖北地区资本弹性与全国和安徽省的资本弹性进行比较）。从皖北的实际情况来看，皖北地区经济发展落后，固定资产投资落后于皖中、皖南地区，经济增长多依赖于要素的粗放投入，资本弹性小于

安徽省平均水平，所以说皖北地区的"资源尾效"要大于安徽省乃至全国水平。本文中计算出皖北地区的从业人口增长率为0.01575，对比文献5计算出的从业人口增长率0.02297，可以看出皖北地区由于从业人口增长所带来的"资源尾效"要小于全国平均水平。

四、政策建议

本文计算出皖北地区的综合资源尾效值为0.02147，也就是说因为土地资源、水资源、能源的有限性，使得每年皖北地区的人均生产总值少增长了2.1472%，可见要降低资源对经济的增长尾效大小，就必须大力提高技术水平和转变生产方式，将粗放型经济增长方式转变成资源节约型的经济增长方式上来，努力提高资源开发利用的技术水平。由此，可以进一步得到如下政策启示：

首先，从最明显的土地资源尾效来看，皖北地区应当坚持合理的土地规划，改善目前存在的经济体系不完善、工业分散、土地资源利用效率不高、布局不合理的问题，着力提高二、三产业的比重，减少经济增长中对土地资源的依赖。坚持更加符合生态规律的集约型农业，更加科学的空间格局规划，建立相对集中的工业园区和农业区。

其次，就能源尾效来说，皖北地区应继续提高新型工业化和节能减排战略，提高能源提高效率。通过限制高污染、高耗能企业的发展，以新型工业化引领经济增长、推动经济发展。在产品生产加工方式上，摆脱粗放投入简单加工的错误模式，应当向原材料深加工，单位产品高附加值的方向上转变。在产业产品的选择上，应进行统筹考虑，坚持可持续发展的道路，实现"资源—产品—再生资源"的多重闭环反馈式循环的经济运行模式，利用最少的资源消耗使得皖北地区走上人与自然资源和谐共生的道路。

最后，皖北地区应当加强水利建设，强化水资源管理，实行量水发展，保障农业灌溉，提高水资源的利用效率。可以通过优化产业结构和用水结构，淘汰、压缩、改造耗水高、污染重的项目和行业，全力发展生态产业和循环经济；大力推广工业节水新技术，降低万元工业增加值耗水量；严厉查处违法取水和污染、破坏水资源等违法行为。

参考文献

Nordhaus W D. Lethal Model 2: The Limits to Growth Revisited [J]. Brooking Papers on Economic Activity. 1992, (2): 1-43.

David Romer. Advanced Macroeconomics (Second Edition) [M]. The McGraw-Hill Company, 2001: 35-43.

薛俊波，王铮，朱建武，吴兵. 中国经济增长的"尾效"分析 [J]. 财经研究，2004，30（9）：5-13.

谢书玲，王铮，薛俊波. 中国经济发展中水土资源的"增长尾效"分析 [J]. 管理世界，2005（7）：22-25.

崔云. 中国经济增长中土地资源的"尾效"分析 [J]. 经济理论与经济管理，2007（11）：32-37.

杨杨，吴次芳，郑娟尔. 土地资源约束对中国经济增长的影响 [J]. 技术经济，2007，26（11）：34-38.

刘耀斌，陈斐. 中国城市化进程中的资源消耗"尾效"分析 [J]. 中国工业经济，2007（11）：48-52.

王家庭. 中国区域经济增长中的土地资源尾效研究 [J]. 经济地理，2010（12）：2068-2070.

李磊，张换兆，朱彤. 土地尾效、泡沫与日本经济增长 [J]. 日本研究，2008（3）：31-35.

朱道才. 安徽省经济增长因素实证分析——基于1996~2007年数据 [J]. 平顶山学院学报，2009（2）：17-23.

汪伟. 对我国20年来经济增长的实证分析——基于Solow新古典增长模型 [J]. 华中科技大学学报，2006（3）：70-73.

（刘畅、任志安，安徽财经大学经济学院）

资源型城市可持续发展的制度缺失

——以阜新市为例

由于资源产业衰退的不可逆性，资源型城市的可持续发展成为世界各国工业化过程必然要面临和解决的问题，也是一个世界性难题。2001年12月国务院确定阜新为我国资源型城市经济转型试点市，旨在通过阜新的试点，分析资源枯竭型城市存在的共性问题，探索出一条资源型城市经济转型的新路子。10年过去了，有必要对阜新经济转型进行阶段性的总结。通过剖析阜新模式，可以为全国资源型城市可持续发展提供一些方向和思路。

一、阜新经济转型的主要路径

阜新是新中国最早建立起来的能源基地之一，在全国118个资源型城市中具有突出的代表性。转型之初，阜新市GDP年均增幅仅为2.1%，比当时的西部地区还低，是辽宁省14个市中唯一一个市本级和七个县区全部享受省补贴的市。阜新78万城市人口中，15.6万人下岗失业，19.8万人处于最低生活保障线以下。2010年是阜新转型发展成果最为集中体现的一年。全市实现地区生产总值355亿元，增长16.5%；地方财政一般预算收入30.1亿元，增长29.8%；全社会固定资产投资350亿元，增长45.8%；社会消费品零售总额148.9亿元，增长18.6%；城镇居民家庭人均可支配收入12690元，增长13.5%；农村居民家庭人均纯收入6500元，增长20.8%。主要经济指标增幅高于全省平均水平。

1. 阜新的转型发展得益于特殊的政策支持

国家层面对阜新经济转型在八个方面给予了具体支持：①加快厂办大集体改革。②支持阜新上一批农副产品加工项目。③支持阜矿集团开发白音华煤田项目。④支持巴新地方铁路建设。⑤支持阜新市发展风电产业。⑥积极开展阜矿集团对阜新发电厂的直购电试点。建议电监会牵头，会同发展改革委、国家电网公司、中国电力投资集团公司和阜新市人民政府，支持将阜矿集团列为直购电试点。⑦加大对阜新市财政转移支付力度。⑧国务院振兴东北地区等老工业基地领导小组成员单位要对阜新市经济转型继续给予支持，振兴东北办继续积极协调，促进阜新市实现经济社会的可持续发展。

辽宁省委、省政府实施突破辽西北战略，把阜新作为重点，并把阜新纳入沈阳经济区。2006年7月6日，经辽宁省委、省政府同意，中共辽宁省委办公厅、辽宁省人民政府办公厅下发了《关于进一步做好阜新市经济转型试点工作的意见》（辽委办发［2006］26号）。文件从财政、土地和矿产、就业与劳动保障、产业发展、开放型经济发展五个方面提出了支持阜新经济转型试点的政策。

在项目和资金方面，几年来，阜新市新建和续建了260个重点项目，大大提升了全市经济实力和发展后劲。特别是国家支持阜新的第一批经济转型23个重点项目国家投入近20亿元资金，为阜新解决历史遗留问题、恢复生态体系、推进产业转型起了重要作用。

投资11.8亿元实施了采煤沉陷综合治理工程，完成建筑面积92.9万平方米，18333户沉陷区居民的住房问题将得到根本解决。

投资 1.2 亿元，完成了全长 6.5 公里的细河城市段改造工程；投资 1.15 亿元，完成了全长 8.6 公里的煤城路改造工程；投资 5.6 亿元，开工建设日供水 15 万吨的白石水源工程；投资 1.66 亿元，建设了日处理污水能力 10 万吨的污水处理厂工程，投资 4767 万元，建设了日处理垃圾能力 1500 吨的垃圾无害化处理厂工程；投资 9.2 亿元，完成了阜新农网二期改造工程。这些项目的实施极大地改善了阜新的基础设施条件。

实施了海州矿排土场、新邱矿东排土场治理复垦项目，合计总投资 1.65 亿元，通过对矸石山及沉陷区土地进行复垦整理，新增耕地 2065 公顷，改善了城市周边环境；实施了农村环境改造工程，退耕还林、"三北四期"造林、水土保持、"四位一体"等工程总投资超过 12 亿元；启动了海州露天矿综合治理工程，露天矿大坑开发被国家列入第一批国家级矿山公园规划。通过这些环境治理项目，使得阜新城乡生态环境发生了很大的变化。

在国家的扶持下，实施了海州立井、五龙立井和清河门立井三个矿井的改造。三个项目总投资 6 亿元，建成后年增加煤炭生产能力 375 万吨，从而使阜矿集团可以在 30 年内煤炭年产量维持在 1000 万吨左右。装机容量 70 万千瓦的阜新发电厂三期、装机容量 60 万千瓦的金山煤矸石热电厂等一批重大电力项目开工建设并陆续并网发电。

2. 阜新的转型发展有赖于准确的战略定位

十年试点，阜新确立了因地制宜，依托资源优势和传统基础，围绕经济结构调整，积极培育壮大接续替代产业；以可持续发展为目标，努力改善城乡生态环境；以群众利益为根本，着力解决就业等社会问题的经济转型方向。

阜新市早在 20 世纪 80 年代中期就已经认识到资源枯竭问题的严峻性，并开始着手结构调整，建设纺织城、电子城、化工城等。但当时一些项目由于建设周期太长，没等工厂建好，就已被市场淘汰。转型以来，立足本地资源和优势，着眼于解决下岗失业人员的再就业问题和培育接续替代产业，阜新确定走以现代农业接续主导产业和"稳煤强电"两步棋。稳煤强电，就是利用煤电行业看好的契机，稳定就业和财政收入，并为替代、

接续产业的发展赢得时间。通过开发和技术改造，阜矿集团维持了 1000 万吨的产量。同时利用自身的设备、技术和人才优势，"走出去"开发毗邻的内蒙古白音华煤矿；另一方面，大力支持阜新的电力工业，利用阜新丰富的煤矸石、风力等资源，做大电力行业新优势，逐渐形成新的接续产业集群。如今，阜新市单一的煤电经济结构被彻底打破，以食品及农产品加工业、新型能源产业、液压及装备制造业等特色产业为主的多元化工业经济结构初步形成；全社会固定资产投资年均增长 31.8%，实施投资千万元以上项目 2000 多个，经济可持续发展能力明显增强。

转型中，阜新还认真谋求区位优势，不断加大交通项目建设力度。几年间，巴新铁路、京沈客专、沈彰通客以及铁阜、阜朝、沈彰、阜盘等高速公路的谋划与建设，构建起现代的交通网络体系，拉大了城市骨架。近两年，阜新按现代城市理念重新布置了城市空间。"沈彰新城"、"玉龙新城"、"现代皮革城"、"温泉旅游新城"、"蒙古贞新城"已经开始规划实施，发展商业、商务、公共服务、行政中心和文化中心等功能，配套发展房地产等服务业，补充完善城市承载能力，打造新兴服务业聚集区。

阜新存在资源开采和地处科尔沁沙地南缘带来的双重环境问题。阜新克服困难，投入大量的人力、物力、财力，突出抓好生态环境建设、城市环境改造和矿区环境治理。城市绿化覆盖率达到 40.5%，城市环境空气质量达到国家二级标准天数增加到 337 天，晋升为省级"园林城市"，成为全国唯一的资源型城市生态恢复试点市。

经济转型，民生为大。阜新在转型的每一个过程中都对民生问题重点解决，使转型的每一个成果都惠及更多的人民。全市 10 年累计实现再就业 60 万人次，培训下岗失业人员 23.2 万人，培训就业率达 60% 以上。在国家和省的帮助下，实施了全省面积最大的采煤沉陷区和棚户区改造工程，14.3 万户居民圆了住楼梦。构筑覆盖城乡的社会保障体系和救助体系，24 万名退休职工养老金标准得到提高，农业人口新农合参合率达 100%。

3. 从试点到示范阜新转型发展的新动力

阜新转型已进入第十年，前五年是走出困境，主要解决事关生存、稳定的民生问题和产业结构

单一的发展问题，后五年是夯实基础、积蓄势能，第三个五年即今后一个时期，要实现跨越式发展、创新性发展、追赶型发展。

阜新转型是一个从被动到主动的动态过程。阜新将积极向国家争取列为全国资源型城市经济转型示范市，以确保阜新更好地总结转型经验，肩负起探索资源型城市经济转型路子的重任；通过持续替代产业发展规划和重大投资建设项目布局向阜新倾斜，确保阜新发展后劲；并尽快在阜新进行试点建立资源开发补偿机制和衰退产业援助机制，解决以阜新为代表的资源枯竭型城市普遍存在的经济衰退、环境恶化、基础设施落后、产业工人失业等问题；通过探索和实践，加快形成促进资源型城市可持续发展的长效机制；争取国家重点林业工程安排上加大对阜新的支持力度，为阜新创建经济转型示范市创造良好的生态环境。

通过实施"工业强市、城镇化带动、开放创新、生态立市、文化兴市"五个战略，全面推进经济转型、社会转型和体制机制转型，推动阜新经济社会全面、健康、快速、可持续发展。未来5年，要初步建成产值达1000亿元的"中国液压之都"，以及煤化工等一批200亿元以上产业集群，接续替代产业形成规模；5个城区要实现全域城市化，城镇人口超过100万人，城镇化率达到65%。阜新各项指标全面缩小与全省差距、提升在全省所占比重。把城市建设得更美，让人民生活得更好。

二、阜新转型样本的启示意义

1. 资源型城市转型是长期的、动态的过程

在阜新转型试点的同时，其他资源型城市也都在按照自身特点积极探寻经济转型途径，有些试点城市甚至已经在总结转型成功的模式，完全忽视了经济转型和城市复兴的艰巨性。德法等国资源型城市转型从20世纪五六十年代就开始，经过了三十多年的不懈努力才取得成效。但这些老工业区与本国其他地区相比仍有不少差距。实践证明：促进资源型城市可持续发展涉及经济结构调整、国有企业改革、区域经济发展、劳动就业和社会保障、生态环境治理、资源勘查开发、资源税费改革等多个领域，是一项复杂的系统工程。经济多样化、劳动力再培训、老企业的现代化、解决逆工业化的遗留问题及更新住房和基础设施等任务十分艰巨。寄希望于政府投资、项目推动的激进式经济转型来扭转城市衰退的趋势是不理智的。因为，接替产业的培育不但需要付出时间、耐心和资金，而且还需要接受市场的检验。更何况转型当中的社会问题和环境问题，不可能在短时期内予以消除。要克服城市转型阶段化倾向，长期、稳定、可持续发展才是经济转型最终要达到的目标。

2. 资源型城市转型要在科学发展上下工夫

长期以来，在区域发展方面存在的最大误区是，各地都把经济增长作为区域发展的首选，甚至是唯一目标。而国家促进区域均衡发展的主要手段也是把如何扶持欠发达地区的经济开发作为主要途径。衡量区域发展状态和进行发展业绩考核的关键指标依然是GDP的增长速度和有关经济发展水平的排序。而地方政府依托有限财力，破解发展瓶颈，各种行政和经济手段悉数用上。土地出让金高比例返还、"零地价"、税收优惠、税收先征后返等均被高密度使用。转型城市一般都是生态环境比较脆弱地区，经济社会的自我发展和可持续发展能力不足，不适于再进行大规模的开发。但各地在转型过程中往往不顾发展条件限制和资源环境代价，把追求GDP的增长、工业化和城市化作为城市发展的核心战略。抓项目，拼增长的赶超模式，其结果，一方面经济增长只能达到短期内改变当地财政状况和增加人民收入的效果，但缺乏竞争能力，持续性差，效益低下，无法实现长期改善社会生活质量、提高人民生活水平的目的；另一方面付出了昂贵的资源环境代价，危害了当代、当地人的人居环境，破坏了相关区域发展的生态屏障和环境基础，危及可持续发展的根基。因此，城市转型要在改变政府管理体制和考核体系上做文章。转变地方政府职能，转变经济发展方式，把重点放在如何增强转型城

市的"造血"功能上。"以人为本"谋发展，切实突出人与自然的和谐，经济与社会的和谐真正走可持续发展的道路，这是资源型城市转型的核心价值所在。

三、资源型城市可持续发展需要建立长效机制

1. 政府转型是实现资源型城市转型的前提

作为问题区域，资源型城市单纯依靠市场机制来完成转型是不现实的。资源型城市的发展一般要经历开发建设—繁荣—衰退—转型振兴或消亡的过程，要解决资源开发过程中所积累的一系列重大经济、社会和环境矛盾，涉及多个部门和地区利益，为协调各方利益，提高政策的援助效果，建议由中央政府负责提供援助资金，作为中央政府派出机构的发改委振兴办负责规划的制定和组织实施，省政府负责土地整治以及社会事业，市政府的重点是社区公共服务。

国际经验表明，大多数转型成功的地区，是依靠大量政府的倾斜性政策完成转移的动力机制问题的。政府对资源型城市的支持政策，也经历由补贴向培育的转变。同时，以法律的形式确立资源型城市转型的地位，保障各项政策措施的落实，特别是保障援助资金的稳定来源与持续作用。反观国内的扶持政策多是一事一议，临时的优惠措施比较多，制度化的少，不具有稳定性、可预见性和连续性，没有形成规范化、制度化的运行机制，不能从根本上解决深层次的问题，同时还增加了资源枯竭型城市政府对上级财政的依赖和寻求政策支持的成本支出。这种非制度性的支持在执行当中存在很多问题，也很难为其他资源枯竭型城市转型提供典型经验。

2. 制度建设是促进资源型城市可持续发展核心

2007年，国务院发布了《关于促进资源型城市可持续发展的若干意见》，是针对资源型城市可持续发展问题制定出台的综合性政策文件。该文件提出：2010年前，资源枯竭城市存在的突出矛盾和问题得到基本解决，大多数资源型城市基本建立资源开发补偿机制和衰退产业援助机制，经济社会可持续发展能力显著增强。2015年前，在全国范围内普遍建立健全资源开发补偿机制和衰退产业援助机制，使资源型城市经济社会步入可持续发展轨道。从目前进展看，资源开发补偿机制和衰退产业援助机制尚未建立，资源型企业可持续发展准备金制度还未出台，资源税改革、资源性产品价格改革还没有全面推开。因此，建立规范、有效的资源开发补偿机制和衰退产业援助机制，为资源枯竭型城市实现经济转型提供一个稳定的制度性保障是非常必要的。

要加快出台《资源型城市可持续发展准备金管理试行办法》，由政府统筹部分准备金专项用于解决资源型城市环境治理等问题。深入推进资源税和资源性产品价格改革。抓紧研究制定《资源型城市可持续发展条例》。探索不同类型资源型城市的发展模式及相应的政策体系及体制机制保障。

3. 人力资源重构是资源型城市转型成功和可持续发展的关键

资源型城市之所以衰落，资源的不可再生性固然重要，但非自然资源因素的影响更是制约资源型城市发展不容忽视的原因。资源型城市在摆脱对资源的依赖，由一元化向多元化发展的过程中，人力要素发挥着重要的作用。经济转型关键是接续产业的发展，人力资源重构是必要的条件。因此，要加大人力资本投资，提高人口素质，为资源枯竭型城市经济的可持续发展提供良好的基础和平台。推动政府管理向开展政策创新、加强宏观调控、强化公共服务、创造发展环境的职能转变，要建立规范有序、公开透明、便捷高效的运行机制和管理方式，为人才发展营造良好环境，为市场发育让渡空间。

参考文献

齐建珍等.资源型城市转型学 [M].人民出版社，2004.

辽宁省委党校课题组.资源枯竭型城市转型需要制度性支持——以阜新市为例 [J].决策咨询通讯，2006，17（6）：40-42.

陈万久.从"试点"到"示范"——全国第一个资源

型城市经济转型试点市阜新十年发展纪实. 2011-3-11.

宋晓梧. 大力促进我国资源型城市可持续发展［J］. 宏观经济研究，2006（3）：3-8.

钱勇. 资源枯竭型城市的界定及其政策涵义［J］. 辽宁工程技术大学学报，2007（1）：585-587.

苏文. 政府转型——中国资源型城市经济转型之路［J］. 北京联合大学学报，2009（4）：90-94.

（王行伟，辽宁省委党校）

铜川城市转型发展的战略思路与空间规划策略研究

一、引 言

当前，面对全球化的快速推进和资源环境压力不断增大的新形势，中国城市发展逐步进入到加速转型和全面转型的新阶段，城市转型已经成为学术界、政府界和媒体界高度关注的理论前沿课题和热点问题。资源型城市是一种典型的按职能分类的城市类型，是指以资源开发产生或发展起来，并以此为主要职能的城市类型。随着资源的日益枯竭，资源型城市的转型和发展普遍陷入了困境。目前，西北地区有资源型城市20座，占我国资源型城市总数的17%，主要包括煤炭、石油和有色冶金城市。铜川市位于陕西省中部，地处关中城市群和陕北能源化工基地的结合部，是一个典型的因煤而立、因煤而兴、先矿后市的传统工业城市。2010年3月铜川被国务院确定为第二批资源型城市可持续发展试点城市之一，标志着城市发展进入了全面转型的新阶段。面对生态环境压力较大、就业岗位严重不足、城市功能需要完善、基础设施建设落后等一系列长期积累的历史问题，必须从铜川市区位特征、资源特征和政策环境特征入手，对其转型目标、转型模式、转型重点等做出前瞻性、统筹性的战略思考与规划，把握转型的方向，以最小的代价实现全面转型，这对于铜川市提升发展质量和层次，提高城市的宜居性和可持续发展能力具有重要的理论意义和实践价值。

二、相关研究综述

1. 国外研究综述

英文中对资源型城市的说法大体有 Resource-based town、Mining town、Company town 等几种，它代表的实际上是一些在公司主导下形成的以单一采掘业为主的城市。如加拿大的 Sudbury Belleville、德国的 Freiburg、法国的 Roubaix Tourconing 等这些城市相对偏远，单纯只是在矿业公司主导下形成和发展，职能结构单一，并且大部分经历发展衰退循环周期的一些聚落。

对资源型城市的研究始于20世纪30年代，到20世纪80年代国外资源型城市基本完成了转型实践，总体可分为理论研究初期阶段、个体到群体的实证与规范研究阶段、理论研究后期三个阶段。

理论研究初期阶段主要集中于社会学、心理学、矿区发展周期等方面的研究。这一阶段始于伊内斯（Innis）在20世纪30年代初所做的开创性研究，结束于20世纪70年代中期。马什（Marsh，1987）以单一城市（镇）或特定式区域中的若干城市为对象进行研究，其意图是寻找社区不稳定性的原因。吉尔（Gill，1990）、沃伦（Warren，1963）等对工矿城市社区的社会互助进行了研究，发现如果一个社区中的社会单位没有很强的水平互动，那么社区对区内生活环境的控制力很弱。国外学者对城市发展周期的主要划分依据有区域矿产资源的加工利用程度（Spooner，1981）、劳动人口和种族状况（Lucas，1971）等，提出矿区城镇的五阶段、四阶段或六阶段（Bradbury 和 Martin，1983）等发展理论。在此期间，一些发达国家的资源型城市如洛林、鲁尔等开始了显著的经济衰退和棘手的社会问题，加速了资源型城市的转型力度。此阶段的研究尚未意识到资源型城市将有下滑、衰退甚至是关闭的可能性，没有考察到将来衰退阶段人们可能会迁出本地；当然更不可能能从国家及全球经济循环中考虑资源城镇问题。

第二阶段从 20 世纪 70 年代中期开始到 80 年代中期，资源型城市（镇）的研究对象也有前一阶段主要研究的个体转变为群体，主要集中对群体的实证与规范研究。如布拉德伯里（Bradbury，1984）从人口迁移的角度，对加拿大魁北克拉布拉多地区资源型城镇的人口特征做了研究，发现采掘业具有强烈的周期性，并对矿业城镇人口变化具有深刻影响。

第三阶段是 20 世纪 80 年代中期以后，资源型城镇的研究开始多样化，逐渐转向经济结构、劳动力市场结构以及世界经济一体化对资源型城市的影响等方面。如海特和巴恩斯（Hayter 和 Barnes，1992）通过研究发现，加拿大资源型工业已经历了两个劳动力市场分割阶段，前一个阶段与福特主义生产相适应，后一阶段与灵活的专业化生产相适应。布拉德伯里（Bradbury，1988）根据对加拿大和澳大利亚资源型城镇的实证研究，提出了解决面临问题的对策，如建立早期预警系统；制定财政援助、转岗培训、建立社区赔偿基金和专项保险机制等。20 世纪 80 年代以后，国外基本完成了资源型城市的转型实践，逐渐转向对城市生态学、可持续发展以及城市化中的问题的研究，这些研究也适合一般城市转型的研究，包括全球日益出现的资源短缺与控制、环境退化与生态修复、城市的矫正计划与生态权、环境影响

链与环境投资等方面的研究。

国外资源型城市转型较早，转型实践的时间也相对较短，基于国情的不同和转型难度可以分为三类：①难度较小型，如美国、加拿大、澳大利亚等。这些国家资源丰富、人口稀少，主要为煤铁矿区和石油产区，产业规模小，转型难度小。一般采用企业与政府相结合，企业自主性较强，政府主要解决企业退出后人员的安置和社会保障问题。②资源缺乏型，如日本。其资源型产业主要是煤炭产业。20 世纪 80 年代，由于廉价石油的冲击，煤炭产业出现危机。为此日本政府规划了产煤地域，并制定了煤炭政策和相关法律，共制定了 9 次煤炭政策，决定分阶段逐步减少国内煤炭产量，从使用国内煤炭向进口煤炭转变的同时，通过支持产煤地域基础设施建设，扶持大型项目建立，发展替代产业等措施，寻求煤炭产区经济结构多元化，实现产煤地域的振兴。③难度较大型，如欧盟国家。资源型城市的特点是转型要求迫切，难度大。20 世纪 80 年代以后，由于廉价石油的竞争，使欧盟国家先后爆发了煤业危机，引发了一系列严重的社会问题，各国政府纷纷采取政府补贴、进口配额等措施保护本国急剧衰退的资源型产业，但这些并未从根本上解决资源型产业的出路问题。为此，政府成立了专门的委员会负责产业转型，制定了一系列的措施，诸如用高技术改造资源型产业，发展新兴的替代产业，通过职业培训和个人创业等方式帮助下岗人员再就业。

2. 国内研究综述

我国资源型城市问题从改革开放后日益凸显，但真正的研究始于 20 世纪 90 年代，由于研究时间较短，尚不能划分明确的阶段，但涉及的内容涵盖了多个层面。

（1）概念分析层面。张秀生、陈先勇（2001）认为，资源型城市是指主要功能或重要功能是向社会提供矿产及其初加工品等资源型产品的一类城市。郑伯红（1999）认为，资源型城市就是专门化职能城市的一种，是指伴随资源开发而兴起的城市，或者在其发展过程中，由于资源开发促使其再度繁荣的城市。国内还有许多学者认为：资源型城市是指因资源开采或开发而兴起或发展壮大，并主要依靠资源型产业支持整个城市经济发展的一种特殊城市类型，其资源型产业的产值

占城市 GDP 的 10%以上，或资源型产业的从业人数占城市总从业人数的 15%以上。

（2）研究综述层面。近年来很多学者对资源型城市进行的研究述评（吴奇修、陈晓红，2005；杨振超，2010）较多，更多的是集中于资源型城市产业转型的研究进展述评（张静，2011）和产业转型模式研究（阎丽珍，2006）。对城市社会空间的研究主要是基于转型期这一背景，对资源型城市本身的社会研究成果较少。

（3）经验借鉴层面。主要是基于国外资源城市转型的理论和经验，如德国鲁尔区、欧盟产业旅游发展、日本和欧盟资源城市就业问题的研究，系统总结出国际经验、先进做法、主要教训等（李好好，2004；钟贤巍，2007；李辉，2009 等），继而指导我国的典型资源型城市的治理，如河南巩义市（王小平，2007）、吉林辽源市（沙景华，2005）、辽宁阜新市（孟韬，2007）、黑龙江鸡西市（田象生，2007）、安徽淮北市（毕家美，2010）等。

（4）经济转型层面。经济转型和产业转型是我国资源型城市转型研究的重心，大多数的研究成果集中在这一方面。较为系统地研究了资源城市经济转型的模式、路径、潜力、对策等多个方面。对产业转型的研究主要集中在六个方面：产业模式转型（李晶，2006；赵西君，2007；陈孝劲，2011）、产业转型技术（刘英华，2010）、产业投资环境影响评价（祁泉淞，2011）、主导产业选择（于光，2006；苏文，2010）、产业空间（赵玉香，2009）等。

（5）成本效益层面。主要讨论了沉淀成本与资源型城市转型分析（宋东林，2004）、基于成本性态的资源型形成转型成本分类（田中禾，2011）、城市经济转型的绩效与评价指标体系（车晓翠，2011）、产业转型的社会成本（朱霖，2009）、城市转型的风险分析与规避（杨艳国，2006；庞娟，2006）等内容。

（6）转型战略层面。沈镭、程静（1998）的研究指出，资源型城市经济转型的战略是要发挥自身的比较优势，从计划经济时代的"差别性策略"转变为"功能性策略"，建立和完善基本的市场制度。赵天石（2001）从资源型城市所面临的环境与生态的危机入手，按照可持续发展的理念，探

讨了实现资源型城市协调发展的政策、措施和建议。近年来主要从城乡规划的角度系统地研究我国资源型城市转型的主要问题与战略探索、提出转型的战略构想与研究（彭介林，2005；董锁成，2007；王小明，2011），并立足城市可持续发展战略（杨振超，2010），结合广州城市发展战略以战略规划引领城市发展模式转型（王东，2010）、另外还涉及战略研究的技术层面，如对内蒙古阿尔山森林资源枯竭型城市转型战略决策进行量化分析（陈春林，2010）。

（7）类型转型层面。资源型城市的发展机制、社会及生态问题，近年来成为研究的热点。生态转型主要研究了煤炭城市经济生态转型的理论基础与对策研究（于长立，2006、2007），周涛发等（2004）、纪万斌和尹训河（1998）的研究指出自然资源的比重开发造成了资源型城市严重的"生态赤字"和次生灾害隐患，资源型城市生态建设的重点和难点是生态治理和灾害防治。社会转型涉及不同类型的城市，不仅仅是资源型城市，现有的研究成果主要以转型期为背景，进行了产业转型与社会稳定的关联度分析（于立，2009）、职业地位评价与社会分层的研究（郑杭生，2004；陈志霞，2007）、社区建设与社区治理的分权问题研究（蔡小慎，2005；黄荣英，2010）以及转型与就业问题研究（刘莹，2010；刘淑娟，2011）等。从发展特征来看，张雷（2004）认为国家工业化是进行大规模矿产资源开发和资源型城市产生的基本前提，矿产资源消费生命周期具有时间和空间两个效应。郝莹莹（2003）在关于东北地区资源型城市的研究得出，经济发展的困境诱发了资源型城市的诸多社会发展问题，其中最主要的是失业问题和社会保障问题。而失业问题突出的主要原因是资源型城市经济增长缓慢，带动就业的能力减弱，资本密集型产业比重高，吸纳就业的能力差等（李维忠、张建军，2001）。

（8）公共管理层面。主要论述资源型城市转型相关联的制度创新（赵智龙，2005）、政府管理创新（金建国，2005）、政府职能转型（孙雅静，2007）、财政政策（王彦明，2011）、金融政策支持等研究（陈继明，2010）。此外，资源型城市经济转型中还涉及产业组织结构政策（吴萍等，2004）、税收政策（钱勇、赵静，2004）、企业激

励机制（张丽，2004）等问题。

3. 研究综合评价

目前，有关城市转型的研究成果日益增多，研究的层次与内容也逐渐多样化。根据对中国知网的检索，自 2000 年以来在《城市发展研究》、《经济地理》、《人文地理》、《城市规划》等核心期刊中篇名为"资源型城市转型"的文章共 196 篇。通过分析发现，国外的研究主要从政策学、社会学、人口学、发展周期等角度探讨资源型城市的转型，而国内主要集中在特定的案例经验，如大庆市、大同市、山西省等城市，另外还集中在资源型城市转型的共性问题、形成机制、转型思路与方向等研究。面对新的时代背景、新的发展形势，这些研究仍然存在不足和有待进一步完善的地方，主要有以下几点：

（1）研究对象层面。目前虽然对资源型城市的研究角度很广，涉及面较宽，但研究总体主要集中在产业、政策等软性研究，缺少针对资源型城市进行全面系统的综合研究，尤其对城市空间的研究。因此，面对新形势、新问题、新政策，运用全方位、多视野、系统性的思维、运用城市发展战略思想与手段来研究针对资源型城市转型发展提出战略思路仍是今后研究的重点。

（2）研究理念层面。国内对资源型城市的研究仍然滞后于资源型城市转型发展的实践，而我国由于资源型城市数量较多、问题错综复杂，再加上由于缺乏先进的理念指导，转型实践仍不够理想，特别是在新形势下，理论研究更应该与时俱进，不断发展的转型实践也要求在资源型城市转型发展理论方面有所创新。

（3）对策建议层面。目前国内外的研究仍然停留在产业政策、金融政策、制度政策上，且缺乏整体的研究。从城乡规划专业角度对空间发展政策及建议研究相对较少，今后需要对资源型城市可持续发展过程中的空间对策进行系统全面的分析、研究和把握，进而保证资源型城市战略转型的具体内容能够落实。

（4）实施途径层面。资源型城市转型的实施路径或者途径大都集中在产业升级、区域联动发展、制度创新、政策完善等方面，今后的实施途径应强调硬件与软件的结合，宏观、中观与微观路径相结合，提高资源型城市研究的针对性和可操作性。

三、铜川转型发展的问题解析

1. 区域竞争力不强，经济发展水平较低

2005~2009 年，铜川市 GDP 在陕西省一直处于倒数地位，人均 GDP 处于陕西省中游靠后位置。铜川市经济腹地小，偏离区域经济发展的主轴线。随着大西安都市圈、西线一体化、晋陕豫黄河金三角的发展，关中地区的主要城市西安、咸阳、宝鸡、渭南均有新的发展支撑，而铜川作为传统的资源型城市，发展并未有新的举措，前景不明，区域竞争力不强。

2. 产业结构不合理、产业转型方向单一

资源性产业发展迅速，其他产业发展滞后。铜川市第二产业比重大，而第二产业主要以资源初级开发和粗放型经营为主，产业链短，附加值低。多年以来，铜川市第二产业发展快于第一产业和第二产业，形成了以工业为主的产业结构。但是，从工业内部结构来看，以煤炭为基础的重化工业发展较快，轻工业发展相对滞后。资源开采难度增大，开发接续矛盾突出，尽管从数字上看，铜川矿产保有储量较大，但一方面，由于前期的无序和粗放性开采，资源开采难度增大，成本提高，发展后劲缺乏；另一方面，资源勘探工作严重滞后，普遍存在缺少普探、详探、精探、深探等问题，致使许多资源情况数据不清、不准、不统一。

3. 资源环境承载能力较弱、生态压力较大

铜川市可建设用地数量有限。全市约 67 %的国土空间由山地和丘陵组成，再扣除不适宜工业化和城镇化开发的国土空间，今后可用于建设用地的土地资源十分有限，从而决定了铜川市工业化、城镇化可供选择的地域空间也极为有限。水资源短缺。2008 年全市人均占有水资源 276 立方米，远低于人均 1000 立方米的国际水资源紧缺标

单位: %

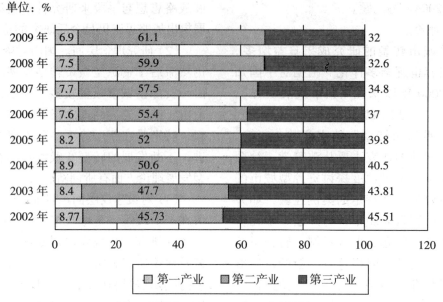

图1 铜川市 2002~2009 年三产比例情况

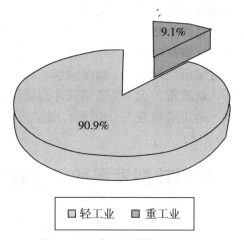

图2 2009 年铜川市轻重工业比

准，也远低于陕西省和全国的平均水平，既制约着生产力布局和人口空间分布，也带来诸多生态问题。环境问题较为突出。铜川市大气与地表水环境质量总体状况较差。铜川市市辖区 SO_2 轻度超载，王益区和印台区 COD 处于极度超载状态。水土流失严重。全市水土流失面积占总土地面积的 87.2%，土壤侵蚀模数最高达 3809 吨/平方公里·年，生态环境恶劣。除西北部土石山区因植被较好和南部川原区地势平缓，水土流失较轻外，其余大部分地区植被较差，水土流失严重。生态需求大于生态供给，以煤炭开采为主的工业对生态环境造成极大压力，破坏了地表植被和地下水，造成严重水土流失。中心城区污染物排放总量较高，超出环境承载能力；污水收集管网覆盖率不

高，存在生活污水直排现象；北市区及耀州城区空村环境保护压力较大。

4. 居民收入差距较大、社会管理任务艰巨

近十年来，铜川市城乡居民收入一直处于发展不均衡状态，城镇居民人均年收入增长速率除 2003 年、2004 年较农村有所降低，其他年份均快于农村居民人均年收入增长，致使城乡差距不断增大。2009 年铜川市城镇居民可支配收入为 13717 元，农村居民人均纯收入为 3968 元，城乡收入比为 3.46：1，收入差距高于国际公认的 1.5：1 警戒线。而且城乡居民收入从 2000 年的 3837：1459 上升为 13717：3968，城乡居民收入差距构成城乡发展的不稳定因素，今后社会管理的任务十分艰巨。

5. 城市发展问题突出、城市空间发展无序

城市片区发展存在差距。老城区人口密度过大，建设用地紧张，生产与生活空间已严重超出承载能力，而新区缺乏城市活力，人口密度偏低，公共服务设施相对缺乏。产业空间与人居空间缺乏协调。铜川的工业园主要以高载能产业为主，这样大规模的产业集聚发展，对人居环境造成了严重的影响；城市整体空间结构不明晰，布局较为混乱，空间形态特色尚不明显。由于城市整体空间结构不明晰，缺乏相应的功能匹配和明确的综合开发引导，城市建设存在随意性和盲目性，组团各自为政，内部开发混乱，导致城市空间发展的无序和混乱，加大了基础设施投资量。由于空间结构及布局的混乱，致使规划建设的各组团、各片区缺乏有效协调，城市布局形态特色不明显，缺少对自然地形、周边环境的考虑，相互结合不够灵活；城市生态系统与自然生态、地形地貌、河流水系等自然基质联系较弱，没有形成完整的绿地系统，绿化率较低，城市景观特色与城市风貌不突出。城市道路交通体系急需改善。城市道路等级较低，且单向交通趋势明显，造成交通不畅。交通体系亟待改善，道路网不完善，功能不明确，城市公共交通发展困难、城市循环效率低。静态交通设施落后，停车场地短缺。

四、铜川转型发展的战略思路

铜川作为资源型城市，历史积累的问题十分突出。面对这些问题，必须紧紧抓住国家支持资源型城市经济转型的政策机遇以及突出的区域和城市发展的优势，从铜川市区位特征、资源特征和政策环境特征入手，对铜川市转型发展的战略定位、转型重点、发展时序等做出前瞻性、统筹性的规划和安排，推动铜川市的全面转型，这是资源型城市走向可持续发展的必要要求。要以发展模式转型为主线，全面推进城市经济、社会和生态的转型，并围绕城市发展转型推进城市制度和空间转型，最终推动城市发展模式的多元化综合转型。

1. 战略定位

资源型城市转型是一个系统工程，需要对生态、经济、社会、空间4个主要因素进行综合治理，才可达到一定的效果，参考国外资源型城市转型的经验来看，一定要立足长远、进行持续的转型积累。因此依托铜川城市的区位优势、交通优势、资源优势和产业优势，坚持创新引领的转型发展之路，以产业发展为核心，以文化传承和生态建设重要支撑和辅助，以区域一体化、现代化、复合化、功能化、低碳化为主要标志，将铜川中心城区打造成为具有国家战略意义的资源型城市转型发展示范、西部地区以能源产业和建材产业为主导的特色化现代产业城市、同城化导向下大西安都市圈重要的次核心城市。

2. 战略重点

（1）生态发展转型。坚持生态环境保护优先，加快生态修复工作，全面实施城市绿色发展战略，积极推进生态城市、园林城市、环保模范城市建设，全面推进清洁生产，大力推广节能、节材、节水、节地环保技术，提高城市可再生能源比重，努力倡导绿色生产、低碳生活和消费方式，引导公众科学和绿色消费，构建城市资源循环利用产业链和资源节约型经济体系，建设环境友好的生态企业、生态社区、生态城镇和生态产业体系，走经济高效、能源节约、环境友好、低碳排放的绿色发展之路。

（2）产业发展转型。重构产业基础，加快产业升级、促进产业发展，实施特色专业化的城市产业转型战略，并通过产业升级与发展带动城市转型，实现经济转型，继而带动区域发展。实施好科技引领、项目支撑、环境奠基三大战略，采取产业链延伸模式、新型产业植入模式、新主导产业扶持模式三大模式，走循环经济发展之路。着力打造煤电、铝业、水泥、新兴产业四个百亿元产业集群。重点围绕煤炭产业延伸外拓（启动阶段）——基于比较优势的新型产业培育（发展阶段）——煤炭产业逐步收缩、新型接续产业规模壮大（提升阶段）的产业转型主线，变革原有的

经济增长方式，发展循环经济，构建煤炭开采加工资源综合利用产业链；煤—电—电解铝—铝制品精深加工产业链；煤—电—建材一体化产业链；煤—电—清洁燃料—陶瓷产业链；铝镁合金、PVC等新型材料—装备制造业产业链；生物医药种植—生物制药产业链；农副产品—有机食品；旅游业—相关服务业—健康保健业产业链（养生、休闲、保健、康体）八大产业链。发挥产业集群特有的技术溢出效应，增强产业创新能力，实现从资源型城市向关中北部特色产业和能源铝航材工业基地、全省重要的综合性中心城市转型。必须对现有资源深度开发并延长产业链，扩大产品综合利用途径，使原来以单一的矿产资源开发为主的支柱产业转变为多元化的产业结构，提升资源的产业级次和附加值；降低污染和能源消耗，提高科技含量和经济效益；提高资源综合利用效率。铜川的产业发展决不能仅仅停留在"打造产业链"和"打造产业集聚区"，甚至不能停留在各种利益主体的博弈下发展"工业地产"、"文化地产"、"养生地产"的目标，而是要超越"打造产业集群"的思维定式，通过技术学习、创新与创造，实现真正的产业集群理论的价值，发展真正的创新集群，以实现创新城市为发展目标，才是

铜川作为资源型城市转型发展的最终出路。

（3）空间发展转型。采取"生态为基，绿色筑城"、"交通先行，内优外联"、"产业转型，整体跨越"、"南拓西展，中控北疏"的空间战略，以产业转型带动城市转型，以产业重新布局优化城市整体布局；建立网络化联系通道，提高交通网络连通度；向南向西拓展城市空间，优化城市布局。

（4）社会制度转型。铜川应根据自身发展情况，通过建立政府扶助、社会参与的职业技能培训机制，进一步健全失地农民养老保险制度；大力实施人才战略，推动科技进步与创新，是保障铜川市经济社会顺利转型的关键。要更加注重保障和改善城市民生，积极推进城市各项民生工程建设，加快城市危旧房、棚户区、城中村和边缘区改造，进一步完善城镇安全和社会保障体系，强力推进保障性住房建设，努力完善社区服务体系，改善居民生活环境，着力解决贫困和低收入群体面临的各种社会问题，切实化解农民工融入城市的各种障碍，不断提高公共服务能力和水平，努力提升城市素质和品位，满足社会的基本需要，缩小城乡差距，促进城乡协调发展，构建一个和谐有序的城市发展新格局。

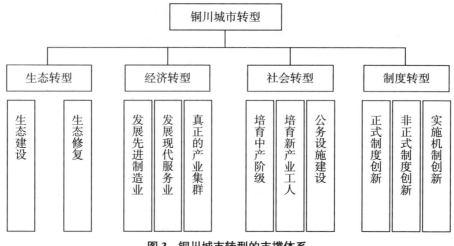

图3　铜川城市转型的支撑体系

五、空间规划策略

应积极利用自身优势，内优外联，与区域联动发展，加快西铜同城化建设，即在生态安全、空间融合、基础设施建设等方面优化和提升铜川区域空间环境，内部应按照现代生态城市发展理念，运用转型导向下的复合空间建设体系，在绿地建设、道路交通、公共空间、休闲设施、服务设施方面增强城市空间作用，营建良好的城市风貌，提升城市竞争力。以关中地区"一轴一环三走廊"的"咸阳—铜川城镇带"建设为契机，完善"一主两次"城镇发展带（即主轴带沿210国道发展，次轴带分别为沿梅七铁路线与市域西环公路线；铜白铁路线与305公路线发展），重点加强南北向210国道主轴和东西向305省道、梅七铁路及市域西环公路次轴沿线城镇的建设和培育，形成北起彭镇，南至南市区，东起高楼河，西至庙湾镇的"一纵一横一环绕"的城镇分布及城乡一体化发展格局。整合老城区、耀州城区、新区、黄堡、董家河镇区，形成分工明确、协作有序、南扩北疏，"两区一廊"（南市区即新区、耀州区；北市区即王益区、印台区；一廊即黄堡—董家河镇城市绿色走廊）的城市空间格局。重点发展铜川新区，改造提升北市区和耀州区，加快黄堡—董家河城市绿色走廊的绿化建设。扩大中心城市人口和用地规模，引导片区内人口向中心城市集中，引导产业向园区集中。提高中心城市各功能区一体化水平，形成55万人以上的大城市。

1. 运用集约与创新发展理念建设城乡空间新秩序

资源型城市由于长期的资源开采、土地塌陷等生态问题较为突出。城市用地相对比较紧张，城市拓展受到很大的影响，成为城市发展的一大"瓶颈"。资源型城市首先要处理好土地复垦问题，要充分利用各自的地域、历史与民俗文化优势，将塌陷地作为"资源"处理，通过改变土地的利用方式，将塌陷地作为农业、或休闲娱乐业的场地，运用集约理念，提高土地的利用效率，紧凑发展。而不能一味地侵占耕地，盲目扩张。资源型城市的转型发展必须走向以创新求发展的轨道，强化产业集群发展、科技创新、品牌打造，把增强自主创新能力和培育自主品牌结合起来，以自主品牌带动自主创新，以自主创新提升自主品牌，积极建设创新城市。并且创新性营建城乡空间新秩序，在协调好产业空间和居住空间的基础上，积极建设城市"产住综合体"，协调城市生产、生活和生态功能，减少大规模通勤交通。积极建设城市非盈利公共空间，保证足够的生态和休闲空间等，逐步实现城市空间从无序开发走向高效、良性发展之路，实现城市空间的完美转型。

2. 建立生态—交通—经济—社会一体的复合空间发展模式

城市是一个复杂的巨系统，其发展受到很多子系统（如生态系统、经济系统、社会系统、基础设施系统等）的影响。而资源型城市各个系统负面影响较大，生态环境、社会就业问题突出，因此资源型城市转型发展必须立足这一现实，运用现代城市发展的先进理念，建立一种复合空间发展模式（ETES模式），引导各个子系统的良性与有序发展，实现紧凑、集约、高效、生态的现代化园林宜居城市。首先，要立足城乡生态空间，设定城乡生态空间的"底线"。运用城市融入自然，自然引入城市的发展理念，构建城乡生态大格局，保证城市周边的基质、廊道、板块系统，确定不同类型城市生态空间的最低比重，严格实施"绿线"保护规定。防止城市建设对绿色空间的破坏。其次，要建立综合交通体系，实现铁路、公路、轨道交通等多种运输方式的协调与畅通，注重公共交通优先发展，加快现代化交通体系的构建。注重过境交通对城市的影响，避免和减少大规模的通勤交通。要明确产业区的布局，突出产业的差别化、特色化发展，运用产业集群发展的相关理念，处理好产业空间与其他空间特别是居住空间的关系。最后，要坚持"以人为本"的科学发展理念，按照生活、生态、生产的先后次序，建设商业服务、医疗卫生、科研教育、文化娱乐等公共服务设施建设，高标准地满足居民的各种生活需要。

3. 加强城市空间管制，规范空间开发秩序

制定详细、可操作的生态区划与经济区划，科学划定各片区的界限，尤其对资源型城市的基本农田、水域、林地、山体等非城市建设空间界限予以明确，保证各个片区之间的有序、良性发展。要强化城乡空间管制，规范空间开发秩序，就必须本着城乡公平发展与效率提高的基本准则，制定严格的城市用地增长边界和土地利用的约束性指标，设置城市用地的基本边界和开发强度的最高限度，防止城市空间的无序蔓延和过度开发。土地利用要创新地进行开放性研究，立足国土规划的大背景，运用"三规合一"的新手段，创新提出国民经济和社会发展规划、土地利用规划、城乡规划的综合体系框架，制定《城乡用地分类与规划建设用地标准》，解决当前国土、规划、园林等各部门在管理上出现的诸多不协调问题。另外需要合理安排各类用地比例。资源型城市大多工业用地比重过大，利用效率较低，应该按照城市用地使用标准确定城市用地结构和比例，设置工业用地的最高比例，提高产业用地的使用效率。

六、结　语

综上所述，铜川城市转型已经进入了全面的转型时期，要在全面评价当前研究态势的基础上进行全面系统的综合研究，结合城市发展战略的理念制定明确的发展思路，包括战略定位、战略重点、通过生态发展转型、产业发展转型、空间发展转型、社会制度转型等角度制定转型的基本思路，然后根据资源型城市发展转型的需要，立足城乡规划专业，运用集约与创新理念建立符合空间发展模式和城乡空间新秩序，并通过空间管制，实现生态、经济、社会的全面转型。

参考文献

Marsh B. Continuity and decline in the anthracite towns of Pennsylvania [J]. Annals of the Association of American Geographers, 1987, 77 (3).

Gill A M. Enhancing social interaction in new resource towns: planning perspectives [J]. Journal of Economic and Social Geography (TESG), 1990, 81 (5).

Spooner D. Mining and Regional Development [M]. Oxford: Oxford University Press, 1981.

Lucas R A. Minetown, Milltown, Railtown: Life in Canadian Communities of Single Industry [M]. Torronto: University of Toronto Press, 1971.

Bradbury J H, St.-Martin I. Winding down in a Qubic town: a case study of Schefferville [J]. The Canadian Geographer, 1983, 27 (2).

Bradbury J H. The impact of industrial cycles in the mining secter [J]. International Journal of Urban and Regional Research, 1984, 8 (3).

Hayter R, Barnes T J. Labour market segmentation, flexibility and recession: A British Colombian case study [J]. Environment and Planing, 1992, 10.

Bradbury J H. Living with boom and cycles: new towns on the resource frontier in Canada [A]. Resource Communities [C]. CSIRO, Australia, 1988.

魏后凯. 论中国城市转型战略 [J]. 城市与区域规划研究, 2011, 4 (1).

邱朝霞. 资源枯竭型城市区域竞争力再培育研究——以辽源市为例 [D]. 吉林: 东北师范大学, 2006.

张秀生, 陈先勇. 论资源型城市的产业发展的现状、困境与对策 [J]. 经济评论, 2001 (6).

郑伯红. 资源型城市的可持续发展优化及案例研究 [J]. 云南地理环境研究, 1999, 11 (1).

吴奇修, 陈晓红. 资源型城市的转型与发展: 一个文献综述 [J]. 经济, 2005 (3).

杨振超. 国内外资源型城市转型理论研究述评 [J]. 上海经济研究, 2010 (6).

张静. 资源型城市产业转型的研究进展述评 [J]. 商业时代, 2011 (8).

闫丽珍, 闵庆文. 资源型城市产业转型模式研究进展 [J]. 矿业研究与开发, 2006, 26 (3).

李好好, 李立伟, 张彬. 从德国鲁尔区看我国东北类似城市的改造转型 [J]. 经济管理, 2004 (21).

钟贤巍.欧盟产业旅游发展对我国东北老工业城市转型的启示 [J]. 东北经济研究, 2007 (5).

李辉, 刘春艳.日本与欧盟资源型城市转型中的就业对策比较 [J]. 现代日本经济, 2006, 126 (2).

王小平.关于资源型城市产业转型的思考——巩义市产业转型的经验借鉴及启示 [J]. 中国矿业, 2007, 16 (8).

沙景华, 李刚.矿业城市经济转型的模式路径及经验研究——以吉林省辽源市为例 [J]. 中国矿业, 2005, 14 (12).

孟韬.资源枯竭型城市产业转型的定位与实践——阜新、辽源两个国家试点城市的经验比较 [J]. 东北经济研究, 2007 (5).

田象生.资源型城市产业转型的途径——鸡西产业转型的经验 [J]. 地方经济, 2007 (2).

毕家美.资源型城市转型发展的淮北经验 [J]. 中国经验, 2010.

李晶.资源枯竭型城市产业转型的"恒山模式"研究 [J]. 财经问题研究, 2006, 272 (7).

赵西君, 吴殿廷, 等.成熟期资源型城市产业转型发展模式研究——以济宁市为例 [J]. 地理与地理信息科学, 2007, 23 (6).

陈孝劲, 崔彬, 郝举.资源型城市产业转型模式探讨——以盘锦市为例 [J]. 中国矿业, 2011, 20 (3).

刘英华.服务于城市产业转型升级的信息服务平台框架研究 [J]. 图书馆论坛, 2010, 30 (2).

祁泉淞, 李江风.煤炭资源型城市经济转型中投资环境评价研究 [J]. 煤炭技术, 2011, 30 (2).

于光, 周进生, 等.利用区位商模型判断资源型城市产业转型方向 [J]. 中国矿业, 2006, 15 (11).

苏文.石油资源枯竭型城市新主导产业的选择和发展 [J]. 中国矿业, 2010 (12).

赵玉香.资源型城市经济结构转型的必要性及调整战略 [J]. 改革与战略, 2006, 150 (10).

田中禾, 田亚莉.基于成本性态的资源型城市转型成本分类探讨 [J]. 成本管理, 2011 (3).

车晓翠, 张平宇.资源型城市经济转型绩效及其评价指标体系 [J]. 学术交流, 2011, 202 (1).

朱霖.资源枯竭型城市产业转型的社会成本 [J]. 改革, 2009, 185 (7).

杨艳国, 王志宏, 曲臣.矿业城市转型风险分析 [J]. 辽宁工程技术大学学报, 2006 (25).

庞娟.资源枯竭型城市产业转型的风险规避与产业创新 [J]. 城市问题, 2006, 132 (4).

沈镭, 程静.矿业城市可持续发展的机理初探 [J]. 资源科学, 1999, 21 (1).

赵天石.资源型城市可持续发展战略问题研究 [M]. 北京: 红旗出版社, 2001.

彭介林, 张萌.资源型城市转型的战略构想 [J]. 宏观经济管理, 2005 (8).

董锁成, 李泽红.中国资源型城市经济转型问题与战略探索 [J]. 中国人口·资源与环境, 2007, 17 (5).

王小明.我国资源型城市转型发展的战略研究 [J]. 财政问题研究, 2011, 326 (1).

杨振超.我国资源型城市可持续发展战略转型研究 [J]. 毛泽东邓小平理论研究, 2010 (7).

王东, 吕传廷, 等.以战略规划引领城市发展模式转型 [J]. 城市规划, 2010, 34 (3).

陈春林, 刘继生, 韩阳.内蒙古阿尔山森林资源枯竭型城市转型战略决策量化分析 [J]. 人文地理, 2010, 116 (6).

于长立.煤炭城市经济生态转型的理论基础与对策研究 [J]. 商场现代化, 2007, 490 (1).

于长立.煤炭城市生态转型的思考与对策 [J]. 矿山机械, 2006, 34 (12).

周涛发, 等.矿山城市矿产资源利用的环境负效应及其防治 [J]. 合肥工业大学学报, 2004, 27 (3).

纪万斌, 尹训河.采矿塌陷灾害的成因机理及防治策略 [J]. 中国地质灾害与防治学报, 1998, 9 (3).

于立, 于左.资源枯竭型城市产业转型与社会稳定的关联度 [J]. 改革, 2009, 179 (1).

郑杭生, 刘精明.转型加速期城市社会分层结构的划分 [J]. 社会科学研究, 2004 (2).

陈志霞, 陈剑峰.转型加速期城市居民的职业地位评价与社会分层 [J]. 数理统计与管理, 2007, 27 (2).

蔡小慎, 潘加军.转型期我国城市社区治理中的分权问题探讨 [J]. 社会主义研究, 2005, 160 (2).

黄荣英.论社会转型时期我国城市社区建设模式选择 [J]. 前沿, 2010, 274 (20).

刘莹.资源枯竭型城市的转型与就业 [J]. 商业经济评论, 2010 (2).

刘淑娟.资源型城市转型中的职工再就业研究——以唐山市为例 [J]. 生产力研究, 2011 (1).

张雷.矿产资源开发与国家工业化 [M]. 北京: 商务印书馆, 2004.

郝莹莹.东北资源枯竭型城市社会问题研究//中国东北论坛 2003——东北老工业基地的改造与振兴 [M]. 长春: 东北师范大学出版社, 2003.

李维忠, 张建军.要高度重视资源枯竭型城市劳动力转移问题 [J]. 辽宁工程技术大学学报 (社会科学版), 2001, 3 (1).

赵智龙, 李钒.资源型城市转型与制度创新 [J]. 经济论坛, 2005 (24).

金建国,李玉辉.资源型城市转型中的政府管理创新 [J].经济社会体制比较,2005,121(5).

孙雅静.资源型城市转型过程中政府职能转型研究 [J].中国矿业,2007,16(5).

王彦明.资源型城市转型的财政政策:介入机制与方式 [J].生产力研究,2011(1).

陈继明,周诚君.资源型城市转型发展的金融支持 [J].中国金融,2010(11).

吴萍,杨建新,沈露.产业演进机制与资源型老工业城市——个旧产业结构调整的定位分析 [J].经济问题探索,2004(1).

钱勇,赵静.促进资源型城市产业转型的税收政策 [J].辽宁工程大学学报(社会科学版),2004,6(5).

张丽.虚拟股票期权在资源型城市企业中的应用研究 [D].大连理工大学,2004.

(孙海军、张沛、安蕾,西安建筑科技大学建筑学院)

对新疆典型资源富集区产业发展"比较优势陷阱"的理论分析

一、问题的提出及理论拓展

大卫·李嘉图提出的广泛运用于国际分工和国际贸易领域的比较优势论经过二百多年的发展，应用范围不断拓展，现在已经成为研究区域经济和区域产业发展等诸多区域经济问题的重要理论和研究视角。还为区域经济发展和区域产业结构布局与调整提供了一种比较优势的分析理念，即区域经济发展要发挥区域的资源等要素禀赋比较优势，发展有特色、有竞争力的产业；还要善于规避比较劣势，注重要素禀赋结构的改进与产业结构的调整升级，培育竞争优势。比较优势理论在经济领域具有应用的普适性，比较优势原则下的区域资源产业开发符合区域经济发展的一般规律。但比较优势理论本身具有局限性，并不是在本国或本地区具有比较优势的产业在国际竞争或者国内区域之间的竞争中就一定具有竞争优势，充分的利用资源比较优势并不一定能够带来区域经济的振兴和平衡发展。通常认为资源丰富是新疆等西部地区的一大优势，实际上资源仅是充分条件而非发展的必要条件。世界各国的经济实践都已经反映出自然资源丰富的地区不一定是经济增长最快的地区，甚至相反，因为严重依赖资源，产业会陷入"富饶的贫困陷阱"而成为落后地区。

在国际市场上除了一部分像石油输出国这样的原料生产国，大部分发展中国家所具有的自然资源和劳动力的比较优势，在国际竞争中已不具有垄断优势。在国内市场和区域经济环境下以本地区资源富集的相对优势来确定自己的贸易及产业结构，虽然能获得经济利益，但不能缩短与发达地区的经济差距。因现阶段的竞争力主要是产业竞争力以及由此决定的地区经济实力，而不是由单纯的资源禀赋决定的比较优势。资源富集区域如果单纯发挥"比较优势"，企图以资源劳动密集型产业为导向转换成经济优势，就会跌入"比较优势陷阱"。因此在新的经济背景下，依据自身经济发展水平调整在国际、国内分工中的比较利益结构，是国际竞争新格局和区域振兴对新疆这类资源密集地区的迫切要求。运用"比较优势理论"结合地区实际，探讨区域经济发展战略和对策具有重要的实践价值。

二、新疆矿产资源"比较优势"产业发展现状

新疆是我国矿种比较齐全、矿产配套程度较高的资源大区，随着塔里木盆地、准噶尔盆地、吐—哈盆地油气资源勘探开发的全面展开，新疆已成为中国石油、天然气资源的重要战略接替区。新疆农林牧业和旅游资源均具有比较优势。得天独厚的自然条件使新疆许多农副产品、畜产品如

棉花、甜菜、番茄、瓜果、绵羊毛、肠衣的质量优异，享有盛誉。长期以来，新疆利用资源比较优势发展优势产业，有一些已在全国占有很高的比重，如 2007 年新疆甜菜产量占全国产量的 50.82%，棉花占 39.52%，天然气、原油分别占 30.36% 和 13.98%，原煤所占的比重也迅速上升，一定程度上推动了新疆地区经济增长。

新疆作为矿产资源蕴藏丰富的区域，近几年开采原煤、天然原油、天然气、铁矿石、硫铁矿、焦炭等矿产品产量均有大幅度增长。特别是近几年新疆不断发现大型煤田，吸引了大量国内资本投资迅速增加，随着我国"西气东输"工程投入运营，新疆天然气产量也迅速增长。以 2003 年为基础，原煤从 2004 年增长 7.65% 增长到 2008 年的 34.77%，天然气在 5 年中 2005 年较 2004 年为最高增长达到 6 倍，焦炭、铁矿石均以平均 30%~ 50% 的增幅增加开采。伴随优势资源的大规模开发，新疆资源比较优势突出的行业主要工业指标占全区规模以上工业的比重在新疆经济发展中的地位十分突出。石油、天然气、黑色金属开采加工业占新疆规模以上工业总产值比重高达 62.3%，工业销售产值 63%，利润总额 81.7%，仅石油天然气开采业利润占比高达 90.9%，石油加工业却是较大比例亏损，呈现极不均衡的畸形发展态势。初级加工产品（电力生产、化学制品、纺织业、农副食品加工业）的工业总产值占比只有 16.4%，纺织业和农副食品加工业只占工业总产值的 5.9%，利润勉强持平。就新疆优质的粮棉出产、丰富的特色林果资源优势而言，纺织品、农副产品、食品加工制造产业发展水平严重滞后，深加工能力很弱，附加值难以体现，第二产业内部结构很不均衡。[①]

三、新疆资源型产业依赖产生"比较优势陷阱"[②]

上述数据充分反映出近年来新疆具有"比较优势"的产业在新疆工业发展中的特殊地位，体现出新疆对外贸易和经济发展对于资源性产品开采销售的高度依赖，以及资源富集产品加工制造产业链延伸增值有限，深加工发展滞后，"比较利益陷阱"凸显。

（一）对优势产业高度依赖不利于经济均衡发展

十年来新疆三次产业结构出现了显著变化，1998 年三次产业占比为 26.3%：35.7%：38.0%，2008 年该比例变为 16.4%：49.7%：33.9%。三次产业产值增长率从 1998 年的 -7.74%：6.25%：12.86%，变为 2008 年的 9.92%：26.66%：14.33%。

从相关统计数据均能观察到新疆第一产业占比最小，一般年份都处于下降状态，虽然长期以来新疆农、林、牧、渔特色产业也在不断发展，但是增长速度远远落后于资源开发及辅助产业，对新疆生产总值的贡献比率呈不断减弱的趋势。第二产业有不断加快发展的趋势。2008 年新疆以煤炭、石油等资源性产品开采加工为主的工业产值占新疆规模以上工业产值比重达到 2/3 左右，第二产业在三次产业中的占比则近 50%，产值增长率比 1998 年更是高出 20.31 个百分点，拉动生产总值的增长作用明显。这和 1998 年国家实施西部大开发战略，2003 年加快了开发速度有关。但第二产业的高增长引起了新疆三次产业呈现出畸形发展趋势，GDP 过度依赖优势资源的开采和初级产品加工，带来了经济结构的失衡。第三产业数十年间产值增长幅度只有 1.47 个百分点。从 2003 年后第三产业在产业结构中所占比例不断下降，与第二产业拉开了较大差距。

---

① 本部分文中数据根据《2009 年新疆统计年鉴》整理和计算。
② 本部分数据来源于历年《新疆统计年鉴》。

（二）产业结构失衡对就业拉动作用有限

资源开采和加工都属于资本密集型产业，对劳动力吸纳有限。依据配第—克拉克定理，劳动力从第一产业向二、三产业转移的原因是经济发展中各产业间出现的收入的相对差异造成的，人们总是从低收入的产业向高收入的产业转移。新疆三次产业就业分布则违背了这一定律。自 1998~2008 年新疆第二产业吸纳就业能力处于最弱的位置。三次产业就业人口分布比例 1998 年为 56.9：15.6：27.45，到 2008 年变为 49.71：14.16：36.13。数十年中第一产业在生产总值中所占比例下降 9.9 个百分点，就业人口下降了 5.84 个百分点。第一产业的就业占比虽然有下降的趋势，但仍然是新疆吸纳就业人口过半的主行业。第三产业数十年中在生产总值中所占比例下降了 4.1 个百分点，产值增长率只有 1.47 个百分点，但就业人口比例增长了 8.68 个百分点，吸纳就业人口相对较多。但第二产业在十年间伴随其产值和 GDP 比重的高增长，就业人口所占比重却不但没有增加反而下降 1.44 个百分点。说明新疆以资源开发加工为主的工业生产部门在高速增长过程中并没有使更多的农民脱离土地，推动农村剩余劳动力产业转移的作用和吸纳更多城市就业的作用微弱。

（三）优势产业未促进城乡居民收入水平的提高

新疆优势资源开发引起新疆经济快速增长，但这种增长没有使新疆城乡居民收入同步增长，而且与全国的城乡收入增长差距有扩大趋势。国家实施农业直补政策以及农产品价格上升使农村居民人均纯收入上升较快，增长速度加快，但绝对数量差距在扩大，全国各省横向比较，新疆农村居民人均纯收入水平自 2000 年来一直徘徊在第 25 位，基本没有任何改变。城市居民家庭人均可支配收入增长速度一直低于全国水平，绝对数差距亦有明显扩大，2000 年全国城市居民人均支配收入是新疆的 1.11 倍，到 2008 年扩大为 1.38 倍。横向比较，2003 年之前新疆城市居民人均可支配收入水平在全国各省排名为中等偏上，而在 2003 年后，2004 年下落至第 25 位，2005~2008 年加速下落至全国倒数第一至第三位，徘徊于最末位。

四、新疆资源产业陷入"比较优势陷阱"的理论解析

新疆资源型产业发展最为突出的特征是大宗产品的开采与处级加工贸易。加拿大经济史学家哈罗德·因尼斯（Harold Innis）与 W. A. 麦肯托斯（W.A.Mackitosh）创立的大宗产品理论认为：大宗产品的生产和出口会扭曲区域经济，最终会阻碍区域经济的持续发展。该理论被称为依赖论，认为区域内每个大宗产品都能影响区域政治结构、社会关系和地理特征。依赖论的核心是进口产品的中心区域与出口产品区域之间地位不平等的关系。这种不平等的关系使资源区不仅没有得到丰富资源所带来的好处，反而受其拖累。[①] 运用于新疆等资源富集区域，最终输出资源产品的地区与输入产品的国家或地区之间显现出经济的差异和不平等的关系。分析原因主要有：

第一，进口中心区，也可表现为较为发达的经济中心区的需求导致资源富集区产业结构过度专业化，扩散效应不明显。因资源富集区将所有精力都放在大宗产品的生产上，所有的工业和政府活动都附属于此。新疆的支柱产业是资源开采与加工，伴随我国经济高速增长，对资源、能源需求快速增加，刺激了国内、国际市场的能源价格和能源行业的利润均大幅度增加，带动了新疆能源及相关产业的开发与投资热度不断升温，势必带来了产业结构的畸变和对其他产业投资的"挤出效应"。

第二，根据依赖论，资源富集区的政府难以

---

① 聂华林，高新才. 区域发展战略学 [M]. 中国社会科学出版社，2006.

主导区域经济发展，政府依赖这些大宗产品的生产保持区域经济增长，在与外部资金谈判中则处于弱势地位。因为外部投资控制了资金、技术和市场。政府的作用仅限于给产品的生产提供配套服务，如提供基础设施、优惠政策等。这样的结果使资源富集区陷入了一个或几个大宗产品输出的陷阱。大宗产品经济在需求市场发生波动时会产生财政危机，在资源枯竭时会崩溃。

1998年西部大开发以来随着新疆资源产品开发的升温，新疆地方财政收入和财政支出规模都在快速增长，但地方财政支出比财政收入增长更快，财政自给率反而呈现递减趋势，十年中下降明显。反映出随着新疆地方财政收入的增长，新疆基础设施建设进入了快车道，交通、通讯等条件的改善为新疆资源大开发创造了良好的硬件环境，政府消费或政府支出占比不断扩大。同时也使得新疆地方政府的财政收支缺口不断加大，而从十年中居民和政府的消费趋势来看，政府投资对于私人消费的"挤出效应"明显。居民消费占比下降明显，相反，政府消费明显递增。折射出新疆地方财政的资源配置方向被无形改变，配置

到资源开发产业的财政支出大大增加，公共工程及资源开发产业支出增长推动了资源开发企业的发展，相应地其他产业的配置比重下降，政府扶植其他产业包括新兴产业发展的能力必然减弱，这是新疆第二产业内部结构失衡的根本原因，也是居民收入与消费滞后的原因。

综合上述分析，新疆比较优势产业对新疆经济增长带动明显，但经济增长对资源开发产业的依赖引起了新疆产业结构的严重失衡，不利于新疆的产业结构优化升级和技术更新，不利于新疆经济的持续稳定发展。同时由于优势资源产业的就业吸纳能力有限，导致第一产业向第二产业转移就业增长缓慢，加上较封闭偏远的自然环境使新疆农村劳动力不愿意承担到东部地区流动就业的风险，农村剩余劳动力转移问题非常尖锐。优势产业的发展产生了明显的就业及其他产业发展的"挤出效应"。因此，资源富集地区发挥资源禀赋优势可以形成以低成本为特征的单一资源型主导产业，如果放任这一产业形成正反馈吸纳机制，造成优势负效应的肆虐问题，就形成了"比较优势陷阱"。

五、破解资源富集区"比较利益陷阱"的理论思考

（一）波特"竞争优势"论的内涵

迈克尔·波特教授1990年提出"国家竞争优势"理论，[①] 发展了传统比较优势理论，认为一国兴衰的根本在于国际竞争中是否赢得优势，国家竞争优势的取得关键在于四个基本要素和两个辅助要素的整合作用，才能实现从比较优势到竞争优势的飞跃。

第一，资源与才能要素。指一个国家或地区的生产要素状况，包括熟练劳动力，以及在某行业竞争所必须具备的基础设施条件。波特把这类要素按等级划分成基本要素（或初级要素）和高级要素两大类，认为科研设施及专门技术知识等

高级要素指必须通过长期教育投资和培育才能创造出来的要素，对竞争优势具有更重要的作用。基本要素可以为一国或地区提供一些初始的优势，这些优势随着在高级要素方面的投资得到加强和扩展。反之基本要素方面的劣势地位会形成一种向高级要素方面投资的压力。第二，需求要素。指对某个行业产品或服务的国内需求性质。波特十分强调国内需求在刺激和提高国家地区竞争优势中的作用。国内需求的特点对塑造本国或地区产品的特色，产生技术创新和提高质量的压力起着尤其重要的作用。如果一国国内的消费者是成熟复杂和苛刻挑剔的话，会迫使本国企业努力达到产品高质量标准和产品创新，有助于该国企业赢得国际竞争优势。第三，相关和辅助性行业。

① 迈克尔·波特. 国家竞争优势 [M]. 华夏出版社，2002.

指一个国家或地区贸易能够取得国际竞争优势的重要条件是在国内或区内拥有具备国际竞争力的供应商和相关辅助性行业。这些行业在高级生产要素方面投资的好处，将在行业之间产生"溢出效应"。第四，企业战略、结构与竞争。指一国国内（或区内）支配企业创建、组织和管理的条件。企业各自的规模、组织形式、产权结构、竞争目标、管理模式等的选择和运作，不仅与企业内部条件和所处产业的性质有关，而且取决于企业所面临的外部环境。

波特"竞争优势"理论指明了一个国家或地区要真正获得竞争优势，必须积极形成经济发展所需的各种生产要素，特别是积极培养本地区供给不足的"高级要素"，并使之与本地丰富的资源禀赋相结合，通过产业发展和政府的扶持形成区域的主导产业以及相关产业或辅助性产业，并尽量形成产业积聚效应，降低产业生产成本，才有利于本地经济的高效、持续发展，有利于提升本地区产业的国内外市场的竞争力，并达到创造需求的目的。

（二）新疆现有的比较优势具备形成国际、国内竞争优势产业结构的基础

从波特国际竞争的视角分析，比较优势向竞争优势转换的重要途径是将高新技术、先进的管理手段、高层次的人才与丰富的劳动力资源结合，生产具有国际竞争力的产品。因资源富集则资源价格和工资成本构成的产品成本低，产品即具有比较优势的理由是不充分的。首先，资源和劳动是不均质的。具有较高人力资本含量的产品才具有更强的竞争力，反之则不具有竞争优势。其次，国际市场上许多的劳动密集型产品成本低是因为其劳动工资低，还在于具有较高的管理和组织水平，决定了更高的劳动生产率和更优的产品质量。反之，即使产品生产成本低，但管理水平低也不具有竞争优势。真正的比较优势体现在同是高技术及管理含量的产品，在本地区生产所用资源和劳动成本比在其他国家低，则具备了价格竞争的优势。

确定新疆产品的国际竞争优势面对着一对矛盾：一方面根据资源禀赋，新疆具有自然资源和劳动力资源的比较优势，但在国际竞争中不具有绝对的竞争优势；另一方面根据新疆目前的经济发展水平，这些优势还必须利用。如何充分利用比较优势，并在此基础上形成具有国际竞争优势的产业结构是急需解决的问题。我国东部沿海地区经济发展较快，原有的基础并不强，只是资源禀赋的种类与新疆有所差别，但它们的竞争优势却越来越明显。根据东部发展的经验，创造竞争优势，一是争先采用新技术，新思维，以新技术产品打进国际市场，进行由比较优势到竞争优势的有效转化。二是转变贸易结构导向，由以资源禀赋为导向，依据自身的供给条件转向以市场需求为导向。尽管我国沿海地区生产或出口的产品仍是劳动密集型产品居多，但包含了更多的新技术和管理含量，产生了较明显的竞争优势。新疆的资源类产业具有生产成本低的比较优势但不具备进入国际市场的竞争优势，其根本原因在于人力资本和技术投入不足，产业组织化程度低，产业发展低端化，比较优势不能实现竞争优势的有效转化。实践证明，以初级原料生产和销售为主的简单劳动密集型的产业附加值是无法和智力劳动密集型产业相比的。新疆发展"红色产业"①具有独特的气候、地域、地价、劳动力低廉等比较优势，如果通过引进先进的生产技术和设备并充分利用新疆的比较优势在新疆进行产业化开发，创造国际竞争优势具备良好的条件。

（三）新疆资源竞争优势的提高离不开企业创新和政府作用的发挥

波特教授提出的"竞争优势"理论，对于企业建立积极进取的创新机制和政府在提高竞争优势中所发挥的作用有深刻的启迪。竞争优势形成的关键是优势产业的建立和创新，只有抓住产业这个经济运行的主体进行分析，才能正确理解竞争优势的形成。凡优势产业大多是生产效率高的产业，而产业不断提高生产率的源泉在于企业建立和培育自我加压、不断进取的创新机制。政府

---

① "红色产业"指新疆番茄、红花、枸杞等红色农产品生产加工产业。

在提高国家竞争优势中应起一种催化和激发企业创造欲的作用。政府政策成功的关键既不是越俎代庖，也不是无所作为，而在于为企业创造一个有利于公平竞争的外部环境。对于政府制定政策的意义在于政府不仅要承担一些基本、公用事业的职责（应根据国力，逐年加大投资），同时还应特别注重对国内专门要素的培育，如一些专门性高级技工、与新兴工业直接接轨的科研机构等，这些生产要素是高级的且与特定产业关联，对形成竞争优势有特殊意义；政府要致力于营造一个市场化的宏观环境，让生产要素市场和金融市场健康有序地运行；政府要强制实施产品质量、安全与环境标准，促使企业技术创新及产品质量创新，更好地满足全社会的需要。相关措施应当赶超国际标准，使本国企业在国际竞争中处于有利地位；政府要放宽对于国际贸易的管制，促进贸易各国相互开放市场。资源富集区不意味着竞争优势是资源密集型产品，新疆发展战略调整的重要内容应以市场需求为导向，提供有市场竞争力的产品。资源富集区政府如何制定提升竞争优势的发展战略，引导企业进行合理的产业布局，优化产业结构，将比较优势真正转化为地方经济实力，促进经济繁荣和社会和谐应是转变政府职能的重要内容。

参考文献

聂华林，高新才. 区域发展战略学 [M]. 北京：中国社会科学出版社，2006：29-31.

钱纳里. 结构变化与发展政策 [M]. 北京：经济科学出版社，1991.

金碚. 中国工业国际竞争力——理论、方法与实证研究 [M]. 北京：经济管理出版社，1997.

迈克尔·波特. 国家竞争优势 [M]. 北京：华夏出版社，2002：187-199.

黄先荣. 国际竞争力研究的现状及其对中国的启示 [J]. 复旦学报（社会科学版），1997（2）.

徐剑名. 论我国比较优势产业的刚性及其转型 [J]. 国际贸易问题，2004（8）.

洪银兴. 从比较优势到竞争优势 [J]. 经济研究，1997（6）.

《新疆统计年鉴》（1999~2009）.

《中国统计年鉴》（2009）.

（陈闻君、胡序勇，新疆财经大学经济学院）

资源型城市可持续发展水平评价与对策研究

——以内蒙古"呼包鄂"三市为例

一、引 言

国家西部大开发战略实施以来，内蒙古呼和浩特、包头、鄂尔多斯（以下简称"呼包鄂"）三市经济高速发展，已成为内蒙古最具活力的城市经济圈，被誉为内蒙古的"金三角"。2010年，内蒙古 GDP 超万亿元大关，达到 11620 亿元，在全国排名第 15 位，其中"呼包鄂"三市贡献了 6850 亿元，占全区的 59%。

但是，"呼包鄂"三市均属资源型城市，尤其以鄂尔多斯市更为典型。其经济高速增长还是以传统的资源依赖型增长方式为主，2010年"呼包鄂"三市的采矿业、金属冶炼及压延加工业、石油加工、炼焦及核燃料加工业的工业总产值占到内蒙古地区工业总产值 50% 以上，说明目前"呼包鄂"三市的高速增长是依靠着自然资源的高强度开采，对自然资源有着很强的依赖，工业污染物的排放量较大。这些问题已经严重地制约了"呼包鄂"三市经济、社会的健康发展。如果不改变这种传统的发展模式，必然严重制约区域的发展。因此，内蒙古在经济高速增长的同时，要注重环境保护、对资源进行合理有效的利用，协调好资源环境、经济、人口、社会等各方面的关系，从大量消耗资源和污染环境的经济增长模式，向可持续发展模式转变。

二、构建"呼包鄂"区域可持续发展指标体系

本文应用区域可持续理论，结合"呼包鄂"三市具体发展情况建立可持续发展指标体系。指标体系建立的方法大致有两种：第一种是专家主观评定方法，适用于资料有限、主要依据专家的知识、经验来确定指标的被评价对象；第二种是比较判定法及数据统计分析法，适用于具有定量评价指标的被评价对象。本文采用第二种方法建立"呼包鄂"三市可持续发展指标体系，具体构建方法如下：

（1）找出影响因素。本文参考国内外相关文献中对指标体系的研究，参照区域 PRED 系统即人口（Population）、资源（Resources）、环境（Environment）和发展（Development），同时根据"呼包鄂"三市的实际情况对 PRED 系统进行调整，经过汇总筛选后得到影响因素列表。

（2）将影响因素分层分类，初步建立指标体系。方法有综合法和分析法两类。综合法是对初选指标按一定的标准进行聚类，从而构造出指标体系；分析法是指将初选指标划分成若干部分（即子系统），然后逐步细分（即形成各级子系统及功能模块），直到每一部分都可以用具体的统计指标来描述。经过这一步骤，可以初步建立指标体系。

（3）指标体系的科学性测试。对每个指标的正确性和可行性两方面进行测验。正确性是指指标的计算方法、计算范围及计算内容应该正确；可

行性是指指标的数值能否获得。

按照上述构建方法和原则，拟建立"目标层——子系统层——要素层"的指标体系结构。根据本文的研究目的及"呼包鄂"三市实际情况，本文共选取了26个指标，分别构成了资源环境、人口、经济和社会四个子系统，建立了"呼包鄂"三市可持续发展指标体系，具体如表1所示。

资源环境子系统用于描述"呼包鄂"三市的资源环境状况、环境治理和建设能力以及生态状况。由人均耕地面积（Z_1）、工业废水排放总量（Z_2）、工业废气排放总量（Z_3）、工业固体废物产生量（Z_4）、固体废物综合利用率（Z_5）、工业废水处理率（Z_6）指标构成。

人口子系统主要用于描述"呼包鄂"三市人口规模、人口结构及变动情况。由人口总量（R_1）、人口密度（R_2）、出生率（R_3）、死亡率（R_4）、人口自然增长率（R_5）指标构成。

经济子系统主要用于描述"呼包鄂"三市的经济规模、产业结构、经济效益以及经济推动力等情况。由人均GDP（J_1）、第一产业从业人员比重（J_2）、第二产业从业人员比重（J_3）、第三产业从业人员比重（J_4）、第一产业总产值比重（J_5）、第二产业总产值比重（J_6）、第三产业总产值比重（J_7）、社会商品零售总额（J_8）指标构成。

社会子系统主要用于描述"呼包鄂"三市人民生活质量、生活环境等情况。由绿化覆盖面积（S_1）、人均园林绿地面积（S_2）、城镇居民可支配收入（S_3）、生活垃圾清运量（S_4）、粪便清运量（S_5）、生活污水处理率（S_6）、人均垃圾清运量（S_7）指标构成。

表1　"呼包鄂"三市可持续发展指标体系

子系统	指标
资源环境子系统（Z）	人均耕地面积（Z_1）、工业废水排放总量（Z_2）、工业废气排放总量（Z_3）、工业固体废物产生量（Z_4）、固体废物综合利用率（Z_5）、工业废水处理率（Z_6）
人口子系统（R）	人口总量（R_1）、人口密度（R_2）、出生率（R_3）、死亡率（R_4）、人口自然增长率（R_5）
经济子系统（J）	人均GDP（J_1）、第一产业从业人员比重（J_2）、第二产业从业人员比重（J_3）、第三产业从业人员比重（J_4）、第一产业总产值比重（J_5）、第二产业总产值比重（J_6）、第三产业总产值比重（J_7）、社会商品零售总额（J_8）
社会子系统（S）	绿化覆盖面积（S_1）、人均园林绿地面积（S_2）、城镇居民可支配收入（S_3）、生活垃圾清运量（S_4）、粪便清运量（S_5）、生活污水处理率（S_6）、人均垃圾清运量（S_7）

三、区域可持续发展水平评价方法

1. 无量纲化

所收集的各项指标数据，因单位、量纲不同，要进行无量纲化处理，以使不同指标之间的数据可以进行比较。

设观测序列为 $\{X_t\}$，$t = 1, 2, \cdots, N$，常见的无量纲化法如下：

（1）归一化法：

$$y_t = x_t \Big/ \sum_{t=1}^{N} x_t, \quad (x_t \geq 0) \tag{1}$$

（2）标准化法：

$y_t = (x_t - \bar{x})/S$，其中

$$\bar{x} = \sum_{t=1}^{N} x_t \Big/ N, \quad S = \left(\sum_{t=1}^{N} (x_t - \bar{x})^2 / N \right)^{\frac{1}{2}} \tag{2}$$

（3）极差法：

$$y_t = (x_t - \min\{x_t\})/(\max\{x_t\} - \min\{x_t\}) \tag{3}$$

（4）增长率法：

$$y_t = x_t / x_0, \quad (x_0 \text{ 为基值}) \tag{4}$$

（5）环比法：

$$y_t = x_t / x_{t-1}, \quad (t = 2, \cdots, N) \tag{5}$$

前三种方法在文献中应用比较多，本文采用归一化法对指标数据进行处理。

2. 权重的确定

根据本文的研究方法，在确定指标权重的基

础上才能求出综合评价值，确定权重为确定综合评价值的重要环节。指标权重系数的确定方法可归纳为主观、客观两大类方法。客观法确定权重，如因子分析法和主成分分析法，这种方法是根据指标间的变化程度或是否具有相关性来确定权重，剔除了人为因素带来的影响，用法比较广泛；主观法确定权重，如德尔菲法和层次分析法，相比较第一种方法来说，第二种方法受主观因素的影响较大。因此，本文在确定指标方面，采用第一种方法，具体步骤如下：

（1）主成分分析法。

①标准化处理；②计算样本相关矩阵 R；③求矩阵 R 的 J 个特征根；④计算主成分 Z_j；⑤计算主成分 Z_j 的贡献率；⑥计算累计贡献率 V_m；⑦给定 u < 1，当 v 达 u 值时，则取 Z_j，$\cdots Z_m$ 为所求的综合序列，常取 u = 0.85（此处 v 表征了前 m 个主成分所含信息量的比重）。

主成分分析法是一种成熟的权重确定方法和综合评价法，它具有以下特点：可以消除指标间的相关影响；可以减少指标选择的工作量；各主分量按照方差大小排序，可以舍弃部分，只取方差较大的几个分量，节省工作量而又没有漏掉关键指标。

（2）因子分析法。

当主成分分析所得的难以赋予具有实际背景的合理解释时，需将这 m 个主成分作为初始因子做一定规则的旋转。这种获取理想综合因子的方法称为子分析，其实现步骤如下：

①用主成分分析法选择初始因子；②计算关于初始因子的因子载荷矩阵；③进行因子旋转得合理的因子载荷阵，计算因子得分。本文采用 SPSS 统计软件对主成分分析法和因子分析法进行计算。

四、"呼包鄂"区域可持续发展水平分析与评价

根据所确定的可持续发展指标体系，本文以呼和浩特、包头、鄂尔多斯三市 2005~2008 年统计年鉴为依据，收集相关的指标原始数据。应用上述的方法对各子系统的原始数据进行处理。

1. 资源环境子系统的分析与评价

第一步，对资源环境子系统原始数据进行无量纲化处理，应用 SPSS 软件进行处理，得出表 2。

表 2　资源环境子系统无量纲化数据

年份	Z 人均耕地面积 (ZZ_1)	Z 工业废水排放总量 (ZZ_2)	Z 工业废气排放总量 (ZZ_3)	Z 工业固体废物产生量 (ZZ_4)	Z 固体废物综合利用率 (ZZ_5)	Z 工业废水处理率 (ZZ_6)
2004	0.47317	0.02535	1.07695	−1.35704	−1.2099	−1.43887
2005	0.2244	0.71985	−1.30376	−0.04179	−0.39718	0.3941
2006	−1.46289	0.67705	0.35284	0.4008	0.59494	0.18432
2007	0.76532	−1.42225	−0.12603	0.99803	1.01214	0.86045

第二步，根据资源环境子系统无量纲后的数据绘出图 1。

从图 1 中可以看出，人均耕地面积的数值在几年间波动较大，在 2006 年达到最低值，但在 2007 年有较大反弹达到最高值；工业废水排放总量在 2006 年后有大幅下降，对工业废水排放控制较为有力；工业废气排放总量的数值也是波动较大；工业固体废物产生量呈逐年上升趋势；固体废物综合利用率与工业废水处理率呈逐年上升趋势。

第三步，计算出资源环境子系统的相关系数矩阵，得出表 3。

从表 3 中可见许多指标变量之间直接的相关性比较强，如人均耕地面积与工业废水排放总量有较强的相关性，表明指标在所反映的信息上有重叠。

第四步，提取主成分，得出方差分解主成分提取分析表 4。

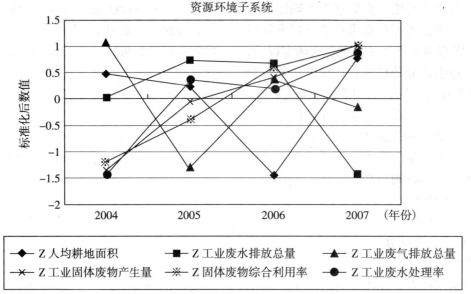

图 1 资源环境子系统示意图

表 3 资源环境子系统相关矩阵

		Zscore (人均耕地面积)	Zscore (工业废水排放总量)	Zscore (工业废气排放总量)	Zscore (工业固体废物产生量)	Zscore (固体废物综合利用率)	Zscore (工业废水处理率)
相关	Zscore (人均耕地面积)	1.000	−0.635	−0.132	−0.158	−0.252	−0.068
	Zscore (工业废水排放总量)	−0.635	1.000	−0.164	−0.404	−0.451	−0.284
	Zscore (工业废气排放总量)	−0.132	−0.164	1.000	−0.464	−0.234	−0.702
	Zscore (工业固体废物产生量)	−0.158	−0.404	−0.464	1.000	0.969	0.956
	Zscore (固体废物综合利用率)	−0.252	−0.451	−0.234	0.969	1.000	0.855
	Zscore (工业废水处理率)	−0.068	−0.284	−0.702	0.956	0.855	1.000

表 4 资源环境子系统解释的总方差

成分	初始特征值			提取平方和载入		
	合计	方差的%	累积%	合计	方差的%	累积%
1	3.300	54.995	54.995	3.300	54.995	54.995
2	1.613	26.889	81.884	1.613	26.889	81.884
3	1.087	18.116	100.000	1.087	18.116	100.000
4	0.000	0.000	100.000			
5	0.000	0.000	100.000			
6	0.000	0.000	100.000			

从表 4 中可以看出,资源环境子系统可以提出三个主成分。从表 5 可知,工业固体废物产生量、固体废物综合利用率、工业废水处理率在第一主成分上有较高荷载,说明第一主成分基本反映了这些指标的信息;人均耕地面积、工业废水排放总量在第二主成分上有较高荷载,说明第二

表5　资源环境子系统成分矩阵 a

	成分		
	1	2	3
Zscore（人均耕地面积）	−0.050	0.895	−0.443
Zscore（工业废水排放总量）	−0.423	−0.866	−0.267
Zscore（工业废气排放总量）	−0.561	0.217	0.799
Zscore（工业固体废物产生量）	0.990	−0.057	0.130
Zscore（固体废物综合利用率）	0.928	−0.047	0.371
Zscore（工业废水处理率）	0.981	−0.102	−0.162

主成分基本反映了这些指标的信息；工业废气排放总量在第三主成分上有较高荷载，说明第三主成分基本反映了这些指标的信息。所以提取的三个主成分是可以基本反映全部指标的信息，所以决定用三个新变量来代替原来的六个变量。

第五步，根据表5中的数据，通过 SPSS 软件计算三个主成分的特征值分别确定主成分综合值的综合模型：

$$ZF_1 = -0.03ZZ_1 - 0.23ZZ_2 - 0.31ZZ_3 + 0.54ZZ_4 + 0.51ZZ_5 + 0.54ZZ_6; \quad (6)$$

$$ZF_2 = 0.7ZZ_1 - 0.68ZZ_2 + 0.17ZZ_3 - 0.04ZZ_4 - 0.04ZZ_5 - 0.08ZZ_6; \quad (7)$$

$$ZF_3 = -0.42ZZ_1 - 0.26ZZ_2 + 0.77ZZ_3 + 0.12ZZ_4 + 0.36ZZ_5 - 0.16ZZ_6; \quad (8)$$

其中，ZF_1、ZF_2、ZF_3 为资源环境子系统三个主成分的综合值，$Z_1 \cdots Z_6$ 为资源环境子系统的标准化后的数据无量纲值。

第六步，以上述三个主成分所对应的特征值占所提取主成分总的特征值之和的比例作为权重计算主成分综合模型，可以得出资源环境子系统

可持续发展综合值模型：

$$ZF = 0.1ZZ_1 - 0.36ZZ_2 + 0.01ZZ_3 + 0.31ZZ_4 + 0.33ZZ_5 + 0.25ZZ_6 \quad (9)$$

模型中的系数即为各个指标的权重，将标准化后的数据无量纲值代入模型中，得出各年资源环境子系统可持续发展能力值分别为−1.70、0.26、−0.04、1.48。

从式（9）中可以看出，工业废水排放总量、工业固体废物产生量、固体废物综合利用率对"呼包鄂"区域的环境资源子系统的可持续发展能力影响较大。"呼包鄂"区域的经济发展主要是依托丰富的煤炭、电力和矿产资源优势，经济的高速增长由资源的高消耗来支撑，资源的高消耗必然带来高排放与高污染，煤炭、化工、冶金、电力等产业的发展产生大量工业废水、固体废物对生态环境的影响巨大。

2. 人口子系统的分析与评价

第一步，对人口子系统原始数据进行无量纲化处理，应用 SPSS 软件进行处理，得出表6。

表6　人口子系统无量纲化数据

年份	Z人口总量（ZR₁）	Z人口密度（ZR₂）	Z人口出生率（ZR₃）	Z人口死亡率（ZR₄）	Z自然增长率（ZR₅）
2004	−0.6007	−0.80013	−0.49749	0.84615	−0.79321
2005	−0.39616	−0.71334	−0.09351	0.86227	−0.58663
2006	1.49476	0.16274	−0.83788	−0.65274	−0.04312
2007	−0.49789	1.35073	1.42889	−1.05567	1.42296

第二步，根据人口子系统无量纲后的数据绘出图2。

从图2中可以看出，"呼包鄂"三市人口总量在 2006 年达到高点后在 2007 年有所下降；人口密度与自然增长率相吻合逐年上升；人口死亡率

逐年下降；人口出生率波动较大，在 2006 年有所下降后，在 2007 年有较大上升。

第三步，计算出人口子系统的相关系数矩阵，得出表7。

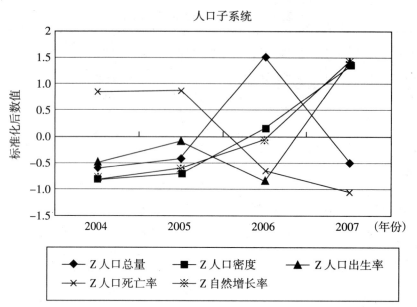

图2 人口子系统示意图

表7 人口子系统相关矩阵

		Zscore（人口总量）	Zscore（人口密度）	Zscore（人口出生率）	Zscore（人口死亡率）	Zscore（自然增长率）
相关	Zscore（人口总量）	1.000	0.111	−0.543	−0.433	−0.021
	Zscore（人口密度）	0.111	1.000	0.753	−0.941	0.989
	Zscore（人口出生率）	−0.543	0.753	1.000	−0.488	0.840
	Zscore（人口死亡率）	−0.433	−0.941	−0.488	1.000	−0.884
	Zscore（自然增长率）	−0.021	0.989	0.840	−0.884	1.000

从表7中可见，许多指标变量之间直接的相关性比较强，如人口死亡率与人口密度，自然增长率与人口密度，表明指标在所反映的信息上有重叠。

第四步，提取主成分，得出方差分解主成分提取分析表8。

表8 人口子系统解释的总方差

成分	初始特征值			提取平方和载入		
	合计	方差的（%）	累积（%）	合计	方差的（%）	累积（%）
1	3.468	69.368	69.368	3.468	69.368	69.368
2	1.507	30.139	99.507	1.507	30.139	99.507
3	0.025	0.493	100.000			
4	0.000	0.000	100.000			
5	0.000	0.000	100.000			

表9 人口子系统成分矩阵 a

	成分	
	1	2
Zscore（人口总量）	0.015	0.996
Zscore（人口密度）	0.994	0.100
Zscore（人口出生率）	0.818	−0.566
Zscore（人口死亡率）	−0.901	−0.428
Zscore（自然增长率）	0.999	−0.037

从表 8 中可以看出，人口子系统可以提出两个主成分。从表 9 可知，人口密度、人口出生率、人口死亡率、自然增长率在第一主成分上有较高荷载，说明第一主成分基本反映了这些指标的信息；人口总量在第二主成分上有较高荷载，说明第二主成分基本反映了这些指标的信息；所以提取的两个主成分是可以基本反映全部指标的信息，所以决定用两个新变量来代替原来的六个变量。

第五步，根据表 9 中的数据，通过 SPSS 软件计算两个主成分的特征值分别确定主成分综合值的综合模型：

$$RF_1 = 0.01ZR_1 + 0.53ZR_2 + 0.44ZR_3 - 0.48ZR_4 + 0.54ZR_5 \tag{10}$$

$$RF_2 = 0.81ZR_1 + 0.08ZR_2 - 0.46ZR_3 - 0.35ZR_4 - 0.03ZR_5 \tag{11}$$

其中，RF_1、RF_2 为人口子系统两个主成分的综合值，$R_1 \sim R_5$ 为人口子系统的标准化后的数据无量纲值。

第六步，以上述两个主成分所对应的特征值占所提取主成分总的特征值之和的比例作为权重计算主成分综合模型，可以得出人口子系统可持续发展综合值模型：

$$RF = 0.25ZR_1 + 0.395ZR_2 + 0.17ZR_3 - 0.441ZR_4 + 0.369ZR_5 \tag{12}$$

模型中的系数即为各个指标的权重，将标准化后的数据无量纲值代入模型中，得出各年人口子系统可持续发展能力值分别为 −1.22、−0.99、0.57、1.64。

从式（12）可以看出，人口密度、人口死亡率、自然增长率对人口子系统的可持续发展能力影响较大。城镇人口适度地集中，达到一定的人口密度可以实现教育、卫生、医疗等各种资源的共享，提高公共设施及公共服务的使用效率，还能够创造出新的消费需求，促进第二、第三产业的发展，尤其是第三产业的发展。目前，"呼包鄂"三市的人口密度还处于较低的水平，因此，提高人口密度，推进城镇化进程是提高人口子系统可持续发展能力的重要途径。

3. 经济子系统的分析与评价

第一步，对经济子系统原始数据进行无量纲化处理，应用 SPSS 软件进行处理，得出表 10。

表 10　经济子系统无量纲化数据

年份	Z 人均 GDP (ZJ_1)	Z 第一产业从业人口比重 (ZJ_2)	第二产业从业人口比重 (ZJ_3)	第三产业从业人口比重 (ZJ_4)	第一产业生产总值比重 (ZJ_5)	第二产业生产总值比重 (ZJ_6)	第三产业生产总值比重 (ZJ_7)	社会消费品零售总额 (J_8)
2004	−1.06306	1.21016	−1.08125	−1.15911	1.39993	−0.69503	0.28329	−1.09344
2005	−0.31215	0.39499	−0.55451	−0.23246	0.00712	−0.80567	0.56171	−0.4276
2006	0.04462	−0.58896	1.12249	0.13267	−0.54501	1.35936	−1.4825	0.27846
2007	1.33059	−1.01619	0.51326	1.2589	−0.86204	0.14134	0.6375	1.24258

第二步，根据经济子系统无量纲后的数据绘出图 3。

从图 3 中可以看出，人均 GDP、社会消费品零售总额、第三产业从业人口比重的数值曲线相吻合，逐年上升；第一产业从业人口比重、第一产业生产总值比重的数值曲线相吻合，逐年下降；第二产业的从业人口比重和生产总值比重的数值曲线基本吻合，在 2006 年之前呈上升趋势，在 2007 年有所下降；第三产业生产总值比重波动较大，2006 年达到最低点，2007 年又有较大反弹。

第三步，计算出经济子系统的相关系数矩阵，得出表 11。

从表 11 中可见，许多指标变量之间直接的相关性比较强，如人均 GDP 与第一产业从业人口比重、人均 GDP 与第三产业从业人口比例、人均 GDP 与社会消费品零售总额等，表明指标在所反映的信息上有重叠。

第四步，提取主成分，得出方差分解主成分提取分析表 12。

从表 12 中可以看出，经济子系统可以提出两个主成分。从表 13 可知，人均 GDP、第一产业从业人口比重、第二产业从业人口比重、第三产业从业人口比重、第一产业生产总值比重、第二产业生产总值比重、社会消费品零售总额在第一主成分上有较高荷载，说明第一主成分基本反映了这些指标的信息；第三产业生产总值比重在第二

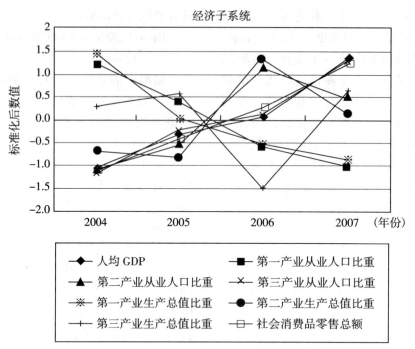

图3 经济子系统示意图

表11 经济子系统相关矩阵

		Zscore（人均GDP）	Zscore（第一产业从业人口比重）	Zscore（第二产业从业人口比重）	Zscore（第三产业从业人口比重）	Zscore（第一产业生产总值比重）	Zscore（第二产业生产总值比重）	Zscore（第三产业生产总值比重）	Zscore（社会消费品零售总额）
相关	Zscore（人均GDP）	1.000	-0.929	0.685	0.995	-0.887	0.413	0.102	0.987
	Zscore（第一产业从业人口比重）	-0.929	1.000	-0.903	-0.951	0.965	-0.701	0.263	-0.973
	Zscore（第二产业从业人口比重）	0.685	-0.903	1.000	0.726	-0.857	0.932	-0.652	0.790
	Zscore（第三产业从业人口比重）	0.995	-0.951	0.726	1.000	-0.927	0.450	0.049	0.989
	Zscore（第一产业生产总值比重）	-0.887	0.965	-0.857	-0.927	1.000	-0.614	0.220	-0.919
	Zscore（第二产业生产总值比重）	0.413	-0.701	0.932	0.450	-0.614	1.000	-0.858	0.553
	Zscore（第三产业生产总值比重）	0.102	0.263	-0.652	0.049	0.220	-0.858	1.000	-0.057
	Zscore（社会消费品零售总额）	0.987	-0.973	0.790	0.989	-0.919	0.553	-0.057	1.000

表12 经济子系统解释的总方差

成分	初始特征值			提取平方和载入		
	合计	方差的%	累积%	合计	方差的%	累积%
1	6.039	75.487	75.487	6.039	75.487	75.487
2	1.856	23.199	98.686	1.856	23.199	98.686
3	0.105	1.314	100.000			
4	0.000	0.000	100.000			
5	0.000	0.000	100.000			

续表

成分	初始特征值			提取平方和载入		
	合计	方差的%	累积%	合计	方差的%	累积%
6	0.000	0.000	100.000			
7	0.000	0.000	100.000			
8	0.000	0.000	100.000			

主成分上有较高荷载，说明第二主成分基本反映了这些指标的信息；所以提取的两个主成分是可以基本反映全部指标的信息，所以决定用两个新变量来代替原来的八个变量。

表13 经济子系统成分矩阵a

	成分	
	1	2
Zscore（人均GDP）	0.905	0.415
Zscore（第一产业从业人口比重）	−0.998	−0.064
Zscore（第二产业从业人口比重）	0.929	−0.370
Zscore（第三产业从业人口比重）	0.929	0.370
Zscore（第一产业生产总值比重）	−0.959	−0.105
Zscore（第二产业生产总值比重）	0.745	−0.656
Zscore（第三产业生产总值比重）	−0.324	0.945
Zscore（社会消费品零售总额）	0.958	0.265

第五步，根据表13中的数据，通过SPSS软件计算两个主成分的特征值分别确定主成分综合值的综合模型：

$$JF_1 = 0.37ZJ_1 - 0.41ZJ_2 + 0.38ZJ_3 + 0.38ZJ_4 - 0.39ZJ_5 + 0.3ZJ_6 - 0.13ZJ_7 + 0.39ZJ_8 \quad (13)$$

$$JF_2 = 0.3ZJ_1 - 0.05ZJ_2 - 0.27ZJ_3 + 0.27ZJ_4 - 0.08ZJ_5 - 0.48ZJ_6 + 0.69ZJ_7 + 0.19ZJ_8 \quad (14)$$

其中，JF_1、JF_2为经济子系统两个主成分的综合值，J_1~J_8为人口子系统的标准化后的数据无量纲值。

第六步，以上述两个主成分所对应的特征值占所提取主成分总的特征值之和的比例作为权重计算主成分综合模型，可以得出经济子系统可持续发展综合值模型：

$$JF = 0.35ZJ_1 - 0.32ZJ_2 + 0.22ZJ_3 + 0.35ZJ_4 - 0.32ZJ_5 + 0.11ZJ_6 + 0.07ZJ_7 + 0.34ZJ_8 \quad (15)$$

模型中的系数即为各个指标的权重，将标准化后的数据无量纲值代入模型中，得出各年经济子系统可持续发展能力值分别为−1.93、−0.77、

0.28、2.42。

从式（15）可以看出，人均GDP、第一产业从业人口比重、第三产业从业人口比重、第一产业生产总值比重、社会消费品零售总额对经济子系统的可持续发展能力影响较大。人均GDP反映出区域内个人所创造的经济价值，可以一定程度地反映出经济发展质量。在式（15）中，第一产业从业人员比重与第一产业生产总值比重的系数为负数，更说明第二、第三产业对经济子系统可持续发展能力影响较大，尤其是第三产业。第三产业能够吸收大量的就业，繁荣市场，促进经济持续快速增长，而且相对第二产业，第三产业对生态环境的影响要小得多。消费是拉动经济增长的最根本因素，社会消费品零售总额能够反映出区域的消费能力。

4. 社会子系统的分析与评价

第一步，对社会子系统原始数据进行无量纲化处理，应用SPSS软件进行处理，得出表14。

表14 社会子系统无量纲化数据

年份	Z绿化覆盖面积（ZS₁）	Z人均园林绿地面积（ZS₂）	Z城镇居民可支配收入（ZS₃）	Z生活垃圾清运量（ZS₄）	Z粪便清运量（ZS₅）	Z生活污水处理率（ZS₆）	Z人均垃圾清运量（ZS₇）
2004	−1.1151	−1.38508	−1.09905	1.31645	−1.3294	−0.69528	1.36071
2005	−0.42045	0.05448	−0.40351	−0.44328	0.54819	−0.41085	−0.4138

续表

年份	Z绿化覆盖面积（ZS₁）	Z人均园林绿地面积（ZS₂）	Z城镇居民可支配收入（ZS₃）	Z生活垃圾清运量（ZS₄）	Z粪便清运量（ZS₅）	Z生活污水处理率（ZS₆）	Z人均垃圾清运量（ZS₇）
2006	0.32011	0.35439	0.25107	0.15047	0.95053	-0.37861	0.04081
2007	1.21544	0.97621	1.25149	-1.02363	-0.16932	1.48474	-0.98772

第二步，根据社会子系统无量纲后的数据绘　　出图4。

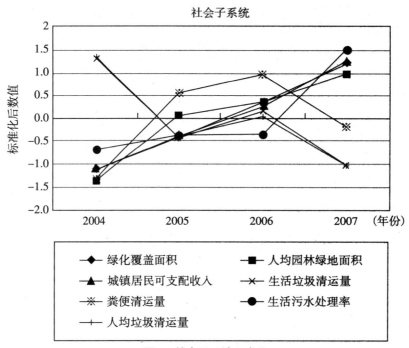

图4　社会子系统示意图

从图4中可以看出，绿化覆盖面积、城镇居民可支配收入、人均园林绿地面积的数值曲线基本相吻合，逐年上升；生活污水处理率在2006年之前较为平稳，在2007年有大幅提高；生活垃圾清运量、人均垃圾清运量的数值曲线相吻合，波动下降；粪便清运量在2006年之前逐年上升，在2007年有较大幅度下降。

第三步，计算出社会子系统的相关系数矩阵，得出表15。

表15　社会子系统相关矩阵

		Zscore（绿化覆盖面积）	Zscore（人均园林绿地面积）	Zscore（城镇居民可支配收入）	Zscore（生活垃圾清运量）	Zscore（粪便清运量）	Zscore（生活污水处理率）	Zscore（人均垃圾清运量）
相关	Zscore（绿化覆盖面积）	1.000	0.941	0.999	-0.826	0.450	0.877	-0.844
	Zscore（人均园林绿地面积）	0.941	1.000	0.937	-0.931	0.681	0.752	-0.952
	Zscore（城镇居民可支配收入）	0.999	0.937	1.000	-0.837	0.422	0.898	-0.851
	Zscore（生活垃圾清运量）	-0.826	-0.931	-0.837	1.000	-0.559	-0.770	0.997

续表

	Zscore（绿化覆盖面积）	Zscore（人均园林绿地面积）	Zscore（城镇居民可支配收入）	Zscore（生活垃圾清运量）	Zscore（粪便清运量）	Zscore（生活污水处理率）	Zscore（人均垃圾清运量）
Zscore（粪便清运量）	0.450	0.681	0.422	−0.559	1.000	0.029	−0.610
Zscore（生活污水处理率）	0.877	0.752	0.898	−0.770	0.029	1.000	−0.753
Zscore（人均垃圾清运量）	−0.844	−0.952	−0.851	0.997	−0.610	−0.753	1.000

从表 15 中可见，许多指标变量之间直接的相关性比较强，如绿化覆盖面积与人均园林绿地面积、绿地面积与城镇居民可支配收入、人均园林绿地面积与生活垃圾清运量等，表明指标在所反映的信息上有重叠。

第四步，提取主成分，得出方差分解主成分提取分析表 16。

表 16 社会子系统解释的总方差

成分	初始特征值			提取平方和载入		
	合计	方差的%	累积%	合计	方差的%	累积%
1	5.672	81.032	81.032	5.672	81.032	81.032
2	1.052	15.026	96.058	1.052	15.026	96.058
3	0.276	3.942	100.000			
4	0.000	0.000	100.000			
5	0.000	0.000	100.000			
6	0.000	0.000	100.000			
7	0.000	0.000	100.000			

表 17 社会子系统成分矩阵 a

	成分	
	1	2
Zscore（绿化覆盖面积）	0.958	0.151
Zscore（人均园林绿地面积）	0.989	−0.138
Zscore（城镇居民可支配收入）	0.961	0.182
Zscore（生活垃圾清运量）	−0.950	0.069
Zscore（粪便清运量）	0.568	−0.815
Zscore（生活污水处理率）	0.839	0.543
Zscore（人均垃圾清运量）	−0.962	0.115

从表 16 中可以看出，社会子系统可以提出两个主成分。从表 17 可知，绿化覆盖面积、人均园林绿地面积、城镇居民可支配收入、生活垃圾清运量、生活污水处理率、人均垃圾清运量在第一主成分上有较高荷载，说明第一主成分基本反映了这些指标的信息；粪便清运量在第二主成分上有较高荷载，说明第二主成分基本反映了这些指标的信息；所以提取的两个主成分是可以基本反映全部指标的信息，所以决定用两个新变量来代替原来的七个变量。

第五步，根据表 17 中的数据，通过 SPSS 软件计算两个主成分的特征值分别确定主成分综合值的综合模型：

$$SF_1 = 0.4ZS_1 + 0.42ZS_2 + 0.4ZS_3 - 0.4ZS_4 + 0.24ZS_5 + 0.35ZS_6 - 0.4ZS_7 \quad (16)$$

$$SF_2 = 0.15ZS_1 - 0.13ZS_2 + 0.18ZS_3 + 0.07ZS_4 -$$

0.79ZS₅ + 0.53ZS₆ + 0.11ZS₇   (17)

其中，SF_1、SF_1 为社会子系统两个主成分的综合值，S_1~S_7 为社会子系统的标准化后的数据无量纲值。

第六步，以上述两个主成分所对应的特征值占所提取主成分总的特征值之和的比例作为权重计算主成分综合模型，可以得出社会子系统可持续发展综合值模型：

$$SF = 0.36ZS_1 + 0.33ZS_2 + 0.36ZS_3 - 0.32ZS_4 +$$
$$0.08ZS_5 + 0.38ZS_6 - 0.32ZS_7   (18)$$

模型中的系数即为各个指标的权重，将标准

化后的数据无量纲值代入模型中，得出各年社会子系统可持续发展能力值分别为-2.27、-1.27、1.09、2.45。

从式（18）可以看出，除粪便清运量外其他指标值对经济子系统的可持续发展能力均影响较大，其中生活污水处理率对社会子系统的可持续发展能力的影响最大。

5. 综合比较分析

通过对四个子系统的可持续发展能力进行分析、评价，可以描绘出"呼包鄂"区域历年各子系统的可持续发展能力示意图（见图5）。

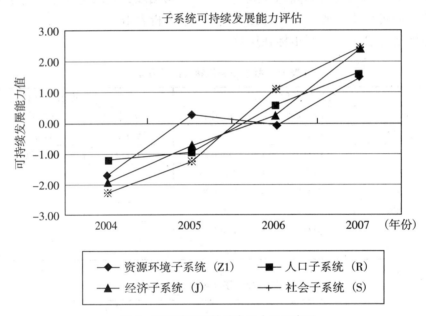

图5　子系统的可持续发展水平示意图

根据图表中的数据，"呼包鄂"三市在2004~2007年，资源环境、人口、经济、社会各子系统的综合能力值总体上是呈上升趋势。但也有个别系统在某段时间综合水平呈下降趋势，资源环境子系统的综合能力值由2005年的0.26下降到2006年的-0.04。在2005年以前，"呼包鄂"三市各子系统的综合值都为负，而到了2006年以后，"呼包鄂"三市各子系统的综合值均为正。由此可见，"呼包鄂"区域的各子系统可持续发展的总体水平是呈上升趋势的。

"呼包鄂"三市在污水处理方面控制得较好，在保证经济增长的情况下，工业废水排放总量较为平稳，并且在2006年后，工业废水排放总量有大幅下降。工业废气排放量波动较大，但发展趋

势是逐步下降的，从2002年开始，内蒙古加大了对工业废气排放治理的投入，2002年的投入资金为1亿元，而2006年已经达到了14亿元。

"呼包鄂"三市以占内蒙古自治区11.13%的土地面积、28.16%的人口，贡献了全区60%的地区生产总值。随着城镇化进程的加速，"呼包鄂"三市的人口总量与人口密度还将继续增加。到2015年，内蒙古自治区的城镇化率要达到65%以上，作为内蒙古经济增长的火车头，"呼包鄂"三市的城镇化率将进一步提高，预计到2015年，呼和浩特市中心城区人口达到200万人以上，包头市中心城区人口达到200万人以上，鄂尔多斯市中心城区人口达到60万人以上。

"呼包鄂"三市的三次产业结构由2001年的

7.9∶46∶46.1 调整为 2007 年的 4.4∶48.4∶47.2，并且产业结构继续不断优化。人均 GDP 超过 7000 美元，接近沿海发达城市水平。

随着近些年经济的发展，在 2007 年"呼包鄂"三市城镇居民人均可支配收入达到 16200 元，接近了东部沿海发达城市水平。城市基础建设也有长足的进展，教育、医疗、卫生也逐步在区域内实现公共资源一体化。

五、"呼包鄂"区域可持续发展的对策建议

1. 节约利用能源，加大环境保护力度

资源环境子系统既是区域可持续发展的基础，也是区域可持续发展的瓶颈。根据对资源环境子系统的分析结论，对"呼包鄂"三市资源、环境方面提出对策建议：一是对资源、能源节约利用，大力发展循环经济；二是加大环境保护力度，强化生态保护与建设。

（1）加强资源的节约和管理。能源、化工、冶金、机械装备制造、农畜产品加工和高新技术产业等优势特色产业为"呼包鄂"区域的重点产业，这些产业带动了内蒙古自治区的经济增长的 75%。其中能源、化工、冶金、机械装备制造为重耗能产业，因此要对煤炭、电力、钢铁、有色、化工等重点行业和耗能大户进行节能改造，关闭和淘汰污染严重的企业和生产工艺设备。加强矿产资源管理，提高各类矿产资源开采回采率、选矿回收率，促进矿产资源的节约与综合利用。节约利用水资源，统筹农牧业、工业、城镇生活和生态用水，推进城市节水，建设节水型城市。依法控制工业企业使用地下水资源，遏制地下水超采。实行用水总量控制与定额管理相结合，完善取水许可和水资源有偿使用制度。

构建循环型工业体系，以煤炭、电力、化工、冶金等行业为重点，以其中的骨干企业为龙头，围绕资源的循环利用、节能减排和产业链延伸，培育发展横向关联配套、纵向延伸拓展的产业网络，在主要工业行业重点形成一批循环经济产业链。构建循环型农牧业体系，发挥农牧业生态系统的整体功能，提高集约化水平，大力推广保护性耕作、合理施肥（药）、节水灌溉、旱作农业、集约化生态养殖、沼气与秸秆综合利用等循环利用技术。构建循环型城市与社区，一方面建设再生资源回收利用系统；另一方面提倡可持续消费，倡导节约和循环型消费观念。

（2）加大环境保护力度。加强环境监管。严格落实环境保护目标责任制，强化污染物总量控制目标考核，健全重大环境事件和污染事故责任追究制度，加大问责力度。强化环境执法监督，严格污染物排放标准、环境影响评价和污染物排放许可制度，进一步健全环境监管体制，提高环境监管能力。

加强固体废弃物综合利用及污染防治，加强重点行业、企业尾矿的污染防治，推进污染物综合利用，推广废旧产品再生利用技术。加强燃煤电厂脱硫脱硝，加快钢铁、焦化、烧结、有色行业等脱硫工程建设，强化脱硫设施稳定运行。推广脱硫石膏盐碱地改良技术。在大中城市及其近郊严格控制除热电联产外的新、扩建燃煤电厂，推进集中供热，推行清洁能源替代，控制工业烟尘、粉尘和城市扬尘的排放。大力整治矿山环境，坚持矿山开发与治理同步，实施矿山地质环境治理重大工程，加大地质灾害防治和矿山地质环境治理力度，有效解决历史问题，杜绝产生新的矿山环境问题。

2. 加速城镇化进程，把握人口红利机遇

根据对人口子系统的分析结论，人口密度、人口死亡率、自然增长率对人口子系统的可持续发展能力影响较大。本文提出提高人口密度，推进城镇化进程；把握人口红利机遇、提高人口素质的对策建议。

在加速城镇化进程方面，要加快户籍制度的改革，取消对非城镇户口、非本地户口的歧视。保证在城市工作的农牧民，外来务工人员享有同本地城镇居民同等的福利待遇，尤其在养老、医疗、教育、保障性住房等方面，解决农牧民，外来务工人员的后顾之忧。

在握人口红利机遇方面，重点是建立完善职业教育体系，提高人口素质。根据2010年统计，内蒙古有2422万人口，劳动年龄人口（16~64岁）1880万人，目前劳动年龄人口占总人口比重超过73%，正处于人口红利期顶峰，预计人口红利将持续10年左右。丰富的劳动年龄人口为内蒙古自治区的经济发展提供了充分而具有活力的劳动力资源，也为"呼包鄂"区域的发展提供了人力资源基础，要发挥好人的"手"与"口"在生产和消费两方面的双重作用，把握这不可多得的发展机遇。发掘人力资源潜力，通过建立完善职业教育体系，提高人口素质。根据产业需求有针对性地发展职业教育，鼓励职业院校与企业合作办学，培养专业对口实用人才，解决企业的人力资源瓶颈。同时，职业教育也能促进农牧民、外来务工人员的就业率，使他们更好地融入城镇，促进城镇化进程。

3. 继续深化产业结构升级，增加第三产业比重

根据对经济子系统分析的结果，人均GDP、第一产业从业人口比重、第三产业从业人口比重、第一产业生产总值比重、社会消费品零售总额对经济子系统的可持续发展能力影响较大，其中第三产业的影响力最大。本文提出要继续深化"呼包鄂"区域的产业结构升级，增加第三产业比重。

第一产业应提高劳动力生产率。加强对重点农业项目的扶持，大力发展绿色、特色、高效农牧业，拉长农牧业产业链条，提高农畜产品附加值，延伸就业链，继续大力发展农业观光旅游业并且加强第一产业与第二、第三产业的结合，以转移第一产业过剩劳动力，增加农民收入。针对西北地区的气候环境，发展生态农业和节水农业，构建农林复合型生态体系，采用现代化的生产工具，形成"呼包鄂"区域经济作物优势产区和畜产品生产基地。

第二产业应该提高整体竞争力。继续推行工业向园区集中，资源向优势企业集聚的政策，以使工业向集约化、规模化的方向发展。推动现有的能源、化工、冶金、装备制造、农畜产品加工、高科技等优势特色产业的产业优化升级，延伸产业链条，形成产业集群。扶持一批有潜力、实力的大中型企业，使这些大中型企业增加值占第二产业的比重不断加大。打造知名品牌，采取优惠

措施扶持企业，以此提高第二产业整体竞争能力。另外应该着力发展信息技术为代表的高科技产业。积极扶持和鼓励中小企业的发展，创造公平的市场竞争环境，以此来接收第一产业转移出来的劳动力。

第三产业应着力金融保险、中介服务、流通产业等，发挥对第一、第二产业的促进作用。通过引进各家股份制商业银行，发展本地城市商业银行，增强对第一、第二产业金融支持；鼓励民营中介机构发展，取消对民营中介机构的歧视，发挥中介机构对企业的服务作用；引进沃尔玛、家乐福等国际知名流通企业，通过竞争促进流通产业的全面发展，改善居民消费环境，提高居民生活质量。

4. 加速区域一体化进程，统筹区域基础设施建设

根据对社会子系统的分析结果，各项指标对社会子系统可持续发展能力的影响比较平均，本文提出加速区域一体化，统筹区域基础设施建设。

按照"呼包鄂"区域经济功能定位、产业集群的分布、城市体系的规划，构建统一的铁路、公路、信息等基础设施，避免重复建设，增强区域发展的支撑能力。

在铁路网建设方面，建设环呼和浩特—包头—鄂尔多斯1小时快速客运圈。公路网建设上，"呼包鄂"区域内的高速公路（京藏高速、包茂高速、呼准高速）要统一公路收费站点设置和管理，实现高速公路"无障碍通行"，构建环呼和浩特—包头—鄂尔多斯"2小时公路圈"。加强信息基础设施建设，整合网络资源，实现核心区电信网、有线电视网和互联网"三网融合"。重点建设"呼包鄂"区域内中小企业信息化、电子商务、技术创新、物流信息、乳业生产安全管理五大信息化服务平台，实现经济区信息资源共享。推进"呼包鄂"三市固定电话资费同城化，实现固话并网升位、统一区号，实现通信同城同网。积极推进信息化和工业化融合，重点加强煤炭、电力、钢铁、化工、有色金属加工、装备制造等行业信息技术的应用。

参考文献

曹利军，王华东. 区域PRED系统可持续发展判别原

理和方法 [J]. 中国环境科学，1998（18）：50-53.

赵玉川. 对我国可持续发展指标研究的再思考（上）[J]. 科学学与科学技术管理，2000，20（5）：13-16.

赵敏华，李国平. 区域经济可持续发展评估方法的分析 [J]. 求索，2006（11）：5-7.

吕晓英. 区域资源、环境与经济社会可持续发展的模拟研究 [J]. 开发研究，2008，135（2）：18-24.

苏建军. 山西省区域经济差异与可持续发展研究 [J]. 技术经济与管理研究，2008（2）：123-126.

《呼和浩特市统计年鉴》、《包头市统计年鉴》、《鄂尔多斯市统计年鉴》（2005~2008 年）

（张璞、王晓峰，内蒙古包头）

资源型城市转型要打"组合拳"

——基于河南省三门峡市推动经济转型的调查与思考

资源型城市,由于其要素禀赋优势,作为基础能源与重要原材料的供应地,为我国经济社会发展做出了重要贡献。但是,在世界经济整体增长乏力、金融危机影响深远的大环境下,资源将近枯竭、经济结构失衡、生态环境破坏严重等问题亟待解决,如何加快资源型城市转型的问题再次成为人们关注的焦点。尤其伴随着中原经济区如火如荼地全面推进,当资源环境约束越来越成为城市发展的瓶颈,如何让这些资源型城市"华丽转身",也是中原经济区建设面临的重要课题。本文就以河南省三门峡市的经济转型实践,对资源型城市转型之路进行一些探讨与思考。

一、资源型城市转型的理论分析

资源型城市是以矿产、森林等自然资源开采、加工为主导产业的城市类型。而资源枯竭型城市又称"资源衰退型城市",是指那些以资源开采为主导且资源开发已进入衰退或枯竭过程的城市。目前我国共有煤炭、森工、石油等各类资源型城市118个,其中经由国务院确定的资源枯竭型城市共有44个。一般来讲,非再生资源产业会经历从勘探到开采、高产、衰退至枯竭的过程(见图1)。伴随着资源产业发展,以资源为依托的城市经济也会呈现兴起、成长、繁荣、衰退的相似发展轨迹。

为了城市可持续发展,资源型城市产业转型的理想时期是资源产业发展的稳产期。这个时期,资源产业发展平稳,经济基础扎实,所面临的社会经济问题较少,转型所需成本相对较小,同时发展接续产业和替代产业也比较容易。相反,当资源型产业进入资源枯竭期实施转型,伴随着资源禀赋优势的逐步消失,转型成本将迅速增加,转型工作难以为继,城市经济发展可能会陷入困境。

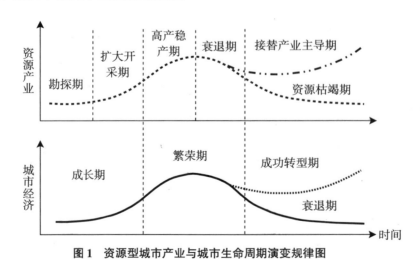

图1 资源型城市产业与城市生命周期演变规律图

（一）转型理论分析

资源型城市及其产业经济的发展呈现为一种倒置抛物线的趋势，为了避免未来自然资源消耗对城市整体经济的影响，城市转型应坚持走可持续发展和产业结构优化调整的方向。

1. 可持续发展理论

可持续发展的概念最先是 1972 年在斯德哥尔摩举行的联合国人类环境研讨会上正式讨论。1987 年，在世界环境与发展委员会出版的《我们共同的未来》报告中，将可持续发展定义为："既能满足当代人的需要，又不对后代人满足其需要的能力构成危害的发展。"可持续发展主要包括社会可持续发展、生态可持续发展、经济可持续发展。资源型城市的可持续发展强调的是整体性、协调性和综合性的统一，力求做到经济、社会、人口和资源环境的全面发展，确保在资源环境承载力允许的范围内满足当代人发展和后代人发展的需要。

2. 产业结构优化理论

产业结构是国民经济各产业部门之间，以及产业部门内部的构成。产业结构优化就是调整产业结构的供给和需求结构，实现资源优化配置和再配置，来推进产业结构的合理化和高度化发展，将各产业比例调整为平衡状态。具体表现为第一产业比重下降，第二、第三产业比重上升并逐渐占主导地位；劳动密集型产业比重下降，资金和知识密集型产业上升并逐渐占主要地位；制造初级产品的产业比重下降，制造中间和最终产品的产业比重上升并逐渐占主导地位。

（二）资源型城市转型需要把握的几个原则

1. 坚持深化改革，扩大开放

深化改革，首先要科学统筹几个重要关系：一是统筹好传统产业转型和三次产业协调发展的关系，科学实现产业转型升级。二是统筹好产业发展和生态环境保护的关系，在转型的同时实现绿色发展，可持续发展。三是统筹好资源型经济转型和区域经济一体化的关系，通过探索城市发展新路径对推动区域经济一体化提供示范。四是统筹好资源型经济转型和城乡一体化的关系，推动城乡统筹发展，促进生产要素自由流动，推进城乡间公共服务的均等化。同时，要加大对外开放力度，积极引进外部资金、技术和人才，拓展资源型城市发展空间。

2. 坚持以人为本，统筹规划

以人为本，首要就是确立以人为主导、为主体的核心理念。在一切社会活动中，始终把人放在最主要、最突出、最根本的位置。以人民的需要确定发展目标，依靠人民推动发展，发展成果也由人民享受。在资源型城市转型中，要充分发挥人民群众的能动性、创造性作用，要体现人民群众的根本利益需求，着力改善民生，着力解决资源型城市历史遗留问题；统筹规划转型战略，实现资源产业与非资源产业、城区与矿区、农村与城市、经济与社会、人与自然的协调发展，全面实现人民的自由、全面、和谐发展。

3. 坚持远近结合，标本兼治

在转型中，要坚持远近结合，内外并举，标本兼治。首先，重点缓解经济运行、社会发展中已经日益尖锐化的结构性矛盾，为资源型城市转型奠定基础，提供稳定的发展环境。其次，要着眼解决资源型城市存在的共性问题和深层次矛盾，抓紧建立资源开发补偿机制、衰退产业援助机制、资源型产品价格形成机制等长效发展机制。同时，在加快资源型城市转型的过程中，要注重方式、方法，立足社会实际，解决好民生问题。

4. 坚持政府调控，市场导向

坚持"政府创造环境，市场指导方向"核心理念，充分发挥政府在推进经济转型、引导产业发展、规范资源开发秩序、保护生态环境等方面的主导、调控和服务作用，加强和改善宏观调控，建立健全政策制度，为资源型城市转型创造环境、条件，把国家支持与自力更生结合起来。坚持市场导向，按照市场经济规律，充分发挥市场配置资源的基础性作用，激发各类市场主体的内在活力促进资源型城市转型。

二、三门峡推进资源型经济转型的实践

三门峡市位于河南省西部，是1957年随着万里黄河第一坝——三门峡水利枢纽工程的建设而崛起的一座新兴工业城市。作为典型的资源型城市，三门峡拥有矿藏66种，保有储量居全国前3位的有31种，其中黄金、铝矾土、煤炭为三大优势矿产。但是，伴随着多年来资源的大规模无序开采，三门峡也进入了资源衰退期。

（一）三门峡推进资源型经济转型的必要性

资源型城市转型是当前我国城市发展的大势所趋，不转型，发展难以为继，环境难以为继，民生难以为继。

1. 立足客观实际，必须转

资源枯竭压力日趋增大的客观实际要求必须推进经济转型。三门峡属于典型的资源型城市，拥有矿藏66种，保有储量居全国前3位的有31种，其中，被称作"黄白黑"的黄金、铝矾土、煤炭为其三大优势矿藏。然而，经过几十年的机械化大规模开采，伴随着开采难度及开采成本的提高，可利用的资源越来越少。目前三门峡黄金、铝矾土、煤炭资源储量分别仅剩360吨、1.8亿吨、11.3亿吨，按现有产量计算，可供开采年限分别不超过10年、19年和45年。如果考虑到产能的不断扩大，可开采年限则更短。因化石资源本身的不可再生性，三门峡面临的资源枯竭压力日趋增大，经济转型是应对资源枯竭的必然选择。

2. 顺应发展大势，主动转

提升产业竞争力的发展大势要求推进经济转型。多年来，三门峡依靠资源优势，培育发展了能源、铝工业、煤化工、黄金及林果加工五大支柱产业，工业产品也主要是煤炭、电力、黄金、氧化铝、电解铝、水泥、煤化工产品等，大部分属于资源原材料和初级加工产品，处于产业链的前端和价值链的低端，主导产业产品链条较短，产品附加值低，精深加工产品占比少。此外，偏重化的资源型产业结构抗风险能力较低，城市经济发展随资源型产业波动的影响较大。例如，2011年第一季度，按照节能减排、取消优惠电价、资源整合和矿山整顿的影响，电解铝、煤炭行业受到严重影响，直接导致三门峡规模以上工业增速在全省名列末位。因此，只有加快推进经济转型，拉伸生产链条，做强做精做优资源型产业，提升产业在全球价值链的占位，三门峡才能真正增强产业竞争力，才能在日趋激烈的区域经济竞争中崛地而起。

3. 谋求持续增长，加快转

谋求低碳经济的新兴发展模式要求推进经济转型。伴随着生态环境保护、应对气候变化成为全球性问题，以资源消耗和需求拉动为支撑的经济增长模式已经改变，以开发清洁能源、新能源和减少温室气体排放等为核心的低碳经济发展模式正在成为全球各国新的经济发展理念，围绕节能减排、低碳经济所形成的工业生产也将成为下一轮经济周期性增长的支撑点。在工业领域开展低碳经济模式转型，降低产业生产过程中的资源消耗，减少碳排放，是未来产业节能减排、实现区域经济持续发展考虑的主要领域。作为资源型城市，三门峡的经济发展依旧具有明显的"资源型"标签，工业生产及产业链的延伸依然立足于化石能源，在新一轮的经济发展中，必然受到国家节能减排政策的调控影响。要彻底改变节能减排上的被动局面，顺应低碳经济发展的大潮，必须从最根本的资源型经济转型入手，以产业转型推进节能减排。

4. 融入中原经济区建设大局，全面转

积极融入中原经济区建设的大局意识要求推进经济转型。伴随着区域战略不断上升为国际战略，统筹好资源型城市转型与区域经济发展的关系尤为重要。三门峡市作为中西部发展的结合区、中原经济区的西大门，立足"中原经济区、关中—天水经济区、山西资源型经济转型综合配套改革试验区、晋陕豫黄河金三角区域协调发展综

合试验区"的特殊区位，充分享受区域、政策、优势的叠加效应，充分认识到当前区域一体化发展的阶段性特征和周期性特征，坚决要把将三门峡的发展优势打造为区域发展的胜势。乘着中原经济区建设的春风，在区域发展中已经抢得先机，才能更好、更快地推进资源型经济的全面转型。

（二）三门峡推动资源型经济转型的做法

在资源将近枯竭、经济亟待发展的重重压力下，三门峡以科学发展观为指导，把推动资源型经济转型作为经济社会发展的主导战略，加快产业转型升级，强化集聚区建设，坚持项目带动，积极发展循环经济，主打转型"组合拳"，积极推进从资源型传统产业占据主导向支柱产业多元化转变，从粗放式发展向绿色发展转变，从资源依赖型向创新驱动型转变，全面推动传统产业新型化、支柱产业多元化、新兴产业规模化，初步走出了一条资源型经济转型发展之路。

1. 重视产业提升，发展接续产业

三门峡立足现有产业特征，针对传统的"白黄黑"资源型产业，采用先进技术改造提升传统产业，积极向下游深加工、精加工拓展，拉伸产业链条，增强其生命力和成长性。例如，在铝工业深加工产业链延伸上，积极推进铝箔、铝合金轿车轮毂、铝合金整体式转向节等精深加工产品的规模生产，初步形成了铝土矿开采——氧化铝——电解铝——铝深加工产业链。在黄金资源开采上，以多金属综合利用为方向，按照循环经济模式，扩大多金属综合冶炼加工能力，进行首饰加工、金银精冶、铜箔深加工等，拉长产业链条，增加产品附加值。在煤化工发展中，形成了煤—煤气—甲醇—二甲醚、煤—甲醇—醋酸—醋酸纤维产业链，积极建设乙二醇、醋酸、丁二醇等深加工产品项目，大力发展资源接续产业。

2. 拓展产业路径，培育新兴产业

三门峡在推进经济转型过程中，不断寻找新的经济增长点，依托传统产业发展战略新兴产业，拓展产业发展路径，坚持科技先行，制定优惠政策，大力发展科技含量高、附加值高、市场竞争力强、拥有自主知识产权的新兴产业。积极培育了新材料、生物、光伏及新能源三大先导产业，

强力推进新能源汽车产业，高档轿车轮毂、铝合金整体式车厢等汽车及零部件产业，水工机械、大型压力容器、检测量仪、数控机床等高端装备制造产业的发展，大力发展了速达纯电动轿车、恒生柠檬酸金钾、兴邦纳米离子膜等一批产业集聚度高、核心竞争力强的龙头企业和重点项目。

3. 完善产业结构，推动三产发展

三门峡在推进经济转型中，不断提高第三产业在国民经济中的占比，实施服务业发展提速计划。依托三门峡的交通、区位、资源优势，紧紧围绕"把三门峡打造成为黄河金三角地区的区域性金融、商贸、物流中心和国内知名的文化旅游名城"，多途径发展现代服务业。大力发展生产性服务业，培育提升消费性服务业；重点发展现代金融、物流、商贸、文化旅游等基础较好的服务业，加快发展房地产、信息服务、社会服务等成长性服务业，推进了二、三产业分离。此外，2011年三门峡出入境检验检疫局、三门峡海关的获批，为三门峡市扩大出口、服务进出口企业提供更为便利的条件，促进外贸经济及物流行业的快速发展，奠定了三门峡豫晋陕三省交界处商品聚集地和区域性对外贸易中心城市的区域地位，更为三门峡市成为豫晋陕黄河金三角地区区域中心城市打下了坚实基础。

4. 坚持项目带动，突出产业延伸

项目是经济增长的重要支撑，是经济转型发展的基础和潜力所在。三门峡以增量为基点，把项目建设放在突出位置，以项目发挥优势、配置资源，强力拉动社会投资，推进资源型经济转型发展。2010年，三门峡大力实施"深化项目建设年"活动，进一步完善联审联批制度和协调推进机制，全市230个重点项目累计完成投资344.6亿元，超额完成年初目标27.6个百分点；省政府督办的160项联审联批事项，提前4个月办结，居全省第一。2011年继续开展深化项目建设年活动，全力推进"双百工程"，集中在高新技术、精深加工、基础设施和现代服务业方面谋划一批科技含量高、发展强劲好的优质项目，进一步拉长产业链条、推动资源型经济转型。

5. 提高创新能力，发展循环经济

自主创新能力是区域竞争的核心内容，是经济发展的后续动力。三门峡在经济转型发展中，

始终把增强自主创新能力摆在首要位置，积极瞄准高新技术产业来提升创新能力，大力推进"创新型三门峡"建设，缘份果业的国内首家采用膜技术提取苹果果胶、药用果胶业技术，恒生科技的具有国际先进水平的柠檬酸金钾项目，以及速达纯电动汽车正式下线运行，极大推进了经济增长由主要依靠资源消耗向主要依靠科技创新转变。此外，三门峡按照"减量化、资源化、再利用"

原则，着力培育"煤电铝一体化发展和煤—电—建材、煤—煤气—化工、铝矿—氧化铝—电解铝—铝制品、黄金采矿—冶炼—精深加工—废弃矿渣综合利用、苹果—果制品（果汁、饮料、果酱、果胶）—果渣饲料"等独具特色的循环产业链，积极发展循环经济，发展绿色产业，保障资源型城市经济转型。

三、关于推动资源型城市经济转型的几点思考

通过对三门峡经济转型的调查与分析，我们可以看到，为了促进资源型城市的可持续发展，必须未雨绸缪，立足经济社会发展客观规律、立足城市客观实际，制定多元化转型战略，实现经济转型和可持续发展。

1. 以新区域形势下谋求新定位为战略方针，加快推进资源型经济转型

推进资源型城市转型，不能孤立地就一个城市转型谈转型，要处理好城市转型与整个区域经济一体化的关系。在新的形势下，将区域战略规划上升为国家战略的情况层出不穷，利用国家的力量推动地方发展，在重点领域和关键环节先行先试、锐意突破，已经成为区域发展的一种新探索和新尝试。伴随着区域规划的国家化、区域管理的精细化和区域发展的多样化，只有在新的区域形势下谋求科学定位，充分利用区域经济发展的环境与政策，才能更有效地推进资源型城市经济转型。

2. 以建立健全长效机制为保障，加快推进资源型经济转型

一是要建立资源开发补偿机制。采取法律、经济和必要的行政手段，引导市场主体合理开发资源，承担资源补偿、生态环境保护的责任。按照"谁开发、谁保护，谁受益、谁补偿，谁污染、谁治理，谁破坏、谁修复"的原则，明确资源补偿、生态环境保护与修复的责任主体。二是要建立衰退产业援助机制。要统筹规划，加快产业机构调整，转移剩余生产能力，完善社会保障体系，促进失业人员再就业，解决好资源型历史遗留问

题。三是完善资源型产品价格形成机制。加快资源价格改革步伐，逐步形成能反映资源稀缺程度、市场供求关系、环境治理与生态修复成本的资源型价格形成机制。

3. 以转变经济发展方式为主攻方向，加快推进资源型经济转型

资源型经济一般都具有经济结构不合理、产业结构重型化和经济发展方式粗放的特点。推进资源型经济转型，需要把加快发展方式转变作为主攻方向，这是根本出路。积极推进发展方式转型，走低碳经济发展之路，推进节能减排，发展循环经济，加快污染防治，努力建立资源节约型技术体系和生产体系，实现由总量扩张向创新驱动转变、由资源粗放发展向循环利用转变、由单一产业支撑向多部门产业拉动转变、由产业分散发展向产业集群发展转变，以及由产业节点式生产向产业链条式发展转变。

4. 以产业结构调整为核心，加快推进资源型经济转型

积极推进产业结构转型，根据产业特点选择正确的调整路径。加快推进传统产业技术改造，以产业内升级为重点，通过工艺升级、产品升级、功能升级等路径，依托传统产业的资源、市场和劳动力等方面的比较优势，延伸产业链条，推动传统产业向专业化、深度化、高科技化的高附加值转变，提升传统产业层次。着力推进支柱产业产业链整合，完善产业链布局，承接高技术产业和先进制造业产业转移，填补高附加值终端产品的空白环节。积极培育战略性新兴产业，加快发

展现代服务业，促进三次产业在更高水平上协同发展，实现由单一支柱产业结构向新型多元稳固的现代产业体系的转变。

5. 以发展链式经济为路径，加快推进资源型经济转型

推进资源型经济转型，就要以产业链式发展为核心，拉长产业链，提高产品附加值。通过推进资源深度利用，推进产品向中高端延伸，打造主导产业链。围绕钢铁、煤炭、有色金属、装备制造等重点领域和关键环节，瞄准产业链条中技术含量相对较高、利润空间相对较大的高端节点，加快科技创新步伐，引进开发关键技术、核心技术，发展中高端产品，占据"微笑曲线"两端的高利润环节。针对产业链条中空白的关键节点，加大招商引资力度，引进关键技术，填补产业链空白。

6. 以项目建设为支撑，加快推进资源型经济转型

发展接续产业，推进资源型经济转型，就需要有项目作支撑。抓好重大项目建设，就抓住了转型发展的关键。项目建设主要应集中在高新技术、精深加工、基础设施和现代服务业方面。通过项目建设以增量调整带动存量调整，加快培育地方特色优势产业，以建设大项目培育大产业，以培育大产业促进大调整，以产业大调整实现经济大转型。以项目建设调优产品结构，向价值链两端的上游研发和下游销售延伸，发展一批科技含量高的产品；以项目建设调优组织结构，通过重组、兼并，推动生产要素向大集团集中。

参考文献

王小平. 关于资源型城市产业转型的思考——巩义市产业转型的经验借鉴及启示 [J]. 中国矿业，2007 (18).

中央党校课题组. 探索破解资源型城市转型发展难题——辽宁阜新模式调查 [J]. 经济研究参考，2008 (34).

陈卫民. 实现资源城市产业转型协调发展——来自江西省萍乡市的调查分析 [J]. 江西社会科学，2009 (12).

张雪梅. 关于加快推进资源型城市转型的几点思考 [J]. 改革与战略，2010 (6).

金贤锋，董锁成，刘薇，李雪. 产业链延伸与资源型城市演化研究——以安徽省铜陵市为例 [J]. 经济地理，2010 (3).

（刘晓萍，河南省社会科学院）

基于资源型城市转型视角的服务外包产业发展研究

一、研究基础和问题的引出

资源型城市是因矿产、森林等自然资源勘查、开发而建立和兴起的城市，是依赖于自然资源禀赋优势产生的，以资源的采掘、加工为支柱和主导产业的区域。目前全国有 118 个资源型城市，占全国城市总数 662 座（含县级市）的 18%，其总人口为1.54 亿人。这些城市整体面临着城市布局分散化、产业结构单一化、经济结构应变性适应性差、就业结构非均衡等诸多问题。这样的城市因资源而起、因资源而兴，社会和经济资源的配置和利用大多围绕自然资源开发的产业链展开，其突出表现为区域的产业体系、投资体系、贸易体系、财政体系，甚至是城镇体系的建设都围绕着这一绝对优势的资源产业展开。但架构在资源基础上的经济体却面临着区域内自然资源减少、枯竭的趋势，缺乏接续替代产业，资源型城市的可持续发展成为世界性的难题。其实这样的命题本身存在矛盾性：自然资源是地区经济发展的优势要素，但为何又成为资源城市衰落的重要原因？

"资源诅咒"学说用实证分析论证了自然资源的富集，限制了经济的增长。1960~1990 年，资源贫乏国家的人均收入增长速度比资源丰裕的国家快 2~3 倍，20 世纪 70 年代以来这种增长速度之间的差距尤为明显（Auty，2001）。邵帅等人（2008）利用 1991~2006 年的省际面板数据对西部地区的能源开发与经济增长之间的相关性进行了计量检验和分析，得出能源开发主要通过其对科技创新和人力资本投入的挤出效应，以及滋生寻租和腐败而引起的政治制度弱化效应等间接传导途径来阻碍经济增长。围绕资源型城市的现实问题，大量国内外学者展开了以可持续发展与经济转型为主题的研究。国外对资源型城市经济结构转换、劳动力结构调整，以及世界经济一体化对资源型城市影响等方面研究的代表人物是布莱德伯里、海特、巴恩斯等。他们提出了建立资源型城市早期预警系统、制订财政援助、进行区域规划、促进地区经济基础的多样化等转型机制。罗浩（2007）利用新古典索洛模型从理论上证明，通过自然资源产业转移和技术进步两条路径实现地区经济的增长。李兴旺（2009）认为资源型企业已成为西部区域经济发展的主要驱动力量，西部资源型高成长企业具有明确的资源战略，以优势的自然资源为依托，通过产业集群互动共同成长，提高资源配置和整合能力。大量研究依据资源型城市生命周期、城市可持续发展、产业结构演进和循环经济理论对资源型城市转型展开了多方向的探索。

新时期世界经济环境和国情已经发生了深刻变化，工业化、信息化、城镇化、市场化、国际化深入发展，后金融危机时代全球经济格局重大调整，中国经济要素红利逐渐流失，人口、资源、环境的压力日益显现。"转变经济发展方式"成为时代的主题。在世界经济发展趋势的大环境中，寻找符合区域自身资源禀赋、人文背景和发展进程的转型模式，摆脱简单的模仿，创新性地开拓发展路径才有可能在新时期转型的大潮中实现特色化、差异化，形成区域新的增长极和新的竞争力。资源型城市也只有在经济全球化和世界产业结构调整的背景下，现代产业体系构建的进程中，利用信息革命的技术载体，寻求产业链中的优势模块进行生产，在产业内分工中进入全球生产网络和供应链，才有可能破解"资源的诅咒"。

二、资源型城市转型路径与服务外包理论演进

中国资源型城市经济转型主要有三种发展取向：一是产业延伸路径。即在资源开发的基础上，发展下游加工业，建立起资源深度加工和利用的产业群。采掘业属于中间投入型基础产业，其产业关联特点是前向关联效应大，而后向关联效应小。产业延伸模式利用这一特点向前延伸产业链，其优点是在转型的初期能够充分发挥本地的资源优势，同时上下游产业链在生产、技术、管理、产品等方面的关联性强，实施转型的难度较小。随着下游产业的不断发展壮大，资源城市产业体系的竞争能力和自我发展能力将逐渐增强，将来即使本地资源逐渐枯竭，也可以从外部输入资源进行加工，维持该城市或地区的持久繁荣。二是产业更新路径。即利用资源开发所积累的资金、技术和人才，或借助外部力量，建立起基本不依赖原有资源的全新产业群，把原来从事资源开发的人员转移到新兴的产业上来。产业更新模式无疑是最彻底的产业转型模式，它摆脱了对原有资源的依赖，但如何在以采掘业为主导的产业基础上，发展具有竞争力的替代产业群是该路径面临的最大挑战。三是产业复合路径。有的资源型城市在实现经济转型中不局限于以上单一的路径，而是以上两种路径的复合。通常是在转型的初期采用产业延伸路径，城市主导产业逐步由采掘业转变为加工业。随着加工业的发展，城市功能逐步完善，新兴产业不断发展，城市逐步演化为综合性城市。立足于现有的资源状况、区位条件、技术实力和投资环境，通过培育和发展新的接续产业，调整产业结构，逐步形成多元产业支撑的新格局，由单一资源优势向多功能综合经济优势转变，实现资源的优化配置和战略重组。

资源型城市发展服务外包推动资源产业转型，进而实现城市转型的发展方式属于上述第三种路径。外包是指企业将其非核心业务分包给其他企业承担，而自己专注于核心业务的发展，实质就是一种资源整合的管理模式。从企业微观层面看，随着社会分工的细化，外部竞争压力加大，企业将内部具有服务性质的业务分包给外部专业化部门来做，达到提高竞争力、实现规模经济的目的。企业的外包活动是服务外包产业产生和发展的拉动力，而服务外包产业的成熟与否直接关系到企业获得服务产品的质量。因此，服务外包产业的发展可以建立在原有专业化优势部门的基础上，通过内部需求的发展，催生具有核心竞争力的外包产品和企业的形成，这种成长路径是产业延伸与产业更新的综合成长路径。在资源型城市具有优势的专业化部门中产生服务外包项目，服务性产品交易模式创新与运营的实践，为产业结构调整和经济转型提供了现实的路径。

诺斯（1955）在其论文《区域理论和区域经济增长》中提出输出基础理论。该理论认为一个区域的经济增长主要由该区域的输出产业来决定。外部需求的扩大，会带动区域输出产业和服务业的发展，区域的输出基础便得到加强，这将引起区域经济成倍增长，而特定区域能否成功地建立起输出基础产业，是根据该产业所拥有的比较利益而定。自然资源的经济贡献率随着开发时间的累进，必然呈现递减的变动趋势。如果资源型城市仅以自然资源作为城市驱动的核心要素，那么必然面临着经济衰退的命定归宿。因此，必须依靠积累的经济、社会、制度资源，深度挖掘经济贡献率递增的要素作为区域经济增长的主要驱动力，那么，知识资源以及与此相关的创新能力和人力资本就成为发展的关键。在信息和网络技术下，人力资本配置方式根本改变了资源配置的方式，人力资本的形成一定有历史的继承性和市场的创新性，也使得劳务活动的流动性和空间配置的拓展性大大增强（江小涓，2008）。生产性服务外包

业以特定行业的专业化知识为载体，具有难以模仿、成本递减、收益递增、外部经济的特征。这样的区域输出部门建立在原有优势产业的基础上，继承了累积的社会资源，容易发展成为高增长部门，从而服务外包产业成为资源型城市转型的重要途径。发展以矿业工程技术为服务产品、资源城市为特色品牌的服务外包基地，把自然资源输出为主的发展模式，转化为社会资源如知识、文化、技术、信息、组织形式、管理手段为主的输出模式。这样，服务外包产业选择既符合区域主导产业的发展方向，有助于提高区域品牌企业的核心竞争力，能够推动区域产业结构升级，形成新的经济增长点；同时服务外包产业的网络结构和网络效应，能够深化专业化水平、延长生产的迂回程度，完善企业的制度，促进交易分层结构和城市功能结构的完善（如图1所示）。

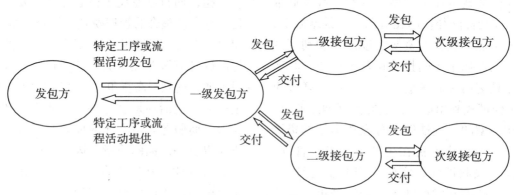

图1 服务外包网络结构衍生图

1. 基于生产性服务业视角的服务外包理论演进

为了发展更有效率的新组织，或者制造原商品部分属性的新产品，可以对原有商品的属性进行分割和组合，并且商品的服务属性更容易分割。产品服务属性的可分割性提供了一种实现产品升级换代和结构调整的可能性。从"微笑曲线"中可以发现，第一、第二产业中每个行业都可以分解为生产和生产性服务两部分，生产性服务部分就是第一、第二产业的服务外包领域；第三产业分为生产性服务业、消费性服务业和公共服务业，这三部分都属于服务业，都是服务外包的业务领域。因为第一产业生产性服务业、第二产业生产性服务业同第三产业中的生产性服务业具有相同的属性，因此都应成为业务流程和知识流程服务外包的对象。正是由于产品内分工产生了生产外包，服务可贸易（服务可分）产生了服务外包，而服务环节的剥离与服务产品的可分性，催生了全球服务外包正以生产性服务业为主线，向制造业、采掘业等领域渗透。这样服务外包突破了狭义的信息技术外包（ITO）业务领域，扩展成为以第一、第二、第三产业为对象的业务流程（BPO）和知识流程外包（KPO）行业（如表1、表2所示）。

表1 业务流程外包业（BPO）细分行业

分类标准 行业名称	横向职能性业务流程	特定行业的纵向服务
业务流程外包业细分行业	数据采集加工、呼叫中心、人力资源、财务会计、物流采购、冗灾备份、客户交互和支持、销售和市场营销、行政服务等	金融、电信、高科技、零售业、媒体、医疗健康、航空交通运输、石油天然气和化工、公用事业

2. 基于产业结构优化与升级视角的服务外包理论演进

服务外包产业结构优化与升级演进主要体现在：一是产业空间不断加大，与三次产业融合发展，强力拉动现代产业体系的形成；二是服务外包正由低端转向高端，产业附加值不断增加。随着信息技术和网络技术的发展，许多公司不仅将数据输入、文件管理等低端服务进行外包，而且还将风险管理、数据分析、科技研发、技术服务、生产管理等技术含量高、附加值大的业务发包出

表 2　知识流程外包业（KPO）细分行业

分类标准 行业名称	制造设计研发	软件设计研发	创意产业	知识型服务
知识流程 外包业细分行业	专利研发 产品设计 样本测试 样机研究 内置系统 工程解决方案 工艺设计等	新产品开发 系统测试 本地化 产品维护 产品支持等	影视节目制作 动漫制作 游戏设计开发 手机游戏 游戏机游戏	商务调研 市场研究 证券分析 法律服务 知识产权服务 临床试验 物联网服务等

　　资料来源：中国服务外包研究中心。

去，形成知识型服务外包。KPO 是由 BPO 转化而来的一种新业务种类，但潜力巨大、市场广泛，在全球产业分工的大背景下，将逐渐成为与 ITO、BPO 并驾齐驱，并有望超越的一个主要模式。目前，虽然全球离岸业务流程外包市场总额较小，但发展速度稳步上升。据中国服务外包研究中心统计并预测，2007~2012 年离岸业务流程外包市场复合增长率为 25.1%，高于离岸 IT 服务市场 18.8% 的复合增长率（如图 2 所示）。我国资源型城市应发挥管理和工程技术等优势，避免与全国其他城市从事的低端 IT 业务重复，关注知识含量与附加值较高的服务外包产业，重点谋划 KPO 和 BPO 产业的发展。

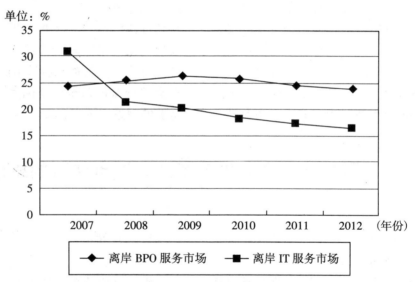

单位：%

图 2　离岸服务外包市场增长趋势

资料来源：中国服务外包发展报告 2008。

　　3. 外包活动实践中的演进路径

　　第一阶段，外包开始于制造业。20 世纪 50 年代开始的国际分工呈现出新特征，其中最为瞩目的是产品内分工。由于当时经济与技术发展的限制，只有有形产品才能实现生产部件、环节的分离，跨国公司为了降低成本，从而实现世界范围内的外部生产，便产生了制造业外包。第二阶段，外包由制造业转向服务业。20 世纪 80 年代，信息和通信技术的长足发展使得服务也有可能在某一地点生产，而在其他地点消费，服务变得可以交易。服务产品的生产可根据比较优势和竞争力在远离公司母国的其他地点实现国际间分配，便产生了服务外包。第三阶段，外包由服务业返回制造业、采掘业等。目前，由于存在制造、采掘等产业中加工与服务部分的可分性，外包正在以生产性服务业为主线，向制造业、采掘业等领域渗透，产生了服务外包的高端业务——制造业、采掘业等产品内分工的知识流程服务外包（如图 3 所示）。

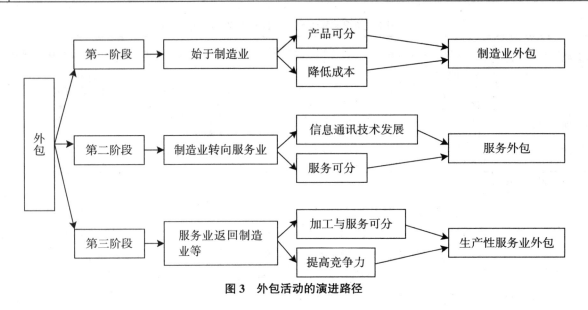

图3 外包活动的演进路径

如何利用采掘业优势，参与国际化的分工网络和价值链条，充分发挥资源型城市在生产、管理和技术等方面的优势，发展有竞争力的替代产业群是我国资源型城市经济转型路径选择的关键所在。服务外包具有低消耗、低污染、高附加值、高就业、高科技含量等特点，以生产性服务业为主线，将服务外包结构由信息技术外包为主向业务流程外包和知识流程外包为主演进，由制造领域向资源产业领域渗透。资源型企业在国内外市场承接资源勘探开发、流程管理和技术服务等生产性服务外包业务，这有利于资源型城市摆脱对自然资源依赖，培育更具潜力的接续、替代产业，发展低碳经济，转变经济发展方式。因此，将服务外包培育成为资源型城市经济转型的接续产业，对资源型城市乃至整个国家经济可持续发展具有重要的理论和现实意义。

三、服务外包产业推动资源型城市转型的机理

经济全球化的推动与市场竞争的加剧，使信息革命的技术成果在商业领域普及推广，模块化服务产品的生产范围日益扩展，使IT服务和软件生产等信息技术外包成为规模庞大的全球生产网络与市场体系。同时，以一个或多个IT密集型生产流程，委托给外部企业管理和控制的业务流程外包也相伴而生。其中，不易跨行业复制的、高度垂直知识密集型的知识流程外包业务，明显具有高增值性的特征，成为各国服务外包提供商竞相争取的领域。面对世界国际经贸格局的巨大变迁，在迎接新一轮技术革命的历史浪潮中，通过"服务外包"这一全球化的新标志和国际产业转移的新兴主流方式，进一步提高产业的竞争力，转变经济发展方式，从而实现资源型城市的成功转型。

1. 矿产资源的可耗竭性与服务外包资源的收益递增

矿产资源逐渐枯竭的不可逆转性是导致大量资源型城市经济停滞的根本性原因。我国工业化进程逐步推进，加速了矿产资源的消耗速度，缩短了资源周期。目前我国的主要资源型城市已经陆续进入资源型产业的稳产期和衰退期，资源枯竭型城市已成为中国经济发展的重大问题。在对资源型城市转型这一问题的探讨上，必须对"资源"的内涵进行重新的诠释。现代化资源产业的发展绝不是简单地建立在物质资源基础上的产业，而是自然资源、社会资源与经济资源相互融合，产业内企业互动创新，城市职能逐渐多样化的现代产业体系。利用资源型城市支柱产业在人力资本、管理和技术等方面的资源，在国内外市场，

承接资源勘探开发、流程管理和技术服务等外包业务，发展资源产业的生产性知识流程服务外包业，将服务外包现代化的资源配置方式向专业化资源产业领域渗透。生产性服务外包业是知识依赖型资源配置模式，信息、网络技术对传统产业价值链进行改造，形成以信息、专业化知识为载体的模块，可通过 IT 技术实现即时交付的高增加值的服务性产品。IT 技术的应用突破了服务产品交付的地域限制，专业领域知识与技术要素投入增加，能够改变对自然资源生产要素的依赖性，依靠某一产业或部门创新的传播与扩散，实现知识信息资源收益的递增（如图 4 所示）。

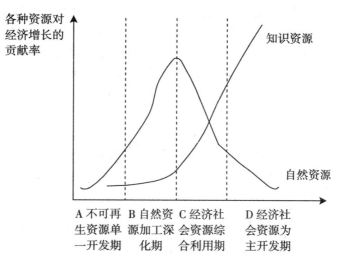

图 4　自然资源与知识资源贡献率比较

2. 资源城市二元经济结构与服务外包现代产业体系建立

资源型城市存在典型的经济二元结构，由于自然资源经营权所带来的垄断利润，使得大量稀缺的生产要素流入矿业领域。在其巨大的产业极化作用下，各种经济要素被固化在资源产业领域，与资源开发配套的勘探、技术投入、生产服务、人力资源开发和培训、辅助产业体系、资源运输、资源贸易得到了较快发展，形成了资源型产业内部刚性的经济循环，进而对资源优势进一步产生了"放大效应"（张复明，2002）。而非资源型经济普遍出现低投入、低产出、低效益的经济效果，由于发育不足，竞争力弱，对主导产业支撑性和关联性较差，区域内生产的迂回程度较低，与资源型产业形成鲜明的二元结构。知识流程服务外包产业在本质上是现代产业体系发展进程中，现代服务业与其他产业融合的产物。现代产业体系是在经济全球化、创新网络化的背景下，以开放性、集聚性、创新性、融合性为特征，以高科技、高附加值、自主创新能力强的有机产业群为核心，信息技术应用与创新网络扩散为途径的产业集合体。信息、网络技术对农业、工业和服务业的模块化嵌入，使现代服务业的价值链不断延伸，包括从市场调研开始到售后服务直到产品报废回收的全过程，价值增值程度不断加深。随着信息技术应用的深度和广度不断延伸，传统产业与服务外包产业的融合更加宽广。因此现代产业体系的建立需要有一个国际化的服务业平台，实现传统产业与服务业的互动发展，服务外包产业就应运而生。服务外包业能够突破地域不可流动资源的限制，在国内外市场的支撑下，实现规模经济。产业内部行业间的相互融合，使得行业间界线趋于模糊，某一产业或部门的技术创新在传播与扩散中带动整个区域现代产业体系的形成，提高区域的整体竞争力。

3. 资源产业的脆弱性、波动性与服务外包业自组织能力的稳定性

资源型经济突出的表现为产业结构单一和低层次性的特征，由于是上游产业，受经济周期影响，资源价格的波动性较大，生产往往出现不规律性的起伏。伴随周期性波动，区域内与主导资源产业密切相关的产业体系，也出现剧烈的震动。同时资源产业是个典型的外部不经济性产业，资源型城市的开发建设与环境污染、生态破坏如影

相随，成为资源型城市区域承载力脆弱的重要原因。因此，低碳、可持续发展的经济模式成为资源型城市寻找的最佳出路。服务外包在科技革命和经济全球化的共同作用下，通过投资和业务发包实现全球经济布点，避免了单一市场波动对经济的震荡。国际分工的方式由产业间分工，向产业内部产品分工和要素分工延伸，呈现出产业间分工、产业内产品分工、产品内分工和要素分工并存的新模式。专业化分工的细化使得经济系统的生产方式越来越迂回，企业组织进一步完善，企业集团出现，生产部门增多，技术结构变化，

产业结构升级，这一过程就是区域自组织能力强化的过程（杨小凯等，1999）。随着产业链的延伸，下游企业和配套服务企业的数量不断增长，大量与生产经营相关联的服务外包企业在一定空间内的聚集所带来的专业化生产、低运输成本、低交易费用、便捷的沟通和配套服务将形成产业聚集。聚集经济效应使资源产业价值链更具竞争优势，整个城市经济也因此获得发展的动力。在城市体系形成与功能完善中，资源型城市将呈现出区域增长极、点轴扩散期与网络协调期的稳定发展趋势。

四、资源产业价值链分解与服务外包项目范围

目前，现代产业价值链的可分解性不断提高，价值链的分解越来越细化。而外包也随之扩展到价值链的各个环节。随着外包业务种类增多，外包规模扩大，作为发包企业的大型公司将这些外包业务进行整合，实行"网络化治理"，从而在自己的内部管理体系中，逐步构筑起外包网络。这种外包网络以大企业为中心，以外包合同为纽带，在全球价值链上聚合各类专业公司和机构。同时现代产业的外包网络也是动态的，不仅其边界是可变的，而且随着服务外包功能的扩展升级，处

于网络核心的大企业与发包企业关系可能升级，即从市场交易关系发展到战略联盟和伙伴关系，这种升级将进一步加深基于全球价值链的分工。因此要开发资源型产业的服务外包项目，首先应该对资源产业价值链框架进行分解，以此为逻辑起点，探讨可行的服务外包项目。资源型产业流程能够划分为勘探开发、工业设计、采掘生产、流程管理、安全监控、物流运输、事故处理等多个环节（如图 5 所示）。

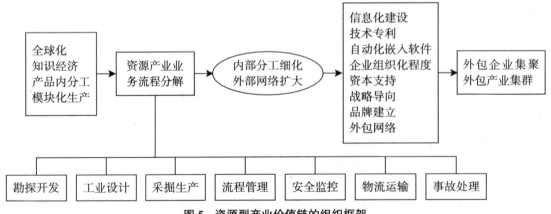

图 5 资源型产业价值链的组织框架

在上述流程中要挖掘知识承载量大、具有核心技术的服务环节，就必须加强信息化建设。现代矿业生产体系中特别是大型企业集团应完善技术创新体系，培育自主知识产权的核心技术，不

断推动服务外包产业向纵深发展。依据服务营销学中的服务花，可以分析出资源型产业可开拓的服务外包领域（如图 6 所示）包括地质数据分析与制图、矿业勘探数据处理、工业设计咨询、安

全管理监控、生产数据分析、开发全流程技术支持、物流信息处理、应急事故咨询等。通过进一步挖掘和创造外包业务的新需求和新市场，实现服务外包产业与传统产业的互动发展。

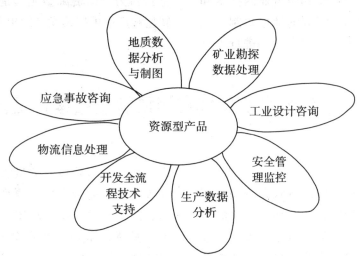

图6 资源型产业的服务外包花

注：根据洛夫洛克（2001）基本框架修改。

一是掌握新的专业知识的机构和企业不断加入产业链条，行业价值链变粗变长，价值链的增值环节增多，可分解性提高。二是新知识的加入使价值链上一些环节的性质及其在价值链中的地位发生了变化。因此资源型企业必须加大技术投入，加速信息化建设，由采掘业行业的知识变化推动资源价值链的分解，促进服务外包项目的形成和规模化运营。

（1）石油石化产业。服务外包的业务领域主要有以石油勘探开发和石化生产数据采集处理、数据分析、工程设计、自动化控制等为重点的石油石化技术服务，以及地质制图、地震解释、研发设计、实时数据库分析等。

（2）煤炭、冶金产业。服务外包的业务领域主要有矿业勘探数据处理、开发流程全过程控制、工业设计、生产安全管理、现代化采掘嵌入式软件、煤炭产运需信息数据处理、重大事故的应急处理。

（3）森工业。服务外包的业务领域主要有林业利用遥感、遥测、地理信息系统，承揽林业管护、防火防虫、资源统计数据处理、承接俄罗斯的印刷外包等。

1. 资源型服务外包项目范围

现代产业价值链动态发展的重要动力来自于行业知识规模和结构的变化，快速更新的知识结构主要在以下两方面推动现代产业价值链的调整。

2. 我国资源型城市经济转型服务外包实践举要

（1）我国石油石化服务外包实践。2007年12月，大庆服务外包产业园被国家商务部、信息产业部、科技部批准区为"中国服务外包示范区"。2009年元月大庆市被国务院批准为中国服务外包示范城市。在石油工程技术服务方面，大庆已为中亚、东南亚、南美、北美、中东、北非等区域的20多个国家提供了勘探、测井、录井数据采集、处理、解释以及钻井、完井工艺设计和采油技术等外包服务；在软件开发与信息处理方面，已为国内外石化、教育、审计、医疗、娱乐等行业提供了生产过程自动化控制、仿真模拟、工艺优化、生产管理、影像、游戏等方面的软件开发服务；还为澳大利亚、英国、美国、中国香港等国家和地区提供了数据录入、图文处理等信息处理服务。不仅如此，金融保险商业后台支持、管理咨询、设计制作、人力资源及财务代理等专业流程服务外包也有一定的发展。大庆以石油工程技术服务为主导，软件开发信息处理和专业服务等行业为两翼的服务外包产业发展格局已初步形成。

（2）我国煤炭服务外包实践。中国煤炭经济技术进出口总公司在煤炭等工程技术服务外包方面做了有益的探索。该企业提供从煤矿开采权的购买、勘探、开发、设计、造井到生产经营整个流程的服务供给，在实现煤矿规模生产经营时，再向市场整体出售。采用这一模式在印度尼西亚开发了数个金矿和煤矿，取得了丰厚的经济回报。

上述地区和大型企业集团利用行业内技术和管理的优势，突破了物质性资源的地域限制，以服务外包作为资源型城市的接续产业，进行了有益的尝试，取得了较好的成效。尤其是大庆以石油工程技术服务外包业为引领，形成了区域经济发展的自组织能力，衍生出大量的外向型服务项目，在一定程度上实现了要素的极化、与产业的更新，为全国资源型尤其是资源枯竭型城市经济转型和产业可持续发展闯出了一条新路。

五、以服务外包作为资源型城市经济转型接续产业的战略构想

1. 基本思路

充分发挥资源型城市管理、技术和劳动力等优势，紧紧把握新一轮国际服务业加速转移的契机，充分利用国家给予的政策支持，把服务外包打造成为资源型城市的接续产业。将生产外包与服务外包有机结合，相互牵动，重点开展离岸和在岸外包业务。以中东、南美、非洲等为目标市场开展石油离岸外包业务，以东南亚、俄罗斯等为目标市场开展煤炭离岸外包业务，以澳大利亚、巴西和非洲国家为目标市场开展金属矿等离岸外包业务，引导资源型城市产业转型，实现经济可持续发展。不断推动服务外包产业向纵深发展，进一步挖掘和创造外包业务的新需求和新市场，形成以服务外包产业促进传统产业发展的良性互动局面。

2. 发展模式

（1）生产外包与服务外包互动发展模式。借鉴大庆油田等成功企业服务外包的先进经验，以生产外包带动服务外包发展，以服务外包促进生产外包升级，实现服务外包与生产外包互动发展。

（2）发包与接包融合发展模式。坚持在培养接包企业的同时，关注对发包方的引导激励，实现释放发包市场潜在需求与提升接包企业竞争力并举。鼓励企业将生活性服务、非核心的生产性服务和附加值较低的生产环节发包出去，接包附加值较高的服务环节。以发包扩大产业内部需求，以接包提高效率、优化结构、转变发展方式，实现发包与接包融合发展。

（3）在岸外包与离岸外包协调发展模式。在岸外包受世界经济影响小，业务环境对接包企业较为熟悉；离岸外包业务量大，利润率高，是服务外包企业的高端市场。要利用好国际国内两个市场、两种资源，推动离岸外包与在岸外包协调发展。坚持在岸外包和离岸外包"双引擎"战略，以拓展离岸外包促进贸易发展方式转变，以扩大在岸外包带动产业结构升级、更新。

（4）ITO、BPO、KPO递进发展模式。目前，ITO是大多数服务外包的主要方式，但BPO尤其是KPO代表着服务外包的发展方向，技术含量高，附加值大，前景广阔。尤其是对资源型城市来说，既要重视ITO的发展，更要大力开展BPO尤其是KPO业务。支持企业接包BPO、KPO业务，积极承接产品研发、工艺设计、管理咨询等高附加值业务，提高自身专业化水平。

3. 主要任务

服务外包产业是资源型城市经济转型、调整产业结构、转变发展方式、发展低碳经济的有效途径。为把服务外包打造成我国资源型城市尤其是资源枯竭型城市经济转型的接续产业，实现经济可持续发展，政府应重点打造四大工程引导产业发展：

（1）服务外包示范区工程。支持资源型城市围绕离岸服务外包业务、境内服务外包业务、特定行业或特定流程服务外包业务，建设服务外包示范区。使其逐步成为人才聚集、资本融通、技术共享、信息汇聚，具有引导和带动作用的专业服务外包产业示范区。鼓励条件成熟的服务外包基地申请国家级服务外包示范区。

（2）服务外包规模企业培育工程。选择一批业务前景好、管理水平高、技术能力和创新能力强

的服务外包企业，从政策、资金等方面进行重点扶持，使之成为资源型城市带动服务外包产业发展、接续产业转型、实现经济可持续发展的大型企业集团。

（3）服务外包人才工程。支持高等院校和职业院校建设服务外包人才培训基地，鼓励有条件的企业、社会力量与有关教育机构合作，建立资源工程技术与信息技术应用的服务外包人才实训基地，最大限度地满足服务外包对适用人才的需求。建立政府、企业、高校、职业培训机构和社会力量多元投入的人才培训体系，同时引进国内外服务外包专业培训机构，大力引进海外留学服务外包创业团队。

（4）服务外包公共服务平台建设工程。一是战略研究公共服务平台。开展对服务外包产业发展规律、政策、商机、发展模式等专题的研究工作，定期提供研究报告。二是人力资源公共服务平台。整合现有人才市场的人力资源，为服务外包企业提供人才政策落实、人才培训、人才派遣和人才招聘等服务。三是技术支撑公共服务平台。完善已有的技术和环境资源，提供技术研发、数据存储、质量保证、测试验证、培训管理等服务。四是招商引资与市场开拓公共服务平台。发挥相关中介组织的作用，为企业提供招商引资、企业形象设计、产品设计、产品推广、展览展销、技术合作咨询、品牌打造和传播等服务。五是投融资公共服务平台。依托现有的投融资平台，增设服务外包投融资业务，完善投融资公共服务平台，为服务外包企业提供风险投资、融资担保、出口信贷和咨询等服务。

六、结　论

资源型城市特别是资源枯竭型城市经济转型是世界性难题，涉及国家资源、经济、生态环境和社会的安全，如何实现资源型城市可持续发展，是我国政府亟待解决的问题。信息和网络技术对传统产业价值链的改造，形成了难以复制的服务模块，这种无形产品通过 IT 技术的应用，突破了地域和物质资源的限制，进入全球资源生产网络。工程技术生产性服务外包业是融合采掘行业高度知识密集型的产业，在世界分工体系中形成了高增值性、可持续发展的核心社会经济资源，成功替代了资源型城市对矿业资源的刚性依赖。更为重要的是，服务外包的经营模式延长了传统产业价值链的迂回程度，通过分工网络结构的扩大效应，能够培育出大型的企业集团，并随着企业的集聚与产业的集群，促进交易分层结构和城市功能的完善，真正形成具有自组织能力和极化功能的区域经济体系，并最终实现资源型城市的转型。

参考文献

Auty, R. M., Resource Abundance and Economic Development, Oxford：Oxford University Press, 2001.

邵帅，齐中英. 西部地区的能源开发与经济增长 [J]. 经济研究，2008（4）.

罗浩. 自然资源与经济增长：资源瓶颈及其解决途径 [J]. 经济研究，2007（6）.

李兴旺. 中国西部企业高速成长研究 [M]. 中国社会科学出版社，2009.

江小涓. 服务外包：合约形态变革及其理论蕴意 [J]. 经济研究，2008（7）.

张复明. 资源的优势陷阱和资源型经济转型的途径 [J]. 中国人口·资源与环境，2002（12）.

杨小凯，黄有光. 专业化与经济组织 [M]. 社会科学出版社，1999.

克里斯托弗·洛夫洛克. 服务营销（第三版）[M]. 中国人民大学出版社，2001.

Grossman, Gene M. Outsourcing in a Global Economy [J]. Review of Economic Studies, 2005 (72).

Diana Farrell. Offshoring: Value Creation through Economic Change [J]. Journal of Management Studies, 2005 (5).

Gilley K. M. Rasheed Abdul. Making more by doing less: An analysis of outsourcing and its effects on firm performance [J]. Journal of Management, 2000 (4).

Richard C. Insinga, Michadel J. Werle. Linking Outsourcing to Business Strategy [J]. The Academy of Management Executive, 2000 (14).

Glass A. L. Outsourcing under Imperfection of International Property ［J］. Review of International Economics, 2004 (12).

Kohler, W. A Specific–Factors View on Outsourcing ［J］. North American Journal of Economics and Finance, 2001, (12).

Christopher B. Cbtt. Perspectives on Global Outsourcing and the Changing ［J］. Nature of Work Business and Society Review, 2004 (20).

Chu P. L. International Outsourcing and Intra–Industrial Trade ［J］. International Journal of Applied Economics, 2005 (2).

（赵德海、景侠，哈尔滨商业大学）

资源型城市转型能力研究

作为基础能源和重要原材料的供应地，资源型城市为国家和地方经济发展做出了巨大贡献。经过多年的资源开采，资源逐渐枯竭导致这些以资源为主的地区的单一主导产业衰退，以及经济社会发展乏力、就业困难、生态恶化等矛盾和问题日益突出，给城市发展、社会和谐带来了巨大压力。资源枯竭型城市的转型问题引起了党中央和国务院的高度重视，党的十七大明确提出要加快资源型城市转型。2007 年 12 月，国务院发布《国务院关于促进资源型城市可持续发展的若干意见》（国发〔2007〕38 号文件），提出了加大对资源型城市尤其是资源枯竭城市可持续发展的支持力度。2008 年、2009 年国家发展改革委、国土资源部和财政部综合考虑了资源型城市历史贡献、煤炭枯竭等诸多因素后，分两批将 44 个城市列为资源枯竭转型试点城市，并从国家层面出台了一系列的政策和资金支持，如中央财政在 2007~2010 年设立了针对资源枯竭型城市的财力性转移支付资金，资金规模共计 200 亿元，重点用于完善社会保障、教育卫生、环境保护、公共基础设施建设和专项贷款贴息等方面。此外，相关部委还设立了资源型城市充分吸纳就业、资源综合利用和发展接续替代产业专项，与此同时，矿山综合治理、棚户区改造等专项也为资源型城市转型提供了较大的资金支持。本文的目的是通过对享受了政策支持的城市转型能力进行动态评估，可以较为深入地掌握政策出台前后资源型城市的转型能力变化情况，分析政策的效果并为下一步政策取向提供参考。考虑到资源型城市的城市规模差异较大，如包括了地级市、县级市和市辖区等，为了便于比较，我们选取国务院确定的 18 个资源枯竭转型试点（地级市）城市，其中包括第一批 12 个试点城市中的 9 个地级市和第二批 32 个试点城市中的 9 个地级市。

一、资源型城市转型能力分析框架

1. 资源型城市转型能力的含义

能力是指完成某种活动或实现特定目标所必须具备的内在素质，是决定活动效率或达成目标的必要条件。一般来说，能力是相对于一定的主体和特定的目标而言。在现实经济社会生活中，有创新能力、执政能力、管理能力等多种形式，我们这里研究的资源型城市转型能力就是指资源型城市为了实现资源型城市的经济、社会及城市全面转型的目标任务所需要的综合素质。

从我国资源型城市的发展现状看，要实现成功转型，单靠资源型城市自身的内力难以实现，必须依靠上一级政府的外力推动。所以，资源型城市转型能力构成要素应包括两个方面：一是外部政策支持；二是自我转型能力。设转型能力为N，外部政策支持为 W，自我转型能力为 P，则有：

$$N = Ln \ (W \times P) \tag{1}$$

在式（1）中，外部政策支持是外生变量，指上级政府的政策支持和优惠，包括产业布局、城市规划、财税政策等方面的支持，其中财税政策支持是重点。自我转型能力是内生变量，是资源型城市转型的自身基础条件所决定的，包括经济发展水平、经济结构状况、全社会固定资产投资水平及自身财政能力等诸多因素。在测算资源型城市的转型能力过程中，由于外生变量受政策因

素影响较大，而且政策因素最终会反映到资源型城市的发展中。所以，在定量分析中，我们只对

选定地区的自我转型能力这一内生变量进行量化评价。

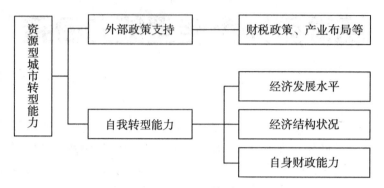

图1 资源型城市转型能力分析框架

2. 自我转型能力构成要素的确定

计算资源型城市自我转型能力由一套系统的、综合的指标体系构成。我们主要选取经济发展水平、经济结构、地方财政一般预算收支等方面的指标来综合评价。

（1）经济发展水平。资源型城市的经济发展水平是其转型的基础和前提。在测定经济发展水平时，我们选取了GDP这一指标来反映，它是一个地区所有常住单位在一定时期内生产活动的最终成果，也表示该地方利用各种生产要素所创造的增加值的水平，因此我们把GDP作为衡量一个地方自我转型能力的重要指标。但GDP是一个绝对量，由于城市大小和发展阶段不同，GDP的差异会很大，在多个区域的比较中，绝对量指标很难准确反映区域间的差异，所以，在分析经济发展水平时，我们将结合GDP增速和人均GDP等指标综合考虑。

（2）经济结构状况。经济结构可以由两方面的指标表示：一是第二和第三产业的发育水平，第二、第三产业越发达，说明一个地方工业化程度越高，资源型城市转型依赖的产业基础越坚实、市场发育越成熟。第二和第三产业的发育水平由第二和第三产业的增加值表示。二是规模以上工业的水平，规模以上工业说明一个地方大企业的发展水平。大企业是重要的市场主体，对于促进城市转型具有重要的带动作用，规模以上工业的水平由绝对值指标（规模以上工业的增加值）和相对指标（规模以上工业GDP贡献率）表示。

（3）全社会固定资产投资水平。从经济增长理

论看，资本积累是经济增长的重要影响因素，而固定资产投资是资本积累的重要途径，对经济增长的拉动作用更为直接和显著。固定资产投资是促进转型和可持续发展的重要因素，因此也是资源型城市转型能力的重要因素，全社会固定资产投资水平由绝对值指标（全社会固定资产投资总额）和相对值指标（全社会固定资产投资乘数）表示。固定资产投资额是以货币表现的建造和购置固定资产活动的工作量，它是反映固定资产投资规模、速度、比例关系和使用方向的综合性指标。全社会固定资产投资包括国有经济单位投资、城乡集体经济单位投资及其他各项经济类型的单位投资和城乡居民个人投资。按照我国现行经济管理体制，全社会固定资产总额包括基本建设投资、更新改造投资、房地产开发投资和其他固定资产投资。从资金来源看，全社会固定资产投资来源包括国家预算内资金、国内贷款、债券、利用外资、自筹资金和其他资金来源。为此，我们选取这一指标作为反映资源型城市转型的投资水平，也就是这一地区吸引长期投资的能力。同时考虑到固定资产投资的绝对值指标与一个地区的经济规模大小相关，所以我们又增加了全社会固定资产投资乘数这一相对值指标。

（4）财政收支水平。财政是政府履行职能的基础和财力保障，从根本上解决资源型城市社会和生态历史遗留问题，促进产业转型，财政支持是关键，因此，一个地区的自身财政能力也是衡量自我转型能力的重要指标。考虑到数据的可获得性，自身财政能力的测定我们主要选取了绝对值

指标（地方一般预算收入、地方一般预算支出）和相对值指标（财政自给率）来表示。

3. 转型能力模型综合评价

在自我转型能力构成要素确定后，各要素在转型能力中的权重是量化分析的决定因素。首先我们通过变异系数法来确定指标权重。根据变异系数定义，确定变异系数的方法如下：

第一步，计算各指标标准值的均值。

$$\overline{z_j} = \frac{1}{n} \sum_{j=1}^{n} z_{ij} \qquad (2)$$

第二步，计算该指标标准值的标准差。

$$\sigma_j = \sqrt{\frac{1}{n} \sum_{j=1}^{n} (z_{ij} - \overline{z_j})^2} \quad (j = 1, 2, \cdots, m) \qquad (3)$$

第三步，求出各指标标准值的变异系数。

$$V_j = \frac{\sigma_j}{\overline{z_j}} \quad (j = 1, 2, \cdots, m) \qquad (4)$$

第四步，得出各指标的权数。

$$W_j = \frac{V_j}{\sum_{j=1}^{n} V_j} \quad (j = 1, 2, \cdots, m) \qquad (5)$$

然后我们确定自我转型能力的评分原则。设样本数为 j，则按照各项指标排名，第一名得分为 j 分，第二名得分为 j-1 分，以此类推，最后一名得分为 1 分，用 X_j 代替得分，则综合得分 $Y_j = X_j \times W_j$。显然得分区间在 1~j 分，且得分越高，表示该城市自我转型能力越强；反之则越差。

二、资源型城市转型能力评估

1. 转型能力比较基准及权重分析

在选定的 18 个地级资源转型试点城市的主要经济指标（见表1）基础上，我们通过对变异系数赋权，确定了选取的各指标在转型能力模型中的权重。38 号文的出台是从国家层面推动资源型城市转型的开始，政策出台后，虽然资金的拨付在 2008 年，但财力性转移支付实际指标发生在 2007 年，所以，政策效果应在 2007 年就有所显现（主要发生在年底）。基于此，我们选定 2006 年为基期年，通过 2007~2009 年的数字进行比较。

表1 2006 年 18 个地级资源转型试点城市主要经济指标比较

	GDP (亿元)	GDP增速 (%)	人均GDP (万元)	第二产业GDP (亿元)	第三产业GDP (亿元)	规模以上工业GDP (亿元)	全社会固定资产投资 (亿元)	地方财政收入 (亿元)	地方财政一般预算支出 (亿元)	规模以上工业GDP贡献率	GDP/全社会固定资产投资额	财政自给率
阜新市	158.6	11.1	0.82	60.1	65.7	36.8	101.49	8.97	39.49	0.23	1.56	0.23
伊春市	130.3	11.1	1.02	49.1	48.8	21.7	38.41	2.95	19.91	0.17	3.39	0.15
辽源市	171.6	20.8	1.39	84.3	59.3	54.1	115.81	5.76	22.19	0.32	1.48	0.26
白山市	191.9	18.1	1.47	103.6	60.5	66.2	104.66	7.81	34.62	0.34	1.83	0.23
盘锦市	509.1	6.1	3.93	371.9	86.5	338	201.21	25.95	40.13	0.66	2.53	0.65
石嘴山市	129.8	13.8	1.79	84.2	36.2	73	89.36	9.05	17.91	0.56	1.45	0.51
白银市	175.7	12.5	1.01	95.3	58.5	72.9	76.23	5.59	22.86	0.41	2.30	0.24
焦作市	699.1	15.79	2.04	335.6	206.9	327.9	352.41	37.29	57.78	0.47	1.98	0.65
萍乡市	265.5	13.1	1.45	158.4	80.9	81.9	144.78	14.05	26.72	0.31	1.83	0.53
万盛区	21.1	11.1	0.84	8.7	9.4	5.7	23.1	1.48	3.93	0.27	0.91	0.38
枣庄市	760	16.4	2.1	482.8	208.7	392.9	317.16	37	51.5	0.52	2.40	0.72
淮北市	224.7	10.1	1.1	120.2	78.9	104.5	110.30	13.31	23.67	0.47	2.04	0.56
铜陵市	243.6	16.1	3.43	163.1	73.4	140.0	92.33	13.92	22.41	0.57	2.64	0.62
抚顺市	457.8	15.1	2.04	254.5	171.9	168.4	200.8	27.56	60.82	0.37	2.28	0.45
铜川市	83.6	15	1.01	46.3	31	39.2	43.73	4.07	12.2	0.47	1.91	0.33

续表

	GDP (亿元)	GDP增速 (%)	人均GDP (万元)	第二产业GDP (亿元)	第三产业GDP (亿元)	规模以上工业GDP (亿元)	全社会固定资产投资 (亿元)	地方财政收入 (亿元)	地方财政一般预算支出 (亿元)	规模以上工业GDP贡献率	GDP/全社会固定资产投资额	财政自给率
七台河市	114.2	12.5	1.29	57.1	43.2	43.3	51.22	7.17	17.94	0.38	2.23	0.40
景德镇市	224.8	14.6	1.46	121.6	82.4	65.3	94.1	9.71	21.61	0.29	2.39	0.45
黄石市	401	13.9	1.6	212.5	156.7	180.3	138.05	15.33	31.43	0.45	2.90	0.49

注：阴影部分标注的为第一批转型城市，下同。

资料来源：规模以上工业GDP来自《2007年区域统计年鉴》，其他数据来自《2007年城市统计年鉴》。

2007~2009年各年主要经济指标及权重、转型能力得分情况详见附表。首先从各指标的权重角度进行分析（见表2），从中可以看出，在经济发展水平指标组中：GDP的权重稳定在0.10以上，而GDP增速和人均GDP的权重之和也超过了0.1（2006年例外为0.08），这较好地缓和了单一绝对量指标对测算数值的绝对影响。从经济结构的指标组看，2007~2009年第二产业和第三产业的权重分别均为0.12和0.1，而规模以上工业增加值及其贡献率的影响，2007~2008年达到了0.17，2009年为0.19。综合来看，经济结构指标体系的权重

达到了0.39甚至2009年的0.41，应该说，产业结构及地区规模以上工业增加值对该区域的转型能力的测算是非常重要的，而这也正是一个区域产业转型发展的基础。2007~2009年全社会固定资产投资指标组的权重为0.14，而财政能力指标组中，各年财政收支的权重均在0.21以上，2006~2008年甚至高于经济发展水平指标组，从中可以看出，财政能力指标在自我转型能力测算中也占有很重要的地位，这也和资源型城市单一的产业结构条件下，市场主体的发育不健全、社会资金较为缺乏有一定的关系。

表2　2006~2009年各经济指标权重情况

年份	GDP (亿元)	GDP增速 (%)	人均GDP (万元)	第二产业GDP (亿元)	第三产业GDP (亿元)	规模以上工业GDP (亿元)	全社会固定资产投资 (亿元)	地方财政一般收入 (亿元)	地方财政一般预算支出 (亿元)	规模以上工业GDP贡献率	固定投资乘数	财政自给率
2006	0.10	0.02	0.06	0.12	0.08	0.19	0.10	0.12	0.08	0.05	0.03	0.04
2007	0.11	0.04	0.07	0.12	0.10	0.13	0.11	0.11	0.08	0.04	0.03	0.06
2008	0.11	0.04	0.07	0.12	0.10	0.13	0.10	0.10	0.07	0.04	0.04	0.07
2009	0.10	0.09	0.06	0.12	0.10	0.12	0.09	0.09	0.06	0.07	0.04	0.06

2. 从样本城市的转型能力分值看，政策拉动效果显著

通过对样本城市的各指标分值及权重的综合计算，我们得出了18个城市的转型能力分值（见表3）。从转型能力分值及单项指标看，具有以下几个特点：

表3　2006~2009年18个地级试点城市转型能力得分情况

	2006年	2007年	2008年	2009年
阜新市	4.97	5.44	5.82	5.98
伊春市	3.21	3.59	3.86	2.75
辽源市	6.56	6.90	7.51	7.99
白山市	7.86	8.19	8.84	9.35
盘锦市	13.96	13.38	12.70	11.85
石嘴山市	6.51	6.70	7.72	7.68
白银市	6.49	5.99	5.93	5.71
焦作市	14.00	14.30	14.21	13.74

续表

	2006 年	2007 年	2008 年	2009 年
萍乡市	9.80	10.30	10.46	8.77
万盛区	1.38	2.34	1.52	3.38
枣庄市	15.08	14.99	14.64	14.18
淮北市	9.12	8.57	9.32	8.70
铜陵市	10.69	10.65	10.17	8.54
抚顺市	12.55	12.83	13.07	12.01
铜川市	3.45	3.50	3.88	6.80
七台河市	4.43	4.57	4.62	7.34
景德镇市	7.88	7.81	7.85	8.74
黄石市	11.86	11.83	10.97	11.57

第一，大部分城市在政策受惠期，转型能力均有明显提升。从综合得分情况看，5 分以下城市个数由 2006 年的 5 个（阜新、伊春、万盛、铜川、七台河）减少到 2009 年的 2 个（伊春、万盛），政策推动转型能力提升明显。具体来说，第一批转型城市中除盘锦、白银外，2007 年转型能力均明显提升，其中阜新、辽源、白山、石嘴山转型能力更是连续提升，到 2009 年，能力指标比 2006 年提升幅度均超过 18%。第二批转型城市中，虽然受国际金融危机的影响，2008 年仍比 2007 年转型能力增强的有淮北、抚顺、铜川、七台河和景德镇。归结其原因：一是经济总量规模相对小的城市，政策效果更为明显，其对外部推动力的承受效果更为显著。二是以木材加工为主的资源型城市较其他煤炭、金属矿产资源为主的城市的转型能力更弱，也就是说其面临的转型压力更大，

如伊春市的转型能力排名基本是在末位。这与其以木材加工为主的产业基础和未来自身的产业选择相对狭小直接相关。三是在近年来煤炭、石油价格较高的市场条件下，以这些资源为主的转型试点城市的资源还有一定的作用空间，那么其转型能力的提升相对也较为明显。

第二，从财政自给率上看，以 2006 年为基期，2008 年所有样本城市财政自给率均有所下降，样本城市中有 13 个城市 2009 年财政自给率低于 2007 年水平（见表 4）。分析原因，主要应与 38 号文出台后，各地方政府积极行动，加大了生态修复、矿山综合治理、产业结构转型等领域的投资力度，相应地扩大了地方财政支出有关。此时，虽然有一定的财力性转移支付支持，但财政收入增速仍远远低于财政支出的增速。

表 4　2006~2009 年财政自给率变化情况

	2006 年	2007 年	2008 年	2009 年
阜新市	0.23	0.24	0.15	0.24
伊春市	0.15	0.15	0.05	0.16
辽源市	0.26	0.27	0.21	0.27
白山市	0.23	0.26	0.19	0.31
盘锦市	0.65	0.62	0.26	0.52
石嘴山市	0.51	0.51	0.39	0.47
白银市	0.24	0.22	0.18	0.17
焦作市	0.65	0.62	0.24	0.53
萍乡市	0.53	0.91	0.17	0.39
万盛区	0.38	0.39	0.30	0.31
枣庄市	0.72	0.66	0.22	0.69
淮北市	0.56	0.52	0.23	0.41
铜陵市	0.62	0.68	0.22	0.70

	2006 年	2007 年	2008 年	2009 年
抚顺市	0.45	0.49	0.16	0.46
铜川市	0.33	0.35	0.25	0.30
七台河市	0.40	0.45	0.17	0.39
景德镇市	0.45	0.42	0.12	0.42
黄石市	0.49	0.48	0.15	0.27

资料来源：2006~2008 年数据来自《2007~2009 年中国区域统计年鉴》，2009 年数据来自各地统计公报数。

第三，从固定资产投资乘数的因素看，38 号文政策实施以来，固定资产投资对 GDP 的拉动效应呈逐渐减弱的态势（见表 5）。这很可能与这些区域以资源开采加工为主的单一产业结构有关，具体表现为：产业链短、产业间关联度低、波及作用小，这种产业基础不利于吸引外部资金，同时，从区域内看，主要以资源型国有企业为主的市场体系，对政府投资的放大效应不明显。

表 5　2006~2009 年固定资产投资乘数变化情况

	2006 年	2007 年	2008 年	2009 年
阜新市	1.56	1.86	1.66	1.19
伊春市	3.39	3.06	2.58	1.69
辽源市	1.48	1.30	0.91	0.84
白山市	1.83	1.52	1.00	0.91
盘锦市	2.53	2.72	1.84	1.26
石嘴山市	1.45	1.65	1.47	1.31
白银市	2.30	2.28	2.20	1.79
焦作市	1.98	1.74	1.64	1.91
萍乡市	1.83	1.51	1.10	0.83
万盛区	0.91	1.86	1.32	1.07
枣庄市	2.40	2.53	2.19	1.91
淮北市	2.04	1.71	1.71	1.33
铜陵市	2.64	2.41	1.86	1.21
抚顺市	2.28	1.94	1.74	1.36
铜川市	1.91	1.80	2.03	1.77
七台河市	2.23	1.95	2.05	1.72
景德镇市	2.39	2.35	1.40	1.10
黄石市	2.90	2.59	2.39	1.74

第四，试点城市转型能力差异较大。从测评结果的比较看，即使同属转型试点城市，受经济发展水平、产业基础以及财政收入能力等多种因素的影响，其转型能力也有很大差异。我们按分值大小把 18 个转型城市分为三类：第一类是转型能力分值高于 10 分的城市，包括枣庄、焦作、盘锦、抚顺、黄石五个市，属于自我转型能力较强城市。第二类是转型能力分值低于 10 分但高于 5 分的城市，主要包括阜新、辽源、萍乡、白银、石嘴山、白山、辽源、铜陵、淮北、铜川、七台河、景德镇十二个市，属于自我转型能力一般的城市。第三类，万盛和伊春转型能力分值低于 5 分，特别是伊春 2009 年只有 2.75，属于自我转型能力较弱的地区。而与同处地级市的其他地区相比，万盛区转型能力分值较低的原因更多的与其转型基础差、经济总量小有关，但可喜的是，从纵向看，近年来，万盛的转型能力从 2006 年的 1.38 已提升到 2009 年的 3.38，提升达 145%，应该说成效还是非常显著的。

三、结论与建议

从试点城市的转型效果看，各地转型能力虽然有一定提高，但是转型任务依然繁重，财政自给率低，反映出短短几年的政策实践，多元化的产业结构雏形虽然已经初步构建，但只是处于涵养财源的初期，更多地需要政府的支持和引导，整体的结论就是，虽然资源枯竭城市面临的突出矛盾和问题得到了较大程度的缓解，但资源型城市转型的内生动力还没有形成。基于此，下一步的具体政策建议包括：

1. 政策着力点应转向培养资源型城市的内生动力

在资源枯竭城市存在的突出矛盾和问题初步解决的条件下，继续解决好现有资源型试点城市的历史遗留问题，如塌陷区治理、棚户区改造等问题，应结合前四年的工作基础，制定具体的规划目标和期限，限期完成。与此同时，适时把政府支持的着力点转向提高资源型城市转型的内生动力。与其他综合性城市相比，资源型城市市场化因素先天不足，较为明显地表现为资源产品市场化改革难以实现，区域内以国有大中型企业为主的市场主体在发展中受历史包袱、发展理念等多种因素的影响，动力相对不足。而且在未来资源型城市转型过程中面临的培育接续替代产业的任务，作为内生动力的一个组成部分，也是需要较长一段时间的市场考验。在这种市场环境条件下，内生动力的培育是一个较为迫切而艰苦的任务。政策的具体着力点具体应包括：多种形式的市场主体的形成，如鼓励中小企业的发展、县域经济、城镇经济的繁荣；符合区情的重大项目的产业布局，如对拟设立的国家新型工业化基地、煤化工基地、农副产品深加工基地、新材料基地等给予政策倾斜，在项目审批、立项、投资贴息贷款、降低地方配套资金上给予优惠；对一些新技术的推广应用也优先考虑资源型城市这一区域等。

2. 加快推进可持续发展准备金制度的建立

国务院38号文明确提出研究建立可持续发展准备金制度，由资源型企业在税前按一定比例提取可持续发展准备金，专门用于环境恢复与生态补偿、发展接续替代产业、解决企业历史遗留问题和企业关闭后的善后工作等。地方各级人民政府按照"企业所有、专款专用、专户储存、政府监管"的原则，加强对准备金的监管。这意味着可持续发展准备金提取后，由企业使用，由政府监管。但是，生态治理是一个综合的系统工程，它需要整体规划、分阶段实施，它不是企业单独能完成的目标，实践证明，发展接续替代产业、解决历史遗留问题和企业关闭后的善后工作，也不能要求企业直接完成。否则，会造成任务实现不到位，企业负担加重的双重不利局面。为此，我们建议，可持续发展准备金的提取按企业销售收入的一定比例征收，作为专项基金纳入征收所在地政府的国库由政府统筹使用。仍然是专款专用、专户储存。建立资源型企业可持续发展准备金制度后，环境治理等可持续成本纳入产品成本核算范围，可以从一定程度上理顺资源价格传导机制，以更利于资源型城市可持续发展。

3. 继续延长并调整完善财力性转移支付政策

鉴于资源型城市转型能力的增强仍需较长一个时期，四年的财力性转移支付资金还没能从根本上解决资源型城市尚需解决的困难和问题，所以继续延长财力性转移支付资金的年限是必要的。但是在财力性转移支付资金的使用上，有可进一步调整优化的空间。具体建议：一是对转型支付资金进行动态调整，对转型基础好、自我转型能力强的地区应适当递减。二是应给予自我转型能力弱的城市以及转型能力提升快的城市更大规模的转移支付资金。转型能力弱的城市一般经济总量小，产业结构单一的特征更为明显，这种地域完全依赖其自我转型难度较大，这时外力的推动相对更为有效。转型能力提升快的城市则主要表现为其转型动力强、外部环境有利，对这类城市加大支持力度，可以在相对较短的时间内实现政府加快转型的意愿，为下一步成功转型奠定良好的基础。三是结合测算及不同类型城市发展的现状,在试点城市中,以森工资源为主的城市下一步面临的困难和问题较其他资源类型城市更大,特别是生态保护与经济发展之间的矛盾更为突出,所以应加大森工城市的转移支付资金规模。

4. 在资源型城市推进领导干部考核机制改革

改变以 GDP 为主的地方干部考核机制,制定符合资源型城市特点的干部考核机制。否则,还是按传统的经济总量、经济增速等目标来考核干部的话,就会产生为了增长继续以资源环境为代价,片面发展以资源为主的带动 GDP 能力强的产业结构,事实上,现在已有这种苗头,如大多数资源型城市未来的产业规划中仍是以煤化工、煤电化等高耗能、耗水为主的产业选择,不可否认,有些城市有一定优势,但很多城市还是观念以及考核等问题决定了其产业选择,在这一条件下,很有可能会以"二次转型"为代价。所以,在资源型城市推进领导干部考核机制的改革非常迫切。对明确以转型为主要目标的城市,其考核内容就应把解决失业问题、消除贫困、健全社会保障体系、棚户区搬迁改造、采煤沉陷区治理、环境整治与生态保护等工作纳入考核指标,并把它作为一项中长期任务来执行。

最后,促进资源型城市可持续发展是一项长期而艰巨的任务,资源枯竭城市转型试点是资源型城市可持续发展的一个组成部分,试点的目的一方面是要解决资源枯竭城市较为突出的矛盾和问题,另一方面就是为其他资源型城市可持续发展探索经验。除了试点城市之外,还有一些资源型城市自身转型能力弱,需要外部政策的推动,所以,下一步可考虑将试点城市的政策适用范围扩大,以利于推动资源型城市的整体可持续发展。

(韩凤芹,财政部科研所)

克拉玛依城市转型和可持续发展分析

资源型城市是指依托资源开发而兴建或者发展起来的城市。由于资源是一个动态的概念，在不同的生产力水平下，资源的含义不同，目前，我国的资源型城市是指与工业化进程相伴而生的以资源开采和初加工为主导产业或支柱性产业的城市。根据 2002 年国家发改委《资源城市经济结构转型》课题组的研究结果，我国共有煤炭、石油、森工、冶金等各类资源型城市 118 座。

新疆作为我国重要的化石能源和矿产资源产地，丰富的资源优势正逐步转化为产业优势和经济优势，资源型产业已成为部分县市的支柱性产业。在国家 118 个资源型城市名录中，新疆共有 5 个城市，其中包括石油城市克拉玛依、库尔勒，煤炭城市哈密和有色冶金城市阿勒泰、阜康。

虽然学术界和国家有关部门对资源型城市的概念和数量标准等还未形成一个统一的结论，但不可否认的是克拉玛依作为新中国石油工业的长子，在其五十多年的发展历程中，石油工业始终是城市发展的根本，克拉玛依因油设市、因油强市，是一座名副其实的石油资源型城市。其兴衰与石油可开采储量和产业在经济结构提升过程中的市场竞争地位密切相关，受资源基础、开发规模、管理体制、产业结构和市场流通等因素的制约，克拉玛依发展对石油资源有着很强的依赖性。与所有资源型城市一样，克拉玛依也具有资源型城市发展的特有规律和周期，最终也会走向资源枯竭的一天，因此，加快城市转型，走可持续发展道路将是包括克拉玛依在内所有资源型城市的最佳选择。本文以克拉玛依为例，分析探讨克拉玛依在转型发展上面临的困难与问题，并有针对性地提出推进转型的对策建议，为克拉玛依实现经济社会的可持续发展提供参考。

一、克拉玛依发展现状

克拉玛依油田作为新中国成立后发现的第一个大油田，是新中国石油工业的起始地和奠基地。以 1955 年 10 月 29 日克拉玛依一号井出油为标志，1958 年国务院设置克拉玛依市。1959 年克拉玛依的原油产量曾经占到全国原油产量的 40%，占据新中国石油工业的"半壁江山"。2002 年克拉玛依建成了西部第一个年产千万吨级大油田，现在正向年产 2500 万吨油气当量的大油气田迈进；自油田开发建设以来，累计生产原油两亿多吨，为新中国经济社会发展做出了巨大贡献。

1. 经济发展突飞猛进

建市 50 多年来，尤其是改革开放 30 年来，克拉玛依经济总量规模不断扩大，综合实力不断提升。2010 年，全市实现地区生产总值 710.2 亿元（现价），年均增长 9.3%；人均生产总值（现价）突破 12 万元；全市规模以上工业企业实现工业总产值 1331.3 亿元，年均增长 9.7%；地方财政收入达到 46.4 亿元，年均增长 13.6%；全社会固定资产投资累计完成 1083.5 亿元，年均增长 16.3%。实现社会消费品零售总额 34.8 亿元，年均增长 13%。全市 GDP 总量指标和人均指标继续位居自治区各地州市第 2 位和第 1 位，对比西部和全国城市，克拉玛依市 GDP 总量在同类型地级城市中名列前茅，在区域发展中的主导地位日益凸显，引擎作用逐步增强。

2. 社会事业全面进步

在经济快速发展的同时，克拉玛依各项社会事业全面进步。全市城乡居民收入持续稳步增长，城镇登记失业率连续十年控制在2%以内，社会保障体系进一步完善，基本实现全覆盖；基础教育各项指标居全疆各地前列，"双语教学"成果丰硕，教育硬件设施水平更是位居全国前列；医疗卫生条件得到改善，医疗卫生资源配置趋于优化，居民住房条件明显改善；生态建设和环境保护成效显著，环境污染得到有效治理，环境质量进一步提高，人居环境明显改善。

3. 城市建设不断完善

50多年来，克拉玛依城市配套基础设施不断完善，市政公用设施水平逐步提高。独山子体育中心、文化中心，白碱滩科技文化大厦、乌尔禾文化活动中心等一批高标准、高水平的公共服务设施建成投用，为广大市民创造了良好的工作和生活环境，城市绿化美化工程持续推进，城市面貌大为改善；引水工程、农业综合开发区、石化工业园区的建设，新机场、高速公路、铁路以及各城区主次干道等基础设施的建造实施，有利促进了城市的建设和发展。近年来，克拉玛依市更是先后获得了国家环保模范城市、国家卫生城市、国家人居环境范例奖、国家优秀旅游城市和国家园林城市等荣誉称号，达到了国家畅通工程一类城市的管理水平，一座现代化的城市正在亘古戈壁拔地而起。

二、克拉玛依可持续发展面临的问题

作为一座典型的石油城市，尽管克拉玛依目前正处于发展的鼎盛时期，石油开采持续稳产高产，相关配套产业快速发展，综合经济实力进一步增强，转型发展问题尚不十分突出，但克拉玛依资源型城市经济特征仍非常明显，在发展过程中，也面临着一系列严峻挑战和不容忽视的深层矛盾问题。

1. 产业结构单一

石油石化产业在全市地区生产总值中占到80%以上，处于绝对支配地位，第三产业占GDP的比重不高，服务业总体欠发达，尤其是文化产业占GDP的比重很小，城市文化软实力不强，地方企业科技创新投入水平偏低，地方经济实力不强，新的替代产业尚未形成规模，可持续发展的基础仍然比较薄弱。

2. 资源枯竭不可避免

克拉玛依市是因油而建、因油而兴的，城市发展与油气资源形成了密不可分的关系。但是油气资源是不可再生的，是有限的，经长期开采，油气储量、质量均会大大降低。从全球石油城市来看，油气资源的递减也是必然存在和客观事实，更是石油城市实现可持续发展面临的最严峻问题。克拉玛依经过多年高速度和高强度的开发，油田

的稳产和持续发展难度在不断增加。加上石油资源储采比例失衡，基础设施老化速度加快，综合水位上升速度加快，原本存在的矛盾更加突出、更加严重，一旦克拉玛依油气资源锐减耗尽而转型尚未成功，那么城市将不可避免地进入衰退萎缩期。

3. 城市发展受国际油价波动影响

除了石油资源储藏和开采量之外，国际市场石油价格的变动也深深影响着克拉玛依的发展与兴衰。当油价上升时，克拉玛依整个石油石化产业均呈快速发展状态，也带动了相关产业的繁荣兴旺；相反，若油价下滑、石油业衰退，克拉玛依也会面临经济萎缩、人员失业等各种经济社会问题，2009年世界金融危机的危害就是最典型的实例。可见，克拉玛依这样以石油业为绝对主导产业的资源型城市，从生产的角度讲，产量依靠本地区资源储备量；从销售的角度看，收入依赖于国际市场的价格变动，克拉玛依目前还无法形成一个独立自主、健康良好的经济发展环境，经济发展的质量和抗风险能力还非常有限。

4. 生态建设和环境保护的难度大

克拉玛依地处古尔班通古特沙漠西缘，自然条件恶劣，生态环境脆弱，生态建设和环境保护

的难度大、成本高。另外，由于以前人们的环境意识不强，大规模、长时间、高强度的石油开发过程中，井区的水、土壤、空气等受到一定污染，环境破坏比较严重，治理起来难度较大，生态修复的任务十分繁重，这对于克拉玛依的可持续发展也将是一个严重威胁。而且周边区域生态环境的变化，对克拉玛依市打造宜居环境也会产生影响。

5. 城市功能缺位严重

克拉玛依因油而建，特别是一些老的采油厂等，一般都是直接建立在石油资源的开采加工地区，往往地理位置偏远，建设和发展城市的成本高昂，一切设施都是围绕企业的生产、生活设计的，而且随着资源的枯竭，人口不断减少，生产基地和生活基地逐渐迁移或废弃。而且，石油城市一般地域辽阔，人口密度较小，城市的聚集功能较小，不利于城市集聚功能的培育和辐射作用的扩大。同时，适应市场经济需要的市场很少，文化、医疗、教育、街道建设等都相对滞后，除了石油企业自身在矿区建设一些基础设施，拥有相对完善的社会职能以外，整个城市的功能相对欠缺，并且存在与石油企业之间的分割和重复建设现象，制约了城市功能的进一步完善。

另外，克拉玛依所在区域经济发展融合程度低，城市开放与包容程度亟待提高；发展所需人才总量不足，结构失衡，创新型领军人才尤其短缺，金融、信息、旅游、物流、外经贸等新兴多元产业发展和高品质城市建设的各领域高层次人才相对较少，地方企业各类人才短缺；接续产业弱小单位 GDP 能耗水平高，节能减排压力很大等问题都是克拉玛依在转型调整、可持续发展过程中亟待解决的问题。

三、克拉玛依转型和可持续发展的前景和优势

克拉玛依具备石油城市的基本特征，但同时克拉玛依作为国家重要的石油石化产业基地、中国石油实施"西部快发展"战略的现实接替区、新疆重点建设的新型工业化城市，在加快城市转型和实现可持续发展过程中，具有得天独厚的发展优势和广阔的发展空间。

1. 区位优势突出

克拉玛依位于我国的西北位置。向东通过乌鲁木齐，可直达内地；向南通过独库公路直达塔里木、喀什，可连通南亚；向西直达塔城、伊犁，可连通阿斯塔纳、阿拉木图，辐射整个中亚；向北与俄罗斯中西部发达地区发展友好合作关系，拓展油气合作空间。在我国实施向西开放战略中具有不可替代的区位优势。

2. 矿产资源丰富

克拉玛依处在泛中亚世界级油气富集区上，油田勘探开发的主战场准噶尔盆地，油气资源十分丰富，石油总资源量达 86 亿吨，天然气总资源量达 2.5 万亿立方米，目前正处在开采的高产稳产期，这将为克拉玛依做好城市转型发展争取更加充分的时间，同时也为可持续发展积累更加雄厚的财力支持。

3. 工业基础和科技人才实力雄厚

在克拉玛依油田和克拉玛依市五十多年的发展历程中，积累了雄厚的油气生产加工基础和丰富的系统工业技术和管理经验。已经形成了集石油天然气勘探开发、炼油化工、工程设计、工程建设、技术服务、装备制造、运输通讯、发电供水等门类齐全的石油化工生产体系，拥有完整的石油石化产业链。而且形成了一支以石油石化专业人才为主体，实力强大的科研人才队伍，为全市新型工业化和可持续发展奠定了坚实基础。

4. 后发优势明显

克拉玛依作为一个年轻的老油田，正处在稳产高产、快速发展的成长时期，资源枯竭转型的压力还未开始完全显现，目前正是谋划转型的最佳时期和关键时期。此外，国内外众多石油城市，如巴库、大庆、玉门等转型和发展的经验教训，将是克拉玛依在未来发展过程中不可或缺的参考和借鉴，对加快和顺利推进克拉玛依由单纯资源型城市综合型城市过渡，实现可持续发展具有重要的意义。

5. 政策支持力度不断加大

当前，我国处于工业化和城市化加速发展时期。产业结构调整和消费结构升级进一步加快，国家将会加快经济发展方式转变，加强以改善民生为重点的社会建设，更加注重经济绿色增长和经济社会协调发展，这对克拉玛依转型和可持续发展无疑是强大的动力；中央新疆工作座谈会确立的加大新疆基础设施建设力度、资源税改革试点、差异化产业政策以及增加当地利用天然气规模等政策为克拉玛依市发展提供了良好的发展契机；西部大开发进入后十年新阶段，国家继续加大对西部地区的支持力度，为克拉玛依市进一步改善生态环境和基础设施、发展壮大优势产业创造了良好的政策环境；中石油集团公司确定了今后10年将新疆建成全国最重要的油气生产基地、炼油化工基地、石油储备基地、工程技术服务保障基地四大基地和引进中亚—俄罗斯油气资源的战略通道的战略目标，必将使克拉玛依获得更多的支持，促进克拉玛依相关具备资源优势和市场需求的行业快速健康发展。

6. 协调发展意识较强

克拉玛依在大力发展石油工业的同时，非常关注经济、社会和生态的协调、持续发展能力，并在石油工业快速发展的繁荣期内，审时度势，提出了打造"世界石油城"这一具有战略性和前瞻性的战略目标，要在加快发展油气石化核心产业的基础上，加快培育发展金融、信息、旅游等新兴产业，积极承接机械制造等产业转移，提升产业分工地位，发展壮大优势产业集群，优化经济结构，并以建设高品质城市和最安全城市两大平台为目标，注重社会事业、城市建设和生态保护，国家环保模范城市、国家卫生城市、国家人居环境范例奖、国家优秀旅游城市和国家园林城市等荣誉称号充分显示出克拉玛依的城市建设水平和协调发展能力。

四、推进克拉玛依城市转型的对策建议

克拉玛依作为新疆乃至全国重要的石油石化基地，在新疆的新型工业化进程中，具有至关重要的地位，是新疆天山北坡经济带重要的增长极，对新疆，特别北疆西北部地区资源产品加工业和服务业的发展具有巨大的带动与促进作用，随着克拉玛依综合实力的进一步提升，其在区域的辐射力和影响力不断增加，区域中心城市的雏形正在形成，为此，加快推进克拉玛依城市转型，实现克拉玛依持续、健康、快速发展理应是国家产业和社会发展的必然要求，也是新疆实现跨越式发展和长治久安的有力保证，更是克拉玛依实现打造"世界石油城"战略目标的必经之路。

1. 加强资源有序开发和高效利用

油气资源作为一种不可再生的能源资源，对国家经济发展和民生保障具有至关重要的战略价值，要实现资源的可持续利用开发，必须要保证资源的合理有序开发和高效利用，加强可持续发展的后备资源的寻找与储备。要从提高石油开采技术，采用更加先进的设备和手段入手，提高已动用储备的最终采收率，增加原油产量，这样不仅能使宝贵的石油资源得到比较合理的利用，也能为克拉玛依的可持续发展提供了保证；另外，要在充分挖掘现有探明油气资源潜力的同时，扩大勘探领域，实现以油气为主体的多种资源综合勘探新突破，增加后备资源；此外，要充分利用克拉玛依的地缘优势，大力实施"走出去"战略，在石油资源的开发上，从单一的国内开发转变为国内外共同开发，为增加后备资源创造更多的机会。

2. 加快培育和提升接续替代产业

产业结构的调整和优化是克拉玛依顺利转型的核心，而调整产业结构的关键就是要加快培育和提升接续替代产业发展水平。因此，在发展石油工业的同时，克拉玛依要充分利用已有的工业基础，加快发展相关的高端制造业和技术服务业；借助现有的资金和技术优势，以精品农业为补充，加快发展具有区域特色和发展潜力的现代服务业和地方经济，进一步扩大全市非油经济所占比重，按照打造"世界石油城"战略目标的要求，积极发展特色旅游、信息、金融保险、房地产等现代服务业；充分利用克拉玛依的区位优势和发展优势，培育发展现代物流、社区服务、教育、医疗等新兴产业。通过对接续替代产业的大力培育和提升，逐步推动产业的多元化发展，进一步适应城市发展的新需求，实现三次产业的协调发展。

3. 充分利用转型发展的良机

克拉玛依正处在转型发展最佳历史时期。首先，油田的油气资源开采正处于稳产高产阶段，在这一阶段转型，资金、就业和发展的压力较小，具有事半功倍的效果，克拉玛依要充分抓住这一有利时机，积极发展油气资源开采、加工、销售一体化经营，延伸产业链条，并大力发展替代产业，迅速构建功能完善、结构合理、配套协调的产业发展体系；其次，新疆正处于实现跨越式发展的历史阶段，克拉玛依作为新疆新型工业化发展的先行区和跨越式发展的排头兵，政策支持力度将不断加大；最后，要充分利用中石油集团公司对新疆进行援助的机遇，加快提升克拉玛依在国家石油化工战略布局中的地位和全面发展能力。

4. 注重社会建设和民生保障

可持续发展是经济、社会的全面可持续发展，因此在转型发展过程中，除了要确保综合经济实力的稳步提升外，还必须更加关注社会建设和民生保障，时刻要以人文为本，将人的发展和生活质量的提升作为转型发展成功与否的重要评判标准，要把维护社会事业的公益性、保障人民群众基本公共服务需求作为转型和可持续发展的重要目标，从解决群众最现实、最关心、最直接的问题入手，着力提高各族群众的生活水平和质量，维护社会稳定。

5. 全面加强环境治理和生态保护

资源型城市的开发建设不可避免地要对生态环境造成一定的危害，克拉玛依因其特殊的地理环境和脆弱的生态系统，在转型发展过程中要更加重视生态环境的保护和治理工作，要始终坚持"两个可持续"的发展理念，不能以浪费资源、牺牲环境为代价，要在科学论证的基础上，以保护资源与环境为前提，做好细致而长远的规划，先规划再开发，不规划不开发。要以高起点、高水平、高效益为指导，推动产业结构的优化升级，同时大力发展循环经济，推进节能减排，建设环境友好型和资源节约型社会。让生态保护与经济发展成为相互依托、相互支撑的有机统一体，让人与自然共生共存、和谐相处，当是克拉玛依未来可持续发展的必由之路。

6. 提升城市综合服务和管理能力

资源型城市的城市化水平较高，克拉玛依更是达到了99%以上，因此，有效提升城市的综合服务能力和管理能力将是未来可持续发展过程中必不可少的环节。通过全面改善城市教育、医疗、文体娱乐、休闲旅游、公共安全、应急保障等软环境，以及提升对城市的现代化管理、服务能力，营造良好的人居环境和工作、生活空间，增强城市对人，特别是优秀人才的吸引力。一方面，为城市可持续发展提供有利的发展环境，另一方面，也为克拉玛依实现可持续发展提供必要的人力资源保障。

7. 完善资源型城市可持续发展的政策保障体系

转型就意味着要改变、要革新，资源型城市转型更是要从体制、结构上进行改革。因此，要确保资源型城市顺利转型，实现可持续发展，克拉玛依需要完善配套的政策保障体系，用政策、用制度来规范行为、理顺关系、扫除障碍。一是理顺地方政府与企业的关系，必须改善"大企业，小政府"的不合理状况，适当增大地方政府的宏观管理权限，要使地方政府依法治城，依法管理资源，还权于政，加强地方政府管理城市的职能。二是逐步转变企业办社会的现象，企业已办的社会职能可分期分批移交给地方政府，减少企业的负担，改变其在市场竞争中的不利地位。三是改革现行不合理的经济政策，如价格政策、投资政策等，增加地方工业、社会基础设施以及第三产业的投资比例。四是制定符合实际的产业发展政策，鼓励和支持非油经济快速发展，增加地方经济发展能力。五是积极争取国家的财税政策支持，如加大转移支付力度，增加地方留存等，弥补地方政府财力上的不足，确保可持续发展的资金保障。六是规范土地、水、电等资源的管理体制，实现资源的市场化配置，发挥资源的最大效能。

8. 积极申请国家资源型城市转型试点

资源型城市转型因涉及经济发展和社会稳定大局，已经成为国家关注的重点，2007年出台了《国务院关于促进资源型城市可持续发展的若干意见》,此后又先后两批确立了阜新等44个资源枯竭型转型试点城市,力求从政策、资金等多方面帮助和促进资源型城市的转型,虽然目前两批试点城市都属资源枯竭型,但是,未雨绸缪,主动转型将会是所有资源型城市的最佳选择。因此克拉玛依可充分利用新疆工作座谈会精神,以实现跨越式发展和带动区域经济增长为落脚点,积极申请国家非资源枯竭型城市转型试点,先行先试,在推进自身加快转型的同时,为更多类似资源型城市探索积累更多经验。

(张永明、闫海龙,新疆维吾尔自治区发展和改革委员会经济研究院区域经济研究所)

基于可持续发展策略下西部地区资源型城市的制约因素、成因与路径选择

西部省份的工业经济都是以矿产资源开发和原材料加工生产为基础和主导的产业，经过多年的开发和矿产资源的不可再生性，西部省份的资源型城市面临着经济结构和所有制结构单一、资源快速枯竭、负担过重、可持续产业发展缓慢以及环境污染严重、生态环境破坏严重等严峻形势和重大挑战，存在不可持续发展的潜在危机。如何摆脱矿产资源快速枯竭给城市发展所带来的困境，使资源型城市走出一条结构合理、科技含量高、经济效益好、资源利用率高、消耗低、环境污染少、生态环境协调、人力资源优势得到充分发挥的现代工业化道路，是时代交给我们的必须认真对待并加以合理解决的重大现实的发展问题。通过对西部资源型城市可持续发展制约因素及成因的分析，提出西部资源型城市走可持续发展道路的原则和模式与途径，对我国西部省份资源型城市的发展有着重要的理论和现实意义。

一、我国西部地区资源型城市发展面临的制约因素分析

西部地区是我国的资源富集区，是我国重要的能源、原材料基地。水能资源占全国的80%以上，天然气储量占70%以上，煤炭储量占60%左右。资源开发一直是西部地区工业化和城市经济发展的主线，但由于矿产资源的有限性、不可再生性和长期的过度开发，西部资源型城市均不同程度地面临着经济结构和所有制结构失衡、资源枯竭、接续产业发展缓慢等严峻形势和挑战。因此，加快可持续发展的研究，实行循环经济，降低各种资源的开采，提高资源的利用率，保持经济的持续繁荣是解决西部资源型城市发展困境的必然选择。

（一）后备资源日趋紧张，资源枯竭的风险突出

由于企业对资源长期掠夺式的过度开采，导致资源已逐步枯竭。而且，对生态环境造成严重破坏，生产难以为继。我国资源型城市对资源的依赖度相当高，现在大多数资源型城市仍然采取粗放型的发展模式，通过不断增加能源消耗来推动企业的发展，在客观上加剧了资源的消耗速度。据有关资料，我国森林资源在过去的十年中，成熟林面积每年减少2700万亩，蓄积量净减1亿立方米以上，我国重点产材基地已有1/3接近枯竭，这其中有绝大部分是被相关的资源型城市消耗的。在这种形势下，资源型城市经过一段时间的发展后，必然会受到资源缺失的制约，现在就有很多企业已陷入资源枯竭的困境之中。

而资源型产业的发展规律是由资源的生命周期规律决定的。按资源的消耗程度，资源型产业的生命周期基本上表现为：开发建设期（投产，资源量大）、达产稳定期（达到设计生产能力，资源量尚大）、成熟期（稳产，资源量开始减少）、衰退期（减产，资源量尚有但较少，生产成本迅速增加）、关闭（资源枯竭，停止生产）。如按资源开发程度和目前拥有可供开发的后备资源量来说，甘肃白银市的白银有色金属公司铜矿资源已

经接近枯竭，统计显示，目前铜矿资源的自给率还不足 20%，其余缺口部分必须从其他省份购买，从而增加了企业的经营成本，另外，如金昌市的几个大的资源型城市也已处于衰退期。并且，甘肃省的部分资源型城市由于产业结构调整缓慢，缺乏有效的接续产业，业已丧失了产业结构调整、实现可持续发展的最好机会。

（二）所有制结构明显失衡，公有制比重过大

我国西部的资源型城市公有制经济比重过大，非公有制经济发展严重不足。造成这种现状的主要原因是：一是矿产资源发现以后，主要由国家作为投资主体进行开发建设，从而形成了目前的工矿性企业主要是公有制性质；二是资源型城市多数是由于当初有矿而建，交通条件落后，没有区位优势，难以吸引外来投资；三是市场化意识比较淡薄，造成私营经济发展严重滞后。

（三）再就业压力大，社会矛盾突出

资源型城市衰退，投资能力和消费能力下降，直接影响到商贸业和其他服务业的发展，并且由于资源的枯竭或资产重组，不得不减员，再加上关联企业和缺乏竞争力的其他企业所产生的失业人员，使得社会再就业压力大。由于资源型城市在城镇产业结构中占据主导或支柱产业的地位，即使发展了资源型城市延伸产业，如资源加工产业，这些产业对资源的依赖程度也很高，因而一旦资源型城市陷入困境，在"多米诺骨牌效应"下，相关企业无一幸免，从而使得就业空间进一步缩小，导致社会矛盾日益突出。

（四）技术基础薄弱，技术落后使资源型城市失去竞争力

资源型城市大多是在资源开发的基础上形成和发展起来的，资源的禀赋及分布状况决定了资源型城市的区位分布。全国大部分资源型城市分布在资源丰富的中西部地区。在这种区位条件下，因经济比较落后，管理理念也比较陈旧，企业领导者的开拓意识和创新意识都比较薄弱。比如，甘肃省的资源型城市大多建于 20 世纪 50~60 年代，普遍存在设备老化、工艺落后的问题，企业生产成本高，环境污染严重，现有生产条件和设备难以形成规模化。并且，由于没有资金投入，新产品及高附加值产品开发非常困难。

（五）产业结构比较单一，不利于资源型城市经济的可持续发展

从总体上看，在西部矿业企业中，少数产业结构多元化且比较合理，企业对资源型产业依靠但不依赖，具有较强的可持续发展能力，大部分则是非资源型的替代产业、接续产业尚未真正形成，实现可持续发展的任务非常艰巨。并且，由于产业结构基本上是一种投资量大、建设周期及投资回收期长、利润率低的基础性产业结构，其产品加工程度比较低，高附加值的产品较少，追求的只是一种静态比较利益的实现，动态比较效益较差，在市场竞争中，不利于提高其竞争力，从而使资源型城市的发展处于不利地位。

（六）生态环境破坏严重

由于经济、技术等因素的制约，资源的粗放型、掠夺式开采利用比较普遍，从而对当地的生态环境造成了严重的污染和破坏。二氧化硫排放超标，大气浮尘指数过高；城市废水和生活污水污染环境；采掘业严重破坏地表植被，大量废渣存留、塌陷区增多。

以镍都甘肃省金昌市为例，其生态环境问题表现为：①尾矿、固体废物越来越多。2002 年共产生矿山尾矿、固体废物 460 多万吨，占地面积近 10 平方公里，这些尾矿、废物严重破坏地表植被，并且在短时期内难以恢复。②沙尘暴频繁。植被被破坏以后，沙土裸露，极易发生沙尘暴。2002 年发生沙尘暴 17 起，其中 60% 的沙尘来源于本地。沙尘暴的频繁发生，给人民生活和工农业生产造成严重影响。③空气污染严重。长期以来，由于资源意识较差，加上技术水平的限制，大量二氧化硫直接进入冶炼废气排出，造成金昌市空气中二氧化硫污染十分严重。2002 年二氧化硫排

放量为 1289 万吨，严重超过国家环保标准。

（七）资产沉没成本较大

资源型城市在建设过程中，国家投入巨额资金，形成大量固定资产，包括勘探、开采、冶炼及加工设备，这些固定资产达多用途单一，通用性差，如果不能发现新的同类资源，固定资产设备转移到其他用途的难度很大，企业一旦停产，势必会造成大量设备的闲置。如何使这些机器设备得以利用，是亟须解决的一个重大问题。

（八）企业负担沉重，可持续发展资金匮乏

由于资源型城市大多建立于计划经济时期，其发展模式直到现在依然有浓厚的行政色彩。社会、政府的职责通常属于"大而全、小而全"的发展模式。但由于税费负担和社会负担沉重，且长期以来实行低价微利政策，资源型城市自身缺乏积累，财力有限。加上企业之间相互拖欠严重，不良债务比重过大，偿还能力下降，导致企业经济效益低下，技术装备的投入严重不足。

（九）技术人力资源匮乏

西部地区长期以来只注重自然资源的开采利用，而忽视了人力资源特别是技术人才的培养和开发，致使现有知识资源存量少、利用能力弱，现有技术人力资源的配置效应和产出效率十分低下。

（十）文化差异大

西部地区多数是以少数民族为主的聚居区域，区域内各地区的文化因民族的不同而有很大的差异，在营造市场经济氛围的过程中，受当地文化的影响与制约比较大。

（十一）远离发达地区，市场化程度低

西部省区，特别是少数民族省区多数地处我国边远落后地区，远离中国的主流消费市场，对最终产品消费信息的把握能力先天不足，使得该地区的资源型城市只能在低端市场上维持生存，市场化程度极低，通过市场来配置创新要素的能力比较弱。

二、我国西部资源型城市可持续发展的策略探析

我国西部资源型城市可持续发展，必须坚持好：

第一，市场化的原则。西部地区的市场发育比较落后，市场化程度比较低，因此，在发展接续产业过程中，要坚持市场化原则，依靠市场力量，实现产业结构的优化。

第二，可持续发展的原则。可持续发展战略是我国社会经济发展过程中所必须坚持的一项基本战略，西部资源型城市在发展接续产业的过程中，必须坚持可持续发展的原则，针对企业的实际情况，大力发展绿色产业、生态产业与环保产业。

第三，区域产业集群的经济原则。根据波特的竞争理论，一群在地理上相互靠近、在技术和人才上相互支持并具有竞争力的相关产业和配套产业所形成的产业集聚或产业扎堆，是区域产业竞争优势的重要来源。在发展接续产业的过程中，资源型城市应围绕存在一个专业化劳动力市场、存在原料或设备供应商、靠近最终市场或原材料集散地、特殊的智力或自然资源的存在等方面，大力发展相关的中小企业，从而形成区域竞争能力，在区域分工格局中占据有利的地位。

第四，和谐共存原则。接续产业和矿产业共同支撑着矿业企业产业，它们相互之间可以按照市场需求、通过有序竞争实现资源合理配置和双赢发展目标，彼此提供改善和加快发展的空间。

第五，要有全面创新的原则。在可持续发展时要有思路创新、技术创新、体制创新、政策创新、对策创新。

三、我国西部资源型城市可持续发展的路径选择

针对我国西部资源型城市面临的问题，在充分做好可行性研究的基础上，要"立足资源"，学会多元化经营，就是在现有资源基础上，做足"矿"字文章。资源型城市的发展，不可能完全抛开现状另辟新局，要用新的发展观、新的手笔做好新文章。因此，我国西部地区资源型城市进行可持续发展，要根据自身的实际情况，采用适合自身发展的途径：

（一）立足实情，培育资源导向型逐步转变为市场导向型

西部地区的主要工业大多数都是围绕其自然资源优势逐步发展起来的，这种资源导向性的产业，在工业初期阶段具有一定的合理性，可为经济发展做出贡献。但随着工业化的不断推进特别是知识经济已现端倪的现代经济时代，自然资源的一般劳动力资源相对下降，其局限性也越来越明显，而技术、管理、信息、专利、品牌、网络环境等后天获得性资源和创新人才的作用渐显其重要性。因此，西部地区在工业发展中应培养和创造企业竞争优势，要改变过去那种对当地资源高度依赖的状况，从资源导向型逐步转变为市场导向型，注重人才培育和引进。在企业投资中，加强技术开发，强化管理，增强企业的竞争力。

（二）扩展价值链，提升资源型城市的技术水平和产品的科技含量

资源型城市应该树立自己的品牌，这有利于提高企业的竞争力，可以树立良好的企业形象，促使企业可持续发展和获得长远利益。这就要求西部地区的资源型城市必须重新审视对资源的开采方式：一是要改造提升现有支柱产业，把增长方式从粗放型向集约型转变，走技术改造和精深加工的路子。要切实加大技术改造力度，广泛推广和运用高新技术和先进实用技术，大力发展原

材料加工业，对资源进行系列开发和精深加工，实现资源、原料产品的多次转换、加工、增值，促进产业的优化升级，不断延伸资源产业链和产品链。如甘肃省金昌市在开发有色金属资源、延长镍、铜、钴主导产业链条上做了积极的探讨，取得了较好的成绩。近十年来相继建成了世界第五、亚洲第一的镍闪速炉及世界上产量最大的硫酸镍生产线和全国产量最大的氯化镍、氧化亚镍系列生产线，从而使金昌市在镍、铜、钴等有色金属矿产资源的开发生产上跃上了一个新台阶。二是积极开发新型的矿产资源。资源型城市要充分利用资源型城市的人才、技术、资金、设备及开采、冶炼、加工等经济技术优势，不断拓宽资源开发领域，加大对新的、有优势的矿产资源的开发，积极培育新的经济增长点。

（三）按照国家产业政策导向，加快发展适合西部地区实际的有优势有特色的产业

发展优势特色产业，是在选择和培育接续产业时，除了利用好主导资源优势以外，还要充分挖掘自然资源、社会资源、生产要素等其他比较优势，把握并发挥好这些优势，结合自身的实际情况和特点，利用好产业政策，加快发展适合西部地区实际的有优势有特色的产业，形成在市场中的竞争优势。

（四）对西部的资源型城市采用梯次接替的发展途径

资源型城市发展接续产业一般要经过：资源产业支撑——接续产业过渡——替代产业主导这几个阶段。由于资源枯竭的不可逆性，资源型城市要实现可持续发展，就必须以现有资源为基础，向下游产业延伸，进行相关多元化，随着接续产业和新产业的不断发展壮大，非资源主导产业在经济中所占比重大于资源型产业的比重，成为新

的产业支柱和拉动经济发展的主要力量时，再谨慎实施非相关多元化，以非资源依赖产业代替资源性产业，最终摆脱对资源的依赖，完成产业转型。

（五）发展接续产业要大力推进科技创新

无论是解决原有经济生活中的粗放经营模式，改变产品科技含量低、质量差的现实问题，还是增强发展后劲，提高经济运行的质量和效益，关键取决于科技进步。发展接续产业，重在提高科技含量，推进技术创新。技术创新是企业腾飞的翅膀，是资源型城市可持续发展的核心。

（六）资源型城市可持续发展的关键在于体制改革与创新

一是要加大经济结构调整力度，改变单纯的国有国营的所有制结构，完善以公有制为主体、多种所有制经济共同发展的所有制结构，建立产权多元化的现代企业制度。通过不同所有制形式之间开展公平竞争，加速资源型城市经济的市场化进程，实施企业经济结构的优化和升级换代。二是加快政企分开的步伐，使企业真正成为市场运行的主体，政府要从微观经济领域退出来，真正转向为企业提供服务的方面上来。三是进行制度创新。制度是指人们结成的各种社会、经济、政治等组织或体制，它决定着一切经济发展活动和各种经济关系展开的框架。对处于不断变革的社会中不断发展的企业来说，制度创新是它发展的动力和源泉。

（七）发展接续产业离不开自主创新

资源型城市应该不断挖掘自身的潜力，充分利用自身的优势进入其他的产业或发展接续产业。"十二五"规划强调，要把增强自主创新能力作为调整产业结构、转变经济增长方式的中心环节。所以西部资源型城市要确立自己技术创新的主体地位，顺利开展地开展自主创新活动。同时，资源型城市的自主创新必须要与所处的区域实际情况相结合，通过选择自己的优势业务领域来推进自主创新；培养复合型的创新人才来深化自主创

新；创建区域性创新体系，加快自主创新；营造自主创新的环境来支撑自主创新。

（八）发展接续产业要与重点区域开发有机结合起来

西部地区发展接续产业必须与重点地域、重点地带开发有机结合起来，按照"以线串点、以点带面、重点开发"的指导方针，采取切实有效的配套措施，加大西陇海兰新经济带、长江上游经济带、南贵昆经济带、呼包兰青经济带等重点区域的开发力度。并且发展接续产业必须与城镇化进程有机结合起来，依托城镇、城市这一工业化平台，努力走出一条有利于产业集聚、资源节约、生态环境改善、布局合理的发展新路子。

（九）对接续产业和转型项目在财政政策、税收政策及产业政策上给予支持

资源型城市发展接续产业与转型，对于推动资源型城市和资源型城市经济持续、稳定、快速发展具有重要的意义，要完成这一艰巨任务，除主要依靠资源型城市自身努力外，也需要国家进一步从产业政策和财力上给予更多的支持。比如，建立资源型城市衰退产业援助基金、接续产业发展专项基金、转型项目的财政援助政策等，从而为资源型城市的转型创造条件。

（十）以人为本，建立适合资源型城市可持续发展的用人机制

在竞争日益激烈的今天，对于技术人力资源匮乏的西部资源型城市面临最大的挑战是人才的培养和使用。资源型城市应积极通过各种形式和途径对企业的人力资源进行合理的开发、培养和使用，不断提高员工的知识水平和技能水平，优化人才结构。在人才吸引上，坚持"公平竞争、效率优先"的原则；在人才培养上，形成"尊重知识、尊重人才"的氛围，坚持"以人为本"的管理理念，提高整个城市的文化涵养；在人才激励上，建立有效的人才激励机制；在人才使用上，坚持人尽其才，量才使用。

四、结　语

矿产资源被誉为现代工业的"粮草"和"血液"，关系到国家经济发展的命脉。然而由于矿产资源的有限性和不可再生性，支撑着经济高速发展的矿产资源正在日益减少，并且终有消耗殆尽的一天。因此，今后无论是已经在衰落还是正处在成长中的资源型城市，都要在结合自身实际情况的基础上充分做好可行性研究，学会多元化经营，加快非矿产业的发展，培育新的经济增长点，实现城市社会的可持续发展。

参考文献

刘君. 对资源开发型企业及其所依托的城市实现可持续发展的探索 [J]. 黑龙江社会科学，2000（1）.

杨明谦. 资源采掘型企业如何实现可持续发展 [J]. 大庆社会科学，2003（3）.

郭凤典，田华. 集约式持续发展：资源型企业发展的必由之路 [J]. 企业改革与发展，2002（5）.

彭华岗，侯洁. 德国资源型城市和企业转型的经验及启示 [J]. 中国经贸，2002（19）：42-43.

黄娟，杨昌明，杨贺盈. 国外资源型企业实现可持续发展的战略措施分析 [J]. 湖北社会科学，2004（2）：134-136.

张青，慕国庆，颜昌军. 资源耗竭型企业分类退出模式选择问题研究——以煤矿企业为例 [J]. 管理世界，2003（10）：147-148.

于立，孟韬，李姝. 资源枯竭型国有企业退出途径：产业转型问题研究 [J]. 资源产业，2004，6（5）：10-13.

于立，孟韬，姜春海. 资源枯竭型国有企业退出障碍与退出途径分析 [J]. 中国工业经济，2003（10）：6-9.

姜春海，李姝. 资源枯竭型国有企业退出时职工安置问题研究——来自阜新矿务局的经验和启示 [J]. 社会科学辑刊，2004（4）：81.

于左，刘岩. 资源枯竭型国有企业的环境代价分析——以抚顺矿务局为例 [J]. 资源·产业，2004，6（5）：7.

高新才. 再论西北工矿型城市的可持续发展 [J]. 兰州学刊，2005（1）.

周德群. 矿业城市的结构性危机与转型 [J]. 西部论丛，2006（3）.

张新颖，宫长勇，许君. 资源型城市发展接续产业研究——以大庆市为例 [J]. 学术交流，2005（9）.

聂华林，任海军. 工矿城市转型和区域工业化 [J]. 兰州商学院学报，2005（6）.

茶娜，王锋正，郭晓明. 高科技支持下西部资源型城市成长模式转变 [J]. 商业时代，2007（32）.

王锋正. 生态经济视角下西部资源型城市自主创新能力的培育机理研究 [J]. 论文天下，2007（6）.

薛惠元. 国有资源型城市可持续发展研究 [J]. 论文天下，2006（10）.

王会青. 资源型城市可持续发展力的综合评价及政府行为研究 [J]. 论文天下，2008（5）.

（赵玉田，兰州商学院工商管理学院）

人力资本投资与资源型城市接续发展研究

一、引言

丰裕自然资源是资源型城市的静态比较优势，这种优势随着资源的不断开采而逐渐减弱（本文所说的自然资源是指可耗竭的矿产资源）。依赖自然资源只是资源型城市发展过程中的一个历史阶段，如不能及时发展接续产业就不可能实现城市的可持续发展。资源型城市实现产业结构升级和接续发展，不仅需要政策支持和资金投入，更需要高素质人力资本的支撑。资源型城市人力资本的缺失成为其经济发展的障碍，形成了人力资本缺失对资源型经济的"锁定效应"。由于人力资本

匮乏，资源型城市接续发展举步维艰，产业接续发展是资源型城市面临的一个十分紧迫的现实问题。

本文旨在探讨人力资本投资与资源型城市接续发展的互动机制和如何进行人力资本投资促进资源型城市接续发展。本文结构如下：首先分析了资源型城市人力资本存在的问题；其次分析了自然资源、人力资本投资与资源型城市接续发展的互动机制；最后对资源型城市人力资本投资提出了对策。

二、我国资源型城市人力资本存在的问题

目前，我国资源型城市人力资本主要存在以下三个方面的问题：

1. 人力资本存量低且结构不合理，存在着人力资本锁定效应

资源型城市中劳动力多数是从事采掘和加工等工作的产业工人，缺乏发展高新技术业和现代服务业等新型产业所需人才，缺乏懂经营、会管理的复合型人才。资源型城市中由于资源产业的特殊性，形成了资源型城市人力资本的专用性，导致这些劳动力不容易向其他产业转移。人力资本粘性阻碍了资源型城市劳动力的转移，从而在很大程度上影响了城市产业结构转换的速度和城市接续发展。资源型城市的发展以资源产业为支柱，资源产业是劳动密集型产业，大部分劳动力

技能和文化素质较低。随着资源逐渐耗竭，作为资源型城市主导产业的资源型产业吸收就业的能力下降，许多人力资本存量低的劳动者被迫离开原来的工作岗位，导致大量的失业和城市失业率上升。另外，资源型城市人力资本主要与城市主导产业资源产业相关，因而其人力资本结构很难适应城市转型对人才结构的要求，影响了资源型城市产业接续发展。以煤炭大省山西为例，据统计，2005 年山西省城镇单位专业技术人员占就业人员的比重为 26.6%，低于全国 28.1% 的平均水平，在全国 31 个省（市、区）中居于第 23 位。

2. 劳动者素质总体偏低，人力资本投资不足

与其他类型城市相比较，资源型城市劳动力平均受教育年限较少。资源型城市人力资本总体

上文化水平低、技术水平低、管理水平低。丰裕自然资源降低了资源型城市政府与居民对人力资本投资的内在动力与激励，这导致了资源型城市人力资本投资不足。例如，煤炭大省山西自2003年以来科教文卫支出占一般预算财政支出的比重及其在全国排名的位次均在持续下降，由2003年的24.24%降为2006年的19.7%，排名由第10位下降到第22位，而同期山西省煤炭采选业增加值占全部工业增加值的比重则由2003年的29.22%提高至2006年的39.17%；山西教育经费占GDP的比重虽然在逐年提高，但增速缓慢，仅从1998年的4.12%到2005年的4.53%提高了0.41个百分点，而同期全国教育经费占GDP的比重则提高了1.01个百分点。山西省与全国科教文卫支出比较如表1所示。

表1 山西省与全国科教文卫支出比较

指标　　　　　　　　　年份	2003	2004	2005	2006
山西科教文卫支出比重（%）	24.24	22.94	22.42	19.70
全国科教文卫支出比重（%）	23.2	22.45	21.93	22.04
山西科教文卫支出比重在全国位次	10	14	15	22
山西科教文卫支出增长率（%）	18.92	18.15	26.01	20.24
全国科教文卫支出增长率（%）	—	15.65	19.33	21.58
山西与全国增长率比较	—	高于全国	高于全国	低于全国

资料来源：2004~2007年《中国统计年鉴》。

3. 人力资本流失严重

由于很多资源型城市不注意保护生态环境，导致其生态环境质量下降，城市吸引人才工作和生活的有利因素减少。在人才市场化配置机制下，必然导致人才流失。由于生态环境较差，资源型城市不能吸引足够的产业接续发展所需的各类人才，尤其是高新技术专业人才和高级管理人才，现有人才反而流失，导致城市经济发展存在较严重的人才危机。例如，山西省制造业在发展中技术人才流失严重。山西省制造业在以煤炭资源开发所形成的资源型经济中人力资本挤出明显，在1999年，制造业城镇单位专业技术人员为13.5万人，而到2006年下降到11.1万人，而且呈逐年下降趋势，7年间总共减少了2.4万人；制造业城镇单位专业技术人员占全部技术人员的比重也呈下降趋势，在山西省城镇单位专业技术人员呈总体上升的背景下，这一比重下降的速度非常快，1999年为16.2%，而到2006年下降为11.4%。山西人才的流失也从其他方面显示出来，从1998年到2002年，山西省共流入高级专业技术人才247人，流出1011人，人才净流出764人，流入流出比为1：4.1。

三、自然资源、人力资本与资源型城市接续发展的互动机制

1. 丰裕自然资源对人力资本的影响

丰裕自然资源主要从以下三个方面对人力资本产生了影响：

第一，丰裕自然资源降低了居民对人力资本投资的内在动力与激励，破坏了人力资本与经济发展之间的良性循环。由于丰裕自然资源开发产生的高收益降低了人力资本投资的回报，使居民低估人力资本投资的长期价值，从而降低了居民投资和积累人力资本的激励。对教育投资激励的降低使得人力资本存量不足，使得资源型城市在向产业链高端方向发展时往往陷入低水平陷阱的风险。资源产业的强劲发展使得居民忽视了对人力资本的投资，对教育的投入和经费开支严重滞后于经济发展。这就造成了学生的入学率与自然

资源的开发呈反向关系，影响了产业结构的提升和经济持续发展。Gylfason（2001a）通过对多个国家统计数据的分析，发现自然资源丰裕程度与教育经费、受教育年限、中学入学率等指标均呈反方向变化。欧佩克成员国的中学入学率为 57%，低于世界 64% 的平均水平；在教育上的花费不到 GNP 的 4%，低于世界 5% 的平均水平。Jean-Philippe（2005）使用多元化的资源丰裕程度指标和人力资本积累指标也发现两者负相关。邵帅、齐中英（2008）研究认为，能源工业的大幅度发展，吸引了更多包括文盲、半文盲在内的低文化水平劳动力进入煤炭采选业等初级产业部门，这虽然从一定程度上缓解了西部低素质劳动力的就业压力，但从另一个角度来看，同时也会降低当地人民接受教育和技能培训的动力，"挤出"高技术人才，使其流向其他产业部门和更适合其发挥自身价值的地区。这表明自然资源对人力资本产生了挤出效应。导致这种状况的原因如下：一是资源型城市的当地居民认为自然资源是最重要的资产，过分自信而没有形成对高水平教育的需求，居民为提高自己或后代的人力资本而投资的动力不足，而且资源采掘业本身对高素质劳动力的需求相对不足。二是由于对人力资本的投资无法得到经济补偿，人们接受教育和培训的意愿普遍降低，大量具有较高知识水平和技能的劳动力流出，导致居民对人力资本投资的动力下降。三是与教育和培训的投入相比，把资金投入到资源开发中获取利润不仅周期短而且回报率高，从而导致资金倾向于向资源开采部门流动。总之，丰裕自然资源所带来的大量收益降低了居民对人力资本投资的预期回报率，这导致了居民对教育投资的降低，从而破坏了人力资本投资与经济发展之间的良性循环。

第二，资源型城市的政府没有动力投资教育，人力资本投资严重不足。一是巨额的资源开发收入使得政府投资缺乏约束，投资效率降低，大量的开发项目挤出了政府教育投入，特别是在我国地方政府强烈追求短期经济增长率的体制机制下，必然牺牲人力资本投资，从而降低了人力资本积累速度。在对地方政府以 GDP 增长率为中心的考核机制下，各级官员考评、晋升的主要依据是经济增长指标，这就使得各级党政官员普遍重视经济增长、项目投资、城市建设等有形的政绩，而轻视教育医疗民生事业、环境保护等事关居民福利却不太容易出政绩的领域，造成经济和社会发展失衡。二是自然资源降低了对高质量教育和熟练劳动力的投资。资源丰裕国家的资源采掘业本身对高素质劳动力的需求相对不足。Gylfason（2001）的研究证实自然资源丰裕的发展中国家倾向低估教育和人力资本投资的长期价值，因此对人力资本的投资也相对少得多。资源产业的兴盛往往导致制造业的衰退，同时引起对教育需求和教育质量的连续下降。三是资源型城市的政府和居民会过于自信，因而常常低估或忽视好的经济政策、好的制度和好的教育的重要性。换而言之，坚信自然资源是最重要资产的政府会产生错误的安全感，疏忽了对社会资本、人力资本和物质资本的积累。

第三，丰裕自然资源挤出了对教育的投资。资源开发通过挤出储蓄投资和人力资本积累等促进经济增长的因素而阻碍增长。Gylfason 和 Zoega（2001）认为，由于自然资源提供了一种持续性的财富源泉而使人们减少了对现有资本转移到未来的需求，所以丰裕自然资源会降低储蓄和投资的需要。由于资源产业对人力资本要求相对较低，再加之人力资本投入成本的存在强化了资源产业的发展，妨碍了劳动力向有更多知识溢出效应的制造业部门转移。这导致资源产业占工业部门的比重增加，人力资本的积累反而在弱化，即资源产业的发展对人力资本具有挤出效应，资源产业占工业部门的比重与人力资本的积累之间存在反向变化关系（张复明等，2008）。Asea 和 Lahiri（1999）通过建立两部门内生增长模型论述了丰裕自然资源通过提高非熟练劳力的工资而挤出教育投资，从而导致"资源诅咒"的机理。Papyrakis 和 Gerlagh（2007）利用美国州一级的数据对投资、教育、开放度、研发及腐败等"资源诅咒"传导机制进行了实证研究，发现挤出教育是最重要的传导途径，占资源负面影响的 25%。Claudio（2005）研究表明，丰裕自然资源作为一种生产要素，对城市接续发展和人均收入水平有正面作用；但自然资源通过挤出人力资本投资这种传导机制而对经济增长速度和城市接续发展产生负面作用。而高水平的人力资本对经济增长的正面作用超过了丰裕自然资源对经济增长的负面作用。在一个人力资本丰富的经济体中，自然资源对经济增长的负面效应将会减小。人力资本水平越高，自然资源对工业部门劳动力的挤出效应就越小。

2. 人力资本对资源型城市接续发展的影响

人力资本投资与积累对资源型城市接续发展至关重要。舒尔茨认为，"人的知识、能力、健康等人力资本的提高对经济增长的贡献远比物质、劳动力数量的增加重要得多。"Barro（1997）认为，教育通过培育民主并永久性地提高了劳动效率；人力资本有助于从先进国家吸收先进技术，高等教育在这种技术吸收效应中被认为显得更加重要。Aghion 等（1999）认为，教育通过提高健康和改善平等为好的管理创造了良好的环境。人力资本投资是城市接续发展战略不可缺少的重要组成部分，同时也为城市接续发展提供了良好的投资环境和人力保障。通过人力资本投资实现代际之间可持续发展能力的传递是资源型城市接续发展的根本途径。人力资本对促进资源型城市接续发展主要有以下三个方面的作用：

（1）人力资本投资是提升资源型城市接续发展的动力。作为一种独立生产要素在生产函数中的作用，人力资本同物质资本一样是经济发展中不可或缺的要素。人力资本是生产技术应用的载体，既传承了原有的生产技术，同时创新和传播新的生产技术，极大地提升了城市接续发展能力。而且人力资本是一种增值性的资本，在生产的过程中不断地实现自我积累，为城市接续发展能力的提升产生持久的影响。同时，人力资本的提升对其他生产要素产生积极作用和影响。对人力资本的投资与积累会极大地提高物质资本生产力。在一定技术水平下，物质资本量的扩张会降低其边际生产力。但当人力资本水平提高后，必然提高劳动生产率从而提高了物质资本的使用效果。

（2）人力资本投资提升了资源型城市接续发展的创新能力。充足的人力资本有助于增强资源型城市的产业创新能力。产业创新系统是资源型城市创新体系的核心，体现着城市内产业创新能力和竞争力的强弱，也反映出一个产业吸收外来技术和承接接续产业的能力。高素质的人力资本对城市产业创新是十分重要的。由于科技创新依赖于各国高素质的科研人员，因此，人力资本水平

的高低既决定着资源型城市的技术能力，又决定着先进技术在实际生产过程中的生产效率。人力资本作为生产力要素，不仅具有生产要素功能，还具有科技创新的功能，是科技进步的重要源泉。新技术扩散的范围和速度与城市的人力资本存量具有密切的关系。在其他条件一定的情况下，人力资本存量越大，技术扩散的范围就越广，扩散的速度就越快。贝克尔（1987）指出："人力资本的投资增加主要是技术进步。"增加人力资本投资能显著提高劳动力的整体科技文化水平和生产效率。由于人力资本具有很强的外部效应，这使在劳动力数量投入不变的情况下有效劳动供给增加，使劳动边际产品曲线向外扩展，抵消收益递减规律的作用，同一劳动将更有效率地推动物质生产要素，从而使人均产出不断增长。

（3）人力资本投资是优化资源型城市产业结构和加快接续产业发展的动力。现代部门对人力资本的要求高于传统部门，人力资本投资与积累可以使劳动力更好地适应现代产业的需要，加快劳动力从传统产业向现代产业的转移。从产业演化的角度来看，人力资本通过加快产业结构转换、增强产业创新能力以及加速产业扩散与转移来实现产业结构的优化升级。实现产业结构优化，延长产业链是资源型城市接续发展的关键。发展接续产业是实现产业转型和保持经济竞争力的关键。人力资本有效供给有助于提高发展接续产业的能力和产业转换速度。产业转型的效率在很大程度上取决于城市人力资本状况，人力资本充足、供给效率高将为接续产业的发展提供人才支撑和智力保证。

3. 资源型城市接续发展对人力资本投资的反作用

人力资本既可以作为一种生产要素用于各种经济活动，又由于人力资本具有很强的外部性，能够有效地降低生产成本，提高科研部门的效率。只有通过对人力资本的投资和积累，资源型城市才有可能实现产业接续发展。资源型城市接续发展为人力资本的投资和发挥作用提供了有利条件。

一是资源型城市接续发展为人力资本提供了良好的投资环境，有利于引进高素质的人才，有利于城市人力资本存量增加和人力资本结构优化。人力资本结构优化和存量增加将极大地促进高新

技术产业和现代服务业的发展、新资源的开发、清洁生产技术推广与居民环境保护意识提高，从而推动了资源型城市接续发展。二是资源型城市接续发展提高了城市居民人力资本投资的支付能力，而且城市发展推动了城市管理水平的提高和相关体制的完善，为人力资本作用的发挥提供了良好的环境。在市场机制下，资源流向那些人力资本充足、科技含量高的产业部门，使这些产业部门的生产能力扩大，推动产业结构逐步升级。而产业结构升级后，又会增加对高素质人才的需求，激励人力资本的投资与积累，形成一个良性循环。在这个良性循环中，产业结构呈螺旋式向高层次演进，人力资本扩展和产业接续发展和结构升级相互推动并共同发展。资源型城市接续发展提高了人力资本投资的预期收益率和对外部人力资本的吸引力，对城市人力资本存量增加和结构优化起到了积极的推动作用。自然资源、人力资本与资源型城市接续发展的相互作用关系如图1所示。

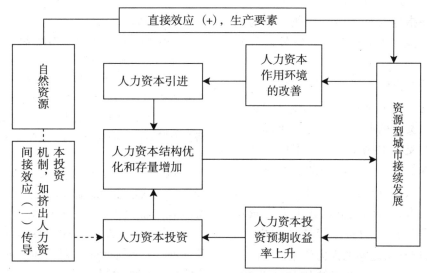

图1 自然资源、人力资本与资源型城市接续发展的相互作用关系

四、结论与对策

丰裕自然资源对资源型城市人力资本投资与积累产生了挤出。人力资本是资源型城市接续发展的关键，人力资本投资不仅是解决资源型城市人力资本匮乏的主要措施，而且对资源型城市的经济转型和接续发展具有重大的战略意义。人力资本投资既是加速培育接续产业、实现产业升级和经济结构战略性调整的需要，又是提高城市竞争力的需要。只有加强人力资本投资，才能够彻底解决资源型城市的许多经济社会问题，促进城市可持续发展。为促进资源型城市接续发展，应主要从以下五个方面加强资源型城市人力资本投资与积累：

一是要将人力资本投资纳入城市发展的战略规划。要对资源型城市未来产业更长远阶段的发展形成清晰、准确、切合实际的判断，提出科学合理的城市接续发展的战略。人力资本不足是当前资源型城市接续产业发展面临的重要制约因素，应将人力资本投资纳入城市发展战略规划中。资源型城市的接续发展应当注重以人力资本投资与积累等外部经济发展环境的营造，进而推动接续产业的快速发展。政府应当充分发挥其公共教育服务职能，整合现有教育资源，加强教育基础设施建设。依据城市产业发展计划，对高等教育机构和职业教育机构的专业设置做出适当的调整，提高自主培养城市发展所需人才的能力，为资源型城市接续发展提供更多具有高素质人力资本存量的人才。

二是要对地方政府的发展思想和考核机制进行变革。现行的地方政府官员的政绩考核方式，引发了地方政府官员力求在任期内使 GDP 总量最大化的短期行为。相对于既费力、用时又长的依靠科技进步和提高劳动者素质等方式来实现经济增长，粗放型的经济增长方式自然成为地方政府和政府官员的首选。因此，应完善地方政府官员政绩考核评价机制，加强教育医疗民生事业等人力资本投资的考核指标权重，以改变地方政府的发展思想和投资结构，为城市产业接续发展和转型升级奠定基础。

三是建立居民人力资本投资预期。高等教育学费已成为人们进行人力资本投资选择时的重要影响因素。当人力资本的回报上涨时，居民会改变支出结构，增大支出中用于人力资本投资的部分。而在人力资本的回报预期黯淡的情况下，消费者将谨慎行事，人力资本投资难以扩大。只有增加人力资本的回报，从而建立居民的人力资本投资预期，增强居民对人力资本投资的积极性，才能为城市接续发展积累足够的人力资本。

四是要调整优化企业的投资结构与产业链。目前，国际间产业分工和转移越来越依赖于企业技术创新能力的高低。跨国公司凭借技术优势，牢牢占据了产业链的高端，形成了对世界市场特别是高技术产品市场的高度垄断，从中获取大量超额利润。我国产业应逐渐实现由低端产业、低附加值的分工环节向高层次、高技术的产业价值链的推进和升级。从社会经济发展各个时期的经验看，有什么样的投资结构就有什么样的经济结构，在很大程度上，固定资产投资规模及其结构决定着经济规模、经济结构、经济发展水平和经济效益。因此要调整优化企业投资结构、产业结构与产业链，让人才有用武之地以实现其投资回报和价值。

五是进一步变革产权制度和社会结构，形成有利于人力资本投资的环境。在公有资产产权制度方面，应进一步把行政性的委托—代理模式逐渐转变成为一种既有行政性又有契约性的委托—代理模式。公有资产委托—代理的契约性成分的

增加，将对企业家市场的形成和管理中产阶层的壮大提供有利的制度条件。在私有产权制度方面，应严格保护私有产权以激励居民创业投资的积极性，这将为推动民营企业家、小业主和自雇者队伍的壮大起到积极作用。在人力资本产权制度方面，进一步弱化户籍制、劳动身份制度，改革企事业单位劳动人事身份制度，消除户籍制度等对人力资本自由流动限制的影响，以激励和吸引更多高人力资本存量的人才投入资源型城市接续发展之中。

参考文献

张复明，景普秋. 资源型经济的形成：自强机制与个案研究 [J]. 中国社会科学，2008（5）：821.

邵帅，杨莉莉. 自然资源、资源产业依赖与中国区域经济增长 [J]. 管理世界，2010（9）：40.

韩淑芬，赵康杰. 人力资本与资源型经济关系：文献评述及其对山西的启示 [J]. 兰州商学院学报，2009（4）：52.

Gylfason T., T. T. Herbertsson and G. Zoega. A Mixed Blessing: Natural Resources and Economic Growth [J]. Macroeconomic Dynamics, 1999（3）: 204-225.

Gylfason, T. Natural Resources, Education and Economic Development [J]. European Economic Review, 2001a, 45: 847-859.

Stijns Jean-Philippe C. Natural resource abundance and economic growth revisited [J]. Resources Policy, 2005, 30: 107-130.

邵帅，齐中英. 西部地区的能源开发与经济增长——基于"资源诅咒"假说的实证分析 [J]. 经济研究，2008（5）：157.

Gylfason, T. Nature, power and growth [J]. Scot.J.Polit. Economy, 2001b, 48: 558-588.

Sachs, J.D., Warner, A.M.. Natural resource intensity and economic growth [C]. Mayer, J., Chambers, B., Ayisha, F. (Eds.), Development Policies in Natural Resource Economics. Edward Elgar, Northampton, MA, 1999.

P. K. Asea, A. Lahiri. The Precious Bane [J]. Journal of Economic Dynamics and Control, 1999, 23 (5/6).

E. Papyrakis, R. Gerlagh. Resource Abundance and Economic Growth in the United States [J]. European Economic Review, 2007, 51 (4).

C. Bravo-Ortega, J. De Gregorio. The Relative Richness of the Poor Natural Resources, Human Capital and Economic Growth.World Bank Policy Research Working Paper No. 3484,

January 2005［EB/OL］. http：//www.bcentral.cl/eng/studies/working-papers/pdf/dtbc139.pdf. 1-48.

西奥多·W.舒尔茨. 论人力资本投资［M］.北京经济学院出版社，1990.

Barro，R.J. Determinants of economic growth：A cross-country empirical study［M］. Cambridge，MA：MIT Press，1997.

Aghion，P.，Caroli，E.，& Garcia-Penalosa，C. Inequality and economic growth：The perspective of the new growth theories［J］. Journal of Economic Literature，1999，37（4）：1615-1660.

加里·S.贝克尔.人力资本［M］.北京大学出版社，1987.

（王开盛、王光明，西北大学经济管理学院）

绿色低碳发展

新疆区域循环经济发展水平组合评价研究

一、引 言

循环经济发展在我国经历了如下发展历程：20世纪90年代中期开始讨论循环经济概念，确立"3R"原理的中心地位；1999年从可持续的角度对循环经济发展模式进行整合；2002年从新型工业化的角度认识循环经济的发展意义；2003年将循环经济纳入科学发展观，确立物质减量化的发展战略；2004年提出从不同的空间规模即企业、园区、城市、区域和国家层面大力发展循环经济；2005年国务院出台了加快发展循环经济的文件；2006年《循环经济法》草案形成初步的法律草案轮廓；2008年8月29日全国人大常委会通过《中华人民共和国循环经济促进法》，并于2009年1月1日颁布实施。

循环经济的实证研究是当前应该给予高度重视的研究领域，也是目前研究的重点问题，主要体现在发展循环经济指标体系的构建、评价方法的选择和对具体区域的实证分析和评价三个方面。在循环经济的应用研究方面，有许多学者基于循环经济的理论和方法论对全国层面、省域层面、省内地区层面、城市层面以及县域层面的循环经济进行了探讨和研究。

作为我国"资源大省"的新疆，在中国经济发展中具有重要的资源战略地位、生态安全地位和沿边开放地位，因此新疆区域人口、资源、环境与发展是否协调，不仅直接关系到新疆国民经济总体发展、社会稳定、民族团结，关系到新疆2200万各族人民的生活环境，还影响到全国的经济发展和生态安全，甚至关系到边疆稳定与长治久安。新疆是西部第一大省（区），其可持续发展问题具有典型性和代表性，主要表现在：自然资源优势明显，但未转换为产业优势、竞争优势和经济优势；生态环境恶化，绿洲人地矛盾突出；人口增长过快，社会发展缓慢；基础设施薄弱，投资环境与效益较差。改革开放以来，尽管新疆经济实力不断增强，但长期以来一直是以粗放的外延发展为特征，以高投入、高消耗实现经济增长，结果是效益低下、资源浪费严重、环境遭到破坏。如果继续下去，新疆区域发展将难以为继。实施可持续发展战略，通过发展循环经济走可持续发展之路，是新疆区域发展的第一选择。通过构建循环经济评价指标体系进行新疆区域循环经济评价，有助于新疆政府部门对循环经济发展做出科学规划，全面、准确地了解新疆区域循环经济发展水平，为指导循环经济进一步发展提供决策依据。

以往对区域循环经济进行评价时，大多采用一种评价方法，如主成分分析法、层次分析法、因子分析法、模糊综合评判法等，而运用不同的评价方法对同一样本资料的评价结果总存在一定的差异。同时每一种评价方法都有其优缺点，因此，仅采用一种方法进行评价无疑会有一定的缺陷。本文以新疆15个地州市为研究样本，采用基于多种评价方法为基础的组合评价法对新疆区域循环经济进行系统综合评价，以尽可能减少单一方法评价产生的片面性，使评价结果更为客观、可靠和符合实际。

二、新疆循环经济发展评价指标体系与评价方法

1. 新疆循环经济发展评价指标体系

循环经济发展水平评价指标体系是目前国内外学术界与政府职能部门共同关注的热点问题。本研究在参考借鉴国内已有的循环经济评价指标体系的基础上，构建了新疆循环经济发展评价指标体系。

在新疆经济发展水平较低的现实状况下，把经济水平、社会发展指标列为循环经济的发展性指标，资源效率、环境质量列为循环经济发展的控制性指标，旨在确保经济增长速度不降低、效益最大化、经济总量快速增长及社会发展水平不断提高的前提下，实现资源消耗、利用的减量化，提高资源的有效利用效率和减量化投入水平，改善区域的环境质量，促进各行业清洁生产，加强污染治理，使污染排放对环境的影响达到最小。

结合新疆的自然条件、经济发展水平、生态环境条件和主要环境问题等自身特点，从资源效率、环境质量、经济水平和社会发展四个方面构建了符合新疆特定环境的循环经济评价指标体系，有4个一级指标、16个二级指标和47个具体指标，如表1所示。

表 1　新疆循环经济评价指标体系

目标层	指标类型	一级指标	二级指标	三级指标
新疆循环经济评价指标体系	控制性指标	资源效率子系统	资源条件	人均水资源量 (+)、人均耕地面积 (+)、人均林草地面积 (+)、资源丰裕度 (+)
			资源消耗	万元GDP能耗 (−)、万元GDP水耗 (−)、万元GDP电耗 (−)、万元工业增加值能耗 (−)、能源加工转换效率 (+)、单位种植面积耕地灌溉水量 (−)
			资源再利用	中水回用率 (+)、工业固体废物综合利用率 (+)、秸秆综合利用率 (+)、农用薄膜回收率 (+)
		环境质量子系统	环境条件	植被覆盖率 (+)、天然湿地面积占土地总面积比重 (+)
			固体废物	万元工业增加值工业固体废物排放量 (−)
			水环境	万元GDP废水排放量 (−)、万元GDP化学需氧量排放量 (−)、万元GDP氨氮排放量 (−)
			声环境	城市环境噪声等效声级 (−)
			气环境	万元工业增加值工业废气排放量 (−)、万元GDP二氧化硫排放量 (−)、万元GDP烟尘排放量 (−)
			环境治理	治碱面积占土地总面积比重 (+)、城镇生活垃圾无害化处理率 (+)、城镇生活污水集中处理率 (+)、工业废水排放达标率 (+)
	发展性指标	经济水平子系统	经济水平	单位绿洲面积地区生产总值 (+)、人均GDP (+)
			经济活力	GDP年均增长率 (+)
			经济结构	第三产业增加值占GDP比重 (+)、工业增加值占GDP比重 (+)
			经济效益	全员劳动生产率 (+)、总资产贡献率 (+)、流动资金周转次数 (+)
		社会发展子系统	就业状况	第三产业就业人数占总就业人数比重 (+)、社会失业率 (−)
			基础设施	环境建设投资占地方财政支出比重 (+)、第三产业固定资产投资占总投资比重 (+)、城市用气普及率 (+)、人均拥有铺装道路面积 (+)、万人拥有公共汽车数量 (+)、城市人均公共绿地面积 (+)
			科技水平	科研、教育支出占地方财政支出比重 (+)、万人拥有专业技术人员数 (+)、万人拥有在校大学生数 (+)

2. 本研究所采用的评价方法

由于考虑到仅用一种方法进行多指标综合评价，其结果很难令人信服，因此本研究将采用主成分分析法和层次分析法确定权重的多指标综合评价法来进行循环经济发展水平的综合评价，这两种方法既有客观赋权法，又有主观赋权法，用

这两种方法构成组合评价，可以弥补两类方法的缺陷，提高评价结果的科学性和准确性。这两种方法在此不做更多的介绍。对于两种方法的权重，课题组成员在多次讨论并考虑各评价方法的科学性、精确性以及请教有关专家的基础上，决定主成分分析法和层次分析法的权重分别为0.5和0.5。

三、新疆区域循环经济发展水平评价

新疆区域样本包括15个地州市区域，有吐鲁番地区、哈密地区、昌吉州、伊犁州直属市县（简称伊犁州直）、塔城地区、阿勒泰地区、博尔塔拉州（简称博州）、巴音格楞州（简称巴州）、阿克苏地区、克孜勒苏州（简称克州）、喀什地区、和田地区12个地州以及乌鲁木齐市、克拉玛依市和石河子市。

采用新疆15个地州市2007年数据，依据构

建的循环经济发展水平评价指标体系，进行新疆地州区域循环经济发展水平评价。由于能源加工转换效率、中水回用率、秸秆综合利用率、农用薄膜回收率4项指标数据无法获得，只好舍弃。采用主成分和层次分析法分别进行多指标综合评价，评价结果略。把以上两种综合评价方法的结果再加权综合，形成组合评价。组合评价后的新疆地州区域循环经济组合评价指数如表2所示。

表2 新疆地州区域循环经济发展水平组合评价指数及排名

地州	资源效率水平指数	环境质量水平指数	经济发展水平指数	社会发展水平指数	循环经济水平指数	循环经济水平排名
克拉玛依市	63.52	92.8	99.7	96.3	100	1
巴州	74.3	73.4	73.7	71.1	81.1	2
乌鲁木齐市	62.09	73.5	77.5	87.3	80.3	3
昌吉州	82.3	85.8	45.5	58.5	76.1	4
塔城地区	92.8	79.7	41.9	52.7	73.7	5
博州	66.7	89	38.4	55.9	69.8	6
阿克苏地区	63.62	79.5	43	60.8	66.8	7
吐鲁番地区	53.5	71.6	64.9	45.1	61.7	8
喀什地区	42.03	75.1	40.2	41.4	52.3	9
伊犁州直	53.76	59.6	42.1	48.5	50.6	10
阿勒泰地区	40.03	64.7	53.1	44.1	50.4	11
石河子市	69.7	28.9	54.8	65.5	48	12
哈密地区	61.65	47.3	43.9	48	46.9	13
克州	59.82	50.6	40.4	40.7	46.1	14
和田地区	46.96	51.4	31.5	47.6	39.7	15

资料来源：《新疆统计年鉴2009》、《新疆环境统计公报2008》。

1. 新疆地州区域循环经济发展水平一级指标分析

就新疆地州区域资源效率水平而言，差异性比较大。塔城地区、巴州、昌吉由于人均水资源、耕地资源和林草地资源丰富，资源丰裕度高，而且万元GDP水耗、万元GDP电耗相对较低，单位

面积耕地灌溉用水量少，单位生产总值的资源消耗量少，塔城的单位种植面积水耗最少，昌吉资源条件各项指标均居全疆前列，使得这三个地州的资源效率在全疆地州市中列前3位。和田、喀什和阿勒泰由于人均水资源量、人均耕地面积、人均林草地面积很低，资源丰裕度小，而万元

GDP能耗、万元GDP电耗和万元工业增加值能耗很高,资源消耗量大,废物的再利用率低,故资源效率很差,排名后三位。

从新疆地州区域环境质量组合评价指数来看,最高的是克拉玛依市为92.8,其次是博州为89.0,排在第三位的是昌吉州,环境质量较好;环境质量较好的还有阿克苏地区、塔城和喀什;乌鲁木齐、巴州、吐鲁番地区、伊犁州直、阿勒泰地区的环境质量一般;和田、克州、哈密地区、石河子市的环境质量较差。具体来看,克拉玛依市由于万元工业增加值工业固体废物排放量、工业废气排放量及万元GDP的废水、化学需氧量、氨氮、二氧化硫、烟尘排放量均很低,资源利用效率高,废水、废气和固体废物排放量少,而且城镇生活垃圾无害化处理率、城镇生活污水集中处理率、工业废水排放达标率很高,在环境治理方面投入多,治理效果明显,人类生产活动对环境破坏小,其环境质量居全疆之首。博州的植被覆盖率和天然湿地面积占土地总面积比重大,环境条件好;万元工业增加值工业固体废物排放量小,万元GDP废水排放量、万元GDP化学需氧量排放量、万元GDP氨氮排放量均较小,反映出博州污染治理较好,固体废物排放量少。但工业固体废水排放达标率很低,处于全疆倒数第二,环境污染较为严重,因此其环境质量列全疆第二位。克州、哈密地区、石河子市的植被覆盖率低,万元GDP废水排放量和万元工业增加值工业废气排放量很大,远高于全疆平均水平,而且对环境治理的力度较小,废气、废水达标率低,环境质量很差,居全疆最后三位。尤其是石河子市,万元GDP废水排放量是全疆最低水平的10倍,万元GDP化学需氧量排放量是全疆最低水平的90多倍,其环境质量在全疆排名倒数第一。

从新疆地州区域经济发展水平组合评价指数来看,各地区经济发展水平的差异性较大。最高的是克拉玛依市99.7,其次是乌鲁木齐77.5,排在第三位的是巴州73.7,经济发展水平较高;经济发展水平相对较高的还有吐鲁番地区、石河子市、阿勒泰地区;昌吉州、哈密地区、阿克苏地区、伊犁州直、塔城地区、克州、喀什地区的经济发展水平一般;博州与和田地区经济发展较落后。在经济发展水平评价中,体现出两个特点:

一是石油资源的大规模开发和加工对区域经济的拉动作用显著。石油是新疆经济发展的重要支柱产业,是振兴新疆经济的增长点。克拉玛依市、巴州、吐鲁番地区由于石油资源的大规模开发和加工带动了经济的快速发展,这三个地区的经济发展水平分别位居第一、第二和第四位。二是经济发展水平较高的地区多为交通枢纽或交通干线经过地区。除乌鲁木齐和克拉玛依外,新亚欧大陆桥沿线和南疆铁路沿线地州市如昌吉州、吐鲁番地区、巴州、哈密地区等,尤其是天山北坡经济带,交通便利,市场区位优势明显,已成为新疆重点发展区域,并努力进入国家层面的重点开发区域。南疆铁路已于1999年西延至喀什,经过十年的建设,作用渐渐体现,喀什的GDP年均增长率达30%,约是全疆最低水平的三倍。但南疆三地州经济发展基础薄弱,市场化进程缓慢,产业结构层次低,地理位置偏远,加之资金、技术、人才缺乏,要实现跨越式发展和长治久安还需要国家及对口支援省区的政策扶持和资金支持。

从新疆地州区域社会发展水平组合评价指数来看,最高的是克拉玛依为96.3,其次是乌鲁木齐,为87.3,排在第三位的是巴州,为71.1,社会发展水平较高;社会发展水平相对较高的还有石河子、阿克苏地区和昌吉州;博州、塔城地区、伊犁州直、哈密地区、和田地区、吐鲁番地区、阿勒泰地区的社会发展水平一般;喀什和克州的社会发展水平较落后。从表2还可看出,新疆各地区社会发展水平的差异性不是很大。除居前三位的指数与其他地州市差距较大之外,其余的地州市之间的差距不大。说明政府在区域基本公共服务均等化方面的努力初见成效,弱化了区域经济发展水平的差异。

2. 新疆地州区域循环经济发展水平组合评价指数分析

(1) 新疆地州区域循环经济发展水平差异性及优劣势分析。组合评价后的新疆地州区域循环经济发展水平总指数如表2所示。从新疆地州区域循环经济发展水平的组合评价值来看,克拉玛依市最高,为100,其次是巴州,为81.1;第三是乌鲁木齐,为80.3,循环经济发展水平较高。循环经济发展水平相对较高的还有昌吉、塔城地区、博州、阿克苏地区;循环经济发展水平一般的有吐鲁番地区、喀什地区、伊犁州直、阿勒泰地区；循环经济发展水平较低的有石河子、哈密地区、克州与和田地区，其中和田最差。

克拉玛依市在新疆区域中循环经济发展水平最高，排在第一位，其优势突出表现在环境质量、经济水平、社会发展三个方面。克拉玛依市拥有丰富的石油资源，石油工业基础雄厚，经济发展水平高，且近几年注重环境保护，独山子石化公司、克拉玛依石化公司、中石化重油公司在循环经济发展方面取得了较好的成效，加之"引额济克"工程的建成使用，较大地缓解了水资源紧张的局面，改善了生态环境。克拉玛依市今后应加强循环经济发展规划，合理开发利用资源，加大产业转型力度，提高循环经济发展水平。

巴州排名第二，突出优势在于资源效率和经济水平两个方面，相对劣势是环境质量。巴州是进入南疆的门户和开发南疆的"桥头堡"，在新疆经济社会发展中具有"承北启南"的特殊地位。由于位于塔克拉玛干沙漠的边缘，生态环境比较脆弱。今后应大力发展科教文卫事业，加强人力资源的有效开发与合理配置，注重改善民生，发展绿色农业，建设生态工业园区，实现经济、社会、环境的可持续协调发展。

乌鲁木齐市排名第三，突出优势表现在经济水平和社会发展两个方面。乌鲁木齐市是新疆政治、经济、文化中心，区位优势明显，经济发展较快，经济总量大，经济发展水平高，对新疆经济发展具有决定性的影响。但乌鲁木齐因工业发展而造成的环境污染较为严重，水资源短缺，经济增长比较粗放，导致资源效率和环境质量较低。乌鲁木齐市今后应加大污染治理力度，积极开展清洁生产，加强废弃物的回收利用，努力建设循环型城市。

昌吉州排名第四，四个子系统发展较均衡，其相对优势表现在资源效率和环境质量两个方面。昌吉州地处天山北坡经济带的核心区域，矿产资源富集，旅游资源独具特色，并且是新疆重要的农牧业生产基地，已基本形成了粮食、棉花、畜产品、制种、蔬菜等支柱产业。相比较而言，其经济发展水平不高，今后应加快产业结构升级，在乌昌经济一体化进程中，实现资源优化配置和优势互补，以发展循环经济为契机，促进经济增长方式的转变，推动新型工业化和社会主义新农村建设。

塔城地区排名第五，其突出优势表现在资源效率和环境质量两方面，但经济水平较低。塔城地区土地资源非常丰富，畜牧、红花、粮食、棉花特色生产基地初具规模，农业产业化发展势头良好。今后应以循环经济理念为指导大力发展绿色农业，不断增加农牧民收入，加快产业结构调整，改善投资环境，吸引外资，优化社会生活环境，实现经济、社会、生态三效益的统一。

博州排名第六，其突出优势表现在环境质量和资源效率。旅游资源和矿产资源比较丰富，开发潜力巨大，但经济发展处于全疆很低水平。今后应以市场为导向，将资源优势转化为经济优势，积极推进经济增长方式的转变，不断提高居民生活水平和生活质量。

阿克苏地区排名第七，其相对劣势表现在经济水平方面，其他三方面相对均衡。阿克苏地区自然资源十分丰富，尤其是石油、天然气、煤炭和水、土、光、热资源在新疆名列前茅，是塔里木油气开发的主战场，"西气东输"的主气源地，也是南疆最大的煤炭资源地和旅游资源比较丰富的地区，极具发展潜力和前景。今后应充分利用资源优势，提高资源使用效率，加大人力资源开发力度，加快经济和社会发展。

吐鲁番地区排名第八，其突出优势表现在经济水平较高，环境质量稍好，而资源效率和社会发展都很弱。吐鲁番作为南北疆和通往内地的交通要道以及石油资源大规模开发的地区，经济发展较快，尤其是工业发展快，成为推动区域经济发展的主导力量。但是市场规模较小，优势产品增值困难，基础设施建设不完善，还不能满足经济发展的要求。今后除了加强这些不足之处的建设之外，还需注重生态环境的改善，大力发展科教文卫事业，确保各方面协调发展。

喀什地区排名第九，其相对优势在于环境质量，经济水平、资源效率和社会发展都很差，分别位居第13、第14、第14位。今后喀什地区应以建设喀什特殊经济开发区为契机，加快经济发展，注重民生建设，实现跨越式发展和长治久安。

伊犁州直排名第十，其相对优势为环境质量、资源效率方面，而经济和社会发展水平较低。该地区应抓住建设霍尔果斯特殊经济开发区的机遇，通过大力发展外向型经济带动资源优势转化为产业优势，并注重环境保护，提高经济发展质量，从而使整个地区的发展形成良性循环。

阿勒泰地区排名第十一，相对优势表现在环境质量方面，但社会发展较落后，资源效率低。今后应充分发挥资源优势，大力发展循环型农业和旅游业，调整和优化经济结构，在经济社会发展过程中注重生态环境保护，促进可持续协调发展。

石河子市排名十二，虽然资源效率、经济发展水平和社会发展较好，但是环境质量表现很差。石河子市的经济发展基础较好，但是人均水资源占有量低，工业污染较严重。今后应充分发挥新疆天业和石河子宏新生物科技公司发展循环经济的示范作用，大力发展绿色农业和生态工业，加大污染治理力度，打造"天下第一人工绿洲"。

哈密地区排名第十三，相对优势表现在资源效率方面，其他方面都较弱。今后应以科技创新为动力，转变经济发展方式，在农业、工业、居民消费和服务业领域大力发展循环经济，促进资源的综合高效利用和生态环境的改善，实现良好的经济效益、社会效益和生态效益。

克州排名第十四，其相对优势表现在资源效率和环境质量方面，而经济和社会发展水平很低。克州发展特色经济的潜力很大，有发展旅游业、商贸流通业和外向型经济的优势。但是基础设施和基础产业比较薄弱，人才紧缺，市场规模小。今后应抓住国家大力支持南疆三地州发展的战略机遇，以循环经济理念为指导，加快经济建设步

伐，实施人力资源开发战略，建设和谐克州。

和田地区排名最后，相比较而言，四个方面都很弱。和田地区人口、资源、环境的矛盾较突出，产业结构单一，二、三产业发展滞后，农民缺乏增收渠道，财政收支矛盾依然严峻。因此，和田地区今后应抓住国家大力支持南疆三地州发展的战略机遇，利用对口支援省区优势，加强基础设施建设，优化产业结构，控制人口数量，提高人口素质，保护生态环境，实现可持续协调发展。

（2）各一级指标指数对总指数的贡献度分析。应该说，新疆地州区域循环经济发展水平总指数及排名是各地州的一个综合的循环经济发展水平的指数和排名，综合考虑了资源效率、环境质量、经济水平和社会发展四个方面的因素。这四个方面到底对整体区域循环经济发展水平的贡献分别是多大呢？可以通过建立多元回归模型来进行分析。以区域循环经济发展水平（CE）为因变量，以资源效率（X_1）、环境质量（X_2）、经济水平（X_3）和社会发展（X_4）为自变量，通过统计软件构建多元回归模型如下：

$$CE = -22.8387 + 0.3334X_1 + 0.5011X_2 + 0.3247X_3 + 0.2382X_4$$

$$R^2 = 0.9982 \quad F = 1991.363 \quad DW = 1.6179$$

模型通过了统计检验，并且参数都通过了 t 检验。可以看出，环境质量对区域循环经济发展水平的贡献最大，其次是资源效率和社会发展，最后是经济经济发展，贡献度分别是 35.9%、23.9%、23.2% 和 17.0%。

四、主要结论与启示

1. 主要结论

采用组合评价法对新疆各地州循环经济发展水平进行了评价，主要得出以下几点结论：

（1）合理评估区域循环经济发展水平是制定循环经济发展规划的前提。本文构建的循环经济发展水平评价指标体系，体现了科学发展、节能减排和循环利用的理念，也反映了一个区域的可持续性。组合评价方法克服了以往循环经济评价中

仅采用单一方法所带来的片面性和局限性，获得了较好的评价效果。

（2）本文采用组合评价方法对新疆区域循环经济发展进行定量评价，评价结果符合实际，对各地州市认识并提高循环经济发展水平有较高参考价值。但这只是一种总体和静态的评价，结论是框架性的，由此得出的结果只是对衡量这些地州市目前的区域循环经济发展水平有意义，对于未

来发展趋势应通过深入分析多年的历史资料并进行趋势预测来评价。

（3）从新疆地州区域循环经济发展水平的组合评价值来看，克拉玛依市最高为100，第二是巴州为81.1；第三是乌鲁木齐为80.3，循环经济发展水平较高。循环经济发展水平相对较高的还有昌吉、塔城地区、博州、阿克苏地区，循环经济发展水平一般的有吐鲁番地区、喀什地区、伊犁州直、阿勒泰地区；循环经济发展水平较低的有石河子、哈密地区、克州与和田地区，其中和田最差。新疆地州区域在各项影响循环经济发展的因子中，又都有各自的优势和劣势。故各区域都必须从实际出发，继续强化优势因子，大力提高劣势因子对循环经济发展的支持能力，使各因子协调发展，进一步提高循环经济发展水平。

（4）从多元回归模型的分析结果可以看出，环境质量因子对新疆区域循环经济发展水平的贡献最大，资源效率因子和社会发展因子次之，最后是经济发展因子。

2. 启示

（1）发展循环经济是贯彻落实科学发展观的一项重要内容。只有发展循环经济，才能促进经济发展方式转变，才能更有效地利用资源和保护环境，提高经济发展质量和效益，加快环境友好型社会建设，实现新疆经济社会的可持续发展。

（2）按照科学发展观和"五个统筹"的要求，各地州在编制各类专项规划、区域规划以及城市规划的过程中，要加强循环经济发展的专题研究，要把发展循环经济放在重要位置。要结合各自实际情况，制定切实可行的发展循环经济的推进计划，明确循环经济发展的工作目标和重点。由于环境质量因子和资源效率因子对提高循环经济发展水平的贡献较大，因此，各地区在推进循环经济发展过程中，要高度重视保护环境，提高资源利用效率，实现环境与经济的协调发展。

（3）目前新疆发展和改革委员会牵头并会同有关部门已经逐步在一些重点行业、重点领域、工业园区和部分城市、县域开展循环经济试点工作。

对于市（县）的循环经济发展，应选择不同类型的市（县），依托有关市（县）政府开展试点。通过试点，总结区域循环经济发展模式，探索在市场经济条件下推动循环经济发展，建立资源节约型、环境友好型社会的思路和对策措施；树立先进典型，为加快区域循环经济发展提供示范和借鉴，并为制定发展循环经济的推进计划提供依据。对积极发展循环经济的重点城市、县域给予税收、贷款方面的优惠，形成一种大力发展循环经济的良好氛围。

（4）新疆各地州要建立健全包括组织机构、法律法规、政策、宣传教育、资金在内的发展循环经济的保障体系，尤其是要构建科学的循环经济发展统计核算指标系统和信息共享制度，用信息化推进区域循环经济发展。

参考文献

高志刚等. 新疆循环经济发展实证分析与模式构建 [M]. 石油工业出版社，2009：33-35.

高志刚等. 新疆区域可持续发展评价、预警及调控 [M]. 新疆人民出版社，2006：3-4.

杜广强. 我国31个省市区循环经济发展水平评价研究 [J]. 科技管理研究，2006（8）：42-45.

李技，刘晓春. 河北省循环经济发展战略研究 [J]. 河北师范大学学报，2006，30（4）：483-486.

毛生武，刘兆祥. 武威市凉州区循环经济发展模式初探 [J]. 开发研究，2005（2）：124-125.

刘建秋，张现林，薛士科. 石家庄市发展循环经济模式的总体构想 [J]. 河北科技大学学报，2004，4（3）：6-9.

董锁成，刘桂环. 黄土高原生态脆弱区循环经济发展模式研究——以甘肃省陇西县为例 [J]. 资源科学，2005，27（4）：60-62.

靳翠翠，李新春. 上海市循环经济发展水平的动态评价研究 [J]. 特区经济，2010（8）：60-61.

王晓玲，殷克东，方景清. 我国区域循环经济发展的综合评价 [J]. 海洋信息，2010（1）：13-16.

孟丽莎. 城市循环经济的模糊综合评价研究 [J]. 中国流通经济，2008（2）：34-37.

（高志刚，新疆财经大学经济学院）

资源型城市服务外包产业创新发展研究

一、引　言

资源型城市特别是资源枯竭型城市经济转型是世界性难题，涉及国家资源、经济、生态环境和社会的安全，如何实现资源型城市可持续发展，是我国政府亟待解决的问题。2007年《国务院关于促进资源型城市可持续发展的若干意见》提出：资源型城市应拉长产业链条，把资源优势转化为经济优势，积极培育新兴产业。2010年1月1日温家宝在大庆视察时指出："资源型城市面临两项任务：一是挖掘现有资源潜力；二是发展接续产业，这包括高新科技、服务外包产业等"。资源型城市多是以资源开采和加工为主的产业支撑区域经济，资源的不可再生与加快发展的矛盾，决定了必须发展接续产业。服务外包作为当今世界经济的新引擎，引领了全球新一轮产业转移浪潮。结合我国资源型城市经济转型需要，传承产业优势，优化服务外包产业结构，以服务外包业务来培育资源型城市的接续、替代产业，对于促进资源型城市经济转型极具理论和现实价值。

资源型城市是以本地区矿产、森林等自然资源开采、加工为主导产业的城市类型。新中国成立以来，矿业资源的开发带动了资源型城市经济快速发展和社会全面进步，也为建立我国完整的工业体系和国民经济体系，促进国民经济发展和现代化建设发挥无可替代的基础作用。资源型城市为国家经济建设、社会发展和人民生活水平的提高作出了重大贡献，对国民经济和社会发展产生过重大影响。资源型城市已经成为我国经济社会发展中不可或缺的重要组成部分。迄今为止，我国已兴建起200多座以矿产开采加工为主导的城市，占全国城市的1/3。这些城市的建设和发展，不仅为我国经济建设提供了大量的矿物能源和原材料，而且加速了我国城市化进程，促进了区域经济发展，提供了大量就业机会。目前，大部分资源型城市所拥有可供开发的后备矿产资源已经不多，很多矿山即将关闭或面临关闭的威胁，直接影响广大矿工和职工家属的工作和生活。资源枯竭型城市是指以资源开发加工为主导产业，但资源开发进入衰退或枯竭过程的城市。2009年3月5日，国家发改委会同国土资源部、财政部界定了第二批32个资源枯竭型城市。加上第一批，共确定了44个资源枯竭型城市。根据国土资源部的统计，目前我国约有1/3左右的资源型城市面临可供开发的后备资源不足，不少城市面临矿竭城衰的严重问题。可以说，我国大部分地区资源型城市经济发展每况愈下，所带来的一系列问题和矛盾远远超过了城市本身的承载能力，迫切需要将其作为可持续发展的一个重大而又特殊的问题来对待。如果资源型城市的转型得不到及时解决，将影响整个国民经济的持续快速健康发展，影响经济和社会的协调与稳定，影响全面建设小康社会目标的实现。

二、我国资源型城市经济转型的制约因素

我国资源型城市存在的突出问题是过于依赖采掘业，下游加工业薄弱，对外输出的主要是廉价的初级产品，这不但使资源型城市的产业结构过于单一，也造成了资源型城市负担过重，环境压力过大，竞争能力不强。主要资源型城市都存在急需转型的问题。这些城市的主导产业衰退，接续产业没有形成，导致经济萎缩，财政收入锐减，失业人员骤增，就业压力加大，安置下岗职工任务十分艰巨，部分职工生活特别困难。城市基础设施和社会事业的欠账难以补还，社会保障投入甚微，社会事业整体发展滞后，社会不稳定因素增加。目前，资源枯竭型城市经济转型的制约因素归纳为以下几个方面：

（1）支柱产业单一。由于资源型城市开发的对象是不可再生的矿产资源，每个具体矿山总有一天会因资源采尽而关闭。而资源枯竭型城市过分依赖采矿业，递进速度慢，一般矿业城市经济稳定性差，一旦资源枯竭就对城市发展产生严重的不良影响。

（2）后备资源不足。矿产资源是不可再生资源，采一点就少一点，后备资源对资源枯竭型城市的发展至关重要。矿产资源是支撑地区经济发展的主导力量，是城市财政收入的主要来源。以矿产业为主导产业或支柱产业的资源型城市，如果不能客观认识这个规律及早调整发展战略，就会陷入"矿竭城衰"的困境。

（3）城市负担过重。资源枯竭型城市的社会负担来自矿业企业的社会负担和非矿业企业的社会负担，由于矿业是资源枯竭型城市的支柱产业，矿业人口占有较大比重，矿业企业的社会负担已成为这类城市的主要社会负担。

（4）环境压力过大。矿产资源开发利用过程中出现了一系列环境问题。资源枯竭型城市的环境问题包括生态建设、防治污染、地质灾害，固体废弃物、废水和废气处理。

（5）城矿关系没有完全理顺。由于历史和体制方面的原因，城市政府和城中矿业企业之间的关系没有完全理顺。资源枯竭型城市既是城市，又是矿业工业基地，既有一般城市经济社会的综合服务功能，又有发展工业的产业支柱功能。

（6）竞争能力不强。资源枯竭型城市由于欠缺区位优势，支柱产业结构单一，加上矿业本身条件所限，在国内外市场竞争中处于不利地位。特别是我国加入世贸组织后，在给这类城市带来新的机遇的同时，也带来了严峻的挑战。

如何利用采掘业优势，充分发挥资源型城市在生产、管理和技术等方面的优势，发展有竞争力的替代产业群是我国资源型城市经济转型的路径选择的关键所在。服务外包具有低消耗、低污染、高附加值、高就业、高科技含量等特点，将服务外包结构由以信息技术外包为主向以业务流程外包和知识流程外包为主演进，以生产性服务业为主线，使服务外包由服务领域向生产领域渗透，在国内外市场承接资源勘探开发、流程管理和技术服务等生产性服务外包业务，这有利于资源型城市发挥优势，摆脱对自然资源依赖，培育更具潜力的接续、替代产业，发展低碳经济，转变经济发展方式。因此，将服务外包打造成为资源型城市经济转型的接续产业，对资源型城市乃至整个国家经济可持续发展具有重要的理论和现实意义。

三、资源型城市发展生产性服务外包产业的理论基础

生产性服务业是随着社会分工的深化而分离出来的一种产业。在经济发展的初期，由于技术

水平比较低，生产工艺比较简单，造成了社会专业化分工程度较低。随着科技水平的提高，生产工艺的复杂化，以生产过程的迂回化，促进社会专业化分工的深化，使服务业分离出来，最典型的产业就是批发、零售业等一些生活服务业。当经济发展到信息经济和知识经济时代以后，以知识密集型和人才密集型为特征的生产性服务业务从制造业中分离出来，逐渐形成了生产性服务业。服务外包产业也是从制造业内部分离出来的一种新兴产业，从全球发展的眼光来看，全球专业化分工的程度在加深，未来制造业发展的趋势，也将是朝着更加专业化的方向发展。尤其是随着企业信息改造程度的加深，这种趋势更加明显。

1. 生产性服务业外包

生产性服务外包属于外包中的一种，从事生产制造业的企业把其非核心业务部分的或者完全的委托给另一个生产部门或者服务部门，并由其完成某个环节的生产与服务。大中型制造型企业通过主辅分离促进制造业内部服务活动的外部化和服务交易的市场化，从而产生生产性服务外包。生产性服务外包也是服务业的一种形式，是从制造业中相关环节剥离出来的为生产环节服务的服务。而将生产性服务外包是更专业化、更细致化的生产服务。

2. 资源型产业生产性服务外包

把资源型产业中勘探、设计、开采、加工流程等知识、技术依赖性强的高增值链条分离出来，开展服务外包业务。因此，针对资源型城市主导产业，探究服务外包运营模式，剖析业务流程，拓展核心竞争力环节。剖析石油、煤炭、冶金、森工等资源产业内具体行业的业务流程，构建服务流程成熟度评价指标体系，就可打造资源型城市"接包"产业的业务系统。

四、以服务外包作为资源型城市经济转型接续产业的战略构想

坚持在岸外包和离岸外包"双引擎"战略，以拓展离岸外包促进贸易发展方式转变，以扩大在岸外包带动产业结构升级；坚持对外资与内企一视同仁，促进民外合作、互动共赢；坚持市场运作为主，政府推动引导为辅，建立政府、企业、市场"三位一体"的联动发展机制；坚持在培养接包企业的同时，关注对发包方的引导激励，实现释放发包市场潜在需求与提升接包企业竞争力并举。

1. 发展服务外包与提升传统产业结合

把突出发展服务外包产业作为现代服务业发展的切入点，通过发展和推广服务外包产业来促进传统产业的改造升级。不断推动服务外包产业向纵深发展，进一步挖掘和创造外包业务的新需求和新市场，形成以服务外包产业促进传统产业发展的良性互动局面。

2. 扩大在岸外包与承接离岸外包结合

国际服务外包离岸化趋势明显，潜在市场机遇巨大。承接离岸外包，有利于尽快抢占发展现代服务业的先机和制高点；在岸服务外包的发展是城市和地区产业升级的必然要求。不仅要抓住服务业国际转移机遇，积极推进离岸服务外包，也要聚焦全国范围内资源产业服务外包需求，大力发展在岸服务外包，从而提升本地产业能级，优化产业结构。

3. 扶持国内企业与引进外资企业结合

企业是区域经济活跃的内在动力，外资在服务外包方面的发展理念、专业水平与市场网络可加快与国际市场、国际标准接轨，并通过转包与技术、知识溢出效应提升本地企业层次。既要加大引进外资力度，促进外资与内企互动，将外商融入本地经济，增强其根植性，也要鼓励、引导企业加快自主创新，做大做强，提升核心竞争力，增强承接国内外服务外包订单的能力，成为拥有自主知识产权的知名品牌企业。

4. 市场运作为主与政府推动为辅结合

企业是市场运行主体，企业的竞争力高低与规模效益水平决定了整个行业的增长速度与产业能级。对于正处在产业发展阶段导入期的服务外包产业来说，政府作用不可忽视，及时的产业政

策可以加速这个新兴产业的发展。要在保障企业市场化运作的同时，发挥政府在产业发展初期的推动作用，特别是针对服务外包的产业特点，转变政府业绩的评价标准，建设新的服务平台，提供以发包商需求为核心的服务体系，形成与国际离岸外包需求接轨的服务外包逐级转移链条，从而构建政府推动、企业运作、市场引领、多方参与的发展模式，共同促进服务外包产业发展壮大。

5. 培育接包能力与扩展发包需求结合

服务外包产业的发展既要依托服务外包提供商的发展壮大，同时也离不开市场需求的规模扩张。只有源源不断的外包需求才能刺激更多外包企业的出现与壮大，高标准的外包需求才能促使外包企业不断提高自身流程管理与技术支持的专业化程度。如何把国内企业和政府的潜在外包需求变成实际需求对于服务外包发展举足轻重。要在鼓励扶持接包企业发展的同时，通过政策制定、观念引导鼓励政府部门和国有大型企业将非核心环节外包出去，为其他企业外包树立示范作用，将巨大的潜在在岸需求转变为现实有效需求，为服务外包产业的发展创造良好的市场条件。

五、结论与政策建议

1. 结论

城市的主导产业在城市的经济增长中起决定作用，主导产业的产值在国民生产总值中占有较大比重，这些产业部门在整个国民经济发展中具有较强的关联性，从而带动整个经济的快速增长。所以主导产业的选择是资源枯竭型城市转型的关键所在，国家已把发展接续产业作为当前资源型城市经济转型的一项重大而紧迫的现实任务。服务外包产业是现代高端服务业的重要组成部分，具有能源消耗少、无污染、知识含量高、吸纳就业能力强等特点，如果能把它打造成为资源型城市经济转型的接续产业，无疑是资源型城市调整产业结构、发展低碳经济、实现经济可持续发展有效途径。

2. 政策建议

（1）注重服务外包诚信体系建设。诚实守信，重视与国外发包商的战略合作关系，以战略的眼光争取跨国公司外包合同，认真履行外包合同，与跨国公司长期合作，建立战略联盟，成为价值链上不可缺少的部分。加强与服务外包商的交流和沟通，一方面，可以充分了解客户的需求，提高服务质量，提升客户满意度；另一方面，可以学习国外先进的经营和管理经验，掌握国际外包市场的信息和动向，按国际标准来组织和管理外包业务，提升项目管理能力和国际市场开拓能力，逐步迈向高端市场。推动诚信体系建设，制定行业自律公约制度、外包从业人员准入制度和外包企业诚信备案制度，建立行业诚信数据库，健全个人信息安全法律条款。规范从业人员的职业行为，规范市场秩序，严格合同履行，保守客户的商业机密。

（2）塑造资源型城市服务外包国际品牌。加大品牌宣传力度，打造大庆等几个资源型城市服务外包品牌，增强企业实力，充实品牌内涵，提升品牌价值；加强行业自律，维护行业服务外包品牌的整体形象。制定全国的资源型城市总体外包品牌战略，制定针对全球外包客户和服务提供商的宣传计划，方便外商了解我国资源型城市服务外包方面的优势、能力及优惠政策。建立国家级服务外包的权威性论坛，形成执行品牌战略的重要平台，实现与全球外包客户和服务提供商的定期交流。加强与在中国发包的全球知名跨国企业合作，树立全国服务外包的典型案例。协调各地服务外包宣传工作，既保证与整体品牌战略一致，又强调鲜明的地方独特优势。

（3）加强知识产权保护。要加强知识产权保护，完善知识产权保护的相关法律法规，严厉打击各类侵权行为，形成尊重知识产权的氛围。给予服务外包认证企业重点支持，完善服务外包知识产权法律体系。设立知识产权举报投诉中心，依法严惩知识产权侵权等违法行为。建立知识产权公共服务平台，支持企业到境外申请专利、著作权、商标等知识产权，对申请和维护费用、代理费用等给予补贴。行业协会应将知识产权保护作为一项重要目标，带领成员企业发表遵守知识产权的重大声明，定期评估协会成员遵守法规声明的情况，并建立相关认证制度等。消除跨国公司对中国企业知识产权保护方面的顾虑，提升承接服务外包的概率。

（4）鼓励企事业实行"主辅分离"。加快发展服务外包产业，继续推进政府机关和企事业单位的后勤服务、配套服务改革，促进专业化分工，带动服务外部化，将能够实行市场经营的服务尽快转给市场；引导和推动企业通过管理创新和业务流程再造，逐步将发展重点集中于技术研发、市场拓展和品牌运作，将一些非核心的生产性服务环节剥离为社会化的专业服务，以核心竞争优势整合配套企业的服务供给能力。加快建立和完善法律制度，确保服务外包发展具有良好环境。

参考文献

陈菲. 服务外包动因机制分析及发展趋势预测 [J]. 中国工业经济，2005（6）.

卢锋. 当代服务外包的经济学观察：产品内分工的视角 [J]. 世界经济，2007（8）.

卢锋. 我国承接国际服务外包问题研究 [J]. 经济研究，2007（9）.

江小涓. 服务全球化与服务外包 [M]. 人民出版社，2008.

朱智，赵德海. 基于生产性服务业视角的服务外包演进 [J]. 经济管理，2009（3）.

（赵德海、景侠，哈尔滨商业大学经济学院）

世界低碳城市建设的实践模式及其对中部城市发展的启示

全球化背景下的城市发展，正面临着贫困、住房短缺、交通拥堵、资源匮乏、环境退化等一系列问题，特别是由温室气体排放量增加所导致的气候变化问题尤为严峻。[①] 发展低碳经济，培育低碳社会，建设低碳城市，能够为城市建设提供一条新的发展路径，不仅可以达到减少温室气体排放的目标，还会为城市发展带来新的机遇。低碳城市建设已逐步成为 21 世纪城市可持续发展的重要内涵。[②]

一、低碳概念的演变：从"低碳经济"到"低碳社会"再到"低碳城市"

2007 年，联合国政府间气候变化专门委员会（IPCC）发表的第 4 份全球气候评估报告指出，全球气候变暖已是"毫无争议的事实"，人类活动排放的温室气体是导致近 50 年来全球气候变暖的主要原因。[③] 面临全球气候变暖带来的严重危机和挑战，人类社会急需转变发展方式，找寻减少温室气体排放的发展模式。在此背景下，以碳减排为目标的"低碳经济"、"低碳社会"、"低碳城市"等低碳概念应时而生。

1. 英国首次提出"低碳经济"概念

2003 年英国政府发表《能源白皮书》，题为《我们未来的能源：创建低碳经济》，首次提出"低碳经济"（Low Carbon Economy）概念，引起了国际社会的广泛关注。《能源白皮书》指出，低碳经济是通过更少的自然资源消耗和环境污染获得更多的经济产出，创造实现更高的生活标准和更好的生活质量的途径和机会，并为发展、应用和输出先进技术创造新的商机和更多的就业机会。[④] 英国不仅是低碳概念的缔造者，也是低碳经济的先行者。为了实现低碳经济发展目标，英国推动立法通过《气候变化法案》，制订气候变化税等经济政策，推动建立全球碳交易市场，加大对可再生能源和低碳技术的投入，同时强调建筑和交通等重点部门的减排，从而建立了完善的减排政策措施体系。[⑤]

2. 日本首次阐述"低碳社会"理念

自从英国提出"低碳经济"概念以来，向低碳经济转型成为世界经济发展的大趋势，低碳的理念由经济发展领域扩展到社会生活领域。日本政府和学者于 2004 年开始对"低碳社会"模式与途径进行研究，2007 年 2 月颁布了《日本低碳社会模式及其可行性研究》，以日本 2050 年二氧化

① 顾朝林. 城市与区域规划研究 [M]. 北京：商务印书馆，2008.
② 中国科学院可持续发展战略研究组. 2009 中国可持续发展战略报告——探索中国特色的低碳道路 [M]. 北京：科学出版社，2009.
③ IPCC Fourth Assessment Report（AR4）. Climate Change 2007: Synthesis Report [EB/OL]. [2010-11-28]. http://www.ipcc.ch/publications_and_data/publications_ipcc_fourth_assessment_report_synthesis_report.htm.
④ Department of Trade and Industry（DTI）. UK Energy White Paper: Our energy future-creating a low carbon economy [M]. London: TSO, 2003.
⑤ 仇保兴. 创建低碳社会、提升国家竞争力——英国减排温室气体的经验与启示 [J]. 城市发展研究，2008，15（2）：1-8.

碳排放在 1990 年水平上降低 70% 为目标，提出了可供选择的低碳社会模式，并在 2008 年 5 月进一步提出《低碳社会规划行动方案》。①低碳社会主要遵循三个基本原则，即在所有部门减少碳排放；提倡节俭精神，通过更简单的生活方式达到高质量的生活，从高消费社会向高质量社会转变；与大自然和谐生存，保持和维护自然环境成为人类社会的本质追求。日本环境大臣咨询机构——中央环境审议会也提出低碳社会的基本理念是争取将温室气体排放量控制在能被自然吸收的范围之内，为此需要摆脱以往大量生产、消费和废弃的社会经济运行模式。

3. 国际社会聚焦"低碳城市"模式

城市作为世界人口的生产和生活中心，是能源的主要消耗者和温室气体的主要排放者。随着城市化进程的加速，城市的发展模式和发展轨迹成为全球低碳发展的关注热点，国际组织、学术界和各国政府于 2007 年开始聚焦于"低碳城市"的概念。②世界自然基金会（WWF）对低碳城市的定义是指城市在经济高速发展的前提下，保持能源消耗和二氧化碳排放处于较低水平，其基本内涵包括：城市以低碳经济为发展模式及方向，市

民以低碳生活为理念和行为特征，政府公务管理层以低碳社会为建设目标。③气候组织（the Climate Group）对低碳城市的定义则是在城市内推行低碳经济，实现城市的低碳排放，甚至是零碳排放。

国内学者也从不同方面对低碳城市进行了描述。夏堃堡认为，低碳城市就是在城市实行低碳经济，包括低碳生产和低碳消费，建立资源节约型、环境友好型社会，建设一个良性的、可持续的能源生态体系。④付允等认为低碳城市就是通过在城市发展低碳经济，创新低碳技术，改变生活方式，最大限度减少城市的温室气体排放，彻底摆脱以往大量生产、大量消费和大量废弃的社会经济运行模式，形成结构优化、循环利用、节能高效的经济体系，形成健康、节约、低碳的生活方式和消费模式，最终实现城市的清洁发展、高效发展、低碳发展和可持续发展。⑤刘志林等提出低碳城市应被理解为通过经济发展模式、消费理念和生活方式的转变，在保证生活质量不断提高的前提下，实现有助于减少碳排放的城市建设模式和社会发展方式。⑥胡鞍钢指出，在中国从高碳经济向低碳经济转型的过程中，低碳城市是一个重要的推动力。⑦

二、世界低碳城市建设的实践模式和经验

城市是温室气体的主要排放源，城市政府也是全球应对气候变化、向低碳转型的主要推动者。近年来，全球有许多城市开展了以低碳社会和低碳消费理念为基本目标的低碳城市建设实践，其中尤为引人瞩目的是英国、日本及世界大城市气候领导联盟（C40）的低碳城市实践模式。

1. 英国的低碳城市实践模式

英国是低碳城市规划和实践的先行者。为尽

快推动英国向低碳经济转型，英国碳信托基金会与能源节约基金会联合推出了英国的低碳城市项目，首批 3 个示范城市布里斯托、利兹和曼彻斯特制定了全市的低碳城市规划（Low Carbon Cities Program，LCCP）。伦敦在低碳城市建设方面起到了领跑的作用，出台了世界上第一个城市范围内的"碳预算"，同时就应对全球气候变化提出了一系列低碳行动计划，特别是 2007 年颁布的《市长

① "2050 Japan Low-Carbon Society" Scenario team. Japan Scenarios and Actions towards Low-Carbon Societies [EB/OL]. [2010-11-28]. http: //2050. nies. go. jp/material/2050-LCS-Scenarios-Actions-English-080715.pdf.
② 戴亦欣. 我国低碳城市发展的必要性和治理模式分析 [J]. 中国人口·资源与环境，2009，19（3）：12-18.
③ 庄贵阳. 低碳经济：气候变化背景下中国的发展之路 [M]. 北京：气象出版社，2007：11.
④ 夏堃堡. 发展低碳经济，实现城市可持续发展 [J]. 环境保护，2008（2）：33-35.
⑤ 付允，汪云林，李丁. 低碳城市的发展路径研究 [J]. 科学对社会的影响，2008（2）：5-10.
⑥ 刘志林，戴亦欣，董长贵等. 低碳城市理念与国际经验 [J]. 城市发展研究，2009（6）：1-7.
⑦ 胡鞍钢. 中国如何应对全球气候变暖的挑战 [J]. 国情报告，2007（29）.

应对气候变化的行动计划》（the Mayor's Climate Change Action Plan），在不同的行动方案中制定了许多具体措施和目标，致力于解决诸如绿色家园、商业、能源效率和运输等问题。[1]

英国的低碳城市规划和行动方案有以下主要特点：

一是低碳城市规划目标清晰，即促进城市总的碳排放量降低，并为此提出了量化指标。减碳目标的设定基础是英国政府承诺，即在 2020 年全英国二氧化碳排放在 1990 年水平上降低 26%~32%，2050 年降低 60%。根据英国全国目标，伦敦低碳城市行动计划明确提出要将 2007~2025 年的碳排放量控制在 6 亿吨之内，即每年的碳排放量要降低 4%。[2]

二是低碳城市规划的重点领域是建筑和交通。伦敦的碳排放量占全英国碳排放量的 8%，并且可能在 2025 年上升至 15%，而在伦敦市碳排放总量中，家庭住宅占到 38%，商用和公共建筑占 33%，而交通占 22%。[3]因此英国低碳城市的重点在于降低这三个领域的碳排放。

三是低碳城市主要实现途径为推广可再生能源应用、提高能效和控制能源需求。在布里斯托市的《气候保护与可持续能源战略行动计划》中，控制碳排放的重点在于更好的能源利用，包括减少不必要的能源需求、提高能源利用效率、应用可再生能源。[4]

四是低碳城市规划注重战略性和实用性的结合。在提出可测量的碳减排目标和基本战略的同时，实现途径的选择强调实用性，以争取最大程度的公众支持。如在《伦敦应对气候变化行动计划》中专门指出，存量住宅是伦敦最主要的碳排放部门，但只要 2/3 的伦敦家庭采用节能灯泡，每年能够减少 57.5 万吨二氧化碳排放。[5]

五是低碳城市建设强调技术、政策和公共治理多种手段并重。在推广新技术、新产品应用的同时，构建鼓励低碳消费的城市规划、政策和管理体系。特别是，政府发挥引导和示范作用，并鼓励企业和市民的参与，综合运用财政投入、宣传激励、规划建设等手段，鼓励企业和市民的参与；并结合城市实际情况，通过重点工程带动低碳城市的全面建设。

2. 日本的低碳城市建设模式

2008 年 7 月，日本政府通过了依据"福田蓝图"制定的"低碳社会行动计划"，其中包含对低碳城市进行评定的先进性和地区性等标准。作为日本低碳城市的先行者和建设低碳社会的模范城市，富山市为了实现减排目标，从交通工具、生活方式和城市建设等各方面改变社会形态，采取了许多措施。2010 年 8 月，日本国土交通省正式颁布了《低碳城市建设指导手册》，在对全球气候变化形势、各国发展低碳经济的方向和努力进行全面系统总结分析的基础上，从低碳城市建设的基本方针推进方向、建设方式方法、地区实施计划、效果评价分析方法等多个方面对日本未来低碳城市建设提出了详尽具体的要求，将为日本未来低碳城市建设发挥重要的指导作用。[6]

日本低碳城市建设的基本内容包括：

一是低碳城市建设的基本方针与目标。日本的低碳城市建设基本方针是在使城市向集约型节能进一步转变的同时，在相关的各领域逐步实现低碳化。在交通和城市结构、能源、绿色三个领域采取综合性的低碳化组合策略。具体来讲，主要涵盖实现集约型城市结构、交通管理的改进、促进公交设施的利用、建筑的低碳节能改造、能源的系统化利用、可再生能源的活用、热岛效应的改善等。日本希望通过上述具体目标的实现达到土地利用的具体化、城市功能的复合化、城市生物多样性保全、建筑效率化及与环境共生、高效率的交通移动与往返能力。

二是低碳城市建设的方式方法。在 2010 年 8 月正式颁布的《低碳城市建设指导手册》中，根据日本的国情和城市未来发展趋势，强调从交通和

① Urban Frontrunners–Cities and the Fight against Global Warming [EB/OL]. [2010–12–8]. http://www.eea.europa.eu/articles/urban-frontrunners-2013-cities-and-the-fight-against-global-warming.

②③ Greater London Authority. Action Today to Protect Tomorrow: The Mayor's Climate Change Action Plan. February 2007.

④ Bristol City Council. Bristol Climate Protection & Sustainable Energy Strategy /Corporate Action Plan: Developed for the Local Authority Carbon Management Programme.

⑤ 刘志林，戴亦欣，董长贵等. 低碳城市理念与国际经验 [J]. 城市发展研究，2009（6）：1-7.

⑥ 崔成，牛建国. 日本低碳城市建设经验及启示 [J]. 中国科技投资，2010（11）：73-76.

城市结构、能源以及绿色三个主要方面来实现城市的低碳化。交通和城市结构领域低碳化的主要方式方法包括公共设施与服务设施集约据点建设、为汽车交通灵活化而进行道路整治、汽车交通需求的调整措施、公共交通整治和提高利用措施。能源领域低碳化的主要方式方法包括区域能源管理及系统建设、区域制冷制热及建筑物之间的热流通、未利用能源的有效利用、可再生能源的有效利用。绿色领域低碳化的主要方式方法包括公交和土地利用相关的绿化、植树造林计划、对社会环境有贡献的绿地评估体系建设、绿税及协力金制度建设、大规模绿地保全和修整管理、绿地保全区规划建设以及水网和绿网建设。

从日本低碳城市建设规划的实践中，我们可以看出日本低碳城市建设充分体现了规划领域的多元性、部门的共同参与性和政府的主导性。

3. 世界大城市气候领导联盟（C40）的低碳城市模式

2005年10月，由当时的伦敦市长利文斯顿（Livingston）提议，18个世界一线城市的代表在伦敦集会商讨全球气候变化问题。会议上，与会代表共同发表公报承诺将通过彼此间的协作来应对气候变化。此后该组织成员逐步扩充至40个世界级大城市，被称为世界大城市气候领导联盟（Large Cities Climate Leadership Group），简称"C40"。2006年8月美国前总统克林顿和利文斯顿宣布，克林顿气候行动计划（Clinton Climate Initiative，CCI）与C40建立合作关系，CCI为C40城市提供清洁交通、可再生能源、废弃物管理等领域的专业技术支持，为减少全球碳排放、提高世界大城市的能源效率提供帮助，并鼓励C40联盟成员参与CCI的碳减排项目。

表1　世界大城市气候领导联盟（C40）的成员城市和关联城市

成员城市	亚的斯亚贝巴（埃塞俄比亚首都），雅典（希腊首都），曼谷（泰国首都），北京（中国首都），柏林（德国），波哥大（哥伦比亚首都），布宜诺斯艾利斯（阿根廷首都），开罗（埃及首都），加拉加斯（委内瑞拉首都），芝加哥（美国），德里（印度），达卡（孟加拉首都），河内（越南首都），休斯敦（美国），香港（中国），伊斯坦布尔（土耳其），雅加达（印尼首都），约翰内斯堡（南非），卡拉奇（巴基斯坦），拉各斯（尼日利亚首都），利马（秘鲁首都），伦敦（英国首都），洛杉矶（美国），马德里（西班牙首都），墨尔本（澳大利亚），墨西哥城（墨西哥首都），莫斯科（俄罗斯首都），孟买（印度），纽约（美国），巴黎（法国首都），费城（美国），里约热内卢（巴西），罗马（意大利首都），圣保罗（巴西），首尔（韩国），上海（中国），悉尼（澳大利亚），东京（日本），多伦多（加拿大），华沙（波兰）
关联城市	阿姆斯特丹（荷兰），奥斯丁（美国），巴塞罗那（西班牙），巴塞尔（瑞士），昌原（韩国），哥本哈根（丹麦首都），库里提巴（巴西），海德堡（德国），胡志明市（越南），米兰（意大利），新奥尔良（美国），波特兰（美国），鹿特丹（荷兰），盐湖城（美国），旧金山（美国），圣地亚哥（智利首都），西雅图（美国），斯德哥尔摩（瑞典首都），横滨（日本）

资料来源：C40 Cities Climate Leadership Group, http://www.c40cities.org/cities/.

目前C40拥有包括伦敦、巴黎、纽约、芝加哥、多伦多、东京、悉尼、香港在内的40个成员城市以及哥本哈根、阿姆斯特丹、斯德哥尔摩、旧金山、横滨等19个关联城市（见表1）。这些成员城市的共同特点是经济发展水平较高、城市规模较大，都有明确的量化减排目标和行动计划（见表2），并且对其国家和周边地区有较强的辐射带动能力。C40城市的共同目标是最大限度地减少温室气体排放，加强对气候变化的灵活应对，提高恢复能力，将各城市打造为低碳城市。[①]C40规定了各成员城市在市政运营及城市开发过程中要

确切掌握各自的碳排放情况，通过政策、计划、项目的制定来减少碳排放量，同时还要采取措施尽量消除已排温室气体造成的影响。C40要求城市履行"气候变化行动计划"，对温室气体进行分类和监督，并指定负责气候变化应对问题的政策责任官，制定温室气体的阶段性减排目标、各自的行动计划及具体时间表，要向C40事务局报告温室气体的减少情况。[②]

C40成员的低碳城市建设实践和经验可以总结为5种低碳城市实践模式：

一是城市能源结构的低碳化。能源消耗是城

①② 世界大城市气候领导联盟《首尔宣言》，第三届C40会议，韩国首尔，2009年5月。

表 2　C40 部分成员城市应对气候变化低碳行动计划

C40 城市		低碳行动计划	发布时间	基准年份	减碳目标
主要成员城市	布宜诺斯艾利斯	Buenos Aires Climate Change Action Plan	2009 年 12 月	2008 年	到 2030 年减少 32.7%
	芝加哥	Climate Action Plan	2008 年 9 月	1990 年	到 2020 年减少 20%，到 2050 年减少 80%
	香港	Hong Kong's Climate Change Strategy and Action Agenda	2010 年 9 月	2005 年	到 2020 年减少 50%~60%
	伦敦	The Mayor's Climate Change Action Plan	2007 年 2 月	1990 年	到 2025 年减少 60%，总量限制在 6 亿吨
	洛杉矶	Green Los Angeles	2007 年 5 月	1990 年	到 2030 年减少 35%
	马德里	Plan for the Sustainable Use of Energy and Climate Change Prevention	2008 年	2004 年	到 2020 年减少 20%，到 2050 年减少 50%
	墨西哥城	Mexico City Climate Action Program 2008-2012	2008 年	2007 年	到 2012 年均减少 12%
	纽约	Climate Change component of PLANYC	2007 年 4 月	2007 年	到 2030 年减少 30%（加速目标是到 2017 年减少 30%）
	巴黎	Paris Climate protect Plan	2007 年	2004 年	到 2050 年减少 75%
	费城	Greenworks Philadelphia	2009 年	1990 年	到 2010 年至少减少 10%
	罗马	Roma Per Kyoto	2008 年	1990 年	到 2012 年减少 6.5%
	圣保罗	Sao Paulo Municipal Act on Climate Change	2009 年 6 月	2003 年	到 2012 年减少 30%
	首尔	Seoul Low Carbon Green Growth Master Plan	2009 年 12 月	1990 年	到 2030 年减少 40%
	悉尼	Targets set out in Sustainable Sydney 2030	2007 年 6 月	2006 年	到 2030 年减少 70%
	东京	Climate Change Strategy	2007 年 6 月	2000 年	到 2020 年减少 25%
	多伦多	Climate Change, Clean Air and Sustainable Energy Action Plan	2007 年 6 月	1990 年	到 2012 年减少 6%，到 2020 年减少 30%，到 2050 年减少 80%
主要关联城市	阿姆斯特丹	Amsterdam Climate Change Action Plan	2008 年 8 月	1990 年	到 2025 年减少 40%
	哥本哈根	Copenhagen Climate Plan	2009 年 8 月	2005 年	到 2015 年减少 20%
	波特兰	Climate Action Plan 2009	2009 年	1990 年	到 2030 年减少 40%，到 2050 年减少 80%
	鹿特丹	Rotterdam Climate Initiative	2007 年 5 月	1990 年	到 2025 年减少 50%
	盐湖城	Salt Lake City Green -Climate Action Plan	2009 年	2009 年	10 年内年均减少 3%，长期目标是到 2040 年减少 70%
	旧金山	Climate Action Plan for San Francisco	2004 年 9 月	1990 年	到 2012 年减少 20%
	西雅图	Seattle Climate Action Plan	2006 年 9 月	1990 年	到 2012 年减少 7%
	斯德哥尔摩	The City of Stockholm's Climate Initiatives	2009 年	1990 年	到 2050 年减少 60%~80%
	横滨	Yokohama Climate Action Plan	2009 年 3 月	2004 年	到 2025 年减少 30%，到 2050 年减少 60%

资料来源：C40 Cities Climate Leadership Group，http://www.c40cities.org/ccap/.

市碳排放的重要源头,改变城市生产、生活中主要能源类型,由高碳能源向低碳能源转变是最基本也是最彻底的城市低碳化发展思路。这方面往往需要大力支持可再生能源的研发和投资,并给予使用者政策或资金补贴。例如,哥本哈根利用风能资源,实施海上风能发电厂项目,为15万户居民提供电能,年碳减排量66万吨。[①]

二是城市产业结构的低碳化。是依靠循环经济产业和低碳生产方式的推广来实现低碳经济结构转型。产业类型的优化升级积极推动城市低碳产业转型、控制高碳产业发展是从结构上控制碳排放的主要途径。当然,除了发展第三产业以外,还应促进电力、建筑冶金、化工等传统高能耗工业部门向新型低碳工业转变。[②]

三是城市空间形态的低碳化。就是通过低碳城市空间规划来塑造紧凑的城市形态、促进适度混合的土地利用提高交通效率、降低机动车交通需求,优化微气候促进街区和建筑的被动调节与节能,合理布局城市生态网络以实现有效固碳。例如,哥本哈根的"指状规划"就是一种典型的低碳城市形态策略,通过有效调控城市的空间发展形态,形成高效利用公共交通体系的城市发展走廊,降低交通碳排放。[③]

四是城市基础支撑的低碳化。绿色交通基础设施建设和低碳技术应用能够为低碳城市的长远发展提供支撑。C40成员在该领域的实践走在世界前列,取得提升城市未来竞争力的先机。例如,墨尔本市通过大型项目的推进带动了低碳技术发展,新市政办公楼项目中就应用太阳能供暖、水循环处理等多项建筑节能新技术,年碳减排514吨。芝加哥市政府制定了交通基础设施的升级规划,计划在3年内将全市2900个路口的交通灯升级为LED灯,与改造前相比将节能85%,年碳减排8000吨。[④]

五是城市居民行为的低碳化。人类活动与温室气体排放息息相关,为了促进城市的节能减排就必须积极宣传低碳理念、引导居民和企业的低碳行为方式。多数C40城市隶属于发达国家或地区,经济发展和人均消费水平较高,日常生活能耗也比较高,因此有必要依靠公众教育和经济措施,调整人们的居住、工作、休闲和交通出行方式。例如,首尔市政府为改变居民过度依赖私人轿车的生活方式而采取了一系列手段,包括提供免费停车和洗车、减税、拥堵费打折等优惠措施,鼓励居民每周一天"无车日"。该活动年碳减排243000吨,不仅没有影响居民出行还缓解了城市交通拥堵的问题。[⑤]

三、对中部地区城市发展的借鉴与启示

受城市气候安全、减排责任、经济转型等内因驱动,及国际社会应对气候变化的谈判和行动、国内政府对低碳经济理念的认同、企业低碳解决方案的推广及学术机构"低碳城市项目"的研究实践等外部因素影响,从2008年初,一些地方城市的自愿发端开始,中国城市纷纷选择低碳发展,并从城市自身的基础和优势出发,进行了不同路径的尝试和思考。在此过程中,出现了以保定、德州、南昌为代表的从低碳产业发端的"碳益"城市;以杭州、成都、无锡为代表的城市低碳发展综合化规划;以厦门为代表的注重城市空间低碳规划;以天津为代表的城市全面应对气候变化思考。[⑥]2010年7月,我国低碳城市建设进入新阶段,国家发改委下发了《关于开展低碳省区和低碳城市试点工作的通知》,明确了低碳省区和低碳城市试点工作的试点范围、具体任务和工作要求,

① C40 Cities Climate Leadership Group—Best Practice [EB/OL]. [2010-12-8]. http://www.c40cities.org/bestpractices.
② 林姚宇,吴佳明. 低碳城市的国际实践解析 [J]. 国际城市规划, 2010, 25 (1):121-124.
③④⑤ C40 Cities Climate Leadership Group—Best Practice [EB/OL]. [2010-12-8]. http://www.c40cities.org/bestpractices.
⑥ 气候组织. 中国清洁革命报告Ⅲ:城市 [EB/OL]. [2010-12-8]. http://www.theclimategroup.org.cn/news_and_events/tcg_news/2010-12-07+.

确定了广东、辽宁、湖北、陕西、云南五省和天津、重庆、深圳、厦门、南昌、贵阳、保定八市开展试点工作，中部地区的湖北省和南昌市位列低碳试点之中。

尽管国内城市已经进行了有益的尝试和初期的探索，但毕竟处于起步阶段，还没有摸索出明确的发展路径。国外低碳城市建设的实践模式与规划设计理念，为中部地区城市低碳发展提供了很多可资借鉴的经验。

一是强化政府的引导作用，加强低碳城市规划的编制和实施。国外低碳城市的实践经验表明，通过编制和实施"零排放"城市或区域规划，可以实现城市的低碳发展，而城市政府在编制低碳城市规划和低碳技术规划、制定低碳发展政策和法规等方面起着重要作用。[1]因此，中部地区城市政府尤其是列为低碳试点的武汉城市圈，应该以低碳理念编制武汉城市圈低碳城市群建设规划，制定低碳城市群建设政策，进行重点领域的制度创新，充分发挥政府在低碳城市群建设中的引导作用。

二是调整优化城市结构，建立低碳城市发展的坚实基础。城市的结构调整包括城市能源结构调整、城市产业结构调整和城市空间结构调整。中部地区城市大多处于能源贫乏区域，产业结构"偏重偏硬"，城市发展空间布局散乱，导致城市高碳排放。建立低碳城市结构体系是建设中部地区低碳城市的重中之重，关键就是逐步改变以煤为主的能源结构体系，大力发展可再生能源，不断提高能源利用效率；大力发展第三产业，建立以低碳农业、低碳工业、低碳服务业为核心的新型城市产业体系；加强城市功能区布局优化，加强城市绿化建设，营造良好的生态宜居宜业环境，构建资源节约、环境友好、不断完善的城市运行机制。[2]

三是加快低碳技术创新，构建低碳城市持续发展的支撑体系。低碳技术是实现中部地区城市低碳发展的核心，是提升未来城市竞争力的关键，也是摒弃落后的发展理念和旧的技术模式、实现中部城市跨越式发展的途径。中部地区的武汉城市圈和长株潭城市群都是高校和科研机构高度聚集的区域，其中武汉市的科技资源尤其独特，分别于2009年和2010年被批准为国家综合性高技术产业基地和国家自主创新示范区。中部城市应该加大对低碳技术创新的资金支持和激励优惠政策，充分发挥本地科技优势，为低碳城市建设的长远之路提供可靠支撑。

四是积极培育低碳理念，转变城市居民的生活消费方式。培养低碳理念和宣传低碳生活方式是建设低碳城市的基本要义。联合国环境规划署在《改变生活方式：气候中和联合国指南》中指出：人们只需要采用气候友好的生活方式，在生活中注意一些行为，就可以在不需要做出特别大的牺牲的情况下，轻松实现碳减排。理念应当先行，理念影响行为。因此，中部地区的低碳城市建设必须将低碳理念引入到城市生活的衣、食、住、行等各个方面，从而推进城市生活低碳化。[3]

四、结　语

低碳转型为中国经济的发展带来了挑战和新机遇，也让中部地区普遍以资源型和工业型为主的城市发展面临不小的压力。世界低碳城市建设的发展模式与规划设计理念，为我们提供了很多可资借鉴的经验。然而必须注意的是，同发达国家不同，中国的低碳城市建设不是后工业化的低碳发展，中部地区的发展更具有其独特性，目前还不可能以牺牲经济发展为代价，低碳城市定位

[1] 王家庭. 基于低碳经济视角的我国城市发展模式研究 [J]. 江西社会科学，2010 (3)：85-90.
[2] 陈博. 西方国家的低碳城市建设 [J]. 环境保护，2009 (24)：74-76.
[3] 钟静婧. 国际典型低碳城市实践模式及其对中国的启示 [J]. 城市，2010 (9)：34-37.

也不可能与发达国家如英国、日本的低碳城市那样，以温室气体排放的绝对量减排为目标。① 中部地区的低碳城市发展，需要以经济发展与气候保护相互协调为目标，发展优先是中部地区低碳城市发展的现实途径。对于进入快速工业化和城镇化进程的中部地区城市来说，能源结构转变、产业结构升级、低碳意识提高等应该作为中部低碳城市发展的重要内容。中部地区的低碳城市建设不能完全遵循发达国家的低碳城市发展模式，还需要我们自己不断地探索和创新。

（熊灵、张建清，武汉大学）

① 刘文玲，王灿. 低碳城市发展实践与发展模式 [J]. 中国人口·资源与环境，2010，20 (4)：17-22.

我国各地区产业生态化水平、原因及其影响

一、文献回顾

美国学者 Frosch 与 Gallopoulos（1989）发表的《制造业的战略》一文中提出"产业生态系统"概念，标志着产业生态化理论的开端。此后，关于产业生态化理论的研究逐渐广泛地开展起来。但是，产业生态化理论即产业生态学的概念和内涵仍然在不断扩展之中，众多学者和研究机构基于不同的角度或侧重点对其做出了不同的阐释。根据美国国家科学院（1991）的定义，产业生态学是研究各种产业活动及其产品与环境之间相互关系的一门综合性应用科学。国际电机与电子工程师协会（IEEE，1995）在《可持续发展与产业生态学白皮书》中认为，产业生态学是对产业和经济系统及其与基本的自然系统间相互关系进行研究的一门综合性学科，是研究可持续能力的科学。根据生态经济学家 T. Graedel 和 B. Allenby（1995）的定义，产业生态学是人类在经济、文化和技术不断发展的前提下，对整个物质周期过程加以优化的系统性学科，其目的是协调产业系统与自然环境的关系。

产业生态化是产业生态学理论指导下的产业发展的高级形态，是可持续发展理念的一种深度延伸。国内外学者对产业生态化已有一些研究，并形成了若干基于不同角度的观点。如 Allenby B. R.（1994）认为，产业生态化是通过模仿自然生态系统闭路循环的模式构建产业生态系统，按照生态规律和经济规律来安排生产活动，实现产业系统的生态化，从而达到资源循环利用、减少或消除环境破坏、最终实现产业与自然协调与可持续发展的过程。我国学者厉无畏（2002）认为，产

业生态化的目的是循环利用资源、减少对环境的损害以及提高经济发展的规模和质量。黄志斌（2000）认为产业生态化是将产业活动物质生产过程中的资源和能量的消耗加入生态系统的总转换之中，在实现产业生态系统良性循环的同时求得经济效益与生态效益的统一。一般认为，产业生态化的概念具有两个层次：狭义上是指构建模仿自然生态循环的产业系统；广义上则是指在理念与原则层面，追求更高的"资源使用率"，实现环境与产业的和谐统一。

目前，国外对于产业生态化的评价方法主要包括生态效率分析、物质流能量流分析和构建综合评价指标体系等。根据国际经合组织（OECD，1991）的定义，生态效率是生态资源使用的效率，可视为一种投入产出比，产出是企业、行业或经济体提供的产品与服务的价值，投入是其生产活动对环境造成的压力，因而生态效率＝产品或服务的价值/环境影响（UNEP，1998）。可以发现，生态效率是产业生态化的一种表现方式。在国外，生态效率主要用于衡量企业与行业的生态水平，如 Sangwon Suh（2005）等人建立了一个表现生产系统生态效率（EE）的简单方法，并运用该方法对一个中小企业（SME）污染防护项目的生态水平进行了评估。生态效率也有用于评价区域可持续发展，如 Yri Seppald（2005）等人建立一地区生态效率的评价指标体系，从促进地区经济活动的竞争和减轻经济活动对环境的损害两方面用生态效率方法进行了评价。

物质流分析主要研究物质的流动规律及其对

环境产生的影响，通过测算某区域的直接物质输入量（DMI）、物质需求总量（TMR）等，进而对该区域的物质生产力进行评价。S.Bringezu（2001）等通过将若干欧盟国家进行分组并实施 DMI 分析，得出英国、法国、意大利等国应致力于实施物质减量化，提高物质生产力。

国外研究产业生态系统评价指标主要分为两类：第一类是综合性指标，即通过一组或者几大类指标从不同角度同时反映系统发展的特性。如 Dewulf（2005）提出的评价产品及其工艺的"环境可持续指标"和联合国环境署的可持续发展指标（ISDs）等。第二类是热力学评价指标。其中影响力较大的是由著名生态学家 Odum（1996）创立的 Emergy 效率指标，他通过 Emergy 效率来衡量任何资源、商品或劳务在形成过程中直接或间接使用的太阳能，从而测度经济、生产中的能耗水平。

可以看到，国外对于产业生态化水平的评价研究，主要是基于研究方法和理念上，很少从实证的角度进行研究，尤其是从区域的层面来测度区域产业生态化发展水平。相比而言，国内一些研究者进行了实证研究，并采用若干方法估算了某些局部区域的产业生态化发展水平。

一种研究是在上述生态效率相关概念及理论方法的基础上，形成适合中国国情的研究方法。一些学者将生态效率的理论和方法应用于区域循环经济建设，建立循环经济的评价指标体系，如诸大建（2008）通过对中国循环经济层面生态效率的分析，构建了中国循环经济评价指标体系，并运用这一指标体系测度了中国循环经济水平。

李娣、胡拥军等（2010）则通过构建产业生态化发展指标体系，从微观、中观和宏观三个层面对长株潭经济区产业生态化水平进行了评估，并根据评估结果从企业清洁生产、生态工业园区和区域循环经济三个层面进行了分析。陈殊（2008）从产业发展水平、社会发展水平、资源减量水平、循环利用水平四个方面构建了产业生态化发展评价指标体系，并以 1998 年为基数，对重庆市产业生态化水平进行了研究，得出重庆市自直辖以来，产业生态化水平不断提高的结论。王

薇薇（2007）从区域产业效益和区域资源承载力两个方面构建产业生态化水平评价指标体系，并运用这一评价指标体系对江苏省产业生态化发展水平进行了分析。赵林飞（2003）从微观、中观和宏观三个层次构建了区域产业生态化评价指标体系，并以此对长三角地区产业生态化发展水平进行了评价。

回顾国内外相关文献可以发现，国外对产业生态化的研究主要是基于理论层面，缺少实证研究。国内对产业生态化虽有一些实证研究，但也是基于单个省或地级市的层面，对我国各地区（省、直辖市、自治区）产业生态化发展水平还缺乏整体研究；即使基于单个省或地级市层面的研究，也主要为静态分析，缺乏动态研究。此外，现有评价指标体系与评价方法也存在值得改进之处。

产业生态化与经济、社会、环境有着密不可分的联系。在企业层面上，产业生态化使企业资源使用率和生产效率得以提高，环境污染减少，以及生产成本不断降低（陈国铁，2009）；在社会层面上，产业生态化的推广有利于实现经济、社会与生态环境的协调可持续发展。目前，我国经济社会发展与生态环境之间的矛盾越来越突出，生态环境的不断恶化、资源能源的短缺，已成为制约我国经济社会进一步发展的"瓶颈"。同时，国际国内"低碳经济"呼声日盛，碳排放量和碳税等限制措施使得我国传统产业与企业面临着巨大的发展压力。因此，加快推动产业生态化进程，既是经济社会发展的必然要求，也是我国深入贯彻落实科学发展观、实现生态文明与经济社会协调发展的重要途径。在这样的背景下，测评我国各地区产业生态化发展水平，分析原因及其影响，并从中揭示政策含义，显然具有十分重要的意义。

本文结构如下：在第一部分文献回顾的基础上，第二部分介绍研究方法和构建区域产业生态化水平评价指标体系；第三部分对我国各地区产业生态化水平进行实证评价；第四部分对各地区产业生态化水平差异的原因和影响进行分析；最后是本文的结论并从中揭示出若干政策含义。

二、研究方法、指标体系构建与数据来源

本文运用层次分析与主成分分析相结合的方法，构建产业生态化水平评价指标体系，以此对我国各地区产业生态化水平进行实证评价。

1. 层次分析法

层次分析法（Analytic Hierarchy Process, AHP）是由美国运筹学家匹兹堡大学 Saaty 教授于 20 世纪 70 年代初提出的。它是基于网络系统理论和多目标综合评价的一种层次权重决策分析方法。它将定性分析与定量分析相结合，将决策者的经验判断给予量化，广泛应用于目标（因素）结构复杂且缺乏数据情况下的研究工作中。

层次分析方法通过建立两两比较判断矩阵，逐步分层地将众多复杂因素和决策者个人因素结合起来，进行逻辑思维，然后用定量形式表示出来。在实际运用中，层次分析法进行系统分析、设计和决策时，大致分为以下几个主要步骤：明确研究问题建立递阶层次结构；构造两两比较判断矩阵；由判断矩阵计算两两比较元素对于该准则的相对权重并进行一致性检验；计算各层元素对系统目标的合成权重即总层次排序，及其一致性检验；进行结论分析。本文运用层次分析法对各地区产业生态化水平进行分析和评价时，对产业生态化水平评价指标权重的计算过程如图 1 所示。

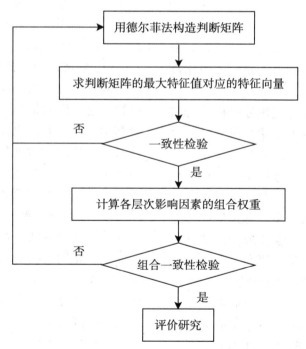

图 1　区域产业生态化水平评价指标权重计算过程

2. 主成分分析法

主成分分析法（Principal Component Analysis）是由 Hotelling（1933）首先提出的。这种分析是利用降维的思想，在损失很少信息的前提下把多个指标转化为几个综合指标的多元统计方法。把转化生成的综合指标称为主成分，其中每个主成分都是原始变量的线性组合，且各个主成分之间互不相关，因此主成分比原始变量具有某些更优越的性能。其数学描述如下：

设对某一事物的研究涉及 p 个指标，分别用 X_1, X_2, $\cdots$, X_p 表示，这 p 个指标构成的 p 维随机向量为 $X = (X_1, X_2, \cdots, X_p)'$。设随机向量 X 的均值为 μ，协方差矩阵为 Σ。对 X 进行线性变换，可以形成新的综合变量，用 Y 表示，因此，新的综合变

量可以由原来的变量线性表示，即满足下式：

$$
\begin{cases}
Y_1 = u_{11}X_1 + u_{12}X_2 + \cdots + u_{1p}X_p \\
Y_2 = u_{21}X_1 + u_{22}X_2 + \cdots + u_{2p}X_p \\
\qquad\qquad \cdots\cdots \\
Y_p = u_{p1}X_1 + u_{p2}X_2 + \cdots + u_{pp}X_p
\end{cases}
\tag{1}
$$

由于可以任意地对原始变量进行上述线性变换，由不同线性变换得到的综合变量 Y 的统计特性也不尽相同。因此，为了取得较好的效果，通常将线性变换约束在下面的原则之下：

（1）$u_i' u_i = 1$，即 $u_{i1}^2 + u_{i2}^2 + \cdots + u_{ip}^2 = 1 (i = 1, 2, \cdots, p)$。

（2）Y_i 与 Y_j 相互无关 $(i \neq j; i, j = 1, 2, \cdots, p)$。

（3）Y_1 是 X_1, X_2, $\cdots$, X_p 的一切满足原则（1）的线性组合中方差最大者；Y_2 是与 Y_1 不相关的 X_1, X_2, $\cdots$, X_p 所有线性组合中方差最大者；$\cdots$，Y_p 是与 Y_1, Y_2, $\cdots$, Y_{p-1} 都不相关的 X_1, X_2, $\cdots$, X_p 的所有线性组合中方差最大者。

基于以上三条原则决定的综合变量 Y_1, Y_2, $\cdots$, Y_p 分别称为原始变量的第一、第二、$\cdots$、第 P 个主成分。其中，各综合变量在总方差中占的比重依次递减。

在实际研究工作中，进行主成分分析的步骤依次如下：根据研究问题选取初始分析变量；根据初始变量特性判断由协方差阵求主成分还是由相关阵求主成分；求协方差阵或相关阵的特征根与相应标准特征向量；判断是否存在明显的多重共线性，若存在，则回到第一步；得到主成分的表达式并确定主成分个数，选取主成分；结合主成分对研究问题进行分析并深入研究。本文运用主成分分析法来对各地区产业生态化发展水平进行评价和分析时，首先要构建反映产业生态化发展水平的评价指标体系，然后再运用主成分来对各地区产业生态化发展水平进行评价和分析。

3. 产业生态化水平评价指标体系的构建

构建产业生态化水平评价指标体系，首先要分析产业生态模式与传统经济模式的异同，准确把握产业生态化的本质。

由产业生态化基本理论可知，产业生态化要求把产业的演进与其依托的生态环境作为一个统一体来考虑，最终达到经济、社会与环境的全面协调和最优化。而传统经济是一种由"资源—产品—污染排放"单向流动的线性经济，其内部是一些相互不发生关系的线性物质流的简单叠加，能量利用低效且单向。两者最大的差异是"再生资源"，而再生资源表现的是一种循环利用的方式。因而，"资源循环利用"是产业生态化区别于传统经济模式的一个重要特征。

资源循环利用的直接结果就是资源消费的下降和污染排放的减少。资源减量和污染减排反映了资源循环利用的水平，也是衡量产业生态化发展水平的重要依据。事实上，这三者也构成了循环经济的"3R"标准。产业生态化和循环经济在本质上都属于生态经济的范畴，其基本原则也是相通的。不同的是，循环经济指标需要涵盖整个经济社会发展的方方面面，而产业生态化发展只是经济社会发展的一个子系统，两者在具体指标的设定上是不同的。

根据以上分析，本文拟从经济社会发展水平、生态保护水平、资源消耗水平、污染排放水平、资源循环利用水平五个方面来构建区域产业生态化水平评价指标体系。具体说明如下：

（1）经济社会发展水平。产业生态化是产业发展的高级形式，也是经济社会发展到一定阶段的产物。这方面的指标一方面反映了区域的经济社会基础，另一方面也在一定程度反映了区域内产业对经济社会的贡献程度。共包括人均 GDP、城镇居民人均可支配收入、非农产业占 GDP 比重、R&D 投入占 GDP 比重四个具体指标。

（2）生态保护水平。生态保护水平反映了区域内自然生态的现状。良好的自然生态状况，既是产业生态化发展的要求，也是产业生态化高度发展的必然结果。衡量生态保护水平的具体指标包括森林覆盖率、人均耕地面积、人均绿地面积、自然保护区面积占辖区面积比重和环境污染治理投资占 GDP 比重等。

（3）资源消费水平。这方面的指标是衡量产业发展所需消费的资源水平。资源减量化是产业生态化的必然结果，也是衡量产业生态化的一个重要方面，具有相当重要的地位。这方面共包括单位 GDP 能耗、单位 GDP 水耗、单位 GDP 电耗、能源消费弹性系数四项具体指标。

（4）污染排放水平。这方面的指标是衡量产业发展所造成的污染排放情况。产业生态化将产业按照生态系统的规律进行循环，必然造成终端污染排放的大幅减少。污染减排化直接反映了企业清洁生产和产业生态系统循环的水平，是刻画产业生态化发展水平的重要指标。其包括单位 GDP 工业废水排放量、单位 GDP 工业废气排放量、单位 GDP 固体废弃物排放量、二氧化硫排放达标率、工业粉尘排放达标率、工业废水排放达标率六项具体指标。

（5）资源循环利用水平。产业生态化是模仿自然生态系统闭路循环的模式来发展产业，实现产业的生态化，这必然要求产业发展过程中资源能够实现综合与循环利用，实现资源的最大使用效率。因此，资源循环利用水平是衡量产业生态化发展水平最核心的依据和指标，其包括了固体废弃物综合利用率、工业用水重复利用率、城镇污水综合处理率、三废综合利用产品产值四个指标。

由上述变量建立的区域产业生态化水平评价指标体系列于表 1，这一指标体系分为三层：第一层为目标层，即本指标体系所评价的目标就是区域产业生态化发展水平；第二层为准则层，包括了经济社会发展水平、生态保护水平、资源消费水平、污染排放水平和资源循环利用水平五项内容，涵盖了经济、社会、生态等各方面，并突出了产业生态化和循环经济的核心内容"3R"（减量化、再利用、再循环）；第三层为指标层，是区域产业生态化发展水平的具体表征。根据这些指标，可以运用层次分析和主成分分析相结合的方法，对我国各地区（省、直辖市、自治区）产业生态化发展水平进行综合评价和分析。

表1 区域产业生态化水平评价指标体系

目标层	准则层	指标层
区域产业生态化发展水平	b1 经济社会发展水平	C1 人均 GDP（元）
		C2 城镇居民人均可支配收入（元）
		C3 非农产业占 GDP 比重（%）
		C4 R&D 投入占 GDP 比重（%）
	b2 生态保护水平	C5 森林覆盖率（%）
		C6 人均耕地面积（亩）
		C7 人均绿地面积（平方米）
		C8 自然保护区面积占辖区面积比重（%）
		C9 环境污染治理投资占 GDP 比重（%）
	b3 资源消费水平	C10 单位 GDP 能耗（吨标准煤/万元）
		C11 单位 GDP 水耗（吨/万元）
		C12 单位 GDP 电耗（千瓦时/万元）
		C13 能源消费弹性系数
	b4 污染排放水平	C14 单位 GDP 工业废水排放量（吨/万元）
		C15 单位 GDP 工业废气排放量（万标立方米/万元）
		C16 单位 GDP 工业固体废弃物排放量（吨/万元）
		C17 工业粉尘排放达标率（%）
		C18 工业废水排放达标率（%）
	b5 资源循环利用水平	C19 固体废弃物综合利用率（%）
		C20 工业用水重复利用率（%）
		C21 城镇污水综合处理率（%）
		C22 三废综合利用产品产值（亿元）

4. 数据来源说明

根据上述构建的区域产业生态化水平评价指标体系，本文所得数据是从 2001 年、2003 年、2005 年、2007 年和 2008 年《中国统计年鉴》和 30 个省、市、自治区①的相关统计年鉴及《中国环境统计年报》等环境类年鉴中获得。有的指标数据可

---

① 西藏自治区因多数数据缺失或为 0，因而未列入研究范围之内。

以直接从相应的统计年鉴中查得，但有些指标数据是对相关原始数据进行一定的换算求得。需要换算的指标及相应的方法是：C6 人均耕地面积 = 各省耕地总面积/各省常住人口数量，C7 人均绿地面积 = 各省公共绿地面积/各省常住人口数量，C11 单位 GDP 水耗 = 各省用水总量/地区生产总值，C14 单位 GDP 工业废水排放量 = 各省工业废水排放量/地区生产总值，C15 单位 GDP 工业废气排放量 = 各省工业废气排放量/地区生产总值，C16 单位 GDP 工业固体废弃物排放量 = 各省工业固体废弃物排放量/地区生产总值。

本文基于上述变量及相关数据展开层次分析和主成分分析相结合的实证研究。在层次分析法中，由于各变量的数量单位不同，不能直接代入模型进行运算，因此首先需要将其转化为无量纲标准化变量，从而将原来单位不同、不能进行交叉运算的变量数据转化为可以进行运算的标准化变量数据。从评价的角度来看，通常可以把指标划分成两种：指标值越高越好型、指标值越低越好型。其中，指标值越高越好型的指标又被称为正向型指标；指标值越低越好型的指标又称为逆向型指标。指标值无量纲化的方法很多，通常使用全距标准化法。

全距标准化法就是找出指标的最大值和最小值，求得极差，用这一极差作分母，其计算方式根据指标类型不同而不同。

对于正向型指标：

$$c'_{ij} = \frac{c_{ij} - c_{min}}{c_{max} - c_{min}} \times 100 \tag{2}$$

对于逆向型指标：

$$c'_{ij} = 100 - \frac{c_{ij} - c_{min}}{c_{max} - c_{min}} \times 100 \tag{3}$$

式中，c'_{ij} 为标准化后某一指标的值，c_{ij} 为标准化前某一指标的值；c_{min} 为标准化前某一指标的最小指标值，c_{max} 为标准化前某一指标的最大指标值。

对于主成分分析法，在进行分析之前，为消除量纲对数据的影响，也要进行标准化处理，具体方法是：对于原始指标数据 P 维随机向量 $x = (x_1, x_2, \cdots, x_p)^T$，对样本矩阵进行如下标准化变换：$x'_{ij} = \frac{x_{ij} - \bar{x}_j}{s_j}$，其中，$\bar{x}_j = \frac{\sum_{i=1}^{n} x_{ij}}{n}$，$s_j^2 = \frac{\sum_{i=1}^{n} (x_{ij} - \bar{x}_j)^2}{n-1}$，从而得到标准化阵 X。在标准化数据的基础上，进而展开相应计算与分析。

三、各地区产业生态化水平的实证结果

1. 层次分析法结果

本文首先采用德尔菲法（Delphi）和层次分析法（AHP）来确定区域产业生态化发展水平评价指标体系中各层次、各项指标的权重。具体方法如下：第一步通过专家咨询法（德尔菲法）构造 1 至 7 标度的两两比较矩阵；第二步计算两两比较矩阵最大特征根对应的归一化后的权向量作为指标影响权重；第三步计算各个层次评价要素和评价指标的组合权重；第四步对指标权重进行单层和多层组合一致性检验。

根据德尔菲法（Delphi）和层次分析法（AHP）要求，作者设计了《产业生态化发展水平评价研究》调查问卷，并调查了几十位专家的意见，其中既有高校产业经济学、生态经济学方面的专家学者，也有省市级政府研究机构的相关专家。对于收回的问卷，首先按照数学方法对其进行一致性检验，然后在经过检验的有效问卷的基础上，构造本文的判断矩阵，计算出指标体系中各变量权重。在此基础上代入标准化后的数据，从而可以计算得到各省产业生态化发展水平的得分。

根据所采集的指标数据，运用前述方法及公式，本文首先求得我国各地区（省、直辖市、自治区）2008 年产业生态化水平的综合评价得分，并进行排序，如表 2 所示。

表 2 反映了 2008 年我国各地区（省、直辖市、自治区）产业生态化水平的评价结果。从整体上看，东部发达地区排名比较靠前，中部地区次之，西部地区产业生态化水平相对比较落后。值得注意的是，东北地区由于老工业基地以重工业和装备制造业等为主，因此产业生态化水平不

表2 2008年我国各地区产业生态化水平评价

类别	省份	得分	排名	类别	省份	得分	排名
东部地区	辽宁	71.72	4	中部地区	山西	54.57	10
	河北	64.13	6		河南	53.82	12
	北京	55.71	8		湖北	49.66	16
	天津	45.58	22		江西	58.93	7
	山东	47.00	20		安徽	40.12	26
	江苏	46.34	21		湖南	54.25	11
	浙江	47.89	19	西部地区	陕西	52.57	15
	上海	52.73	14		甘肃	49.36	17
	福建	66.92	5		青海	29.21	29
	广东	73.34	2		宁夏	48.89	18
	广西	75.71	1		新疆	44.35	23
	海南	55.32	9		重庆	37.67	28
中部地区	吉林	52.94	13		四川	23.20	30
	黑龙江	42.06	24		贵州	40.77	25
	内蒙古	72.07	3		云南	40.05	27

高。从表2中直观看出,我国区域间产业生态化发展水平不平衡的情况比较明显,东、中、西部差距较大。

为了进一步反映进入21世纪以来我国区域产业生态化水平动态变化情况,本文进一步运用2001年、2003年、2005年、2007年年度数据做动态分析,得出2001~2008年各地区(省、直辖市、自治区)产业生态化水平及排名,如表3所示。

表3 2001~2008年各地区产业生态化发展水平

地区		2001年		2003年		2005年		2007年		2008年	
类别	省份	得分	排名	得分	排名	得分	排名	得分	排名	得分	排名
东部地区	辽宁	50.61	9	51.24	13	54.87	8	47.53	16	46.34	21
	河北	43.75	19	49.55	15	49.28	17	47.28	17	55.71	8
	北京	68.29	1	69.65	1	74.29	1	72.97	1	71.72	4
	天津	64.01	2	62.32	6	70.61	4	62.45	6	64.13	6
	山东	61.25	4	69.64	2	74.14	2	70.06	4	72.07	3
	江苏	55.43	5	66.15	5	72.10	3	71.72	2	73.34	2
	浙江	63.56	3	66.44	4	68.52	6	71.40	3	75.71	1
	上海	55.30	6	66.44	3	69.85	5	65.30	5	66.92	5
	福建	48.85	11	52.06	12	53.32	9	52.47	11	52.94	13
	广东	54.21	7	58.36	7	62.02	7	56.80	7	58.93	7
	广西	36.43	25	38.49	25	36.68	27	38.14	27	40.12	26
	海南	49.37	10	52.54	10	51.06	12	56.38	8	54.25	11
中部地区	吉林	44.40	16	47.67	17	47.15	18	47.06	18	47.89	19
	黑龙江	51.75	8	57.20	8	51.04	13	51.25	13	52.73	14
	内蒙古	38.28	23	36.88	26	43.32	21	43.75	22	47.00	20
	山西	26.46	29	38.79	24	40.75	25	41.35	23	45.58	22
	河南	46.48	12	50.28	14	51.12	11	51.95	12	54.57	10
	湖北	46.27	13	55.35	9	50.46	14	53.17	9	53.82	12
	江西	36.10	26	40.15	23	43.09	23	40.85	24	42.06	24
	安徽	43.86	18	52.39	11	50.34	16	52.92	10	55.32	9
	湖南	41.23	20	43.40	21	45.10	20	47.67	15	49.66	16

续表

地区		2001 年		2003 年		2005 年		2007 年		2008 年	
类别	省份	得分	排名	得分	排名	得分	排名	得分	排名	得分	排名
西部地区	陕西	39.90	21	41.98	22	43.20	22	44.22	21	44.35	23
	甘肃	36.94	24	35.32	27	39.93	26	39.78	26	37.67	28
	青海	30.54	27	30.00	28	27.58	30	22.54	30	23.20	30
	宁夏	25.95	30	29.57	29	33.98	28	34.91	28	40.77	25
	新疆	44.03	17	47.99	16	42.96	24	39.98	25	40.05	27
	重庆	39.07	22	44.16	19	45.42	19	48.04	14	52.57	15
	四川	45.47	14	44.12	20	52.78	10	45.59	20	49.36	17
	贵州	26.90	28	28.52	30	32.27	29	27.10	29	29.21	29
	云南	44.89	15	47.02	18	50.40	15	46.00	19	48.89	18

表 3 中，每地区（省、直辖市、自治区）年度得分均为相对于所有地区（省、直辖市、自治区）当年的标准分，不能作纵向的动态比较，动态比较分析主要是从各地区（省、直辖市、自治区）历年的排名来显示。从表 3 可以看出，2001~2008 年我国各地区产业生态化水平的格局没有根本性的变动，但总体而言，呈现出东部和中部地区整体排名上升，而西部地区排名在原本就已落后的基础上进一步下滑，说明其产业生态化水平相对于东部和中部来说，差距逐渐拉大。

因此，进入 21 世纪以来我国各地区产业生态化水平的差异存在不断扩大的趋势，这与我国各地区经济发展水平差异的扩大也存在着某种关联性和一致性。

2. 主成分分析结果

（1）各年度主成分及其构成指标情况。通过对 2001~2008 年各年数据分别运用主成分分析，发现第一主成分反映的信息量均达到 30% 以上，前四个主成分反映的信息均达到 75%，因而可以认为前四个主成分反映了整体的大部分信息，可用前四个主成分来研究区域产业生态化水平发展情况。进而，对各主成分的因子载荷矩阵进行研究，得出各年度第一到第四主成分中起主要影响作用的指标，如表 4~表 8 所示。

表 4 2001 年主成分主要指标

第一主成分	第二主成分	第三主成分	第四主成分
C10	C1	C7	C18
C12	C2	C21	
C15	C3		

表 5 2003 年主成分主要指标

第一主成分	第二主成分	第三主成分	第四主成分
C1	C15	C6	C18
C2	C16	C9	C19
C3		C13	C21
C4			

表 6 2005 年主成分主要指标

第一主成分	第二主成分	第三主成分	第四主成分
C1	C17	C9	C20
C2	C18	C10	
C3		C12	

续表

第一主成分	第二主成分	第三主成分	第四主成分
C4		C15	
C7			

表 7　2007 年主成分主要指标

第一主成分	第二主成分	第三主成分	第四主成分
C1	C17	C9	C20
C2	C18	C12	
C3		C15	
C4			
C7			

表 8　2008 年主成分主要指标

第一主成分	第二主成分	第三主成分	第四主成分
C1	C17	C9	C20
C2	C18	C10	
C3	C21	C15	
C4			
C7			

根据表 4~表 8 每一主成分从 2001~2008 年主要构成分量指标变动情况，可以对区域产业生态化水平做动态分析：

第一，对于第一主成分，2003 年及以后各年份的第一主成分都逐渐趋于一致，并主要由 C1 人均 GDP、C2 城镇居民人均可支配收入、C3 非农产业占 GDP 比重、C4R&D 投入占 GDP 比重这几个指标组成。这几个指标反映区域经济社会发展基础和科技创新支撑，因此，可定义此公共因子为经济科技发展支撑因子。这一方面反映出经济与科技力量对于产业生态化发展的支撑作用；另一方面根据主成分分析法的原理可知，这也间接反映了各省之间的生态差距和环境保护差距要小于经济发展差距，并从一定程度上也反映了我国整体生态化水平较低。

第二，对于第二主成分，可以看到与 2003 年和 2001 年截然不同，2005 年、2007 年的主要指标已经完全一致，主要包括 C17 工业粉尘排放达标率、C18 工业废水排放达标率，2008 年在此基础上又增加了 C21 城镇污水处理率。这几个指标反映了污染减排及处理能力，因而可定义为污染减排因子。从 2001~2008 年第二主成分的演变过程可以看到，2003~2005 年出现了明显的转变，这

与 2003 年中央提出科学发展观以及"十一五"规划纲要首次提出主要污染物排放作为约束性指标有着很大的关系。

第三，对于第三主成分，可以看到呈现出与第二主成分类似的情况，即 2005~2008 年构成第三主成分的主要指标十分相似，而与 2001 年及 2003 年相差较大。构成 2005~2008 年第三主成分的主要指标有：C9 环境污染治理投资占 GDP 比重、C10 单位 GDP 能耗、C12 单位 GDP 电耗等，这些指标主要反映了区域生态保护水平与节能情况，因此，可以定义为资源减量因子。从 2001~2008 年第三主成分的演变过程也可以看到，2005 年以后同样出现了明显的转变，这也充分说明了单位 GDP 能耗等指标作为"十一五"期间的约束性指标而受到了各地政府的高度重视。

（2）2001~2008 年度各省主成分得分情况。为了对我国各地区产业生态化水平作进一步比较研究，本文对全国 30 个省（直辖市、自治区）在 2001~2008 年各主成分的得分进行了计算，并得出了加权总分，从而可以进一步客观评价我国各地区产业生态化发展水平。现将计算、分析结果列于表 9。

表9 2001~2008年我国各地区产业生态化发展水平

地区		2001 年		2003 年		2005 年		2007 年		2008 年	
类别	省份	得分	排名	得分	排名	得分	排名	得分	排名	得分	排名
东部地区	辽宁	0.380	6	0.343	9	0.503	8	0.295	8	-0.122	20
	河北	0.120	15	0.130	14	0.125	12	0.131	17	0.007	14
	北京	1.347	1	1.402	1	1.105	2	1.227	1	1.090	1
	天津	0.992	2	0.862	3	1.050	3	0.774	3	0.821	3
	山东	0.361	7	0.441	6	0.741	5	0.642	5	0.685	5
	江苏	0.493	5	0.577	4	0.819	4	0.726	4	0.694	4
	浙江	0.536	4	0.557	5	0.632	6	0.589	6	0.416	6
	上海	0.974	3	1.199	2	1.259	1	1.058	2	0.938	2
	福建	0.173	13	0.226	10	0.257	9	0.216	11	-0.073	18
	广东	0.334	8	0.393	7	0.540	7	0.424	7	0.302	7
	广西	-0.027	24	-0.057	23	-0.281	28	-0.080	24	-0.661	27
	海南	0.206	11	0.183	13	-0.010	20	0.173	15	0.245	9
中部地区	吉林	0.120	16	0.343	9	0.024	18	0.111	19	-0.019	15
	黑龙江	0.298	10	0.102	16	0.196	10	0.179	13	0.072	12
	内蒙古	0.065	20	-0.100	25	0.046	16	0.242	9	-0.125	21
	山西	-0.478	29	-0.268	29	-0.283	29	-0.146	28	-0.457	26
	河南	0.072	19	-0.055	22	0.076	14	0.147	16	0.246	8
	湖北	0.143	14	-0.099	24	0.172	11	0.201	12	0.162	10
	江西	-0.246	28	-0.099	24	-0.112	26	-0.112	27	-0.386	24
	安徽	0.097	18	0.211	12	0.072	15	0.179	14	0.119	11
	湖南	-0.089	27	-0.055	22	-0.110	25	-0.026	23	-0.056	17
西部地区	陕西	-0.065	26	-0.126	26	-0.082	23	0.067	20	-0.102	19
	甘肃	0.102	17	-0.166	27	-0.044	22	0.029	22	-0.418	25
	青海	-0.011	23	-0.197	28	-0.192	27	-0.161	29	-1.234	30
	宁夏	0.028	22	0.006	20	0.013	19	0.219	10	-0.740	28
	新疆	0.325	9	0.130	15	-0.092	24	-0.081	25	-0.175	22
	重庆	0.192	12	0.080	18	0.036	17	0.124	18	0.021	13
	四川	0.044	21	0.025	19	0.106	13	0.058	21	-0.046	16
	贵州	-0.569	30	-0.647	30	-0.492	30	-0.449	30	-0.791	29
	云南	-0.039	25	-0.043	21	-0.011	21	-0.090	26	-0.213	23

从表9主成分分析的结果可以看出，从2001~2008年，全国产业生态化水平排名前10位的基本上都是东部省（直辖市），中部地区各省排名总体来看是稳中有升，西部地区产业生态化水平排名有所后移，这与表3层次分析法所得出的结论是基本一致的。由此可以说明，运用主成分分析与层次分析所得结论是准确、可靠的。同时也可以说明，我国西部地区为了加快经济发展，缩小经济差距，对产业产业化和生态环境管制的重视程度可能要低于东部地区。

四、各地区产业生态化水平差异的原因及影响分析

上述运用层次分析法和主成分分析法对我国各地区产业生态化发展水平所做的静态与动态实证研究结果表明，我国各地区产业生态化水平仍然较低，并且呈现出东、中、西梯度分布的状态。下面对产生这种状态的原因和影响进行分析。

1. 原因分析

我国各地区产业生态化发展水平存在着较大差异，造成这种差异的原因是多方面的。目前，我国区域间经济发展很不平衡，资金、技术、人才等要素向东部沿海发达地区流动的整体趋势没有从根本上得到改变。在这样的背景下，部分地区缺乏实施产业生态化所必需的资金与技术支持，致使区域产业生态化水平差距不断扩大。另一方面，西部地区一些省份由于经济上的长期落后，在加快发展、急于缩小经济差距思想的影响下，可能对生态环境保护重视不够，有的甚至将经济与环境对立起来，不惜以牺牲环境为代价发展经济，从而导致产业生态化水平低下，生态环境破坏速度快于沿海地区。从这个意义上说，经济、技术基础与理念的缺失，是导致我国区域产业生态化发展水平差异的根本原因。

从产业生态化主要组成与实现途径来看，广义的产业生态化涉及区域内的企业清洁生产、生态工业园区的发展，以及区域间产业的分工与产业转移。因此，本文认为，我国产业生态化水平东、中、西部的差距较大，还具有以下一些具体原因：

（1）企业生态化管理。企业生态化管理是产业生态化的微观基础。目前，我国沿海发达地区对企业的排放要求逐渐提高，设置并加大招商引资的环境门槛。近年来逐步整合、淘汰污染严重的企业，或者加大对企业的生态化改造。而西部地区为了加快经济发展，扩大经济规模，吸引外来投资，往往对环境门槛设置较低甚至不设环境门槛。在经济发展过程中对企业进行生态改造的力度要低于沿海发达地区，从而造成产业生态化水平的低下。

（2）生态工业园区建设。生态工业园区是工业共生与产业生态的重要实践形式。从整体看，目前我国生态工业园区建设仍处于起步阶段。但相对来说，我国东部沿海地区高新工业园区数量增长较快，也有相当部分工业园区已升级成为生态工业（产业）园区，实行园区规范化管理，并按照产业生态化的要求进行相关工业设计，形成产业和物质循环，初步形成园区内生态产业链甚至是小型行政区域内的生态产业链建设。西部地区在工业园区的数量、规模上都显不足，循环经济模式的生态工业园区更是为数不多，区域循环与产业链的建设也处于萌芽阶段，有待进一步发展。

（3）区域产业分工。区域产业分工与产业生态化也有密切关系。目前，西部地区产业分工以产业链上游的资源采掘、初级加工或重工业为主，而东部地区深加工、服务业等占总体经济规模的比重要远远高于中西部地区。简单、粗放的生产模式使得西部地区产业生态化水平不高。因此，虽然目前西部地区生态基础、自然资源要好于东部地区，但其破坏的相对速度却可能快于东部地区。另一方面，区域间的过度竞争以及差距扩大的压力使一些地方政府尤其是西部地区在项目投资上低效益、低水平的重复引进、生产、建设现象较为严重，导致产业结构趋同现象不断加剧，造成资源浪费、生产能力过剩。这种现象，使得西部地区生态环境遭到不断破坏的同时，还抑制了地区经济比较优势的发挥，形成经济与环境"双输"的困境。

（4）区域产业转移。区域产业转移的生态化是实现产业生态化的重要环节，也是实现产业生态化与区域经济协调发展的重要途径。目前，由于产业转出地和转入地对产业转移的生态化控制和重视不够，区域产业转移的总体趋势仍然是以中、西部地区承接东部沿海发达地区落后、淘汰的产能和"三高"排放产业为主，这就造成了西部地区在原本粗放型发展的基础上，造成产业生态化水平进一步下降。与此同时，产业转移的性质

（承接落后产业）也决定了在生态环境遭到破坏的同时，东、西部经济差距难以缩小。

2. 影响分析

我国区域产业生态化发展水平所呈现出来的差异及其特征，对区域经济社会发展具有重要影响。

首先，在区域经济发展中所面临的资源能源短缺、生态环境恶化等问题，已经成为区域经济发展的"瓶颈"。一方面，我国资源人均占有量较少，且区域间分布不均。如人均耕地、淡水、森林仅分别占世界平均水平的32%、27.4%和12.8%，石油、天然气、铁矿石等重要资源的人均拥有储量也明显低于世界平均水平，尤其在资源、能源相对匮乏的东部地区，为支撑经济高速增长所需的资源、能源要素面临着更为严重的供给约束。另一方面，我国环境承载能力已近极限，由于过去长期实行粗放式增长，对于能源和其他资源消耗巨大，生态环境恶化问题日益凸显，尤其是作为"生态屏障"的中、西部地区，由于其实施经济赶超、跨越式发展战略，脆弱的生态环境随着工业化、城市化进程的加快而受到极大的影响。

其次，虽然近年来我国"西部大开发"、"中部崛起"、"东北振兴"等区域发展战略的实施取得了一些成效，但成效并不十分显著，区域经济发展差距并没有因此而缩小。现实情况是：由于相关制度、协调机制的缺失和不完善，区域内的

经济、生态矛盾进一步加剧，并由经济、生态矛盾进一步加剧区域间经济差距；而为了缩小区域经济差距所采取的措施，往往又使得区域内、区域间的生态更加失衡，从而陷入了较为不利的局面。

再次，西部地区作为我国的"生态屏障"，其生态环境与资源基础要远远好于东部沿海。然而近年来，西部地区为了实现赶超式的跨越发展，在唯GDP增长理念的影响下，以资源、环境作为吸引外来投资的优势，盲目招商引资、扩大产能，造成产业结构相对低下，对资源消耗和环境污染更加严重。低水平、低附加值的重复建设，并未有效缩小区域经济差距，反而造成了生态环境的加速破坏。

上述分析也得到了实证结果的支持。从表2全国各地区产业生态化水平的比较可以看出，区域产业生态化水平与区域经济发展水平之间存在高度相关性，即以东部沿海地区为主的经济较发达地区产业生态化水平相对较高，中部地区居中，而西部地区则相对较低，我国产业生态化发展水平和经济发展格局形成了相似的东—中—西梯度特征；而表3和表9的分析结果则更进一步说明，在2001~2008年，区域产业生态化发展水平的差距呈现出不断扩大的趋势，与区域经济发展差异呈现出一致性，这说明产业生态化和区域经济发展有着很强的相关性。

五、结论与政策含义

本文通过构建区域产业生态化水平评价指标体系，采用层次分析与主成分分析相结合的方法，分析了我国各地区产业生态化发展水平，在此基础上进一步分析了造成我国各地区产业生态化水平差异的原因及其影响。综合以上分析，可以得到以下几点结论与政策含义：

（1）研究发现，目前我国产业生态化水平仍然较低，且各地区产业生态化水平差距较大。从总体来看，东部沿海发达地区产业生态化水平相对较高，中部地区次之，而西部地区则相对较低，呈现出东—中—西梯度分布的特征。

（2）各地区产业生态化水平的差异，是由多方

面的原因造成的。其产生的根本原因在于经济、技术基础与发展理念，具体原因包括区域内企业生态化、生态产业链的构建、区域间产业分工以及产业转移四个方面。本文也从这几个方面进行了深入分析。

（3）产业生态化发展水平与区域经济发展水平具有相关性。从区域的角度看，我国东—中—西部产业生态化发展水平的差异与我国区域经济发展的梯度结构也十分相似。这一发现说明，提高产业生态化发展水平与实现我国区域经济协调发展具有内在的一致性。

（4）积极推进产业生态化建设是我国当前的一

项重要任务。推进产业生态化建设，可从以下几方面入手：

第一，宏观层次上，要转变发展观念，并进行资源和环境保护制度创新。一是按照生态文明与经济发展统筹兼顾的思想，切实转变"唯GDP论"和"先污染后治理"的错误发展思路，进一步提高对产业生态化的重视程度，着力打造生态绿色产业，积极推进产业生态化与经济社会的协调发展。二是通过对资源保护、环境约束与激励机制的改良与创新，建立政府与市场两种作用相结合的资源、环境管理机制，促使经济主体选择有利于资源和环境保护的经济行为，从而在制度设计上促进产业生态化建设，以实现经济发展与环境保护的和谐一致。

第二，中观层次上，制订与资源、环境目标相协调的产业政策，并加强对生态工业园区的建设和管理。一是通过产业政策、财税政策及相应的技术支持，鼓励经济主体的生态化经营管理活动，示范推进循环经济和清洁生产方式，提高资源使用效率和废弃物循环利用水平。二是根据部门管理与地区管理相结合的原则，加强对生态工业园区的建设与管理，鼓励并支持工业园区内部建立起良好的循环经济体系，提高其生产与环境绩效。通过规范化的园区管理，实现经济效益与环境效益的互利双赢。

第三，微观层次上，应促进企业转变经营观念，建立生态管理理念，促进企业管理创新，积极推动企业技术创新。一是引导企业建立起生态管理理念，将生产管理和环境保护有机结合起来，促进企业提升生态管理水平，有效提高资源使用效率和减少污染物的产生与排放，提升环境绩效与经营绩效。二是通过相应的政策激励，支持企业生产技术和设备的更新，加大对清洁环保技术和设备的投入力度，鼓励企业节能减排与综合利用副产品。

总之，通过各个层次的共同努力，加快产业生态化发展，为实现生态文明与经济和谐发展、科学发展奠定良好的基础。

参考文献

Alewell, and Mandersheid, 1998, "Use of Objective Criteria for the Assessment of Biogeochemical Ecosystem Models", Ecological Modellin, pp.213-224.

Allenby, B.R., 1994, "Industrial ecology gets down to earth". IEEE Circuits and Devices Magazine, 10, pp.24-28.

Allenby, B.R., 2000, "Implementing Industrial Ecology: the AT&T matrix system", Interfaces, 30 (3), pp.42-54.

Audra, J., and Potts, C., 1998, "Choctaw Eco-industrial Park: An Ecological Approach to Industrial Land-use Planning and Design", Landscape and Urban Planning, 42 (2-4), pp.239-257.

Bringezu, S, 2001, "Economy-wide material accounts and balances and derived indicators of source use" (working paper).

Coase, R., 1960, "The Problem of Social cost", Journal of Law and Economics, 3, pp.1-44.

Cote, P. and Hall, J., 1995, "Industrial Parks as Ecosystems", Journal of Cleaner Production, 3 (1-2), pp.41-46.

Ehrenfeld, J.R., 2000, "Industrial Ecology: Paradigm Shift or Normal Science", The American Behavioral Scientist, 44 (2), pp.229-244.

Frosch, R.A., 1992, "Industrial Ecology: A Philosophical Introduction", Proceed ings of the National Academy of Science of the U.S.A, 89, pp.800-803.

Frosch, R.A., 1995, "Industrial Ecology: Adapting Technology for a Sustainable World", Environment, 37 (10), pp.16-37.

Graedel, T.E., and Allenby, B.R., 2003, "Industrial Ecology (2nd ed)". Englewood Cliffs: Prentice Hall, pp.24-45.

Institute of Electrical and Electronics Engineers (IEEE), 1995, "White Paper on Sustainable Development and Industrial Ecology", pp.52-70.

Jesse, H.A, and Hedy E.S., 1989, "Technology and Environment". Washington D.C: National Academy Press, pp.58-62.

Kumar, C., and Patel, N., 1991, "Industrial ecology proceeding of colloquium", Washington D.C.: the National Academy of Science of the USA, pp.105-108.

Kumar, C., and Patel, N., 1992, "Industrial Ecology", Proceedings of National Academy Science of USA, (89), pp.798-799.

Kuznets, S., 1994, "Econmic Growth and Income Inequelity", American Economic Review, 45, pp.1-28.

Odum H. T., 1996, "Environmental Accounting: EMERGY and Decision Making", John Wiley. NY, pp.370-385.

Research Triangle Institute, 1994, "Eco -industrial Park: A Case Study and Analysis of Economic, Environmental, Technical and Regulatory Issues, Final Report for the U.S. Environmental Protection Agency", Research Triangle Park (RC), pp.55-72.

Stiglitz, J.E., 1974, "Uncentives and Risk-Sharing in Sharecropping", Review of Economic Studies, 41 (2), pp. 219-255.

Sangwon Suh. 2005, "Eco -efficiency for pollution prevention in small to medium sized enterprises: A case from South Korea", Journal of Industrial Ecology, 4, pp.223-240.

Yri Seppald. 2005, "How can the eco -efficiency of a region be measured and monitored", Journal of Industrial Ecology, 4, pp.117-130.

蔡昉, 都阳. 中国地区经济增长的趋同与差异 [J]. 经济研究, 2000 (10).

李志刚. 中国经济发展模式的必然选择——循环经济 [J]. 生态经济, 2003 (5).

李娣, 胡拥军. 长株潭区域产业生态化发展评价与对策研究 [J]. 开放导报, 2010 (1).

厉无畏, 王慧敏. 产业发展的趋势研判与理性思考 [J]. 中国工业经济, 2002 (4).

林毅夫, 蔡昉. 中国经济转型时期的地区差异分析 [J]. 经济研究, 1998 (6).

罗浩. 自然资源与经济增长: 资源瓶颈及其解决途径 [J]. 经济研究, 2007 (6).

王如松. 循环经济建设的生态误区、整合途径和潜势产业辨析 [J]. 应用生态学报, 2005 (12).

王小鲁, 樊纲. 中国地区差距的变动趋势和影响因素 [J]. 经济研究, 2004 (1).

魏后凯. 大都市区新型产业分工与冲突管理——基于产业链分工视角 [J]. 中国工业经济, 2007 (2).

肖焰, 恒陈艳. 生态工业理论及其模式实现途径探讨 [J]. 中国人口·资源与环境, 2001 (11).

张柏江, 朱正国. 生态产业与可持续发展 [J]. 经济地理, 2000 (20).

张文彬, 张理芃, 张可云. 中国环境规制强度省际竞争形态及其转变 [J]. 管理世界, 2010 (12).

张孝锋, 蒋寒迪. 产业转移对区域协调发展的影响及其对策 [J]. 财经理论与实践, 2006 (4).

诸大建. 作为我国循环经济测度的生态效率指标及其实证研究 [J]. 长江流域资源与环境, 2008 (6).

(陆根尧、唐辰华, 浙江理工大学经济管理学院)

强化环境管制政策对中国经济的影响

——基于 CGE 模型的评估

一、前　言

从 20 世纪 70 年代末开始，中国经济（特别是工业）快速增长，与此同时，中国环境状况不断恶化。随着人民生活水平的不断提高，对环境保护与健康的公众意识开始觉醒。在这种背景下，要求政府加强环境保护政策力度的呼吁越来越强烈。正如金碚（2009）所说，"在一定的工业发展阶段，人们宁可承受较大的环境污染代价来换取工业成就；而到了工业发展的较高阶段，环境的重要性变得越来越重要"。[①]目前中国社会对环境保护的重要性已经有充分认识，2006 年《中共中央关于构建社会主义和谐社会若干重大问题的决定》中提出要"统筹人与自然和谐发展"，要"转变增长方式，提高发展质量，推进节约发展、清洁发展"，以"实现经济社会全面协调可持续发展"。构建和谐社会的目标和主要任务之一是，到 2020 年"资源利用效率显著提高，生态环境明显好转"。但是，目前中国环境保护工作的难点在于，如何在保持经济增长与中国产业国际竞争力的前提下抑制环境恶化的趋势，进而使中国环境的总体情况向好的方面转化。

尽管有一些理论研究表明，环境管制在一定条件下可能促成环境水平提高与企业竞争力提升的"双赢"结果；在环境管制强度提升的同时，企业可以通过内部挖潜与技术创新来应对由于环境管制标准提高而增加的成本，进而构筑新的竞争优势。但不可否认的是，在一定时期内企业应对成本上涨的能力是有限的，因而在一定时期内保持经济稳定的前提下，一国产业所能承受的环境标准提升程度也将是有限的。"双赢"的结果并不容易实现。

国内外许多学者都进行过环境管制对经济增长及出口影响方面的研究。我们研究的进步在于以下几点：一是我们的研究考察了对各种主要污染物的环境管制强度提升的综合经济影响，而不是仅仅针对单一污染物（如二氧化硫）的管制政策，因而能够更有效地评估环境管制强度提升的经济影响；二是过往研究中污染物多以物理量衡量，这样一方面各种污染物难以加总，另一方面也难以从经济意义上量化环境管制强度的变化程度，例如，将单位 GDP 二氧化硫排放量从 80 克/万元降低到 70 克/万元，我们难以直接判断环境管制强度提升对企业成本的影响程度。本文研究的进展在于，我们不是直接以各种污染物的物理量变化来衡量环境管制强度，而是以各种污染物的虚拟治理成本来衡量环境管制强度，从而一方面可以把不同污染物加总，另一方面也可以较好地从经济意义上量化环境管制强度的变化程度。本文将在我们前期对中国环境成本估算的基础上，利用可计算一般均衡（CGE）模型评估中国提升环境管制强度的经济影响。

[①] 金碚. 资源环境管制与工业竞争力关系研究 [J]. 中国工业经济，2009（3）.

二、文献回顾

环境经济学产生于环境问题日益严峻的现实之中。工业革命以来，人们对自然环境的大规模开发在提高人们生活质量的同时，也导致了环境恶化等问题。特别是"二战"结束后，工业化与城市化在世界各地的普遍展开大大加快了自然资源的消耗，同时也使环境污染问题日益严重。

与环境经济学演进的现实背景相对应，其理论基础也在不断发展。根据新古典经济学，在不存在市场失灵时，价格信号将使污染排放水平自动达到社会最优水平。但是，由于一些原因，市场并不总是有效的。早期的环境经济学认为，导致环境问题的市场失灵根源于外部性：私人成本小于社会成本导致污染过量排放，因此，解决环境问题的关键在于，通过一定的环境规制工具，如征税或补贴等，使污染排放的私人成本等于社会成本，抑制污染过度排放的动力。20世纪60年代兴起的产权经济学则认为，环境问题根源于产权界定的不明确：交易成本为零时，如果产权是明确的，排污者与被排污者可以通过资源协商使污染排放量达到社会最优水平，因此，解决环境问题的关键在于排污权的确定，与此相对应的污染规制工具为可交易的污染排放权。

从环境经济发展的脉络中，可以看出环境管制理论实质是环境经济学的核心；尤其是20世纪末21世纪初，关于环境规制的研究得到了突飞猛进的发展。根据SSCI、JSTOR、EBSCO等数据库的初步统计，至今相关文献多达8千多篇。以SSCI数据库中为例，1990~2010年以"Environmental"作为主题词的文献共有3605条检索结果；这些以环境为主题的经济学文章主要分为十类主题，其中前两位均是与环境管制相关的研究内容，分别为"环境经济学：政府政策"（EEGP，占总量的31.13%）、"税收和补贴：外部性；再分配效应；环境税和补贴"（TS，16.34%），两者共占47.47%。随着环境经济学及环境规制研究的不断发展，还出现了专注于该领域的学术期刊，例如牛津大学在2007年开始发行《环境经济学及环境政策评论》（Review of Environmental Economics and Policy）；英国PION出版公司1969年开始出版的四个学术期刊《环境与规划》（Environment and Planning），其中，第二和第三个期刊：《环境与规划B：规划与设计》（Environment and Planning B：Planning and Design）、《环境与规划C：政府及政策》（Environment and Planning C：Government and Policy）都专注于环境规制的研究。专门针对环境规制领域研究的学术期刊的出现，从一个侧面说明了环境规制问题在环境经济学中的地位正在不断上升。

从相关文献来看，环境规制的研究角度十分广泛，既有从政府管理和法律层面进行的分析，也包括环境规制对企业经营、相关产业发展以及整体经济增长影响的分析；既有对环境规制各种显性成本和隐性成本的分析，也有对企业等各类经济主体应对环境规制的行为分析；既有对环境规制发展历程的分析，也有对环境规制最优模式的分析。环境规制研究的内容则更为丰富，既包括了对水资源、废气排放以及温室气体排放、固体废弃物排放等的分析，也包括了对限制或促进具体产业发展所带来的环境问题的分析。一般来说，由于发达国家和发展中国家在经济发展进程中对环境受到的影响不同，因此，环境规制的研究多是分国别和地区来进行。

要减少经济发展对环境的不利影响，环境规制是最重要的手段之一，因此，可以预见，随着经济发展对环境问题的影响越来越大，环境规制在环境经济学中的地位将越来越重要。随着经济全球化及全球性污染物危害的增大，精确评估各种环境规制工具的成本及其对各国经济的影响、分析不同经济发展阶段各类环境规制工具的适用性以及根据自己国家的国情确定环境规制的强度，将是未来每个国家都要面临的研究命题。环境管制对一国经济的影响可以大致概括为两种观点：不利论与双赢论。

第一，传统观点——不利论。传统观点认为，提高环境成本将对企业竞争力产生负面的影响：

环境规制增加了企业生产成本，降低了企业的利润及生产效率。Christainsen 和 Haveman（1981）认为，除了人口结构、资本投资及准永久性衰退（Quasi-permanent Recession）外，还有包括环境规制在内的多种因素造成了美国生产率增速在 1965 年之后的下滑，其中，环境规制造成了 8%~12% 的生产率增速下滑。Gray（1987）发现，20 世纪 70 年代美国制造业部门生产率下降中，有 30% 是由于美国职业安全与健康管理局和环境保护局的规制所致。Gray 和 Shadbegian（1998）通过分析美国 686 家造纸企业的技术选择数据、116 家企业的年度投资数据（从 1972 年开始）以及 68 家企业的污染消除投资数据（从 1979 年开始）发现，在环境规制严格的州新建立的企业不倾向使用污染较重的技术。虽然没有发现环境规制对现有企业的年度投资有影响，但减排较多的企业往往减少了生产性投资。Marklund（2003）利用 1983~1990 年 12 个瑞典纸浆厂商的数据，发现环境规制并没有使这些厂商的资源使用效率提高。Andres、Ernest 和 Hernandez-Sancho（2005）利用 1995 年以来的西班牙瓷砖生产商数据，通过研究发现，如果污水处理成本为零，企业总产出将会增加 7.0%，但如果处理污水需要额外的成本，企业合意产出只能增加 2.2%，这就说明环境规制其实是以产出增长减缓为代价的。

第二，修正观点——双赢论。从动态角度看，环境规制可能会带来环境水平提高与企业竞争力提升同时达到的"双赢"结果。Porter（1991）与 Porter 和 Linde（1995）是较早提出这一观点的，正因为此，这一观点又被称为"波特假说"。在 Porter 等的经典文献里，环境规制增强企业竞争力的这一论断主要是建立在对 3M 与 Robbins 等公司的案例分析基础上，这被"不利论"者批评为缺乏系统的经验证据。后来的一些实证研究采用经济计量分析方法，弥补了这一缺陷。Jaffe 和 Palmer（1997）以规制合规成本（Regulatory Compliance）作为规制严格程度的衡量指标，发现在控制行业特殊效应后，规制合规成本与研发总投入间存在明显的正向关系。Albrecht（1998a、1998b）利用 1989~1995 年的跨国数据，发现率先采用氯氟烃政策的国家相关产业具有更好的出口绩效。Newell、Jaffe 和 Stavins（1999）利用 1958~

1993 年的数据发现政府能源效率标准也是导致企业能源利用效率提高的因素。Murthy 和 Kumar（2001）利用 92 个印度企业的面板数据，发现随着环境规制强度的增强，企业的技术效率也相应提高。Berman 和 Linda（2001）对 1979~1992 年洛杉矶南海岸 Air 盆地（South Coast Air Basin）的石油精炼厂进行对比研究发现，尽管该地区的政府规制政策使厂商的成本大幅上涨，但是，在其他地区厂商生产率下降的情况下，该地区厂商的生产率迅速提高。Snyder、Miller 和 Stavins（2003）利用比例风险模型（Proportional Hazard Model），分析 1976~2001 年薄膜细胞技术在氯产业扩散的影响因素，结果发现环境管制加快了采用落后技术的企业倒闭速度，提高了采用薄膜细胞技术企业的比重，因此，环境规制促进了这种先进技术的扩散。

不利论与双赢论之间所存在的争论使一些研究者认识到，环境规制可能不会单纯地导致企业竞争力增强或减弱，其结果取决于多种因素。Alpay（2001）将不利论与双赢论放置在一个共同的分析框架下。他发现当满足一定的条件时，受规制企业的竞争力将会增强。这同时暗含着，如果在这些条件不满足时，受规制企业的竞争力将会减弱。Sinclair（1999）则将企业技术创新分为增量创新（Incremental）、降低风险创新以及关键创新三种类型，波特假说是否成立取决于企业技术创新属于上述哪种类型。Majumdar 和 Marcus（1998）选择 1990 年 150 家电力企业作为研究样本，发现不同类型的规制手段对企业生产效率有不同的影响，地方性的、管理式的、能赋予企业更多自主权的规制对生产率有正面影响，与之相反，全国性的、缺乏灵活性的技术推进指导原则对生产率有负面影响。Lanoie、Patry 和 Lajeunesse（2001）在考察环境规制对企业全要素生产率的影响时，将企业分为面临竞争强与面临竞争弱两类，发现企业面临的竞争越强，环境规制对企业全要素生产率的正面影响就越明显。

从现有的文献来看，目前在环境管制对经济影响的研究上还存在很多困难。从理论层面来看，环境规制对企业产出的效应可能受多种因素影响而存在不确定性，这些因素包括供给端的环保技术进步不确定性、厂商对技术回报率的预期程度等，需求端的消费者对不同环境特征产品的需求弹性等，还有厂商内部治理结构、厂商之间以及厂商与政府之间的策略性行为。具体到中国的情况，在理论分析层面，可能需要考虑更多的因素。一方面，中国的市场经济体系尚未完全建立，企业行为与市场结构等与发达国家有较大差异，在借鉴国外现有的研究成果时尤其需要注意；另一方面，正如许多文献所揭示的，在中国存在着中央政府与地方政府之间的博弈，而且企业与政府之间的关系也会对企业行为有很大的影响，因此，在研究中国的问题时应该进一步纳入这些因素。

实证分析的困难首先来自于分析指标的选择。众多研究所使用的环境规制以及竞争力的衡量指标存在着很大的区别，而这些区别会影响到实证分析的结果；有时甚至在同一篇文章中，采用不同的指标所得到的结果也不尽相同（Gray，1987；Gray 等，1993；Jaffe & Palmer，1997）。实证分析的困难还来自于数据的准确性。一方面，研究者使用的环境成本支出数据往往来自于企业管理者的申报，如果管理者对环境规制政策怀有抵触情绪，则会高报环境支出，相反，如果管理者认为环境保护是企业的正常职责，则会低报环境支出；

另一方面，与环境保护相关的技术研发费用与设备投入往往是需要一次性高额投入，很难将这些成本合理分摊到各期。在实证分析层面，对中国的研究则受到更多条件的限制。在进行实证分析时，企业层面关于环境成本的统计数据是十分重要的。许多对美国的实证分析所使用的环境成本或污染数据主要来自于投资者责任研究中心（IRRC）（Hart & Ahuja，1995）或商务部的污染消除成本及支出调查结果（PACE）。尽管中国学者也有使用企业层面的数据来分析中国的情况，但数据主要来自于自己的调查，缺乏普遍性及权威性。另外，一些研究（Boyd & Mclleland，1999；Murty & Kumar，2001；Boyd，Tolley & Pang，2002；Andres，Ernest & Hernandez-Sancho，2005）已经引入方向性距离函数（DDF）来测算企业的效率水平，这需要完整的企业要素投入价格及数量等信息，而这些信息目前在国内还很难获得。尽管一些国内的研究（涂正革，2008；胡鞍钢等，2008；陈诗一，2010）已经采用方向性距离函数（DDF）来测算环境全要素生产率，但主要是利用各省的宏观数据。

三、用于分析环境管制影响的 CGE 模型

可计算一般均衡（Computable General Equilibrium，CGE）模型通过对家庭、企业、政府等各个经济主体的行为设定，可对经济体系中各部门之间的相互影响进行定量分析，从而可以分析一项经济政策的直接与间接影响。比较而言，大部分经济计算模型都需要以较长时段的时间序列数据为基础才能进行分析估计，而 CGE 模型是以经济主体在成本最小化和效用最大化条件下的行为模式为基础进行定量分析，因而能够放松对经济体在长时期内结构基本稳定的假设，从而对于像中国这样经济体系快速变化而且难以有外部体系可供参照的独特经济体具有特殊的意义。有鉴于此，CGE 模型在引入中国后已经被广泛用于宏观经济、区域经济、国际贸易、财政税收、能源与资源环境政策、就业与收入分配等众多领域的经济分析。

国内在资源环境领域的 CGE 模型分析开始于 2000 年前后，主要包括郑玉歆、樊明太等（1999），贺菊煌、沈可挺和徐嵩龄（2002），魏涛远和格罗姆斯洛德（2002），黄英娜、张巍和王学军（2003），王灿、陈吉宁和邹骥（2005），金艳鸣、黄涛和雷明（2007）以及林伯强和牟敦国（2008）等。从 2008 年起，中国社会科学院工业经济研究所张其仔研究员带领的研究团队构建了一个包含 41 部门的动态 CGE 模型，用以定量评估中国经济政策的影响。本文就是利用该研究团队开发的 CGE 模型进行分析研究。模型所采用的主要假设包括：①生产者以利润最大化为决策目标，消费者以效用最大化为决策目标；②市场完全竞争，生产者和消费者均为价格接受者；③各部门现有的资本存量在任何一年中均不能在部门间流动，各部门各年间的资本存量通过投资和折旧增

减；④劳动力可以在部门间流动，劳动总供给量外生给定；⑤各部门劳动力按标准劳动力计量，其工资率相等。

我们在模型中假定能源、资本和劳动之间具有一定的替代性，并在生产模块中采用多层嵌套的常替代弹性（Constant Elasticity of Substitution, CES）生产函数加以描述，同时假定其他中间投入品之间以及其他中间投入品与能源、资本、劳动之间没有替代性。在对外贸易方面，进口需求采用阿明顿（Armington）假设，出口供给采用不变转换弹性（Constant Elasticity of Transformation, CET）函数加以刻画；进出口产品的国际市场价格一般均为外生给定，即主要采用小国模型的假设。所有产品和要素市场都通过价格调整实现市场出清。模型采用一个简单的递推动态（Recursive Dynamic）结构，模型中的动态特性来源于生产要素的积累和生产率的变化。对模型设定的相关描述也可参见沈可挺和李钢（2010）。

模型的数据基础是在 2002 年中国投入产出表的基础上构建的社会核算矩阵（SAM）。SAM 能够为 CGE 建模提供一个完整一致的核算框架。对于原始 SAM 表中不同来源统计数据存在的一些差异以及投入产出表本身存在的统计误差项，本文采用跨熵法（Cross Entropy）进行调整。模型中的替代弹性、收入弹性等一些关键参数的取值主要是通过借鉴其他一些 CGE 模型相关文献确定，其余参数的取值则是利用 SAM 表的基年数据和外生给定的关键参数通过校准（Calibration）方法得到。

相对于一般的建模过程而言，本模型的一个进步在于，我们基于大规模的企业问卷调查，对一些关键参数进行了适当调整。2009 年 10 月与 2010 年 6 月，中国社会科学院工业经济研究所分别组织了两次针对企业的大规模问卷，根据调查的结果，我们对一些关键参数进行调整，使之更加符合中国经济的实际。例如，在贸易模块中，我们根据有关企业为应对汇率波动而在国际贸易中采取的定价策略变化，对不同行业的国际市场价格采取了不同的设定，比如对部分行业采用大国模型假设；根据不同行业企业的出口品价格和产品出口规模对国家出口退税政策调整的敏感程度差异，我们在模型中对不同行业的出口退税率进行了相应的差异化设定；针对有关企业技术升级问题的调研结果，我们对不同行业的技术进步率进行了相应的调整。

四、中国环境管制成本的测算

从国外目前的研究来看，一般将环境成本占销售收入的比例作为环境管制强度指标；而国内的研究则往往将某一种污染物单位 GDP（或产值）的物理排放量作为指标来衡量不同产业的环境影响以及环境管制的政策强度。本文的一个贡献是，对各行业排放的不同污染物分别进行了价值化，进而可以对不同污染进行合成，从而可以计算各产业对环境的综合影响程度。这一方法的另一个优势是，可以计算环境影响占产出的比例，从而可以更好地把握产业对环境的影响程度。例如，如果仅仅测算出某一产业万元 GDP 的二氧化硫排放量为 1 吨，我们还是很难全面把握环境管制政策调整对该行业的影响，尤其是加强环境管制可能产生的影响程度；但如果能够计算出某一产业环境未支付成本占该产业增加值的比例为 1%，就可以大体判断该行业加强环境管制的影响程度。

1. 各产业环境未支付成本的计算方法

本文采取了治理成本法计算环境未支付成本。环境未支付成本是指某一产业按目前环境标准应处理而未处理的污染物直接排放到环境中所应支付而未支付的成本。未支付成本计算上是按目前排放到环境中的污染物按照现行的治理技术和水平全部治理所需要的支出。本文所计算的污染物包括二氧化硫、工业烟尘粉尘以及污水。本文用各行业环境未支付成本分别占当年该行业工业总产值及工业增加值的比例来度量分行业环境成本的大小。环境未支付成本具体测算步骤如下：

（1）根据 2005 年环境数据资料测算单位污染物处理成本。如某行业污水 2005 年的工业废水达标排放量为 A，本年运行费用为 B，则污水处理单位成本 C=B/A。

（2）用各年未处理直接排放污染物数量 Q 与该污染物单位成本 C 相乘得到以 2005 年价格计价未处理污染虚拟物成本 W。

（3）对不同年份的未支付成本调整为当年价格。

（4）用调整后的未支付成本与相应年份分行业的工业总产值和工业增加值相除，用以度量该行业环境成本的大小。

2. 分行业环境未支付成本

按上述方法，共计算了 2001 年、2003 年、2005 年和 2007 年四年未支付成本、未支付成本占当年工业总产值的比重和未支付成本占工业增加值的比重，具体数据如表 1 所示。

表 1　环境未支付成本指标表

单位：亿元、%

行业	2001 年			2003 年			2005 年			2007 年		
	未支付成本	占工业总产值的比	占工业增加值的比	未支付成本	占工业总产值的比	占工业增加值的比	未支付成本	占工业总产值的比	占工业增加值的比	未支付成本	占工业总产值的比	占工业增加值的比
煤炭采选业	6.50	0.42	0.93	7.98	0.32	0.69	8.33	0.15	0.29	6.97	0.08	0.15
石油和天然气开采业	2.32	0.08	0.12	1.00	0.03	0.04	1.23	0.02	0.03	1.23	0.01	0.02
黑色金属矿采选业	3.76	1.97	5.20	2.18	0.62	1.49	2.67	0.27	0.63	3.35	0.16	0.36
有色金属矿采选业	1.38	0.33	0.97	1.99	0.35	1.12	1.95	0.17	0.46	4.58	0.20	0.47
非金属矿采选业	0.51	0.14	0.40	1.03	0.21	0.63	0.86	0.11	0.31	0.74	0.05	0.14
其他矿采选业	0.04	0.00	0.00	0.21	2.87	9.06	0.23	2.67	8.49	0.30	2.75	9.22
农副食品加工业	5.91	0.14	0.63	9.70	0.16	0.66	9.07	0.09	0.33	9.28	0.05	0.20
食品制造业	3.35	0.21	0.74	3.83	0.17	0.57	4.06	0.11	0.35	5.26	0.09	0.28
饮料制造业	7.51	0.41	1.17	5.20	0.23	0.65	5.11	0.17	0.44	6.44	0.13	0.34
烟草加工业	1.13	0.07	0.10	1.07	0.05	0.07	0.84	0.03	0.04	0.92	0.02	0.03
纺织业	20.11	0.36	1.45	21.05	0.27	1.10	24.52	0.19	0.76	26.22	0.14	0.53
服装及其他纤维制品制造	0.50	0.02	0.07	0.56	0.02	0.06	0.79	0.02	0.06	0.74	0.01	0.03
皮革毛皮羽绒及其制品业	1.40	0.09	0.36	1.28	0.06	0.22	1.89	0.05	0.20	2.17	0.04	0.15
木材加工及竹藤棕草制品业	2.87	0.39	1.49	3.60	0.36	1.36	5.06	0.28	0.99	4.69	0.13	0.46
家具制造业	0.54	0.12	0.46	0.48	0.07	0.26	0.49	0.03	0.13	0.60	0.02	0.09
造纸及纸制品业	28.72	1.59	6.05	29.62	1.17	4.35	29.36	0.71	2.56	35.83	0.57	2.06
印刷业记录媒介的复制	0.93	0.13	0.38	0.50	0.05	0.15	0.40	0.03	0.09	0.43	0.02	0.06
文教体育用品制造业	0.24	0.04	0.13	0.13	0.01	0.05	0.25	0.02	0.07	0.12	0.01	0.02
石油加工及炼焦业	5.94	0.13	0.67	11.16	0.18	0.87	13.14	0.11	0.66	13.15	0.07	0.42
化学原料及制品制造业	20.34	0.32	1.27	34.06	0.37	1.38	28.23	0.17	0.64	27.61	0.10	0.38
医药制造业	4.26	0.21	0.59	4.83	0.17	0.47	4.14	0.10	0.27	5.33	0.08	0.23
化学纤维制造业	3.54	0.35	1.59	6.37	0.44	2.16	3.00	0.11	0.62	3.08	0.07	0.38
橡胶制品业	1.30	0.15	0.52	1.66	0.13	0.45	1.41	0.06	0.24	1.53	0.04	0.16
塑料制品业	3.87	0.18	0.71	2.82	0.09	0.37	4.18	0.08	0.33	8.64	0.11	0.40

续表

行业	2001 年			2003 年			2005 年			2007 年		
	未支付成本	占工业总产值的比	占工业增加值的比	未支付成本	占工业总产值的比	占工业增加值的比	未支付成本	占工业总产值的比	占工业增加值的比	未支付成本	占工业总产值的比	占工业增加值的比
非金属矿物制品业	131.06	3.26	10.82	133.74	2.37	7.65	163.04	1.77	5.81	171.62	1.10	3.54
黑色金属冶炼及压延加工业	105.66	1.85	6.91	132.34	1.32	4.69	222.52	1.04	3.85	267.39	0.79	2.97
有色金属冶炼及压延加工业	5.58	0.24	0.94	10.85	0.30	1.20	6.11	0.08	0.32	5.24	0.03	0.12
金属制品业	7.21	0.25	1.01	6.04	0.16	0.62	7.12	0.11	0.42	15.14	0.13	0.50
普通机械制造业	2.91	0.08	0.30	2.94	0.05	0.18	4.17	0.04	0.14	3.26	0.02	0.06
专用设备制造业	1.27	0.05	0.20	2.32	0.06	0.23	1.64	0.03	0.10	1.29	0.01	0.04
交通运输设备制造业	6.51	0.10	0.40	10.10	0.09	0.35	5.93	0.04	0.15	6.26	0.02	0.09
电气机械及器材制造业	2.66	0.05	0.19	1.65	0.02	0.08	2.28	0.02	0.06	1.43	0.01	0.02
电子及通信设备制造业	4.81	0.05	0.24	5.70	0.04	0.16	5.82	0.02	0.10	5.93	0.02	0.07
仪器仪表文化及办公用机械制造业	0.93	0.10	0.39	3.12	0.19	0.70	4.34	0.16	0.59	0.78	0.02	0.07
工艺及其他制造业	1.05	0.00	0.00	0.46	0.04	0.13	0.71	0.03	0.12	0.61	0.02	0.07
电力蒸汽热水生产供应业	157.69	3.10	5.85	554.75	8.09	15.38	278.34	1.56	4.87	286.57	1.08	3.25
煤气的生产和供应业	1.45	0.79	3.15	1.90	0.70	2.52	1.02	0.20	0.76	1.49	0.15	0.48
自来水的生产和供应业	0.11	0.03	0.07	0.28	0.07	0.15	0.21	0.04	0.08	0.07	0.01	0.02

资料来源：作者计算。

从表 1 中可以看出，各个行业环境未支付成本占工业总产值的比例在 2001~2007 年总体上处于下降趋势。特别是一些污染较为严重的行业，如 2001 年污染最重的 5 个行业：非金属矿物制品业、电力蒸汽热水生产供应业、黑色金属矿采选业、黑色金属冶炼及压延加工业、造纸及纸制品业，2007 年的未支付成本占工业总产值的比例均有大幅下降，这表明，2001 年以来中国环境管制强度在不断提升。各行业 2007 年环境未支付成本占增加值的比例可以作为该行业环境管制提升强度衡量的指标。

五、环境管制强度提升对中国经济的影响

如前文所述，本文利用包含 41 部门的动态 CGE 模型，通过对环境管制政策导致的制造业部门环境成本的外生设定，模拟分析强化环境管制政策提高环境成本的经济影响。如何将环境管制政策纳入 CGE 模型？本文的模型假设强化环境管制政策导致制造业部门的环境成本提升，环境成本的提升程度根据前文测算得到。通过模型的计算，可以模拟出从 2010 年到 2020 年环境管制对

中国经济的影响。

1. 对中国总产出的影响

从表 2 可以看出，强化环境管制后，中国 2010 年总产出将降低 1.15 个百分点；而且，强化环境管制对中国经济的影响短期内不会结束，这种影响是持续性的，一直到 2020 年，总产出均会持续下降。当然，表 2 中数据显示的结果是与基线相比每年的变化情况；基线是指在没有外生冲击变量的情况下的经济运行情况；而不是说由于环境管制会使中国经济呈现负增长。例如，在没有其他政策冲击的情况下，经济增长速度是 9%，在 2011 年由于环境管制，经济增长速度会下降 1.15 个百分点，实际经济增长速度将是 7.85%。国外的相关研究也显示了类似的结果，如 Christainsen & Haveman（1981）认为，环境规制造成了 1965 年以后美国 8%~12% 的生产率增速下滑。Gray（1987）的研究也表明，20 世纪 70 年代美国制造部门生产率下降中的 30% 可以由美国职业安全与健康管理局和环境保护局的规制解释。

表 2 环境管制对中国宏观变量的影响

单位：%

年份	2010	2011	2012	2013	2014	2015	2020
总产出	−1.15	−1.15	−1.15	−1.16	−1.16	−1.17	−1.22
价格	0.64	0.66	0.67	0.68	0.70	0.71	0.79
投资	1.63	1.56	1.51	1.47	1.43	1.39	1.24
制造业就业	−1.87	−1.85	−1.83	−1.82	−1.81	−1.80	−1.74
出口	−1.67	−1.68	−1.69	−1.70	−1.72	−1.73	−1.83

资料来源：作者计算。

2. 对就业的影响

环境管制对宏观经济的影响也体现在对就业的影响上。由于不同行业对劳动力的素质及技能要求不同，实际劳动力是很难在不同行业间流动的；特别是，目前制造业吸收了中国的大量农村剩余劳动力，这些劳动力实际是很难流动到第三产业的，因而，制造业就业岗位的减少，实际意味着宏观经济中就业数量的减少。模型运算结果显示，就业量在基年（2010 年）会有 1.87% 的下降；对就业的影响也会持续 10 年，但影响会不断下降，到 2020 年对就业量的影响会下降 1.74%。

3. 对出口的影响

就目前而言，关于环境规制对竞争力的研究更多地集中于企业层面，对国际层面的贸易竞争力的研究较少，这可能是因为基于"利润最大化"假设的企业行为已经形成一整套完整的分析框架，从而将环境成本作为总成本的一部分纳入到企业利润函数，利用已有的分析框架可以相对容易分析环境规制对企业竞争力的影响。但 CGE 模型却可以较为方便地研究政策冲击对国际贸易的影响。本文的模型计算结果表明，环境管制会减少中国的出口；出口量在基年（2010 年）会下降 1.67%，对出口的影响也会持续 10 年，而且影响会不断上升，在 2020 年会使出口量下降 1.83%。

4. 环境管制对不同行业的影响

由于不同行业清洁度不同，环境管制对不同行业产生的影响也有较大差异，这已被许多研究者（Barbera & McConnell, 1990；Beers & Kopp, 1990；Gray & Shadbegian, 1995；Cole & Elliott, 2003）注意到。从模型运算的结果来看，环境管制政策冲击对行业的影响，与该行业提高的环境成本并非完全对应。例如，仪器仪表及文化办公用机械制造业未支付环境成本仅占该行业增加值的 0.08%，是制造业中较低的；但该环境管制对该行业的影响却是最大的。我们初步分析表明，环境管制对某一行业的影响虽然主要取决于该行业的未支付环境成本的比例，但也与该行业的技术进步的速度、投资速度，特别是该行业所面对的市场需要弹性有关。如果国民经济对该行业需求价格弹性很低，该行业有较强能力把成本上涨压力向下游行业转移，这样，即使该行业环境管制强度提高较大，对该行业的影响也是较小的；相反，若一个行业很难把成本上涨压力向其他行业转移，即使该行业环境管制强度提高较小，但对该行业的影响也是比较大的。

表3 环境管制对各产业产出的影响

单位：%

年份	2010	2015	2020
农业	-0.17	-0.20	-0.22
煤炭开采和洗选业	-4.30	-4.39	-4.05
石油和天然气开采业	0.36	0.18	-0.03
金属矿采选业	-2.63	-2.63	-2.66
非金属矿采选业	-1.04	-1.02	-1.05
食品制造及烟草加工业	-0.32	-0.37	-0.41
纺织业	-1.94	-1.70	-1.48
服装皮革羽绒及其制品业	-1.23	-1.26	-1.19
木材加工及家具制造业	-0.34	-0.36	-0.36
造纸印刷及文教用品制造业	-1.29	-1.23	-1.25
石油加工、炼焦及核燃料加工业	-1.31	-1.88	-2.66
化学工业	-1.50	-1.67	-1.85
非金属矿物制品业	-2.04	-1.71	-1.56
金属冶炼及压延加工业	-2.72	-2.63	-2.60
金属制品业	-1.97	-1.89	-1.85
通用、专用设备制造业	-0.85	-0.84	-0.85
交通运输设备制造业	-0.41	-0.47	-0.53
电气、机械及器材制造业	-1.96	-2.01	-2.07
通信设备、计算机及其他电子设备制造业	-1.28	-1.71	-2.12
仪器仪表及文化办公用机械制造业	-6.36	-7.18	-7.88
其他制造业+废品废料	-1.00	-0.93	-0.88
电力、热力的生产和供应业	-0.69	-0.78	-0.92
燃气生产和供应业	-1.13	-1.07	-1.14
水的生产和供应业	-0.29	-0.36	-0.44
建筑业	0.57	0.42	0.32
交通运输及仓储业	-0.18	-0.26	-0.36
邮政业	1.10	0.94	0.79
信息传输、计算机服务和软件业	0.36	0.23	0.09
批发和零售贸易业	-0.46	-0.54	-0.61
住宿和餐饮业	0.54	0.35	0.23
金融保险业	0.20	0.03	-0.11
房地产业	0.66	0.58	0.46
租赁和商务服务业	-0.33	-0.72	-1.07
旅游业	0.88	0.64	0.45
科学研究事业	-0.10	-0.17	-0.23
综合技术服务业	-0.05	-0.09	-0.14
其他社会服务业	-0.32	-0.33	-0.36
教育事业	-0.17	-0.17	-0.18
卫生、社会保障和社会福利事业	-0.20	-0.22	-0.24
文化、体育和娱乐业	-0.15	-0.21	-0.28
公共管理和社会组织	7.58	7.06	6.59

资料来源：作者计算。

六、环境管制对不同区域的影响

由于各地区的产业结构不同，环境管制对不同地区的影响将会有较大的差异。在利用全国模型估算出对各产业的影响后，我们假设同一行业在不同省份技术水平相同，从而可以通过全国模型对各行业的影响来计算环境管制提升后对中国不同地区的影响。本文的研究中，将环境管制对经济的影响分为对经济总产出的直接影响及对就业的间接影响。通过采取一定的方法，可以将环境管制所导致的失业量化为经济总量，进而能更加综合地计量加强环境管制的影响。另外，我们将环境规制的影响分为短期影响与长期影响，前者指环境规制在 2005 年的影响，后者指环境规制 2011~2020 年的影响加总。

（一）强化环境管制政策对各区域经济的短期影响

1. 绝对量

从分区域看，环境管制对东北地区、东部沿海地区、中部地区有负面冲击，负面冲击分别为 1.18 亿元、151.46 亿元、12.48 亿元，对西部地区有正面影响 16.73 亿元（见表 4）。强化环境管制政策对各省、自治区、直辖市（以下简称为"各省"）也有较大的差异，分项来看，GDP 受到影响的区间为 ［-46.04，21.26］，就业受到影响的区间为 ［-18.69，2.43］，综合影响区间为 ［-55.96，23.69］（见图 1）。从环境管制政策对各省影响的总量来看，有 19 个省环境管制影响甚至是正向的，特别是北京、黑龙江、湖南、新疆、重庆这五个省市环境管理对该省市的正向影响较大。

2. 相对量

本文还计算了环境管制政策对各省份的相对影响。环境管制对东北地区、东部沿海地区、中部地区与西部地区的影响分别为 -1.18 亿元、-151.46 亿元、-12.48 亿元与 16.73 亿元，占各区域 GDP 的比重分别为 -0.01%、-0.14%、-0.03% 与 0.05%（见表 5）。

表 4 短期绝对影响：按区域分

单位：亿元

	GDP 影响	就业影响	合计
东北地区	3.84	-5.01	-1.18
东部沿海地区	-85.10	-66.35	-151.46
中部地区	-1.82	-10.67	-12.48
西部地区	23.75	-7.02	16.73

资料来源：作者计算。

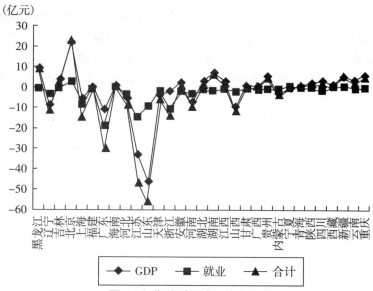

图 1 短期绝对影响：按省份分

资料来源：作者计算。

表 5 短期绝对影响与相对影响：按区域分

	短期绝对（亿元）	短期相对（%）
东北地区	−1.18	−0.01
东部沿海地区	−151.46	−0.14
中部地区	−12.48	−0.03
西部地区	16.73	0.05

资料来源：作者计算。

如图 2 所示，加强环境管制影响为正向的省市中，西藏、北京、贵州、新疆、重庆与黑龙江受到的相对正向影响较大；在影响为负向的省市中，山东、山西、江苏、天津、上海受到的相对冲击较大。

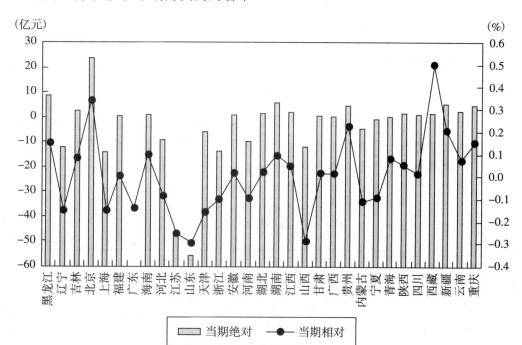

图 2 短期绝对影响与相对影响：按省份分

3. 综合分析

环境管制对多数东部沿海省市造成负面影响，而对西部地区省市的影响多为正向。图3报告的是各省受到的绝对影响量与相对影响量的排名顺序。其中，福建省受到的短期绝对影响为0.22亿元，短期相对影响为0，两种影响在全国各省市的排名分别为第18位与第19位。以福建省为界，可以将各省份分为两大类：左下部分省份的绝对影响量与相对影响量排名顺序均比福建省靠前，表示这些省份受到的影响为正；而右上部分省份的绝对影响量与相对影响量排名顺序均比福建省靠后，表示这些省份受到的影响为负。如果仅从环境管制的短期效应分析，图3中左下角的省市，如北京、新疆、贵州等，应是从加强环境管制中受益较大的地区；而中国加强环境管制的代价更多的是由右上角的省份，如山东、山西、江苏等承担，因而，这些区域对在全国范围内统一提高环境管制强度的阻力较大。

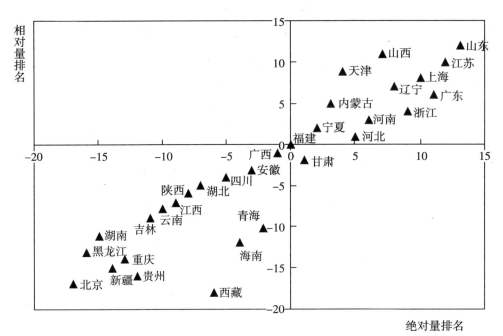

图3 短期绝对影响与相对影响排名：按省份分

（二）强化环境管制政策对各区域经济的长期影响

1. 绝对量

从分区域看，环境管制对东北地区、东部沿海地区、中部地区与西部地区的负面冲击分别为521.60亿元、4143.12亿元、1798.01亿元与1611.27亿元（见表6）。分省来看，环境管制对各省市的长期影响仍旧有较大差异；除对北京影响仍旧是正向，对其他省份影响都是负向的；负影响最大的前三位是广东省、山东省与江苏省，分别为−1350.31亿元、−876.80亿元与−708.68亿元。分项来看，GDP受到影响的范围为［−851.16，234.08］，就业受到影响的范围为［−499.15，71.49］（见图4与图5）。

表6 长期绝对影响：按区域分

单位：亿元

	GDP影响	就业影响	合计
东北地区	−347.34	−174.26	−521.60
东部沿海地区	−3050.26	−1092.85	−4143.12
中部地区	−1431.89	−366.12	−1798.01
西部地区	−998.02	−613.25	−1611.27

资料来源：作者计算。

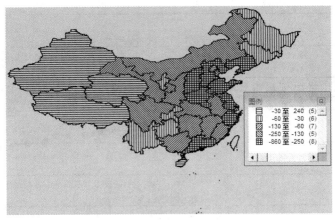

图 4　对 GDP 的长期绝对影响：按省份分（亿元）

资料来源：作者计算。

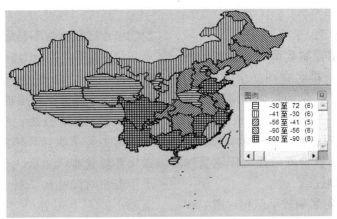

图 5　对就业的长期绝对影响：按省份分（亿元）

资料来源：作者计算。

2. 相对量

从长期看，环境管制对各区域的影响更为明显，四个区域的负面冲击分别为 521.60 亿元、4143.12 亿元、1798.01 亿元与 1611.27 亿元，分别相当于各区域 GDP 的 0.21%、0.25%、0.31% 与 0.31%（见表 7）。

表 7　长期绝对影响与相对影响：按区域分

	长期绝对（亿元）	长期相对（%）
东北地区	−521.60	−0.21
东部沿海地区	−4143.12	−0.25
中部地区	−1798.01	−0.31
西部地区	−1611.27	−0.31

资料来源：作者计算。

强化环境管制政策对各省经济长期影响的相对量如图 6 所示。可以看出，强化环境管制政策对山西、贵州、宁夏、西藏、江西、内蒙古的长期相对影响较大。

3. 综合分析

与短期影响相比，环境管制对各省市长期影响的排名变化较大（见图 7）。绝对影响排名方面，12 个西部省市中有 8 个省市的绝对排名位于前 15 名，10 个东部沿海省市中仅有 3 个省市排名位于前 15 名。但是，由于西部省市经济总量普遍较小，相对影响并不大，西部省市中只有 4 个省市的相对影响排名位于前 15 名，而东部沿海省市中

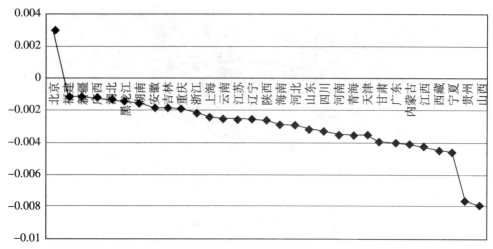

图6 长期相对影响：按省份分

资料来源：作者计算。

有5个省市的相对影响排名位于前15名。

除北京外，强化环境管制政策对其他省份的影响都为负。根据各省市排名在图7中的位置，可以将各省份（除北京外）受到强化环境管制政策的影响状况分为四大类：

（1）右上角区域为绝对影响与相对影响均较大的区域，位于这一区域的省份既是强化环境管制的重点区域，也是难点区域；

（2）左上角区域为绝对影响较小但相对影响较大的区域，位于这一区域的省份不是强化环境管制的重点区域，却是难点区域；

（3）左下角区域为绝对影响与相对影响均较小的区域，位于这一区域的省份既不是强化环境管制的重点区域，也不是难点区域；

（4）右下角区域为绝对影响较大但相对影响均较小的区域，位于这一区域的省份是强化环境管制的重点区域，但不是难点区域。

根据上面的分析，右下角省份对强化环境管制的阻力较小而且环境效益较大；右上角省份对强化环境管制阻力较大，但环境效益也较大；左下角省份对强化环境管制阻力较小，但环境效益也较小；右上角省份对强化环境管制阻力较大，但环境效益也较小。中国环境管制政策区域政策应是：首先推动对提高环境管制阻力较小地区（见图7下部省份）的环境管制；然后再推动环境管制阻力较大地区（见图7上部省份）的环境管制。

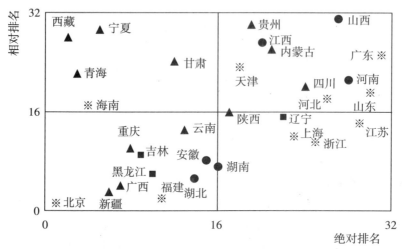

图7 长期绝对影响与相对影响排名：按省份分

资料来源：作者计算。

七、结论与政策建议

利用中国社会科学院工业经济研究所开发的CGE模型，本文评估了提高环境管理强度对中国宏观经济及各地区的影响。结果表明，如果强化执法力度，使工业污染物排放全部达到现行法律标准，则环境管制提高将影响经济增长1个百分点左右，也将会使制造业就业量减少1.8个百分点左右，使出口减少1.7个百分点左右。考虑到中国目前的经济增长速度，也考虑到目前中国各地区的执法力度，我们认为，目前加强提升环境管制对中国经济的影响尚在可以接受的范围内。本文的研究还表明，虽然环境管制对各地区都有一定的影响，但影响的程度甚至方向都有较大差异。短期来看，无论按绝对量还是相对量衡量，环境管制强度提高对东部地区影响最大；长期来看，虽然以绝对量衡量，环境管制对东部地区的影响最大，但以相对量衡量，环境管制却对中、西部地区的影响更大。对于中国工业环境管制，本研究的政策含义如下：

（1）中国环境管制强度可以加强。从本文的研究结果来看，虽然环境管制会对中国经济有一定的影响，但尚在可以承受的范围内。另外，本文的评估是在假设环境管制强度提高一步到位的情况进行的，事实上，环境管制强度的提高可能需要3~5年到才能全部达到排放标准，因而对实体经济的冲击会小于我们评估的数据。中国社会科学院工业经济研究所最近的一项研究也表明，目前各种污染物的环境管制效益乘数都大于1，也就是说，提高环境管制已经有其经济合理性（李钢等，2010）。

（2）对提升环境管制可能造成的困难要有足够的认识。虽然提高环境管制对中国实体经济的冲击有限，但对经济的影响可能会持续相当长的时间。因而，对环境管制可能造成的困难要有足够的认识；否则，在经济形势较好时，容易达到提高环境管制的一致意见，而在经济形势不好时，又容易放松环境管制。

（3）提升环境管制重点与难点区域有所不同。我们的研究表明，环境管制对不同区域的影响有较大的差异；对东部地区短期影响较大，而长期影响较小；对中、西部短期影响较小，而长期影响较大。具体而言，应在阻力较小的地区率先推动提高环境管制，然后再在阻力较大的地区推动提高环境管制。

（4）提升环境管制应选择重点行业进行推进。本文的研究表明，环境管制对不同产业环境管制的影响是相同的；环境管制对产业产出的影响不完全取决于该产业的清洁度，因而率先提升环境管制强度的行业是清洁度低，而环境管制影响较小的行业；相反对于清洁度较高，而环境管制影响较大的行业可较晚提高环境管制强度。

（5）应在经济景气度较高时推动环境管制强度的提升。由于环境管制提高既会降低总产出，又会提高物价水平，而通货膨胀率与经济增长率之间往往又是正相关的。在经济高涨时期，提高环境管制强度对产出的影响虽然可以接受，但往往对物价的冲击又会被反复考虑；但经济萧条期，虽然物价上涨压力不大，但提高环境管制强度对总产出的冲击又会引起担忧。我们认为，综合考虑中国的国情，应在经济景气度较高时推动环境管制强度的提升。

本文评估了提高环境管理强度对中国宏观经济及各地区的影响；本文所评估的结果从另一个侧面看就是征环境税对中国经济的影响；当然如果是通过税收机制提高企业排放污染物的成本，政府的税收会增长，政府税收支出的方式不同，也会影响到环境税对经济的最终影响。因而如何根据不同行业、不同地区企业的特点来制定环境税的税率，并如何有效使用环境税是下一步的研究方向。

参考文献

Albrecht, Johan A.E., 1998a. " Environmental Regulation, Comparative Advantage and the Porter Hypothesis," FEEM Working Paper, No. 59: 98.

Albrecht, Johan A.E., 1998b. "Environmental Costs and Competitiveness. A Product –Specific Test of the Porter Hypothesis," University of Ghent, Working Paper Series, Nr. 98/50.

Alpay, Savas, 2001. "Can Environmental Regulations be Compatible with Higher International Competitiveness: Some New Theoretical Insights," FEEM Working Paper, No. 56.

Andres J. Picazo –Tadeo, Ernest Reig –Martínez & Francesc Hernandez –Sancho, 2005. "Directional distance functions and environmental regulation," Resource and Energy Economics, vol. 27, issue 2, pages 131–142.

Berman, Eli & Linda T. M. Bui, 2001. "Environmental Regulation and Productivity: Evidence from Oil Refineries," The Review of Economics and Statistics, MIT Press, vol. 83 (3), pages 498–510, August.

Boyd, Gale A., George Tolley & Joseph Pang, 2002. "Plant Level Productivity, Efficiency, and Environmental Performance of the Container Glass Industry," Environmental and Resource Economics, 23: 29–43.

Boyd, Gale A. & Mclleland, John D., 1999. "The Impact of Environmental Constraints on Productivity Improvement in Integrated Paper Plants," Journal of Environmental Economics and Management, 38, 121–142.

Collomb, Jean –Gael, and Heriette Bikie, 2001. "1999–2000 Allocation of Logging Permits in Cameroon: Fine-Tuning Central Africa' First Auction System." Global Forest Watch. Cameroom. Available on line at www.globalforestwatch.org.

Christainsen, Gregory B. & Robert H. Haveman, 1981. "The contribution of environmental regulations to the slowdown in productivity growth," Journal of Environmental Economics and Management, vol. 8, issue 4, pages 381–390.

Department for International Development, United Kingdom (DFID), Directorate General for Development, European Commission (EC), United Nations Development Programme (UNDP), The World Bank. 2002. Linking Poverty Reduction and Environmental Management: Policy Challenges and Opportunities. A contribution to the WSSD.

Essama –Nssah, B., and James Gockowski, 2000. "Cameroon: Forest Sector Development in a Difficult Political Economy." Evaluation Country Case Study Series. World Bank, Washington, D.C.

Gray, Wayne B., 1987. "The Cost of Regulation: OSHA, EPA and the Productivity Slowdown," American Economic Review, 1987, vol. 77, issue 5, pages 998–1006.

Gray, Wayne B. & Ronald J. Shadbegian, 1993. "Environmental Regulation and Manufacturing Productivity at the Plant Level," NBER Working Papers, No. 4321.

Hart, Stuart L. & Gautam. Ahuja, 1995. "Does it pay to be green?: an empirical examination of the reletionship between pollution prevention and firm performance," University of Michigan. School of Business Administration Working paper, No. 9550–09.

Jaffe, A. B. & K. Palmer, 1997. "Environmental Regulation and Innovation: A Panel Data Study", The Review of Economics and Statistics, 79: 610–619.

Johnson, Ian. Forthcoming. "The Johannesburg Agenda: what might it achieve?" Paper to be presented at WSSD, Johannesburg, August, 2002.

Laila Medin, Lmm. Compensation for Ecologicai Damage and Latvian Law.

Lanoie, Paul, Michel Patry & Richard Lajeunesse, 2001. "Environmental Regulation and Productivity: New Findings on the Porter Analysis," CIRANO Working Papers, No. 001s–53.

Majumdar, Sumit K. & Alfred A. Marcus, 1998. "Do environmental regulations retard productivity: evidence from U. S. electric utilities," University of Michigan Business School, Working Paper #98008.

Marklund, Per–Olov, 2003. "Environmental Regulation and Firm Efficiency: Studying the Porter Hypothesis using a Directional Output Distance Function," Umeå Economic Studies from Umeå University, Department of Economics, No 619.

Murthy, M.N. & Surender Kumar, 2001. "Win –win opportunities & environmental regulation: Testing of porter hypothesis for Indian manufacturing industries," Institute of Economic Growth, Delhi University Enclave, Discussion Papers, No.25.

Newell, Richard G., Adam B. Jaffe & Robert N. Stavins, 1999. "The Induced Innovation Hypothesis and Energy–Saving Technological Change," The Quarterly Journal of Economics, vol. 114, issue 3, pages 941–975.

Porter, M. E., 1991. "America's Green Strategy", Scientific American, 264: 168.

Porter, M. E. & C. van der Linde, 1995. "Toward a New Conception of the Environment –Competitiveness Relationship", Journal of Economic Perspectives, 9 (4): 97–118.

Sinclair –Desgagné, Bernard, 1999. "Remarks on Environmental Regulation, Firm Behavior and Innovation," CIRANO Working Papers, No. 99s–20.

Snyder, Lori D., Nolan H. Miller & Robert N. Stavins, 2003. "The Effects of Environmental Regulation on Technology Diffusion: The Case of Chlorine Manufacturing," American Economic Review, vol. 93 (2), pages 431-435, May.

Stefano Pagiolaa, Elías Ramírezb, José Gobbic, Cees de Haana, Muhammad Ibrahimc, Enrique Murgueitiod, Juan Pablo Ruíza. Paying for the environmental services of silvopastoral practices in Nicaragua. ECOLOGICALECONOMICS 64 (2007) 374-385.

World Bank, 1992b. World Development Report: Development and the Environment. World Bank: Washington, D.C.

World Bank, 1997. "Five Years after Rio: Innovations in Environmental Policy." Environmentally Sustainable Development Studies and Monographs Series 18. Washington, D.C.

World Bank, 2000. Greening Industry: New Roles for Communities, Markets, and Governments. New York: Oxford University Press.

World Bank, 2001a. Globalization, Growth, and Poverty: Building an Inclusive World Bank. Washington, D. C: WORLD BANK.

World Bank, 2002a. A Case for Aid: Building a Consensus for Development Assistance. Washington, D.C.: World Bank.

World Bank, 2002b. World Development Report 2002: Building Institutions for Markets. New York: Oxford University Press.

World Bank, Integrated Environmental and Economic Accounting, 2003.

World Bank .Sustainable Development in a Dynamic World Transforming Institutions, Growth, and Quality of Life.

United Nations、European Commission、International Monetary Fund Organization for Economic Co-operation and Development World Bank. Integrated Environmental and Economic Accounting 2003.

陈诗一. 节能减排与中国工业的双赢发展: 2009~2049 [J]. 经济研究, 2010 (4).

过孝民, 王金南, 於方, 蒋洪强. 生态环境损失量的问题与前景 [J]. 环境经济杂志, 2004 (8).

郭道扬.绿色成本控制初探 [J]. 财会月刊, 1997 (5).

胡鞍钢, 郑京海, 高宇宁, 张宁, 许海萍. 考虑环境因素的省级技术效率排名 (1999~2005) [J]. 经济学 (季刊), 2008 (4).

金碚. 资源环境管制与工业竞争力关系研究 [J]. 中国工业经济, 2009 (3).

联合国, 欧洲委员会, 世界银行等. 综合环境经济核算 (SEEA-2003).

李海舰, 原磊. 三大财富及其关系研究 [J]. 中国工业经济, 2008 (12).

李钢, 姚磊磊, 马岩. 中国工业发展环境成本估计 [J]. 经济管理, 2009 (1).

李钢, 马岩, 姚磊磊. 中国工业环境管制强度与提升路线 [J]. 中国工业经济, 2010 (3).

涂正革. 环境、资源与工业增长的协调性 [J]. 经济研究, 2008 (2).

王金南, 蒋洪强等. 关于绿色 GDP 核算问题的再认识 [J]. 环境经济, 2007 (9).

魏一鸣, 刘兰翠等. 中国能源报告 (2008): 碳排放研究 [M]. 科学出版社, 2008.

谢来辉, 陈迎. 碳泄漏问题评析 [J]. 气候变化研究进展, 2007 (7).

徐嵩龄. 环境污染成本的经济分析 [J]. 数量经济技术经济研究, 1995 (7).

徐嵩龄. 中国环境破坏的经济损失研究: 它的意义、方法、成果及研究建议 (上) [J]. 中国软科学, 1997 (11).

徐嵩龄. 中国环境破坏的经济损失研究: 它的意义、方法、成果及研究建议 (下) [J]. 中国软科学, 1997 (12).

徐嵩龄. 中国生态资源破坏的经济损失: 1985年与1993 年 [J]. 生态经济, 1997 (4).

张其仔, 郭朝先, 白玫.协调保增长与转变经济增长方式矛盾的政策研究 [J]. 中国工业经济, 2009 (3).

郑玉歆, 樊明太等. 中国 CGE 模型及政策分析 [M]. 社科文献出版社, 1999.

(李钢、董敏杰、沈可挺, 中国社会科学院工业经济研究所, 中国社会科学院研究生院, 浙江工商大学)

中国低碳城市评价及其实证分析

气候变化是国际社会普遍关心的全球性重大问题。基于城市在区域和国家经济社会发展中的重要作用，低碳城市建设成为全球许多国家和地区应对气候变化、转变发展方式的重要举措。然而，何为低碳城市，衡量其发展建设的指标如何确立？如何评价比较中国低碳城市的水平等成为各方面关注的热点。本文拟在相关文献回顾的基础上，对此进行粗浅探索。

一、文献回顾

1. 低碳城市理论内涵

关于低碳城市的理论内涵和发展途径，近年来，国内学者进行了积极的探索，并取得了一些理论成果。夏堃堡（2008）认为，低碳城市是在城市实行低碳经济，包括低碳生产和低碳消费，建立一个良性循环的可持续能源生态体系。辛章平、张银太（2008）认为，建设低碳城市必须实行可持续的生产模式和消费模式，控制高碳产业发展速度，加快经济结构调整，提高发展质量，引进低碳技术。付允、汪云林（2008）认为，低碳城市是通过在城市发展低碳经济，创新低碳技术，改变生活方式，最大限度减少城市的温室气体排放，彻底摆脱以往大量生产、大量消费和大量废弃的社会经济运行模式，形成结构优化、循环利用、节能高效的经济体系，形成健康、节约、低碳的生活方式和消费模式，最终实现城市的清洁发展、高效发展、低碳发展和可持续发展。戴亦欣（2009）认为，低碳城市是通过消费理念和生活方式的转变，在保证生活质量不断提高的前提下，有助于减少碳排放的城市建设模式和社会发展模式。袁晓玲、仲云云（2010）通过分析低碳城市促进城市经济增长方式转变的作用机理，阐述了中国低碳城市建设的实践及制约因素，构建了低碳城市的五大支撑体系框架，即低碳理念、低碳技术、低碳金融、低碳生产和低碳消费，提

出政府、科研机构、金融机构、企业和市民多主体参与，共同推动低碳城市建设的政策建议。综合来看，低碳城市理论内涵不仅包含低碳能源、低碳生产、低碳生活、低碳社会、绿色建筑、城市规划，而且还包含公众的参与、制度建设等，是以城市空间为载体，发展低碳经济、实施绿色交通和建筑，转变居民消费观念，创新低碳技术，实现城市的可持续发展。

低碳城市理论内涵是不断完善的过程，学者们对于低碳城市理论内涵的理解和认识也是一个不断加深的过程，尽管学者们研究的方法、视角不同，对低碳城市理论内涵的界定也各有偏重，但在以下两个方面基本达成一致：一是低碳城市的发展不能以经济发展为代价，要努力做到双赢；二是与发达国家不同，中国低碳城市的内涵应具有自己的特色。

2. 低碳城市评价

构建低碳城市评价指标体系对于促进低碳城市发展具有重要意义，不仅可以为低碳城市目标的实现程度提供评价依据，有利于公众加深对低碳城市的了解，为政府有关执行部门贯彻实施提供分析，而且城市低碳发展实现程度的评价也将变得有据可依。为此，国内相关研究部门对此都进行了探讨。潘家华（2010）指出，低碳城市评价指标体系至少包含碳生产率、低碳能源结构、

生活消费、低碳政策四大指标，如果四项指标均能处于国内先进水平，达到国际先进水平，就是低碳城市。中国社科院、国家发改委能源研究所和英国查塔姆研究所等五家中外研究机构（2010）共同发布了中国首个低碳城市评价标准，该标准具体分为低碳生产力、低碳消费、低碳资源和低碳政策四大类 12 个相对指标。付允、刘怡君、汪云林（2010）从经济、社会和环境三方面描述了城市低碳的 8 大状态，构建了 23 项具体指标的评价体系。李云燕（2011）设计了经济系统、科技系统、社会系统、环境系统四个准则层，指标层则主要参考国家环保总局颁布试用的生态城市建设指标体系。

在综合评价方法方面，国内学者也做了大量研究，其中应用较多的是通过模糊层次分析法确定准则层的权重，通过主成分分析法得到城市低碳经济发展综合评价指数。根据指标载荷系数，计算得到各子系统的评价值，再根据模糊层次分析法算出的权重系数，得到城市低碳发展综合评价的指数。

二、低碳城市评价指标体系构建

综合考察国内相关研究中已建立的上述评价指标体系，发现在实际操作中存在着较多难题：一是资料不易得，部分数据难以通过城市统计公报与各种统计年鉴获得，即使能够通过相关部门调查获取，所需工作量也很庞大；二是指标难以量化和具体化，部分定性指标需要间接赋值或计算予以转化，难以保证其可信度；三是某些指标因为计算过程的重复、烦琐而可能造成评估时的多重共线性，不便于有效地进行定量分析和评估。

鉴于以上问题，根据科学性、综合性、系统性、层次性、可操作性等指标选取的原则，本文在参照和借鉴国内外有关评价指标体系的基础上，结合城市国民经济和社会发展的具体实践，选择确定了经济结构、资源产出效率、社会发展、生态环境 4 项一级指标、31 项二级指标的低碳城市评价指标体系。详见表 1 所示。

表 1　低碳城市评价指标体系

一级指标	序号	二级指标	单位	指标性质
经济结构	1	人均 GDP	元	正向
	2	第三产业占 GDP 的比例	%	正向
	3	高新技术产业产值占规模以上工业总产值比重	%	正向
	4	高新技术产品出口比重	%	正向
	5	工业增加值率	%	正向
	6	R&D 投入占财政支出比例	%	正向
	7	新产品产值率	%	正向
	8	研发活动人员比重	%	正向
资源产出效率	9	万元 GDP 能耗	吨标煤/万元	逆向
	10	碳生产率	万元/吨	正向
	11	能源消费弹性系数	—	逆向
	12	单位 GDP 水耗	立方米/万元	逆向
	13	单位土地产出效率	万元/平方公里	正向
	14	全员劳动生产率	万元/人	正向
	15	投资效果系数	—	正向
	16	总资产贡献率	%	正向

续表

一级指标	序号	二级指标	单位	指标性质
社会发展	17	城市化率	%	正向
	18	恩格尔系数	%	逆向
	19	人口密度	人/平方公里	适度
	20	城镇居民年人均可支配收入	元	正向
	21	万人拥有公共交通车辆	标台/万人	正向
	22	公共交通出行比重	%	正向
	23	人均网络总长	公里/万人	正向
生态环境	24	人均碳排放	吨/人	逆向
	25	市区空气质量优良率	%	正向
	26	建成区绿地覆盖率	%	正向
	27	工业用水量重复利用率	%	正向
	28	工业废水排放达标率	%	正向
	29	人均生活垃圾产生量	吨/人	逆向
	30	环保投资占财政支出比重	%	正向
	31	人均公共绿地面积	平方米	正向

三、低碳城市评价方法与模型

1. 评价方法

本文采用主成分分析方法求取因子变量，旨在利用降维的思想，把多指标转化为少数几个综合指标，并采用内插法对指标进行标准化处理。本文存在正向指标、逆向指标和适度指标三类，各类指标的标准化处理方法如下：

对于正项指标：

$$r_{pj} = (x_{pj} - min_j)/(max_j - min_j) \times 100, \quad x_{pj} \in d_j \quad (1)$$

对于逆向指标：

$$r_{pj} = (max_j - x_{pj})/(max_j - min_j) \times 100, \quad x_{pj} \in d_j \quad (2)$$

对于适度指标：

$$r_{pj} = mid_j/(|x_{pj} - mid_j| + mid_j) \times 100, \quad x_{pj} \in d_j \quad (3)$$

其中，d_j 为第 j 指标 x_j 的取值范围，$d_j = |max_j, min_j|$。

2. 评价模型

设原始数据阵矩阵为：

$$X = \begin{bmatrix} x_{11} & x_{12} & \cdots & x_{1n} \\ x_{21} & x_{22} & \cdots & x_{2n} \\ \vdots & \vdots & \vdots & \vdots \\ x_{m1} & x_{m2} & \cdots & x_{mn} \end{bmatrix}$$

则 $S = (s_{ij})$，其中，$s_{ij} = \dfrac{1}{m} \sum_{k=1}^{m} (x_{ki} - \bar{x}_i)(x_{kj} - \bar{x}_j)$，而相关系数矩阵 $R = (\gamma_{ij})$。

设 r_{ij} 为处理后的指标 i 与 j 间的相关系数，则有：

$$R = \begin{bmatrix} r_{11} & r_{12} & \cdots & r_{1p} \\ r_{21} & r_{22} & \cdots & r_{2p} \\ \vdots & \vdots & \vdots & \vdots \\ r_{p1} & r_{p2} & \cdots & r_{pp} \end{bmatrix}$$

其中，$\gamma_{ij} = \dfrac{s_{ij}}{\sqrt{s_{ii}}\sqrt{s_{jj}}}$。当原始变量 X_1，X_2，$\cdots$，X_n 标准化后，则 $S = R = \dfrac{1}{n} X'X$。公共因子的线性组合系数构成载荷矩阵：

$$A = \begin{bmatrix} Y_{11}\sqrt{\lambda_1} & Y_{12}\sqrt{\lambda_2} & \cdots & Y_{1p}\sqrt{\lambda_p} \\ Y_{21}\sqrt{\lambda_1} & Y_{22}\sqrt{\lambda_2} & \cdots & Y_{2p}\sqrt{\lambda_p} \\ \vdots & \vdots & \vdots & \vdots \\ Y_{n1}\sqrt{\lambda_1} & Y_{n2}\sqrt{\lambda_2} & \cdots & Y_{np}\sqrt{\lambda_p} \end{bmatrix}$$

在解决实际问题时，一般不是取 n 个主成分，而是根据累计贡献率的大小取前 k 个。第一主成

分的贡献率为 $\lambda_l / \sum_{i=1}^{n} \lambda_i$，由于 $Var(F_1) = \lambda_1$，所以 $\lambda_l / \sum_{i=1}^{n} \lambda_i = Var(F_1) / \sum_{i=1}^{n} Var(F_i)$。如果前 k 个主成分的贡献率达到 85% 以上，表明前 k 个主成分基本包含了全部测量指标所具有的信息。

最后，利用主成分 F_1，F_2，…，F_k 做线性组合，并以每个主成分的方差贡献率作为权数 α，将前 k 个主成分得分乘以分别的方差贡献率，构造一个综合评价函数：$Y = a_1 F_1 + a_2 F_2 + \cdots + a_k F_k$。称 Y 为评估指数，依据对每个系统计算出的 Y 值大小进行排序或分类划级。

四、低碳城市评价的实证分析

本文选用深圳、苏州、杭州、宁波、西安、南京、厦门、青岛 8 个城市为案例，以各城市统计年鉴发布的 2009 年数据为基础，根据实际情况调整后，得到修正后的评价指标体系。① 利用 SPSS 统计分析软件，通过主成分分析方法和评价模型，分别计算了各案例城市一级指标指数和综合指数得分情况，得到如下评价结论。

1. 经济结构指数比较

经济结构指数主要是从城市高新技术产业、服务业以及创新活动在城市经济中的地位影响来衡量城市经济运行的质量与水平。从图 1 中可以看到各案例城市经济结构综合指数的排序情况。青岛市经济结构指数为 0.12，处于第六位，离苏州、深圳、厦门等城市还有一定差距。从基础数据来看，青岛人均 GDP、高新技术产品出口比重、R&D 投入占财政支出比例、全社会研发活动人员总数低于其他城市的平均水平，也是下一步需要重点加强的关键之处。

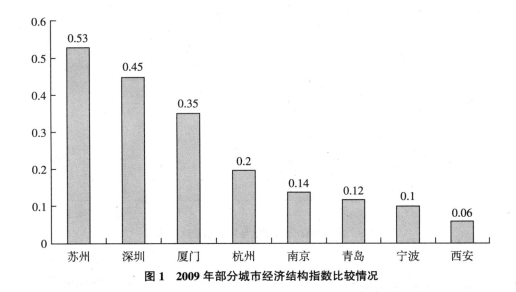

图 1　2009 年部分城市经济结构指数比较情况

2. 资源产出效率指数比较

资源产出效率指标涵盖了能源、土地、水源、人力等多项资源，在资源短缺的约束条件下，增强要素支撑能力，提高资源产出效率，对低碳城市发展显得尤为重要。由图 2 可知，杭州的资源

产出效率指数最高，达到 0.57，厦门排名第二，青岛市排名第五，资源产出效率指数为 0.29，位于中等偏下的位置。从基础数据中的单个指标来看，较差的是单位土地产出效率、全员劳动生产率和投资效果系数。

① 修正评价指标体系指表 1 去掉新产品产值率、人均网络总长、人均生活垃圾产生量、工业用水量重复利用率后得到的指标体系，共 27 个二级指标。横向评价选用修正指标体系，纵向评价选用表 1 中原指标体系。

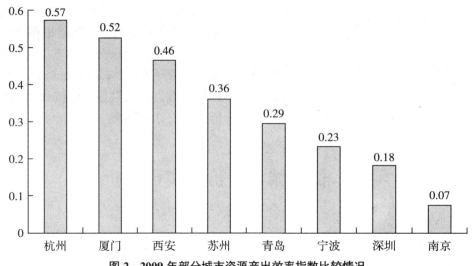

图2 2009年部分城市资源产出效率指数比较情况

3. 社会发展指数比较

社会发展指标涵盖了城市建设、公共交通、人民生活方式等多个方面，以反映城市社会发展的低碳水平。由图3可知，青岛市社会发展指标为0.11，排名第七位，说明在社会发展方面，距离深圳、南京、宁波等其他城市的社会发展水平还存在一定差距。从单个指标来看，城镇居民年人均可支配收入、万人拥有公共交通车辆、公共交通出行比重三项指标的基础数据较差。

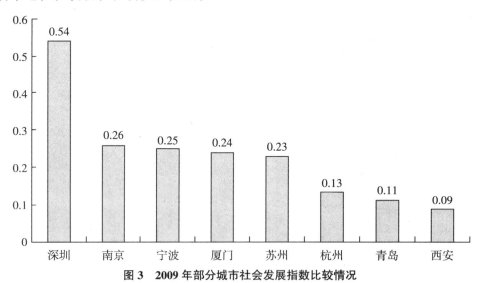

图3 2009年部分城市社会发展指数比较情况

4. 生态环境指数比较

生态环境指数是低碳城市发展的重要衡量指标，主要从空气质量、废水垃圾处置、公共绿地建设等方面反映城市生态环境建设的水平。由图4可知，深圳市生态环境指数排名第一，其次是杭州、苏州和厦门，其生态环境指数均在0.30以上，在0.10~0.30的城市是南京、青岛和宁波，排名最后的是西安。青岛市基础数据较差的指标主要是人均碳排放较高和环保投资占财政支出比重较低。

5. 低碳城市发展的综合指数比较

各案例城市低碳发展评价的综合指数及具体排名见图5所示，青岛低碳城市建设评价总体排位较差。根据综合指数进行简单聚类分析，可以将综合指数以0.10和0.30为界限，将各个城市的低碳城市建设发展水平分为三类，分别为0.30以上、0.10~0.30、0.10以下。如表2所示，厦门和苏州属于第一类，深圳属于第二类，杭州、南京、宁波、青岛和西安属于第三类。

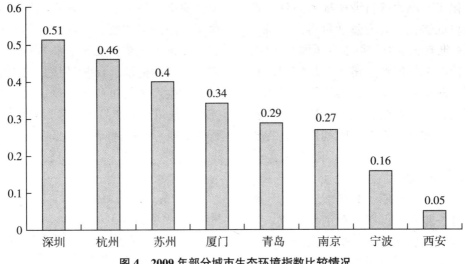

图4　2009年部分城市生态环境指数比较情况

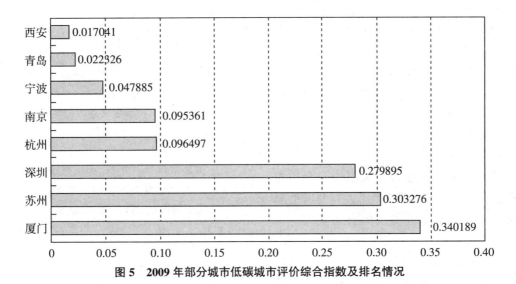

图5　2009年部分城市低碳城市评价综合指数及排名情况

表2　2009年部分城市综合指数分层次类别情况

层次类别	城市	综合指数范围
第一类	厦门、苏州	0.30以上
第二类	深圳	0.10~0.30
第三类	杭州、南京、宁波、青岛、西安	0.10以下

五、结论及对策建议

通过以上综合评价可以看到，我国低碳城市建设尽管已经取得长足发展和进步，但是还存在多方面的问题需要进一步关注，主要体现在以下几个方面：

1. 优化升级产业结构

着力发展高新技术产业和现代服务业，积极培育和发展节能环保产业、文化创意产业等低碳新兴产业，进一步推动产业结构升级和产业布局优化。提高"高碳"产业准入门槛，提高钢铁、有色、建材、化工、电力等行业的准入条件，严格实行新增项目低碳化。大力发展可再生资源产业，抓紧培育一批有竞争力的再生资源回收企业，扩大再生资源回收利用的产业链条，切实提高再生资源回收利用的综合效益。全面推行"清洁生产"审核，积极开展"绿色企业"创建工作，提高工业废水、废气和余热综合回收利用率，提高资源利用效率。

2. 调整优化能源结构

加快发展风能、太阳能、海洋能、生物质能等低碳能源，进一步扩大低碳能源消费比重。加快农村沼气技术的推广与普及，扩大农村非碳基能源消费比重。大力发展可再生能源，加大对新能源和可再生能源开发与利用的财政补贴、税收、土地和融资等方面的支持力度，使之逐步成为能源结构调整的有益补充。扩大天然气消费，最大限度地提高各类城市的气化水平和高质量燃料供应。注重新一代纤维素乙醇和氢燃料等车用燃料生产技术、先进节能技术、碳捕获和封存、可再生能源等技术的研究与开发。

3. 积极扩大自然碳汇

建设优势特色农业产业带，采用生态有机农业，积极开发和应用"碳基肥料"，大力发展生态农业、观光农业、设施农业等现代农业。大力发展现代林业，拓展林业碳汇功能，增加绿色财富。通过造林和再造林、生态系统恢复、加强林地、湿地管理等措施，保护和增加森林碳汇。实施秸秆还田、退耕还林或还草、退化土壤修复、减少化肥和农药使用量、农林剩余物综合利用等措施，保护和增加耕地与草地碳汇。

4. 促进碳交易和碳金融

积极利用外部资源和力量，建立低碳研究机构和推广组织，加强与国际有关组织、国内外先进地区和研究机构在技术、人才、制度等方面的合作，促进建立低碳城市发展合作机制和低碳城市联盟。积极争取国际组织"清洁能源机制"的援助，引入"碳税"、"碳排放权交易"等环境经济手段，对区域内的碳排放水平进行经济调节。探索碳排放交易机制，积极准备、适时成立碳排放权交易所。

5. 引导推进生活低碳化

正确引导居民消费行为，对节能产品采取政策和税收方面的优惠，鼓励消费者购买；制定人均住房面积标准，引导城市居民购买适度面积的房子，减少对取暖、采冷、照明等热能和电能的需求。提倡选乘公交车、骑自行车和步行等出行方式，节约能源，保护环境；组织编写发布日常消费品生产销售过程的碳排放量，鼓励消费者选择碳排放量少的产品和服务，研究编制《低碳消费行为准则》，为消费者提供低碳消费指南。

参考文献

夏堃堡. 发展低碳经济，实现城市可持续发展 [J]. 环境保护，2008，2 (13): 33-35.

辛章平，张银太. 低碳经济与低碳城市 [J]. 城市发展研究，2008，15 (4): 98-102.

付允，汪云林. 低碳城市的发展路径研究 [J]. 科学对社会的影响，2008 (2): 6-7.

戴亦欣. 中国低碳城市发展的必要性和治理模式分析 [J]. 中国人口·资源与环境，2009 (3): 15.

袁晓玲，仲云云. 中国低碳城市的实践与体系构建 [J]. 低碳生态城市研究，2010 (5): 42-49.

中国科学院可持续发展战略研究组. 2009中国可持续发展战略报告：探索中国特色的低碳道路 [M]. 北京：科学出版社，2009.

中国城市科学研究会. 中国低碳生态城市发展报告2010 [M]. 中国建筑工业出版社，2010.

付允，刘怡君，汪云林. 低碳城市的评价方法与支撑体系研究 [J]. 中国人口·资源与环境，2010，20 (8): 44-47.

李云燕. 低碳城市的评价方法与实施途径 [J]. 宏观经济研究，2011 (3): 51-53.

青岛市统计局编. 青岛市统计年鉴 2001~2010 [M]. 中国统计出版社，2001~2010.

深圳市统计局编. 深圳市统计年鉴 2010 [M]. 中国统计出版社，2010.

杭州市统计局编. 杭州市统计年鉴 2010 [M]. 中国统计出版社，2010.

苏州市统计局编. 苏州市统计年鉴 2010 [M]. 中国统计出版社，2010.

厦门市统计局编. 厦门市统计年鉴 2010 [M]. 中国统计出版社，2010.

宁波市统计局编. 宁波市统计年鉴 2010 [M]. 中国统计出版社，2010.

南京市统计局编. 南京市统计年鉴 2010 [M]. 中国统计出版社，2010.

西安市统计局编. 西安市统计年鉴 2010 [M]. 中国统计出版社，2010.

（雷仲敏、曾燕红，青岛科技大学）

珠三角城市间环境合作治理机制研究

珠三角是广东环境问题集中且突出的地区，在城市群或大都市区环境治理中具有代表性。改革开放以来，珠江三角洲区域的经济连续以超常规的速度发展，连续超常规发展在区域内已诱发了一系列环境污染问题，形成了环境的复合型污染，联手治理环境污染已迫在眉睫。珠三角在环境治理中存在地域分割、部门分割的问题，区域内跨界水体污染、大气复合污染问题突出，环境合作治理难度大。生态建设和环境保护是一个整体，行政区之间生态环境的依存度相当高，环境问题涉及不同政府和多个政府部门，并不是单一政府及部门的力量可以独自解决的，因此，建立有效的政府合作机制十分必要。

一、珠三角跨域环境污染及治理困境

珠三角的跨域污染主要是跨域水污染、大气污染、土地污染、酸雨污染等，珠江三角洲地区城镇密集，城乡工业区连片散布，各城镇及工业区相互影响，从而使污染呈现出区域性整体格局，特别是行政区交界地带容易成为"生态重灾区"，其最为突出的是跨域水污染。珠江三角洲河道密布，城市之间供水和排水交错，各城市往往向河道上游取水，向下游排污，从而导致区域各城市区之间相互影响，跨区污染问题突出。目前，广佛内河涌、观澜河、石马河、茅洲河、淡水河、东莞运河、深圳河、岐江河、江门河、天沙河、独水河等水体污染严重。流经清远市清城区、佛山市三水区、广州花都区、白云区的巴江河污染严重。广州花都区与佛山三水区的界河——芦苞涌，河水腥臭带着油味。广州和佛山环保部门多次交涉，但问题仍未得到解决。东莞与深圳交界的观澜河（在东莞境内称为石马河），河水又黑又臭，有的河段还裸露出布满黑色淤泥的河床，东莞市每年对辖区内的石马河进行治理，但上游污染严重的观澜河源源不断地注入石马河，石马河水质无法改善。茅洲河也是深莞两市的界河，如今已成为一条"黑龙江"，且逢汛必"涝"。淡水河是东江二级支流，自20世纪90年代以来，淡水河流域内特别是上游深圳龙岗地区经济的高速发展导致水质急剧恶化，龙岗河和坪山河是惠州淡水河的上游段，污染严重，目前总体水质为劣 V 类，部分河段已完全丧失自净能力，并成为东江的主要污染源之一。深圳河（深圳与香港的界河）和深圳大鹏湾的环境污染影响到了香港的生态环境，治理效果仍不明显。肇庆四会南江工业园因对下游饮用水源构成威胁，2006年被省环境局挂牌督办。顺德均安工业区对下游中山小榄镇饮用水源安全构成威胁，2007年被挂牌督办。2009年，开平市镇海流域污染严重，被挂牌督办。目前东江上游、潼湖河等，其流域内的城市污水处理工程建设相对缓慢，一些生活污水、工业废水直接排放，造成了东莞运河"黑臭"问题总得不到根治。珠海、江门、中山三市之间拥有多条跨域河流，这些跨域河流污染较严重，如磨刀门水道、鸡啼门水道、崖门水道等。受人口密集度及经济发展的影响，珠江口近岸海域一直是全省污染最严重的海域。

除跨域水污染外，珠三角地区跨域空气污染、土地污染、酸雨污染等也很严重。一些城市把小火电厂、冶炼厂、电镀厂等污染企业设在交界地，采用生产、排污、用电等异地布局，逃避环保监管，这些企业违反国家有关规定，偷排和超标排放污染物，给周边带来了大量污染。我们调查发现，广州市花都区炭步镇与佛山南海区官窑镇交界的岗头岭，这里土地权属纠纷由来已久，两地纷纷把垃圾场和小污染企业建在这里，都管不了的边缘地带。广州白云区的人和镇与从化交界处、花都与佛山南海交界处的文岗村等地均有这种露天的垃圾场。广州市花都区狮岭镇与清远交界处的一个垃圾场，这里原来是花都一个风景秀丽的地方，如今树木却蒙着厚厚的灰尘，溪水也成了黑色的浊流。这种污染严重的跨域垃圾场在珠三角城市交界地带随处可见。广佛交界的金沙洲地区，广州已将其规划为宜居新城，而南海则规划为物流和工业制造区，在金沙洲佛山部分，则分布着各种小工业区，包括里水镇的水口村、洲村、大沥镇大沙村、泌冲村等，都有自己的工业区。

在这些小工业区内，往往存在着诸多无牌无证的企业，排放废气污水。位于佛山市三水区的西江饮用水源向佛山三水区和广州供水，其中广州花了近百亿元西江取水，但与三水相邻的肇庆高要却在江边建有一个工业园。跨域污染中的空气污染也普遍存在，近年来珠三角城际空气污染的叠加日益加剧。珠江三角洲城市群发展现状已明显表现出城市间环境影响的负效应，即出现了环境污染的叠加作用。据气象部门的资料统计，广东沿海区域的灰霾天气较为严重，尤其是沿海工业城市的灰霾天气显著增多。由于大气综合治理关系到区域经济结构、产业布局调整、节能减排等多方面，需要衔接的地方非常多。从珠江三角洲的环境基础设施来看，基础设施规划、建设、管理等方面各自为政，缺乏横向和纵向的管理与协调，造成各市、各城镇基础设施相互难以衔接。因此造成了各镇（甚至村）规划建水厂、污水处理厂、垃圾处理厂等设施的现象。

二、制约珠三角城市间环境治理合作的原因

制约珠三角环境治理中政府合作的因素很多，主要是政府政策规划不协调，综合决策缺位；跨政区环境治理合作缺乏法制基础；生态区的整体性与行政空间的分割性的矛盾；城市间环境管理合作机制不完善等。

1. 政府政策规划不协调，综合决策缺位

目前，珠三角各地市乃至县、乡镇一般都制定了相关规划，但这些规划之间缺乏协调和对接，有的规划对环境保护的规定不具体、不科学或者尚未纳入。如流域规划、城市规划、产业规划、土地利用规划、交通规划、港口规划、海洋功能区划、环境规划之间，相邻行政区规划之间，在环境保护方面存在不一致甚至冲突的情况。以广州市为例，各项规划均为各部门编制，其审批也在相应的主管部门，各部门在编制规划时，一般不考虑其他部门的规划和环境政策，这就难以保证它们在环境保护方面的协调。在跨域治理中，各地基于自身利益考虑来制订环境治理政策和规划，在制订时往往缺乏协商与沟通，相互之间往往存在冲突。例如，根据 2009 年广州市公示的《金沙洲居住新城控制性详细规划》，金沙洲被规划为广佛都市圈中心的居住新城，这里将成为低密度高档住宅区，规划人口为 16 万人。而南海公布的《佛山市南海区大沥盐步组团总体规划》，金沙洲部分被规划为物流区和工业制造区。佛山大沥镇、里水镇等地聚集着大量低级加工作坊，这些作坊给周边带来了大量污染，目前的环境污染的罪魁祸首，就是两地的规划不同步，两地对金沙洲的规划无法对接。在淡水河治理中，深惠两市的污染整治工作缺乏系统的指导思想，两市的整治规划缺乏衔接，尽管在流域建成多座污水处理厂，由于管网建设不配套，实际处理量不到设计能力的一半。又如东莞石马河治理缺乏统筹规划，早期的城市规划里偏重于路网的规划，较少考虑水网的规划，沿河两岸没有预留足够的综合治理用地，甚至连许多天然河道的行洪断面也被非法侵占。对于小东江的污染整治，茂名和吴川市未能形成统一的整治规划，上下游地区各自为

战。流域内的茂名与吴川都基本上在各自的"领地"规划建设水污染防治体系。与规划相联系的是,对政策规划实施可能产生的环境问题缺少整体考虑,忽视对政策规划进行充分的环境影响评价,缺乏综合决策。很多严重的环境问题是因为在制定发展政策、发展规划以及重大行动的拟议中,没有将环境因素充分考虑进去,也就是没有对环境与发展进行综合决策。珠三角有的地方政府在制定区域和资源开发、城市发展和行业发展规划,确定产业政策和安排建设项目时,往往更多地着眼于本地的经济效益,未能充分考虑资源和环境的承受能力,许多经济政策特别是产业政策与环境治理之间脱节。

2. 跨政区环境治理合作缺乏法制基础

(1)从国家层面来看,规范和促进政府环境治理合作的法律法规滞后,国家立法未能明确定义一个跨区域污染事件,以及对这类事件应如何处置,如《水法》、《水污染防治法》及《关于预防与处置跨省界水污染纠纷的指导意见》中对跨区域水污染治理的权力行使、责任分担等没有明确规定,对责任追溯程序及赔付金额也没有明确规定,地方政府不合作将得不到任何惩罚,很难保证地方政府之间的合作行为。对水污染事故的处理仍是采取当事双方政府间协调解决的办法,没有充分发挥仲裁机构、法院和民主协商机构的作用。

(2)目前,广东省关于政府环境治理合作的法制基础尚未完善,环境治理合作协调工作缺乏刚性。《广东省环境保护条例》,经过10多年的时间,虽然制定了一些补充性的意见和措施,但对环境治理中政府协调合作缺乏具体规定。《广东省珠江三角洲水质保护条例》规定了水利、卫生、交通、地质、农业、林业、公安、市政、环卫、国土、规划、供水、经济管理部门,根据各自职责协助环境主管部门对水质保护实施监督管理,但对珠三角区域内各级政府及部门间的合作没有规定。近年来颁发的《广东省跨行政区域河流交接断面水质保护管理条例》、《广东省珠江三角洲大气污染防治办法》,在省域内跨行政区环境管理方面,跨行政区域河流交接断面水质保护和珠三角大气污染水治理合作有相关规定外,对环境协调事件的目标能否达到,或协调到何种程度,并没有硬性规定,会影响协调工作正常进行。在《珠江三角洲

环境保护专题规划》中,尚未对行政区之间的环境合作进行具体规定,操作性不强。另外,广东省缺乏关于流域上下游生态补偿的地方性法规。

3. 生态区的整体性与行政空间分割的矛盾

在现有的行政区划体制下,生态区与行政区域管理难以统一,珠三角跨域污染问题突出,这是其中重要的原因。

(1)生态区与行政区是两个不同性质和特征的区域类型,生态区是边界相对模糊的自然区域,而行政区则是一个具有明确法律边界的政治单元。作为一个完整的生态区被多个行政区所分割,在地方利益驱使和跨域合作机制缺失的情况下,往往在区域综合开发、水资源管理、环境保护、防洪防灾等区域性事宜上,各自为政现象较为突出。

(2)环境管理领域存在地方保护主义。在地方利益的驱使下,邻域之间的污染防治存在着各家自扫门前雪的现象,要么以邻为壑,发展污染项目,甚至把污染项目选址在邻域交界处,形成跨界污染。地方治污的政策力度要服从于地方收益最大化的政策目标。地方政府与当地企业存在着利益上的一致性,对企业污染行为限制就意味着自身利益的减少。因此,地方政府就难以积极地对当地企业的污染行为采取有效的干预;许多时候,地方政府不但不去制止当地企业的行为,而且还充当地方污染企业的保护伞。由于行政区的分割,上游污染企业污染了下游水体,下游地方政府无权管理上游排污企业,上游地区更是毫无顾忌地将污染向下游转移,流域污染治理的各行其是,不仅削弱了流域治理的整体效果,使地区间的协调非常困难,加剧了生态环境破坏,造成各区域和流域的发展相互脱节。

4. 城市间环境治理的合作机制不完备

目前,珠三角跨域污染得不到有效的解决与治理,其中一个重要原因是缺乏制度化、规范化的跨域环境治理政府合作机制。珠三角城市间没有形成有效的合作机制进行互动,协调主要依赖于省级政府。尽管2009年广佛、中珠江等城市签署了相关合作协议,但其效果有待观察。

(1)缺乏利益协调机制。各城市政府都是一个利益主体,遵循自身利益最大化原则来进行决策,任何跨域环境问题,私底下都涉及地方利益,如

果缺少利益协调机制，政府之间就很难形成合作治理。如跨界河流的整治，需要建立一个合理的利益协调机制。

（2）缺乏合作的"激励相容"机制。利益激励目标设置得是否恰当是激励相容的重要原因，而设置合理的目标激励，就是要确定适当的目标，以诱发各利益方的动机和行为来达到调动各方积极性的目的。由于上游的污染治理及水土保持等行为形成的正外部性，而所需要的资金却由自己承担。如果没有合理生态补偿，就会极大地削弱了上游在融资、治理和监督排放等方面的激励。同时，"污染者付费"中的成本—收益不平衡，又为流域下游搭便车消费流域水环境公共物品提供了激励。这便是跨界流域水污染问题形成的深层次原因。

（3）缺乏权威的政府协调机构。环境行政管理实行环境机关统一管理和其他部门分工合作的模式，但缺乏综合性、权威性的地区间和部门间的协调机构。以淡水河治理为例，污染问题的解决涉及深圳、惠州、东莞等市。从省的层面来讲，缺乏权威的、专门的跨市常设管理机构。

（4）缺乏信息共享机制。目前，珠三角城市间许多环境信息还停留在封闭状态，政府之间和政府不同部门之间的环境信息没有形成共通共享。由于信息不对称等因素的影响，常常导致政府及部门之间无法合作或合作失败。另外，经济发展与环境保护综合决策机制、环境执法联动机制、环境应急合作机制、基础设施共建共享机制、产业合作机制尚在探索之中。

三、珠三角环境治理政府合作机制的构建

政府环境治理合作机制实际上是一套制度体系和规则，这些制度和规则涉及环境管理决策、管理执法、保障和监督等多个环节，是一个整体性的制度安排（见图1）。建立珠三角政府环境治理合作机制的目标是：理顺政府及部门间在环境治理中的关系，形成"权责明确、上下联动、横向协同、环节互动、运转高效"的工作格局。

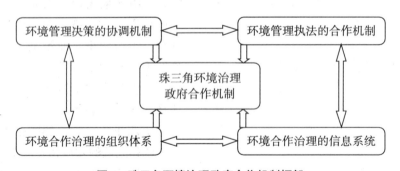

图1 珠三角环境治理政府合作机制框架

1. 建立环境管理决策的合作机制

环境治理中政府协调合作的最前端在政府决策环节。环境保护必须首先考虑决策环节的协调与衔接，建立一体化政策体系，实现环境管理制度的整体对接。现实中，许多环境污染难以妥善治理，是因为政府决策与环境治理之间严重脱节，特别是经济发展政策与环境政策的割裂。为此，需要建立以下具体制度：

（1）建立环境与发展综合决策制度。环境与发展综合决策，是指在决策过程中对环境、经济和社会发展进行统筹兼顾、综合平衡，将环境目标纳入到相关政策领域。环境与发展综合决策从宏观上对决策的环境影响进行评估和分析，从根本上解决环境问题，控制环境污染和生态破坏的政策源头。综合性决策既是协调各部门、各地区利益，各方进行利益博弈的平台，也是推动环境治

理由末端治理向系统治理转变的关键。省里涉及珠三角各项政策，以及珠三角市、县（区）政府的各项政策必须符合生态保护的要求，综合考虑人口、资源、社会、经济、环境等要素。一是坚持环境优先的发展原则。在处理环境与发展的关系中，必须坚持环境优先。公共政策的制定必须体现鼓励资源节约和环境保护的价值取向，体现环境合作治理的制度约束。为此，按照环境优先这个原则，对省和珠三角区域内市、县（区）政府的工业、农业、林业、水利、国土、建设、交通、旅游、能源、环保等相关政策进行梳理调整。二是环保部门参与政府综合决策，赋予环境行政主管部门在政府综合决策过程中的发言权和否决权。借鉴大连市的经验，环境主管部门积极参与政府综合决策，协助政府在决策中充分考虑环境因素，提供城市规划布局、产业结构、环境基础设施等方面的指导意见，消除和降低因政策失误造成的环境影响。三是对重大决策、政策的环境审议，如对重大经济政策、基础设施建设、开发区建设等重大决策事项，必须进行环境影响评价，决策部门要组织其他相关部门和专家进行会审。

（2）建立政府规划间环境目标衔接制度。政府整体规划、专门规划、区域规划或流域规划中的环境目标一致与衔接是环境治理合作的基本要求。一是做好本级政府相关规划的衔接。珠三角市、县（区）政府要处理好小规划与大规划、局部与整体、近期与长远、经济建设和社会发展、城市建设与环境保护等一系列关系，环保、农业、林业、水利、国土、建设、交通、旅游等部门要加强沟通，将环境保护纳入规划之中，综合统筹和协调，实现规划之间在环保政策层面的对接，确保各类规划中环境保护目标、措施的衔接一致，建议设立全省政府规划统一审批制度。二是做好珠三角各城市间规划的衔接。打破行政区划壁垒，加强相邻行政区在产业、城镇、交通、环保、主体功能区等规划上的衔接。为此，把珠江三角洲经济区作为一个有机整体看待，落实《珠江三角洲城镇群协调发展规划（2004~2020）》，涉及珠江三角洲的省域规划和市域规划应当与《珠江三角洲城镇群协调发展规划》相协调，按照区域统筹、协调发展的原则加强规划之间的相互衔接，在基础设施规划和建设、产业结构调整、环境保护等方面

的协调合作，使区域内各城市的环境规划协调对接。健全实施《珠江三角洲环境保护一体化规划（2009~2020年）》、《珠江三角洲城镇群协调发展规划》的激励、约束和监测机制，发挥省政府的指导、协调、监督功能。近期以推进"广佛肇"、"深莞惠"和"珠中江"三大经济圈一体化为重点，联合编制"广佛肇"、"深莞惠"和"珠中江"江片区环境保护规划，统筹环境功能区布局和生态资源开发利用，共同构建片区生态安全格局。同时，加强与港澳的城市发展规划协调。

（3）建立重大建设项目联合会审制度。对重大建设项目不仅要作环境影响评价，而且对其进行联合审批，建立联合审查审批制度。凡是在市、区（县）、镇边界、环境敏感区，建设重污染、限制发展类等可能造成跨行政区域不良环境影响的重大项目，都要由邻域政府进行会商审批。制定边界重大建设项目环保准入条件，对跨区域新建重污染、限制类项目，邀请相邻城市参加，征询相邻政府环境主管部门意见，推进边界建设项目联合管理，防止污染跨界转移。为协调做好跨区域、跨边界建设项目环境影响评价审批工作，在涉及边界建设项目的审批过程中，互通信息、相互沟通。当前，特别是在跨界河流政府间，需要加强跨界污染项目审批的沟通合作，共同研究跨界流域和区域的限批、禁批和企业搬迁等办法。可制定《珠三角城市边界建设项目审批会商办法》或《珠三角行政区边界重大建设项目审批会商制度》，在审批过程统一环境准入门槛，对审批会商建设项目的范围作进一步的明确，对审批会商操作办法进一步规范优化，防止产生边界环境污染纠纷。根据各个城市的生态环境功能区规划，各城市相邻地带内生态功能小区类型等，共同制定环境准入条件。

2. 建立环境管理执法的合作机制
环境管理和环境执法是环境保护和生态建设的中心环节，环境管理执法合作尤为必要。环境管理执法合作机制包括环境联合监测监察制度、跨界河流联合共治制度、环境基础设施共建制度、环境应急协作处理制度等制度安排。

（1）建立环境联合监测监察制度。环境联合监测是指区域或流域内相邻政府，在跨域或跨界的环境敏感区开展环境联合监测，实现政府间合作

与监督。联合监测由相邻环保部门共同制定水质或大气监测方案，监测项目、监测点位、监测时间、监测频次、监测指标与方法，并报上级环保部门备案。目前，珠三角应该重点加强环保部门在跨界地区和主要污染河流的水质联合监测以及区域空气监测。构建珠三角一体化环境监测网络，完善跨行政区河流交接断面水质监测站，加强对跨界水环境的实时监控，推进生态、土壤、有害有毒物质环境质量监测网络建设。建立区域各类监测数据库，定期联合编写和发布区域或流域水环境监测报告。环境联合监察是指区域或流域内政府间特别是相邻政府之间开展联查、互查行动，采取有效措施，及时消除环境安全除患，联合打击各类环境违法行为，合理协调处理环境事件。环境联合监察制度包括以下几个要点：一是相邻政府联合执法。对于跨行政区或交界环境问题，根据需要建立相邻政府联合执法小组，处理行政区域交界地区的环境污染纠纷，开展区域重点污染企业排查，处置跨界突发性环境污染事件，查处跨地区的危险废物违法转移案件等。二是相邻政府交叉执法。相邻政府间可采取交叉督查的方式，定期或不定期对环境敏感地带或相邻方污染企业，依法共同进行检查，有时根据群众举报进行检查。如一方政府对相邻敏感区域的重点污染源进行突击检查。或者通过互派观察员的方式对上下游、左右岸政府对环境敏感地带、污染企业整改情况和环境事件处理情况进行督查。

（2）建立跨界河流联合共治制度。珠三角存在许多跨行政区的河流，为加强对跨界河流水质的达标管理，建立跨界河流联合共治制度，打破行政区划壁垒，在统一规划和目标的前提下，明确职责，强化协调，上下游、左右岸联防共治，发挥综合治理效益。一是在所有跨界河流交界段面处建立水质联合监测点，在交界断面安装水质自动监测装置，确定水质控制指标，落实上下游或左右岸相邻政府的责任。相邻两地的水质要以河流交接断面水质为准，且监测结果由下游环境主管部门所属的环境监测机构监测。二是上下游政府之间定期会商。上下游政府通过召开联席会议等方式，相互通报并商讨跨界水污染防治工作，下游地区政府至少每年主动召集一次联席会议，上游地区政府应予以配合。对跨市河流边界水质

是否达标交接发生争议时，上下游相关政府应协商解决，协商不能达成协议时，由省环境主管部门协调处理。根据需要建立河流整治工作小组，如成立"淡水河污染整治工作小组"，协调综合整治规划和方案。三是流域内有关政府可签署"跨界河流共同治理公约或协议"。以此明确约定相关方政府的责任和义务，一方如不履行环境行政契约的，要承担违约责任。建议在跨界水污染严重的广佛内河涌、深圳河、龙岗河、坪山河、观澜河、石马河、东莞运河、岐江河、江门河、天沙河、独水河的治理中，相关政府签订河流共同治理协议，不能达成协议时，由省环境主管部门协调处理。另外，强化跨界河流断面水质目标管理和考核。将珠三角跨界河流交接断面水质保护管理纳入市县领导干部环保责任的考核范围。交接断面水质未达到控制目标的，实施区域限批，停止审批在责任区域内增加超标水污染物排放的建设项目，追究相关领导干部的责任。

（3）建立环境应急协作处理制度。由于环境事件突发性、危害性、扩散性，需要政府间或多个政府部门的联合应急处理。特别是在珠三角地区，城镇密集，人口众多，在区域内有必要建立一个环境污染事件应急协作处理系统。这个系统包括两个层面，即大珠三角粤港澳环境应急协作系统和各市环境应急协作系统。另外，珠三角主要相邻市（如广佛肇、珠中江、深莞惠等）还可建立片区环境应急协调处理系统。环境污染事件应急协调处理包括以下几个密切配合的环节：一是制定联合应急预案，完善应急监控系统。可从大珠三角和市两个层面制定环境预警应急系统，建立协同作战、响应快速的区域环境应急监测网络。加强重要环境敏感区域污染监控预警，加强区域流域环境风险防范，开展区域环境风险区划，共同建立各类环境要素的环境风险评价指标体系，加强环境监测数据应用与综合分析预警。定期开展区域环境突发事件的应急演练，建立畅通的环境事故通报渠道，加强人员培训，提升监测预警能力。二是环境事故应急处理的协调联动。指挥协调是联合行动的基本要求，是环境污染事件应急合作机制的核心环节。当珠三角任何一个地方发生环境污染事故时，立即启动应急预案，发生地环境主管部门应立即对事故进行调查确认，相

关方政府及部门积极配合，迅速行动，开展应急监测和跟踪监测，快速判断污染物种类、浓度、污染范围及产生的危害影响，并分析事态可能的发展趋势。一般情况下，突发污染事件发生后，根据需要成立应急指挥机构，提出联合行动要求和具体方案，协调环境污染事件产生地政府部门之间联合行动，协调突发环境污染事件信息的对外统一发布工作，协调污染事故的善后处理。

3. 建立环境合作治理的组织机构

政府在环境治理中的协调合作，需要借助一定的组织形式或机构支撑，组织机构常常是政府协调合作的重要载体。跨界环境管理问题涉及面广，处理困难，有必要建立权威性的机构来承担这项工作。从珠三角目前环境治理的情况来看，在现行的行政体制框架下，在明确省、市、县（区）、乡镇政府及相关部门的法定环境管理职能基础上，完善和整合有关议事协调机构，建立和完善以下协调机构：

（1）建立"珠三角环境治理专门委员会"。为进一步落实《珠江三角洲地区改革发展规划纲要》，建议在原来省里设立的"珠江三角洲经济区现代化建设协调领导小组"、"珠江三角洲城镇群规划管理办公室"的基础上，整合组建"珠三角一体化促进委员会"，负责制定全区域一体化发展战略和政策，协调解决基础设施建设、区域城市体系规划、区域性资源开发利用和生态环境一体化治理中的重大问题。珠三角一体化促进委员会由省长兼任或副省长担任主任，成员由9个地级以上市市长、省直有关职能部门（环保、水利、发改委、国土、农业、林业、建设、交通、卫生等）的负责人以及相关专家等组成。在珠三角一体化促进委员会下成立"珠三角环境治理专门委员会"或者"珠三角环境一体化工作小组"，专门负责珠三角环境协调，主要职能是监督执行区域环境规划和相关政策；监督各市对环境法律、法规、规划、政策的执行；协调处理区域和流域重大环境问题，协调区域内各成员间的关系；对区域重大环境问题和跨市环境问题进行研究等。按照《珠江三角洲地区改革发展纲要》的要求，推进珠三角产业布局一体化、环保设施建设一体化、重大项目审批一体化、区域环境标准一体化、环境管理体制一体化、环境执法监督一体化、环境监控手段

一体化、环境信息公布一体化等政策措施，实现联手治污和同步治污。建议在有关地方法规中，明确珠三角一体化委员会的法定地位和权力，就机构的成员构成、决策程序、职能权限、法律责任、工作机制等制定相应的制度性规定，以确保机构的正常运行并真正发挥作用。

（2）完善环境合作治理联席会议。在环境管理中，联席会议是多元管理主体协调合作的基本组织形式。建立联席会议的主要目的是各方互通信息、消除分歧、形成共识、联合行动。目前，需要建立和完善以下环境治理联席会议：一是建立珠三角城市群环境治理联席会议。联席会议是都市区重大事项集体会商、环境纠纷处理、环境信息交流的平台，主要讨论城市间环境治理的合作与协调，协调解决跨界环境污染问题，对区域重大环境问题和跨市域环境问进行研究，组建边界环境联合执法小组，强化对区域污染治理工作的监督检查等。另外，根据需要，相邻政府也可建立环境联席会议。如根据珠三角的地理空间关系和生态环境的关联性，分别建立广佛肇（广州、佛山、肇庆）环境联席会议、珠中江（珠海、中山、江门）环境联席会议、深莞惠（深圳、东莞、惠州）片区环境联席会议。二是根据需要建立主要污染河流治理的联席会议。联席会议主要讨论处理有关流域环保协调与合作；处理流域环境管理中的纠纷，处理上下游、左右岸的关系，协调各方利益；加强边界地区联合执法和环境污染整治，加强边界地区建设项目的环境管理，加强污染治理工作的监督、检查等。现在淡水河污染整治工作联席会议已建立，该联席会议由副省长林木声担任第一召集人，深圳和惠州政府主要负责人为成员，双方签署协议，确定定期会商制度，每个季度碰头一次协调推动治污工作。三是建立政府部门间环境联席会议。该会议可采取两种形式：一种是由同级政府牵头，由政府环保工作分管领导召集或主持，相关职能部门参加的联席会议。各有关部门分管领导担任联席会议的代表。另一种是由环境行政主管部门牵头，成员单位涉及水利、农业、林业、土地等部门中的若干部门。建议在珠三角市、县政府分别建立这种联席会议，加强对政府部门间环保工作的协调。

4. 建立环境合作治理的信息系统

信息资源是政府合作治理的基础性资源，环境治理特别强调信息的重要性，信息共享也是合作机制的一个重要组成部分，因为不同环境治理主体所拥有的信息是不完全和不对称的，相关信息不仅是识别潜在环境问题、环境预测的基础数据，而且是环境问题处理的重要条件，必要的信息资源能增强政府协同能力，提高合作治理效率。因此，需要建立珠三角环境信息互通共享机制，保证环境信息的及时性、全面性和准确性。

（1）建立珠三角环境信息共享平台。充分利用现有互联网、政府网络资源，依托电子政务网络平台，建立珠三角环境信息应用系统和环境基础信息数据库，从而实现环境信息计算机处理、环境信息高速传输，实现环境信息资源共享。一是完善珠三角环境监测信息系统。按照2007年国家环保总局《环境监测管理办法》规定，要求县级以上环境主管部门须依法组建环境监测网络。建议由省环保厅牵头，建立珠三角环境动态监测数据库，全面实现监测数据处理的信息化、数据传递的网络化，实现各类环境监测信息共享。区域内各地级以上市应当定期向环境监测信息系统提供信息数据。同时，完善环境数据库管理，细化数据采集，加强数据质量控制。二是建立完善珠三角环境信息资源网络，将区域内环境信息以空间数据库的形式加以合理、方便、简洁的表达与管理，便于灵活使用、快捷查询，为环境管理提供较为丰富的数据支撑。并与有关部门实现信息接口兼容，全部实现与环保部门的联网。建立珠三角政府间网上协同办公模式，各环保主管部门联网，实现上下级政府、横向政府之间环境信息共享。三是建立政府部门信息共享平台。使政府内部的规划、环保、水利、国土、农业、林业、海洋、卫生、交通、地质、公安、市政、环卫、建设、旅游、能源等部门的办公流程彼此联系，将各部门内部的业务通过政府统一的信息交换与共享平台，实现相关部门之间的环境信息共享，并与全省、区域或流域环境信息网络实现信息接口兼容。

（2）健全环境信息通报制度。为使环境合作治理做到公开、透明、有效，建立完善环境信息通报制度。环境信息互通的方式有多种，主要是通过现代互联网技术和通讯技术、双边或多边的联席会议、编写环境简报等，互通环境治理中的重要问题，交流工作经验，将环境治理信息在双边或多边范围内通报。区域内各市政府定期发布城市空气质量、城市噪声、流域水质、饮用水源水质、近岸海域水质等信息，公开重点污染源环境信息、环境监察信息、环境影响评价信息和建设项目环保审批情况。一是政府部门间要建立信息通报制度，定期通报有关情况。各市环境主管部门每季度向同级相关部门通报本地基本环境数据，特别是环境执法信息，通报环境违法案件的立案、查处、移送、督办、整改、结案等情况。如经济综合主管部门、资源管理部门、工商管理部门等每季度向环境主管部门通报一次环境违法企业关、停、并、转的情况。环境主管部门与水利、渔政等部门定期互通河流交界断面水质、水量、水文等信息。二是城市间特别是相邻城市间将日常监测和环境管理中掌握的有关数据及情况，定期（如每季、每月）或不定期地相互通报。当前重点做好以下信息的通报：项目审批和项目环评互相通报。各市审批的建设项目和项目环评报告，应向相邻或区域内其他市环境主管部门通报有关情况，通报当地水污染防治措施、进程、效果及其面临难题等信息。及时通报关停企业名录，本地污染企业转出其他地区，环境保护部门掌握有关情况后，及时向污染企业可能转入地环境保护部门和区域联席会议办公室通报。

参考文献

罗莎. 观澜河应封闭治理 [N]. 南方日报，2008-04-09.

陈冀，吴俊. 深圳东莞河流污染考察 乌龙江何日泛清波 [DB/OL]. 新华网，2008-04-07.

梁宇. 积重难返 治污路漫漫 [N]. 南方日报，2009-07-30.

邓慧玲，黄慧诚. 广东挂牌督办紧扣十大问题 剑锋挥向重污染行业 [N]. 中国环境报，2009-05-20.

李瑞. 广东环境质量公报 珠江口近岸污染严重 [N]. 中国海洋报，2009-05-27.

熊薇等. 这边取水那边怎建了工业园 [N]. 南方都市报，2010-1-31.

张紧跟，唐玉亮. 流域治理中的政府间环境协作机制研究 [J]. 公共管理学报，2007（3）.

蔡守秋. 欧盟环境政策法律研究 [M]. 武汉大学出版社, 2002.

李松. 综合决策: 协调环境与发展的最佳选择 [J]. 中国投资与建设, 1999 (2).

易志斌, 马晓明. 论流域跨界水污染的府际合作治理机制 [J]. 社会科学, 2009 (3).

张倩. 淡水河跨界治污机制建立 [N]. 南方日报, 2009-7-12.

（王玉明、刘湘云, 广东行政职业学院、广东行政学院）

济南生态农业旅游的发展状况及措施

随着世界工业化与城市化程度的不断提高，人类赖以生存的地球环境发生了重大的变化，人与自然的矛盾日益突出。因而以接近自然、返璞归真为特征的农业旅游成为人们追求的一种生活方式。国内外许多学者对"农业旅游"的概念进行了扩充，同时提出了"生态农业旅游"、"观光农业"、"休闲农业"等新的概念和课题。生态农业旅游研究已经成为当前农业经济管理学、旅游地理学、资源与环境科学以及景观生态学研究的一个热点。

生态农业旅游是一种兴起于 20 世纪 90 年代的具有旅游、休闲、示范、求知、教育功能的生态文化旅游产业。近几年，随着我国经济的快速发展，人们收入的不断增加，消费需求也在不断更新。加上政府在宏观上积极引导，及时推出"黄金周"节假日，为城乡居民旅游消费提供时间保障。同时，许多社会资金投资生态农业旅游的开发，增加了城乡居民旅游选择的新领域。我国是农业大国，农业是中国大地上的主导景观。发展生态农业旅游，是时代发展的需求，是农业发展的动力，对落实我国新农村建设具有重要意义。

生态农业旅游是以农业生产为依托，使农业与自然、人文景观以及现代旅游业相结合的一种高效产业。从狭义上看，生态农业旅游仅指用来满足旅游者观光需求的农业；广义的生态农业旅游涵盖较为广泛，主要包括"农业观光旅游"、"休闲旅游"、"乡村旅游"、"农村生态旅游"等不同概念，具体讲是指在充分利用现有农村空间、农业自然资源和农村人文资源的基础上，通过以旅游内涵为主题的规划、设计与施工，把农业建设、科学管理、农艺展示、农业产品加工与旅游者的广泛参与融为一体，是旅游者充分体验现代农业与生态农业相结合的新型旅游产业。济南地理环境优越，利于发展生态农业旅游。以济南市为例，阐释生态农业旅游的区域概况与旅游业的发展现状。

一、发展济南生态农业旅游的社会价值

大力发展济南郊区的生态农业旅游，不仅可以增加经济收入，还可以提高人们保护环境的意识，真正实现经济的可持续发展。

（一）调整农业产业结构，带动相关产业的发展

通过发展生态农业，将农业与环境协调起来，促进可持续发展，增加农民收入，保护环境，并保证农产品的安全性。同时，旅游业具有较强的关联带动作用，开发生态农业旅游，可以向第二、第三产业交叉渗透，这对第三产业有较强的带动性作用。这将带动运输、包装、旅游观光等相关产业的发展。而且还扩大了济南旅游业的知名度，带来客流量，具有联动效应，带动和促进市区和近郊生态农业旅游业的发展，使之成为济南经济发展新的增长点和特色优势产业。

（二）创造农村就业机会，增加农民收入

旅游业是综合性很强的行业，其经营范围涉及国民经济的许多部门，因而发展旅游业，首先

使许多其他有关联的产业都随之得到发展。据测算，旅游收入每增加1元，第三产业产值相应增加10.20元之多。其次，扩大了农民就业机会。发展生态农业旅游，种植无公害的瓜果、蔬菜，采用无公害生产技术进行种植，在满足当地"菜篮子"需求的同时，也吸引了大批市民利用节假日前来旅游采摘，不仅可以使市民领略自然风光，放松身心，减轻工作压力，还可以增加农民收入，又可以促进生态农业旅游的发展。

（三）保护生态环境，促进经济发展

多年来因为各种原因，济南的环境状况一直不是很乐观，沙尘暴、酸雨等现象较为严重，特别是济南为迎接全运会，到处搞施工建设，再加上春天风大，更加重了这一问题。大力发展生态农业旅游，兴建农业生态园区，如长清区万德镇武庄生态风景区，是济南市南部山区面积最大，保存最完整，景色最优美的生态旅游园区，这对涵养水源，净化空气，减少污染，保护生态环境，促进济南经济、社会、生态的协调发展，有重大意义。

（四）拓展发展空间，扩大旅游市场

山东省内不同旅游地的差异形象定位，使每一个旅游地具有各自的形象影响力。原来以济南为代表的泉文化、以曲阜为代表的孔子文化和泰安的泰山文化相结合所形成的一山一水一圣人的旅游景观，再加入济南的生态农业旅游，让久居城市的人们欣赏自然田园风光，感受农村的气氛，从而形成新的旅游市场群，进而扩大济南市场的影响力、号召力和知名度。这对济南旅游的发展有很强的推动作用，并进一步增强济南旅游城市的影响力。

二、济南农业生态旅游发展条件评价及SWOT分析

济南具有4000多年的历史，长期的生产实践证明，济南是一个适于发展、利于发展农业的城市，经过长期的发展，积累了农业发展的经验与良好的农业基础。但是，我国的生态农业旅游起步晚，现在还处在起步阶段，存在各种各样的问题。运用SWOT分析法，对济南市生态农业发展中存在的优势与劣势以及面临的机遇与威胁进行综合的分析，并提出济南生态农业旅游发展的几点建议。

（一）济南生态农业旅游发展的优势

1. 农业产业化基础深厚

济南市产业化经营保持良好的发展势头。由龙头企业、主导产业、合作组织和农业科技构成的产业链条正拉动农业生产向高层次发展。

现在，本市已初步形成一批主导产业或主导产品。有龙头企业的带动，农村各地围绕市里提出的重点培植蔬菜、果品及食用菌、观光农业等八大主导产业，发挥各自优势，培植优势特色产业或产品。商河县形成了大蒜、浅水藕和大棚蔬菜三大主导产业。历城区董家镇的大棚草莓、济阳县的太平西瓜、平阴孔村的红提葡萄等，都有了自己的规模、特色和知名度。强大的农业产业化基础，雄厚的技术支撑，为济南的生态农业旅游的发展提供了保障。

2. 区位条件优越

济南地理位置优越，位于山东中部，南依泰山，北跨黄河，地处鲁中南低山丘陵与鲁西北冲积平原的交接带上，地势南高北低。济南市处于中国为数不多的"一小时都市圈"（包括济南、淄博、德州、聊城、泰安、莱芜六个大中城市）之中心，加上济南绕城高速，济青高速，济聊高速的建设，方便了济南与周边城市的交流，特别是铁路提速，济南青岛动车组的开通，极大方便了人们的出行。

为迎接全运会，济南再新开10条公交线路，3~4条BRT专线。至此，营运车辆4218辆，公交

线路 182 条。为满足群众多样化的出行方式，相继推出大站快车、区间车、支线车、学生专线车、小区班车和超市班车等特色线路，让更多群众享受到公交优先带来的便利。同时，公交服务也延伸到农村，使农村居民也能享受到与城市居民同样便利的公交服务。

3. 自然资源条件丰富

济南三面环山、一面环水，是一个有山有水的城市。在济南的城市周围，拥有一批生态园区，如水帘峡风景区，位于济南南部山区。山东生态旅游第一镇——柳埠，占地面积 6000 余亩，济南第一高峰梯子山和第一大峡谷九十九峡皆坐落于此。高山深峡成就了泉城第一大瀑布群，石画天成造就了济南唯一泰山石画园。国家 4A 级景区红叶谷生态文化旅游区占地 4000 余亩，水阔林丰，尤其是千余亩的野生黄栌密林，每逢深秋，红叶满山，形成了景区得天独厚的自然景观。明清古村朱家峪距今已有 600 多年的历史，素有"齐鲁第一古村，江北聚落标本"之赞誉。2008 年 2 月国家环保部批准历城区艾家村为第一批国家级生态文明村。这为生态农业旅游提供了丰富的旅游资源。

（二）济南农业生态旅游发展的劣势

1. 缺乏生态农业旅游意识和专业从业人员

由于济南郊区的经济发展水平和开发程度较低，人们的旅游意识与旅游文化淡薄，限制了市区旅游市场的形成与发展。同时，旅游管理人才缺乏，特别是直接服务旅游的人员——导游，更是少之又少，而且现存的旅游人员的文化素质普遍偏低，仅仅经过几个月的简单培训就直接上岗，这直接影响了人们对人文景观的欣赏与理解。从事生态农业旅游的相关人员在规划、开发、经营、管理等方面都缺乏相应的经验，旅游市场营销工作的滞后，在很大程度上都制约着生态农业旅游的开展。

2. 外部环境制约生态农业旅游的发展

由于农业生态旅游发展的时间短，所形成的规模较小，大都是乡镇政府结合农民发展的，旅游基础条件及配套设施较差，很多地方由于资金投入不足，一些乡村的道路、停车场地、公共厕所、垃圾处理、通讯设施、住宿和饮食卫生都存在不同程度的问题。在较大的旅游景区内，在景点标识说明、途中的游憩场所、导游解说、观光便道、宣传包装等方面也存在着严重的不足。这都制约了生态农业旅游的发展。

3. 生态农业旅游开发的项目同质化现象严重

南部山区的生态农业旅游推出的项目基本上都是在生态园区采摘瓜果、蔬菜，虽然异于城市生活，但如果"天天都一样，次次都相同"，项目总体的竞争力和吸引力必定会下降。项目的同质性使旅游点间可以轻易替代，不利于培养游客对该旅游点的忠诚度。

（三）济南生态农业旅游发展的机遇

1. 良好的政策机遇

党的十七大明确提出：建设生态文明，基本形成节约能源资源和保护生态环境的产业结构、增长方式、消费模式。生态文明观念在全社会牢固树立。国家在"九五"计划和《2010 年远景目标纲要》中做出"大力发展生态农业，保护农业生态环境"的决定。为积极发展本市的旅游业，济南市政府出台相关的政策措施，协调支持景区面向国内外市场实行"一卡通"、暂退 70% 质量保证金、协调景区与旅行社推出优惠价格等。举办"省会城市群旅游经济圈"八城市旅游企业合作促销活动，协调支持景区面向国内外市场实行"一卡通"；推出"盛会泉城游"大型旅游活动，2009 年重点办好"谁不说俺家乡好——山东人游济南"活动、第九届中国（济南）国际旅游交易会、济南民俗风情旅游节、济南滑雪文化节等活动；还免费发放旅游券，鼓励居民外出旅游。

2. 生态农业旅游广阔的市场前景

随着经济收入的提高和休闲时间的增多，人们对物质文化生活的需求向更高层次和多元化发展，人们的价值观念、消费观念和美学观念也都在发生着变化，旅游已逐渐成为新的大众消费方式之一。同时由于常规旅游对旅游资源的过度开发以及给环境带来的负面影响，人们提出了旅游业持续发展的观点，而生态农业旅游既符合农业持续发展的要求，又为游客提供了新的旅游产品。

生态农业旅游的客源市场主要是久居城市

"水泥森林"的城市居民。生态农业旅游的发展一方面满足了城市居民回归自然的身心需求，另一方面满足了城市居民对农村旅游的重复需要。"回归大自然"的旅游需求越来越受到人们的重视。节假日前往生态旅游园区度假休闲旅游，不仅可以回归大自然，还可以亲自收获枝头的水果，品尝各种果味。因此，充分地利用济南生态农业旅游资源的优势，大力发展具有文化内涵的生态农业旅游项目是发展生态农业旅游的难得机遇。

3. 生态农业旅游是我国旅游业发展的现实需要

自 1999 年开始实施"黄金周"休假制度起，旅游在满足人们日益膨胀的需求的基础上，还成为拉动内需，促进经济发展的重要推动力量。人们纷纷外出旅游，集中涌向城市。黄金周旅游极大地推动了旅游产业的发展，旅游产业的发展又带动了其他相关产业的发展和基础设施建设。然而，黄金周制度的弊端也日益显现出来。由于集中消费，门票、宾馆、餐饮价格暴涨，城市交通拥挤，服务质量下降；旅游景区人满为患，环境遭到破坏……七天的旅游，人们并没有得到精神上的放松，而是拖着疲惫的身体回家。由于城市景点之间的相似性，人们逐渐厌烦了城市之间的旅游，开始向往新的旅游内容。生态农业旅游一般建在城市的郊区，距离短，来往方便，适合普通的节假日旅游，这迎合了现代市民对回归自然的需求。

据世界旅游组织预测，到 2015 年，中国将成为世界上第一大旅游接待国、第四大旅游客源国。在这个阶段，人们的休闲度假旅游需求将快速增长。生态农业旅游能够在生态环境、社区和旅游企业之间形成良性的互利关系，有利于提高我国旅游业的整体水平，实现人与自然和谐共生，共同发展。作为环境友好型产业，生态农业旅游是旅游业发展的必然趋势。

（四）济南生态农业旅游发展的挑战

生态农业旅游作为我国新兴的旅游形式，如何更好地发展已经成为生态农业旅游业面临的最大挑战，比如生态农业旅游者的行为和态度给当地传统文化和道德观念造成的冲击，旅游开发中对当地环境的破坏，以及来自其他旅游市场的挑战与竞争。目前，济南生态农业旅游受客源市场、消费能力、消费习惯等因素的制约，跨区域旅游消费较小。

（五）济南生态农业旅游发展条件总体评价

根据文中 SWOT 分析显示，济南发展生态农业旅游有着良好的发展基础，强大的市场竞争优势，巨大的市场营销潜力，目前正处于开发的重要阶段。目前，全市建成生态农业 190 余处，农家乐 1000 余家，年接纳游客 450 万人次，实现总收入 12.5 亿元。基本形成了"春季赏花、夏季纳凉、秋季摘果、冬季滑雪、全年农家乐"的观光农业旅游新格局。

然而如"劣势"所述，一些制约因素目前和将来会影响市场潜力的发挥，特别是面临着周边生态旅游市场挑战，政府和企业应尽快采取多种措施克服劣势，加强对旅游管理人才的引进和培养。同时率先采取灵活多样的营销手段，通过实施宣传促销活动，在全市营造浓厚的旅游氛围，做到全年旅游天天有内容，月月有活动，季季有高潮，积极抢占生态农业旅游市场，打造山东乃至整个中国首选生态农业旅游目的地。

三、济南发展农业生态旅游对策建议

（一）加强理论研究，加大政策扶持力度

匈牙利在 20 世纪 30 年代就提出生态农业旅游的概念，但在发达国家，90 年代以前旅游业对农业经营者来说是可有可无的，完全是一种次要的补充收入，90 年代以后政府才介入生态农业旅游，生态农业旅游成为农业多样化经营中不可缺

少的一员。我国生态农业旅游比发达国家开展得晚，因此许多有关生态农业旅游的理论要借鉴西方国家的研究成果，需要认真研究，如现代工业文化、后工业文化与传统农业文化撞击、交汇的问题；农业经济与旅游经济结合的形式问题等，对这些问题研究得越深入透彻，生态农业旅游将会发展得越好。

现在，民营经济的发展占据着越来越重要的位置，吸引各方面资金，尤其是民间资本。生态农业旅游是一个新兴的行业，有着巨大的发展潜力与市场前景，出于经济目的，民营经济有着强烈的投资欲望。所以正好可以充分利用这一资源，吸纳民营资本来促进旅游产业的发展。同时要从技术、税收、政策等方面引导和扶持生态农业旅游，借鉴国际惯例制定整套完善的管理制度，使生态农业旅游尽快成为济南市新的经济增长点和支柱产业。将单一的生态农业旅游发展为多种多样、丰富多彩的休闲、游乐、度假旅游，满足游人吃、住、行、游、购、娱等全方位的需要。

（二）提高从业人员素质

生态农业旅游是一种新兴的特殊旅游方式，需要高素质的专业管理人才和服务人才，他们对于提升生态农业旅游的服务质量、提升旅游的形象、打造旅游品牌有着重要作用。应利用旅游院校、培训班、专题讲座、学术会议等各种形式及请进人才、派出学习等办法培养一大批生态农业旅游方面的专业人才，加强对生态农业旅游理论和规划方面的研究，为济南市旅游的可持续发展提供人才保障。由于生态农业旅游的特殊性，为生态农业旅游提供服务的导游人员必须具备广博的专业知识和较强的实践能力，满足生态农业旅游发展的需要。

（三）加强与周边景区合作，实现优势互补

区域间旅游景点的相似性会增加旅游点之间的恶性竞争，持续下去，会严重阻碍旅游业的健康发展。因此，要注意与附近景点构成互补，形成一个统一的整体旅游区，这样不仅能丰富产品

结构，扩充产品数量，还可以增加游客的可选择性。要把一个地区的旅游景点纳入整个地区的旅游网，真正实现旅游业的可持续发展。

（四）加大宣传力度，开发旅游客源

宣传与促销是直接关系到区域旅游品牌创建和旅游市场开拓的大问题。重视旅游宣传尤其对主要客源地的宣传，是旅游业赖以生存发展的重要手段。

据香港旅游协会资料，每增加1美元的旅游宣传投资，可增加123美元的旅游收入。对于不同的客源地，采取不同的宣传手段，以往在这方面做得很不够，必须加以改进。抓住新闻热点和目标市场的注意力，进行营销、宣传与促销。比如，根据中央气象台预报，太阳黑子增多，紫外线强，夏季酷暑难熬，宣传市民到南部山区避暑度假，同时可以领略与城市不同的农业生态园区的风景；抓住时机，利用电视、电台、报纸对细分的目标市场进行有效宣传和科学报道，把济南的特色全方位展示出来，把更多的旅游消费者吸引到济南郊区来，不断拓展济南的旅游市场，扩大市场的有效需求。

参考文献

郭来喜.中国旅游业可持续发展理论与实践研究——国家自然科学基金"九五"重点旅游课题浅释 [J]. 人文地理, 1996 (增刊): 18-25.

梁仁君, 臧宁波. 临沂市农业生态旅游的现状和可持续发展对策 [J]. 临沂师范学院学报, 2003, 25 (6): 87-90.

尹奇凤. 新中国济南旅游发展史 [D]. 山东大学硕士学位论文, 2006.

http://www.jnny.gov.cn/nytj/nytj_detail.asp?id=2093, 济南农业信息网.

http://www.jnta.gov.cn/lyzw_index.htm, 济南市旅游政务网, 2008 年旅游统计数据, 2009-2-16: 30.

许杭军. 以农业旅游推进"三农"问题的解决 [J]. 中国旅游报, 2005 (2): 15.

田喜洲. 开发生态农业旅游的思考 [J]. 生态经济, 2002 (6): 6.

郭焕成. 休闲农业 前景广阔 [J]. 农村工作通讯, 2009 (11): 11.

陈东, 田张晓, 鸿王艳. 城郊生态农业观光园区规划

研究［J］.现代农业科技，2008（10）：194-195.

Smith. Anthropology and Tourism——A Science Industry Evaluation［J］. Annals of Tourism Research，1980，7（1）：13-33.

Friedlnan J. R. Regional Development Policy：a case study of Venezuela［M］. Cambridge，MA：MIT Press，1966，40.

马菁.乡村旅游及其规划研究——以武汉市黄陂区为例［D］.华中科技大学硕士学位论文，2006.

何景明.国内乡村旅游研究：蓬勃发展而有待深入［J］.旅游学刊，2004（1）：92-96.

（孟倩、昝欣，北京交通大学中国产业安全研究中心）

甘肃新能源产业发展的战略定位、目标及方式

金融危机之后，新能源与节能环保产业在世界主导力量推动下，日益形成巨大的全球市场。以新能源技术为核心的绿色工业革命是人类历史上第四次工业革命，这对中国而言，蕴藏着领跑全球经济的重大机遇。发展新能源产业，甘肃有着丰富的资源优势和独特的区位优势，正确认识和把握甘肃在西部、全国乃至世界新能源产业发展中的战略地位，选择合理的发展方式，是甘肃发挥优势，走出发展困境的有效途径。

一、发展新能源产业，甘肃具备独特的资源优势和区位优势

甘肃不仅自身拥有丰富的用之不竭的风能、太阳能等资源，同时，甘肃还是活络新疆、青海、宁夏、内蒙古等传统能源和风能、太阳能等新能源都富集的西北地区的桥梁和纽带。据最新分析成果，甘肃省风能资源理论储量为 2.37 亿千瓦，技术可开发量在 4000 万千瓦左右。河西走廊北部区域为风能资源丰富区，年平均有效风功率密度在 150 瓦/平方米以上，有效风速时数在 6000 小时以上。其中，瓜州县被誉为"世界风库"，玉门被称为"世界风口"。甘肃风电开发及建设有着无可比拟的潜在优势。酒泉风电开发始于 1996 年，经过 10 多年的建设，目前已建成 5 座大型风电场，风电装机规模达到 41 万千瓦。酒泉风电基地远景风电总装机容量为 3565 万千瓦，先期计划建设装机容量 1065 万千瓦。酒泉千万千瓦级风电基地建设在世界上尚属首例，在风电产业基地建设方面，甘肃已经领先一步。新疆年风能理论蕴藏量在 3 万亿千瓦时左右，太阳能辐射总量居全国第二，辐照年度平均为每平方米 58 亿焦耳；青海省的平均风能密度在 100~150 瓦/平方米以上的地区占全省面积的 70%，年风能资源理论值折合 7854 万吨标准煤，相当于电能 1745 亿千瓦时，年接受的太阳能折合标准煤 1623 亿吨，合电量 360 万亿千瓦时。据国家电网西北电网有限公司透露，今后 10 年西北将大力发展风能、太阳能等清洁能源，预计到 2020 年，西北地区风能和光伏发电装机预计可达 7000 万千瓦以上。而全国 2020 年风能和光伏发电装机预期为 12000 万千瓦，西北新能源开发占有较大比重。陕西计划加快推进 750 千伏及特高压电网建设，扩大电力外送通道。重点扶持太阳能光伏和半导体照明产业，以陕北和渭北为重点实施金太阳工程，推进太阳能屋顶光伏发电项目建设，用三年时间发展 50 个兆瓦级光伏发电项目，同时积极发展风电、水电、核电和生物质能。青海将大力开发绿色能源，加快黄河上游水电开发，开工建设青藏电网联网工程和 750 千伏西宁至格尔木输变电工程，加快柴达木太阳能大型并网发电项目、边远地区光伏电源利用项目和农牧区集热利用项目建设，努力建成全国太阳能发电基地和太阳能资源综合利用基地。宁夏将加快推进宁东至山东输电等项目建设进度，力争开工建设宁夏至浙江输电项目。建成投运 25 万千瓦风电、15 万千瓦光伏发电和灵武电厂 100 万千瓦火电、大武口电厂热电联产等一批项目。新疆正在积极争取国家将新疆电力东送规划纳入国家电力"十二五"及中长期规划，加快准东、伊犁、吐哈、库拜等煤炭、煤电、煤化工基地建设。总之，在"十二五"和今后更长时期内，利用新能源

发电，发展新能源产业都将是西部许多省份今后发展的重要产业，这些地区必将成为世界新能源产业发展的最大板块。这就是说，甘肃具备成为中国乃至世界新能源产业发展中心的资源优势和区位优势。

二、甘肃发展新能源产业的重大战略意义

2010 年初，国务院正式将建设"全国重要新能源基地"列为支持甘肃的重点发展战略。在国务院下发的《关于进一步支持甘肃经济社会发展的若干意见》中，明确指出：要大力发展河西新能源，加快建设以酒（泉）嘉（峪关）为中心的风电、以敦煌为重点的太阳能发电示范基地，力争到 2020 年建成千万千瓦级以上风电基地、百万千瓦级以上太阳能发电基地，配套建设稳定风电送出的电源项目。支持大型风电制造企业在酒泉建设风电装备生产基地，支持建设数字风机设备和太阳能光伏、光热产品研发制造基地，适时发展核电，实现风电、太阳能发电、核电互补。发展新能源产业对于甘肃、西部和中国的战略意义主要在于：

第一，在甘肃打造中国新能源产业发展的重要基地，一方面有利于国家在新一轮世界新兴战略性产业发展的角逐中，在世界风能、太阳能资源富集的欧亚地区进行战略布点，进行长远谋划，最终使之成为世界新能源产业核心技术和产品的输出地；另一方面有利于国家在风能、太阳能最富集的西部地区发展新能源产业并进行统筹安排、合理调度。甘肃不仅拥有丰富的风能、太阳能、核能等资源，同时，还是活络新疆、青海、宁夏、内蒙古等传统能源和风能、太阳能等新能源都富集的西北地区的桥梁和纽带。能够在新能源产业的核心技术领域占据产业发展的战略制高点，甘肃就有可能引领、统筹西部地区新能源产业的有序、健康、高效发展，就能够打造中国和世界新能源产业的发展高地。

第二，在甘肃发展新能源产业，有利于国家主体功能区建设规划进程的推进和区域协调发展战略目标的实现。生态治理和保护是国家在西北地区实施主体功能区建设的首要目的。而对于生态脆弱、干旱缺水的西北地区来讲，大幅度降低经济发展对农业、牧业的高度依赖，则是实现生态治理和保护的治本之策。西北地区宝贵的水资源 90% 以上用于农业，长期以来过度耕种、过度放牧为主要手段的农牧业致富之路，是西北地区生态持续恶化的根本原因。要从根本上扭转这一趋势，需要大幅度加大西北地区劳动力向第二、第三产业的转移的力度。而自改革开放以来，经济活动的集中化趋势导致中国目前大约 3/4 的制造业集中在东部少数地区，落后地区劳动力只能向发达地区转移，而形成中国特有的"打工经济"。这虽然在一定程度上转移了西部地区的劳动力，提高了西部地区的农民收入，但由于这种"候鸟"式转移的临时性和无保障性，并没有从根本上减轻西北地区经济发展对农业、牧业的高度依赖，人口增长对生态环境的压力反而越来越大。另一方面，对全国来讲，这种集中化趋势虽然有利于提高全国资源配置的总体效率，但是它也加剧区域经济差距的扩大趋势，有碍于国家区域协调发展战略目标的实现。在少数处于支配地位的核心地区快速推进中国改革开放和工业化进程的同时，西部许多地区已经出现了"边缘化"的倾向，而且生产要素和产业活动在狭小地域空间的高度集中，不仅导致了东部地区各种要素成本上升，资源和能源供应紧张，更严重的问题是，人口与经济活动分布的高度不协调，造成加工能力与资源产地严重脱节，导致了全国范围的资源大调动和劳动力大流动，产生了全国范围内的集聚规模不经济，增加了国家区域协调发展目标实现的难度。

新能源产业作为 21 世纪人类最大的新兴战略性产业，具有涉及产业领域广泛、就业创造能力强、资源可再生性和生态环境友好性等特点。如果借助新能源产业的发展，为甘肃创造 200 万个新工作岗位，为西部创造 1000 万个新工作岗位，那么西部生态环境的治理和保护，国家区域协调发展战略目标的实现，就有了一条切实可行的途径。

第三，发展新能源产业，是甘肃转变经济发

展方式，实现区域发展新战略的迫切需要。甘肃传统优势特色产业绝大部分属于高污染、高排放、高消耗型产业，这些产业一方面受自身产业技术水平和产业发展空间的限制，既不能从根本上扭转甘肃粗放型的经济发展方式，也不能引领甘肃经济实现跨越式发展。只有将具有强大带动作用的新能源产业作为战略性主导产业，甘肃经济增长方式的转变，区域发展战略的实现才会有主力引擎。

三、甘肃发展新能源产业的目标及方式

我国新能源产业的许多核心技术，如电机的设计、制造、控制系统等，都严重依赖发达国家。在世界经济竞争已白热化的今天，这些核心技术很难从发达国家取得，自主研发是突破核心技术瓶颈的唯一出路。这对甘肃，对全国其他省份都是一样，这一次，甘肃与全国站在同一起跑线上。在全国范围内，谁先起步，先争取到国家的新能源核心技术的研发项目，谁就能够抢占产业发展的制高点。利用风电基地建设等方面的领先优势和得天独厚的资源区位优势，力争将甘肃新能源产业发展成为具有带动西部乃至全国新能源产业发展、具有世界领先水平的新型战略性产业，甘肃需要大胆谋划，精心设计新能源产业的发展目标和方式。

（一）将构建新型绿色产业群作为发展新能源产业的大目标

发展新能源产业，甘肃再不能仅仅着眼于和满足于发展新能源的发电项目、几个载能项目和个别装备制造项目。面对新能源产业的广阔领域，甘肃应该沿着风能、太阳能、核能、生物质能等各种新能源的产业链条不断向上延伸，运用大手笔，紧紧抓住国家支持甘肃建设"全国重要新能源基地"的历史性机遇，一方面要加快建设风电基地、太阳能发电示范基地，积极引进国内外大型风电、光电制造企业在兰州、酒泉等地建设风电装备生产基地，另一方面也是更重要的是要千方百计争取国家将数字风机设备和太阳能光伏、光热产品以及超导绝缘材料、智能电网等的研发、制造、加工、组装基地建设在甘肃。至少要在甘肃形成以下几个产业群：①风能、太阳能等新能源发电的核心技术、装备技术、新材料的研发、实验、检测中心；②新能源电站等大型成套装备

系统集成产业群；③风能、太阳能等新能源电机、控制系统等关键设备制造产业群；④新能源技术装备的零部件加工制造产业群；⑤与新能源产业相关的各种新材料的开发制造产业群；⑥风能、太阳能发电产业群；⑦高载能但低污染的其他产业群；⑧与新能源产业发展相关的各种现代服务业群。实现这些目标，将意味着一个庞大的绿色产业群在甘肃大地上崛起。

（二）用新能源产业—新型工业化—新型城市化三位一体式发展新模式，发展新能源产业

用新能源产业—新型工业化—新型城市化三位一体式发展新模式，谋划新能源产业的发展大局，就是要以新型工业化的理念、技术和方式发展新能源产业，在构建新能源产业群，推进甘肃新型工业化的同时，让广大甘肃人民通过参与新能源产业的建设，有序有效地融入到新型城市化中。

对甘肃而言，用新型工业化的方式发展新能源产业，需要重点把握三个基本原则：一是要以新能源产业核心领域的核心技术和关键设备研发为中心，走科技创新为先导的产业发展之路；二是要遵循现代工业发展的基本规律和趋势，大力发展新能源产业的中间产品制造业，让以工业技术结构变化为特征的工业增长，成为推动甘肃工业化进程的最重要动力，让新能源产业成为吸纳各种人力资源最多的一种产业；三是新能源产业发展的各个领域各个环节都必须是生态环境友好型的。在世界低碳壁垒高悬的利刃下，推行低碳化，将是我国经济发展的必然选择。今天如果选择了高碳化的发展方式，明天必将为之支付更多的发展成本。生态环境友好是甘肃发展新兴产业

的明智之举。

发展新能源产业，推进新型工业化进程的目的是加快甘肃的新型城市化进程。甘肃新能源产业的发展只有把握住上述三个原则的前提下，才能让更多的甘肃人通过参与新能源产业的建设，有序有效地融入到新型工业化和新型城市化中，才能最大限度地让更多的人共享工业化和城市化的成果。

（三）打造国家级投融资平台，开拓新能源产业的投融资市场，是甘肃发展新能源产业的关键

资金是甘肃新能源产业发展的关键。甘肃只有取得国家的大力支持，借助国家能力，全力打造国家级的新能源产业投融资平台，并利用甘肃传统能源和各种新能源的优质资源，在世界范围内以股权出让、产权交易、项目融资、政策融资、专业化协作融资等方式，让外国资本和技术，国内各种基金、银行资本和民间资本等共同参与，才能共同建立适合甘肃新能源开发的超大型项目群和产业群。

参考文献

李克强. 积极发展新能源产业和节能环保等战略性新型产业 [J]. 新华文摘，2009（24）.

武建东. 绿色经济再造美国：奥巴马能源大战略解构 [J]. 科学时报，2009（1）.

魏后凯. 中国国家区域政策的调整与展望 [J]. 城市经济区域经济，2009（2）.

卢中原，陈昌盛. 西部开发与主体功能区建设如何形成良性互动 [J]. 城市经济区域经济，2009（3）.

胡少维. 区域经济发展如何定调 [J]. 中国经济信息，2008（5）.

（魏晓蓉，甘肃省社会科学院）

低碳经济引领下的新疆经济发展方式转变探析

一、低碳经济概念探析

"低碳经济"（Low-carbon Economy）一词，最早见之于英国 2003 年能源白皮书——《我们能源的未来：创建低碳经济》。但截至目前英国并没有对低碳经济概念进行界定，更没有给出可以在国际上进行比较的指标体系。正因为如此，理论界才从不同的角度对低碳经济概念进行了阐释。

从经济形态角度来看，"低碳经济"是指在应对全球气候变化基础上提出的新的经济发展模式。其主要特征是在低能耗、低排放、低污染基础上实现经济社会可持续发展。代表学者有英国环境专家鲁宾斯德和我国的冯之浚、金涌、牛文元（2009），金乐琴、刘瑞（2009），任力（2009），周生贤（2008），付允（2008），邢翼（2009），李建建、马晓飞（2009）等。

从能源技术角度来看，"低碳经济"是指通过技术、制度创新改变人类对化石能源的依赖，减少以二氧化碳为表征的温室气体排放，走出一条能源消耗与社会环境和谐的可持续发展道路。其实质是提高能源效率、优化能源结构，主要手段是通过能源技术创新、制度创新来实现，最终目标是应对环境变化，促进经济社会可持续发展。代表学者主要有庄贵阳（2005）、杜飞轮（2009）等。

从价值观念角度来看，"低碳经济"是一种价值取向，反映的是人们对原有经济发展方式、能源消耗方式、生产生活方式的一次变新，是人类社会由现代工业文明向生态经济、生态文明转变的必然选择，代表着未来世界经济社会的发展方向。代表学者主要有潘家华（2009）、刘细良（2009）、鲍健强等（2008）。

还有从其他角度对低碳经济概念进行阐述的。比如金涌、王垚、胡山鹰等（2008）从碳循环及全球碳库角度对低碳经济概念进行了阐述；谢来辉（2009）从"碳锁定"角度阐述自己对低碳经济概念的认识；杨志、张洪国（2009）、方时姣（2009）、崔大鹏（2009）、吴晓青（2009）、杨美蓉（2009）等从低碳经济与绿色经济、生态经济、循环经济关系方面进行阐释。

尽管国内外学者对"低碳经济"概念的提法众多，很多概念是从某个领域或者经济发展的某个侧面提出的，却没有形成被大家普遍接受的统一概念。但是，笔者根据上述分析认为，"低碳经济"概念应从三个层面来理解：一是"低碳经济"是一种发展战略，是指影响当前和今后一段时期全球或国家经济政治新格局的发展战略；二是"低碳经济"是一种发展模式，是基于能源资源和生态环境约束下的，以低能耗、低排放、低污染和高效能、高效率、高效益为基本特征的新的经济发展模式；三是低碳经济是一种价值取向，是以低碳经济文化引领生产生活方式、消费方式转变的社会价值体系。

二、新疆发展低碳经济的战略机遇

（一）新疆发展低碳经济是为抢占经济发展制高点所赋予的历史机遇

自 2003 年英国首次提出"低碳经济"概念后，发展低碳经济逐渐成为全球各国的共识。目前，世界上绝大多数国家已经认识到，以减少温室气体排放为目标的低碳经济，是解决当前气候变化问题的有效方式。2009 年召开的各种会议，比如 G8 峰会、首轮中美战略与经济对话、G20 第三次金融峰会、欧盟首脑会议、APEC 会议以及哥本哈根联合国气候变化大会等，均把发展低碳经济作为重要的议题之一。虽然按照《联合国气候变化框架公约》和《京都议定书》"共同但有区别的责任"原则，我国在应对全球气候变化和减少温室气体排放量问题上并不需要承担具体的减排义务，但是我国已经把减排问题提升到国家战略高度，不仅多次承诺不重走发达国家高能耗、高排放、高污染的道路，而且明确提出了节能减排的目标，即到 2020 年要实现单位国内生产总值 CO_2 排放比 2005 年下降 40%~45%，2050 年建立起低碳发展格局。同时我国还加大对气候保护的资金投入和政策支持力度。据《德国日报》2011 年 6 月 1 日刊载的《西方可以向中国学习什么：更多的计划经济——为什么不呢？》文章指出：正如中国"十二五"规划显示的，中国每年将为气候保护投入 500 亿欧元，这个数字甚至超过哥本哈根大会对它的预期。就在前不久，德国还在太阳能领域保持优势。如今中国是领军者，这离不开中国政府的巨额资金支持。政府的支持政策还吸引了国际投资者的兴趣，仅在 2010 年，外资银行和保险公司就在中国的生态发电和生物柴油领域投入数百亿美元。中国首次超过美欧，成为世界最大的绿色市场投资国。由此可见，发展低碳经济不仅是我国政府应尽的国际责任，而且是我国经济社会长期可持续发展的需要。紧紧抓住这个有利时机推进新疆低碳经济发展，不仅符合世界能源低碳化发展趋势，而且是适应国家经济社会发展战略需要和立足实际推进新疆经济社会跨越式发展的必然要求。

（二）新疆发展低碳经济是为适应国家经济发展方式转变所赋予的战略机遇

转变经济发展方式，推动经济社会可持续发展，是我国经济体制改革发展到一定阶段提出的解决改革中出现的深层次矛盾的重要方式。我国提出可持续发展战略并把低碳经济发展作为可持续发展战略的重要组成部分，最早见于"十一五"规划。"十二五"时期是我国发展低碳经济的新起点和关键时期。正如"十二五"规划纲要所指出的，建设资源节约型、环境友好型社会是加快转变经济发展方式的重要着力点；深入贯彻节约资源和保护环境基本国策，节约能源，降低温室气体排放强度，发展循环经济，推广低碳技术，积极应对全球气候变化，促进经济社会发展与人口资源环境相协调，走可持续发展之路。温家宝总理在《2011 年政府工作报告》中指出，要扎实推进资源节约和环境保护，全面增强可持续发展能力。从上述国家发展战略规划中不难看出，推广低碳技术已经列为国家发展战略规划，并把它作为国家可持续发展之路的重要手段之一。推广到经济发展领域并形成一定的规模就称为"低碳经济"，它是当前和今后一个时期我国实现经济社会发展方式、发展模式转变的重要组成部分。新疆发展低碳经济，既是适应我国转变经济发展方式、调整产业结构，实施区域发展战略和主体功能区战略的需要，又是新疆贯彻落实中央新疆经济工作座谈会精神、推进新疆经济社会可持续发展战略的要求。

（三）新疆发展低碳经济是为充分利用国家推进新疆跨越式发展所赋予的各种有利因素

随着国家对新疆战略地位的重新界定及区域发展战略、主体功能区战略的实施，新疆经济社会发展面临着难得的历史发展机遇和有利因素。主要表现为三个方面：①新疆经过几十年改革开放，经济社会加快发展，综合实力明显增强，基础设施条件进一步改善，生态环境建设取得重大进展，特色优势产业快速发展，改革开放成效显著，社会事业蓬勃发展，各族人民共同团结奋斗的物质基础、政治基础、思想基础、群众基础不断巩固，经济社会发展已经进入了新时期和新阶段；新疆经济体制改革的深入推进和经济发展方式的转变，尤其是在循环经济发展方面的实践，为新疆发展低碳经济积累了一定的物质基础和技术支撑。所有这些都为新疆转变经济发展方式、发展低碳经济奠定了坚实基础。②随着国家新一轮对口援疆工作的推进，在民生、基础设施、特色产业等重点领域的投资大幅增加，经济、科技、教育、人才援疆全方位推进。这既为新疆经济社会发展注入了新的、强大的动力，又为新疆发展低碳经济提供了强有力的人才、技术支撑和资金保障。③新疆各族人民群众在新疆特殊的生态环境和人文环境条件下，通过经济社会发展深刻地认识到，新疆经济社会发展不能走内地一些省份"先污染、后治理"的发展老路，必须充分利用拥有趁势而上的历史机遇和拥有加快对外开放的地缘优势、拥有资源优势和后发优势、拥有加快发展的物质基础等各种有利因素，统筹规划，科学布局，积极探索出一条既能体现当前世界和我国经济社会发展趋势，又能节约能源资源、促进环境保护的低碳经济发展新路子。主动适应国家转变经济发展方式，积极发展低碳经济，既是当前新疆维护祖国统一、加强民族团结和促进国家安全的需要，又是确保新疆经济社会在发展中获得主动、促进新疆长治久安的必然选择。

三、新疆发展低碳经济面临的严峻挑战

（一）新疆发展低碳经济面临着加快高碳产业结构调整的挑战

长期以来，新疆能源资源性产业发展支撑着新疆工业的发展，也使得新疆工业结构呈现出重化工业特征。以 2008 年为例，新疆三大产业结构中，工业增加值为 2086.74 亿元，占年度生产总值的 49.7%；从工业构成看，新疆重工业产值占工业总产值的 89.04%，高出全国平均水平 14 个百分点。新疆以重化工业为特征的产业结构决定了新疆工业碳排放量占碳排放总量的比重较高且在不断上升，而且比重上升幅度要明显高于全国平均水平。2007 年，新疆工业碳排放量占到碳排放总量的 87.62%，高出 2002 年 20 个百分点，年均增长 4.56%；而同期全国工业碳排放量仅高出 2002 年 3.24 个百分点。从行业指标看，石油和天然气为主的采掘业比重占 31.6%，石油加工、炼焦及核燃料加工业比重占 21.1%，黑色金属冶炼及压延加工业比重占 9.5%，电力、热力的生产和供应业比重占 5.7%，四个行业产值占工业总产值比重的 67.9%。新疆这种建立在依托能源资源型重工业结构的"高碳"产业体系，与当前我国承诺的节能减排目标不相适应，与我国倡导的转变经济发展方式和走可持续发展道路不相适应，必须进行产业结构调整和转型。

（二）新疆发展低碳经济面临着促进能源消费结构转变的挑战

以重化工业为主拉动工业增长的发展模式，是能源需求明显升高的重要因素。新疆经济的快速增长促进了新疆能源消费和碳排放量的大幅度增加，且能源资源投入与产出不成正向关系。新疆能源消费总量由 1990 年的 1924.38 万吨标准煤增长到 2007 年的 6575.92 万吨标准煤，年均增长 7.07%，工业碳排放量由 1990 年的 1251.43 万吨增长到 2007 年的 4053.5 万吨，年均增长 6.75%。2007 年新疆能源消费弹性系数为 0.71，高出全国平均水平 0.11 个百分点。据国家能源局公报，2009 年新疆综合能耗为 1.934 吨标准煤/万元 GDP，虽比 2005 年的 2.11 吨标准煤/万元 GDP 有所下降，但仍高出全国 1.077 吨标准煤/万元 GDP 的平均水平。据新疆环境状况公报，2008 年新疆 SO_2 的排放量高出 2005 年 4.53 万吨。这种以能源资源的高消耗、高浪费、高污染、低效率的粗放型经济发展方式，如果不能从根本上进行扭转和改变，将直接阻碍新疆跨越发展和长治久安战略目标的实现。

（三）新疆发展低碳经济面临着加快治理工业"三废"污染的挑战

近年来，新疆工业在能源资源型产业支撑下得到了长足发展，而工业"三废"产生和排放量也在急剧增加。2008 年新疆工业废气排放总量为 6154.13 亿标立方米，比 2006 年增加 1101.16 亿标立方米，其中电力、热力生产供应业、非金属矿物制造业、石油加工、炼焦及核燃料加工业、黑色金属冶炼及压延加工业排放的废气占工业排放废气总量的 82.55%；2008 年新疆工业固体废物产生量为 2327.79 万吨，比 2006 年增加 764.49 万吨，排放量为 65.02 万吨，综合利用量为 1125.69 万吨，综合利用率为 47.66%，低于全国 17 个百分点，这些固体废物以煤研石、炉渣、粉煤灰和尾矿为主，主要集中在采掘业、电力、热力的生产和供应业、黑色金属冶炼及压延加工业、化学原料及化学制品制造业，堆存填埋这些废物不仅占用大量土地，而且会对空气、水源产生二次污染；2008 年新疆废水排放总量为 7.47 亿吨，其中工业废水排放量为 2.29 亿吨，工业废水排放达标率 65.92%，低于全国平均水平 27 个百分点，其中电力、热力的生产和供应业、石油加工、炼焦及核燃料加工业、农副食品加工、化学原料及化学制品制造业、化学纤维制造业、黑色金属冶炼及压延加工业排放的废水占工业废水排放总量的 58%。面对这种日益严重的工业"三废"污染，必须加快治理步伐，推行清洁生产，从源头上减少废弃物产生和排放，提高能源资源的综合利用，减少环境污染。

（四）新疆发展低碳经济面临着加快建立西北生态和安全屏障的挑战

新疆处于干旱和半干旱地区，生态环境脆弱，生态免疫系统差，生态环境一旦受到破坏，恢复难度很大，整体生态环境形势依然严峻。近年来，新疆因土地荒漠化、水土流失、土壤污染等，已造成下游河道断流，水域缩小，湖泊干涸，森林和草地植被锐减，湿地萎缩，野生动物减少和灭绝，可利用土地资源面积不断减少。据新疆环保局 1995 年和 2000 年两个时段卫星遥感解译数据显示，新疆草地面积以每年 206.3 万亩的速度在减少，五年间累计减少草地面积 1031.76 万亩，累计草场退化面积 0.08 亿公顷。新疆塔里木盆地胡杨原始森林，因中上游过度用水，下游来水比 20 世纪 50 年代锐减近 80%，导致两岸胡杨林大片枯死。据 2008 年新疆环境质量公报报道，新疆 29 座监测湖库总体水质处于中度污染水平。新疆已被列入《中国濒危动物红皮书》的动物有 83 种，其中列为极危的有 24 种。同时新疆生态问题也是境内外"三股势力"攻击我国、制造破坏活动的"口实"。这种状况必须从根本上改变，建立与新疆生态环境和人文环境相适应的生态安全屏障，防止生态环境进一步恶化，威胁新疆生态安全。

四、新疆发展低碳经济的总体思路与对策措施

（一）新疆发展低碳经济的总体思路

新疆已经进入把新疆建设成为西部强区、全国可持续发展重要支点的新阶段，进入不断满足全疆各族人民群众求发展、谋富裕、思稳定、盼和谐美好愿景的新阶段，进入全力以赴把经济社会发展搞上去、把长治久安工作搞扎实的新阶段，紧紧把握以上三个阶段性特征，充分利用国家坚持把深入实施西部大开发战略放在区域发展总体战略优先位置并给予特殊政策支持的机遇，紧紧抓住国家在发展低碳经济，大力发展战略型新兴产业的规划指导、财税金融等方面的政策支持，充分把握和利用好各省市大力援疆的有利时机，立足于新疆能源资源性产业和区域低碳经济发展，以节能减排及提高资源产出效率为目标，以打造低碳产业集群，加快产业结构的优化升级为突破口，以低碳技术创新为驱动，以低碳经济制度建设为保障，走富有新疆特色的绿色经济发展道路，不断推进生产、交换、分配、消费在内的社会再生产全过程的经济活动低碳化。

（二）新疆发展低碳经济要克服急功近利的思想，有序承接产业转移

新疆积极抢占低碳经济战略发展制高点，充分运用国内外先进低碳技术和理念，实现新疆跨越式发展和长治久安并不是一朝一夕的事情，必须要循序渐进，克服急功近利的思想。随着国际产业战略性转移和东部沿海地区向中西部地区产业结构性转移的加快，新疆面临着承接产业转移的重要发展机遇。在引进产业的过程中，要特别注意根据新疆经济社会发展的需要和生态环境的可承受能力，有选择、有限度地审慎承接。要严格按国家产业导向目录要求，提高投资项目的环境门槛，坚决防止和避免内地省区将一些被淘汰或者被禁止的产业及一些技术落后的高耗能、高

污染的产业移向新疆。对引进的项目要用低碳、循环经济的模式进行产业布局，并通过相应的技术改造，降低资源消耗和环境污染。同时新疆各地州在落实内地省份援疆政策工作中，要根据不同地区的实际情况，始终坚持高标准、高起点和低碳环保的理念对项目进行认真分析、论证、有选择地引进先进低碳技术和创新型科技人才，推动新疆的产业低碳化创新和战略性新兴产业的发展。

（三）新疆发展低碳经济要注意把握好三个关键环节

一要积极推进低碳经济区域战略部署。根据新疆实施区域发展总体战略和主体功能区战略，按照天山北坡经济带、天山南坡产业带和南疆三地州贫困地区、沿边高寒地区"两带两区"的发展战略布局和差别化的产业政策、发展重点，积极推进低碳经济区域战略部署，以此带动和促进新疆经济的整体发展。二要加快产业结构调整与转变。要以国家倡导和扶持转变经济发展方式的有利时机，积极鼓励和引导传统产业通过低碳技术改造提高效能；在今后产业发展和产业布局时，特别要注意利用新技术和新工艺，通过技术创新和技术引进实现既提高效能又节能环保的综合效益。三要抓紧构建低碳文化体系。发展低碳经济只有通过加强低碳文化体系建设，通过低碳文化的宣传、引导、传播、传导等功能，才能为其提供强有力的支撑和支持，同时低碳文化体系建设也只有在低碳经济发展过程中才能得以完成和发展。

（四）新疆发展低碳经济要认真落实好四项措施

1. 打造特色优势低碳产业集群，加快产业结构优化升级

新疆产业结构调整应放在继续优化第一产业

结构，重点优化第二产业结构，积极提高第三产业在经济总量中的比重。重点打造三大产业集群：①培育和发展绿色、有机和循环型现代农业产业集群。进一步优化农业产业结构，做优做强粮、棉、果、畜、区域特色农业和现代设施农业六大特色优势产业；以绿色、有机种植循环模式和生态循环养殖模式为根基，以农业科技创新为支撑，培育和发展现代特色优势低碳农业产业集群。②培育和发展新型低碳工业产业集群。改造传统工业，引导传统产业结构转变，积极培育新能源、新材料、生物制药、先进装备制造业等新兴产业集群；围绕棉花、粮油、林果、畜产品、区域特色农产品，培育高科技含量、高附加值的农产品精深加工产业集群，支持无公害食品、绿色食品和有机食品工业发展，形成北疆以特色农副产品和畜产品精深加工为主，南疆以特色林果精深加工为主的产业集群。③培育和发展低碳现代服务业产业集群。在充分发展特色旅游业的基础上，加快构建科技含量高、就业容量大、经济效益好、社会功能强的低碳现代服务业产业集群，加快发展现代物流业和新兴服务业，增强金融服务功能，大力发展咨询、法律、会计等社会中介服务业，加快发展信息服务业，积极推进社会公共领域信息化。

2. 构建低碳新能源体系，研发低碳新技术和新产品

新疆应基于以化石燃料为主的能源消费结构特点，做大做强石油、石化产业，走"煤—电—高载能产业"一体化发展道路。同时结合风能、水能、太阳能、生物质能等可再生能源资源储量丰富，发展前景广阔的实际，加快风电产业发展，大力开发水电，积极开发太阳能、地热、生物质能等绿色电力，加快新能源产业配套延伸，形成完整的新能源产业链。低碳新技术和新产品研发应遵循技术可行、经济合理的原则，研究提出符合新疆实际的、具有自主知识产权的先进技术、适用技术，逐步建立以清洁煤技术和新能源技术、节能技术以及自然碳汇等技术为主体的多元化低碳技术体系。坚持自主开发与引进消化相结合，加快科技创新步伐，加强燃煤高效发电、现代煤化工、二氧化碳捕获与封存技术和节能新技术的研发，积极引进国内外先进节能技术、新能源开发利用技术和新工艺、新材料、新设备，不断地向市场和公众提供各种高效节能设备、材料和工具。

3. 加强低碳文化培养，构建低碳价值体系

低碳经济发展离不开低碳文化的支撑，而低碳文化的构建过程同时也是低碳价值观的宣传和确立过程。①通过构建"政府鼓励、企业先行、公众参与"的宣传工作格局，加强低碳经济和低碳意识的宣传教育。坚持以人为本，采取"请进来、走出去"和组织培训班、媒体宣传、言传身教等多种方式宣传低碳经济理念，普及低碳经济知识，引导干部群众更新观念，改变"重速度、轻效益"，"重外延发展、轻内涵发展"，"重追求GDP增长、轻资源环境保护"的错误观念，树立起正确的发展观、价值观、生产观和消费观。②加强对企业的关于经济发展与资源节约、环境保护的形势教育，积极培育企业的低碳意识和低碳理念，引领企业把低碳理念落实到企业战略布局和具体生产工作中，从而自觉地减少对化石能源的依赖，推动企业转变生产模式，从而达到环境保护与企业效益双增长、共赢的局面。③通过倡导低碳生活和低碳消费，引领社会公众自觉养成节约资源和保护环境的生活模式、消费方式和价值体系。尤其要向学校前移，从孩童抓起，积极培养他们的节约资源和环保意识，同时积极营造发展低碳经济的良好氛围，推进低碳经济在生产、流通、消费等各个环节的落实。

4. 加强低碳经济政策保障，适时开展综合能耗调节

低碳经济发展的根本途径是能源技术创新，而能源技术的创新离不开政策制度保障。新疆应在遵循相关法律法规的基础上建立起一整套保障和促进低碳经济发展的政策体系。①建立促进低碳经济发展的税收制度。通过强制性征收能源税、碳税、环境税等引导企业改变生产和消费能源方式，自觉进行节能减排和研发新技术，以降低成本；通过减免税收等方式，鼓励企业进行技术改造和技术创新，降低能耗。②建立产学研合作机制。通过组织企业、研究机构与大学合作，把研究目标更多集中于促进经济增长和开发市场潜力上，不断地提高能源技术研发效率，降低企业生产成本，控制产品价格。③建立建筑节能监管制度。通过设立建筑能耗节能标准和对节能建筑、

低能耗建筑和规模化使用绿色能源的企业减免所得税等方式实现对综合能耗的调节。

参考文献

庄贵阳. 低碳经济：气候变化背景下中国的发展之路[M]. 气象出版社，2007.

陈端计，杭丽. 低碳经济理论研究的文献回顾与展望[J]. 生态经济，2010（11）.

左喜梅. 低碳经济对新疆煤产业发展的影响和约束[J]. 新疆财经，2010（3）.

王利. 转变经济发展模式，走低碳经济之路[J]. 首都经济贸易大学学报，2009（6）.

张艳. 新疆发展循环经济的机遇、难点与重点[J]. 新疆财经，2011（1）.

高志刚，李超，张艳. 新疆发展循环经济的思路、目标与建议[J]. 新疆财经，2010（5）.

韩德麟，高志刚，樊自立. 新疆资源优势及开发利用[M]. 商务印书馆，2003.

王东. 即将到来的碳经济时代[J]. 生态经济，2010（4）.

崔奕，郝寿义，张立新. 高碳经济如何向低碳经济转变[J]. 生态经济，2010（4）.

张新友. 发展低碳经济促进新疆可持续发展[J]. 宏观经济管理，2010（10）.

羊绍武，黄金辉. 低碳经济约束下中国承接国际产业转移的现实路径[J]. 西南民族大学学报：人文社会科学版，2010（7）.

王宁. 低碳循环经济是新疆新型工业化发展的必由之路[J]. 新疆师范大学学报：哲学社会科学版，2010，31（2）.

来尧静，沈玥. 丹麦低碳发展经验及其借鉴[J]. 湖南科技大学学报：社会科学版，2010，13（6）.

新疆维吾尔自治区统计局. 新疆统计年鉴[M]. 中国统计出版社，2006~2009.

国家统计局. 中国统计年鉴[M]. 中国统计出版社，2006~2009.

（张艳，新疆财经大学经济学院）

煤炭产业绿色供应链形成进程中地方政府行为研究

——以黑龙江省煤炭产业为例

一、引　论

环境问题是各国政府和商业组织关注的重要问题之一，各国一般都建立了以政府直接控制为主，市场调节为辅，倡导企业和公众自觉行动的一种混合形态的环境管理体系。由于企业始终面临着市场与环境绩效之间平衡的压力，如何将环境改善活动集成到企业战略计划与日常运营中，是煤炭产业的发展亟待解决的问题。

黑龙江省煤炭资源赋存比较广泛，在全省 78 个市县中，有 47 个市县赋存煤炭，已经开发的有 28 个市县，且大部分集中分布在全省东部地区。近年来，国有、地方煤矿实现了同步发展，2004 年黑龙江省原有四大矿业集团公司组建成龙煤集团，下设鸡西、鹤岗、双鸭山、七台河 4 个煤炭分公司和煤炭营销、物资供应 2 个分公司，是东北最大的煤炭企业。但四大煤矿都已属于资源枯竭型煤矿，为解决资源等问题，2008 年在黑龙江省政府推动下，将龙兴集团并入龙煤集团。龙兴集团主要经营范围是境内外（以境外为主）资源开发直接投资，并承担黑龙江省政府与国家开发银行开发性金融合作融资平台，为黑龙江省"走出去"境外资源开发企业项目提供融资服务。地方政府合并两集团的目的是实现优势互补，提升龙煤集团大基地发展战略，提升龙煤集团竞争力。可见，地方政府在煤炭产业转型进程中扮演着重要的角色。

但是，煤炭资源的不可再生性及煤炭业的高生态破坏性已成为黑龙江省煤炭产业可持续发展的严重制约。从不可再生性上讲，煤炭销售越旺，预示着开采越甚，资源存量越少，其实质是当代人消费后代人的资源；从生态破坏性上讲，煤炭开采量越大，地下采空区面积越大，对人民生命财产潜在的生态威胁越大；从环境污染方面讲，与煤炭业相关的固体废弃物污染、大气污染等，严重破坏着黑龙江省煤城的环境，并影响到其他产业的发展。本文从绿色产业链的角度审视煤炭产业各环节及与经济、社会、环境的定位与发展，辨识煤炭产业绿色供应链与地方政府行为的相互关系，研究地方政府对煤炭产业绿色供应链形成的促进作用。

二、绿色供应链的起源与煤炭产业绿色供应链的发展阶段

1. 绿色供应链的起源

绿色供应链最早于 1996 年在美国国际科学基金（NRC）资助进行的一项"环境负责制造"的研究中被提出，它从供应链全局角度考虑环境问题

的解决方案，将两者集成起来，最大限度地提高资源利用率，减少环境污染，目的是满足更快、更具有柔性、更有效率和更具有社会责任的商业需求，提升企业的整体优势及未来的竞争力。其内涵尚处于不断的发展和完善之中。

1996年韦伯提出的绿色供应链的概念包含了环境保护和能源节约两层含义，即用最少的能源、最绿色的材料，制造出最环保的产品。Handfield和Nichols（1996）给出了一个比较全面的绿色供应链的定义：绿色供应链是包括从原材料到最终用户的同商品和信息流动和转移相关的所有活动，物流和信息流都贯穿于供应链的上下游。Sean Giblber（2000）进一步扩大了绿色供应链的范围，认为绿色供应链管理是为了环境友好进行的设计、采购、生产、分销、使用及再使用，并在供应链内采取的管理策略、行动及所形成的合作关系。Jeremy Hall（2000）认为绿色供应链是从社会和企业的可持续发展出发，对产品从原材料购买、生产、消费，直到废物回收再利用的整个供应链进行生态设计，通过链中各个企业内部部门和各个企业之间的紧密合作，使整条供应链在环境管理方面协调统一，达到系统环境最优化。不同学者的分析视角不同，但对绿色供应链理解的实质是相同的，绿色供应链的实质是从环境、生态和可持续发展视角分析产业间及产业内的供给与需求及所处的宏观和微观投入与产出的关系。

与传统供应链的结构不同，煤炭产业绿色供应链注重"无废无污"、"无任何不良成分"和"无任何副作用"，通过绿色设计、选择绿色材料、采用绿色制造工艺、绿色运输、绿色回收和绿色消费等方法，追求物流的绿色化和信息流的绿色化，即在整个生产流通中尽可能不产生和少产生废物污物，同时通过先进的信息技术平台降低信息在链中传递的失真度，尽量避免"牛鞭效应"。

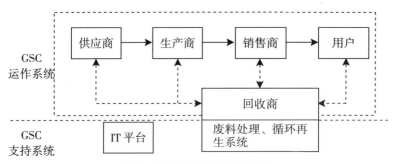

图1　绿色供应链的概念模型

2.煤炭产业绿色供应链的发展阶段

绿色供应链管理是一项复杂的系统工程，根据国内外相关绿色产业链的发展情况，煤炭业绿色供应链一般会经历规范化管理、绿色运营、供应链整合、构建和谐社会四个阶段。

（1）规范化管理，创新煤炭产业绿色供应链之本。规范化管理，就是引入先进的管理思想，融入煤炭产业的管理过程中。运用先进的管理方法，通过对管理流程的梳理，实现流程标准化，构建和谐、顺畅的管理平台。

（2）绿色运营，构建煤炭产业绿色供应链的前提和基础。绿色运营，就是煤炭产业内部的整体和谐运作。基于煤炭产业内部的规范化管理，追求高效的运营模式，通过对研发、生产、销售、物流、服务等各个环节的配套管理，做到响应迅速、运行高效、数量精准、成本节约。企业的绿色运营是构建煤炭产业绿色供应链的基础和关键。

（3）供应链整合，提升煤炭产业竞争力的关键环节。供应链整合是制造业发展的必然趋势，通过供应链整合，信息交流的对象可以方便地扩展到企业外部，依据整个供应链的正确信息，供应链中的每个成员都可以有效地协同各自的商业运作，消除信息孤岛现象，从而实现包括客户服务支持、计划预测、产品开发、生产制造、采购、人力资源等在内的全面企业间融合。

（4）构建和谐社会，实现可持续发展。在煤炭产业各个节点个体实现了绿色运营及和谐发展的基础上，通过供应链的整合，搭建庞大的信息平台，带动整个行业乃至煤炭型城市的社会的和谐发展，从而实现可持续发展。在这个过程中，无论是煤炭产业和各级政府都肩负着不可推卸的社会责任。

黑龙江省的煤炭企业仍然处于规范化管理和绿色运营的初级阶段，地方政府行为是推进煤炭

行业进入了第三阶段——供应链的整合阶段。只有在大多数煤炭企业和谐运营的基础上，才能实现整个煤炭产业供应链整合，完成煤炭产业绿色供应链的构建。

三、黑龙江省煤炭产业绿色供应链形成的企业障碍分析

1. 主体资源枯竭

从煤炭资源看，黑龙江煤炭资源储量分布具有东多西少的特点。四煤城自20世纪50年代开发至2010年，累计已开采18.3亿吨，目前资源可采储量衰减严重，资源保障能力下降，煤炭保有

资源储量224.5亿吨，可动用储量也只有35.2亿吨。双鸭山、鸡西、鹤岗和七台河39个国有煤矿，有13个资源枯竭。四大煤炭基地现已面临煤炭资源枯竭或大量关井的局面。

表1 黑龙江省煤炭储量结构
单位：亿吨

预测资源量	褐煤	低变质烟煤	气煤	肥煤	焦煤	瘦煤	贫煤	无烟煤
176.13	44.49	8.53	83.33	—	37.65	0.55	1.58	—

资料来源：黑龙江省煤炭网。

2. 失业情况严重、人员"转型"困难

黑龙江省煤炭产业大都是国有资源型大企业，在就业方面面临着双重压力。一方面，在计划经济体制下国有企业承担了解决就业问题的责任，吸纳了大量富余人员就业，造成了大量隐性失业。随着经济体制由计划经济向市场经济转变，隐性失业显性化，大量职工下岗、失业。另一方面，资源枯竭，资源开采加工企业面临停产、转产甚至破产的困境，企业开工不足，对劳动力的需求直线下降，许多职工下岗、失业。目前，黑龙江省鸡西、鹤岗、双鸭山、七台河四大煤城共有30多万特困人口。

3. 生态环境问题突出

煤炭产业开发的历史呈现的是重生产轻生活、重产业轻城市、重经济轻生态的发展轨迹，导致了大量的生态环境问题。黑龙江省鹤岗市煤炭开采造成的采空面积41.4平方公里，塌陷区面积达

37.7平方公里，并有2万多人住在塌陷区。鸡西矿区采煤沉降面积达156平方公里，塌陷深度一般在1~41米，最大深度达105米，致使各类建筑开裂或倒塌，市政基础设施损坏严重，农田绝产，严重影响了国民经济的发展和居民的正常生活。黑龙江省双鸭山市矿区8个采煤沉陷区总面积达133平方公里。

4. 国有企业比重大，产业结构单一

黑龙江省的煤炭产业多数在计划经济时代迅速形成，在国家方针政策的主导下，资源勘探开发实行统一大会战。迅速注入大规模的人力、物力和资本，从而获取大量的能源矿产品的输出。这一时期的企业主体必然是国有经济。另外，矿山相应的产业领域原有规制不允许私人资本的进入，所以，产业结构单一、国有企业为主体是煤炭行业的显著特征，如表2所示为黑龙江省煤炭行业所有制结构。

表2 黑龙江省煤炭行业所有制结构

城市＼项目	工业总产值（百万元）	国有及国有控股工业产值（百万元）	其他所有制工业产值（百万元）	国有及国有控股工业比重（%）	其他所有制工业比重（%）
双鸭山	98500	54000	44500	54.8	45.2
鸡西	106000	51800	54200	48.9	51.1

续表

项目 城市	工业总产值 （百万元）	国有及国有控股工业产值（百万元）	其他所有制工业产值（百万元）	国有及国有控股工业比重（%）	其他所有制工业比重（%）
鹤岗	88400	54800	10300	62	38
七台河	110700	57700	29200	52.1	47.9

资料来源：根据黑龙江省 2010 年统计年鉴、中国 2010 年城市统计年鉴计算。

煤炭型资源型城市国有企业大多数集中于第二产业。以黑龙江为例，如表 3 所示。

表 3 黑龙江省煤炭资源型城市的概况

城市	第一产业产值比重（%）	第二产业产值比重（%）	第三产业产值比重（%）	人均 GDP（元/人）	采掘业职工平均工资（元/年）	主要工业产品产量（万吨）	水资源（亿立方米）
鸡西	30.7	29.9	39.5	12361	15400	1960.3	38.5
鹤岗	23.5	41.8	34.7	11862	16579	1865.2	28.9
双鸭山	30	40	30	11275	16919	1437.2	32.7
七台河	12.2	50	37	12870	15080	1459.6	5.2

资料来源：根据黑龙江省 2010 年统计年鉴、中国 2010 年城市统计年鉴计算。

可见，煤炭产业绿色供应链的形成从资源、环境、社会等方面都有多方的障碍，要求地方政府参与煤炭行业绿色供应链的构建。

四、煤炭产业绿色供应链形成进程中地方政府行为模型分析

1. 模型的基本假设

我国的地方政府包括从省到乡的各级地方政府，在煤炭产业绿色供应链形成进程中，省级地方政府和省级以下的地方政府的诉求不同。本部分讨论省级以下的地方政府的行为选择。煤炭产业绿色供应链形成过程中，省级以下的地方政府的行为目标或行为追求，无论是与地方的"社会契约"，还是与省级政府的"行政契约"，其中经济成分是首要的。在这种背景下，省级以下的地方政府正成为以成本—收益分析为导向、追求自身利益最大化的"理性经济人"。

因此，不同的地方政府主体，甚至同一地方政府主体在不同的时间和场合都可能有着不同的追求，地方政府的行为目标可能出现四种情况：①无条件地服从中央的宏观经济政策；②通过服从中央的宏观经济政策而追求自身的功名地位；③通过服从中央的宏观经济政策而追求自身的物质利益；④不顾全局利益而只顾追求本地利益从而取得地方的认可和公众支持。

2. 地方政府行为困境

煤炭行业中的国有企业在所在城市往往受中央或省一级主管部门的直线管理，并享有行政级别的相应待遇，与地方政府的行政级别平级甚至更高，如黑龙江省的龙煤集团直接归属黑龙江省国资委直接管辖。所在区域成为所谓的工矿区，成为一块当地政府无法管理的"飞地"，有关行政管理、社会治安、生活服务乃至文教医卫设施等都与地方无涉，尽管煤炭产业发展对地方的经济发展具有推动作用。但是，就目前的煤炭业的具体状况看，地方政府经济收益低。在缴纳费（税）方面，采矿企业按规定将矿产资源补偿费上缴给国家或省级地方政府，地方财政只收取 2 元/吨的定额费，可以说，通过开采，煤挖走了，采矿企业得大头，国家得小头，地方得零头，留给地方的却是一片废墟。

这种管理体制的不顺，在煤炭行业发展顺畅时，地方政府也是认为税收分配不公，没有得到特别的好处，顶多是煤炭行业的投资和消费拉动

与之相关的配套产业和生活消费商贸服务等，而一旦煤炭行业发生资源枯竭，员工下岗失业，给地方就业市场增加了竞争压力时，地方政府也无力消化煤炭隐性失业显性化后释放出来的失业下岗希望再就业的人口，而且，资源型企业的员工长期从事煤炭行业的开发生产，一旦转向地方其他行业就业，其自身的职业技能和经验显然是缺乏适应性和竞争力的。自从黑龙江省四大煤矿采矿权从国家下放到黑龙江以后，四大煤矿就都已属于资源枯竭型煤矿。所以，省级以下的地方政府弱积累能力的恶性循环是现实的基础。如图 2 所示。

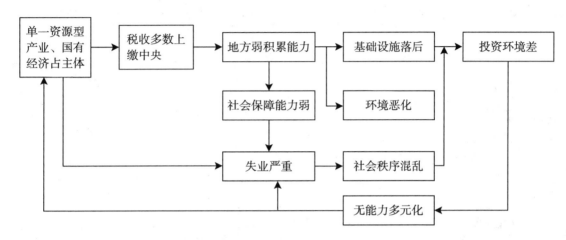

图 2　资源型城市地方弱积累能力的恶性循环

3. 模型的分析

假设 $R_s(B_i)$ 为地方政府的第 i 种行为所带来的全社会公共福利净收益，$R_d(B_i)$ 为该行为所引起的地方公共福利净收益。

α 表示全社会福利增加转换为地方政府的功名地位系数；β 表示地方净福利减少转换为地方的功名地位的转换系数；γ 表示全社会净福利增加转变为地方政府物质利益增加的系数；δ 为地方净福利的减少转变为地方政府物质利益的系数。

这样，四种地方政府行为模型可以表示为：

$X_1 = R_s(B_i)$

$X_2 = \alpha R_s(B_i) - \beta R_d(B_i)$

$X_3 = \gamma R_s(B_i) - \delta R_d(B_i)$

$X_4 = R_d(B_i)$

一般地方政府的行为目标是较为模糊和复杂的，可能四种目标均存在，现设 $\theta_1, \theta_2, \theta_3, \theta_4$ 分别代表地方政府上述追求的权重数，且 $\sum_{i=1}^{4} \theta_i = 1$，则 $\bar{U} = \sum_{i=1}^{4} \theta_i x_i + k \sum_{i=1}^{4} \theta_i$（k 为待定系数）。可以通过

$$\frac{\partial \bar{U}}{\partial q_i} = 0 (i = 1, 2, 3, 4); \quad \frac{\partial \bar{U}}{\partial R} = 0 得出。$$

采矿企业通过矿产资源开发，得益丰厚，开采后走之大吉，留给当地政府的是一连串的社会问题。一是塌陷区农民搬迁及生活出路问题难解决。包括住宅修建、社会保险、医疗保险、子女基本生活费等问题，无不给塌陷区群众造成极大的损失、压力和困扰。二是塌陷区治理难度大。塌陷区下陷少则1~2米，多则3~4米，要回填复垦是一件耗力费时较大的工程，且费用高，谈何容易。三是塌陷复垦难。采矿企业从自身利益出发，以防止群众在塌陷区建房为由，对塌陷区不明确，不告知。地方政府没有确切的塌陷区信息，一旦发生塌陷，不仅给住地居民带来人身生命安全，而且大量的粘土资源深陷坑中，为今后复垦带来很大困难，同时也是对国家资源的极大浪费。四是塌陷区环保及地质灾害预防和治理问题给地方政府带来很大的困难和压力。根据有关规定，国家实行矿山环境保证金制度，保证金由采矿发证部门负责收取。由于地方财政紧缺，矿区环保及地质灾害预防和治理工作相对滞后。

以上种种问题是煤炭产业所在地方政府不可回避的现实问题，为保持地方社会秩序稳定、促进经济发展、增加就业、完成产业转型等是上一级政府考核地方政府官员的主要内容，想要获得

升迁,地方政府官员就必须正视并解决上述问题,所以煤炭产业发展的地方政府行为的目标函数模型一般是 $X_2 = \alpha R_s(B_i) - \beta R_d(B_i)$ 或 $X_3 = \gamma R_s(B_i) - \delta R_d(B_i)$,即煤炭产业地方政府通过改善地方的福利来获得相应的物质和功名地位,相应的系数关系如表4所示。

表4 地方政府行为模型系数关系

影响因素	地方政府面临的问题	解决措施	模型 $X_2 = \alpha R_s(B_i) - \beta R_d(B_i)$	模型 $X_3 = \gamma R_s(B_i) - \delta R_d(B_i)$
资源枯竭	产业结构单一、产业链断	加强煤炭产业间整合、延长现有产业链、培育绿色供应链	解决顺利则 $\alpha\nearrow$、$\beta\searrow$ 解决不利则 $\alpha\searrow$、$\beta\nearrow$	解决顺利则 $\gamma\nearrow$、$\delta\searrow$ 解决不利则 $\gamma\searrow$、$\delta\nearrow$
人员"转型"	失业问题严重、人民生活困难、社会保障问题突出	完善社会保障体系、完善培训和再就业政策、大力发展第三产业	解决顺利则 $\alpha\nearrow$、$\beta\searrow$ 解决不利则 $\alpha\searrow$、$\beta\nearrow$	解决顺利则 $\gamma\nearrow$、$\delta\searrow$ 解决不利则 $\gamma\searrow$、$\delta\nearrow$
地方财政困难	公共产品、基础设施提供差、地方自我发展能力不足	建立稳定、透明和可监督的财政体系、加强金融支持力度	解决顺利则 $\alpha\nearrow$、$\beta\searrow$ 解决不利则 $\alpha\searrow$、$\beta\nearrow$	解决顺利则 $\gamma\nearrow$、$\delta\searrow$ 解决不利则 $\gamma\searrow$、$\delta\nearrow$
科技、教育	地区科技创新能力差、产业转型升级困难、人力资源素质差	加大科技投入、建立完善的人才培养、引进机制、营造良好的人才使用环境	解决顺利则 $\alpha\nearrow$、$\beta\searrow$ 解决不利则 $\alpha\searrow$、$\beta\nearrow$	解决顺利则 $\gamma\nearrow$、$\delta\searrow$ 解决不利则 $\gamma\searrow$、$\delta\nearrow$
环境问题	矿区沉降、污染严重、人民生活水平低下	加大对生态环境的治理、加强环保技术的研究与更新、提供绿色产业链的服务平台	解决顺利则 $\alpha\nearrow$、$\beta\searrow$ 解决不利则 $\alpha\searrow$、$\beta\nearrow$	解决顺利则 $\gamma\nearrow$、$\delta\searrow$ 解决不利则 $\gamma\searrow$、$\delta\nearrow$

由表4可以看出,地方政府行为模型中系数是一对矛盾体,地方政府自身功名、物质利益的要求与全社会或地方的福利水平相互制约,只有增加社会福利,才能相应增加地方政府自身功名及物质利益。具体系数的大小、增减变化取决于煤炭产业绿色供应链形成的不同时期、中央政府的管制程度、地方福利的变化要求和地方政府官员的偏好等内生因素,同时更取决于上级政府对煤炭产业绿色供应链的制度建设情况。

五、结论与对策

从上述分析可以看出,在加快煤炭资源开发利用上,地方政府已经背离了理性经济人的假设,完全是为地方官员的政治升迁服务。他们在这一过程中,通过煤炭开发,保证了国家的利益、开发业主的利益,但是,问题是给矿产地群众带来多大利益,为地方财政增收带来多大利益。要将矿产资源开发与改善当地经济条件相结合,地方政府具有构建煤炭产业绿色供应链强烈诉求。

1. 煤炭产业绿色供应链的形成,需要地方政府发挥其应有的干预作用

煤炭产业绿色供应链,作为亲环境的可持续发展的产业发展形式,其发展的主要目的是在一定程度上解决人类经济系统与自然生态系统之间的协调问题。其发展过程要涉及资源、环境等方面的诸多问题,具有明显的外部性特征,表现为市场失灵。需要政府通过有选择性的制度安排对市场经济运行进行引导和干预,改变市场行为和运行的模式,促进资源的有效配置,实现人与自然的协调发展。

2. 发展煤炭产业绿色供应链,需要政府构建一种新的行为运行模式

地方政府应当按照煤炭产业绿色供应链的基本原则,在扶持、引导煤炭产业绿色供应链的发展过程中要重新构建一种新的行为运行模式,其

核心是将生态环境作为一种生产要素纳入市场运行机制之中，进行重新规制管理，对人与自然的关系和社会生产关系进行新的制度安排。这种新的行为模式要求制定符合产业发展的市场规则和法规，从制度创新入手，实施一系列相互配套、切实有效的政策，处理好煤炭产业绿色供应链发展中的各种问题。

政府的新型运行模式可以包括政府强制性制度和非强制性制度。强制性制度安排包括法规制度和目标责任制。将清洁生产纳入国家的相关法律中。目标责任制是由政府建立框架并设定目标，企业自由选择如何达到目标，而企业是靠末端治理难以达到的，企业必须走绿色供应链之路。各级地方政府应编制煤炭勘查开发利用规划。在规划中就应以绿色供应链为基本的目标规划的约束与规划来科学高效的勘查开发利用煤炭资源。依托煤炭资源，打破行业壁垒，积极拓宽煤炭相关产业，延长产业链；实施煤电一体化，大力发展煤电、煤化工、煤建材、煤焦化、煤气化等共生的煤炭产业供应链。对采煤塌陷区，要提前介入，先行规划，结合旅游业和养殖业的发展规划，做好塌陷区粘土资源的开发利用及综合治理。

非强制性制度是通过激励性的政策手段来引导市场行为向着绿色产业链目标发展。利用经济手段形成资源化发展的激励机制。政府及有关部门可以通过加大财政拨款力度，加大信贷规模，激励融资和利用外资措施，实施包括减免税收、价格补贴、低息贷款、信贷担保等一系列经济激励政策，调节和影响市场主体的行为，推动煤炭产业绿色供应链的发展。

构建绿色产业链的服务机构，为各相关企业提供信息、政策、金融、管理及技术等咨询服务。首先要建立健全信息交换平台。政府要通过建立大型的综合的绿色供应链的经济信息平台完善技术咨询服务体系，向企业提供废弃物资源和技术供求信息，提供相关的经验和技术、方法，为煤炭产业绿色供应链的发展提供信息保障；要提供有效利用国际市场的平台，增强国际交流与合作，引进核心技术与装备。由政府出面建立这种信息平台以确保企业及时获得环境技术或开发环境技术的资金非常重要。其次要主动为企业争取项目。把整个地域的煤炭产业纳入绿色供应链的范畴。要建立集环保质量检测验证、环保批文换发代理和货物进出申报、安全保卫、业务承接以及产业纵横向沟通、产业科技研发协调于一体的多功能公司。此外，地方政府要建立符合现代物流的社会化服务体系。

建立"绿色技术支撑体系"，促进产业不断升级。绿色技术在发展再生金属产业生产能力及生产水平方面的作用是其他手段无法替代的，其使用的结果是在提高生产效率或优化产品工艺的同时，提高再生资源和能源的利用率，减轻环境污染，改善环境质量。

参考文献

Khoo H H, et al. Creating a Green Supply Chain. GMI, 2001 (Autumn), 71–78.

申亮. 绿色供应链演化博弈的政府激励机制研究 [J]. 技术经济, 2008 (3)：110–113.

陈红. 循环型农业发展进程中地方政府行为研究 [M]. 东北林业大学出版社, 2007.

陈翠文. 论绿色供应链管理模式在我国的实施 [J]. 当代经济, 2007 (11)：17.

廖媛红. 绿色供应链运作模式研究与案例分析 [M]. 中国农业大学出版社, 2006.

乔瑞中. 黑龙江省资源型产业发展研究 [M]. 中国社会科学出版社, 2010.

（韩哲英、陈红，徐州工程学院）

产业发展对低碳经济的作用效果分析

低碳经济是人类实现可持续发展的途径，2003 年英国政府发表了题为《我们未来的能源：创建低碳经济》的能源白皮书，首次提出了"低碳经济"（Low-carbon Economy）概念。之后，巴厘岛路线图的制定以及 2008 年世界环境日"转变传统观念，推行低碳经济"主题的确立等表明，世界各国积极致力于发展低碳经济。中国提出了到 2020 年单位 GDP 二氧化碳排放量比 2005 年下降 40%~45% 的目标。目前，中国经济保持较快的发展速度，碳排放总量还会不断增加。在这样的情况下，发展低碳经济，实现节能减排，结构调整是根本途径。本文利用时间序列数据对中国第一、第二、第三产业发展对碳排放总量的影响进行实证分析，并对结果的政策意义进行分析。

一、研究方法和数据说明

1. 计量模型设定

近期中国经济增长和碳排放量之间关系的特征是，随着国民收入的提高，碳排放量随之增加，但是碳排放总量增加的幅度越来越小，按产值平均的碳排放量越来越少，即碳排放的效率越来越高。

为确定第一、第二、第三产业发展与碳排放总量之间关系，设定如下三次产业与碳排放量关系模型，定量描述产业产值变化对碳排放的影响：

$$Y = \alpha \cdot X_1 + \beta \cdot X_2 + \gamma \cdot X_3 + \varepsilon \tag{1}$$

式（1）中，Y 为碳排放总量，X_1 为第一产业的国内生产总值，X_2 为第二产业的国内生产总值，X_3 为第三产业的国内生产总值。

2. 数据说明

样本数据均来自于历年中国能源统计年鉴和中国统计年鉴。由于数据限制，本研究未包括港、澳、台地区，文中所用的"全国"数据为中国大陆的 31 个省、市、自治区。三次产业产值以 1990 年为基期的不变价格表示，单位为亿元。碳排放量的数据根据当前碳排放研究的惯例，根据能源消耗量计算。由于能源统计数据为实物消耗量，为此参照多数研究对能源消耗数据作了相应的换算。根据各种能源折标准煤的参考系数（按 1 千克煤炭 = 0.7143 千克标准煤，1 千克石油 = 1.4286 千克标准煤，1 立方米天然气 = 1.33 千克标准煤的标准计算）将煤炭、石油、天然气消费量折合成标准煤。然后通过对不同研究中碳排放系数比较（日本能源经济研究所，DOE/EIA，国家科委气候变化项目，徐国泉），取平均值作为各类能源消耗碳排放系数计算碳排放量（煤炭、石油、天然气的碳排放系数分别为 0.7329、0.5574、0.4226）。碳排放总量采用以下公式进行估算：

$$CFP = \sum_i C_i = \sum_i E_i \times \frac{C_i}{E_i} = \sum_i E_i \times \delta_i \tag{2}$$

其中，CFP 为碳排放总量，C_i 为第 i 种能源排放量，E_i 为第 i 种一次能源的消费量，δ_i 为第 i 种能源的碳排放系数，即单位能源消费量所产生的碳排放量。碳排放量单位为万吨。

二、产业发展对碳排放量影响的分析

利用 1990~2007 年数据，对式（1）进行回归，所得结果见表 1。回归方程调整后的判决系数为 0.997392，说明第一、第二、第三产业产值对国民经济碳排放总量有整体的解释意义。DW 统计量为 2.132004，说明回归方程的残差项不存在序列相关，因此方程的参数估计在统计意义上是可置信的。根据回归结果，第二产业产值增加对碳排放总量增加的贡献最大，第一产业对经济的碳排放总量的影响次之，第三产业的系数是负值，表明经济中第三产业产值增加，碳排放总量减少。

需要注意的是，由于模型分析的是描述产业发展和碳排放总量之间关系，所以各个产业对碳排放的影响系数不是指各个产业的创造亿元产值排放的碳量，而是某一产业发展在引起产业结构改变、技术水平变动和经济规模增加的过程中对国民经济碳排放总量的影响。显然，第三产业的影响系数是负值，不表示第三产业的产值创造不会排放碳，而是表示第三产业产值增加，会对国民经济产生多种作用，最终使国民经济中碳排放总量减少。

表 1 回归结果

变量名称（Variable）	系数（Coefficient）	P 值显著性（Prob.）
C	41534.63	
X_1	1.222276	0.0193
X_2	3.245813	0.0000
X_3	−3.011855	0.0002
Adjusted R-squared	0.997392	
Durbin–Watson stat	2.132004	

资料来源：原始数据来自《中国统计年鉴》（1991~2008）、《中国能源统计年鉴》（2008）。

某一产业产值变动对整个经济的碳排放总量的影响是多方面的，首先是通过影响经济总量即经济规模来影响碳排放总量，即规模效应。规模效应特点是随着某产业产值的增加，引起经济总量增加，也使得碳排放总量增加，即产业产值变动和碳排放总量变动的方向是相同的。近年来中国经济高速增长，每个产业产值都有大幅增加，因而会引起碳排放总量增加。1990~2007 年，三个产业产值分别增加了 1.2 倍、5.3 倍和 5.9 倍，这说明，第一产业的规模效应最小，第二、第三产业规模效应较大，其中第三产业又高于第二产业。

其次，每个产业技术水平提高，导致单位产值的碳排放量发生变动，从而影响碳排放总量，即技术效应。技术效应的特点是技术变动和碳排放总量变动方向相反，不考虑其他效应，某一产业技术水平提高幅度越大碳排放总量减少越多。随着中国经济发展，三次产业的技术水平都在提高，每一产业按产值平均的碳排放量都大幅降低，但是三次产业技术效应大小不相等。第一、第二、第三产业 2007 年按产值平均的碳排放量分别是 1990 年的 69%、46%、41%。[①] 中国三次产业的技术效应都使碳排放总量降低，但第三产业技术效应最大，第二产业次之，第一产业最小。

最后，某一产业发展会引起产业结构变动，从而影响碳排放总量，即结构效应。产业结构变动影响碳排放总量，原因一是不同产业单位产值碳排放量不同，即由单位产值碳排放的产业间差异引起结构效应（简单起见，记为 A 效应）；二是

① 文中以下数据都经计算得来，产值原始数据来源于《中国统计年鉴》（1991~2008），碳排放量原始数据来源于《中国能源统计年鉴》（2008）。

不同产业单位产值碳排放量随时间变动的幅度不同，即由单位产值碳排放随时间变动幅度的产业间差异引起结构效应（简记为 B 效应），B 效应既与产业结构变动有关，也与技术水平变动有关，可以归之为技术效应，也可归之为结构效应，为避免重复，将之归为结构效应。一个产业总的结构效应是这两种结构效应的加总。A 效应的特点是单位产值碳排放量高的产业在国民经济中所占比重变动与碳排放总量变动方向相反；单位产值碳排放低的产业所占比重的变动和碳排放总量变动方向相同。B 效应的特点是单位产值碳排放量降低幅度大的产业所占比重的变动和碳排放总量变动方向相反，单位产值的碳排放量降低幅度小的产业在国民经济中所占比重的变动与碳排放总量变动方向相同。具体到中国的三次产业的结构效应，1990~2007 年产业间单位产值的碳排放差异远远大于单位产值的碳排放变动差异，因此 A 效应远大于 B 效应，即结构效应主要由 A 效应决定。1990~2007 年第三产业产值占国民经济的比重从 1990 年的 31.6%增加到 40.4%，而第三产业单位产值的碳排放量是第二产业的 12%（1990~2007 年的均值），所以第三产业的 A 效应是减少碳排放总量；同时如前所述第三产业单位产值的碳排放量降低幅度最大，第三产业的 B 效应也是减少碳排放总量。因此第三产业的结构效应是使得整个经济的碳排放总量大幅减少。第一产业单位产值碳排放量是第二产业的 7.7%，但是第一产业所占比重从 1997 年的 27.1%降低到 11.1%，所以第一产业的 A 效应是增加碳排放总量。但是第一产业单位产值碳排放量降低的速度在三个产业中稍微低于另外两个产业，所以第一产业 B 效应是增加碳排放总量。由于第一产业与第二、第三产业的单位产值的碳排放量差异大于第一产业与第二、第三产业的单位产值的碳排放量变动差异，即 A 效应大于 B 效应，因此第一产业的结构效应是增加碳排放总量。第二产业单位产值碳排放量远高于第一、第三产业，分别是第一、第三产业的 13 倍和 8 倍

（1990~2007 年的均值），同时第二产业所占比重从 1990 年的 41.3%提高到了 48.5%，第二产业的 A 效应是增加碳排放总量。第二产业单位产值碳排放量降低的速度接近于三个产业的加权均值，其 B 效应很小。所以，第二产业的结构效应是增加碳排放总量。

产业发展对碳排放总量的影响是规模效应、技术效应和结构效应的总和。综上所述，第一产业规模效应和结构效应都是增加碳排放总量，技术效应为减少碳排放总量，规模效应和结构效应大于技术效应，使得第一产业产值变动引起碳排放总量同向变动。第二产业结构效应是增加碳排放量，第二产业的规模效应也是增加碳排放量，虽然技术效应为负，但结构效应与规模效应的总和大于技术效应，使得第二产业产值增加引起碳排放总量增加。第三产业的结构效应和技术效应为负，规模效应为正，结构效应和技术效应的和大于规模效应，从而第三产业增加单位产值引起碳排放量反向变动。

可以看出，虽然第三产业与第一、第二产业的发展对碳排放总量的影响相反，但是三次产业发展的规模效应方向相同，技术效应方向也相同，决定总效应方向差异的是结构效应方向。而决定结构效应方向的，是三次产业不同的发展速度，即产业结构变动。第一、第二产业的结构效应都为正，但是形成机制有很大区别。第一产业单位产值碳排放量低，由于第一产业发展落后于其他产业，所占比重越来越低，导致结构效应为正。第二产业单位产值碳排放量最高，与国民经济其他产业相比较而言发展较快，导致结构效应也为正，正是在产业结构中的比重变动不同导致了单位产值碳排放最高和最低的两个产业的结构效应都是正的。而第三产业单位产值碳排放很低，与第一产业相似，但与国民经济其他产业相比较而言发展最快，其结构效应与第一产业方向相反，也是产业结构变动差异导致两个单位产值碳排放很低的产业的结构效应方向相反。

三、结论和讨论

产业结构改善对减少碳排放量有显著影响。中国正处于经济快速增长的时期，为产业结构调整提供了良好的契机。在产业政策设计中，应当兼顾经济增长速度和碳排放量，提高经济发展的质量，由工业大国逐步走向经济强国，实现低碳经济。

发展第一产业能促进低碳经济发展。第一产业发展对降低碳排放量，减缓碳排放总量增加的速度有积极作用。对农业进行支持和补贴，促进农民增收、农业和农村发展，也是发展低碳经济的要求。

第二产业对发展低碳经济关系重大。第二产业碳排放对碳排放总量增加的贡献最大，作为发展中国家，在较长一段时间内工业化是中国经济发展的主要特征，而发展低碳经济又是一项比较紧迫的任务，妥善解决好第二产业的碳排放量问题，是中国发展低碳经济的重点和关键之一。不能因为第二产业碳排放高就认为其和发展低碳经济无关，而应当把第二产业的良性发展作为低碳经济的重要内容。首先要发展高端产业，特别是新能源产业、新技术产业，压缩高能耗、高排放的产业。其次是鼓励研发，提高技术水平，发展新能源和替代能源，建立健全清洁生产机制，从生产环节形成有利于降低碳排放量的机制。最后，倡导低碳消费，在政府采购中增加低碳产品的比例，建立完善低碳标识系统，从需求方面营造有利于低碳产品生产的市场环境。

加强第三产业发展是低碳经济的最佳选择。中国第三产业的发展空间还很大，国外经济发展实践已经表明经济增长和第三产业发展之间的相关性，多数发达国家第三产业占国民经济比重的60%多，许多研究提出的合理产业结构标准中第三产业占国民经济的50%。与之相比，当前中国第三产业在国民经济中所占比重40%左右，中国第三产业占国民经济的比重还较低，因此加快第三产业发展，逐步实现产业结构的优化升级，是实现低碳经济的根本途径。

参考文献

Sun J W. Changes in Energy Consumption and Energy Intensity: a Complete Decomposition Model [J]. Energy Economics, 1998, 20 (1).

蔡昉，都阳，王美艳. 经济发展方式转变与节能减排内在动力 [J]. 经济研究, 2008 (6).

江小涓, 中国产业结构及其政策选择 [J]. 中国工业经济, 1999 (6).

解振华. 2007 中国节能减排（政策篇）[M]. 中国发展出版社, 2008.

胡初枝，黄贤金，钟太洋，谭丹. 中国碳排放特征及其动态演进分析 [J]. 中国人口·资源与环境, 2008 (3).

陈六君，王大辉，方福康. 中国污染变化的主要因素——分解模型与实证分析 [J]. 北京师范大学学报（自然科学版）, 2004 (4).

（庞晶、李文东、毕鹏波，山东财政学院）

安徽省生态足迹与经济增长的动态关系研究[*]

一、引 言

当前，全球气候变暖和生态环境破坏的现象日益严重，资源环境与经济增长的关系已经引起了社会的普遍关注。资源是人类生存和社会发展的必需品，也是国民经济发展的血液，然而随着我国经济持续高速发展，我国已经付出了资源锐减、环境污染和生态破坏等巨大的代价。2009年我国消耗了全球能源的18%、钢铁的44%以及水泥的53%，却仅仅创造出世界GDP的8%。[①]因此，资源供给短缺、利用效率低下、环境污染严重等问题已经严重制约了国民经济的持续发展。

经济增长与资源环境之间体现相互制约和相互依存的关系，经济增长依赖于对资源开发和利用，资源的短缺和浪费制约着经济的持续增长；与此同时，资源的开发和利用效率取决于经济增长水平，因为经济增长规模、运行质量以及经济结构等因素很大程度上决定了资源开发的深度和广度。然而，伴随着我国改革开放层次的不断深入，经济迅速增长进一步加剧了对自然资源的消耗，进而对全国范围内的生态环境产生了巨大的压力。以安徽省为例，2000年以来全省GDP的平均增长速度高达11.7%，与此同时，能源消费量的平均增长率也高达6.9%，而且以高污染、高能耗、高排放为基础的经济发展模式，不仅造成了能源资源的超负荷开采和使用，而且出现了生态环境负外部性与其承载力接近阈值等现象。因此，如何缓解经济增长与环境保护的矛盾，实现生态环境与资源利用的良性互动，成为当前经济可持续发展过程中亟待研究和解决的问题。

二、文献回顾

20世纪90年代，加拿大生态经济学家 Mathis Wackernagel 和 William Rees 提出了生态足迹分析法，致力于评价生态足迹和生态承载力以及可持续发展程度。它是以生产性土地面积来衡量经济规模主体的资源消费与吸收水平，反映了某一区域对自然资源的利用程度及人类生产和消费活动对环境造成的压力。生态足迹的概念于2000年引入我国，徐中民（2000）、李利峰（2000）、杨开忠（2000）等分别介绍了生态足迹的理论、方法和计算模型，并对全国及部分省（市）的生态足迹进行了实证分析。而后，很多学者在国家、区域、城市以及各个行业层面上利用生态足迹分析法研究生态安全、土地利用、旅游规划等方面的问题。元相虎等（2005）利用生态足迹模型测度

[*] 基金项目：国家科技支撑课题"农业产业功能耦合与现代乡村社区管理支撑技术研究与集成"（编号：2008BAD96B12）。
[①] 人民网，http://dt.people.com.cn/GB/191548/200321/12503839.html。

区域资源利用和生态环境承载力，并将其作为衡量资源利用效率、区域生态压力以及生态环境安全的标准。吴玉鸣等（2007）利用动态计量经济学方法分别研究了生态足迹与经济发展、生态足迹与能源消费之间的长期均衡关系。李中才（2008）等综合应用生态足迹、协整理论及误差修正模型，分析了我国资源消耗与经济增长之间的关系，计算了我国1961~2001年的六大类生态足迹指数，详细研究了我国经济增长与各种生态足迹之间的长期均衡关系。郭跃（2010）等引入生态压力指数、生态占有指数和生态经济协调指数构建评价了江苏省生态安全的指标。

上述研究成果主要集中在对生态足迹进行测算及可持续发展的评估预测，较少考虑生态足迹与经济增长之间的动态均衡关系及双向影响机制。另一方面，由于我国地域辽阔，资源分布不均衡，区域经济发展综合实力存在明显的差异，因此，不同区域之间的经济增长与生态环境的演变路径可能存在差异。为此，本文在前人研究的基础上，通过构建生态足迹和经济增长的库兹涅茨曲线，重点研究安徽省生态环境与经济增长之间的空间动态演变过程，试图为相关部门制定宏观经济发展战略以及环境保护政策奠定理论基础。

三、理论模型构建与指标选取

1. 理论模型构建

生态足迹是计算一个区域的人口在发展过程中所消耗各种资源和能源以及吸收其所产生的废弃物所必要的生产性土地面积。根据 Matuus Wackernagel 和 William Rees 提出的生态足迹分析法，将人类对自然生态服务的需求进行生态经济估算，将生态生产性土地面积分为六大类，分别是化石能源地、可耕地、牧草地、森林、水域以及建筑用地。其中，具体计算过程如式（1）所示：

$$EF = \sum_{i=1}^{n} \lambda_i A_i = \sum_{i=1}^{n} \lambda_i (P_i + I_i - E_i)/Y_i \quad (1)$$

其中，EF 为总的生态足迹，i 为消费项目类型，λ_i 为对不同生态生产力的生物生产面积进行均衡的因子，[①] A_i 为第 i 种消费项目折算的人均生态足迹分量，P_i 为第 i 种消费项目的年生产量，I_i 为第 i 种消费项目的年进口量，E_i 为第 i 种消费项目的年出口量，Y_i 为生物生产土地生产第 i 种消费项目的年平均产量，n 为人口数。

本文引入 EKC 理论模型深入分析安徽省生态足迹与经济增长之间的关系，为了更加准确地拟合二者之间的关系，本文通过以下形式的模型，检验生态足迹与经济增长之间的关系。

$$EF_t = \alpha_t + \beta_1 x_t + \beta_2 x_t^2 + \mu_t \quad (2)$$

式（2）中，EF 为各年的生态足迹指数，x 为相应年份的经济增长水平，α 为截距项，μ 为随机误差项。根据模型可以推断，生态足迹与经济增长水平之间可能存在的关系：当 $\beta_1 \neq 0$，$\beta_2 \neq 0$ 时，模型为"U"型（或者倒"U"型）曲线关系；当 $\beta_1 \neq 0$，$\beta_2 = 0$ 时，则模型转化为线性模型。

依据上述理论模型，本文采用基于 VAR 模型的分析方法，利用 1978~2009 年的时间序列数据，分析安徽省经济增长与生态足迹之间的二维动态作用机理，通过协整关系检验和脉冲响应函数分析方法来考察安徽省经济增长与生态足迹之间的动态冲击响应，以期反映二者在时序维度的演绎路径。

2. 变量指标选取

（1）生态足迹指标。在生态足迹账户核算中，生物性生产面积主要考虑六种土地利用类型，即耕地、林地、草地、水域、建筑用地以及化石燃料地（见表1）。

根据表1中列出的生态足迹测度指标，运用式（1）计算各类消费项目所需要的生产性土地面积。值得注意的是化石能源用地不能直接采用式

[①] 某一生物生产面积的均衡因子等于全球范围内该种生物生产面积的平均生态生产力与全球所有各类生物生产面积的平均生态力的比值。目前，国际统一采用的均衡因子值分别为：耕地和建筑用地为 2.82；林地和化石能源用地为 1.14；草地为 0.54；水域为 0.22。

表1 生态足迹指数测度所含用地类型

用地类型	耕地	草地	林地	水域	建筑用地	化石能源地
账户核算 项目明细	粮食、谷物 豆类、薯类 油料、棉花 麻类、烟叶 瓜果	猪肉 牛肉 羊肉 牛奶 禽蛋	油桐籽 油茶籽 板栗	水产品	发电量	原煤 原油 天然气

(1) 进行计算,因为化石能源的消费是以产生温室气体等热能的形式释放出来,因此化石能源的生态足迹计算过程为:

$$A = \sum_{i=1}^{n} (c_i \times g_i)/ep_i \qquad (3)$$

其中,c_i 为第 i 种化石能源的消费量,g_i 为第 i 种能源燃烧释放的热量等当量转换系数,eg_i 为吸收化石能源燃烧产生的温室气体所需要的生态空间面积。折算标准采用 Wackernagel 等确定的煤、石油、天然气和水电的全球平均土地产出率,分别为 55GJ/hm²、71GJ/hm²、93GJ/hm²、1000GJ/hm²,依据此标准计算出化石能源用地面积。

(2) 经济增长指标。经济增长衡量指标选取安徽省历年的国民生产总值,数据来源于《安徽统计年鉴》并经作者整理计算所得,通过消除通货膨胀影响计算出以 1978 年为基期价格的实际 GDP。

四、实证分析

1. 变量的平稳性检验

由于脉冲响应函数的检验结果严格依赖于误差修正向量满足白噪声序列向量这一假设前提,因此,对理论模型中时间序列变量进行单位根检验显得尤为重要。为了避免时间序列数据本身可能存在的异方差导致回归结果出现"伪回归"现象,因此有必要对生态足迹和经济增长两个变量取对数。本文利用 Eviews6.0 软件,对 $LnEF_t$、$LnGDP_t$、$LnGDP_t^2$ 的单位根进行 ADF 检验,采用 AIC 和 SC 准则确定最佳滞后阶数,检验结果见表2。

表2 变量平稳性检验结果

变量	检验类型	ADF 检验	1%临界值	5%临界值	检验结果
lnEF	(c, t, 0)	-1.8703	-4.5325	-3.6736	不平稳
lnGDP	(c, t, 0)	-1.6302	-4.5325	-3.6736	不平稳
lnGDP²	(c, t, 0)	-1.2678	-4.5325	-3.6736	不平稳
D (lnEF)	(c, 0, 1)	-5.8127***	-3.8574	-3.0404	平稳
D (lnGDP)	(c, 0, 2)	-5.3867***	-3.8574	-3.0404	平稳
D (lnGDP²)	(c, 0, 1)	-5.3051***	-3.8574	-3.0404	平稳

注:** 表示在5%的显著性水平上通过检验,*** 表示在1%的显著性水平上通过检验。检验形式(C, T, L)中的C、T、L分别表示检验中是否带有截距项、趋势项和滞后阶数的个数。D 表示一阶差分;选取最优滞后期根据 AIC 和 SC 最小准则。

平稳性检验结果显示,lnEF、lnGDP 和 lnGDP₂ 三个变量的原序列都是不平稳的,但是其一阶差分同时至少在 99% 置信区间下拒绝原假设,认为不存在单位根,满足一阶单整,即 I(1)。

2. 经济增长与生态足迹的协整关系分析

由上述分析可知,本文提出的三个变量都是一阶单整的。Engel 和 Granger(1987)指出,如果两个或多个时间序列本身非平稳,但是它们之间存在某种线性组合是平稳的,即存在协整关系。协整检验主要有两种方法:①Engel 和 Granger 提出的基于协整方程残差项的两步法平稳性系检验;②Johansen 和 Juselius 提出的基于 VAR 模型的协整系统的检验。由于本文是多变量之间的协整关系检验，因此选择后者。为了运用 JJ 检验法进行协整分析，应首先构建 lnEF、lnGDP 和 lnGDP² 的向量自回归模型 VAR。由于 VAR 中滞后阶数的选取对结果的影响较大，因此，根据 AIC 信息准则、SC 信息准则以及 LR（似然比）统计量确定最优滞后期为 2。因此依据式（2）构建滞后两期的协整方程，基于 VAR（2）模型的 JJ 协整检验结果如表 3 所示。

表 3 JJ 协整关系检验结果

原假设	迹统计量	5%临界值	最大特征值	5%临界值
没有协整关系 *	90.1655	29.7971	73.5313	21.1316
最多一个 *	16.6342	15.4947	16.6334	14.2646
最多两个	0.0008	3.8415	0.0008	3.8414

注：* 表示在 0.05 临界值水平下拒绝原假设。

从表 3 可以看出，迹检验和最大特征值检验结果显示，在 5%显著性水平上，拒绝"没有协整关系"和"最多只有一个协整关系"的零假设，接受存在"两个协整关系"的原假设，说明 LnEF、LnGDP 和 LnGDP² 三者之间存在长期的均衡关系，正规化后的长期协整关系为：

$$\ln EF_t = 0.6196\ln GDP_t - 0.0546\ln GDP_t^2$$
$$(0.1249)^{***} \qquad (0.0081)^{***} \qquad (4)$$

从式（4）可以看出，一方面安徽省经济增长与生态足迹具有长期协同趋势；另一方面，模型的结果显示，$\beta_1 > 0$，$\beta_2 < 0$，表明安徽省生态足迹与经济增长关系满足倒"U"型曲线特征，即在时间序列的初始阶段，生态足迹指标随着经济增长水平的不断提高而迅速增加，当达到某一临界值以后，生态足迹指标随着经济增长水平的提高而趋于减少，生态环境状况逐渐改善。安徽省作为长三角和珠三角的腹地，拥有着独特的地理区位优势，同时蕴藏着丰富的不可再生资源，但是其在中部六省中经济发展水平相对较低，工业化和城镇化水平尚处于起始阶段，因此，在加快推进全省经济发展和皖江城市带建设的同时，安徽省的生态足迹指数呈现出持续递增的趋势，环境承载力逐渐降低。

3. 误差修正模型

上述协整分析给出了安徽省经济增长与生态足迹之间的长期动态均衡关系，而这种长期稳定关系式在动态过程的不断调整下得以维持的，因此，需要建立误差修正模型反映变量之间的短期动态关系和短期微调行为。将长期关系模型中的各种变量以一阶差分形式进行分解，引入协整方程中产生的残差序列。根据 AIC 和 SC 最小准则和反向修正机制原理，构建误差修正模型（小括号内为 t 检验值），结果如下：

$$D(\ln EF_t) = -0.3779D(\ln EF_{t-1}) - 0.4581D(\ln EF_{t-2})$$
$$(-0.7832) \qquad\qquad (-1.5132)$$
$$- 15.725D(\ln GDP_{t-1})$$
$$(-1.0165)$$
$$- 7.7601D(\ln GDP_{t-2})$$
$$(-1.998)$$
$$+ 1.0724D(\ln GDP_{t-1}^2)$$
$$(1.0717)$$
$$+ 0.6425D(\ln GDP_{t-2}^2)$$
$$(0.3059)$$
$$-0.1331 - 0.9588ecm_{t-1}$$
$$(-1.6121) \qquad (-2.1188) \qquad (5)$$
$$R^2 = 0.9006,\ F\text{-statistic} = 11.6551,$$
$$\text{Log Likelihood} = 40.6572$$

式（5）中，大部分变量的系数通过了显著性检验，尤其以经济增长水平对生态足迹的影响最为显著，且误差修正项系数为负，符合反向修正机制的原理。lnEF 的短期波动可以分解为两种途径：一是短期内系统变量波动的影响；二是偏离长期均衡的影响。误差修正项的系数为 0.9588，即短期波动偏离长期均衡状态时，系统将以 0.9588 的调整力度将非均衡状态拉回到均衡状态。从误差修正模型的回归系数来看，D（lnEF）与 D（lnEF_{t-1}）、D（lnEF_{t-2}）、D（lnGDP_{t-1}）、D（lnGDP_{t-2}）呈现显著的正相关关系，说明经济增长对生态足迹指数增加呈正向作用，也就是说以能源消耗和环境污染为代价的经济增长模式会加剧生态环境承载压力，进而不利于经济与环境的可持续发展。

4. Granger 因果关系

协整检验的结果证明了生态足迹与经济增长之间存在显著的协整关系,然而协整关系只能说明变量之间存在某种维度的因果关系,但并不能明确因果关系的方向,为此本文将进一步利用格兰杰因果关系检验判断变量之间的因果关系方向。

表4　基于 VECM 模型的短期格兰杰因果关系检验（Waldχ^2检验）

被解释变量：D（lnEF）			
Excluded	Chi-sq	df	Prob.
D（lnGDP）	8.6574	2	0.0199
D（lnGDP^2）	5.3692	2	0.0314
被解释变量：D（lnGDP）			
Excluded	Chi-sq	df	Prob.
D（lnEF）	25.8072	2	0.0000
D（lnGDP^2）	1.5484	2	0.4611
被解释变量：D（lnGDP^2）			
Excluded	Chi-sq	df	Prob.
D（lnEF）	22.6231	2	0.0000
D（lnGDP）	0.9176	2	0.6321

基于 VECM 的短期 Granger 因果关系检验表明,D（lnEF）与 D（lnGDP）、D（lnGDP^2）互为 Granger 因果关系。也就是说,在短期动态的均衡关系中,随着经济增长水平的逐渐加快,安徽省生态足迹指标与其呈现同向增长的趋势,加剧了环境承载力的压力;与此同时,生态足迹指标的上涨表明更多的能源资源的开发和利用,进而促进工业支柱产业的快速发展,最终实现安徽省整体经济的快速增加。

5. 脉冲响应函数

Granger 因果关系检验说明生态足迹与经济增长之间存在着显著的因果关系。为了进一步揭示变量之间相互影响的动态变化趋势,本文利用脉冲响应函数分析因变量对自变量的一个标准差新息（即新产生的信息）冲击的反应程度,结果如图 1 所示。

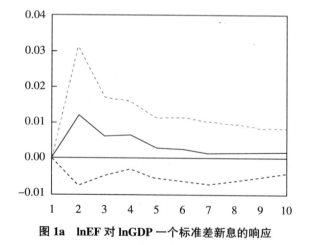

图1a　lnEF 对 lnGDP 一个标准差新息的响应

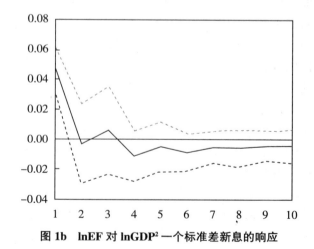

图1b　lnEF 对 lnGDP^2 一个标准差新息的响应

图 1 是经济增长的一个标准差的冲击引起的生态足迹变化的广义脉冲响应函数图。从图 1 中可以看出,当在本期给经济增长一个标准差的冲击后,在第 2 期达到正向最大作用,然后随着时间的推移影响逐渐减弱趋于收敛。说明经济增长与生态足迹之间存在紧密的关系,从短期来看,

经济增长导致生态足迹的增加，资源消耗增加；但从长期来看，经济的增长对生态足迹的降低有一定的积极意义。从经济学的角度来看，在经济发展的初始阶段，经济增长意味着资源的过度开发和利用，表现为这期间的经济增长导致生态足迹的持续增加；随着经济增长达到某一临界点，人们对可持续发展的要求的提高、经济增长方式的转变、产业结构的调整和优化等体制性因素将有利于生态足迹的降低。

五、结论与启示

本文利用安徽省 1978~2009 年的时间序列数据，通过构建向量自回归误差修正模型，实证分析了生态足迹与经济增长之间的长期动态均衡关系。格兰杰因果关系检验表明生态足迹与经济增长之间存在双向的 Granger 原因，即生态足迹指标的增加能够反映经济增长水平的提高，与此同时，经济增长水平的加快会导致生态足迹指标的不断上升。误差修正模型和脉冲响应函数的结果表明短期内经济增长对生态足迹的增加有正向的影响，而从长期来看，经济增长水平的提高有利于降低生态足迹指数，缓解环境承载的压力。

在中部崛起的背景下，安徽省经济增长更多地依赖于本区域资源的大量消耗，而在当前资源供给不足的条件下，安徽省资源开发和利用效率相对低下，进一步造成资源浪费、环境恶化等严重的环境问题，因此，为了促进安徽省经济可持续发展，实现安徽省资源、环境与经济的协调发展，应该合理利用资源，加强生态环境保护；调整和优化产业结构，积极发展循环经济；加快科技创新步伐，从技术层面突破资源利用效率低下的"瓶颈"。

参考文献

檀满枝，陈杰，田晓四等. 南京市快速城市化过程中人均生态足迹的动态变化与预测研究 [J]. 长江流域资源与环境，2005，14 (6)：754-759.

徐中民，张志强，程国栋. 甘肃省 1998 年生态足迹计算与分析 [J]. 地理学报，2000，55 (5)：607-616.

李利峰，成升魁. 生态占有——衡量可持续发展的新指标 [J]. 自然资源学报，2000 (4)：375-382.

杨开忠，杨咏. 生态足迹分析理论与方法 [J]. 地理科学进展，2000，19 (6)：630-636.

元相虎，李华，陈彬. 基于生态足迹模型的中国可持续发展动态分析 [J]. 中国人口·资源与环境，2005，13 (3)：38-42.

吴玉鸣，张燕. 西南岩溶区广西生态安全及资源利用效率 [J]. 生态学报，2007 (1)：242-249.

李中才，王广成，关晓吉. 中国生态足迹与经济增长的协整与误差修正 [J]. 资源科学，2008，30 (2)：261-266.

郭跃，程晓昀，朱芳等. 基于生态足迹的江苏省生态安全动态研究 [J]. 长江流域资源与环境，2010，19 (11)：1327-1332.

（江激宇、张士云、柯木飞，安徽农业大学经济管理学院）

论中国低碳城市的发展道路

气候变化问题是当今人类社会面临的严峻挑战，世界各国合作应对气候变化是大势所趋。在全球应对气候变化形势推动下，世界范围内正在经历一场经济和社会发展方式的变革，世界低碳经济的发展潮流引发新的经济、贸易、技术的竞争，先进低碳能源技术也正在成为世界科技创新和技术竞争的前沿和重点，成为一个国家核心竞争力的标志。城市是人类社会经济活动的中心，城市的温室气体排放占全球总量的75%左右。低碳城市建设将成为中国应对气候变化的必然选择。中国要深刻认识到全球应对气候变化和世界向低碳经济转型带来的挑战与机遇，打造未来的综合竞争能力。

一、低碳城市是中国的必然选择

建设低碳城市既是全球应对气候变化的要求，也是中国城市可持续发展的需要。

政府间气候变化专门委员会（IPCC）第四次评估报告指出：全球变暖已是不争的科学事实，人类活动是近50年全球气候系统变暖的主要原因，全球气候变暖已经对许多自然和生物系统产生了可辨别的影响，并使已存在的问题变得更加严重。警告气候变化将对未来自然生态和经济社会发展产生长期的影响。如果将升温幅度控制在2~2.4℃，将温室气体浓度保持在445~490ppm，2050年需要将二氧化碳排放在2000年水平上削减50%~80%，并使排放量在2015年达到最高点。在这个升温水平下，为控制气候变化，只需要投入2030年全球收入的3%，也就是每年只会对GDP增长造成0.12%的负面影响。

《斯特恩回顾：气候变化的经济内涵》报告指出，如果忽视全球气候变暖所造成的环境恶化，人类将再次面临类似20世纪30年代的全球性经济危机和衰退。报告认为，到22世纪初，全球可能因气候变暖损失5%~20%的GDP，为避免将来气候变化对全球国内生产总值带来5%~20%的损失，如果现在开始行动，只需要花费GNP1%的成本。报告强烈呼吁世界各国采取迅速而有效的措施以减缓全球气候的进一步变暖。

气候变化绝不是一个简单的科学问题，既是环境问题，也是发展问题，说到底还是发展问题。科学研究表明，气候变化带来的后果很严重，甚至关系到地球的未来，关系到人类的生存和发展，气候变化问题是当今人类社会面临的严峻挑战。气候变化是过去不可持续发展造成的，只有通过可持续发展才能妥善解决。对于发展中国家而言，只有发挥后发优势，避免发达国家所犯的错误，实现科学发展，增强经济和技术实力，才有能力控制温室气体排放，才有能力适应气候变化的不利影响。

从国内方面看，城市能源消耗急剧增加，排放量大。城市化进程的加快意味着巨大的城市基础设施和住宅需求，能源总需求势必快速增加，主要的耗能部门为工业、建筑和交通。城市环境问题日益突出。不可持续的资源利用方式，以及对于化石能源的依赖，造成了交通拥堵、资源紧缺、环境污染等诸多城市痼疾。由于城市化、工业化进程的不断加快，受资源与环境容量约束，中国必须探索一条全新的低碳发展之路。中国是对气候变化十分脆弱的国家之一，气候变化关系到我国农业和粮食安全、水资源安全、能源安全、生态安全、公共卫生安全，关系到我国经济社会发展的全局。近百年来中国年平均地面气温上升了1.1℃，近50年来降水空间分布格局发生了变化，自然灾害和极端事件频发，给中国带来了巨大的损失，直接经济损失超过GDP的3%以上。预计未来中国气候变化仍然十分显著，部分地区极端强降水事件发生频率将增加。未来预计的气候变化对中国陆地自然生态系统和经济社会系统产生了多方面影响。

因此，发展低碳城市既是国内可持续发展的内在需求，也为中国提供了探索跨越式发展的机遇。由于中国处于工业化、城市化快速发展的阶段，在当前和今后一定时期内，能源消费和二氧化碳排放仍会持续增长，已经并将继续成为世界二氧化碳排放增长量的主要来源国。从2000~2005年，中国二氧化碳排放量增长了20.8亿吨，占世界同期增长量的56.5%。在今后二三十年内，随着经济的较快发展和城市化的进程，即使大力推进节能优先战略，2020年的能源需求量也将超过40亿吨标准煤，届时的二氧化碳排放量也将比2005年增长60%以上。随着全球应对气候变化形势的发展，限控二氧化碳排放增长有可能成为中国经济发展的硬约束，从而成为中国现代化进程的最大制约因素。中国的现代化建设已不具备沿袭发达国家走以高能源消耗为支撑的传统工业化与城市化道路的环境条件，全球已不存在足够的化石能源消费的碳排放空间，中国必须全面协调发展与减排之间的关系，探索低碳发展的新型城市化道路。

二、中国低碳城市发展的挑战与机遇

全球低碳经济潮流对中国的影响主要体现为全球减排温室气体长期目标制约中国的发展空间，新的全球竞争直接影响到中国企业的国际竞争能力。这既是对中国现状的挑战，又是中国未来的发展机遇。

中国二氧化碳排放增长的主要驱动力在于庞大的人口基数、以煤为主的能源结构、快速工业化和城市化进程、国际贸易分工中"世界工厂"的地位等，短时间内不可能根本扭转温室气体排放继续增长的势头。在中国特定的经济结构、能源结构、城市化水平和资源条件下，要实现低碳城市将面临巨大的挑战：

第一，城市化与工业化尚未完成，温室气体排放量继续增长的势头短期难改变。中国还是一个发展中国家，人均GDP只有3700多美元，按照联合国贫困标准，还有1.5亿人处在贫困线标准以下，中国发展经济、消除贫困、改善民生的任务仍然繁重，短时间内不可能根本扭转温室气体排放继续增长的势头。我国正处于工业化进程中的重化工业阶段，重工业主导阶段的一个显著特点是能源消耗大量增加。只有实现高水平的重工业化，并用先进的设备和技术武装、改造轻工业和农业，整个工业化的任务才能最终完成，才能进入发达的后工业化社会，并实现温室气体排放量下降。我国正处于城市化加快发展的重要阶段，随着农村人口迁入城市，会带动大量基础设施和住房建设，汽车、家电、基础设施、机械、化工都会有大发展，必然拉动重化工业发展，直接推动工业能源消耗总量快速增长。

第二，中国工业技术水平低，排放强度高。我国在发展低碳经济方面已有良好开端，但核心技术和关键技术都掌握在发达国家，在核心和关键技术方面与发达国家有很大差距。中国处于世界产业链的低端，高耗能、高污染、低附加值的产品在总出口中占很大比例。改革开放30多年来，中国工业企业的技术水平得到全面增强和提高，但与发达国家仍存在较大差距。我国的电力、钢铁、有色、石化、建材、化工、轻工、纺织8个行业主要产品单位能耗平均比国际先进水平高40%，机动车油耗水平比欧洲高25%，比日本高20%，单位建筑面积采暖能耗相当于气候条件相近发达国家的2~3倍。我国主要耗能工业产品的能源单耗平均比世界先进水平高 15%~30%，而单位 GDP 能耗则是发达国家的 2~3 倍。

第三，产业结构不合理。我国一、二、三次产业之间的比重仍然停留在"1：5：4"的状态，中国经济的主体是第二产业，特别是重化工业比重偏高，同时工业生产技术水平落后，加重了中国经济的高碳特征。资料显示，1993~2005 年，中国工业能源消费年均增长 5.8%，工业能源消费占能源消费总量约 70%。采掘、钢铁、建材水泥、电力等高耗能工业行业，2005 年能源消费量占了工业能源消费的 64.4%。目前，高耗能工业对我国工业增加值的贡献在 10%~12%，但其耗能却占 50%~70%。适当调整这种高耗能的产业结构，整个能源体系就会随之发生重大变化，温室气体排放也会得到有效控制。

中国建设低碳城市的机遇表现在以下几个方面：

第一，有助于缓解资源和环境的紧张状况。中国正处于快速工业化和城市化的进程之中，大量农村人口涌入城市，能源消费行为发生了改变，人均用能迅速增加，能源供应和能源安全已经成为限制中国经济进一步发展的主要制约因素。我国需要走出一条不同于已有工业化国家的发展之路，即从"高排放"的发展轨道上偏离，实现能源消耗、温室气体排放与经济发展逐渐脱钩，在保护气候的同时实现经济发展，走出一条在碳排放约束下的可持续发展之路。发展低碳经济是实现经济转型和可持续发展的必由之路。低碳城市建设将催生新的能源革命、新的产业革命和新的生活方式革命，有助于缓解中国城市的资源和环境的紧张状况。

第二，有助于提高中国产业竞争力。在全球应对气候变化的形势下，低碳技术创新将是一场新的工业革命，他将颠覆原有的能源消费模式和生活习惯，带来新的产业发展机遇和发展模式。低碳技术将孕育巨大的市场潜力和新的经济增长点，也将是各国在新一轮经济、贸易和技术竞争中的重要手段。世界各国在发展低碳经济、低碳技术方面正站在同一条起跑线上，谁能抢先发展好低碳技术和低碳产业，谁就能在新一轮经济增长中占据主动权，成为世界经济发展的"领头羊"。对中国来讲，发展低碳经济可以提供很好的机会，来实现经济结构转变，促进低能耗、高附加值行业发展。发展低碳经济对经济的促进作用主要应通过以下途径：一是投资于新能源、洁净能源等能源基础设施等形成资本积累，通过资本增长率提高来促使产出增长率提高；二是新增投资于低碳能源技术促进新知识、新技能的产生，并外溢到其他经济部门，推动技术进步从而产生内生增长；三是新增投资到低碳产业部门，往往会形成新的就业，于是通过劳动增长促进经济增长；四是新增投资用于改善碳排放产生的经济效益，通过碳生产力提高以促进经济增长并提高经济增长的质量。

第三，有助于避免碳锁定。从 1978 年到 2007 年，中国城市总数从 193 个增加到 656 个，中国 10 年间每年约有 1600 万人涌入城市，2007 年城镇人口约 5.94 亿人，占全国总人口的 45%，据估计，2025 年将有大约 10 亿中国人居住在城市。城市快速发展过程中，需要建设更多的住房，需要建设大量的基础设施建设等。越早行动就能避免碳锁定效应。

三、中国低碳城市的发展道路

如何建成低碳城市，这是一个很难精确表达、又是亟须解决的问题。构建低碳生态城市逐渐成为我国各城市热切期望发展的新方向，而世界上还没有一个真正意义上的低碳生态城。没有现成可借鉴的模式，唯有根据我国的实际情况在实践中不断地摸索出适合自身发展的道路。

（一）以低碳生态城市为目标实现城市可持续发展

国外的低碳城市是在发达国家工业化进程基本完成以后，针对其后工业化的特点提出的，其核心为绝对降低碳排放。中国正处于工业化、城镇化快速发展阶段，中国经济仍然以资源密集开采和快速消耗为特征，能源资源的有限性与经济增长的可持续性之间的矛盾日趋尖锐。研究表明，不同污染物环境管制效益乘数有巨大的差距，中国水污染的环境管制效益乘数始终远大于废气。对于废气来说，一个国家内部环境库兹涅茨曲线最先反转的是烟尘，然后是二氧化硫，最后才是二氧化碳。中国首先应提高工业废水环境管制强度，其次是烟尘粉尘，再次是二氧化硫，最后是二氧化碳。中国是发展中国家，既要减少碳排放，又要解决城市化与工业化过程中的生态环境问题。因此，中国的低碳城市建设要与改善城市生态环境相结合，把低碳生态城市作为目标。

（二）低碳生态城市建设是一个长期的渐进过程

低碳城市建设是一个系统性工程。低碳城市是经济发展方式、能源消费方式和人类生活方式的重大变革，将全方位地改造建立在化石能源基础上的现代工业文明，转向生态文明。城市的经济、社会、文化、环境、市民的价值观念、生活方式、消费习惯等都需向低碳转变，必须制定长期发展战略与规划，建立一揽子完善的政策体系，稳步实施。我国正处于工业化进程中的重化工业阶段，重工业主导阶段的一个显著特点是能源消耗大量增加。只有实现高水平的重工业化，并用先进的设备和技术武装、改造轻工业和农业，整个工业化的任务才能最终完成，才能进入发达的后工业化社会，并实现温室气体排放量下降。

（三）以产业结构优化和产业升级实现低碳生产

产业发展是城市发展的基础，产业结构的调整、优化和升级是转变城市经济增长方式、实现城市可持续发展的根本保障。建设低碳城市，必须因应全球低碳发展的趋势与要求，加快产业结构调整，加快淘汰落后产能，加快发展战略新兴产业，大力发展高端装备制造业和高新技术产业，积极推动工业转型升级，着力提高工业整体素质

和国际竞争力。促使产业结构朝低消耗、高效益方向调整，把提高能效和碳生产力作为核心，不断降低能源消耗强度和碳排放强度，逐步实现经济发展与碳排放的脱钩。

（四）构建低碳城市交通体系

交通部门是碳排放量增长最快的部门，机动车尾气排放已经成为城市空气的主要污染源。树立低碳交通理念，以紧凑型城市布局减少交通需求，以轨道交通和新能源汽车减少交通的碳排放。世界自然基金会（WWF）提出低碳城市建设应遵循"CIRCLE"原则：紧凑型城市遏制城市膨胀（Compact）、个人行动倡导负责任的消费（Individual）、减少资源消耗潜在的影响（Reduce）、减少能源消耗的碳足迹（Carbon）、保持土地的生态和碳汇功能（Land）、提高能效和发展循环经济（Efficiency）。这六项原则决定了低碳城市形态的主要特征是紧凑型城市，即高层（High Rise）、高密度（High Density）、高容积率（High Plot Ratio）的"3H"（高）城市。使居民在公交和步行距离内满足通勤、生活和保健的基本需求，同时保留耕地、林地和湿地等自然资源，腾出更多土地营造森林和绿地，扩大城市碳汇。以汽、柴油为燃料的传统汽车不仅是能源消耗大户，同时也是温室气体以及多种有害废气的重要来源。随着全球减少温室气体排放压力的不断加大，大力发展低碳汽车逐步替代传统汽车已成为汽车行业发展的必然趋势。

（五）建立城市低碳能源供应体系

低碳城市的能源规划目标是要实现"3D"，即使用低碳能源（Decarburization）、分散产能（Decentralization）和减少需求（Demand Reduction）。要实现这一目标，需要分别通过城市层面（可称之为"大能源"）的能源规划来实现第1个"D"，即能源低碳化；通过社区层面（可称之为"区域能源"）的能源规划实现第2个"D"，即分散产能；而第3个"D"，即减少需求，则可通过终端节能来实现。终端节能也被视为"虚拟能源"，作为一种无碳排放的资源进入区域能源规

划。城市应根据自身的资源禀赋和经济发展需要，不断提高清洁能源在能源消费总量中的比重。大力发展天然气、水电和核电等绿色支柱能源，积极发展风能、太阳能、生物质能等非水可再生能源，推进传统化石能源的高效清洁利用，不断优化能源结构，实现能源低碳化发展。

（六）以低碳发展理念促进低碳消费

低碳消费是建设和实现低碳城市的重要环节。转变传统的高碳消费观念，树立健康的低碳消费观念和消费模式，是公众参与低碳城市建设的有效途径。推行低碳消费理念，把低碳理念融入经济发展、城市建设和人民生活中，有助于带动产业升级，提高资源利用，促进人与自然的和谐发展。在适应低碳城市发展的理念后，居民生活行为的转变直接影响城市原有的运行模式，推动传统城市向低碳城市模式转变。

参考文献

N. Stern. The Economics of Climate Change：The Stern Review [M]. Cambridge University Press，2007.

IPCC，"Climate Change 2007：Mitigation of Climate Change"，Contribution of Working Group III to the Fourth Assessment Report of the Intergovernmental Panel on Climate Change，Geneva，2007.

陈蔚镇，卢源. 低碳城市发展的框架、路径与愿景 [M]. 科学出版社，2010.

何建坤等. 全球低碳经济潮流与中国的响应对策 [J]. 世界经济与政治，2010（4）：18-35.

邢继俊等，低碳经济报告 [M]. 电子工业出版社，2010.

李钢等. 中国工业环境管制强度与提升路线 [J]. 中国工业经济，2010（3）.

（单吉堃，首都经济贸易大学）

产业转移与承接

中国工业布局调整与产业转移*

在过去的 5 年，随着国家加大区域协调发展布局的力度，各地区积极推进工业化和城镇化进程，工业在地域空间上的分布格局发生了显著的变化，区际产业转移步伐加快。但目前中国工业的空间布局仍不尽合理，亟待调整优化，特别是要按照国家主体功能区规划的要求，引导产业有序转移，实现不同类型区域的转型升级。

一、中国工业布局与产业转移的变动趋势

我们采用工业增加值、工业总产值和工业品产量等主要统计指标，分别从东、中、西、东北四大区域板块的总体分布、主要行业和主要产品的区域分布以及沿海地区三大经济圈的工业行业分布，考察"十一五"时期（使用 2005~2009 年数据）中国工业的空间布局变化趋势，并试图从中发现产业区域转移的一些突出特征。

1. 工业总体布局

"十一五"期间，国家坚持实施推进西部大开发、振兴东北地区等老工业基地、促进中部地区崛起、鼓励东部地区率先发展的区域发展总体战略，区域协调互动机制开始形成。

从图 1 可以看到，"十五"期间内陆省份与东部工业发展的差距还在拉大，但进入"十一五"以来，中西部工业增加值所占份额大幅上升，与东部的差距在逐渐缩小。东部工业增加值占全国份额由最高时 2004 年的 63.3%下降至 2010 年的 55.2%，减少 8.1 个百分点；同期，中部和西部则分别由 14.8%、13%增至 19.6%和 17.2%，分别上升 4.8 和 4.2 个百分点；而东北老工业基地在转型调整过程中，工业增加值所占份额有所下降，由 21 世纪初的 11.4%到近两年的 8%，减少 3.4 个百分点。

2. 工业行业的区域分布

表 1 显示了 38 个主要行业的区域分布变化。由表 1 可见，东部地区除了烟草制品业，化学纤维制造业，石油加工、炼焦及核燃料加工业，石油和天然气开采业 4 个行业在全国的份额略有上升外，其余 34 个行业的份额都在下降。中部地区除了 6 个行业份额下降外，其余 32 个行业份额在上升；西部地区仅有 4 个行业份额有所下降，其余 34 个行业都在不同程度地上升。东北地区有 12 个行业份额下降，24 个行业上升。说明总体上东部沿海地区产业在向外转移，属于产业转出区，西部、中部和东北地区属于产业承接区。

从具体行业来看，"十一五"期间煤炭开采和洗选业、石油和天然气开采业、非金属矿采选业主要向西部地区转移，产业份额分别提高 11.81、6.64 和 6.61 个百分点。木材加工及木、竹、藤、棕、草制品业，燃气生产和供应业，非金属矿物制品业，家具制造业，皮革、毛皮、羽毛（绒）及其制品业，饮料制造业，专用设备制造业，农副食品加工业在中部地区有较大提升，行业份额上升了 5.45~4.05 个百分点。黑色金属矿采选业、非金属矿采选业主要向东北地区转移，产业份额分别提高 8.33 和 5.28 个百分点，但同时东北地区

* 本文为国家社会科学基金重大项目《引导产业有序转移与促进区域协调发展研究》（项目批准号：09&ZD028）阶段成果。

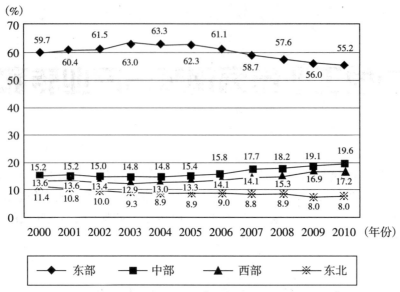

图1 中国四大区域板块工业增加值份额变化

的石油和天然气开采业、燃气生产和供应业、石油加工、炼焦及核燃料加工业在全国份额处于下降状态,分别减少8.41、4.82和3.25个百分点。

东部地区向外转移最多的行业相继是非金属矿采选业,非金属矿物制品业,家具制造业,木材加工及木、竹、藤、棕、草制品业,饮料制造业,废弃资源和废旧材料回收加工业,农副食品加工业,金属制品业,黑色金属矿采选业,专用设备制造业,食品制造业、塑料制品业,纺织服装、鞋、帽制造业,份额减少幅度在12.73~7.28个百分点。

表1 2005~2009年各工业行业总产值的区域结构变化

年份	东部地区		中部地区		西部地区		东北地区	
	2009（%）	2005~2009增减	2009（%）	2005~2009增减	2009（%）	2005~2009增减	2009（%）	2005~2009增减
煤炭开采和洗选业	22.4	-4.91	41.3	-5.27	30.1	11.81	6.2	-1.62
石油和天然气开采业	33.7	0.01	6.3	1.77	35.3	6.64	24.7	-8.41
黑色金属矿采选业	43	-8.35	16.2	-2.45	19.1	2.46	21.7	8.33
有色金属矿采选业	23.7	-5.32	38.3	3.08	29	-0.3	9	2.54
非金属矿采选业	40.4	-12.73	28.3	0.84	20.9	6.61	10.4	5.28
农副食品加工业	48.8	-9.07	20.9	4.05	15.7	1.37	14.6	3.66
食品制造业	53.1	-7.71	21.6	3.92	15.8	1.14	9.5	2.64
饮料制造业	43.1	-11.05	20.9	4.53	26.8	4.65	9.2	1.87
烟草制品业	34.8	5.34	26.4	-2.04	35.1	-3.19	3.6	-0.21
纺织业	80.2	-4.38	12.2	3.19	5.8	1.07	1.7	0.03
纺织服装、鞋、帽制造业	83.8	-7.28	9.2	3.76	1.9	0.98	5	2.44
皮革、毛皮、羽毛（绒）及其制品业	81.1	-5.76	11.6	4.79	6.1	2.34	1.2	-1.37
木材加工及木、竹、藤、棕、草制品业	56.7	-11.24	20	5.45	9	2.58	14.2	3.11
家具制造业	72.9	-11.62	10.9	4.96	7.1	3.49	9.1	3.17
造纸及纸制品业	69.8	-6.47	17.7	3.72	8.7	1.9	3.8	0.85
印刷业和记录媒介的复制	68.7	-4.99	16.1	2.84	11.2	1.04	4	1.11
文教体育用品制造业	92.5	-3.58	5.5	2.83	0.5	0.4	1.4	0.26

续表

年份	东部地区		中部地区		西部地区		东北地区	
	2009（%）	2005~2009增减	2009（%）	2005~2009增减	2009（%）	2005~2009增减	2009（%）	2005~2009增减
石油加工、炼焦及核燃料加工业	50.7	0.59	15.2	-0.48	17	3.24	17.2	-3.25
化学原料及化学制品制造业	66.2	-2.29	15.2	2.56	11.9	0.24	6.7	-0.51
医药制造业	55.3	-3.71	18.8	3.49	15.9	-0.29	10	0.52
化学纤维制造业	87.3	1.74	4.4	-2.95	4.7	2.02	3.6	-0.82
橡胶制品业	76	-2.45	12.5	1.87	5.7	0.43	5.8	0.15
塑料制品业	75.4	-7.51	11.2	2.54	6.5	2	6.9	2.97
非金属矿物制品业	52	-11.64	24.5	5.03	13.6	2.63	9.8	3.87
黑色金属冶炼及压延加工业	58.6	-1.23	17.7	-0.04	14.7	1.75	9	-0.47
有色金属冶炼及压延加工业	43.1	-2.1	30.5	3.34	21.9	-1.48	4.5	0.24
金属制品业	76.1	-8.75	10.2	2.68	6.5	3.05	7.2	3.02
通用设备制造业	68	-6.99	11.7	1.91	8	1.55	12.2	3.43
专用设备制造业	58.6	-8.35	20.2	4.5	10.7	0.8	10.5	3.05
交通运输设备制造业	57.6	-0.04	14.9	0.34	13.8	0.58	13.7	-0.88
电气机械及器材制造业	76.9	-6.58	12	3.85	6.3	1.58	4.8	1.16
通信设备、计算机及其他电子设备制造	91.5	-2.73	3.4	1.33	3.5	1.22	1.6	0.17
仪器仪表及文化、办公用机械制造业	81.6	-6.6	9	3.67	5.4	1.34	4	1.6
工艺品及其他制造业	81.2	-3.96	11.8	2.08	4	0.79	3	1.09
废弃资源和废旧材料回收加工业	73.6	-10.38	12	3.35	10.8	5.45	3.6	1.57
电力、热力的生产和供应业	53.7	-2.71	19.5	1.58	19.2	2.36	7.6	-1.23
燃气生产和供应业	59.7	-2.57	13	5.29	24.7	2.1	2.6	-4.82
水的生产和供应业	58.5	-1.53	18.9	0.59	15.2	1.84	7.3	-1

资料来源：根据中宏数据库资料计算整理。

3. 主要工业产品的区域分布

从"十一五"期间主要产品产量在全国市场的份额变化看，东部地区各主要工业品所占份额2009年比2005年普遍下降，只有原油、钢铁、布、微型计算机、集成电路有所增加；中部地区在水泥、卷烟、微型计算机等产品份额上升较快；西部地区的发电量、天然气、原煤、原油、水泥、汽车等工业品份额有不小的提高；而东北地区除了生铁、钢铁、水泥和集成电路外，主要工业品生产份额都不同程度的下降。

目前总体上，东部地区在微型计算机、集成电路、布、钢铁、汽车、水泥、原油等工业品的生产能力上仍占有绝对优势，中西部在电力、原煤、天然气等能源工业品占优势，东北老工业基地在原油、汽车和钢铁等方面的传统优势尚未根本改变（见表2）。

表2 各主要工业品生产的区域分布变化

单位：%

主要工业品	年份	东部	中部	西部	东北
发电量（亿千瓦小时）	2005	45.12	22.73	24.41	7.73
	2009	41.11	23.23	29.13	6.53
天然气（亿立方米）	2005	16.44	4.81	70.60	8.16
	2009	11.62	3.66	78.88	5.84

续表

主要工业品	年份	东部	中部	西部	东北
原煤（万吨）	2005	12.95	41.75	36.85	8.44
	2009	9.62	35.87	47.81	6.70
原油（万吨）	2005	37.06	3.23	24.83	34.89
	2009	38.42	2.93	28.88	29.77
生铁（万吨）	2005	49.59	25.32	14.33	10.77
	2009	53.02	21.03	14.42	11.52
钢（万吨）	2005	55.20	21.24	12.90	10.67
	2009	55.53	20.72	12.96	10.79
水泥（万吨）	2005	51.59	22.53	20.63	5.25
	2009	41.99	26.01	25.31	6.68
汽车（万辆）	2005	48.91	17.56	16.57	16.96
	2009	45.96	17.94	22.33	13.76
布（亿米）	2005	77.32	13.45	7.62	1.61
	2009	79.62	12.78	6.82	0.78
卷烟（亿支）	2005	31.10	27.83	36.39	4.68
	2009	31.35	28.16	35.92	4.56
微型计算机（万台）	2005	99.43	0.13	0.06	0.38
	2009	99.45	0.51	0.03	0.02
集成电路（亿块）	2005	90.94	0.00	9.05	0.01
	2009	91.73	0.00	8.06	0.21

资料来源：根据中宏数据库资料计算整理。

4. 沿海三大经济圈工业分布

东部沿海三大经济圈是中国最具经济活力的地区（见表3），"十一五"期间，长三角地区有8个行业份额上升，其余30个行业份额都在下降；珠三角地区有9个行业份额上升，其余28个行份额业下降，1个行业份额不变；而环渤海地区有16个行业份额下降，其余22个行业份额则不同程度地上升。可见在东部沿海地区，产业转移总体上呈现出由南部向北部的"北上"趋势。

从具体行业的升降来看，长三角地区的资源循环回收、金属矿产、纺织、家具、木材等日用轻工业比重下降较大，而烟草制品、仪器仪表及文化、办公用机械制造业，化学纤维制造业，燃气生产和供应业，通信设备、计算机及其他电子设备制造行业产值份额上升明显。珠三角地区上升最快的行业为资源循环回收、金属矿产加工和化工能源、文教体和工艺品制造，而仪器仪表及文化、办公用机械、电气机械及器材制造、日用轻工业、金属等矿物制品业份额下降较大；环渤海地区通用设备、仪器仪表制造、废物循环回收、日用轻工业、金属冶炼及压延加工业份额增加最大，而金属矿物、能源开采与供应、造纸、通信设备及计算机、食品加工制造业则下降较多。

表3　沿海三大经济圈各工业行业结构变化

单位：%

年份	长三角		珠三角		环渤海	
	2009	2005~2009 变化	2009	2005~2009 变化	2009	2005~2009 变化
煤炭开采和洗选业	1.49	−1.04	0	−0.06	22.39	−4.7
石油和天然气开采业	0.79	0.79	6.81	−1.19	31.22	−0.39
黑色金属矿采选业	1.91	−2.74	2.75	0	53.31	3.65

续表

年份	长三角		珠三角		环渤海	
	2009	2005~2009变化	2009	2005~2009变化	2009	2005~2009变化
有色金属矿采选业	1.06	−0.87	3.4	0.77	24.29	−3.27
非金属矿采选业	9.47	−4.74	8.58	3.12	26.42	−6.88
农副食品加工业	9.83	−2.05	5.43	−1.57	37.37	−2.91
食品制造业	11.35	−3.94	9.72	−0.95	31.23	−1.18
饮料制造业	14.19	−3.23	8.09	−2.22	20.4	−4.86
烟草制品业	18.62	6.21	5.88	−0.79	7.87	−0.29
纺织业	43.12	−6.77	8.4	−0.37	26.17	2.87
纺织服装、鞋、帽制造业	39.85	−7.62	18.55	−0.74	20.57	2.95
皮革、毛皮、羽毛（绒）及其制品业	24.75	−9.65	19.1	−0.89	19.11	−1.75
木材加工及木、竹、藤、棕、草制品业	22.5	−8.69	6.8	−2.68	26.93	0.84
家具制造业	23.5	−7.63	25.42	−3.03	26.35	4.12
造纸及纸制品业	24.18	−2.1	15.12	−0.9	27.47	−2.32
印刷业和记录媒介的复制	23.66	−3.89	24.42	−1.99	20.53	2.38
文教体育用品制造业	36.57	−5.82	34.01	1.05	17.98	1.39
石油加工、炼焦及核燃料加工业	13.85	−4.04	8.84	0.85	36.74	−0.55
化学原料及化学制品制造业	31.12	−2.11	8.69	−1.41	28.45	2.07
医药制造业	22.51	−3.5	6.54	−0.2	27.71	0.65
化学纤维制造业	71.99	2.68	3.56	0.49	6.74	−3.48
橡胶制品业	24.86	−3.98	7.6	−0.75	43.35	3.04
塑料制品业	29.64	−8.37	24.07	−0.47	21.77	3.88
非金属矿物制品业	14.7	−5.1	9.4	−2.06	30.2	−1
黑色金属冶炼及压延加工业	21.24	−2.04	3.33	−0.06	39.77	0.3
有色金属冶炼及压延加工业	18.98	−4.23	8.89	0.57	17.52	1.77
金属制品业	33.1	−6.25	20.25	−2.13	26.46	2.68
通用设备制造业	35.69	−9.48	5.69	−0.5	34.99	6.74
专用设备制造业	25.43	−3.51	7.13	−1.72	31.66	0.04
交通运输设备制造业	26.35	0.67	9.96	−0.17	24.72	0.61
电气机械及器材制造业	35.16	−0.01	21.82	−5.43	21.68	0.35
通信设备、计算机及其他电子设备制造	37.7	1.54	35.28	−1.15	16.12	−2.03
仪器仪表及文化、办公用机械制造业	41.99	4.55	23.21	−10.27	16.79	1.42
工艺品及其他制造业	26.04	−3.89	24.29	0.61	23.66	0.47
废弃资源和废旧材料回收加工业	27.01	−21.88	31.18	6.56	17.04	5.49
电力、热力的生产和供应业	20.36	−0.72	11.57	−1.82	21.95	−0.87
燃气生产和供应业	21.77	2.45	17.86	−9.03	19.42	2.72
水的生产和供应业	20.21	0.43	22.01	0.66	17.15	−2.65

资料来源：中国统计数据应用支持系统。

5. 小结

进入"十一五"以来，中西部地区工业增加值在全国所占份额大幅上升，东部沿海地区产业在向外转移，西部、中部和东北地区属于产业承接区。东部地区转出的主要是资源型产业、纺织服装和食品制造等劳动密集型产业，但目前东部地区在微型计算机、集成电路、布、钢铁、汽车、水泥、原油等工业品的生产能力上仍占有较大优势，东部沿海产业还呈现出由珠三角、长三角向环渤海地区转移的"北上"趋势。

二、工业布局和区域发展存在的主要问题

1. 各地普遍追求重工业化，结构调整难度大

"十一五"期间，中国的重工业化趋势明显在延续（见图2），重工业增速高于轻工业。据2009年统计，全部工业增加值134625亿元，比上年增长8.3%。其中，轻工业增加值增长9.7%，重工业增加值则增长11.5%；重工业占规模以上工业的比重达到73.2%，直到金融危机发生的2008年，重工业比重一直呈上升的趋势。分区域看，2008年之前东部地区和西部地区的重工业化程度进一步提升，而原来重工业化程度较高的东北地区和中部地区重工业比重回落，趋向于全国平均水平。

截至2009年，全国31个省市自治区的重工业比重都超过了50%，除了西藏（58%）和福建（56%）较低外，其他所有省市区的重工业比重都在60%以上。其中，重工业比重达到90%以上的有2个，分别是山西（95%）和青海（92%）；重工业比重在80%~90%的有9个，在70%~80%的有12个，在60%~70%的有6个（详见图3）。

各地普遍追求重工业化的结果，不仅造成地区产业结构的不合理，更重要的是导致自然资源的过度开发和当地生态环境严重破坏。此外，由于重化工多属吸纳资金多的资本密集型大项目，这也成为大量中小企业长期融资困难的一个影响因素。

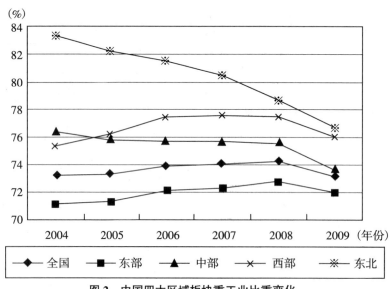

图2　中国四大区域板块重工业比重变化

资料来源：根据中国统计数据应用支持系统数据测算。

2. 制造业在东部少数省份集中度高，向外转移有阻力

总体来看，各工业行业仍主要分布在东部地区，如表4所示，东部地区的山东、广东、浙江、江苏几乎每一个行业所占份额都处于前五的位置，特别是集中度最高的制造业如化学纤维制造业（CR5=85%），文教体育用品制造业（CR5=85%），通信设备、计算机及其他电子设备制造（CR5=81%），都集中在沿海少数几个省市。中西部省份中，只有河南、山西、四川、内蒙古等省区在矿产、能源开采行业处于前五位的位置，河南、四川、云南等省在食品加工制造和烟草行业份额相

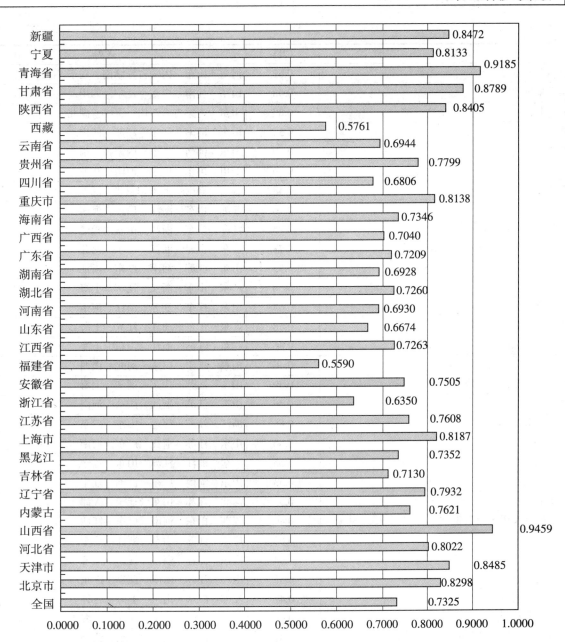

图3 2009年中国各省市自治区重工业比重

资料来源：根据中国统计数据应用支持系统数据测算。

对较大，东北地区只有辽宁省在矿产能源、装备制造业方面有一定优势。

这说明，中国制造业的区域布局距离"均衡化"目标还有较大差距，虽然东部产业转移在加快，但许多地区依然不希望制造业过多地向外转移（一些东部省优先鼓励产业向省内欠发达地区转移）。这也是东部地区整体转型升级缓慢的重要原因之一。

表4 2009年各行业分布的集中度CR5

行业	CR5	省份
煤炭开采和洗选业	0.61	山西　河南　山东　内蒙古　陕西
石油和天然气开采业	0.61	黑龙江　陕西　天津　新疆　山东
黑色金属矿采选业	0.65	河北　辽宁　山东　内蒙古　四川

续表

行业	CR5	省份				
有色金属矿采选业	0.62	河南	山东	内蒙古	湖南	辽宁
非金属矿采选业	0.48	山东	河南	广东	辽宁	四川
其他采矿业	0.88	山东	内蒙古	四川	青海	湖北
农副食品加工业	0.51	山东	河南	辽宁	江苏	四川
食品制造业	0.50	山东	河南	广东	内蒙古	福建
饮料制造业	0.46	四川	山东	广东	河南	江苏
烟草制品业	0.48	云南	湖南	上海	湖北	江苏
纺织业	0.76	江苏	山东	浙江	广东	河南
纺织服装、鞋、帽制造业	0.75	江苏	广东	浙江	山东	福建
皮革、毛皮、羽毛（绒）及其制品业	0.73	广东	福建	浙江	山东	河北
木材加工及木、竹、藤、棕、草制品业	0.53	山东	江苏	河南	广东	浙江
家具制造业	0.66	广东	山东	浙江	辽宁	上海
造纸及纸制品业	0.65	山东	广东	江苏	浙江	河南
印刷业和记录媒介的复制	0.58	广东	山东	浙江	江苏	上海
文教体育用品制造业	0.85	广东	江苏	浙江	山东	上海
石油加工、炼焦及核燃料加工业	0.46	山东	辽宁	广东	河北	山西
化学原料及化学制品制造业	0.59	山东	江苏	广东	浙江	上海
医药制造业	0.46	山东	江苏	浙江	广东	河南
化学纤维制造业	0.85	浙江	江苏	福建	山东	广东
橡胶制品业	0.66	山东	江苏	浙江	广东	河南
塑料制品业	0.65	广东	浙江	江苏	山东	辽宁
非金属矿物制品业	0.53	山东	河南	广东	江苏	辽宁
黑色金属冶炼及压延加工业	0.53	河北	江苏	山东	辽宁	天津
有色金属冶炼及压延加工业	0.49	江苏	山东	河南	广东	江西
金属制品业	0.66	广东	江苏	山东	浙江	辽宁
通用设备制造业	0.64	山东	江苏	浙江	辽宁	上海
专用设备制造业	0.53	山东	江苏	河南	辽宁	广东
交通运输设备制造业	0.47	江苏	广东	山东	上海	吉林
电气机械及器材制造业	0.68	广东	江苏	山东	浙江	上海
通信设备、计算机及其他电子设备制造	0.81	广东	江苏	上海	山东	北京
仪器仪表及文化、办公用机械制造业	0.71	江苏	广东	浙江	山东	上海
工艺品及其他制造业	0.72	广东	山东	浙江	福建	江苏
废弃资源和废旧材料回收加工业	0.73	广东	浙江	江苏	天津	新疆
电力、热力的生产和供应业	0.41	广东	浙江	江苏	山东	河南
燃气生产和供应业	0.52	广东	内蒙古	江苏	山东	上海
水的生产和供应业	0.52	广东	浙江	湖北	江苏	山东

资料来源：根据中国统计数据应用支持系统数据测算。

3. 内陆粗放型增长特征显著，沿海沿江工业污染重

从各区域的能耗和污染物排放数据看来（见表5），西部地区尤其是单位规模以上工业增加值能耗、单位 GDP 电耗、单位 GDP 能耗都远远高于东部发达地区，从单位规模以上工业增加值能耗看，中部地区为 2.49，西部地区最高，达到 3.13，中西部能耗分别为东部的 1.76 和 2.21 倍，可见内陆地区的生产方式相比沿海地区的粗放型特征更为显著。

但是，从"三废"污染物排放量指标看，由于中国工业仍主要布局于东部地区，江苏、浙江、广东、山东、福建和河北是废水、废气的排放大省，这对中国沿海各省的资源环境造成很大的破坏。同时，工业固体废弃物排放则集中在重庆、山西、新疆、贵州、云南等中西部地区。根据全国第一次污染源普查结果分析发现，在经济较为发达、人口相对密集的地区，工业源化学需氧量、氨氮、二氧化硫、氮氧化物4项主要污染物排放量均位于全国前列。淮河、海河、辽河、太湖、滇池、巢湖等水污染防治重点流域接纳主要水污染物数量大，工业污染物排放集中在少数行业和局部地区，污染结构性问题突出。

从工业行业的区域分布集中度测算结果可以看到，中国重工业特别是化工行业集中分布于山东、辽宁等沿海地区和江苏等沿江地区，这对中国沿海沿江的环境污染构成严重隐患，2010年7月大连漏油事件暴露出了临港石化工业布局不合理的问题。同样的工业布局问题在很多行业普遍存在，随着经济发展和城镇化速度不断加快，对一些早年建设在离城区较近的工业片区开展环境污染综合治理显得日益迫切。

表5　2009年各地区能耗和污染物排放

	单位规模以上工业增加值能耗（吨标准煤/万元）	单位GDP电耗（千瓦小时/万元）	单位GDP能耗（吨标准煤/万元）	工业废水排放总量（万吨）	工业废气排放总量（亿标立方米）	工业固体废物排放量（万吨）
东部	1.41	989.34	0.87	—	—	—
中部	2.49	1180.16	1.31	—	—	—
西部	3.13	2030.39	1.87	—	—	—
东北	1.75	909.26	1.29	—	—	—
北京	0.91	681.85	0.61	8712.53	4408.25	0.09
天津	0.91	782.88	0.84	19441.05	5982.76	—
河北	3.00	1449.94	1.64	110058.00	50779.44	30.46
上海	0.96	808.49	0.73	41192.03	10058.60	0.00
江苏	1.11	1064.25	0.76	256159.97	27431.75	—
浙江	1.12	1176.50	0.74	203441.71	18860.33	0.78
福建	1.15	1032.05	0.81	142746.99	10497.10	2.43
山东	1.54	972.49	1.07	182672.64	35126.70	0.01
广东	0.81	1002.09	0.68	188843.89	22681.95	15.98
海南	2.61	922.89	0.85	7031.30	1353.21	—
湖南	1.57	911.00	1.20	96395.69	10972.56	18.60
山西	4.55	1921.93	2.36	39720.21	23692.91	141.57
安徽	2.10	1088.76	1.02	73441.47	15272.57	0.00
江西	1.67	922.46	0.88	67192.45	8286.05	13.99
河南	2.71	1218.36	1.16	140324.56	22185.57	1.31
湖北	2.35	1018.45	1.23	91324.09	12522.63	5.12
内蒙古	3.56	1686.72	2.01	28616.22	24844.36	9.22
广西	2.24	1279.87	1.06	161596.43	13184.20	12.10
重庆	1.85	894.27	1.18	65683.85	12586.52	149.86
四川	2.25	1085.91	1.34	105909.55	13410.02	6.12
贵州	4.32	2328.02	2.35	13477.62	7785.76	94.49
云南	2.74	1591.10	1.50	32375.21	9483.80	60.65
西藏	—	—	—	941.55	15.41	4.12
陕西	1.37	1078.51	1.17	49136.76	11031.90	17.27
甘肃	3.53	2398.81	1.86	16363.61	6313.95	12.31

续表

	单位规模以上工业增加值能耗（吨标准煤/万元）	单位GDP电耗（千瓦小时/万元）	单位GDP能耗（吨标准煤/万元）	工业废水排放总量（万吨）	工业废气排放总量（亿标立方米）	工业固体废物排放量（万吨）
青海	2.94	3862.12	2.69	8403.91	3307.99	1.39
宁夏	6.51	4720.74	3.45	21542.37	4700.61	3.66
新疆	3.10	1408.20	1.93	24200.71	6974.88	105.20
辽宁	2.26	1119.99	1.44	75158.59	25211.19	2.75
吉林	1.62	809.13	1.21	37563.48	7123.80	—
黑龙江	1.38	798.67	1.21	34188.22	9977.07	0.98

资料来源：中国统计数据应用支持系统，中宏数据库。

4. 多数地区工业研发能力不强，新的重复建设苗头出现

从全国的情况看，2009年研究与试验发展（R&D）经费支出5433亿元，比2005年的2449.97亿元翻了一番以上，但是占国内生产总值的比重仅为1.7%（见表6），与国外发达国家水平的差距依然很大。在四大板块区域中，东部沿海地区R&D投入强度最高，为1.94%，其中北京达到5.5%，已超过发达国家整体水平，中西部地区R&D投入强度较低，分别为1.18%和1.08%，远低于全国平均水平。

2009年高技术产业进出口贸易仍以进料加工贸易为主导，占出口额比重为72.4%，来料加工贸易占9.1%，而且高技术产业进出口贸易还是以外资企业为主，2009年外商独资企业占高技术产品出口与进口的比重分别为67.5%和60.2%。可见，中国工业发展的自主创新能力还较弱，工业发展仍主要依靠低劳动力成本的大规模加工贸易和粗放式的规模扩张。

表6 2009年各地区R&D投入强度

地区	R&D投入强度（%）	地区	R&D投入强度（%）
全国	1.70		
东部	1.94	西部	1.08
中部	1.18	东北	1.36
北京	5.50	湖北	3.27
天津	2.37	湖南	5.38
河北	0.78	广东	1.01
山西	1.10	广西	1.75
内蒙古	0.53	海南	8.19
辽宁	1.53	重庆	1.16
吉林	1.12	四川	3.67
黑龙江	1.27	贵州	4.47
上海	1.42	云南	0.60
江苏	0.45	西藏	0.32
浙江	2.84	陕西	2.32
安徽	0.47	甘肃	1.10
福建	0.05	青海	0.70
江西	1.04	宁夏	0.77
山东	0.63	新疆	0.51
河南	0.14		

资料来源：根据中国科技部网站统计数据整理。

目前地区工业转型升级正陷入两难境地，一方面旧的发展模式必须要改变，一些高耗能、高污染的行业必须要抑制；另一方面由于缺乏推动工业增长的新动力，为防止增长速度受到影响，又难以下大决心淘汰落后产能。因而，培育战略性新兴产业成为各地区首要选项。值得注意的是，从已经公布了战略性新兴产业发展重点的省、市来看，彼此之间存在明显的产业趋同现象，风电、光伏等新能源产业已出现各地争相上马、投资过热现象。

战略性新兴产业的区域布局必须立足于各地区自身条件和优势，科学合理定位，差异化分工，使其真正成为培育区域创新能力的先导产业，避免使战略性新兴产业成为各地方新一轮的投资冲动而导致的低效率重复建设。

三、未来工业布局调整优化的思路和方向

国家"十二五"规划在"促进区域协调发展"方面提出实施"两大战略"，即区域发展总体战略和主体功能区战略，这两大相辅相成的战略，将成为未来地区工业布局调整和优化的指导原则和方针。具体说，要以主体功能区规划为基础，以推动城市群的形成为依托，以发展循环经济和生态工业为要求，促进工业布局的调整优化。

1. 以主体功能区规划为基础优化工业布局

近年来，中国区域发展格局逐步深化和细化，各区域比较优势进一步凸显。未来应发挥全国主体功能区规划在国土空间开发方面的战略性、基础性和约束性作用，充分发挥不同地区比较优势，促进生产要素合理流动。加快东部地区发展方式转变和产业结构升级，加强中部地区"三基地一枢纽"建设，推动西部地区优势能矿资源就地转换和特色产业发展，促进东北地区等老工业基地尤其是资源型城市经济转型。今后一个时期，应认真落实促进区域经济社会发展的各项规划和政策，按照"形成主体功能定位清晰，东中西良性互动，公共服务和人民生活水平差距趋向缩小的区域协调发展格局"的目标要求，调整优化工业布局。

2. 以城市群为依托促使工业向重点区域集中

根据国家"十二五"规划，在东部地区要打造更具国际竞争力的城市群，加快推进京津冀、长江三角洲、珠江三角洲地区区域经济一体化发展，建设首都经济圈，重点推进河北沿海地区、江苏沿海地区、浙江舟山群岛新区、海峡西岸经济区、山东半岛蓝色经济区等区域发展，建设海南国际旅游岛。在中西部有条件的地区培育壮大若干城市群，重点推进太原城市群、皖江城市带、鄱阳湖生态经济区、中原经济区、武汉城市圈、环长株潭城市群等区域发展。在西部地区推进重庆、成都、西安区域战略合作，推动呼包鄂榆、广西北部湾、成渝、黔中、滇中、藏中南、关中—天水、兰州—西宁、宁夏沿黄、天山北坡等经济区加快发展，培育新的经济增长极。东北部地区则重点推进辽宁沿海经济带和沈阳经济区、长吉图经济区、哈大齐和牡绥地区等区域发展。依托这些城市群，引导工业和投资向国家重点培育的地区集中，使这些地区的人口和就业与产业发展相适应。

3. 以战略性新兴产业为导向带动各类地区结构升级

"十二五"期间国家将面向国内、国际两个市场，发挥科技创新对产业结构优化升级的驱动作用，构建以企业为主体、以市场为导向、产学研结合的开放型区域创新体系，以掌握产业核心关键技术、加速产业规模化发展为目标，发挥国家重大科技专项引领支撑作用，依托优势企业、产业集聚区和重大项目，统筹技术开发、工程化、标准制定、应用示范等环节，支持商业模式创新和市场拓展，组织实施若干重大产业创新发展工程，培育一批战略性新兴产业骨干企业和示范基地。特别是，要支持东部地区率先建成全国创新型区域，重点发展新能源、新材料、节能环保、生物医药、信息网络和高端制造产业，成为亚太地区重要的创新中心和成果转化基地，全面提升国际竞争力。要支持中西部优势区域发展装备制造等特色新兴产业，加快发展特色高技术产业，培育中西部新的经济高地；促进高新技术和先进适用技术与传统产业相融合，支持企业提高装备水平、优化生产流程，加快淘汰落后工艺技术和

设备，提高能源资源综合利用水平。

4. 以循环经济和生态工业理念推动区域可持续发展

循环经济是指在生产、流通和消费过程中进行的减量化、再利用、资源化的活动，生态工业是按照自然生态的要求从事工业生产活动，都是最大限度地节约资源和保护环境的经济发展模式。发展循环经济已成为中国经济社会发展的一项重大战略，国家进一步加大对发展循环经济的扶持力度，促进循环经济尽快形成较大规模，循环经济和生态工业建设将对中国区域经济健康可持续发展提供新的动力。未来可通过国务院批复的甘肃省和青海省柴达木两个区域循环经济总体规划的试点，探索积累区域循环经济和生态工业的建设经验，编制全国的循环经济发展规划。各区域要因地制宜发展循环经济，缺水地区重点在规划中应体现对水资源的节约、循环利用、污水减排、海水淡化等非传统水源的利用等情况；产业比较落后，能耗高，污染较严重的地区在规划中应重点体现产业节能、降耗、减排的相关指标和措施。

5. 以调整资源性产品价格为切入点深化体制改革

价格机制是调节市场经济主体行为的核心机制，为了调整优化工业布局，需要切实推进更深层次的资源性产品价格体制改革。一是根据煤炭、石油、天然气、矿产、土地等自然资源的自然和社会属性，完善资源产品的价格市场形成机制，使各种资源价格真实反映稀缺程度，并且充分反映市场供需和生态、环境成本；二是放宽部分垄断性领域市场准入，引入市场竞争促进资源价格调整，把放松政府价格管制与垄断行业改革、引入竞争、强化监管结合起来；三是适当提高资源税，开征环保税，这不仅有利于提高资源产区收益和居民的公共服务水平，也有利于加大资源开采带来的对生态环境破坏的治理，提升区域经济发展质量。与推进资源性产品价格体系改革相配套的是要切实加快政府职能的转变，理清政府与国有企业的治理关系，使政府从发展型政府向服务型政府转变，进而实现经济发展方式的转变。

四、引导产业有序转移促进区域转型升级的政策措施

产业转移是优化生产力空间布局、形成合理产业分工体系的有效途径，是推进产业结构调整、加快经济发展方式转变的必然要求。推动东部沿海地区的产业转移不仅有利于加速中西部地区新型工业化和城镇化进程，促进区域协调发展，而且有利于推动东部沿海地区经济转型升级，在全国范围内优化工业布局和产业分工格局。

1. 积极引导东部产业转移，加快转型升级

通过积极引导东部劳动密集型、资源密集型等比较优势减弱的产业向内陆省份转移，可以加快推进东部地区产业转型升级，特别是将一般制造业向外转移，有助于提升产业层次，发展现代服务业、高技术产业，实现"腾笼换鸟"；也有助于培育一批具有国际竞争力的世界级企业和品牌，建设全球重要的现代服务业中心和先进制造业基地，在更高层次参与国际合作和竞争。为此，东部沿海地区要继续发挥"先行先试"的体制政策

优势，在转变经济发展方式、调整经济结构和自主创新中走在全国前列。一方面要着力提高科技创新能力，加快国家创新型城市和区域创新平台建设，培育产业竞争新优势。同时，要下决心将不适宜在本地发展的低层次产业向区外转移，并为企业迁移提供全方位的服务和帮助。此外，沿海地区内部也应推动统筹跨行政区的产业发展规划，打破行政体制障碍，构建错位发展、互补互促的区域产业发展格局，创新合作机制，不断推动内部区域一体化进程。

2. 推动中西部地区科学承接，培育内生动力

中西部地区要发挥资源丰富、要素成本低、市场潜力大的优势，积极承接来自国内外的产业转移，特别要实施以市场为导向的优势资源转化战略，在资源富集地区布局一批资源开发及深加工项目，建设国家重要能源、战略资源接续地和产业集聚区。按照产业转移规律营造良好的发展

环境，降低转移企业的行政成本，以高效透明的行政服务体系，使转移产业能以最快的速度最低的成本转移落户。进一步提高行政机关的服务意识和办事效率，切实把政府职能转到为市场主体服务、创造良好发展环境和建立健全公共服务体系上。对转移入园企业进行密集政策支持和优良的行政服务，真正形成政府创造环境、企业创造财富的良性互动格局。同时健全区际工作协调机制促进东西互动，进一步推动东西部省区市高层会晤和工作协调机制，建立日常工作联系，加强沟通、协商和配合，为实现产业转移与承接提供有效的制度平台。大力发展科技教育，加强劳动力的职业技能培训，建立职业中介机构，为产业承接提供丰富的劳动力支撑，增强自我发展能力。

3. 严格节能环保标准，防止污染产业和落后产能转移

对于工业集中布局的东部地区，严格执行工业企业污染排放标准，完善工业污染重点区域的环保设施，实现污染物的本地达标排放。同时防止污染产业和落后产能向中西部转移，中西部一方面要设定区域产业准入标准。以国家产业政策为导向，依照国家发改委《产业结构调整指导目录》鼓励类目录的要求，结合地方产业培育、发展方向，积极引进符合市场准入条件、重点发展的产业项目、产业链延伸项目等和传统产业改造提升项目；严格控制限制类项目；杜绝淘汰类项目和高污染、高排放、高消耗、低产出项目。按照产业相对集聚的原则，充分利用现有各类工业产业园区的发展基础，进一步明确工业基地产业布局，突出功能设置，各有侧重地健全主导产业基地建设。另外，强化项目环保准入。开展引进产业的工业基地环境影响评价工作，按照产业布局规划和环境评价要求，优选工业项目进入各类产业园区和制造业基地，确保通过产业转移引进的项目都符合环评要求。

4. 促进跨省园区合作，实现产业转移过程中的互利共赢

以产业园区为载体，实现产业在合作中转移，减小产业转移过程中的阻力和障碍，加快产业的区域布局调整的速度。鼓励中西部地区通过委托管理、投资合作等多种形式与东部沿海地区合作共建产业园区，积极探索承接产业转移新模式，创新管理体制和运行机制，实现资源整合、优势互补、互利共赢。共建产业园区要实行"利益共享"原则，对园区产生的税收和各种收费由合作双方按协议分成，使产业输出地和承接地共同获得产业发展的利益。为引导和鼓励东部沿海地区产业向中西部地区有序转移，要推动建立省际间产业转移统筹协调机制、重大承接项目促进服务机制等，充分发挥行业协会、商会的桥梁和纽带作用，搭建产业转移促进平台，并提升各类大型投资贸易会展活动的质量和水平。此外，要在中西部条件较好的地方设立承接产业转移示范区，充分发挥其典型示范和辐射带动作用。

5. 合理加大研发投入，强化产业技术创新能力支撑

进一步提高研发投入强度，提高产品技术含量和增加值比例，以技术创新支撑我国产业的国际竞争力。东部地区研发投入应该为产业更高层次的升级提供支撑，实现关键领域的核心技术的突破，以尽快摆脱我国在国际产业链低端的困境。中西部地区应重点依据主体功能区定位的要求，提升承接东部地区和国际产业转移的技术能力，建设学习型区域，促进我国传统产业的技术升级和环保升级。转变各地技术研发一窝蜂追时髦，投入到所谓的高技术领域，实际上传统工业技术的现代化升级才是国家技术创新能力的基石，是高端技术研发需求的重要来源。

参考文献

中华人民共和国国民经济和社会发展第十二个五年规划纲要［R］. 新华社，2011-03-16.

国务院关于中西部地区承接产业转移的指导意见［R］. 国发［2010］.28号，国家发改委网站.

工业和信息化部. 工业经济运行"十一五"回顾［R］. 2010-10-20.

工业和信息化部. 解读"十二五"：四大关键词，四场攻坚战［R］. 2010-10-12.

陈耀. 优化区域布局 统筹区域发展［N］. 经济日报，2010-08-02.

环境保护部. 第一次全国污染源普查，http://cpsc.mep.gov.cn/jryw/201002/t20100222_185946.htm，2010-02-09.

科技部. 科技统计报告：2009年中国高技术产品进出口状况分析，2010-06.

（陈耀、陈钰，中国社会科学院）

中西部承接产业转移的现状、问题与策略

2000 年以来，国家陆续实施了西部大开发与中部崛起战略，中西部地区的投资环境不断优化。尤其是自 2007 年以来，国家陆续批复了三批加工贸易梯度转移重点承接地[①] 和皖江城市带、广西桂东、重庆沿江三个承接产业转移示范区，中西部地区承接产业转移的优势迅速增强，大规模国内资金加速跟进。2010 年安徽、重庆、陕西承接境内省外到位资金 6863.7 亿元、2638.3 亿元、2414.9 亿元，[②] 分别是 2005 年的 8.6 倍、12.8 倍、8.9 倍，中国进入产业梯度转移加速时代。

一、雁阵模式与产业转移

1. 雁阵模式的基本内涵

雁阵模式由日本学者赤松要（Akamatsu）1935 年提出，之后在小岛清（Kojima）和小泽辉智（Ozawa）等学者的努力下，形成了一整套完整的理论体系。它描述的是在开放经济条件下，后发地区如何借助动态比较优势实现经济赶超的过程。概括起来，这个过程包括四个阶段：第一阶段，比较优势的低梯度，决定了后发地区首先需要大量进口高等级产品。同时引进、消化吸收技术，为国内大规模生产做准备。第二阶段，随着国内市场的扩大，该产品开始在国内规模化生产。第三阶段，建成世界性的生产基地，并且大规模出口该产品。第四阶段，随着比较优势的丧失，把这种产品转移到更低梯度的区域。后发地区通过重复上述四个过程，实现产品生产的合理化与产业的多样化，[③] 最终达到产业、产业结构与空间结构的三重优化。

2. 雁阵模式在中国区域间的适用性

雁阵模式描述的是东亚国家产业梯度转移的过程，它能否适用于中国国内呢？我们从雁阵模式的理论基础、中国中西部的发展条件与中国区域间产业转移的现状提出三个适用理由：

第一，雁阵模式的理论基础是比较优势，中国地区间巨大的资源禀赋差异性，决定了雁阵模式在国内实施的可行性。从比较优势的核心要素——资本来看，东部与中西部之间具有明显的梯度。东部地区人均收入最高的省份（上海）是中西部地区最低省份（贵州）的 7.7 倍。

第二，通过十几年区域经济总体战略的实施，中西部地区经济发展水平不断提高。以 2007 年为界，东中西三大板块间关系由"速度趋同"向"速度反超"转变，这为雁阵模式在国内实施提供了条件。

---

① 2007 年 4 月，商务部授予南昌、赣州、郴州、武汉、新乡、焦作、合肥、芜湖、太原 9 座中部城市为"第一批加工贸易转移重点承接地"；2008 年 4 月，商务部认定重庆等 22 个地区为"第二批加工贸易梯度转移重点承接地"；2010 年 11 月，商务部、人力资源和社会保障部、海关总署认定锦州市等 13 个地区为"第三批加工贸易梯度转移重点承接地"。

② 数据来源于各省各年的国民经济和社会发展统计公报。基于数据的可获得性，分别从中部、西南和西北选择一个省（市）进行说明。

③ 产品生产的合理化是指由简单产品到复杂精细产品的过程；产业的多样化是指产业由劳动密集型到资本密集型、技术密集型、智力密集型的过程。可参阅 Kiyoshi Kojima. The "flying geese" model of Asian economic development: origin, theoretical extensions, and regional policy implications [J]. Journal of Asian Economics, 2000, 11, 375–401.

表1 2009年中国区域间资源禀赋的差异

	东部	中部	西部
人均GDP（元）	40800	19862	18286
城镇居民可支配收入（元）	20953	14367	14213
农民人均纯收入（元）	7156	4793	3816

资料来源：《中国统计年鉴2010》。

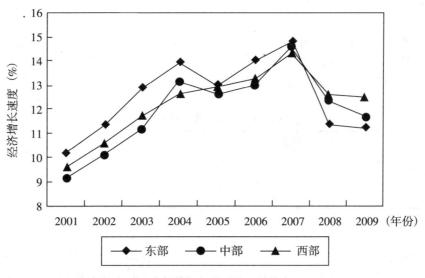

图1 "四大板块"间关系格局的嬗变

第三，"贸易导向的FDI"是雁阵模式的核心特征。近年来，中国东部资金大规模投向中西部地区，印证了雁阵模式已经在国内展开。2010年，中西部地区接收的省外到位资金分别达到1.28万亿元和1.53万亿元；[①] 中西部地区典型省份（皖、渝、陕）省外到位资金在2005~2010年增长8.6~12.8倍不等。

二、中西部承接产业转移的现状与存在的问题

（一）中西部承接产业转移现状

1. 承接规模高速增长

2005~2010年，中西部地区接收的省外资金增长了2.5~12.8倍不等。其中，2010年安徽、四川、广西承接的省外资金分别高达6864亿元、5336亿元、3491亿元，分别是其2005年的8.6倍、7.5倍、8.4倍，产业承接进入高速增长阶段。

2. 承接产业区域聚集

中国区域间产业转移是一种聚集式转移，承接区域集中度不断提高。承接地接收省外资金的标准差由2005年的264，提高到2010年的2032。接收省外资金较多的省份集中在安徽、四川、广西、河南、重庆、陕西等省区。

3. 承接产业等级提升

尽管从总量上看，制造业和房地产仍然是省外资金投资的主要领域。但从投资产业的层次看，

---

① 基于数据的可获得性，中部数据是晋、豫、皖、湘、赣5省加总；西部是云、川、渝、桂、陕、甘、青、宁、新9省（市区）加总。

表2　中西部典型省份境内省外到位资金发展状况

	中部			西部						
	皖	豫	湘	云	桂	渝	川	陕	宁	青
2005 年	801	504	702	262	415	206	716	273	90	94
2010 年	6864	2743	1733	1387	3491	2638	5336	2415	899	189
倍数	8.6	5.4	2.5	2.5	8.4	12.8	7.5	8.9	8.9	8.9

资料来源：各省市各年国民经济和社会发展统计公报，各省市商务厅。

正逐步由劳动密集型产业向资本密集型、技术密集型产业转化。第三产业正在成为投资的主要领域。例如安徽省，投资于第三产业的省外资金比重由 2007 年的 37.7%，提高到 2010 年的 41.9%。重庆第三产业已经成为吸引内资最大的领域。

表3　2010 年中西部典型省份省外资金投资结构

	制造业（亿元）	房地产（亿元）	比重（%）
安徽	2918	1337	62.0
重庆	770	984	66.5
陕西	755	532	53.3

资料来源：各省市商务厅。

4. 产业来源相对集中

随着东部地区，尤其是北京、长三角、珠三角、闽三角劳动力成本、土地成本、资源成本的上升，部分产业加速向中西部转移。与此相对应，中西部地区接收的资金也主要源于这里。

表4　2010 年中西部典型省份省外资金来源地

	前三位的省市	前三位省市资金（亿元）	比重（%）
安徽	浙江、江苏、上海	3581	52.2
重庆	北京、广东、浙江	1301	49.3
陕西	北京、广东、上海	1275	52.8

资料来源：各省市商务厅。

（二）中西部承接产业转移存在的问题

1. 内生发展机制尚待巩固

为配合区域协调发展战略的实施，国家实施了"万商西进工程"、《中西部承接产业转移的指导意见》；陆续批复三批加工贸易梯度转移重点承接地和皖江城市带、广西桂东、重庆沿江三个承接产业转移示范区。在政府主导下，产业大规模向中西部转移。但由于中西部地区市场规模小、边际效应大，区域内生发展机制还须进一步完善与巩固。

2. 投资环境有待改善

与政府主导下的产业转移相对应，中西部地区产权保护体系、契约执行体系以及保障市场交易安全制度尚不完善，市场主体亟待发育。许多大型企业借此机会，恶性竞争导致大量中小商业企业倒闭，市场秩序有待规范。

3. 污染性产业大量转移

目前，皮革、陶瓷、水泥、化工等高污染产业是国内产业转移的主体之一。发达地区通过产业转移加速中西部地区发展的同时，也通过废物资源化利用、拯救后发地区濒危企业、淘汰产业或设备转移、资源开发等途径，实现污染转移。

4. 区域间利益机制尚待完善

财政分权和分享制度的机制，决定了地方政府之间的竞争性。区域间的产业转移，势必导致地方政府之间形成"税源博弈"、"资源效益博弈"、"环境效益博弈"和"声誉政绩博弈"。目前，东中西部地区之间利益关系没有理顺、博弈均衡条件没有完全实现，延缓了产业转移的步伐。

三、承接产业转移的基本原则

基于国家调整经济结构与国民经济协调发展的总体方略，以提升中西部地区的内生发展能力为核心，提出中西部地区承接产业转移过程中应遵循的基本原则。

1. 广义比较优势原则

产业承接必须建立在广义比较优势的基础上。广义比较优势不仅包括有形资源的比较优势，而且包括无形的知识、管理、风俗文化等比较优势；不仅包括外生比较优势，而且包括内生比较优势。对于中西部地区而言，重点承接劳动密集型、能源矿产开发和加工业、农产品加工业、装备制造和高技术产业等优势特色产业。

2. 产业技术选择适度原则

中西部地区实现经济赶超的关键在于选择最佳距离的技术，即企业技术转换的边际成本等于边际收益的技术。中西部地区在承接产业转移过程中，"战略产业"技术层次的选择并不是越高越好，而是有一个最佳距离。

3. 产业承接与吸收能力并进原则

日韩等东亚国家实现经济赶超的关键在于花费2~3倍于引进的外国设备的投入，用于吸收和本土化这些设备中的技术。而近10年中，大型和中型的中国工业企业在技术本土化上的花费，少于进口装备全部成本的10%。中西部地区在产业承接中，秉承"只有提高吸收能力，才能提高创新能力"的理念，加强R&D，实现产业承接与吸收能力并进。

4. 环保原则

改革开放30多年来，FDI促进了中国经济的发展，但是它对中国环境的影响整体上已出现"污染避难所"现象。随着工业化的推进，环境成为具有更高价值的"资源"，中西部必须吸取吸引FDI的教训，在承接产业转移过程中坚守环保原则。

四、承接产业转移的主要策略

基于中西部承接产业转移的现状、问题与基本原则，中西部地区在承接产业转移中，紧紧围绕"提升发展能力"这个核心，着力从加强人力资本积累、优化产业组织、提高市场规模、建立公平竞争与环境保护秩序、改革政府绩效评价体系等方面，促进产业在区域间有序转移。

1. 加强人力资本积累，提高技术吸收能力

东亚国家实现经济赶超的一个关键因素在于政府加强人力资本的积累。中西部地区政府一方面加快职业教育基础能力建设步伐，健全职业教育培训网络，推进公共实训基地建设；另一方面创新高层次人才引进、使用、激励和服务保障机制，吸引东部沿海地区和海外高层次人才，为承接产业转移提供必要的人力资源和智力支持。同时，企业通过外商直接投资和发达地区技术许可等多种途径，加强R&D，提高企业的技术吸收能力。

2. 构建互补性资产优势，共享"杠杆效应"

中国制造的秘密在于厂商通过产业组织创新和营运模式创新，将单个组织或个人广泛分布性知识、能力以及资源有机地组合起来，把关键资源从技术创新转变为互补性资产，实现"杠杆增长战略"。因此，中西部地区承接产业转移的关键在于承接与当地企业发展关联度高的企业，构建互补性资产优势，共享"杠杆效应"，提高产业竞争优势。

3. 多管齐下，扩大市场规模

新经济地理学认为需求决定产业分布，产业份额决定国民收入分配。为构建和谐的区域经济关系，中西部地区必须多管齐下、扩大市场规模，形成促进产业转移的累积循环机制。第一，积极发挥沿边优势，通过多边合作，共同营造安全环境，逐步扩大对外开放，拓展国际市场。第二，通过城镇化战略，提高市场规模及集中化程度。第三，实施主体功能区战略。逐步把一部分生态移民，从限制开发区、禁止开发区迁移到重点开发区，提高市场集中度。第四，建立一个比较完善的公共服务体系，促进当地居民消费。

4. 建立公平竞争市场秩序与环境保护秩序

近年来，一方面转移企业对经营效率有了更高的要求，另一方面高污染性产业加速向中西部地区转移。对于中西部地区，构建全面有序、公平开放的市场与环境保护秩序是提升承接产业质量的长远战略。

第一，促进市场主体发育。改变现有政府以"市场失灵"的名义，以"后市场化"的要求维护"前市场化"的地位和权力，努力进行包括产权保护体系、契约执行体系以及保障市场交易安全制度在内的改革，促进市场主体发育。

第二，建立公平竞争秩序。许多大型企业通过实施亏损战略，降低销售价格，抢占市场份额，导致大量中小商业企业倒闭。政府需要制定长远的发展规划，加强对大型企业经营情况的统计监测，对恶性竞争行为进行治理。

第三，保护自然环境。在承接产业转移过程中，实施环境污染一票否决制，制止污染企业入驻。对于区内尚存的污染型企业，通过实施污染权交易等办法，责令限期整顿。

5. 重构绩效评价标杆，化解 Bertrand 悖论

重构绩效评价标杆，是促进产业有序转移的重要途径。产业转出区域实行转变经济发展方式优先的绩效评价，强化经济结构、资源消耗、环境保护、自主创新等指标的评价，弱化经济增长速度、招商引资、出口等指标的评价；中西部承接产业区域，实行工业化城镇化水平优先的绩效评价，综合评价经济增长、吸纳人口、质量效益、产业结构、资源消耗、环境保护等内容，弱化对投资增长速度等指标的评价。

规范地方政府间竞争秩序是促进产业有序转移的另一重要内容。地方政府间的竞争类似于寡头企业间的 Bertrand 竞争。化解 Bertrand 悖论，通常需要公共品、服务和地方生产要素或市场环境的差异性。在承接产业转移过程中，中西部地方政府的着力点在于形成生产要素、公共产品、服务的差异性与特质性。通过实施有条件的、差别化的竞争策略，对投资项目在促进当地就业、与当地企业经济联系方面提出规制要求，促使承接产业在当地"扎根"、促进区域经济发展。

参考文献

孙久文，胡安俊. 中国发展中的地区问题、总体战略与区域规划 [C]. 中国人民大学区域与城市经济研究所工作论文，2011.

Kiyoshi Kojima. The "flying geese" model of Asian economic development: origin, theoretical extensions, and regional policy implications [J]. Journal of Asian Economics, 2000, 11, 375-401.

赵永亮，才国伟. 市场潜力的边界效应与内外部市场一体化 [J]. 经济研究，2009 (7): 119-130.

魏后凯，白玖. 中国企业迁移的特征、决定因素及发展趋势 [J]. 发展研究，2009 (10): 9-18.

林平凡，刘城. 产业转移：转出地与转入地政府博弈分析 [J]. 广东社会科学，2009 (1): 33-37.

C.A.Hidalgo, B.Klinger, L.Barabasi, R.Hausmann.The product condition on the development of nations [J]. Science, 2007, 317.

Terutomo Ozawa. Pax Americana-led macro-clustering and flying-geese-style catch-up in East Asia: mechanisms of regionalized endogenous growth [J]. Journal of Asian Economics, 2003, 13, 699-713.

Gilboy, G.The myth behind China's miracle [J]. Foreign Affairs, 2004, 83 (4): 33-48.

郑京海，胡鞍钢，Arne Bigsten. 中国的经济增长能否持续？——一个生产率视角 [J]. 经济学 (季刊)，2008, 7 (3): 777-808.

Rosalinde Klein Woolthuis, Maureen Lankhuizen, Victor Gilsing.A system failure framework for innovation policy design [J]. Technovation, 2005 (25): 609-619.

涂正革，肖耿. 环境约束下的中国工业增长模式研究 [J]. 世界经济，2009 (11): 41-54.

罗珉，赵红梅. 中国制造的秘密：创新+互补性资产 [J]. 中国工业经济，2009 (5): 46-56.

陈敏，桂琦寒，陆铭等. 中国经济增长如何持续发挥

规模效应？——经济开放与国内商品市场分割的实证研究 [J]. 经济学（季刊），2007，7（1）：125-150.

裴长洪. 吸引外商投资的新增长点：理论与实践依据——最近几年外商投资重要特征分析 [J]. 中国工业经济，2009（4）：30-41.

罗云辉. 地区间招商引资优惠政策竞争与先发优势 [J]. 经济科学，2009（5）：96-106.

（孙久文、胡安俊，中国人民大学区域与城市经济研究所）

沿海产业为何难以向中西部地区转移
——基于普通工人网络招聘工资地区差异的解析

一、引　言

进入 21 世纪以来，伴随着制造业的快速发展，我国已成为名副其实的全球制造业基地。制造业是当前我国国民经济中最重要的支柱产业，也是最具竞争力的部门。我国制造业的快速发展主要得益于低廉的综合成本优势，然而由于近年来我国劳动力成本上升、人民币升值、出口退税调整等多种因素的影响，在很大程度上削弱了我国制造业的价格竞争优势，特别是沿海地区劳动密集型产业面临较为严峻的形势。在这一背景下，一部分沿海企业积极转向中西部地区以降低成本，寻求更大的发展空间。不少学者认为，以沿海产业向中西部地区转移为主要特征的新一轮产业转移的前景相当乐观，例如有研究机构经测算认为，到 2010 年仅上海、广东、浙江、福建四省的产业转移潜在规模即可达到 1.4 万亿元。①2010 年，我国专门出台了《国务院关于中西部地区承接产业转移的指导意见》，随后又设立了安徽皖江、重庆沿江和广西桂东承接产业转移国家级示范区，积极引导沿海企业向中西部地区有序转移，与此同时广大中西部地区也纷纷加大了承接产业转移的工作力度。

然而，观察到的现实情形表明，大规模的沿海产业转移并没有发生，产业转移的实际规模明显低于预期（刘嗣明等，2007；陈秀山、徐瑛，2008；李娅、伏润明，2010）。现有文献中关于阻碍产业转移的因素可以主要归纳为以下六个方面：

一是东部地区享有出海便利的区位优势，企业转移到中西部地区后货物出口的运输成本大幅增加（陈建军，2002）；二是先发区域产生极化效应，产业聚集使东部地区形成了产业配套条件，增强了东部地区的优势地位，使转移成本大为提高（刘世锦，2003）；三是西部地区交通、通信、服务等基础设施相对落后，西部承接产业转移的能力有限（谢丽霜，2005）；四是中西部地区劳动力大量流向了东部沿海地区，东部沿海地区劳动力要素供给的弹性非常大，从而缺乏产业转移的动力（罗浩，2003；吴安，2006）；五是由于沉没成本、地缘联系等因素产生路径依赖效应（郭丽，2009）；六是不同地区的市场经济制度发育状况、投资税收政策、地方政府垄断等差异使得资本无法形成稳定预期，从而阻碍了东部资本向中西部转移（肖灿夫，2005）。我们注意到，一方面，由于获取企业实际经营数据的存在困难，现有的研究主要侧重于理论层面的探讨，建立在数据分析基础上的实证研究仍然较少；另一方面，现有文献中研究者普遍把中西部的劳动力成本显著低于沿海地区看做一个当然成立的基本事实，在此基础上从不同角度观察沿海产业转移低于预期的原因，而鲜有文献系统考察区域劳动力的实际成本差异及其对区际产业转移的影响。

本文试图从地区劳动力成本差异的角度展开实证分析。一般认为，中西部地区吸引沿海产业

---

① 深圳综合开发研究院. 东部产业转移的趋势与湖北产业承接的机遇 [R]. 2008.

转移的主要优势在于较低的要素成本和广阔的国内市场。要素成本优势主要是指低廉的劳动力工资和土地价格，其中土地成本属于一次性投入，对持续经营的企业影响较小，于是降低劳动力成本被认为是沿海产业转移降低生产成本的重要考虑。由于制造业转移是沿海产业转移的主流，因

此本文选择普通工人工资来观察企业用工成本的变化，通过回归分析探索工资的性别差异、工种差异、学历差异和地区差异，进而以实证分析的结果为基础，探讨工资地区差异对沿海产业转移的影响。

二、数据获取及统计描述

现有的国内工资研究文献主要基于统计年鉴提供的宏观工资数据，或者借助 CHNS（中国健康与营养调查）、CHIP（中国家庭收入调查）等调查数据集获取工资收入数据，这类数据权威、可靠，缺点是时效性较差。当前，我国劳动力市场正发生深刻变化，沿海地区频现"民工荒"，而统计数据显示，现在的农民工后备力量每年比此前高峰时减少了 600 多万人（萧琛，2011），同时大部分学者和研究机构都预期我国劳动力总数将在 2015 年前后达到顶峰，以后开始下降。为及时捕捉到劳动力价格的最新变化，本文选择以网络招聘工资为数据来源。尽管招聘工资与入职以后的实际工资收入并不完全相同，但仍然不失为反映劳动力市场供需状况的重要价格信号。

随着互联网的快速发展和普及应用，网络已成为企业发布劳动需求信息的重要平台，也是求职者发布求职信息和搜寻工作机会的重要途径。网络招聘具有信息量大，数据更新即时灵敏的优点，能够很好地反映劳动力市场的动态变化，因此本文主要通过各城市的网络招聘信息采集工资数据。在众多的招聘信息发布平台中，我们选中"58 同城网"的招聘版块，这是由于该网站定位于服务本地社区及免费发布分类信息，劳动供需双方均可即时免费地发布信息，该招聘版块积累了旺盛的人气，发布的招聘信息数量巨大。数据采集对象为"全部普工/技工/生产"版块，其工作岗位既包含综合维修工、制冷/水暖工、电工、木工、钳工、切割/焊工等普通工种，也包含总工程师、技术工程师、厂长/副厂长、车间主任等技术工种，每个网络页面载有 35 条招聘信息。数据采集的时段为 2010 年 1 月 1 日至 12 月 31 日及 2011 年 1

月 1 日至 6 月 20 日。部分城市如北京、上海等由于数据量太大，将数据截取限定为 100 个页面。样本涵盖中国大陆除西藏外的 30 个省级行政区域，每个省份选择省会城市及 3~5 个地级城市。在处理数据的过程中，我们剔除了数据存在明显错误或工资水平显著低于区内最低工资标准的观测值，也剔除了所有"工资面议"的条目，最后从 116 个城市的网络页面总共提取了 102068 条有效招聘信息，其中，2010 年 32867 条信息，2011 年 69201 条信息。各企业的招聘工资均以包含月工资下限和工资上限的数据区间的形式给出。

本文研究过程中使用的变量定义如下：

（1）性别。按照网络招聘的特点，分为男性、女性和男女不限三种类型。以女性为参照组，设立其他性别类型的虚拟变量。

（2）工种。本研究将职业分为三类：第一类为专业技术工作者，包括厂长、车间主任、总监、主管、设计师、工程师、高级技工和专业技术人员等；第二类为普工，包括焊工、钳工、车工等各种操作工等；第三类为服务人员，包括搬运工、送水、送货、清洁工等。在处理数据的过程中，我们剔除了钟点工及工作地点不在国内的对外劳务输出和海员等工种。以服务人员为参照类型，设立其他职业类型的虚拟变量。

（3）学历。根据网络招聘的学历分级，本研究将个体的受教育水平分为中专组（包括高中、中专、技校）、大学组（大专和本科）、研究生组（硕士和博士）、不限学历组四种类型。以不限学历组为基础，设立其他教育水平的虚拟变量。

（4）地区。本文以国务院发展研究中心提出的八大综合经济区为研究单元。八大综合经济区是

对四大板块的进一步细化，具体方案为：东部板块划分为北部沿海、东部沿海、南部沿海三个综合经济区；中部板块划分为黄河中游、长江中游两个综合经济区；西部板块划分为大西南、大西北两个综合经济区；东北板块即东北综合经济区。①以长江中游地区为基础，设立其他地区的虚拟变量。八大区域的样本城市如表1所示。

表1　八大区域普通工人网络招聘的样本城市

	样本城市
东北地区	哈尔滨、大庆、鸡西、鹤岗、牡丹江；长春、四平、松原；沈阳、大连、抚顺、鞍山、葫芦岛
北部沿海	北京；天津；石家庄、保定、承德、邯郸、秦皇岛；济南、青岛、日照、威海、烟台
东部沿海	上海；南京、南通、连云港、无锡、盐城；杭州、宁波、绍兴、嘉兴、温州
南部沿海	广州、深圳、佛山、中山、韶关；福州、南平、宁德、厦门、泉州；海口、三亚
黄河中游	郑州、开封、安阳、漯河、濮阳；呼和浩特、包头、赤峰、通辽、乌海；太原、临汾、大同、忻州、阳泉；西安、咸阳、延安、商洛、榆林
长江中游	合肥、芜湖、蚌埠、亳州、黄山；武汉、襄樊、十堰、孝感、黄冈；长沙、湘潭、衡阳、怀化、常德；南昌、赣州、九江、景德镇、新余
大西南	南宁、桂林、北海、百色、贺州；贵阳、安顺、遵义、六盘水；成都、德阳、广安、巴中、达州；昆明、丽江、曲靖、玉溪、宝山
大西北	兰州；银川、吴忠、石嘴山；西宁；乌鲁木齐

从发布招聘信息的地区分布来看，东部沿海地区发布的网上招聘信息量远大于中西部地区，例如，2011年北京市1个月发布的招聘信息约为300个页面或10500条信息，长江中游地区的长沙市1个月的信息量约为40个页面或1400条信息，位于大西北地区的兰州市的月信息量则不足10个页面或350条信息。显然，不同城市网络招聘信息量的差异受到当地的信息化水平、招聘者的信息发布习惯等多种因素的影响。

从招聘单位来看，通过"58同城网"发布招聘信息的企业绝大多数为中小型企业，而农民工是主要的招聘对象。在2010年的样本数据中，招聘男性工人的比例为86.62%，男女兼招的比例为8.68%，招聘女性工人的比例为4.7%；招聘服务人员的比例为16.40%，普工的比例为80.29%，技术人员的比例为3.31%；学历要求为中专组的比例为15.27%，大学组的比例为2.12%，研究生组的比例为0.01%，不限学历的比例达到82.6%。不难看出，网络招聘要求为男性工人、普工、不限学历的需求数量最大，其比例均超过全部样本观测值的80%，可见样本数据较好反映了我国以制造业和出口推动经济发展的主要模式。各地区普通工人网络招聘信息的数量按照沿海、东北、中部、西部四大板块的顺序依次递减。八大区域网络招聘工资样本数据月工资上限和月工资上限的统计描述如表2所示。

表2　八大区域普通工人网络招聘工资的描述性统计

	月工资下限					月工资上限				
	观测数	平均值	标准差	最小值	最大值	观测数	平均值	标准差	最小值	最大值
东北	14596	1864.1	1074.9	500	25000	14596	3103.2	1690.7	600	25000
北部沿海	25143	1932.8	1026.1	500	20000	25143	3220.4	2177.2	800	30000
东部沿海	17960	2261.7	1247.7	500	25000	17960	3541.5	1899.3	600	35000
南部沿海	13974	1951.3	890.95	500	25000	13974	3132.1	1425.2	800	40000
长江中游	12449	1696.8	846.9	500	20000	12449	2780.2	1437.7	700	30000

① 北部沿海包括北京、天津、河北、山东；东部沿海包括上海、江苏、浙江；南部沿海包括福建、广东、海南；黄河中游包括河南、山西、陕西、内蒙古；长江中游包括湖北、湖南、安徽、江西；东北包括黑龙江、吉林、辽宁；大西南包括四川、重庆、贵州、广西、云南；大西北包括甘肃、宁夏、青海、新疆、西藏。

续表

	月工资下限				月工资上限				
	观测数	平均值	标准差	最小值	最大值	观测数	平均值	标准差	最小值	最大值
黄河中游	8776	1661.8	842.66	600	20000	8776	2778.9	1261.9	800	25000
大西南	7310	1791.6	1002.8	500	25000	7310	2980	1521.6	500	26000
大西北	1860	1941.3	1160.9	500	20000	1860	3156.3	1624.9	800	25000
全国	102068	1921.3	1042.3	500	25000	102068	3138	1775.1	500	40000

资料来源：作者根据"58同城网"招聘板块搜集整理。

三、网络招聘工资地区差异的建模分析

2010年以来普通工人网络招聘工资是否发生了变化？为了回答这个问题，可以把2010年和2011年的数据分别看做是源于两个总体，进而通过检验两个总体的月工资下限和月工资上限均值是否相等来做出判断。原假设 $H_0 : \mu_1 = \mu_2$，备择假设 $H_1 : \mu_1 = \mu_2$。原假设成立下得到观测值的概率 P 取值为0.00，因此在0.01的显著性水平下能够拒绝原假设，即可以认为2010年和2011年的工资存在显著的差异。进一步，为准确地刻画不同工人群体的工资差异，探索产生差异的原因，本文通过建立虚拟变量回归模型展开实证分析。

1. 模型设定

分别对网络招聘的月工资上限和月工资下限建立虚拟变量回归模型，具体设定如下：

$$Y = X'\beta + \mu \tag{1}$$

被解释变量 Y 分别为招聘月工资的下限值和上限值，解释变量 X 为表征性别、工种、地区和学历的虚拟变量。[①] 模型以长江中游地区、不限学历、女性、服务人员为基准情形。虚拟变量的设定具体如下：

性别变量设置2个虚拟变量，以区分男性、男女兼招和女性3种情形。

$$D1 = \begin{cases} 1, & \text{如果是男性} \\ 0, & \text{其他} \end{cases}$$

$$D2 = \begin{cases} 1, & \text{如果是男女不限} \\ 0, & \text{其他} \end{cases}$$

工种变量设置2个虚拟变量，以区分服务人员、普工、技术人员3种情形。

$$D3 = \begin{cases} 1, & \text{如果是普工} \\ 0, & \text{其他} \end{cases}$$

$$D4 = \begin{cases} 1, & \text{如果是技术人员} \\ 0, & \text{其他} \end{cases}$$

学历变量设置3个虚拟变量，用以区分中专组、大学组、研究生组和不限学历组4种情形。

$$D5 = \begin{cases} 1, & \text{如果是高中、中专、技校} \\ 0, & \text{其他} \end{cases}$$

$$D6 = \begin{cases} 1, & \text{如果是大专、本科} \\ 0, & \text{其他} \end{cases}$$

$$D7 = \begin{cases} 1, & \text{如果是博士、硕士} \\ 0, & \text{其他} \end{cases}$$

地区变量设置7个虚拟变量，以区分长江中游、东北、北部沿海、东部沿海、南部沿海、黄河中游、大西南、大西北8种情形。

$$D8 = \begin{cases} 1, & \text{如果是位于东北} \\ 0, & \text{其他} \end{cases}$$

$$D9 = \begin{cases} 1, & \text{如果是位于北部沿海} \\ 0, & \text{其他} \end{cases}$$

$$D10 = \begin{cases} 1, & \text{如果是位于东部沿海} \\ 0, & \text{其他} \end{cases}$$

$$D11 = \begin{cases} 1, & \text{如果是位于南部沿海} \\ 0, & \text{其他} \end{cases}$$

$$D12 = \begin{cases} 1, & \text{如果是位于黄河中游} \\ 0, & \text{其他} \end{cases}$$

① 由于"58同城网"网络页面设置发生改变，2011年只提取了工种和地区变量的信息。

$$D13 = \begin{cases} 1, & \text{如果是位于大西南} \\ 0, & \text{其他} \end{cases}$$

$$D14 = \begin{cases} 1, & \text{如果是位于大西北} \\ 0, & \text{其他} \end{cases}$$

2. 实证分析结果及解读

利用 EVIEWS6.0 软件对模型（1）进行估计，得到的实证分析结果如表 3 所示。

表 3　虚拟变量回归结果

被解释变量	2010 年工资下限		2010 年工资上限		2011 年工资下限		2011 年工资上限	
D1	141.11	(6.49 ***)	225.01	(6.02 ***)				
D2	52.25	(2.01 **)	97.83	(2.19 **)				
D3	−30.73	(−2.47 **)	−135.50	(−6.32 ***)	100.25	(3.66 ***)	191.37	(4.06 ***)
D4	359.22	(12.94 ***)	897.53	(18.80 ***)	936.1	(29.10 ***)	1298.57	(23.47 ***)
D5	−68.39	(−5.40 ***)	−98.87	(−4.54 ***)				
D6	329.60	(10.11 ***)	730.09	(13.02 ***)				
D7	127.69	(0.31)	1107.94	(1.58)				
D8	327.04	(19.11 ***)	630.08	(21.41 ***)	74.93	(4.57 ***)	142.01	(5.04 ***)
D9	212.96	(14.24 ***)	472.46	(18.37 ***)	245.16	(16.36 ***)	415.45	(16.13 ***)
D10	651.61	(39.91 ***)	824.30	(29.35 ***)	496.03	(31.50 ***)	685.52	(25.32 ***)
D11	272.56	(15.68 ***)	388.16	(12.98 ***)	205.96	(12.40 ***)	273.39	(9.55 ***)
D12	−81.88	(−4.11 ***)	37.74	(1.10)	−32.22	(−1.74 *)	−53.64	(−1.68 *)
D13	−16.30	(−0.70)	153.55	(3.82 ***)	79.12	(4.17 * * *)	119.19	(3.65 ***)
D14	40.25	(0.72)	87.40	(0.91)	197.65	(6.68 * * *)	274.74	(5.40)
C	1458.88	(55.97 ***)	2388.26	(53.27 ***)	1633.16	(55.23 ***)	2695.23	(53.00 ***)
观测值数	32867		32867		69201		69201	
校正 R^2	0.081		0.0556		0.054		0.034	
F	206.15		138.16		436.34		273.63	

注：*** 表示在 1% 水平下显著，** 表示在 5% 水平下显著。

从表 3 中可以做出如下解读：

作为基准情形，2010 年一个长江中游地区、不限学历的女性服务人员的网络招聘月工资下限平均为 1458.88 元，工资上限平均为 2388.26 元；2011 年则分别为 1633.16 元和 2695.23 元。下面结合虚拟变量的估计结果分析网络招聘工资的性别、工种、学历及地区差异。

（1）工资的性别差异。从月工资下限和月工资上限的回归结果可以看出，男性工作岗位的工资水平最高，女性工作岗位的工资水平最低。与基准情形相比，在其他条件不变的情况下，2010 年男性比女性的下限月工资水平平均高出 141.11 元，月工资上限高出 225.01 元，比男女兼招工作岗位的月工资下限水平高出 88.86 元，月工资上限高出 127.18 元。男女兼招又比女性的月工资下限高出 52.25 元，月工资上限高出 97.83 元。工资的性别差异显示出在员工招聘中存在显著的性别歧视，在相同工作条件下，男性的薪酬待遇高于女性。

（2）工资的工种差异。从工种虚拟变量的估计结果可以看出，技术人员的工资水平最高，普工和服务人员的工资水平较低。与基准情形相比，在其他条件不变的情形下，2010 年技术人员比服务人员的月工资下限水平高出 359.22 元，月工资上限高出 897.53 元，比普工的月工资下限高出 389.95 元，月工资上限高出 1033.03 元；2011 年技术人员比服务人员的月工资下限高出 936.1 元，月工资上限高出 1298.57 元，比普工的月工资上限和月工资下限分别高出 835.85 元和 1107.2 元，这清楚地显示，技术人员由于拥有更高的生产力，其劳动报酬相应较高。2010 年服务人员的月工资下限比普工高出 30.67 元，月工资上限高出 122.48 元，而 2011 年的情况与此相反，普工的月工资下限和月工资上限分别比服务人员的高出了 100.25 元和 191.37 元。服务人员和普工由于技术含量较低，从业人员众多，其薪酬待遇相对较低，而二者间的年度工资相对变动则反映了劳动力市场需求的变化。一个可能的解释是，2010年我国刚刚走出国际金融危机的阴霾，企业的生产经营还未得到完全恢复，因此对产业工人的需求相对较弱，而随着时间的推移和制造业逐步复苏，对工人的需求增加，进而拉动工资上涨。

（3）工资的学历差异。估计结果显示，大学组工资水平最高，中专组工资水平最低，研究生组由于观测值过少而估计系数不显著。与基准情形相比，在其他条件不变的情形下，2010年大学组的月工资下限水平比不限学历组高329.60元，月工资上限比不限学历组高730.09元，这个结果显示，由于工资报酬更多地取决于劳动者的素质和劳动产出，大学学历作为更高生产力的信号显示，对获得更高收入水平是相当必要的。中专组月工资下限比不限学历组低68.39元，月工资上限比不限学历组低98.87元。显然，中专组由于学历和技能层次较低，用工需求方对其评价甚至低于不限学历的情形。

（4）工资的地区差异。总的来看，2010年东部和东北板块的工资水平较高，中、西部版块工资水平较低。在其他条件不变的情形下，东部沿海、东北、南部沿海、北部沿海地区的月工资下限水平分别比长江中游地区高出651.61元、327.04元、272.56元、212.96元，大西南和大西北地区的月工资下限与长江中游无显著性差异，

黄河中游地区的月工资下限比长江中游低81.88元；东部沿海、东北、北部沿海、南部沿海、大西南地区的月工资上限水平分别比长江中游地区高出824.30元、630.08元、472.46元、388.16元、153.55元，黄河中游和大西北地区的月工资上限与长江中游无显著差异。从以上分析结果可以看出，八大区域中东部沿海地区工资为最高，黄河中游的工资水平为最低。

2011年，普通工人网络招聘工资地区分布格局变化不大，沿海工资水平仍然高于中西部地区。但是，除东北地区之外，其余七大区域的网络招聘工资均有不同程度的上升。其中，月工资下限值涨幅较大（高于10%）的地区包括大西北、大西南、黄河中游、北部沿海和长江中游地区，其上涨幅度分别为22.14%（331.68元）、18.70%（269.70元）、16.26%（223.94元）、12.35%（206.48元）、11.95%（174.28元），南部沿海、东部沿海地区上涨幅度较小；月工资上限值涨幅较大地区包括大西北、长江中游、大西南地区，涨幅分别为19.97%（494.32元）、12.85%（12.85%）和10.73%（10.73%），其余地区涨幅相对较小。由此可见，西部地区工资上涨最快，中部次之，沿海和东北涨幅最小，沿海与中西部地区的工资差距趋于缩小。图1展示了八大区域普通工人网络招聘工资分布及增长情况。

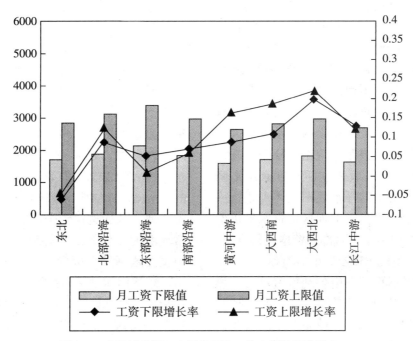

图1 八大区域普通工人网络招聘工资水平及其增长率

进一步，我们分别考察了 2011 年普工和技术工人网络招聘工资水平的地区差异。表 4 给出了八大区域普工和技术工人的工资分布，并计算出七个区域与作为基准组的长江中游的工资差异及比率。从表 4 中数据可以看出，东部沿海地区普工和技术工人的工资水平为八大区域之最高，黄河中游则为全国最低。但是普工和技术工人工资的地区分布也有明显不同，普工的工资分布基本上呈现出"沿海>西部>中部"的格局，而技术工人工资地区差距相对较小，且呈现出交错分布的态势，大西北、大西南地区的技术工人工资水平甚至超过了北部沿海地区，与南部沿海地区持平，这反映出西部地区对技术工人有着较为旺盛的需求。

表 4　普工和技术工人工资分布及与基准组的差异比率

地区	普工				技术工人			
	下限工资(元)	差异占比(%)	上限工资(元)	差异占比(%)	下限工资(元)	差异占比(%)	上限工资(元)	差异占比(%)
东北	1803.5	4.09	3025.8	4.98	2639.4	−0.64	4102.3	−1.30
北部沿海	1983.5	14.47	3316.4	15.06	2717	2.28	4142	−0.35
东部沿海	2236	29.05	3582	24.28	3021.6	13.75	4598.7	10.64
南部沿海	1939.6	11.94	3149.5	9.27	2781.1	4.69	4398.4	5.82
黄河中游	1707.5	−1.45	2838.3	−1.52	2292.8	−13.69	3632.1	−12.61
大西南	1802.7	4.04	2987.9	3.67	2795.4	5.23	4358.8	4.87
大西北	1917.2	10.65	3145	9.12	3006.3	13.17	4569.6	9.94
长江中游	1732.7	—	2882.2	—	2656.4	—	4156.4	—

四、地区工资差异、劳动力流动与沿海产业转移

在市场经济体制下，劳动力价格主要由市场力量决定，工资水平取决于劳动力市场的供需状况。物质资本、人力资本、政府政策、全球化等多方面的因素都可能对工资的水平及其变动产生影响，工资收入差异则是市场经济中普遍的现象，不同个体、不同群体、不同区域、不同行业、不同工种、不同岗位等都可能会存在收入差距。自 20 世纪 80 年代中期以来，在改革与发展的进程中，我国居民地区收入差距呈现出阶梯型上升态势，但是从 2006 年起，收入差距程度有所下降（高连水，2011）。本文的样本数据也体现了这一特征，如图 1 所示，虽然东部地区工资水平仍然高于中西部地区，但由于中西部工资增长得更快，地区工资收入差距呈现出逐步缩小的趋势。

地区工资水平不平衡是由各地区劳动力市场的需求及供给差异造成的，劳动力流动是对地区间劳动力市场不均衡的回应。改革开放之初我国经济政策向东南沿海地区倾斜，由于国内工资水平大幅低于国外，使得海外制造业大规模向我国沿海地区转移，于是当地经济得到巨大发展，东西部地区收入差距持续扩大，并吸引中西部人力资源向沿海地区流动。同一时期，由于发展基础、政策、体制、观念等多方面的原因，中西部省份发展明显滞后，尽管劳动力资源充沛，但是企业经济活力不足，工资水平较低，这些地区长期以来都是重要的人力资源输出地。据国家统计局农调队的调查，2000 年跨省转移的农村劳动力中，东部流入的占全国的 86.23%，其中从中西部流入的占全国的 77.4%，广东是跨省流动劳动力的主要流入地，其比例占到全国的 51.65%。随着近年经营环境的变化，工资的地区分布格局和劳动力流向也在逐渐发生改变。从表 3 的回归结果可以看出，东部沿海地区的招聘工资明显高于南部沿海。由于珠三角地区长期以来产业形态单一，"三来一补"企业众多，偏重劳动密集型轻工产业。这类企业主要依靠低成本优势赚取加工费用，产品附

加值低，加上近年土地、能源等要素成本上涨、人民币升值及出口退税调整等，进一步压缩了企业的利润空间，因此工资水平相对较低。相比之下，长三角制造业起步较晚，起点更高，发展更快，例如，长三角地区电子元器件的销售额和出口值已居于全国首位，企业招聘员工的工资待遇也相应较高。在地区收入存在差距的情况下，由于一国之内劳动力能够自由流动，追求更高收入（效用）的劳动者就可能会选择用脚投票，近年出现的农民工从珠三角向长三角流动的现象即体现了这一特点。

然而，随着国家政策的调整，近年中西部地区自身发展加快，同时也承接了一部分转移的沿海产业，使得中西部地区的劳动需求增加，工资水平呈现快速上升的趋势。由于沿海地区生活成本高昂，原本流向沿海的部分农民工开始回流中西部地区。随着中西部工资的持续上涨，可以预料的是沿海将会有更多的劳动力回流到中西部，在这种情况下，东部地区大量招募员工的难度势必进一步增加，沿海"民工荒"的局面将更趋严重。那么，此时会不会出现大量的沿海企业为追随回流的员工而转移到中西部地区？虽然对这一问题的回答最终取决于微观企业的成本收益状况，但是我们仍然可以从回顾产业转移的历史进程中得到启示。20 世纪 80 年代，中国内地工人的工资水平大约为香港地区的 1/8，这正是吸引国外产业特别是出口加工业向我国沿海地区大规模转移的首要因素。而本文的实证分析显示，2011 年八大区域中工资报酬最高的东部沿海地区的普通工人月工资上限值和下限值仅为最低的黄河中游地区的 1.33 倍和 1.28 倍。可见，沿海产业向中西部转移所能获得的由于劳动力成本降低带来的利益将相当有限。又如，2011 年对转移到湖南郴州的著名企业台达电子的调查数据显示，转移后招聘的当地员工的职业素质明显低于沿海地区，台达郴州工厂新进员工两周之内的离职率高达 35%，这一比例远高于转移之前；虽然郴州当地的月工资水平比广东平均降低了 400~500 元（约 20%），但是转移之后工人的劳动生产率平均而言下降了 30%。由此看来，现阶段劳动力成本降低并不足以构成驱动我国沿海企业跨区域大规模转移的充分条件，这一结论也与李娅和伏润明（2010）相一致。不仅如此，潜在的转移企业还要面对由于运输成本增加、产业配套减少、社会关系网络变更等带来的一系列新挑战。因此，如果沿海与中西部地区工资差距进一步缩小，在其他条件不变的情况下，中西部地区拥有的劳动力成本优势将被进一步削弱，对沿海产业的吸引力也会随之下降，区际产业转移的前景将会变得更加不容乐观。

五、结论和启示

当前，推动沿海产业向要素成本更低的中西部地区转移已成为我国推动区域经济协调发展、国民经济持续发展，并在新一轮世界经济结构调整中掌握主动权的重要国家发展战略。然而，现实表明沿海产业大规模向中西部地区转移的现象并未发生。本文首次以普通工人的网络招聘工资为数据来源，基于 2010~2011 年的实时工资数据，通过虚拟变量回归探索工资分布及其变动对沿海产业转移的影响。研究发现，男性、技术工种、受过高等教育和沿海地区的工资显著高于基准组，特别地，尽管中西部地区的工资水平相对较低，但是增长速度明显快于东部地区，东西部的工资差距趋于缩小。实证分析的结果进而表明，劳动力成本降低不足以构成驱动沿海企业跨区域大规模转移的充分条件，劳动力成本差异并不能成为中西部吸引沿海产业转移的重要优势。

在中西部地区劳动力成本快速上涨的背景下，为提高产业承接的效果，承接地应立足于当地资源禀赋和既有产业特点，围绕一个或几个产业集群作为自己的特色主题，积极打造综合比较优势，以外源性的产业转移为契机，努力增进内源性的自生增长能力，内外并举，实现又好又快的发展。具体而言，一是要建立制度化的公正透明的市场环境，为投资者营造自由宽松的营商氛围，提高政府服务效率，努力降低商务成本；二是要根据地方特点有选择地承接沿海产业，积极打造产业集群，培育本地专业市场，增强产业配套能力，吸引沿海产业集群式转移；三是要改善基础设施，降低物流成本，同时积极发展多种形式的职业培训，推进产学研合作。

对于东部地区而言，在产业引进和转移消长基本平衡的前提下，则须积极地将失去比较优势的产业转移出去，以减轻土地、劳动力、能源、交通等资源供给的压力，为产业结构调整和产业升级创造更大的空间。应发挥成熟商务环境和较低交易成本的优势，大力发展总部经济，着力发展高新技术产业、现代服务业等，增强自主创新能力。在发展新兴产业的过程中，东部地区尤其要防止因房价过快上涨而导致人才流失，应加大保障性住房建设力度，为各类人才聚集和充分施展才能创造宽松的环境。

最后，由于大多数向中西部转移的企业为中小型企业，为反映他们的用工成本及变化，本文选择以"58同城网"招聘版块作为数据来源。但是需要看到，转移企业中也包括一部分大型企业，大中型企业多通过专业招聘会、本单位网站或者专业招聘网站等渠道发布招聘信息，因此本文的样本数据与完整地反映制造业劳动力成本的要求仍有差距，这也构成了今后进一步研究的方向。

参考文献

刘嗣明，童欢，徐慧.中国区际产业转移的困境寻源与对策探究[J].经济评论，2007（6）：133-139.

陈秀山，徐瑛.中国制造业空间结构变动及其对区域分工的影响[J].经济研究，2008（10）：104-116.

李娅，伏润明.为什么东部产业不向西部转移：基于空间经济理论的解释[J].世界经济，2010（8）：59-71.

陈建军.中国现阶段产业区域转移的实证研究——结合浙江105家企业的问卷调查报告的分析[J].管理世界，2002（6）：64-74.

刘世锦.产业集聚会带来什么[J].新经济导刊.2003（3）：114-117.

谢丽霜.东部资本规模西进的障碍[J].生产力研究，2005（11）：135-137.

罗浩.中国劳动力无限供给与产业区域粘性[J].中国工业经济，2003（4）：53-58.

吴安.中国产业及劳动力逆向流动分析——以重庆与北京、广东的比较为例[J].中国工业经济，2004（12）：12-19.

郭丽.产业区域转移粘性分析[J].经济地理，2009（3）：395-398.

肖灿夫.我国产业转移的影响因素分析[J].理论参考，2005（11）：24-25.

萧琛."民工荒"的原因、应对与劳工市场制度变革前景[J].新华文摘，2011（2）：26-29.

高连水.什么因素在多大程度上影响了居民地区收入差距水平？——基于1987~2005年省际面板数据的分析[J].数量经济技术经济研究，2011（1）：130-139.

（贺胜兵、刘友金、周华蓉，湖南科技大学湖南省战略性新兴产业研究基地）

皖江城市带产业承接与空间结构演化研究

按照城市圈群理论，城市圈群空间结构是在传统因素（自然条件、地理区位、交通网络和社会文化）、现代因素（信息技术、复合快速交通轴、经济全球化和其他新经济因素）的复合作用下演化的，因而要善于把握主流因素和主攻方向。

皖江城市带未来发展要依照城市群组空间结构演化规律，以归属于长三角巨型都市带、成就世界第六大都市带为终结目标，以承接产业转移和产业创新为抓手，促进圈群空间整合与重塑。

一、皖江城市带的基本状况

皖江城市带承接产业转移示范区包括合肥及沿江八市（芜湖、马鞍山、铜陵、安庆、池州、宣城、巢湖、滁州）全境，以及六安市的金安区和舒城县，共59个县（市、区），土地面积76万平方公里，人口3050万人，2008年地区生产总值5818亿元，分别占全省的55%、45%、66%。2009年，实现工业增加值2661.4亿元、社会固定资产投资5053.2亿元、社会消费品零售总额1921亿元，分别占全省的76.3%、74.3%、64.78%。

到2015年，《皖江城市带承接产业转移示范区规划》目标任务全面完成，皖江城市带地区生产总值、财政收入比2008年翻一番以上，其中地区生产总值超过13500亿元，人均生产总值超过全国平均水平；城镇化率达到55%以上，科技进步贡献率超过60%。到2020年，地区生产总值在2015年的基础上再翻一番，以先进制造业和现代服务业为主的产业体系进一步完善，自主创新能力居于全国前列，与长三角分工合作、一体化发展，成为全国具有重要影响力的城市带。

目前皖江城市带各市基本情况（见表1），合肥、芜湖、安庆是最早划定的省辖市，工业化起步较早，属于综合性城市；马鞍山、铜陵工矿业较为发达，是原材料和重工业型生产城市；其余四市是地辖市，工业化起步较迟，属于农业—工

业型城市。从城市化水平看，合肥、芜湖、马鞍山、铜陵城市化率接近或超过70%，表明已度过或即将度过城市化快速化阶段。滁州、宣城、巢湖、池州城市化率均达到40%，正处于快速城市化阶段；安庆最低，只有36.6%，主要在于其所辖县较多，农村区域面积最大，从而拉低了总体城市化率。从三次产业产值结构及三次产业就业结构看，合肥、芜湖、马鞍山、铜陵同属一个发展水平，其非农产业产值结构高于94%、非农产业就业结构高于75%；但是合肥、铜陵三次产业就业结构排序表现为3—2—1模式，城市型产业创造的就业岗位较多，表现较优，而芜湖、马鞍山表现为2—3—1模式，正处于工业化强力拉动阶段。安庆以及滁州、宣城、巢湖、池州市，其非农产业产值结构高于75%、非农产业就业结构高于50%。从人均GDP看，合肥、芜湖、马鞍山、铜陵同属一个发展水平，其中马鞍山最高，达到51927元；其余5市不到20000元，其中池州最高，为17295元，巢湖最低，只有12885元。从GDP总量看，皖江城市群带产出规模较小，核心城市之一合肥经济总量为2102亿元，在全国省会城市排名第15位，其余各市GDP均不到1000亿元，池州最低，只有246亿元。

表1　2009年皖江城市带各市主要经济指标表现

单位：个、%、亿元、元

地区	城市性质	辖县（市）	城市化率（%）	GDP	人均GDP	三次产业结构	三次产业就业结构
合肥	综合性	3	64.1	2102	41585	5.2：52.6：42.2	23.2：37.0：39.8
芜湖	综合性	3	66.0	888	38553	4.7：62.5：32.8	24.2：41.7：34.2
马鞍山	原材料和重工业	1	67.3	666	51927	3.9：66.5：29.6	24.0：41.3：34.7
铜陵	原材料和重工业	1	76.4	344	46764	2.6：67.9：29.5	21.8：36.1：42.1
安庆	综合性	8	36.6	796	14242	17.8：48.7：33.5	48.7：22.9：28.4
滁州	农业—工业型	6	41.0	576	14002	23.3：45.5：31.2	49.0：26.6：24.5
宣城	农业—工业型	6	43.2	433	16774	18.1：43.5：38.4	42.9：27.3：29.8
巢湖	农业—工业型	4	40.4	530	12885	20.1：46.1：33.8	44.7：30.0：25.3
池州	农业—工业型	3	42.0	246	17295	16.7：43.3：40.0	40.7：25.5：33.8

资料来源：根据《安徽统计年鉴2010》相关资料整理。

结合以上几个主要指标综合表现可判断，合肥、芜湖、马鞍山、铜陵同属一个发展水平，处于工业化中后期快速发展阶段，要以发展与长三角城市群分工协作为指向，以承接先进制造业和发展战略性新兴产业为抓手，加快城市圈群发展。

安庆以及滁州、宣城、巢湖、池州市处于工业化初期阶段，需要大力促进产业承接，以快速工业化推动经济快速发展，与此同时，还要加快基础设施建设以做大城市规模，推动城市由单中心向组团式发展。

二、皖江城市带产业承接及创新分析

1. 皖江城市带工业产出规模与效益

皖江城市带矿产、土地、水、劳动力资源丰富，长江岸线条件优越，经过多年的开放开发，自主创新特色鲜明、产业基础较好、配套能力较强，与长三角产业分工互补。2005~2008年，皖江城市带实际利用外资额年均增速达到43%，分别比全国、长三角、中部地区平均增速高27.8、25.4和15.4个百分点，产业转移与承接效应明显。同期，皖江九市利用省外境内资金年均增长达65%，2008年利用省外境内资金达到了2164亿元，其中来自长三角的资金占55%。2009年，利用省外境内资金达到3292亿元（见表2），其中来自长三角的资金所占比例达到62%，又提高了7个百分点。

表2　2009年皖江城市带外来投资等相关情况及与全省比较

项目	实际利用外资	实际利用省外资金	省级以上开发区	开发区实现销售收入	工业经济效益综合指数
数额	29.8亿美元	3292亿元	54家	5376.8亿元	237.1
占全省（%）	80.5	78.1	60.8	84.9	107

资料来源：根据《安徽统计年鉴2010》、《安徽年鉴2010》相关资料整理。

从表2可见，2009年皖江城市带各市实际利用外资及省外资金接近全省的80%，这些投资主要进入54家省级以上开发区；皖江城市带省级以上开发区数量占全省的61%，开发区实现销售收入占全省的85%；皖江城市带工业经济效益综合指数237.1，相当于全省的107%（见表2）。这些

指标表明，安徽外来投资主要流向皖江城市带，皖江城市带各级开发区承接产业转移的强度及效益偏好。

2009年，皖江城市带各市规模以上工业企业总数为9483个，占全省比例为61.2%，其中全省规模以上工业个数超1000个的地区均落在皖江城

市带；各市年销售收入超亿元企业总数为 1141 个，占全省比例为 81%（见表3）。2009 年，合肥、芜湖规模以上工业增加值中开发区所占份额分别达到 68.9%、78.0%（见表3），超过全省平均水平，表明承接产业规模较大、产业集聚效应好；其余各市规模以上工业增加值中开发区所占份额较低，原因之一是这些城市虽然拥有一批年销售收入超亿元，甚至超百亿元的特大型企业，但是原有特大型企业或产业集群等存量资产仍然留在原址，如马钢集团、铜陵有色、安庆石化、巢东股份等一批特大型企业没有搬迁进入开发区；原因之二是开发区吸引的大项目、大企业尚不多，同时也表明未来发展潜力和空间较大。

2. 皖江城市带研发强度与人才储备条件

对于城市群来说，人力资本和创新能力是决定其竞争力强弱的根本所在。研发投入是反映创新能力的核心指标，创新型企业多寡是体现创新活跃程度的直观表现。皖江城市带内部的创新能力与经济发展水平表现相似，可为两个方阵：第一方阵研发投入较高，2009 年铜陵、合肥、芜湖 R&D 强度超过全省平均水平，分别达到 3.4%、

2.3%、2.1%，达到工业化中期的标准值（2.0%），且均超过 1.8% 这一全国平均水平。这些城市的创新型企业如科大讯飞、奇瑞汽车的研发强度分别达到 10%、8% 以上。第二方阵中，宣城研发强度指标表现稍好，其余四市则相对落后，处于创新起步期。在工业化加速发展时期，需要大量的具有中等以上教育和经过职业技能培训的劳动大军以及相应的研究、管理人员。当今中国产业转移和承接过程中，承接地的低成本优势已不再是唯一甚至不再是最重要的优势，取而代之的是产业配套基础，包括基础设施条件以及劳动力、技术、资本等市场化便捷程度等。从产业长远发展所需要的人才资源储备条件看，合肥每万人拥有在校大学生数 617 人、芜湖为 516 人、铜陵为 289 人、马鞍山为 268 人、安庆为 204 人，均远高于全省 129 人的平均水平，也高于全国 162 人的平均水平（根据《中国统计年鉴 2010》资料整理）。上述城市优越的人力资源条件、较高的研发投入水平以及创新型企业及其创新活动的活跃，有利于产业承接和创新。

表3　2009 年皖江城市带各市规模以上工业及相关指标表现

单位：%、个

项目	R&D 经费相当于 GDP（%）	规模以上工业企业数（个）	规模以上工业增加值属于开发区比例（%）	年销售收入超亿元（个）	省级以上创新型企业（个）
合肥	2.3	1917	68.9	402	73
芜湖	2.1	1586	78.0	168	21
马鞍山	1.6	705	28.1	78	13
铜陵	3.4	295	23.5	72	11
安庆	0.4	1414	38.7	149	4
池州	0.3	449	17.9	28	4
巢湖	0.4	669	18.4	97	7
滁州	0.3	1104	41.4	82	5
宣城	0.9	1111	31.1	85	7
全省	1.3	14122	52%	1409	203

资料来源：根据《安徽统计年鉴 2010》、《各市政府公报 2010》相关资料整理。

3. 皖江城市带支柱产业发展与承接重点

长三角等沿海地区经过 30 年的高速发展，已经导致土地、淡水、人力、能源等资源的供给紧张，房、地、电、煤、运、原材料、消费品以及用工等价格普遍上涨。促进产业西进，在沿江大力发展石化、钢铁、汽车、船舶等产业，成为长

三角未来发展的支点之一。为了更快更好地承接长三角等沿海地区的产业转移，必须知己知彼，明确承接重点和创新所在。

在产业发展和承接过程中，皖江城市带多数城市形成了一批具有特色的主导产业或支柱产业，一些地方已构筑产业集群化发展趋势。在未来产

业转移承接过程中，应围绕着地方产业发展基础和已经形成的特色，重点发展产业链较长、易于形成产业集群的地方竞争优势产业（见表4），实现抱团发展、错位发展。

围绕产业升级和培育新的经济增长点，皖江城市带应积极吸纳资本、技术、人才、品牌等要素，大力振兴汽车、家电、机械设备、冶金、化工、纺织、非金属材料、农产品加工、纺织服装等传统优势产业，着力培育电子信息、节能环保、新能源、新材料、生物医药、公共安全等战略性新兴产业，加快提升物流、金融、文化、旅游等现代服务业，积极发展现代农业，让皖江地区成为长三角的农产品、能源原材料、旅游休闲基地，以及中部地区最重要的现代装备制造、高新技术产业基地，形成全国重要的先进制造业和现代服务业基地。

表4 皖江城市带支柱产业状况及产业承接与创新的重点

地区	支柱产业	承接重点
合肥	汽车、装备制造、家用电器、化工及橡胶轮胎、新材料、电子信息及软件产业、生物技术及新医药、食品及农副产品加工	汽车及其零部件、工程机械及其零部件、家电及其零部件制造业 重点培育电子信息及软件产业、生物技术及新医药产业、有优势有特色的高技术产业和现代服务业
芜湖	汽车及汽车零部件、材料、电子电器；电能、船舶、纺织服装、卷烟及食品加工工业	汽车制造和汽车零部件、家用电器及电子产品制造业、新型建材业 重点培育现代生物医药产业、船舶（含游艇）、光电产业
马鞍山	钢铁、汽车、金属制品、机械制造、造纸、电力、纺织服装和食品加工等	机械设备及金属制品业、新型材料产业 重点延长延压钢材加工链，发展汽车及零部件产业
铜陵	铜、电子、纺织三大集群	延伸铜及铜合金产业链，实施铜产业千亿元工程
安庆	石油化学工业、轻纺业、汽车零部件和设备制造业、电力、森工及农产品加工、生物制药	汽车零部件产业、农产品深加工业、现代医药业 重点延伸石化及其产业集群、纺织服装制造业产业集群
滁州	家电、汽车、机械、建材、纺织服装	电子信息、现代家电产业、汽车及零部件产业等产业，高端硅（玻璃）原料的加工品；重点做长盐化一体化产业链
六安	钢铁、汽车零部件、纺织服装、食品饮料、电力、医药化工等	舒城承接农副产品加工、轻纺服装、旅游业和机械电子产品配套加工业；金安区承接轴承、齿轮、电机、麻纺织产业、现代农业和农产品加工业
巢湖	重化工业、建材及新材料、农副产品加工供应、特种电缆	电工器材产业、建材产业、化工产业、食品加工制造业、船舶制造产业
池州	非金属材料、有色金属冶炼及加工、能源产业、轻纺工业、农副产品深加工业、家用和配套型机械	机械仪表产业 重点培育和承接森林旅游业、森林食品产业
宣城	汽车零部件及机械设备、建材、农产品生产与加工、医药、化工、观光旅游	汽车零部件产业、机械产业 重点发展旅游产业

资料来源：根据《各市2010政府公报》及《"十二五"国民经济发展规划》整理。

在承接产业转移中加速自主创新步伐，应围绕产业承接发展重点，构建企业主体、市场导向、政府推动、产学研结合的开放型区域创新体系，建立一批国家高新技术产业基地，建立与长三角等区域科技资质互认制度，完善企业自主创新激励机制，促进承接产业转移与自主创新相融合，增强发展后劲，推动现代产业体系的形成。

三、皖江城市带空间结构及演化方向

城市带是由产业带转化而来，一体化的要素流动及产业布局是转化的实质。皖江示范区的快速发展，需要中心城市合肥、芜湖的引领和带动，次中心城市马鞍山、铜陵、安庆等也要建设组团式城市，与周边县（市）抱团发展。这些城市在各自圈域一体化进程中共同推进区域经济一体化，群体空间结构的塑造过程较为复杂漫长。要遵循未来城市带的发展使命和空间发展规划，构造增长极，拓展发展轴，最终走向网络化全面开发。

1. 合肥核的空间布局

以合肥经济圈的发展壮大为依托，按照未来 5 年人口 700 万人、GDP 总量 6000 亿元、圈域 GDP10000 亿元的目标建设区域性特大城市，合肥正按照点—轴开发模式安排开发时序，力促以道路交通为牵引、以工业为主体的生产力布局重构，在圈域内力求形成"一中心、五轴、三带、多组团"的城镇空间布局结构体系。

"一中心"指由合肥市"141"范围，并包括合肥市中心城区、肥东店埠镇、肥西上派镇、肥东双墩镇等，以及外围的六安市中心城区、巢湖市中心城区以及环巢湖地区等组成的城镇密集区。"五轴"构筑了合肥经济圈区域发展的"骨架"，是指东西向合巢芜发展轴、合宁发展轴、合六发展轴三条，南北向合桐安发展轴、合淮蚌发展轴两条。"三带"形成合肥经济圈区域发展的"动力"，指沿江发展带、沿淮发展带和环巢湖发展带。"多组团"，一是支撑合肥核发展的众多小城镇"支点"，如三河—杭埠—同大、风台—毛集—袁庄、高沟—姚沟等城镇组团建设；二是以支撑快速交通系统、加快城镇经济发展为目标，推动建设新桥机畅通、合肥高铁站、五市轨道换乘站、合肥新港综合码头等交通枢纽性组团；三是以提升泛巢湖旅游知名度、增强旅游功能、带动当地经济发展为目标，加强紫莲山、四顶山、岱山湖等旅游组团建设。

2. 芜湖、马鞍山一体化的走向

芜湖作为沿江重要港口城市、交通体系完善、产业创新和配套能力较强，通过高起点承接发展汽车、新型材料、电子电器、现代服务业等产业，可建设成为全国重要的制造业基地、现代物流中心和创新型城市。皖江城市带规划明确了芜湖区域中心城市地位，但是以目前的经济规模和发展格局尚难以承担重任。实施城市东扩南进，加快芜马一体化进程是必由之路。

芜湖、马鞍山相距不足 40 公里，两市空间发展连成一体趋势十分明显。如果两市建立密切的协同发展机制，实现组团式发展，形成类似于长株潭的联合发展格局，在沿江发展轴上将产生一个规模接近合肥的特大城市，人口 168 万人、GDP 规模 1554 亿元（按照 2010 年《安徽统计年鉴》数据计算）。在皖江城市带上，这样两个特大城市竞合发展，会取得综合竞争力"1 + 1 > 3"的放大效应。

2003 年，芜湖、马鞍山最高决策层就合作发展事宜举行首次联席会议，6 年之后的 2009 年，两市再度就一体化发展进行磋商。2010 年，两市共同推进 205 国道改造、芜申运河、宁安城际铁路等交通基础设施建设，逐步建成一体化综合交通体系。目前芜湖设立的"桥北工业园"和马鞍山设立的"当涂开发区"已经连为一体，并达成基础设施共用、产业错位发展的合作方案。除了政府层面的推动外，企业间也在积极谋求协同发展，两市的龙头企业奇瑞汽车与马钢集团已经决定建立战略合作伙伴关系。

今后 5 年是芜湖、马鞍山推进同城化发展关键时期。两市将在以下方面加强合作：一是城市规划方面的合作。在开发区及专业要素市场建设方面，做到科学分工，减少重复建设；在两市交界地区，共同营造产业集群。二是产业合作，优势互补。芜湖业已形成了汽车及其零部件、电子电器和新型建材三大支柱产业。即将成为支柱产业的 LED 产业集群，更是让芜湖的产业结构锦上添花。而马鞍山市目前的产业结构却相对单一，"芜马同城化"正可以化弊为利。未来两市应该在钢铁、汽车、水泥、新材料、电子电器、机械等制造业方面实现优势互补和产业对接，避免同业间的无序竞争。三是推进港口建设方面的合作，促进两市岸线资源的有效利用。重点实施马鞍山与芜湖两大港口组合战略，将两大港口有机整合，统一规划，资源优化，建成中国内陆省份首个亿吨大港。四是做好两地旅游资源的整合。针对比较分散的旅游资源，以"旅游同线"来共同打造精品旅游线路。五是加强信息资源的共享。建设"芜马信息资源共享网络"平台，及时发布基础设施建设、招商、劳动力资源、产业动态、重大政策等动态信息。六是分别梳理地方性政策法规，以消除两市在政策待遇上的差异，避免恶性竞争。

加快推进芜马同城化，联合巢湖境内划分出的省管"江北集中区"，实施跨江联动发展，连片集中开发皖江北岸，重点承接发展汽车、钢铁、化工、新材料、家电、机械设备、电子信息、现代服务等产业，在未来 20 年内有望建设成超大型现代滨江组团式大城市，使得芜湖核真正能够发挥增长极的带动作用。

3. 铜池枞一体化发展

铜陵是皖中南中心城市,"两山一湖"旅游区的北大门,长江中下游重要的工贸港口城市,全国铜产业基地、电子材料产业基地。2009年,城镇化率为76%,全省最高;人均GDP达到46766元(见表1),在省内仅次于马鞍山市。但是城市经济规模小、市区面积狭小、腹地范围小。作为工贸城市,若与西南毗连的池州市以及隔江的枞阳县联动发展,则会收到优势互补、共同做大的效应。

池州市农业资源、矿产资源丰富,经济发展速度快,发展空间大,但工业基础差,经济总量一直是全省倒数,2009年GDP不足250亿元。江北枞阳是农业渔业大县,近年来以建材业为支柱的资源型工业发展速度较快。由铜陵市、池州市和安庆市的枞阳县组成"铜池枞产业组团",发挥铜、铅锌、非金属矿等资源和产业优势,大力发展循环经济,推进资源型城市转型,开发沿江一线,重点承接发展铜加工、电子信息、建材、化工、汽车零部件、船舶制造、服装、物流、旅游等产业,建设世界级铜产业基地。

在皖江城市带内新设的承接产业转移集中区之一的江南集中区处于铜陵和池州之间,未来20年按照人口100万人的规模设计,江南集中区与铜陵、江北枞阳园区、池州、九华山风景区五点连成一片,构成一个大的城市组团。按照一体化发展的路径,这个城市组团——且称为"大江南区",在未来20年内可形成400万左右人口、GDP规模3000亿元以上的特大型城市。

4. 安庆组团发展

安庆处于皖鄂赣三省交界处,公路、铁路、水路、航空运输条件良好,具有综合交通枢纽地位和商贸物流功能。安庆辖8县(市),腹地范围广,但是缺乏强有力的龙头城市带领,多数县(市)工业基础薄弱,总体处于工业化初期阶段,经济实力弱。安庆未来发展目标是建设宜居城市、文化名城、区域性中心城市和制造业基地,因而有必要大力发展工业,积极承接资本、技术、人才、品牌等要素,强化产业支撑。

城市带由产业带转化而来,从产业带到区域经济一体化是转化的实质。按照产—城一体化发展路径,应以安庆市区和池州东至县为主体,构建安庆产业和城市发展组团。"安庆产业组团"应发挥长江港口岸线优势,强化区域性中心城市地位,依托石化产业基础,拓展开发空间,推动跨江发展,重点承接发展石化产品加工、汽车零部件、纺织服装、造纸、食品、旅游等产业,建设全国重要的石化和轻纺产业基地(见表4)。应以"向东融合、向西开放"的空间发展框架,着力壮大城市规模,增强服务功能,推进安庆与武汉城市圈、环鄱阳湖城市群、合肥经济圈的交流与合作,建设现代化历史文化名城,使安庆成为带动皖西南、辐射皖赣鄂交界地区的区域中心城市。

皖江城市带空间结构的塑造将主要在未来10年内展开,最终将形成"一带三极两星"的空间结构,即以沿长江一线为城镇密集发展带,以合肥为"带动极"、以芜马巢为"集聚极"和以安池铜为"增长极"的三极,以滁州、宣城为"两星",构建安徽经济板块的核心区域。

参考文献

崔功豪. 中国城镇发展研究 [M]. 北京:中国建设出版社,1992:122-124.

皖江城市带承接产业转移示范区规划 [DB/OL]. 中安网,2011-02-09.

安徽统计年鉴2010年 [M]. 北京:中国统计出版社,2010.

安徽省2009年利用外资和境外投资项目情况 [DB/OL]. 安徽发改委网站,2011-01-27.

安徽年鉴2010 [M]. 北京:中国统计出版社,2010.

孔令刚,蒋晓岚. 区域创新资源与区域创新体系——基于安徽区域创新特色研究 [M]. 合肥:合肥工业大学出版社,2011.

中国统计年鉴2010年 [M]. 北京:中国统计出版社,2010.

合肥、芜湖、马鞍山、铜陵、安庆、池州、巢湖、滁州、宣城市2010政府公报及"十二五"国民经济发展规划.

合肥经济圈2011~2015年发展规划纲要 [DB/OL]. 合肥市政府网站,2011-02-20.

顾敏. 芜湖马鞍山"同城化"步伐加快 [DB/OL]. 芜湖新闻网,2010-10-11.

皖江示范区规划:"合肥—芜马巢—安池铜"三极成型 [DB/OL]. 中安网,2011-01-08.

(蒋晓岚、孔令刚,安徽省社会科学院)

区际间产业集群化转移与承接路径研究

近年来区际间产业转移规模不断扩大，东部地区同类企业或关联企业和供应商向中西部地区的各类园区聚集，我们将此称为产业集群化转移。东部地区一些产业逐步向中西部进行集群式的梯度转移（郑文智，2007）。当下无论是国际产业转移，还是国内产业转移，在空间上都表现出明显的集群化路径（朱华友，2008）。但是产业空间集聚与承接路径研究偏少，从区域视角研究产业转移还处在理论层次上的探讨与完善的阶段（苏杨，2008）。产业集群转移被看做一个地区的产业集群转移到另一个地区，形成一群在地理上集中、关系密切的产业群体，整体搬迁到另一地区，产业的网络关系保持不变，这种认识也导致对承接产业集群化转移等同于承接产业集群，这与实际情况有出入。

本文基于对长三角地区向安徽省尤其是皖江产业转移承接示范区的产业集群化转移实证分析上，分析产业集群化转移及承接路径，着重以合肥市汽车制造业与家电业为个案，揭示在产业集群化转移背景下承接不同产业的路径，探讨承接产业集群化转移一般性对策。

一、产业集群化转移与承接方式

集群化转移是产业转移一种重要方式。随着长三角地区产业加速向外转移，安徽省引资增长速度迅猛，上海、浙江、江苏三省市在安徽省省外投资1000万元以上项目中，到位资金占50%以上。2010年1~11月，实际到位资金3147.8亿元，其中皖江示范区到位资金占全省比重71.1%，浙苏沪的项目数占示范区新批项目数的72.5%；从行业结构来看，加工制造业项目占比58.9%。这些数字反映不仅长三角地区向外以制造加工业为主产业转移规模扩大，而且产业转移的空间集聚度也在提高。产业集群化转移与承接分为三种方式：

一是抱团式转移。一地同类企业，通过联合的方式，集体谈判与协商，并通过兴建产业园的方式，实现向另一地集中转移，称为抱团式转移。主要是劳动密集型、资源密集型企业。如联合利华在2002年将上海的6家工厂和广东的红茶工厂，整体迁入合肥经济技术开发区，建立起全球最大的生产基地；上海华谊集团在巢湖市二坝镇建立煤基多联产精细化工基地，实行集团整体搬迁。这种转移方式不仅有集团企业整体转入，而且也有同行业中小企业向同一区域集中迁入。

二是园区集聚式转移。围绕单个产品、产品生产的部分环节，企业集中向一个区域主要是各市区县的产业园区迁入，呈现出企业"扎堆"现象。如东部地区纺织服装、制鞋产业向中部地区地整体迁移。2009年河南、湖北、湖南、安徽、四川等中西部省份纺织服装业产值与规模增长加快，产量同比增长在30%以上。安徽省皖江城市带以"园中园"方式在建、签约、洽谈的各类合作共建园区成批量承接同一地区和同类行业转移。

三是产业链式转移。具有产业关联的企业转移至一定区域内，这种转移方式又分为：①外来植入式，指核心企业与配套企业都从外面引入的。如京东方六代线2009年入驻合肥市，随着六代线项目建设，彩虹、中建材、友达光电等10多家关联企业相继在当地投产，30家原材料配套企业陆续入驻基地。②本地嫁接式，是以本地核心企业为龙头，与外来配套企业形成上下游产业供应链。

产业集群化转移与承接方式和以往分散化的产业转移，可以看出不同类型的产业转移方式不仅在产业转移类型有侧重，而且在空间集聚度、产业关联度也不同（见表1）。产业关联度有明显差别，而空间集聚度尽管较高，但是抱团式转移与集聚式转移是园区为承接载体，在小范围内产业空间集聚度较高。产业链式转移突出以核心企业与配套企业的产业关联性，在一个较大的区域范围内，形成一个配套相对完整的经济群体。

表1　产业转移与承接方式对比

产业转移方式	产业类型	行业	产业关联度	产业集聚度
抱团式转移	劳动密集型、资源型	纺织服装、化工	小	高
集聚式转移	劳动、资金、技术密集型	装备机械、电子元器件	一般	高
产业链式转移	资金、技术密集型	家电、汽车	大	相对较高

二、产业集群化转移与承接的影响因素

产业集群化转移被看做成本因素主导，应是产业要素的重新聚集、产业组织结构的重新构架过程，在这一过程中产业关联、产业集聚与产业服务所起的作用十分重要。

1. 产业关联

产业转移不仅有低关联度的产业，而且有关联度高的产业。对低关联度产业的转移容易理解。一个地方产业形成集群，企业相互关联程度高，难以出现大批企业向外一起转移。集群一旦形成，集群内企业向外转移较为困难，曹前程（2008）研究珠三角地区的企业，认为产业集群长期存在，依赖本地"网络"关系建立起的分工协作网络的产业链体系，集群效应弱化了集群内企业向外转移的动力。陈耀（2009）认为低关联度的产业集群如纺织、服装、制鞋、玩具、食品、电气机械、五金制品等行业内部关联性不强，产业链短，容易出现企业集中向外转移；关联度高的产业，由于企业之间内部关联程度高，迁移使企业贸易与物流成本都会提高，向外转移的可能性减小。

高关联度产业的转移情况较复杂，总结有四种情况出现可能导致关联度高的产业转移：①集群内企业之间关联度较高，但与本地网络联系并不紧密，容易向外转移。长三角地区是我国制造加工业集群的集中地，承接国际产业转移占有较大比例，对于嵌入式的产业集群，如一些跨国公司在中国建立制造加工基地，这些跨国公司与当地的"根植"性不强，企业内部关联性与当地企业的关联程度不大，契合度不高，会使集群内企业向外转移。②集群内企业一旦内部网络失灵、聚集不经济，导致可共享资源的吸引力下降，当核心企业向外迁出后，相关联的企业会重新选择与此环境基础变迁相匹配的战略（王晓娟，2009）。这种转移类型多数发生在小规模产业集群。③随着产品生产分工细化，价值链的分解，在产业链中各个环节在不同的地区或国家进行。企业将产品生产的部分或全部由原生产地转移到其他地区，包括供应链在内的全部产业链的企业组团转移。可以是产品价值链部分环节的转移，而非产业链的全部。④产业集群跨区域转移是指本土产业集群内的企业通过对外投资和对外贸易，逐步实现部分能力的跨区域转移，转出的集群企业之间仍存在网络关系，并且集群与本土母体集群间存在互动关系。

实际上，长三角地区产业关联度高的产业转移，多是产业链跨区域分工，多数并不是产业链的核心部分转移，而是增值较少的、低端生产加工环节往往被先转移出去，处在产业链中下端的环节先转移。

2. 产业集聚

集群化转移是企业在集中转移后形成新的空

间集聚，分为企业集聚与产业集聚两类。抱团式转移多是属于企业集聚，产业链式转移属于产业集聚，园区集聚式转移介于两者之间。

集聚正在成为企业区位决策的一个重要影响因素。随产业大规模向一地集中转移，会产生产业向心力，形成产业规模经济效益，从而吸引更多的企业集聚，大量的企业聚集在一起从事生产经营活动，形成市场需求和产生规模经济效应，逐步将产品转移、企业转移等上升到产业转移的层面，降低产业转移的成本，增加产业转移收益及产品市场收益等（卫战胜，2008）。新经济地理学从区位、集聚和扩散角度，认为在产业转移过程中企业集聚形成前后向关联对降低企业生产成本的作用。一个产业往往是通过投入产出结构垂直联系的，相互关联的上下游产业汇集在同一地域形成产业集聚。如果某地区形成产业集聚后，由于外部规模经济效应，使其经济竞争力显著高于没有采取这种方式的地区，这样就会吸引其他地区企业向产业集聚地区实行产业转移。大量企业集聚在一起从事生产经营活动，产业规模增大，单个企业不仅获得内部规模经济，而且在合作基础上实现外部规模经济，规模效应一旦形成，又会吸引更多的企业加入，当产业空间集聚度加大，可以减少产品运输距离，降低贸易成本，也节约了技术投入成本以及环境治理成本等。如联合利华迁入合肥后，不仅可以利用当地便宜的土地和劳动力资源，而且可以节省配套设施建设，总体上比在上海大约节省47%。集聚导致综合成本的进一步降低。

3. 产业服务

产业服务建立在产业关联与集聚基础之上。

吸引同行业中小企业向一地区集中，在区域空间上形成产业集聚，这不仅包括生产同类产品的企业从分散地向集聚地转移，还包括相关专业性外部服务业和配套设施的转移。金融、物流、交通运输、仓储等生产性服务业得到发展，吸引了这一行业供应商与商业服务机构，以及训练有素的工人和专业技术人员，而且地方公共基础设施投向这些行业，比起其他行业，在技术、劳动力、人才、信息服务上共享优势显而易见，这些被看做是新的产业竞争优势。技术因素被看做是影响产业集群化转移的重要因素，尤其是对于中小企业十分重要。由于企业在新的区位集聚，提升人力与技术创新能力，有利于为中小企业提供良好的创新氛围，促进知识和技术的转移扩散，集群可以使企业节省大量的人力成本，其中包括了一些人员培训、技术创新、信息共享。地方人力资本水平高，新进入企业就容易招聘到所需要的人才，企业容易获得创新收益。集群也使企业间的信息传输技术增强，并且便于产业重组，促使集群企业之间的联网与合作，加强了本土化经济（Localization Economics）。政府、大型企业成为推动区际产业转移的两股重要力量（朱坚真，2009），政府的服务水平和质量成为承接产业转移的核心竞争力，在招商引资中提供大量优惠政策，使得产业转移梯度的势能增大，产业配套、投资环境、政策、人力和市场上的互补与共享等因素也会影响企业转移的决策重要因素。

现有的产业转移理论框架分析仍然有不足之处，显然，影响产业集群化转移的因素主要由成本因素来决定，不仅从劳动力与土地成本优势出发，而且要从产业内部环节与组织构架来认识。

三、产业集群化转移与承接路径：基于个案的分析

从合肥市家电产业与汽车产业，说明产业集群化转移过程中产业关联、空间集聚的影响作用，显示出企业集聚到产业集聚，由产业集聚到产业集群的成长路径。产业关联、产业集聚与产业服务对两大产业发展起到十分重要的作用。

第一，产业关联度高、带动力强。合肥市集

聚了一批家电核心企业以及一大批配套企业，有海尔、三洋、长虹、华凌、美的、格力等国内11家知名家电企业，以及宝钢、马钢、国风塑业、海尔塑胶、合晶电子、日上电器、捷敏电子等一批骨干配套企业，产业集中度较高，形成家电产业"研发—零部件制造—整机组装—物流—售后

服务"的产业链。合肥市拥有江淮、安凯、昌河三家整车生产企业，其配套的零部件生产企业达200多家，形成"整车制造—零配件生产—销售服务"产业链，并向汽车服务与研发设计环节延伸。2009年，安徽省汽车整车产销近90万辆，列居全国各省市前10位。

第二，产业集聚形态已形成。家电产业空间集聚相对较高，以合肥高新区与合肥经开区为主，家电企业总数达500余户，其中规模以上家电生产与配套企业超过120多家，合肥成为国内仅次于顺德、青岛的第三大家电制造基地。汽车制造业分布以园区集聚为主，形成以经济技术开发区桃花汽车工业园、双凤工业区岗集汽车配件园、包河工业区汽车工业园、高新技术开发区、昌河

汽车工业园为主体的汽车零部件产业园。2010年四大汽车工业园零部件企业将达到350家左右，实现产值200亿元左右。

第三，搭建产业服务平台。尽管合肥市并没有集聚起国内外家电大企业全部的研发力量，但在部分行业会聚了一批行业技术人才与研发力量。如合肥江汽技术中心建立了2200多人的研发队伍。同时市政府加大对家电核心配套项目、延伸产业链的相关项目以及对研发自主知识产权的产品、产品更新换代等方面的扶持力度，制定家电产业链的相关配套政策，举办家博会、成立家电协会、申报中国家电产业基地，建立领导联系企业制度，实行领导包企服务，为企业做好协调服务工作。

表2 合肥市家电与汽车产业发展状况比较（2010）

	家电	汽车
工业增加值（亿元）	191.9	114.61
排位	第一位	第三位
产业集中度（占规模以上工业增加值比重）（%）	25	11
占全国市场份额（%）	20以上	
产业整合度	高	低
产业链	研发—零部件制造—整机组装—物流—售后服务	整车制造—零配件生产—销售服务
产业配套率（%）	20%~30%	30%~40%
产业布局	合肥高新区与合肥经开区	在经开区、桃花工业区、岗集、包河工业园、昌河汽车工业园、岗集镇、双凤开发区
核心企业	荣事达、美菱	江汽、安凯、昌河
配套企业	120（2008）	200（2008）
产业集群	海尔、三洋、长虹、华凌、美的、格力等	江汽、安凯、昌河、凯创、正兴

合肥市家电、汽车产业发展与承接产业集群化路径描述如图1所示。

家电、汽车制造业依赖经济体内的自生能力，有自己的核心技术和品牌的企业，以产业链为基础的专业化分工，建立起产业配套、产业集聚、生产商与供应商、通过转移形成"域外—本土"实现产业链式效应，外来企业与地方企业的契合，在它们之间形成较强的关联机制下形成合力。由主导企业带动，吸引部分本土配套企业跟进，同时带动境外一批中小企业在周边集群，形成内在的协作关系，服务平台在内的地方网络。在集聚

效应的引导下，进入一个具有自我强化特征的成长阶段，区域产业自组织特征十分明显。

产业规模扩大，但配套率相较低。合肥经开区家电配套率仅约16%，自配能力较强的合肥海尔也只有18.8%。相比广东顺德是全国最大家电生产基地，本地配套率达90%；位居第二位的山东青岛家电本地配套率达40%以上。2009年合肥市家电工业总产值达400亿元，占全国市场份额20%以上，规模以上家电生产与配套企业120多家。2009年广东佛山市家电行业规模以上企业377家，工业总产值1747.68亿元，产值超过1000

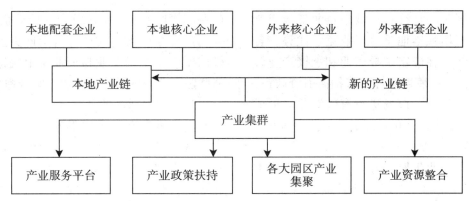

图1 合肥市家电、汽车业产业集群的路径示意图

亿元，可见两者之间的差距。汽车产业规模较小，配套率也不高。汽车骨干企业的规模依然偏小，2010江汽集团实现工业总产值455亿元；目前，合肥市年产值亿元以上的零部件企业不到20家，数量仅占合肥地区零部件配套企业的12%。合肥岗集有60家左右的汽车零部件企业，但销售收入过亿元的企业仅有3家；桃花工业园区仅有12家投产汽车零部件企业（不含江汽的子公司），除江汽外，汽车零部件行业产值仅有5.2亿元，销售收入过亿元的企业仅有2家；包河工业园区投产的汽车零部件企业也只有14家，还没有销售收入过亿元的汽车零部件企业；昌河汽车零部件工业园目前只有一家汽车座椅生产企业。汽车业零部件本地配套率30%左右。

受产业（产品）内垂直分工影响，产业集群化转移还没有出现完整意义上产业的转移。现阶段区际间产业集群化转移，尤其是非劳动密集型产业转移，更多的是扩张性产业转移，由于市场需求上升，在扩大规模的时候选择到其他地区投资、建分厂。如海尔与格力、长虹的总部与研发部门并没有迁入。格力到合肥来建立生产企业，

扩大产能，有人形象地比喻这种现象是"订单转移"、"工厂扩建"。没有完全摆脱处在产业链的中下端，由于产业转移地与承接产业地在同一种产业或产品的价值供应链中所处地位不同。长三角地区到中西部地区设厂，但是研发基地和管理总部并没有转移，甚至工厂都没有关闭。对于关联度高的产业，可以将产业链低技术含量、生产加工环节转移出去。产业链被拆分开来，部分环节可以转移到新的地方，再重新集结，构成新的集群。

产业集群本身并不具有复制能力，产业集群化转移不是产业集群从一地转到另一地的简单"复制"，承接产业集群化的路径需要具体设计与引导，并没有一个通用的模式。一种成功的模式在不同的环境下有自己独特的历史发展轨迹，这种历史发展轨迹为复制外部模式设置了严重的阻碍（朱华友，2008），不同类型的产业集群迁移的倾向和方向是不同的（陈耀，2008）。在产业集群化转移背景下承接不同产业的路径之差异，根据新的区域资源条件、产业基础条件与配套能力，沿着产业成长路径，形成新的产业集聚，实现由企业集聚、产业集聚向产业集群转变。

四、政策建议

产业集群化转移标志着产业转移进入一个新阶段，承接地积极谋划承接产业集群化转移的有效路径，同时加剧了区际间竞争，尤其是要避开低成本优势上的竞争和产业同构化的区际间竞争。研究产业集群化转移与承接路径，承接地应从产业需求与特点考虑，加强产业集中规划布局、推进产业资源整合、提高产业配套能力、建设好产业服务平台。

1. 以集聚优势吸引产业转移

集聚优势正在取代劳动力与土地低成本优势，

推动企业跨地区集中转移，地域中企业集聚或产业集聚又进一步增强本地承接产业竞争优势。各地培育集聚优势，在确定主导产业和承接产业转移的重点方向也应有着连续性，将招商引资政策，对税收、地租、投资、市场进行有效对接，形成针对地方产业的稳定的、可持续的政策扶持体系。

2. 依据集聚类型进行规划

当前要围绕产业集聚做好园区规划。将同类企业，或者同行业相互关联的企业向园区集中，为高能耗、高污染企业建立循环经济产业园区，对工厂排放的污染物、废弃料等实行统一管理。对中小企业的集聚地区，要培育新的产业发展氛围，要着力扶持发展前景好的小企业，采取在金融扶持、专业的基础设施投入，特定产业的员工培训项目补贴等措施。对于那些没有明显的产业集群的地方，或者说产业集聚不明显，地方政府着力提供有效的公共服务，按产业特征，利用用地指标、财政政策引导产业的区域布局，变小企业集中、产品集中为相互关联企业，产品和支撑体系为一体的平台，从而实现集中办企业到集中做产业。

3. 注重推进产业空间集约布局

承接产业集群化转移，园区相对集中，但一定区域内并不集聚。因此，要引导企业相对集中，构建产业聚集平台，引导同类企业向园区聚集，集中连片开发，推进园区相互协作，提高单位面积经济产出率，采取土地使用税返还政策，对占地少、税收高的企业，实行政策补贴，提高土地投资强度；工业开发区要相对集中，要有一定规模以及相对完整的配套基础设施。要集中用地指标向重点产业倾斜，优化园区产业布局，加快完善重点产业规划，明确园区特色定位，积极引导同类产业和关联项目集中布局，降低企业生产经营成本，提高要素空间配置的集约化水平。

4. 加强区域间产业资源整合

当下，应着力从产业链的薄弱环节找突破，以产业链为基础的产业空间集聚效应提升，在承接产业转移的同时，应注重内生力的培育，在优势产业上加大兼并重组推进力度；加强区际产业间渗透与融合，扶大扶优企业，提高"嵌入"企业与"根植"企业相互契合，推动区域内上下游产业围绕产业链的资源整合，推动企业兼并重组，提高产业集中度，对产业链上同类型企业应加大横向整合，主导企业与产业链上关键企业结成战略联盟，企业的扩张、重组与联合抱团发展。

5. 加快产业服务平台建设

应推进重点产业的服务平台建设，除了加强水电气、环保等基础设施和物流、通关等公共服务外，重点要构建本地产业集群网络，建立产品和零部件供应链，充分发挥平台资源与服务的共享、创新等功能，扶持产业的技术创新与升级，通过科技园区为基础进行技术鼓励企业采取节能、环保技术，推进跨区域产业技术创新战略联盟，为产业集群内中小企业提供系统和完善的服务，建立起以核心企业为主体的产业集群形态。

6. 加强区域合作机制构建

区域承接产业转移竞争日趋激烈，区际间合作受行政约较多，从而不有利于产业分工以及产业布局，因此，促进地方政府合作办园，基础设施的共建，同城化发展与区域一体化推进，在产业圈内加强分工协作，消除承接产业转移的行政障碍，以城市群组合方式推进承接同一区域产业转移。

参考文献

陈耀，冯超. 贸易成本、本地关联性与产业集群迁移 [J]. 中国工业经济，2008 (3)：76-83.

苏杨. 产业转移理论研究综述 [J]. 中国商界，2008 (3).

曹前程. 产业集群视角下的区域产业梯度转移 [J]. 南方论刊，2008 (1).

朱坚真，周映萍. 我国东部向中部地区产业转移的态势、问题与建议 [J]. 江南大学学报：人文社会科学版，2009, 8 (6)：91-95.

郑文智. 国内制造业集群式转移趋势及其约束条件研究 [J]. 中国软科学，2007 (7)：67-69.

王晓娟. 集群企业外迁及其效应研究 [J]. 重庆大学学报：社会科学版，2006(1)：22-27.

Krugman, P & Venables, A, J. Globalization and the Inequality of Nations [J]. Quarterly Journal of Economics. Nov. 1995 Issue 4.

（林斐，安徽省社会科学院经济研究所）

外商投资向中西部转移问题研究

改革开放 30 多年来，随着市场经济体制的不断完善，我国日益成为国际产业转移的重要承接地。特别是东部沿海地区凭借率先开放和得天独厚的区位优势，成为外商投资溢出效应的最大受益地区，与中西部地区的经济差距也随之扩大。近年来，伴随着国际国内经济环境的变化，尤其是土地、劳动力等要素资源和环境约束趋紧，东南沿海地区正在加快产业转型升级和向外转移，外商投资呈现出加速向中西部地区转移的趋势。

同时，随着我国区域发展战略的调整，中西部地区的基础设施和投资环境日趋完善，对内对外开放进一步扩大，中西部地区吸纳和承接国际国内产业转移的能力也在逐步增强。如何抓住当前国际国内产业转移的有利机遇，研究中西部地区如何更好、更有效地吸纳国际产业转移和利用外资，对于继续深入推进西部大开发和中部崛起战略，缩小地区差距，促进区域经济协调发展具有重要的现实意义。

一、外商投资向我国中西部地区转移的总体趋势[①]

产业转移是世界经济发展的趋势，也是现阶段我国经济发展遇到的现实问题。在当前经济全球化和区域一体化背景下，如何积极主动地承接国际国内产业转移，已成后发展地区发挥后发优势，实施赶超战略、实现跨越发展的重要战略选择。因此，把握国际国内产业转移的总体趋势和主要特征，以更加积极的姿态、更加有效的措施，主动参与区域合作互动，更好地吸纳来自发达国家和地区的产业转移，成为新形势下我国中西部地区又好又快发展的一项重要课题。

1. 当前我国承接国际产业转移的阶段性特征

第二次世界大战后至 21 世纪初，全球已经完成三次大规模的产业转移，每次产业转移都极大地影响了世界经济的发展。20 世纪 90 年代后期以来，信息技术的快速发展和知识经济蓬勃兴起，有力地推动了经济全球化的进程和发达国家产业结构的升级，引发了新一轮国际产业转移浪潮，并呈现出一些新特征。

一是国际产业转移的规模越来越大；二是国际产业转移结构高度化，以服务业为代表的第三产业投资成为国际产业转移的新热点；三是跨国公司日益成为国际产业转移的主体，跨国公司控制着 50% 以上的国际贸易额，90% 以上的海外直接投资，80% 以上的新技术、新工艺、专有权和 70% 的国际技术转让；[②] 四是国际产业转移方式趋于多样化，除原来单一的直接投资模式外，跨国间企业并购和外包等逐渐成为主要方式；五是国际产业转移出现产业链整体转移趋势，国际生产能力转移不再是个别企业的孤立行为，而是在国际生产的网络或体系的基础上，形成了以先导企业为核心、全球范围内相互协调与合作的企业组织框架；六是国际产业转移更加注重满足东道国本土消费市场需求，国际产业转移的最终产品特征日益明显。

---

① 文中数据如无特殊说明，均来源于国家统计局。
② 国家统计局网站。

改革开放以来，我国东部沿海地区利用率先开放和得天独厚的区位优势，成为全球第三次产业转移的主要承接地。中国承接国际产业转移和利用外资共经历了三个阶段：第一阶段从1979年到1991年，外国企业在华投资还处于小规模、试验性投资阶段，而中国香港大部分轻纺、玩具、钟表、消费电子、小家电等轻工和传统加工业等以加工贸易方式开始转移。第二阶段从1992年到2001年，主要是中国台湾以及日本、韩国的电子、通信、计算机产业的低端加工和装配的大规模转移，我国引进外资重点转变为外商直接投资。据1996~2001年统计，FDI每年维持在400亿~500亿美元的水平。第三阶段从2002年至今，中国进入承接产业转移的快速增长阶段。自2001年加入WTO后，外商直接投资持续增长，2002年达到527.43亿美元，首次超过500亿美元，而且连续16年成为世界吸收外商直接投资最多的发展中国家。我国东南沿海地区集中了80%左右的加工装配工业，跨国公司投资沿海地区的高端产业不断增多。总之，伴随着对外开放的不断深化，我国已成为东亚区域产业梯度转移的主要承接者，承接国际产业转移的规模日益庞大，在全球生产要素优化重组和国际分工中的地位越来越重要。

国际产业转移对我国产业结构调整和地区经济发展产生了深刻的影响，我国在承接国际产业转移方面也出现一些新的趋势和特征。

第一，在承接国际产业转移中，主要以外商直接投资为主。自1992年以来，外商直接投资逐年大幅增长。根据商务部统计，2007年中国实际吸收的外国直接投资达到835亿美元，相当于1983年的91倍，其间的年均增长速度高达20.7%，高于同期我国对外贸易的年均增长水平。金融危机爆发以后，全球外商直接投资（FDI）大规模下降。我国作为全球吸引FDI最多的发展中国家，也出现了FDI增量下降和存量减少的情况，但是受影响程度显著低于全球FDI。虽然受金融危机影响，2009年中国实际使用外资金额900.3亿美元，同比下降2.6%。但2010年，实际使用外资金额达到1057.35亿美元，同比增长17.44%；全国新批设立外商投资企业27406家，同比增长

16.94%。对华投资前10位国家和地区（以实际投入外资金额计）依次为：中国香港（674.74亿美元）、中国台湾（67.01亿美元）、新加坡（56.57亿美元）、日本（42.42亿美元）、美国（40.52亿美元）、韩国（26.93亿美元）、英国（16.42亿美元）、法国（12.39亿美元）、荷兰（9.52亿美元）和德国（9.33亿美元），前10位国家和地区实际投入外资金额占全国实际使用外资金额的90.1%。[①]

第二，制造业仍然是我国承接国际产业转移的主要行业，但高新技术产业和服务业日益成为新重点。据商务部统计，1998~2002年，外商对制造业实际直接投资额占当年全部外商实际直接投资额的比重均在50%以上，且所占比重逐年增长。2002年外商对制造业实际直接投资额比1998年增长50.3%。2010年我国制造业实际吸收外资达到495.9亿美元，同比增长6%，占全部吸收外资的46.9%；服务业实际使用外资金额487.1亿美元，同比增长28.6%，占全部吸收外资的46.1%。[②]可见，目前制造业仍然是我国承接国际产业转移的主要行业，但近年来政府引导外资投向附加值高的现代服务业的努力已取得成效。

第三，承接国际产业转移的层次不断提升。近年来，随着外商在我国投资领域的不断拓宽，投资的产业层次也在不断提高。就制造业内部而言，外商直接投资的重点从劳动密集型初级加工制造业转向资本和技术密集型制造业。其中，通信设备、计算机及其他电子设备制造业，化学原料及化学制品制造业，通用设备制造业，专用设备制造业，交通运输设备制造业等行业的比重占到50%以上；特别是通信设备、计算机及其他电子设备制造业行业，近10年来使用外商直接投资的年均增长在10%以上。同时，在制造业转移的基础上，许多跨国公司在华设立研发中心。据商务部统计，目前全球500强跨国公司中约有490家在华设有投资企业和机构，跨国公司以各种形式设立研发中心1200多家。

第四，承接国际产业转移的方式日益多样化。随着产业转移层次的不断高端化，国际产业转移中的集聚效应日益明显，已由过去单纯的制造业转移拓展为企业"抱团"式、组团式或产业链的

---

①② 数据来源于商务部网站。

整体转移，如以上海—苏州为中心的长三角地区的中国台湾信息产业投资集聚区。同时，我国承接产业转移的方式也越来越多，包括制定吸引外资的优惠政策，设立各种形式的开发园区，开展产业链、产业集群招商引资，技术引进和开展国际经济合作等。

第五，承接国际产业转移的主要地区呈现出由东部地区向中西部地区转移的趋势。近年来，随着中西部地区投资环境的不断改善以及国家政策的积极引导，中西部地区对外商投资的吸引力加大，外资向中西部地区梯度转移趋势日益明显。特别是国际金融危机后，国际产业转移向消费类型的转变，中西部地区在承接国际产业转移中的重要性不断提高。据商务部统计，2010 年，东、中、西部地区实际使用外资金额分别为 898.5 亿美元、68.6 亿美元和 90.2 亿美元，同比分别增长 15.8%、22.8% 和 26.9%。东、中、西部地区实际使用外资占全国的比重分别为 85%、6.5% 和 8.5%，分别比去年同期降低 1.2 个百分点、增加 0.6 个百分点和增加 0.6 个百分点。[①]

在国家政策的有力引导下，我国中西部地区的外商投资也呈现出一些新特征：一是外商投资的规模越来越大，大项目不断增多。二是外商投资的领域不断拓宽，产业层次也在不断提高。除传统制造业以外，以资本与技术密集型为主的新兴制造业迅速扩张。三是吸收外商投资的方式也日益多样化，包括制定吸引外资的优惠政策，设立各种形式的开发园区，开展产业链、产业集群招商引资，技术引进和开展国际经济合作等。四是外商投资的集聚效应日益明显，已由过去单纯的制造业转移拓展为企业"抱团"式、组团式或产业链的整体转移。五是与东部地区相邻且交通运输条件较好的中西部省区，在吸引外商投资方面明显占优势。

2. 外商投资在我国的区位变化及其发展趋势

1992 年以来，外商直接投资成为我国承接国际产业转移的主要方式。由于我国对外开放的格局是从创办经济特区、开放沿海港口城市、建立沿海经济开发区、开放沿江和沿边地区、内陆省会开放城市而逐步形成的，外商直接投资在我国的区位也经历了几个发展阶段。

第一个阶段，1983~1991 年，外商直接投资在我国尚处于试探和观望阶段。外商投资的重点主要集中在以珠三角地区[②]为核心的南部沿海地区。我国改革开放初的 4 个经济特区有 3 个（深圳、珠海和汕头）都在广东省。1983 年我国实际利用外商直接投资为 6.36 亿美元，广东省占 38.5%；1991 年我国实际利用外商直接投资为 43.66 亿美元，广东省占 41.7%。

第二个阶段，1992~1999 年。1992 年，邓小平同志第二次南方谈话，加快了我国对外开放的步伐，外商投资在我国处于高速增长阶段。1992 年我国实际利用外商直接投资达 110.08 亿美元，首次超过 110 亿美元。虽然 1997 年受东南亚金融危机的影响，增速减慢，但到 1999 年基本恢复正常，实际利用外商直接投资达到 403.19 亿美元。

在这个阶段，我国各地区的外商投资都有不同程度的增长，外商投资的区位重点开始由南部沿海地区"北上"，向以长三角地区为核心的中部沿海地区和以环渤海地区为核心的北部沿海地区转移扩散。长三角地区实际利用外商直接投资比重不断上升，珠三角地区的地位相对下降，两个地区实际利用外商直接投资的比重比较接近。1992 年，长三角地区实际利用外商直接投资占全国的比重为 26.85%，珠三角地区实际利用外商直接投资占全国的比重为 32.24%，此后珠三角地区实际利用外商直接投资比重略高于长三角地区，但二者已经非常接近，到 2000 年，珠三角地区实际利用外商直接投资所占全国的比重为 27.97%，长三角地区的比重则为 27.76%，环渤海地区发展也较快，比重达到 21.19%，整个东部沿海地区占全国的比重达到 76.92%。外商直接投资"东高西低"的格局十分显著。

第三个阶段，2000~2006 年。外商直接投资仍然集中在沿海地区，但继续"北上"，由过去高度集中于东南沿海地区，逐渐向以环渤海地区为核心的北部沿海扩散，外商投资在沿海地区的分布

① 资料来源于商务部网站。
② 在统计范围上，长江三角洲用上海、江苏和浙江三省市的数据，环渤海地区采用北京、天津、河北、山东和辽宁五省市的数据，珠江三角洲用广东省的数据。

相对均衡。这个阶段，长三角地区实际利用外商直接投资占全国的比重迅速上升，而珠三角地区所占的比重则不断下降，长三角地区占全国的比重远远超过珠江三角地区。2003 年，珠三角地区实际利用外商直接投资的比例为 14.78%，长三角地区为 39.69%。环渤海地区实际利用外商直接投资持续增长，2003 年占全国的比重为 25.56%。同时，自 1999 年国家实施西部大开放战略以来，中西部地区实际利用外商直接投资在逐步提高，但增幅不大，还没有出现大规模"西进"趋势。

第四个阶段，2007 年至今。外商直接投资在空间上由集中走向分散，趋向均衡。外商投资"北上"和"西进"的趋势日益明显。环渤海地区迅速崛起，成为投资热点，与长江三角洲和珠江三角洲地区形成三足鼎立的区域增长格局。2006~2009 年，三大经济圈实际利用外资占全国的比重不断上升，2009 年，环渤海、长三角和珠三角地区实际利用外资分别为 422.8 亿美元、457.58 亿美元和 195.35 亿美元，分别占全国比重的 25.86%、27.99% 和 11.95%。三大经济圈仍然是我国外商投资最集中的地区。

表 1　1994~2008 年三大经济圈实际利用外商直接投资比重

单位：%

年份	长三角地区	珠三角地区	环渤海地区
1994	16.78	30.91	23.84
1995	26.89	27.49	20.01
1996	31.64	26.78	20.30
1997	31.91	25.24	18.15
1998	26.13	25.79	26.80
1999	25.47	29.74	21.03
2000	22.05	27.59	30.86
2001	23.67	28.25	30.90
2002	26.77	21.77	32.57
2003	31.59	23.58	24.97
2004	32.50	20.59	27.34
2005	30.89	17.38	29.41
2006	30.15	17.12	28.19
2007	29.55	17.41	28.62
2008	27.09	15.92	29.95

注：在统计范围上，长江三角洲用上海、江苏和浙江三省市的数据，环渤海地区采用北京、天津、河北、山东和辽宁五省市的数据，珠江三角洲用广东省的数据。

资料来源：根据中经网数据中心各地区外商投资实际发生额计算。

2007 年以来，中西部地区对外商投资的吸引力加大，外商投资向中西部地区梯度转移的趋势十分明显。中西部地区利用外商投资大幅增长（见表 2）。2008 年，我国中部地区利用外资的发展速度比全国平均水平高出 12.8%，西部地区更是高出 56%。西部地区 2008 年全年实际利用外资是 2006 年的近 6 倍，2009 年利用外资是 2006 年的 9 倍多。外商投资在地区间分布也不均衡，中西部一些重点优势地区近年来实际利用外资的增长速度非常快。以重庆为例，2007 年前重庆主要以利用内资为主，2007 年后外商直接投资迅速增长，2007 年实际利用外资还只有 11 亿美元，2008 年增长超 170%，2009 年达到 40.4 亿美元，增长 47.7%，实际利用外资增速已连续两年位列全国第一，成为西部吸引外资最多的省市。①

总的来说，"十一五"以来，我国区域协调发展战略进入了全国实施阶段，我国地区经济呈现出良好的发展态势。东部地区仍将是外商投资的

---

① 资料来源于商务部网站。

表2 1994~2008 外商直接投资在四大区域所占的比重

单位：%

年份	东部地区	中部地区	西部地区	东北地区
1994	80.24	6.33	6.60	6.84
1995	81.80	6.29	6.22	5.68
1996	83.04	5.92	5.12	5.93
1997	78.52	7.60	5.10	8.79
1998	80.08	7.29	3.87	8.76
1999	77.23	8.23	4.20	10.34
2000	80.86	6.97	3.57	8.60
2001	81.65	6.26	3.36	8.74
2002	78.59	8.25	4.09	9.06
2003	77.09	9.21	3.20	10.51
2004	76.50	9.53	3.56	10.40
2005	73.25	10.12	5.78	10.85
2006	71.00	11.98	6.66	10.37
2007	69.11	12.59	5.49	12.81
2008	65.51	12.17	8.06	14.26

注：我国四大区域是按照东部 10 省市（北京、天津、河北、上海、江苏、浙江、福建、山东、广东、海南）、东北 3 省（辽宁、吉林、黑龙江）、中部 6 省（山西、安徽、江西、河南、湖北、湖南）和西部 12 省市区（内蒙古、广西、重庆、四川、贵州、云南、西藏、陕西、甘肃、青海、宁夏、新疆）来划分。
资料来源：根据中经网各地区外商投资实际发生额计算。

重点，但中西部地区在国家政策的支持下，将成为外商投资增长最快的地区。

近年来，外商直接投资开始向中西部地区转移，其原因是多方面的：

第一，经过多年的快速发展，东部地区土地、劳动力、能源等生产要素供给趋紧，企业商务成本居高不下，资源环境约束矛盾日益突出，产业结构转型和升级压力进一步增大。东部地区已开始显现出新一轮加快承接国际先进制造业和现代服务业的迹象；东部地区实施的"腾笼换鸟"和中西部地区"筑巢引凤"以及国家促进"万商西进"等工程，使东部一部分劳动密集型产业和加工贸易企业开始出现加快向中西部地区转移的趋势。特别是金融危机以后，随着国际产业转移向以满足国内消费市场需求的转变，外商投资开始加快向中西部地区转移。

第二，随着西部大开发和中部崛起战略的深入实施，中西部地区对内对外开放的力度进一步加快，基础设施也日趋完善，中西部地区承接产业转移的条件和能力在不断增强。特别是为应对国际金融危机，国家大力实施"保增长、扩内需、调结构"的 4 万亿元投资计划，以及国家实施产业振兴规划和中长期科技发展规划纲要等，这些政策在促进东部产业结构转型升级，加快外商投资和东部地区产业向中西部转移的同时，也使中西部地区的投资环境得到全面改善，中西部地区所具有的劳动力优势、资源优势、环境优势、市场优势、综合成本优势以及政策优势等，将可能吸引更多的产业和投资向中西部地区转移。

第三，国家新修订了《中西部地区外商投资优势产业目录（2008 年修订）》，进一步扩大了中西部地区外商投资的领域和范围。同时，为了促进中西部地区有序承接产业转移，推动建立沿海城市与中西部城市间产业转移对口合作机制，国家在上海、江苏等东部地区建立了产业转移促进中心，而且也开始在中西部地区建立承接产业转移示范基地。2010 年先后出台了《关于进一步做好利用外资工作的若干意见》、《关于中西部地区承接产业转移的指导意见》等，引导和支持中西部地区发挥自身资源、劳动力等优势，加快承接产业转移。可以说，中西部地区承接国际国内产业转移正进入一个新的战略机遇期。

二、外商投资向中西部地区转移中存在的问题和制约因素

改革开放以来，外商投资对我国地区经济发展具有重要的促进作用。我国地区发展差距的变化，也与外商投资区位变化有直接的关系。外商投资"东高西低"，在东部地区高度集聚，在一定意义上是改革开放后东部地区与中西部地区差距扩大的重要原因。加快中西部地区对内对外开放的步伐，积极促进外商投资向中西部地区有序转移，有利于提高中西部地区的自我发展能力，促进区域经济协调发展。虽然近年来中西部地区经济保持高速增长，投资软硬环境不断优化，为外商投资向中西部地区转移提供了良好的条件，但同时也面临不少问题和制约因素。

1. 外商投资向中西部地区转移中存在的主要问题

（1）外商投资的总量和规模都较小，与东部地区差距大。尽管近年来中西部地区实际利用外资增长速度很快，但与东部地区仍然差距很大。长期以来，东部地区利用外商直接投资占全国的比重一直维持在一个很高、很稳定的水平，而中西部的比重一直较小（见表2）。1979~2008年，东部地区实际累计利用外商直接投资占全国的比重为80.2%，中部地区、西部地区和东北地区则分别只占8.0%、4.96%和6.81%。

（2）外商投资的产业过度集中。目前中西部地区的外商直接投资主要集中在制造业、房地产业、电力燃气及水的生产和供应业。根据商务部统计，1997~2006年，中部地区这三个行业实际吸收外商直接投资金额占中部地区实际使用外资金额的比重分别为55.49%、14.74%和8.43%，总计达到78.66%；西部地区这三个行业占西部地区实际使用外资金额的比重分别为48.82%、17.81%和8.69%，总计达到75.32%。[①]从制造业来看，2008年西部地区吸收外商直接投资较多的是建材、造纸、有色等行业。

现阶段中西部地区的外商投资还是主要以劳动密集型或资源消耗型产业为主，这虽然与西部资源优势与扩大劳动就业等经济发展目标相一致。但是，劳动密集型产业存在规模小、创新能力不足、技术含量低、管理水平不高等问题，中西部过多地承接此类产业，一方面易造成资源的破坏、环境污染等；另一方面加剧了中西部产业结构的同构化和过度竞争，挤压中西部传统优势产业的发展空间。

（3）外商投资的方式和来源都较为单一。外商在中西部投资主要以外商独资和中外合资为主。1998~2006年，中部和西部地区累计实际使用外资金额中，以中外合资企业方式进行的投资所占的比重分别为44.51%和45.06%；以中外合作企业方式进行的投资所占的比重分别为10.41%和14.17%；以外商独资企业方式进行的投资所占的比重为分别44.62%和39.38%；以外商投资股份制企业方式进行的投资所占的比重为分别0.40%和1.39%，表明中西部地区的市场环境和市场机制正在逐渐趋于完善。[②]从投资来源地看，亚洲国家和地区仍是外商投资的主要来源，而来自欧美发达国家的投资数额相对较少。较为单一的投资和来源决定了外商投资在中西部的规模往往较小，缺乏具有龙头和产业集群效应的大项目，产业带动能力不够强，难以形成集群竞争力。

（4）外商投资的地区分布不均衡。外商投资在中西部各个省分布不均衡。至2006年底，中部地区利用外资最多的省份是湖北、湖南、江西和河南，这4省实际使用外资金额占中部地区的比重分别为22.4%、18.85%、16.03%和12.02%，总计占中部地区实际使用外资总量的69.3%，占全国的比重为6.1%。至2006年底，西部地区利用外资最多的省份是广西、四川、陕西、重庆，这4省实际使用外资金额占西部地区的比重分别为30.97%、21.22%、15.74%和12.58%，4省总计占到西部地区使用外资总量的80.51%，占全国的比重为

①② 数据来源于《中国外商投资报告（2007）》。

2.98%。近年来，随着国家政策的不断调整以及外商投资加快向中西部地区转移，中西部一些省份地区抓住机遇，实际利用外资总量增长较快，如中部地区的安徽、江西、湖北，西部地区的重庆、内蒙古等。2007年以来，四川、重庆、内蒙古、陕西和广西一直是西部地区利用外资最多的省份，这5个省2009年实际利用外资额占到西部地区的90%。

（5）中西部地区引资存在盲目性，缺乏规划指导。目前中西部地区利用外资还处于初级阶段，随着外商投资和东部地区产业加快向中西部地区转移，中西部地区在招商引资上存在着很大的盲目性，乱上项目，到处布局，大多没有明确目标，招商引资四处撒网，不重视产业对接的前期研究和引导。而许多外商投资企业对于西部地区的资源特点、市场环境、投资环境和社会环境等还缺乏足够的了解，向中西部地区转移的动力不足，方向也不明确。西部地方政府缺乏根据自身的发展条件和产业基础拟定引资和承接产业的具体规划，由于各地区对引资的重点领域和重点区域没有引导目录，导致地区之间的恶性竞争、重复建设和资源浪费。

（6）东部地区外资内迁存在政府性拦蓄。地方各级政府为了保证其辖区的增长率、就业率等指标，并有稳定的税收来源，往往会使用一些不规范的行政手段来阻碍生产要素的转移，采取种种措施限制区内的产业外迁。对于东部地区来说，现阶段相当一部分资源及劳动密集型产业并没有充分发展到走向衰落的阶段，仍然具有一定发展优势与空间，在创新机制尚未形成、新的主导产业没有形成气候，而旧的主导产业又开始向西部地区转移之时，东部可能因为产业空心化而面临失去新的经济增长点的威胁。制造业西移会带来结构性失业的难题。同时东部自身发展不平衡，近年来为促进本省内区域协调发展均出台了许多有力政策措施，鼓励本省发达地区产业和投资向不发达地区转移，客观上造成东部省区产业向中西部省区转移的拦截，致使西部地区承接东部地区产业转移"雷声大、雨点小"。

（7）存在污染转移问题。中西部地区，特别是西部很多地区生态环境十分脆弱，区域生态系统对自然条件和人为干扰十分敏感，系统的恢复力与抵抗力较差，一旦超过环境自我平衡能力的极限，生态破坏在很长时期内都难以逆转，将直接影响到国家的生态安全。随着产业转移步伐加快，"高耗能、高排放、高污染"产业向中西部地区转移的倾向有所抬头，加上一些地方在招商引资中存在只注重数量不注重质量的状况，环境保护面临着严峻考验。对此，中西部地区要有高度警惕，要积极承接资源节约型、环境友好型的项目，坚决拒绝承接那些产能落后、污染环境、不符合国家产业政策的项目，避免成为发达地区的"污染避难所"。要正确处理好眼前利益和长远利益、局部利益和全局利益的关系，不能只顾眼前利益而忽视生态环境压力。

此外，2008年以来我国两税合一、出口退税率下调、劳动合同法实施等一系列政策变化，出口加工企业生产成本上升，越南、缅甸、印度等国家趁机加大引资力度，一批劳动密集型产业纷纷转移到东南亚、南亚而没有进入我国中西部。

2. 外商投资向中西部地区转移的制约因素

由于软硬环境条件还有待于改善，现阶段中西部地区在承接国际国内产业转移中尚存在诸多制约因素，特别是在产业配套、物流效率、融资环境、服务意识等方面与东部地区还有较大差距。

（1）区位优势不明显，物流成本高。低廉的要素价格和优惠的政策不足以弥补地理位置上的劣势。特别对西部地区来说，近几年，虽然基础设施有了很大的改善，但还是相对落后，物流不发达，运输费用居高不下，信息流通也不畅，配套服务不够完善，供应商竞争力较低。与西部地区相比，中部地区的区位优势较明显，具有"近水楼台先得月"的区位条件，如安徽、湖北和江西由于毗邻长三角地区，近年来外商直接投资增长较快。

（2）产业配套能力不强，缺乏有规模的产业集群。当前外商投资向中西部转移着重点不仅仅考虑资源与成本，还更多地考虑向产业链整合方向转移。东部沿海地区虽然资源及要素成本相对高，但制度成本低，产业集群发达，产业组织内外部交易成本很低，产业竞争优势明显。而目前中西部地区，特别是西部地区整体工业规模不大，经济基础薄弱，工业产业结构仍不够合理、技术水平不高、工业设备陈旧等现象普遍存在，导致产业配套能力仍然较低。总的来说，中西部地区在市场环境、产业综合配套及产业集群发展上与东部省区差距较大，虽然资源要素成本较低，但产业企业正常运行成本过高，竞争力不强，在一定程度上阻碍了外商投资向西部地区转移。

（3）产业园区基础设施建设相对不足。产业园区是外商投资的主要载体。受地方政府财力和园区融资能力的限制，中西部地区，特别是西部地区基础设施历史欠账多，经济水平低，产业基础差，加之自然条件较差，很多产业园区的基础设施投入严重不足，建设资金紧缺。目前许多的产业园区不能完全满足落户企业对基础设施的需要，特别是道路交通、供水供电供气等设施落后，缺乏投资吸引力。

（4）土地成本相对较高。与其他地区相似，大多数中西部地区项目用地指标受限，审批程度繁杂。同时，中西部的工业用地成本与其他地区相差不明显，甚至要高于东北地区，西南地区的商业用地甚至要高于全国平均水平。

（5）劳动力市场不完善，专业技术人员缺乏。西部地区富余劳动力数量相对较多，但劳动力素质普遍比沿海地区低，人才和具有专业技能的劳动力供应严重不足。而西部地区的生活和交通等条件迄今还难以吸引足够的中高级人才到西部就业和创业，同时西部自身培养的人才流失严重，

西部的人才引进政策与东部相比还存在较大差距，在一定程度上限制了东部产业转移。

（6）中小企业融资难，缺乏有效的金融政策支持。西部地区金融结构不合理，国有银行业的比重太大，政策性银行和地方商业银行比重过小，金融机构设置较少，融资规模小，资本市场发育迟缓，金融机构服务和创新能力较差，对企业特别是中小企业的支持不足，企业贷款审批程序复杂，并且存在一定程度的惜贷现象，使得企业融资成本高、融资难，尤其是外来企业。

（7）产业发展软环境改善不够。中西部地区市场化水平较低，思想观念相对落后，对先进管理经验接受能力和意识较差，竞争意识不强。许多地方政府办事效率低下，行政效率较低，服务意识不强，审批程度繁琐，投资者权益缺乏法律保障、政府有失诚信等问题，都使得企业运营成本加大。对于已经引进的项目，往往由于缺乏履约监督等机制严重影响了实施效果。

（8）经济规模和市场空间相对较小。一个地区基础设施条件、市场规模和制度环境是外商直接投资区位的主要决定因素。目前中西部地区的经济实力还是相对有限，市场规模和潜在市场需求都与东部地区有很大的差距，这些在一定程度上也影响了外商直接投资的进入。

三、促进外商投资向中西部地区转移的政策措施

改革开放30多年来的实践证明，外商投资的区位分布有明显的政策导向性，政策环境变化对外商投资区位选择有重大影响。目前，中西部地区吸收外资仍处于较低水平，为了克服中西部地区在吸收外商投资中出现的问题和主要制约因素，提升中西部地区的自我发展能力，促进经济又好又快发展，还需要进一步完善各项政策措施。

1. 加大国家政策引导力度

自2000年我国西部大开发战略实施以来，我国就加大了鼓励外资向内陆地区梯度转移的政策措施，出台了许多鼓励外商投资西部的优惠政策。在以后实施振兴东北等老工业基地和中部崛起战

略中，同样实施了与西部大开发类似的鼓励性政策，这些政策对于促进外商投资向中西部地区转移发挥了重要作用。但是，目前中西部地区在投资环境方面的劣势仍十分明显，在市场经济条件下，中西部地区吸引外商投资在整合现有的各种优惠政策的同时，仍需要营造更好的外资政策环境，需要依靠政策的推动力。

（1）进一步完善中西部地区外商投资规划。为了有效地引导外商投资向中西部地区转移，国家新修订了《中西部地区外商投资优势产业目录》，进一步放宽了中西部地区外商投资领域。此外，商务部联合国际组织和地方政府编制了《中国中部

地区外商投资促进规划（2009~2014）》，明确了中部地区阶段性投资促进工作的指导思想、目标任务、发展重点和主要措施，为中部六省今后五年的外商投资提供了指导。对于西部地区来说，在吸收外商投资中存在的问题和制约因素更突出，为加快西部地区招商引资的力度，建议尽快编制《西部地区外商投资发展规划》，研究西部地区外商投资的基本思路、目标任务、发展重点、重大政策措施。同时，结合西部各省市现有的产业情况，加强统筹规划，协调好招商引资中的区域关系，防止出现同质化竞争、重复建设、产业结构趋同等问题。

（2）实行差别化的产业政策，重点扶持中西部地区优势产业发展。对东部地区和中西部地区要按照分类指导的原则，采取差别化的产业政策。要加强对外商投资的产业引导，要结合中西部地区各个省市经济发展的实际，引导外资投向本地区特色优势产业，提高外资与中西部地区相关产业的关联度，重点扶持中西部地区特色优势产业的发展，促进中西部地区的资源优势转变为产业优势。2010年国务院发布的《关于进一步做好利用外资工作的若干意见》中，提出鼓励外商在中西部地区发展符合环保要求的劳动密集型产业，对符合条件的西部地区内外资企业继续实行企业所得税优惠政策，保持西部地区吸收外商投资好的发展势头。此外，中西部地区自然资源丰富，对于外商投资中西部地区的能源化工、特色农副产品加工、装备制造业、高技术产业等优势产业，要进一步开放领域和范围。对于符合《外商投资产业指导目录》和《中西部地区外商投资优势产业目录》中鼓励类的外商投资项目，要给予优惠政策。

（3）实行更为优惠灵活的外资政策。针对目前中西部地区在招商引资中遇到的实际问题，在加大中央财政转移支付的同时，在土地、能源、财税等方面要采取更加优惠灵活的具体政策措施。一是在土地供给上，适当调整土地政策，增加中西部供地指标，为一些重点工业园区和一些带动地方经济发展的重点项目提供用地保障，对不占用耕地的建设用地和项目，返还部分中央、省级土地收益分成，降低工业企业用地成本。同时，要落实好工业建设用地的各种优惠政策。规范土地市场，盘活存量土地，提高土地的利用效率和集约化水平。二是继续推进资源税改革，适当提高资源税征收税率，扩大征税范围，加快环境税征收的步伐。支持中西部对优势资源和能源就地开发，就地使用，就地增值，将资源优势转化成经济优势。三是在财税政策上，实行以企业投资补贴为主的投资诱导政策，鼓励外商和东部企业到中西部欠发达地区投资办厂，对在国家划定的特定开发地区新扩建且符合一定条件的企业提供一定比例的投资补贴。在税收政策上，对中西部地区要给予范围更广、针对性更强的扶持政策，如加速折旧年限、返还利润再投资部分所得税、建立优势产业发展基金等税收或财政政策。四是在金融政策上，建议国家支持中西部地区发行产业开发定向债券或企业债券融资，对一些重大项目结合产业政策，国家政策性银行和国有商业银行根据投资额大小给予低息、免息贷款等支持，并对中西部地区的项目贷款放宽担保抵押条件，中央财政给予一定贴息。

2. 优化对外开放的软硬环境

加强软硬环境建设是吸引外商投资的必要条件，也是招商引资竞争力的重要体现。

（1）加强基础设施建设。基础设施建设是吸收外资的硬环境。目前，中西部地区的基础设施得到了明显改善，但由于地理位置上的劣势，特别是西部地区，交通运输成本高，对发展劳动密集型特别是一些利润空间小的产业有一定约束。西部地区政府要从体制和机制入手，切实采取有力措施，加大投入，尽快完善本地区基础设施建设，增强公共设施服务水平。要进一步加强中西部地区工业园区的基础设施建设，建议国家设立中央投资专项或者研究建立西部产业发展基金予以支持引导。还可以通过优惠政策吸引外商投资和社会资金投入建设，推进园区企业参与建设。

（2）优化投资软环境。一是要进一步转变政府职能，增强服务意识，变管理型政府为服务型政府。规范行政审批，减少审批环节，简化办事程序，建立投资审批一条龙服务体系，努力提高行政效率，为外来投资者提供高效、优质、周到的服务。二是要保证政策环境的稳定性，落实好招商引资的有关政策和优惠措施，大力推进诚信政府建设，为外来投资者提供最优的政务环境。三是要着力建设各种生产要素市场，如资本市场、人才资源市场、技术市场等，逐步完善中西部地区的市场机制。四是要加强信息化建设，构建信息交流平台，通过提供西部地区各级政府经济政策、行业发展趋势、商品供需动态、主要投资意向以及备选项目等重要信息，帮助外来投资企业更好的科学决策。五是要营造公平竞争的市场环境，加强对企业和个人产权的法律保护，简化企业监管的政策法规，提供更加完善的投资经营环境。要使投资者对在中西部投资有信心，建议制定"中西部投资鼓励法"，用立法的形式保障投资者的利益，鼓励外商和东部地区的企业到中西部投资兴业。

（3）加快物流业等配套服务产业的发展。要加大对中西部地区服务业的支持力度，特别是中西部地区物流业的发展。要坚持政府引导、市场运作、统筹规划，整合资源，加快中西部地区现代物流市场体系，完善现代物流设施网络体系，建设现代物流信息体系。目前，西部地区物流业发展比较晚，起点比较低，远远不能适应经济发展的需要，应着力提升现代物流配套服务水平。建议政府拿出专项资金来支持现代信息物流的发展，同时鼓励外商投资或东部大型企业进入物流业领域，并给予政策优惠。同时，要充分发挥中心城市在服务业方面的集聚和辐射功能，重点扶持一批条件基础条件较好的中心城市，在信息服务、投资促进、服务业开放等方面继续给予政策倾斜，使之成为中西部地区具有较强经济辐射力的发展核心。

要加快中西部地区商务服务体系建设。坚持专业化、社会化和市场化原则，加强诚信建设，完善监管体系，促进商务服务企业按照独立性、客观性、公正性的要求，在社会生活中发挥服务、沟通、自律的作用。大力发展各类中介服务业。加快发展律师、公证、会计、审计、资产评估、咨询等商务服务业。积极发展证券、保险、人才、劳动力、法律服务等市场中介组织，大力推广代理、代办、经纪、拍卖、担保等中介服务方式，为企业经营管理、居民消费和社会信息沟通提供有效服务。规范发展各类行业协会。此外，要做大做强会展业，提高展会服务能力与服务水平。推进会展项目品牌化，加大培育展会品牌力度，打造"精品展会"。

3. 积极搭建市场导向的引资平台

（1）会展招商平台。要充分利用会展平台招商。目前，中西部地区政府为投资方、引资方提供服务的平台有很多，比较著名的有"中国东西部合作与投资贸易洽谈会"、"中国西部国际博览会"、"泛珠三角区域经贸合作洽谈会"、"重庆投资洽谈会"、"中国兰州投资贸易洽谈会"、"中国青海投资贸易洽谈会"、"乌鲁木齐对外经济贸易洽谈会"等。今后宜逐步淡化行政色彩，强化市场化操作，在政府有关部门的指导和监管下，由市场化的投资中介机构承办，常年运转，以降低招商成本，提高效率。

（2）合作共建产业园区。国务院发布的《关于进一步做好利用外资工作的若干意见》提出，要鼓励东部地区与中西部地区以市场为导向，通过委托管理、投资合作等多种方式，按照优势互补、产业联动、利益共享的原则共建开发区。在目前情况下，共建园区模式，可以很好地解决中西部地区引资难、区域发展动力不足等问题，无疑会加快中西部地区承接国际国内产业转移的步伐。合作共建产业园区应当遵循"政府推动、市场运作、多方参与、优势互补、互利互赢"的原则，充分调动各方的积极性。合作主体可以是"政府与政府、政府与企业、企业与企业"。在实际操作过程中，需要注意避免出现中西部园区所在地政府反应积极，而合作政府和企业的积极性不高，以致影响合作共建园区的建设效果等问题。如何在双方自愿的基础上，建立优势互补、市场运作、互利互惠的产业转移运作机制，还需要进一步探索。

4. 创新工业园区招商引资模式

产业园区是中西部地区招商引资的主要载体。目前中西部很多地区吸引外资还处于较低水平，为了吸引更多的企业，通常对入园企业的限制性条件较少，因而存在着产业园区产业层次较低，产业间关联性不强，主导产业不突出，甚至企业污染环境严重等问题。为避免这些问题，实现园区的科学发展，中西部地区在承接产业转移和吸收外商投资中可以根据产业性质及其布局规律，采取集群式、链条式或循环经济式的引资模式。一是通过规划和政策手段，引进行业龙头企业，吸引或培育其上下游及相关配套产业集聚，形成产业集群，或者同一类型的上下游产业，在行业协会等组织的介入引导下，集体迁入园区发展。目前许多新的开发区在招商中注重大项目招商为中心，实行大项目—产业链—产业群—产业基地的发展模式。二是围绕支柱产业从上游、中游，到下游形成较为完整的产业链。发展到一定阶段后，也会形成产业集群。中西部很多产业园区可以选择符合自己发展定位的产业，承接并构建有当地特色的产业链模式。三是根据循环经济的理念，使园区的产业首尾相接形成区内循环，实现废弃物再利用。中西部地区要坚持以资源节约招商选资，对于许多资源富集区来说，可以考虑设立资源循环经济园区，在集聚相关资源开发性企业的同时，吸引相关外资企业进入园区，实现园区内企业的零排放，资源得到最有效的使用。

5. 强化资源节约和环境保护

一是要制定中西部地区外商投资的限制和禁止类产业目录。目前，国家新修订的《中西部地区外商投资优势产业目录》中，只列出了适合西部各省自身特点的鼓励产业目录，还没有专门针对中西部地区实际而制定的限制和禁止目录。国家环保总局和国家经贸委在2000年联合发出《关于禁止向西部转移污染的紧急通知》，对一批已明令淘汰的15类严重污染环境的小企业、设备、工艺等做出了明确的管理规定，在很大程度上阻止了一部分恶性的污染转移。这个通知缺乏具体的限制和禁止目录。中西部地区，特别是西部很多地区，关键到国家的生态安全，因此在加快承接国际和东部地区产业转移的形势下，要尽快研究和完善中西部地区地方环境标准体系。

二是要严格执行国家环保、技术、质量等标准和国家产业政策，防止资源浪费、高耗能和高污染产业向中西部地区转移扩散，引导外商投资的方向和领域。要逐步提高产业的进入"门槛"，对污染密集型行业制定严格的环保标准，依法对包括外商投资企业在内的各类企业实行强制淘汰高耗能、高耗水落后工艺、技术和设备的制度。同时可以运用经济和政策手段建立环保激励机制，引导外商投资到清洁能源、生态农业和服务业领域。

三是加强对外商投资企业的环境保护监管，对外商技术性投资项目事先进行环境评估，实行清洁生产审核、环境标识和环境认证制度。同时鼓励清洁型技术的引进，研究制定支持外商投资环保产业的综合性鼓励政策，加快污染智力市场化进程，使外商直接投资在改善我国生态环境质量方面逐步发挥作用。

参考文献

赵晋平. 改革开放30年我国利用外资的成就与基本经验 [J]. 国际贸易，2008 (11).

郝红梅. 我国吸收外商投资趋势分析 [J]. 中国金融，2009 (11).

石碧华. 当前我国西部地区承接产业转移问题研究 [J]. 中国经贸导刊，2011 (8).

国家发改委2008年第4号令：中西部地区外商投资优势产业目录（2008年修订）.

商务部. 中国中部地区外商投资促进规划（2009~2014年）. 商务部网站.

商务部. 中国外商投资报告2007. 商务部网站.

国务院关于进一步做好利用外资工作的若干意见. 国发 [2010] 9号.

（石碧华，中国社会科学院工业经济研究所）

"十一五"期间西部产业转移、效应分析及启示

一、"十一五"时期西部工业增长的特点

1. 在全国工业中的地位迅速提高

从 20 世纪 90 年代初开始，西部工业总产值占全国的百分比开始下降，虽然从 1998 年开始，国家开始实行西部大开发，但西部工业占全国百分比仍呈现出下降的趋势，在经历了"十五"期间的持续下滑后，西部工业占全国的百分比在 2004 年达到了最低点，之后的 2005 年开始上升，"十一五"期间，西部工业占全国的百分比保持住了从 2005 年开始的上升势头，工业占全国的百分比持续上升，占全国工业总产值的百分比由"十

五"末期 2005 年的 10.813%，上升到"十一五"末期 2009 年的 12.745%，上升了 1.932 个百分点。

另外，从表 1 中看到，2005~2009 年，东部工业占全国的百分比由 68.112% 下降到 62.705%，下降了 5.408 个百分点，5.408 个百分点分别转向中、西部和东北，其中西部增加的 1.932 个百分点占5.408 个百分点的比重为 35.725%，大于西部工业占全国的百分比，这说明了"十一五"期间西部工业发展的强劲势头。

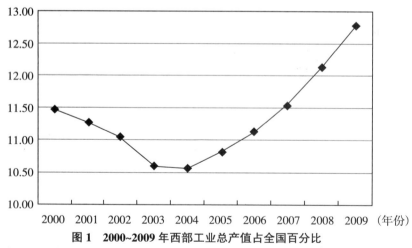

图1　2000~2009 年西部工业总产值占全国百分比

资料来源：根据相应年份的《中国工业统计年报》提供的数据计算绘制。

2. 区域工业增长不平衡依然十分明显

尽管在总体上，西部工业在"十一五"期间发展较快，但发展不平衡的问题依然十分明显。在西部 12 个省（区、市）中，占全国的百分比增加的有 7 个省（区、市），减少的有 5 个省（区）。

占百分比上升的 7 个省（区、市）分别是：内蒙古、四川、重庆、广西、陕西、青海、宁夏，7 省（区、市）工业总产值占全国工业总产值的百分比由 2005 年的 7.472% 上升到 2009 年的 9.746%，上升了 2.273 个百分点，由于青海、宁夏工业总量在

全国所占百分比小，因此，拉动西部工业的增长地区，主要集中在内蒙古、四川、重庆、广西、陕西5省（区）。贵州、云南、甘肃、新疆、西藏5省（区）尽管在"十一五"期间也实现了较快的

增长，但增长速度低于全国水平，占全国工业总产值的百分比由2005年的3.341%下降到2009年的3.000%，下降了0.341个百分点。

表1 2005~2009年西部各地区工业增长状况

	工业总产值（亿元）		工业总产值占全国百分比（%）			2009/2005	
	2005年	2009年	2005年	2009年	2009年减2005年	数值	同全国水平之比（%）
内蒙古	2995.59	10699.44	1.191	1.951	0.761	3.57	1.64
四川	6178.03	18071.68	2.455	3.296	0.841	2.93	1.34
广西	2547.32	6880.04	1.012	1.255	0.242	2.70	1.24
重庆	2525.87	6772.90	1.004	1.235	0.231	2.68	1.23
陕西	3397.71	8470.40	1.350	1.545	0.194	2.49	1.14
青海	486.86	1080.35	0.193	0.197	0.004	2.22	1.02
宁夏	671.54	1461.58	0.267	0.267	0.000	2.18	1.00
总计			7.472	9.746	2.273		
贵州	1690.40	3426.69	0.672	0.625	-0.047	2.03	0.93
云南	2596.21	5197.45	1.032	0.948	-0.084	2.00	0.92
甘肃	1988.26	3770.38	0.790	0.688	-0.103	1.90	0.87
新疆	2102.53	4001.12	0.836	0.730	-0.106	1.90	0.87
西藏	27.29	51.60	0.011	0.009	-0.001	1.89	0.87
总计			3.341	3.000	-0.341		
东部	171384.29	343817.56	68.112	62.705	-5.408	2.01	0.92
中部	33706.22	89129.34	13.396	16.255	2.860	2.64	1.21
西部	27207.61	69883.63	10.813	12.745	1.932	2.57	1.18
东北	19321.38	45480.88	7.679	8.295	0.616	2.35	1.08
全国	251619.50	548311.42	100.000	100.000	0.000	2.18	1.00

资料来源：根据相应年份的《中国工业统计年报》提供的数据计算而成。

二、行业产业转移对西部增长的影响

"十一五"期间，西部工业总量占全国百分比增加，说明全国工业总量在持续向西部转移，本文从以全国工业增长速度为标准和以行业增长速度为标准两个方面，来分析产业转移对西部工业增长的影响。

全国工业增长速度为标准的产业转移，主要假设只要西部某一行业的增长速度大于全国工业的增长速度，就认为这一行业向西部进行了产业转移；如果某行业增长速度和全国工业增长速度持平或低于全国工业增长速度，即使该行业仍在

增长，也认为产业没有转移。以行业增长速度为标准产业转移是指以全国行业的增长速度为标准，只要西部某一行业的增长速度大于全国相应行业的增长速度，则认为发生了产业转移；如果西部某一行业的增长速度等于或小于全国行业的增长速度，即使行业仍在增长，也认为没有发生产业转移。

1. 以全国工业增长速度为标准的产业转移

对西部"十一五"期间行业的增长速度进行分析，可以看到，西部绝大部分行业的增长速度

都大于全国工业的增长速度，39个工业行业中，有34个行业的增长速度大于全国工业的增长速度，但有些行业虽然增长速度远大于全国工业的增长速度，但由于行业规模较小，很难对产业转移起到实质性作用。因此，为确定影响产业转移的主要行业，设立如下标准，即要同时满足两个条件：行业增长速度为全国工业增长速度1.1倍以上；占地区工业总产值百分比在2%以上。

从表2看到，西部符合上述条件的行业共有11个，11个行业占全国工业总产值百分比由2005年的4.496%，上升到2009年的6.217%上升了1.721个百分点，占此期间西部工业占全国的百分比上升数量（1.932个百分比）的89.08%，可见，产业转移是西部经济增长的主导力量。

表2中所包含的行业主要集中在以下4个领域：

（1）原材料行业，包括煤炭开采和洗选业、非金属矿物制品业和有色金属冶炼及压延加工业，3个行业2009年占西部工业总产值的百分比为18.36%，占全国工业总产值的百分比由2005年的

1.555%上升到2009年的2.338%，上升了0.783个百分点，占西部上升总额的1.932%的40.53%。

（2）装备制造业，包括4个行业，为电气机械及器材制造业、通用设备制造业、专用设备制造业以及交通运输设备制造业，4个行业2009年占西部工业总产值的百分比为17.01%，占全国工业总产值的百分比由2005年的1.597%上升到2009年的2.167%，上升了0.57个百分点，占西部上升总额的29.5%。

（3）食品工业，包括饮料制造业、农副食品加工业、食品制造业3个行业，3个行业2009年占西部工业总产值的百分比为11.23%，占全国工业总产值的百分比由2005年的1.097%上升到2009年的1.43%，上升了0.333个百分点，占西部上升总额的17.24%。

（4）通信设备、计算机及其他电子设备制造业，2009年占西部工业总产值的百分比为2.22%，占全国工业总产值的百分比由2005年的0.247%上升到2009年的0.282%，上升了0.035个百分点，占西部上升总额的1.81%。

表2　西部工业总产值增长速度较快且具有一定规模的行业

	2009年工业总产值/2005年工业总产值			占西部工业总产值百分比（%）	占全国工业总产值百分比（%）	
	西部	全国	西部/全国	2009年	2005年	2009年
煤炭开采和洗选业	4.71	2.18	2.16	7.06	0.416	0.899
非金属矿物制品业	3.36	2.18	1.54	4.85	0.401	0.618
有色金属冶炼及压延加工业	2.43	2.18	1.11	6.45	0.738	0.821
总计				18.36	1.555	2.338
电气机械及器材制造业	3.23	2.18	1.48	3.04	0.261	0.387
通用设备制造业	3.21	2.18	1.47	3.14	0.272	0.4
专用设备制造业	2.97	2.18	1.36	2.56	0.239	0.326
交通运输设备制造业	2.78	2.18	1.28	8.27	0.825	1.054
总计				17.01	1.597	2.167
饮料制造业	2.92	2.18	1.34	2.86	0.272	0.364
农副食品加工业	2.88	2.18	1.32	6.28	0.605	0.8
食品制造业	2.64	2.18	1.21	2.09	0.22	0.266
总计				11.23	1.097	1.43
通信设备、计算机及其他电子设备制造业	2.49	2.18	1.14	2.22	0.247	0.282

资料来源：根据相应年份的《中国工业统计年报》提供的数据计算而成。

2. 以行业增长为标准的行业内产业转移
（1）不考虑行业规模只考虑行业增长速度的产

业。从表3中看到，如果不考虑行业的5产业的规模，仅从行业转移的速度看，2006~2009年，西

部增长速度（2009/2005）为全国相应行业增长速度1.4倍以上的行业共有13个，在表3所列的13个行业中，转移速度较快的行业主要集中在采矿业和轻工业，但这些行业除煤炭开采和洗选业、通信设备、计算机及其他电子设备制造业外，其余的11个行业规模较小，2009年占西部工业总产值的百分比仅为5.66%，占全国工业总产值的百分

比仅从2005年的0.402%上升到2009年的0.721%，增加了0.319个百分点，占西部工业总产值占全国百分比增量的份额仅为16.51%。对于增加西部工业在全国工业中的地位贡献较小，由此可见，西部行业增长速度较快的行业，并不是西部工业增长的主导力量，但体现了轻工业从沿海轻工业向内地转移的趋势。

表3　2006~2009年西部增长速度为全国相应行业增长速度1.4倍以上的行业

	西部行业产值增长速度/全国相应行业产值增长速度（2006~2009年，>1.4）	占地区工业总产值百分比（2009年，%）	占全国相应行业产值百分比（2009年，%）	占全国工业总产值百分比（%）	
				2005年	2009年
其他矿采选业	17.08	0.01	0.00	0.000	0.001
文教体育用品制造业	3.91	0.02	0.48	0.001	0.003
纺织服装、鞋、帽制造业	2.12	0.29	1.90	0.018	0.037
家具制造业	1.97	0.35	0.63	0.021	0.045
废弃资源和废旧材料回收加工业	1.87	0.22	0.26	0.007	0.028
金属制品业	1.87	1.49	2.93	0.090	0.190
煤炭开采和洗选业	1.64	7.06	2.99	0.416	0.899
皮革、毛皮、羽毛（绒）及其制品业	1.61	0.56	1.17	0.052	0.071
化学纤维制造业	1.52	0.26	0.70	0.032	0.033
通信设备、计算机及其他电子设备制造业	1.51	2.22	8.13	0.247	0.282
非金属矿采选业	1.46	0.69	0.42	0.043	0.088
塑料制品业	1.44	1.02	2.00	0.091	0.130
木材加工及木、竹、藤、棕草制品业	1.41	0.75	1.05	0.047	0.095
		14.94		1.065	1.902

资料来源：根据相应年份的《中国工业统计年报》提供的数据计算而成。

（2）既考虑行业增长速度也考虑行业规模的产业转移。将增长速度为全国行业增长速度1.1倍以上且占西部工业总产值百分比大于2%的行业（也是占全国工业总产值的百分比大于0.25以上的行业）作为行业选取的标准。符合上述条件的共有10个行业（见表4），10个行业占2009年西部工业总产值的百分比为50.28%，占全国工业的百分比由2005年的5.552%，上升到2009年的6.407%上升了0.855个百分点，占西部工业总产值所占全国工业百分比增量的44.25%。

从行业分布看，10个行业中除饮料制造业，通信设备、计算机及其他电子设备制造业电器机

械及器材制造业以及通用设备制造业属于加工业外，其他6个行业都属于能源、原材料工业，加工业所属的4个行业，占2009年西部工业总产值的百分比为11.26%，占全国工业的百分比由2005年的1.052%上升到2009年的1.433%，上升了0.381个百分点，占西部工业总产值所占全国工业百分比增量的19.72%。

能源原材料所属的6个行业，占2009年西部工业总产值的百分比为39.02%，占全国工业的百分比由2005年的4.500%上升到2009年的4.974%，上升了0.474个百分点，占西部工业总产值所占全国工业百分比增量的24.53%。

表4 增长速度为全国行业增长速度 1.1 倍以上且占西部工业总产值百分比大于 2% 的行业

	行业增长速度/全国相应行业增长速度(2006~2009 年)	2006~2009 年增长速度(2009/2006)		占地区工业总产值百分比(%)	占全国行业总产值百分比(%)	
		西部行业	全国相应行业	2009 年	2005 年	2009 年
煤炭开采和洗选业	1.64	4.71	2.87	7.06	0.416	0.899
非金属矿物制品业	1.24	3.36	2.70	4.85	0.401	0.618
石油加工、炼焦及核燃料加工业	1.23	2.21	1.79	5.22	0.656	0.665
石油和天然气开采业	1.20	1.44	1.20	3.79	0.732	0.484
电力、热力的生产和供应业	1.14	2.14	1.88	9.16	1.190	1.168
黑色金属冶炼及压延加工业	1.13	2.25	1.99	8.94	1.105	1.140
上述行业总计				39.02	4.500	4.974
通信设备、计算机及其他电子设备制造业	1.51	2.49	1.65	2.22	0.247	0.282
电气机械及器材制造业	1.33	3.23	2.43	3.04	0.261	0.387
通用设备制造业	1.24	3.21	2.58	3.14	0.272	0.400
饮料制造业	1.21	2.92	2.42	2.86	0.272	0.364
上述行业总计				11.26	1.052	1.433

资料来源：根据相应年份的《中国工业统计年报》提供的数据计算而成。

三、产业转移的效果

1. 产业竞争力不断提升

（1）企业规模迅速扩张。从表 5 中看到，西部企业规模的扩大是和产业转移相伴而进行，2005 年，西部总体上的企业规模小于全国平均水平，为全国平均水平的 0.998 倍，在四大地带中小于东部和东北，居第三位；而到 2009 年，西部企业的平均规模已达到全国平均水平的 1.20 倍，在四大地带中居第一位。这说明，西部的产业转移是伴随着企业规模的扩大而进行的，企业规模的扩大，表明西部产业发展，同市场需求相吻合。

表5 2005 年、2009 年西部及其他地带工业企业规模对比

	企业规模（万元）		同全国平均水平之比	
	2005 年	2009 年	2005 年	2009 年
东部	9244.18	12133.60	0.9987	0.9612
中部	8464.01	12531.01	0.9144	0.9927
西部	9240.46	15136.48	0.9983	1.1991
东北	11252.33	13492.61	1.2156	1.0689
全国	9256.33	12623.32	1.0000	1.0000

资料来源：根据相应年份的《中国工业统计年报》提供的数据计算而成。

（2）劳动生产率迅速提升。从表 6 中看到，虽然西部 2009 年劳动生产率总体上仍低于东部和东北，但"十一五"期间的 2006~2009 年，上升了一倍，高于东北和东部，仅略低于中部，由此，劳动生产率由 2005 年的相当于全国平均水平的 0.83 倍，上升到 2009 年全国平均水平的 0.98 倍。

表6　2005年、2009年西部及其他地带工业劳动生产率对比

	劳动生产率（万元/人）		同全国平均水平之比（%）		2009/2005
	2005年	2009年	2005年	2009年	
东部	40.04	63.33	1.10	1.02	1.58
中部	28.07	56.39	0.77	0.91	2.01
西部	30.26	60.60	0.83	0.98	2.00
东北	37.50	68.07	1.03	1.10	1.82
全国	36.49	62.09	1.00	1.00	1.70

资料来源：根据相应年份的《中国工业统计年报》提供的数据计算而成。

2. 人员转移的幅度较小

从总体上看，西部伴随着产业转移的从业人员转移不甚明显。工业从业人员占工业全国从业人员的百分比仅从2005年的13.04%上升到2009年的13.06%，仅上升了0.02个百分点。

从表7中看到，"十一五"期间，西部从业人员的转移主要集中在重庆、四川、广西和内蒙古四省（区、市），四省（区、市）2009年工业从业人员占全国工业从业人员的百分比2005年均有所上升，四省（区）合计，从业人员占全国的百分比从2005年的7.05%上升到2009年的7.72%，上升了0.67个百分点。其他省（区）从业人员占全国的百分比则有所下降。

表7　2005年、2009年西部各地区工业吸引劳动力状况

	占全国从业人员百分比（%）		2009年从业人员/2005年从业人员	
	2005年	2009年	地区	全国
重庆	1.34	1.55	1.486	1.160
四川	3.18	3.53	1.424	1.111
广西	1.32	1.39	1.347	1.052
内蒙古	1.21	1.25	1.319	1.030
上述4地区总计	7.05	7.72		
青海	0.20	0.20	1.268	0.990
新疆	0.68	0.66	1.247	0.974
云南	1.00	0.95	1.223	0.955
陕西	1.73	1.56	1.157	0.903
贵州	0.99	0.85	1.101	0.860
宁夏	0.37	0.31	1.066	0.833
甘肃	1.00	0.78	1.006	0.785
西藏	0.03	0.02	0.849	0.663
西部总计	13.04	13.06	1.283	1.001

资料来源：根据相应年份的《中国工业统计年报》提供的数据计算而成。

3. 利润提升相对较慢

从表8中看到，总体上，西部工业在"十一五"期间，无论是从净资产利润率还是从产值利润率看，其增长速度都低于全国平均水平，特别是产值利润率，在东部和中部2009年比2005年上升的情况下，西部不但没有上升，反而有所下降。这说明了西部工业虽然发展较快，但产业的创新能力却提升较慢，反映在产品上就是在市场上具有明显优势的产品不多，产品大路货多，从而造成产品利润率较低。

因此，增强西部工业的创新能力，是"十二五"期间西部工业发展的重要目标。

表8 2005 年、2009 年西部及其他地带工业效率变化状况

	净资产利润率（%）			产值利润率（%）		
	2005 年	2009 年	2009/2005	2005 年	2009 年	2009/2005
东部	19.09	21.97	1.15	5.48	5.99	1.09
中部	11.58	17.55	1.52	5.33	6.86	1.29
西部	13.11	14.86	1.13	7.56	7.22	0.96
东北	17.22	16.40	0.95	8.10	6.14	0.76
全国	16.55	19.24	1.16	5.88	6.30	1.07

资料来源：根据相应年份的《中国工业统计年报》提供的数据计算而成。

四、对西部"十二五"发展的启示

1. 进一步充分发挥西部产业优势，加速产业转移

"十一五"期间，西部装备制造业对西部工业的增长起到的重要的推进作用，其原因：一方面是国家西部大开发的政策起到了作用；另一方面是随着国家需求的改善，西部多年来积累的装备制造业基础开始发力，西部应认识到装备制造业的优势，进一步挖掘装备制造业的潜力，将装备制造业打造成为推进西部发展的重要力量。

农产品加工产业在推动西部"十一五"工业发展中所起的作用表明，西部农产品加工业的市场化进程取得重要突破，"十二五"期间，要进一步依托资源优势，产品进一步贴近市场，将农产品加工业打造成连接第二、第三产业，推动西部经济增长的重要产业。

2. 推进资源产业的深化

资源产业是推动西部经济增长的重要支柱之一，推进资源产业的深化为西部"十二五"期间的重要任务，为此，西部应在以下两方面加以重视：第一，资源的深化要和环境保护相协调，做到可持续发展；第二，要有长远规划，资源性产业的发展规模不是越大越好，要考虑资源地区未来几十年的发展，要为资源地区发展留有余地，如新疆的石油资源，宁夏、甘肃的煤炭资源。

3. 加速战略性新型产业的发展

战略性新型产业是我国"十二五"期间重点发展的产业，西部应充分发挥装备制造和科技资源优势，加速发展战略性新型产业，使西部的产业发展不断和国家需求、产业发展趋势保持一致。

4. 强化科技创新对产业发展的引领作用

西部是我国科技资源的集中地区，应充分利用这一优势，将科技创新和产业转移相结合，使产业转移从依托劳动力、自然资源优势，向依托科技优势、劳动力优势、资源优势转变。

（刘楷，中国社会科学院工业经济研究所）

产业的链式化转移与承接研究

目前，产业转移总的趋势是，由发达国家向发展中国家转移，或由技术领先国家向有成本、市场优势的国家转移。但是，我们仔细观察，不难发现，近年产业的转移出现了一个重要的新特征：链式化转移与承接现象迅速发展起来，并取代整个公司搬迁的掏空式转移而占据主导地位。在科技进步的推动下，产品的技术含量不断提高，增值环节和供应环节越来越多，生产工序在技术上的可分性也日益加强。在此条件下，产业在国际上的转移方式是多种多样的。从链式化转移与承接角度看，它可以通过拆分价值链来进行，可以运用分解供应链来实现，也可以在生产链的基础上寻找合适的承接地点，获得区位优势。这实质上是按照价值链、供应链和生产链在全球范围内进行资源配置。

一、按照价值链进行的产业转移与承接

制造业是产业的核心部分，它生产一种产品，需用多种技术，需要多种原料。制造业也可以把一种原料加工为多种产品。它加工过程每项技术的使用都会增加产品的价值。每种原料的生产，都有一条不断增值的价值链。一个进入市场的深加工终端产品，它包含产品设计、原料生产或选购、半成品加工、成品制作以及销售服务等一系列长短不同的价值链。一条价值链由多个增值环节组成，各个增值环节含有不同的附加值和盈利量。不同产品有不同的价值链，它们的获利能力也大有差别。以价值链为基础的产业转移，一般表现为，发达国家的先进公司留下附加值高的增值环节和盈利量大的价值链，而把其他方面转移出去。具体情况有以下几种：

（1）从产品自身的纵向价值链看。不管具体价值增值环节有多少，一般可分为设计开发、生产制造和销售服务三个价值段。据有关资料表明，知识和技术密集度较高的产品，它的全部利润在三个价值段中的分配比例是：设计开发与销售服务各占40%，生产制造仅占20%。一些综合实力和技术水平处于世界前列的跨国公司，出于追求高利润的目的，依照价值链各个增值段的利润含量变动规律，及时调整经营策略，把竞争重点放到价值链的技术开发、设计创新、客户服务以及其他高附加值阶段，同时，把价值链中利润含量相对较低的生产制造阶段转移到国外具有成本优势的地区。这样，既可提高盈利水平，又能控制整条价值链。

（2）从不同产品的横向价值链看。一条价值链含有多少盈利量，与产品的性质直接相关。劳动密集型产品价值链中增值环节少，附加值和盈利量小。知识密集型产品价值链中增值环节多，附加值大，利润率高。如果按照产品整条价值链附加值由小到大进行排序，它们的座次大体是：劳动密集型产品→资源密集型产品→资金密集型产品→一般技术密集型产品→高新技术密集型产品→知识密集型产品。发达国家的一些跨国公司对不同产品的价值链进行比较后认为，劳动或资源密集型产品价值链中附加值小，而且本国的劳动力和资源成本不断增加，进一步压缩了盈利空间，所以应设法把它们转移到发展中国家或相对落后地区，利用那里的廉价劳动力和资源，降低

成本，提高效益。资金或一般技术密集型产品附加值或盈利量处于中等水平，也应选择合适地点把它们的价值链转移出去。自己则应致力于知识或高新技术密集型产品的研制及开发，以便垄断高利润率的价值链。近年来，不少跨国公司按照上述思路转移制造业。例如，美国的微软、英特尔和IBM等计算机制造商，把利润率高达25%~35%的核心软件制作、CPU开发等知识密集型和高新技术密集型产品牢牢掌握在自己手中，留在国内生产，而把利润率为15%~25%的资金密集型和一般技术密集型的产品，特别是利润率仅为8%~12%的劳动密集型的产品转移到其他国家。

（3）从不同地点的价值链比较看。价值链内含的附加值或盈利量除了取决于产品的性质外，还受到增值环节形成地点的影响。同一价值链，在不同地点不同条件下，可以有不同的盈利水平。有的价值链，内含机械化和自动化程度较低的增值环节，在发达国家和先进地区，几乎没有获利空间，但如果转移出去，由发展中国家和相对落后地区来承接，可能会由于成本下降而变得有利可图。倘若当地承接之后，加强信息化改造，提高自动化、智能化水平，其增值环节或许会带来更加可观的利润。有的价值链，内含对环保政策相当敏感的增值环节，发达国家的环保意识强，政策要求高，考核指标规定严，企业面临的环保压力越来越大，盈利幅度越缩越小，不得不把这些增值环节的生产过程转移出去，由环保政策较宽松的发展中国家和相对落后地区来承接。有的价值链，内含需获准政府特许经营的增值环节，如有的产品生产过程安全性要求特别高，或需要大量稀缺资源作为原材料等，国家将其列入垄断经营目录，只有获得政府发放的特许证，授予其专营、专卖的权利才能开展生产经营活动。在发达国家，这类特许经营权可能早已瓜分完毕，一些后面发展起来的少壮派公司只能可望而不可即，若要通过企业间转让，又需付出昂贵代价，经再三衡量之后还是把目光转向国外，如果能顺利获得外国政府的特许证，就将这一增值环节转移过去。

二、按照供应链进行的产业转移与承接

制造业从原材料到成品，需经过许多环环紧扣的生产和流通过程，会形成一条长长的供应链。如汽车产业，若以总装为中心，它的前向供应链包括从铁矿石、焦炭到生铁，到钢铁，到汽车零部件等环节，其后向供应链包括运输、仓储、销售、维修、报废回收等环节。每一道供应环节还可以细分出许多内含的供应链，如汽车总装可以分解出发动机、变速器、底盘、电子信息设备、车体等多条供应链。可以说，汽车有上万个零部件就有上万个供应环节，而每个零部件的制造都可以自成一条供应链。对于制造商而言，他造汽车的目的是为了赚钱，只需选择自己觉得最合适最能获利的供应环节就可以了，用不着每道加工程序都事必躬亲，没有必要也不可能把所有生产过程都纳入自己的企业。基于这种考虑，一些世界著名的汽车制造商，通常只控制汽车制造的核心技术，并负责发动机和变速器等关键部件的制造，把其他供应环节转移到国外去，由当地企业承接。

以供应链为基础的产业转移与承接，一般表现为，位居世界同行前列的先进公司，集中力量从事产品核心技术的研究和开发，有效控制高技术关键部件的制造，把产品供应链中非核心环节和其他技术含量较低部分的生产，转移到相对落后公司，由后者作为承接单位。这样，先进公司可在供应链中保持和巩固领导地位，还可由此获取全球竞争的优势。

按照供应链转移与承接产业，会引起科技创新中心与制造中心的分离。处于世界前列的先进公司集中的国家，将逐步演变为全球科技创新中心，可能不再是全球制造中心。科技创新中心可用自己掌握和垄断的核心技术，对制造中心实行有效控制，使其形成依附关系。美国信息产业对东亚地区的转移，以及东亚地区对这一产业的承接，就是一个典型的例子。20世纪90年代以来，美国集中了在信息、通信、计算机和半导体材料

等领域握有核心技术的大公司，还集中了在生物技术、微电子和光电子技术、新材料和新能源技术等方面处于领先水平的科研机构和企业，确立了全球信息产业科技创新中心的地位。于是，他们集中人、财、物等各方面力量，选择在信息产业供应链的核心技术环节，进行科技前沿成果的深化研究与应用开发，同时毫不吝惜地将信息产业供应链的其他环节转移到国外。在此条件下，东亚地区大量承接美国的转移，发展成为全球最重要的信息产业制造中心。但是，美国并没有恢复信息产业全球制造中心的打算，而是利用自己处于全球信息产业科技创新中心的地位和综合国力，在技术、装备、工艺和市场等方面控制东亚地区的信息产品制造，从而使这一全球制造中心依附于自己。

全球科技创新中心对制造中心进行控制的主要方法：一是通过跨国公司内部分工控制制造中心所在地的子公司；二是扶持从属于自己的委托加工制造商；三是通过核心技术支配生产性技术；四是加强低端产品对高端产品的依赖关系等。

三、按照生产链进行的产业转移与承接

制造业按生产链转移，寻找承接地点的区位条件时，不同于按价值链和供应链转移。它主要考虑如何通过联结链条各环节获得竞争优势，而不是通过拆分链条各环节来进行。它在选择转移与承接区域的过程中，首先了解有无同类产业或相关产业，喜欢进入有配套产业基础的地方，喜欢进入可完善自身生产链的地区。承接这类产业转移的区域，可以很快形成产业集聚。产业集聚会通过推进生产要素或资源的有机结合，增强产业之间的内聚力和关联性，产生同向合力的乘数功能，降低整体生产成本，能使企业获得节约费用的集聚经济。以生产链为基础的产业转移与承接，主要有三种形式：

（1）生产链纵向联系的产业转移与承接。它一般表现为，某家优势企业或龙头企业，通过综合分析各种发展条件，找到低成本高效益的合适地点，实行自身转移直接落户到当地，由当地作为承接者。获得成功后，以榜样示范力量，吸引其他同类企业转移到同一区域，通过共同开发知识资源，共同使用专用设备，共同利用劳动力市场，共同使用公共设施，进一步降低生产成本。在此基础上，吸引前向产业或后向产业、上游产业或下游产业逐步转移过来，使它们与前期转入的企业相互靠拢。这样，前向或上游企业的产出品，就成为后向或下游企业的投入品，从而形成具有投入产出纵向联系的产业群和企业群。浙江嘉善成为木业大县，就是通过生产链纵向联系的产业转移形成的。

嘉善是典型的江南水乡，境内无山，也无森林资源，原先没有木业基础。1987年，台资企业中兴木业有限公司，发现嘉善地处长江三角洲中心位置，紧靠上海巨大的房地产市场，经营胶合板的区位优势突出，于是来到这里落户，开创了木制品加工业的先河。在它的带动下，先后引进台资木业企业33家，总投资超过1.6亿美元。台资企业的进入，又直接刺激当地民间资本投资木业，形成蓬勃发展之势。2001年，著名的印度尼西亚"蝴蝶牌"胶合板生产商看到嘉善木业发展的良好状态，前来投资1000万美元，创建"金泉木业"。2002年，转移到嘉善的外资木业有增无减，其中总投资超过2000万美元的企业就有3家。2003年，嘉善木业企业发展到320多家，生产标准胶合板企业150家，固定资产总值超过10亿元。产品发展到细木工板、多层板、贴面装饰板、建筑模板等7大类近100个品种。紧接着，亚洲家具产业巨头"台升木业"到嘉善投资1.05亿美元，建成绵延1300米的厂房和2.6万平方米的单体车间，生产高档家具。"台升木业"每年以500万套家具、100万套运动器材称雄亚洲家具市场，居世界第三位。"台升木业"的加盟，还引来十多家技术先进的企业与之配套，使嘉善木业生产链朝后向延伸，开始从"胶合板时代"走向"家具时代"。2009年，嘉善全县木材加工企业达500余家，固定资产30多亿元，职工5万余人，木业产值120亿元，其中外贸出口4亿美元。到2010年，嘉善仅是胶合板就生产了350万立方米，年产值30多亿元，占了全国1/3，可装饰、装修300万套80平方米的住宅。这样，嘉善通过承接产业转移，在没有森林的地方崛起一个木业大县，创造了"零资源经济"的奇迹。

（2）生产链横向联系的产业转移。它常以第一种转移形式为基础，先以一家企业转移到合适地点，再吸引前后向关联企业一起进来，形成生产链纵向联系的企业集群，进而促使整个产业迅速发展，取代当地原有的主导产业，成为实力更强或技术层次更高的新主导产业。然后以这一新主导产业为核心，吸引为其服务的配套产业、补充产业进入同一区域，并带动受主导产业影响的旁侧产业，以及当地自给性产业共同发展，从而形成横向联系的区域产业群团。广东东莞的产业结构演变，是与生产链横向联系的产业转移分不开的。

改革开放前，东莞以农业为主。到1987年，形成食品、工艺美术、纺织、建材、机械、塑料和家用电器等工业。1993年至1995年，制造电脑的台湾致力公司和鼎立电子公司先后到东莞清溪镇投资办厂。在中国台湾为它们生产上游产品的企业，如制造电子元件、小型马达、电源、机箱的东舜、风吾、大利等公司，为了维持原有的供需关系，随之相继来清溪镇落户。这样，以电脑产品及配件为代表的电子信息产业，逐步成为当地的新主导产业。1998年以来，这一新主导产业又吸引与其相关联的配套产品、补充产品制造商，如大利福润、政久、三吉瑞、利源等300多家企业以群体形式迁入清溪镇。这一期间，光宝集团、声宝集团等500多家台资电子企业云集东莞长安镇，台达、源兴科技、旭丽、致伸、鸿友、雅新、华容等200多家台资电子企业迁入东莞石碣镇，汉阳、卡妮尔、宝国等300多家制造电子、通信器材、家用电器及精密机械产品的台资企业落户东莞塘厦镇，300多家以生产电线电缆为主的台资企业密布于东莞虎门镇。到2010年，东莞的台商企业达6000多家，它们绝大部分从事电子信息产业。与此同时，美国通用电器、杜邦、汤姆逊、荷兰飞利浦、芬兰诺基亚、韩国三星、日本三洋、SDK、日电、万宝等世界著名的电子制造商也纷纷前来东莞驻足投资，进一步壮大了当地电子信息产业的实力。据2009年底统计，东莞规模以上电子信息产品生产企业有1604家，占全市规模以上工业企业数的27.5%；全市规模以上电子信息制造业总产值2402.7亿元，占全市规模以上工业总产值的40.5%。改革开放30多年来，东莞充分发挥优越的区位优势，承接国际信息产业转移，逐步发展成全球性信息产品制造基地。目前，东莞的电子信息产业在不断吸引关联产业、配套产业、补充产业前来加盟的过程中，还带动信息服务业、商业连锁机构、酒楼旅店、房地产业、保险业、金融业等旁侧产业，以及当地的食品饮料、果品蔬菜等自给性产业迅速发展。

（3）生产链指向性的产业转移。所谓"指向"，是指某种因素对某种企业具有特殊的吸引力，企业相应地被吸引到某个区位。不同的产业，在原材料、劳动力、技术设备、生产工艺和销售市场等方面存在明显差别，使它们在选择转移地点时，表现出一定的指向性。生产链上具有相同或相关指向要求的企业，由其他区域被吸引到特定地点投资办厂，或建立分支机构，便形成了指向性的产业转移。

产业的指向有很多形式，其中主要有：①天然资源指向，包括原材料、燃料、廉价电力、富矿、优良水质、港口及交通运输枢纽等指向。②知识资源指向，要求区域内分布着众多的高等院校和科研机构。③资本资源指向，要求区域内资本富集程度高，融资渠道四通八达。④劳动力资源指向，包括廉价劳动力和特种技术劳动力指向。⑤市场指向，包括中间产品市场和最终消费品市场指向。⑥配套产业指向，上下游产业相互配合、相互支持，对产业整体在研发、设计、制造、销售和服务各个过程中，可以增强互补功能，有利于提高整个产业的效益，是吸引企业前来加盟的一个重要因素。⑦同业集聚指向，同类企业集聚在一起相互竞争，不仅可以刺激技术进步，降低成本，还可以通过专业化分工获得规模经济。⑧优惠政策指向。⑨生态环境指向。⑩基础设施指向。产业指向形式的划分，仅仅是为了方便理论研究的需要。实际上一个区域可能拥有多种吸引企业落户的因素，而一个企业的转移也可能受到多种指向要求的影响。不过，在一定条件下，某个区位对企业最有吸引力的因素，总是显而易见的。

例如，进驻北京中关村的外资企业，大多属于知识资源指向性产业转移的结果。

中关村是我国知识资源特别是科技智力资源最集中的地区。如今，这里聚集着以北京大学、清华大学为代表的高等院校 39 所，聚集着中国科学院和国家部委在京院所、民营研究院所 140 多家，聚集着以联想、方正为代表的高新技术企业近 2 万家。这里拥有高素质创新创业人才 100 多万人，留学归国创业人员占全国总数的 1/4 左右；拥有在校大学生 40 多万人，每年毕业生达 10 多万人。这里还有国家级重点实验室 57 个，国家工程研究中心 26 个，国家工程技术研究中心 29 个。中关村特殊的区位条件，吸引生产链上具有知识资源指向要求的企业，纷至沓来。这里已有外资企业 2300 多家，其行业分布主要集中在 IT 产业，光机电一体化产业，新材料、新能源产业及生物医药产业等新兴产业和高科技产业。特别是，许多企业是以设立研发机构形式进行投资的。知名的微软亚洲研究院、贝尔实验室、朗讯实验室、IBM、摩托罗拉研究院、诺和诺德（中国）研究发展中心等都设在中关村，这里集中了外国企业驻京研发机构的一半以上。

参考文献

张明龙. 区域发展与创新［M］. 中国经济出版社，2010.

刘再兴. 工业地理学［M］. 商务印书馆，1997.

（张明龙、张琼妮，台州学院，浙江财经学院）

异地园区是区域产业转移的双赢模式

——以浙江嘉兴市为例

改革开放以来，嘉兴经济实现了跨越式发展，但是随着全市经济规模不断扩张，嘉兴市的土地、环境等资源瓶颈制约日益凸显。要从根本上破解资源环境要素约束，就必须走出一条资源消耗少、环境污染低、技术含量高、附加值大的新型工业化之路。当前，随着国际产业转移步伐的加快和转移形式的变化，如何寻找产业转型升级的有效抓手？这是当前各级领导十分关注的问题，其中，深化区域合作，发展异地园区，这是长三角地区出现的一个新现象，也是实践提出的重要新课题，值得深入研究。

一、异地园区概述

（一）异地园区的含义

异地园区是一个尚未被确切定义的概念，在实践和理论研究中有着诸多的称谓，如异地园区、异地产业区、体外（工业）园区、转移工业园或异地园区等。异地园区指在工业化和城镇化过程中，两个互相独立、经济发展存在落差的行政区经济体打破原有区划限制，通过跨空间的经济合作开发，实现两地资源互补、协调发展的一种区域经济合作模式。实践中多指工业经济相对发达地区有组织的向产业低梯度地区转移工业项目，由资本输入地区提供建设和发展用地，双方合作共赢的区域经济发展方式。

异地园区的理论依据是"增长极"理论、区域比较优势理论和区域合作理论。异地园区是区域增长极或者较发达区域"扩散效应"的一种特殊表现形式，也是较发达区域和欠发达区域发挥各自比较优势，实现区域合作共赢的一种有效形式。

（二）异地园区的特征

（1）发展空间的分离性。由于输出方（包括技术、资本、管理和产业等）所处条件的限制，难以选择在当地进行低成本扩张，只能寻找与自身发展相关的地区（输入方）进行合作，从而出现输出方与输入方两者空间上的分离。如成都高新技术开发区在城南发展受到局限，进而在毗邻郫县的金牛区里划出专门的地块设立高新西区。

（2）环境差异性。由于输出方与输入方处于不同的行政区，经济发展的不平衡性造成两地经济发展水平的差异；区域文化和历史等方面的不同可能造成两地人文和社会环境的差异。

（3）优势互补性。输出方在选择新的发展空间时会综合考虑资源禀赋、经济潜力、社会环境和地方政策等因素，而输入方在选择合作伙伴时也会充分考虑对方技术、资本、管理和产业等优势。输出方所在地必然与输入方所在地存在某些方面的差异性和互补性，从而使两地能发挥各自不同的优势、产生互补，促进两地的共生、共赢。

（4）产业关联性。输出方在进行规模扩张的时候，必然发挥原有的特色和产业优势，必然根据自身的实际情况调整布局，进而发挥其管理优势、资金技术和市场优势。输出方着重从事研发、设计等附加值较大、辐射力较强的产业分工环节，输入方则致力于制造加工环节，从而在区域之间形成完整的产业链。

（三）异地园区的类型

按照不同的分类标准，"异地园区"可分成不同类型。

1. 按异地园区主办方的不同属性划分可分成三种类型

（1）政府主体型异地园区。一般是发达地区（产业转出地）政府作为合作主体设立异地园区，并负责园区建设、招商引资等工作。低梯度地区（产业转入地）负责园区基础设施建设，并提供政府服务及管理上必要的合作，投资收益按商定比例分成。这一合作模式能够充分利用发达地区政府在园区建设、招商引资以及经营管理方面的经验和优势，使园区在较高起点上加速发展。东莞石龙（始兴）产业转移工业园采取的就是这种合作方式。

（2）园区投资型异地园区。一般是发达地区（产业转出地）某个园区作为主体，通过设立异地分园或分区，负责规划、建设、招商引资等工作。异地园区运营一般由发达地区园区全额或部分投资成立股份公司，实行企业化运作。低梯度地区负责园区基础设施建设，并提供政府服务及管理上必要的合作。这一合作模式能够充分利用发达地区的园区在建设、招商引资以及经营管理方面的经验和优势，并能直接承接发达地区园区转移的产业，实施效果较为明显。

（3）企业投资型异地园区。一般是由发达地区的优势企业牵头投资低梯度地区，负责规划、建设、招商引资等工作。这种模式可以充分发挥发达地区企业在资金、技术、信息、管理等方面的优势，并能直接承接发达地区企业规模扩张和产业链延伸，往往是龙头企业的迁移和部分迁移带动一批配套企业同行，从而使园区得到快速发展。采取这种合作方式的有中山火炬（阳西）产业转移工业园、东莞大朗（信宜）产业转移工业园等。

2. 按异地园区组织管理方式划分可分为两种类型

（1）股份合作管理模式。即异地园区交由合作双方成立的合资股份公司管理，公司负责园区规划、投资开发、招商引资和经营管理等工作，收益按照双方股本比例分成，如外高桥启东产业园，上海、启东各占股本60%和40%，税收等收益按照6:4分成。该模式运作规范，双方积极性都很高，适合资金实力较强、园区开发经验丰富的发达地区政府、园区或大企业与具有较强园区开发经验的一方开展合作。目前，上海与江苏主要采用这一模式进行两地合作共建开发园区。

（2）输出方为主管理模式。即异地园区主要由输出方（包括技术、资本、管理和产业等输出）负责园区规划、投资开发、招商引资和经营管理等工作，输入方主要负责园区基础条件建设，并提供政府服务，投资收益按有关协议分成。该模式适合技术、资本、管理实力较强的输出方与相对较弱的输入方合作开办的园区。

3. 按异地园区设立的目的划分可分为两种类型

（1）市场选择型异地园区。这种模式依据市场机制原理，按照资源有效配置原则，由区域政府部门在一定范围内双向选择，最后由区域决策机关通过谈判确定。实际工作中较多采取这种模式。

（2）上级政府引导型异地园区。较常见的有扶贫式异地园区和生态补偿型异地园区两种具体形式，而这两种形式在实践中又常常处于一个区域，只是研究视角有所不同。例如，浙江省金华市的金磐开发区既是扶贫式异地园区，又是生态补偿型异地园区。金华市磐安县"九山半水半分田"，一直来以传统农业为主，本土工业发展受到交通、土地、生态等方面的限制，是名副其实的山区县和"贫困县"，为帮助磐安县脱贫，1994年6月，经浙江省委、省政府批准，在金华经济技术开发区内设立一个异地开发区——金磐扶贫经济开发区。该异地园区第一期开发660亩，第二期开发1300亩。异地园区由磐安县管理，第一期开发实现的效益全部归磐安县。第二期收益与金华市比例分成。由于金磐开发区具有在磐安本土无可比拟的发展工业经济的优越条件，因此，异地开发区在磐安经济发展中发挥了较大作用。

二、两个案例分析

（一）南通海安县政府与上海杨浦区政府共建异地园区案例分析

海安县位于南通市的西北侧，地处南通、盐城、泰州三市交界处，全县总面积 1130 平方公里，总人口 96 万人，辖一个省级经济开发区和 14 个镇。过去这里交通和信息相对闭塞，经济发展滞后于苏南地区，苏通大桥通车后，一下子缩短了海安与上海、苏南的时空距离，海安县最近几年来大力实施以"招商引资促经济转型"的发展战略，取得十分明显的成效。县政府与上海杨浦区政府合作成立"上海杨浦（海安）工业园"是 2009 年海安经济建设的一个亮点，是该县近年来狠抓接轨上海工作的一个突破性成果。上海杨浦（海安）工业园合作双方于 2008 年下半年考察互访、酝酿协商，异地园区于 2009 年 8 月正式设立，2009 年 10 月举行开工奠基。杨浦（海安）工业园的主要特色是"政府间协作，组团式梯度转移"，海安县在县城东部产业新城规划 5 平方公里，设立上海杨浦（海安）工业园，首期开发 1 平方公里，根据海安县重点发展装备制造业、新能源和新材料的战略定位，杨浦区政府着力选择相关企业和项目落户海安，杨浦（海安）工业园由上海方为主实施管理运行，海安县主要做好相关服务工作。双方商定，地方所得税收部分实行双方共享，第一个合作期为 10 年，前五年的地方所得税收全部返回上海，后五年四六分成，上海得 60%，海安的 40%。近两年来，杨浦（海安）工业园进展迅速，成效明显。

杨浦区与海安县合作构建"异地园区"的经验给人们多方面启示。

第一，创办"异地园区"是上海杨浦区产业转型升级的必然选择。杨浦区是上海最大的中心城区，是中国近代工业发展基地。杨浦区在 60 平方公里区域内集聚了近 2 万家企业，发展空间受到严重限制。近年来，杨浦区围绕"知识创新区"战略目标，逐步从"工业杨浦"向"知识杨浦"转型，企业发展亟须向外寻找新的发展空间。异地建立杨浦工业园区的构想，最初来自上海剑豪液力传动设备制造公司董事长的建议，区委、区政府主要领导高度重视这一意见，专门成立项目小组进行调研，区有关部门先后对江苏省的苏南、苏中和苏北地区的十一个县市进行了实地考察，最后在苏中选定海安县作为合作对象。

第二，两地政府间合作创办"异地园区"的形式是开发区建设模式的重要创新。跨省"异地园区"一般有两种模式：一是相对发达地区的某个强势企业携巨资到土地资源相对充裕的地区创办工业园区。二是相对发达地区的某个工业园区与土地资源相对充裕的地区合作兴办工业园区。杨浦区和海安县则创造了第三种模式，即由两地政府合作创办异地园区。据了解，对上海杨浦区方面来说，政府层面的合作具有三个好处：一是政府为转移或扩张企业搭建了一个发展平台，可以节省企业的搬迁交易成本。二是政府组织一批企业抱团转移，可以产生较大的影响，在区域合作中为转移企业争取到较大的优惠条件。三是两地政府间的合作可以对异地园区产生的税收进行分配，兼顾了资本输出地与输入地政府的利益，较好地调动了资本输出地政府的积极性。对海安县来说，与上海杨浦区政府合作具有三方面的优越性：一是区级政府信誉度高，组织协调能力强，有利于大批量承接上海产业的梯度转移。二是符合海安县打造千亿级"江苏省装备制造业特色产业基地"的战略构想。装备制造业在海安县有相当基础，但缺乏龙头骨干企业的支撑，杨浦工业园落户的上海企业主要是装备制造企业，较好地提升了海安装备制造业层次。三是品牌效应，上海杨浦工业园建在海安，这是一个重要的区域品牌，有利于吸引浙东北、苏南乃至长三角地区的优势企业和项目落户海安。

第三，海安县成功引进杨浦工业园是深入实施接轨上海战略的一个重要成果。海安县委、县政府把上海作为获取信息的重要窗口，作为引进项目的主要平台，海安县、镇两级共有 100 多名招商人员常驻上海，仅海安经济开发区就有 48 人常驻上海；开发区设立 4 个招商局，分别面向上海、浙江、苏州和无锡招商，而对浙江、苏州、无锡厂商的信息收集和洽谈活动，多数也是在上海完成的。上海杨浦（海安）工业园的成功大大提升了海安县的区域品牌，2010 年，海安县又参照杨浦（海安）工业园模式，相继兴建了《中国海安欧洲工业园》，占地 3 平方公里；与无锡市合作兴建《锡海经济园》，一期占地 2000 亩，从而搭建了更多的招商引资平台，加速海安工业化步伐。

（二）海宁与上海漕河泾新兴技术开发区共建海宁分区案例分析

近年来，海宁传统产业为主的产业结构和相对粗放的经济增长方式日益显现出其发展的不可持续性，因此，努力寻找契机调整产业结构、促进经济又好又快发展是海宁全市上下面临的重要课题。为此，海宁市在多方考察论证、综合评估的基础上，选择了上海漕河泾新兴技术开发区作为紧密合作的对象，并于 2008 年 10 月与其签订了全面合作框架协议，经过多次深入洽谈，双方决定成立上海漕河泾新兴技术开发区海宁分区，由海宁经济开发区和上海漕河泾新兴技术开发区共同合作开发。2009 年 9 月，省政府批复同意设立上海漕河泾新兴技术开发区海宁分区，总规划面积 15 平方公里。由漕河泾开发区和海宁经济开发区共同出资组建开发公司，开发公司首期注册资本为人民币 1 亿元，漕河泾方出资 5500 万元，占注册资本的 55%；海宁方出资 4500 万元，占注册资本的 45%，双方全部以货币出资。董事会由七人组成，上海方委派 4 人，海宁委派 3 人。经营班子由五人组成，上海方 3 人，海宁方 2 人，总经理由上海方担任。

分区定位于新兴技术产业园区，发展电子信息、新能源、新材料、生物医药、装备机械等先进制造业及现代服务业等产业，将成为承载漕河泾开发区乃至上海产业转移的基地，将大力推进新兴技术产业集群的发展。计划五年内完成分区 5 平方公里的开发，总投资 110 亿元，引进企业 100 家，其中高新技术企业占比 30% 以上，吸引世界 500 强企业 5~8 家，力争 10 家，把分区建设成为带动海宁全市经济社会又好又快发展的先行区与示范区。

海宁经验给区域经济合作有诸多启示：

（1）合作双方长远利益共同点是建设异地园区的逻辑起点。双方合作建设异地园区的目的是寻求双方长远利益的最大化，合作双方均存在一定的制约因素，均需要充分利用对方的优势来达成自己的目标。对于上海漕河泾新兴技术开发区来说，建设异地园区是实现"腾笼换鸟"、促进产业升级、为本地企业寻求新的发展空间、避免本地企业无序外流的战略需要，其优势在于园区品牌、科技水平高、人才素质高、产业层次高、资金实力强、招商信息丰富等，并已经形成了信息、新材料、航天航空、生物医药、现代服务业五大支柱产业集群。其主要制约因素是产业发展空间不足、经济运行成本高等。对于海宁而言，建设异地园区是实现引进产业、资金、技术、人才、管理、促进产业转型升级、增加地方财政收入和扩大就业等战略目标的迫切需要，其优势在于发展空间相对较大、经济运行成本较低等，其主要制约因素则是科技水平较低、缺乏高素质人才、产业层次较低等。因此，双方合作建设异地园区可以实现优势互补，充分利用对方的优势来实现自己的目标，形成合作双方长远利益的交会点。

（2）产业承接能力是双方合作建设异地园区的基础。上海漕河泾新兴技术开发区是全国首批国家级经济技术开发区和高新技术产业开发区，目前园区形成的五大支柱产业集群和正在培育的三大产业亮点集中在战略性新兴产业和高端生产性服务业，这就需要承接地具备产业、技术与人才配套能力。近年来，海宁市在优化提升皮革、经编、家纺三大特色产业基础上，大力发展太阳能利用、印刷包装、汽车零部件、机械装备、电子信息等新兴产业。这些新兴产业的发展不仅可以与上海漕河泾新兴技术开发区主导产业对接，而且也为承接上海漕河泾新兴技术开发区转移的产业提供了技术与人才储备。可见，上海漕河泾新兴技术开发区选择与海宁合作建设异地园区，除了区位条件、文化等因素外，海宁较好的产业承接能力和生产、技术配套能力是双方合作建设异地园区的重要基础。

（3）政府支持是双方合作建设异地园区的关键。为了合作建设异地园区，海宁市政府向浙江省政府作了专题报告，市政府有关领导和开发区相关同志多次与省国土、发改、商务、环保等部门进行专题汇报，并取得了省政府相关职能部门的支持。市政府为推动双方合作，专门就分区的开发范围、土地规划指标问题下达了《关于同意明

确上海漕河泾新兴技术开发区海宁分区开发建设范围及土地规划指标的批复》；市委市政府还多次召开专题会议，特别就如何有效解决海宁分区设立涉及的土地问题进行反复研究。与此同时，上海漕河泾新兴技术开发区及各级政府也对该项目予以高度关注和支持。在合作双方政府和领导合力推动下，一个沪嘉合作的高端异地园区诞生。

三、深化区域合作，优化嘉兴产业空间布局的对策建议

（一）加强对异地园区案例的深入研究

多种形式的异地园区是资源、环境、劳动力约束强化条件下，经济发展水平具有落差的区域之间合作双赢的有效实现形式，也是资本输出方优化产业结构和空间布局的有效实现形式。嘉兴市秀洲区构建的"一心八园"浙江科技孵化城中，也有多个异地园区。由此可见，异地园区已经成为经济转型升级中的一个重要的新生事物。根据我们的初步研究，异地园区具有两面性，科学的运作模式可以产生较好的效果，而不当的运作模式可能束缚当地政府的主动权，延缓经济发展速度，在土地资源十分紧缺的条件下更是如此。建议市经贸委、市合作交流办公室结合嘉兴实际，跟踪调研海宁和海安两个不同运行模式的异地园区的绩效，同时，选择江苏、广东两地若干个典型案例对比分析，进一步揭示出不同形式异地园区在区域经济发展中的适应性，进一步揭示异地园区的本质特征及其发展规律，进一步寻找合适嘉兴实际的异地园区的具体形式。

（二）利用"同城效应"，与沪杭合作创办战略性新兴产业园区

嘉兴处于长三角核心区城市，经济发展水平较高，但与上海、杭州尚有明显差距。在以"调结构，促转型"为主线的"十二五"时期，如何与时俱进，再创辉煌？借鉴和推广海宁市与上海

漕河泾新兴技术开发区共建海宁分区的经验是一个重要的举措。海宁分区具有三个重要特点：一是上海合作方是国内名列前茅的国家级高新技术开发区，在引进和培育高新技术产业方面具有突出的优势和成熟的经验；二是上海合作主体是一个准政府机构，信誉好，具有相当的资源调配能力；三是这一异地园区采取了股份制合作、公司化经营模式，开发公司由上海方控股，经营班子由上海方为主，充分调动了上海合作方的积极性。我们可以预期这一异地园区的运行模式为日后良好绩效打下了坚实的基础。

建议市政府及其有关职能部门在大力支持办好海宁分区的同时，积极推广海宁分区的经验，充分利用嘉兴与沪杭同城效应的契机，充分利用长三角一体化的大趋势，以县（市、区）和两个市属开发区为主体，采取积极的态度和扎实的措施，有选择地与沪杭区级政府或省市级以上高新技术开发区合作，在嘉兴市域内的省级开发区内兴办若干个高新技术产业"园中园"，可以挂上海、杭州开发区嘉兴分区的牌子。合作方的选择一定要注重发展战略性新兴产业的实效，不可图其虚名。

（三）遵循产业梯度转移规律，与外地合作创办嘉兴异地园区

所谓区域产业转型升级，指某个区域遵循产业梯度转移规律，减少和转移低梯度的劳动密集型产业，增加和新办高梯度的技术密集型产业和

战略性新兴产业，特别是大力发展高梯度的生产性服务业，从而使当地产业形成服务型经济和高新技术型经济。这种产业转型升级的趋势，一般在工业化后期的前半阶段开始出现，而在后工业化时期加速形成。上海这种趋势已经日益明显，因此近年来出现了杨浦—海安模式、漕河泾开发区—海宁模式、外高桥集团—启东模式、嘉定—盐城模式等。嘉兴正处于工业化后期的前半阶段，这种梯度转移趋势已经出现，例如，嘉善胶合板产业的中低端部分在"十一五"后期开始向山东临沂地区转移。近年来，平湖市至少有 30 家服装企业自发去中西部地区设立生产基地，更有部分企业担心外地人文环境不适应而处于观望矛盾之中。

实践表明，劳动密集型产业的梯度转移已经现实地摆在我们面前，已经成为部分企业的现实需求，在土地资源和环境资源的双重约束下，这种梯度转移还将增强。面对这种客观趋势，市、县政府应向上海学习，在不干预企业个体化转移行为的同时，以地方政府或园区为主体，与资本输入地政府或园区合作创办异地园区。这是地方政府贯彻国务院最近发布的"新 36 条"，鼓励和引导民间投资健康发展的重要抓手，也是地方政府实施"腾笼换鸟"战略中为本区域争取较多利益的明智之举。嘉兴地处长三角几何中心，向北可以跟苏北合作，向西可以与安徽、江西合作，空间距离不远，转移成本较低。因此，这种构建异地园区的方式是必要的，也是可行的。建议市、县两级政策研究部门借鉴上海经验，具体研究嘉兴辖区内政府或园区与周边区域地方政府合作创建嘉兴异地工业园区的实施方案，并早日成为实际行动，为促进市产业转型升级发挥积极的作用。

参考文献

沈钧. 金磐扶贫经济开发区异地发展的成功实践 [DB/OL]. 浙江在线新闻网站, 2009-07-17.

陆学进. 上海杨浦海安工业园首批项目奠基开建 [N]. 南通日报, 2009-10-21.

陆文军. 长三角：国家级开发区跨省市设立分区 [DB/OL]. 新华网, 2009-12-18.

（虞锡君、佘明龙，嘉兴学院）

运输费用、需求分布与产业转移

——基于两地区模型的分析

一、引 言

21 世纪以来，产业转移研究逐渐成为我国区域经济和产业经济研究的热点，然而，目前国内产业转移研究还没有形成统一的框架，尤其是学科定位尚不清楚，造成了概念和方法的混乱。在实践中，"积极承接产业转移"已成为政界和商界的流行用语，但是这一用语又往往被等同于"产业发展"和"招商引资"。例如，将东部企业家到中西部开发特色资源，形成东部没有的新产业的现象也称为产业转移，概念的泛化使"产业转移"实践缺乏理论支撑和指导。

目前我国基础设施建设正在跨入新的阶段，高速铁路、高速公路、大型港口、特高压输电线路等一系列大型工程的建设大大缩小了空间经济距离，同时，扩大内需也与产业转移一起成为国家政策导向，均在《"十二五"规划纲要》中被着重强调。然而，由于概念的模糊和理论的滞后，现有研究没能清楚地解释和预测缩小空间经济距离、扩大内需与推动产业转移三者的关系及未来趋势，经济发展的现实急需对产业转移理论进行发展和完善。

产业转移的本质是经济活动区位的变化，基于此认识，本文在现有理论的基础上，引入新的变量，按照区位论的思想构建了一个两地区模型，希望借此来澄清产业转移的含义及与其他相关概念的区别和联系，并对中国的产业转移现实进行理论解释和预测。由于我国的产业结构以制造业为主，产业转移也主要发生于制造业，因此，模型主要针对制造业的特征（产品需要较大规模的跨区域运输）进行设定，模型的适用范围主要限于制造业以及产业链中的加工制造环节。

二、理论述评

一般认为，产业转移的理论主要来源于雁阵模型（Flying Geese Model，FG Model）和产品生命周期理论（Product Cycle Theory）。两者都对产业转移现象进行了描述和解释，但是分析的角度和因素却存在差异。

雁阵模型最初由赤松要（K. Akamatsu, 1935、1937、1961、1962）[1] 提出并发展，基于对日本产业发展变化的观察，解释了后发经济体的"追赶型工业化过程"（Catching -up Process of Industrialization），并从不同角度归纳了产业发展的三种"雁阵"形态。一是单个产业的角度，随着一国（地区）经济的发展，产业会依次经历"进

---

① 赤松要在"二战"前（20 世纪 30 年代）的文献使用日文写作，"二战"后（20 世纪 60 年代）使用英文发表了关于雁阵模型的文献。

口——本地生产——出口"三个阶段，在图形上表现为三条先后增长和降低的曲线；二是产业结构的角度，随着各产业进出口地位的转变，地区产业结构会趋于多样化，主导产业由消费品转向资本品；三是区域的角度，伴随较发达地区消费品出口的减少和资本品出口的增多，欠发达地区逐渐扩大消费品出口和资本品进口，重复较发达地区的"追赶型工业化过程"，从而使消费品生产区位向欠发达地区转移。

小岛清（K. Kojima，1958、1960、1970、1992、2000）在新古典经济学的框架下构建了三个模型，系统解释和发展了雁阵理论。小岛第一模型（Kojima Model Ⅰ）基于H-0要素禀赋原理，解释了单个地区"雁阵"式产业升级的过程，认为主导产业变化的原因是地区要素禀赋的变化，尤其是劳动力成本的相对上升和资本租金的相对下降。小岛第二模型（Kojima Model Ⅱ）在小岛第一模型的基础上，认为如果发达国家与欠发达国家存在要素禀赋差异，那么发达国家可以通过"顺贸易导向的FDI"（Pro-trade-oriented FDI，PROT-FDI）将"边际产业"转移到欠发达国家，对两者的经济发展和产业升级都有利；大山道广（1990）进一步澄清了这种PROT-FDI发生的必要条件是绝对成本优势，而非小岛清认为的相对成本优势（陈建军，2002）。小岛第三模型（Kojima Model Ⅲ）则基于规模经济的角度，提出了"协议专业化"（Agreed Specialization）概念，用以解释发展水平和要素禀赋相似的国家之间的产业转移。在赤松要和小岛清的"雁阵"模型中，产品生产技术是一定的，而区域要素禀赋会发生变化，并通过区域间生产成本的比较，决定了产品的最佳生产区位。

产品生命周期理论由弗农（R. Vernon，1966）提出。弗农立足于发达国家（美国）的视角，将产品生命周期划分为新产品（New Product）、走向成熟产品（Maturing Product）、标准化产品（Standardized Product）三个阶段，不同阶段产品生产的关键要素不同，由于处于不同发展水平的区域之间在要素禀赋和市场需求上的差异，使不同阶段的产品对应不同的最佳生产区域，因此产品生产区位随产品生命周期的演进而在区域之间发生转移。弗农在其1966年的论文中指出：该理论

"较少强调比较成本教条，而更多地强调创新的时间过程、规模经济效应，以及信息缺乏（Ignorance）和不确定性对贸易模式的影响"，指出很多新产品之所以最早出现于美国，是因为美国的高收入水平和高劳动力成本对高档次和劳动节约型的新产品提供了较大的市场需求，并且需求价格弹性较小，在美国生产技术尚不完善的新产品可减少"信息缺乏和不确定性"，其生产成本（考虑风险成本后）会小于欠发达国家。与小岛清的理论相比，弗农的模型中，区域要素禀赋是一定的，但产品生产技术和区域市场需求会发生变化，进而通过区域间生产成本和市场环境的比较，决定了产品的最佳生产区位。除了视角的不同，弗农强调区域市场需求的差异和变化，是与小岛模型的最大区别。

虽然雁阵模型和产品生命周期理论描述和解释了产业的区位变化规律，但研究这两类理论的学者并没有提出严谨的"产业转移"概念。我国学者对产业转移的定义主要借鉴了上述两类理论，并认为"产业区域转移是由于资源供给或产品需求条件发生变化后某些产业从某一地区或国家转移到另一个地区或国家的一种经济过程"（陈建军，2002）。然而对国内产业转移的实际研究却大大突破了这一概念的限制，很多学者使用地区间投资额、产业份额等指标考察产业转移，实际上混淆了"产业转移"与"扩散效应"（Spread Effect）的概念。

这种混淆主要源自不同经济学分支术语内涵上的差异。雁阵模型和产品生命周期理论来自国际经济学，注重从宏观的视角考察地区间的贸易关系，理论模型中抽象掉了空间大小和距离，而我国研究国内产业区际转移的学者虽然大多使用雁阵模型和产品生命周期理论作为理论依据，但实证研究中却主要使用区域经济学的概念和方法，由于区域经济学中经典的"扩散效应"（G. Myrdal，1957）概括了导致发展刺激向空间扩散的机制，也可以解释发达地区对欠发达地区产业发展的带动作用，于是很多学者就使用经济"扩散"机制和指标（尤其是资金等要素流动指标）来考察产业的"转移"。但是"扩散效应"概念的范围显然要大于"产业转移"概念，例如发达地区向欠发达地区进行产业投资属于"扩散效应"的范

畴，但是如果投资的产业与发达地区的产业存在很大差别，则并不会构成产业转移。

另外，陈刚、陈红儿（2001）区分了"扩张性产业转移"和"撤退性产业转移"，前者是指产业在原区域属成长性产业，主要出于占领外部市场、扩大产业规模的动机而进行的空间的主动移动；后者是指区域的衰退性产业主要由于外部竞争与内部调整压力而进行的战略性迁移。根据这个概念区分，我们发现现有理论主要解释了"撤退性产业转移"，而我国的产业转移研究囊括了大量的"扩张性产业转移"现象，从而导致了理论基础与研究内容的脱节。

当然，这种脱节的现象并不是因为我国学者的研究水平有问题，而是由于我国特殊的国情导致扩张性产业转移规模庞大，无法忽视。陈建军（2002）针对浙江105家制造业企业的问卷调查显示，产业转移的最主要目标是"扩大销售额"（选择率65.71%），而选择以"降低劳动力使用成本"和"降低土地使用成本"为转移原因的企业分别只占13.33%和6.67%，对产业转移的方式，选择"建立销售网络"和"建立加工点"两种方式的分别占55.24%和31.43%，选择"将主要生产设施和产品转移到国内外其他地区"的仅占6.67%，陈建军进而指出：劳动力成本制约尚未成为沿海地区企业发展的瓶颈，所以近期浙江省或中国沿海地区基本不存在以"边际扩张"为重点的产业转移的可能。刘力、张建（2008）对珠三角企业迁移的调查也表明，选择"整体迁移"和"部分生产环节的外地迁移"的企业占28.7%，而选择"原有生产领域规模扩张"和"部分服务职能外地拓展"的企业占46.4%。这说明我国现阶段的产业转移仍以扩张性转移为主，因此，我国的现实国情要求理论研究将扩张性产业转移纳入产业转移范畴，这就需要对现有产业转移理论加以扩展，以适应解决实际问题的需要。

三、两地区模型设定

为澄清产业转移的概念和机制，构建一个统一的理论框架以适应实际研究的需要，本文在赤松要、小岛清和弗农等人的思想基础上，结合区位论的思想和方法，通过一个两地区模型对产业转移的形态、方向和影响因素进行分析。

1. 产业转移的形态与相关概念区分

假设世界仅由两个相互分离的地区组成，分别为地区1和地区2。假设某新产业在地区1出现，此时地区1对该产品自给自足，而地区2尚无法消费此新产品。如图1所示，图中箭头表示产品销售（以及运输）方向。

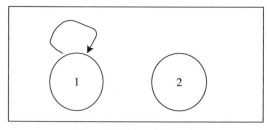

图1　布局θ：新产业的出现

资料来源：作者整理绘制。

现在地区 1 的厂商面临的问题是如何利用地区 2 的市场。[①] 地区 1 的厂商可以有三种基本的生产布局选择，如图 2 所示。

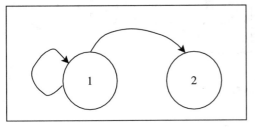

布局 α：本地扩大生产

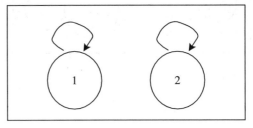

布局 β：扩张性产业转移

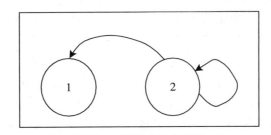

布局 γ：撤退性产业转移

图 2   满足所有需求的基本布局形态

资料来源：作者整理绘制。

其中，布局 α 是在地区 1 扩大生产规模，并对地区 2 进行出口，从而同时满足地区 1 和地区 2 的市场需求。布局 β 是在地区 1 和地区 2 同时设立生产机构，并分别满足本地市场需求。布局 γ 是地区 1 退出该产业的生产，而地区 2 成为唯一的生产区位，其产品同时满足地区 2 和地区 1 的市场需求。

按照集中布局和分散布局的划分，布局 α 和布局 γ 都属于集中布局，前者集中于地区 1，后者集中于地区 2，布局 β 则属于分散布局的形态。目前区域经济学主流理论研究了由 β 向 α 或 γ 的转变（集聚过程），以及由 α 或 γ 向 β 的转变（扩散过程），而对 α 与 γ 的区别讨论较少。

根据扩张性产业转移和撤退性产业转移的定义，以布局 θ 或 α 为起点，演变为布局 β，则该产业发生了扩张性产业转移；演变为布局 γ，则该产业发生了撤退性产业转移。因此，产业转移理论的主要任务是要讨论 α、β 与 γ 三者之间的选择问题，尤其是要着重讨论由 α 向 γ 转变的过程，这是目前区域经济学主流理论所忽视的问题。而国际经济学的产业转移理论（雁阵模型和产品生命周期理论）却只讨论了 α 与 γ 的区别，却忽视了布局 β 的可能，对现实的产业转移现象也缺乏足够的解释力。

除了三种基本的布局形态（α、β、γ）以外，在理论上还可能存在如图 3 所示的两种混合布局形态。[②]

布局 ε1 为地区 1 和地区 2 同时生产这种产品，但地区 2 的产量不足以满足本地市场，还需要从地区 1 进口一定量的该产品。布局 ε2 与 ε1 相对，两地区同时生产，但地区 1 从地区 2 进口以弥补本地产量的不足。

2. 方程构建及变量含义

如果将"信息缺乏和不确定性"也计入生产

---

① 这种假设限定了产业转移由地区 1 的厂商的投资行为推动，即国际经济学中大量讨论的 FDI 方式，当然，产业转移的实现方式是多种多样的，但这种假设可以使问题简化，仅通过对总成本的考察就可以较准确地总结产业转移的规律，如果市场能够使价格较好地反映成本，那么此模型的结论对产业转移的其他实现方式也是适用的，如果要研究更为特殊的市场条件和产业转移实现方式，则需要对此模型假设进行更为复杂的设定。

② 假定该产业的产品都是同质的，出于节约运输费用的目的，可排除掉一地区同时进口和出口同一产品的可能。

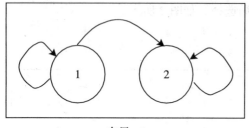

布局 ε1

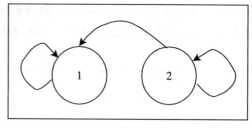

布局 ε2

图3 两种混合布局形态

资料来源：作者整理绘制。

成本的话，那么可以认为雁阵模型和产品生命周期理论都是以不同区位生产成本的比较为基础的，只是研究成本的角度和强调的成本因素有所不同。因此，本模型也采用成本比较的方法来讨论产业转移，希望能借此统一现有的产业转移基本理论。这里，某一地区的生产成本囊括了所有区位因素，以及由于区位因素导致的不确定性，同时也包括来自其他地区的生产要素的获得成本（含要素和中间产品运输费用）。

为融合国际经济学和区域经济学思想，[①] 本模型中引入产品的运输费用。[②] 这里的产品运输费用不仅考虑实际发生的有形费用，而且还应纳入由于贸易壁垒、汇率、制度等因素对运输造成的时间成本、风险成本等无形费用。在货物特性、距离和运输技术等条件一定的情况下，运输费用一般与货物运输量有直接关系，这里假定运输费用总额与货物运输量成正比，并且运输费用只发生于地区之间的货物运输，与运输方向无关。

另外，由于弗农的生命周期理论中市场需求规模及其变化对产业转移起到了重要作用，同时，在一定布局形态下，市场需求分布对于运输费用也会产生重要影响，因此，本模型引入了各地区的市场需求变量。

这样，本模型需要引入三类相互独立的外生变量，分别为平均生产成本 C_1 和 C_2（下标表示地区，下同）、运费率 t、市场需求 D_1 和 D_2。对于图2和图3中的五种生产布局形态，设其总成本分别为 $C(\alpha)$、$C(\beta)$、$C(\gamma)$、$C(\varepsilon1)$、$C(\varepsilon2)$，并设布局 $\varepsilon1$ 与 $\varepsilon2$ 中两地区间的产品运输量分别为 x 和 y，

且 $x \in [0, D_2]$，$y \in [0, D_1]$。在市场均衡的情况下，即两区位的总产量与总需求相等时，有：

$$C(\alpha) = C_1(D_1 + D_2) + tD_2$$
$$C(\beta) = C_1D_1 + C_2D_2$$
$$C(\gamma) = C_2(D_1 + D_2) + tD_1$$
$$C(\varepsilon1) = C_1(D_1 + x) + C_2(D_2 + x) + tx$$
$$C(\varepsilon2) = C_1(D_1 - y) + C_2(D_2 + y) + ty$$

最佳布局形态将使总成本最小，所以本模型可表示为求解最佳布局形态 i^*，使得：

$$C(i^*) = \min\{C(i)\}，\text{其中 } i = \alpha, \beta, \gamma, \varepsilon1, \varepsilon2$$

进一步将 $C(\varepsilon1)$、$C(\varepsilon2)$ 化为下列形式：

$$C(\varepsilon1) = C_1D_1 + C_2D_2 + (C_1 - C_2 + t)x$$
$$C(\varepsilon2) = C_1D_1 + C_2D_2 + (C_2 - C_1 + t)y$$

不难发现，当 $C_2 - C_1 + t \neq 0$ 时，$C(\varepsilon1)$ 是 x 的单调函数，要使 $C(\varepsilon1)$ 达到最小，x 应取 0 或 D_2，当 $x = 0$ 时，$C(\varepsilon1) = C(\beta)$，当 $x = D_2$ 时，$C(\varepsilon1) = C(\alpha)$，所以，此时 $C(\varepsilon1)$ 或者大于 $C(\beta)$，或者大于 $C(\alpha)$，即 $\varepsilon1$ 不可能是最佳布局形态；当 $C_2 - C_1 + t = 0$ 时，$C(\varepsilon1) = C(\alpha) = C(\beta)$，即此时 α、β、$\varepsilon1$ 三者总成本无差别，只需要比较三者之一（如 α 或 β）与另一布局形态 γ 的总成本便可确定最佳布局形态。总之，在求解最佳布局形态的过程中，可将 $\varepsilon1$ 看做 α 与 β 的中间形态，不必再去比较 $\varepsilon1$ 与其他形态总成本的大小。同理，可将 $\varepsilon2$ 做看 γ 与 β 的中间形态，不必再去比较与其他形态总成本的大小。

这样，在模型的求解过程中，最优化问题等价于在三种基本布局形态中求解使总成本最小的

[①] 从以韦伯（1909）为代表的古典区位论到以克鲁格曼（1991、1999）为代表的新经济地理区位理论，运输费用在产业区位的决定过程中都起着关键作用。

[②] 为方便数学处理和经济学解释，将要素和中间产品运输费用纳入生产成本，而将所考察产品的运输费用作为独立变量。

布局形态的问题，即目标函数可简化为：

$C(i*) = \min\{C(i)\}$，其中 $i = \alpha$，β，γ

雁阵模型和产品生命周期理论主要解释了由发达地区向欠发达地区进行的产业转移现象，其主要动力源自地区平均生产成本因要素禀赋、生产技术、市场需求等状况的变化而发生的变化。在两地区模型中，如果将地区 1 视为发达地区，将地区 2 视为欠发达国家，那么随着各种与生产成本有关因素的变化，两地区之间的成本将依次经历 $C_1 < C_2$、$C_1 = C_2$、$C_1 > C_2$ 三个阶段，雁阵模型和产品生命周期理论的基本结论是，产业的最佳布局形态会随地区间成本差异的变化而从 α 变为 γ。通过求解考虑了更多因素和更多产业转移形态的两地区模型，我们可以对雁阵模型和产业生命周期理论进行更为周密的逻辑检验和发展，从而更好地解释和预测现实中的产业转移现象。

四、规模报酬不变假定下的产业转移

1. 模型的解

在规模报酬不变的假定下，各个区位的平均生产成本都与产量无关，意味着生产规模可任意大或任意小，在两地区模型中，表现为无论 D_1 与 D_2 取值如何，β 形态的分散布局都是可以实现的。

对 α、β、γ 三种布局形态，分别在 $C_1 < C_2$、$C_1 = C_2$ 和 $C_1 > C_2$ 三种情况下，求解具有最低总成本的布局形态及其变量条件组合，结果列于表 1。

表 1　规模报酬不变假定下模型的解

序号	变量条件组合		最佳布局形态（i*）
	C_1 与 C_2	t 与 $|C_1 - C_2|$	
H1	<	>	β
H2	<	=	α、β 或 $\varepsilon 1$
H3	<	<	α
H4	=	无关	β
H5	>	>	β
H6	>	=	γ、β 或 $\varepsilon 2$
H7	>	<	γ

资料来源：根据本文的模型计算并整理。

$C_1 < C_2$ 的情况，对应表 1 中的变量条件组合 H1、H2 和 H3。此时，比较运费率（t）和两地区平均成本的差（$C_2 - C_1$），如果 $t > C_2 - C_1$，则最佳布局形态为 β；如果 $t = C_2 - C_1$，则最佳布局形态为 α、β 或 $\varepsilon 1$，三者总成本相等；如果 $t < C_2 - C_1$，则最佳布局形态为 α。令 λ_1 为地区 1 生产产量在两地区总产量中的份额，则随着运费率（t）的变化，λ_1 会呈现如图 4 描述的变动轨迹。

$C_1 = C_2$ 的情况，对应表 1 中的变量条件组合 H4。此时，无论运费率（t）取何值（只要 $t>0$），最佳布局形态都为 β。

$C_1 > C_2$ 的情况，对应表 1 中的变量条件组合 H5、H6 和 H7。此时，比较运费率（t）与两地区平均成本的差（$C_1 - C_2$），如果 $t > C_1 - C_2$，则最佳布局形态为 β；如果 $t = C_1 - C_2$，则最佳布局形态为 γ、β 或 $\varepsilon 2$，三者总成本相等；如果 $t < C_1 - C_2$，则最佳布局形态为 γ。地区 1 的产量份额（λ_1）随运费率（t）变动的轨迹如图 5 所示。

2. 经济学含义

综合上述分析可以发现，在规模报酬不变的情况下，随着发达地区生产成本的相对上升和欠发达地区生产成本的相对下降，发达地区的产业具有向欠发达地区转移（即由 α 向 γ 转变）的趋势。各地区的市场需求规模对产业转移并无影响，但是运输费用对产业转移的发生及形态会产生重大影响。

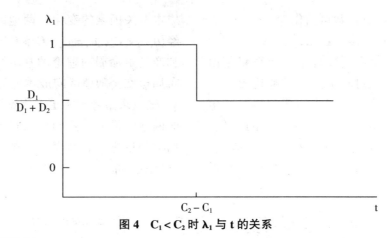

图4 $C_1 < C_2$ 时 λ_1 与 t 的关系

资料来源：作者整理绘制。

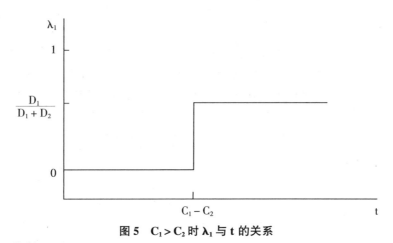

图5 $C_1 > C_2$ 时 λ_1 与 t 的关系

资料来源：作者整理绘制。

如果以新产品在地区1出现时的布局θ为起点，那么，当地区1具有成本优势（$C_1 < C_2$），但运费率较高时（H1），地区1的产业会向地区2进行扩张性转移（布局β）；如果运费率较低（H3），地区1的产业将在本地扩大生产以占领市场（布局α），此时地区1的产业并没有向外转移的动力。

在地区1与地区2平均生产成本相等时（H4），地区1的产业将倾向于向地区2进行扩张性转移（布局β）。

随着地区2的成本优势开始呈现（$C_1 > C_2$），如果运输费用较高（H5），地区1的产业将对地区2进行扩张性转移（布局β）；当运输费用足够低时（H7），地区1的产业将向地区2进行撤退性转移（布局λ）。

使用集中布局与分散布局的概念，图4和图5可以得到简洁的总结，即随着运输费用的降低，产业趋向于向生产成本较低的地区集中，而随着运输费用的增加，产业趋向于向生产成本较高的地区分散。

雁阵模型和产品生命周期理论主要讨论了撤退性产业转移发生的条件，并且没有考虑运输费用。两区位模型的分析结果表明，撤退性产业转移发生的条件（H6和H7）不仅包括欠发达地区具有成本优势，而且包括区域间运输费用足够低。另外，对于雁阵模型和产品生命周期理论讨论较少的扩张性产业转移而言，欠发达地区具有成本优势既不是充分条件，也不是必要条件，但运输费用足够高则是一个必要条件。

五、规模报酬递增假定下的产业转移

1. 模型的解

在规模报酬递增的假定下，产业集中于一个地区生产，其平均成本会大大低于分散布局于两地区的情形，假设规模经济效益足够大，以至于产业只有集中在一个地区生产才是可行的，[①] 也就是说以布局 θ 为起点，地区 1 的厂商只有布局 α 和 γ 两种选择，布局 β、ε1、ε2 三者都是不可行的，此情况下只会发生撤退性产业转移，而不会发生扩张性产业转移。

对 α 与 γ 两种布局形态，分别在 $C_1 < C_2$、$C_1 = C_2$ 和 $C_1 > C_2$ 三种情况下，求解具有最低总成本的布局形态及其变量条件组合，结果列于表 2。

表 2　规模报酬递增假定下模型的解

序号	变量条件组合			最佳布局形态 (i^*)
	C_1 与 C_2	D_1 与 D_2	t 与 $\dfrac{C_1 - C_2}{D_1 - D_2}(D_1 + D_2)$	
H8	<	≥	无关	α
H9	<	<	>	γ
H10	<	<	=	α 或 γ
H11	<	<	<	α
H12	=	>	无关	α
H13	=	=	无关	α 或 γ
H14	=	<	无关	γ
H15	>	>	>	α
H16	>	>	=	α 或 γ
H17	>	>	<	γ
H18	>	≤	无关	γ

资料来源：根据本文的模型计算并整理。

$C_1 < C_2$ 的情况，对应表 2 中的变量条件组合 H8、H9、H10、H11。当 $D_1 \geq D_2$ 时，无论运费率 (t) 取何值（只要 t>0），最佳布局形态都为 α；当 $D_1 < D_2$ 时，最佳布局形态依 t 的大小而在 α 与 γ 间变换，地区 1 产业份额 (λ_1) 随运费率 (t) 变动的轨迹如图 6 所示。

$C_1 = C_2$ 的情况，对应表 2 中的变量条件组合 H12、H13、H14。此时，无论运费率 (t) 取何值（只要 t>0），最佳形态仅依 D_1 与 D_2 的大小关系而在 α 与 γ 间变换。

$C_1 > C_2$ 的情况，对应表 2 中的变量条件组合 H15、H16、H17、H18。当 $D_1 > D_2$ 时，最佳布局形态依 t 的大小而在 α 与 γ 间变换，地区 1 产业份额 (λ_1) 随运费率 (t) 变动的轨迹如图 7 所示；当 $D_1 \leq D_2$ 时，无论运费率 (t) 取何值（只要 t>0），最佳布局形态都为 γ。

2. 经济学含义

综合以上分析，在规模报酬不变的情况下，仅考虑撤退性产业转移，随着发达地区生产成本的相对上升和欠发达地区生产成本的相对下降，各地区的相对市场需求规模及运输费用都会对产业转移产生重大影响。

---

① 严格地说，规模经济效应与运输费用之间的权衡会造成集聚与扩散，这种权衡构成了新经济地理学的主题，然而要对无差异的单个产业（产品）考察规模经济效应下扩张性产业转移与撤退性产业转移的选择（即布局 β 与 γ 的总成本比较），需要设定具体的生产成本函数，涉及的因素过多，为简单起见，此处假设产业集中布局优于分散布局，仅考察"产业在何处集聚"的问题。

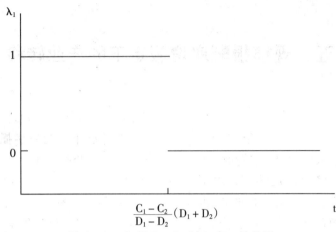

图6 $C_1 < C_2$ 且 $D_1 < D_2$ 时 λ_1 与 t 的关系

资料来源：作者整理绘制。

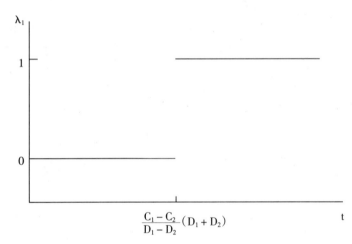

图7 $C_1 > C_2$ 且 $D_1 > D_2$ 时 λ_1 与 t 的关系

资料来源：作者整理绘制。

如果以新产品在地区1出现时的布局θ为起点，那么，当地区1同时具有成本优势和市场优势时（H8），不会发生产业转移。当地区1具有成本优势，但不具有市场优势时（H9、H10、H11），产业转移发生与否主要取决于运输费用的大小，只有在运输费用较高时（H9、H10），产业转移才可能发生。

当地区1与地区2的平均生产成本相等时（H12、H13、H14），产业转移发生与否取决于两地区间的相对市场规模，只有地区2至少具有与地区1相当的市场规模时（H13、H14），产业转移才可能发生。

当地区2具有成本优势但不具有市场优势时（H15、H16、H17），只有在运输费用较低时（H16、H17），产业转移才可能发生；当地区2同时具有成本优势和市场优势时（H18），产业转移必然发生。

使用集聚的概念总结图6和图7将较为简洁，即在一地区具有成本优势，而另一地区具有市场优势的情况下，随着运输费用的降低，产业趋向于向具有成本优势的地区集聚；随着运输费用的增加，产业趋向于向具有市场优势的地区集聚。

雁阵模型和产品生命周期理论主要考察了地区间成本优势变化导致的撤退性产业转移，而两地区模型在考虑了需求分布和运输费用后，发现撤退性产业转移在欠发达地区没有成本优势时也可能发生（如H9），并且在欠发达地区具有成本优势时也未必会发生（如H15）。小岛第三模型（Kojima Model Ⅲ）作为赤松要雁阵模型的补充，在考虑了规模经济效应后，解释了发达国家之间的产业转移现象，并认为这种产业转移主要发生于区域一体化组织（Regionally Integrated Group）

内。在两地区模型中，当区域间平均生产成本相当时（H12、H13、H14），产业倾向于向市场规模较大的地区集聚，运输费用的大小对于产业集聚的方向并无影响。也就是说，发展水平相似的地区（国家）间产业转移的发生，根本原因并不是贸易的自由化（广义的运输费用降低），而是产业靠近主要市场的需要，所以，区域一体化组织内自身市场规模较小且距离主要市场较远（"市场潜力"较小）的成员将在产业分工中处于不利地位，即使这些地区通过谈判或跨区域权力机构的安排在某些产业实现了协议专业化（Agreed Specialization），但只要市场规模差距存在，这些产业就有向外进行撤退性转移的动力，协议专业化格局将时常面临解体的压力。

六、对中国现实的分析

在分析我国国内区域间的产业转移现象时，可将东部看做地区 1，中西部看做地区 2，东部与中西部生产成本（C_1 与 C_2）的大小关系因所考察的产业所处的生命周期阶段以及所需要素的价格的区域差别而各有不同。随着我国基础设施的逐步完善和区域一体化的推进，区域间的运输费用（t）将会下降。目前我国的市场需求（大部分最终产品和初级产品）仍然主要依靠东部以及靠近东部的海外市场，中西部市场规模尚小，随着扩大内需政策效果的逐渐显现，中西部地区的市场规模将逐渐扩大，但很难超过东部市场。因此，我国的国情主要对应于两地区模型中需求分布不起作用以及 $D_1 > D_2$ 的情况，即表 1 中所有 7 种条件组合（H1~H7），以及表 2 中的 H8、H12、H15、H16、H17 五种条件组合。据此，使用两地区模型，对我国产业转移的现实可以得出以下几点判断：

1. 运输费用的降低有利于中西部成本优势的发挥

对于规模报酬不变的产业，运输费用的下降将降低产业分散布局的动力，而提升产业集聚的动力，即促使产业布局形态由 β 向 α 或 γ 转变，产业集聚的方向取决于地区生产成本的比较，如果中西部具有成本优势，运输费用的下降会促进东部地区的生产能力向中西部转移（撤退性质）。对于规模报酬递增的产业，如果中西部具有成本优势（对应 H15、H16、H17），运输费用的下降也会促进东部地区的生产能力向中西部进行撤退性转移（由布局 α 转向 γ）。

2. 内需扩大有助于中西部承接撤退性产业转移

对于规模报酬递增的产业，需求分布通过对运输费用的临界值 $(C_1 - C_2)(D_1 + D_2)/(D_1 - D_2)$ 作用，进而对产业转移的发生产生重大影响。观察表 2 中与中国现实状况相符的五种条件组合，发现只有当中西部具有成本优势，且运输费用相对于临界值较小时（H16、H17），撤退性产业转移才可能发生。令这一临界值为 T，当 $C_1 > C_2$ 时，可 $\partial T/\partial D_2 > 0$ 得，即临界值是中西部市场规模的单调增函数。在图 7 中，D_2 的增加将使 λ_1 线的间断点向右移动，意味着由东部向中西部进行撤退性产业转移所要求的运输费用约束将变得宽松，中西部承接的转移产业种类也将增多。

3. 目前产业转移的主要动力是节约运输费用而非节约生产成本

目前我国东部地区向中西部的产业转移大多发生于成长性企业，以扩张性产业转移为主流。一般认为扩张性产业转移的动力源自中西部市场的成长，然而两区位模型的分析（表 1）表明，扩张性转移（由布局 θ 或 α 转向 β）与需求分布（D_1 和 D_2）无关，只与成本优势和运输费用有关。如果中西部已经具有了成本优势（H5、H6、H7），但是由于人口等要素可自由流动，造成区域间生产成本差异不大，即 $|C_1 - C_2|$ 较小，在图 5 中 λ_1 线的间断点靠近左边，意味着撤退性产业转移（γ）所要求的运输费用约束较强，在表 1 中体现为条件组合 H5，而非 H7，此时运输费用将成为关键因素，导致产业的分散布局，只有运输费用的大幅度下降才能使撤退性转移取代扩张性转移成为主流形态。因此，目前我国以扩张性转移为主流的产业转移，其动力主要是节约运输费用，而非节约生产成本。

4. 地方保护主义阻碍撤退性转移并助推扩张
性转移

虽然国内区域无法通过关税、汇率等贸易壁
垒来影响贸易成本，但仍可以通过财政补贴、行
政审批等手段实施地方保护主义，从而提高区域
间广义的运输费用。表1显示，对于处在创新阶
段的产业，中西部地区一般不具有成本优势，但
是如果中西部实施地方保护主义，限制区外企业
创新产品进入本地市场，则可以将条件组合 H3 转
变为 H1，增强创新产业向该地区进行扩张性转移
的动力；类似地，对于成熟阶段的产业，虽然中
西部具有成本优势，但东部地区可实施挽留企业
的地方保护主义措施，将条件组合 H7 转变为 H5，

使企业的最佳区位决策由撤退性转移转变为扩张
性转移，从而减轻东部的产业份额、就业等损失。
表 2 中的 H15 和 H17 显示，对于规模报酬递增的
成熟产业，虽然中西部具有成本优势，但是东部
地区通过实施地方保护主义措施，仍可以阻碍或
延缓撤退性产业转移的发生。总之，地方保护主
义通过提高广义的运输费用，给撤退性转移造成
了阻碍，但是对扩张性转移具有一定的促进作用。
若产业因为过高的运输费用而被迫将转移方式由
撤退性改为扩张性，将因无法充分利用规模经济
效益而造成效率损失。我国区域间扩张性产业转
移规模远大于撤退性产业转移规模，与地方保护
主义的盛行不无关系。

七、总结与启示

两地区模型在雁阵模型和产品生命周期理论
的基础上，结合区位论的思想，通过引入运输费
用、需求分布和平均生产成本等外生变量，重新
考察了产业转移发生的条件和方式，发现生产成
本差异对产业转移并不是唯一的决定因素，而且
三类外生变量中任何一类都不能对产业转移单独
地发生作用，只有综合三者中两类或两类以上的
变量条件，才能决定产业转移发生以及采取的方
式（扩张性或撤退性）。

将两地区模型用于中国国内区域间产业转移
的研究，可以解释和预测我国区域生产成本、运
输费用、需求分布的变化对产业转移的影响。对
于政策制定，如果将扩大产业转移规模作为促进
区域协调发展的重要途径和目标，那么两地区模
型可以为我们提供一些有益的启示。一是降低中
西部的生产成本对推动产业转移具有一定作用，
但其作用的发挥还需要中西部需求的扩大和区域
间运输费用的降低，要求围绕产业转移目标，制
定同时着力于降低中西部生产成本、扩大内需和
降低交通物流成本的一揽子政策措施；二是提高
国内产业转移的动力不能主要依靠区域间劳动力
成本差异，与国际产业转移不同，国内区域间劳
动力成本因较强的人口流动性而差异较小，而且
较大的工资收入差距也是区域协调政策所不容许

的，因此，降低中西部生产成本应主要依靠改善
商务环境、基础设施等生产条件，以及一定的投
资刺激措施；三是扩大内需的政策需要向中西部
倾斜，其重点是培育中西部居民的购买力，进而
提高其在本地的消费支出；四是在进行大规模交
通基础设施建设的同时，需要加强区域间各级政
府及其他公共机构的协商与合作，避免地方保护
主义，降低广义的运输费用，进而扩大撤退性产
业转移规模，实现产业转移与规模经济和集聚经
济效益的统一，促进区域间专业化分工的形成。

参考文献

Akamatsu, K. A Theory of Unbalanced Growth in the
World Economy [J]. Weltwirtschaftliches Archiv, 1961, 86.

Akamatsu, K. A Historical Pattern of Economic Growth
in Developing Countries [J]. The Developing Economies,
1962, (1).

Kojima, K. Capital Accumulation and the Course of
Industrialisation: with Special Reference to Japan [J]. The
Economic Journal, 1960, LXX.

Kojima, K. Toward a Theory of Agreed Specialization:
the Economics of Integration [C]. Eltis, W. A., Scott, M.
FG. & Wolfe, J. N. Induction, Growth and Trade: Essays in
Honor of Sir Roy Harrod. Oxford: Clarendon Press, 1970.

Kojima, K. Internalization vs. Cooperation of MNC's Business [J]. Hitotsubashi Journal of Economics, 1992, 33.

Kojima, K. The "Flying Geese" Model of Asian Economic Development: Origin, Theoretical Extensions, And Regional Policy Implications [J]. Journal of Asian Economics, 2000, 11.

Krugman, P. Increasing Returns and Economic Geography [J]. Journal of Political Economy, 1991, 99.

Vernon, R. International Investment and International Trade in the Product Cycle [J]. The Quarterly Journal of Economics, 1966, 80 (2).

Dluhosch, B. Industrial Location and Economic Integration [M]. Cheltenham, UK: Edward Elgar Publishing Limited, 2000.

Fujita, M., Krugman, P., & Venables, A. The Spatial Economy: Cities, Regions, and International Trade [M]. Cambridge, MA: MIT Press, 1999.

Helpman, E., & Krugman, P. Market Structure and Foreign Trade: Increasing Returns, Imperfect Competition and International Economy [M]. Cambridge, MA: MIT Press, 1985.

[德] 韦伯. 工业区位论 [M]. 北京：商务印书馆，1997.

[德] 勒施. 经济空间秩序 [M]. 北京：商务印书馆，1995.

[美] 胡佛. 区域经济学导论 [M]. 北京：商务印书馆，1990.

[英] 巴顿. 运输经济学 [M]. 北京：商务印书馆，2001.

陈建军. 产业区域转移与东扩西进战略 [M]. 北京：中华书局，2002.

陈建军. 要素流动、产业转移和区域经济一体化 [M]. 杭州：浙江大学出版社，2009.

陈秀山，张可云. 区域经济理论 [M]. 北京：商务印书馆，2003.

陈刚，陈红儿. 区域产业转移理论探微 [J]. 贵州社会科学，2001 (4).

陈建军. 中国现阶段产业区域转移的实证研究——结合浙江 105 家企业的问卷调查报告的分析 [J]. 管理世界，2002 (6).

陈建军. 中国现阶段的产业区域转移及其动力机制 [J]. 中国工业经济，2002 (8).

陈耀. 世界发达国家二、三产业关系的演变与启示 [J]. 经济纵横，2007 (8).

陈耀，冯超. 贸易成本、本地关联与产业集群迁移 [J]. 中国工业经济，2008 (3).

刘力，张建. 珠三角企业迁移调查与区域产业转移效应分析 [J]. 国际经贸探索，2008 (10).

魏后凯，白玫. 中国企业迁移的特征、决定因素及发展趋势 [J]. 发展研究，2009 (10).

（郑鑫、陈耀，中国社会科学院工业经济研究所、河南省社会科学院农村发展研究所）

当前经济政治形势引发的对我国企业走出去的思考

经过 30 多年的经济改革和发展，我国的综合国力日益增强。21 世纪初期，"十五"计划开始，我国启动了"走出去"战略，鼓励和支持有比较优势的企业对外投资，带动商品和劳务出口，打造有实力的跨国企业和著名品牌。这一战略的提出和实施使中国企业对外投资在短短的几年中实现了跨越式发展。随着中国经济的持续快速增长，中国企业"走出去"的总体规模快速增长。数据显示，中国的对外直接投资总额从 2003 年的 28.5 亿美元开始，以年增长率 95% 的速度高速增长，是同一时期全球对外直接投资总额增长率的 3 倍。同时，中国企业对外投资的地区格局逐渐清晰。越来越多的中国企业在开放的国际经济环境下不断壮大，与全球行业领先企业对话的能力不断增强。

一、基于传统理论的中国企业对外投资及现状

国际直接投资理论形成于 20 世纪 60 年代初，相继出现了垄断优势理论、产品生命周期理论、内部化理论、国际生产折衷理论及边际产业转移理论。在这里，将主要介绍产品生命周期理论及边际产业转移理论对我国企业海外投资定位的影响。

产品生命周期理论是美国哈佛大学教授雷蒙德·弗农于 1966 年提出的。产品生命周期是产品的市场寿命，即一种新产品从开始进入市场到被市场淘汰的整个过程。弗农认为：产品要经历一个开发、引进、成长、成熟、衰退的阶段。而这个周期在不同的技术水平的国家里，发生的时间和过程是不一样的，其间存在一个较大的差距和时差，正是这一时差，表现为不同国家在技术上的差距，它反映了同一产品在不同国家市场上的竞争地位的差异，从而决定了国际贸易和国际投资的变化。

边际产业转移理论是日本学者小岛清提出的。该理论认为，对外直接投资应该从本国已经处于或即将处于比较劣势的产业，即边际产业开始，并依次进行。

基于以上两种对外投资基础理论，一国在进行对外投资时，会充分考虑到该产品在海外市场中的比较优势及盈利的可能性。由于国外市场的完善与否对投资企业发展影响很大，而其市场发展及完善程度在很大程度上是一国经济的缩影，所以，企业进行海外投资时，除了考虑到本国相关产品在国内市场上的竞争优劣势及发展空间外，还会遵循引力系数来选择其投资地点。所以在这里我们引入引力模型。

根据引力模型，两国间的投资流量与两地的经济规模正相关，与两地间的距离负相关。对外投资引力系数可以表示为 $K = GDP_i \cdot GDP_j / D_{ij}$。其中，$GDP_i$ 表示投资东道国的经济规模，GDP_j 表示投资国的经济规模，D_{ij} 表示投资东道国和投资国之间的距离。我们利用对外投资引力系数分析中国对外直接投资区位选择策略。事实证明，我国企业首先考虑投资于引力系数较大的国家和地区。

表 1 是根据各国的 GDP 及我国和东道国的距

离计算出的引力系数。①

表1 中国对外直接投资引力系数

		GDP（亿美元）		D（公里）		标准化GDP加权	标准化D加权	K值	排名
		原始值	标准化	原始值	标准化				
亚洲组	中国香港	1898	13.95	2163.6	29.38	11.16	5.88	372	10
	印度尼西亚	2644	19.43	5003.1	67.94	15.54	13.59	224	13
	日本	49114	360.99	1464.7	19.89	288.79	3.98	14230	1
	澳门	143	1.05	1133.1	15.39	0.84	3.08	53	17
	新加坡	1322	9.72	4742.7	64.40	7.78	12.88	118	14
	韩国	8880	65.27	371.3	5.04	52.22	1.01	10139	2
	泰国	2062	15.16	3692.1	50.14	12.13	10.03	237	12
	越南	609	4.48	2705.1	36.73	3.58	7.35	96	15
欧洲北美组	英国	23450	172.36	8493.4	115.33	137.89	23.07	1172	5
	德国	28582	210.08	7756.5	105.33	168.06	21.07	1564	4
	法国	21537	158.30	8597.2	116.74	126.64	23.35	1064	6
	俄罗斯	7329	53.87	6232.1	84.63	43.10	16.93	499	7
	加拿大	10889	80.03	10323.3	140.18	64.02	28.04	448	8
	美国	132018	970.34	10992.0	149.26	776.27	29.85	5100	3
拉美澳洲组	巴哈马	57	0.42	12453.4	169.11	0.34	33.82	2	22
	墨西哥	8392	61.68	11549.3	156.83	49.34	31.37	308	11
	澳大利亚	7682	56.46	8744.9	118.75	45.17	23.75	373	9
	新西兰	1039	7.64	10378.7	140.93	6.11	28.19	43	19
非洲组	阿尔及利亚	1147	8.43	9564.3	129.88	6.74	25.98	51	18
	苏丹	376	2.76	9012.5	122.38	2.21	24.48	18	21
	马达加斯加	55	0.40	10236.7	139.01	0.32	27.80	2	22
	尼日利亚	1147	8.43	11513.4	156.34	6.74	31.27	42	20
	南非	2550	18.74	12253.7	166.40	14.99	33.28	88	16

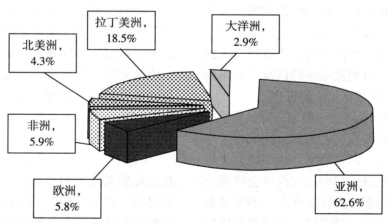

图1 2007年中国对外直接投资流量地区分布

资料来源：《2007年中国对外投资统计公报》。

---

① 资料来源：各国（地区）GDP数据来源于《2007年国际统计年鉴》；距离数据来自于 http://www.mapcrow.info，以各国首都与中国首都的距离近似替代。将经济规模和距离进行标准化以简化计算；经济规模GDP的权重系数约为0.8，距离D的权重系数为0.2。

根据表1和图1的分析结果可以看出，日、韩等发达国家的引力系数整体而言较大。在实际中，我国大部分企业的确选择亚洲地区为对外投资的主要目的地。对于我国的对外直接投资，东盟、亚太各国不仅与我国在地理位置上临近，而且这些国家和地区经济活跃，市场潜力巨大，与我国在文化、生活习俗、经营方式等方面有很多相似甚至相同之处，这对于我国一些刚涉足海外投资的企业来说，把东盟、亚太地区作为海外投资的首选地，更有利于他们在掌握海外市场投资信息、获得海外投资经验、降低投资风险等方面获得优势。同时，更为重要的是，东盟的一些国家如越南、缅甸等与我国存在着一定的产业梯度，并且拥有丰富的、价格低廉的劳动力资源，是我国转移边际产业的绝佳场所。

二、经济形势对投资企业的影响及启示

（一）影响

1. 金融危机背景下海外投资面临的形势

从2007年蔓延至今的国际金融危机，为中国企业走出去带来了难得的机遇。目前国际商品价格处于较低价位，是改善资源储备的好时机。而欧美大量企业降低资产价格、裁员等，也为企业低价引进、吸收海外高级技术及人才提供了很好的机会。由于金融海啸的冲击，许多国家正面临严重缺乏资金困境，全球形成了一个买方市场，众多企业正在寻找买家，而且出价均处历史低点。

（1）危机国为摆脱金融危机影响，将会加大本国基础设施建设投资。此次金融危机起源于世界第一经济强国美国，波及所有的发达国家。为了抵抗金融危机的影响，各国都推出了数额巨大的投资计划创造需求，以刺激经济的恢复，这将给我国企业对外直接投资带来很大的机会。

（2）危机国利率降低，货币贬值，降低直接投资的成本。金融危机爆发后，大部分国家都采取积极的财政货币政策，降低利率、货币贬值，以刺激经济的恢复。东道国低利率的政策会降低直接投资的成本，促进直接投资的流入。2008年金融危机爆发后，发达国家货币对人民币都有不同程度的贬值，这降低了我国企业对外直接投资的成本。

（3）贸易保护加强，贸易摩擦增多，客观上要求对外直接投资。金融危机下，各国国内经济萎靡不振，失业率大幅增加，危机国国内政治压力加大，促使贸易保护主义迅速抬头，从而加大了货物贸易的难度，客观上要求更多的对外直接投资，在一定程度上避开贸易保护和贸易摩擦。

2. 人民币国际化给中国对外投资带来的契机

在当前的国际金融危机形势下，美元的全球影响力和公信力正在下降；而金融危机所引发的欧洲主权债务危机对欧洲经济和金融的冲击使得欧元地位出现动摇；同时，日本地震引发的经济衰退催使日元走弱已成定局。在此背景下，人民币成为国际货币的一些必要条件却在逐步具备。人民币在通往国际化的道路上为我国对外投资带来了契机。

（1）拓宽我国企业海外投融资渠道。我国企业海外投资的根本问题是资金问题。在实现人民币国际化的道路中，人民币的输出与企业的海外投资不但可以换取国外实际资源的大量进口，更重要的是此时作为国际货币的人民币可以大大拓宽我国企业利用资金的渠道，降低筹集资本或进行资本交易的成本，提高投融资的效率，促进我国企业海外投资。

（2）保持我国在资金和国际结算方面的优势。在国际贸易往来以及国际投资报价时使用本币，不仅可以省去交易、结算方面的很多麻烦，而且随着国际社会对人民币储备需求的增加，人民币汇率会上浮，这样可以使我国能够以较低廉的价格购进所需物资，并利用我国货币享有的国际结算货币职能轻而易举地弥补国际收支逆差，使我国企业在国际竞争中处于优势地位。同时，随着人民币被普遍接受，更多的国际贸易将采用人民币作为报价货币和结算货币，这样将使外商更多地通过中国金融机构结算，从而进一步促进我国企业对外投资和我国金融机构的国际化。

（3）消除或减少汇率风险。我国企业对外投资的主要方式目前是以直接投资为主，但受场地、技术、行业的限制较大。人民币实现国际化后，有利于从以直接投资为主向直接投资间接投资并重转化。人民币国际化给我国企业海外投资装上了"安全阀"，使其可以根据自身的经营情况和国际市场的变化动态，利用人民币这个中介工具进行投融资的变换，从而达到防避投资风险、增加投资收益的目的。如企业根据国际市场需要随时用人民币进口生产所需的零部件和原材料，并及时将产品行销国际市场；此外，还可以通过外汇市场的衍生金融工具，减少汇率风险。

（4）促进我国现代企业制度改革。人民币国际化还可以促进国内企业改革，转换经营机制，以适应国际市场变化的需要。因为我国需要建立起能够适应经济全球化发展的现代企业制度来推动人民币的国际化，所以在这个过程中将有利于我国企业自身的不断提升，从而在国际市场上更有竞争力。因此，可以以人民币国际化为纽带，改革和完善现代企业制度及企业的外向化发展，从而促使企业不断地深化改革，加快海外发展的进程。

（二）启示

2009年9月8日，商务部、国家统计局、国家外汇管理局联合发布《2008年度中国对外直接投资统计公报》显示，2008年，中国对外直接投资净额559.1亿美元，较上年增长111%，对外直接投资流量首次突破500亿美元，规模较上年放大1倍；收购、兼并金额占当期对外直接投资流量的1/2。金融危机对全球经济及我国经济所造成的影响使得我国企业的对外投资方向有所改变。金融危机爆发后，我国对外直接投资额有了大幅度增加，投资选择的动机主要有寻求创造性资产、寻求自然资源、货物贸易成本增加客观要求对外直接投资。

1. 由制造业转向创造性资产

创造性资产主要是指如研发能力与研发产品、设计能力和品牌等特殊资产。改革开放30多年

来，我国通过承接国外大量的加工贸易，已经成长为一个制造业大国，但并未出现大量的世界级制造业企业，主要原因在于我国企业大多数都处于产业链的下游，从事的都是低附加值产品的加工，未能形成强大的产品研发能力和著名的产品品牌。金融危机爆发后，经济中的诸多泡沫被挤破，全球消费需求急剧萎缩，这使得近年来进行大规模扩张经营的诸多跨国公司产能过剩，处于破产的边缘。面临此种困境，大多数企业实施瘦身计划，出售企业资产（包括部分核心资产），收缩企业生产经营战线。中国企业可以利用这一有利机会开展对外直接投资，收购跨国公司所出售的创造性资产，提升自身的核心竞争力。

2. 寻求自然资源

近年来，我国能源、矿产资源需求急剧上升，能源、矿产资源的价格成本在我国企业生产经营成本中占据相当大的比重，很大程度上决定了资源型企业的生存空间。2008年我国外汇储备位居全球第一，高达1.95万亿美元，这为我国大型国有垄断资源型企业实施对外直接投资提供了充足的资金支持。受金融危机影响，发达国家企业所控制的部分自然资源不得不对外出售，一些能源、矿产资源丰富的国家急需大量资金稳定本国的金融市场，这为我国企业获取急需的能源、矿产资源提供了很好的机会。

3. 采取对外直接投资的方式

金融危机下，危机国国内经济危机重重，消费需求大幅减少，失业率大幅提高，为了缓解国内的政治压力，危机国必然会重拾贸易保护主义，加大我国货物出口的成本。危机国采取货币贬值的政策，人民币被迫升值，使得产品价格上升，竞争力下降。美国参议院于2009年2月初以口头投票方式通过了"购买美国货"修正案作为美国经济复苏计划的重要部分；印度也于2009年初无理由地宣布半年内禁止中国玩具进口；2009年9月，美国对中国出口轮胎加征35%的关税。贸易保护主义、人民币的被迫升值是对我国出口货物贸易的双重打击，但是，人民币的相对升值却会降低我国企业对外直接投资的成本。在这种背景下，我国企业应充分利用人民币升值的优势，转向采取对出口国直接投资的方式，减少贸易壁垒限制的商品直接输出。

三、政治形势对我国企业走出去的影响及启示

（一）影响

随着我国加入世界贸易组织，在经济实现全球化的过程中，风险也暗暗地实现着其全球化的进程。近期升级的中东北非紧张局势不仅引发国际能源、金融与大宗商品市场的异常波动，而且也为"后金融危机时期"世界经济稳定复苏增添不确定性和冲击，并对我国企业选择对外投资时产生一定影响。

近年来，随着中国对外投资步伐的加快，中国公司加大了在非洲、中东等自然资源丰富的地区的投资并积极参与到了资源开发、工程承包、基础设施建设等多个领域。以埃及为例，根据商务部的统计数据，截至 2009 年底，中国在埃及投资企业累计 1066 家，注册资本 3.2 亿美元，2009 年末投资存量为 2.85 亿美元，承包工程和劳务合作合同金额 11 亿美元。非洲已跃居为中国第四大海外投资目的地。在石油供应方面，2010 年中国进口原油 2.39 亿吨，原油对外依存度已超过 50%。中国从中东和非洲的原油进口量占总进口量的 81%。① 从以上数据分析可知，中东和非洲已经成为了中国的主要海外投资地，而当前这两地的政局的动荡严重威胁到中国能源供应的稳定及我国的相关投资企业利益。而且由于能源属于关乎国家命脉的资源，所以投资企业较多的受到当地局势影响的同时会威胁到我国相关产业的发展。

（二）启示

中东的紧张局势给我国对外投资企业一定的启示。即在走出国门时，要在一国经济实力上充分考虑国外投资环境的变化及国外的政治局势是否适宜。

一是要看中国与东道国的外交关系是否良好，与东道国是否签订了相关投资保护协定。例如，在资源开发与投资方面，由于关乎国家命脉，所以任何国家政府都有权根据本国自身利益的需要制定对外国投资者的政策，并有权随时根据具体情况的变化进行调整和改变。所以，若母国与东道国建立了良好的外交关系，并且签订了双边投资保护条约，则可以有效防范因东道国调整针对外商的资源开发政策而带来的投资风险。

二是东道国的政治局势是否平稳，是否是民主法治国家，未来时段里是否会爆发大规模危机等。譬如阿富汗，虽然拥有世界级特大型铜矿床，但多年来一直处于战争状态，令许多投资者望而却步。中国某大型央企于 2007 年 11 月 20 日中标的铜矿资源开发项目——艾娜克铜矿床（铜金属量 1100 万吨）项目，由于其所在地的政治局势不稳定，实际开发计划遥遥无期。

三是东道国的对外开放程度。一般来说，开放程度越高和文化包容性越好的国家和地区，投资环境一般较好。有些国家长期实行封闭政策，民众对外资有恐惧心理，在这些国家开发资源风险相对较大。

---

① 资料来源：凤凰网。

四、基于当前形势的对外投资战略调整

1. 鼓励企业用人民币进行海外投资

在世界经济形势进一步趋于恶化的情况下，国内企业赴境外投资的安全性值得担忧，尤其是那些以抄底心态进行的境外股权投资。在企业海外投资时，如果采用人民币作为海外投资结算货币，一来丝毫不影响以投资促出口的功能；二来有利于人民币国际化。我国在取得世界第一大出口国地位后，注定要逐步取代美国成为世界第一大进口国。如果海外投资主动权较多掌握在自己手中，率先突破人民币国际化，由此鼓励对华出口国选择人民币作为贸易结算或投资货币，将十分有利于我国对外投资企业的发展。

2. 完善企业海外投资政策支持体系

首先，应彻底改变我国企业从事海外投资无法可依的局面，要尽快建立起企业海外投资的一整套法规体系。如海外投资促进法、海外投资责任法、海外投资规划法、海外投资保险法和政府服务法在内的配套法律法规，以保证在政局不稳定的情况下，中国对外投资企业的利益得到有效保证。

其次，需要进一步明确海外投资管理的职责与分工，强调商务部作为政府主管部门与中国对外投资企业最为出资人的角色与分工，在海外投资领域中加强信息交流、沟通与共享，及时规避国外投资环境变化导致的潜在风险，充分保证企业的安全性和投资者的海外资产合法权益。

3. 推进企业的ETF模式海外投资

在当今经济及政治局势十分不稳定的情况下，我国企业的海外投资及其战略均需要进行认真研究和适时调整。尤其在选择合适的投资产品方面上，更要充分考虑到外部环境所带来的潜在风险与挑战，及时作出具有科学性、前瞻性的海外投资选择，实现企业效益优化。

在产品选择方面，企业应考虑尝试ETF模式的海外投资。ETF即交易型开放式指数基金，是一种介乎股票和共同基金之间的投资产品。在经济方面，它可以有效分散风险，且便于操作。例如，一个科技类股的ETF包含了诸如IBM、苹果等众多企业的股票，投资者不仅省去了选择投资何只股票的麻烦，而且还有效地避免了承担投资单个企业的风险。而且，由于ETF有按照国家和地区划分的产品，所以投资者可以依据某地区发展前景进行投资，购买该地区或国家的ETF，拓宽企业的投资范围。此外，ETF的操作方式基本上跟股票相同，而且流动性强，这为我国企业规模较大的海外投资资金进出提供了方便。在政治方面，由于购买ETF产品不需要直接购买企业的股票，也不需去控股，所以可以极大地降低投资地政治局势不稳定给投资企业带来的麻烦，有效降低企业的投资风险。

参考文献

柴庆春. 中国对外直接投资的现状及问题分析 [J]. 国际贸易，2008（1）.

张明. 透视美国次贷危机及其对中国经济的影响 [J]. 国际经济评论，2007（5）.

卢进勇. 入世与中国企业"走出去"战略 [J]. 国际贸易问题，2001（6）.

王珏. 我国对外直接投资的区位选择研究 [A]. 中国国际贸易与投资高层论坛论文集 [C]. 中国北京：2009：45-51.

胡彦涛. 全球金融危机下中国对外直接投资的战略调整 [D]. 厦门大学，2009.

Dunning.J.H. Multinational Enterprises and the Global Economy [M]. New York：Addision-Wesley Publishing Ltd.，1993：122-135.

World Investment Report，United Nations Conference on Trade and Development，2001-2008.

http://blog.sina.com.cn/s/blog_620aec960100r36t.html.

中国经济信息网，http://www.jndpc.gov.cn/E_ReadNews.asp?NewsID=11846，2011-04-11.

（杨嫄嫄、苏铭彻，吉林大学经济学院、吉林大学计算机科学与技术学院）

西部地区承接产业转移中政府职能让渡问题研究

——基于中西部比较

国际产业转移不仅给我国带来大量的资金和技术，增加就业机会，而且带动了我国的经济结构调整和优化。但是，由于长期以来我国对跨国公司的投资渴望度较高，以优惠的政策、让渡一定的政府职能来吸引外资的动机强烈。第二轮西部大开发战略的实施，西部地区将进一步借助国家政策倾斜加大对国际产业的承接力度。因此，西部地区政府是否能适度让渡其职能以达到引资的目的，将是一个严峻的考验。

一、中国西部地区承接国际产业转移的现状与问题

1. 西部地区承接国际产业转移概况

近年来，在大力实施西部大开发战略并相继出台一系列优惠政策的带动下，我国西部地区在招商引资、承接国际产业转移方面有了较大发展（见表1）。

表1 中国东部、中部、西部地区外商直接投资情况

单位：亿美元

地区 \ 年份	2004	2005	2006	2007	2008	2009
东部地区	626.19	683.62	825.55	994.22	1128.95	1188.93
中部地区	85.68	115.46	149.59	209.83	250.64	275.31
西部地区	35.38	44.39	60.49	78.77	124.19	149.33

资料来源：2004~2008年数据根据《新中国六十年统计资料汇编1949~2008》各省份相关数据计算而得，2009年数据根据各地区《2010年省级统计年鉴》计算而得。

可以看出，西部大开发战略实施以来我国西部地区在吸引外资方面的能力不断加强，不仅绝对数额度有较大增加，从2004年的35.38亿美元增加到2009年的149.33亿美元，增幅高达320%（同期东部地区和中部地区增幅分别为89.9%和220%），而且吸引的外资占全国的比重也在不断提高（见图1），从2004年的4.73%上涨到2009年的9.25%，而且从2007年开始所占比重的提高有加速的趋势。2010年第二轮西部大开发启动，可以预见，西部地区将迎来新一轮以国家政策为坚实后盾的发展新机遇，吸引外资的增速会再次加快。

此外，近年来我国吸引外资的产业结构有了较大的变化，第三产业的比重迅速上升。2008年我国第二、第三产业实际使用外资的比重分别为49.17%和49.73%，基本上平分秋色。受金融危机影响，2009年我国第三产业吸收的外资在总量上有所减少，比重降为42.79%，第二产业的比重则达到55.62%（见图2）。西部地区由于地理位置、

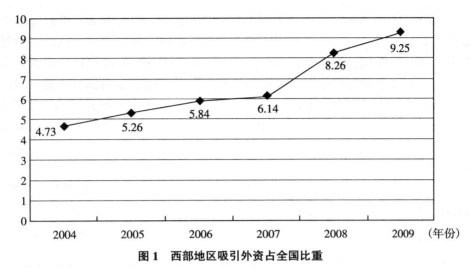

图1 西部地区吸引外资占全国比重

资料来源：2004~2008年数据根据《新中国六十年统计资料汇编1949~2008》各省份相关数据计算而得，2009年数据根据各地区《2010年省级统计年鉴》计算而得。

物质与人文环境均不能与东中部相比，其比较优势主要集中在丰富的自然资源方面，因此外资主要投向第二产业，尤其是资源密集型产业，所以西部地区吸引的外资中第二产业占据了较大比重。另外，第二轮西部大开发的战略目标之一就是在西部地区基本形成现代产业体系，把西部地区建设成战略性新兴产业基地，遏制对生态环境的破坏趋势，而这一战略目标对西部地区服务业的快速发展提出了要求。因此，未来西部地区将会加大对外来产业的承接力度，特别是要加强第三产业对外资的吸引力。

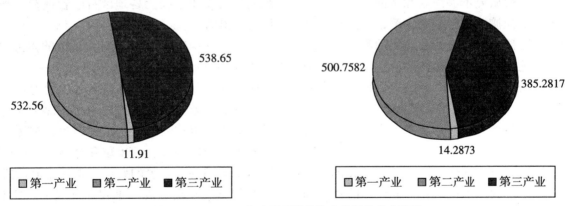

图2 2008、2009年中国吸引外资产业结构分布情况

资料来源：根据2009、2010年《中国统计年鉴》相关数据整理而得。

2. 西部地区承接国际产业转移中的问题

与其他欠发达地区一样，西部地区的引资以政府为主体，而且引资成绩直接与地方官员的政绩挂钩。因此，近年来虽然西部地区在吸引外资方面取得了显著成果，但也显现出许多问题。比如，一些地方政府只是注重承接产业的经济效益，而忽视社会效益和生态效益，承接了一些高污染、高消耗、技术含量低、产品附加值不高、对生态环境破坏比较大的产业；由于"先天不足"，西部地区普遍具有引资饥渴的特征，当地政府成为承接产业转移的主导者。然而，地方政府为了能够吸引更多的外资，竞相给予外资"超国民待遇"，对跨国公司让地、让税、让利，导致热钱、不良游资混入，给地区经济健康发展埋下了隐患。

地方政府给予跨国公司过度的职能让渡，造成严重的社会稳定问题，在西部地区已有个例。

2007年11月，甘肃省兰州市水务局与法国跨国水务巨头威立雅公司签署并购协议，威立雅以17.1亿元收购兰州水务49%的股权。由于兰州水务一直处于亏损状态，兰州市政府想通过引资改变当前困境，因而在引进威立雅时把自来水定价权让给了威立雅。然而正是政府过度让渡职能，2009年兰州出现了威立雅"不涨价就停水"的威胁论，使得水价上涨0.3元/立方米，严重侵犯了居民利益。"兰州模式"显现出了过度让渡政府职能给外资，从而对当地民生安全产生威胁的隐患。

因此，与东中部的引资竞争中，西部地区的地方政府通过给予更大的政策倾斜、让渡政府职能以吸引外资的动机比较强烈。在第二轮西部大开发中，国家在西部对外的系列政策上又有更高层次上的开放，对外资出台了更多的优惠政策。这样，在国家对外优惠政策的基础上，地方政府会通过自己的职能让渡，对外资实行更为优惠的政策。而且由于西部产业环境尚不完善，政府的议价能力偏弱，很容易做出过度承诺。

二、承接国际产业转移中政府职能让渡的评价指标体系设计

在我国学术界，有关欠发达地区承接产业转移中过度让渡政府职能问题的研究较多，但主要是定性分析，从不同地区承接产业转移中的现象中描述"什么是政府职能让渡"、"政府通过什么途径让渡职能"，并分析"为何要让渡政府职能"、"让渡政府职能的后果"等，尚未对该问题进行过量化分析，使得研究不够深入和全面。本文试图建立政府职能让渡的评价指标体系，通过东西部比较，判断西部地区政府让渡职能的程度，从而为我国西部地区更好地承接国际产业转移、避免过度让渡政府职能带来不利影响提供理论依据和解决方向。

1. 承接国际产业转移中政府职能让渡的评价指标体系构建

（1）指标的选取与设计。通过查阅大量的相关文献资料，结合我国承接国际产业转移的特点和带来的种种影响，本文设计了评价在承接国际产业转移中政府职能是否存在过度让渡的经济指标，具体如下：

1）政府清廉度。政府清廉度是政府廉洁自律的程度。政府的清廉度越高，它的廉洁自律度就越高；相反，它的廉洁自律度就越差。研究表明，国际直接投资趋向于流入政府清廉度较高的国家和地区；清廉度高的政府能够合理正确地行使政府职能，能够有效地降低或者避免过度让渡职能。[①]

本文用政府消费规模和政府行政支出规模两个指标来衡量各地区政府的清廉程度。政府消费规模和行政支出规模越大的地区，政府的清廉度越低，廉洁自律度越差。其中，政府消费规模是该年当地政府的政府消费总额与当地GDP的比重；政府行政支出规模为各地区行政管理费占当地财政总支出的比重。

2）排污容忍度。该指标用地区的排污费收入占当地专项收入的比重来体现。这一比重越大，表明政府对排放污染物的企业单位的惩罚力度越大；反之，政府的惩罚力度越小，说明政府对排污企业的容忍程度越大。这是因为，排污费是直接向环境排放污染物的单位和个体工商户应当按照规定缴纳的一定量的费用，是对排放污染物的企业和单位一定程度的惩罚。惩罚的轻重程度、数额的多少根据中央政府规定的标准来确定，但执行的职能却由地方政府来行使。因此，在吸引外资的"竞次"活动中，地方政府与中央政府不断进行博弈，利用自己职能的便利，过度让渡政府职能，在排污方面给予外资宽松的条件。

从近年来学者们的研究中可以看出，我国西部地区承接的国际产业主要集中在高污染、高排放的加工制造业，排放的污染物中外资企业占据

① 杨先明（2008）认为，东道国政府清廉度与国际资本流动有着一定的因果关系。

很大比重。① 因此，本文通过该指标数值的高低可以反映地方政府对外资企业在污染物排放上的容忍度，并以此说明政府职能的让渡程度。

以上两个指标是从行使职能的角度来衡量政府让渡职能的倾向性，此外，在外资企业的经营运转过程中，政府会通过给予企业各种优惠表现出其对外资的职能让渡程度。

3) 税收比例。该指标是通过对外资企业征收的主营业务税金及附加占当地总税收的比重的高低来反映当地政府对外资企业的税收优惠。对外资企业的税收减免是我国吸引外资最有效的优惠政策之一，地方政府为了加大引资力度通常会利用职能便利大打"税收优惠战"。这一数值越小，表明征税比重低、力度小，对外商企业的税收优惠程度大，直接反映出当地政府的让利行为。

4) 利润率。利润率是指外资企业的利润总额占其主营业务总收入的比重，反映企业的盈利水平，它不仅与企业的营业收入有关，还与生产经营中的各项费用相关，例如土地厂房租赁价格、原材料成本价格及上个指标中提到各项税收等。本文设计该指标是想利用外资企业利润率的高低，侧面反映政府对各项成本费用的减免程度，表明地方政府对外资企业的让利幅度。因此，该指标数值较大，说明政府给予外资企业的优惠越多，职能让渡越明显。

5) 股权让渡。以往关于外资企业股权问题的研究，大多采用某行业外方的注册资本额占该行业总注册资本额的比值来反映，这是行业视角。本文以区域为研究对象，我国尚未有相关数据统计，因此以地区 FDI 占外资企业总资产的比重这一指标来反映某地区外资拥有的股权比例。已有学者研究表明，西部地区引资的优势产业主要集中在石油加工、炼焦及核燃料加工业、有色金属冶炼及延压加工和烟草制造业等资源密集型的加工制造行业，西部地区吸引的外资也主要集中在这些行业，而且涉及企业都是国有企业。② 因此这一指标主要衡量国有企业在承接国外产业时在股权方面的让渡程度。

在该指标中，FDI 是地区实际利用的外商直接投资，是完全国外资本；企业的总资产包含外资企业中本有的国内资产和吸引的国外资本。这一比重越大，表明外资的股权控制越强，进而反映地方政府在企业股权上的让渡越大。

6) 外资企业"工业三废"排放量。用外资企业"工业三废"排放量来说明其对地区环境的影响，进而反映地方政府对其监管力度的大小。若这一数值越大，意味着政府职能的缺失越严重。

但是，在我国统计资料中，没有外资企业"工业三废"排放量的统计，因此本文需对该指标做一定的处理。已有研究表明，在企业的成长阶段，污染物的排放量跟企业的工业总产值有一定的正向相关关系。③ 因此，以东西部为例，首先计算出西部地区外资企业的工业总产值与该地区所有工业企业的工业总产值的比值，间接表明外资企业污染物的排放量在西部地区总排放量中的比重；其次，用西部地区工业污染物的排放量计算出外资企业的污染物排放量，再用同样的方法计算出东部地区的污染物排放量，然后计算二者的比值，此比值设为 M；再次，对东西部地区某一年份的 FDI 的总量进行对比，计算出西部地区 FDI 与东部地区的比值，此值设为 N；最后，比较 M 与 N 的大小。若 M>N，表明西部地区的三资企业在吸收 FDI 比东部地区偏低的情况下，工业污染物的相对排放量却偏高，从而说明西部地区政府在外资企业污染物的排放上较东部地区有很大让步，即让渡了一定的政府监管职能。

(2) 数据来源。本文中涉及各地区的 GDP、财政收入、一般财政支出、税收收入总额等数据都查自历年的《中国统计年鉴》和各地区《省级统计年鉴》；政府消费数据查自《中经网统计数据库》，政府行政管理费和一般财政支出数据来自《新中国 60 年》；各地区的 FDI 数据来源于《新中国六十年统计资料汇编 1949~2008》和各地区《2010 年省级统计年鉴》；各地区外商投资企业的主营业务税金及附加、利润总额、主营业务收入等数据来源于《2010 年中国工业经济统计年鉴》；"工业三废"

---

① 邓云峰 (2009) 根据研究发现，在经济落后的西部地区所吸引的外资企业主要集中在高耗能、高排放的加工制造业，这加剧了西部地区的环境污染。

② 杨先明 (2008) 认为，西部地区由于在吸引外资方面处于先天弱势，因此引资主要由政府引导，主体为国有企业。

③ 李溪 (2011) 研究发现，在企业的成长阶段，随着企业工业总产值的增长，其污染物的排放量也随之上升。

排放量是通过《2010 年中国环境统计年鉴》的相关原始数据计算处理而得到的。

另需说明的是，本文中提及的工业企业是按照《中国统计年鉴》新的统计口径来选取，即年销售额在 500 万元以上的各地区规模以上工业企业；"三资企业"包括外商投资和港澳台商投资工业企业；FDI 是各地区实际利用的外商直接投资额，由于各地区的统计标准不同，东、中、西部 FDI 的加总略大于商务部直接统计的全国总额，但不影响本文的结论；"工业三废"的排放量是未能达到环境资源部规定的排放标准的排放量，因此文中有几个省份个别数据为 0。

2. 东西部比较

（1）政府清廉度。由表 2 看出，西部地区的政府消费规模和行政支出规模都高于东部地区，特别是在政府消费规模这一指标上东部地区平均为 12.64%，西部地区则是 15.39%，比东部地区高 2.75 个百分点；在行政支出规模方面，西部比东部高出 0.11%。由此判断，西部地区的政府清廉度偏低，这将会导致地方政府腐败的可能性变大或是政府合理正确行使职能的机会降低，进而表现为西部地区政府在吸引外资的"竞次"活动中让渡职能的可能性会加大。

表 2　2009 年各地区政府消费规模与行政支出规模

政府消费规模				行政支出规模			
东部地区		西部地区		东部地区		西部地区	
广东	9.92	四川	11.38	广东	10.01	四川	12.33
辽宁	10.45	宁夏	12.11	辽宁	11.05	宁夏	13.12
山东	10.81	重庆	12.51	山东	13.87	重庆	13.68
浙江	11.06	广西	12.96	浙江	14.40	广西	14.76
福建	11.73	陕西	15.10	福建	14.89	陕西	15.83
河北	12.63	内蒙古	16.65	河北	15.91	内蒙古	16.73
上海	13.86	贵州	16.79	上海	16.62	贵州	16.84
天津	13.98	云南	16.94	天津	16.64	云南	19.09
海南	14.11	甘肃	21.27	海南	16.86	甘肃	23.94
江苏	14.91	新疆	22.94	江苏	16.87	新疆	—
北京	24.12	青海	23.60	北京	17.31	青海	—
		西藏	43.04			西藏	—
平均水平	12.64	平均水平	15.39	平均水平	15.33	平均水平	15.44

（2）排污容忍度。表 3 显示，在排污费的总收入上西部地区（36.86 亿元）明显低于东部地区（82.22 亿元），相差 45.36 亿元，因而西部地区 9.89% 的排污容忍度也低于东部地区的 14.42%。这说明在对外资企业排放污染物的处罚力度上，西部地区明显弱于东部地区，大幅让渡排放污染物的处罚权力。

表 3　2008 年各地区排污费征收情况表

单位：亿元

	东部地区	西部地区
排污费收入	82.22	36.86
专项收入	570.31	372.48
比重	14.42	9.89

（3）税收比例。从图3看到，2005~2009年东部地区外资企业交纳的主营业务税金及附加的绝对额远高于西部地区，并且这一差距在逐年增大。从税收比例上来看，西部地区也低于东部，就在差距最小的2007年东西部这一比例的差距仍为1.63个百分点，而且从2007年之后两条曲线还有"分道扬镳"的趋势。这说明西部地区对外资企业的征税力度小于东部地区。绝对数额上的落后可能是因为西部地区本身的经济落后所致，但是相对比值的偏低则表现出政府存在过度的让利行为。

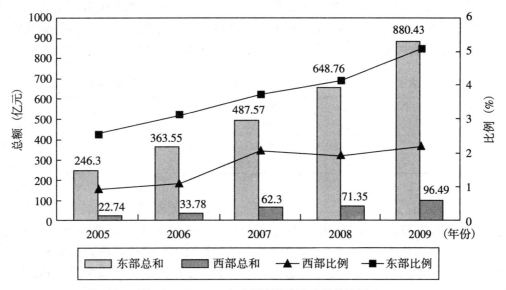

图3　2005~2009年东西部外资企业税收比例

（4）利润率。图4中利润率曲线的变化清晰地显示出西部地区外资企业的利润率高于东部地区，2005~2009年这一差额基本保持在2%左右，表明西部地区政府在外资企业的生产经营过程中做出了较大程度的让利，这是政府财政收入权力的一种让渡。

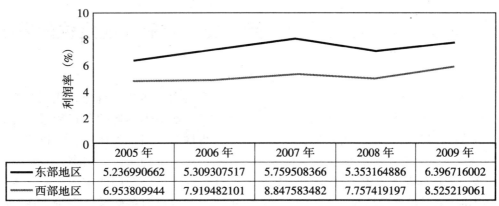

	2005年	2006年	2007年	2008年	2009年
东部地区	5.236990662	5.309307517	5.759508366	5.353164886	6.396716002
西部地区	6.953809944	7.919482101	8.847583482	7.757419197	8.525219061

图4　2005~2009年东西部外商投资企业利润率走势

（5）股权让渡。从表4来看，2009年东部地区吸收的FDI在数量上具有绝对的优势，比西部地区多6734.03亿元，将近于西部地区的7倍；但其FDI占外资企业总资产的比重却明显低于西部地区，这说明外资在西部地区的股权控制程度高。这是因为，西部地区为了增加对FDI的吸引力，地方政府会在谈判中更多地出让股权，这种现象在我国引进外资中屡见不鲜，造成国家利益的损失。

（6）外资企业"工业三废"排放量。从表5可以看出，2009年西部地区"工业三废"的排放量占东部地区的比值分别为：$M_水$=0.249、$M_固$=2.834、$M_气$=0.234，而西部地区的FDI占东部地

表4 2009年东西部吸引FDI与外商投资企业总资产

单位：亿元

	FDI	外商投资企业总资产	FDI/总资产（%）
东部地区	7704.669	103928.2	7.413
西部地区	970.6398	7510.88	12.923

区的比值仅为 $N_{FDI}=0.126$。将三个 M 值与 FDI 的 N 值比较，得到 $M_水$、$M_固$、$M_气$ 都比 N_{FDI} 大，说明西部地区在 FDI 相对额偏少的情况下，其外资企业"工业三废"的相对排放量较东部地区偏高，说明西部地区在工业污染物排放的监管力度上有欠缺，政府的监管职能被让渡。

表5 2009年东西部外资企业未达标"工业三废"排放量和FDI

	工业废水（万吨）	固体废弃物（万吨）	工业废气（万吨）	FDI（亿元）
东部地区（a）	14992.56	176650.6	412.26	1185.33
西部地区（b）	3726.89	500612.7	96.39	149.33
b/a	0.24858	2.83391	0.23381	0.1259807

3. 比较结果及原因分析

通过以上指标比较，我们可以得出明确的结论：与东部相比，西部地区在承接国际产业中存在明显的过度让渡政府职能的现象。这种现象的出现，主要是因为西部地区政府为了寻求经济发展最快捷的途径，迫于各个方面的压力，如政府官员的政绩考核制度，或多或少地都走向了靠引进外资推动经济发展的道路。在这种趋势带动下，地方政府利用职能便利，在引资过程中，给予外资企业极大程度的职能让渡，不仅让地、让税，甚至有些地方政府直接给予外资企业财政补贴，以达到吸引外资的目的。更甚者，西部各地区政府展开了激烈的引资竞争，竞相出台各种优惠政策，形成一种"囚徒困境"的恶性博弈竞争，其间出现政府职能的"越位"、"缺位"和"错位"现象。尤其是为了吸引跨国公司的产业转移，西部地区过度让渡政府职能，导致地区经济安全受到威胁，利益遭受损失。

三、我国东西部地区承接国际产业中政府职能定位的差距

通过以上比较分析，东部地区在承接国际产业转移中政府职能的让渡情况明显优于西部地区，这说明随着经济的发展，我国东部地区在借鉴国外成功经验的基础上，正在尝试着解决承接国际产业转移中的政府职能问题并取得了显著的成效，这为西部地区提供了有益的经验指导。

1. 东部地区承接国际产业转移中政府职能的新变化

（1）由政府引资向企业引资转变，注重引资中的政府服务。政府部门举行招商说明会，邀请境外投资商，向投资商介绍投资环境和项目，接待外商前来考察，这是我国引资的通常做法，这种方式会带来乱收费、乱罚款、乱摊派等现象，打击了投资商的热情。目前，我国东部一些发达地区政府逐渐退出具体的引资领域，让企业和专业中介机构成为引资主体，引资机构由行政机构转变为市场引资的实体，引资任务目标由行政目标责任的约束转为合同约束，政府从主体引资向政策引导和提供服务转变，保护企业和外商的合法权益，为吸引更高质量的外资创造了良好的投资环境和创业氛围。

（2）积极调整产业结构，以产业发展带动引资。近年来，东部发达地区已进入了投资环境不断完善、产业环境开始凸显的阶段，其良好的产业基础、较为完善的产业链条、完备的产业配套设施成为吸引国际投资者的主要因素，出现了

"产业引资"模式。这是一种依托地区比较优势，基于合理的产业定位，围绕产业的主导产品及其上下游产品来吸引外资，引进高端产品生产技术，营造主导产业，形成完整产业链，提升综合竞争力的引资模式。所以，依靠产业政策、加大产业建设已经成为东部地区政府的重要职能。东部地区各省市都在产业建设上下工夫，积极调整产业结构，突出地区优势，建立以资源优势为基础的产业链经济，加大高新技术与高科技产业对外资的吸引力度。

（3）注重政府信用建设，积极落实引资政策。政府信用是社会经济信用的核心。如果一个地方的政府政策多变、政出多门，政府领导人随意决策和允诺，政策不落实，政府工作人员因人行政等，那么这个地区的企业和个人显然难以形成较好的信用意识。东部发达地区政府近年来很重视自身的信用建设。例如，江苏省最成功的引资术就是"以外引外"，即靠外商口碑相传，而良好的口碑来源于江苏各地政府特别注意自己的信誉，并在相关政策的制定与执行中说到做到，重信守诺。因此，江苏省苏州、宁波等城市由于社会环境、法制环境、经济环境与经营环境都好于其他地区备受台商青睐，是台商公认的相对执法最认真、最守法的区域。①

2. 东西部承接国际产业转移中政府职能定位的差距

可以看出，由于经济发展的不平衡，承接国际产业转移时我国东、西部地区政府职能的定位存在较大的差距。东部发达地区政府职能以为投资者提供良好的服务与环境，加快产业升级，完善社会管理与公共服务为侧重点，重视加强政府政策法规的规范化、制度化建设，政府能够做到以经济、法律手段为主，以行政手段为辅来调控经济运行，注重政府职能在运行中各种手段的综合运用，由此也避免了为吸引外资而过度让渡政府职能的问题。西部地区政府职能重心仍放在经济职能上，对于基础设施建设、政务建设、公共服务、产业建设等方面未给予足够的重视，政府职能的实现方式仍以行政手段为主，因而在承接国际产业中过度让渡政府职能的现象多有发生，造成了严重的后果，当然这一差距也为西部地区明确了政府未来职能发展的方向。

四、我国西部地区在承接国际产业转移中的应对措施

鉴于我国西部地区承接国际产业转移中存在的问题，在第二轮西部大开发带来的引资热潮中，西部地区要充分吸取东部地区的经验，地方政府合理运用自己的职能，争取承接高附加值、对当地经济发展有正面效应的国际产业，避免过度让渡政府职能。

1. 正确定位政府职能

发达经济体的实践已经证明，政府是调控、监督经济与社会事务的主体，企业则是市场经济的主体。西部地区之所以会出现政府职能的过度让渡，是因为地方政府代替企业直接参与到引资中来，而忽视了一些政府应履行的职能。因此，需要正确界定西部地区在承接国际产业中的政府职能。

借鉴东部经验，西部地区政府应定位于公共服务、培育市场、市场监督、产业建设、保护本地资源和环境的职能上，把投资环境建设与产业建设结合起来，在加强基础设施及政务建设的同时通过政策引导等手段调控当地产业升级，实现投资环境与产业建设共同发展。

2. 全面认识跨国公司，承接有利于本地区发展的产业

目前金融危机尚未完全结束，经济发展极不稳定。此时，西部在承接外来产业时，要保持冷静头脑，学会如何利用资源的优势，不能盲目吸引外资。跨国公司愿意来投资，说明该地区肯定有优势，像零售业的巨头沃尔玛，它能在中国有如此快的发展速度，就是利用了中国人口多、消

---

① 朱乃芬（2007）根据问卷调查得出。

费能力强的优势条件。因此，西部地区政府在承接产业转移时，要充分发挥资源上的优势，全面认识跨国公司，不仅注重他们带来的资本，更要从中学得他们带来的管理经验、生产技术等。政府要运用宏观经济调控职能，通过规划、控制、协调、引导，加大对产业结构政策、产业组织政策、产业技术政策等的制定工作，根据国家及地区的产业政策，把好审批关，承接有利于本地区发展的产业，吸引高科技、高水平企业进入西部地区，发展产业集群，延长产业链，促进产业结构的优化升级。

3. 大力承接服务外包业，合理让渡政府职能

当前服务外包业正值兴盛时期，对西部地区来说正是一个大好机遇。我国西部地区拥有大量廉价的劳动力和丰富的自然资源，对服务发包国有强大的吸引力，应该借此机会大力承接服务外包产业。但是，由于西部地区经济基础薄弱，在承接国外服务外包时，地方政府一定要吸取教训，不能为了引资而过度让渡政府职能。首先，应根据当地具体的经济、产业状况给予跨国公司合理的职能让渡，切不可追求于政绩表现，攀比邻地政府，避免出现水务引资问题上的"兰州模式"。其次，政府在承接服务外包业中，提高本地区劳动力的生产效率和技术含量，为发展实体经济做好基础储备。

4. 加强对外资的监管

如前所述，因为特殊的角色定位，西部地区政府在承接国际产业转移的过程中，行使职能时难以把握住合理的度，容易出现过度地让渡其职能的问题。究其原因，就是因为政府为了吸引跨国公司，引资中过度让渡其职能，并且在行使职能的过程中出现"缺位"，放松了对外资活动的监管力度。因此，西部地方政府要加强对引进外资的监管力度，认真监督中外双方的履约情况，实现无限期责任追究制度，对于引资后暴露出来的问题，坚决追究有关当事人的责任。同时，政府应注意不要出现"越位"和"错位"，在加强监管的同时，在国情允许的范围之内，给予外资适当的宽松政策，以此吸引更多高质量的外资进入当地，带动当地经济发展。

5. 培育承接国际产业的市场主体

出现政府职能过度让渡的另一原因就是政府主导了承接产业转移的活动，企业并没有发挥市场主体的作用。因此，西部地区政府应运用宏观经济调控职能，促进市场体系的完善，培养市场主体。首先，将承接国际产业的主体让位于企业，让企业根据市场信息进行自我调整，政府则根据产业政策给予适当的引导。其次，大力培育中介组织，通过授权的方式，让中介组织参与到引资进程中来，发挥非政府组织在承接国际产业中的积极作用。通过政府、企业、中介组织间的密切配合，一方面提高承接国际产业的效率，另一方面保证政府有更多的精力为外资提供公共产品与公共服务，优化西部地区的引资环境。

参考文献

Laurence E. Lynn. Public management: old and new [M]. New York; London Routledge, 2006.

Eward M. Graham, Erika Wada. Foreign Direct Investment in China: Effect on Growth and Economic Performance, Experience of Transitional Economics in East Asia [M]. Oxford University Press, 2001.

杨先明. 中国西部外资问题研究 [M]. 北京：人民出版社, 2008.

谭力文, 刘林青. 跨国公司制造和服务外包发展趋势与中国相关政策研究 [M]. 北京：人民出版社, 2008.

李伟. 论政府在招商引资中的职能定位 [J]. 求是, 2010 (3).

黄国平. 外资优惠政策与外商直接投资博弈的分析 [J]. 对外经济贸易大学学报, 2002 (3).

李溪. 经济增长与工业环境污染关系实证研究 [J]. 环境与可持续发展, 2011 (1).

邓云峰. 欠发达地区承接产业转移的环境污染问题分析 [J]. 湖湘论坛, 2009 (1).

曲波. 青海省招商引资外部行政环境评价与分析 [J]. 当代经济, 2009 (1).

2007 年两会专题. 政府职能转变：少越位，别错位，勿缺位 [DB/OL]. 中国网, 2007.

朱乃芬. 吉林与江苏、山东招商引资模式的借鉴比较 [DB/OL]. 吉林省人民政府发展研究中心网.

（胡静寅、刘珊珊，兰州商学院经贸学院）

西部地区承接产业转移实证研究

——来自西部大开发战略实施以来的经验

一、引 言

改革开放之初，鉴于当时的经济社会背景，我国走上了东部地区率先发展的非均衡发展道路。从此，经济特区的建立、港口城市的开放、浦东新区的开发促使东部地区经济得到了飞速发展，中西部地区的自然资源、劳动力资源大量地流向东部地区，造成中西部地区尤其是西部地区的经济社会发展严重滞后于全国水平，进一步拉大了东西部地区之间的贫富差距。东西部地区之间的经济差距不仅严重影响民族团结，而且制约东部地区及全国经济的持续发展。因此，加快发展广大的众多少数民族聚集的西部地区、缩小东西部经济差距迫在眉睫，只有这样，才能促进区域经济协调发展，保证东部地区及全国经济的可持续发展。于是，中央政府不失时机地实施了西部大开发战略。

1999年6月19日，时任中共中央总书记、国家主席的江泽民同志在西安首次提出了"西部大开放"的战略思想。2000年1月，国务院西部地区开发领导小组召开西部地区开发会议，研究加快西部地区发展的基本思路和战略任务，部署实施西部大开发的重点工作。2000年10月，中共十五届五中全会通过的《中共中央关于制定国民经济和社会发展第十个五年计划的建议》，把实施西部大开发、促进地区协调发展作为一项战略任务，强调："实施西部大开发战略、加快中西部地区发展，关系经济发展、民族团结、社会稳定，关系地区协调发展和最终实现共同富裕，是实现第三步战略目标的重大举措"。西部大开发的范围包括陕西省、甘肃省、青海省、宁夏回族自治区、新疆维吾尔自治区、四川省、重庆市、云南省、贵州省、西藏自治区、内蒙古自治区、广西壮族自治区12个省、直辖市、自治区、3个少数民族自治州，面积为685万平方公里，占全国的71.4%。西部大开发战略实施以后，西部地区的基础设施建设和投资环境等都得到了明显的改善。2001年3月，九届全国人大四次会议通过的《中华人民共和国国民经济和社会发展第十个五年计划纲要》对实施西部大开发战略再次进行了具体部署。2006年12月8日，国务院常务会议审议并原则通过《西部大开发"十一五"规划》。会议指出，要发挥各地区比较优势，鼓励东部地区向中西部地区进行产业转移，在更大范围内实现资源优化配置，形成互惠互利格局，促进东中西地区良性互动。迄今为止，西部大开发战略已经进入实施的第十一个年头，西部地区经济社会得到了持续明显的发展。那么，东部地区的产业是否因为西部大开发战略的实施发生了向西部地区大量转移的现象？《西部大开发"十一五"规划》的出台和全球金融危机的发生是否进一步刺激了东部地区向西部地区的产业转移？如果产业转移正在发生，那么，产业转移的类型、方式及载体又是怎样的？这些都是我们应该研究的问题，以便为更有效地实施西部大开发战略提供政策依据。本文的以下部分设计为：第二部分为文献综述；第三部分为产业转移承接指数模型设计；第四部分为西部地区承接产业转移的实证分析；第五部分为结论。

二、文献综述

产业转移是指由于生产成本、市场和外部环境等发生变化，某些产业从一个国家或地区转移到另一个国家或地区的经济行为和过程。产业转移有国际产业转移和区际产业转移之分。关于产业转移的相关研究开端于20世纪30年代，最初也是源于研究国际产业转移问题。1932年，日本经济学家赤松要在《我国经济发展的综合原理》中提出了"雁行产业发展形态说"，主要用于说明当时日本的工业成长模式，反映了产业转移对发展中国家产业升级的作用。他认为：先行国（地区）与后起国（地区）之间存在着一种梯度的产业传递和吸纳的动态过程，由此形成了先行国（地区）和后起国（地区）一定时期内的产业循环和连锁型变化机制，促进了后起国（地区）产业结构向着更高层次转换。20世纪70年代，小岛清对赤松要的"雁行产业发展形态说"进行了拓展，提出了"边际产业扩张论"。他认为："对外直接投资应该从本国（投资国）已经处于或即将陷于比较劣势的产业——可称为边际产业——（这也是对方国家具有显在或潜在比较优势的产业）依次进行"；主张"对发展中国家工业的投资要按照比较成本及其变动依次进行，并从技术差距小，容易转移的技术开始，按次序地进行转移"。1966年，弗农提出"产品生命周期说"，弥补了赤松要和小岛清都未从发达国家的角度分析国际产业转移的不足。弗农以要素禀赋差异的存在为前提，利用产品生命周期的变化来解释产业国际转移现象：产品生命周期可分为新产品、成熟产品和标准化产品三个时期，不同时期产品的特性存在很大差别；随着产品由新产品时期向成熟产品时期和标准化产品时期的转换，产品的特性会发生变化，将由知识技术密集型向资本或劳动密集型转换；相应地，在该产品生产的不同阶段，对不同生产要素的重视程度也会发生变化，从而引起该产品的生产在要素丰裕程度不一的国家之间转移。因此，工业发达国家的产业发展路径是"生产—出口—进口"。一些学者从微观主体企业的角度来研究产业转移，如邓宁（1988）的企业投资理论等。邓宁用O-L-I模型来说明企业的对外投资和扩张行为。他认为，一国企业要进行对外直接投资，必须同时具备三种特定优势，即所有权优势（Ownership）、区位特定优势（Location）、内部化特定优势（Internalization）。

近年来，国内学者也对产业转移问题进行了深入研究，但主要关注于区域产业转移。2001年，张可云出版的《区域大战与区域经济关系》一书，认为区际产业转移是区际产品和要素流动之外的另一种区际经济联系的重要方式。从某种程度上来说，区际产业转移既是对区际商品贸易与要素流动的一种替代，又会促进劳动力、资本与技术等要素在区域间的流动。他还指出，区际产业转移并不必然带来区际关系的和谐，而且仅依靠市场调节不一定能完成产业转移，政府的干预和协调也是不可或缺的。魏后凯（2003）认为，区际产业转移是企业与转入区和转出区政府之间的动态博弈过程，也是各地方政府之间的环境竞争过程。在现实经济中，产业转移一旦实现，将会对企业、转入区和转出区的竞争力产生不同的影响。这种影响既可能是有利的，也可能是不利的。这样，从政府干预的角度看，就需要进行必要的引导和调节，以尽可能减少各种不利影响，充分利用各种有利影响，从而实现"三赢"的结果。

关于我国东部地区产业向西部地区转移的问题，学者们也做了不少的研究，但是现有研究结果显示："大规模的产业转移并未发生"，"产业转移并不明显"。范剑勇（2004）认为中国大陆地区出现了一个"东部沿海地区成为制造业中心、中西部地区成为低效率的农业与采掘业外围区域"的产业布局，并且认为这种极不平衡的产业空间布局对经济的可持续发展、社会稳定和国家安全构成了严重威胁。陈秀山和许瑛（2008）研究表明，中国29个制造业行业中仅有9个行业存在扩散效应，1996~2005年中国工业化过程中，制造业的空间结构整体表现出核心—边缘分化过程；赵伟（2009）研究表明，随着中国市场化程度的增加，制造业区域集聚趋于强化，制造业比重在5%以上的5个省份中制造业总份额由2000年的53.93%上升到2005年的58.18%。上述研究文献主要分析我国的产业集聚或产业布局情况及变化趋势，东西产业转移不明显是一个间接结论，并不能真正反映西部地区承接产业转移的实际现状与趋势，并且研究样本局限于2007年以前，那时候还没有发生全球金融危机，相关促进产业转移的政策也没有出台。因此，有必要以西部地区为研究对象，在横向和纵向比较的视角下来研究西部承接产业转移的情况及趋势。本文尝试构建产业转移承接指数测度西部地区是否承接了产业转移，以及规模与趋势如何，进而分析全球金融危机的发生影响西部地区承接产业转移的情况，以期为西部地区有效大规模地承接产业转移提供政策参考。

三、产业转移承接指数模型设计

区际产业转移是指由于生产成本、市场和外部环境等发生变化，某些产业从一个地区转移到另一个地区的经济行为和过程。在一个国家之内，如果某一产业的部分或整体从A地区转移到B地区，那么A地区这一产业占全国同一产业的比重就会提高，B地区这一产业占全国同一产业的比重就会下降。即使是B地区承接本国之外的产业转移也会使B地区承接到的产业占全国的比重提高。因此，在保证一个国家的产业不会向国外转移的情况下，通过测度某个地区某一产业占全国这一产业的比重在一段时间内的变动情况就可以判断这一地区是承接了这一产业的转移还是发生了这一产业的转出。

在构建产业转移承接指数之间，我们首先需要提出一个假设，就是发生区际产业转移的国家不会发生向国外的产业转移。我们在这一假设的约束下，尝试建立产业转移承接指数：

$$\overline{RI}_{ij} = \frac{1}{t}\left(\frac{X_{ij}^t}{X_j^t} - \frac{X_{ij}^0}{X_j^0}\right) \times 100\%$$

式中，$\overline{RI}_{ij}$为地区i的产业转移承接指数，表示地区i在$[0, t]$时间段内承接产业转移的平均百分值；X_{ij}^0、X_j^0分别表示地区i产业j、全国产业j在0时期的总产值或企业数；X_{ij}^t、X_j^t分别表示地区i产业j、全国产业j在t时期的总产值或企业数。如果$\overline{RI}_{ij}$的值大于0，表示地区i承接了产业j的转移；如果$\overline{RI}_{ij}$的值小于0，表示地区i不仅没有承接产业j的转移，而且发生了产业j从地区i转出的现象；如果$\overline{RI}_{ij}$的值等于0，表示地区i没有发生与其他地区产业j的转移现象。

四、西部地区承接产业转移的实证分析

（一）西部地区承接产业转移趋势分析

西部大开发战略的正式实施起于2000年，于是我们把测度西部地区承接产业转移的基期选为2000年。根据产业转移的一般常理，最先也是最容易从发达地区向欠发达地区发生转移的产业主要是资源和劳动密集型产业，因此，我们选取西部地区各省、直辖市、自治区采矿业和制造业和电力中主要行业数据来测度西部地区承接产业转移情况。鉴于2004年我国工业行业分类方法发生了变化，我们对以前的数据进行了相应调整，以便于比较分析。2008年，中国统计年鉴中改变了工业企业的统计口径，而且全国各省、直辖市、自治区改变工业企业统计口径的时间与全国也不一致，于是我们样本数据分成两个时段：2000~2005年和2007~2009年，并且这种划分方便于分析《西部大开发"十一五"规划》和全球金融危机对西部地区承接产业转移的影响情况。2000~2005 年的工业企业统计口径为全部国有及年主营业收入在 500 万元以上的非国有工业企业；2007~2009 年的工业企业统计口径为年主营业收入在 500 万元以上的工业企业。考虑西部地区各省、直辖市、自治区改变工业企业统计口径的时间不一致性和数据的可得性，本文所考察的西部地区为：2000~2005 年包括内蒙古自治区、陕西省、宁夏回族自治区、甘肃省、新疆维吾尔自治区、重庆市、四川省、广西壮族自治区和云南省；2007~2009 年包括内蒙古自治区、陕西省、甘肃省、青海省、新疆维吾尔自治区、重庆市、广西壮族自治区、贵州省和云南省。西部地区各省、直辖市、自治区及全国工业企业分行业相关数据分别来自西部地

区各省、直辖市、自治区及中国历年统计年鉴。

利用产业转移承接指数计算西部地区在 2000~2005 年和 2007~2009 年两个时段的平均产业转移承接水平（见表1、表2）。

观察表1，发现 2000~2005 年时段内，大部分数值都是负值，显示不仅没有发生明显向西部地区的产业转移，而且还有许多产业从西部地区转出。在西部地区中，内蒙古、陕西和四川承接了相对较多个行业的产业转移，但也偏重于资源密集型行业。总体来看，我国在这一时期的产业转移趋势仍然是由西向东，说明东部地区经济发展的集聚效应还没有结束，仍然持续着东部地区对西部地区自然资源、劳动力等生产要素和非生产要素的"虹吸效应"。

表1 2000~2005 年西部地区承接产业转移的平均水平（产业转移承接指数）

单位：%

产业＼省份	内蒙古	陕西	宁夏	甘肃	新疆	重庆	四川	广西	云南	西部
工业	0.07	0.00	0.00	-0.04	-0.03	-0.03	0.00	-0.04	-0.05	-0.11
采矿业	0.32	0.40	-0.05	-0.09	-0.19	0.02	0.12	-0.15	0.02	0.39
煤炭采选业	0.26	0.32	-0.04	-0.08	-0.10	-0.05	0.02	-0.06	-0.04	0.24
石油和天然气开采业	0.02	0.88	-0.13	0.00	0.36	0.01	0.20	0.00	0.00	1.34
黑色金属矿采选业	0.74	0.12	0.00	0.00	-0.01	-0.07	0.25	-0.32	0.03	0.73
有色金属矿采选业	0.29	0.49	0.00	-0.30	0.14	-0.02	-0.09	-1.76	-0.11	-1.36
非金属矿采选业	0.37	0.02	0.00	-0.48	-0.05	0.01	-0.04	-0.09	0.11	-0.16
制造业	0.05	-0.03	0.00	-0.03	-0.02	-0.03	-0.01	-0.04	-0.05	-0.17
食品加工业	0.17	-0.03	0.01	0.02	-0.05	0.06	0.31	-0.17	-0.13	0.17
食品制造业	0.96	0.02	-0.01	-0.06	0.00	-0.01	0.21	-0.16	0.02	0.96
饮料制造业	-0.01	0.12	0.04	-0.01	-0.04	0.01	0.31	0.05	0.06	0.55
烟草加工业	0.06	-0.03	0.00	0.11	0.03	-0.09	-0.25	0.10	-0.96	-1.03
纺织业	-0.04	-0.09	0.05	-0.04	-0.15	-0.02	-0.01	-0.03	-0.01	-0.33
服装及其他纤维制品制造业	-0.04	-0.03	-0.01	-0.02	0.00	0.01	0.01	-0.01	-0.01	-0.10
皮革、毛皮、羽毛（绒）及其制品业	-0.01	-0.04	-0.08	0.01	0.01	0.05	0.22	0.05	-0.02	0.19
木材加工及木竹藤棕草制品业	0.18	-0.03	0.00	-0.01	0.02	0.01	-0.03	0.08	-0.12	0.10
家具制造业	0.03	-0.15	-0.01	-0.10	-0.16	-0.08	0.12	0.01	-0.06	-0.41
造纸及纸制品业	-0.02	-0.08	-0.01	-0.03	-0.01	0.01	-0.10	-0.13	-0.09	-0.47
印刷业和记录媒介的复制	-0.01	-0.23	0.01	-0.05	-0.03	-0.03	0.02	0.00	-0.37	-0.69
文教体育用品制造业	0.00	0.00	0.00	-0.02	0.00	-0.01	0.00	0.00	0.00	-0.03
石油加工及炼焦业	0.03	0.28	0.02	0.29	0.14	0.01	0.11	-0.01	0.06	0.93
化学原料及制品制造业	0.04	0.02	0.00	-0.15	0.01	-0.05	0.12	-0.05	-0.01	-0.08
医药制造业	0.12	-0.10	0.02	-0.04	-0.04	-0.04	-0.01	-0.03	-0.06	-0.18

续表

省份 产业	内蒙古	陕西	宁夏	甘肃	新疆	重庆	四川	广西	云南	西部
化学纤维制造业	0.00	−0.02	0.00	0.09	0.04	−0.20	0.04	−0.06	0.00	−0.13
橡胶制品业	−0.05	−0.01	−0.05	−0.01	−0.05	0.03	0.09	−0.16	−0.10	−0.32
塑料制品业	0.00	−0.02	0.00	−0.19	0.03	0.01	0.12	0.01	−0.04	−0.08
非金属矿物制品业	0.07	−0.04	0.01	−0.10	−0.05	−0.01	0.00	−0.07	−0.07	−0.26
黑色金属冶炼及压延加工业	−0.09	0.06	−0.02	0.00	−0.01	−0.10	−0.34	0.10	0.05	−0.34
有色金属冶炼及压延加工业	0.11	0.05	−0.08	−0.34	−0.07	0.05	0.05	−0.30	0.11	−0.41
金属制品业	−0.02	−0.05	−0.02	−0.05	−0.02	0.03	0.01	−0.06	−0.03	−0.21
普通设备制造业	−0.01	0.02	−0.04	−0.05	−0.01	−0.07	0.10	−0.24	−0.04	−0.35
专用设备制造业	0.26	−0.04	0.01	−0.04	−0.05	0.18	0.10	0.15	−0.03	0.54
交通运输设备制造业	0.02	−0.02	0.00	−0.01	−0.02	−0.08	0.11	0.08	0.01	0.09
电气机械及器材制造业	−0.01	−0.03	−0.01	−0.03	−0.01	0.07	−0.02	−0.04	−0.01	−0.09
电子及通信设备制造业	0.02	−0.23	0.00	−0.06	0.00	−0.02	−0.35	−0.01	0.00	−0.65
仪器仪表及文化办公用机械制造业	0.00	−0.07	−0.03	−0.03	0.00	−0.15	0.03	−0.02	−0.09	−0.36

观察表 2，2007~2009 年西部各省、直辖市、自治区产业转移承接指数大于 0 的行业明显增多，甚至有的产业转移承接指数值超过了 1。但是，总体来看，这一时期确实发生了向西部地区的产业转移，但是大规模地向西部进行产业转移的现象还是没有发生，只是出现了向西部地区产业转移的总体趋势。这一时期我国东部地区经济发展对西部地区的扩散效应出现了超过集聚效应的良好趋势。整个西部地区煤炭开采和洗选业的产业转移承接指数超过 3，说明煤炭开采和洗选业发生了向西部地区的大规模转移。同时也暗示企业选择转移到西部地区的主要动因还是利用西部地区丰富的自然资源。从地理位置来看，能够比较成功承接产业转移的地区还是那些靠近东部地区、经济比较发达或科研水平相对较高的内蒙古、陕西、重庆和广西等省区。内蒙古自治区横跨中西部，矿产资源丰富，经济发展水平相对较高，靠近发达的环渤海地区。陕西省和川渝地区工业基础雄厚、矿产资源丰富，聚集着众多高等院校，科研水平较高，也是西部地区比较发达的地区。广西壮族自治区靠近我国制造业最发达的珠三角地区，并且靠近南部沿海，承接珠三角地区外向型产业的产业转移具有区位优势。

表 2　2007~2009 年西部地区承接产业转移的平均水平（产业转移承接指数）

单位：%

省份 产业	内蒙古	陕西	甘肃	青海	新疆	重庆	广西	贵州	云南	西部
工业	0.26	0.07	−0.05	0.00	−0.05	0.08	0.07	0.00	−0.06	0.31
采矿业	1.23	0.09	−0.01	−0.17	−1.07	0.27	−0.01	0.21	0.01	0.55
煤炭开采和洗选业	1.42	1.00	0.03	0.08	0.11	0.15	−0.03	0.23	0.11	3.11
石油和天然气开采业	0.06	0.73	0.50	−0.13	−1.07	0.31	0.00	0.00	0.00	0.40
黑色金属矿采选业	0.50	−0.01	−0.09	−0.03	−0.14	−0.07	−0.30	−0.02	0.19	0.03
有色金属矿采选业	0.35	−0.88	−0.67	−0.53	−0.43	0.02	0.14	−0.15	−1.23	−3.37
非金属矿采选业	−0.07	0.20	−0.07	−0.03	−0.08	0.86	0.16	0.00	−0.13	0.84
制造业	0.18	0.06	−0.06	0.01	0.00	0.07	0.07	−0.01	−0.07	0.25

续表

产业＼省份	内蒙古	陕西	甘肃	青海	新疆	重庆	广西	贵州	云南	西部
农副食品加工业	0.26	0.09	0.01	0.01	-0.04	0.04	-0.12	-0.01	-0.02	0.23
食品制造业	-0.14	0.05	0.00	0.04	0.04	0.09	0.12	0.00	0.04	0.24
饮料制造业	0.24	-0.08	0.03	0.00	0.03	0.08	0.09	0.18	-0.13	0.43
烟草制品业	0.01	-0.03	0.07	0.00	0.03	0.04	0.07	0.01	-0.74	-0.56
纺织业	0.07	-0.01	-0.01	0.02	-0.19	0.09	0.01	0.00	-0.01	-0.03
纺织服装、鞋、帽制造业	0.04	0.03	0.00	-0.02	0.00	0.05	0.04	0.00	0.00	0.13
皮革、毛皮、羽毛（绒）及其制品业	0.13	0.01	-0.01	0	-0.02	0.03	0.01	0.00	0.00	0.14
木材加工及木竹藤棕草制品业	0.14	0.07	-0.01	0.00	-0.08	0.02	0.16	0.08	-0.04	0.34
家具制造业	0.03	0.02	0.00	-0.01	-0.07	0.10	0.19	0.00	0.00	0.26
造纸及纸制品业	0.14	0.04	-0.01	0.00	-0.03	0.25	0.05	0.06	-0.01	0.49
印刷业和记录媒介的复制	0.02	-0.01	-0.03	0.04	-0.02	0.10	0.05	-0.04	-0.22	-0.10
文教体育用品制造业	0.00	0.00	0.00	0.00	0.00	0.01	0.04	0.00	0.00	0.05
石油加工、炼焦及核燃料加工业	0.26	0.21	-0.30	0.04	-0.03	0.03	-0.02	0.06	0.09	0.33
化学原料及化学制品制造业	0.23	-0.08	-0.02	0.04	0.08	0.07	-0.04	-0.07	-0.04	0.17
医药制造业	0.10	-0.15	-0.03	-0.01	0.00	0.07	-0.05	-0.06	0.02	-0.12
化学纤维制造业	-0.01	0.12	-0.03	0.00	0.57	0.04	0.00	0.00	0.03	0.72
橡胶制品业	0.01	0.10	0.01	0.00	-0.06	0.13	-0.03	0.00	-0.01	0.15
塑料制品业	0.19	0.07	0.00	0.00	-0.07	0.12	0.03	0.02	0.00	0.38
非金属矿物制品业	0.26	0.19	0.03	0.01	0.04	0.02	0.09	0.03	0.01	0.68
黑色金属冶炼及压延加工业	0.51	0.11	0.01	0.00	0.10	0.02	0.06	-0.04	-0.01	0.76
有色金属冶炼及压延加工业	0.67	0.30	-0.52	0.02	-0.04	-0.11	-0.08	-0.19	-0.92	-0.86
金属制品业	0.18	0.08	0.08	0.01	0.05	0.06	0.11	0.00	0.07	0.62
通用设备制造业	0.14	-0.04	-0.01	0.01	-0.01	0.12	0.06	-0.01	-0.04	0.22
专用设备制造业	0.19	0.03	-0.07	0	0.01	0.07	-0.11	-0.04	-0.01	0.06
交通运输设备制造业	0.02	0.03	0.00	0	-0.01	-0.13	0.20	0.00	0.03	0.13
电气机械及器材制造业	0.10	0.06	0.06	0	0.13	0.08	0.06	-0.01	0.00	0.48
通信设备、计算机及其他电子设备制造业	-0.01	-0.02	0.00	0	0.00	0.05	0.05	0.01	0.00	0.08
仪器仪表及文化、办公用机械制造业	0.02	0.15	0.00	-0.01	0.00	0.00	0.05	0.01	0.02	0.25

比较表2与表1，西部地区各省、直辖市、自治区有很多工业行业的产业转移承接指数由负数变为了正数，说明2008年后，我国出现了产业向西部转移的现象，并且区位优势、经济发展水平和矿产资源始终影响产业选择转移地的主要因素。尤其是重庆市，从很多行业转出地转变为几乎所有工业行业的转入地，转变明显。说明全球金融危机对我国制造业的冲击和我国促进产业向中西部地区转移的相关政策对于东部地区产业向中西部地区转移还是有一定影响。全球金融危机的冲击，东部地区制造业海外市场萎缩，进而寻求国内市场，然而国内市场消费水平低，且主要存在于中西部地区，成本驱动和优惠政策拉动东部产业向中西部地区转移。然而，规模经济和范围经

济的存在，促使东部地区企业选择区位条件好、经济发展水平较高、市场广阔、基础设施建设水平高的川渝、关中等地区进行产业转移。同时，表2所表现出来的产业转移与东部地区经济发展水平进一步提高不无关系。随着经济发展水平的不断提高，东部大部分地区进入新的工业化发展阶段，时代要求东部地区进行产业结构升级，把劳动密集型产业等不适合发展要求的产业转移出去，这也给中西部地区承接东部产业转移提供了机遇。相对于西部地区，中部地区经济发展水平较高、工业基础雄厚、基础设施优越、市场更广阔，在承接东部地区产业转移上更具有优势，这也许是没有出现东部产业向西部地区产业转移的另一个原因。

（二）西部地区承接产业转移的资本类型与规模分析

东部地区长期以来的快速经济发展与大规模的港澳台和外国资本投资是分不开的，那么，西部地区在2007~2009年时期内承接转移产业的推动力量是何种资本呢？又是何种规模大小的企业

承载了这一时期内向西部地区进行的产业转移呢？下面我们把资本类型分为内资企业、港澳台投资企业和外国投资企业，企业规模分为大型企业、中型企业和小型企业来对2007~2009年时间段内推动产业向西部地区转移的资本类型和企业规模大小进行分析。资本类型和企业规模样本数据分别来自西部地区各省、直辖市、自治区和中国历年统计年鉴，全部为年主营业收入在500万元以上的工业企业总产值数据。此处的西部地区包括内蒙古、陕西、甘肃、青海、新疆、重庆、广西、贵州和云南9个省、直辖市、自治区。

利用产业转移承接指数公式计算西部地区在2007~2009年分资本类型和企业规模的产业转移承接指数值（见表3、表4）。

从表3可以看出，在2007~2009年，整个西部地区在承接的产业转移主要是由港澳台投资企业推动的。分省域来看，重庆、陕西和广西所承接转移产业的微观主体主要是港澳台投资企业；内蒙古所承接转移产业的资本类型为内资企业和港澳台投资企业两种；其他省域产业转移承接情况不明显。

表3 西部地区分资本类型的产业转移承接指数值

单位：%

类型＼省份	内蒙古	陕西	甘肃	青海	新疆	重庆	广西	贵州	云南	西部
内资企业	0.29	0.03	−0.10	−0.02	−0.09	0.07	0.04	−0.02	−0.11	0.08
外商投资企业	−0.02	−0.13	−0.01	0.00	−0.01	−0.14	−0.05	0.01	0.01	−0.33
港澳台商投资企业	0.19	0.25	0.00	0.05	0.01	0.35	0.21	0.01	0.00	1.05

观察表4，在2007~2009年，整个西部地区承接到的产业转移的主要载体是中小型企业。分省域来看，内蒙古承接到的转移产业的载体包括全部三种企业规模，以大型企业为主；陕西承接转移产业的主要载体是中小型企业；重庆承接转移产业的主要载体是大、小型企业；广西承接转移产业的主要载体是大型企业，其他省份产业转移承接的规模不明显。

表4 西部地区分企业规模的产业转移承接指数值

单位：%

规模＼省份	内蒙古	陕西	甘肃	青海	新疆	重庆	广西	贵州	云南	西部
大型企业	0.34	−0.02	−0.11	−0.04	−0.07	0.13	0.11	0.00	−0.09	0.25
中型企业	0.21	0.11	0.00	0.03	−0.02	0.00	0.04	0.04	−0.02	0.41
小型企业	0.22	0.17	−0.02	0.01	0.00	0.11	0.02	−0.01	−0.04	0.47

五、结　论

本文通过尝试构建产业转移承接指数模型测度西部大开发战略实施以来西部地区承接产业转移的工业分行业情况。我们发现，《西部大开发"十一五"规划》颁布和全球金融危机发生以后，西部地区承接产业转移的情况明显发生了变化，明显出现了向西部地区进行产业转移的趋势。显然，《西部大开发"十一五"规划》的颁布和全球金融危机的发生对产业向西部地区进行转移起到了促进作用。但是，大规模地向西部地区进行产业转移的现象仍然没有发生，只是出现了产业转移的良好趋势。进一步分析发现，靠近东部的区位条件、较高的经济发展水平和科研水平是企业在西部地区选择转入地的主要影响因素。之后，我们分企业资本类型和企业规模进一步对西部地区产业转移承接的企业资本类型和规模进行了分析，发现主要是港澳台投资企业和中小型企业推动了向西部地区的产业转移。因此，西部地区地方政府在制定承接产业转移优惠政策的时候，应该重点关注港澳台投资企业和中小型企业，不要盲目追逐外国投资企业和大型企业。外国投资企业所关注的投资地域是全世界，相对东南亚和南亚等国外地区，西部地区劳动力成本和基础设施建设等并不占优势。东部的大型企业一般是当地的主要税收来源，且东部地区内部也存在欠发达地区，在行政等阻力下，大型企业不容易转移到西部去。尽管本文得出了近年来出现了向西部地区进行产业转移的趋势，但是，这是在我国产业不会向国外转移的假设下得出的。在现实情况下，虽然没有出现我国产业大规模地向国外转移的现象，但是，这种个例确实存在，也是不可避免的。然而，2007~2009年时段相对于2000~2005年时段，工业企业的统计范围要小，或许可以相互抵消。在今后的研究中，需要我们放开产业不向国外转移的假设，统计研究对象的统计口径，在经济全球化背景下深入探究我国的产业转移问题。还有，我们的样本数据主要是规模以上工业企业即年主营业收入在500万元以上的工业企业数据，没有考察规模以下工业企业产业转移的情况，使本文结论的解释力更显匮乏。这也是需要今后进一步深入研究的问题。

参考文献

马子红.区际产业转移：理论述评 [J].经济问题探索，2008（5）：23-27.

张可云.区域大战与区域经济关系 [M].民主与建设出版社，2001.

魏后凯.产业转移的发展趋势及其对竞争力的影响 [J].福建论坛（经济社会版），2003（4）：11-15.

范剑勇.市场一体化、地区专业化与产业集聚趋势——兼谈对地区差距的影响 [J].中国社会科学，2004（6）：39-51，205.

陈秀山，许瑛.中国制造业空间结构变动及其对区域分工的影响 [J].经济研究，2008（10）：104-116.

赵伟，张萃.市场一体化与中国制造业区域集聚变化趋势研究 [J].数量经济与技术经济研究，2009（2）：18-32.

（马燕坤，福州大学管理学院）

我国纺织产业布局研究及政策建议

一、问题的提出

早在 19 世纪六七十年代，马克思在《资本论》等著作中就以英国和印度、中国等为例，深刻地预见了纺织产业国际转移遵循从发达生产国向经济欠发达而劳动力密集的生产国或地区转移的这一产业发展规律。此后，在不同历史时期，形成了有关产业转移、产业区域发展以及全球价值链等研究成果。然而，对我国纺织产业布局的经济研究少而又少。

从我国纺织工业发展格局演变看：一方面，我国纺织产业发展迅猛，产业区域结构趋于完整。特别是 2009 年，我国纺织工业经历了国际金融危机的严重冲击，全行业认真贯彻"扩内需、保增长、调结构"方针，落实《纺织工业调整和振兴规划》。行业整体呈出深化结构调整、产业升级、产业链配套更加完整、中西部展现发展潜力等特点。

另一方面，我国纺织生产规模已居世界首位，正处于由纺织大国向纺织强国迈进的关键时期。我国纺织行业在多年的发展过程中，为改善民生、增加出口、繁荣市场、扩大就业和促进经济增长起到了重要的作用。在这一过程中，纺织行业的合理布局充分适应和满足了纺织行业发展的需要。"十一五"时期，受国内外经济环境变化的持续影响，纺织行业已呈现出内需市场比重增加的趋势。这一趋势在"十二五"期间更加明显。这就要求纺织行业布局随之而调整，这也迫切需要对纺织产业布局进行深入研究，提出可实施的政策建议。以期构建和完善我国"纺织经济"研究理论体系，以期引导政府、行业和企业发展决策战略，以期促进纺织经济可持续发展与国际竞争力的提升。

二、纺织行业经济运行基本情况

"十一五"时期，纺织行业既经历了全球经济快速增长带来的国内外市场需求旺盛的繁荣发展时期，也经历了金融危机对行业发展的巨大冲击。在国家政策的大力支持下，我国纺织工业不断推进结构调整和产业升级的进程，保持了行业稳定的增长，行业国际竞争力进一步增强，行业运行质量稳步提升，盈利能力不断提高，结构转型升级取得明显成效，行业布局更加趋于合理。

1. 行业生产能力稳步提升

2010 年我国纤维加工总量达 4130 万吨，较 2005 年增长了 60.70%；规模以上企业工业总产值为 47650 亿元，较 2005 年增长了 1.31 倍，行业实现增加值 12800 亿元，较 2005 年增长了 1.44 倍。主要产品产量增长迅速，品种不断丰富。2010 年化纤、纱、布、服装等主要产品的产量分别为 3100 万吨、2730 万吨、790 亿米、285 亿件，分别较 2005 年增长了 86.21%、88.21%、63.09%、

92.59%。行业产销衔接良好，2005~2010 年，产销衔接一直稳定在 97%~98%。

2. 投资增长较快，产业转移效果明显

2010 年，纺织工业实际完成投资额达 4006 亿元，较 2005 年增长 1.51 倍，年均增长 20.19%。新开工项目数 8388 个，较 2005 年增长 75.66%，年均增长 11.93%。在政策和市场推动下，"十一五"期间，产业转移效果明显。2010 年中部、西部地区的投资额在全行业中占比分别为 38.55% 和 9.27%，较 2005 年提升 19.13、2.66 个百分点，东部地区则有所下降，投资额占比较 2005 年下降 21.79 个百分点。

3. 内销市场支撑显著

"十一五"期间，国内外市场一直是我国纺织行业发展的驱动力。内销占比逐年提高，并呈现阶梯状上升特征，2010 年规模以上企业内销占比 81.37%，较 2005 年提高 10.38 个百分点。根据国家统计局数据显示，我国限额以上服装鞋帽、针纺织品类零售增速一直高于全社会零售水平，2010 年限额以上服装鞋帽、针纺织品类零售增速为 24.80%，高出同期全社会增速 6.40 个百分点。

4. 国际竞争力不断提高，出口增长较快

2010 年纺织服装出口总额 2065 亿美元，较 2005 年增长 75.72%，年均增长 11.93%。除 2009 年受金融危机影响外，其余年份出口总额和贸易差额均保持稳定增长。根据国际贸易组织的数据，2009 年我国纺织品服装出口额在全球纺织出口总额中占比为 31.72%，较 2005 年提高 7.65 个百分点，国际市场份额提高明显。

5. 行业运行质量持续增强

按工业总产值计算，2010 年纺织行业劳动生产率为 41.08 万元/人，较 2005 年增长 98.05%；按增加值计算，2010 年全员劳动生产率 11.03 万元/人，较 2005 年增长 1.09 倍；2010 年三费比例 5.82%，较 2005 年下降 0.98 个百分点；2010 年纺织行业总资产周转率为 1.54 次/年，较 2005 年提高 0.31 次/年。

6. 行业效益状况良好

2010 年，纺织行业实现主营业务收入 46900 亿元，较 2005 年增长 1.33 倍；2010 年纺织行业利润额 2550 亿元，较 2005 年增长 2.60 倍；2010 年纺织行业利润率、总资产贡献率分别为 5.44%、13.89%，较 2005 年分别提高 1.91、4.72 个百分点；2010 年规模以上企业就业总人数达到 1160 万人，较 2005 年增长 16.61%。

三、纺织行业布局情况

"十一五"期间，纺织产业由东部向中西部转移的趋势明显加快。中、西部地区新增投资快速增长，五年间，中部、西部地区固定资产投资额年均增速分别达到 41.1% 和 27.5%，明显高于东部地区 10.3% 的增速。中部、西部省份规模以上纺织企业工业总产值年均增速分别为 27.8% 和 25.9%，均高于东部地区 16.6% 的增长水平；2010 年中部、西部地区产值占全行业的比重也比 2005 年分别提高了 3.8 和 1.3 个百分点。因应国内市场需求增长等诸多因素影响，行业布局由东部沿海向中西部的产业转移加快。

1. 投资总额、新开工项目持续上升

2010 年，我国纺织行业实际完成投资额达 4006 亿元，较 2005 年增长了 1.51 倍，"十一五"期间年均增长 20.19%。2010 年，我国纺织行业新开工项目数达 8388 个，较 2005 年增长了 75.66%，"十一五"期间年均增长 11.93%。

2. 服装业投资额占比增加，棉纺业投资额占比下降

我国服装业投资额占比增加显著，棉纺业投资额占比下降明显。2010 年 1~11 月，服装业实际完成投资额在纺织全行业中占比较 2005 年上升显著（+10.79 个百分点），而棉纺业投资占比下降幅度最大（-8.31 个百分点）。2010 年 1~11 月，毛纺业、印染业投资占比较 2005 年分别下降 3.08、1.34 个百分点；制成品业、针织业占比则分别上升了 2.46、1.00 个百分点。

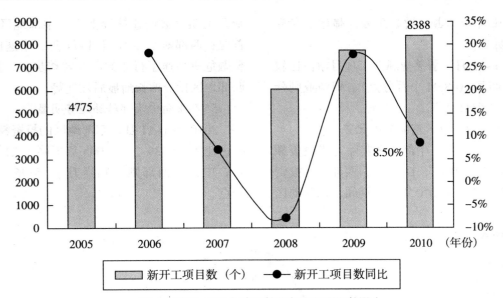

图 1 2005~2010 年我国纺织新开工项目数同比

资料来源：国家统计局、中国纺织工业协会统计中心。

表 1 纺织不同子行业在实际投资总额中的占比

子行业	2005 年	2010 年 1~11 月	投资占比增幅（百分点）
棉纺	32.57%	24.26%	-8.31
印染	4.43%	3.09%	-1.34
毛纺	6.37%	3.30%	-3.08
麻纺	1.09%	0.87%	-0.22
丝绸	1.68%	2.20%	0.52
制成品	10.23%	12.70%	2.46
针织	7.72%	8.72%	1.00
服装	22.57%	33.35%	10.79
化纤	10.90%	9.70%	-1.20
纺机	2.44%	1.81%	-0.63

资料来源：国家统计局、中国纺织工业协会统计中心。

表 2 纺织不同子行业在新开工项目总数中的占比

子行业	2005 年	2010 年 1~11 月	新开工项目数占比增幅（百分点）
棉纺	28.38%	22.95%	-5.43
印染	3.73%	2.44%	-1.28
毛纺	5.09%	2.75%	-2.34
麻纺	1.17%	0.84%	-0.33
丝绸	2.64%	3.06%	0.42
制成品	10.43%	11.89%	1.46
针织	10.32%	9.98%	-0.34
服装	31.31%	40.25%	8.94
化纤	4.44%	4.16%	-0.28
纺机	2.49%	1.67%	-0.82

资料来源：国家统计局、中国纺织工业协会统计中心。

3. 服装业新开工占比增加显著，棉纺业新开工占比下降明显

2010 年 1~11 月，服装业新开工项目数占比较 2005 年增加明显（+8.94 个百分点），棉纺业则降幅最大（-5.43 个百分点）。

4. 西部地区投资增长渐显后发优势

2008 年、2009 年，中部地区实际完成投资额同比增速居首位，2010 年 1~11 月，西部地区投资额增速居首位。2008~2010 年三年期间，东部地区

新开工项目数增速持续下降，中部地区增速持续首位；西部地区 2010 年 1~11 月，增速回升显著。金融危机加速了行业的产业转移步伐，且 2010 年西部地区投资增长渐显后发优势。

5. 产业向中西部转移趋势明显

2010 年 1~11 月，东部地区的投资额在全行业中占比为 52.93%，较 2005 年下降了 21.04 个百分点；中部、西部则分别提升了 17.96、3.08 个百分点。

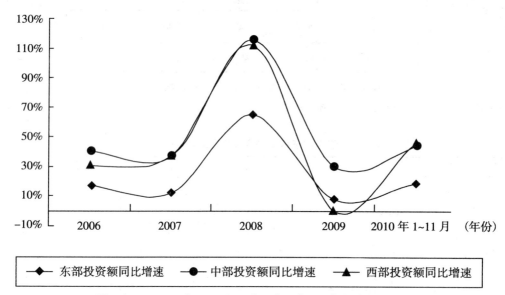

图 2　2006~2010 年 1~11 月，我国东、中、西部投资额同比增速

资料来源：国家统计局、中国纺织工业协会统计中心。

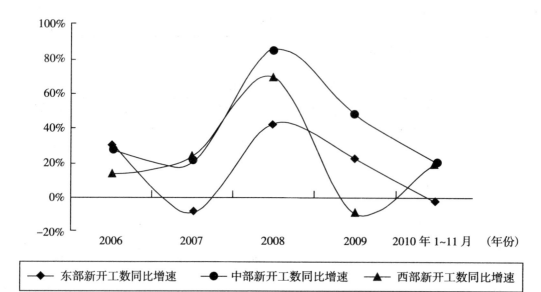

图 3　2005~2010 年 1~11 月，我国纺织东、中、西部新开工数同比增速

资料来源：国家统计局、中国纺织工业协会统计中心。

四、纺织布局成因的分析

纺织产业的布局主要受市场、成本及地方政府的政策等因素影响。传统纺织产业地区，如珠三角、长三角和环渤海产区的形成主要是由于具有面向国际市场的地缘优势和在改革开放初期相对于内地的优惠政策优势。这两大优势促进了沿海地区大量纺织企业的诞生和成长，并成为国际纺织产业转移的承接地。

而近些年来，随着东部沿海地区经济规模的不断增长，土地和劳动力等生产要素的供给变得短缺，价格趋于上涨。而与此同时，中西部的经济较为发达区域的基础设施等投资环境逐渐改善，具备了在此建立生产基地的基本条件，因而其充裕的土地供给和较低的土地价格，以及更容易获得的更便宜的劳动力成为吸引东部沿海纺织企业向西部扩展的两个重要因素。除此之外，一般说来，中西部地区还具有更低价格的公共产品优势，能降低纺织生产的运营成本。当地政府为了吸引投资还制定了诸多投资优惠政策。这些有利因素足以克服中西部地区比较欠缺的配套供应体系，可能因生产基地与目标市场、消费市场的距离增加而导致的物流成本的增加，以及需要付出进入和熟悉成本等不利因素。

而相对于成本因素，市场因素比成本因素的作用更为复杂。市场影响产业转移的表现主要体现在两个方面：一是生产基地靠近需求市场，会减少成品的物流成本，减少销售成本，但相应地可能增加中间产品的物流成本；二是生产开发靠近市场会更有利于对市场认识，有利于开发出满足市场需求的产品，有利于对市场的变化作出快速的反应。

随着中西部地区经济的进一步发展以及居民收入的进一步提高，城镇化的持续推进，衣着类消费环境的进一步改善，中西部地区纺织市场还将进一步扩大，吸引纺织生产基地向中西部的进一步扩展。

五、纺织布局优势的分析

1. 纺织产业在东部沿海地区高度集中

随着我国纺织企业的竞争局面不断变化及市场机制作用下，纺织产业逐渐形成了生产规模较为集中且相对稳定的三个主要产区：广东的珠三角产区、长江三角洲产区和环渤海产区。这三个传统产区都位于东部沿海地区，具有较强的区位优势。浙江、江苏、山东、广东、福建等是纺织工业主要生产基地。2010年，这五省规模以上企业工业总产值占全行业比重达73%，其中，化纤、印染、服装等行业比重更是达80%以上。而受到区位条件制约，中、西部地区纺织产业发展相对滞后，规模整体较小，十八个省（市、区）的工业总产值占全行业比重仅为16.7%。

表3　2010年纺织行业主要产品产量全国省份分布情况

单位：%

地区/产品	化学纤维	纱	布	印染布	非织造布	服装
河北	0.8	4.6	8.4	0.7	3.4	2.2
江苏	33.2	16.0	13.5	10.4	12.0	14.8
浙江	44.2	7.9	24.3	57.8	29.2	17.1
福建	6.7	6.8	4.8	6.5	6.0	10.2

续表

地区/产品	化学纤维	纱	布	印染布	非织造布	服装
山东	3.0	26.9	21.2	7.0	12.4	12.4
广东	1.4	1.7	4.3	9.7	13.3	24.6
河南	1.7	14.7	6.0	2.8	1.8	2.0
湖北	0.4	6.2	7.1	0.7	3.7	2.0
四川	1.7	2.6	2.3	1.4	0.2	0.3
新疆	1.1	1.5	0.1	0.0	0.1	0.0
其他	5.8	11.2	8.1	2.9	17.8	14.4

资料来源：国家统计局、中国纺织工业协会统计中心。

表4 2010年纺织行业主要产品产量全国地区分布情况

单位：%

地区/产品	化学纤维	纱	布	印染布	非织造布	服装
东部地区	91.5	64.1	77.1	92.5	82.0	84.6
中部地区	3.5	28.8	16.8	4.9	12.1	10.9
西部地区	3.2	6.1	5.1	2.4	0.7	1.5
东北地区	1.8	0.9	1.1	0.2	5.1	3.0

资料来源：国家统计局、中国纺织工业协会统计中心。

2. 纺织产业向中西部转移速度正在加快

由于市场配置资源、国家中西部大开发政策及《纺织工业调整振兴规划》等影响下，纺织产业布局正由东部沿海地区向中西部地区转移的趋势明显加快。也由于近年来随着东部沿海地区资源环境约束加剧、生产要素成本上升，中西部地区在纺织原料、人力等方面的资源优势日益显现，纺织产业转移加速推进。从东中西部地区[1]来看，"十一五"期间，中部、西部纺织企业固定资产投资年均增速分别达到41%和27.5%，明显高于东部地区10.3%的增速；中部、西部规模以上纺织企业工业总产值年均增速分别达到27.8%和25.9%，高于东部地区16.6%的增速。2010年1~9月，我国纺织固定资产投资持续快速增长，而东部完成固定资产投资占全国的比重从2005年的77.32%下降到53.93%，中部比重从2005年的16%上升到34.71%，西部从2005年的6.7%上升到8.36%。东部率先发展正在从数量向质量效益提升，已经有众多国内著名品牌企业在新疆落地。近些年来，

随着纺织产业向中西部的转移加快，以往劳动力输出大省河南、安徽、江西、湖北、湖南、四川等省已经成为积极承接产业转移的重点地区，有大批纺织工业园区正在兴建，大批新的纺织产业集群在中西部兴起。其中新疆、四川近些年来纺织业发展尤为迅速，已跻身成为第四、第五大产区。

3. 纺织产业更加趋向集群化、园区化方向发展

"十一五"时期，由于我国纺织产业形成由东部沿海到中、西部的产业发展格局，产业布局进一步优化。一些新兴产业区迅速成长，产业集群效应进一步增强。通过产业转移，东部地区纺织企业在自主创新和技术开发上的竞争力得到了一定提高，而中西部地区的纺织企业则实现了高起点的发展，更贴近和满足了国内市场需求。目前，纺织行业共有产业特色鲜明、规模效益显著、对地方经济发展贡献突出的成熟产业集群170多个，工业总产值达到近2亿元，从业人数800多万人，经济总量约占全行业的40%。

---

① 西部地区按国务院西部开发办的归口包括的省级行政区共12个，分别是四川、重庆、贵州、云南、西藏、陕西、甘肃、青海、宁夏、新疆、广西、内蒙古；中部地区按照《中共中央、国务院关于促进中部地区崛起的若干意见》（中发［2006］10号）包括有6个省级行政区，分别是安徽、江西、山西、河南、湖北、湖南；除去中部和西部省市，余下的为东部地区。

六、纺织行业布局存在的矛盾和问题

当前，纺织行业正处在转型升级，结构调整关键时期。生产力布局中的矛盾和问题也日益突出。

1. 纺织传统要素禀赋的比较优势逐渐减弱

改革开放以来，我国纺织工业的高速增长很大程度上得益于充分利用了一些传统要素的比较优势，其中最为明显的是劳动力、土地、资源和政策要素。以劳动力要素为例，根据 WTO 的统计，2001 年，我国纺织品生产的劳动力成本仅为 0.62 美元/小时，相当于韩国的 17%，美国的 5%，日本和德国的 3%，低廉的劳动力成本是我国发展轻纺工业最突出的比较优势。进入"十一五"之后，随着我国工业化的加速推进和工业经济规模的迅速扩张，多种生产要素的供需形势已经发生变化，原先支撑工业增长的资源、土地和劳动力的低成本比较优势开始减弱。土地方面，经过 30 多年的高速发展，沿海地区的工业用地已经非常紧张；同时，受国家保障耕地和基本农田政策影响，中西部地区土地资源也逐渐稀缺。劳动力方面，"民工荒"现象已经从东南沿海逐渐向其他沿海地区和内陆地区扩散；同时，人口老龄化问题凸显，这意味着我国劳动年龄人口增长将逐渐减慢，工资水平上升压力将进一步增大。因此，继续流连于传统比较优势，主要依靠低要素成本参与国际竞争、通过消耗大量不可再生资源来实现工业增长的局面将难以为继。在资源、劳动力、土地等生产要素价格持续上涨的同时，产业政策对结构调整的促进作用也开始减弱。在短缺经济时代，政府通过扩大投资等方式能够迅速有效地提高短线产业的产能，但是，随着我国许多产业的规模扩张已基本走到尽头，传统的增长方式显得力不从心，一些曾经有效的调控手段和措施随着发展环境的变化，反而成为影响当前结构调整的主要障碍，产业政策在促进工业"做强"上的效果远低于"做大"。

2. 产业布局统筹配置不足

纺织工业产能近八成集中在资源环境承载能力已近饱和的东部沿海区域，而中西部地区产业发展则相对零散，竞争力相对较低。这就造成产业布局与资源环境条件不相协调。各地区优势资源尚未得到充分利用。中、西部地区纺织原料、劳动力、能源等优势资源也没有充分转化为现实生产力。国家和地方对区域布局统筹不足，出现产能区域分布严重失衡现象。产业重复布局的问题有所抬头，部分纺织产业集群仍以产能的简单集聚为主，没有形成产业链分工合作关系，发展方式较为粗放。因此，产业集群有待进一步优化提升。

3. 东部沿海纺织产业面临的问题

（1）自主创新能力不足。东部沿海纺织业代表了中国纺织产业发展的最高水平。然而与发达国家相比，中国纺织业的技术发展水平和拥有的技术创新能力与发达国家仍有差距。纺织部分高端核心技术仍然被美、欧、日、韩等发达国家掌握，本土企业在国际产业价值链中处于低端位置。

（2）在国际市场上缺乏自主性品牌。东部沿海纺织产业在国际市场上，大部分沿海企业仍然以贴牌加工方式为主，在出口上并没有形成有影响力的自主品牌。在国内市场上著名的纺织品牌，在国际市场缺乏影响力，品牌的国际化缓慢。大宗出口产品的档次较低，附加价值较低，自有知识产权产品比重低。一些核心企业进入国际市场主流通道较少。纺织产品在国际市场上品牌影响力较为薄弱。

（3）环保与节能对纺织产业要求增加。国内外市场对纺织产品在环保与节能方面的要求越来越高。尤其是国内市场，近些年来，对纺织产品在节能环保方面的要求提升得很快。另外，由于中国纺织出口产品价格较低，还会受到发达国家纺织企业反倾销诉讼。

4. 中西部纺织产区发展面临的问题

（1）产业配套能力缺乏。在东部沿海纺织产业经过多年的发展，已经形成规模较大、配套齐全的产业集群。这种产业集聚效应使得在产业链上的一个有限区域内，各种生产要素的流动更加快速方便，对企业生产环节的配套支持、成本的降低都起到很大的推动作用。而中西部地区目前纺织产业配套能力很弱。

（2）纺织专业人才不足。随着技术创新对企业作用的增强，高素质人才的引进与地区转移对企业的发展越来越重要。而中西部地区人才基础薄弱，同时人才流失严重。中西部纺织产业的发展亟须大量的纺织专业人才，包括营销人才、管理人才和技术人才。而中西部地区对高素质人才的吸引力较差，同时本地化又尚需时日。这在很大程度上影响了中西部地区纺织产业的良好发展。

（3）基础设施建设及消费能力尚有不足。首先，中西部地区的交通基础、城市基础设施建设与东部沿海地区相比，还比较薄弱。而纺织产品，无论是中间产品的物流量还是成品物流量都非常大。中西部地区的铁路、高速公路，高等级公路等交通通道一定程度上对纺织产品物流的畅通也有所影响。其次，中西部地区消费纺织的环境还欠不足，特别是农村地区纤维消费量还很低，这对农村纺织市场的扩大有较大影响。再次，由于中西部的市场比较分散，纺织产品或服装营销网点的密度比较低，销售网点的覆盖面尚不够广。这在一定程度上也影响中西部市场的发育。

七、纺织产业布局原则、目标和方案

1. 布局原则

（1）坚持市场化与政策引导相结合，充分利用市场机制，发挥企业的主体作用；

（2）坚持循环经济，在产业布局和产业转移中减少能源、资源的消耗和环境污染；

（3）着重纺织产业集群、产业园区的区域经济建设；

（4）推动纺织对外投资，将国内产业布局与对外投资结合起来。

2. 布局目标

经过"十二五"期间布局和调整，预计纺织工业将实现：

（1）"十二五"期间，纺织产业发展更加协调。基本形成发挥东部、中部和西部等各有区域优势的产业布局体系。这一格局的纺织经济总量在东、中、西区域的分布情况明显改善，到2015年，中、西部地区规模以上企业工业总产值占全行业的比重由2010年的17%提高到28%。

（2）"十二五"期间，纺织行业布局的目标是，兼顾国内外市场，促进东部产区的转型升级，加快向中西部地区的产业转移，建立东部产区和中西部产区优势互补的产业格局。

（3）"十二五"期间，纺织产业集群、园区及区域经济发展水平将明显提升，产业集聚化发展的优势也将进一步凸显。特别是全行业中品牌贡献率和科技贡献率高的、规模效益显著的、对地方经济发展贡献突出的成熟产业集群将由2010年的175个增加到200个以上，占全行业经济总量的比重由40%提高到52%。

（4）预计"十二五"期末，纺织工业总产值将达到60000亿元以上，年均增长率5%~8%。"十二五"时期，纺织出口额将超过3000亿美元，年均增长8%~10%。自主品牌产品在国际市场中比重达28%~32%。

3. 布局方案

（1）发挥东部产区领先的优势。"十二五"期间，东部沿海纺织产区将保持长期稳定发展。虽然遭受了国际金融危机的深远影响，低成本比较优势有所减弱，但凭借完备的配套产业体系和多年积累的技术优势，东部沿海地区仍将作为中国纺织业的领先地区和主要的纺织出口基地。

东部产区的纺织企业要利用在国内的领先优势，成为创新中心和营销中心，致力于开发质量可靠、品牌自主、高效节能、环保低碳的高端产品，在技术创新、产品开发、品牌营销、节能减排、生产性服务和信息服务等方面走在行业前列。要改善用工制度，注重人员培养，应对人力成本上涨和短缺趋势，引领纺织产业的转型升级。同时加快制造能力向中西部的转移。

（2）促进中西部新兴产区的崛起。中西部纺织产业布局目标是主要作为国内纺织市场的生产基地，主要面向国内市场，积极承接东部地区的产业转移。随着拉动内需政策的持续实施，中西部纺织产区还会有长足的增长。要促进纺织产业向中西部的有序转移与延伸，以更好地适应国内市场的增长与产业转型升级的需要。支持河南、新疆、四川、湖北及安徽等中西部新兴产区的发展，扩大与增强中西部新兴产区的规模与竞争力，发挥其对周边地区的市场辐射能力。

中西部地区要进一步抓住纺织业向中西部转移的机遇，采取积极有效地措施，发展纺织整机，并带动配套产业发展，实现产业链条整体转移。实现产业集聚，带动区域经济发展。鼓励和吸引东部地区领先企业前来投资和设立生产制造基地、配套基地、服务业外包基地，以及物流采购中心、研发中心、管理营运中心和地区总部。在承接东部纺织产业转移的同时，起点要高，不要引进高能耗纺织产品项目。并积极支持本地纺织企业的发展。

（3）加强产业集群和特色区域的建设。进一步加强特色区域的建设。要加强产业集群建设，改善产业集聚条件，完善服务功能。东部产区要进一步提升特色产区的集聚作用，以优势企业为龙头，以特色产品为中心，完善生产与服务配套体系，充分发挥产业集群在规模效应、上下游配套和人才集聚上的优势。完善产业服务支撑体系。发展纺织产业的研发平台、生产性物流、出口报关、售后服务、废旧纺织回收等服务业；建立纺织产业公共服务平台，开展检测等专业技术服务；建立纺织专业数据库，专业人才信息库和投融资服务网络。

中西部产区要鼓励优势企业以兼并、定牌生产、战略同盟等不同方式整合制造能力，提升中小企业管理水平，充分发挥优势企业与中小企业在特色区域建设中的互补作用。投资兴建若干纺织产业园区，扩大中西部地区的能力，按照产业链衔接的要求，降低物流成本，发挥集聚优势，进行招商引资和产业布局，提高园区管理和服务水平。

八、相关政策措施建议

1. 深化体制改革，构建有利于促进工业结构转型升级的制度条件

转变政府管理职能，激发市场经济活力。大幅度削减行政审批项目，简化和合并审批手续，将政府职能从市场准入规则的制定者和审批者转变到为市场主体服务和创造良好发展环境上来。进一步协调产业政策和地方政策之间的关系，鼓励地方探索适合自身工业化水平和产业特点的政府职能转变方式，同时加强各项宏观政策之间的协调，建立能够相互促进的财税政策、产业政策和投资政策。

2. 完善产业政策，遏制和治理产能过剩

健全准入法规体系，遏制低水平重复建设。根据工业发展环境的改变、市场供需情况的变化和结构调整的需要，不断修订《产业结构调整指导目录》，制定和完善相关行业准入条件和产能过剩界定标准，提高过剩产业的准入门槛。加强政府投资项目审核管理，修订《政府核准的投资项目目录》，遏制低水平重复建设，特别是不考虑地方产业特色的区域同质性政府投资。整顿出现严重过剩问题行业市场，支持优势企业通过兼并、收购、重组落后产能企业。推进经济工具的创新，减少治理产能过剩的政治成本，充分发挥价格机制在淘汰落后产能中的作用。"准入"政策与"促退"政策相结合，淘汰落后产能。落实产业园区准入制度，提高产业聚集程度。各级各类工业产业园区要根据自身发展方向和战略要求，制定并严格执行园区项目准入目录和企业准入资格。对企业准入资格的设计除考虑投资强度、销售收入、纳税数额等一般限制之外，还要根据国家政策和地方产业发展水平，从生产工艺、环境保护和技术含量，以及对完善地方产业链的作用等多个方面对进入园区企业进行限制，严防盲目招商，引入过剩产能。

3. 引导产业转移，优化区域布局、产业组织政策

在中西部地区在承接东部产业转移过程中，商务成本、产业配套能力和投资环境等方面还存在诸多制约因素。建议政府部门应加紧制定相关规划和政策对区域产业转移加以引导和协调，支持优势企业跨区域兼并重组，实现优化资源配置，优化中西部环境。通过财政、税收等手段对承接转移的地区给予财政资金支持和信贷优惠。促进中西部地区加快提升产业配套能力、优化投资环境，有效承接东部地区的产业转移。

完善反垄断法律和政策体系，促进市场竞争。在反市场垄断的同时，注重防止技术垄断，完善知识产权保护政策和技术标准政策体系，防止我国自主研发技术路线被跨国公司锁定。

4. 鼓励产业集群、产业园区自主创新

为提升高新技术产业的效率，提高自主创新能力，改变单纯依赖低劳动力成本的状况，注重高技术产业对当地经济的带动作用。建议政府为产业集群和特色区域建设的主导力量建立公共服务平台，吸引和聚集纺织产业链配套的企业，形成发挥本地区优势的产业集群。

5. 推动产业科技进步

为加大科技进步投入，推动产业结构调整和升级。建议政府加大支持和引导产业在基础科学研究、重点领域科技攻关和攻关成果产业化推广，促进自主创新成果产业化；建议研究建立常态化机制，增加专项资金支持纺织行业重点领域技术创新突破；促进政府资助技术创新项目成果在一定范围内开展技术扩散，可通过买断具有广泛推广应用价值的技术创新项目，或选择国际成熟的先进适用技术，通过协会向广大中小企业免费推广，发挥市场推动力，促进中小企业产品创新或提升品质；通过采取财政贴息或直接补贴的方式，鼓励企业淘汰落后设备，促进区域产业升级。

从鼓励创新、培养人才、精神奖励几个方面鼓励中小企业的科技发展。协助中小企业制定技术创新战略，鼓励有实力的企业申报省级和国家级重点项目，并在政府技改专项经费、科技三项经费、科技创新资金上给予中小企业特别的照顾。帮助企业培养管理人才、技术人才和技能工人。

6. 积极培育自主品牌

加快自主品牌建设，积极开拓国内外市场，实现产业升级。建议政府创造有利于品牌元素生长的良好公共环境，如建立有效的质量监督体系和公平竞争的市场环境；支持行业协会在行业内开展培育品牌的展会与服务活动、国内外交流与合作、开拓国产品牌市场等具体工作。

7. 发展循环经济，加快企业清洁生产

我国纺织工业要走科技含量高，经济效益好，资源消耗低，环境污染少，人力资源得到充分利用的新型工业化道路，实施节能减排势在必行。建议政府倡导循环经济，实施中央和地方政府投入结合的办法，加快基础设施投入，推动企业清洁生产。

8. 加大税利共享的金融支持

建议政府多方位多角度支持广大中小企业发展，加强银企联系，特别是地方银行与中小企业之间的关系，适当放宽贷款条件，做好对中小企业的金融服务工作。通过成立银行专项信贷等措施，加快落实增加专门服务于中小企业的金融类产品等措施，加大对纺织企业技术改造和流动资金的支持力度，逐步建立中小企业金融服务体系；加强财政引导，完善担保体系，改善中小企业融资环境。

建议政府统筹产业转移区域方向，完善中、西部地区产业带合理的布局；完善产业发展支持体系，实现产业承接与产业衍生互动循环。建议政府为东部沿海领先企业的技术改造，高端技术和产品研发提供资金支持和给予固定资产加速折旧政策。

9. 完善公共服务体系

加快公共服务平台建设，逐步完善纺织公共服务体系。建议中央和地方政府给予资金和政策上的支持，加强检测、培训、信息、展会等公共服务建设，提高公共服务体系的整体质量与创新机制；大力发展产品开发、时尚设计、市场开拓、电子商务、物流仓储等生产性服务业，建立良好的市场环境和规范财税制度，促进大型企业主辅分离和社会化公共服务体系建设。

参考文献

何德旭，姚战琪. 中国产业结构调整的效应、优化升

级目标和政策措施 [J]. 中国工业经济，2008（5）.

黄茂兴，李军军. 技术选择、产业结构升级与经济增长 [J]. 经济研究，2009（7）.

中国纺织工业协会. 中国纺织工业发展报告 [R]. 2005/2006，2006/2007，2007/2008，2008/2009，2009/2010,

刘伟，张辉. 中国经济增长中的产业结构变迁和技术进步 [J]. 经济研究，2008（11）.

张军，陈诗一，Gary H.Jefferson. 结构改革与中国工业增长 [J]. 经济研究，2009（7）.

中国社会科学院工业经济研究所课题组. "十二五"时期工业结构调整和优化升级研究 [J]. 中国工业经济，2010（1）.

（田丽，中国纺织经济研究中心）

区域协调发展与城市化

我国区域发展规划和区域政策的历史演变与"十二五"时期建议

"十一五"时期，区域发展规划成为我国推动经济社会发展的重要方式，我国的区域政策也逐步系统化、体系化。系统研究区域发展规划与区域政策之间的关系，分析二者存在的问题，对我国"十二五"时期更好地实施区域发展规划具有重要意义。

一、区域发展规划与区域政策的关系

区域发展规划与区域政策都是政府实施区域管理的重要手段，二者有着很强的关联性。区域发展规划是我国市场经济条件下国家宏观调控的重要手段，是我国国民经济和社会发展规划的重要组成部分，是推进跨省区市联合与协作，促进我国地区经济协调发展，落实可持续发展战略的重要机制和工具。区域发展规划在服务国家战略目标的同时，具有弥补市场失灵，有效配置公共资源，促进全面、协调、可持续发展等功能，是社会共同的行动纲领，政府履行职责的依据，约束社会行为的"第二准则"（杨为民，2010）。区域政策是在一定时期，立足于国家总体发展战略和区域发展态势，针对区域发展中存在的问题和区域能够解决的国家层面问题，设计、制定的旨在促进区域经济社会发展的政策措施。区域政策是政府作出的有利于区域决策和经济发展的行动准则（陆大道，1995），是政府弥补市场失灵、发挥宏观调控职能的手段（李建华，2002）。

区域发展规划与区域政策之间的关系，可以理解为通过经济杠杆性质的工具（即政策）实现区域经济、社会发展的既定目标（即区域发展规划）。区域发展规划的实质是通过政策性的工作，培育、促进增长的同时管理增长（美国规划师协会，2006）。区域发展规划的主要功能是优化经济社会活动的空间安排，而不是实施优惠政策；区域政策的主要功能是区域利益再分配（张可云，2010）。区域发展规划的实施必须依靠有效的机制，区域政策是其中最为重要的一环。

因此可以看出，区域发展规划的实施必须通过有效的政策辅助才能收到更好的成效。而从广义上来讲，区域发展规划也是一种区域政策，尤其是在我国现行体制下，区域发展规划上升为国家层面带来的政策效果，会对资金、项目、人才等市场要素产生吸引效应从而实现区域政策的作用。

二、我国区域发展规划与区域政策的演进过程

考察我国区域发展规划与区域政策的演进过程，可以从考察其在我国历次国民经济和社会发展五年规划（计划）的地位和作用进行。基于区域发展规划与区域政策的发展演进，我国国民经济与社会发展五年规划（计划）可以分为三个阶段。

第一个阶段，"一五"计划到"五五"计划时

期（1953~1980年）。这5个五年计划较少涉及区域发展规划内容，主要体现的是生产要素在时间上的安排，区域政策多为工业或农业促进政策。

"一五"计划（1953~1957年）提出，"中国经济在各地方的发展是很不平衡的"，地方计划必须针对各地农业、工业存在的差别所形成的地区经济特点，分别制定当地经济发展的具体任务和实现这些任务的具体方法，少数民族地区经济建设和文化建设要照顾民族特点。区域政策方面只是提出各地要经常研究国家农业政策，以刺激农业生产、发挥促进调节作用。

"二五"计划（1958~1962年）提出，"根据资源情况和合理分布生产力的原则，在内地继续建立和积极准备建立新的工业基地，使全国各地区经济逐步走向平衡发展"，"积极地、充分地利用并且适当地发展近海各地原有的工业……支援内地的建设。""继续进行华北、华中和内蒙古地区的以钢铁工业为中心的工业基地建设；开始进行西南、西北和三门峡周围地区以钢铁工业、水电站为中心的新工业基地的建设；继续进行新疆地区石油工业和有色金属工业的建设；积极发挥华东地区原有工业基地的作用；充分发挥华北地区和华南地区在工业上的作用；加强西藏地区的地质勘探工作。""加强少数民族地区的建设工作。"区域政策方面没有单独的表述。

"三五"计划（1966~1970年）提出工业在全国合理布局。

"四五"计划（1971~1975年）在交通运输投资中提出"适当加强沿海、长江和海南岛等主要航道上的港口、码头和船舶的能力"。

"五五"计划（1976~1980年）实质上是《1976~1985年发展国民经济十年规划纲要（草案）》，没有专门出五年计划。

第二个阶段，"六五"计划到"十五"计划时期（1981~2005年）。这5个五年计划开始涉及区域发展规划内容，不仅重视生产要素在时间上的安排，也开始重视生产要素在空间上的布局。

"六五"计划（1981~1985年）提出"在广东的深圳、珠海、汕头和福建的厦门试办经济特区"，专门辟出专门篇幅阐述"地区经济发展计划"，提出"积极利用沿海地区的现有经济基础……带动内地经济进一步发展"，内陆地区"支

持沿海地区经济的发展"，"继续积极支持和切实帮助少数民族地区发展生产，繁荣经济"。"有计划有步骤地开展地区经济技术协作"，"编制部分地区国土开发整治规划"，包括长三角、以山西为中心的煤炭和重化工基地。"六五"计划没有专门阐述区域政策。

"七五"计划（1986~1990年）在第三部分专门阐述了"地区布局和地区经济发展政策"，是我国区域发展规划与区域政策第一次并列出现。"七五"计划明确将我国分为东、中、西三个经济地带，并提出老、少、边、穷地区的经济发展措施，对这些地区给予不同的政策。"加速东部沿海地带的发展，同时把能源、原材料建设的重点放到中部，并积极做好进一步开发西部地带的准备"，把"东部沿海的发展同中、西部的开发很好地结合起来，做到互相支持、互相促进"。

"八五"计划（1991~1995年）提出，要"正确处理发挥地区优势与全国统筹规划、沿海和内地、经济发达地区与较不发达地区之间的关系，促进地区经济朝着合理分工、各展其长、优势互补、协调发展的方向前进"，分别对沿海地区、内陆地区、少数民族地区和贫困地区提出了发展目标和任务。区域政策方面，"积极扶持少数民族地区和贫困地区经济的发展"，对贫困地区发放"支援不发达地区发展资金"和低息贴息贷款，做好以工代赈工作。

"九五"计划（1996~2000年）明确提出区域发展重点和主要政策，指出逐步形成七个跨省区市的经济区域，包括长江三角洲及沿江地区、环渤海地区、东南沿海地区、西南和华南部分省区、东北地区、中部五省地区、西北地区，主要政策措施包括：优先在中西部地区安排资源开发和基础设施建设项目；理顺资源性产品价格，增强中西部地区自我发展能力；实行规范的中央财政转移支付制度，逐步增加对中西部地区的财政支持；加快中西部地区改革开放的步伐，引导外资更多地投向中西部地区；加大对贫困地区的支持力度，扶持民族地区经济发展；加强东部沿海地区与中西部地区的经济联合与技术合作。

"十五"计划（2001~2005年）明确提出"实施西部大开发战略，促进地区协调发展"。在推进西部大开发方面，实行重点支持西部大开发的政

策措施，增加对西部地区的财政转移支付和建设资金投入，并在对外开放、税收、土地、资源、人才等方面采取优惠政策；支持民族自治地区落实自治权，加大支持力度，加快少数民族和民族地区经济与社会全面发展，重点支持少数民族地区的扶贫开发、牧区建设、民族特需用品生产、民族教育和民族文化事业发展。继续加快中部地区发展，提高东部地区发展水平，形成各具特色的区域经济。

第三个阶段，"十一五"规划时期（2006~2010年）。从"十一五"开始，国民经济和社会发展"计划"变为"规划"，一字之变，体现出"十一五"规划开始重视生产要素在时间与空间上的统筹考虑。

"十一五"规划不同于之前的国民经济与社会发展计划，这是因为与"一五"到"十五"10个五年计划相比，"十一五"规划具有以下主要特点：

第一，"十二五"规划开始将国民经济与社会发展规划、城乡规划、土地规划等统筹考虑，而在此之前，各个规划是单独进行的，生产要素在时间和空间上的安排是脱节的。这实质上是"十一五"时期对国务院2005年下达的《关于加强国民经济和社会发展规划编制工作的若干意见》的具体实施。该文件指出，国民经济和社会发展规划"按对象和功能类别分为总体规划、专项规划、区域规划"，总体规划是国民经济和社会发展的战略性、纲领性、综合性规划，专项规划是以国民经济和社会发展特定领域为对象编制的规划，是总体规划在特定领域的细化，区域规划是以跨行政区的特定区域国民经济和社会发展为对象编制的规划，是总体规划在特定区域的细化和落实。

第二，"十一五"规划明确提出实施区域发展总体战略，"坚持实施推进西部大开发，振兴东北地区等老工业基地，促进中部地区崛起，鼓励东部地区率先发展"，"支持革命老区、民族地区和边疆地区发展"，并提出"健全区域协调互动机制"。

第三，"十一五"时期制定并出台了多个区域发展规划，包括区域发展规划或区域政策文件、综合配套改革试验区等共计29个，如表1所示。在实施上述区域发展规划的过程中，初步形成差异化的政策体系，即国家对区域发展的制度供给主要是提供区域性优惠政策和推动地区内生性制度创新，这两种制度供给方式对不同的地区组合方式不同，东部发达地区主要以改革创新进行制度内生为主，西部地区则主要是国家给予政策，中西部和东北等较发达地区在改革创新的同时给予相应的政策支持，三类地区在制度内生和政策供给方面存在一定的差异。

表1　我国"十一五"时期批复的区域发展规划、政策文件及综合配套改革试验区

	区域发展文件	年份
1	国务院关于推进天津滨海新区开发开放有关问题的意见	2006
2	长江三角洲地区区域发展规划纲要	
3	发改委关于批复重庆市和成都市设立全国统筹城乡综合配套改革试验区的通知（2个地区）	2007
4	发改委关于批复长株潭城市群和武汉城市圈全国资源节约型和环境友好型社会建设综合配套改革试验区的通知（2个地区）	
5	东北地区振兴规划	
6	关于促进新疆经济社会发展的若干意见	
7	广西北部湾经济区发展规划	2008
8	曹妃甸循环经济示范区产业发展总体规划	
9	国务院关于支持青海等省藏区经济社会发展的若干意见	
10	珠江三角洲地区改革发展规划纲要	
11	关于支持福建省加快建设海峡西岸经济区的若干意见	
12	关中—天水经济区发展规划	2009
13	横琴岛总体发展规划	
14	辽宁沿海经济带发展规划	
15	江苏沿海地区发展规划	

续表

	区域发展文件	年份
16	中国图们江区域合作开发规划纲要——以长吉图为开发开放先导区	2009
17	促进中部地区崛起规划	
18	黄河三角洲高效生态经济区发展规划	
19	鄱阳湖生态经济区规划	
20	甘肃省循环经济总体规划	
21	关于推进海南国际旅游岛建设发展的若干意见	
22	皖江城市带承接产业转移示范区规划	2010
23	柴达木循环经济试验区总体规划	
24	沈阳经济区国家新型工业化综合配套改革试验区	
25	国务院关于进一步支持甘肃经济社会发展的若干意见	
26	重庆两江新区总体规划	
27	长江三角洲地区区域规划	
28	国家发改委关于设立山西省国家资源型经济转型综合配套改革试验区的通知	
29	大小兴安岭林区生态保护与经济转型规划（2010~2020年）	

第四，"十一五"时期提出主体功能区战略。2006年中央经济工作会议提出，"分层次推进主体功能区规划工作，为促进区域协调发展提供科学依据"。2007年，《国务院关于编制全国主体功能区规划的意见》（国发〔2007〕21号）明确指出，"编制全国主体功能区规划，就是要根据不同区域的资源环境承载能力、现有开发密度和发展潜力，统筹谋划未来人口分布、经济布局、国土利用和城镇化格局，将国土空间划分为优化开发、重点开发、限制开发和禁止开发四类，确定主体功能定位，明确开发方向，控制开发强度，规范开发秩序，完善开发政策，逐步形成人口、经济、资源环境相协调的空间开发格局。""全国主体功能区规划是战略性、基础性、约束性的规划，是国民经济和社会发展总体规划、人口规划、区域规划、城市规划、土地利用规划、环境保护规划、生态建设规划、流域综合规划、水资源综合规划、海洋功能区划、海域使用规划、粮食生产规划、交通规划、防灾减灾规划等在空间开发和布局的基本依据。"

第五，"十一五"时期继承与发展我国的民族政策和对口支援政策，形成民族地区对口支援政策。2008年汶川地震以来，为充分发挥社会主义优越性，减少中央财政压力，加速震区重建步伐，中央采取了对口支援政策，即选择经济实力较好的省市区与需要重新建设的县市建立支援关系，经济实力较好的省市区为需要重建的县市提供资金、项目、人才支持，从而使震区快速走向经济社会发展的良性轨道。这一政策的起源，可以看做新中国成立后我国一直以来对西藏等地区实施的教育对口支援等政策，也是我国20世纪七八十年代，上海、江苏等东部发达地区对口支援西藏、新疆、三峡库区及其他贫困地区、特殊困难地区政策的延续。

2010年3月，全国对口支援新疆工作会议召开，新一轮援疆工作开始。这是我国对口支援政策在区域发展中的一次延伸，是继2007年32号文《国务院关于进一步促进新疆经济社会发展的若干意见》后，国家给予新疆发展的一次重大政策安排，是具有中国特色的区域政策模式，其目的是进一步提高政策效果和效率，以期达到区域发展规划目标：用10年的时间，最大程度缩小新疆与内地差距，确保2020年新疆实现全面小康社会目标。2010年5月，中共中央、国务院召开新疆工作座谈会，明确了新疆在新的历史时期享受的区域政策。

对口支援政策及中央给予新疆的特殊政策，产生了巨大效果。包括北京、天津、上海、广东、浙江、深圳、山东等在内的19个省市、国家各部委与新疆全面对接，多个项目迅速启动，新疆12个地（州）市的82个县（市）和新疆生产建设兵团的12个师成为受援地。截至2011年5月底已启动150余个项目，到2011年底19个省市对口援疆资金总规模将超过100亿元，10年内将超过千亿元。中央通过转移支付、专项资金等渠道加大投入的规模还将数倍于对口援疆资金规模。除对口支援资金外，对口支援政策还包括对口支援干部、人才、技术、管理等，"输血"与"造血"功能同时进行、"硬件"与"软件"建设同步进行，从而实现区域发展的最大政策效果。

三、我国"十二五"时期区域发展规划与区域政策的建议

2011年3月14日第十一届全国人民代表大会第四次会议通过《中华人民共和国国民经济和社会发展第十二个五年规划纲要》（以下简称《"十二五"规划》），其第五篇提出"优化格局促进区域协调发展和城镇化健康发展"，对区域发展进行了详细阐述。

1.《"十二五"规划》对于区域发展规划的主要论述

《"十二五"规划》提出，"实施区域发展总体战略和主体功能区战略，构筑区域经济优势互补、主体功能定位清晰、国土空间高效利用、人与自然和谐相处的区域发展格局，逐步实现不同区域基本公共服务均等化。坚持走中国特色城镇化道路，科学制定城镇化发展规划，促进城镇化健康发展。"实施区域发展总体战略方面，"充分发挥不同地区比较优势，促进生产要素合理流动，深化区域合作，推进区域良性互动发展，逐步缩小区域发展差距"；实施主体功能区战略方面，"按照全国经济合理布局的要求，规范开发秩序，控制开发强度，形成高效、协调、可持续的国土空间开发格局"；并积极稳妥推进城镇化。

可以看出，"十二五"规划继承了"十一五"时期的区域发展战略并进行了深化，主要表现在：

第一，提出了"优化格局促进区域协调发展"，"构筑区域经济优势互补、主体功能定位清晰、国土空间高效利用、人与自然和谐相处的区域发展格局"，更加重视生产要素在时间、空间上的安排，"促进生产要素合理流动"，进一步提高效率。

第二，继续实施区域发展总体战略，推进新一轮西部大开发，全面振兴东北地区等老工业基地，大力促进中部地区崛起，积极支持东部地区率先发展。

第三，继续选择条件较好的区域制定区域发展规划。2011年以来，国家已陆续批复《中关村国家自主创新示范区发展规划纲要（2011~2020年）》（2011年2月）、《浙江海洋经济发展示范区规划》（2011年2月）、《浙江省义乌市国际贸易综合改革试点总体方案》（2011年3月4日）、《海峡西岸经济区发展规划》（2011年3月14日）、《成渝经济区区域规划》（2011年4月底）、《汶川地震灾区发展振兴规划》（2011年5月）。

第四，推进实施主体功能区战略，"按照全国经济合理布局的要求，规范开发秩序，控制开发强度，形成高效、协调、可持续的国土空间开发格局"，并实施分类管理的区域政策，实行各有侧重的绩效评价，建立健全衔接协调机制。

第五，实行地区互助政策，开展多种形式对口支援。加大对革命老区、民族地区、边疆地区和贫困地区扶持力度，贯彻落实扶持民族地区发展的政策，大力支持西藏、新疆和其他民族地区发展，推进兴边富民行动。

2. "十二五"时期我国区域发展规划与区域政策的建议

"十二五"时期是我国区域发展水平总体提升的关键时期，区域发展总体战略将得到进一步完善，主体功能区战略将得到切实推进，区域政策也将不断丰富。在推进区域发展战略的过程中，在区域发展规划和区域政策方面，还应做好以下几个方面的工作：

（1）通过多种措施推进实施主体功能区战略。"十一五"时期提出主体功能区规划，《中华人民共和国国民经济和社会发展第十一个五年规划纲要》也对主体功能区战略进行了阐述，但在"十一五"时期实施得不够好。《"十二五"规划》深化了主体功能区战略，并意识到主体功能区战略的实施问题，指出推进主体功能区要"按照全国经济合理布局的要求，规范开发秩序，控制开发强度，形成高效、协调、可持续的国土空间开发格局。"因

此,"十二五"时期要建立主体功能区战略实施的有效推进体制机制,加强各区域之间的沟通,充分考虑各个地区的利益及转移支付补偿,有效推进主体功能区战略。

(2)完善区域发展规划出台、实施和评价机制。"十一五"时期出台了一系列区域发展规划,但实施推进很不充分,有些区域发展规划还仅仅是文本,缺少配套的实施方案和措施。针对这一问题,在"十二五"时期要加强区域发展规划的实施,主要包括:

一是区域发展规划的出台机制。制定区域发展规划上升为国家层次的准入机制,规范区域发展规划制定流程、框架和约束性指标等关键要素。

二是区域发展规划的实施机制。不断丰富区域发展规划的实施机制,重点研究区域制度内生与国家政策供给关系,创新推动区域发展的各种措施。

三是区域发展规划的评价机制。首先是区域发展规划实施与区域发展规划文本的效果评价;其次是区域推动实施过程中的方式方法机制评价;最后是区域发展规划在全国区域发展总体战略、主体功能区战略中发挥作用的效果评价,即区域发展在推动全国经济社会发展、完善社会主义市场经济体制过程中的贡献度。

(3)制定与区域发展水平相配套的政策体系。"十一五"时期我国已初步形成差异化的政策体系,但应看到政策工具还较为单调,对不同地区而言,区域政策几乎相同。一般而言,宏观调控政策的空间指向越合理就越能够充分体现区域特点,区域发展规划实施就越具有可操作性,实施效果就越好。因此,"十二五"时期要不断丰富区域政策工具和手段,建立我国区域发展规划与政策的有机联系及我国区域政策体系,建立我国区域政策工具集,确保区域发展政策措施的连续性和稳定性,避免各类区域政策措施"一刀切"。建立区域协调发展的配套政策,加快形成实施主体功能区战略的政策体系,通过转移支付解决限制开发区域、禁止开发区域财政收入少、提供基本公共服务能力弱的问题。加强和完善跨区域合作机制,消除市场壁垒,促进要素流动,引导产业有序转移,实行地区互助政策。

(4)进一步完善对口支援政策的相关问题。在"十一五"末年,我国进一步深化了民族地区对口支援政策。"十二五"时期,在进一步强调对口支援政策效率的同时要重视政策效果,在解决"快"的问题的同时要保障"好",确保项目选择、规模、进度上要把好关,并充分考虑受援地的实际情况。要解决好援助地的资金来源问题,高标准发展受援地民生项目,也要发展好援助地民生项目。最后,做好对口支援的评价工作,进一步将对口支援政策科学化、规范化。

参考文献

陈耀.透过区域规划看区域发展趋势 [J].领导之友,2010(2):7-9.

国务院.关于加强国民经济和社会发展规划编制工作的若干意见.国发〔2005〕33号,2005.10.22.

李建华.中国转型期的区域经济政策研究 [D].中共中央党校研究生院,2002.

李平,石碧华."十一五"国家区域政策的成效"十二五"区域规划与政策的建议 [J].发展研究,2010(7):4-11.

陆大道.关于我国区域发展战略与方针的若干问题 [J].2009,29(1):1-7.

陆大道.区域发展及其空间结构 [M].科学出版社,1995.

美国规划师协会.地方政府规划实践 [M].中国建筑工业出版社,2006.

戚常庆,李健.新区域主义与我国新一轮区域规划的发展趋势 [J].上海城市管理,2010(5):36-41.

杨为民.发展规划的理论和实践 [M].清华大学出版社,2010.

张可云.区域规划——引领中国区域格局优化与区域管理规范化 [J].金融博览,2010(1):16-17.

张可云.区域经济冲突与区域规划定位 [J].领导之友,2010(2):10-11.

国务院关于加强国民经济和社会发展规划编制工作的若干意见.国发〔2005〕33号,2005.10.22.

国务院关于编制全国主体功能区规划的意见.国发〔2007〕21号,2007-7.26.

中华人民共和国国民经济和社会发展第十一个五年规划纲要.2006年3月14日第十届全国人民代表大会第四次会议批准。

中华人民共和国国民经济和社会发展第十二个五年规划纲要.2011年3月14日第十一届全国人民代表大会第四次会议通过。

(郝寿义、徐刚,南开大学、天津滨海综合发展研究院)

对促进区域科学发展几个重要问题的思考

以党的十六届三中全会提出科学发展观为标志，科学发展成为我国区域发展的核心理念，我国区域发展也进入了一个更加注重科学发展的新时代。从传统的高增长、高消耗、高排放、不协调的粗放发展模式转变为低消耗、低排放、高效率、和谐有序的新型科学发展模式，是全方位、综合性的社会系统工程，既包括经济、社会、文化的转型升级，又包括思想观念、发展战略和政策措施的转换提升，要求我们在加快推进区域科学发展的过程中，要深刻认识和把握好以下几个重要问题。

一、区域科学发展要正确把握转变经济发展方式与经济发展战略转变的辩证关系

党的十七届五中全会指出，"十二五"时期是加快转变经济发展方式的攻坚时期。加快转变经济发展方式是"关系国民经济全局紧迫而重大的战略任务"，也是我国经济领域的一场深刻变革和赢得未来的关键抉择。需要指出的是，在加快转变经济发展方式的同时，我国的经济发展战略也正在发生重大变化，必须妥善处理好二者的关系。

（1）"十一五"中后期，我国经济发展战略开始由过去主要依靠资源要素分配占有，转为注重综合竞争力的提升。改革开放以来，我国社会主义市场经济体制改革的根本点，是资源要素的分配占有由过去的政府计划决定转变为由市场机制配置。改革开放以来全国的一切经济活动，都是围绕资源要素的市场配置而展开的。但是，资源要素的市场配置只是市场经济的基础性要求，现代市场经济的发展已经对资源要素的市场配置提出了新的战略要求，竞争力理论和软实力、巧实力等概念及战略的提出与实践，不断将世界经济发展提高到新的层次。"十一五"中后期，我国的经济发展战略也正在从过去主要依靠资源要素分配占有，向注重提升综合竞争力转变。这一转变的标志是党的十七大召开，党的十七大报告在实现全面建设小康社会奋斗目标的新要求中，将"综合国力显著增强"列入要实现的总体奋斗目标，将"提高经济整体素质和国际竞争力"列入促进国民经济又好又快发展的总体要求，将文化产业"国际竞争力显著增强"列入文化建设的奋斗目标，将"鼓励发展具有国际竞争力的大企业集团"作为加快转变经济发展方式的主要措施之一。之后，在党和国家的一系列重要会议和文件中，多次提出提高竞争力问题，如在国家"十二五"规划纲要中，进一步明确提出"提升产业核心竞争力"、"增强文化产业整体实力和竞争力"、"增强中华文化国际竞争力和影响力，提升国家软实力"、"打造更具国际竞争力的世界级城市群"等。这些都充分表明，党和国家在经济和社会的发展中，越来越重视竞争力的提升。

（2）"十二五"期间经济发展战略向注重提升综合竞争力转变，对转变经济发展方式提出了新的要求。竞争力是过去、现在和未来发展能力的综合体现。经济竞争力是一个国家、一个地区、一个产业或行业在市场经济激烈竞争中占据优势、处于不败之地的关键所在。经济竞争力不再像过去那样，将注意力集中于资源要素的一般分配占

有，而是注重资源要素配置能力、水平和效益的提升，特别是注重通过提升资源要素配置能力来扩展周边市场、吸纳集聚周边资源和辐射、带动周边地区发展。由此可见，由依靠资源要素分配占有向注重提升综合竞争力的转变，势必将传统的经济发展战略提升到新的层次，而经济发展战略层次的这种提升，必然要求我们过去所讲的立足于本国内部资源要素市场配置的内涵、集约型经济发展方式，必须适应国际市场资源要素配置的需要，不断扩展国际市场、吸纳集聚国际资源和辐射、带动周边国家和地区的发展。面对世界金融危机的影响，中国经济能够最先实现经济复苏，靠的就是综合国力和国际竞争力的增强。进入后危机时代，面对更趋激烈的国际经济和区域经济竞争，我国要在"十二五"期间加快由世界大国向世界强国迈进，关键要靠大力提升国家和区域综合竞争力。

（3）"十二五"期间要重视加强经济发展战略转变与经济发展方式转变之间的科学有机衔接。经济发展方式是指促进经济发展的手段、方法和模式，具体地说，就是推动经济发展的各种生产要素投入及其组合的方式，其实质是依赖什么要素，借助什么手段，通过什么途径，怎样实现经济发展，是属于经济实际运行层面的东西。加快转变经济发展方式，是要用现代的、新的发展方式替代传统的、旧的发展方式。经济发展战略是在一定时期内国家和区域关于国民经济发展的基本思想及其为此而实施的总体规划和方针政策，属于实践运作层面以上的关于经济发展的全局性、长远性、根本性的总体构想。由此可见，经济发展方式与经济发展战略不是一个层面的东西，两者不可互相取代。同时，经济发展方式与经济发展战略又是一个整体，彼此密不可分。经济发展方式是实施经济发展战略的基础，经济发展方式的转变有利于经济发展战略的有效实施和转型提升；经济发展战略对经济发展方式具有指导和引领作用，经济发展战略的提升必然要对经济发展方式的转变提高新的更高要求。因此，区域经济要实现科学发展，要求决策者必须深刻认识和把握转变经济发展方式与转变经济发展战略之间的既互不相同又互相依存、互相促进的辩证关系。

科学评价是将经济发展战略与经济发展方式紧密联系在一起的有机环节。从现阶段看，各地虽然对加快转变经济发展方式给予高度重视和积极推进，但在一些地方和部门还没有真正成为"战略任务"，停留在"战略要求"的层面。其原因是决策者对转变经济发展方式所要达到的量化目标不清楚，不了解当前全国和本地区处于什么层次和水平，"十一五"要达到什么水平，"十二五"要达到什么目标，结果只好简单地与中央"保持一致"：中央说"基本"转变各地就"基本"转变了，中央说"全面"转变各地也跟着"全面"转变了。对经济发展战略的实施和特别是战略目标的实现，需要进行科学的评价，对经济发展方式的转变也需要进行科学评价。科学评价是将经济发展战略与经济发展方式有机衔接的重要环节，失去这一环节，经济发展战略与经济发展方式就成为互相分离的"两张皮"，这正是许多地方经济发展中存在的"通病"。对经济发展战略和经济发展方式的转变进行科学评价，建立完善、科学的评价体系是关键。目前有的地方在建立科学发展评价体系方面进行了有益的探索，但在转变经济发展方式、新型工业化、主体功能区、建设社会主义和谐社会和科技自主创新等诸多战略任务方面尚未建立科学评价体系，特别是没有建立全国性的科学评价体系。建立全国性的科学评价体系，不仅战略任务和目标的实现具有客观评价作用，而且还对战略任务和目标的实施和完成具有引导、示范和督促作用。"十二五"期间，从中央到地方都应该高度重视和加强对经济发展战略转变与经济发展方式转变的科学评价工作，这也是体现现代科学领导水平的一个重要标志。

二、区域科学发展要将提高城乡居民收入和缩小城乡收入差距作为核心问题进行重点突破

城乡居民收入是衡量社会财富积累的重要标志之一，努力提高居民收入是推动区域经济健康发展、构建和谐社会的主要环节。而缩小城乡居民收入差距，则是衡量社会公平的重要标志；城乡居民收入差距过大所带来的两极分化，既不利于整个社会经济的发展，也将导致社会认同度下降，增加社会消极情绪，造成社会不安定，同时低收入人群比例过大，还不利于内需的扩大。

改革开放以来，我国城乡居民收入随着经济的快速、持续增长而大幅度提高。但是，城乡居民增长幅度低于经济增长速度、城乡居民收入差距扩大等问题，也越来越突出。改革开放以来，我国国内生产总值由1978年的3645亿元增长到2010年的39.79万亿元，年均递增15.8%（未扣除物价因素）；城镇居民人均可支配收入年均递增13.5%，农村居民人均纯收入年均递增12.5%，均明显低于国内生产总值的年均递增率。从城乡居民收入差距看，1978年我国城乡居民收入差距为2.37：1；农村改革首先使广大农民得益，城乡居民人均收入差距迅速缩小，到1984年城乡居民人均收入差距已缩小到1.71：1，接近世界多数国家1.5：1的水平。1985年起，随着改革的重心逐步转移到城市，城乡居民收入差距又重新扩大起来：1985年为1.86：1，1990年为2.20：1，1995年为2.71：1，2000年为2.79：1；2005年突破3倍达到3.22：1后一直处于高位震荡状态，2007年达到3.33：1，2008年受世界金融的影响差距略有缩小为3.31：1，2009年又扩大为3.33：1，2010年虽然有明显缩小，仍达到3.23：1。如果考虑到城镇居民享受的医疗卫生、教育、社会保障和各种福利性的补贴，城乡居民收入的实际差距可能已达到（5~6）：1。因此，提高城乡居民收入和缩小城乡收入差距是区域科学发展最核心的任务。

表1　全国城乡居民收入差距变化表

指标	总量（元）								
	1978年	1990年	2000年	2005年	2006年	2007年	2008年	2009年	2010年
城镇[①]	343.4	1510.16	6279.98	10493.03	11759.45	13786	15781	17174.65	19109
农村[②]	133.6	686.31	2253.42	3254.93	3587.04	4140	4761	5153.17	5919
城乡收入差距	2.56：1	2.20：1	2.79：1	3.22：1	3.28：1	3.33：1	3.31：1	3.33：1	3.23：1

注：①城镇指城镇居民人均可支配收入；②农村指农民人均纯收入。

（1）要在确保城乡居民收入较快增长的同时，更加注重缩小城乡居民收入差距，彰显社会公平。区域经济社会发展的核心问题是如何实现"两个持续增加"与"一个相协调"，即社会财富的持续增加、人民群众收入的持续增加、社会财富持续增加与人民群众收入的相协调。特别是在当前经济持续发展、财政收入增加较多的情况下，要拿出更多的财力物力来改善人民生活。人民群众口袋的钱增加多少，他们对政府公布的GDP就有几分信任。国家"十二五"规划纲要强调，要"合理调整收入分配关系，努力提高居民收入在国民收入分配中的比重、劳动报酬在初次分配中的比重"，这是十分正确的，它有利于实现"十二五"时期经济社会发展主要目标之一"城乡居民收入普遍较快增加"。但是，还必须清醒地看到，"努力提高居民收入在国民收入分配中的比重、劳动报酬在初次分配中的比重"，虽然有利于解决当前存在的城乡居民增长幅度低于经济增长速度的问题，但并不能有效地解决城乡居民收入差距持续扩大问题，很可能五年后实现的"城乡居民收入

普遍较快增加"是一种城乡居民收入差距没有缩小甚至是仍在扩大的"收入普遍较快增加"。

在我国经济社会进入新的发展阶段的大背景下，区域经济要坚持科学发展，更加注重以人为本，更加注重保障和改善民生，促进社会公平正义，必须从根本上跳出20世纪90年代以来形成的"效率优先、兼顾公平"的理论束缚。实际上，效率与公平的关系作为一个理论命题是值得商榷的。效率与公平的关系在社会生产和生活的各个领域都是存在的，如果是单讲经济领域的效率与公平，上述命题可以成立。同样，在社会领域这一命题也同样成立。但是，如果将经济领域的效率与社会领域的公平放在一起，或者将经济领域的公平与社会领域的效率连在一起，是否可以成为命题就需要打问号了。近年来我国城乡居民收入分配差距不断扩大的实际，已充分证明"效率优先、兼顾公平"的理论命题，已将我国的改革开放引入了偏离共同富裕目标的轨道。

党中央已充分认识到这一理论命题存在历史局限性，党的十七大报告强调："初次分配和再分配都要处理好效率与公平的关系，再分配更加注重公平，逐步提高居民收入在国民收入分配中的比重，提高劳动报酬在初级分配中的比重"，"逐步扭转收入分配差距扩大趋势"。从"效率优先，兼顾公平"到"初次分配注重效率，再分配注重公平"，再到十七大报告"初次分配和再分配都要处理好效率与公平的关系，再分配更加注重公平"，足以表明党中央对"公平"二字的重视，同时也说明我国现阶段确实存在着初次分配不公、再分配或三次分配力度不足的问题，要求我们必须采取有效措施来逐步缩小城乡居民收入差距，促进全社会的共同富裕。

（2）要在加快转变经济发展方式的同时，更加注重采取有效措施增加城乡居民收入。国家"十二五"规划纲要强调，要"坚持把保障和改善民生作为加快转变经济发展方式的根本出发点和落脚点"，体现了手段与目的之间的关系，总体上是正确的，因为经济社会发展的根本目的是不断提高社会生活水平，让人们过上幸福美满的生活，所以，采取任何经济手段都必须把保障和改善民生作为根本出发点和落脚点。但是，通过经济手段把保障和改善民生作为根本出发点和落脚点，

是否就必然能够保障和改善民生?这个问题需要进行深入分析。加快转变经济发展方式固然有利于提升经济增长的质量和效益，从而也有利于增加劳动者的收入，但也必须看到，加快转变经济发展方式的重点是解决发展生产力的质量和效益问题，并不能自然而然地同步地解决好扩大就业和增加收入问题。产业技术水平的提升和产业结构的调整优化，不可避免地会淘汰一批高耗能、高排放、低效益的劳动密集型企业，从而使一些文化水平低、劳动技能不高的农民工丧失在企业中的工作岗位，进而导致收入降低。同时，还必须看到，有一些经济手段和举措是能够有效保障和改善民生的，诸如抵制通货膨胀、建设"两型社会"区域和城乡协调发展等；有一些经济手段和举措能够间接保障和改善民生，诸如产业结构调整、推进城镇化、加强科技创新等；还有一些经济手段和举措则是对保障和改善民生关系不大，特别是不能够对提高城乡居民收入和缩小收入差距产生作用，例如品牌经济、产业集聚发展就是如此，而现阶段房地产业和股市的发展还会对城乡居民收入和缩小收入差距产生负面影响。

当前，要特别注意一种现象，就是一些人包括一部分专家学者对加快转变经济发展方式的重大意义作出了过度解读。他们认为，只有加快转变经济发展方式才能保障和改善民生，才能解决收入分配、缩小城乡居民收入差距问题，才能使中国由"国强"到"民富"。这些解读都与经济社会发展的基本规律和经济学、社会学的基本原理不相符合的。解决收入分配，缩小城乡居民收入差距，属于生产关系的范畴，特别是收入分配由分配制度和体制所决定，决定了它属于上层建筑的问题；转变经济发展方式是为了更好更快地发展经济、积累社会财富，属于生产力的范畴，由此也决定它属于经济基础的问题。经济基础可以决定上层建筑，但是转变经济发展方式并不等于经济基础的全部，只是经济基础中的一个重要因素，确切地说，只是促进经济又好又快发展的一种手段，企望通过转变经济发展方式来解决收入分配、缩小城乡居民收入差距的问题，在理论上说不通，在实践上也不可能取得预期效果。从上层建筑反作用于经济基础的原理看，收入分配、缩小城乡居民收入差距的问题如果解决不好，必

然会因为社会的不满和动荡而影响经济发展方式的转变速度。所以，我们不能人为地赋予转变经济发展方式与解决收入分配关系问题以因果关系，在理论和宣传上过度解读是不利于加快转变经济发展方式的。增加城乡居民收入最根本的是要"调整国民收入分配格局，深化收入分配制度改革，逐步提高居民收入在国民收入分配中的比重，提高劳动报酬在初次分配中的比重"，让广大人民群众共享经济发展成果。

（3）要正确处理好提高城乡收入水平与扩大消费的关系，更加注重提升人民幸福指数。国家"十二五"规划纲要提出，要"把扩大消费需求作为扩大内需的战略重点，进一步释放城乡居民消费潜力，逐步使我国国内市场总体规模位居世界前列。"由于收入决定消费，要实现这一要求，关键是城乡居民要有消费的能力，不解决城乡居民收入不高的问题去谈扩大消费需求，只能是一句空话。因为在其他条件一定的情况下，收入增长越快，消费需求也必然越强劲。提高城乡居民收入特别是使低收入城乡居民的收入普遍较快增加，是扩大内需尤其是扩大消费需求关键之关键，要求我们必须通过建立居民收入和经济发展同步增长、劳动报酬增长和劳动生产率同步提高、低收入者收入明显增加的长效机制，以形成扩大消费需求的长效机制，真正使消费需求成为促进经济增长的内生动力。从这一角度看，城乡居民收入应该更多地用于扩大消费需求。

正确处理扩大消费与提高收入的关系，必须明确一个根本点，就是提高城乡居民特别是低收入群体的收入水平，其根本目的是人民群众的共同富裕和生活幸福，而不仅仅是为了扩大消费需求。如果仅仅是为了扩大消费需求、拉动内需，必然会偏离党和国家的发展目标，不仅难以缩小城乡、区域、行业和社会成员之间收入差距，还会形成进一步扩大的趋势。应该说这个关系党的十七大报告中已经讲得很清楚了，但在现实中也有不少人有意或无意地忽视这个关键问题，以致城乡、区域、行业和社会成员之间收入差距扩大问题始终难以解决，成为当前全社会高度关注甚至引起不满的焦点问题。

国家"十二五"规划纲要中，提出了合理调整收入分配关系的一系列举措，例如努力提高

"两个比重"（提高居民收入在国民收入分配中的比重，提高劳动报酬在初次分配中的比重），创造条件增加居民财产性收入，健全扩大就业增加劳动收入的发展环境和制度条件，逐步提高最低工资标准，保障职工工资正常增长和支付，规范分配秩序，有效调节过高收入，努力扭转城乡、区域、行业和社会成员之间收入差距扩大趋势等，应该说这些都是提高城乡居民收入的重要举措。这些措施一方面要真正落实；另一方面要注意使城乡居民收入能够得到实质性提高，不能一边提高收入，一边物价飞涨，将城乡居民收入的提高吞噬在物价上涨之中。这几年来，百姓的收入都有不同程度的提高，但百姓不但没感到生活好起来，反而感到生活压力越来越大。其根源就在于社会保障退化，物价上涨，支出增大。住房、医疗、教育开支和水、电、食品、蔬菜价格飞涨，这些支出占了居民收入的绝大部分。基本生活开支占收入的比重过大是当前百姓生活压力大、没有幸福感的根本原因。

（4）要加快完善覆盖城乡居民的社会保障体系，更加注重从根本上提高人民生活水平。近年来，我国东部沿海地区发生的"用工荒"现象引发专家学者对"刘易斯拐点"以及提高居民收入等问题的热议。"刘易斯拐点"是发展中国家普遍存在的二元经济格局现象。由于农村劳动力持续向城市非农产业转移，大量供给压低了劳动力成本。直到工业化、城市化把表面上的剩余劳动力都吸纳干净了，如果再想继续吸纳剩余劳动力，就必须提高劳动力成本，这个临界点就叫"刘易斯拐点"，即劳动力过剩向短缺的转折点。与"刘易斯拐点"相对应的是"人口红利"，两者之间似乎有一种正相关的关系，前者的显现，往往是"人口红利"逐渐消失的一个前兆。有些学者认为中国"刘易斯拐点"到来的"确切的时间"是2009年，因此他们主张现阶段要加快初次收入分配改革，较大幅度提高产业工人工资水平。

那么，我国的"刘易斯拐点"是否到来，"人口红利"是否开始消失？对这个问题的认识涉及对我们所处于发展阶段的判断。必须看到，"刘易斯拐点"是建立在西方"完全"的市场经济理论基础之上的。我国的市场经济是不完全的，当前"用工荒"的出现并不能简单等同于"刘易

斯拐点"已现。首先，我国农业与非农业产值和就业人数占比仍不协调，边际产出差距仍较大。其次，我国49%的城市化率与当时日本、韩国出现"刘易斯拐点"时农村人口占30%左右的比率相比，差距仍大。再次，我国尚未像西方国家那样建立起覆盖城乡居民的社会保障体系。目前，我国劳动力供应尚算充裕，只是在劳动力市场结构上已由此前的"无限供应"年代过渡至目前的"有限过剩"时期，技能人才培养由"有限供应"年代过渡至"比较紧缺"时期，而从整体上看，我国农村劳动力仍然存在过剩问题，"刘易斯拐点"尚未真正来临，"人口红利"仍未消失，应该认为是处在走向"拐点"的进程中。

对"刘易斯拐点"是否到来的判断，将影响到政府的不同决策。我国目前还是出口导向型经济，人民币又处于逐步升值之中，大幅度提高劳动者收入势必会提高出口产品的成本，降低出口企业和出口产品在国际市场上的竞争力。鉴于"刘易斯拐点"尚未到来，我国在"十二五"期间不宜实行收入倍增计划，应该逐步适当增加企业工业工资，把重点放在集中巨额资金建立完善社会保障体系上。这样，一方面使包括企业员工在内的城乡居民事实上显著增加收入，另一方面又不增加出口产品的成本。在社会保障体系健全完善的基础上，"十三五"期间可以集中资金和精力重点解决好显著提高城乡居民工资收入问题。届时，我国转变经济发展方式已经取得关键进展，消费、投资、出口协调拉动转变的态势基本形成，

出口产品的高科技附加值明显提高，经济的国际竞争力已显著增强，生产成本的提升不会再对企业和产品出口的国际竞争力产生不良影响。所以，先社保、后收入的解决方法，是比较符合我国现阶段经济社会发展实际的。

而实际上，如果在"刘易斯拐点"到来之前，大幅度提高企业工人工资水平，其政策负效应将是明显的。因为在农村过剩劳动人口消失之前，借助政府干预提高工资水平虽然可以对农村剩余劳动流向城市产生激励，但却会对城市工业投资产生负激励。而随着城市工业部门投资下降，其吸收农村剩余劳动力的能力也趋于下降，政府旨在提高工资水平的努力将因此而遭遇失败。此外，城市工业部门在工资上涨压力下还会选择投资于那些用工少的行业，其结果，即使经济增长了，也不会对缩小城乡差距以及最终完成向一元经济的转型产生积极作用。同时，还有一个问题需要引起我们高度重视，就是改革开放以来，我国城镇职工每调整提高一次工资收入，市场物价也随之"水涨船高"，推动企业生产成本随之上升。在当前国际上美元贬值、人民币升值、输入型通胀压力加大和国内物价持续上涨的形势下，特别是在我国对经济供求关系引起的市场物价上涨缺乏有效调控措施的情况下，实行收入倍增计划所引发的物价持续上涨，将会使企业生产成本也随之倍增，许多中小企业由此会而陷入困境。所以，先提高收入、后完善社会保障体系的做法，是不符合我国当前基本国情和形势发展要求的。

三、区域科学发展要坚持把创新驱动作为提升发展层次的根本性举措

创新是指人们在生产力、生产关系和上层建筑全部领域中进行的创造性活动，决定着一个国家或地区是否能由依靠别人的创新文明生产到自我创新向智力劳动发展的战略转变。从广义上讲，创新就是发明，就是发现，就是突破，就是改变。创新是适应经济全球化进程日益加快、国际竞争日趋激烈的必然要求，也是实现区域经济和社会跨越式发展的必然要求。改革开放以来，党和国家高度重视科技进步和自主创新，同时经过几十

年的积累、引进、模仿、发展、创新，我们在生物、纳米、航天等重要领域的开发能力已跻身世界先进行列，但是在不少部分关键产业上仍然依靠着别人的创新文明、创新产品、创新技术，创新性不足仍是当前存在的一个非常突出的问题，特别是离"创新源头"的差距还十分遥远。

国家"十二五"规划纲要进一步强调："坚持把科技进步和创新作为加快转变经济发展方式的重要支撑"，并提出了一系列增强科技创新能力、

完善科技创新体制机制、加快建设创新型国家的要求和举措，总体上是非常鼓舞人心、振奋精神的。但细读之后，又给人以强力推动不足的感觉。从党的十七大以来强调加快转变经济发展方式以来的实践看，一个深刻的感觉是对科技进步和自主创新重要性的强调和一般性的要求多，强力推动的举措显得不足；对取得的科技成就宣传多，对自主创新方面存在的问题缺少危机感。在这一点上，外国人比我们看得更清楚。美联社曾在评论"高铁、大坝展示中国工程实力"时说："这些成功表明，中国经历了从西方获取技术的几十年之后，开始竭尽所能提高自身能力，想方设法让自己的形象变得强大而现代的同时，给特大工程设定了较高的标准。但是许多这类行动让环境付出了重大代价，因此有人质疑中国是否具备足够的创新精神来应对下一个层次的竞争"，"不过虽然飞速的增长让中国能够建大工程，但有人怀疑中国能否变得聪明，并成为真正意义上的创新源头。"

目前，世界上公认的创新型国家有 20 个左右，包括美国、日本、芬兰、韩国等，这些国家的共同特征是：创新综合指数明显高于其他国家，科技进步贡献率在 70% 以上，研发投入占 GDP 的比重一般在 2% 以上，对外技术依存度指标一般在 30% 以下。在后危机时代的激烈国际竞争中，中国要占据竞争优势，最根本的还是要靠科技进步和自主创新，使自己"成为真正意义上的创新源头"。

（1）要坚持将科技进步和自主创新作为建设现代化强国根本性举措，甚至可以考虑成为基本国策。要发挥地方政府在建设区域创新体系中的积极作用，改革领导干部政绩评价指标体系是根本。因此，要把科技进步和自主创新同计划生育和社会综合治理一样，对各级党委、政府及工作部门的工作实行"一票否决"，对科技进步和自主创新成绩突出的地区、部门予以重奖。各地要积极营造区域创新环境，鼓励和引导资源型投资转向创新型投资，同质化投资转向差异化投资，被动接受外商投资转向主动吸引、选择具备创新带动力的投资。

（2）要建立健全加快科技进步和自主创新的考核评价机制和考核评价指标体系。对加快科技进步和自主创新的考核评价机制和考核评价指标体系，要使之具有进行客观评价功能，还要赋予其约束性、激励性功能，能够引导、激励、规范各级党委、政府及工作部门自觉紧紧抓住新一轮世界科技革命带来的战略机遇，以创新的精神大力推进自主创新，加快提高自主创新能力，加快科技成果向现实生产力转化，加快科技体制改革，加快建设宏大的创新型科技人才队伍，谋求经济长远发展主动权、形成长期竞争优势。

（3）要由国家科技部门和经济综合部门发布自主创新重点领域、重点项目的指导目录和奖励政策。引导和激励科研机构、企业、科技人员在生命科学、空间海洋、地球科学、纳米科技等领域抢占未来科技竞争制高点；在核心电子器件、极大规模集成电路、系统软件、转基因新品种、新药创制等领域攻克一批核心关键技术；在现代农业、装备制造、生态环保、能源资源、信息网络、新型材料、安全健康等领域取得新突破；培育一批拥有自主知识产权的知名品牌、主业突出、核心竞争力强、国际领先的大公司和企业集团。

（4）要避免沿用"官本位"措施激励领军人才。领军人才是创新人才队伍中的中流砥柱，是自主创新活动的路标与榜样。但目前，对领军人才的激励与管理存在很多问题，特别是采用"官本位"激励的措施，扼杀了大批领军人才的科研生命。周光召曾痛斥过科研系统官本位："要搞科研就不要当官，要当官就不要搞科研，当了官就要好好为科研工作者服务，既想当官又想搞科研肯定什么都做不好。"当前，一线科研人员的实际待遇无法落实，往往是担任行政职务后才能真正享受到相关待遇，造成了只要手中无权，一线科研人员职称再高也兑现不了应有待遇的现象，这种状况进一步刺激了官本位思想。一些科研工作者千方百计要当官，一些单位和部门的领导也乐于给那些有成就的科技人员特别是领军人才委任以大大小小的官衔，似乎只有这样才能体现对人才工作成绩和学识的肯定。而实际上，激励人才的措施有物质、精神、发展等多方面的选择，不一定非要走"官本位"这种方式。当前，确实要加快打破官本位思想对领军人才的影响，积极落实人才政策，为领军人才发挥才能提供足够的空间。

（5）要加快建立有利于原始性创新的文化环

境。据资料显示,在技术领域,我国国家自然科学奖、国家发明奖一等奖连续几年空缺,缺乏突破性成就。在产业领域,目前中国发明专利的数量仅为美国、日本的1/30,为韩国的1/4。而近15年来,外国企业和中国企业在中国申请发明专利的比例是6.4∶1;在信息技术、生物技术领域,外国人在我国的发明专利已占到80%~90%。如果把科技创新比做一条河,那么原始性创新就是这条河的源头,要积极营造有利于原始性创新的良好

文化环境,鼓励鼓励冒险、宽容失败,勇于创新、敢为人先,反对因循守旧、墨守成规;提倡开展平等的学术争论,保障不同学术观点的公开发表和充分讨论;扩大研究工作的交流与合作,克服人为的学术壁垒,减少重复研究;大力推动不同学科、不同学术思想、不同学派间的交流;重视学风建设,克服急于求成、急功近利等各种浮躁思潮,倡导热爱科学、淡泊名利的良好文化风尚等。

四、区域科学发展要同时实施主体功能区战略和区域发展总体战略,推进区域有序开发和区域协调发展

区域经济作为一定区域内经济发展的内部因素与外部条件相互作用而产生的生产综合体,是我国经济的一个重要组成部分。改革开放以来,区域经济在推动我国经济持续、快速发展方面发挥了重要作用。但同时,区域经济发展差距扩大、区域空间无序开发、区域发展不协调等问题也凸显出来。在当前新的形势下,如何按照科学发展观的要求,科学制定并实施规范有效的国家区域政策,推动形成主体功能定位清晰、东中西良性互动、公共服务和人民生活水平差距趋向缩小的区域发展新格局,从而促进各地区逐步走上发挥优势、各展所长、合理分工、协调发展的共同富裕道路,对实现全面建设小康社会目标和社会主义和谐社会构建具有十分重要的战略意义。正是基于这一战略考虑,国家"十二五"规划纲要强调,要"实施区域发展总体战略和主体功能区战略,构筑区域经济优势互补、主体功能定位清晰、国土空间高效利用、人与自然和谐相处的区域发展格局,逐步实现不同区域基本公共服务均等化",并提出了实施区域发展总体战略、主体功能区战略的具体要求和举措。应该说,"十二五"规划所要构筑的区域发展格局是非常正确的,完全符合我国经济社会发展的要求。但对如何实施好区域发展总体战略和主体功能区战略,以及如何处理好二者的关系,加强二者的有机衔接,仍然有几个问题需要深入探讨:

(1)要充分认识到实施主体功能区战略与区域

发展总体战略是相辅相成的关系。主体功能区战略在"十一五"规划纲要中首次提出,2010年国务院正式通过《全国主体功能区规划》。《全国主体功能区规划》的颁布实施,使不少人对主体功能区赋予了极大的期望,希望通过主体功能区建设来解决各种区域问题。而实际上,主体功能区战略并不能"包治百病",在实践中期望主体功能区建设可以解决所有的区域问题的想法是有害的。

主体功能区是我国政府率先提出来的一个重要理论创新,它主要是针对过去的无序开发而提出的。实施主体功能区战略,通过对国土开发适宜性评价而进行的区域划分,将有利于促进人与自然和谐发展,引导经济布局、人口分布与资源环境承载力相适应;通过划分不同类型的主体功能区,明确哪些区域应该优化开发,哪些区域应该重点开发,哪些区域应该限制或禁止开发,将有利于实行并强化空间管治,规范和优化空间开发秩序;通过围绕各主体功能区实行分类的区域政策和政绩考核,将有利于分类管理和调控,避免长期存在的"一刀切"现象。

主体功能区战略设计的初衷主要在于通过实行空间管治和分类调控,促进人与自然的和谐发展,规范和优化空间开发秩序,而对于区域自身发展能力、区域协调发展、落后地区发展困难等问题,它是无力解决的,也不是它的政策目标取向。一方面,单独依靠主体功能区战略不会解决区域协调发展问题,还有可能进一步加剧空间的

不均衡。正如一些专家分析的那样，主体功能区其基本思想是强调"人的繁荣"，并设想通过人口的迁移，实现各地区人均收入水平的逐步缩小。但从全国大范围看，单纯强调"人的繁荣"，而完全放弃"地域的繁荣"，将会加剧经济发展的空间不均衡，推动人口、要素和产业向少数条件较好的地区集聚。其结果，将有可能会进一步加剧"中心"与"边缘化"的倾向。另一方面，主体功能区战略也不能解决区域的自身发展问题。因为主体功能区主要是强调空间管治，明确空间开发的红线或蓝线，而不是从帮助和扶持区域发展的角度出发的。对于大部分地区被划入限制和禁止开发区的中西部地区或落后地区来说，还会加大其发展的难度。

因此，单纯依靠主体功能区建设并不能较好地解决区域协调发展尤其是地区差距扩大问题。在实施主体功能区战略的同时，仍需要继续实施区域发展总体战略，两者是相辅相成的关系，其政策目标和政策效应是互有不同、互相促进的。实际上，党中央、国务院对此是非常明确的，但也要看到，在具体实施过程中，两者的关系又常常是混乱的，需要引起关注。

（2）要高度重视主体功能区战略实施过程中的突出问题。主体功能区战略将国土按不同资源环境承载能力规划为不同的功能区域进行差别化开发，立意和设想应该说是非常好的，但在规划实施过程中遇到了许多实际问题，比如国家与省区层次各类主体功能区的确定问题，国家与省区、省区之间主体功能区的衔接问题，国家和省区对政府限制开发区、禁止开发区的扶持问题等，这些都是需要进一步深入认真研究的问题。其中，最突出的问题是国家当前和今后一个时期是否有能力保证限制开发区、禁止开发区的人民群众生活达到全国平均水平。

改革开放以来，人民群众的生活水平与区域经济发展水平密切相关，东部经济发达地区的群众和公务员的收入明显高于中西部地区，而《全国主体功能区规划》中的限制开发区、禁止开发区，

大多数又处于中西部地区。处于限制开发区、禁止开发区的地方党委政府和人民群众，都迫切希望缩小与发达地区生活水平的差距，都在千方百计地通过开发本地资源和利用自身的比较优势加快发展，一旦被国家列入限制开发区、禁止开发区，通过自身努力来加快发展、提高生活水平的希望，事实上也将被"限制"和"禁止"。既然国家从未来可持续发展的大局考虑要限制、禁止一些地区的开发，那么，中央政府就有责任保证限制开发区、禁止开发区中的人民群众生活能够不断得到提高，并且能够不断缩小与优化开发区、重点开发区人民群众生活水平的差距。作为地方党委政府而言，压力最大、责任最大的是发展，如果不考虑发展，国家给钱来保护环境资源和民生，地方党委政府自然是求之不得。近年来，随着经济的持续快速发展，国家财力也大大增强，可以拿出钱办许多过去办不了或不敢办的事，但也必须看到，现在国家财力还远远没有达到非常充裕的程度，要真正办大事仍然比较困难，仅建立健全社会保障体系这一条就心有余而力不足，只能停留在低标准、广覆盖的层面。国家现在再要去保证限制开发区、禁止开发区的人民群众生活达到全国平均水平，所需要的财力绝不会低于健全社会保障体系所需要的投入。如果国家的财力不能够保证限制开发区、禁止开发区中的人民群众生活能够不断得到提高，并且不断缩小与优化开发区、重点开发区人民群众生活水平的差距，省级以下地方政府势必要考虑如何扩大本区域内的优化开发区、重点开发区，来支撑本地经济加快发展的问题，其结果必然要影响国家主体功能区规划、建设的落实。因此，在主体功能区实施过程中，还要进一步以新的战略思维深入研究解决国家和省区对限制开发区、禁止开发区的扶持等一系列重要问题，使全国主体功能区规划真正成为在区域发展和空间布局上贯彻落实科学发展观的重大举措。

（李闽榕，福建省政府发展研究中心）

区域协调发展的内涵

自"九五"计划提出:"坚持区域经济协调发展，逐步缩小地区发展差距"以来，中国在促进区域协调发展方面已做了大量工作，但由于不同阶段对区域协调发展内涵认识有差异，工作的内容和重点也有所不同。因此，厘清区域协调发展的内涵及特征对"十二五"时期明确区域协调发展的内容及重点有重要意义。

一、区域协调发展的认识过程

对区域协调发展的认识，有一个逐步深化的过程。总体上看，有以下几方面的理解:

(一)关注区域之间经济发展的差距

改革开放以来，中国一直比较注重协调区域之间的关系。如"六五"、"七五"和"八五"计划都对沿海与内地、东部与中部和西部、发达地区和较不发达地区之间的关系做了阐述，"九五"计划更是明确提出"坚持区域经济协调发展，逐步缩小地区发展差距"。"区域经济协调发展"的提法一直沿用到"十五"计划，直到"十一五"规划才用"区域协调发展"取代"区域经济协调发展"。表明"十一五"规划以前，"区域经济协调发展"关注的重点是缩小区域之间的经济发展差距。

学者们对"区域协调发展"的认识，也着重在缩小经济发展差距方面。如魏后凯(1995)提出了适度倾斜和协调发展相结合的非均衡协调发展思想，即为了提高资源配置效率，国家可对重点地区和重点产业实行适度的倾斜政策，但是必须以保持地区间和产业间的协调发展为前提。戴颂华认为区域协调发展是指在宏观调控作用下，充分利用不同区域各自的特点和优势，最大限度地发挥区域之间互补的整体优势和综合比较优势，形成参与国际分工和竞争的合力，促进社会整体的健康发展，同时逐步缩小区域间的差异(戴颂华，1998)。

这种认识的产生与我国改革开放初期，各区域发展的任务繁重，各级政府都将经济增长作为首要任务，而率先得到国家政策支持的东部地区与中部地区和西部地区的人均 GDP 逐渐拉大有直接关系。"缩小地区发展差距"既体现了邓小平"两个大局"的战略思想，也是保持区域和谐，防止区域冲突的重要方面。

(二)关注区域之间基本公共服务的均等化

由于区域之间经济发展水平的差距较大，各地财政收支能力也有很大差别，致使区域之间公共服务水平的差异也很大。针对这种情况，党的十六届六中全会首次提出了"完善公共财政制度，逐步实现基本公共服务均等化"。随后的"十一五"规划也指出"逐步形成主体功能定位清晰，东中西良性互动，公共服务和人民生活水平差距趋向缩小的区域协调发展格局。"党的十七大报告第一次将缩小区域发展差距与基本公共服务均等化联系在一起，提出"缩小区域发展差距必须注重实现基本公共服务均等化、引导生产要素跨区域合理流动。"表明今后一段时间内，实现基本公共服务均等化和引导要素跨区域合理流动将是缩小区域发展差距的重点内容。

理论界也有学者指出区域经济协调的重点就是实现公共服务均等化。如陈耀（2006）从区域协调发展目标的角度认为，区域协调发展重点是实现公共服务水平的均等化，使居住在不同区域的人民都能享受到大致相同的公共服务，分享国家快速发展带来的成果和实惠。

应该说，在完善的市场经济体制下，政府和市场的界线是比较明确的，市场就是追求效率，政府就是追求公平。因此，在促进区域协调发展过程中，政府的作用突出体现在实现公共服务的均等化。在转型经济国家，由于制度建设和基础设施不完善，政府可控资源较多，政府除了实现公共服务均等化外，在促进后发地区发展中也能发挥重要的作用。

（三）关注资源环境承载力与空间结构的关系

"十一五"规划以前，有关资源环境与空间结构关系的表述基本都沿用依托资源谋划产业发展和产业布局，而"十一五"规划中提出的主体功能区将不同区域资源承载能力、现有开发密度和发展潜力等统筹考虑，按区域分工和协调发展原则，划分为具有某种特定主体功能区的空间单元，长远谋划未来我国人口分布、经济布局、国土利用和城镇化格局，将国土空间划分为优化开发、重点开发、限制开发和禁止开发四类功能区。其中，重点开发区和优化开发区主要职能是促进经济增长和增强财政创收能力；而限制开发区和禁止开发区主要职能是保护自然资源和生态环境。主体功能区是我国现阶段加强国土空间管理、落实科学发展观和实施可持续发展战略的一项重大理论创新和探索，也是我国实施区域协调发展战略的一个重要举措，对我国今后区域开发格局的构建具有重要指导意义。[①]

这种认识的产生不仅与我国现阶段资源环境面临的严峻形势有关，而且与经济布局与资源环境失衡密切相关。当前，部分地区超出资源环境承载力过度开发已导致水土资源的严重短缺和环境危机。

（四）区域协调发展的概念

从前面对区域协调发展认识过程看，区域协调发展既要发展，也要协调。首先，发展是第一要务。中国是发展中国家，经济发展质量、人民生活水平都不高，需要通过发展解决问题。其次，协调是基本要求。中国区域之间发展差距大主要有两方面的原因：一是各地资源禀赋条件有差异。资源禀赋较好的地区发展速度总体较快，而资源禀赋较差的地区发展速度就比较慢。二是循序渐进改革方式拉大区域发展差距。改革中，获得国家重点支持的地区发展比较快，而较少获得国家支持的地区发展速度就较慢。区域发展不协调，不仅导致人口、资源、资本等要素跨区域大规模流动，而且也引起了区域冲突。协调区域发展关系，已刻不容缓。但促进区域协调发展并不是要牺牲先发地区的利益，降低先发地区的增长速度，而是要在提高先发地区经济增长质量的同时，促进后发地区又好又快发展，并逐步缩小人均GDP的差距。再次，公共服务均等化是重要手段。随着政府职能的转变和财政体制改革的不断深入，政府发挥作用的领域将主要限定在市场监管、公共服务等方面。基于上面的分析，可以将区域协调发展定义为：区域协调发展是一种强调坚持均衡发展与非均衡发展相结合的动态协调发展战略。它是在国民经济发展过程中，以不同地区的居民都能够享有大致相同的基本公共服务为根本目标，以充分发挥各地比较优势为基本出发点，在保持各区域经济稳步增长的同时，使地区间的发展差距保持在合理的适度范围内并逐渐收敛，达到区域间正向促进、良性互动、相互依赖、共同发展的状态和过程。

① 贾康，马衍伟. 推动我国主体功能区协调发展的财税政策研究 [J]. 财会研究，2008（1）.

表1 "六五"到"十一五"规划（计划）中关于区域经济发展的内容

时　期	有关区域经济发展的内容
"六五"时期 （1981~1985年）	要积极利用沿海地区现有经济基础，充分发挥它们的特长，带动内地经济进一步发展。内陆地区要加快能源、交通和原材料工业建设，支援沿海地区经济的发展。继续支持和切实帮助少数民族地区发展生产，繁荣经济。在总结经验的基础上，有步骤地开展地区经济技术协作。部分地区要编制国土开发整治规划，首先对长江三角洲地区、以山西为中心的能源重化工基地进行经济区规划
"七五"时期 （1986~1990年）	要正确处理东部沿海、中部、西部三个经济地带的关系。"七五"期间以至20世纪90年代，要加速东部沿海地带的发展，同时把能源、原材料建设的重点放到中部，并积极做好进一步开发西部地带的准备。把东部沿海的发展同中、西部的开发很好地结合起来，做到相互支持，相互促进
"八五"时期 （1991~1995年）	要按照今后十年地区经济发展和生产力布局的基本原则，正确处理发挥地区优势与全国统筹规划、沿海与内地、经济发达地区与较不发达地区之间的关系，促进区域经济朝着合理分工、各展其长、优势互补、协调发展的方向前进。尽可能地利用本地优势（包括资源、技术、人才等各方面）的优势，发展面向国内市场和国外市场的优势商品。不搞低水平的重复建设，防止追求大而全的地区经济体系，更不能搞地区市场封锁。积极扶持少数民族地区和贫困地区经济的发展，以有利于逐步实现共同富裕
"九五"时期 （1996~2000年）	今后15年，必须认真贯彻国民经济和社会发展的九条重要方针之一："坚持区域经济协调发展，逐步缩小地区发展差距"。认识引导地区经济协调发展，形成若干具有特色的经济区域，促进全国经济布局合理化，是逐步缩小地区发展差距，最终实现共同富裕，保持社会稳定的重要条件，也是体现社会主义本质的重要方面
"十五"时期 （2001~2005年）	实施西部大开发战略，加快中西部地区发展，合理调整地区经济布局，促进区域经济协调发展。着重加强基础设施和生态环境建设，力争五到十年内取得突破性进展，同时使科技、教育有较大发展。从各地实际出发，调整和优化产业结构，加强农业，加快资源优势向经济优势转化，培育和形成各具特色的地区经济
"十一五"时期 （2006~2010年）	根据资源环境承载能力、发展基础和潜力，按照发挥比较优势、加强薄弱环节、享受均等化基本公共服务的要求，逐步形成主体功能定位清晰，东中西良性互动，公共服务和人民生活水平差距趋向缩小的区域协调发展格局 坚持实施推进西部大开发，振兴东北地区等老工业基地，促进中部地区崛起，鼓励东部地区率先发展的区域发展总体战略，健全区域协调互动机制，形成合理的区域发展格局

二、区域协调发展的内涵

为进一步明确区域协调发展的定义，需要对其内涵做严格的界定。结合有关学者对区域协调发展内涵的研究，以及本研究所界定的定义，区域协调发展的内涵将主要从公共服务、基于资源环境承载力空间结构、区域发展差距和比较优势等方面进行深入分析。

（一）各地区的居民享有均等化的基本公共服务

努力缩小区域差距是经济社会发展的长期目标，现阶段促进区域协调发展的重要手段是实现区际基本公共服务的均等化。党的十七大报告也提出，缩小区域发展差距必须注重实现基本公共服务均等化、引导生产要素跨区域合理流动。所

谓基本公共服务均等化是指政府要为社会公众提供基本的、在不同阶段具有不同标准的、最终大致均等的公共物品和公共服务。也就是说，在基本的公共服务领域政府应尽可能地满足人们的基本物质需求，尽可能地使各区域享有同样的权利。公共服务领域包括公共设施、公共医疗、文化教育、环境保护、社会保障、公共安全（生产、卫生、食品）等，这些服务和设施涉及老百姓的切身利益，与经济社会发展密切相关，而市场又无法满足人们的需求。因为以市场化手段配置资源，追求的是资本利润的最大化。而在上述领域，资本却往往不能实现利润最大化——价格太低，投资者不能获利，价格太高，则消费者难以承受，因而私人资本往往不愿进入，这就需要政府负起责任，在这些市场失灵留下的"服务空白"中，

由政府和社会给予制度性保证和有效的支持，确保社会领域基本公民权利的实现，这就是"公共服务"的真正含义。十七大报告明确提出，逐步实现基本公共服务均等化。这就为实现社会公平和正义，加快构建社会主义和谐社会，提供了坚实的物质和制度保障。实现基本公共服务均等化，不仅有利于缓解公共服务分配严重失衡导致的看病贵、看病难、学费高、上学难等问题，而且有利于缩小城乡差距、区域差距，促进社会公平公正、维护社会的和谐安定。

（二）以资源环境承载力为基础的空间结构得到优化

合理有效的空间组织结构对促进区域协调发展具有重要意义。甚至可以说，没有空间结构的转变，就不会有区域的协调发展。空间结构对区域经济的运行效率发展有着巨大的影响。但空间结构的转变要考虑到资源环境承载力①在时空上的

分布。只有确切地知道一个国家各区域发展潜力的高低与资源环境承载能力的大小之间的空间分布特征，在时间和空间尺度上实现资源的合理分配，才能实现区域的协调发展。如时间上其量级变化可以由量变到质变或突变（如遇突发性自然灾害的破坏），包括在气候变化和人类活动作用下，区域资源环境承载力时刻都处在变化之中；在空间上，由于技术能力和经济水平及社会组织结构的差异，其量级和变化也存在整体性与区域、单元的分异，体现出社会组织的协调作用，使互补性（对应性）增加。要按照主体功能区的理念，根据资源环境承载能力、现有开发密度和发展潜力，统筹考虑未来我国人口分布、经济布局、国土利用和城镇化格局，扭转长期以来我国国土整治工作不力、区域开发秩序混乱、区域生态环境日趋严峻的现象。这不仅有利于提升经济运行效率以及形成合理有序的空间结构，而且也有利于生态环境的保护。

专栏 1　资源环境承载力

就资源环境承载力的科学内涵而言，是从资源、环境的制约方面进行供养人口能力的研究，具有多重含义，关联层面多且复杂，是资源与环境要素的综合（多要素组合/耦合），其互为叠加，互为放大，互为制约。其各承载力的基本内涵和关键问题是：

（1）土地资源承载力——是基于现实土地生产（居住）的能力极限，不同情景/水平/标准下，可供养的人口数量。关键问题：土地质量维持机制。

（2）水资源承载力——基于社会组织形式、技术能力，统筹生产、生活、生态用水的水量、水质保障能力限度。关键问题：自然水循环和社会水循环协调耦合，水质持续保障机制。

（3）环境资源承载力——各种环境介质接纳和去除污染物所具有的环境容量，不会从根本上损害各介质的基本功能。关键问题：环境基准功能维持机制。

（4）经济（技术）承载力——依赖经济发展实力支撑社会人口规模的能力限度。关键问题：区位优势、技术先进性、产业集群度、经济总量的制约机制。

资料来源：邓伟.重建规划的前瞻性：基于资源环境承载力的布局 [J].中国科学院院刊，2009（1）.

---

① 所谓资源环境承载力是指在某一时期、某种状态或条件下，某地区的资源环境所能承受的人口规模和经济规模的大小即资源环境系统所能承受的人类经济与社会的限度。这里"某种状态或条件"是指现实的或拟定的环境结构不发生明显不利于人类生存方向改变的前提条件；所谓"能承受"是指不影响环境系统正常功能的发挥。资源环境承载力由承载体、承载对象、资源环境承载率三要素组成。

(三) 地区间差距保持在适度范围内

适度的地区差距是指地区间的差距不至于因差距过小而损害经济效率和经济发展，又不至于因差距过大而导致区域冲突，影响到经济社会的稳定。不同国家的幅员面积、产业结构、经济发展阶段不同，决定了适度地区差距的内容和表现形式也不相同。对中国适度地区差距可从以下几方面把握：①作为全国区域差距的重要组成部分，地区间的差距不至于过大而超过社会承受能力，进而影响到经济社会的稳定和发展，但也不能以牺牲或降低经济发展较好地区的经济发展换取区域经济的协调发展；它的下限应是各区域经济普遍有所增长，不能出现个别区域经济衰退的状况；上限是保持国民经济、政治、社会秩序的基本安定，即区际差异不再拉大或把扩大的幅度控制在较低点上。②"适度"是地区间的差距由良性运行向恶性运行演化过程中的临界值，偏离了"适度"的或者"安全"的区间或范围的差距谓之有警差距，偏离程度越大，警度越高。③适度区间或警戒线区间具有相对性。由于各国国情不同，同一国情或地区不同时期的情况也不同，因而现实中并不存在绝对的、世界统一的适度标准。如发达国家和发展中国家相比，发达国家已完成城镇化，地区之间已形成某种均衡，地区间差距的适度标准要低一些，而发展中国家还在城镇化的进程中，适度标准要适当高一些。在一个国家的不同发展阶段，适度标准也不同，城镇化快速发展阶段，适度的警戒线应该高些。不同国家和地区的经济发展水平、城乡居民的耐受力不同，适度区间或警戒线区间应有所区别。④从理论上讲，中国地区间差距的适度性呈现倒"U"曲线，即经济发展的初期，地区间的差距较小；经济速发展时期，地区间的差距将逐步拉大；经济发展的成熟时期，地区间的差距也将缩小。至于衡量地区间差距的指标，主要有人均GDP、人均收入水平、人均财政指出等。

专栏2 区域差距的衡量指标

根据不同的划分原则，区域经济差异指标可以有四种分类方法：

(1) 经济指标和社会指标。经济指标反映国家各地区经济发展水平，如人均GDP、人均GNP、人均NI（国民可支配收入）等；社会指标主要反映国家各地区社会发展水平，如失业率，人文发展指数（HDI），生活质量指数（POU）等指标。

(2) 静态指标和动态指标。静态指标反映一个国家在一个时点或一段时间内区域经济差距的变化情况，包括绝对差距和相对差距；动态指标反映一个国家区域发展速度的不均衡性（即差异性）。

(3) 单一指标和综合指标。单一指标通常是采用人均收入、人均GDP、消费支出，以及经济增长率、就业率或失业率等，仅使用单一指衡量地区差距有很大的局限性，它还无法反映一个地区经济发展和社会发展的总体水平和不同地区经济社会发展的差异性；综合指标则能够较全面地反映一个国家或地区经济社会发展的总体水平。如人均GDP、人文发展指数（HDI），生活质量指数（POU）、总产出值（GVO）、物质产品（MP）等综合指标。

(4) 相对差异指标和绝对差异指标。区域差异可以分为绝对差异和相对差异。绝对差异是区域间人均意义上的经济发展总体水平绝对量的非均等化现象，反映区域之间经济发展的一种量的等级水平差异。如极差和极均差、平均差和标准差等。相对差异是指区域之间人均意义上的经济发展总体水平变化速度的非均等化现象，它反映区域之间经济发展的速度差异，一般用某指标的变动率来衡量区域相对差异。如极值比率和极均值比率、平均差系数和变异系数、基尼系数、锡尔系数（Theil熵）、余期望系数等。评价区域经济差异的指标也可分为绝对差异指标和相对差异指标。

（四）各地区比较优势能够得到合理有效的发挥

区域经济发展的关键在于充分发挥各自的比较优势。而对于比较优势的内涵，理论界也有不同的认识：一是斯密（Smith，1776）的绝对利益，当代经济学称为内生比较优势说；二是以李嘉图（Ricardo，1817）外生技术比较优势为基础的比较利益说；三是赫克歇尔—俄林（Hecksche，1919；Ohlin，1933）以资源禀赋比较优势为基础的比较利益。绝对利益说（或称为绝对成本说）认为，各国获得的对外贸易利益取决于各国生产商品的绝对成本优势；比较优势说（或称为相对成本说）从生产成本的相对差别出发，认为若两国生产力不同，一国即使生产不出成本绝对低的商品，只要能生产出成本相对低的商品，就可以同另一国进行贸易，并且同样能使贸易双方获利。赫克歇尔—俄林模型则提出了要素禀赋论，认为不同国家拥有的生产要素不同，各国在生产那些密集使用较充裕的生产要素的商品时，必然会有比较利益产生。因此，各国应出口利用本国较充裕的生产要素生产的商品，而进口本国相对稀缺的生产要素生产的商品。赫克歇尔—俄林理论是建立在各国要素禀赋差异带来的比较优势基础之上的，立足于规模报酬不变和完全竞争假设。比较利益说可以应用国际分工，也可用来解释国内的分工，比较利益的实质是机会成本，即在资源有限的情况下要生产自己拥有比较优势的产品（所谓优势就是有相对较低的生产成本），使自己的机会成本最小。杨小凯等人发展了斯密的绝对优势理论，认为如果事前相同的个人选择不同的专业化水平生产不同的产品，只要专业化报酬递增，就可能存在比较优势。这种比较优势的存在与否取决于人们对于专业化程度的决策，因此称为内生比较优势，而将李嘉图的比较优势概念称为外生比较优势，因此它以外部给定的个人之间的技术和禀赋差异为基础（杨小凯）。克鲁格曼则认为比较优势并不是国际分工和国际贸易的唯一解释，即便是不存在资源禀赋差异，规模报酬递增也能产生贸易。特别是经济特征相似的国家之间的贸易，其产生原因主要是规模报酬递增形成的国际分工，而不是国与国之间在资源禀赋上的差异。克鲁格曼建立一个各国之间不存在自然差异的世界中贸易完全是由于报酬递增而产生的模型，也建立了一个同时考虑报酬递增和比较优势的贸易模型，并且将这两个原因的相对重要性用参数量化。格罗斯曼和赫尔普曼（1989）把以规模报酬递增为基础的贸易收益称为后天比较优势，而把李嘉图的比较优势概念称为自然比较优势。

本文所指的比较优势既包括内生的比较优势，也包括外生的比较优势；既包括后天比较优势，也包括自然比较优势。尽管这些优势理论是在研究国与国之间贸易关系的基础上产生的，但它们也同样适用于区域与区域之间经济发展关系的研究。将比较优势理论嵌入到区域协调发展内涵之中，不仅有利于解决区域协调发展与区域经济发展之间的关系，而且也为各区域经济发展提出具体要求。

综上所述，按照科学发展观的要求，以及前面对区域协调发展概念的界定，区域协调发展的内涵至少应包括四方面内容：一是各地区的人民都能享受均等化的基本教育、基本医疗、基本保障、基本设施、公共安全、公共文化、生态环境等基本公共服务，不应因地区的不同、人群的不同而有明显差异。二是基于资源环境承载力相对合理的空间结构。根据各地区资源环境承载力，制定区域科学发展战略，优化国土空间开发结构，合理确定不同区域开发方向，制定符合各区域发展特点的区域政策。三是地区间人均生产总值差距保持在适度范围内。现阶段促进区域协调发展的一项首要任务，就是要遏制地区间人均生产总值扩大的趋势，并努力使之保持在一个适度的范围内。四是各地区比较优势能够得到合理有效的发挥，有效消除区域间的利益冲突，促进区域间的优势互补、互惠互利。

三、区域协调发展的主要特征

从区域协调发展的概念和内涵可以看出，区域协调发展主要有如下几个特征：

1. 区域协调发展既是一种过程也是一种结果

区域协调发展，就是区域之间能够达到相对均衡、相对协调的状态。区域发展的不均衡是绝对的、永恒的，均衡是相对的、短暂的。从不均衡到相对均衡、再到不均衡的循环往复，是事物发展的规律。不同区域因发展起点、发展阶段、资源条件和自然环境等方面的差异，在发展的速度、程度和水平上有差异是不可避免的。但是，没有相对的均衡，就没有秩序、稳定与和谐。区域协调发展也是在这种动态的变化中实现区域之间在经济交往上日益密切、相互依赖日益加深、发展上关联互动，从而达到各区域的经济均衡发展的过程。同时，由于不同发展阶段，地区之间差距的适度范围有差异，只要社会经济稳定，区域利益冲突没有超出社会的承受能力，也可以认为区域之间处于暂时的协调发展阶段。从这个意义上说，区域之间总是从一种协调发展转向另一种协调发展。它既是一种过程，也是一种结果。

2. 不同发展阶段区域协调发展的重点不同

按照发展经济学的观点，经济发展有一定的阶段性，相应的，区域协调发展也有一定的阶段性。在经济发展的初级阶段，经济增长速度相对比较慢，区域之间社会经济的差距也不大，地区之间是一种低水平的协调。在经济发展的起飞阶段，区位条件优越的地区经济快速增长，地区之间的差距逐渐拉大，区域的利益冲突也比较尖锐。在经济发展的成熟阶段，各地区的比较优势得到充分发挥，地区之间将逐步实现经济社会的协调发展。在不同的发展阶段，区域协调发展的重点也不相同。在经济发展的初级阶段，区域协调发展的重点是将区位交通条件较好地区的优势充分发挥出来，促进一部分地区先发展起来。在经济起飞阶段，区域协调发展的重点是在基本实现公共服务均等化的基础上，使各地区的比较优势得到有效发挥。在经济发展成熟阶段，区域协调发

展的重点是区域之间的经济社会都实现协调发展，地区之间的差距保持在适度的范围内，基于资源环境承载力的空间格局基本形成。当前，中国经济正处于由第二阶段向第三阶段过渡的时期，区域协调发展的重点是基本实现公共服务均等化，并且充分发挥各地的比较优势，努力缩小地区之间的发展差距。

3. 区域协调具有不同的区域层次

区域协调发展的问题在不同级别的行政区内都存在，但由于中国乡镇一级幅员面积相对比较小，区域之间差异不明显，再加上大多数地区都实行乡财县管，乡镇支出也由县里统筹，乡镇区域协调发展的问题并不突出。因此，在中国，主要有四个区域层次：一是国家级的区域协调发展如沿海与内地、三大地带和四大板块等；二是省级区域协调，如珠三角、东西两翼、北部山区，苏南、苏中、苏北等；三是市级区域协调；四是县级区域协调。各层次区域协调发展的总要求是：低层次的区域协调发展要服从高级层次区域目标；各区域的协调发展要服从国家总体发展目标。按照财权与事权的关系，不同层级的政府关注的区域层次也不同。中央政府重点关注东中西三大地带和东部、西部、东北和中部四大板块之间的协调发展问题；省（市、州）、地级市、县（市）一级的政府主要关注本行政区域内区域协调发展的问题。

4. 区域协调发展的关键是实现公平与效率的统一

长期以来，中国区域政策的目标都是集中在效率与公平孰为"优先"的问题上。计划经济时期，中央政府强调的地区间有计划、按比例均衡发展，实际上强调"公平优先"。尽管那时地区差距比较小，但却牺牲了经济发展效率，各地区经济发展水平普遍较低。改革开放以后，向沿海倾斜的非均衡发展阶段，实际上是强调"效率优先"。在这个发展阶段，全国经济保持平稳较快增长，人民生活水平得到很大提高，但区域差距不

断拉大，新的区域冲突不断涌现。值得指出的是，效率和公平并不相互矛盾，相反，由于二者属于不同层次的概念，还有内在的统一性。因为从经济学的角度看，效率是微观层面的问题，受微观经济规律的支配，公平是宏观层面的问题，受宏观经济规律的支配；从政治学的角度看，效率是生产层面的问题，由市场机制决定，公平是生产关系层面的问题，由政府对国民收入的再分配解决。由此，促进区域协调发展，一方面要充分发挥市场机制的作用，优化配置经济资源，提升各区域经济发展水平和竞争力；另一方面要发挥政府维护社会公平的职能，让改革开放的成果惠及不同区域的人口，实现不同区域基本公共服务均等化。只有在经济领域追求效率，在社会领域追求公平，才能保证区域协调发展不断向更高层次跃进。

从区域协调发展认识的演变过程、区域协调发展的内涵和区域协调发展的主要特征等方面的内容看，区域协调发展在不同的阶段强调的着重点是有差异的。结合我国区域发展不平衡面临的主要问题，"十二五"时期，区域协调发展应以推进基本公共服务均等化、培育多极带动的国土空间开发格局和促进东中西良性互动为主要目标。

（黄征学，国家发展和改革委员会国土开发与地区经济研究所）

经济全球化和区域经济一体化相互影响研究

一、经济全球化和区域经济一体化相互制约、相互促进

经济全球化是社会生产和社会分工发展到一定程度的要求，也是社会生产和社会分工的发展趋势。经济全球化源于资本扩张的要求，使资源达到最优配置、降低商品成本、提高获利空间，电子、网络、通信、运输等技术的进步推动了经济全球化的发展。经济全球化可以是一种经济发展的过程和趋势，也可以是一种经济发展的状态，表现为生产要素和资本流动的全球化、金融和贸易等市场运作的全球化。目前有关经济全球化的概念各有侧重，但一般都认为经济全球化是指生产要素按照市场经济要求在全球范围自由流动、优化配置，涉及跨国商品与服务交易、国际资本流动等领域，使先进技术得到广泛传播，使世界经济的相互依赖程度增加。

区域经济一体化一般是指成员国减少区域内贸易和投资的限制，实行不同程度的经济联合和共同的经济调节，建立一个产品和生产要素可以自由流动的共同市场，达到资源的优化配置，①包括优惠贸易安排、关税同盟、自由贸易区、共同市场、经济联盟、完全经济一体化等。区域经济一体化包括国际区域经济一体化和国内区域经济一体化，国际区域经济一体化理论通常被借鉴用于国内区域经济发展。国内区域经济一体化一般是指在主权国家内部，对有地缘关系的地区进行不同程度的联合调节，以达到分工合作、资源最优配置、提高资源利用率的目的，国际区域经济一体化理论可以借鉴到国内区域经济一体化发展中，但国内区域经济一体化并不完全类似于国际区域经济一体化，本文所介绍的区域经济一体化是指国际区域经济一体化。

区域经济一体化是通过以下方式增加区域内贸易交易量和国际直接投资的：一是通过贸易创造和贸易转移增加经济一体化区域内的贸易总量。区域经济一体化形成后，一体化协定使得区域内经济体对区域外经济体统一采用歧视性经济政策，经济区域内成员国进口其他成员国生产成本较低的商品，取代国内生产成本较高的商品，成员国之间的贸易量被创造出来，这就是贸易创造。而同时经济一体化区域对外采取一致的歧视性经济政策，区域内成员国把从区域外贸易对象国进口成本较低的商品转向从区域内其他成员国进口成本较高的商品，贸易发生了转移，这就是贸易转移。贸易创造和贸易转移都使经济区域内贸易总量增加，贸易创造把原来国内生产成本高的商品的生产资源转向生产国内生产成本低的商品，国内和区域内资源利用率提高，商品总产量和贸易总量增加；贸易转移将从区域外贸易对象国进口较低成本商品转向从区域内其他成员国进口较高成本商品，进口国受到一定损失，但区域内出口国和经济区域整体贸易量增加。二是通过投资创造和投资转移增加经济一体化区域内的国际直接投资。经济一体化协定达成后，经济一体化区域内的生产要素、商品、资金可自由流动，区域外的生产要素、商品、资金进入区域内变得困难，

---

① 邱历程，马如静，唐雪松. 欧盟区域经济一体化的投资效应研究 [J]. 南开学报（哲学社会科学版），2009（1）.

区域外的经济体采用在区域内设立分支机构，对区域内商品进行直接投资以取代商品出口，这就是投资创造。一体化区域内经济体可以利用区域内生产要素自由流动和区域内市场统一、扩大的机遇，根据自身的优势重新布局生产、经营格局。扩大生产规模、实现专业化生产，这就是投资转移。投资创造和投资转移都可以增加国际直接投资，投资创造吸引区域外经济体的国际直接投资、载体一般是区域外跨国公司，投资转移吸引区域内经济体的直接投资、载体一般是区域内跨国公司。

区域经济一体化的发展推动了经济全球化的发展。国际贸易和国际投资的增加是经济全球化的标志。经济全球化可以看作区域经济一体化的范围扩大至全球，即世界经济一体化，市场规模扩大至世界范围，资源也在世界范围内自由流动，贸易创造和投资转移根据成本利润关系不断发生、直至达到资源最优配置，贸易转移和投资创造根据贸易壁垒的消失而逐渐消失。可以把经济全球化作为一个经济发展的过程来对待，经济全球化的最高阶段是世界经济一体化。

经济全球化和区域经济一体化具有共性。一是经济全球化和区域经济一体化的主要载体和驱动力是跨国公司。二是经济全球化和区域经济一体化目的都是实现资源的自由流动、消除或在一定范围内消除贸易壁垒、扩大市场，包括生产、贸易、投资、金融等领域的市场的扩大。三是经济全球化和区域经济一体化都是由于资本的无限扩张引起的。四是经济全球化和区域经济一体化的基础都是科技进步，包括信息技术、电子技术、网络技术、通信技术、运输技术等科技的进步。五是经济全球化和区域经济一体化都有利于社会整体福利的提高。

经济全球化和区域经济一体化具有不同点甚至具有矛盾性。一是合作对象的选择标准不同。经济全球化中经济体按照成本利润关系进行贸易、投资活动，目的是寻求利润最大化；区域经济一体化中的合作对象的选取分为两类：①区域经济一体化形成前，需注意合作对象是否存在与本国具有竞争性的经济类型，例如具有二元经济结构的发达国家在与发展中国家建立经济一体化区域时，贸易、投资往往会流向具有二元经济结构的发达国家中经济欠发达地区的劳动密集型产业，从而发展中国家在区域经济一体化中处于不利地位。②经济一体化区域成立后，区域内贸易、投资对象的选取与经济全球化情况是一致的，即按照资源最优配置、利润最大化原则选取贸易、投资对象国。二是经济全球化和区域经济一体化的主导因素不同。经济全球化的主导因素是市场机制，生产要素和国际资本在市场机制推动下自由流动、在全球范围内进行配置，各个主权国家通过生产要素、商品、资本的流动相互联系、相互依赖。区域经济一体化是在区域内各成员国的推动下、为了达到均衡有序发展的目的建立，是由各成员国政府签订一系列有关贸易、投资的协定来协调各成员国的利益关系，以达到区域共同发展的目的。三是经济全球化和区域经济一体化的限制条件不同。区域经济一体化要求区域内自由贸易、资本自由流动，对区域外采取统一的贸易壁垒，以达到区域经济一体化各成员国共同发展，而经济全球化要求突破经济一体化区域的贸易壁垒限制，实现区域内外贸易、投资按市场机制运作要求来进行。

综上所述，经济全球化和区域经济一体化既相互制约又相互促进。区域经济一体化的框架限制制约了经济全球化的发展，但区域经济一体化各成员国的发展又促进了生产分工的深化、科技的进步、生产力的发展和主权国家日益紧密的联系，区域经济一体化带来的益处不仅促进了经济全球化的发展，也同时要求经济在全球范围内发展。经济全球化不仅要求经济一体化区域突破区域限制和贸易壁垒进一步发展，还为区域经济一体化发展提出了更高的要求、指明了发展方向。总体说来，经济全球化和区域经济一体化相互制约、相互促进、发展方向和目标是一致的，即达到世界经济一体化。

二、经济全球化和区域经济一体化对主权国家经济的影响

无论是发达国家还是发展中国家，都会从经济全球化中获利。经济全球化有利于资源优化配置。资源包括自然资源和人力资源，经济全球化可以使资本流向低成本资源，生产的商品可以满足更多人们的消费需求、提高人们的生活水平，主权国家的经济在生产和消费的过程中加速发展。对于发展中国家来说，经济全球化有利于引进发展必需的资金、先进技术、管理经验，弥补国内资金、技术的不足，有利于发展中国家拓展国际市场、获得贸易机会，有利于发展中国家参与国际竞争、在竞争中求发展，积极参与经济全球化是发展中国家发挥后发优势、后来居上的必由之路。然而，经济全球化是一柄"双刃剑"，有利也有弊。第一，经济全球化是西方发达国家主导下的全球化，国际经济组织制定的规则往往倾向于西方发达国家。第二，国际金融体系结构不完善，尤其是金融监管制度缺失威胁到主权国家的经济安全。第三，发达国家通过跨国公司对发展中国家进行资源掠夺性投资。第四，发展中国家的民族企业竞争力较弱，易受经济全球化的冲击。第五，发展中国家经济、政治体制不完善，易受经济危机的冲击。第六，人力资源总是由发展中国家流向发达国家。第七，经济全球化扩大了贫富差距。

区域经济一体化有利于投资创造、吸引更多的区域内外国际直接投资，有利于产业集中、形成规模效益，有利于提高成员国经济增长，有利于人力资源的重新配置。欧盟的发展充分体现了区域经济一体化的积极影响。但区域经济一体化也会带来消极影响，在具有二元经济结构的发达国家与发展中国家组成的经济一体化区域中，发达国家的落后地区与发展中国家形成竞争，尤其在劳动密集型产业领域中，发达国家的落后地区往往较区域中发展中国家更易吸引投资、从投资转移中获利。此外，南北型区域经济一体化带来贸易收益分配不均衡，南北型区域经济一体化往往更有利于南方国家即发达国家，不利于北方国

家即发展中国家，例如北美经济一体化更加有利于美国的贸易增长，而相对不利于墨西哥的贸易增长。

经济全球化是世界经济发展的必然趋势，区域经济一体化是经济全球化发展过程中的一种非最有选择，经济全球化与区域经济一体化都会对国家主权造成不同程度的冲击和影响。从欧盟的区域经济一体化过程可发现欧盟各国的主权特别是经济主权受到区域经济一体化要求限制，但同时欧盟区域的经济发展却蒸蒸日上。可见，经济全球化、区域经济一体化与主权国家的主权既矛盾对立，又相辅相成，主权国家在让渡部分国家主权的同时享受到其他参与国让渡的主权，这种相互让渡是互惠互利的经济发展过程，是生产力发展的要求，是主权的内涵和外延的扩大和延伸。如果一味强调国家主权就会导致闭关锁国、切断国际经济社会的联系、丧失经济发展的历史性机遇。经济全球化中让渡的主权是有利于经济发展的部分主权，只要没有让渡使主权国家的自主受到限制的具有最高权力性和对外独立性特征的国家主权，就不是主权的丧失。在经济全球化和区域经济一体化趋势下，在西方发达国家从中受益的同时，发展中国家也得到了经济的快速发展；在发展中国家让渡部分主权的同时，西方发达国家也让渡了部分主权。但西方发达国家以其强大的经济实力主导着经济全球化的各项制度规则，发展中国家处于被动和弱势地位。为了获得更多的超额利润，西方发达国家推行新的主权观理论来扩大本国主权、侵占他国主权。相对于经济发展来说，主权国家让渡部分非核心主权是经济全球化和区域经济一体化的实现过程、是实现应对策略的必然条件，因此发展中国家在面对经济全球化对国家主权的挑战时，应顺应世界进步潮流，根据本国国情，处理好全球化与本土化、经济发展与经济安全、经济发展与国家主权、竞争与合作的关系、把握好平衡点。应将国家主权作为独立自主的处理本国内外事务、管理本国国家的最

高权力，区别于其他社会集团的重要属性，一个民族国家在国际社会中安身立命之本，积极融入到经济全球化中去，在制定经济政策、进行国内经济结构调整、干预经济生活等方面强化国家主权的作用，在全球化经济体系中更好地维护和行使国家主权，使国家主权的行使和加强与主权国家的经济发展相辅相成、相互促进。

三、在经济全球化和区域经济一体化浪潮中我国的应对策略

（1）坚持对外开放政策，积极参与国际经济合作与竞争。我国具有丰富的人力资源、低廉的劳动力成本和潜力巨大的市场，经过改革开放几十年的发展，中国已成为全球产品制造和商品出口大国，外汇储备居世界首位，经济规模居世界第三位，成为世界经济与贸易大国，并成功避免了全球金融危机的冲击，率先实现经济复苏。从我国改革开放的经济社会变化可以看出：在经济全球化和区域经济一体化浪潮中，我国始终抱着积极的态度，顺应世界经济发展的进步潮流，坚持对外开放政策，主动融入世界经济体系，参与并推进区域经济一体化和经济全球化。实践证明，参与经济全球化过程，发展中国家的经济增长率往往高于发达国家，对于中国来说，经济全球化不仅仅带来了经济增长率的提高，还解决了国内资源短缺、市场有限等问题，发挥了人力资本优势。中国应充分利用经济全球化带来的机遇、发挥比较优势、增强综合国力。

（2）加强政府宏观调控、建立金融风险防范制度。2007年爆发的美国次贷危机说明了市场机制调节经济的能力有限，风险防范制度的缺失也显现出来。对于正处于变革和发展中的中国来说，完全以市场为导向的制度安排不适应中国经济的发展，并且要吸取美国次贷危机的经验教训、完善金融风险防范制度，加强金融监管，防止泡沫经济。除了政府组织建立金融风险防范机制、加强金融监管外，金融机构需加强自身的风险识别能力、抵抗风险能力、应对风险能力。在经济全球化和区域经济一体化形势下，金融业的开放是必然的，也是必需的，金融风险防范最有效的办法是提高金融机构的国际竞争力，运用多元化风险防范方法，包括金融工具的运用和金融风险转移的方式，目的是使金融机构自身的风险得到有效的控制。根据国内金融机构、金融市场、金融监管的发展情况逐步对外开放金融领域，是我国政府对金融机构宏观调控的有效措施。

（3）在发挥比较优势的基础上积极调整产业结构。我国劳动力资源丰富、成本低廉，适合发展劳动密集型产业和加工制造业，我国劳动力优势吸引了大量国际投资、带动了国内经济的发展。随着世界经济的发展，劳动力成本优势已不再是我国的绝对优势，很多发展中国家特别是亚洲发展中国家的劳动力成本优势逐渐赶上和超过我国，并且技术含量低的劳动密集型产业和加工制造业的经济推动作用与技术含量高的资本密集型产业有一定差距，且技术含量低的劳动密集型产业和加工制造业的能源消耗高、环境污染大，会造成能源枯竭和环境污染问题，解决能源枯竭和环境污染问题需耗费的成本也是巨大的，因此我国应积极逐步调整产业结构，由劳动密集型产业转型为技术资本密集产业、由粗放型生产方式转型为集约型生产方式、有中国制造转型为中国创造。在调整产业结构的同时，还需继续发展能够发挥人力资源优势的产业，这是由我国现阶段经济发展的特征和基本国情决定的，我国农村剩余劳动力众多，劳动密集型产业可以吸纳大量农村剩余劳动力、解决就业问题，并且产业结构的调整和转型不是一蹴而就的，是一个发展的过程，这就需要继续发展劳动密集型产业以积累资本、经验和技术。

（4）大力扶持科技创新、培养技术和管理人才。经济的可持续发展需要产业转型，产业转型的必要条件是拥有先进的技术，那么科技创新就很必要，政府应鼓励科技创新，加大扶持力度，运用积极政策鼓励和引导科技成果投入实际生产运用中。科技创新需要技术人才，科技成果也需

要技术人才进行操作运用，同样，先进的技术也需要先进的管理人才。因此，我国在扶持科技创新的同时，还应积极培养技术人才和管理人才。

（5）培养国际型跨国公司、打造国际知名品牌。要融入经济全球化和区域经济一体化中，并在激烈的竞争中占有一席之地，单单依靠先进的技术、优秀的人才是不够的，还需要打造国际知名品牌，要"相信品牌的力量"，①用品牌作为先进技术、优秀人才的载体。国际知名品牌往往是由国际型跨国公司打造出来的，这就必须培养、扶持国际型跨国企业，对发展前景好的企业给予优惠政策支持、加大政府扶持力度，使企业可以做大、做强、实现规模效益、走向国际大舞台。培养国际型跨国公司、打造国际知名品牌不仅是积极的融入经济全球化和区域经济一体化的表现、不仅提高了企业的国际竞争力，还为国内企业树立了榜样、明确了目标、坚定了信心。

四、结　论

经济全球化和区域经济一体化是相辅相成、不可逾越的经济发展过程，它们相互制约又相互促进，区域经济一体化是经济全球化的必然过程，经济全球化是区域经济一体化发展的客观要求。经济全球化和区域经济一体化都为参与其中的各主权国家带来了不同程度的发展，发展的最高形式都是世界经济一体化。我国应积极参与和推动经济全球化和区域经济一体化，在竞争中求发展、在竞争中构建和谐的可持续发展的经济大国。

参考文献

鲁晓东，李荣林. 区域经济一体化、FDI与国际生产转移：一个自由资本模型[J].《经济学（季刊）》2009，8(4).

崔炳强. 论经济全球化与世界经济一体化的现实性与障碍[J]. 经济论坛，2009(10).

董宇坤. 略论经济全球化与资本主义经济[J]. 经济问题，2009(11).

邱立成，马如静，唐雪松. 欧盟区域经济一体化的投资效应研究[J]. 南开学报（哲学社会科学版），2009(1).

李昭. 浅谈区域经济一体化趋势下的东亚金融货币合作[J]. 企业导报，2009(4).

胡倩茹，韩继. 欧元启动对世界经济的影响[J]. 商场现代化，2009(2上).

贺勤志. 略论中国—东盟自由贸易区经济一体化[J]. 法制与经济 2009(10).

周迎春. 跨国公司：国际区域经济一体化的推动者[J]. 安徽电子信息职业技术学院学报，2009，8(5).

孙秀萍. 区域经济一体化对经济全球化的影响：是阻碍还是促进？[J]. 青年科学，2009(10).

张利霞. 论经济全球化对发展中国家的影响及其应对策略[J]. 改革与战略，2009(5).

吕延芳. 经济全球化与中国经济发展[J]. 沿海企业与科技，2009(7).

吴清. 经济全球化与发展中国家的经济发展道路[J]. 经济导刊，2009(10).

胡莹. 美国的收入分配与经济全球化[J]. 科学社会主义，2009(6).

周赛. 浅论经济全球化与贫富差距之间的关系[J]. 经济导刊，2009(11).

王俊生. 经济全球化与社会主义国家的发展[J]. 国外理论动态，2009(7).

杨鲜兰. 论经济全球化的实质[J]. 湖北大学成人教育学院学报，2009，27(6).

傅允生. 经济全球化的逻辑进程与中国的选择——基于中美两国的视域[J]. 学术月刊，2009，41(11).

朱润动，张彬. 美国和墨西哥在北美经济一体化中的贸易效应比较[J]. 武汉大学学报（哲学社会科学版），2009，62(3).

陆敏. 论区域经济一体化与中国的对策[J]. 商场现代化，2009(7下).

王德忠，吴琳，吴晓曦. 区域经济一体化理论的缘起、发展与缺陷[J]. 商业研究，2009(2).

全毅. 经济全球化与中国沿海区域经济一体化[J]. 亚太经济，2009(5).

赵景峰. 论当代世界经济全球化的历史逻辑[J]. 粤港

---

① 引用广告语。

澳市场与价格，2009（6）.

张捷，张媛媛. 经济全球化与二元经济结构的转变[J]. 经济前沿，2009（1）.

钟列挺，陈姝娅. 经济全球化与两类国家主权的不同变迁[J]. 高等教育与学术研究，2009（4）.

张燕生. 经济全球化与世界性危机关系的研究[J]. 宏观经济研究，2009（10）.

殷海江. 经济全球化与区域经济一体化的相互关系[J]. 中小企业管理与科技，2009（28）.

俞可平. 论经济全球化与国家主权[J]. 马克思主义与现实，2004（1）.

许峰，姜毅龙. 试论经济全球化对国家主权的影响[J]. 西安邮电学院学报，2007，12（2）.

（王娜娜，武汉大学经济与管理学院博士研究生）

区域协调发展视角下城市群集聚效应的比较研究

——以长三角、武汉城市群及川渝城市群为例

一、引 言

区域失衡已是共识，但如何克服失衡实现区域协调发展则众说纷纭。陆铭坚持"在集聚中走向平衡"，强调以户籍制度改革和地区间工业用地指标买卖为充分发挥东部地区集聚效应保驾护航；孙久文则主张构建"多元分散行动区域空间结构"；杨开忠、安虎森指出在规模经济效应下，如果没有政府干预和差别化的区域政策，东中西部地区的差距将进一步扩大；蔡昉进一步认为，即便实施差异化政策，中央政府给予大量的转移支付和资金支持，但如果中西部地区不能建立起自我发展激励机制，仍难免陷入"梅佐乔诺陷阱"。除此之外，一些学者提出了更为具体化的构想，如孙红玲的"3 + 4"区域协调发展方案，陈建军的要素流动、产业转移论，安树伟、刘力等的特色优势产业、产业转移和产业升级区域联动论，安中轩、郭凤城、顾朝林等的城市群发展促进论等。上述学者的研究分别强调了"集聚、分散、自我发展、产业转移、城市群"等关键词。这些关键词并不孤立、矛盾，相反都可以统一于"城市群"这一载体，在"城市群经济"的作用下，覆盖东中西部地区的多城市群基于全球价值链环节分工合作、良性互动，既可以避免中西部陷入"梅佐乔诺陷阱"，也可以加快东部地区产业升级，在提升国际竞争力的同时，实现区域协调发展。[①]

城市群是大、中、小城市"结构有序、功能

互补、整体优化、共建共享"的空间镶嵌体系，体现以城乡互动、区域一体为特征的城市发展的高级演替形态。人口和经济向核心城市集中以及城市间的合作，一方面促进核心城市群内部一体化发展和城乡的融合，并通过核心城市群的辐射效应，带动区域的工业化、城市化和农业现代化；另一方面通过产业集群及产业链，促进区域经济的联合和合作，实现各个城市群的共同发展，从而实现区域协调发展。目前我国已形成十几个城市群，空间上分布较为均衡，东部沿海有 6 个，中部地区有 4 个，西南和西北各有 1 个，这些城市群构成"多极网络化"空间结构恰好成为区域开发的平台。城市化水平也从 1978 年的 17.92%提高到 2009 年的 46.6%，城镇人口达到 6.22 亿人。但无论从教育、就业、社会保障还是社会交流，我国城镇人口中的社会分化甚至社会极化现象极其突出。不同地区的城市群发展差距较大，落后地区城市群内部发展不协调，城市群整体发展动力不足。

关于城市群效应的研究，国外学者开始地较早。Leo Sveikauskas（1975）利用人均固定替代弹性生产函数提出了测度集聚效应的计量模型，并运用美国标准大都市制造业的数据研究了美国不同行业集聚效应的大小。其研究发现，如果城市的规模扩大一倍，那么劳动生产率就会提高

---

① 丁建军. 城市群经济、多城市群与区域协调发展 [J]. 经济地理，2010（12）.

5.98%，因此大城市的工资相比其他城市的工资会更高。Antonio Ciccone（1996）估计了法国、德国、意大利、西班牙和英国这五个国家的集聚效应，并考虑了劳动者空间分布的内生性以及空间固定效应。结果发现，欧洲国家的集聚效应只比美国小一点。在美国，每单位劳动生产率对劳动者密度的弹性为 5%，而欧洲这些国家也达到了 4.5%。陈迅（2008）分别运用 Cadino 模型和 Segal 扩展模型测量了西部地区的城市集聚效应，发现东部城市工业集聚程度高于西部城市。赵艳群（2009）利用 Segal 的改进模型对环渤海、长三角和珠三角三大城市群进行了城市集聚效应的比较研究，发现三大区域城市集聚效应显著为正，并且珠三角最为显著，其次为长三角和环渤海经济区。其后，新模型中又加入了市场潜力（Market Potential）这一解释变量，用以测量区域集聚效应的发挥。结果显示，只有珠三角呈现微弱的正效应，而环渤海经济区则几乎不存在区域集聚效应。回顾已有的研究成果，发现比较经济发展差距较大区域间城市群效应的研究较少，因此本文选择了具有代表性的东中西三个城市群进行了实证研究。

长三角城市群、武汉城市群和川渝城市群都是分别位于长江的下游、中游和上游，分别处于东中西三大经济条带的核心位置。长三角城市群是东部最具活力的城市群，是东部南北衔接的纽带。核心城市上海逐渐发展成为国际性大都市、南京和杭州的追赶势头也十分强劲。长三角城市群网络化发展成熟度在全国也首屈一指；武汉城市群我国具有优越的区位条件、交通发达、产业具有相当基础、科技教育资源丰富的城市群之一，未来发展中与北部的中原城市群和南部的长株潭城市群形成贯穿中部的城市群条带，从横向和纵向来看，武汉城市群的位置至关重要；川渝城市群是西部发展的极点。重庆市是全国四大直辖市之一，直辖后城市规模迅速扩大，经济实力不断增强，其对周边的辐射力也在增强。成都是四川省的省会城市，城市发展也很快。这三个城市群所处的地理经济环境、发展阶段以及未来的发展方向都有较大的差异，在区域协调发展中扮演着不同的角色，因此，选择这三个城市群作为研究对象具有很强的现实意义。

表 1 长三角城市群、武汉城市群和川渝城市群范围

长三角城市群	核心城市	上海、南京、杭州	所处区域
	外围城市	嘉兴、湖州、绍兴、宁波、舟山、扬州、常州、泰州、镇江、无锡、南通、苏州、金华和衢州	上海直辖市、江苏省、浙江省
武汉城市群	核心城市	武汉	所处区域
	外围城市	黄石、鄂州、黄冈、仙桃、潜江、孝感、咸宁、天门、随州、荆门、荆州、信阳、九江、岳阳	湖北省、河南省、江西省、湖南省
川渝城市群	核心城市	成都、重庆	所处区域
	外围城市	自贡、泸州、德阳、绵阳、遂宁、内江、乐山、南充、眉山、宜宾、广安、雅安、资阳	重庆直辖市、四川省

注：由子数据可得性问题，上表为舍弃个别末位城市后的范围。

二、城市群集聚效应分析

集聚效应是生产要素在城市群集聚带来的，表现为集聚经济和不经济双重效应。城市群产业集聚带来企业和劳动的大量集中，带来规模经济效应和范围经济效应，但同时也可能导致交通拥挤、环境污染等消极后果。因此，城市群集聚效应是产业集聚带来的积极效应减去消极效应后的净效应，最终表现为效率和福利水平的提高。

城市群的集聚效应表现为以下几个方面：

（1）集聚效应首先表现为城市群内部产业集聚现象的产生和深化。集聚效应是产业集聚的原因所在，产业集聚现象本身就是集聚效应发挥作用的体现。城市群内大规模的产业集聚和集聚形态的演化，是城市群集聚效应存在的直接体现。

（2）集聚效应表现在产业集聚带来的城市群产出效率提高上。集聚带来规模经济和范围经济，带来竞争效应和知识、技术的溢出效应。集聚效应的自我加强必然带来生产效率的提高。此外，集聚效应还表现在资本、劳动力等生产要素由非都市圈地区向城市群地区的大量转移，人财物等生产要素在城市群内的集中度越来越高。同时，在已经形成较大差距和分异的情况下，不同城市群在全国范围的差距和功能差异有可能进一步扩大。

（3）集聚效应最终体现在城市群内居民收入水平和福利的改善上。居民收入水平的提高和福利的改进是区域经济发展及区域协调发展的终极目标。产业集聚自然要体现这一目标，城市群集聚效应能促进产业规模的提高和生产效率的提高，劳动者的就业机会和收入水平也会因此增加，政府也有能力为居民提供更好的公共产品。同时，群内居民收入水平和福利水平的提高，能够吸引区域外、国外人口向城市群内迁移。城市群开放度大大提高、居民的精神生活层次不断提升，现代都市感受不断增强。

而集聚还带来的不经济应当反映在生产函数中。反映聚集不经济有诸多方面：环境污染、交通拥挤、生活成本上升、生活压力上升等，这些不经济的特征往往反映在个人的主观感受，无法准确的量化。并且同集聚的经济性相比，不经济往往会滞后，如环境污染，对于当代人来讲，经济成果大大超过了环境污染目前所带来的负面影响，然而，从可持续发展角度来讲，环境污染对后代的影响要大得多。因此，测算集聚的净效用十分困难。但是，我们可以从侧面在一定程度上来估算真实的福利水平。如在名义工资的基础上加入房屋价格指数、求职成本、通勤成本、生活常用品物价指数等，或者在人均 GDP 的基础上扣除人均环境治理费用等。由于这些数据极度缺乏，使得研究开展起来极其困难。

从区域协调发展角度来说，应当是各大城市群的集聚效应都能高效地发挥。对于落后地区城市群而言，其集聚的速度和效率应该高于发达地区的城市群，这样城市群间发展差距才能走向收敛。只有各地区城市群具有强劲的内在发展动力，才能带动区域间的协调发展、居民福利水平的协调发展。而落后地区更强的集聚效应主要应该表现在以下三个方面：①城市户籍人口的增长速度更快。②二、三产业产出规模增长速度更快。③产业结构和就业结构调整速度更快。

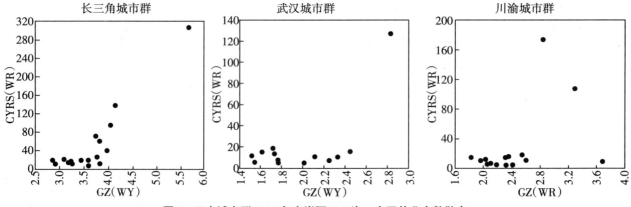

图 1　三大城市群 2008 年在岗职工工资—市区从业人数散点

图 1 与图 2 为三个城市群 2008 年在岗职工工资—市区从业人数的散点图及历年市区在岗职工工资变化图。

通过图 1 和图 2 比较可以看出，从工资水平轴上来讲，长三角城市群整体水平高于另外两个城市群，且每个城市群内城市工资水平层次分布明显；从从业人数上看，长三角城市群二级城市发展较好，城市规模越大，工资水平越高。而三大城市群内及城市群之间各城市历年工资变化具有相同的趋势，说明工资的传导较为快速。

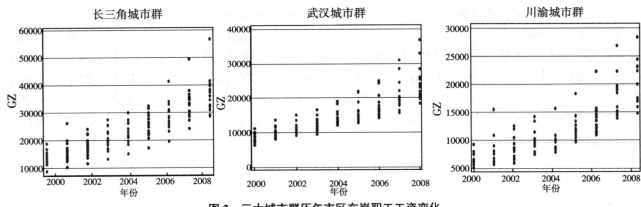

图2 三大城市群历年市区在岗职工工资变化

三、城市群集聚效应实证分析

1. 实证模型的建立

测量集聚的方法很多，其主要的差异来自计量模型采用函数形式的不同和计量方法的不同。本文通过以比较方法为主，因此选择简单且能反映集聚大小的模型即可。就业人数的集聚和产业的集聚带来工资水平的上升，前面两者对工资水平拉动力量越大，说明城市集聚效应发挥得越好。通过分别建立工资与就业人数、工资与GDP及工资与GDP、就业人数三个模型，比较发现工资与GDP模型最为理想。

因此，本文借鉴赵艳群（2009）对Segal的改进模型，确定如下模型：

$$\ln W_{it} = \alpha + \beta\ln GDP_{it} + \mu_{it}, \quad t = 1, 2, \cdots, \quad i = 1, 2, \cdots, N$$

其中，$\ln W_{it}$ 表示区域内城市市辖区在岗职工平均工资的对数，$\ln GDP_{it}$ 表示城市市辖区地区生产总值，β 为城市聚集效应。B值越大说明城市经济规模的扩大对工资水平的拉动作用越大。

2. 模型估计与结论

文章来源于中国城市年鉴和地方统计年鉴，数据起止年份为2000~2008年。模型回归分为两步：第一步，分别对三个城市群进行总体集聚效应进行测算；第二步，分2000~2002年、2003~2005年、2006~2008年三个时段分别进行测算。运用EVIEWS软件进行回归分析结果如下：

第一步：

（1）长三角城市群。

$\ln W_{it} = 6.121785 + 0.625760\ln GDP_{it} + \mu_{it}$

$R^2 = 0.936659$，$F = 117.4315$

（2）武汉城市群。

$\ln W_{it} = 4.793609 + 0.916899\ln GDP_{it} + \mu_{it}$

$R^2 = 0.872949$，$F = 54.39438$

（3）川渝城市群。

$\ln W_{it} = 5.567925 + 0.805103\ln GDP_{it} + \mu_{it}$

$R^2 = 0.960452$，$F = 192.6683$

第二步：

β 值	2000~2002 年	2003~2005 年	2006~2008 年
长三角城市群	0.434287	0.592346	0.774175
武汉城市群	1.058687	0.515600	0.811984
川渝城市群	1.150217	0.664846	0.814644

以上结果表明：①从截距项看，长三角城市群高于长江中上游和川渝城市群，而川渝城市群高于武汉城市群。长三角城市群整体初始工资水平高于内陆两大城市群，而川渝城市群的发展比武汉城市群要好。②从总体来看，内陆两大城市群聚集效应明显高于长三角城市群，而且初始值

越小，集聚效应越大。武汉截距项为4.79、集聚效应为0.92，川渝城市群截距项为5.57、集聚效应为0.81，而长三角截距项为6.12、集聚效应为0.63。即GDP对工资的拉动作用存在边际递减，随着整体工资水平的提高，城市集聚效应逐渐下降。而对于长三角不断提高的集聚效应的解释，其可能的一个原因是东部地区不断有新经济增长点的出现，从而不断形成一个个突破点。③分段回归结果表明长三角城市群集聚效应发挥较稳定，

而内陆两大城市群集聚效应在中段有所下降。与此变化相吻合的是，有学者对这一时期的区域差距进行了测算，2003~2005年是区域差距的一个转折时期，在此之前差距不断扩大，而之后开始呈现缩小趋势。内陆城市群集聚效应的变化一定程度表明这两个城市群缺乏强劲的内在发展动力，对国家政策依赖性较强。如2000年西部大开发、2007年武汉城市群获批全国"两型社会"试验区等。

四、结果分析及政策建议

1. 结果分析

三个城市群内市区GDP的增长对工资都有显著的拉动作用，并且内陆地区的拉动作用更强。城市市区产业规模的扩大使得城市吸引力的增强，要素价值会随之上升。对于内陆城市来讲，城市的集聚作用大大超过扩散作用，要素价值的提高体现在工资上的上升，而沿海地区，城市的集聚不经济性不断加强，尽管绝对工资水平较高，但是生活成本也快速上升，城市吸引力减弱，要素价值的上升速度减缓。2000年开始的西部大开发大大改善了西部的基础设施和产业基础，城市的集聚功能得到良好的发挥，这是内陆城市群集聚效应相对较大的重要原因。

而2003~2005年内陆城市群与沿海城市群集聚效应此消彼长，其重要原因可能在于沿海城市群获得了新的增长点，区域整体经济活力再一次增强，更多的机会和更高的收入吸引大量内陆劳动力和资本。2001年我国加入WTO在经过几年的适应后，对外贸易得到长足发展。而长三角地区外贸依存度较高，因此贸易环境的改变首先对这一地区积极影响最大。另外西部大开发中的"西气东输"、"西电东送"为东部能源供给注入了一剂"强心针"，同样大大刺激了东部经济的增长和城市的新一轮集聚。而相比而言，内陆地区则不断出现社会问题，如陕西、四川、重庆等地发生万人以上群体事件，即内陆地区收入差距严重影响到了社会的稳定，同时也对经济环境产生了消极的影响。

另外，从工资水平变化来看，每个城市群内部工资水平都有明显的层次性。长三角城市群内各城市在岗职工工资水平略微呈收敛趋势，而武汉城市群和川渝城市群各城市群则有一定程度的扩散。这一现象与三个城市群所处的发展阶段相符，长三角城市群开始步入网络化发展阶段，核心城市扩散效应较强，二级城市对于要素的吸引力逐渐提高，而内陆两大城市群由于产业规模有限，核心城市对于产业的吸收能力还很强，从而拉大了各城市工业化的发展速度的差距，其表现之一即为工资水平差距的扩大。

2. 政策建议

首先，实现城市群间协调发展的核心是落后城市群特色优势产业体系的建立。即城市在选择主导产业的时应当以区域要素匹配度以及城市在城市群职能分工为依据。重点发展具有比较优势的产业类型及产业链环节，避免与东部城市产业形成大规模的同质竞争。在同一行业中，不同的地区具有不同的产品需求，内陆城市可深入挖掘中西部地区特殊的产品需求，通过更加满足本地特色需求的产品占领市场，从而形成产业内部的比较优势。

其次，交易成本较高，资源利用不足、效益低，是落后地区的重要特征，加快区域内基础设施建设和市场化发展是当务之急。城市群各城市通达性和要素的流通性不仅可以大大增强对外部投资的吸引力，更为关键是可以促进地区工业化和城市化的发展。国家对于落后地区基础设施还

应给予更大的财政支持。

最后,借力东部地区的产业转移是推进内陆地区城市群发展的有效途径。城市的发展需要各种要素的积累,只有在一定的资本和技术积累的基础上,才有足够的实力培育核心竞争力。通过引进发达地区转移的产业链低端环节,是内陆城市工业化提速的必然选择。

参考文献

Leo Sveikauskas. The Productivity of Cities [J]. The Quarterly Journal of Economics, 1975 (89): 393-413.

Antonio Ciccone.Robert E.Hall.Productivity and the Density of Economic Activity [J]. American Economic Review, 1996 (1): 54-70.

陈迅,童华建.西部地区集聚效应计量研究 [J].财经科学,2006(1):103-109.

赵艳群.我国三大经济区域发展比较研究——基于集聚效应的测量与分析 [M].厦门大学,2009.

施继元.都市圈效应研究 [D].上海交通大学,2009.

齐晶晶,王树春,杨志强.京津冀地区的聚集效应和扩散效应分析木 [J].经济问题探索,2009(5):23-27.

郭晔,赵艳群.城市化演进与经济增长关系的研究进展 [J].经济学动态,2009(1):109-114.

庞晶,叶裕民.城市群形成与发展机制研究 [J].生态经济,2008(2):97-99.

何力武,罗瑞芳.城市群网络的物质内容与整体经济增长 [J].经济问题探索,2009(4):50-54.

丁建军.城市群经济、多城市群与区域协调发展 [J].经济地理,2010(12):2018-2022.

肖金成,袁朱.我国将形成的10大城市群 [J].决策与信息,2007(5):7.

(张志成、管驰明,东南大学经济管理学院)

区域经济协调发展实证研究

——以辽宁老工业基地为例

辽宁省地处沿海，大中工业城市密集，是国家重要的重化工业基地。改革开放以来，受计划经济体制和传统工业化模式等因素影响，辽宁老工业基地出现衰退，不仅工业总量下降、产业结构矛盾突出，而且多个工业城市出现资源枯竭，全省区域经济发展出现严重失衡。历经几十年对区域发展规律的深刻认识和实践经验的升华，逐步形成区域协调发展三大战略。科学地谋划省域经济协调发展，对于实现"十二五"发展目标，确保辽宁老工业基地全面振兴，建设和谐辽宁具有重大战略意义。

一、老工业基地区域经济协调发展的问题

辽宁之所以成为"老工业基地"，在于它是传统工业化、传统社会主义工业化道路的产物。无论是计划经济时期，还是进入市场经济、全面振兴之前，辽宁区域经济发展始终处于严重失衡状态。如果说计划经济时期受国家经济布局的影响，主要是三次产业结构失衡、工业内部结构失衡的话。那么，进入市场经济以来，主要是区域经济发展失衡、城乡发展失衡、居民生活水平失衡。

从区域经济发展看，辽中南地区曾是中国四大工业城市群之一，全省14个地级市基本都属于工业城市，区域经济发展相对协调。但随着工业化进程，阜新、抚顺、盘锦、葫芦岛的杨杖子和南票、朝阳的北票、辽阳的弓长岭等许多城市和地区出现资源枯竭，老工业基地的区域发展严重失衡。尽管振兴以来实施区域协调发展战略，但2010年辽宁省地区生产总值中，沈阳市占24.3%、大连市占25%、鞍山市占10.3%，其余11市都在5%以下，其中阜新市仅占全省的1.7%。

从区域空间布局看，辽宁为沿海地区，环黄海、渤海，但受国内经济布局、国际格局等多种因素影响，长期以来经济集中于内陆腹地。辽宁工业基地曾经的战略定位是：背靠苏联、辐射东北、连接华北、支持全国，避开沿海、巩固内陆、发展经济、防范战争。

从区域横向经济联系来看，三大板块之间发展不平衡。一是区域差距相对较大，辽西北地区在经济总量，经济的外向性、结构性及工业化水平上，都处于绝对劣势，而且生态环境脆弱，大面积沙化问题日益严重。二是合作理念淡薄，各自为政，条块分割较重。三大经济区虽然功能定位明显不同，理论上讲不具有相互掠夺性，但存在产业同构，实际上不规范竞争行为和举措时隐时现。在开发区建设、招商引资、外贸出口和大型项目建设等方面，争资金、争项目、争外商、争出口，制约整体优势的发挥和竞争力提升。

从区域纵向经济联系来看，中心城市对周边城市群带动和辐射作用不强，增长极功能尚未形成。虽然沈阳和大连两大中心城市的生产总值达到全省的50%，具有较强的综合竞争力，但与省内各市之间的经济联系强度较弱，辐射能力有限，没有充分起到"中心城市"的带动作用，制约了两大板块的互动发展。以沈阳为核心的沈阳经济区在一体化建设方面取得初步进展，但沈阳的"极化效应"和"回波效应"过强，周边地区只得

强制性市场保护。以大连为龙头的辽东板块和以锦州为中心的辽西板块的一体化建设仍处于起步阶段，城市之间的协同性相对较弱，市际合作往往也只是临时性的、局部性的和非制度化的。对辽西板块而言，锦州的经济实力较弱，对周边地区的"吸附"能力不强，甚至难以使其产生"倒流"现象，增长极和中心城市的功能难以体现。

从区域生态环境看，生态环境保护任务艰巨，统一治理难度较大。辽宁工业化和城市化程度较高，工业和生活污水、废气、废物的排放量较大而且集中，跨市界污染现象突出。但由于环保设施有极强的外部效益，各城市投资的内在动力不足，对污染的治理和水资源的保护工作则更多地关注自辖区，治理力度较弱，因而时常发生上、下游冲突。

区域经济发展的失衡，不仅表现在经济总量上，而且直接体现在居民生活福利水平的差距拉大。2010年，辽宁省人均GDP为41783元，大连人均值是全省平均的1.8倍，而朝阳、葫芦岛、阜新人均值只达到全省平均的50%左右；辽宁省城镇居民人均可支配为17713元，阜新、朝阳和铁岭低于全省4000元左右；辽宁农村居民人均纯收入为6908元，朝阳、阜新低于全省500多元。

目前，辽宁三大经济区域协调互动发展处于政府主导的初级阶段，受区位和制度等因素制约，区域间经济联系强度较低，缺乏内在驱动，尚未形成源于经济发展内生的、主动的互动格局。各区域差距扩大的趋势没有根本改变，区域发展呈中间高、两翼低的非均衡态势，区域差距、城乡差距依然十分明显，这种差距不仅反映在经济发展程度上，也反映在居民收入水平上，反映在区域人群享受基本公共服务的差别上，缩小区域差距的难度不断增大。同时，政府和行业间的区域合作机制尚未得到完善，地区间的无序开发与竞争时有发生，影响到区域整体发展活力与可持续发展能力。

曾经成就了辽宁工业省份的传统区域发展模式，即依托资源建厂，围绕工业集聚区发展城市，各城市以己为中心自成体系的各自为政的"点经济"发展模式，已不适应现代区域经济发展的要求。由点经济、封闭经济、内陆经济向轴经济、板块经济、区域一体化经济、开放经济、沿海经济发展模式转变，成为辽宁区域经济协调发展的必然选择。

二、老工业基地区域经济协调发展的探索

在改革开放三十多年的发展实践中，辽宁不断深化对世情、国情、省情的认识，区域经济发展思路经过了多次变化和调整，总体发展战略日益明晰。"十一五"期间，辽宁提出沿海经济带开发开放、沈阳经济区一体化、突破辽西北的三大区域经济发展战略，对区域经济协调产生了重大而深远的影响。"十二五"时期，辽宁区域发展将以辽宁沿海经济带、沈阳经济区建设为两大引擎，以贯通沿海与腹地的沈大经济带为战略轴线，带动辽西北地区实现跨越发展，构建"双擎一轴联动"的空间发展格局。

1. 辽宁区域经济协调发展的阶段性分析

辽宁老工业基地的调整、改造、振兴基本与改革开放同步而行。辽宁省委1990年提出"为全面振兴辽宁而奋斗"，1995年提出"力争用15年左右时间，实现第二次创业"。1998年提出"老工业基地调整、改造"，2001年提出"跨越式发展"，2002年提出"到2018年提前实现全面小康"，2003年提出"到2010年基本实现老工业基地振兴、基本完成工业化"。2010年，辽宁"十二五"规划提出"到2015年基本实现辽宁老工业基地全面振兴，为提前全面建设小康社会奠定基础"。

经济发展战略是对区域经济总体发展的设想、思考和谋划。改革开放以来，围绕国家和全省不同时期的发展形势与奋斗目标，辽宁省委、省政府提出并不断完善经济发展的基本思路，发展战略也随基本思路的调整而变化。从提出全省经济发展思路转向发展战略，由区域重点发展战略转向区域协调发展战略，大体经历了三个阶段。

第一个阶段，20世纪80年代至90年代。随

着经济转型、体制改革，辽宁经济发展思路由行业为中心的调整改造转向区域为重点的开放开发。"六五"时期提出"一缩四补、两改一强"，以大连为窗口、沈阳为中心建设辽中南经济区；"七五"时期提出"一抓一带、开放开发"，建设辽东半岛经济开放区。这一阶段，区域经济发展的重点是沈阳至大连的沈大经济带。

第二个阶段，20世纪90年代至21世纪初。随着沿海新兴工业区快速崛起、市场经济体制全面推进，"老工业基地"呈现衰退，辽宁围绕"全面振兴"、"第二创业"，经济发展战略由潜在到明确，从地域板块到宏观方针。"八五"时期提出"一抓三带"，即抓辽东半岛开发，带动"三辽"（辽东、辽西、辽北）地区的发展；虽然当时没有明确提出"战略"概念，但此时完全基于全省区域经济进行全局谋划，因此被认为是辽宁最早提出的带有战略含义的区域发展战略；"九五"时期提出"优化结构、外向牵动、科教兴省"三大战略，形成以大连为对外开放战略重点、以沈阳为中心的中部城市群和以锦州为中心的辽西地区"三点一面"对外开放格局；"十五"时期提出"一条主线、三大战略（科教兴省、对外开放、可持续发展）"，构建区域发展三大板块框架，即以沈阳为中心的中部城市群（涵盖6市）、以大连为龙头的辽南沿海经济带（涵盖3市），以锦州为中心的辽西经济区（涵盖5市）。这一阶段，区域发展由点线经济转向板块经济，"三个板块"初步形成。

第三个阶段，21世纪以来。辽宁由经济振兴进入全面振兴阶段，从内陆发展转向沿海开发，由重视发达地区转向关注"短板"地区，区域协调互动、可持续发展的思路日益清晰。"十一五"时期，提出"构建沈阳经济区"、环渤海"三点一线"大开发，后由"三点一线"调整为"五点一线"打造辽宁沿海经济带；2008年，提出"推进辽宁沿海经济带开发开放、沈阳经济区一体化、突破辽西北三大战略，形成全省城乡区域优势互

补、互为支撑、相互促进、良性互动的发展新格局"。至此，辽宁区域经济发展"三大战略"形成；"十二五"时期，提出"双擎一轴联动"。这一阶段，不仅形成区域经济协调发展的三大战略，而且三大战略形成区域间的有机整合，构成以沈大经济带为轴线，辽宁沿海经济带和沈阳经济区两大战略区联动，带动三个战略板块协同发展的区域新格局。

2. 辽宁区域经济发展"三大战略"的形成

在辽宁区域经济发展战略思路的演进中，始终存在着一个纠结，即确定战略的切入点，是从区域空间入手，还是经济要素或产业。历经几十年的实践探索和对现代区域经济发展规律的深刻认识，经济发展战略不是简单的空间地域划分，但空间是经济发展的基础载体和经济要素整合、流动的平台，基于空间布局规划行政资源、整合经济资源、促进要素流动、实现协调互动发展，正是区域经济发展所追求的目标。

"十一五"期间形成的辽宁三大区域经济发展战略，在空间上互补交叉、融合、重叠，其基本特征表现为交互性、关联性、整合性。既体现了辽宁全面振兴和协调发展的要求，也体现了辽宁经济发展方式的重大转变，即发展视角由点经济、轴经济转向板块经济、网络经济，发展思路由辽宁中部转向沿海、独立板块转向互动发展，发展布局由自然空间转向经济区域、偏重"高地"转向关注"短板"，发展重点由工业、经济开发区转向工业化与城市化、经济开发与城区建设同步进行。

"三大战略"从形成的时序而言，首先来自2002年"辽宁中部城市群"概念的提出，以后逐渐形成沈阳经济区一体化战略。从2004年的环渤海开发、"三点一线"到"五点一线"、辽宁沿海经济带，逐渐形成辽宁沿海经济带开发开放战略。2008年初由"要特别关注辽西北地区发展"，到正式启动"突破辽西北"战略。至此，辽宁三大区域经济发展战略形成。"三大战略"所形成的三大经济板块基本情况见表1。

表1　辽宁区域三大经济板块基本情况

区域	辽宁沿海经济带		沈阳经济区		辽西北地区	
包括城市	大连、丹东、锦州、营口 盘锦、葫芦岛		沈阳、鞍山、抚顺、本溪 营口、阜新、辽阳、铁岭		阜新、铁岭、朝阳	
指标	数值	占全省比重（%）	数值	占全省比重（%）	数值	占全省比重（%）
区域面积（万平方公里）	5.8	39.1	7.5	50.9	4.3	29.0
常住人口（万人）	1870.6	42.7	2442	55.8	758	17.3
地区生产总值（亿元）	9250	44.9	11714	56.8	1738	8.4
人均生产总值（元）	45641	—	42431	—	22638	—
规模工业增加值（亿元）	4181.1	43.4	5604.2	58.1	787.5	8.2
全社会固定资产投资（亿元）	7349.2	45.8	9230.5	57.5	1809.5	11.3
财政一般预算收入（亿元）	897.8	44.8	1087.7	54.2	176.4	8.8

资料来源：根据辽宁省和各市2010年《统计公报》、政府工作报告，2011年省统计局《辽宁统计月报》数据整理；第2、第4项指标根据第六次人口普查数据计算。

根据区域发展的经济关联性，辽宁省政府将阜新纳入到沈阳经济区之中，朝阳市"纳入沿海经济带管理，享受沿海经济带一切政策"。2010年，辽宁14个市全部纳入到辽宁沿海经济带和沈阳经济区两个国家级的战略区域之中。

三、辽宁区域经济协调互动发展思路

实现辽宁全省区域协调发展，既是全面振兴和科学发展的新要求，又是全面振兴和科学发展的有力保障。在三大区域板块中，辽宁沿海经济带是辽宁老工业基地振兴的潜力和希望，发展方向是将这一地区建设成开放程度高、整体竞争力强的国家级重点开发区域，成为我国新型产业基地和新的重要经济增长区域；沈阳经济区是辽宁老工业基地振兴的基础和优势，发展方向是加快改革开放，推进一体化发展进程，率先振兴老工业基地核心区；辽西北是辽宁老工业基地振兴的薄弱环节，也是新的增长空间，发展方向是大力发掘后发优势和增长潜力，努力实现辽宁区域经济均衡发展。

辽宁的区域发展战略，就是要充分利用省城市密集、中心城市地位突出的优势，发挥沈阳区域中心城市和大连东北亚国际航运中心的带动和辐射作用，以沈大产业聚集带为轴线，联结沈阳经济区和辽宁沿海经济带两大板块，加强三大区域内、区域间和沿海与腹地的三重互动，促进资源整合和实力提升，缩小"短板"差距，推动辽宁区域经济实现良性互动和协调发展。

目前，辽宁区域基本形成"一条轴线、两大区域、三大板块"的发展态势，即沈大产业聚集带在辽宁经济发展中处于经济主轴线地位，连接辽宁沿海经济带与沈阳经济区两大战略区域，形成三大战略板块的重叠、交叉、联动发展。"十二五"时期，辽宁老工业基地区域经济协调发展的基本思路是"双擎一轴联动"，关键在于三大战略区域内、区域间的互动、整合和全面提升。

1. 区域协调互动发展原则

统筹兼顾，协调发展。统筹经济和社会发展，在加快发展经济的同时，着力加强社会建设，保障和改善民生，全面提高人民生活水平；统筹城市和农村发展，优化城乡空间布局，推进城乡基本公共服务均等化；统筹产业发展，加快发展新型工业，大力发展现代农业和现代服务业，促进三次产业协调发展。

互惠共享，一体发展。加强区域内资源整合，合理确定区域功能定位和主导产业，强化产业间分工协作；统筹区域重大基础设施建设，增强一体化服务功能；加强行政管理和政策对接，促进生产要素合理流动和优化配置；加强三大区域优势互补、协调发展，实现"双赢"、"多赢"及利益共享。

政策引导，创新发展。创新开发模式，营造发展环境，深入发掘政策潜力，以政策创新推动体制改革、制度改革和市场机制的完善，尽快实现相关领域的改革突破，统筹城乡发展，健全社会保障机制，构建开放有序、公平竞争的市场体系。为区域协调发展营造更加优化的发展环境。

重点推进，联动发展。以城市化建设、新兴产业基地建设和体制机制创新作为切入点，集聚力量、率先突破。加快提升城市化规模和水平，完善港口功能和服务能力，优化产业发展质量和效益，推进综合配套改革，带动区域整体发展和国际竞争力的全面提升。

良性互动，合作发展。提高沿海对外开放力度和层次，全面提升东北地区对外开放的窗口拉动作用、支撑作用。加强三大区域内、区域间经济的互动发展，增强与东北地区、环渤海和东北亚经济圈的合作，促进沿海与腹地经济紧密融合，在更高层次上提高区域综合竞争力，在更大范围上融入世界经济。

保护环境，和谐发展。切实转变经济增长方式，建立可持续发展的长效机制，实行严格的环境准入制度，进一步完善功能区划，明确功能定位，加强生态功能区保护和城市环境综合整治，促进经济与环境、人与自然的和谐发展。

2. 区域协调互动发展机制

作为两大战略区域，首先要解决区域内的协调发展，同时加强战略区域间的协调发展。以沈阳经济区为例，在一体化进程中应建立有效的制度化的协作机制，促进资源优化配置，避免重复建设、无序竞争，实现资源共享、互补双赢、协同发展。

完善城际合作机制。进一步完善区域协调指导机制，完善城际合作机制，加强城际间联系与协作，形成城际联动、相互配合的协作体系。加强各职能部门跨区域协作，创新行政管理机制，形成行业内部纵向统一、横向协调的统筹协调机制。

形成城区统筹规划机制。区域协调发展应进行全方位的统筹规划，包括空间布局、土地使用、产业定位、交通和市政公用服务等设施，以及社会生活等诸多方面。只有这样，才能有利于功能布局优化、弱化行政界线；有利于公共设施整合，重解决重复建设和资源共享问题；有利于道路交通衔接深化和沈抚新城生态环境保护和景观带建设。

建立城际沟通协商机制。建立政府间高层、

部门间合作机制，行业协会等区域经济组织的合作机制，真正实现空间上和体制上的融合。建立和完善各种政府高层联席会议制度，共同研究落实区域协调发展政策措施，协商解决区域协调发展的重大问题。

完善利益补偿机制。行政有区划，经济无界限。资源要素的自由流动和资源共享是经济发展的基础，打破地区分割，创新、理顺、健全管理体制，以公平和公正的原则兼顾各利益。如对土地置换、公共服务和基础设施、生态环境的共享等进行利益补偿，使利益受损地区既能在远期发展中受惠，也能得到近期的利益补偿，从而积极促进区域资源要素相互自由流动，为两城区融合协调发展提供有力的体制和机制支撑。

3. 区域协调互动发展对策

辽宁沿海经济带建设的发展重点是进一步提升大连核心地位，基本建成大连东北亚国际航运中心，实现沿海重点区域率先崛起，在更高层次上参与国际合作与竞争，成为引领东北地区对外开放的重要平台和经济社会发展的先行区域。重点推进产业集聚，建设产业带，发展先进装备制造业、高加工度原材料工业，发展战略性新兴产业和海洋经济，建设产业集聚区（群），实现跨市域间的产业对接；培育发展新城区，建设城市带，加快推进城镇和产业向"点轴"集聚，加快城镇间经济融合进程，形成更紧密的互动、互补、互利的经济关系与产业联系，构建联系紧密、充满活力的滨海现代城市空间发展格局；整合提升港口群，建设港口带，加快10个新港区建设，尤其4个亿吨大港建设，形成布局合理、分工明确、竞争力较强的现代港口群；加强海洋环境保护，建设沿海生态带。建设生态带加快沿海防护林体系建设，加强海洋生态系统保护。

沈阳经济区应以新型工业化综合配套改革为统领，以建设沈阳国家中心城市为重点，以同城化、一体化为发展方向，以沈抚、沈本、沈辽鞍营、沈阜、沈铁等城际连接带和交通走廊建设为发展轴线，着力构筑沈阳经济区"一核、五带、十群"区域空间发展格局，建设国家新型工业化示范区和国内外具有重要地位、重要影响的城市群，全国具有发展活力、新的经济增长极。重点推进规划一体化、产业布局一体化、交通一体化、生态环保一体化、新城建设一体化、综合配套改革一体化；以"两区八点"为抓手，全面推进专项改革试点；以 38 个新城、新市镇为重要节点，加快产业聚集、人口聚集，建设产业布局优化合理、资源要素自由流动、城乡共同繁荣发展的现代城镇体系；以技术创新为驱动，以 60 个主导产业园区为载体，大力发展各具特色的新兴产业集群，培育发展产值超千亿产业集群和具有较强竞争力的特色产业基地，实施产业结构与布局联动调整，建成具有国际竞争力的先进装备制造业基地、高新技术产业基地和现代服务业中心。

辽西北地区应加快特色产业基地和产业集群建设，完善基础设施体系，加强生态环境建设，力争五年实现大跨越，成为活力迸发的新增长区。重点培育、发展、壮大具有比较优势的特色产业集群，全力做强做大主导产业；加强交通、水利等基础设施建设，加大基础设施建设的投入，打通辽西内陆与沿海的物流通道；加强发展环境建设，引导资金、技术、人才、信息等生产要素向辽西北聚集，大力发展县域经济，培育大型民营企业，加大财政转移支付力度；加强生态环境治理，改善辽西北地区生态环境，为全省经济社会发展提供生态屏障，并建成全省生态恢复示范区。

参考文献

百度文库. 44 个国家资源枯竭型城市名单［EB/OL］. http：//wenku.baidu.com.

辽宁省信息中心. 辽宁各地区 2010 年生产总值［J］. 辽宁宏观经济监测月报，2011（2）.

宋萌荣. 辽宁"五点一线"沿海经济带建设，在 21 世纪中国和平发展大格局中的战略定位［J］. 辽宁工作，2007.（5）.

中共辽宁省委. 中共辽宁省委关于制定国民经济和社会发展第十二个五年规划的建议［N］. 辽宁日报，2010-11-30.

（常丽，中共辽宁省委党校）

京津产业合作的战略思考

一、京津产业合作的理论依据与战略机遇

(一) 理论依据

区域分工的外部性、要素禀赋的差异性以及比较优势的可创造性是都市圈内城市之间由分工到协作、最终走向区域一体化的内在动力。都市圈区域经济是一种综合经济，其内部不同城市之间存在着密切的分工与协作关系。两个存在差异的城市或区域之间，相对发达区域的某些内部性因素向区域外扩散和辐射，对落后区域经济发展会产生一系列波及效应，这种发达区域内部性外部化和不发达区域外部性内部化的过程机制是都市圈区域分工协作进而一体化发展的核心动力。落后区域通过由要素禀赋差异而产生的分工可获得最初的原始资本积累，为承接发达区域的经济辐射和产业转移奠定良好基础。在规模经济优势、聚集经济优势等后发比较优势渐趋主导区域分工与协作的当今时代，落后区域可通过选择适宜的产业政策，建立具有自身竞争力的产业结构，突破"比较利益陷阱"，从而与发达区域形成新的分工协作、共同提升区域竞争力。

以新型产业分工为基础，有可能形成"功能互补、错位发展"的新格局。当今世界已出现由传统产业分工向新型产业分工转变的趋势，即由部门间分工——到部门内分工——进而演化到产业链分工，产品和功能差异化是未来区域合作的基础和利益结合点。以新型产业分工为基础，通过错位发展（包括部门错位发展、产品错位发展和功能错位发展），有可能在区域内形成"功能互补、联动发展、互利共赢"的产业分工新格局。

中国的区域竞争已由单个城市之间的竞争转变为都市圈群体竞争及其产业链竞争的时代。[1] 区域产业链是一个有机的企业共生体。根据系统整体功能最优的要求和结构决定功能的原理，区域产业链中各产业、各环节之间通过加强协同作用，互补促进，能有效克服单个企业的某些缺陷，使链内企业的功能得到整合，其专业化优势得到充分发挥。纽约、东京、伦敦、巴黎等都市圈的实践也证明，准确地进行产业定位，建立有效率的产业链，形成合理的区域分工协作体系，可以减少"阴影效应"。[2] 完善的城市基础设施，便捷的交通联系，良好的生态环境，得力的空间管制，则是建立高效、有序的分工协作体系的基础与保障。

大都市的产业升级对区域产业分工新格局形成起着核心、引领和带动作用。大都市的产业升级也是在区域产业格局重构中实现的。如20世纪50年代后，纽约的传统制造业纷纷外迁，金融和服务业等大公司总部纷至沓来，既加强了中心城市的实力和第三产业功能，使其经济活动及其影响力超越自身范围，对外部具有越来越强的吸引

---

① 魏后凯.构建新型分工格局，推动京津冀一体化进程.京津冀都市圈发展新论 [M].中国经济出版社，2008.
② 经济学家克鲁格曼指出，一般来说，由于聚集性和规模性，首位中心城市的发展条件要更为优越，能够覆盖周围一定距离的城市，这种中心城市的"阴影效应"可能导致周边城市发展条件的恶化。但准确地进行产业定位，建立有效率的产业链和合理的分工协作体系，可以减少这种"阴影效应"。

力、支配力和影响力，同时也使周边地区获得了发展契机。虽然纽约的制造业比重下降了，但大都市圈的制造业功能及其整体实力却得到加强。

（二）战略机遇

国家战略思想及布局调整使环渤海、京津冀地区的地位发生重大变化。京津冀地区在促进全国区域协调发展中担负重要使命，具有多重战略意义。进入"十一五"以后，京津冀地区在国家战略中的地位发生重大变化，其主要标志：天津滨海新区开发开放上升为国家战略；对京津两市城市功能进行明确定位；从国家层面上正式启动了京津冀区域规划；把"打造首都经济圈"、推进"京津冀区域一体化"写入国家"十二五"规划纲要等，这一系列重大战略举措的实施，意味着京津冀都市圈已纳入国家区域发展的战略格局。

京津城市功能新定位开启了京津全面合作的新阶段。从北京功能新定位来看，强化首都职能，建设世界城市、文化名城和宜居城市，客观上都要求北京尽快实现经济转型和产业升级，在加强区域分工合作中疏解资源环境压力、拓展发展空间；在加强区域分工合作中，提升区域的影响力和控制力。从天津功能新定位来看，要建成现代化制造研发转化基地、北方国际航运中心和国际物流中心，客观上也要求其加强与北京合作，需要北京的科技、人才、金融等方面的支持。可以说，分工合作与协调发展已成为京津两市的必然选择。

滨海新区上升为国家战略为京津产业合作提供了重要平台。天津滨海新区开发开放上升为国家战略，点燃了京津冀快速发展的发动机，它不仅使天津的发展如虎添翼，也为周边城市和区域带来难得机遇。如为北京工业结构调整、产业扩散、转移和延伸产业链提供了空间和条件；为北京现代服务业发展带来新的市场；为北京高新技术成果转化提供应用基地；为京津在生物技术与创新药物、高端信息技术、民航科技、环保科技等领域的科技合作搭建了发展平台；为京冀改革开放和制度创新提供了实验场。

从国家层面启动编制"京津冀区域规划"，标志着京津冀区域一体化进入到实质性操作阶段。京津冀地区是我国最重要的政治、经济、文化与科技中心，国家自主创新战略的重要承载地，肩负着我国参与全球竞争和率先实现现代化的重任。今后十年是京津冀都市圈发展最关键的时期。京津冀区域一体化目前已进入以产业一体化为核心的包括要素一体化、市场一体化、生态一体化、社会政策一体化在内的全面一体化阶段。该地区的战略目标是建成世界级规模的大都市圈（带）、世界级的研发和创新创业基地、中国高端服务业和高端制造业的集聚区、中国北方的门户地区和中国经济发展的增长极。

国家的产业振兴规划以及发展战略性新兴产业举措，为京津冀区域产业大发展提供了助推力。中国正处于工业化中期阶段，进入重工业化快速发展阶段。目前，以北京和天津为核心的京津冀都市圈已形成以石化、钢铁、建材、机械等为支柱的重工业体系，成为全国重要的能源原材料生产基地，具有产品产量大，骨干企业多的特点。有专家预测，在重化工业发展的带动下，中国东部沿海地区经济发展水平"南高北低"的格局将被打破。京津冀地区沿着海岸带将形成由唐山曹妃甸工业区、天津滨海新区和沧州黄骅港开发区组成的重化工业密集区，大型钢铁联合企业、炼油化工一体化企业的粗钢、乙烯年生产能力都将占到环渤海区域的一半以上。[①] 再加上已经形成的京津塘高新技术发展轴，以及沿京广铁路和京山铁路形成的以钢铁工业为基础的装备工业产业带等，京津冀地区将会成为在国际国内两个市场均具有强大竞争力的中国第三大增长极。

（三）当务之急

用全球视野和战略思维深入研究国际国内发展环境变化所带来的机遇和挑战，不失时机地推动区域合作、经济转型和产业升级，已成为提升京津冀地区国际竞争力的当务之急。

一是发展模式转型——变"要素推动"为"创新驱动"，变技术"外源型"为技术外源与内

① 吴浙. 中国的第二次重工业化与环渤海区域发展. 环渤海区域经济年鉴 2008 [Z]. 天津人民出版社，2009.

生创新并重。后金融危机时代各国（地区）抢占科技产业制高点、培育新的经济增长点、发展低碳经济等国际背景，我国提出科学和谐可持续发展的战略思想以及推进经济转型的国内背景，以及京津冀地区担负的重要使命、面临的外部竞争及内部资源环境压力等，都决定了经济转型、产业升级是京津冀"十二五"时期的首要任务。二是产业转移、集聚与区域整合——重塑区域产业分工格局。产业一体化是京津冀区域一体化的重点和核心。作为区域的核心城市、首位城市——北京率先迈向后工业化社会、正在进行经济转型和产业升级，这是推进区域产业一体化的重要契机。通过推进产业转移、空间集聚、区域整合与产业链接，提升区域整体竞争力。三是产业对接与产业融合——形成区域产业融合发展、联动发展的新格局。根据全球价值链理论和新型产业分工理论，产品和功能差异化是未来区域合作的基础和利益结合点。京津冀三地的产业层次存在落差性，各自处于产业链条上的不同位置。按照新型产业分工的思路来重构都市圈产业分工体系以及产业链，共同打造都市圈产业链竞争优势，就有可能实现京津冀三地融合、联动发展、错位竞争、互利共赢的格局。

二、京津合作发展的现实基础

京津产业合作的基础在于两市发展阶段的不同步与产业结构的错位性。近年来，北京经济发展呈现出率先迈向后工业化社会的趋势特征，天津经济仍处于工业化后期，这种发展阶段的不同步与产业结构的错位性，恰好为推进京津产业分工合作创造了有利条件，为北京生产性服务业与天津现代制造业的对接、京津现代服务业的联动以及京津现代制造业的链接奠定了坚实的现实基础。

（一）京津发展阶段的不同步

人均 GDP 是判断经济社会发展阶段的综合性重要指标和主要依据。京津两市的人均 GDP 在 2009 年、2010 年先后超过 10000 美元，根据钱纳里等学者依据人均收入判断发展阶段的理论，按照世界银行提出的指标体系、中国社科院工经所陈佳贵、郭克莎等专家的计算方法以及国家统计局综合司在国家统计局网站上提供的数据分析，北京和天津均处于上中等收入经济地区并即将进入高收入经济地区的行列（见表 1），相对应的都处于工业化后期阶段（见表 2）。

但结合产业结构这一衡量发展阶段的重要指标来综合判断，京津两市又处于不同的发展阶段。根据库兹涅茨的依据三次产业产值比重变化判断工业化阶段的理论及指标（见表 3），北京很明显已开始迈向后工业化阶段（第三产业产值比重超过 70%）；天津还处于工业化后期阶段（第三产业比重尚未超过第二产业，"十二五"时期是其全面实现工业化目标的关键时期）；河北仍处于工业化中期阶段（第一产业比重＞10%，第二产业比重＞第三产业产值比重）（见表 4）。

表 1 不同收入阶段的标志值

	低收入经济	中等收入经济		高收入经济
		下中等收入经济	上中等收入经济	
1.人均 GNP（1998 年美元）	760	761~3030	3031~9360	9361 及以上
2.人均 GNI（2001 年美元）	745	746~2975	2976~9205	9206 及以上
3.人均 GNI（2008 年美元）	975	976~3855	3856~11905	11906 及以上

资料来源：1. 来源于世界银行《1999/2000 年世界发展报告》；2. 来源于世界银行《2003 年世界发展报告》；3. 来源于国家统计局综合司，国家统计局网站，http://www.stats.gov.cn，2009-09-11.

表2　人均GDP变动反映的工业化阶段

单位：美元

阶段	前工业化阶段	工业化阶段			后工业化阶段	
时期	初级产品阶段	工业化初期	工业化中期	工业化后期	发达经济初级阶段	发达经济高级阶段
人均GDP（1964年美元）	100~200	200~400	400~800	800~1500	1500~2400	2400~3600
人均GDP（2000年美元）	660~1320	1320~2640	2640~5280	5280~9910	9910~15850	15850~23771
人均GDP（2005年美元）	745~1490	1490~2980	2980~5960	5960~11170	11170~17890	17890~26830
人均GDP（2008年美元）	800~1600	1600~3200	3200~6400	6400~12000	12000~19200	19200~28800

注：2000年和2005年的折算因子为陈佳贵等（2007）推算出来的，2008年与2005年的换算因子约为1.074，系根据郭克莎（2004）的计算方法和美国经济研究局（BEA）提供的美国实际GDP数据（以2000年美元为基准）推算出来的。

表3　工业化各阶段的产业结构变化

工业化阶段	三次产业的产值结构的变动
工业化前期	第一产业产值比重>第二产业产值比重
工业化初期	第一产业比重<第二产业比重，且第一产业比重>20%
工业化中期	第一产业比重<20%，第二产业比重>第三产业产值比重
工业化后期	第一产业比重<10%，第二产业比重>第三产业产值比重
后工业化阶段	第一产业比重<10%，第二产业比重<第三产业产值比重

资料来源：郭克莎.中国工业化的进程、问题与出路[J].中国社会科学，2004（1）.陈佳贵等.中国工业化进程报告[M].社会科学文献出版社，2007.

表4　京津冀三地三次产业增加值占GDP的比重（2010）

	第一产业比重（%）	第二产业比重（%）	第三产业比重（%）
北京	0.9	24.1	75
天津	1.6	53.1	45.3
河北	12.7	53	34.3

资料来源：《2009年北京市统计年鉴》、《2009年天津市统计年鉴》、《2010北京市经济社会发展统计公报》、《2010天津市经济社会发展统计公报》、《2010河北省经济社会发展统计公报》。

北京率先迈向后工业化社会，意味着北京与周边的关系正在发生重大转折，区域合作发展的条件日益成熟。根据都市圈演变的一般规律，在城市化发展的不同阶段，核心城市的集聚与扩散力不同，它与周边城市地区的关系也有很大不同。在集聚远大于扩散阶段，"中心"与"外围"的关系更多地表现为"虹吸"与服务的关系；而进入扩散与集聚并存甚至大于后者时，二者的关系则表现为"中心"与"外围"互有需求的"互动"。一方面，"中心"辐射带动"外围"发展，对整个区域发挥着产业传导、技术扩散、智力支持、区域服务和创新示范等带动作用；另一方面，"外围"对"中心"则发挥疏解人口压力、承接扩散产业、提供生态屏障、基础设施共建、提供发展空间等作用。以首钢搬迁曹妃甸为标志，北京作为区域的核心城市，与周边的关系开始发生根本性变化，一方面对区域的辐射带动作用日益显现；另一方面迫切需要寻求区域支持，通过区域合作破解发展难题，拓展发展空间。"十二五"时期更是进入"空间优化、建设新城、依托首都圈建设世界城市"的新阶段。天津还处于工业化后期，追求规模扩张、集聚极化的重要阶段。特别是滨海新区作为新增长极的迅速崛起，迫切需要北京的支持，其建设现代制造研发转化基地和建设北方国际航运中心、国际物流中心的目标要求，都对北京的科技研发、高端人才、金融等现代服务产生巨大的需求。

（二）京津产业结构的错位性

北京正处于发展阶段的跃升及产业升级的关键时期，产业发展呈现"服务主导、科技主导"

的高端化趋势。北京是全国唯一一个第三产业增加值超过地区生产总值70%的城市，现代服务业占服务业的70%。北京还是全国智力资源最丰富的城市，2010年全年研究与试验发展（R&D）经费支出占地区生产总值的5.5%，财政科技投入居全国首位，在自主创新方面走在全国前列，科技创新已成为北京经济发展的主要驱动力。适合首都功能和资源特点的现代制造业迅速发展，以高新技术为主导的新型工业结构正在形成，汽车、电子信息、光机电、医药等新的支柱产业逐步确立，传统高消耗、污染型的重化工业正在逐步转移，高端制造和现代服务业共同构成支撑北京经济发展的主导力量。

天津正处于重化工业、现代制造业和高技术产业集聚和极化阶段，产业发展呈现出重工业化、深加工化、技术集约化和产业高端化特征。20世纪90年代以后，天津的重化工业增长迅猛，特别是2005年天津滨海新区开发开放上升为国家战略以后，一大批重化工业项目和高端制造项目向滨海新区聚集，天津工业进入集聚扩张、做大做强阶段。运用霍夫曼系数对轻重工业比重变化进行分析判断，1989年天津重工业超过轻工业（霍夫曼系数开始小于1），1993年重工业比重超过了60%，2006年超过80%，进入相对稳定阶段，2010年达到83.72%，标志着天津开始进入工业化后期阶段（见图1）。目前天津已形成了以重化工业和高技术产业为主体的工业结构。2010年天津的工业总产值达到17016.01亿元，航空航天、石油化工、装备制造、电子信息、生物医药、新能源新材料、国防科技、轻工纺织八大优势产业占规模以上工业的91.6%，发挥着主拉动作用。① 高新技术产业产值占规模以上工业的30.6%。预计"十二五"期间，天津工业仍将有较大发展，主要是因为工业在天津不仅拥有发展工业的资源禀赋和产业基础，而且仍然具有较高的比较收益。

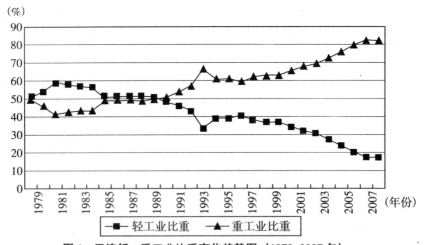

图1 天津轻、重工业比重变化趋势图（1979~2007年）

资料来源：天津市历年统计年鉴。

（三）京津合作发展的可能性

产业的互补性——有利于扬长避短、做大做强（如北京现代服务与天津现代制造对接）。突出表现在北京的生产性服务业与天津现代制造发展互有需求，具有很强的互赖性。生产性服务业是与制造业直接相关的配套服务业，其中金融服务、现代物流、信息服务、研发及科研服务等技术、知识密集型的生产性服务业，又被称为现代服务业，是现代产业链、价值链和创新链的高端环节，可以有效提高生产过程不同阶段的产出价值和运行效率，其在上游（如可行性研究、风险资本、产品概念设计、市场研究等）、中游（如质量控制、会计、人事管理、法律、保险等）和下游的服务活动（如广告、物流、销售、人员培训等），

---

① 资料来源：《2010年天津市国民经济和社会发展统计公报》。

均可以在很大程度上提升城市综合竞争力。生产性服务业的大发展需要有巨大的服务需求，"北京生产性服务"需要周边制造业的崛起，需要有更大半径市场的支撑；而天津和河北现代制造业和重化工业的大发展，也迫切需要北京高端产业和现代服务业提供全方位服务。

产业的差异性——有利于相互借势、合作发展（如京津金融、物流合作）。在金融方面，北京是全国金融总部所在地，拥有资金雄厚的优势，而天津拥有金融改革创新先行先试的优势；北京的金融资金雄厚，银行存差逐年增长，是全国最大的存差行，而天津资金紧缺，产业发展急需大量的资金支持。京津金融发展各有所长，互有需求，这正是京津金融合作、共建北方国际金融中心的现实基础。北京金融发展应以建设国际金融管理中心为目标，侧重发挥金融总部宏观决策作用；天津以建设国际金融运营中心为目标，侧重发展为区域经济服务的金融操作机构，京津联手共建金融中心，不仅有利于天津吸引更多的资金支持产业大发展，而且北京也可联手天津，扩大其金融中心建设所需要的腹地，弥补北京金融市场功能不足的缺陷。在现代物流方面，北京是全国航空、铁路、高速等最发达的交通枢纽，零售市场容量大、旅客流量大，客运具有明显优势，而天津拥有北方最大的综合性海港，在货运及其货物周转方面具有明显优势。京津两市如能海港与空港联手，在做大做强现代物流业方面大有作为，可以通过优势互补更好地发挥对区域经济发展的服务作用。

产业的梯度性——有利于错位竞争、链式发展（如北京研发与天津制造链接）。由于京津产业具有不同层次性，处于产业链的不同环节，一些产业如能实行错位发展和产业链对接，组成从研发、中试、规模生产、一直到市场开拓的完整产业链和强大的产业集群，定会形成区域产业链整体优势，给双方带来共同利益。如发挥北京科技研发、总部经济优势和天津滨海新区现代制造优势，采取"研发、营销和管理控制等总部功能在北京，生产制造在天津"的分工合作方式，形成产业的竞争优势。总之，共同利益是京津产业合作发展的根本动力。京津产业合作大势所趋，前景广阔。

三、京津产业合作的模式与切入点探讨

（一）产业合作模式探讨

根据京津产业结构和发展条件的差异性，本文认为可以本着"发挥优势、突出特色、利益分享、共赢发展"的思路和原则，采取互补式、共建式、链接式、联盟式、集团式、配套式、协作式等多种方式实现产业对接（见图2）。

互补式对接——满足双方发展需求，互补短长，形成整体优势。

共建式对接——在一些新的增长点上，京津共建、合作发展。如北京应参与天津东疆保税港区、中新生态城、离岸金融市场、南港区建设等。

链接式对接——利用京津产业层次上的落差，实现产业链不同环节的对接。

联盟式对接——通过建立战略联盟，结成利益共同体。

协作式对接——在京津均为强项的一些产业，可采取协作式的产业合作。

嵌入式对接——在一方产业非常强大，另一方产业弱小但很有特色的情况下，后者通过嵌入方式，融入前者，这是一种既可促进前者，又可带动后者的产业合作。

错位式发展——在京津各有所长的一些产业，可通过错位竞争方式进行协调发展。

（二）京津产业合作切入点探讨

根据京津两市未来的城市功能定位和产业发展趋势，本文认为，在近期，京津最有可能率先实现产业合作的切入点有：一是京津金融合作；二是北京科技研发与天津现代制造的合作；三是

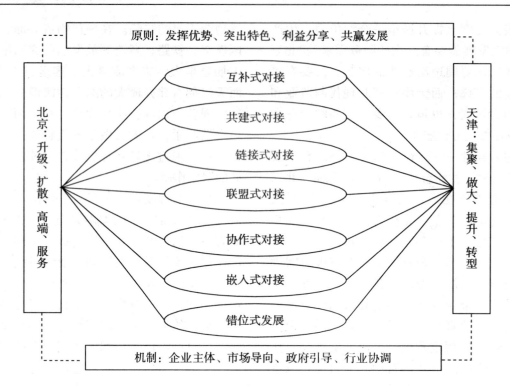

图2 京津产业对接模式示意图

京津现代物流合作；四是京津旅游合作。

京津金融合作可从四方面入手：一是推进北京金融决策中心与天津资金运营中心的合作；二是加强京津两地在投资基金及产权交易方面的合作；三是促进北京金融创新研发中心与天津滨海新区金融创新试验基地的结合；四是共建京津区域性金融机构和金融市场，探索金融混业经营的途径。此外，在构建京津统一金融支付结算体系、加强区域金融监管的配合与协调、加快京津两地金融人才的培养、建立京津金融研究合作协调机制等方面，京津有着广阔的合作前景。

京津科技与制造对接，可从三方面入手：一是北京制造与天津制造的合作，应将重点放在汽车、装备制造业和石油化工三大领域，采取错位发展（汽车产业）、强强联合（装备制造业）与产业链联动（石油化工）等多种方式。二是北京科技研发与天津现代制造的联动，可采取多种方式联合发展，如石油化工可采取产业链分工合作方式；[1]电子信息产业可采取研发与制造转化联合方式；[2]软件产业可采取建立产业共同体，形成软件生态产业链。[3]三是京津高新技术产业的合作，如共同打造京津塘高新技术产业带，沿京津塘走廊，以高新技术产业为方向，以物流、金融等生产性服务业为纽带，京津共同打造世界知名的高新技术研究开发与产业化、先进制造业和现代服务业的产业密集地带。

京津物流合作可从构建"点"、"线"以及结"网"入手。一是加强京津地区物流"点"的建设，包括物流中心、物流基地、物流企业的建设。特别是要以天津港、北京国际机场、天津滨海国

---

① 如石化工业的合作，可以滨海新区100万吨乙烯炼化一体化项目建设为基础，依托北京雄厚的技术力量，重点发展关键技术，突破一批石油化工领域共性关键技术，在滨海新区建设集炼油加工、乙丙烯、合成树脂及加工、合成橡胶及加工、有机原料、石油化工新材料等领域在内的上下游一体化，特色明显，既有平面支撑，又有纵向发展潜力的石油化工新材料产业基地、资源综合利用的生态工业示范园、独具特色的石化产业创新集聚区。

② 北京应强化研发中心地位，着力开发拥有自主知识产权的电子信息技术及产品，努力建成电子信息高端产品的制造基地。天津也是中国电子信息产业回报率最高的地区，有40种产品的市场占有率居全国前五位，应着力建设中国电子信息产品规模化和研发转化基地。

③ 目前京津软件产业合作性大于竞争性。京津软件产业在区位、产业基地、基础设施、产业链分工、出口、教育培训及发展阶段等诸多方面具备互补合作的基础和条件，京津应构建企业间战略合作伙伴关系，以重大创新合作项目为先导，形成"在北京设市场窗口及设计的前端，在天津搞软件研发、加工及售后服务"的产业分工体系，协作开发中高端长线产品，逐步共同开拓新兴增量市场，联手打造软件产业发展高地。

际机场以及未来的首都第二国际机场四个最重要的"点"来考虑物流的布"线"问题。二是加强京津地区物流"线"的建设，包括加快建设京津冀高速公路网、高速铁路网以及大滨海港口群间的物流运输通道以及疏港通道等。三是加强京津地区物流"网络"的建设，包括建设网络型基础设施，加强海港、空港、公路和铁路枢纽有机连接的硬件建设；积极推进京津航空口岸一体化；推进区域物流网络化和信息化，以及制定和规范物流法律、法规和运作规则，优化区域物流体系的软环境等。此外，旅游合作也是京津最有条件、最容易实现的合作领域。如京津可共同开发海滨大众游、海滨休闲游、海滨工业游等。

当然，推进京津产业合作需要进一步完善区域协调机制，从制度创新入手，为推进京津合作提供制度保障有体制性、制度性保障。如建设一体化的"京津关区"，完善京津税收分享机制；建设一体化的"人才特区"等。

参考文献

梅松主编.北京经济发展报告（2007~2008）[R].社会科学文献出版社，2008.

肖金成等著.第三增长极的崛起第二版 [M].经济科学出版社，2007.

戚本超，景体华主编.中国区域经济发展报告（2007~2008）[R].社会科学文献出版社，2008.

周立群主编.创新、整合与协调——京津冀区域经济发展前沿报告 [R].经济科学出版社，2007.

杨连云主编.京津冀——正在崛起的中国京津增长第三极 [M].中国经济出版社，2005.

祝尔娟等著.全新定位下的京津合作发展研究 [M].中国经济出版社，2009.

祝尔娟等著.促进滨海新区与北京产业对接研究 [M].中国经济出版，2009.

（祝尔娟，首都经济贸易大学）

呼包鄂区域经济一体化合作机制与模式研究

一、引　言

在当今世界经济全球化浪潮中，国家之间、区域之间、城市之间的竞争大大加剧。区域作为部分地区的集合体，在参与经济竞争中的作用越来越大。其所具有的竞争力是单个地区所无法比拟的，区域经济发展的好与坏直接影响到竞争对手间竞争优势的强与弱。从世界范围来看，在很大程度上区域经济的分工、合作和竞争决定着世界经济、政治的格局。从一个国家来看，区域经济的发展将影响着一个国家的综合实力。从一个区域来看，一个区域经济综合竞争的强与弱将取决于该区域经济一体化的程度。

国外对区域经济一体化的研究积累了丰富的经验和成果。美国区域经济学家胡佛与费希尔（1949）指出任何区域的经济增长都存在"标准阶段次序"经历大体相同的过程。其主要包括自给自足阶段、乡村工业崛起阶段、农业生产结构转换阶段、工业化阶段、服务业输出阶段。从20世纪90年代开始，美国经济学家克鲁格曼、藤田、莫瑞（1998）等人运用新经济地理学"空间"观点分析区际贸易和区域经济一体化，认为一个经济规模较大的区域，由于前后向的联系，会出现一种自我持续的制造业集中现象，经济规模越大，集中越明显，运输成本越低。罗斯托运用归纳现代史的方法，把国家和区域经济的增长划分为六个阶段：传统社会阶段、起飞创造前提条件阶段、起飞阶段、成熟阶段、高额消费阶段、追求生活质量阶段。汉森（1992）通过实证分析发现经济一体化对各国生产的空间组织有重要影响，其中对发展中国家企业的区位选择影响大于发达国家。北美自由贸易区和

欧盟的形成是对区域经济一体化研究的具体应用。

国内对区域经济一体化的研究也已开展多年，其中部分主要研究成果有：陈栋生等人提出区域经济增长是一个渐进的过程，可分为待开发、成长、成熟、衰退四个阶段。南京大学城市与资源学系甄峰、黄朝永、罗守贵（2000）等人相继发表了一系列关于"区域创新能力评价指标体系研究"的文章，对区域创新能力进行了定量研究。在我国，关于长江三角洲、珠江三角洲、环渤海地区的经济一体化趋势的研究也日益丰富。洪银兴、刘志彪、沈祖志（2004）等学者将区域经济一体化应用于长江三角周围，倡导长江三角洲区域经济一体化发展。江水法（2004）等人针对珠三角区域经济体化问题进行研究。李靖宇、马平（1999）对环渤海地区经济一体化问题提出战略对策。而对于我国其他经济区域的研究也日益增多，徐境、石利高（2010）对呼包鄂区域一体化发展的空间动力机制及模式框架进行了研究，王良健、侯文力（2001）对长株潭经济一体化进程中经济互补性进行研究。2003年6月，学者张心松首次提出西三角（重庆、成都和宜昌及三市的腹地）经济区的概念。李艳、陈雯（2005）以南通与苏州为例提出沪苏边缘区经济合作的空关系及其对策。

本文通过对呼包鄂区域经济的发展现状和该区域经济一体化的分析，试图探索构建呼包鄂区域经济一体化的合作机制和模式。全文共分五个部分：第一部分，引言；第二部分，对呼包鄂区域经济发展现状进行分析；第三部分，分析呼包鄂区域经济一体化现状；第四部分，探讨呼包鄂

区域经济一体化面临的主要问题和结论；第五部 分，建议。

二、呼包鄂区域经济发展现状分析

利用国内生产总值来衡量该区域各地区的综合经济水平；利用产业结构来反映该区域各地区的经济结构状况；利用全社会固定资产投资来衡量各地区的增长动力；利用教育科研状况来反映各地区整体的人力资本状况。

1. 国内生产总值

通过对呼包鄂 GDP 的比较分析，可看出该区域的经济发展状况。

表1 2005~2009年呼包鄂国内生产总值及增长速度

地区	国内生产总值（亿元）					国内生产总值增长速度（%）				
	2005年	2006年	2007年	2008年	2009年	2005年	2006年	2007年	2008年	2009年
呼和浩特市	743.66	900.08	1101.1	1316.4	1644	28.6	18.0	18.1	13.6	15.9
包头市	848.7	1010.1	1275.1	1760.0	2168.8	39.5	18.5	20.0	19.6	17.6
鄂尔多斯市	594.82	800.0	1150.9	1603.0	2161	37.0	24.0	25.8	22.9	23.0

资料来源：呼包鄂各市相关年份统计年鉴。

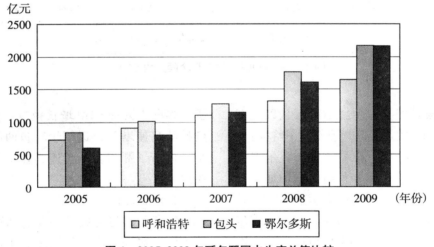

图1 2005~2009年呼包鄂国内生产总值比较

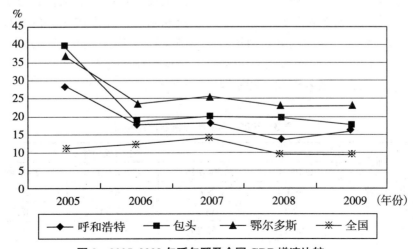

图2 2005~2009年呼包鄂及全国 GDP 增速比较

表2　2005~2009年呼包鄂及全国人均国内生产总值

地区	人均国内生产总值（元）				
	2005 年	2006 年	2007 年	2008 年	2009 年
呼和浩特市	29049	34710	42015	49606	61108
包头市	35086	41334	51564	70004	84979
鄂尔多斯市	40169	53166	75164	102128	134361
全国	14185	16500	20169	23708	25575

资料来源：呼包鄂各市及全国相关年份统计年鉴。

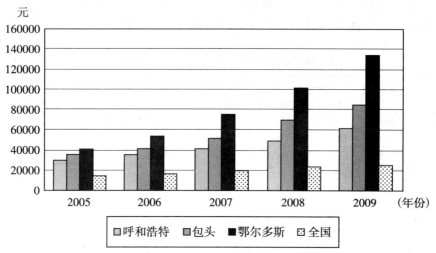

图3　2005~2009年呼包鄂全国人均GDP

比较分析结果见图1、图2、图3，从以上图表可以看出呼包鄂的GDP及其增速有以下特征：

从2005~2009年呼和浩特、包头和鄂尔多斯三市GDP总量来看，三市总量保持持续增加，且维持良好增长势头，GDP增长速度明显高于全国平均增长速度。特别自2007年以来，包头、鄂尔多斯GDP总量都开始高于呼和浩特市，且差距逐渐增大。尤其以鄂尔多斯GDP增长最为显著，自2007年以来以迅速的增长趋势追赶呼包两市，有取代包头成为三市GDP总量最大的趋势。通过呼包鄂与全国人均GDP比较来看，三市人均GDP明显高于全国平均水平，且差距逐渐扩大。特别是

鄂尔多斯市人均GDP增长独成一极，以罕见的速度持续高速增长，远超于呼包两市和全国平均水平。创造了鄂尔多斯奇迹，在全国范围内引起了关注。

2. 产业结构

各产业部门构成及相互之间联系、比例关系的不同，对经济增长的贡献大小也不同。地区经济发展重点或产业结构重心由第一产业向第二产业和第三产业逐次转移的过程，标志着该地区经济发展水平的高低、发展阶段和方向。相关产业结构数据见表3。

表3　2005~2009年呼包鄂产业构成

地区	产业	产业构成（%）				
		2005 年	2006 年	2007 年	2008 年	2009 年
呼和浩特市	第一产业	6.3	5.79	5.64	5.7	4.7
	第二产业	37.4	38.92	37.74	38.1	36.1
	第三产业	56.3	55.29	56.62	56.2	59.2

续表

地区	产业	产业构成（%）				
		2005 年	2006 年	2007 年	2008 年	2009 年
包头市	第一产业	3.7	3.5	3.5	3.0	2.5
	第二产业	53.0	54.2	51.5	57.0	54.2
	第三产业	43.3	42.3	45.0	40.0	43.3
鄂尔多斯市	第一产业	6.83	5.39	4.34	3.6	2.8
	第二产业	52.53	54.95	55.01	58.1	58.3
	第三产业	40.64	39.66	40.65	38.3	38.9

资料来源：呼包鄂各市相关年份统计年鉴。

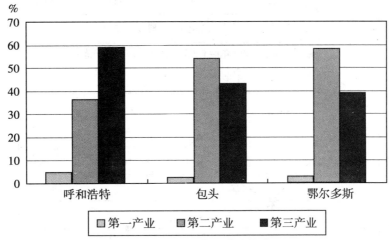

图 4　2009 年呼包鄂产业构成图

　　从以上呼包鄂产业结构图表可以看出：呼包鄂三市第一产业所占比重都比较低，这与呼包鄂所处的地理环境有关，其气候条件不利于发展第一产业。且从近几年来看，三市第一产业所占比重成普遍下降趋势。而包鄂两市第二产业比重较大，这与包鄂两市为资源型城市有关。包头一直以来是国家的重工业基地。鄂尔多斯煤炭资源的开发是造成第二产业比重较大，且连续几年来比重不断上升的主要原因。相比而言，呼和浩特第三产业所占比重指标最强，为国内生产总值的最强支柱，这与其作为自治区首府，政治文化处于中心地位有关。而包鄂两市第三产业比重偏低，无论从水平和质量都与呼市有一定差距。从总体上看，呼和浩特已率先实现"三二一"的产业模式，向"后工业化"阶段过渡。而包鄂两市正处于"二三一"的产业模式之下，且鄂尔多斯是典型的"二三一"产业模式，第二产业比重在逐年增大，将在一定时期内对该地区的 GDP 增长起支柱作用。

　　3. 全社会固定资产投资

　　固定资产投资是社会固定资产再生产的主要手段。其通过建造和购置固定资产的活动，使国民经济不断采用先进技术装备，建立新兴部门，从而调整经济结构和生产力的地区分布，增强经济实力，为改善人民物质文化生活创造必备的物质条件。这对地区的现代化建设具有重要意义。相关分析数据见表 4。

表 4　2005~2009 年呼包鄂固定资产投资及增速

地区	全社会固定资产投资（亿元）					全社会固定资产投资增速（%）				
	2005 年	2006 年	2007 年	2008 年	2009 年	2005 年	2006 年	2007 年	2008 年	2009 年
呼和浩特市	420.24	508.43	582.24	640.5	800.8	54.9	18.0	14.5	10.0	25.0
包头市	501.08	600.17	803.51	1138	1500.3	47.3	19.8	33.88	34.7	38.9
鄂尔多斯市	403.69	616.67	885.74	1070.2	1562.4	53.7	52.8	43.6	24.2	46.0

资料来源：呼包鄂各市相关年份统计年鉴。

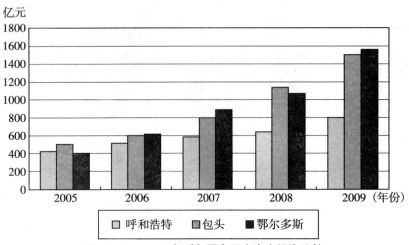

图5　2005~2009年呼包鄂全固定资产投资比较

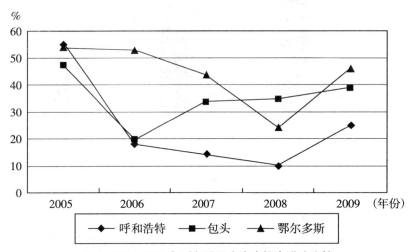

图6　2005~2009年呼包鄂固定资产投资增速比较

　　分析结果见图5、图6。从总体上来看，呼和浩特市的固定资产投资总额比较小，虽在逐年增加但增量较小，这与其近几年来经济增长速度落后于包鄂两市有关。而包鄂两市的固定投资总额较大，且在逐年增加，增速很快，这与其近年来经济发展较快有关。但与京津冀、长三角等区域相比，呼包鄂区域固定资产投资总额量较小，这说明呼包鄂区域整体经济发展水平还有待提高。

4. 教育及科研

　　一个地区的教育及科研实力能反映出该地区的科技进步能力，而技术进步是推动经济增长的动力，且在经济发展中发挥着越来越重要的作用。其在很大程度上决定着经济增长方式的转变、产业结构的优化升级、经济增长的速度和质量。资料见表5。

表5　2009年呼包鄂教育及科研部分情况

地区	普通高校（所）	专利（件）	主要事项
呼和浩特	21	申请510 授权437	争取国家及自治区支持资金4500万元，项目77项。安排重大科技引导资金4410万元，实施重大科技专项57项
包头	3	申请508	已累计创建自治区级以上科技创新型试点企业12家；累计市级创新型试点企业36家。新增自治区级工程技术研究中心3家、市级企业技术（研发）中心11家
鄂尔多斯	2	申请243 授权87	全年获各类科技成果23项，签订各类技术合同145项，全年批准认定国家创新型企业1家，国家级高新技术企业2家。自治区级科技企业及研究中心5家

　　资料来源：呼包鄂各市相关年份统计年鉴。

从教育及科研来看，整个呼包鄂区域整体实力明显不足，相对京津翼、长三角等区域而言差距甚大，且科研实力分布不均，相比而言呼和浩特市高校及科研院所明显高于包鄂两市。从申请专利量来看，整个呼包鄂区域量较少，说明该区域比较缺乏科技人才。呼包鄂区域教育及科研实力的严重不足，将影响该区域产业结构优化升级、经济的可持续发展。严重限制着该区域经济一体化的形成。

三、呼包鄂区域经济一体化实证分析

区域经济一体化具体表现在城市簇团，组建组团式城市群以优化整个区域的产业布局和空间布局，从知识、人力、技术、产业和设施等各方面进行互补，降低交易成本，为区域带来发展利益。为了进一步了解呼包鄂区域经济一体化的程度，特利用公开发表的呼包鄂区域部分旗县的统计资料，运用现代统计方法对这些数据进行加工处理，以此来分析呼包鄂区域经济一体化的状况。

本次研究以呼包鄂区域经济圈所包含的区、县、旗为基本单位进行分析，按经济发展的快、中、慢进行系统分类。运用组间联接聚类法，其定义为两类之间的平均平方距离，即：

$$D_{KL} = \frac{1}{N_K N_L} \sum_{i \in C_k} \sum_{j \in C_L} d(x_i, x_j) \tag{1}$$

类 C_K 和 C_L 合并为下一步的 C_M，则 C_M 与 C_J 距离的递推公式为：

$$D_{JM} = (N_K D_{JK} + N_L D_{JL})/N_M \tag{2}$$

此距离参数的设定实质在于，在每一步分析的过程中，使两个最相似的类别连接在一起，经过进一步的分析，最终使所有对象都进入一个完整的分类。相近的对象应该属于同一类。距离很远的对象分属为不同的类别。所以通过采用多元统计分析理论，利用 SPSS 软件得聚类树形图。以此来进一步系统研究呼包鄂区域经济一体化发展的状况，找出各地区经济发展不同的原因，以便提出可行性的经济合作机制和模式建议，促进该区域经济一体化的形成与发展。相关数据见表6。

表6 2009年呼包鄂各区、旗、县部分经济指标

地区	人均生产总值（元）	第一产业（万元）	第二产业（万元）	第三产业（万元）
东河区	100135	17900	2329404	2278414
昆都仑区	111816	17239	3988561	3126937
青山区	100135	17900	2329404	2278414
固阳县	37334	78520	442717	123897
新城区	94990	14735	444392	2880400
回民区	85937	5312	379827	1628813
托克托县	72186	125138	1096094	242217
玉泉区	80736	19832	549105	997579
赛罕区	67400	141377	658284	1879842
土默特左旗	36565	237427	542739	543026
和林格尔县	57254	143976	711805	264977
清水河县	22055	44044	142661	132105
武川县	22766	49103	218586	132678
九原区	88653	66900	620100	702248
石拐区	116602	4640	451435	65717
白云矿区	75502	287	137670	51175
土默特右旗	45133	221200	615606	551255

续表

地区	人均生产总值 (元)	第一产业 (万元)	第二产业 (万元)	第三产业 (万元)
达尔罕茂明安旗	89052	87130	741718	239780
东胜区	117453	21000	2004708	3048268
达拉特旗	78462	214821	1703709	881728
准格尔旗	167540	63800	3352300	1978700
鄂托克前旗	53504	60232	149071	156400
鄂托克旗	176079	39400	1708800	470400
乌审旗	154676	68125	1102639	360535
伊金霍洛旗	241034	52001	2416407	1466467

资料来源：呼包鄂各市相关年份统计年鉴。

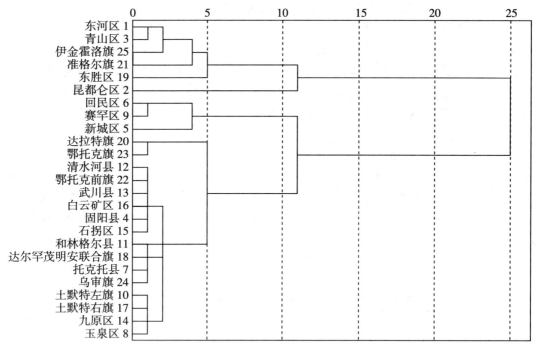

图7 呼包鄂经济一体化分析树状图

分析结果见图7，依据所统计的数据及分析，可以看出呼包鄂区域各区、旗、县的经济发展特点为：

（1）各地区、旗、县经济发展差异较大。经济发展快的地区，主要在昆都仑区、东胜区、准格尔旗等第二产业发展较快的地区，主要依托了重工业、资源型企业的带动。经济发展速度位于中等阶段的地区大都位于市区的城区，如新城区、回民区、赛罕区等地，相比而言，这些地区第三产业发展较好，主要为市区发展提供服务性行业。经济发展慢的地区大都位于旗县地区，如鄂托克前旗、武川县、清水河县、土默特左旗等地，无论是从三大产业发展状况，还是从人均产值来看都比较明显的落后于其他地区。

（2）经济发展快的地区、旗、县明显较少，呈不协调发展趋势。从分析来看经济发展较好的地区约占全区总区、旗、县数的1/5，而且这些地区的发展成一极独大趋势发展，对周边地区带动不明显，地区落差较大，整体发展不协调。

（3）第二产业在整个区域起主导作用。从分析来看，经济发展较快的地区都位于包鄂两市第二产业发展较快的区、旗地区，如昆都仑区、东胜区、准格尔旗、伊金霍洛旗等地，且第二产业影响范围较大，处于主导地位。第三产业发展较好的地区主要位于呼和浩特的城区如新城区、回民区、赛罕区，且影响范围较小，明显处于发展滞后状态。

四、呼包鄂区域经济一体化面临的主要问题分析

近些年来，呼包鄂区域经济得到了飞速发展，已成为内蒙古地区经济增长的一极。为内蒙古地区社会经济的繁荣做出了巨大的贡献，也对周边地区起到了一定的连带作用。伴随着呼包鄂区域影响力的提升，越来越多的学者也投入到对其发展的研究当中，并提出了一些规划和蓝图，为该区域经济一体化的长期发展提供了许多建议。但就多年的发展情况来看，其经济一体化的发展仍然存在着诸多困难和问题。

1. 区域极化现象严重、扩散力不足

呼包鄂区域经济的发展出现了明显的区域差异性，其核心位于区域中部国道贯穿地带，其凭借丰富的资源和便利的交通已成为呼包鄂区域经济最发达、人口最稠密、基础设施最完备的地区。相比之下其他周边地区各方面的发展出现了明显的断层，其核心地区通过交通网络、人才网络、商品网络等途径带动周边地区发展的扩散力严重不足。造成核心地带"一枝独秀"的现状，其区域极化的发展现象起不到很好的区域连带作用，不利于该地区经济的长期发展。

2. 生态环境制约经济发展

呼包鄂区域地处气候由半干旱向干旱过渡的地带，土壤质量差，土壤粗砾含量比较高，地表植被覆盖率低，水土流失和荒漠化现象严重。致使该区域在保持生态系统稳定性，应对全球生态变化的敏感性上都体现了较大的脆弱性。虽然近几年自治区政府加大了治理力度，生态环境局部得到了改善，但伴随着资源开发力度的加大，总体生态环境仍在恶化，已成为经济发展的重要制约因素。

3. 城市、旗县、乡村一体化发展严重脱节

呼包鄂区域没有特大城市，只有呼和浩特和包头两个大城市，鄂尔多斯一个中等城市，其余各旗县多为小城镇，缺乏中小城市，且在农村农牧民生产、生活设施简陋。在这种体系结构下出现了城市的现代化与旗县的落后，工业的发达与农业的落后共存的现象，减弱了中心城市的功能，限制了区域内部产业的辐射与转移力度，延缓了区域一体化的进程。

4. 区域内缺乏统筹规划，统一市场的形成面临很大障碍

呼包鄂区域在城市功能、基础设施配套建设、统一市场等方面缺乏统筹规划，各地区在发展上基本上各自为政。呼和浩特凭借其首府地位大力发展政治、科教、文化；包头重在提高其重工业城市地位；鄂尔多斯意在发展能源工业。致使区域内部及与周边地区的联系不够紧密，使市场无法在整个区域内对资源进行优化配置，无法建立合理有序、共存共荣的分工协作局面，且许多同行企业在市场价格上存在一定程度的恶性竞争。这种缺乏统一市场的现状，将制约着该区域的长期可持续发展。

5. 大企业不足且技术创新水平不高，资源利用率比较低

呼包鄂区域内缺少重量级大企业的联动效应，就区域内部看现有比较大的企业有电力集团、中包钢集团、伊利集团、蒙牛集团、北方联合电力公司等。与全国其他区域如长三角、珠三角等地的支柱企业相比，还存在着一定的差距。且企业技术创新水平不高.大部分企业在技术开发和创新能力方面比较薄弱，原创技术比较缺少。在资源利用效率方面，包头和鄂尔多斯是典型的资源能源消耗型城市，如果继续维持这种以过度消耗资源、牺牲生态环境为代价的高能耗发展状态，该区域将无法维持长期的可持续发展。

五、结论与建议

通过本文的分析可以得出，呼包鄂区域经济一体化的进程还处于起始阶段。现在三市的发展状况几乎处于"三足鼎立"状态，各自有各自的发展强项，相互之间缺乏必要的配合。使得从整个区域的发展总量来看虽持续高速增长，但经济一体化进程比较缓慢，不利于长期的可持续发展。要想改变这种局面，首先应从制度入手，尽量放宽区域内地区间的行政限制。其次，采用有利于区域经济一体化发展的制度和模式，尽早形成良好的发展氛围。且在做好区域内协调发展的同时，也应加强该区域与周边地区的联系，使该区域的经济得到高效率的、全面的发展。

在发展呼包鄂区域经济一体化合作机制与模式方面，应结合本区域的实际情况，因地制宜。采取切实有效可行的方法，来改变现有的不合理的发展制度与模式。使该区域经济的发展朝着有利于该地区的长期可持续发展，有利于协调周边地区共同繁荣的方向迈进。具体的一些合作机制与模式如下：

1. 区域经济一体化内部主要方面合作机制与模式建议

根据以上对呼包鄂区域经济现状和问题的分析，为推进呼包鄂区域经济一体化的进程，特在三大产业发展、区域整体布局、统一市场形成、区域生态建设方面提出以下建议，见表7。

表7 区域合作机制和模式建议

主要方面	合作总路线	模式导向
区域三大产业发展	提高第一产业劳动力生产率。增强第二产业整体竞争力。提高第三产业服务水平，发展现代服务业	第一产业构建农林复合型生态体系，发展生态农业、节水农业、现代化农业。第二产业推行规模化、集约化、园区化发展模式，发展产业集群，打造知名品牌。第三产业应开展与一、二产业相结合的发展模式，强化服务行业基础设施的建设、改造
区域整体布局	统一规划，本着错位发展、优势互补的原则，加快发展中小城市，构建区域合理布局	区域各地区间发展"紧凑型"合作发展模式，表现为加强各地区城市之间的产业和交通运输间的联系，使各地区协调发展。各地区内开展"集聚型"合作发展模式，表现为产业和城镇向该地区主要地段聚集的形式
区域统一市场形成	走政府引导、市场主导、制度保障的一体化发展模式	要突破地区行政障碍，消除市场分割，地方保护、政策税负优惠攀比等阻碍经济资源自由流动和跨区域合作的问题，走优势互补、统一市场、共同发展的道路
区域生态建设	提高水资源利用率，发展生态产业，加快自然保护区建设	走可持续发展模式，把环境保护孕育经济增长之中，依靠低能级资源替代高能级资源和物质与能量多级循环的资源配置模式，变粗放经营为集约经营

2. 推进区域经济一体化总体合作机制与模式建议

根据呼包鄂区域的实际情况，发展呼包鄂区域科技创新合作机制，建立呼包鄂区域科技创新体系，走科研合作之路，有利于加强区域内的紧密合作，推动区域经济一体化发展。

其可行性依据在于：①呼包鄂地区有着丰富的自然资源和资源型企业，有着科研与运用良好结合的便利优势；②区域内已有一定的科研机构和科研人员，如对稀土、冶金等的研究已形成一定的科研体系，这为建立呼包鄂区域科技创新体系打下了良好的基础；③相对于长三角、珠三角区域而言，呼包鄂区域人口密度较小，有着广阔的地缘优势，可以选择合适的地点建立比较大的科研区，建立强大的科研体系；④近几年来，呼包鄂地区的经济发展较快，有一定的经济基础做后盾。

模式建立应以政府为主导，以科研机构、高

校为核心，以企业为基础，部分合作机制和模式细则有：①依据政府主导，建立呼包鄂区域科技创新园区，以此作为区域研究首脑，建立区域统一体系。同时要保证其相对独立于各市区的政策。②在已有的高校和科研机构基础上，组建新的支持对象设立专项资金，设立多个中心，因为该地区的经济发展条件，已经允许该地区采取该项措施，以便更好做到以点带面，带动更多区域以至整个自治区及周边地区的发展。在加强本区域大学间合作的同时，建立与国外大学合作机制，要做到重点突破，遍地开花，引进实用性人才，制定合理的进退用人机制，杜绝人浮于事。③通过

与国内外知名大学和研究机构开展人员互派、项目研究等合作，跟踪世界科技前沿，通过项目、技术和关键设备的引进、消化吸收再创新等产学研合作，形成一批具有自主知识产权的技术和产品，大力促进区域创新体系的建设。使合作领域不断拓宽，合作规模日益扩大，合作渠道日趋增多，合作方式亦愈益灵活。④建立科研机构、高校与企业的良好合作关系使研究成果及时转化为生产力，也使高校、研究机构与企业相结合，以便更好地进行研究，其既有利于科研人员的交流和企业的发展，也有利于新人才的培养。区域科技创新合作机制和模式结构见图8。

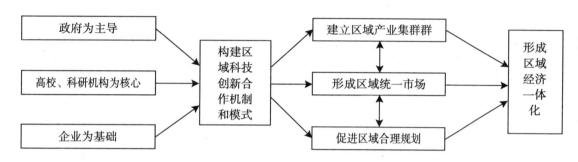

图8　区域科技创新合作机制与模式结构图

结合呼包鄂区域实际情况，在发展呼包鄂区域科技创新合作机制和模式中，应注重尝试走通过教育合作推进呼包鄂区域合理布局这一模式。因为呼包鄂区域相对于国家中东部地区而言，人口密度相对较少，特别在农村地区，村落布置零散且每个村落人口较少。在部分地区村落的已有住房和基础设施已比较陈旧，加之整个农村地区道路交通建设严重缺乏，使城市和农村差距不断拉大，严重制约着经济一体化的发展。而要想通过增加基础设施建设如在交通等领域做太大投入又难以实施。而要想实施移民政策，又面临着故土难离和无法适应新地区的工作和生活方式等原因。应考虑通过教育入手，在偏远农村变加大道路及基础建设投入为加大地区教育投入，促使青年一代至少接受职业技术教育，转变年轻人生活思维方式，进入城市生活也同时带动部分老人，把闲置地区整体利用，聚集城区合理规划，统一布局使偏远地区的居住人数在一两代人内有较大转移。促进区域统一布局，有利于整个地区发展。

发展呼包鄂区域科技创新合作机制和模式的

意义在于：①以自治区全局为起点，发展呼包鄂区域科技创新合作机制和模式，能够削弱区域地区间的行政限制，也借此为突破口逐步消除地区间的不适于区域一体化发展的政策；②能促进呼包鄂区域资源的合理配置和高效利用，促进创新机构之间的相互协调和良性互动，能够使各类创新组织活动的整体效益最大化；③能够促进该区域根据科技与经济的发展状况，进行结构优化和组织创新，不断扬弃与市场经济和科技发展规律不相适应的组织结构、组织方式和运行模式；④有利于呼包鄂区域的生态的保护，能优化创新环境，促进成果转化，有效地推动先进生产力的发展。因此，加强对呼包鄂区域资源的科技研究对促进呼包鄂区域经济一体化有很强的实用性和现实意义。

参考文献

E.M.Hoover&Fisher.Research in Regional Economic Growth Problems in the Study of Economic Growth〔J〕. New York NBER，1949.

Paul Krugman, Space：The Final Frontier ［J］. Journal of Economic Perspectives, Volume 12, Number2, Spring 1998.

Treaty on European Union. Office for Official Publications of the European Community ［J］. Luxembourg, 1992. 9.

VenabIesA, Equilibrum Locations of Verticlly Linked Industries. International Economic 1996.

罗斯托. 经济增长的阶段：非共产党宣言 ［M］. 中国社会科学出版社，2001.

甄峰，黄朝永，罗守贵. 区域创新能力评价指标体系研究 ［J］. 科学管理研究，2000.

马林沈祖志. 长三角经济一体化与区域多物流中心整合 ［J］. 商业时代，2004.

江水法，吴朝阳. 泛珠三角区域经济一体化问题研究 ［J］. 经济师，2004（12）.

李靖宇，马平. 环渤海地区经济一体化问题的战略对策 ［J］. 东北亚论坛，1999（1）.

王良健，侯文力. 长株潭一体化进程中经济互补性研究 ［J］. 财经理论与实践，2001（11）.

张心松. 第三个"三角洲"经济带将横空出世［N］. 经济参考报，2003.

魏后凯. 现代区域经济学 ［M］. 北京：经济管理出版社，2006.

（郝戊、高明月，内蒙古科技大学）

泛长三角地区经济联系强度实证分析

——基于地区专业化指数的研究

一、引 言

随着长三角经济的发展，其实际经济影响的范围逐渐扩大。近年来，关于泛长三角的提法日益增多。2008 年 1 月，胡锦涛总书记视察安徽，明确要求安徽发挥区位、自然资源和劳动力优势，积极参与泛长三角区域发展分工。仅就能源而言，苏浙沪等地能源供应存在较大缺口，而安徽是能源大省、煤炭大省，通过电网可以直接向长三角地区供电，为长三角的发展提供强有力的能源支撑，将以"泛长三角"的视角来统筹考虑区域社会经济体系协调发展，将更有利于推动华东地区社会经济的长远发展。本文对"泛长三角"城市群间经济联系进行研究有利于进一步认识清楚"泛长三角"发展及演化规律。

二、空间相互作用模型选择及推导

引力模型是空间相互作用模型的核心部分，空间相互作用模型是以距离衰减法则为基础的。距离衰减法则指如果各种经济现象之间存在着相互作用，其作用强度随距离的增加而降低，泰勒（1975）对空间相互作用分析中所使用的各种距离衰竭函数进行了归纳。引力模型是最广泛使用的相互作用模型，该模型借鉴了牛顿万有引力定律，用于预测人类、信息和商品在城市间、地区间甚至是国家间流动的相互影响程度。经济联系量也是通过对于引力模型的应用而产生的，用来衡量区域经济联系强度。经济联系量既能反映经济中心城市对周围地区的辐射能力，也能反映周围地区对经济中心辐射能力的接受程度。区域经济联系量有绝对经济联系量和相对经济联系量之分，绝对经济联系量是指某经济中心对某低级经济中心经济辐射能力或潜在的联系强度大小；相对联系量是在绝对经济联系的基础上，结合低级经济中心本身的接收能力，并比较其在区域内所有同级经济中心中条件的相对优劣来确定的。绝对联系量可用来分析经济中心辐射潜能及其强弱的空间变化，相对联系量能较全面的反映除距离之外的其他因素对经济联系所造成的影响。

1. 引力模型的常用形式

$$R_{ij} = (\sqrt{P_i G_i} \times \sqrt{P_j G_j})/D_{ij}^2, \quad F_{ij} = R_{ij}/\sum_{j=1}^{n} R_{ij}$$

其中，R_{ij} 为两地经济联系强度，F_{ij} 为两城市经济联系强度占区域经济联系强度总和的比例，即经济联系隶属度；P_i、P_j 为两城市市区非农业人口数（一般采用非农业人口数，根据经验，非农业人口数在计算城市联系强度上比较符合实际状况）；G_i、G_j 为两城市的 GDP 值，D_{ij} 为两城市的距离。

2. 加入地区专业化指数之后的引力模型

通常学者所应用空间相互作用模型时，城市的经济质量都是用非农业人口数或者是城市的综合 GDP，而经济现实中城市间的经济结构不同，整体质量并不能反映一个城市和另一个城市间经济相互作用的实际程度，从实际的生产分布状况而言，一定的产业总是在某个区域聚集，而另外的产业聚集在其他区域，产业分布不同，不同地区间的联系会通过资源交换、贸易活动等展开，因此，这些交换和贸易活动能影响到城市间的相互作用，而整体经济总量并不能反映产业差异所带来的影响，不能反映出实际参与相互作用的经济量，地区专业化是讨论哪些产业在不同地区聚集的问题，可以反映出一个地区参与社会分工的程度。因此，将地区专业化引入城市相互作用的模型，能更为确切地反映出一个城市参与社会分工时与其他城市之间的相互作用力。

在地区专业化的度量方面，学者们不断创新，目前提出了较多的度量指标，得到较多应用的是 Hoover（1936）的地方化系数、Krugman（1991a）的行业分工指数及 r_j 系数（Ellison 和 Glaeser，1997）等。樊福卓（2007）[①] 在对以往的指标进行探讨的基础上，提出了新的度量指标，即地区专业化指数，地区专业化指数假设对于一个国家，其处于封闭经济状态，没有对外经济联系，又假设国家每个地区的需求结构是一致的，这两个假设合在一起，使得在地区间的产出结构存在差异时，就会导致地区间的贸易发生，他所提出的地区专业化指数 FR_i 表示 i 地区的专业化指数，反映其与其他地区发生的贸易的相对规模，表示如下：

$$FR_i = \frac{1}{2}\sum_{j=1}^{n}\left[\left|S_{ij} - S_j\right|\bigg/\sum_{j=1}^{n}E_{ij}\right]\bigg/\sum_{j=1}^{n}E_{ij} = \frac{1}{2}\sum_{j=1}^{n}\left|S_{ij} - S_j\right|$$

其中，E_{ij} 代表 i 地区 j 行业的产值，S_{ij} 表示 i 地区 j 行业产值占其工业总产值的份额，S_j 代表整个国家 j 行业产值占其工业总产值的份额。

$$S_{ij} = E_{ij}\bigg/\sum_{j=1}^{n}E_{ij}$$

$$S_j = \sum_{i=1}^{m}E_{ij}\bigg/\sum_{i=1}^{m}\sum_{j=1}^{n}E_{ij} = \sum_{i=1}^{m}\left(S_{ij}\sum_{j=1}^{n}E_{ij}\bigg/\sum_{i=1}^{m}\sum_{j=1}^{n}E_{ij}\right)$$

在本文所用的城市间相互作用的模型中，将上述地区专业化指数引入原有的空间相互作用模型中，利用专业化指数计算出可用于地区间贸易的地区综合 GDP，用综合 GDP 作为城市质量进行相互作用的计算。具体公式如下：

空间相互作用模型[②]

$$F(r, k) = GP_k(x, y)r^{-b} = \frac{GG_k(x, y)}{\theta_x\theta_y r^b}$$

这是陈彦光（2002）从城市地理系统的广义分形假设出发，并对引力模型进行离散化之后用于城市间相互作用计算的引力模型形式。

其中，

$$C_k(x, y) = \lim_{N\to\infty}\frac{1}{N-k}\sum_{t=1}^{N-k}(x_t - u_t)(y_{t+k} - u_t)$$

$C_k(x, y)$ 为城市规模序列 $x_t y_t$ 的互协方差函数。城市序列规模的均值和方差可以表示如下：

$$u = \lim_{N\to\infty}\frac{1}{N}\sum_{t=1}^{N}x_t$$

$$\theta = \left[\lim_{N\to\infty}\frac{1}{N}(x_t - u)^2\right]^{1/2}$$

本文中令：

$$x_t = GDP_1^* FR_{x1} + GDP_2^* FR_{x2} + GDP_3^* FR_{x3}$$

$$y_t = GDP_1^* FR_{y1} + GDP_2^* FR_{y2} + GDP_3^* FR_{y3}$$

其中，FR_{x1}、FR_{x2}、FR_{x3} 分别为 x 地区第一产业、第二产业、第三产业的专业化指数，FR_{y1}、FR_{y2}、FR_{y3} 分布为地区第一产业、第二产业、第三产业的专业化指数。分别将三个产业与全国平均水平相比的可贸易量计算出来，然后相加作为该地区可与其他地区产生相互贸易的数量。用反映地区间贸易的地区专业化指数对原有城市综合 GDP 进行修正，作为城市间相互作用计算的质量，这样更能与实际的城市间相互作用相吻合。

本文选取了上海市、江苏省、浙江省、安徽省和江西省"一市四省"的所有地级市作为研究对象，选择 GDP 作为城市质量的基本度量指标，选择三大产业比重作为地区专业化度量的依据，选择城市之间的高速公路距离作为城市间的距离

① 樊福卓. 地区专业化的度量 [J]. 经济研究, 2007 (9): 71-83.
② 陈彦光, 刘继生. 基于引力模型的城市空间互相关和功率谱分析 [J]. 地理研究, 2002 (6): 742-751.

（部分城市之间高速公路距离无法获取的选用铁路距离），通过上述引力模型对主要城市间的经济联系强度进行计算，经地区专业化指数修正的综合GDP及计算的城市间经济联系强度值见附表1。

三、泛长三角地区城市间经济强度实证研究

1. 江苏、浙江、安徽和江西四省的城市与上海经济联系强度分析

下面对经济联系强度的分析是以各城市经济联系强度的最大值进行比较，所选取的联系强度最大值以绝对值为准，负值反映出两个城市相互作用过程中的竞争效应较大，负值越大，说明两城市作用中的竞争效应所产生的影响越大；而联系强度值的绝对值越小，说明两城市的相互作用力越小。

四省与上海的经济联系强度值可以分为八个层次：第一层为安徽的铜陵和宣城，强度值分别为16.68和13.8；第二层包括苏州、池州和芜湖；第三层包括无锡、嘉兴、合肥和南通；第四层包括宁波和巢湖等九个城市；第五层包括舟山和亳州等六个城市；第六层包括淮安和南昌等十一个城市；第七层包括新余和赣州等五个城市；第八层包括马鞍山和金华等十一个城市。

表1 泛长三角地区各城市与上海的联系强度值分类表

联系强度分布	绝对值排序	K=（0~1）	K=（1~2）	k≥2
F<0		金华（-0.77-k为0） 绍兴（-2.13-k为0） 滁州（-3.42-k为-2） 淮北（-5.85-k为-2） 马鞍山（-9.1-k为-2）	鹰潭（-0.16-k为-2） 丽水（-0.43-k为-2） 衢州（-0.46-k为-2） 淮南（-2.61-k为-2）	阜阳（-0.02-k为2） 安庆（-1.88-k为-2）
0≤F<0.1	阜阳、赣州 宜春、萍乡 吉安、新余	赣州（0.02-k为2） 萍乡（0.06-k为1）	宜春（0.03-k为1）	吉安（0.06-k为2） 新余（0.08-k为2）
0.1≤F<0.5	南昌、九江、上饶、 温州、徐州、景德镇、 鹰潭 连云港、宿州、宿迁、 盐城、 丽水、淮安、衢州	南昌（0.10-k为-1） 温州（0.11-k为-1） 徐州（0.15-k为2） 景德镇（0.16-k为-1） 宿迁（0.35-k为2） 盐城（0.42-k为2）	连云港（0.20-k为2） 淮安（0.44-k为2）	九江（0.10-k为2） 上饶（0.10-k为2） 宿州（0.35-k为2）
0.5≤F<1	亳州、六安、金华、台州 扬州、南京、舟山	六安（0.62-k为-1） 台州（0.81-k为-1） 南京（0.84-k为0）	扬州（0.82-k为2）	亳州（0.58-k为2） 舟山（0.93-k为2）
1≤F<3	巢湖、镇江 泰州、黄山 安庆、杭州 绍兴、湖州 淮南、蚌埠 宁波、常州	泰州（1.21-k为2） 杭州（1.90-k为-1） 常州（2.89-k为2）	镇江（1.13-k为2）	巢湖（1.06-k为2） 黄山（1.54-k为2） 湖州（2.31-k为2） 蚌埠（2.75-k为2） 宁波（2.76-k为2）
3≤F<5	南通 滁州 合肥 嘉兴 无锡	南通（3.14-k为2） 合肥（4.11-k为-2）	无锡（4.99-k为2）	嘉兴（4.49-k为2）
5≤F<10	芜湖、淮北、池州、苏州、马鞍山	芜湖（5.17-k为-2） 苏州（9.05-k为2）		池州（8.81-k为2）
F≥10	宣城、铜陵	宣城（13.80-k为-1） 铜陵（16.68-k为-2）		

江苏省所选取的城市中与上海的联系强度值最大的是苏州，其次为无锡和南通，南京市仅位于第七，反映出苏州、无锡和南通与上海之间存在较强的相互作用关系；而淮安、盐城、宿迁、连云港和徐州与上海的相互作用相对较弱，而我们发现这几个城市也恰好是江苏省未纳入长三角经济圈范围的几个城市，体现出长三角经济圈内城市与上海的经济联系较强。江苏省所有城市与上海经济联系强度绝对值最大值均以正值出现，反映了江苏省城市与上海相互作用中合作效应比较明显。

浙江省的嘉兴、宁波、湖州、杭州和绍兴与上海的相互作用较大，而其余城市与上海的相互作用相对较小。金华、衢州、绍兴和丽水与上海的经济联系强度值最大值以负值形式出现，从其强度值分布可以看出上海与这几个城市作用前期对其所产生的极化作用，浙江的其余城市与上海间的相互作用强度均体现了合作效应。另外也可以发现，浙江省的城市中与上海的联系强度最大的是嘉兴，其次是宁波、湖州和杭州，虽然杭州市也是长三角经济圈的三个经济中心之一，但并不是浙江省中与上海之间联系强度最大的城市。

与江苏省和浙江省相比，安徽的城市与上海经济联系强度值相对较大，铜陵和宣城与上海的强度值均超过10，而江浙两省并未有城市与上海的强度值大于10，安徽省城市与上海的强度值（绝对值）在5~10的城市占其城市总数的比重为23.53%，而江苏省仅有苏州位于该区间，浙江省未有城市位于该区间。安徽省城市与上海的强度值（绝对值）大于1的城市有13个，占其城市总数的比重为76.47%；而江苏省有5个城市，占其城市总数的比重为38.46%，浙江省该区间的城市也有5个，占45.45%，相比而言，安徽省城市与上海的经济联系强度值（绝对值）相对都较大。宣城和铜陵是安徽省内与上海的经济联系强度值最大的两个城市，其次是芜湖和池州，这四个城市与上海的经济联系都很强；马鞍山和淮北与上海的联系强度值最大值以负值形式出现，观察其出现的最大值的时滞均为-2点，说明这两个城市与上海先期作用中的竞争效应较强，而后期上海与这两市的联系强度值都较小（见附表2），反映了短期内与上海的合作效应还未凸显。合肥与上海的相互作用居中等水平，淮南、安庆、黄山、巢湖和蚌埠与上海的经济联系较弱，而六安、亳州、宿州和阜阳与上海的经济联系更为微弱。

江西省与上海的经济联系强度是四省中最弱的，所有城市与上海联系强度绝对值最大为0.19，其余城市更小，反映了江西省与上海的联系非常弱。相对而言，景德镇、南昌、九江、上饶和鹰潭这五个城市与上海的联系强度值大于新余、萍乡、吉安、宜春和赣州这几个城市。

2. 南京、杭州、合肥、南昌四市间的经济联系强度分析

表2　南京、杭州、合肥和南昌四市间经济联系强度分类表

联系强度分布	绝对值排序	K=（0~1）	K=（1~2）	k≥2
0.1≤F<0.5	南京—南昌 合肥—南昌 杭州—南昌	南京—南昌（0.33-k 为0） 合肥—南昌（0.45-k 为0） 杭州—南昌（0.47-k 为0）		
0.5≤F<1	杭州—合肥	杭州—合肥（0.62-k 为0）		
1≤F<3	南京—杭州 南京—合肥	南京—杭州（1.39-k 为0） 南京—合肥（2.98-k 为-1）		

这四个城市之间的相互作用强度最大的是南京与合肥之间的相互作用，其次是南京与杭州之间，杭州与合肥间的相互作用强度位于第三位，而南昌与南京、杭州和合肥三个城市之间的相互作用强度值都比较弱。

3. 泛长三角地区城市"错位"经济联系分析

（1）南京与安徽省各城市的经济联系强度分析。

表3 南京与安徽省各城市的经济联系强度分类表

联系强度分布	绝对值排序	K= (0~1)	K= (1~2)	k≥2
F<0		阜阳 (−0.21−k 为 0) 滁州 (−16.39−k 为 0)		
0.1≤F<0.5	阜阳、亳州、六安			亳州 (0.25−k 为 2) 六安 (0.33−k 为 0)
0.5≤F<1	黄山、池州 淮北、宿州	淮北 (0.81−k 为 0)		黄山 (0.56−k 为 2) 池州 (0.79−k 为 2) 宿州 (0.91−k 为 2)
1≤F<3	安庆、淮南 蚌埠、宣城 合肥	合肥 (2.98−k 为 −1)	淮南 (1.50− k 为 1)	安庆 (1.02−k 为 2) 蚌埠 (2.13−k 为 2) 宣城 (2.28−k 为 2)
3≤F<5	铜陵、巢湖	铜陵 (3.19−k 为 0)		巢湖 (4.24−k 为 2)
F≥10	芜湖、滁州、马鞍山	芜湖 (10.15−k 为 0) 马鞍山 (28.12−k 为 0)		

南京与安徽省城市的经济联系强度可以分为六层：第一层包括芜湖和马鞍山两个城市；第二层包括铜陵和巢湖两个城市；第三层包括安庆、淮南、蚌埠、宣城和合肥五个城市；第四层有黄山、池州、淮北和宿州四个城市；第五层包括亳州和六安两个城市；第六层有阜阳和滁州两个城市。安徽省内与南京联系强度值最大的是马鞍山，强度值远大于其他城市，说明马鞍山和南京间具有强的相互作用；滁州与南京的联系强度值绝对值也很大，而滁州以负值形式出现了绝对值最大值，从其与南京作用强度值的分布（见附表4）可以看出，滁州与南京相互作用的前期存在强的竞争效应，而在南京作用于滁州的后期两个城市间的合作效应也逐渐增强；芜湖与南京的作用强度值位居第三，反映了与南京较强的相互作用。巢湖和铜陵与南京的经济联系强度也较大，合肥与南京的联系强度居省内第六位，蚌埠和宣城两个城市与南京的经济联系强度比较接近，安庆和淮南两个城市与南京的联系强度也比较接近，这四个城市与南京的联系程度一般；其余的宿州、淮北、池州、黄山、六安、亳州和阜阳七个城市与南京的经济联系强度都较弱。

（2）杭州与安徽省各城市的经济联系强度分析。

表4 杭州与安徽省各城市的经济联系强度分类表

联系强度分布	绝对值排序	K= (0~1)	K= (1~2)	k≥2
F<0			阜阳 (−0.08−k 为 −2) 滁州 (−0.76−k 为 −1)	
0≤F<0.1	阜阳			
0.1≤F<0.5	亳州、六安 淮北、宿州 淮南、黄山 池州、蚌埠	淮北 (0.27−k 为 0) 淮南 (0.35−k 为 0)		亳州 (0.11−k 为 2) 六安 (0.24−k 为 2) 宿州 (0.28−k 为 2) 黄山 (0.39−k 为 2) 池州 (0.42−k 为 2) 蚌埠 (0.43−k 为 2)
0.5≤F<1	安庆、合肥 巢湖、滁州	合肥 (0.62−k 为 0)		安庆 (0.58−k 为 2) 巢湖 (0.69−k 为 2)
1≤F<3	铜陵、宣城 马鞍山、芜湖	铜陵 (1.07−k 为 0) 马鞍山 (1.47−k 为 0) 芜湖 (1.65−k 为 0)		宣城 (1.21−k 为 2)

分析安徽省城市与杭州的经济联系强度,可以很明显发现,总体而言,安徽省城市与杭州的经济联系较弱,仅有四个城市与杭州的经济联系强度值大于1,其余城市的强度值均小于1;而前面南京与安徽省城市的经济联系强度分布中,强度值大于1的城市有九个,另外有三个城市的强度值大于10,由于距离较远,安徽省的城市与杭州的经济联系明显较弱。

安徽省与杭州的经济联系强度分为四个层次:第一层的城市有铜陵、宣城、马鞍山和芜湖;第二层包括合肥、安庆和巢湖三个城市;第三层有亳州、六安、淮北、宿州、淮南、黄山、池州和蚌埠八个城市;第四层是阜阳和滁州。芜湖是与安徽省内与杭州联系强度值最大的城市,马鞍山、铜陵和宣城与芜湖的联系强度值比较接近,这四个城市与杭州经济联系强度值相对其余城市较大,但是这四个城市与杭州的经济联系并不强;安庆、合肥、巢湖和滁州与杭州的联系强度绝对值位于0.5~1,而亳州、六安、淮北、宿州、淮南、黄山、池州和蚌埠八个城市与杭州的经济联系更弱,阜阳与杭州的经济联系强度接近0,反映了阜阳与杭州间微弱的相互作用。

(3)杭州与江西省各城市的经济联系强度分析。

表5 杭州与江西省各城市的经济联系强度分类表

联系强度分布		K= (0~1)	K= (1~2)	k≥2
F<0				鹰潭 (−0.39−k 为−2)
0≤F<0.1	赣州			赣州 (0.09−k 为2)
0.1≤F<0.5	宜春、萍乡 吉安、新余 九江、南昌 鹰潭	萍乡 (0.13−k 为0) 新余 (0.19−k 为0) 南昌 (0.33−k 为0)		宜春 (0.10−k 为2) 吉安 (0.13−k 为2) 九江 (0.31−k 为2)
0.5≤F<1	上饶、景德镇	景德镇 (0.62−k 为0)		上饶 (0.55−k 为2)

江西省的城市与杭州的经济联系强度值也较小,比安徽省城市与杭州经济联系强度相对更弱。江西省九个城市中与杭州经济联系强度值最大的城市仅为0.62,其余城市则更小,说明江西省整体与杭州的经济联系较弱。

江西省的城市与杭州的经济联系强度值可以分为四个层次:第一层有景德镇和上饶两个城市;第二层包括的城市较多,有宜春、萍乡、吉安、新余、九江和南昌六个城市,占江西省城市数目的66.67%;第三层为赣州;第四层是鹰潭。景德镇和上饶与杭州的经济联系强度值是江西省内最大的两个城市,而这两个城市与杭州的联系强度也非常弱,宜春和南昌等六个城市与杭州的经济联系更弱,赣州是江西省内与杭州经济联系强度最弱的城市,其与杭州的联系强度值接近于零。

四、结论及政策建议

结论一:安徽省的城市与上海之间的经济联系强度值均较大,强度值较大城市的比例甚至大于江苏省和浙江省,明显大于江西省的城市与上海的经济联系。安徽的铜陵、宣城、池州、芜湖和合肥等城市与上海之间体现了很强的经济联系,因此安徽实际上已较多地参与了长三角的分工,泛长三角经济圈的构建将促进安徽更广泛地参与该地区的分工合作,通过铜陵等城市与上海经济联系的进一步增强,带动安徽其他地区与上海等地的经济联系。

结论二:安徽省马鞍山、滁州、芜湖、巢湖和铜陵与南京之间的经济联系较强,而杭州与安徽省城市间的联系强度明显弱于南京与安徽省城市间的联系强度。南京通过增强与安徽省城市的经济联系扩展了其发展腹地,为进行产业结构升级和安徽承接其产业转移起了推动作用,因此南京应该继续向西扩展，推动其自身的产业结构升级并促进安徽融入到长三角产业分工中去。而杭州与安徽的地理位置较远，因此与安徽的经济联系较弱，而安徽省想接受浙江省的经济辐射只能通过改善交通条件和基础设施，通过优惠的政策吸引浙江的产业转移。

结论三：江西与上海和杭州间的经济联系都很弱，远小于江苏、浙江和安徽，因此在承接长三角产业转移上相对存在弱势，江西省要明确其区域发展定位，在目前长三角泛化的条件下利用长三角的产业转移的机遇发展其自身经济。

长三角经济圈目前并未有安徽省的城市，而安徽省在过去几年中积极向长三角靠拢，合肥、芜湖和铜陵已经分别向长三角经济联合会递交了入会申请，并未得到正式认可，而2008年初胡锦涛总书记在皖考察工作时，提出要充分发挥安徽区位优势、自然资源优势和劳动力资源优势，主动承接沿海地区的产业转移，积极参与泛长三角地区的分工合作，明确提出了安徽经济发展的泛长三角依托，而我们从上述经济联系分析中也可以发现，安徽省的城市无论是与上海、江苏还是浙江的地缘接近的城市联系强度都较强，远超过了南昌与这三个地区的经济联系强度，而安徽省部分城市与长三角三个经济中心的联系强度甚至大于这三个中心与已经包括在长三角经济圈范围内的城市的经济联系强度，也说明了安徽省参与长三角经济圈的分工已经实大于名，安徽应该抓住机遇，系统构建合作机制，实现东向发展，促进安徽崛起。

参考文献

Huff, D.L. A Probabilistic Analysis of Consumer Spatial Behavior [J]. American Marketing Association, 1963：443-446.

Kruguman, P. Geography and Trade [M]. Mass：MIT Press, 1993.

Reilly, W.J. Individual Choice Behavior [M]. New York：Pilsbury, republished in 1953.

Sjasstad, L.The cost and Returns of Human Migration [J]. Journal of Political Economy, 1962, 70：80-93.

Talor, P.J. Distance Decay Models in Spatial Interaction [M]. Norwich：1975.

陈哲，卜玉宏. 长三角区域经济发展的空间结构分析 [J]. 沿海企业与科技，2006（9）：84-86.

何亦，童牧. 长江三角洲空间经济结构研究 [J]. 生产力研究，2006（1）：115-117.

胡序威. 中国沿海城镇密集地区空间集聚与扩散研究 [M]. 北京：科学出版社，2001.

贾远琨. 长三角将新建10条铁路助推同城化 [DB/OL]. http：//news.xinhuanet.com/newscenter，2008-1-20.

苗长虹，王海江. 河南省城市的经济联系方向与强度 [J]. 地理研究，2006（2）：222-232.

王志彦，王永华. 长三角加紧布局"2小时有轨交通网" [N]. 杭州日报，2008-2-25.

魏后凯. 现代区域经济学 [M]. 北京：经济管理出版社，2006.

吴洁瑾，陆玫，叶建华. 打造三统一长三角 市场一体化启动 [N]. 东方早报，2007-12-3.

徐益平，鲁勋. "长三角区域范围"将有标准说法 [N]. 东方早报，2007-12-12.

张敏，顾朝林. 长江三角洲全球城市区空间建构 [J]. 长江流域资源与环境，2006，15（6）：787-792.

附表1 分产业经过专业化系数修正的泛长三角各地区综合 GDP

单位：万元

综合 GDP	1995 年	1998 年	2000 年	2003 年	2004 年	2005 年	2006 年
上海	1121556.57	1417052.54	1531038.72	1783939.92	2219915.56	2745528.99	3083305.23
江苏省南京	184870.85	240540.41	251261.85	377415.17	475084.96	886989.86	124053.73
无锡	338402.10	410319.94	404424.24	699054.73	434236.37	1236909.32	1122754.30
徐州	58903.46	46186.77	63573.10	258664.05	165796.71	206619.45	219217.61
常州	175376.44	160967.58	219183.75	461045.59	426145.73	683795.05	666643.64
苏州	427476.20	403643.04	548864.87	1966402.22	1065840.20	3153530.20	3175517.56
南通	93885.25	56842.48	119081.09	627864.34	210637.02	535970.49	519396.14
连云港	102534.94	112631.67	91200.54	160976.81	92916.16	106856.68	101696.95
淮安	236343.60	140535.99	143949.94	178283.81	106769.40	140640.03	134829.53

续表

综合GDP	1995年	1998年	2000年	2003年	2004年	2005年	2006年
盐城	191047.79	248135.95	271831.42	145395.08	69577.96	304198.30	317420.39
扬州	210605.67	31958.38	55075.11	176914.93	118928.82	334082.70	332415.00
镇江	94778.35	120434.95	145936.27	226998.12	151784.70	436600.15	449304.42
泰州	31536.72	6811.87	37435.00	505861.12	184866.84	369556.12	406807.94
宿迁	13561.03	156098.66	158805.29	63805.89	46734.50	158097.79	160999.97
浙江省杭州	230079.56	279615.88	284330.01	464977.40	482409.41	580101.74	628218.40
宁波	273273.88	320267.18	436500.36	494828.80	396992.49	538659.58	576038.20
温州	160897.45	292079.79	347991.49	399289.91	207876.94	379877.98	408818.61
嘉兴	134033.07	242134.52	288064.82	294996.80	91275.60	525495.10	601301.73
湖州	43215.40	138709.19	169216.87	142842.28	92824.76	189761.36	258049.11
绍兴	210277.28	397056.13	478579.31	263289.81	61376.92	747683.83	782366.02
金华	114012.62	215687.04	228688.17	48603.71	16815.56	197567.28	218357.04
衢州	22882.29	32011.11	30333.93	28033.93	17614.97	22462.25	21539.67
舟山	32115.46	8094.57	50512.76	11364.89	7703.20	86304.01	102369.08
台州	106435.98	49042.87	348279.71	629258.89	267673.21	206451.97	204785.85
丽水	9404.94	221767.44	47538.23	36435.12	10394.04	28107.29	70861.61
安徽省合肥	4490.60	18371.11	32367.86	149933.90	149592.87	258813.52	235998.75
芜湖	7186.64	38548.57	48713.65	227929.94	201459.53	73137.44	127758.28
蚌埠	27516.49	29358.30	53342.54	62775.48	38314.45	85795.08	104721.06
淮南	31306.18	18609.49	3764.90	49265.44	58691.04	61943.42	55145.38
马鞍山	91674.20	82940.58	67269.06	211625.59	296709.68	268521.18	271087.80
淮北	27536.48	36540.44	14960.05	101608.84	111880.43	78990.27	44953.62
铜陵	22240.88	18856.28	24001.21	57159.22	101874.27	98713.98	184638.16
安庆	56559.08	49047.68	62742.09	85411.65	40951.89	107744.82	111365.06
黄山	25540.41	37844.82	42552.10	62498.68	16391.54	77077.10	77018.73
滁州	66124.83	88617.25	105602.23	37284.57	6229.98	161351.48	174006.83
阜阳	14396.26	226329.09	1885901.28	59926.30	30223.51	198788.60	239489.01
六安	17889.70	20544.36	133164.17	109286.62	34613.29	131730.50	163018.91
宿州	35052.67	129377.48	192224.31	162101.69	70005.55	289853.44	314456.58
巢湖	11421.39	1496.72	85108.00	19830.83	8531.90	114986.12	123129.69
亳州	18550.17	24312.03	146868.93	58475.09	28727.82	181867.51	193502.23
宣城	7852.25	10939.36	44279.16	61482.65	23478.89	77341.63	86196.74
池州	6887.96	6455.40	28454.50	17149.55	11080.23	35368.20	42988.78
江西省南昌	36381.44	66460.40	49981.06	198150.89	187680.20	162693.67	196843.79
景德镇	6173.51	16364.10	16308.70	67979.01	39200.56	37911.40	45421.32
萍乡	8210.73	22891.18	35250.75	91172.43	70362.53	100619.67	123568.16
九江	53368.03	13078.12	24679.90	98426.03	57143.02	91168.26	110325.28
新余	8717.18	9069.55	11039.42	31889.54	47239.21	63469.40	91748.53
鹰潭	13672.87	13195.94	8671.96	109298.02	24995.23	14948.86	28948.36
上饶	3911.63	10667.80	96808.14	44048.38	6131.78	102151.62	105312.57
吉安	1398.04	7603.05	120864.52	35772.88	6707.91	143805.64	141285.81
赣州	7540.78	72866.25	171263.06	73627.21	15297.14	206672.73	208972.61
宜春	11021.16	12335.25	137849.38	70974.63	8755.09	158681.02	105912.06

附表2　四省各城市与上海的相互作用强度值

强度值	K=−2	K=−1	K=0	K=1	K=2
江苏省南京	0.82	0.83	0.84	0.83	0.83
无锡	2.86	4.24	3.21	4.38	4.99
徐州	0.02	0.09	0.04	0.11	0.15
常州	2.42	2.69	2.70	2.77	2.89
苏州	1.62	6.82	3.67	7.35	9.05
南通	−0.81	1.34	−0.88	1.85	3.14
连云港	0.01	0.07	−0.05	0.11	0.20
淮安	0.14	0.39	0.32	0.39	0.44
盐城	−0.15	0.15	−0.11	0.23	0.42
扬州	−0.44	0.49	0.09	0.60	0.82
镇江	0.15	0.74	0.23	0.85	1.13
泰州	0.31	0.63	−0.16	0.77	1.21
宿迁	0.02	0.14	0.00	0.22	0.35
浙江省杭州	0.90	1.90	1.85	1.88	1.85
宁波	0.42	2.57	1.50	2.50	2.76
温州	0.03	0.11	−0.03	0.03	0.07
嘉兴	−1.73	1.69	−3.08	3.33	4.49
湖州	0.41	0.80	−1.22	0.89	2.31
绍兴	−0.99	−0.93	−2.13	0.98	1.63
金华	−0.33	−0.64	−0.77	−0.25	0.05
衢州	−0.46	−0.29	−0.44	−0.30	−0.22
舟山	−0.16	−0.82	−0.84	0.80	0.93
台州	0.33	0.81	0.35	0.04	−0.31
丽水	−0.09	−0.10	−0.29	−0.43	−0.05
安徽省合肥	4.11	1.74	1.29	0.90	0.73
芜湖	5.17	1.95	1.48	0.53	0.59
蚌埠	1.37	4.33	1.66	3.36	2.75
淮南	−2.61	0.97	2.14	2.19	1.78
马鞍山	−9.10	3.11	1.93	1.48	1.29
淮北	−5.85	2.31	1.88	1.33	0.63
铜陵	16.68	8.40	3.89	2.91	1.94
安庆	−1.88	1.80	0.23	1.56	1.53
黄山	−0.02	−0.03	−0.73	1.47	1.54
滁州	−3.42	−3.22	−3.31	0.94	1.39
阜阳	0.00	−0.01	−0.01	−0.01	−0.02
六安	0.07	0.62	−0.06	0.47	0.55
宿州	0.20	0.30	−0.09	0.32	0.35
巢湖	0.85	0.14	−0.57	1.03	1.06
亳州	0.51	0.27	−0.14	0.56	0.58
宣城	8.02	13.80	5.53	11.07	10.70
池州	6.20	4.02	−2.42	7.49	8.81
江西省南昌	0.01	0.10	0.09	0.07	0.08
景德镇	0.12	0.16	0.11	0.08	0.09
萍乡	0.05	0.06	0.05	0.06	0.06

续表

强度值	K=-2	K=-1	K=0	K=1	K=2
九江	-0.07	0.07	0.05	0.10	0.10
新余	0.08	0.08	0.08	0.08	0.08
鹰潭	-0.16	0.14	0.06	0.02	0.02
上饶	0.07	0.07	-0.04	0.10	0.10
吉安	0.04	0.02	-0.03	0.06	0.06
赣州	0.01	0.01	-0.02	0.01	0.02
宜春	0.02	0.02	-0.01	0.03	0.01

附表3 省会城市间的经济联系强度表

强度值	K=-2	K=-1	K=0	K=1	K=2
南京—杭州	0.55	1.20	1.39	1.29	1.28
南京—合肥	2.91	2.98	2.97	2.90	2.71
南京—南昌	-0.01	0.30	0.33	0.24	0.24
杭州—合肥	0.57	0.53	0.62	0.52	0.56
杭州—南昌	0.04	0.31	0.47	0.28	0.26
合肥—南昌	0.02	0.28	0.45	0.37	0.33

附表4 南京与安徽省城市间的经济联系强度表

强度值	K=-2	K=-1	K=0	K=1	K=2
合肥	2.91	2.98	2.97	2.90	2.71
芜湖	8.08	9.98	10.15	2.95	1.81
蚌埠	0.34	1.28	0.71	1.51	2.13
淮南	-0.91	0.56	1.45	1.50	1.20
马鞍山	-9.15	23.03	28.12	24.18	19.91
淮北	-0.47	0.62	0.81	0.55	0.18
铜陵	2.72	3.02	3.19	2.94	2.99
安庆	-0.43	0.49	0.23	0.66	1.02
黄山	-0.21	-0.25	-0.03	0.34	0.56
滁州	-12.97	-15.63	-16.39	5.85	15.17
阜阳	-0.11	-0.15	-0.21	-0.18	-0.16
六安	-0.08	0.18	-0.02	0.14	0.33
宿州	0.32	0.27	-0.19	0.44	0.91
巢湖	2.02	-0.87	-2.27	2.22	4.24
亳州	0.16	0.04	-0.07	0.15	0.25
宣城	0.96	1.73	0.88	1.54	2.28
池州	0.38	0.05	-0.25	0.37	0.79

附表5 杭州与安徽省城市间的经济联系强度表

强度值	K=-2	K=-1	K=0	K=1	K=2
合肥	0.57	0.53	0.62	0.52	0.56
芜湖	1.18	1.26	1.65	0.46	0.01
蚌埠	0.08	0.15	0.23	0.21	0.43
淮南	-0.18	0.10	0.35	0.32	0.25

续表

强度值	K=-2	K=-1	K=0	K=1	K=2
马鞍山	−0.28	1.00	1.47	1.27	0.93
淮 北	−0.12	0.16	0.27	0.17	0.04
铜 陵	0.97	0.93	1.07	1.07	0.93
安 庆	−0.13	0.07	0.28	0.21	0.58
黄 山	−0.12	−0.15	0.09	0.11	0.39
滁 州	−0.51	−0.76	−0.60	0.12	0.75
阜 阳	−0.08	−0.06	−0.07	−0.06	−0.05
六 安	−0.11	0.09	0.05	0.04	0.24
宿 州	0.10	0.01	0.00	0.06	0.28
巢 湖	0.30	−0.22	−0.29	0.20	0.69
亳 州	0.06	0.00	−0.03	0.04	0.11
宣 城	0.53	0.56	0.66	0.48	1.21
池 州	0.20	−0.04	−0.09	0.11	0.42

（刘志迎、张晓敏、周彬，中国科学技术大学管理学院、合肥市国投建设有限公司、合肥工业大学马克思主义学院）

我国区域发展新格局与"十二五"区域规划和布局

《中华人民共和国国民经济和社会发展第十二个五年规划纲要》指出:"实施区域发展总体战略和主体功能区域战略、构筑区域经济优势互补、主体动能定位清晰、国土空间高效利用、人与自然和谐相处的区域发展格局。其根本目的是优化格局,促进区域协调发展,实现福利共享式发展。"

一、中国区域经济新版图和"十二五"经济区划与布局

(一)中国区域经济新版图

区域经济协调发展,核心问题是缩小地区间存在的差距,防止产生"马太效应"。区域发展不平衡包括很多方面:经济发展程度、公共发展水平、人均收入和生活富裕程度等。从发展的角度看,还包括创新能力、环境承载能力、发展的可持续性等。由这些差别产生的不平衡会带来很多问题甚至严重的社会问题。近几年,特别是2009年以来,按照国家区域发展总体战略的要求,立足经济社会发展大局的需要,从各个方面的实际出发,以充分发挥各地的比较优势为着力点,国家陆续出台了多个区域刨和区域政策性文件,使区域政策的空间指向更加合理,政策内容更加细化、深化和更具针对性。为此,截至2011年"两会"召开前夕,在被确定战略层面的区域经济规划中,东部地区有长江三角经济规划区、天津滨海新区、辽宁沿海经济带、长吉图经济区、山东半岛蓝色经济区、黄三角高效生态经济区、珠三角经济规划区、海西经济规划区、海南旅游岛等;中部地区有中原经济区、武汉城市圈、长珠潭城市群、皖江城市带、鄱阳生态经济区;西部地区有成渝经济规划区、关中天水经济区、广西北部湾经济规划区、陕甘宁能源"金三角"、甘肃省循环经济总体规划、青海省柴达木循环经济试验区总体规划、新疆经济规划区、西藏经济规划区等。东部地区曾是领跑中国经济的"火车头",多年来无论是其经济总量还是增长速度都远远领先于其他地区。然而,在国际金融危机的冲击下,自2008年以来,中、西部和东北地区经济全面加速发展,均超东部增长水平。2009年,中、西部和东北部地区增长速度同比东部分别高出1.9、2.7和0.9个百分点;2010年,三大地区增速继续快于东部,"中国经济的重心开始向中、西部转移"。但就经济总量而言,目前东部地区的GDP占全国的比重高达53%,人均GDP相当于全国平均水平的1.63倍,地方财政收入占全国地方财政收入总和的58.4%。它仍然是我国经济的"半壁江山",在全国区域经济版图上仍然居于"龙头"地位。

(二)"十二五"西部经济区划布局原则

《中华人民共和国国民经济和社会发展第十二个五年规划纲要》指出:"充分发挥不同地区比较优势,促进生产要素合理流动,深化区域合作,推进区域良性互动,逐步缩小区域发展差距"。推进新一轮西部大开发,要"坚持以线串点、以点带面,推进重庆、成都、西安区域战略合作,推动呼包鄂渝、广西北部湾、成渝、黔中、滇中、

藏中南、关中—天水、兰州—西宁、宁夏沿黄、天山北坡等经济区加快发展，培育新的经济增长极。"

为贯彻和实施"优化格局，促进区域协调发展"的区域发展总体战略，"十二五"对西部区域的发展确立了"三"、"四"、"五"的原则。

"三"指具有全国影响的经济增长极，包括成渝、关中—天水和广西北部湾经济区。这三大经济区是带动和支撑西部大开发的三大战略高地。

"四"指西部地区新的四个经济增长带，包括呼包银、新疆天山北坡、兰西银、陕甘宁等经济带。

"五"指省域经济增长点，包括滇中、黔中、江西上游、宁夏沿黄、西藏"一江三河"。

二、"十二五"西部经济区划与布局

（一）西部可能成为"十二五"中国经济高增长地区

在西部地区中，目前已纳入或即将纳入国家层面的战略规划经济区主要有成渝经济区、关中—天水经济区、广西北部湾经济区、蒙陕甘宁能源"金三角"经济区、云南"桥头堡"规划、陕甘宁革命老区振兴规划、青藏高原区域生态建设与环境保护规划（2011~2030）等。从各区域产业定位的特点来看，成渝经济区、关中—天水经济区是西部掘起的核心，新疆、西藏是政策撬动、沿边开放的重点区域，而广西、云南的跨境经济合作将独具风采，内蒙古、甘肃、宁夏、青海是产业结构调整、发展循环经济、特色产业的省区。在"十一五"期间，西部各省区经济总量（GDP）均达到了两位数的年增长率。2010年经济总量超万亿元的全国17个省区和直辖市中，西部从原来的一席增加到了三席。

随着各个区域振兴规划的出台，西部地区将迎来发展新机遇，在"十二五"将进入一个高速增长期。

（二）西三角经济圈：中国经济增长第四极

西三角全称"西部川陕渝陇金三角"，包括以重庆为中心的成渝城市群、以西安为中心的关中城市群、以兰州为中心的西兰银城市群，包括重庆、成都、西安和兰州市及其周边地区约60座城市。目前，西三角经济总量2万亿多元，约占西部经济总量的40%。其中的成渝经济区、关中—天水经济区、广西北部湾经济区将是带动和支撑西部大开发的三大战略高地，其经济总量是我国除长三角、珠三角和环渤海经济区外最大的一个经济区。因而，该经济圈很有可能将成为我国经济增长的第四极，形成东有长三角、南有珠三角、北有环渤海、西有西三角的鼎立态势。正如中国人民大学陈秀山教授所说，"西三角被誉为我国经济第四极，具备西南、西北联合发展的基础，不仅可以促进经济活动、人口和要素资源的聚集，还有利于带动西部大开发深化"。

1. 成渝经济区：西部最具全国性增长极条件的经济区

成渝经济区包括四川15个市和重庆31个县区，人口和GDP总量约占西部地区的1/3。形成以重庆、成都为核心，沿江、沿线为发展带的"双核五带"空间布局。将成为西部大开发的增长极和经济高地，国家重要的先进装备制造业、现代服务业、高新技术产业和农产品基地，全国统筹城乡综合配套改革试验区，国家内陆开放示范区和国家生态安全保障区。"成渝地区正在进行的改革和他们所走的路符合中国未来发展的方向，中央亦赋予其探索中国未来发展路径的使命"。

2. 关中—天水经济区：西北内陆经济新引擎

关中—天水经济区规划范围包括陕西西安、咸阳、宝鸡、铜川、渭南、杨凌、商洛部分县和甘肃天水所辖行政区，直接辐射区域包括陕西南部的汉中、安康，陕北的延安、榆林，甘肃的平凉、庆阳和陇南地区，欲打造成为全国内陆型经济开发开放的战略高地。关中—天水经济区地处亚欧大陆桥中心，是承东启西、连接南北的战略要地,是我国西部地区经济基础好、自然条件优越、人文历史深厚、发展潜力较大的地区。2009年关中—天水经济区 GDP 占西北地区总量的28.6%,经济区规划发展目标:在 2020 年经济总量要占到西北地区的 1/3 以上。国务院发展中心专家预言,该区域作为西北内陆的经济增长极,可以和东部三大都市圈抗衡。

3. 蒙陕甘宁能源"金三角"经济区:国家能源安全保障区

能源"金三角"经济区的核心区包括宁夏宁东能源化工基地、内蒙古鄂尔多斯市、陕西榆林市和甘肃陇东地区,区域面积 13.38 万平方公里;依托区包括宁夏沿黄城市带、内蒙古河套地区以及陕西延安市,面积 34.65 万平方公里。蒙陕甘宁能源"金三角"被国家赋予担负国家能源安全保障的重任。2009 年这一区域的源煤产量占全国的20%,天然气产量占全国的 25%,油气产量占全国的近 1/8。

蒙陕甘宁"金三角"能源规划的战略定位:将"金三角"经济区建设成为国家能源安全保障区、西部大开发战略新高地、国家能源低碳利用技术示范区、生态文明先行区、内陆开放型经济示范区。根据规划,到 2020 年能源"金三角"地区生产总值将达到 1.5 万亿元,煤炭、原油、天然气、火电装机、煤制油、煤制气、煤制烯烃以及风电太阳能发电机等分别占到全国产量的 30%、5%、10%、10%、50%、60%、50%和33%。能源"金三角"经济区的规划与设立对完善国家能源格局、保障能源供给意义重大,对于平衡西部开发、特别是大西北地区的均衡协调可持续发展将带来极大的促进作用。

4. "陕甘宁革命老区"规划

这是首个典型政策类型区域规划,也是首个针对"老少边穷"地区制定的专门性跨省区域规划,是区域协调发展的体现。陕甘宁革命老区地跨两省一区,包括陕西省延安、榆林;甘肃省庆阳、白银、平凉;宁夏回族自治区固原、吴忠 7 市 55 县。经济总量不足全国的 1/10,有 33 个国家级贫困县。根据规划,老区将推进"红 + 黑 + 黄 + 绿"四色战略。"红"是充分挖掘红色资源,整合和开发红色文化旅游产业;"黑"是科学合理、可持续性开发能源、变资源优势为发展优势;"黄"是以黄河、黄土保护与综合治理为重点、加强国家西部生态屏障建设;"绿"是注重生态环境治理。

陕甘宁革命老区发展规划将探索建立国家级生态、能源、经济协调发展示验区。

5. 广西北部湾经济区

这是我国西部大开发面向东盟开放合作的重点地区,对于国家实施区域发展总体战略和互利共赢的开放战略具有重要意义。该区域拥有丰富的海洋资源,组合优势明显,加快海洋经济发展的条件优越。

6. 青藏高原区域生态建设与环境保护规划(2011~2030)。

青藏高原包括西藏、青海、四川、云南、甘肃、新疆 6 省(区)27 个地区 179 个县,总面积250 万平方公里,境内面积 240 万平方公里,占我国陆地面积的近 1/4。海拔高度 4000~5000 米,有"世界屋脊"之称,作为我国及亚洲地区诸多大江大河的源头,地质构造特殊,生态环境极度脆弱,其生态环境的变化对全球气候、环境有着重大影响。

青藏高原不仅地理位置特殊,且自然资源丰富,是我国重要的生态安全屏障。根据规划,青藏高原将按照保护优先、预防为主、统筹规划、重点突破、分区管理、协调推进、创新机制、依靠科技的原则,坚持自然恢复和工程修复相结合,推进重点地区生态环境保护,加大产业结构调整和污染防治力度,解决影响人民群众健康的生态环境问题。国家将根据不同地区的地理特征、自然条件和资源环境承载力,将青藏高原划为生态安全保育区、城镇环境安全维护区、农牧业环境安全保障区、资源区和预留区等,并制定实施相应的管理措施。"十二五"期间,国家将加强重点生态功能区保护和管理,增强涵养水源、保持水土、防风固沙能力,保护生物多样性,构建包括青藏高原在内的"两屏三带"生态安全战略格局;与此同时,构建生态农业、生态牧业,以及科学合理开采矿产资源,形成可持续发展的产业模式,并在西部地区优先启动国家重点生态功能区保护修复工程。

三、"十二五"新疆经济跨规划与布局："两带两区"发展战略

推动区域协调发展，是新科学发展、跨越发展的根本基础和保证，基于这一基本思路和战略规划，新疆将实施"两带两区"的发展战略布局：分类指导、发挥优势、率先发展天山北坡经济带和天山南坡产业带，扶持发展南疆两地州贫困地区和沿边高寒地区，形成区域优势互补、相互促进、共同跨越发展的新格局。

（一）天山北坡经济带

东起哈密地区、西至伊宁的新疆天山北坡经济带，包括哈密—吐鲁番—乌鲁木齐—伊宁沿北疆铁路线、312 国道的广大区域。要以乌昌经济区为核心、以城镇组群和区域中心城市为支撑形成产业分工合理、联动发展的格局，不断提升区域整体发展势头，进一步增强对全疆乃至西部地区的辐射带动作用。在全疆率先实现新型工业化、农牧业现代化和新型城镇化，率先实现全面建设小康社会目标，建成国家重要的经济增长带。这一经济带又被划分六个经济区：

（1）乌昌经济区：要加快推进经济一体化和城乡一体化进程，重点发展能源矿产资源精深加工业、制造业和战略性新兴产业，加快技术进步与创新等。大力发展现代商贸物流、金融保险、商业服务等现代服务业等。提高对外开放水平、大力吸引资金技术、人才聚集。加快建成我国重要的综合性能源基地、西部地区重要的制造业中心、国际性商贸和物流中心。

（2）吐鲁番—哈密经济区：大力发展国家级太阳能综合利用示范基地、煤炭生产和外运基地。

（3）石（河子）—玛（纳斯）—沙（湾县）经济区：建成新疆乃至全国重要的纺织工业基地、绿色食品加工基地和农业产业化示范区。

（4）奎（屯）—克（拉玛依）—乌（苏）经济区：建成国家重要的能源基地和新疆重要的轻纺工业基地、商贸物流中心。

（5）博（乐）—精（河）—阿（拉山口）经济区：建成我国重要的陆路货物贸易中转集散地、进出口产品加工基地。

（6）伊宁—霍城—察布察尔经济区：加快发展外向型经济等，建设天山北坡西部经济强区、中心城市和向西开放的桥头堡。

（二）天山南坡产业带

东起库尔勒、西至阿克苏的天山南坡产业带，所辖新疆巴音郭楞蒙古自治州和阿克苏地区行政区域。对这一区域的功能定位是充分发挥丰富的能源资源和特色农业资源，做大做强天然气、煤化工、纺织、农副产品精深加工等特色优势产业，建成国家重要的石油天然气化工基地和煤炭资源开发转换基地、纺织工业基地，着力增强对南疆乃至对全疆经济的辐射作用。

（三）南疆三地州贫困地区

南疆三地州即原来的南疆西南部地区，包括喀什、和田两地区和克孜勒苏柯尔克孜自治州所辖区域。"十二五"规划对该地区的发展以保障和改善民生、增强自我发展能力为目标，加大扶持力度、逐步缩小与其他地区的发展差距；加快实施"富民安居"工程、"定居兴牧"工程和"南疆天然气利民"工程等民生工程；加快推进水利、交通、电力等重大基础建设，加大对特色优势产业、民族特色手工业、民族文化旅游业的发展；以喀什经济开发区为中心，打造"大喀什"经济圈，建设新疆以至西部重要的特色林果业产品生产加工基地、外向型农业基地，以及面向中亚、南亚的民族特色产品生产加工基地和物流基地。

（四）沿边高寒地区

该地区包括新疆 10 个边境地州（市）、33 个边境县市、新疆生产建设兵团 10 个边境师的 58

个边境团场，面积、人口和少数民族分别占新疆总量的 40%、26% 和 65.4%。2009 年社会生产总值、工业总产值却仅占 17.23% 和 4.7%，农牧民家庭人均收入不到 3000 元，亦属贫困地区。该地区要充分发挥丰富的天然草场资源和口岸优势，在注重保护生态环境基础上，加快发展以现代畜牧业、生态旅游业和边境贸易为主的特色优势产业，着力建设新疆重要的绿色有机畜产品基地、特色产品生产出口加工基地和我国西部地区重要的生态、民俗旅游目的地。加强对沿边高寒地区发展的扶持，全面推进 17 个边境扶持重点县（市）扶贫工作，加快实施兴边富民行动、"定居兴牧"工程，加快建设社会主义新农村和新城镇，推进传统畜牧业向现代畜牧业转变，传统生活方式向现代生活方式转变，到"十二五"末基本实现游牧民定居目标。

随着国家"十二五"区域规划布局，多个区域振兴规划的实施，西部地区将迎来发展的新机遇，进入一个高速增长期，国家"十二五"规划纲要第五篇第十八章第五节《加快对革命老区、民族地区、沿边地区和贫困地区扶持力度》特别指出，"贯彻落实扶持民族地区发展的政策，大力支持西藏、新疆和其他民族地区发展……"新疆集"少"、"边"、"贫"为一体，其区域规划、布局和发展不仅已纳入全国"十二五"区域规划布局之列，而且是一个重点规划、重点发展的区域。

四、分析与思考

（一）优化格局、促进区域合作与协调发展

综观以上出台的区域经济规划，其核心内容和主要宗旨：一是调整经济布局，形成产业分工。区域经济规划的核心是区域分工，带动地域分工是社会分工的空间表现，经济区的形成与发展是和劳动地域分工联系在一起的。如马克思所指出，分工"是政治经济学的一切范畴的范畴"。[①]"通过消除旧的分工，通过产业教育、变换工程、所有人共同享受大家创造出来的福利；通过城乡的融合，使社会全体成员的才能得到全面发展"。[②]因此，我国已出台的区域规划旨在明确区域功能定位和发展方向。二是突出区域合作，形成经济区（圈、带）。我国区域规划的目的，就在于遵循市场经济规律，突破行政区划界限，形成若干带动力强、联系紧密的经济圈和经济带。我国现已出台的区域规划都以行政管理体制改革为突破口，打破行政区划，重新布局各地区的传统产业和新型产业，谋划跨地区的区域经济发展。三是实现全面协调可持续发展。区域规划虽然是一定地理空间的规划，但空间规划的重要内容是通过空间布局优化，推进各区域互补协调发展。区域协调发展包括地区发展、行业发展、产业结构、收入分配、城乡发展、中心区域与边境地区发展方式转变等许多方面。四是"共享式发展"或"普惠式增长"，也就是公平性的包容性增长，这是区域协调、可持续发展的必然要求。从中国经济发展的实际来看，随着经济的快速发展与增长，全体国民的物质生活、幸福指数也同步提高，为了使发展成果达到全民共享，必须实现公平分配，与增长同步提高居民收入在国民收入中的比重和劳动报酬在初次分配中的比重。从国际层面看，共享式发展就是在国与国之间实现协调、和谐、共赢和多赢。

（二）实施主体功能区域战略，构建生态安全屏障

国务院于 2010 年底颁发的《全国主体功能区域规划》，是我国第一个国土空间开发规划，是战

① 马克思恩格斯全集. 第 47 卷 [M]. 北京：人民出版社 1972 年版，第 304 页.
② 同①，第 243 页.

略性、基础性、约束性的规划。"十二五"规划进一步明确规定，按照推进形成主体功能区的要求、完善区域规划编制，做好专项规划、重大项目布局与主体功能区规划的衔接协调，对进一步推进西部大开发的西部广大地区来说，优化开发格局、实施主体功能区域战略、强化生态保护与治理，不仅对促进地区协调发展、兴边富民有其重大意义，而且对构建全国、全球的生态安全屏障有其重大意义。"十二五"规划，特别强调加强重点生态功能区保护和管理，增强涵养水源、保持水土、防风固沙能力，保护生物多样性，构建"两屏三带"为主体的生态安全战略格局，构建以生态农业、生态牧业以及科学合理开采矿产资源，形成可持续发展的产业发展模式。为此，2011 年 3 月 30 日，国务院专门通过了 2011~2030 年的《青藏高原区域生态建设与环境保护规划》。此前青海省政府出台了《关于探索建立三江源生态补偿机制的若干意见》，与有关部门密切协调、相互配合，确保三江源生态补偿机制全面落实。

2011 年 6 月 8 日，国务院新闻办召开新闻发布会，介绍《全国主体功能区规划》有关情况。优化开发和重点开发区域都属于城市化地区，限制开发区域为农产品主产区和重点生态功能区，禁止开发区域则包括大小兴安岭森林生态功能区、三江源草原草甸湿地生态动能区等 25 个国家重点生态功能区。每一类不同的主体功能区、每一个主体功能区都会有相应不同的产业政策指导。而且明确了限制开发并不是限制所有的开发活动，而是限制在一定区域进行大规模、高强度的城镇化、工业化的活动。对于限制区域的发展，将加大中央财政转移支付、提高基本公共服务的能力，逐步改善这些地区的生活水平。显然，这又给广大西部地区，特别是对限制开发的重点生态功能区的发展带来了极大的发展机遇。在未来 10 年的西部大开发中，在"十二五"规划中，西部生态脆弱地区和资源富集地区如何实现生态环境可持续发展和资源开发可持续发展，跳出"资源陷阱"，实现跨越式发展是一个亟待研究和探索的重大课题。

（三）体制创新亟待解决

按主体功能区划要求，限制开发区多属中西

部地区和边远少数民族地区，由于历史的、社会的、政治文化的特殊因素，在实施全国区域发展总体战略和生态功能区战略中必须进行体制管理创新，适时、科学、全面、毫不犹豫地做好如下几个问题：

（1）打破原有行政区划与民族地方自治问题。实施区域发展总体战略，要求充分发挥不同地区的比较优势，促进生产要素合理流动，深化区域合作，实现资源最佳配置。优化产业、空间结构，推动区域良性互动发展，缩小区域发展差距，实现共同繁荣与富裕。

（2）中央政府企业与地方政府权益分配与管理职能协调问题。除了一般的中央政府与地方政府在地方治理、基础设施建设、公共产品服务、财政收入分配等方面的分工合作与协调外，对属于重点生态功能区的边疆地区来说，中央企业（如油气、矿产资源开发、新型科技产业、交通大动脉等）在当地经济发展中起主导作用，这些企业与所在区域如何协调发展并服务于当地发展，这是长期存在、久而未决的问题。又如新疆生产建设兵团与新疆维吾尔自治区长期存在的"兵地融合"问题。新疆生产建设兵团驻地于新疆境内，但独立于新疆自治政府，而直属于中央，虽然理应"兵地融合"共建新疆，却各自为政、各有规划、各有利益所在，久而不融，矛盾冲突不断，严重制约了新疆区域的整体发展。在区域协调发展和主体功能区战略的实施中，其负面作用更为凸显，如何进行体制创新、管理创新显得更为紧迫和重要。

（3）如何制定并有效实施生态补偿机制、资源补偿机制及价格、税收政策，在开发、管理、金融、税收等方面实施有差别的区域政策，具有非常重要的现实意义和紧迫性。

（4）如何扩大沿边开放，实施特区政策与周边国家开展区域合作，提高全方位对外开放水平，提高两个市场、两种资源的利用水平，实施"走出去"战略对西部开发、实施区域总体规划与协调发展有其重要意义，在政策与战略制定、区域规划与实施等方面应有重大突破和创新。

（司正家，新疆师范大学教授）

人口城市化在县域经济发展中的实证分析
——以江西为例

城市化已经成为 21 世纪我国经济社会发展的主旋律。通过大力发展城市化促进区域经济发展就成为大多数学者的共同观点。[1][2] 加快推进城市化成为我国以及国内众多省市区经济社会发展的主要战略之一。作为城市经济和农村经济的连接点，县域经济的发展水平不仅折射出城市经济辐射能力的强弱和农村经济的繁荣程度，同时还直接影响着区域城市化和市场化的进程，其发展的快慢将影响国民经济的发展，影响和谐社会的构建。城市化作为一个国家和地区经济社会现代化水平的重要标志之一，在促进城乡经济社会协调发展和产业升级，推动农民、农村和农业"三农"问题的解决，提升县域经济发展水平等方面，具有不可替代的重要作用。正是在这种背景下，我国许多县（市）也将城市化战略作为推进县域经济社会发展的重要举措。然而，由于我国区域经济发展的差异明显，城市化对县域经济的影响程度必然不同，不可能一概而论。本文仅以欠发达的江西为例，重点探讨人口城市化对江西县域经济发展的影响程度，并对许多欠发达县（市）选择城市化战略进行反思。

一、全省城市化对江西县域经济发展的影响

从全省来看，江西人口城市化的主要路径有两条：一是农民进入大中城市转化为城市居民；二是农民进入县城或建制镇转化为城市居民，如图 1 所示。无论哪种路径，均对江西县域经济发展产生直接或间接的影响。因此，笔者首先从全省城市化的视角实证分析人口城市化对县域经济发展的影响。

考虑到数据的可取性和可类比性，以及县域经济凸显的农业、农民、农村问题，本文重点考证全省城市化对江西县域农业、农民和农村的影响，从不同的侧面反映全省城市化对县域经济的影响程度。由于农业、农民、农村的主要载体均坐落在县域境内，因而可以借助全省的农业、农民、农村等相关指标，实证分析全省城市化对江西县域农业、农民、农村的影响。本文分别采用"农村人均第一产业增加值"指标代表农业发展水平、"农民人均纯收入"指标代表农民生存状态、"农村人均用电量"指标代表农村经济水平，城市化水平（城镇人口占总人口比重）指标代表人口城市化状况，对全省城市化和江西农村人均第一产业增加值、农民人均纯收入、农村人均用电量的相关关系进行考察，以求得全省人口城市化和县域经济两者大致的内在关联。

有关这方面的实证研究表明，目前我国城市化与经济增长之间、城市化与城乡居民收入之间存在长期均衡的关系。如刘耀彬（2006）利用协整关系检验和基于向量误差修正模型的格兰杰因果方法，得出改革开放以来中国城市化发展与经

① 胡鞍钢. 城市化是今后中国经济发展的主要推动力 [J]. 中国人口科学，2003（6）：1-8.
② 朱铁臻. 城市化是新世纪中国经济高增长的强大动力 [J]. 经济观察，2000（1）：23-26.

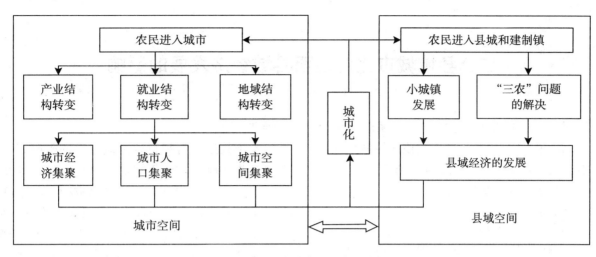

图1 江西人口城市化的主要路径

济增长是互为推进的；[1] 姚丽芬、刘爱英、龙如银（2010）利用协整理论、误差修整模型和 Granger 因果检验理论，对我国城乡居民收入和城镇化水平之间的关系进行了实证研究，结果表明两者之间是长期均衡关系。[2] 鉴于此，本文依据 1978~2009 年全省城市化水平和江西农村人均第一产业增加值、农民人均纯收入、农村人均用电量的数据资料，采用简单线性回归模型，衡量全省城市化进程对江西县域经济的影响程度。结果表明，全省城市化水平和江西农村人均第一产业增加值、农民人均纯收入、农村人均用电量的变动均呈明显正相关，如表1所示。

表1 江西全省城市化对县域经济影响模型及与全国的比较

	江西城市化对县域经济影响模型	中国城市化对县域经济影响模型
城市化对县域农业（人均第一产业增加值 Y）的影响	Y=149.21X−2569.4（R^2=0.9626）	Y=147.26X−3074.4（R^2=0.9075）
城市化对县域农民增收（农民人均纯收入 Y）的影响	Y=177.84X−3013.8（R^2=0.9603）	Y=157.47X−3219.9（R^2=0.9316）
城市化对县域农村发展（农村人均用电量 Y）的影响	Y=8.5628X−130.74（R^2=0.9639）	Y=26.518X−560.45（R^2=0.9041）

注：本表中的 X 均为城市化水平（%）。中国城市化对县域经济影响的模型采用的是 1978~2009 年的相关数据资料。

从全省城市化视角来看，人口城市化对江西县域经济发展产生了一定的影响，对于县域"三农"问题的解决起到了积极的作用。但与全国相比，影响力度有限。从城市化对农业、农民的影响来看，江西与中国基本类似，但城市化对农村经济的影响，相去甚远。中国城市化对农村经济的影响程度是江西的 3 倍多。这表明江西全省城市化进程，虽然与全国一样，对县域农业发展、农民增收、农村经济繁荣均产业了积极影响，但对农村经济的影响远不及全国的平均水平。

① 刘耀彬. 中国城市化发展与经济增长关系的实证分析 [J]. 商业研究，2006（24）：23-26.
② 姚丽芬，刘爱英，龙如银. 基于中国城镇化水平和居民收入间均衡关系之验证 [J].现代财经，2010（12）：80-84.

二、县域城市化对江西县域经济发展的影响

通常，区域城市化与经济增长关系的经典函数为 Y = a + βLnX。其中，Y 代表该区域城市化水平，X 代表该区域人均 GDP，a 和 β 为常数。由此，可以直接推导出以下指标 ε：

$$\varepsilon = \frac{dx/x}{100dy} = \frac{1}{100\beta}$$

ε 表示在其他条件不变的情况下，该区域城市化水平增加一个百分点对人均国民产出增长产生的推动作用。[①]

鉴于数据资料和行政区划变更的限制，笔者分别依据 1999~2009 年江西县域城市化水平和人均生产总值的历史数据，以及 2009 年江西 80 个县（市）城市化水平和人均生产总值的截面数据，进一步分析江西县域城市化与县域经济的相关性。采用上述经典函数，得到的江西县域城市化和经济增长的模型如表 2 所示。

表 2　区域城市化对本区域经济影响模型

	区域城市化对本区域经济影响模型
江西县域	Y=2.2334ln（X）－1.1649　　（R²=0.8258） ε=0.45%
江西各县（市）	Y=8.1585ln（X）－55.412　　（R²=0.2124） ε=0.12%
江西全省	Y=5.6256ln（X）－16.942　　（R²=0.8698） ε=0.18%
全国各省市区	Y=26.842ln（X）－222.88　　（R²=0.8492） ε=0.04%
全国	Y=6.3486ln（X）－20.162　　（R²=0.9418） ε=0.16%

注：本表中的 Y 均为城市化水平（%），X 均为人均生产总值。本表所指的"江西县域"为江西现有 80 个县（市）所在的区域范围。江西县域城市化对县域经济影响的模型采用的是 1999~2009 年的相关历史数据资料，江西各县（市）和全国各省市区对本区域经济影响模型采用的均是 2009 年的截面数据，其他均采用 1978~2009 年的历史数据资料。以上模型均通过检验。

上述分析表明，无论是采用纵向数据资料，还是横向截面数据资料，江西县域城市化对县域经济的影响非常有限。江西县域城市化水平每提高 1 个百分点，对县域经济增长的推动作用均没有超过 0.5%。尽管如此，与江西全省、全国相比，县域城市化对江西县域经济的影响还是比较显著的。采用同样方法，笔者依据 1978~2009 年的历史数据，定量分析江西城市化与全省经济发展之间的关系，以及中国城市化与全国经济发展之间的关系。同时，利用 2009 年全国 31 个省市区的截面数据，定量分析各省城市化与经济发展之间的关系。

通过以上对比，我们可以发现：县域城市化在推进江西县域经济发展中的作用还是比较明显的。特别是近十年，县域城市化水平每提高 1 个百分点，就会对人均生产总值的增长产生 0.45% 的推动作用，远高于江西全省和全国的情况。江西各县（市）城市化水平的提高对县域经济发展的推动作用也很明显，2009 年江西各县（市）城市化水平每提高 1 个百分点，就会对人均生产总值的增长产生 0.12% 的推动作用，高于当年全国 31 个省市区 0.04% 的推动作用。

[①] 徐雪梅，王燕. 城市化对经济增长推动作用的经济学分析 [J]. 城市发展研究，2004（2）：48-52.

三、江西县域经济发展机制分析

以上是仅考虑单一的人口城市化因素对县域经济发展的影响，而忽略了其他因素对县域经济发展的影响。因此，本文进一步从县域经济发展的机制入手，在考虑众多因素对县域经济影响的基础上，综合评价人口城市化因素在县域经济发展中的作用。根据众多学者的研究，对县域经济发展机制的分析主要集中于两类：一是从资源禀赋、自然条件、经济基础以及人文因素等方面进行的定性分析；二是选取某些指标，利用计量经济方法等对县域经济发展的因素进行定量分析。结合众多学者对县域经济发展因素的认识，以及偏重于考虑人口城市化对江西县域经济发展的影响，笔者主要从城市化、工业化、投资、消费、农业五个方面综合考察其对江西县域经济发展的影响。具体采用人口城市化水平（X1）、工业化水平（X2）、人均固定资产投资（X3）、人均社会消费品零售总额（X4）、人均第一产业增加值（X5）共五个指标，并用"县域人均生产总值 Y"指标代表县域经济发展。

因历史数据获取的问题，笔者分别依据 1999 年和 2009 年江西各县（市）的断面资料，采用逐步回归分析方法，对县域经济发展的机制进行分析。本文依据 1999 年江西 80 个县（市）的相关数据资料，利用 eviews6.0 软件，最终得到回归模型：

$$Y = -738.69206268 + 61.7002502499 \times X2$$
$$(-2.887168) \qquad (10.49154)$$
$$+ 1.95695921896 \times X5$$
$$(12.29710)$$

$R^2 = 0.761772 \quad F = 123.1096 \quad DW = 2.190401$

在 1999 年的模型中，原有变量 X1、X3、X4 未能通过检验。这表明 1999 年江西各县（市）县域经济发展主要取决于工业化水平的提高和农业的发展。江西各县（市）经济发展中工业的贡献最大，而且占绝对优势。工业化的快速推进，对江西各县（市）的发展产生了重要影响。

采用同样方法，依据 2009 年江西 80 个县（市）的截面数据，对江西县域经济发展的机制进行进一步分析。利用 eviews6.0 软件，最终得到的回归模型如下：

$$Y = -4781.14137 + 138.93782 \times X2 +$$
$$(-3.388317) \qquad (4.596658)$$
$$0.17805 \times X3 + 1.15538 \times X4 + 1.81098 \times X5$$
$$(2.611837) \qquad (3.445134) \qquad (5.785038)$$

$R^2 = 0.742294 \quad F = 54.00729 \quad DW = 1.314039$

在 2009 年的模型中，原有变量 X1 未能通过检验。这表明 2009 年江西各县（市）县域经济发展主要取决于工业化水平和农业的发展，以及投资和消费的拉动。2009 年江西各县（市）经济发展中工业的贡献仍然占绝对优势，农业、消费和投资的作用相对较弱。

上述分析表明，1999~2009 年江西县域经济发展长期受工业和农业发展的影响，特别是受工业的影响程度大。发展至今，投资和消费逐步成为拉动县域经济发展的新生力量。但县域城市化始终未能成为影响江西县域经济发展的主要因素。

四、城市化对江西县域经济发展影响的综合评价

总体而论，人口城市化对江西县域经济的影响非常有限。其中，江西全省城市化对县域经济发展的作用尚未充分发挥，与全国的差距明显；县域城市化对江西县域经济的发展起到了更为积极的作用，但县域城市化始终未能成为影响江西县域经济发展的主要推力。之所以造成这种局面，

主要有以下几方面的原因:

(1) 江西中心城市发展滞后。从全省来看,江西在全国尚处于欠发达的状态,中心城市发展普遍偏弱,尚处于经济发展的聚集阶段,对县域经济的拉动作用非常有限。以省会城市南昌为例,2009 年南昌市(包括市辖县)创造的 GDP 达 1838 亿元,地方财政收入 115.88 亿元,分别占全省的 24.29% 和 19.93%,使其成为江西举足轻重的中心城市。其中第一产业增加值占全省比重为 10.19%,第二产业增加值占全省比重为 25.93%,第三产业增加值占全省比重为 26.89%。毫无疑问,南昌是江西发展最好的城市。但是,如果将南昌与我国沿海地区的开放城市、中部地区的省会城市对比,其城市聚集作用明显偏弱。2009 年我国沿海开放城市(包括市辖县)人均创造的生产总值达 62699 元,第二产业增加值达 29314 元。同年,南昌(包括市辖县)人均创造的生产总值仅 36982 元,第二产业增加值仅 20451 元。与中部地区的省会城市相比,南昌城市聚集效应也明显偏弱。2009 年南昌的人口规模在中部六个省会城市中排名第四,仅稍大于太原,与合肥接近,但南昌的生产总值规模、第二产业增加值规模仅在中部六个省会城市中排名第五,略高于太原,南昌的地方财政收入则在中部六个省会城市中排名倒数第一。从人均规模来看,2009 年南昌的人均生产总值在中部六个省会城市中排名最后,与排名倒数第二的太原相差多达 5347 元;南昌的人均第二产业增加值在中部六个省会城市中排名倒数第二,仅高于太原;南昌的人均地方财政收入在中部六个省会城市中排名倒数第一,与排名倒数第二的太原相差 888 元。就南昌目前的情况而言,它对于人们的吸引力还处于比较低的层次,与周边地区无法形成产业梯进而形成较为激烈的竞争关系。正因为如此,以南昌为中心的紧密经济圈和城市群至今未能形成。中心城市的发展滞后,不仅严重制约了我省的城市化进程,而且未能积极带动县域经济的发展。

(2) 江西城乡协调发展的机制未能形成。长期以来,江西城市化的推进依靠农业、农村、农民的支撑,工业反哺农业、城市反哺农村力度非常有限。一方面,江西工业化的推进主要以劳动密集型和资金密集型为主导,尚未进入以技术密集型为主导的时期,工业的发展尚需全社会的共同支持,通过工业反哺农业只能循序渐进。另一方面,仅就城市的发展而言,聚集能力有限的中心城市,如南昌等地还出现了较为严重的交通拥堵等社会问题。与此同时,江西县域有待解决的问题较多。突出表现在农业规模化程度不高,小农为主的农业特征明显;农村经济发展历史欠账太多,未能形成与城市经济合作共赢的局面;在小农为主的支撑下,江西农民依靠农业增收的幅度有限,依靠外出打工增收又受宏观经济形势、户籍等制度的制约等,难以形成稳定的增收机制。城乡之间缺乏良性互促的局面,不仅造成城乡之间的二元分割,而且造成江西县域经济与城市经济激烈的竞争关系。

(3) 江西城市化政策受计划经济影响深远。江西城市化的历程深深印刻着我国城市化政策的烙印。自改革开放以来,江西长期实行国家"严格控制大城市规模,合理发展中等城市和小城市"的方针,出台了一系列旨在促进小城市和建制镇发展的政策措施。而且,与我国沿海地区相比,20 世纪 90 年代以前,江西受计划经济传统思维的影响更为严重,思想不够解放,对户籍制度的管理非常严格,城市化推进缓慢。在"小城镇、大战略"和促进小城镇健康发展、加快城镇化进程的政策引导下,江西长期将小城镇的发展作为城市化的重点。受计划经济惯性思维的影响较大,依托大中城市推进城市化的理念形成较晚。正是在这种背景下,江西小城镇得到发展,为江西县域经济的发展打下了一定的基础,并促使县域城市化对江西县域经济的发展起到了更为积极的作用。但是,小城镇建设普遍存在着城镇规模偏小、城市建设水平低、功能弱等问题,同时存在资源开发不合理、土地浪费、生态环境恶化等现象,造成了集聚规模效益的巨大损失,削弱了大城市的扩散和辐射能力,致使江西城市化水平一度与全国平均水平的差距迅速拉大,县域经济的发展也不尽如人意。

(4) 江西县域经济刚刚跨入工业化的初级阶段。经过多年的努力,江西县域经济的发展规模普遍迈上了一个新台阶。但从经济发展的阶段判断,江西县域经济刚刚从前工业社会跨入了工业化初期阶段。1999 年,江西 80 个县(市)人均生产总值仅为 3616 元人民币，按当年 1 美元兑换 8.2783 元人民币计算折合为 437 美元。其中，第一产业增加值占生产总值的比重达到 32.70%，第二产业增加值占生产总值的比重达到 32.07%，第三产业增加值占生产总值的比重达到 35.22%。到 2009 年，江西 80 个县（市）人均生产总值达到 12620 元，按当年 1 美元兑换 6.8310 计算折合为 1847 美元。其中，第一产业增加值占生产总值的比重达到 21.88%，第二产业增加值占生产总值的比重达到 49.59%，第三产业增加值占生产总值的比重达到 28.53%。依据钱纳里等关于区域经济发展阶段的判断标准，1999 年江西县域经济尚处于前工业社会，2009 年江西县域经济已经进入了工业化初期阶段。县域经济长期以来以农为主的格局得到了根本性的改变，促使工业化成为推动县域经济发展的主要动力。正是由于江西县域经济刚刚跨入工业化的初级阶段，城市化仍然处于发展的初级阶段，推进缓慢，到 2009 年江西县域城市化水平不足 20%，县域城市化尚不足以成为影响江西县域经济发展的主要推力。

由此可见，在县域经济刚刚跨入工业化初级阶段时，不应过分强调县域在城市化中的作用。欠发达县域突出城市化战略，这有可能演化成为政府主导的农村城镇化，而不是依靠市场推进的现代城市化。江西要充分发挥城市化对县域经济发展的推动作用，一是要树立大中城市化的理念，加快中心城市的发展，促使以中心城市为"龙头"的城市群或城市带等成为城市化的主要载体，[①②] 以此带动县域经济发展；二是必须加大推进县域工业化进程，通过工业化带动城市化，共促县域经济的繁荣；三是必须破除城乡二元结构壁垒，加快城乡协调的改革进程，形成城市经济与县域经济良性互动、合理分工的双赢格局。

参考文献

胡鞍钢.城市化是今后中国经济发展的主要推动力 [J].中国人口科学，2003（6）：1-8.

朱铁臻.城市化是新世纪中国经济高增长的强大动力 [J].经济观察，2000（1）：23-26.

刘耀彬.中国城市化发展与经济增长关系的实证分析 [J].商业研究，2006（24）：23-26.

姚丽芬，刘爱英，龙如银.基于中国城镇化水平和居民收入间均衡关系之验证 [J].现代财经，2010（12）：80-84.

徐雪梅，王燕.城市化对经济增长推动作用的经济学分析 [J].城市发展研究，2004（2）：48-52.

张继良，邹永军.城市化、全球化与落后区域中心城市的发展方向与城市建设 [J].当代财经，2004（7）：86-89.

陈胜昌，闫甜.发展城市群和城市带——中国城市化的新方向 [J].江西财经大学学报，2005（4）：47-50.

（朱丽萌、曹元坤，江西财经大学经济发展研究院）

---

① 张继良，邹永军.城市化、全球化与落后区域中心城市的发展方向与城市建设 [J].当代财经，2004（7）：86-89.
② 陈胜昌，闫甜.发展城市群和城市带——中国城市化的新方向 [J].江西财经大学学报，2005（4）：47-50.

区域互动合作机制研究
——以辽宁沿海经济带与腹地为例

一、问题的提出

区域互动合作是指区域间各利益主体以区域增值创新、协调双赢为宗旨,从动态的、开放的、全方位良性角度纵横联合,促使资源、知识和技术等生产要素在流动和扩散的过程中不断实现优化配置与整合,形成促进、诱导、反馈激励效应的一个动态过程(田禾,2007)。区域间经济增长存在相互影响、相互作用的互动关系,区域互动合作的目的是促进相关区域及区域间的经济协调增长。

从区域经济的发展规律看,传统的区域经济集聚于内陆,其特征为点经济。随着现代开放性经济的发展,沿海城市成为新的经济点,从而形成区域两点纵向连接的轴经济,以及区域横向拓展的板块经济和全方位整合的一体化经济。在环渤海京津冀都市圈、长三角、珠三角三大经济板块成型之后,国家开始进行新一轮沿海布局(蒋昭侠,2010)。广西北部湾经济区、海峡西岸经济区、江苏沿海地区、辽宁沿海经济带的规划经国务院常务会议原则通过,上升为国家战略,东部沿海"三大四小"的开发格局基本形成(杨建文,2010)。腹地是沿海经济发展的重要支撑,沿海与腹地之间只有良性互动合作发展,才能增强区域整体实力和竞争力。辽宁老工业基地由于资源枯竭,区域发展呈现严重的失衡状态。大力开发建设沿海经济带,培育新的经济增长极对于辽宁的全面振兴具有重大意义。实现沿海经济带与腹地之间的良性互动合作有利于解决区域经济发展不平衡,实现沿海对外开放地带与腹地之间协调发展。

国内学者重点从沿海经济带与腹地互动合作的必要性出发,研究互动合作现状以及推进辽宁沿海经济带与腹地的互动合作思路。研究认为,当前辽宁沿海经济带与内陆腹地的互动合作发展尚处于初级阶段,并且呈现出区域不均衡状态(张军涛、王新娜,2009)。主要经济联系方向是沈阳经济区,东北腹地呈现出不弱的经济联系态势,而辽西城镇群与辽宁沿海经济带的经济联系强度相对较弱(郝雪、韩增林,2009)。辽宁沿海与腹地互动合作格局的形成和持续还需要一定的外部力量(王晓玲,2006)。辽宁沿海经济带与腹地之间的互动应围绕产业转移、基础设施建设、物流体系构筑、机制体制创新和人才流动(薛巍,2009),以产业互动为基础(高中理等,2007),采用产业链延伸模式和港腹联动模式两大互动合作模式(郝雪、韩增林,2009),实施倒"T"字形发展的沿海与腹地互动合作发展思路(杨赞等,2007)。

适宜的互动合作机制是区域互动合作成功的关键,辽宁沿海经济带发展规划明确提出,沿海经济带应加强与省内其他区域互动合作机制,辽宁省内也出台了一些指导性文件,建立了协调机构及促进条例,但对于区域互动合作机制研究较少,现有研究主要侧重于推进互动的措施、构建区域间政府合作组织(吕炜等,2007)。区域互动合作机制是区域互动协调发展的前提与保障,因此,本文围绕区域互动合作机制的内在构建,重点探讨沿辽宁沿海经济带与腹地互动合作机制的建构思路。

二、区域互动合作机制的内在构建

区域互动合作作为区域间的行为方式需要一定的条件，其条件主要由两方面内容组成：一是互动动力，二是对非规范行为的约束。同时，区域互动中存在着风险，风险主要来自于利益不对称和信息不对称（田禾，2007）。四方面的因素构成了区域互动合作机制的内在构建，分别是区域互动合作的动力机制、协调与约束机制、利益分享与补偿机制和信息交互机制。

1. 动力机制

从系统科学的观点看，区域互动合作作为区域系统行为，其产生与运行需要有强大、稳定而持久的动力。区域互动合作的动力来自于区域内部各要素相互作用而产生的内在动力以及区域外部环境相互作用而产生的外部动力（蒋瑛、郭玉华，2011）。

区域互动合作的内部动力主要是指参与区域的互动后，区域资源要素的组合会得到优化，有利于更充分发挥区域的比较优势以加速自身的发展，并带来更大的利益获取；而如果不参与互动就会使利益受到损失。内部动力是区域互动合作的最根本和最稳定的动力。区域互动合作的外部动力是指区域外部环境的压力，区域间由于优势不对称，区域互动合作的外部环境压力主要来自于上一级政府的政策供给。现阶段我国实施的仍是非均衡的区域发展战略，所以区域发展存在优先级，不同的区域由于优先级不同，所获得的资源要素的供给和政策的供给会存在差异，这种差异则构成了区域互动合作的主要外部动力。外部动力虽然具有非持久性，但在一定时期内稳定性和时效性却很强，所以外部动力是促进区域互动的重要动力。

2. 协调与约束机制

区域互动合作的协调与约束机制是指对区域互动合作中出现的问题进行沟通、交流和协调的规则和机构。由于区域互动合作是建立在跨行政区基础之上的，没有统一的跨行政区的区域协调管理机构，区域互动合作就很难进入真正的实质性阶段；没有协调与约束机制的规范，区域互动合作行为是不可能持续、有效地推进的。

在区域互动合作中存在机会主义行为，机会主义行为会影响区域互动合作行为的发展。为保障区域互动合作经济关系及行为的健康发展，需要建立一种区域互动合作的协调与约束机制。协调与约束机制主要包含两个方面的内容：一是区域互动合作政策的制定。通过互动合作政策对区域互动与经济协调关系进行规范，明确区域各主体在互动合作中应遵守的规则，明晰区域互动各主体在互动合作中可以享受的要素资源支持和政策倾斜。二是建立由上一级政府主导，相关区域主体参与的区域间互动合作协调组织。政府是互动政策的制定者，也是区域经济利益的协调者，所以通过此类政府主导型组织可以很好地协调解决区域互动合作中出现的问题，并对区域经济协调中的非规范行为做出惩罚性的制度安排。

3. 利益分享与补偿机制

区域互动合作的利益分享与补偿机制是指参与区域互动合作各方通过规范的制度来分配区域互动合作的利益，以达到区域协调发展以及互利互惠的区域互动合作。按照博弈论的观点，作为区域互动合作的行为主体，各方区域关注的都是区域自身的现实和未来利益，所以区域互动合作的利益分享与补偿机制是影响互动行为的关键因素。

由于我国经济体制是典型的层级组织，政府在区域发展中的作用突出，区域互动合作的要求首先来自上一级政府，互动合作中首先是行政区域的利益优先，其次才是区域间的特点。在区域互动合作中形成了典型的三方博弈关系，博弈主体分别是区域间的上一级政府、区域互动甲方和区域互动乙方。区域互动合作各方首先要同区域间的上一级政府进行利益博弈，区域双方之间还要进行一轮利益博弈，两轮博弈使得区域互动合作关系变得复杂，不稳定性增强。因此，需要建立三方间，特别是区域之间促进互动合作的利益分享与补偿机制。区域互动合作利益分享与补偿机制应建立在上一级政府、不同区域主体间利益互补的基础上，主要通过直接经济利益分享与补偿，必要时辅之以上一级政府的政策供给，在保证共同利益的基础上制定并逐步完善形成规范的制度安排。

4. 信息交互机制

信息经济学认为，达到帕累托效率最优状态的条件是完全信息，区域互动合作状态的建立与完善同样依赖于区域之间信息的对称性。信息互动，特别是地方性区域政策信息的公开是建立区域互动合作的基础性因素。

为了使区域间的资源配置达到最优状态，首先要克服区域间信息不对称的缺陷。区域互动合作作为一种经济行为，需要不同区域间和相关主体在经济信息上的互动，包括各种要素资源信息以及政策与决策信息，其中最主要的是政策与决策信息，包括各个行政区域在协商的基础上形成一系列相互支持的政策。各个区域的经济政策应避开对互动方不利的内容，并将其尽可能公开，提高政策内容及其变化的透明度。建立各个经济区域之间经济政策及其变化的政策信息交互机制，并通过不同信息渠道定期公布和公开，使得相关成员及主体更好地了解和利用相关信息，最大限度地减少由于相互信息封锁而导致的互动合作风险。信息的及时公开与交互机制也有助于改进地方保护主义色彩的劣质"土政策"，不断促进区域互动合作的优质政策创新。

三、建构辽宁沿海经济带与腹地互动合作机制的思路

1. 辽宁沿海经济带概况及腹地范围

2005年，时任辽宁省委书记的李克强在当年的政府工作报告和辽宁省"十一五"发展规划中提出大力发展"五点一线"，打造外向型经济。"五点一线"战略实施区域经过不断的扩容与完善，最终形成包括大连、丹东、锦州、营口、盘锦、葫芦岛6个沿海城市所辖行政区域的辽宁沿海经济带。2009年7月1日，国务院常务会议讨论并原则通过《辽宁沿海经济带发展规划》，辽宁沿海经济带的开发开放正式上升为国家战略。辽宁沿海经济带陆域面积5.65万平方公里，大陆海岸线长2110公里，海域面积约6.8万平方公里。根据第六次全国人口普查统计数据，辽宁沿海经济带地区常住人口约1871万人，2010年地区生产总值9250亿元，人均地区生产总值49449元。现阶段，辽宁沿海经济带共有42个重点产业园区，其中包括沿海重点发展区域8个（产业园区）、重点支持区域34个（产业园区）。

辽宁作为东北地区唯一的沿海省份，是整个东北地区经济要素进出的"出海口"，所以辽宁沿海经济带实际上就是东北地区的沿海经济带。杨赞等（2007）将辽宁沿海经济带的腹地分为三级，一级腹地是指辽宁内陆地区，二级腹地是指吉林、黑龙江和内蒙古东五盟市地区，三级腹地是指日本、朝鲜、韩国、内蒙古和俄罗斯远东地区。但辽宁沿海经济带尚处于初始开发开放阶段，与吉林、黑龙江和内蒙古东五盟市地区之间的互动内容有限，尚不具备与东北亚形成实质的互动合作，同时，辽宁沿海经济带发展规划中对于沿海经济带战略定位的首位是立足辽宁。因此，本文认为现阶段与辽宁沿海经济带互动合作的实质腹地就是辽宁内陆地区，即将上述的一级腹地，包括沈阳、鞍山、抚顺、本溪、辽阳、铁岭、阜新和朝阳8个城市。

2. 互动合作机制的建构思路

基于以上对于区域互动合作机制内在建构的分析，结合辽宁沿海经济带与腹地的实际情况，本文提出以下四点关于建构辽宁沿海经济带与腹地互动合作机制的思路。

（1）激活产业互动的内在动力，加大政策引导的外在动力。产业互动合作是辽宁沿海经济带与腹地互动合作的核心。辽宁作为传统的老工业基地，计划经济时代以封闭式的国内市场为导向，并受当时特定因素的影响，导致全省产业布局内陆腹地。产业布局不合理的状况使得产业互动合作具有很强的内在动力，但由于行政区划的分割

和地方政府的强势作用，跨地区的产业转移和生产要素流动受阻，产业互动合作的活跃度低。为了打破行政沿海经济带与腹地之间行政封锁的格局，省一级政府需要要用政策手段对区域互动合作给予鼓励和支持，激活产业互动的内在动力，加大政策引导的外在动力。例如，对跨区域的合作开发给予制度性政策的肯定，对跨区域的产业给予目标性政策的扶持，对区域互动合作项目的投资和跨区域的企业给予工具性政策的优惠。

（2）建立互动合作的框架性制度组织，采用必要的行政约束机制。由于沿海与腹地之间的互动合作是跨行政区划的经济行为，沿海经济带与腹地的互动合作必须克服行政区划和经济区划的壁垒，所以沿海经济带与腹地的互动合作需要有良好的区域合作协调机制。可以建立由省一级政府为主导、区域互动合作成员组成，省级政府相关部门参与的区域间互动合作的框架性制度组织，解决合作中出现的问题，协调成员间的重大矛盾。互动合作组织可下设一个常设机构，赋予一定的管理、协调、研究分析和组织职能，负责沟通协调区域互动合作中的日常事务。

没有明确的约束机制，就很难保证地方政府在追求地方利益的同时不会对区域互动合作发展的共同利益产生影响。针对政府特别是地方政府的特殊作用，行政约束机制是现阶段保障沿海经济与腹地之间互动合作顺畅发展最有效的手段。可建立必要的评价考核政策内容，约束互动合作中的不规范行为，对于积极推进区域合作的部门和领导的政绩评价通过量化指标予以认可，以保护、鼓励和推动区域互动合作。

（3）制定利益分享制度规范，设立区域互动合作发展基金制度。沿海经济带与腹地互动合作的出发点是通过合作来共享整体利益，共谋发展。在互动合作的过程中，内陆腹地产业向沿海经济带的转移，势必会带来地区利益从内陆腹地向沿海经济带流转的问题，因此就需要建立一个区域利益分享机制，通过规范的制度建设来实现地方与地方之间的利益分享。利益分配规则的制定，应该坚持"政府引导、市场主导、企业主体、协会参与"的原则。政府可以成立由省级学术调研机构牵头，以专业人士、各功能组别成员为主体的专门委员会，以制定科学、可行的制度规范，

从而实现各种利益在地区间的合理分配，达到长期稳固合作的目的。可以设立区域互动合作发展基金制度，对落后地区、财政收入不平衡地区、产业利益分配处于劣势地区进行补偿和转移支付。

（4）加强省内各行业协会、行业联盟的组织建设，提高政府间信息的透明度。沿海经济带与腹地之间的信息不对称主要来自于两个方面：企业与政府间的信息不对称和地方政府间决策信息的不对称。应加强省内各行业协会、行业联盟的组织建设，提高跨地区相关行业、企业的组织化程度，充分发挥各行业协会在政府与企业间交流与沟通的作用，使得企业及时充分了解沿海经济带各区域，特别是各重点发展区域和重点支持区域的资源要素信息和政策信息，并将企业的意见及时反馈，以促进政府调整优化政策内容。对于各地方政府有关区域互动合作的动态和决策信息，可以通过上述的互动合作组织常设机构及时向各级政府和相关部门公布，及时公开，提高政府间信息的透明度，避免不同区域由于信息的不对称而导致的无序竞争。

参考文献

田禾.区域互动与我国区域经济协调发展研究［D］.武汉理工大学，2007：24-28.

蒋昭侠.海洋经济与江苏沿海经济发展的战略思考［J］.改革与战略，2010（12）：90-93.

杨建文.聚焦沿海新脉动：中国沿海经济版图布局完整［DB/OL］. http://www.people.com.cn/GB/181/ 181466 /181528/10942747.html.

张军涛，王新娜.辽宁沿海经济带与内陆腹地互动发展的实证研究 ［J］.东北大学学报（社会科学版），2009，（1）：29-34.

郝雪，韩增林.辽宁沿海经济带与腹地的经济联系强度分析及协调发展互动模式研究［J］.经济研究导刊，2009，（19）124-126.

王晓玲.辽宁沿海与腹地经济互动发展研究 ［J］.东北财经大学学报，2007（5）：64-67.

薛巍.论辽宁沿海经济带与腹地的互动发展 ［J］.商业时代，2009（02）：105-107.

高中理等.辽宁省"五点一线"沿海经济带产业布局与腹地经济互动发展战略和政策研究［C］.辽宁省哲学社会科学首届学术年会获奖成果文集，2007：387-401.

杨赞等.辽宁省沿海经济带与腹地经济互动发展研究［C］.辽宁省哲学社会科学首届学术年会获奖成果文集，

2007：32-40.

吕炜等.辽宁"五点一线"与腹地经济互动的理论与构想 [J].东北财经大学学报，2007（6）：26-30.

蒋瑛，郭玉华.区域合作的机制与政策选择 [J].江汉论坛，2011（2）：25-28.

辽宁省人民政府.辽宁沿海经济带发展规划 [Z].2009.

（邢军伟，中共辽宁省委党校）

区域经济合作的金融机制

一

（一）机制

"机制"一词源于拉丁文 mochanisma 的意译，属物理学术语。原意是指机器的构造和工作原理，后被生物学、医学、自然科学、社会学、经济学等学科和实际研究所广泛借用。在生物学和医学中，"机制"一词泛指生物机体结构的各组成部分、它们的内在关系、工作方式及其间发生的各种变化过程的物理和化学性质；在自然科学中，机制指的是一个系统内部的组织和运行变化规律；在社会科学中，是指一定机构或组织的机能，以及这个机构或组织的机能之间相互作用的关系；在经济学中，机制指经济活动系统中的各构成部分、功能和它们之间的相互关系；在实际研究中，机制常被拓展为市场机制、社会机制、自然机制、价格机制、奖惩机制、竞争机制、淘汰机制、聘升机制、用人机制、利率机制、集聚机制、扩散机制、控制机制、监督机制等。

虽然各学科对机制的解释都有贴近本学科特征的释义，但基本含义并没有离开其原有的意义，即①某系统的各构成部分；②各构成部分的功能和内在联系；③各构成部分之间的内在运行规律。

（二）金融机制

依照机制的基本内涵，结合金融学科的特征，金融机制是指一定金融机体内各构成部分的功能之间的相互联系和相互作用的关系及其运行方式。

金融机制贯穿于金融活动的全过程。具体包括金融机制的构成部分和各构成部分在金融系统运行中的调节功能。

1. 金融机制的构成要素

金融机制由六个部分构成：①客体——货币资金。货币资金是金融系统运行的最基本构成部分。货币的组织、发行、运行、管理、回笼等，构成金融系统中的这一客体要素。②主体——融资者。金融运行的主体包括企业、政府、事业单位和个人。这些主体既是金融活动资金的需求方，也是资金的供给方。③载体——金融工具。债权、股票、存款凭证、借款凭证、商业票据、保单、金融衍生品等金融工具，从购入或持有者角度看，是金融资产的载体；从出售或发行者角度看，则是金融负债的载体。④媒体——信用形式。金融活动是以信用为基础的。信用是以商业信用、银行信用、国家信用、国际信用和消费信用的形式表现的。⑤媒介——金融机构。由金融机构介入的借、贷行为，构成金融活动的间接融资。⑥场所——金融市场。为货币资金、有价证券提供便利、有序的场所和服务的金融市场，同时也为一国中央政府干预金融和经济活动提供必不可少的条件。①

2. 金融机制的功能

金融机制有六大功能：①为货物和服务的交

---

① 朱羿廷，胡冰. 关于金融机制的几个理论问题 [J]. 中央财政金融学院学报，1992（1）：47-48.

易提供支付；②为大规模、技术上不可分的企业提供一种融资机制；③为跨时间、跨地域、跨产业的经济资源转移提供途径；④为市场主体提供转移和分摊风险的机会；⑤提供价格信息，协调不同经济领域的决策；⑥提供解决信息不对称和激励的方法。[①]

二

目前，我国区域经济合作效果不佳，主要的原因是金融机制不能在区域经济合作中正常地发挥其应有的作用。金融机制不能正常发挥作用的关键在于，各构成部分的功能得不到正常的发挥。阻滞金融机制正常作用发挥的因素包括内外两方面。

（一）金融机制的内部问题

1. 分支金融机构设置不合理

金融机构设置主要表现在其分支机构的设置上。分支机构的设置是为了保证上级金融机构的业务覆盖面，贯彻其意图和优化资金在地区间的合理配置。但目前我国从央行到商行分支机构的设置很难达到这一目标函数。

（1）央行分支机构的设置。现行央行分支机构的设置，是1998年金融机构改革的一个阶段性成果。经改革形成了央行总行——大区分行——中心支行——县支行四个层次的机构设置。从这一机构设置的十几年经验可见，此次改革存在的主要问题是：①央行大区行的设置不是以区域经济联系程度为出发点，而是对省、市、区的简单归并。实际上，在央行机构改革的初始阶段就已为日后不利于区域经济合作埋下了隐患。②此次央行改革的初衷之一，是为了摆脱地方政府对金融运行的过度行政干预，但中心支行和县支行以行政区划的纵向安排，使这两级机构成为属地物。由于地方政府的目标函数和金融机构的目标函数差异较大，而金融机构的属地性又使金融机构不得不在很大程度上服从地方政府的目标函数。③大区行按经济区设置，而中心支行和县支行按行政区设置，两级分支机构不仅不统一，而且由此造成垂直、横向管理混乱、成本增大和效率下降。

（2）商行等分支机构的设置。①国有及其他银行分支机构的设置，基本上是按行政区划安排的，其授权授信、风险控制、监督管理及内控等业务也都是按行政区划进行的。这使分支机构不能不充当地方政府的"钱袋子"和"出纳员"，也不可能摆脱地方政府对金融运行的不正常干预。②受地方政府"诸侯经济"和"肥水不流外人田"思想的影响，资金运行也随之演变为行政区金融和行政区金融机制。③由于央行中心支行的行政级别为副厅级，商行则正厅级，这就造成副厅级对正厅级的管理与监督，而正厅级对其或是不重视或是不理睬的局面，使央行的管理与监督流于纸上谈兵。④非银行金融机构和中小金融机构不仅太少，而且其体制设计也同商行等相同，且不允许开展跨地区业务，使得资金、技术、信息、客户、市场等被严格地限制在一定行政区域范围之内。

金融机构体制设置的上述问题，使分支机构之间难以横向调度资金，阻碍了资金和其他生产要素合理、正常地跨区流动和优化整合，严重地阻碍了合理、正常的区域经济合作的展开和合作层次的提升。

2. 金融工具少且分散

在我国金融工具总量中，传统金融工具所占的比重较大，新型金融工具少，且大部分集中在东部沿海地区。①在跨区商贸合作中，不仅与之配合的金融工具欠缺，而且其运作也受到较多的限制，这极大地影响了跨区商贸合作的进程。②欠发达地区和不发达地区的金融工具，还没有形成种类系列，数量少、分散、传统印记强是其主要特征。③跨区金融产品少，创新不够。

3. 区际间金融市场或是空白或是欠发达

在货币市场中：①区内的吸存、贷款、票据

---

① 王刚. 西方各国金融系统演进和功能的制度分析——兼论我国金融系统的改革［D］. 长春吉林大学，2004：23-24.

贴现等业务发展很快，但异地吸存、异地放贷、零售贷款、异地商业票据贴现和转贴现等业务，基本上处于空白状态。②作为区域经济合作的主体——企业的跨地区经营，难以进行异地信贷资金流动，特别是一些具有活力和创造力的中小企业，在发展特色经济时普遍缺少资金的支持。③区内银行间同业拆借市场发展较繁荣，但区际间同业拆借的发展缓慢且不受重视。④货币市场的发展偏重于债券回购市场，忽视票据市场和同业拆借市场，导致这两个市场不仅不能推动商业信用向银行信用的转化，不能满足金融机构的流动性需求和顺利传导央行的货币政策意图，而且这两个市场的欠发达还影响了资金的跨区调度和区域金融合作成效。在资本市场中：①期货和证券市场在区内特别是在发达地区内部发展较好，成为地区经济发展的强有力支撑，但区际证券、期货市场却很少发展，特别是在欠发达和不发达地区尚处于空白。②企业产权、资本重组，在区内的发展较好，区际间的发展则迟缓。③债券市场远不如股票市场发展快，而且企业债券的发展更为滞后。④保险市场在区域内部发展良好，但在区际间，除个别地区有运输、旅游保险外，尚未开发其他险种。

4. 横向金融监管尚处于空白阶段

总体来讲，我国的金融监管体制与金融机构体制的设置基本是一致的，加之我国现有监管体制不是以借款人而是以贷款银行为监管对象的、分业经营分业管理和监管手段的传统式，导致监管在很大程度上失控。2008年全球金融危机已暴露出我国金融监管方面的诸多漏洞，其中之一是缺乏地区间的与区域经济合作相适应的横向监管体制和机制，增大了风险发生的概率。

5. 金融信息平台不完善

①区内信息平台建设不规范，信息不能及时更新。②区际间没有建立信息共享平台。

6. 金融基础设施建设严重滞后

我国总体金融基础设施的建设不够完善，跨区金融基础设施的建设更是落后：①在区域经济合作中，生产要素已经跨区流动，但跨地区分层次的支付清算机制并没有建立；②个人和企业征信系统建设在理论层面已讨论多年，但在实际操作中，无论企业还是个人征信系统的建设都十分缓慢，这给跨地区配置信贷资金带来了难题，为逃废债务和金融欺诈留了空间。

（二）金融机制的外部问题

（1）地方政府的过度干预。从1978年到20世纪80年代中期，为打破高度集权的计划经济体制，调动地方发展经济的积极性，中央一再地向地方下放了部分经济管理权和立法权，这无疑是我国政治管理体制的一个历史性进步。但随着权力的下放和地方利益的增强，"地区分割"、"地区封锁"等弊端也滋生起来，尤其是地方政府与金融分支机构纵向垂直体制的同构，为其干预金融运行留下了活动的空间。①在地方政府的干预下，资金只能流入本地，但不能流出本地，对资金和项目的横向发展构筑各方面壁垒，使资金运行行政化。②由于监管的纵向性设计，金融监管也受到地方政府及区内人际关系的干扰，而使正常金融监管的成效大打折扣。

（2）缺少区域金融合作规划。区域经济合作的发展，客观上要求区域金融要合作。但从目前情况看，区域金融合作一是艰难，二是基本没有，三是即便有也很难落到实处。这里的问题是，迄今为止我国还没有区域金融合作的规划。

（3）金融法律法规欠缺。在所有的现行法律法规中，几乎都没有正式地提到区域金融合作问题，即使有异地贷款方面的较少规定，具体条款也不详细。至于在区域金融合作中涉及的具体资金运作、管理、监督、业务开展等就更是只字未提。

三

以上内外部制约金融机制在区域经济合作中正常作用发挥的阻滞因素，向我们提出了这样一个问题：如何处理政银关系。

从金融机制促进区域经济合作的角度讲，在政银关系中，银是内因，政是外因，政对银的左右要通过银这一内因才能起作用。因此，银是解决政银关系的关键。但这并不等于说政不重要，一方面，银的具体运作终归要落到一定的地域空间中进行，地方政府一定会参与；另一方面，除国有商业银行由中央控股外，全国性股份制商业银行、城市商业银行、城乡信用社大部分都由地方政府控股。因此，银行对区域经济合作的支持离不开地方政府的介入；同时，地方政府各项事业的发展也需银行提供服务。要使银政在区域经济合作中发挥积极促进作用，根据目前的现状和我国未来区域经济合作的发展趋势，双方的立足点都是创新。

（一）金融机制内部的创新

金融创新是适应新形势发展的客观需求，对金融制度、金融工具、金融市场、金融监管、金融基础设施等的重组和创造。为促进区域经济合作的金融机制创新包括：

（1）央行分支机构设置和权限的创新。央行分支机构设置和权限的创新分四个层次。第一个层次，按目前我国"三个增长极"和"四大板块"设置大区行。"长三角"、"珠三角"和"环渤海地区"是改革开放以来在中央扶植下迅速发展起来的、能带动我国总体经济发展的"极"；"四大板块"是自20世纪末中央政府相继提出西部大开发、东北等老工业基地振兴、中部崛起，以及在"十一五"规划中提出东部率先发展战略后逐步形成的，反映了中央政府未来区域经济协调发展的战略部署。由于长三角、珠三角、环渤海地区已覆盖了我国东部沿海地区，"三个极"加上"三个地区"是六大区域。因此，以这六大区域设置央行大区行，更能对落实中央战略部署和区域经济合作起到良好的促进作用。第二个层次，央行省、县支行也要与大区行的设置相匹配，按经济区设置。第三个层次，在权限方面，下放金融业务审批权、奖惩权、财权、物权等权限。第四个层次，根据区域的差异性，实施差异性利率、存款准备金率、贴现率和公开市场操作。

（2）商行等分支机构设置的创新。首先，商业银行、政策性银行及其他非银行金融机构分支机构设置的创新，就是要改各类银行与非银行分支机构的行政区设置为经济区设置，以便于统一货币政策的落实；其次，积极拓展异地信贷、异地票据和异地中间业务。

（3）建立跨区金融机构。金融机制支持区域经济合作，既要在原本体制内实施创新，也要建立新的金融机构，以突破地方政府对资金等生产要素流动的约束和封锁。在建立跨区银行机构、证券机构、基金公司、保险公司、信托公司的同时，也要大力开展银团贷款和投资、科技、商贸项目的区际交流与合作，从而引导资金的横向流动。

（4）金融工具的创新。随资金横向流动的发展和金融机构的改革，在发展股票、债券、票据等传统金融工具的同时，更要根据区域经济合作的实际，大力发展促进区域经济合作、规避风险的诸如期权、期货、金融期货、金融期权、金融互换、信用违约互换等各类衍生金融工具，并使金融工具形成一个相互联系、相互作用、相互制约的系列。

（5）建设跨区金融市场，培育区域金融中心。在大区域已发展金融市场的基础上，促其建立金融中心，以增强金融集聚与辐射作用；在次区域中，重点建设跨区同业拆借市场、票据承兑市场和清算市场，以此推动资金在区际间的顺畅流动。

（6）实施横向监管为主和建立风险预警系统。随着区域经济合作的发展，我国与全球化、区域经济一体化接轨和以上金融创新推出，定会伴随着各类风险的发生，这就要求：①改变原有的以纵向监管为主的体制和运行机制，以横向监管和事前监管为主；②由于风险的发生会对金融、社会经济造成不可估量的损失，事前防范风险并建立风险防范预警系统是十分必要的。预警系统建立的关键是风险预警指标的确定。

（7）完善信息共享平台的建设。信息共享平台的建设包括两方面：一是征信平台。企业和个人征信信息的建设是金融业安全运行的保障。在区域经济合作中，人员、资金、物财的流动使其属地性质淡化，更有必要建立区际间的企业、个人征信平台。二是金融信息平台。区域经济合作的发展与资金的横向流动。金融信息平台是区域金融信息共享窗口。

（二）金融机制外部的创新

（1）与金融机制的创新相符，建立区域金融机制管理协调机构，以此取代并突破地方政府对金融机制运行的不必要干预。

（2）立法。加紧制定与区域经济合作、区域金融运行相关的法律法规，并在原有"中国人民银行法"和"商业银行法"的框架内，增加与区域金融运行相关的细则。

（3）制订切实可行的区域金融合作规划。规划是一个地区经济、金融和社会事业发展的灵魂。加强金融机制对区域经济合作的支持，不能有盲目性和随意性，必须制订短、中、长期规划，并基本上依照规划予以落实。

参考文献

孙翠兰. 区域经济学教程［M］. 北京：北京大学出版社，2008.

游桂云，赵建刚. 我国区域合作中的金融支持体系研究［J］. 江苏商论，2006（9）.

杨文虎，吴静. 金融创新、经济合作与区域经济发展［J］. 当代经济，2009（6）.

李吟芳. 对中央银行分支机构设置问题的思考 ［J］. 发展研究，2000（12）.

Anthony M.Santomero，David F.Babbe.金融市场、工具与结构［M］. 大连：东北财经大学出版社，2000.

Report of the Committee on Regional Trade Agreement to the General Council, 2003 (12).

World Economic Forum, The Global Competitiveness Report2009-2010, Ceneva, Switzerland, 2009.

（孙翠兰，首都经济贸易大学）

发达国家区域经济协调发展政策及对中国的启示

20世纪30年代，西方在凯恩斯"国家干预经济运行"理论指导下，一些资本主义国家政府开始着手干预区域经济发展，从而一些旨在解决落后区域和萧条区域发展问题的区域政策也就应运而生。20世纪50年代后，美、日、欧盟等发达国家、地区区域经济协调发展政策的研究制定取得了很大进展，积累了许多成功的经验，为促进区域经济协调发展发挥了非常重要的作用。

一、发达国家区域经济协调发展的政策分析

西方发达国家区域经济得以协调发展，区域发展差距缩小，与其政府采取的一系列区域经济协调发展的扶持政策是分不开的。尽管各国采取的区域扶持政策措施不同，但是也表现出一些共同特征：

1. 明确区域经济协调发展的政策目标

美国、日本、欧盟等针对不同阶段的经济发展区域问题都确立了区域经济协调发展的政策目标。美国的区域政策是针对落后的流域地区和衰退的老工业区制定相应的政府支持政策。美国是最早进行区域协调开发的国家，18世纪80年代，确立了西部大开发计划，即历史上有名的"西进运动"。如今美国的中西部，不仅在区域经济上不落后于东部，而且在经济文化许多方面还超过了东部，实现了东西部区域的均衡发展。日本的区域经济协调发展的扶持政策在实施的几十年中，在不同的阶段都有明确的目标，并且制订了保证目标实现的详细发展规划。作为日本区域开发中最具权威性的规划——"全国综合开发规划"，在战后50多年间编制了5次。[①]5次"全国综合开发规划"中都提出了相应的目标。第一次"全国综合开发规划"以地区间均衡发展为基本目标，通过有效利用自然资源，合理配置资产、劳动力、技术等各项资源，从而达到防止城市面积过度扩大和缩小地区间差距的目的。经济高速发展的同时，也带来地区间的收入差距加大。为解决这种不良影响，对"全国综合开发规划"进行了修改重审。修改过的"全国综合开发规划"被称为"新全国综合开发规划"（简称"新全总"）。这次规划的基本目标是通过改善区域开发的基础条件，将开发的可能性扩大到全国范围；促进有地方特色的均衡式开发，新规划国土利用格局，提高开发效率。在"新全总"的实施过程中，1972年田中角荣首相发表了所谓"日本列岛改造论"。在列岛改造热潮的背景下，开始对"新全总"进行重新评价及修改。展望2000年，以1985年作为目标年度，1975年至1985年作为完成规划期限的"第三次全国综合开发规划"（简称"三全总"）于1977年11月4日由内阁会议决定并开始付诸实施。确立了尊重地方特色和历史传统文化、协调人与自然环境的关系、建设良好的综合人居环境的基本目标。在经济泡沫形成的背景下，又开始了对"三全总"的重新评价及修改。将2000年作为目标年度，1986~2000年作为完成规划期限的

---

① 和泉润，王郁.日本区域开发政策的变迁 [J]. 国外城市规划，2004（3）.

"第四次全国综合开发规划"（简称"四全总"）于1987年6月30日由内阁会议决定并开始付诸实施。为改善产业及人口向东京过度集中的现象，这次规划明确地将注重地方战略重点建设的"多极分散型国土利用格局的形成"作为基本目标。在循环型社会体系受到重视的背景下，进行了"四全总"的重新评价和修改，即"第五次全国综合开发规划"。把2015~2020年作为目标年度，下一期的全国综合开发规划以"21世纪国土开发设计"为标题，1998年3月31日由内阁会议决定并开始付诸实施。通过建立地区自立和互相补充的平向网络，形成独具个性的地区间合作和交流的多级型国土利用格局，成为次规划的基本目标。这5次全国综合开发规划中每一个规划主要是针对前一个规划执行过程中出现的问题及不同的发展阶段产生的问题而制订的，使得区域经济协调发展政策具有连贯性和针对性，能够顺利地达到预期的目标。德国则把扶助不同时期出现的相对落后地区作为区域经济协调发展的政策目标，通过一年一度的财政补贴框架计划，对落后的州给予直接的援助。法国政府为了推动全国的均衡发展，从1965年起开始推行"平衡大城市"的发展政策，根据国家和经济决策功能导向确定城市等级体系，即从现有的大城市或城市群体中选择出8大城市（位于巴黎之后的第二等级），使其逐步发展成为特别发展政策的对象。通过充分利用和发展基础设施及有目标地扶持和发展二次产业和三次产业，使其承担起某一地主要的经济和社会职能。在欧盟成员中，经济差异很大，曾出现过西部国家经济发展较强、中东部国家相对落后以及北高南低的南北国家经济差距。欧盟在其区域经济协调发展政策的执行过程中，将"缩小整个共同体范围内的发展不平衡"的总体目标明确细化为五个具体目标，即开发结构性落后地区，恢复工业衰退地区，解决长期失业问题，解决青年人失业问题，调整农业结构和开发农村地区。[①] 在此基础上欧盟还采取各种专项基金来平衡发展各国经济，对包括欧洲地区发展基金、欧洲社会基金和欧洲农业指导和保证基金的指导款项在内的用于实施区域政策的"结构基金"划分了不同的使用方向，使得这些基金的用途非常明确。1950年，意大利政府开始实施南部开发计划，并投入了当量资金，并制定了明确的开发目标，在发展中及时进行必要的调整。其开发可分为四个阶段：第一阶段（1950~1957），重点加速农业的发展和基础设施建设；第二阶段（1957~1965），重点开发重工业和大企业；第三阶段（1965~1984），重点加速中小企业大发展；第四阶段（1985年至今）重点是加强技术和社会环境的建设。[②]

2. 将区域发展规划作为区域经济协调发展政策管理的基本工具

区域政策是通过区域发展规划实施的。发达国家经验表明，政府在处理区域经济发展问题时，应制订详尽的切实可行的区域发展规划。在规划中确定不同类型的受援区，按不同的等级实行不同的政策倾斜和转移支付。例如，德国在20世纪50年代从重点发展"联邦发展区"（中心地）到制订具体的"地区行动计划"，1959年通过了"对乡村和结构薄弱地区中心地的发展计划"，1962年通过了"埃弗尔—洪斯吕计划"，1969年通过了《改善区域经济结构的共同任务法》，并为此设立了一个规划委员会，1971年联邦灾困区部际委员会通过了"21个地区行动计划"。法国自20世纪50年代初就开始进行区域发展规划，把一些困难最大的地区划归为"危急区"，实行特别援助。英国按照不同情况制订了分别对待的分级发展区规划，对划出的"特别开发区"、"发展区"和"中间区"分别实行不同的政策，如发展区有资格自动得到地区发展补贴和选择性地区援助，中间区只能得到选择性地区援助等。[③] 到20世纪70年代末，英国的区域发展规划转向"重点开发"方向，把促进新兴工业发展的"企业区"、"科研—工业综合体园区"等作为区域规划的一个重点。第二次世界大战以后，日本的5次"全国综合开发规划"都对区域开发进行规划，区域开发规划中的集大成者是国土规划，"全国综合开发规划"就承担着这个责任。这个规划是中央政府根据《国土综合开发法》制订的。它被定位为全国性的规划，在它以

---

① 费洪平. 中国区域经济发展 [M]. 北京：科学出版社，1998：332-333.

② 赵放，吴宇晖. 区域经济和谐发展与政府区域干预政策的研究 [J]. 当代经济管理，2009 (3).

③ 爱英. 区域经济政策新视角研究 [M]. 北京：经济科学出版社，2004：96.

下的各种地区性规划，如以首都圈为对象的"首都圈建设规划"，以非大都地区为对象的《北海道开发法》，以京都、大阪、神户为中心的"近畿圈建设规划"，以名古屋为中心的"中部圈开发建设规划"等，是由中央政府根据与区域相关的一些法律条文来编制的。都道府县等地方政府将这一规划作为上一级的指导性规划，在明确了本地区的未来发展方向及发展目标的基础上，以此为依据来制定相应的开发政策，并为实现该开发政策而制订出综合性地方规划，其中还包括了一些具体开发项目规划。①

3. 将区域经济协调发展政策法律化，建立法律保障体系

从发达国家的区域政策看，基本都是以立法的形式出现。①原联邦德国非常强调区域政策的立法，政府先后颁布了一系列关于区域政策的法律法规，如《联邦基本法》、《联邦区域规划法》、《促进经济稳定和增长法》、《改善区域经济结构的共同任务法》等。联邦、州与地方政府在法律界定的范围内各司其职，只有在法律框架内的"问题地区"才能获得区域经济协调发展政策的支持。②1934年英国政府制定了《特别地区法》，把南威尔士、东北部、西北部和苏格兰中部定位为援助区。1947年英国又制定了《工业布局法》，旨在控制在工业集中区的投资，促进向落后地区的投资。1996年英国颁布了《工业发展法》，将南威尔士、西南部等划归为援助区，并给予特殊的优惠政策。③美国为了对田纳西河流域进行综合治理，开发贫困地区，1933年5月，国会通过了《麻梭浅滩与田纳西河流域开发法》，并依照该法成立了田纳西河流域管理局，负责领导、组织和管理田纳西和密西西比河中下游一带的水利综合开发和利用。20世纪60年代初，为了在全国范围内促进落后地区的经济发展，美国又先后颁布了《地区再开发法》（1961年）和《阿巴拉契亚区域开发法》（1965年）。1998年克林顿签署了《联邦受援区和受援社区法案》，旨在培育受援地区自我发展能力。④日本政府通过立法的形式将落后地区的开发纳入国土综合开发计划，并对落后地区每一时

期经济发展的目标都做出了明确的规定。早在1950年，日本政府就制定了地区发展的根本法《国土综合开发法》。该法对有关国土和地区开发的审议会制度、全国各地方以及特定区域的综合开发做出了明确规定。后来又陆续制定了一系列关于特定落后地区振兴的法律，如《孤岛振兴法》、《过疏地区振兴特别措施法》、《北海道开发法》等。此后，又制定《东北地区开发促进法》、《东北开发株式会社法》和《北海道东北开发公库法》，以推进东北地区的开发。此外，还有关于对产业的空间布局、关于国家级大型区域开发项目、关于一些特定设施所在地区开发建设、关于全国各个大区开发或国土整治的立法，如《首都圈建设法》、《近畿圈建设法》、《中部圈开发建设法》、《新产业城市建设促进法》、《农村地区工业引入促进法》、《综合疗养地区建设法》、《多极分散型国土形成促进法》、《地方中心法》等。这些专项法律和根本法构成了完备的区域经济协调发展法律体系，为区域经济协调发展提供了强有力的法律制度保障。

4. 注重运用财政手段实现区域经济协调发展的政策目标

西方发达国家发展的共同特点就是注重运用财政手段实现区域经济协调发展的政策目标。主要是通过实施财政转移支付制度，促使国民经济活动的空间均衡。德国财政转移支付包括两大类：第一类是财政性的转移支付，其目的是各州及地方人均税收的平衡；第二类是收入性的转移支付，其目的是州内各地居民收入性相对均衡。②财政性的转移支付是无条件的，其范围包括联邦各州。收入性的转移支付是有条件的，覆盖范围只包括按一定的类型和标准划定的所谓"问题地区"，促进资金的管理和监督十分严格。美国中央财政收入占全国财政收入的比重高达60%，联邦向州和地方政府的拨款占联邦财政总支出的比重在20%左右。转移支付主要用于公共服务和基础设施建设，其目标是促使州和地方政府为公民提供更高水平的服务。财政转移支付是日本区域开发政策中最基础、最重要的手段。日本财政转移支付的根本原则是，保证全国任何一个地区的地方政府

① 和泉润，王郁. 日本区域开发政策的变迁 [J]. 国外城市规划，2004（3）.
② 张可云. 区域大战与区域经济关系 [M]. 北京：民主与建设出版社，2001：397-398.

都能够向其居民提供一定水准之上的公共产品和服务。日本的财政转移支付被分为有条件转移支付和无条件转移支付。有条件财政转移支付包括国家让与税（把作为国税征收的特定税种的收入按一定标准和原则让给地方政府的一种税，实质是国家与地方共享某些税的税收收入）、国库支出金（根据一定的目的和条件，由国库向地方支出不要求偿还的财政资金）。无条件转移支付是国家下拨税（中央政府为了保证地方政府能够独立行使职能，平衡地区间发展差距，将国税中的所得税、法人税和资源税按一定的比例拨给地方的一种款项）。由此，日本的财政收入大部分由中央组织，支出大部分由地方政府负责管理，20世纪80年代以来，地方财政的最终收入中来自中央的财政转移支付所占比例大体上稳定在40%左右。主要形式是中央财政向地方拨付国库补助金，以支持欠发达地区的各项基础设施建设。此外，按一定比例分配普通交付税也是财政转移支付的一种形式。

西方国家在对欠发达地区经济发展实行支持政策时，不少国家都面临一个共同的问题，就是援助资金数量有限，涉及受援地区太多，便采取集中有限的援助资金进行重点开发。法国曾以低息贷款、补贴和税收优惠等形式为欠发达地区经济发展投入了大量资金，国家财政负担因而不断加重，政府预算赤字大幅度增加，财政入不敷出。同时，援助资金分散后所产生的影响和作用也降低了。原联邦德国则比较注意援助资金的集聚优势，在1980~1983年的区域发展规划中，原规定重点资助地区为329个乡镇，考虑到国家财政的承受能力，从1982年起将重点资助地区缩小为269个乡镇，而且规定为保证必要的集聚优势，重点资助的乡镇人口规模不得低于2万人。美国对落后地区的财政支持是由多个部门共同实施的。1994年，美国联邦政府给予10个地区1亿美元的税收补助，以鼓励这些地区的企业发展。美国商务部下属的经济发展署（EDA）则以开发援助的方式对落后地区经济发展给予支持。自1965年EDA成立以来，已经根据失业率、人均收入、资源流失率三个指标在美国国内确定了314个受援开发区。

保证对"有问题的地区"开发有确定的资金来源是实施区域政策的一个重要前提。因此，西方国家或者通过建立专门基金，或者用法律形式保证用于区域政策实施的资金有明确的来源，如欧盟于1975年设立了专门用于实施区域政策的欧洲地区开发基金，基金的任务是纠正共同体内主要由于农业结构、工业变迁和结构性就业不足所引起的区域不平衡，并对这些地区提供地区基金补贴。从1978年起基金纳入欧共体预算内，主要用于两方面：一是对成员国区域政策措施的"定额"资助，这些资助约占地区基金的95%；二是对共同体特别措施的"非定额"资助，该项资助不超过基金的5%。此外，欧洲投资银行也有针对性和有重点地向落后地区（特别是结构问题严重以及高失业率和低收入地区）提供低息贷款，其贷款额可达到总投资额的50%。

1955年法国政府通过地区开发政令，开始实施第一项控制工商经济的措施，并为此设立了经济和社会发展基金。1964年设立了地区开发资金以鼓励在萧条地区投资建立工业企业和兴办第三产业。为缩小意大利南北经济差距，1950年意大利政府建立了"南方发展基金局"，并制订了1950~1957年南方工业准备计划，这项基金重点用于"土地改革"，进行农业技术改造，建设和发展工业所必需的交通、港口和水电等基础设施，为私人资本投资创造条件。规定基金的77%用于农业改造、23%用于基础设施。1957~1965年第二个发展计划规定把重点转向发展工业化，基金的大部分主要用于工业项目，通过划分工业区，改善了港口、公路、铁路和工业开发区等基础设施。1966~1975年国家发展计划的重点是在继续促进工业化的同时，加强综合性开发和旅游业发展，1976年以后国家对南方开发重点放在用先进技术装备改造老企业、促进中小企业发展上。

5. 设立具有权威性的区域组织管理机构，保证区域开发政策的实施

发达国家为保证区域开发政策的实施，都依据本国区域开发的实际情况设立了具有权威性的区域组织管理机构。法国政府为了实施区域开发政策，专门成立了全国区域发展委员会，并在每个区成立了当地的区域发展机构，全国机构负责对全国的区域发展计划协调和指导，地方机构则具体负责本地区的规划及规划落实。这些机构拥有广泛的行政权力和独立的财政手段，在实施区

域开发政策中卓有成效。在欧盟最重要的三个机构，即欧盟委员会、欧洲理事会和欧洲议会中，都为整个区域的协调发展设置了专门的职能机构和顾问机构：一是欧盟委员会内设专门负责区域政策与欧盟成员国间聚合方面事务的区域政策事务部；二是欧盟理事会内设有区域政策委员会；三是欧洲议会设有20个常务委员会，其中区域政策委员会、交通与旅游委员会、环境和公共卫生与消费者保护委员会与区域政策问题密切相关。这是位于第一层次的，而成员国政府则居于第二个层次，它们一般都拥有自身的区域政策，同时接受欧盟统一的区域政策协调和整合，其主要权力由中央当局特别是议会掌握，议会负责处理所有有关区域政策的法律，即批准或否决援助措施、奖励力度、区域设计和分散程度，也包括批准成立或取消特定管理机构等。英国在1972年颁布的新的工业法案的基础上，创立了全国性的"工业发展执区委员会"和六个地区性的"工业发展局"，负责对受援地区的主要项目进行评议、协商和监督。美国1933年根据《麻梭浅滩与田纳西河流域开发法》依法成立了田纳西河流域管理局(TVA)，负责领导、组织和管理田纳西和密西西比河中下游一带的水利综合开发和利用。20世纪60年代以来，美国在地区再开发管理局的基础上成立了经济开发署，进一步加强对困难地区的经济援助。此外，在荷兰设有区域开发署，在法国设有国土整治与区域行动评议会，在日本设有国土厅等专门机构来负责本国区域政策的实施。实践证明，这些专门机构要有实权和权威性，否则，难以有效地实施区域政策。

二、发达国家区域经济协调发展政策对中国的启示

改革开放以来，我国政府采用分地区逐步推进的方法形成了全方位开放格局，其重要的手段就是对不同地区采用政策倾斜，以鼓励和激发一部分地区先富起来。为此，实行了以加快经济增长为目标的区域经济协调发展政策，先后实施了沿海地区发展战略和"三个地带"发展战略，表现为沿海对外开放和优惠政策的实施及投资倾斜。1992年以来，缩小东西部经济差距，国家采取了地区经济协调发展战略，提出优先发展中西部地区，减缓东西部地区经济差距。2003年末，为推动东北地区的跨越式发展，又提出振兴东北老工业基地的战略目标。我国的区域经济发展与发达国家相比起步较晚，为了进一步协调发展我国的区域经济，应当结合我国的国情，借鉴西方发达国家在区域政策方面的经验和措施，着重做好以下工作：

1. 正确有效地发挥政府在发展区域经济方面的重要作用

发达国家在区域开发中非常重视政府的重要作用。德国联邦政府认为，在区域开发中，国家的首要任务是创造环境，以使得各地区能利用自己的力量完成所面临的结构转换任务。日本政府高度重视区域协调发展，政府在区域协调发展中担当了非常重要的角色，无论是确立规划、制定方针，还是实施控制或指导，都突出体现了政府重心。德国政府通过联邦、州和地方之间的职权划分，由各级政府兴办不同的公益事业，来达到平衡区域差距的效果。在我区域经济协调发展中，也应该注重发挥政府的作用。首先，改善制度环境，进一步转变政府职能，实行政企分开，减少审批项目，简化办事程序，强化服务意识，实行依法行政，执行区域经济政策和法律法规，以保障区域经济的协调发展；其次，政府还应加强基础设施建设，为区域经济发展提供硬环境，强化、鼓励生态建设，实施环境保护，加强规划、协调省级利益关系。

2. 建立健全区域经济协调发展的政策法律法规体系

区域开发政策是一国政府干预经济发展与协调区域经济关系的主要工具。要有效实现干预和协调的目标，必须使区域政策的适用对象和领域十分明确。完善的法律制度是区域政策得以贯彻落实的重要制度保障。西方发达国家都是在法律框架下促进区域经济的发展，其区域促进的法律

体系十分健全。为了确保政府在区域经济协调发展中发挥其应有的作用，都确立了明确的区域政策和完善的促进区域经济协调发展的法律法规体系。有的甚至以立法的形式发布政策。使区域开发政策的制定、实施、监督、评估等各个环节都建立在严格的法律制度基础上，保证了区域政策的规范性和可行性。为此，我国要促进区域经济协调发展，应当及时将区域开发政策上升为法律法规，如通过制定《区域规划法》、《西部开发法》、《老工业基地振兴法》等有关区域协调发展的法律法规，明确界定中央和各区地方政府所负有的确保区域协调发展、缩小地区间差距的职责。进一步明确我国区域协调发展的具体目标、主要手段、操作程序、各级政府的职责及"问题地区"的类型界定标准等，为我国区域经济协调发展的政策实施提供强有力的法律保障。

3. 构建科学规范的财政转移支付体系

西方发达国家区域开发政策的经验表明，地区财政转移支付是区域政策的核心，是问题地区发展和振兴的重要保障。发达国家对欠发达地区经济发展实行支持政策时，为了充分发挥援助资金的作用，往往实行集中有限的援助资金进行重点开发的政策措施，特别是德国无条件的财政性转移支付制度（地区财政平衡制度）和有条件的收入性转移支付制度（对问题地区的财政补贴制度），都有其合理性和特色，值得借鉴，尤其是收入性转移支付制度应当优先加以借鉴。为增强西部开发和东北老工业基地的财政基础，应加大对西部地区和东北老工业基地财政转移支持力度。特别是要加快财政转移支付的法制化进程，尽快制定《财政转移支付法》，对各级政府的支出责任划分及相应的税权划分，转移支付的目标、原则、规模、标准以及具体的技术性操作程序和方法等作出明确具体的规定。①

4. 建立专门的区域组织管理机构

为了保证区域经济协调发展政策的有效实施，发达国家都成立了专门的区域组织管理机构，明确其职权和职责，使区域经济协调发展的政策得以有效的落实。国际经验表明，在区域问题比较突出或者对于区域问题比较重视的国家或地区，一般强调对于区域管理的统一性和集中性，大多设有全国性和综合性的专门职能部门统一管理区域政策的实施和执行，如欧盟。目前，我国在国家层面上促进分散管理向统一管理也是基于区域管理一般规律与我国国情。为了保障我国区域政策的有效实施，必须将目前由不同部门负责的区域管理职能集中起来，使得中央政府通过法规、规划、政策等手段，统筹协调区域开发活动。为此，应当成立中央和地方的区域性管理机构。全国区域管理机构负责制订全国的区域发展计划，并进行协调和指导，地方管理机构负责制订和落实本地区的规划。另外，在经济区，为了推动区际区域合作，还要有地方政府自发形成的区域性协调组织。

参考文献

和泉润，王郁. 日本区域开发政策的变迁 [J]. 国外城市规划，2004（3）.

费洪平. 中国区域经济发展 [M]. 北京：科学出版社，1998：332-333.

赵放，吴宇晖. 区域经济和谐发展与政府区域干预政策的研究 [J]. 当代经济管理，2009（3）.

爱英. 区域经济政策新视角研究 [M]. 北京：经济科学出版社，2004：96.

张可云. 区域大战与区域经济关系 [M]. 北京：民主与建设出版社，2001：397-398.

盛光明，周会. 中国财政转移支付制度现状的思考 [J]. 广西经济管理干部学院学报，2009（1）.

（李玮，辽宁省委党校）

---

① 盛光明，周会. 中国财政转移支付制度现状的思考 [J]. 广西经济管理干部学院学报，2009（1）.

生产性服务业集聚、产业空间互动与区域经济一体化

——兼论如何摆脱中国产业转移困境

一、问题的提出

随着经济全球化的加速和信息技术迅猛发展，世界经济越来越显现出国民经济软化和制造业服务化趋势，服务投入在制造业投入中所占比重越来越大，生产性服务业对制造业技术创新、产品创新的引领作用日趋增强，是大多数城市最具活力、增长最快的部分（Harrington，1995）。在世界经济趋于服务化的同时，经济高速增长的中国却出现了服务业低水平稳态发展的"中国悖论"或"逆服务化"趋势，中国服务业增加值占 GDP 比重不仅没有实质性上升反而在逐年下降，2008 年中国人均 GDP 为 6023 美元（以 2000 年美元计算），西方主要发达国家于 20 世纪 70 年代初达到该水平，但是此时中国服务业增加值占 GDP 比重达到 40.15%，远低于美、英、德、法、日的 62%、57%、53%、59%、53%，还落后于新兴市场经济国家相同人均 GDP 时期的平均水平 53%，低于 2007 年世界平均水平 69%，甚至低于世界上低收入国家的平均水平。在新型工业化背景下探讨中国产业结构转型升级问题，必须充分发挥生产性服务业将日益专业化的人力资本和知识资本引入制造业的"黏合剂"作用，从生产性服务业与制造业互动的高度推进产业结构调整优化与全面升级，实现产业链向高端攀升（刘志彪，2006）。

与生产性服务业发展滞后相对应的另一个现象是，目前我国的区域产业转移并不是非常顺利。以江苏和广东为例，从实践层面看，江苏、广东等省纷纷出台促进产业在省内转移的政策。如江苏省于 2005 年颁布了《关于加快南北产业转移的意见》，提出重大项目优先在苏北布点、土地指标优先用于产业转移、利用专项资金奖励到苏北的投资者等措施，在这之后又出台了大量的推动产业转移的优惠政策措施；广东省于 2008 年出台了《关于推进产业转移和劳动力转移的决定》，在金融危机背景下又提出了"腾笼换鸟"的政策措施。尽管江苏、广东等省推动产业转移的政策力度很大，也取得了一定成效，但实际效果却远未达到预期。不仅发达地区的政府和企业对产业转移存在抵触情绪，而且很多转移出去的企业因在承接地"水土不服"，不久就开始向发达地区回流。

由此可以发现我国面临的困境，虽然我国经济总量已经跃居全球第二，但是，一方面我国生产性服务业发展仍然比较落后，另一方面我国制造业产业区域转移并未达到预期效果。这使得我国经济发达地区"腾笼换鸟"、产业升级步伐放缓，另外也使得落后区域接受发达地区产业转移的步伐变慢。那么，这两者之间是否有着某种内在的必然联系呢？这两者之间是如何相互影响的？本文认为，这必然涉及制造业和生产性服务业在空间上如何互动的问题，而在区域振兴规划呈"全面开花"态势的情况下，对于这个问题的研究尤其有着非常重要的意义。以下文章安排如下：第二部分将对已有文献进行理论回顾；第三部分建立理论模型，对其进行理论分析；第四部分进行实证检验；第五部分为结论及其政策建议。

二、文献回顾

现有的关于生产性服务业与制造业之间关系的研究，主要是分析两者之间的互动关系。例如，Porter（1990）指出，高端制造业的发展，需要有专业化的、高级生产要素的投入，即需要有高端的服务业相匹配，而高端的服务业发展，反过来又取决于高端制造业对其需求，这就从产业互动视角对服务业和制造业关系进行了界定。大量研究表明，具有知识密集型和差异化这两个特性的服务业（Markusen，1989），作为制造业的高级要素而拥有较强市场势力，不仅降低了制造业的生产成本（格鲁伯、沃克，1993），而且还降低了交易成本，从而对制造业效率的提升和竞争力的增强有着明显促进作用（刘志彪，2006）。反过来看，制造业作为服务业发展的中间需求，其自身发展也导致服务业的市场容量增大，专业化分工更加深入，对服务业规模扩大和质量提升也起到了较大的推动作用（Bhagwati，1984；Franeois，1990；Rowthorn 等，1999；Klodt，2000；Guerrieri 等，2005）。以上这些研究更多的是从经验层面上对该问题进行研究，不具有内在严谨的逻辑性。

江静等（2007）通过构建模型来分析生产者服务作为高级生产要素促进制造业效率提升的内在机理，但是，她们并没有在空间层面对这两者之间的关系进行论述。

迄今为止，关于这两者空间分布问题研究比较少，更多的研究侧重于生产性服务业空间分布问题。研究发现，生产性服务业大都集中于大都市地区，成为整个地区产业活动的核心代表，生产性服务业本身具有规模报酬递增的特性，且与聚集经济是密切相关的。具体而言，Illeris（1989）通过区位商和就业比重等指标，研究了1991年北欧各国生产性服务业的空间分布特征，发现70%以上的生产性服务业集中在各国首都，而且首都和一些经济较为发达的大都市区位商大于1，非都市区区位商均小于1。Coffey 等（1991）分别对英国和加拿大进行了研究，同样发现生产性服务业高度集中在大都市区。Beyers 等（1985）研究了美国大都市区生产性服务业的集聚，发现1985年90%的生产性服务业集中在大都市区，占总就业的83%。Nicolaides（1990）提出生产者服务业并不受限于空间因素，服务本身跨越国界、服务消费者跨越国界以及服务业生产者跨越国界是生产者服务业的三种形态。生产者服务业可在世界任何空间区位，很容易通过信息技术向生产者提供所需的各种服务，信息技术进步使得可分性得以实现。Strambach（1993）研究了联邦德国生产性服务业的就业分布情况，发现就业集中分布在汉堡、法兰克福、慕尼黑和纽伦堡几个大都市区，而非集中于靠近东德和捷克边界的广大非都市区。生产性服务业主要分布在大城市或都市圈的格局是由其必须接近客户的性质决定的。Kokko（1999）论证了大城市是服务业导向，而小城市则是制造业导向。Sassen 等（2002）指出生产性服务业向世界性大城市集聚，取代传统制造业成为主导性产业，避免了因制造业转移而产生的所谓"空心化"。生产性服务具有集聚经济特征，并且更倾向于城市化经济，即随着城市规模的增加，生产性服务业成本相应下降，城市规模越大，生产性服务业越发达。

生产者服务业空间上的可分性改变了世界城市产业结构。发达国家的城市通过集聚生产者服务业避免了制造业转移而产生空心化。这告诉我们，我国要想顺利转变经济发展方式，一方面核心地区实施产业升级，大力发展高端的生产性服务业；另一方面要将低端制造业产业向外转移。实际上，这是同一个问题：只有低端制造业产业向外转移，才能够为生产性服务业留出空间，而产业愿意向外转移，原因就在于转出地能够为转移出去的制造业产业提供服务功能。通过生产性服务业与向外转移的制造业进行空间互动，实现我国的产业升级和经济发展方式转变，这正是本文研究的重点，接下来本文将从理论和实证角度对这个问题进行分析。

三、理论模型分析

我们构建一个理论模型，试图分析生产者服务对制造业效率提升的内在机理。我们对柯布—道格拉斯生产函数进行拓展，将生产者服务作为除劳动和资本外的另一投入品，并用投入的劳动数量来衡量。借鉴 Ciccone 和 Hall（1996）的模型，使用迪克西特—斯蒂格利茨（D-S）垄断竞争框架分析生产性服务业，用 S 代表各种中间投入的组合，即：

$$S = \left(\int_0^n [x(i)]^{1-1/R} d_i \right)^{1/(1-1/R)} \tag{1}$$

令 R 为各种生产者服务之间的替代弹性，R > 1，n 是制造业生产过程中各种生产者服务的类别。生产函数为柯布—道格拉斯形式：

$$f(L, S, K) = A(L^\beta S^{1-\beta})^\alpha K^{1-\alpha} \tag{2}$$

因此，劳动投入有两种用途：一是用来生产最终产品，二是提供生产最终产品的中间投入——生产者服务。

在标准的 D-S 模型中，垄断竞争的服务业企业实现边际成本定价，并且自由进入使其均衡利润为零。因此，生产者服务的价格 $p = \frac{mc}{1-1/R}$，mc 为生产者服务的边际成本。在 Ciccone 和 Hall（1996）的基础上，我们引入了反映技术进步等引起服务效率提高的参数 ϕ，假设生产 x 单位的生产者服务需要（$\phi x + v$）单位的劳动投入，这里 v 相当于以劳动投入衡量的从事生产者服务生产的固定成本，设单位劳动报酬为 w，则 mc = ϕw，单个服务企业最大化其利润函数 P = px - w（$\phi x + v$），均衡时的利润为：

$$P = px - w(\phi x + v) = \frac{1}{R-1}\phi xw - vw \tag{3}$$

再假设生产性服务业市场是可以自由进出的，则 P = 0，于是：

$$x = \frac{(R-1)v}{\phi} \tag{4}$$

根据式（2）生产函数，最终产出分配给劳动的份额为 α，意味着分配那些直接从事最终产品生产的劳动份额是 $\alpha\beta$，根据欧拉定律，wL = $\alpha\beta$f（L, S, K），分配给劳动以外的所有份额是 1-α。

在分配过程中，除了分配给资本的份额以外，所有产出都分配给劳动，假设生产过程中总的劳动投入是 1，则 w = αf（L, S, K），由此可见，1-β 的劳动专门从事生产性服务业活动：

$$n = \frac{1-\beta}{\phi x + v} \tag{5}$$

将式（4）代入到式（5）中得到：

$$n = \frac{1-\beta}{Rv} \tag{6}$$

由此可见，随着越来越多的劳动者从事生产性服务业，生产者服务的专业化程度越来越高，其规模越来越大。

那么，生产性服务业数量的增加是否能够提高从事于生产性服务业者的效率呢？假设所有生产者服务都具有对称性，则由式（1）可得：

$$S = n^{1/(1-1/R)}x \tag{7}$$

由于从事每种生产性服务业的劳动力为（$\phi x + v$），其具有对称性，因此劳动总投入为 n（$\phi x + v$），将式（4）代入得到总的劳动投入为 nRv，我们用生产性服务业的产出率 effective$_s$ 表示其劳动生产率，则有 effective$_s$ = S/nRv，将式（4）和式（7）代入得到：

$$\text{effective}_s = \frac{(R-1)}{R} \cdot \frac{n^{\frac{1}{R-1}}}{\phi} \tag{8}$$

由此，我们可以发现：一方面，参数 ϕ 的下降也就是劳动者效率的提高，会提高生产性服务业的效率；另一方面，生产性服务业规模 n 的扩大也将提高生产性服务业者的效率。

为了下文的需要，在这里我们先计算生产者服务业的价格指数 P。如果令 p（i）为某种生产者服务的价格，根据对称性和前面的分析，在均衡时生产者服务总的价格指数为：

$$P(n, p) = (np^{1-R})^{1/(1-R)} = n^{1/(1-R)}p \tag{9}$$

将 $p = \frac{mc}{1-1/R}$ 和 mc = ϕw 代入，得到生产者服务成本 P：

$$P(n, p) = (np^{1-R})^{1/(1-R)} = n^{1/(1-R)}p$$

$$= n^{1/(1-R)} \frac{\phi w}{1 - 1/R} \quad (10)$$

为了考察生产者服务业的发展对制造业效率提升的影响，此处我们不直接分析它对制造业产量的影响，而是分析单位制造业产品耗费成本的变动，单位成本的下降意味着制造业效率的提高。我们假设，生产一单位最终产品所需的资本数量给定，并且资本价格外生给定，这样可以不考虑资本成本变动，只考虑劳动和生产者服务两种投入，因此单位产量的成本构成分别为劳动者工资 w 以及投入的生产者服务成本 P。

在现实经济活动中，为了应对核心地区日益高涨的工资成本上升的压力，位于核心地区的制造业产业将逐渐向外转移，生产性服务业与制造业逐渐分离，制造业到外围寻求工资等成本洼地（w），但是相应的，生产者服务业和制造业之间空间距离增加，[①] 成本将随之增加，本文用 r 度量成本增加的程度。这表明，产业向外转移面临着一个两难选择，即：

$$\begin{cases} f(L, S) = L^\beta S^{1-\beta} \\ MinC(w(r), P) = w(r)L + PrS \\ s.tf(L, S) = 1 \end{cases}$$

其中，r≥1，[②] 根据一阶最优条件，推导出其成本函数为：

$$C(w(r), P) = \frac{1}{\beta} \left(\frac{1-\beta}{\beta} \right)^{\beta-1} r^{1-\beta} w(r)^\beta P^{1-\beta} \quad (11)$$

由假设条件可知，$\frac{\partial w}{\partial r} < 0$。

当 r = 1 时，生产性服务业与制造业并没有发生分离，在这种情况下，令 w = w (r = 1) = w_0。其中，w_0 为生产性服务业集聚地劳动者工资水平，即 $w(1) = w_0$。[③]

则由式（10）推导出来的价格指数 P(r, n, p) 可以转化为：

$$P(r = 1, n, p) = (np(1)^{1-R})^{1/(1-R)} = n^{1/(1-R)} p(1)$$

$$= n^{1/(1-R)} \frac{\phi w_0}{1 - 1/R} \quad (12)$$

随着生产性服务业与制造业分离的距离逐渐加大，即 r 逐渐增加，w(r) 逐渐减少。

将式（12）带入到式（11）得到：

$$C(w(r), P) = \frac{1}{\beta} \left(\frac{1-\beta}{\beta} \right)^{\beta-1} \left(\frac{\phi R}{R-1} \right)^{1-\beta} n^{\frac{1-\beta}{1-R}}$$
$$r^{1-\beta} w(r)^\beta w_0^{1-\beta} \quad (13)$$

令 $\frac{1}{\beta} \left(\frac{1-\beta}{\beta} \right)^{\beta-1} \left(\frac{\phi R}{R-1} \right)^{1-\beta} w_0^{1-\beta} = B$，则上式可以转化为：

$$C(w(r), P) = Bn^{\frac{1-\beta}{1-R}} r^{1-\beta} w(r)^\beta \quad (14)$$

将式（14）对 n 求偏导得到：

$$\frac{\partial C(w(r), P)}{\partial n} = \frac{1-\beta}{(1-R)n} C(w(r), P) \quad (15)$$

由于 R > 1，β < 1，则：

$$\frac{\partial C(w(r), P)}{\partial n} < 0 \quad (16)$$

基于以上分析，我们可以得出本文的命题。

命题 1：生产者服务业作为制造业的高级要素投入，其规模的扩大降低了制造业的单位生产成本，直接提高了制造业效率和产业竞争力。

将式（14）对 r 求偏导得到：

$$\frac{\partial C(w(r), P)}{\partial r} = Bn^{\frac{1-\beta}{1-R}} r^{-\beta} w(r)^{\beta-1} ((1-\beta)w(r) + \beta r \frac{\partial w(r)}{\partial r}) \quad (17)$$

由式（17）可以看出，大括号内的第一项$(1-\beta)$ w(r) > 0，第二项 $\beta r \frac{\partial w(r)}{\partial r} < 0$，因此，$\frac{\partial C(w(r), P)}{\partial r}$ 的符号并不确定，这是非常容易理解的。原因在于，随着核心城市的快速发展，其劳动者工资迅速提升，即 w 快速增加，这毫无疑问会使制造业产业成本快速上升。在这种情况下，有必要将产业向外转移，转移到外围地区。由于外围地区是相对欠发达地区，因此，其工资水平非常低廉，这就会加速产业转移的步伐。但是，随着转移出去的制造业与生产性服务业空间距离加大，其成本就会增加，如何使成本函数 C(w(r), P) 达到最低，这涉及一个两难抉择问题。

如果令式（17）等于 0，可以得到：

$$(1-\beta)w(r) + \beta_r \frac{\partial w(r)}{\partial r} = 0 \quad (18)$$

---

① 所谓"距离"实际上既有空间的含义也包括经济上成本增加的意义，关于距离的概念在第五部分有比较详细的论述。

② r≥1 表明，随着距离的增加，生产性服务业远距离为制造业配套的成本开始增加，这表现为成本函数中的第二项。

③ 本文假设 w_0 是固定不变的，在现实中 w_0 是不断增加的，但为了分析方便起见，假设中心地区的工资不变，外围地区工资逐渐递减，这并不影响本文的主要结论。

根据式（18）则可以求出成本最小化时的 r，由此我们可以得到命题 2。

命题 2：制造业产业转移的规模取决于转移带来的工资成本优势和制造业与生产性服务业空间分离产生的距离成本之间的权衡。

在现实中，随着一个地区或国家经济水平的快速发展，生产性服务业将会越趋发达，但工资等成本因素将会逐渐增加，制造业企业成本增加，虽然制造业发展离不开生产性服务业，但是工资等生产成本的快速上升将会逐渐抵消甚至超过生产性服务业，给制造业带来不断增加的好处，这将迫使制造业与生产性服务业在空间上发生分离，制造业将向其他地区或国家发生转移，生产性服务业将"远距离"为制造业服务。下面，本文以长三角为例，对上述理论研究进行实证分析。

四、实证分析：长三角区域经济一体化

本文以长三角为例，通过对长三角内部产业互动过程的实证分析来验证本文上述的理论推导。考虑到上海是全球著名的金融、航运和贸易中心，同时其教育与传媒业也比较发达，而且这些行业对长三角地区的辐射也比较强。根据第二部分的理论推导，我们发现，像上海这样生产性服务业非常发达的核心城市对长三角工业的影响甚至可能超过对上海本土工业的影响。

根据本文实证分析的需要以及数据可得性，我们选择与此相关的几个行业数据来代表上海的生产者服务。具体选择的行业包括交通运输、仓储及邮电通信业、金融保险业、房地产业、教育文艺及广播电影电视业；另外，还可以汇总出长三角三省市的工业增加值数据。本文选取 1980~2009 年长三角三省市相关的数据，数据分别来自于《上海统计年鉴》、《江苏省统计年鉴》以及《浙江省统计年鉴》相关年份的数据。接下来，本文分别用幂函数和线性函数对生产性服务业与工业增加值之间的关系进行了拟合，如图 1 和图 2 所示。其中图 1 和图 2 中的第一幅图是上海市生产性服务业与上海市工业增加值之间的关系，而第二幅图是上海市生产性服务业与长三角三个省市工业增加值之间的关系。我们大体可以看出，上海市生产性服务业与上海市工业增加值之间的关系并不比其与长三角工业增加值之间的关系更为紧密。

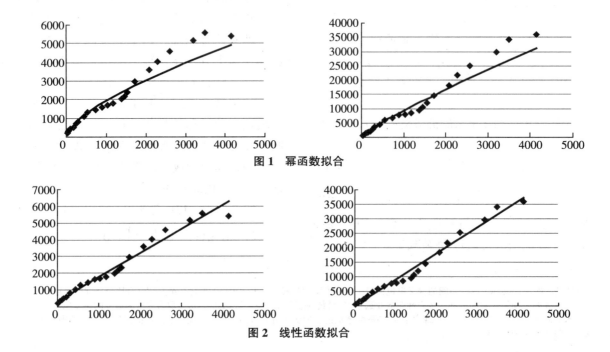

图 1　幂函数拟合

图 2　线性函数拟合

为了对此进一步论证，本文用 $man_{shanghai}$ 代表上海市生产性服务业增加，$pro_{shanghai}$ 代表上海市工业增加值，$man_{changsanjiao}$ 代表长三角工业增加值，就其分别进行幂函数和线性函数拟合，数值如表1所示。

表1　不同形式的拟合模型

幂函数拟合	$man_{shanghai}=20.809pro_{shanghai}^{0.6565}, R^2=0.9803$
	$man_{changsanjiao}=25.228pro_{shanghai}^{0.8574}, R^2=0.9911$
线性函数拟合	$man_{shanghai}=1.4568pro_{shanghai}+273.85, R^2=0.9782$
	$man_{changsanjiao}=9.0115pro_{shanghai}-12.227, R^2=0.9872$

由表1可以发现，不论是用幂函数拟合还是用线性函数进行，上海市生产性服务业与长三角工业增加值之间的关系远比其与上海本土工业增加值之间的关系更为紧密，这在很大程度上论证了本文理论部分的推论。

实际上，以上海市为中心的长三角其辐射能力正在不断向外延伸。2010年1月12日，国务院正式批复《皖江城市带承接产业转移示范区规划》，皖江城市带与长三角地区紧连，是长三角地区产业向中西部地区转移和辐射最接近的区域，承接长三角地区产业转移的区域相关性最大。

五、政策推动与区域经济一体化

日本自1868年明治维新以来，人口增长很快，全国人口从1900年的4380万人增长到2000年的12692万人。与此同时，城市化和工业化得到了同步推进，城市人口比重从1670年的8.7%增长到1920年的20.1%，第一产业的比重直到20世纪20年代一直超过50%。此后，纺织工业的发展吸引了大量农村劳动力，工业化和城市化进入了加速期。20世纪30~40年代重化学工业化期间，钢铁、化肥、船舶、汽车等工业得到了迅猛发展，缺乏资源的日本依靠进口重化工业所需的原料和燃料，造就了京滨、中京、阪神、北九州四大临港工业地带，人口也不断向这些区域集中，最终形成以东京圈、名古屋圈、关西圈为中心的太平洋沿岸巨型城市带。通过都市圈的核心城市与周边城市的互动形成了日本区域经济发展模式（原新、唐晓平，2008）。王建（2007）认为，这是与日本的国土条件密切相关的，这样做可以缩短运输距离，大量节约各种成本。[①]

所谓"距离"实际上既有空间的含义也包括经济上成本增加的意义，过大的空间距离将会增加运输成本，降低效率，不利于中心地区生产型服务业辐射扩散；经济意义上距离的概念则是与人为行为紧密联系的。譬如，市场分割，这意味着区际之间贸易壁垒的提高，在这种情况下，虽然空间距离很短，但是市场分割加起来的"鸿沟"却是无法逾越的。在中国经济存在省际市场分割（Young，2000；Poncet，2005；陆铭、陈钊，2009）的条件下，都市圈[②]的规划可以使属于不同省份的城市组成一个更广泛的经济单元，这更有利于区域经济逐渐走向一体化，有利于区域产业转移，提高外围地区分享经济集聚和核心城市辐射效应。因此，产业空间上的互动不仅要求空间距离不可过远，而且要求人为"鸿沟"不可过大。区域经济一体化、分割与距离之间表现为下面的关系，如图3所示。

因此，在现实层面上，为了保证区域崛起和产业转移的顺利进行，一方面，我们要通过政策调整弱化市场分割所带来的负面影响，推动区域

①　王建同时也认为，我国的国土条件与日本极为相似，因此也应该实施大都市圈战略。
②　实际上，区域经济一体化是都市圈的更深一层次的演变。

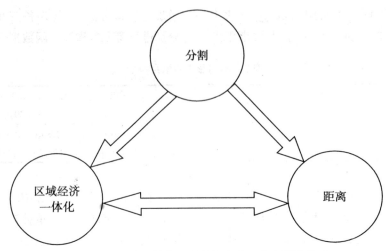

图3　区域经济一体化、分割与距离三者之间的关系

一体化进程；另一方面，通过基础设施等的建设，在硬件设施上拉近区域之间的距离，提高核心地区的辐射带动能力，为更好实施区域经济一体化战略提供硬件支撑。

（一）区域规划与经济一体化

国际金融危机后，外部市场出现萎缩，沿海三大都市圈增速下滑，为了保持我国经济的快速持续发展，2009 年以来，我国接二连三出台了新一轮区域振兴规划，区域振兴规划呈"全面开花"的态势，如表 2 所示。

表2　2009 年以来经国务院批准的区域振兴规划

推出时间	区域振兴规划	受惠地区
2009 年 1 月	珠江三角洲地区改革发展规划	珠三角
2009 年 2 月	关于推进重庆市统筹城乡改革和发展的若干意见	重庆
2009 年 5 月	建设海峡西岸经济区	福建
2009 年 5 月	成都市统筹城乡综合配套改革试验总体方案	四川
2009 年 6 月	江苏沿海地区发展规划	江苏
2009 年 6 月	横琴总体发展规划	广东
2009 年 6 月	关中—天水经济区发展规划	甘肃
2009 年 7 月	辽宁沿海经济带发展规划	辽宁
2009 年 9 月	促进中部地区崛起规划	中部六省
2009 年 11 月	图们江区域合作开发规划纲要	吉林
2009 年 11 月	黄河三角洲高效生态经济区	山东
2009 年 12 月	鄱阳湖生态经济区规划	江西
2009 年 12 月	甘肃省循环经济总体规划	甘肃
2009 年 12 月	国务院关于进一步促进广西经济社会发展的若干意见	广西
2010 年 1 月	皖江城市带示范区	安徽
2010 年 5 月	长江三角洲地区区域规划	上海、江苏、浙江
2010 年 5 月	重庆两江新区规划	重庆
2010 年 5 月	新疆区域振兴规划	新疆
2010 年 6 月	海南旅游岛规划	海南
2010 年 12 月	大小兴安岭林区生态保护和经济转型规划	东北

续表

推出时间	区域振兴规划	受惠地区
2011 年 3 月	成渝经济区区域规划	重庆、成都
2011 年 6 月	东中西区域合作示范区	以连云港为龙头的陇海经济带
待批准的规划		
	京津冀都市圈区域规划	
	西藏区域振兴规划	西藏
	内蒙古区域振兴规划	内蒙古

资料来源：作者根据相关资料整理得到（截至 2011 年 6 月）。

目前，我国中西部的广大地区已出现了超过沿海省份的经济增长速度。区域振兴规划的实施使得区域经济一体化过程迅速推进，这毫无疑问会降低产业的转移成本，推动经济的快速发展。

由于我国，东部与大部分的中西部之间距离过于遥远，过远距离的产业转移将使得 r 快速上升，这使得产业很难向这些地区转移。孟可强、陆铭（2011）以港口城市上海、香港、天津为中心的三大都市圈为研究对象，研究发现，珠三角与长三角都市圈内的城市经济发展水平与到大港口距离间存在"⌣"形的三次曲线关系。在到大港口的一定距离范围内，集聚力超过离散力，距离核心城市越远，人均 GDP 越低，但当距离远到一定程度时，离散力就越来越强，出现人均 GDP 的第二个局部高点。这告诉我们，仅仅建立在沿海地区经济快速发展基础之上的中国经济并不能够带动经济整体共同发展。

实际上，式（18）理应还存在着其他解，在这个解中，当制造业向中西部转移的过程中，有中西部核心城市的生产性服务业为转移过来的制造业产业提供生产性服务。在这其中，非常关键的一点是实现中西部区域经济一体化。毫无疑问，区域振兴规划的出台将会加速区域一体化进程，有助于扩大内部市场规模和专业化分工，这将逐渐改变过去东部沿海地区"一枝独秀"的经济增长局面，逐步形成区域协调发展态势，对产业转移与区域产业互动是非常有利的。在上述已经批准的和将要批准的 25 项区域振兴规划中，有 16 项是针对我国中西部地区制订的，只有 9 项是针对我国东部地区制订的。

另外，也是非常重要的一点是，在中西部区域经济一体化的进程当中，政府应该着重建设核心城市，培育高端生产性服务业，这一方面会发挥其对周边城市以及相关工业的带动能力，使区域能够在经济意义上真正实现区域经济一体化；另一方面也可以通过其先进的生产性服务业吸引东部地区的产业转移，减少区域产业转移的"粘性"问题（程必定，2010）。这样做同时也有利于东部地区的"腾笼换鸟"，推进自身的转型和产业升级，从而推动产业结构调整以及产业在东、中、西部地区的合理布局。

（二）高铁与区域经济一体化

高铁对我国经济及产业格局的影响已经发挥了重要作用。随着京津、武广、郑西、沪宁等一批城际高速铁路的通车运营，环渤海、长三角、珠三角等区域内部的联系更加紧密，城市之间的产业分工协作更加明确。以长三角为例，高铁建成之后，将加速长三角一体化进程，长三角城市群体量庞大，但不同城市经济还具有较大的差距，高铁的开通，将进一步缩小这些差距，使得区域之间的分工更加明显，此外泛长三角的合作将会有实质性突破，长三角的腹地经济区域进一步扩大，高铁拉动了周边安徽、江西、福建等区域参与区域经济合作，一个更加广泛的大区域经济格局雏形显现。长三角产业格局将会朝着一体化的方向加速调整，目前长三角各个城市已经遵循以上海为中心、各个城市联动协作发展的发展趋势。上海具有较强的人才优势和研发优势，在发展高端服务业、先进制造业等方面具有巨大的综合比较优势，苏州、无锡等城市制造业发达，可以在自身的基础上继续加强研发和创新，加速发展具有区域特色新型制造业，长三角苏北等周边城市发展还比较落后，可以利用高铁带来的区域人流、物流的便利，加速引进和承接上海等地的产业转移。

根据《中长期铁路网规划》，我国高速铁路发展以"四纵四横"为重点，构建快速客运网的主要骨架，形成快速、便捷、大能力的铁路客运通道，逐步实现客货分线运输。其中，"四横"将东部沿海发达地区与中西部部分落后地区紧密连接起来，中西部的经济发展与对外开放将为中国经济的长期均衡发展装上第二台"发动机"。不仅如

此，它还可能帮助中国解决过去 30 多年来严重的发展失衡问题。

不过，需要指出的是，由于东部发达地区与大部分中西部地区相距过于遥远，中西部崛起更应该通过区域经济一体化建立属于自身的都市圈，而这就需要在中西部地区架起更多的高铁，从硬件上保证区域经济一体化。虽然从短期来看，盈利情况并不容乐观，但是，这是一个值得中国在 21 世纪认真考虑的大战略。

六、结论及其政策建议

生产性服务业对于制造业效率提升的意义是不言而喻的，迄今为止的大量研究已经对其进行了证实。但是，这些研究更多的是将这两者放在同一空间中并对其相互关系进行论证，而忽视了两者之间空间上的可分性。因此，与此相关的大量研究并不能就一些实际问题，譬如产业转移等现象得出有意义的结论。本文的贡献在于，将空间因素融入其中，从理论层面上分析了这两者之间的关系，指出了生产性服务业的意义及其与制造业在空间上的互动机制。

在现实中，东部沿海地区核心城市产业向外转移，能够为产业升级提供空间，但由于产业互动机制的作用，转移出去的低端产业并不完全脱离核心区，而是与核心区域的高端生产性服务业互动，最终会形成一个良性发展的格局，本文以长三角为例对理论分析进行了论证。另外，本文认为，与中西部地区相距过于遥远的区域要想通过东部地区生产性服务业的辐射进而带动产业转移在空间上是不现实的，因此，在中西部地区形成区域经济一体化，通过中西部地区中心城市生产性服务业的带动，形成东部沿海地区产业转移的局面，进而在这些地区形成产业互动的局面，进而本文指出了区域振兴规划和高铁建设的意义，并且为我国如何实施区域协调发展、中西部崛起、区域产业转移等提出了一系列的政策建议。

具体而言，包括三个方面：一是通过高铁的建设以及区域经济规划的实施，尽量延伸东部沿海地区的辐射范围，实现更大范围内的产业互动；

二是通过各种政策措施弱化区域间市场分割的不利局面；三是通过区域振兴规划推动中西部地区区域经济一体化，加强区域内龙头城市的建立。

参考文献

Bailly, A. S. Producer services research in europe [J]. The Professional Geographer, 1995, 47(1): 70–74.

Beyers, W. B., Alvine. M. J. Export services in postindustrial society [J]. Papers of the Regional Science Association, 1985, 57 (4): 33–45.

Coffey, W. J. Bailly, A. S., Producer services and flexible production: an exploratory analysis [J]. Growth and Change, 1991, 1.

Daniels P. Some perspectives on the geography of services [J]. Progress in Human Geography, 1989 (13): 427–438.

Illeris, S. Producer services: the key sector for future economic development [J]. Entrepreneurship and Regional Development, 1989, 1 (3): 267–274.

Kolko, J. Can I get some service here? Information technology service industries and the future of cities [J]. Harvard University Mimeo, 1999.

Poncet, S. A fragmented china: measure and determinants of chinese domestic market disintegration [J]. Review of International Economics, 2005, 13 (3): 409 – 430.

Sassen, Saskia. Global networks, linked cities [M]. New York: Roatledge, 2002.

Strambach, Gabe W. S. Employment in business related services: An Inter –Country comparison of Gernany, the Unitted Kingdom and France [M]. Stuttgart: Geographisches

Institute Universitat Stuttgart, 1993.

Storper, M, Walker R. The Capita list Imperative: Territory, technology, and industrial growth [M]. Oxford: Blackwell, 1989.

Scott, A. J. New industrial spaces: Flexible production organization and regional development in North America and Western Europe [M]. London: Pion, 1992.

Young, A. The Razor's edge: distortions and incremental reform in the People's Republic of China [J]. Quarterly Journal of Economics, 2000, 115 (4): 1091 – 1135.

程必定. 产业转移 "区域粘性" 与皖江城市带承接产业转移的战略思路 [J]. 华东经济管理, 2010 (4).

陆铭, 陈钊. 分割市场的经济增长——为什么经济开放可能加剧地方保护? [J]. 经济研究, 2009 (3).

江静, 刘志彪, 于明超. 生产者服务业发展与制造业效率提升 [J]. 世界经济, 2007 (8).

孟可强, 陆铭. 中国的三大都市圈: 辐射范围及差异 [J]. 南方经济, 2011 (2).

原新, 唐晓平. 都市圈化: 日本经验的借鉴和中国三大都市圈的发展 [J]. 求是学刊, 2008 (3).

王建. 大变革时代的思考 [M]. 北京: 社会科学文献出版社, 2007.

(孙军、高彦彦, 淮海工学院商学院、东南大学、经济管理学院)

中国国家区域援助政策的沿革及调整方向

中国是一个地区差异极大的发展中大国。在经济转型时期，由于各地区自然经济条件、发展阶段和响应能力的差异，中国出现了诸如贫困地区、资源枯竭型城市等多种类型的关键问题区域。在"十二五"乃至更长一段时期，如何按照科学发展观的要求，科学制定并实施针对关键问题区域的规范的国家区域援助政策，对促进区域协调发展，实现全面建设社会主义和谐社会具有十分重要的战略意义。

一、中国现行区域援助政策的沿革

新中国成立以来，中国区域援助政策的演变大体经历了三个不同阶段，即1949~1977年计划经济体制下的零星援助阶段、1978~1998年制度性变革引发的援助起步阶段和1999年以后区域协调发展下的援助扩张阶段，如表1所示。

（一）计划经济体制下的零星援助阶段（1949~1977年）

改革开放之前，中国实行高度中央集权的计划经济体制，资源绝大部分被中央政府掌握和支配。加之该时期中国的经济基础十分薄弱，生产力布局高度集中在东部沿海，同时还要考虑国防和安全的需求。针对此问题，20世纪50~70年代，中国追求区域平衡发展目标，主张国家投资布局应以落后地区为重点。因此，在该阶段民族地区、革命老区和边境地区成为国家实施援助政策的主要目标区域。

由于民族地区深受历史民族压迫政策的影响，少数民族与汉族间隔阂较深甚至存在着严重的民族对立。正是在这一历史背景下，国家开始了三年恢复时期和第一个五年计划，并针对民族地区经济原始落后及民族关系矛盾隐患大的特点，积极采取了一系列相应的民族政策，包括对民族地区的农牧业补贴、改善基础设施、财政补助费、民族贸易"三项照顾"[①]政策等，为维护国家稳定、扶持民族地区经济发展做出了积极贡献（金炳镐，2006）。此外，由于中国的自然灾害频繁，灾害发生后，只有特重灾人口、贫困农村地区的重灾人口才能被民政部门列为救助对象，灾民经确认后可得到诸如保证供应基本口粮，为衣物被毁的灾民提供一定数量的成衣、布匹和棉花，为房屋倒塌的灾民提供建房救助款物，为患病的灾民提供医疗救济款等国家援助或救助（张磊，2007）。

针对革命老区，为促进老区的发展，1952年设立中央革命老根据地建设委员会，各省市都设立了老区建设委员会和办公室。

针对边境地区，中央于1977年设立边境建设事业补助费，扶持边境地区的社会经济发展。

---

① 民族贸易"三项照顾"政策是20世纪60年代国家确定的贫困、边远、落后、交通不便的民族地区，以县级区域为单位享受国家给予的民族贸易的优惠政策。共确定广西17个县、云南31个县、四川45个县、贵州22个县、青海31个县、甘肃13个县作为受照顾地区。内容：一是继续对民族贸易区域内的农副产品收购实行最低保护价和对部分工业品实行最高限价的政策，由此造成的亏损由财政给予必要的补贴；二是对民族贸易区域的商业、供销、医药企业的自由流动资金给予补充，规定由财政对零售企业的流动资金补充到80%（一般地区为60%），其余20%由银行贷款解决；批发企业补充50%（一般地区为7%），其余由银行贷款解决；三是利润留成照顾，允许民族贸易企业利润留成比例为20%（一般地区为3%）。

（二）制度性变革引发的援助起步阶段（1978~1998 年）

1978~1998 年，受不平衡发展思潮的影响，国家投资布局和区域政策强调效率目标，向条件较好的沿海地区倾斜。同时，对贫困地区、革命老区、边境地区和民族地区给予一定的补偿。

针对贫困地区，1978 年 12 月中共十一届三中全会通过的《中共中央关于加快农业发展若干问题的决定》首次明确提出中国存在较大规模的贫困人口。之后，我国政府陆续发布了《关于帮助贫困地区尽快改变面貌的通知》（1984 年 9 月 29 日发布）、《国家八七扶贫攻坚计划》（1994 年 4 月 15 日发布）、《关于尽快解决农村贫困人口温饱问题的决定》（1996 年 10 月 23 日发布）等一系列指导扶贫工作的纲领性文件。采取了多种专项扶贫政策，包括以工代赈、"三西"农业建设、[①] 先后确定 18 个集中连片贫困地区[②] 和 592 个国家扶贫开发工作重点县等。其中《国家八七扶贫攻坚计划》是第一个系统规定扶贫目标、扶贫对象、扶贫措施和扶贫期限的文件，明确提出了争取利用 7 年时间（即到 2000 年底）完成全国农村 8000 万贫困人口的温饱问题。此外，我国政府于 1986 年 5 月 16 日正式成立专门的扶贫机构——国务院贫困地区经济开发领导小组（现为国务院扶贫开发领导小组），负责制定、协调、监督扶贫政策的实施。

针对革命老区，国家采取了红色旅游开发和对口帮扶等措施促进老区发展。1991 年，中宣部等 6 部门联合发布《关于充分运用文物进行爱国主义和革命传统教育的通知》。1994 年，中共中央颁布《爱国主义教育实施纲要》，提出寓爱国主义教育于游览观光中（魏后凯等，2011）。

针对边境地区，国家通过设立边疆基本建设专项补助和战区恢复建设专项资金促进其发展。此外，1994 年中央政府提出的分税制改革，即提高财政收入占 GDP 的比重，提高中央财政占整个财政收入的比重，对加大国家对问题区域的财政转移支付力度具有重要意义。

（三）区域协调发展下的援助扩张阶段（1999 年至今）

20 世纪 90 年代以来，缩小区域经济发展差距、促进区域经济协调发展问题日益受到重视。1999 年至今，国家援助政策的对象在上一阶段的基础上，增加了资源枯竭型城市、西部地区、东北地区等老工业基地和自然灾害突发区。

针对贫困地区，2001 年 5 月中央政府颁布《中国农村扶贫开发纲要（2001~2010 年）》，成为指导新世纪我国扶贫工作的重要文件，尤其设置了国家专项扶贫资金，并于 2000 年 10 月颁布《财政扶贫资金管理办法》（试行）和《财政扶贫项目管理费管理办法》（试行），其中《财政扶贫资金管理办法》是扶贫资金管理的基本政策依据，适用于以工代赈资金和财政发展资金（张磊，2007）。2010 年 7 月，中共中央办公厅、国务院办公厅印发了《关于进一步做好定点扶贫工作的通知》，成为新时期中国特色扶贫开发工作的重要文件，对定点扶贫的总体任务部署、工作方案和扶贫重点做出了明确说明，特别指出了定点扶贫以国家扶贫开发工作重点县为主要对象，优先考虑西部地区，重点支持革命老区、民族地区、边疆地区、贫困地区的重点县。

针对东北地区等老工业基地，2002 年 11 月，党的十六大报告指出"支持东北地区等老工业基地加快调整和改造，支持资源开采型城市发展接续产业"。2003 年 10 月，中共中央、国务院正式下发《关于实施东北地区等老工业基地振兴战略的若干意见》，明确提出了国家实施东北地区等老工业基地振兴战略的目标、总体思路和政策措施，包括税收优惠、国企改革、产业发展、社会保障和人才队伍建设等方面的政策，而国家科技部、建设部等部门也相继出台政策支持老工业基地振

---

① 1982 年 12 月 10 日，国务院决定对甘肃河西地区 19 个县（市、区）、甘肃中部以定西为代表的干旱地区 20 个县（区）和宁夏西海固地区 8 个县实施"三西"农业建设，主要目标是建设河西地区商品粮基地和解决"三西"地区群众温饱问题，开创了中国区域性扶贫的先河。

② 18 个集中连片贫困地区：东部的沂蒙山区、闽西南、闽东北地区；中部的努鲁尔虎山区、太行山区、吕梁山区、秦岭大巴山区、武陵山区、大别山区、井冈山区和赣南山区；西部定西干旱山区、西海固地区、陕北地区、西藏地区、滇东南地区、横断山区、九万大山地区、乌蒙山区和桂西北地区。

兴。①2007年1月，国务院办公厅发出《关于中部六省比照实施振兴东北地区等老工业基地和西部大开发有关政策范围的通知》（国办函［2007］2号），决定对中部六省的26个城市比照实施振兴东北地区等老工业基地有关政策。2007年8月，国务院正式批复《东北地区振兴规划》，提出经过10~15年的努力，实现东北地区的全面振兴，并将规划范围扩展到内蒙古东部地区。2009年9月，国务院又发出《关于进一步实施东北地区等老工业基地振兴战略的若干意见》，从9个方面提出28条推进东北地区等老工业基地全面振兴的具体措施。2010年9月，国家发改委下发文件《2009年振兴东北地区等老工业基地工作进展和下一阶段重点工作安排》（国阅［2010］87号），对新一阶段老工业基地振兴重点做了部署，首次提出统筹推进全国老工业基地调整改造工作。

针对西部地区，1999年，党的十五届四中全会正式提出要"实施西部大开发战略"，同年成立国务院西部地区开发领导小组办公室（现改为国家发改委西部办），相继颁布了《国务院关于实施西部大开发若干政策措施的通知》（2000年10月26日发布）、国家发改委西部办《关于西部大开发若干政策措施的实施意见》（2001年8月8日发布）、《国务院关于进一步做好退耕还林政策措施的若干意见》（2002年4月11日发布）、《"十五"西部开发总体规划》（2002年7月10日发布）、《国务院关于进一步推进西部大开发的若干意见》（2004年3月21日发布）等纲领性文件，中央政府还从基础设施建设、生态环境建设、产业结构调整、对内对外开放和科教社会发展等方面出台一系列政策措施，并取得了良好效果。2010年7月，西部大开发工作会议在京举行，胡锦涛主席强调了深入实施西部大开发战略的重要性，指出今后10年西部大开发的工作重点，包括提升发展保障能力、发展特色优势产业、保障和改善民生、坚持改革开放、维护社会稳定、加大支持力度等方面。

针对资源枯竭型城市，中央政府从调整优化产业机构、税收优惠、投资倾斜、资源环境保护

和完善城镇职工社会保障等方面开展了援助行为。2007年12月，国务院发布了《关于促进资源型城市可持续发展的若干意见》，并于2008年3月、2009年3月先后两次共确定44个资源枯竭型城市名单，中央财政给予这些城市财力性转移支付资金支持。

针对民族地区和边境地区，2006年8月28日，国家民委发布了《关于继续执行民族贸易和民族特需商品生产有关优惠政策的通知》。2007年，国务院颁发《兴边富民行动"十一五"规划》，从2007年起每年安排"兴边富民行动"资金1.8亿元，"兴边富民行动"重点县增至60个，占边境县总数的45%。2011年，国务院办公厅发布《兴边富民行动规划（2011~2015年）》，提出通过加大对边境地区的资金投入、加大民生保障力度、实行积极的产业扶持政策、加大扶贫开发力度、进一步扩大对内对外开放、加强各类人才队伍建设和加大对口帮扶支援力度等政策措施促进边境地区经济社会又好又快发展和社会和谐稳定。

针对自然灾害突发区，由于我国自然灾害具有种类多、发生频率高、分布地域广、损失大等特征，因此中央政府高度重视自然灾害监测和灾后援助工作。截至2004年底，全国已初步建立自然灾害应急预案体系，31个省、自治区和直辖市都已经制定省级应急预案，310个地级市、2347个县市区也出台了本级救灾应急预案。2006年1月，国务院发布了5项自然灾害类突发公共事件专项应急预案，包括国家自然灾害救助应急预案、国家防汛抗旱应急预案、国家递增应急预案、国家突发地质灾害应急预案、国家处置重大和特大森林火灾应急预案，应急预案体系的建设，提高和完善了国家防灾、抗灾、救灾和减灾的能力。此外，中央政府还出台了关于灾情信息网络、救灾物资储备和救灾装备等方面的建设工作，关于国家救灾资金的拨付，中央财政每年根据上年度实际支出安排特大自然灾害救济补助资金，专项用于帮助解决严重受灾地区群众的基本生活困难，

---

① 2004年国家各部委支持东北地区等老工业基地振兴出台的相关援助政策：科技部出台《振兴东北老工业基地科技行动方案》、国防科工委发布《关于国防科技工业进一步参与东北振兴与西部大开发的指导意见》、建设部下发《关于贯彻落实〈中共中央国务院关于实施东北地区等老工业基地振兴战略的若干意见〉的意见》、信息产业部制定《关于贯彻实施东北地区等老工业基地振兴战略的意见》、国资委制定《关于加快推进东北地区中央企业调整改造的指导意见》等。

并根据不同的响应等级采取相应措施。此外，国家针对三峡库区和四川地震灾区分别采取了财政转移支付、异地搬迁补贴、就业安置、基础设施建设等援助手段，帮助库区移民和地震灾民尽快恢复工作和生活。

表 1　中国现行区域援助政策的演变

演变阶段	援助对象类型	主要援助政策
计划经济体制下的零星援助阶段（1949~1977 年）	民族地区	实行财政补助、设立专项资金、给予民族贸易优惠等
	革命老区	1952 年设立中央革命老根据地建设委员会
	边境地区	1977 年设立边境建设事业补助费
制度性变革引发的援助起步阶段（1978~1998 年）	民族地区	对口支援、定额补助、税收减免、设立少数民族发展资金等
	革命老区	红色旅游、对口帮扶等
	边境地区	设立边疆基本建设专项补助和战区恢复建设专项资金
	贫困地区	专项资金、优惠贷款、以工代赈、税收减免、对口帮扶等
区域协调发展下的援助扩张阶段（1999 年至今）	民族地区	民族地区转移支付、民族贸易优惠、扶持人口较少民族发展等
	革命老区	老区专项转移支付、税收减免、以工代赈、红色旅游等
	边境地区	开展兴边富民行动，制订规划，并安排专项资金
	贫困地区	设立专项资金、优惠贷款、以工代赈、对口帮扶等
	资源枯竭型城市	增加财力性转移支付、专项资金、专项贷款、环境治理等
	自然灾害突发区	对汶川、玉树、舟曲等的援助和灾后重建
	西部地区	项目投资、生态建设、特色产业发展、财税和金融支持等
	东北地区等老工业基地	项目投资、社会保障试点、沉陷区治理、财税和金融支持等

资料来源：作者归纳。

二、中国现行区域援助政策存在的问题

国家区域援助政策自实施以来，对缓解东北地区老工业基地、贫困地区等问题区域的"病症"起到了重要作用。就东北地区而言，2006~2010年，东北三省固定资产投资年均增速达30.7%，比全国平均水平高4.6个百分点。东北三省固定资产投资总额占全国的比重也由2006年的9.7%增加到2010年的11.0%。"十一五"期间，东北三省地区生产总值年均增长13.5%，超过全国平均水平2.3个百分点。2008年，东北三省的地区生产总值增长速度首次超过东部地区，2009年东北三省地区生产总值增长速度比东部地区高1.9个百分点。就贫困地区而言，农村反贫困政策实施以来，中国农村的绝对贫困人口数量持续下降，扶贫重点县的贫困状况也得到明显缓解。我国农村绝对贫困人口数量由1978年的2.5亿人减少到2007年的1479万人，绝对贫困发生率由1978年的30.7%减少到2007年的1.6%，低收入人口由2000年的6213万人减少到2007年的2841万人，低收入贫困发生率从6.7%下降到3.0%。从2009年起，中国政府实行新的扶贫标准，即将"绝对贫困人口"与"低收入人口"的识别标准合二为一，截至2009年底，中国农村的贫困人口为3597万人，实际的贫困发生率达3.8%。这说明，今后中国农村扶贫工作的任务仍十分艰巨。

需要说明的是，中央政府对国家区域援助政策虽然已经进行了一些有益的尝试，并且取得了明显成效，但同时还存在以下一些问题：

第一，国家区域援助政策的体系框架尚未构建。国家区域援助政策对缩小地区发展差距、促进社会公平具有重要意义，但目前我国中央政府缺乏对国家区域援助政策的系统研究，缺乏从国家层面统筹考虑全国的问题区域类型划分、援助对象的科学识别、援助目标的明确界定、援助工具的差别执行、援助政策的客观评价和援助机构的系统设置等方面。此外，就我国现行的区域援助政策实践而言，农村反贫困政策在援助对象识别标准、援助目标、援助政策工具和管理机构设置等方面虽然或多或少还存在一些问题，但与其他政策相比，相对较为成熟。除农村反贫困政策外，边境地区政策、民族地区政策等尝试无论政策决策过程，还是管理机构设置等方面均较为零散，缺乏统一的框架体系。

第二，缺乏明确的援助对象识别标准。首先，我国的区域援助对象不甚明确，标准较为混乱，或以块状区域为标准，或以省级行政单元为标准，或以问题区域类型区为标准，如表2所示。其次，在实施西部大开发政策和东北地区等老工业基地振兴政策过程中，国家采取的是"普惠制"的援助方式，并没有制定明确的援助对象识别标准，政策实施涵盖了西部和东北的所有地区。实际上，

整个西部地区并非都属于贫困落后地区，东北地区也并非都是老工业基地；相反，中西部的一些老工业基地、中部和东北地区的一些贫困地区在发展过程中也面临许多问题，需要国家给予一定的政策援助（魏后凯，2006）。最后，扶贫政策、边境地区政策等援助政策由于援助和支持的标准不明确，缺乏科学性，导致了一系列问题和"后遗症"。以农村反贫困政策为例，中国政府对贫困人口的识别存在标准偏低和标准的科学性问题，中国的贫困标准明显偏低于国际通用的贫困标准，[①]并且对绝对贫困人口和低收入人口的差别化识别标准没有实际意义。目前，中央政府已经意识到这些问题，采取了提高并统一农村贫困人口识别标准的方法，2008年12月27日，中央政府取消农村绝对贫困人口和低收入人口的划分，上调扶贫标准，对2007年人均收入1067元以下的农村人口将实施同样的扶贫政策，扶贫对象共计4320万人，占农村总人口的4.6%。

表2 我国现行区域援助政策的援助对象

识别标准	援助对象类型
区域划分	西部大开发、东北地区、中部地区
省级划分	国家对新疆、青海、重庆等省、直辖市实行的援助政策
类型区划分	边境地区、革命老区、贫困地区、民族地区、资源型地区、老工业基地
特殊类型区	三峡库区、四川地震灾区、甘肃舟曲泥石流灾区

资料来源：作者归纳。

第三，援助政策的制度保障较为滞后。制度保障的滞后主要体现在管理机构设置和法律保障两个方面。就管理机构设置而言，设置权威的、专门的区域援助管理机构可以保障对问题区域援助的顺利进行，这是被国外政府的区域政策实践所证明了的。我国现行的区域援助政策实施缺乏统一的管理机构，既不利于对援助政策实施的有效监督和客观评价，也不利于协调各级各部门之间的分工协作关系。就法律保障而言，国外政府在制定针对本国问题区域的援助政策时，多数成立了专门的区域援助管理机构，并制定了相关法律法规保障政策的实施，法律具有的强制性和规范性可以确保援助政策的有效实施。与国外政府相比，我国政府在现行区域援助政策实施的过程中，缺乏对援助政策的立法保障，不利于消除政策执行过程中的随意性和主观性，对政策的实施效果有一定的影响。

---

① 以2005年平价购买力即人均每天最低消费1.25美元（按国际可比价格）计算。

三、新时期国家区域援助政策体系构建的基本思路

1. 建立全国统一的国家区域援助政策体系

从发达国家和地区的经验来看，在市场经济条件下，国家区域政策主要是针对特定问题区域而实施的，并且在减少区域就业和收入差距等方面取得了明显成效。我国正处于社会主义市场经济体制条件下，可以借鉴国外的经验教训，今后国家区域援助政策应围绕关键问题区域展开，从援助政策评价、援助对象识别、援助政策目标、援助政策工具和援助政策实施的制度保障五个方面构建一个完善的国家区域援助政策体系，从而有效促进区域协调发展。

2. 制定科学的援助对象识别标准

首先，需要科学划分关键问题区域。按照区域问题的性质和严重性，可以将中国的问题区域划分为七种类型，包括经济发展落后的贫困地区、处于相对衰退中的老工业基地、结构单一的资源枯竭城市、财政包袱沉重的粮食主产区、各种矛盾交融的边境地区、过度膨胀的大都市区和自然灾害突发区。其次，针对七类关键问题区域制定差别化的识别标准，包括差别化的地域单元标准和具体识别标准，如表3、表4所示。

表3 援助对象识别的地域单元标准

关键问题区域	地域单元标准
经济发展落后的贫困地区	以县为主，兼顾乡和集中连片的落后地区
处于相对衰退中的老工业基地	地级市，兼顾个别直辖市（如重庆）
结构单一的资源枯竭城市	地级市、县级市和市辖区
财政包袱沉重的粮食主产区	县级
各种矛盾交融的边境地区	县、旗、市辖区
过度膨胀的大都市区	市辖区、县（县级市）
自然灾害突发区	县级

资料来源：作者归纳。

表4 关键问题区域的识别指标

关键问题区域	识别标准
经济发展落后的贫困地区	在现行农村贫困线标准的基础上调整
处于相对衰退中的老工业基地	按照地域单元、形成时间、投资主体和历史贡献等标准确定老工业基地城市；按照相对衰退、结构老化、社会负担、经济转型难度、资源环境压力、战略潜力和地方财力等标准确定处于相对衰退中的老工业基地城市
结构单一的资源枯竭城市	按照采掘业产值规模和比重、采掘业从业人员规模和比重确定资源型城市；按照结构单一、社会负担、资源环境压力和战略潜力等标准确定结构单一的资源枯竭城市
财政包袱沉重的粮食主产区	按照粮食产量和调出比率等确定省级粮食主产区；按照粮食生产量、商品率、财政负担、居民收入等标准确定财政包袱沉重的粮食主产县
各种矛盾交融的边境地区	在兴边富民行动确定的135个陆地边境县（旗、市、市辖区）和新疆生产建设兵团58个边境团场中，按照民族聚集、贫困程度、基础薄弱、生态环境等标准确定各种矛盾交融的边境县
过度膨胀的大都市区	按照交通拥堵、房价上涨、空间蔓延、环境恶化、公共安全等标准确定过度膨胀的大都市区
自然灾害突发区	受到台风、洪水、地震、泥石流等重大自然灾害侵害的地区

资料来源：作者归纳。

3. 健全未来中国区域援助政策的制度保障体系

主要从管理模式的选择、管理机构的设置和援助政策的法律保障三个方面着手。就管理模式而言，可以借鉴国外经验，采取中央政府主导或者中央政府负责规划，委托地方政府和企业实施的管理模式。就管理机构的设置而言，借鉴国外经验，建议在国务院设置一个独立的部委级区域政策管理机构——"国家区域政策管理委员会"，全权负责统筹、协调对关键问题区域援助政策的制定、实施和监督反馈工作。同时，可以考虑设立"中国区域发展政策基金"，其中的"国家区域援助政策基金"主要针对需要国家给予援助的关键问题区域。此外，关键问题区域所在的省（市、区）也要指定现有相关职能部门作为贯彻执行国家区域援助政策的相关区域管理机构，以保证政策的上传下达。就法律保障而言，为保持国家区域援助政策的稳定性和连续性，建议中央政府制定所有有关区域援助政策的法律，批准或否决由区域管理机构确定的援助政策措施，批准成立或取消特定的地方区域管理和开发机构等。

参考文献

金炳镐. 中国共产党民族政策发展史 [M]. 北京：中央民族大学出版社，2006.

魏后凯等. 中国区域政策——评价与展望 [M]. 北京：经济管理出版社，2011.

魏后凯. "十一五"时期中国区域政策的调整方向[J]. 学习与探索，2006（1）.

张磊主编. 中国扶贫开发政策演变：1949-2005 [M]. 北京：中国财政经济出版社，2007.

（邬晓霞，首都经济贸易大学城市经济与公共管理学院）

中国区域经济发展的回顾与展望：2006~2010

"十一五"期间，中国区域经济总体保持平稳较快发展，成功克服了国际金融危机的冲击，区域协调发展取得明显进步，地区差距发生积极变化。与"十五"期间相比，"十一五"期间我国区域经济发展具有亮点纷呈、景气盎然和百舸争流的特点，国家陆续出台了一系列关于促进各地经济发展的规划和指导意见，调动地方发展的积极性，有力支持重点区域加快发展，逐步推进国家重大发展战略和体制改革，积极扩大区域合作和对外开放。同时，东部地区的不具比较优势的产业加快向中西部地区转移，中西部自我发展能力明显增强。但是，我们还应看到，我国区域经济发展仍然存在一些突出问题，如低水平重复建设、地区产业转型升级动力不足、流动人口城市化进程缓慢、局部地区资源环境恶化等。诚然，过去五年的发展只能算是我国区域经济发展进程的"历史片断"，但它对区域格局调整却具有举足轻重的作用。

事实上，现有的文献已从不同方面对"十一五"中国区域发展进行详细回顾，并提供许多有价值的信息和线索。例如，杨荫凯、张明强（2009）不仅从政策视角总结了区域发展的成绩和经验，还就今后如何促进区域协调发展发表自己的看法。魏后凯（2010）在回顾区域发展的态势时，重点探讨了国家区域政策的走向。尽管以往的研究对我国区域经济发展做了比较全面的总结，也对区域经济问题展开深入的分析。然而，跟以往的研究不同，本文将借鉴经典的新经济地理理论的核心思想，提出了一个分析区域经济发展的分析框架，以此作为总结"十一五"中国区域经济发展的视角。

本文安排如下：第一部分是介绍区域经济发展的基本分析框架；第二部分是根据分析框架总结我国区域经济发展取得的成就；第三部分为探讨当前区域经济发展面临的问题；第四部分是对"十二五"区域经济发展提出基本判断和形势展望。

一、DAI 分析框架

需求（Demand）、集聚（Agglomeration）和一体化（Integration）在世界经济地理格局变化中无疑是非常重要的，也是新经济地理学理论基本的政策取向。市场需求结构性调整容易引起经济格局演变，封闭或者开放的市场会出现不同的经济空间结构，国内市场需求和国外市场需求之间的关系是推动经济活动空间调整的力量。在新经济地理学中，经济区位取决于市场需求，也就是说，即使不具有要素禀赋优势的地区，只要有比较大的市场接近度或称市场潜能（Market Access/Market Potential），地区经济就能出现较快发展。

自从区域经济学创立以来，集聚经济即成了一个令人关注和兴奋的研究领域，也是学科发展的三大基石之一，它源于马歇尔提出的本地化经济——包括本地技术劳动力"池"（a local pool of skilled labor）、本地供应链关系（local supplier linkage）和地方化知识溢出（local knowledge spillover）。在城市经济学中，Henderson 等人很早就在研究集聚城市为什么产生，只是一直没有打开集聚经济的"黑箱子"。直到新经济地理学的出现，经济活动集聚在一个垄断竞争模型的分析框架下得到解释。世界经济发展经验表明，经济越发达的地区，经济活动空间集聚程度越高，全球绝大部分产出主要集中在少数地区，如中国87%的国内生产总值是在15%的国土上完成的。经济活动空间集聚节约了货物运输的成本，劳动力在就业市场匹配搜寻成本、知识和创新交流沟通的成本。由于不完全竞争的市场结构随处可见，人们在追求规模报酬递增作用，企业和人口出现空前扎堆现象。经验研究证实，越接近庞大市场的地区，越有可能出现产业大规模集聚。

一体化是开放经济发展过程中出现的经济距离缩短和市场分割壁垒下降，它在理论上和集聚经济构成钟型曲线关系。一体化程度比较低，意味着贸易成本很高，经济活动空间分布比较分散，各地区自给自足。当贸易成本持续降低，一体化加快，经济活动出现空间集聚，地区差异扩大。当贸易成本低于一定水平（临界值），一体化水平继续提高，经济活动由集聚走向扩散。

二、"十一五"时期中国区域经济发展取得的成就

"十一五"期间，尽管中国受到国际金融危机的严重冲击，但是区域经济继续保持平稳较快发展，区域协调显著增强，区域集聚效率不断提高。

1. 需求特征

需求出现结构调整。"十一五"期间，我国各地区社会消费品零售总额普遍出现明显增长，年均增速超过15%，中部和西部增速较快，分别为18%和19%，高出全国平均水平1.3和2.3个百分点。但从相对指标来看，"十一五"前半期，我国各地区却出现内需不振现象，如图1所示，2007年进入谷底；而后半期受国际金融危机冲击的影响，国家促进内需政策发挥积极作用，各地区社会消费品零售总额占国内生产总值的比重都有明显上升，中部和东北增幅较大。[①]从总体上看，我国内需还将继续扩大，特别是中西部内需增长较快，有利于产业布局向积极方向调整，内需扩大有利于促进产业加快向中西部地区转移。

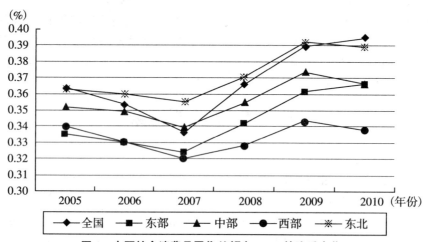

图1　中国社会消费品零售总额占 GDP 的比重变化

资料来源：中国统计数据应用支持系统。

区域经济格局发生积极变化。"十一五"期间，中部、西部和东北地区工业产值占全国的比重持续上升，而东部地区出现连续下降，我国经济增长多极驱动的格局逐步形成，如图2所示。国际金融危机发生之后，中西部地区承接东部沿海产业转移加快，产业布局由集中开始走向分散，纺织、机械、原材料等行业增速明显快于东部地区，如图3所示。中西部的一些省（区）外出务工人员开始回流。2010年，山西、河南、湖北、陕西、宁夏、青海、广西壮族自治区等省（区）跨省流出人口都较上年有所下降，其中，河南跨省流出人口较上年减少了278.5万人。

---

① 2010年全国数据可能是受完成"十一五"期间任务的影响而人为修改数据，导致结果有误。

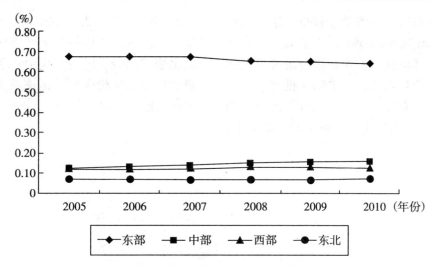

图2 2005~2010年我国地区工业比重变化

资料来源：历年《中国统计年鉴》。

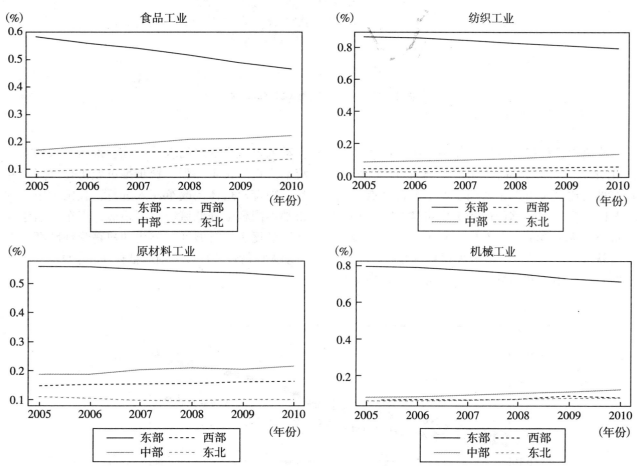

图3 重点行业的地区格局

资料来源：历年《中国工业经济统计年鉴》。

2. 集聚特征

重点地区开发开放进程加快。"十一五"期间，中央和地方都先后出台了促进重点地区加快发展的区域规划和政策，有效引导产业和人口向重点地区集聚。目前，以城市群、都市圈和经济带为核心的城市化地区逐步成为吸纳我国流动人口最为重要的空间载体，如图4所示。最新的流动人口监测数据显示，长三角、珠三角和京津冀三大都市圈仍是我国人口流动迁移最为集中的目的地，集聚了全国70.8%的流动人口；辽宁沿海经济带、山东蓝色经济区、海峡西岸经济区等东部其他区域充分发挥各自优势，推动一批重大工程项目建设，加快开发开放步伐。同时，武汉城市圈、中原经济区、环长珠潭城市群、皖江城市带、北部湾经济区、太原城市群、环鄱阳湖经济区、成渝经济区、关中—天水经济区等中西部重点地区也表现出较强的后发优势，利用能源原材料优势和良好的区位条件，迅速成为国内外资本投资的重点地区。

每点代表1万人

图4 2010年我国流动人口空间集聚

资料来源：国家人口计生委统计资料。

城镇化进程稳步推进。如图5所示，我国城镇化水平不断提高，2010年城镇化率达到49.68%，比"十五"末增加了近7个百分点，流动人口实现非农转移的趋势更加明显，"十一五"期间全国共转移农业劳动力4500万人，实现城镇新增就业5771万人，超出规划目标1271万人。过去五年，中央和地方都相继出台了一系列支持流动人口城市落户的政策措施，推出一系列惠及流动人口的民生工程，稳步推进城镇化进程。并且，随着户籍体制改革深入进行，我国大中小城市都不同程度降低城市户籍门槛，广东、福建等地区已逐步推行城乡一体化的户籍管理制度，为流动人口就近落户城市创造更有利的条件。

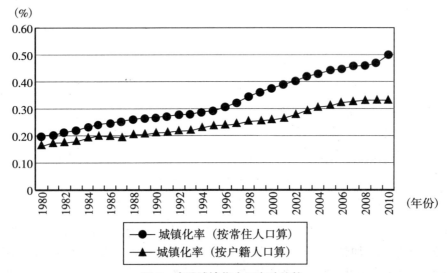

图5 我国城镇化水平变动趋势

资料来源：历年《中国统计年鉴》和《中国人口统计年鉴》。

3. 一体化特征

区域发展协调性进一步增强。2006 年以来，国家着力实施区域发展总体战略，积极推进基本公共服务区域均等化，加大对中西部地区政策支持力度，分别在东部、中部、西部和东北地区批复了天津滨海新区、武汉都市圈、长株潭、山西、成渝、沈阳经济区，并进行综合配套改革试验。同时，中央通过财政专项资金、财政转移支付、对口支援等办法，继续支持老、少、边、穷以及遭受特大自然灾害地区加快发展，明显增强了这些地区的自我发展能力。随着国内外环境发生变化，2007 年中部、西部和东北地区经济增速开始超过东部地区，如图 6 所示，区域发展差距进一步缩小。生产要素更加合理有序流动，区域合作体制机制不断深化，区域出现良性互动发展，区域协调性显著增强。

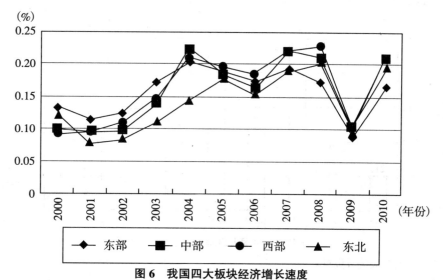

(%)

图 6　我国四大板块经济增长速度

资料来源：历年《中国统治年鉴》。

地区一体化趋势比较明显。进入"十一五"时期，长三角、珠三角等一批区域规划陆续付诸实施，有力引导产业、人口和资源实现空间合理分布，强化上海、北京、广州等中心城市的辐射效应，促进要素跨地区有序流动，加快周边地区发展。武广、京津、郑西、沪宁等客运专线建成通车，新增高速公路里程 3.31 万公里，实现大规模跨省贯通，加强区域之间交流，提高物流效率并降低成本。同时，中央和地方先后出台了一些针对性的政策措施，有效消除影响要素自由流动的体制障碍，明显加快区域市场一体化进程。在应对国际金融危机的过程中，各地区"抱团取暖"，充分发挥各自的比较优势，逐步建立起"公平、开放、互补、高效"的区域协作机制，实现各区域的互利共赢。

三、"十一五"时期中国区域经济发展存在的问题

在总结成就的同时，也应该看到中国区域经济发展存在一些突出的问题和矛盾，有些问题可能严重影响区域协调发展全局，甚至对国民经济运行和社会稳定构成威胁。这些问题主要是：

东部地区产业和人口过度集聚产生负面影响。过去五年，随着工业高强度开发和人口持续集聚，长三角、珠三角、京津冀等东部发达地区出现日益突出的资源环境问题。一方面，局部地区生态资源环境持续恶化，重大环保事件连续发生，如 2007 年，长三角太湖流域出现大规模蓝藻暴发，"蓝藻事件"严重影响沿湖地区工业生产和居民生活。另一方面，北京等特大型城市不同程度出现城市病症状，城市交通拥堵、公用设施紧张、城市空气质量不佳等问题较为突出。

中西部地区人口空心化问题严重。"十一五"末，安徽、四川、湖南、河南、湖北、贵州、江西、重庆、广西壮族自治区等省（市、区）成为我国人口净流出最多的省份，如图7所示。其中，中部和西部人口净流出分别为5407万人和2106万人，中西部地区人口空心化趋势比较严重，80%左右流出人口是务工经商，15岁以下的外出人口约占流出人口总数10%，男性比例（55%）略高于女性比例。由于大量成年劳动力到省外务工，中西部地区部分省（市、区）工业企业普遍遭遇招工难问题，有些劳动密集型行业企业因工人短缺而出现开工不足。由于人口分布在短时间内难以调整，中西部承接劳动密集型产业转移的优势将被削弱。

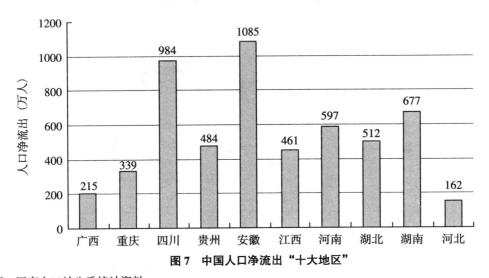

图7 中国人口净流出"十大地区"

资料来源：国家人口计生委统计资料。

产业转移仍然面临障碍和矛盾。虽然中西部地区加快承接东部沿海地区产业转移，但产业发生区际转移仍存在诸多障碍和矛盾。由于产业转移关系到区域利益，东部沿海一些地方政府不愿意将产业转到省外，而是鼓励企业到本省落后地区设厂生产。同时，在中西部，工业园区配套条件较为薄弱，地方政务环境较差，物流成本较高，也是构成产业转移的主要障碍。此外，各地围绕产业转移展开异常激烈的招商引资竞争，低水平重复建设和生态环境破坏的现象开始出现，零地价和负地价再次盛行；并且，随着大规模征地开发，失地农民不断增加，社会矛盾日趋尖锐。

流动人口城市化进程相对缓慢。"十一五"期间，流动人口选择落户城市的意愿仍然不高，实际城镇化率继续出现"缩水"。[1]据调查，如果被要求交回承包地，"80前"和"80后"外出务工人员不愿意转变为非农业户口的人数占比分别为88.96%和87.14%。也就是说，只有10%左右的外出务工人员有"进城落户"意愿。[2]同时，流动人口城镇化面临着两难的困境。由于特大城市和大城市的户籍门槛和生活成本居高不下，一般的外出务工人员没有经济实力，很难在城市落户，转为城市居民；而大多数中小城市尽管户籍门槛较低，但就业机会、公共服务等方面相对较差，对流动人口落户吸引力较小。

区域基本公共服务均等化推进困难。这些年来，中央和地方高度重视流动人口基本公共服务工作，先后出台一系列的政策和法规，帮助解决外出务工人员的就业、看病、子女教育、社保等问题。但应该看到，流动人口基本公共服务相对滞后，难以满足区域均等化要求，特别是区域统筹考虑不够，主要表现为各地设定的基本公共服务标准和财力投入存在明显差距，落后地区因财力不足难以提供配套资金以及公共服务管理存在

---

① 即按户籍计算的城镇化率要明显低于按常住人口计算的城镇化率。
② 数据来源：2010年国家人口计生委流动人口监测调查数据。

地区分割和部门分割。导致这些问题的主要原因是中央和地方事权、财权划分不对等以及部门和地方利益关系没有建立相应有效的协调机制。

四、"十二五"时期中国区域经济发展展望

随着国内外环境的变化,"十二五"期间中国区域经济发展既面临良好的机遇,也存在一系列的挑战。国家区域政策不断完善,区域发展总体战略继续实施,主体功能区战略上升为国家战略,体制机制改革深入开展,工业化和城市化相互促进,区域经济具有良好内外部发展条件。同时,生产要素成本继续上升,资源环境压力日趋加大,低水平重复建设继续存在,国际政治经济环境复杂多变,我国实现区域经济平稳较快发展遇到严峻的挑战。对此,结合区域发展态势和宏观环境变化,未来五年中国区域经济发展将可能出现以下趋势:

第一,多极化发展格局基本形成。"十二五"时期,我国加快城市化战略格局调整,形成"两横三纵"的城市化地区,基本涵盖了全国各省(市、区)的重点中心城市。在国家区域政策和规划的大力引导下,产业和人口将进一步加快向城市化地区集聚,经济活动空间效率明显提高。随着生产要素成本快速上涨,东部不再具有比较优势的产业继续大规模向中西部地区转移。日本"3·11"特大地震发生之后,东北地区承接日本电子机械、信息技术等产业转移的趋势将更加明显。发挥两江新区和西咸新区的示范作用,西部地区内陆开放型经济成为国家向西开放的重要战略。到2015年,中国将基本形成以城市群为主导、由多个增长极共同驱动的区域发展新格局。

第二,促进区域基本公共服务均等化的体制障碍逐步消除。国家将进一步完善国家基本公共服务体系,包括设定基本标准、确定内容、指定实施细则等,各地区居民在不同地区享受大致相当的公共服务。中央和地方将逐步消除社会保障账户跨地区转移、接续的各种制度性障碍和技术壁垒。创新流动人口服务管理,探索以证(居住证)管人、以业管人和以居管人,根据居住证的类型享受相应的基本公共服务。国家财政将加大对中西部地区特别是老、少、边、穷等特殊地区社会公共设施的投入。到"十二五"末,中国区域差距和城乡差距有望出现缩小态势,流动人口增速趋于放缓。

第三,主体功能区战略进入加快实施阶段。今后五年,各省(市、区)将根据国家主体功能区规划的要求,编制本省主体功能区规划,并出台具体实施细则。实施主体功能区规划,明确各地区发展的主体功能区,将有效引导产业和人口空间合理分布,缓解资源环境紧张局面,遏制低水平重复建设。优化开发的城市化地区将成为中国国际竞争力的主体,自主创新能力逐步增强,产业和人口分布更加均衡,城市病的预防和治理得到加强。重点开发的城市化地区将成为承接国内外产业转移的重点地区,工业化和城市化加快发展,是我国经济保持较快持续发展的增长极。限制开发的粮食主产区和重点生态功能区以及禁止开发地区的产业和人口集聚度将明显下降,区域可持续发展能力逐步增强。

第四,城市化进入结构调整阶段。进入"十二五"时期,我国将从空间结构、规模结构、功能结构等方面进行优化调整,促进城市化健康发展。在新的城市化战略格局中,我国将形成以城市群为主体、以主要交通干线为依托的"大分散、小集中"的空间结构。按照城市发展客观规律,深化设市行政审批和管理体制改革,放宽中小城市落户条件,提高吸纳外来人口的能力,探索适应大中小城市协调发展的城镇体系。我国经济增长是由少数几个重点城市群所做的贡献,知识和人力资本的积累是城市群转型升级的突破口。流动人口城市化是我国"十二五"时期城市化重点任务,创新流动人口服务管理是深化社会管理的方向。

参考文献

马歇尔.经济学原理 [M].陈瑞华译.陕西:陕西人民

出版社，2006.

世界银行.世界发展报告 [M].胡光宇译.北京：清华大学出版社，2009.

藤田昌久，克鲁格曼，维纳布尔斯.空间经济学——城市、区域与国际贸易 [M].梁琦等译.北京：中国人民大学出版社，2005.

魏后凯.中国区域经济发展态势与政策走向 [J].中国发展观察，2010（5）.

杨荫凯，张明强.我国区域协调发展取得的成绩与"十二五"的思路建议 [J].宏观经济研究，2009（11）.

（叶振宇，中国社会科学院工业经济研究所）

基于系统理论的城镇化发展模式研究

——以天津市华明示范镇"三区联动"为例

一、引　言

当前，我国正在进入城镇化的高速发展期，这对促进经济发展和社会进步具有重大的现实意义。城市化，是社会经济发展的必然结果，是社会形态向高层次发展的客观表现形式。它不仅表现为人口由乡村向城市转移，以及城市人口的迅速增长和城市区域的扩张，还表现为生产要素向城市的集中趋势、城市自身功能的完善以及社会经济生活由乡村型向城市型的过渡。天津以东丽区华明示范镇为典型，探索出了一条建设小城镇、推进社会主义新农村建设的新路子。华明示范镇以"宅基地换房"模式为基础，按照"农民居住进社区、工业生产进园区、农业生产在园区"的发展思路，推进"三区联动"、统筹发展的创新实践。

国外学术界对城市化发展阶段的研究主要有以下几种观点：美国地理学家诺瑟姆（1975）认为城市化的过程是一条被拉平的"倒S"型曲线，即Northam曲线；英国地理学者科曾（1960）从城市扩散的角度研究了城市化的阶段，他指出，城市边缘带是城市地域扩展的前提，呈"年轮"状的圈层式推进；山鹿诚次（1964）结合日本的实例，从土地利用的集约化方面将城市化发展阶段划分为"产品商品化—劳动商品化—土地商品化"3个阶段；今野修平（2004）根据日本的实践提出了近代城市的发展经历"城市化—特大城市化—特大城市群化"3个阶段；美国学者弗里德曼认为，城市群的形成发展可分为工业化以前的农业

社会、工业化初期、工业化的成熟期、工业化后期4个阶段。国内学术界对城市化发展阶段的研究主要有以下几种观点：高佩义（1991）援引英国的数据资料，基本上证实了Northam曲线的存在，并由谢文蕙（1996）进一步对"S"型曲线的数学模型进行了推导，程开明指出，从时间轨迹看，我国城市化正处于"S"型曲线中期阶段，即将进入初步城市化社会；叶裕民（2002）提出通过城镇人口增长系数K来测量城市化发展阶段，将城市化的过程划分为前城市化、城市化前期、城市化中期、初步实现城市化和成熟的城市社会5个阶段；陈彦光、周一星（2005）借助严格的数学方法，对Northam曲线进行适当的修正，将城市化Logistic过程分为4个基本阶段；林广、张鸿雁认为世界城市化经历了初始、发展、成熟3个不同的发展阶段；周毅、李京文（2009）认为城市化是由传统农村社会转向现代城市社会发展的历史过程，包括城市化数量和质量，可分为初、中、后3阶段；史平（2009）就美国城市化过程的第一个阶段即初步城市化阶段（1790~1870年）的进程及特点进行分析。有的学者将城市化的阶段概括为起步、加速和成熟阶段；还有学者将城市化的阶段划分为古代城市发展阶段、近代城市发展阶段、现代城市化发展阶段和未来城市化发展阶段。另外，有些学者如杨波，从城市和乡村的关系上将城市的发展划分为3个阶段：城市化的初级阶段——城镇化、城市化的中级阶段——城

市现代化、城市化的高级阶段——城乡一体化。

本文基于我国快速城市化进程的大背景，探讨城市化与产业发展协同演进的过程。这是一种新的城市化发展模式，本文的研究具有重要的理论意义和实践价值。

二、模型构建

协同论主要是研究远离平衡状态的开放系统在与外界有物质或能量交换的情况下，如何通过内部的协同作用，自发地出现时间、空间和功能上的有序结构。协同论主要包括协同效应、伺服原理和自组织原理方面的内容。任何系统如果缺乏与外界环境进行物质、能量和信息的交流，其本身就会处于孤立或封闭状态。在这种封闭状态下，无论系统初始状态如何，最终其内部的任何有序结构都将被破坏，呈现出一片"死寂"的景象。因此，系统只有与外界通过不断的物质、信息和能量交流，才能维持其生命，使系统向有序化方向发展。系统中的每个要素嵌套多个次级要素，其内部呈现非线性特征。

"三区联动"统筹发展模式的本质上是经济要素在空间上的重新分工和组合，三区间的经济增长与要素流动是一个动态不断演化的过程，每一次的要素流动带来新一轮的经济空间分工，都会伴随区域特定的社会经济关系、区域的物质和社会空间结构的重要变化。

1. 协同演化模型

从各区的发展过程来看，各系统的发展除了受自身条件（如产品的数量、劳动效率等指标）的限制外，还受外界资源环境的影响，在发展的过程中具有一定的限制性。"三区联动"的发展是一个从低级向高级不断发展的过程，其本身就是城市化的过程，所以三区发展过程也呈现为"S"型。

根据雷蒙·比尔在19世纪提出 Logistic 方程来描述"S"型曲线。此方程的标准形式为：

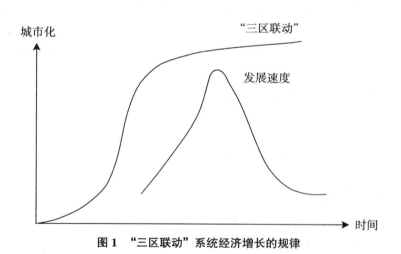

图1 "三区联动"系统经济增长的规律

$$X(t+1) = rX(t)[1-X(t)] \quad (1)$$

那么"三区联动"系统同样可以用式（2）来描述，其具体步骤为：

（1）设在 t 时间内"三区联动"系统的成长规律具有有限性，其经济效益 X（t）说明系统演化过程的状态变量：

$$\frac{dX(t)}{dt} = a(t)X(t)[1-X(t)] \quad (2)$$

N 为实际地区经济增长的极限值；$\frac{dX(t)}{dt}$ 为地区产出的增值速度，此速度与 t 时刻的区域协作水平、技术创新程度、市场规模以及区内产业链协作水平等密切相关，并且与成长空间的剩余程度 [1-X（t）] 相互依赖；a（t）为区域成长速度系数，说明成长强度，与要素投入结构、投资响度盈利率和生产率等因素相关。

（2）假设三区在一个相对较短的时间内 a(t) 可看作是一个常数 a，提取 N 值后其系统的数学模型为：

$$\frac{dX(t)}{dt} = aX(t)[1 - X(t)] \tag{3}$$

式（3）右边 X（t）为动态因子，地区生产总值随时间的增长而增长，而 ［1 - X（t）］为减速因子，它的总值随时间的推移而减少。由于系统中存在正负反馈机制，三区系统的演化是非线性的。

（3）根据式（3）的解为：

$$X(t) = \frac{1}{1 + c\exp(-at)} \tag{4}$$

式（4）中 $c = e^{-c}$，-c 是积分常数，由系统的初始条件决定。

（4）设 X（0）= a，则 $e^c = a/1 - a$，故求得"三区联动"系统的产出状态演化方程为：

$$X(t) = \frac{N}{1 + (\frac{N}{a} - 1)e^{-aNt}} \tag{5}$$

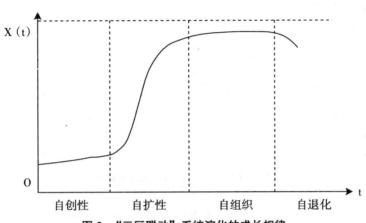

图 2 "三区联动"系统演化的成长规律

式（5）描述了一条轨迹为"S"型的"三区联动"系统演化的曲线。

根据上述分析式（3）是描述系统的成长速度方程，若 a > 0，则 $\frac{dX(t)}{dt} > 0$。式（4）为图形一条 S 曲线的"三区联动"系统的状态变量演化方程。对式（3）进行二次求导，此时得到系统在任何一个时刻的成长加速度为：

$$\frac{d^2X(t)}{dt^2} = a(N - 2X)\frac{dX(t)}{dt}$$
$$= a^2X(N - X)(N - 2X)$$

令 $\frac{d^2X}{dt^2} = 0$，可求得状态演化的拐点。由于 0 < X < N，此状态演化方程曲线的拐点出现在 N = 0.5 处，即 $X^* = \frac{N}{2}$。代入方程中，得 $t^* = \frac{lnc}{a}$，此时 $\frac{dX(t)}{dt}\Big|_{t=t^*} = \frac{a}{4}N$，令 $\frac{d^3X}{dt^3} = 0$，得：$X_1 = \frac{N}{3 + 3\sqrt{3}}$，$X_2 = \frac{N}{3 - 3\sqrt{3}}$。

代入式（5），得 $t_1 = \frac{lnc - ln(2 + \sqrt{3})}{a}$，$t_2 =$

$\frac{lnc + ln(2 + \sqrt{3})}{a}$，此时，$\frac{dX}{dt}\Big|_{t=t_1} = \frac{dX}{dt}\Big|_{t=t_2} = \frac{dX}{dt}\Big|_{t=t_3} = \frac{aN}{6}$，因此，得出在成长速度曲线上的两个点($t_1$，$\frac{N}{3 + \sqrt{3}}$)、($t_2$，$\frac{N}{3 - \sqrt{3}}$)。

当 t→∞，X→N，$\frac{dX}{dt}$→0。

根据前面的公式推导与曲线的特征描述，描绘出"三区联动"系统成长速度曲线（如图 3(a) 所示）和状态演化方程曲线（如图 3(b) 所示）。

另外，根据城市化发展规律可以将"三区联动"分为三个阶段（如表 1 所示），地区生产总值是一条随着时间变化的"S"型曲线，上界渐近线 X = N（t，∞）。

2. 系统协调评价模型

从方法的选择上，多数学者采用层次分析法和模糊数学法，这两种方法只能对"三区联动"系统的协调进行静态评价，而未考虑到"三区联动"系统的动态性。本身三区联动系统是由多个子系统组成的，各子系统之间处于运动状态，具

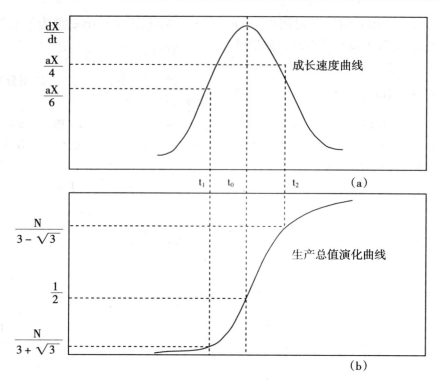

图3 系统演化曲线与成长速度曲线

表1 "三区联动"系统协同发展的演化过程描述

阶段	判断指标	特殊值描述	状态描述
($0 < t < t_1$) 即"自创型"阶段	$\dfrac{dX}{dt} > 0$；$\dfrac{d^2X}{dt^2} > 0$；$\dfrac{d^3X}{dt^3} > 0$	在成长速度曲线上升阶段拐点（t_1，$\dfrac{\alpha}{6}$）处，加速度达到最大值，称为"起飞点"，各影响因素的协同影响能量最大值，个体数量饱和水平的 $\dfrac{N}{3+\sqrt{3}}$，约为21%	产值增长速度与加速度均递增，呈指数型增长，在"三区联动"初期，由于技术和生产的限制，三区的成长速度比较缓慢，效益甚微
($t_1 < t < t_0$) 即"自扩张"阶段	$\dfrac{dX}{dt} > 0$；$\dfrac{d^2X}{dt^2} > 0$；$\dfrac{d^3X}{dt^3} < 0$	极限值 N 的 $\dfrac{1}{2}$，称为"鼎盛点"	区域的成长速度比较快，但是加速度逐渐减慢，属于三区的"扩张"阶段，"起飞"是发展的关键时刻
($t_0 < t < t_2$) 即"自组织"阶段	$\dfrac{dX}{dt} > 0$；$\dfrac{d^2X}{dt^2} > 0$；$\dfrac{d^3X}{dt^3} < 0$	产值极限值 X_{max} 的 $\dfrac{N}{3-\sqrt{3}}$，约71%时，加速度的负值达到了最大，称之为"维持点"	区域的成长速度与加速度开始减慢，且增长的动力明显减弱，在"维持点"到来之前，产业化的生产技术日趋完善，市场需求较为稳定

有一定的时间性和空间性。考虑到以上几点，本文使用灰色系统模型 GM（1，n）建立"三区系统"协调评价模型，对华明示范镇"三区联动"系统的协调性进行分析。

该系统中有 n 个指标（本文中设定 n = 4），第 i 个子系统包含 m_i 个指标，x_{ij} 表示第 i 个系统中第 j 个指标的值，则对每一个时间的序列数据 $x_{ij}(1)$，$x_{ij}(2)$，…，$x_{ij}(n)$,（i = 1，2，3，4；j = 1，2，…，m_i），n 表示搜集到的每个指标的时间长度。为了构建灰色系统评价模型，首先需要对数据进行无量纲化处理，进行无量纲化的目的是为了消除原始数据中各指标变异程度上的差异，本文采用 $y_i = \dfrac{x_i}{\max\limits_{1 \leq i \leq n} x_i}$ 公式对数据进行无纲化。无纲量化处理后可得到如下时间序列数据：$y_{ij}(1)$，$y_{ij}(2)$，…，$y_{ij}(n)$(i = 1，2，3，4；j = 1，2，m_i)，则第 i 个子系统在时刻 T 的发展向量：

$$Y_{ij}(t) = [y_{i1}(t), y_{i2}(t), \cdots, y_{imi}(t)]^T,$$
$$(t = 1, 2, 3, \cdots, n)$$

本文应用客观赋值法（相关系数赋权法），考虑客观赋值法具有赋权的客观标准，通过计算得出评价指标的权重系数，可以通过数据进行量化，因此采用此方法。假设通过客观相关系数赋权法求得每个指标的权重为 λ_j （$j = 1, 2, \cdots, mi$），则有 $y_i(t) = \sum_{j=1}^{m_i} \lambda_j y_{ij}(t)$ 之后，我们即可以得到"三区联动"的各个子系统向量 $Y(t) = [y_1(t), y_2(t), y_3(t), y_4(t)]^T$ （$t = 1, 2, \cdots, n$）。其中 y_1, y_2, y_3, y_4 分别代表"三区联动"中的经济发展子系统、居住社区子系统、工业园区子系统、农业园区子系统。令 $y_i^{(0)}(t) = y_i(t)$，则上述事件序列数据转化为 $\{y_i^{(0)}(t) | i = 1, 2, 3, 4; t = 1, 2, \cdots, n\}$，于是可以得到"三区联动"系统每个状态变量通过转化 $Y^{(0)}(t) = [y_1^{(0)}(t), y_2^{(0)}(t), y_3^{(0)}(t), y_4^{(0)}(t)]^T$ （$t = 1, 2, \cdots, n$）。再对该状态变量进行次累加和（1-AGO），即

$y_i^{(1)}(t) = \sum y_i^{(0)}(k)$，则时间序列又转化为 $\{y_i^{(1)}(t) | i = 1, 2, 3, 4; t = 1, 2, \cdots, n\}$，对其构造动态 GM（1，4）方程去评价"三区联动"的协调发展程度。

$$\frac{dx_1^{(1)}(t)}{dt} = a_{11}x_1^{(1)}(t) + a_{12}x_2^{(1)}(t) + a_{13}x_3^{(1)}(t) + a_{14}x_4^{(1)}(t)$$

$$\frac{dx_2^{(1)}(t)}{dt} = a_{21}x_1^{(1)}(t) + a_{22}x_2^{(1)}(t) + a_{23}x_3^{(1)}(t) + a_{24}x_4^{(1)}(t)$$

$$\frac{dx_3^{(1)}(t)}{dt} = a_{31}x_1^{(1)}(t) + a_{32}x_2^{(1)}(t) + a_{33}x_3^{(1)}(t) + a_{34}x_4^{(1)}(t)$$

$$\frac{dx_4^{(1)}(t)}{dt} = a_{41}x_1^{(1)}(t) + a_{42}x_2^{(1)}(t) + a_{43}x_3^{(1)}(t) + a_{44}x_4^{(1)}(t)$$

根据模型中 a_{ii}、a_{ij}，a_{ij} 与 a_{ji} 数值比较可以对要素子系统的协调性进行评价（如表2所示）。

表2　系统评价

a_{ii}	$a_{ii} < 0$	$a_{ii} > 0$	$a_{ii} = 0$
	i子系统不可持续	i子系统可持续	i子系统依赖于其他子系统
a_{ij}	$a_{ij} < 0$	$a_{ij} > 0$	$a_{ij} = 0$
	i对j具有负面阻碍	i对j具有正面促进	i与j之间不相关
a_{ij} 与 a_{ji}	$a_{ij} < 0$ 且 $a_{ji} < 0$	$a_{ij} > 0$ 且 $a_{ji} \leq 0$	$a_{ij} > 0$ 且 $a_{ji} > 0$
	i的发展和j的发展不是协同	i的发展对j的发展具有正面积极作用，而i对j具有负面阻碍作用	i的发展和j的发展是协同

三、实证分析

1. "三区联动"系统协同发展阶段判定

依据 logistic 方程的参数估计法对"三区联动"系统协同发展的演化轨迹进行判断，数据选取华明示范镇 2000~2009 年地区生产总值，因此 t = 10。

从图4中可以看出"三区联动"整体效果呈现"S"型曲线。拟合结果显示：在2006年以前，华明示范镇还没有开始启动"三区联动"发展，2006年属于一个拐点；2006~2008年，"三区联动"发展增长速度加快，到2008年达到一个拐点。目前，东丽区华明示范镇属于高速发展阶段，处于"自扩张"阶段。"三区联动"内部面临一个产业调整的过程，联动发展也处于一个新的转型阶段。

2. "三区联动"系统协调评价

（1）指标选取。依照对经济发展、居住社区、工业园区、农业园区4个子系统指标的选取，确定了29个指标。本文构建的"三区联动"协调发展评价指标体系如表3所示。

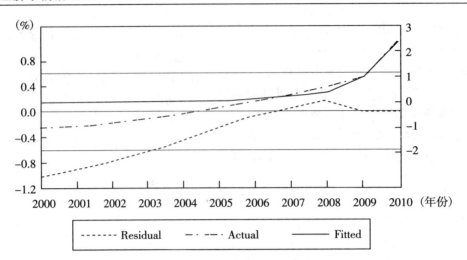

图4 "三区联动"发展拟合曲线

表3 "三区联动"评价指标

子系统指标名称	评价指标名称
经济发展指标	生产总值 (x_{11})、规模以上工业总产值 (x_{12})、教育经费支出 (x_{13})、区县级一般预算收入 (x_{14})、全社会固定资产投资 (x_{15})
居住社区系统指标	户籍户数 (x_{21})、户籍人数 (x_{22})、新增就业人口 (x_{23})、农村居民人均纯收入 (x_{24})、农民居民人均生活消费支出 (x_{25})、人均住房面积 (x_{26})、小学在校学生数 (x_{27})、普通中学学生数 (x_{28})、小学校数 (x_{29})、普通中学校数 (x_{210})、养老院数 (x_{211})、卫生机构数 (x_{212})、每千人拥有执业医师数 (x_{213})、每千人拥有注册护士数 (x_{214})
工业园区系统指标	单位数 (x_{31})、从业人员数 (x_{32})、资产总值 (x_{33})、主营业务收入 (x_{34})、工业总产值 (x_{35})
农业园区系统指标	农林牧渔业总产值 (x_{41})、粮食产量 (x_{42})、肉类总产量 (x_{43})、水产品产量 (x_{44})、蔬菜总产量 (x_{45})

(2)数据处理。通过上述建模,本文选取天津市华明示范镇 2006~2010 年的实际调研数据,因此 n=5。按照上述无量纲化方法处理后,可得到经济发展子系统、居住社区子系统、工业园区子系统和农业园区子系统的状态变量。

表4 经济发展子系统无量纲化处理结果

年份	X_{11}	X_{12}	X_{13}	X_{14}	X_{15}
2006	0.5210	0.3540	0.3196	0.1486	0.1484
2007	0.6423	0.5020	0.3511	0.2488	0.1759
2008	0.8063	0.8331	0.5604	1	0.2975
2009	0.8245	1	0.7860	0.4342	0.4633
2010	1	0.6820	1	0.6625	1

表5 居住社区子系统无量纲化处理结果

年份	X_{21}	X_{22}	X_{23}	X_{24}	X_{25}	X_{26}	X_{27}
2006	0.9978	0.9577	0.8604	0.6635	0.6188	—	0.9917
2007	1	0.9741	0.8604	0.7301	0.5900	0.8191	1
2008	0.9940	0.9871	0.4352	0.8094	1	0.8746	0.9722
2009	0.9861	0.9996	1	0.8965	0.8784	0.8448	0.9975
2010	0.9739	1	0.9196	1	0.9070	1	0.9657

年份	X_{28}	X_{29}	X_{210}	X_{211}	X_{212}	X_{213}	X_{214}
2006	0.5814	1	1	0.615385	1	0.7805	0.6296
2007	0.8585	0.2222	0.5	0.769231	1	0.7805	0.6296
2008	1	0.2222	0.5	0.846154	1	0.9268	0.7407
2009	0.8994	0.2222	0.5	1	1	0.9512	0.9630
2010	0.9545	0.2222	0.5	1	1	1	1

表 6   工业园区子系统无量纲化处理结果

年份	X_{31}	X_{32}	X_{33}	X_{34}	X_{35}
2006	0.4894	0.7434	0.6392	0.6761	0.6563
2007	0.4681	0.7296	0.7025	0.7746	0.7188
2008	0.5745	0.7090	0.6456	0.6901	0.675
2009	0.6596	0.8940	1	1	0.875
2010	1	1	0.9177	0.9296	1

表 7   农业园区子系统无量纲化处理结果

年份	X_{41}	X_{42}	X_{43}	X_{44}	X_{45}
2006	0.9455	0.2817	1	1	0.9665
2007	0.7015	0.2611	0.6029	0.9827	1
2008	1	0.2594	0.4275	0.9323	0.3055
2009	0.8314	1	0.3362	0.7034	0
2010	0.7646	0.9424	0.2889	0.5744	0.0890

通过客观相关系数赋值法求得各子系统中的指标权重。

表 8   华明示范镇经济发展子系统指标权重值

子系统指标	X_{11}	X_{12}	X_{13}	X_{14}	X_{15}
指标权重	0.127	0.183	0.204	0.240	0.246

表 9   华明示范镇居住社区子系统指标权重值

子系统指标	X_{21}	X_{22}	X_{23}	X_{24}	X_{25}	X_{26}	X_{27}
指标权重	0.006	0.010	0.12	0.072	0.0104	0.043	0.008
子系统指标	X_{28}	X_{29}	X_{210}	X_{211}	X_{212}	X_{213}	X_{214}
指标权重	0.09	0.189	0.122	0.089	0	0.055	0.097

表 10   华明示范镇工业园区子系统指标权重值

子系统指标	X_{31}	X_{32}	X_{33}	X_{34}	X_{35}
指标权重	0.269	0.158	0.208	0.181	0.184

表 11   华明示范镇农业园区子系统指标权重值

子系统指标	X_{41}	X_{42}	X_{43}	X_{44}	X_{45}
指标权重	0.084	0.263	0.196	0.129	0.327

经灰色转换，构造灰色系统模型 GM (1, n)，方程如下：

$$\frac{dx_1^{(1)}(t)}{dt} = 1.7089x_1^{(1)}(t) + 0.4423x_2^{(1)}(t) + \\ 0.9575x_3^{(1)}(t) + 1.6318x_4^{(1)}(t) \quad (6)$$

$$\frac{dx_2^{(1)}(t)}{dt} = 0.9899x_1^{(1)}(t) + 0.9744x_2^{(1)}(t) + \\ 1.5633x_3^{(1)}(t) + 2.1862x_4^{(1)}(t) \quad (7)$$

$$\frac{dx_3^{(1)}(t)}{dt} = 0.9551x_1^{(1)}(t) + 1.6099x_2^{(1)}(t) + \\ 1.9567x_3^{(1)}(t) + 2.3693x_4^{(1)}(t) \quad (8)$$

$$\frac{dx_4^{(1)}(t)}{dt} = 1.1443x_1^{(1)}(t) + 1.7222x_2^{(1)}(t) + \\ 2.1953x_3^{(1)}(t) - 0.7345x_4^{(1)}(t) \quad (9)$$

（3）结果分析。从上述模型中可以看出，华明示范镇"三区联动"的经济发展（$a_{11} > 0$）、居住社区（$a_{12} > 0$）、工业园区（$a_{13} > 0$），说明这3个子系统的内部均处于一个持续发展的状态，而农业园区子系统（$a_{14} < 0$），说明农业园区没有达到持续发展。经济发展系统明显高于其他子系统，而且系统与系统之间的发展并不协调。首先从模型中，经济发展、居住社区、工业园区子系统对其他系统的发展起到了正向的积极作用（$a_{11} > 0$），并且工业园区对其他3个园区的积极作用加大。但是模型4中，农业园区子系统对其他3个子系统的发展起到了阻碍作用，农业园区子系统与其他3个子系统之间是不协调的。

四、结论

工业园区在小城镇的建设中起到了很大的推动作用，带动了小城镇经济的发展、居住社区水平的提高和农业园区的现代化生产。在华明示范镇，小城镇的经济水平、工业园区、居住社区协调发展、相互促进，但是农业园区的发展与其他系统存在不协调发展，农业园区的发展有待进一步提高。

1. 工业的规模化提高，带动小城镇整个经济发展

自2000年以来，华明示范镇生产总值增长了近7倍，农村居民人均纯收入增长了2.7倍；华明示范镇工业园区企业的平均规模不断扩大，2000年企业平均规模是1205万元，2010年为3404万元，增长了2.8倍；企业的资产总值不断增加，2010年达到14.5亿元，较2000年增长了2.2倍；企业从以前小且乱的局面，逐步走向规模化，产品的科技含量、附加值增加，环境污染减少。

2. 工业园区正处于固定投资建设中，工业总产值占生产总值的比重不断下降

这与小城镇建设周期有关，这段时间恰恰是小城镇建设刚开始，工业园区处于引进项目、建工厂、建生产基地的阶段。由于园区建设用地审批周期长、征地用地成本高、难度大、进度慢，严重制约了工业园区的进度，同时，由于新建企业处于生命周期周期的早期阶段，没有达到规模化生产，所以工业所占比重下降。

3. 农业园区的发展在小城镇建设中没有起到应有的作用

其根本原因在于城市近郊区的都市型农业功能没有真正的体现。首先，随着小城镇的建设和工业园区的不断发展，工业部门的工资水平高于农业部门，劳动力从农业向工业转移，这造成了农产品的产量下降。其次，都市型农业功能定位中有一点是强化经济功能，培育和形成一批能带动农民收入增长的农业产业化龙头企业，但是在调研过程中发现，都市型农业的成本较高，城市农副产品的主渠道市场是大众化、低价格的，超市是非主流的，目前的消费群体、消费市场和消费结构决定高档次都市型农副产业的出路，现在都市型农业必然是强调集体、公司化运作模式，不是单个农民，华明示范镇就是集体和公司运作模式。

参考文献

赫尔曼·哈肯. 协同论［M］. 郭治安，沈小峰译. 山西：山西经济出版社，1991.

邱世明. 复杂适应系统协同理论、方法与应用研究［J］. 天津大学，2003：87-88.

林玲. 乡镇企业·小城镇·农村人口城市化——中国农村人口城市化道路探索，中国城市化道路思考与选择 [M]. 成都：四川大学出版社，1995.

康就升. 中国特色城镇化的理念创新和体系构思 [J]. 南方经济，2004（10）：63-66.

费孝通. 中国城乡发展的道路 [J]. 中国乡镇企业，2001（6）.

周干峙. 促进小城镇在城市化过程中发挥更大的作用 [J]. 城市规划，1988（4）.

崔功豪，马润潮. 中国自下而上城市化的发展及其机制 [J]. 地理学报，1999（5）.

温铁军. 中国的城镇化道路与相关制度问题 [J]. 开放导报，2000（5）.

朱选功. 城市化与小城镇建设的利弊分析 [J]. 理论导刊，2000（4）.

杨宣春. 发展小城镇：解决中国就业问题的战略选择 [J]. 理论前沿，1999（11）.

吴家政. 农业劳动力转移与小城镇发展 [J]. 农村经济，2003（3）.

张运生，曾志远，李硕. 关于农村剩余劳动力解决途径的探索 [J]. 人口与经济，2003（3）.

（张贵、韩彦清，河北工业大学管理学院）

劳动力流动与地区收入差距缩小

一、引　言

　　"十二五"时期是我国全面建设小康社会的关键时期，是我国加快转变经济发展方式的攻坚时期，在《中共中央关于制定国民经济和社会发展第十二个五年规划的建议》中，国家更加重视民生，把坚持扩大内需作为首要战略任务，强调"增强居民消费能力"。古典经济学理论表明，缩小居民收入的差距可以有效扩大全民的整体消费需求。就区域层面而言，缩小不同地区的收入差距是扩大我国内需的有效途径。

　　对于如何缩小地区收入差距这一命题，主张劳动力自由流动是理论界的一致观点，但对于我国劳动力流向哪里才能有效缩小地区收入差距，不同学者之间存在争议。有的学者（陆铭，2010等）认为，劳动力应该继续向东部沿海发达地区流动集聚，才能缩小地区收入差距，有效扩大内需。支持这一观点的理由在于，沿海发达地区具有规模经济和集聚经济效应，吸纳就业和提高劳动者收入的能力强。持这一观点的学者，建议农业用地的跨地区"占补平衡"和户籍制度改革，以此顺应劳动力向东部沿海发达地区流动集聚的趋势。有的学者（范剑勇、王立军、沈林洁，2004；陈甬军、陈爱贞等，2007）主张，应该引导劳动力密集型产业和劳动力向中西部落后地区流动，才有利于更大幅度地提高平均工资水平。支持这一观点的理由在于，我国内陆劳动力向东部沿海发达地区跨区域流动集聚拉大地区间贫富差距，劳动力持续集聚加剧产业空间集聚和地区差距扩大。持这一观点的学者，建议推动产业向中西部内陆转移和解除人口流动的制度性限制因素，推动劳动力向落后地区扩散，缩小地区收入差距持续扩大的趋势。

　　笔者认为，前者观点不符合区域均衡发展的要求，将加剧区际发展差距，不利于国家整体福利的增进。这方面的观点是基于劳动力完全自由流动的理论假设上提出的，忽略了劳动力的不完全流动性。此种观点夸大了目前沿海发达地区的集聚经济效应，没有意识到我国沿海发达地区目前处于集聚不经济阶段，低估了过度集聚带来的一系列问题，如劳动力持续集聚的马太效应不能自发解决发达地区房价持续飙升等劳动者生活成本过高的问题，劳动力供给过剩制约发达地区劳动工资持续提升，导致发达地区乃至全国劳动者生活福利的普遍下降，削弱全国居民的平均消费能力等。这类学者提出的农业用地跨地区"占补平衡"对策，将可能造成粮食安全问题，农用地补平机制在实际操作中往往采用落后地区的低产地替换发达地区的良田，也容易导致各省区内粮食供求失衡。本文支持第二种观点，认为东部吸纳劳动力和增加劳动者收入的能力有限，主张推动劳动力向中西部地区流动。持第二种观点的多数学者侧重于论证在户籍制度制约下，劳动力自由流动会加剧地区居民收入差距扩大（严浩坤、徐朝晖等，2008），本文则侧重从劳动力供求的经典经济学框架分析劳动力过度集聚对工资水平的影响，立足新经济地理学理论和技能互补性假说理论分析劳动力过度集聚的自我维持机理，提出主张用国家等外力推动劳动力向中西部转移的观点。

二、新经济地理学对产业集聚与劳动力跨区域流动自我维持机理的解释

新经济地理学假定制造业产品市场的不完全竞争和地区间具有运输成本，其核心思想是：报酬递增、运输成本与要素流动之间的相互作用所产生的向心力，导致两个初始完全相同的地区演变成一个核心与外围的产业与人口集聚模式，并且这个模式具有自我强化维持性。模型的结构内容是：两个地区与两个部门，两地区最初是完全相同的，两个部门分别是报酬递增、产品具有差异性的制造业与报酬不变、产品同质的农业部门。其中，两部门使用的生产要素都是劳动力，同一地区内的农民不能向制造业部门流动，但制造业部门的工人却可以实现跨地区的、在同一部门内的流动。

当两地区都处于自给自足状态时，制造业部门的生产都是为了满足当地的需求，此时两地区的生产结构完全相同。但是，一个偶然的因素（如资源禀赋比较优势或者区位优势、政策优势等）使得地区2的制造业厂商向地区1迁移，当厂商进入地区1后，使得地区1的产品数量和种类增多，提高了对劳动力的需求和就业容纳能力，以至于地区1能够持续不断地吸引地区2的劳动力流入。由于产业关联效应，地区1产业和劳动力人口的集聚会引致市场规模的扩大，带来的中间投入品的规模效应和劳动力市场规模效应及信息和技术集聚与扩散效应，带动相关产业的联动发展，吸引区域外的劳动力持续向地区1持续转移，由此自我循环强化直至形成发达地区1和落后地区2这样的"中心—外围"结构。

在人口和产业向发达地区集聚的过程中，区域间的经济与收入的差距会拉大，进而刺激更多的劳动力向发达地区转移，使得工资上升速度趋缓，产业继续向发达地区集聚。产业和人口的持续集聚使得发达地区的土地等资源趋向短缺，资源成本的不断上升，显然会通过连带效应提高发达地区的生活成本。同时，劳动生产率的提高降低了对劳动力的需求，劳动力持续流入也造成劳动力供给过剩，工资增幅缓慢。而集聚的自我维持机理使得落后地区因产业集聚不够，提供的非农产业的就业能力很弱。因此，产业的过度集聚，一方面，会因劳动力吸纳能力减弱而使得工资增幅缓慢；另一方面，会通过土地成本上升的连带效应提高城市生活成本。

这就是劳动力跨地区流动所引起的产业在空间上发生转移与集聚的机制，使我们看到劳动力流动对中国地区收入差距扩大所起的推波助澜作用。新经济地理学揭示，当地区一体化水平处于中间水平时，地区间可流动的劳动力要素所导致的产业集聚是最容易发生的，此时的地区收入差距也最大。

三、技能互补性假说理论对人力资本地区集中的解释

技能互补性，是指就业于同一区域的劳动力之间的技能相互补充。技能互补性之所以存在是因为劳动力的异质性，这种异质性尤其表现在劳动力技能水平的差异性上。不同的劳动力个体具有不同的技能水平，他们的合作将大大降低生产成本，实现规模收益递增。由于互补性的存在，劳动力的个人收益不仅取决于其自身的人力资本（技能）水平，而且还取决于其就业所在区域的劳动力的平均人力资本（技能）水平。劳动力个人的人力资本水平越高、区域劳动力的平均人力资本水平越高，劳动力所获得的个人收益就越高。

技能互补性可能源于工作任务的互补性。由于不同工人的工作任务是互补性的，其中任何一项工作的缺失都将降低整个团队的生产效率，所以必须加强工人之间的合作，以提高每个工人的生产率及工资收益。技能互补性也可能源自人力

资本的空间与部门集中所产生的外部效应。这种外部效应使得劳动力的边际收益递增，从而提高劳动力的工资，并导致了不同技能水平劳动力的工资差异。对于人力资本集中的外部效应，Lucas指出劳动力个人的人力资本投资能够提高其合作者的生产率和增加其合作者的工资。人力资本集中的外部效应的微观经济基础是劳动力之间通过正规和非正规交流进行的对知识和技能的分享，这决定了劳动力之间的互补性关系。

劳动力迁移与人力资本地区集中之间存在着一种相互促进、相互强化的累积循环关系，而形成这种累积循环关系的内在动力是技能互补性机制。一个地区的人力资本存量越丰富，对迁移劳动力的吸引力越强，就会有更多的劳动力迁入这个地区。迁入的劳动力推动了该地区人力资本存量的提高，由于技能互补性的作用，迁入地对技能劳动力的需求随之增加，而这又对迁移劳动力

形成了强烈的吸引力。如此循环往复，劳动力迁移集聚具有自我强化的特性，人力资本地区集中度日益提高，区际收入差距随之持续扩大。

从上述理论分析看，劳动力流动具有自我强化的集聚规律，在市场机制下，劳动力自由流动对地区收入差距扩大具有推波助澜的作用。通过回顾改革开放以来我国的劳动力流向趋势，可以判断和印证东部沿海地区正在成为产业集聚区与中西部农村劳动力的跨省流动有密切关系。东部沿海地区产业集聚效应吸引了中西部农村劳动力的流入，反过来中西部农村劳动力流入又进一步增强了沿海地区的集聚效应，两者为一种正反馈机制。正如新经济地理学"中心—外围"模型的理论所揭示的那样，中心区的发展是以外围区萎缩为代价的，伴随着这种集聚效应的不断增强，我国东部与中西部地区已经形成二元经济结构，大地区间贫富差距将继续扩大。

四、实证分析：我国改革开放以来的劳动力流动

1. 1979~1990年，以劳动力单向流动为主

改革初期，由于城乡二元经济格局且城市的工业不发达，进城农民工规模很小。1984年，我国颁布了允许农村人口迁移到附近的城镇和转移户口政策，农村劳动力往城镇转移的规模逐渐增大，1980~1990年累积转移劳动力6646万人。20世纪80年代中期以来，沿海地区乡镇企业的快速发展也极大地刺激了农村剩余劳动力的转移。1988年底，全国乡镇企业吸纳农村劳动力9545万人，占农村总劳动力23.8%。在此期间，劳动力以省内转移为主要特征。

2. 20世纪90年代以来，劳动力和产业同向转移

进入20世纪90年代，东部沿海地区经济进入了新的发展时期，产业配套条件趋于成熟，市场规模迅速扩张，促进了相关产业向这些区域转移。这一时期，国际产业开始向我国东部地区转移，1995年和2000年东部11个省市分别吸收了FDI的85.9%和86.5%，成为经济发展和吸纳劳动力的重地。其中，单是广东、江苏、浙江、上海、

北京、福建6个省市就分别吸引所有外资的66.4%（1995年）和68.4%（2000年），与此相对应，2000年这6个省市吸纳了跨省总流动人口的68.5%。同时，上海、北京、广州等一些中心城市的迅猛发展，还吸引了包括浙江、福建等发达地区的企业总部。但是，在产业向发达地区转移过程中，产业同构严重，不合理的分工体系使得发达地区的第三产业发展缓慢，较为落后地区的工业发展不起来，极大地影响了就业结构的提升，东部地区非农产业对农村劳动力的吸纳能力逐渐减弱，使得1994年以来全国转移劳动力的数量逐年下降，从1993年的1233万人降到1999年的179万人。

3. 2000年以来，劳动力和产业单向流动总趋势不改

2000年以来，非农土地使用指标限制制度的实行，2003年国务院对土地市场展开严厉的治理整顿，使得发达地区的土地供应开始紧张。经济发展和人均收入水平的增加也导致了需求结构的变化，特别是近年来宏观经济形势的变化，使得市场压力显著增大，迫使发达地区的企业需要通

过产业区域转移的方式来打开市场、巩固市场。自1994年以来，政府增加了对中西部地区的基础设施投资，从1999年开始倡导开发西部，西部的投资环境有所改善。政府对外商在西部投资的优惠政策，也使得西部成为外资投资的新宠。此外，发达地区地方政府积极为企业走出去搭建平台和

国际产业向东部的持续转移，也推进了东部地区一些产业向中西部地区的转移。但由于这种转移主要不是基于比较优势而是市场扩张的需要，因此企业经营的重心还在东部地区。除了烟草加工等5个行业外，多数工业都仍在向东部地区不断集聚，使得劳动力还在持续向东部转移。

五、结论与对策

本文在新经济地理学和技能互补性假说的理论框架内对劳动力转移与产业区域转移的演变趋势、演变机理及其两者间的关系进行了理论分析，并在此基础上，从历史角度对我国改革开放以来的劳动力转移和产业区域转移演变趋势进行了分析。本文的研究结论对促进劳动力合理流动、缩小我国地区收入差距具有一定的启示。①我国在工业化进程相当长的时期内，人口和产业呈现出从中西部地区向东部沿海发达地区持续单向集聚的趋势，中西部地区劳动力跨省流动对沿海地区的产业集聚有推波助澜的作用，同时又减缓了自身的工业化进程，这一单向集聚趋势拉大了地区收入差距。②劳动力向落后地区的流动不能自发进行，需要国家等外力推动。制定相关政策推动劳动力密集型产业和人才向中西部转移，推动中西部城市化进程，创造"软环境"使中西部农村劳动力向当地城市转移是国家"十二五"规划和新一轮西部开发应着力解决的问题。只有当中西部地区拥有自己的强大制造业和服务业，营造出

吸引劳动力的良好环境，形成劳动力流入与产业发展相互促进的机制，东西部地区的经济份额才有可能趋同，地区收入差距才有可能缩小。

参考文献

Lucas R.E., Jr: On the Mechanics of Economic Development. Journal of Monetary Economics，1988，22（1）.

藤田昌久，保罗·克鲁格曼等. 空间经济学——城市、区域与国际贸易（中译本）[M]. 北京：人民大学出版社，2005.

陆铭. 重构城市体系[J]. 南京大学学报，2010（5）.

范剑勇，王立军，沈林洁. 产业集聚与农村劳动力的跨区域流动[J]. 管理世界，2004（4）.

陈甫军，陈爱贞. 从劳动力转移到产业区域转移[J]. 经济理论与经济管理，2007（2）.

黄翔，敖荣军. 基于技能互补性的劳动力迁移与人力资本地区集中[J]. 经济地理，2009（3）.

严浩坤，徐朝晖. 农村劳动力流动与地区经济差距[J]. 农业经济问题，2008（6）.

（余川江，四川大学经济学院）

对生产集聚与外部性、规模报酬递增的测算

改革开放以来，我国实行非均衡发展战略，对沿海和东部地区执行了更加宽松的倾斜性的开放、优惠政策。30 多年的时间里，各种生产要素不断向沿海地区流动，沿海地区的企业创造了全国生产活动的绝大部分利润，沿海地区的生产经济活动也随之变得更加密集。

从历史和自然地理条件来看，我国的人口分布呈现明显的内陆沿长江和黄河中下游密集分布，这与此前我国农业生产为主的经济格局相适应。但从企业数量和企业就业人数来看，我国的经济活动则呈现明显的东西分布格局，企业和就业人口自西向东数量不断增加，在沿海地区企业和就业人口出现了高度集聚的状态。

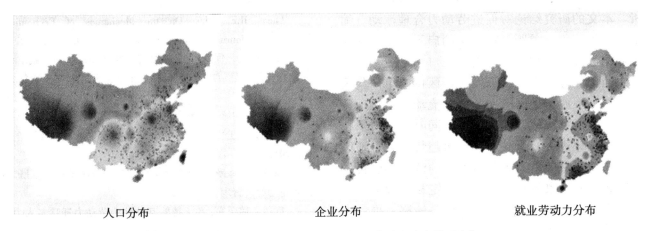

人口分布　　　　　　　　　企业分布　　　　　　　就业劳动力分布

图 1　我国人口分布与企业数量、就业劳动力分布的对比[①]

经济活动的高产出与企业空间分布之间表现出的这种高度相关性来自于生产活动的规模报酬递增与外部性导致的集聚效应。集聚效应从空间分布上改变了经济活动的地理格局。

一、集聚产生的动力

从本质上讲，导致集聚效应产生的原因都可归结为生产活动规模报酬递增和外部性。经济学家马歇尔认为集聚效应产生于经济活动的外部性，这虽与当时主流的完美、灵活的自由市场假设相悖，但却触及了经济活动集聚的本质。马歇尔将企业的经济活动划分为涉及生产要素的投入、生产技术和产品的产出方面的"内在经济"和受到全行业甚至其他产业影响的"外部"因素的作用这两个层次。他还进一步认为这些外部性的获得是存在空间限制的，只有企业处于工业园区或者

---

① 图中数据来自 2007 年规模以上企业数据库和中国人口统计年鉴。

产业密集的地理区域才能获得外部性。韦伯（Alfred Weber，1909）更明确地提出了集聚的概念，并以运输成本作为衡量空间距离的变量，将运输成本和劳动力作为企业选址的重要依据。Viner（1931）则将马歇尔的外部性观点总结为技术外部性和资金外部性，分别表现为厂商的生产行为受到了其他相邻厂商的影响，从而提高了自己的生产效率；或者通过价格因素的作用，可获得更廉价的生产要素，再利用集聚获得的市场操控能力将产品以更高的价格卖出。胡佛（Hoover，1948）从空间布局来划分集聚经济的影响范围——地方化经济和城市化经济，并认为地方化经济最终会向城市化经济演化。按照集聚经济作用范围，还可以行业作为划分标准，集聚经济的外部性可分为行业内的外部性和行业间的外部性。亨德森（Henderson，1997）提出把前者称为马歇尔外部性（Marshallian externalities），后者则称为雅各布斯外部性（Jacobs externalities），这是由于马歇尔的观点认为集聚活动的益处来自于行业内的学习过程和共享资源，而雅各布斯则强调经济的发展来自于城市经济活动中的产业多样性给生产者带来的益处。

研究集聚经济的另外一条线索是规模报酬递增的生产技术。对企业而言，获得更多的利润是市场机制下生存的关键。在厂商集聚的情况下，面对愈加严峻的竞争，厂商能否坚持下去呢？事实上，竞争的加剧仅是集聚产生的少量负作用而已，厂商在空间中的集聚能为其生产活动提供更大的益处。首先，集聚的环境适宜厂商之间的技术交流，厂商可以利用集聚带来的好处，整合自己的生产流程，将部分生产过程社会化，将自己的生产能力集中在某一最有效的生产领域，从而获得递增的规模报酬。其次，厂商集聚产生的规模报酬递增来自于生产过程的中间产品投入。最终产品生产厂家对原材料和中间产品生产者的吸引力是非常大的，因此会有大量的中间产品生产者向最终产品生产者所集聚的地区靠拢，这会对当地的经济增长产生非常巨大的作用。更重要的是，中间产品的多样性会因此而增强企业的盈利能力。同时，由于厂商的集聚，相应的服务设施，如通信、运输、维修等设施将很快建立。最后，

厂商集聚产生递增的规模报酬来自于对其使用的生产要素成本的降低。例如，在一个集聚的市场，厂商将面对非常多的、具有差异化的劳动力、专业技术人员和投资者，在这样的市场进行选择，获取自己需要的、特定的生产要素将花费更低的成本和更少的时间，有更高的匹配成功率。集聚带来规模报酬递增的研究最早来自卡尔多（Kaldor，1935）和廖什（Losch，1940）的理论。更有力的理论来自于张伯伦关于中间产品和最终产品生产过程的论述，这里中间产品被作为投入用以生产出最终产品，中间产品的多样性导致了从社会角度来看的规模报酬递增生产技术，提升了整个城市的劳动生产率，因此扩大了城市的劳动力市场，提升了劳动力的工资水平。这样的劳动力和厂商集聚导致了公共产品的增加，又进一步推进了生产技术的提高和家庭的福利水平。在克鲁格曼研究中，厂商的规模报酬递增来自于其空间接近带来的成本节约，特别是制造业企业，由于空间接近因而在空间上表现为强烈的集聚趋势。Glaeser（1997）认为，教育对人口集聚和规模报酬递增产生了积极的作用，教育水平的高低影响到了企业所能获得人力资本的多少，厂商的生产技术和研发因此受其制约，从而对厂商的生产函数也产生了影响。克鲁格曼（1991）的研究考虑市场的消费需求对厂商的规模报酬产生了影响，家庭集聚导致了消费需求的增加，同时家庭对产品多样性的偏好共同导致了厂商的规模报酬递增。

实证的文献测算结果表明生产要素的集聚的确对经济增长起到了正面的作用。人口在城市的倍增将使每个工人的产出提高3%~8%（Rosenthal and Stranger，2004），而早前Shefer（1973）的研究认为城市人口的倍增能带来高达14%~27%的经济增长，Fogarty和Garofalo（1988）的研究数据则表明这一增长率为10%左右，虽然测算的结果有差别，但所有这些观点和实证数据都支持了城市中的集聚与增长之间的正向关系。汉森（Hanson，2001）的研究结果认为：城市的产业多样性推动了城市的长期增长，往往是具有多种产业的综合型城市具有较高的长期增长率，这种产业间的差异性推动了经济增长。

二、生产成本与外部性和规模报酬的模型

我们可利用厂商的生产函数和成本函数来测算集聚而产生的外部性和规模报酬递增。生产活动的外部性能够提高（或降低）厂商的产出水平，但是不会直接增加厂商生产成本，而规模报酬递增体现为投入要素和原材料的节约，会直接体现在厂商的成本变动上，因此，通过研究生产成本变动与产出之间的关系，可以直接测算出规模报酬和外部性的大小，而直接采用生产函数测算则难以实现分别估算出规模报酬和外部性的目的，并且这一方法绕开了对投入要素和中间产品数据以及一些价格数据的需求，仅需采用企业的生产成本和产出数据即可完成测算。

考虑厂商的生产函数为 C-D 类型，且包含了外部性因素的影响。

$$y = AB^x K^\alpha L^\beta M^\gamma$$

其中，A, B, K, L, M 分别为全要素生产率、生产外部性的测量、厂商使用的资本、劳动力、中间产品和原材料的投入。

厂商的生产成本则为：

$$C = rK + wL + pM$$

利用最小化技术，考虑在长期而言，厂商可以自由调整生产规模，其成本最小化一阶条件为：

$$r = \lambda\alpha AB^x K^{\alpha-1} L^\beta M^\gamma$$
$$w = \lambda\beta AB^x K^\alpha L^{\beta-1} M^\gamma$$
$$p = \lambda\gamma AB^x K^\alpha L^\beta M^{\gamma-1}$$

厂商的行为需要满足价格与边际成本之间的关系 $\dfrac{\gamma}{p} = \dfrac{\alpha M}{\gamma K}$ 和 $\dfrac{w}{p} = \dfrac{\beta M}{\gamma L}$。

计算出厂商的长期成本函数为：

$$c = (\frac{\alpha}{\gamma} + \frac{\beta}{\gamma} + 1)pM$$

同时，可将生产函数改写成投入的中间产品的形式：

$$y = AB^x (\frac{\alpha}{r\gamma})^\alpha (\frac{\beta}{w\gamma})^\beta p^{\alpha+\beta} M^{\alpha+\beta+\gamma}$$

带入长期成本函数有：

$$C = \frac{\alpha+\beta+\gamma}{\gamma} p (\frac{y}{AB^x (\frac{\alpha}{r\gamma})^x (\frac{\beta}{w\gamma})^\beta p^{\alpha+\beta}})^{\frac{1}{\alpha+\beta+\gamma}}$$

两边取对数可化为：

$$\ln C = \frac{1}{\alpha+\beta+\gamma} \ln y - \frac{\chi}{\alpha+\beta+\gamma} \ln B + \Omega(A, p, w, r)$$

显然，长期成本与产出之间的系数即为两者之间的弹性，而成本与外部性的代理变量之间的系数表示的弹性则为外部性的影响与规模报酬系数之比，其余的影响因素落在了索罗残差的计量之中，包括全要素生产率和各种要素的价格。

下面将利用上面推导的成本、产出和外部性之间的函数来测算集聚效应，利用微观数据进行计量分析获得我国国内厂商的规模报酬和外部性的影响。其中，外部性的代理变量根据现有文献有多种选择，可利用厂商的分布密度、厂商的产出密度、劳动力的密度等作为代理变量放到估算方程中去。

三、外部性和规模报酬的测算

在进行生产活动的密度计算时，需要知道，厂商所处地理位置的空间大小，这里采用了《中国城市统计年鉴》2007 年的城市土地数据。本文在计算之前剔除掉了非市辖区之外的土地面积数据，仅考虑了市辖区范围内的建成区面积作为测算土地面积的基准。

微观企业数据来自于 2007 年的规模以上工业企业普查数据，该数据库的样本主要由规模以上企业的经营和财务数据组成，并提供了企业营运的财务数据和邮政编码、行政编码等地理位置数据。在进行空间位置分析时，采用企业登记的行政编码作为地理定位的标志。在进行位置转换时，

如需进一步的经纬度信息，则采用了与行政编码对应的经纬度信息数据库，① 通过两个数据库的 SQL 查询运算，将邮政编码作为关键字，可以获得相对精确的企业地理位置经纬度信息。厂商的数据中剔除了一些存在缺失值的非平衡样本，最后进入估算的样本容量为 324426 个有效样本。在计算时，选取了规模以上企业的统计数据中增加值、主营业务成本数据；利用数据库中的行政区划代码表前 4 位数代码，识别出了企业所在的城市，从而分别计算出了该城市中的企业个数、企业劳动力数量和企业总产值作为衡量集聚外部性的代理变量；利用 2 位数的行政代码和我国对东中西部地区的分类方式。

将厂商的成本对数值 Ln（C）作为因变量进行回归分析，测算结果如下：

表 1 生产成本和分布密度、产出之间的关系

	考虑地区因素			不考虑地区因素		
LnY	0.823	0.824	0.823	0.818	0.815	0.814
厂商数量密度	−0.015			0.075		
劳动力密度		−0.014			0.077	
厂商的产出密度			0.036			0.135
东部地区	0.346	0.342	0.286			
中部地区	0.028	0.026	0.013**			
截距项	2.478	2.548	1.966	2.530	2.131	0.827
R^2	0.755	0.755	0.756	0.747	0.746	0.750

注：** 表示了 0.001 的显著性水平，其余所有参数都高度显著，p 值极低。

从上面的估算结果可以看出，大样本估计的优势非常明显，即使调整了进入模型的一些变量，但整个模型的拟合优度变动不大，而且作为模型中重要解释变量的产出数据，其参数波动也较小（0.814~0.824）。利用上表所计算的弹性系数，可计算出对应的规模报酬和外部性的大小。

表 2 规模报酬与外部性的测算值

集聚效应来源	考虑地区因素			不考虑地区因素		
	厂商数量密度	劳动力密度	厂商的产出密度	厂商数量密度	劳动力密度	厂商的产出密度
$\alpha + \beta + \gamma$	1.215	1.214	1.215	1.223	1.227	1.228
χ	0.018	0.017	−0.044	−0.091	−0.095	−0.166
合计	1.233	1.231	1.171	1.132	1.132	1.062

从表 2 可以看出，我国资本、劳动力投入和原材料投入的规模报酬效应在各个层面上都非常显著，而且在核算中的大小基本稳定在 1.2 左右。如在回归分析中如果忽略掉地区因素，得到的外部性的度量为负值，这一现象可以从两个方面解释：一是我国的集聚效应主要来自于投入要素的规模报酬递增，而生产外部性的贡献在全国范围内较小；二是我国集聚效应在地区之间存在差异，东中西部地区因外部性获得的好处大小不一，各地分别体现为收益于规模报酬递增或者外部性因素，或者两者兼得。从上面的估算结果还可以看出，我国集聚效应的外部性贡献份额较低，而且其主要来源是工业企业数量的集聚和劳动力数量的集聚，而非厂商产出密度的增加，这表明我国集聚经济主要源自城市化经济，而非产业关联和学习效应。

为进一步确认外部性和规模报酬在微观层面的表现，考虑将地区因素作为交叉乘积项引入回

① 参见图 1 中企业的分布，该图采用企业地址的经纬度信息作为地理数据处理的标准。

归方程：

$$\ln(C) = 2.647 + 0.824\ln(Y) - 0.106\ln(D) +$$
$$0.132East - 0.045Mid + 0.105\ln(D) \times$$
$$East + 0.047\ln(D) \times Mid$$
$$t = (180.400)(999.507)(-16.718)(9.613)$$
$$(-2.787)(15.922)(6.018), R^2 = 0.7556$$

上式中最低的 t 值对应的参数显著性水平 p 值为 0.00532，其中变量 D 为按城市建成区面积计算的厂商数量分布密度，用以衡量外部性的来源。上式分拆为各地区的回归方程可以更清晰地看到各地区集聚效应的来源：

西部地区：

$$\ln(C) = 2.647 + 0.824\ln(Y) - 0.106\ln(D)$$

中部地区：

$$\ln(C) = 2.602 + 0.824\ln(Y) - 0.059\ln(D)$$

东部地区：

$$\ln(C) = 2.779 + 0.824\ln(Y) - 0.001\ln(D)$$

显然，来自外部的集聚效应对经济活动都产生了正的外部性，降低了企业的生产成本，并且在我国地区间由西至东逐步减少。出现这种现象的原因在于：西部地区的资本和劳动力存量较低，生产水平落后，因此当企业在城市中增加时，表现出了更大的集聚效应。这种现象充分表明了城市化进程对集聚效应的正面作用。东部地区的城市化进程相对而言较早完成，厂商在城市中的分布较为稳定，得益于中国经济的高速发展和不平衡的发展政策，资金和劳动力向沿海东部地区流动，从而使其集聚效应体现在要素投入之上，要素投入的规模报酬递增扮演了主要因素，生产活动的密度带拉的外部性则相对微弱。

四、结　论

从本文对国内规模以上企业的微观数据测算可以看到，在我国集聚效应对微观主体的正面作用是存在的。厂商之间相互靠拢不仅意味着交通成本的降低，更主要的是通过集聚，厂商之间的技术距离会相应降低。

从全国的角度来看，我国当前的经济增长受益于技术进步和生产要素的投入，也获益于生产活动和人口、家庭的集聚。由于政府行为对资本要素投入的鼓励和我国之前存在的大量农村剩余劳动力向沿海地区的迁移，沿海地区的经济增长更多的得益于要素投入产生的规模报酬递增，较少的来自于生产活动的外部性，但测算的结果表明两者对企业的生产成本降低都起到了正面的作用。但是集聚效应在地区之间还是存在一定差别的，东部沿海地区更多的是从集聚行为带来的规模报酬递增方面获得好处，而相对落后的西部地区无法获得足够的资源流入，因此集聚的益处更多的来自外部性因素。面对历史上倾斜的政策和资金支持，中西部地区应转变单纯模仿沿海地区的发展战略思路。

当前，一些中西部地方政府在制定产业政策时仍着眼于简单的基建、财税优惠、交通便利，这样的政策本质上是无法持续起效的，而且也偏离了集聚的本质：学习与创新。企业的选址决策是基于长期的成本/利润流，对于较长时间而言，一次性的税收、土地优惠或其他成本减免都不会对其终生利润决策产生持久的作用。

对于各级地方政府而言，要实施和制定产业集聚发展战略，必须重视知识外溢在集聚中的作用，通过鼓励创新，注重培育区域创新体系，营造适宜于创新的环境，促进企业、大学、研究机构之间的合作关系，通过建立共同的学习机制，加快知识创造与扩散的速度，使集聚战略能够建筑在创新之上。我国的经济增长已经消耗掉了绝大部分的人口红利，城市和农村之间的二元现象正在逐步减小，因此已没有足够多的廉价劳动力作为中西部地区的发展动力。通过加强与经济发达区域的科学技术的交流和合作，引导各种资源和资本对本地区落后的人力资本进行投入，并大幅度提高区域劳动力素质，才能为产业区域集聚奠定基础。中西部地区要形成自己的制造业集聚中心，必须首先要改变中西部地区目前劳动力素质低下的状况，通过增加教育和训练方面的投入，加强基础教育与技能培训，提高劳动者的生产技能，增加本地区的人力资本积累。在现阶段，重复东部沿海地区利用低收入劳动力的增长路线是行不通的。

其他发展中国家的经济发展也印证了这点：人力资本积累是发展中国家或者地区工业化的重要推动力量，而发展速度较高的国家或者地区通常拥有较高的人力资本积累，并极其重视教育问题。此外，对人力资本的培养还会对地区经济长远的发展和集聚效应产生良好的促进作用，可以促使集聚从本地的中心向外围扩散。

参考文献

邓翔，李建平. 中国地区经济增长的动力分析 [J]. 管理世界，2004（68-76）.

邓翔. 经济趋同理论与中国地区经济差距的实证研究 [M]. 成都：西南财经大学出版社，2002.

范剑勇. 市场一体化、地区专业化与产业集聚趋势——兼谈对地区差距的影响 [J]. 中国社会科学，2004（6）.

傅十和，洪俊杰. 企业规模、城市规模与集聚经济——对中国制造业企业普查数据的实证分析 [J]. 经济研究，2008（11）.

刘惠敏. 基于 EG 模型的北京都市区生产性服务业地理集中研究 [J]. 地理与地理信息科学，2007，23（2）.

路江涌，陶志刚. 中国制造业区域聚集及国际比较 [J]. 经济研究，2006（3）.

罗勇，曹丽莉. 中国制造业集聚程度变动趋势实证研究 [J]. 经济研究，2005（8）.

王子龙，谭清美，许萧迪. 产业集聚水平测度的实证研究 [J]. 中国软科学，2006（3）.

赵祥，郭惠武. 产业关联、要素结构与产业扩散 [J]. 首都经贸大学学报，2009（5）.

Antonio Ciccone，R. Hall. "Productivity and the Density of Economic Activity". American Economic Review，Vol. 86，No. 1（Mar.，1996）.

Antonio Ciccone. "Agglomeration effects in Europe". European Economic Review，Volume 46，Issue 2，February（2002）.

Avinash K. Dixit and Joseph E. Stiglitz. "Monopolistic Competition and Optimum Product Diversity". The American Economic Review 67，No. 3（1977）.

Bernard Fingleton，"Theoretical economic geography and spatial econometrics：dynamic perspectives". Journal of Economic Geography Volume 1，No. Issue 2（2001）.

Luisito Bertinelli and Jehan Decrop. "Geographical agglomeration：Ellison and Glaeser's index applied to the case of Belgian manufacturing industry". Regional Studies 39，No. 5（2005）.

Braunerhjelm P. and Borgman B. "Geographical concentration，entrepreneurship and regional growth：evidence from regional data in Sweden，1975-1999". Regional Studies 38（2004）.

Masahisa Fujita and Jacques-François Thisse，Economics of agglomeration：cities，industrial location，and regional growth（Cambridge University Press，2002）.

Stuart S. Rosenthal and William C. Strange. "The Determinants of Agglomeration". Journal of Urban Economics 50，No. 2（September 2001）.

（邓翔、李建平，四川大学经济学院）

沿海经济发展

浙江沿海城市转变发展方式的实践探索

进入新世纪新阶段，以宁波、温州、台州、舟山为代表的浙江沿海港口城市紧紧抓住国内外有利时机，加快转变经济发展方式，经济活力明显增强，经济实力不断提高。浙江沿海港口的主要做法，可以为其他城市转变发展方式提供一定的参考。

一、浙江沿海城市转变发展方式的主要做法

1. 建立港口联盟，充分港口龙头带动作用

所谓港口战略联盟是两个资源互补港口之间或供应链上下游企业之间，为了某一共同的特定目标所形成的长期合作协议或组成的网络式协作关系。在当前竞争日益加剧的背景下，建立港口联盟，对于增加与航运联盟的谈判能力、限制恶性竞争、提高港口资源利用率、提升区域经济竞争优势、促进港口行业技术革新具有重要的意义。根据国外的实践，按港口联合后的管理主体划分，港口联盟可分为政府主导型和企业主导型两种。按港口联合相互渗透程度划分，港口联盟有紧密型、松散型和竞合型三种。

为了加快港口资源整合，浙江省政府于2005年12月正式对外宣布，决定自2006年1月1日起正式启用"宁波—舟山港"名称，原"宁波港"和"舟山港"名称不再使用，同时决定成立宁波—舟山港管理委员会，根据"统一规划、统一建设、统一品牌、统一管理"的原则，协调两港一体化重大项目建设。这标志着两港一体化取得突破性进展，也标志着浙江港口联盟的初步建立。在此基础上，以贯彻《宁波—舟山港总体规划》为契机，进一步打造甬江、镇海、北仑、穿山、大榭、梅山、象山港、石浦、定海等19个港区，根据各港区的功能定位实现分工合作，不断优化港口布局，协调开发步骤，推进宁波—舟山两港联动发展。以宁波—舟山港一体化为龙头和示范，整合温台环乐清湾地区港口岸线资源，积极实施乐清湾港口一体化进程，有效利用港口资源，促使港口在更广阔领域、更深层次参与全球经济合作与竞争，促进港口城市建设和区域经济社会发展。

2. 大力发展服务业，促进产业协调发展

近年来，国家对节能减排要求越来越高，这不仅需要工业领域加快传统产业转型升级、着力发展低能耗高端装备制造业，同时也倒逼着延伸产业链，加快发展低能耗、高附加值的生产性服务业。国务院正式批准实施《长三角地区区域规划》，明确提出要优先发展现代服务业，这些都为服务业在浙江沿海城市发展带来了机遇。

根据《浙江省服务业发展规划（2008~2012年）》，到2012年全省服务业增加值占GDP比重达到47%，年均增长12%以上；杭甬温服务业增加值占GDP比重分别达到58%、53%、54%左右，其他城市产业结构向"三、二、一"型加速转变。到2020年，全省服务业增加值占GDP比重超过55%，形成以现代服务业为主体的产业结构。

宁波市把发展现代服务业作为转变经济发展方式、促进经济转型升级的战略重点和主攻方向。宁波制定出台了《服务业跨越式发展行动纲要》，要求坚持"高端、高效、高辐射"的发展方向和"国际化、市场化、集群化、专业化、信息化"的发展路径，通过开放带动、创新驱动、政策推动，形成以进出口贸易为龙头、运输物流为支撑、现

代金融为保障、科技信息等知识型服务业为引领及休闲旅游、文化创意和会展中介等为配套的服务业产业体系，着力构筑"立足宁波、依托浙江、服务长三角、辐射中西部、对接海内外"的服务业发展大格局，实现服务业新的跨越式发展，加速推进宁波经济结构转型升级。

温州把服务业作为新的经济增长点和结构调整的战略重点，建立"高增值、强辐射、广就业"的服务业体系，构筑商贸流通中心、旅游休闲中心、现代物流中心、金融服务中心和科教服务中心，着力构筑服务业发展高地。台州把服务业作为重要增长点加以培育，以"7+5"框架为重点，启动实施"现代服务业百亿工程"，优先发展为先进制造业和现代农业服务的生产性服务业，积极发展为城乡居民生活服务的消费性服务业，大力发展知识型新兴服务业，加快改造提升传统服务业。舟山充分发挥社会分工和市场机制的作用，综合运用各种资源，突出特色，拓展各类服务业发展的新空间。

3. 实施扩大内需战略，着力解决民生问题

党中央、国务院决定，实行积极的财政政策和适度宽松的货币政策，出台更加有力的扩大国内需求的10项措施，以促进经济平稳较快增长。浙江省以及宁波、温州、杭州、舟山都陆续出台了扩大内需的政策。扩大内需，既是克服国际金融危机、保持我国经济平稳较快增长的需要，也是解决国内经济运行中的突出矛盾、促进经济又好又快发展的需求。

浙江省4个港口城市人口刚超过2000万人，人均国内生产总值介于4000~10000美元，城乡居民收入不断提高，正处于消费水平快速成长阶段，人们的消费需求和消费潜力巨大。浙江沿海港口城市正处于工业化、都市化的加速期，基础设施、公共服务设施、技术改造、农村发展等都会释放巨大的投资需求。4个沿海港口城市有规模较大的居民储蓄和社会储蓄，有充裕的财政收入，扩大内需不仅有潜力，也有基础和空间。在当前外需明显减弱、消费乏力之时，加大投资力度，扩大内需，成为稳定经济增长的关键。

近几年来，浙江沿海城市深入贯彻党的十七大精神，坚持扩大投资规模与优化结构并举，确保投资既能促进经济增长，又能推动结构调整；

既能拉动当前经济增长，又能增强经济发展后劲。抢抓历史机遇，大力实施错位发展战略，充分发挥浙江沿海各个港口城市的比较优势，充分利用区域内的资源要素，大力培育新兴产业的发展，实现功能互补，走出一条具有鲜明地方特色的率先发展、跨越式发展、科学发展之路，努力把浙江沿海港口城市建设成为全国海洋经济的新高地和发展新一极。

4. 实施科教兴市、人才强市战略

浙江省第十二次党代会提出"坚定不移走创业富民、创新强省之路"，并进一步提出自主创新是推进浙江省又好又快发展的核心战略，这也是浙江省港口城市实现经济社会又好又快发展、继续走在前列的必然选择。

面临着日益严峻的资源、环境、市场等要素的制约，宁波市委、市政府于2006年作出了关于推进自主创新、建设创新型城市的决定，把自主创新作为区域发展的主导战略。宁波市紧紧抓住2010年宁波被批准为国家创新型试点城市之机，充分发挥企业自主创新的主体作用，积极推进"三三"科技发展战略（其核心内容是培育企业、科研机构、科技服务机构三大创新群体，实施工业、农业、社会发展三大创新工程，构筑科技研发、创新创业、高新技术产业化三大创新基地），举全市之力推进创新型城市建设。温州充分发挥民营经济和民营机制的优势，以民营经济为重点，突出民营特色，努力推进模式创新、机制创新和自主创新，进一步加快创新型城市建设。荣膺"中国优秀创新型城市"称号的台州市坚定走新型城市化道路，创新城市发展模式，加快经济结构调整，加强科技创新，实现产业升级，不断增强城市综合竞争力。舟山市积极推进海洋科技自主创新，打造海洋科技创新基地、海洋科技成果转化基地和海洋高新技术产业化基地，在海洋开发自主创新能力上"打头阵"、"争领先"，力争位居全省前列，努力把舟山建设成为创新型城市。

综观港口城市发展历程，人才是促进港口城市发展的另一关键性因素。宁波市委、市政府高度重视人才工作，提出了"三港一地"目标，即力争把宁波建设成为促进人才广聚博纳的"开放港"、促进人才合理流动的"自由港"、促进人才成就事业的"创业港"，成为在长江三角洲乃至全

国具有重要影响力的区域型人才高地之一。温州市委明确提出要构筑"一个高地、三个中心"。"一个高地",指建设与国际型轻工城要求相适应的行业人才高地,在鞋革、服装、电工电器、轻工机械等十几个重点产业,聚集一批具有国际水准的科技人才。"三个中心",指把温州市建成浙南闽东甚至更大范围城市群的区域型人才集聚中心、人才创业发展中心、人才信息中心。台州、舟山两市重视人才工作,进一步加大人才资源开发投入,打造区域人才集聚地。

二、浙江沿海城市转变发展方式取得的成效与存在的问题

通过努力,浙江沿海城市转变发展方式在以下几个方面取得显著成就:

1. 港口吞吐量持续上升,港口地位不断提高

2010年,宁波—舟山港、温州、台州、货物吞吐量分别达到62915.1万吨、6408万吨、4706万吨,其中,宁波—舟山港货物吞吐量居中国大陆港口第2位,全球第3位;宁波—舟山、温州、台州港集装箱吞吐量分别达到1314.4万、41万、12.16万标箱,其中,宁波—舟山港集装箱吞吐量跃居中国大陆沿海港口第3位,全球排名进入前10位。

2. 经济实力不断增强,经济活力不断显现

2010年,宁波、温州、台州、舟山4个沿海城市的国内生产总值分别达到5125.82亿元、2925.57亿元、2415.12亿元、633.45亿元。其中,宁波、温州、台州、舟山4个沿海城市按常住人口计算人均生产总值为68162元、32071元、40462元、56492元,按年平均汇率折算,人均生产总值折合为10068美元、4737美元、5977美元、8344美元。2010年,宁波、温州、台州、舟山4个沿海城市地方财政预算收入分别达到530.93亿元、228.49亿元、164.88亿元、61.04亿元。在15个副省级城市中,2010年宁波地区生产总值仅次于广州、深圳、杭州、成都、青岛、武汉之后,居第7位,地方财政收入仅次于深圳、广州、杭州之后,居第4位,进出口贸易总额仅次于深圳、广州之后,居第3位。

3. 科教支撑能力显著增强,人才高地效应显现

2010年,宁波、温州、台州、舟山4个沿海城市在校大学生分别达到14万、7.45万、2.97万、2.23万人,宁波、温州高等教育毛入学率为50%、45%、45%、57.91%。4个沿海城市的专利授权量分别为25971件、10553件、10558件、376件,其中,发明专利授权量分别为1209件、455件、285件、33件,发明专利授权量分别占专利授权量的4.66%、4.31%、2.7%、8.78%。

2010年,宁波、温州、台州、舟山4个沿海城市的人才总量分别达到90.3万人、88万人、62万人、17万人,每万人人才数分别达到1187人、965人、1039人、1516人。

4. 人民生活水平不断提高

2010年,宁波、温州、台州、舟山4个沿海城市城镇居民可支配收入分别达到30166元、31201元、27212元、26242元,农村居民纯收入分别达到14261元、11416元、11307元、14265元。在全国15个副省级城市中,宁波的城市居民可支配收入仅次于深圳、广州之后,居第3位,农民纯收入仅次于深圳之后,居第2位。

当然,在转变发展方式的过程中也存在不少问题,主要表现为:

1. 面临来自上海、苏州、无锡等长三角城市的激烈竞争

上海大力开发洋山港,是加快建设"四个中心"和社会主义现代化国际大都市的重要举措。目前,洋山港发展迅速,有力地带动了上海国际航运中心建设,2010年上海集装箱吞吐量突破2906.9万标箱,已经稳居全球第一位置。全港货物吞吐量完成6.53亿吨,连续6年保持全球第一。苏州、无锡等通过大力吸收外资,发展高新技术产业,不断增强经济实力。在"十一五"期间,苏州、无锡地区生产总值增长率分别为13.9%、13.5%,而同时期宁波、温州、台州、舟山市地区生产总值增长率为11%、12%、11.9%、14.1%。宁波、温州、台州3个城市地区的生产增长率明显低于苏州、无锡增长速度,与苏州、无锡的差

距呈现拉大趋势。浙江省杭州、绍兴等城市快速发展也对沿海城市构成竞争。

2. 科技创新投入严重不足

2009 年，宁波、温州、台州、舟山市 R&D 经费投入分别为 64.93 亿元、26.83 亿元、26.03 亿元、5.20 亿元，R&D 经费与 GDP 之比分别为 1.50%、1.06%、1.28%、0.97%，而同时期上海为 2.81%、天津为 2.37%、广州为 1.87%、深圳为 3.41%、青岛为 1.99%。浙江沿海城市 R&D 经费与 GDP 之比不仅低于国内发达城市，而且也低于全省 1.73% 的平均水平。从高校情况分析，2009 年，

宁波、温州、台州、舟山市 R&D 经费合计投入 2.3 亿元，只有杭州的九分之一。科技创新投入不足，科技创新能力不强，已直接制约着浙江沿海港口城市进一步发展。此外，人才数量不足，人才质量不高，也制约着港口城市发展。

3. 资源制约日益显现

宁波、温州、台州、舟山市的经济增长日益受到资源环境的约束，土地供应紧张、能源供应不足、水资源缺乏、环境污染严重等几大因素在相当程度上制约着港口城市的发展。

三、加快浙江沿海城市转变发展方式的思考

1. 必须进一步解放思想、更新观念

解放思想、更新观念是转变发展方式的先导，为此，宁波市委作出了解放思想、开展"三思三创活动"的重大决定。"三思三创"活动的核心是加快发展、科学发展，目标是一流的思维理念、一流的意志品质、一流的工作水平、一流的发展质量，关键词是"思"和"创"。"思"，就是要引导广大干部深入思考推进科学发展的宁波之路，积极思量在全国乃至国际发展坐标中的宁波之位，认真思索加快转变发展方式的宁波之策。"创"，就是要引导广大干部增强创业创新的主体意识和责任意识，对照标杆找差距，振奋精神干事业，改进作风破难题，在落实"六个加快"战略部署中作表率、创一流。

温州市委提出：思想解放的程度决定着改革开放的深度、开拓创新的力度和经济发展的速度。解放思想，就是要把中央的大政方针与温州实际结合起来，不能教条化地拆分、片面地理解。2010 年，温州的投资率只有 31.8%，大大低于全省 45.9%、全国近 70% 的平均水平。针对这种情况，温州市委提出，要把强化投入作为推进温州转型发展的战略主攻方向和重中之重来抓，今后五年要确保每年投资率都达到 50%，"十二五"期间全社会固定资产投资达到 1 万亿元。

台州市委、舟山市委也作出进一步解放思想的决定，强调只有解放思想，认清形势，才能紧

紧抓住发展的机遇。

2. 必须进一步推进港城融合发展

推进港城融合发展是转变发展方式的重要保证。港城融合主要指港口与城市经济相互影响、相互促进，使港口资源禀赋及时转化为经济发展的优势，又使经济发展转化为港口拓展腹地的重要支撑，进一步促进港口经济转型发展。加快港城融合发展，反映港口城市的特殊性与规律性，是港口城市转变发展方式的必由之路。

2011 年是浙江沿海城市"十二五"规划的开局之年。宁波市委作出了"六个加快"（加快打造国际强港、加快构筑现代都市、加快推进产业升级、加快创建智慧城市、加快建设生态文明、加快提升生活品质）战略部署。"六个加快"战略的核心就是要加快港城融合发展，不断提升港口经济的综合竞争力和国际竞争力。温州市委、市政府提出：以推进新型城市化为龙头，以深化改革开放为动力，统筹陆海、城乡、区域发展，全面推进经济转型、社会转型和政府转型，着力加快经济结构调整和三大产业融合发展，努力把温州建设成为生产、生活、生态相融合的现代化国际性大都市，促进港口与城市融合发展。台州市委、市政府提出：以"主攻沿海、创新转型"为主线，以"山海秀丽、富裕和谐"为目标，争取在海洋经济、循环经济、城市群构建、社会管理等领域取得新突破，促进港城融合发展。舟山市

委、市政府提出要深入实施"以港兴市"战略，以建设舟山海洋综合开发试验区为主导，以改革开放和自主创新为动力，以改善民生、富民强市为根本目的，全面推进大宗商品国际物流基地、现代海洋产业基地、国家级海洋科教基地、独具特色的群岛型花园城市建设。

3. 必须进一步推进主体功能区建设

推进主体功能区建设是提高资源利用效率的重要途径。根据资源环境承载能力、现有开发密度和发展潜力，统筹考虑未来我国人口分布、经济布局、国土利用和城镇化格局，将国土空间划分为优化开发、重点开发、限制开发和禁止开发四类主体功能，按照主体功能定位调整完善区域政策和绩效评价，规范空间开发秩序，形成合理的空间开发结构。

根据主导功能区划，实施分类指导的区域开发政策。分类考核，强化对优化开发区结构调整、资源消耗、服务业发展等的考核；加强对重点开发区的经济增长、质量效益等综合考核；对限制开发区和禁止开发区要强化资源环境等考核，弱化经济考核。财政政策，加大对优化开发区和重点开发区的自主创新和结构调整等的支持力度；增加对限制开发区的人口转移和职业培训等的投入资金；加大对禁止开发区的生态补偿和转移支付力度。产业政策，引导优化开发区转移淘汰高消耗的落后产业，推进结构升级；引导重点开发区加强产业配套能力建设，促进产业集聚；引导限制开发区和禁止开发区发展特色产业，防止环境污染。土地政策，限制对优化开发区的增量建设用地供给，主要走挖潜、整理之路；增加对重点开发区土地供给，提高用地效率；控制对限制开发区的土地供给，对禁止开发区实行严格的土地管制政策。

4. 必须进一步推进制度创新

推进制度创新是转变发展方式、增强经济活力的根本保障。为此，必须按照公共服务型政府要求，促进政府职能转变，深化政府机构改革，提高工作效率。按照浙江省加快转变经济发展方式综合配套改革试点的总体要求，加快构建现代港航物流业的合作发展机制、先进制造业的开放合作发展机制、公共服务和社会事业的协调发展机制、开放大平台的统筹发展机制、开放高效的要素保障机制和有利于扩大开放的行政服务机制；加快推进试点地区加快转变经济发展方式综合配套改革进程，及时总结推广成功经验，积极拓展改革试点内容；深入推进社会管理创新，增强社会活力；深化卫星城市试点改革，逐步扩大试点范围，加快由"镇"向"城"的转变；深化中心镇改革，开展户籍制度及配套制度改革，增强内生发展能力；深化农村综合配套改革，创新农村金融服务，发展壮大农村集体经济和农村经济合作组织，完善城乡要素交换关系；再创城乡一体发展、产业转型升级、管理科学高效的体制机制新优势。

总之，转变发展方式是浙江沿海城市发展的必然选择。必须紧紧抓住海洋经济发展的有利时机，进一步解放思想，促进港城融合发展，不断提升港口城市的竞争力。

（郭华巍、陈洪波，宁波工程学院）

海陆产业联动的理论基础及驱动机制分析

随着海洋经济的发展，在依托陆域现有经济技术、开发海洋资源的同时，形成资源、技术、劳动力海陆间转移和扩散，海陆产业联动态势明显。一方面，海岸带建立各种海洋开发基地和海洋产品加工业，进行海洋初级产品的深加工，以提高其技术附加值，海洋开发由海上向陆域转移和推进；另一方面，陆域产业依托临海区位优势，建立临海型工业经济技术开发区，发展外向型经济，促进海内外资金和技术向沿海地区流动和集聚。这两方面的相互作用，把海洋资源和陆域资源、海洋产业及相关产业相互结合起来，带动沿海地区的经济发展。

一、海陆产业联动的理论基础

1. 产业关联理论

产业关联指产业间以各种投入品和产出品为连接纽带的技术经济联系。这种产业之间的联系包括产品（劳务）联系、生产技术联系、价格联系、投资联系等。产业关联理论又称产业联系理论或投入产出理论，创始人里昂惕夫于 1941 年出版的《美国的经济结构 1919~1929》系统阐述了投入产出理论的基本原理及发展，标志着该理论的正式产生，从而形成了"把一个复杂经济体系中各部门之间的相互依存关系系统地数量化的方法"。自 1953 年以后，产业关联理论步入了动态化、最优化和应用多元化等新的发展时期。海洋产业与陆域产业间的联系较庞杂，从产业关联的角度可以测度各产业之间的内部关联程度。

2. 产业链理论

产业链的思想来源于亚当·斯密关于分工的理论，早期的观点认为产业链是制造企业的内部活动。马歇尔把分工扩展到企业与企业之间，强调企业间的分工协作的重要性，可以称为产业链理论的真正起源，海陆产业链的时空结构是产业联动形成的基础。产业链的时间结构，即产业链上各产业链环之间的耦合关系，包括产业链环的数量及先后次序，各环节产业基于产业链的时间结构形成纵向和横向的投入产出关系，从而出现相向的以产业链为平台的供给与需求传递，并以此为基础产生了使用价值与价值的相向传递，构成了产业联动的时间基础；海陆产业链的空间结构，即产业链环与区域空间的耦合关系，海陆产业在空间属性上分属于不同的经济区域，空间离散的产业链环因产业间的耦合关联，要求要素和价值在区域之间流动和传递，即要求区域之间进行产业协作，形成了产业联动的空间基础。

3. 区域增长极理论

区域增长极理论是在法国经济学家弗郎索瓦·佩鲁的增长极理论基础上发展起来的。佩鲁认为，经济增长首先出现和集中在具有创新能力的行业，而不是同时出现在所有的部门。这些具有创新能力的行业常常聚集于经济空间的某些点上，于是就形成了增长极。所谓增长极就是具有推动性的经济单位，或是具有空间聚集特点的推动性单位的集合体。经济的增长率先发生在增长极上，然后通过各种方式向外扩散，对整个经济发展产生影响。实现海洋产业与陆域产业的联动，就要根据区域增长极的理论，推动关联产业在地理空间上集聚而形成的经济中心，增长极通过支配效应、乘数效应、极化与扩散效应对区域经济活动产生组织作用。

4. 中心—外围理论

中心—外围理论是 20 世纪 60 年代和 70 年代发展经济学研究发达国家与不发达国家之间的不平等经济关系时所形成的相关理论观点的总称。美国学者弗里德曼（J.R.Friedman）在 1966 年出版的《区域发展政策》一书中提出的中心—外围理论较具代表性。弗里德曼认为，在若干区域之间会因多种原因个别区域率先发展起来而成为"中心"，其他区域则因发展缓慢而成为"外围"。总体上，中心居于统治地位，而外围则在发展上依赖中心。中心对外围之所以能够产生统治作用，原因在于中心与外围之间的贸易不平等，经济权力因素集中在中心，同时，技术进步、高效的生产活动以及生产的创新等也都集中在中心。中心依靠这些方面的优势从外围获取剩余价值。对于外围而言，中心对它们的发展产生压力和压抑。弗里德曼对中心与外围关系的进一步研究指出，中心的发展与创新有很大的关系。在中心存在对创新的潜在需求，使创新在中心不断地出现。创新增强了中心的发展能力和活力，并在向外围的扩散中加强了中心的统治地位。海陆产业的联动需要借助陆域沿海区域"中心"——港口城市的高速发展，向海洋"外围"辐射能量。

二、海陆产业联动的驱动机制

1. 海陆产业结构上的对应性

从产业结构划分的角度来看，海陆产业是基本对应的，这种对应性在第一、第二及第三产业上都有充分体现。陆域产业向海洋延伸的具体情况如表 1 所示。

表 1 陆域产业向海洋产业延伸的状况

产业部门	陆域产业	海洋产业
第一产业	农业	海洋农场
	牧业	海洋牧场
	渔业	海洋捕捞
第二产业	采矿业	滨海砂矿
	电力工业	海洋温差、潮汐发电等
	石油工业	海上石油开发
	化学工业	海洋化工业
	机械工业	造船工业等
第三产业	农、林、牧、渔服务业	海洋水产服务业
	地质勘察、水利管理业	海洋地质勘探
	交通运输、仓储及邮电通信业	海洋运输、海底电缆
	旅游业	海上旅游观光
	信息咨询业	海洋信息咨询业
	科学研究与技术服务业	海洋相关的科学研究
	综合技术服务业	海洋相关技术服务
	国家机关、政党和社会团体	海洋综合管理部门

注：根据《海陆一体化建设研究》整理。

2. 海陆产业在空间上存在相互依赖性

海洋是陆地的自然延伸，海洋产业活动对沿海陆地空间具有很强的依赖性。在海洋开发活动中，如海洋捕捞、海上运输、海洋油气开采、海洋矿产开发和海水养殖等产业活动，需要在海域完成一些生产环节，并在沿海陆地完成其余环节。

而海盐业和海水利用等则完全是在陆地上完成所有的生产环节。可见，由于承载的空间特点，海洋产业与陆域产业之间只有彼此依赖才能充分发挥各自的资源优势。

3. 海陆产业具有很强的技术依赖性

沿海地区陆地产业的发展对海洋空间表现出越来越强的依赖性。从陆地空间向海洋空间的推移过程看，突出反映出科技手段的重要作用，主要表现在科学技术的发展增强了人类开发海洋的能力，科学技术成果广泛应用于海洋经济领域，使海洋资源开发利用及生产加工趋向"陆地化"。世界各国对海洋国土观念已经形成新的共识，即维护国家海洋权益，需要具备强大的国防科技力量。海洋新兴产业的建立正是开发利用陆地资源的高新技术扩散与传播的结果，在此过程中，海洋产业与陆地产业通过互动延伸均取得了良好的经济效益。

4. 海陆产业经济的相关性

海洋开发的动力首先来源于国民经济发展上的需要，海洋油气资源、海水淡化的开发均源于陆地生产过程中的能源和水资源的需求，海洋交通运输业的发展动力也直接来源于国际贸易发展的需要。其次，海洋经济发展的程度与国家和地区的经济实力之间有很重要的关系。从我国的具体情况看，由于各地区发展不平衡，目前的主要开发活动集中在海岸带和浅海区，外海和远洋开发活动少，沿海城市附近海域、河口三角洲地区开发程度高，其他区域开发迟缓。这表明，海洋经济与区域经济发展程度的排列顺序基本一致，即海洋经济越发达的区域，其现代化程度越高；反之亦然。

5. 港口与城市发展带动性

当前，沿海国家都已经出现工业向沿海地区转移的趋势，利用海洋的纽带作用和廉价的海运优势，在沿海地区发展冶金、化工、钢铁等用水量大、燃原料需求量大的产业部门，形成了众多的滨海工业区（或临港工业区），发展来料加工、大进大出的出口加工业和高新技术产业，引进先进技术，扩大金融、信息和人才交流，使沿海经济充满活力。作为国民经济的基础产业，港口是维系整个社会再生产正常运转的重要环节，在很大程度上影响着一个城市甚至港口腹地经济的发展。因此，陆海一体化发展应遵循"以港口为轴心、以海域和海岸带为载体、以港兴城、以海促陆、以陆兴海、陆海一体、梯次推进"的原则。实践证明，通过港口的集聚与扩散作用，带动内地的经济发展和技术进步，是实现海洋经济与陆地经济最有效的接轨方式。

三、海陆产业联动发展相关建议

1. 实施海陆统筹规划，明确发展方向

在海洋开发实践中，把海洋开发与沿岸的陆地开发统一规划，是实现海陆经济一体化的保证。具体可采取"点轴结合"方式。所谓"点"，是指对沿海港口城市区域（或具体某一海湾）的海洋产业、陆地其他产业和临海产业的合理规划。"轴"，在我国主要包括两个"轴心"方向，一个方向是鸭绿江口至北仑河口的1.8万多公里的海岸线；另一个方向是从各沿海港口向内陆延伸的交通线。"辽宁沿海经济带"战略的提出虽然体现了海陆统一规划的理念，确定了"点轴结合"方式，但是仅"沿海大道一线"无法将海洋产业与更纵深的陆域产业合理衔接，应从各沿海产业区向内陆延伸的产业链的构建上开拓深入东北腹地的多线，将辽宁沿海经济带与东北腹地产业联系衔接成网。

在规划的决策层上，要注重解决当前存在的海陆经济发展各自为政、政出多门、管理部门界限模糊这一问题。为此，在继续完善部门管理的同时，建立协调管理机制是十分必要的，要在辽宁沿海经济带、沈阳经济区、东北地区和国家各层面设立海陆产业综合管理机构，专门协调管理海陆各产业的综合发展。

2. 加快发展临海产业，延伸海陆产业链

一是充分利用辽宁沿海经济带港口优势、区位优势，加快发展临海工业。二是提高海洋产业

素质，包括结构状况、组织方式、技术水平、技术创新和新产品开发能力，提升企业自我积累和自我发展能力及经营管理水平。具体而言，就是要实现产业高加工度化、高技术含量化和高附加值化，提高海洋产业在国内市场的竞争地位。迅速提高海洋产业素质，应遵循以发展大企业集团的组织结构调整为中心，大力推动产业重组，促进资源向优势企业集中。充分发挥大企业集团的规模经济效益，增强企业集团的技术进步功能、组织协调功能、市场营销功能和融资扩张功能，以此创造一批国内国际市场有较强竞争力、较高知名度的拳头产品，并推动一批高素质的支柱产业的形成。

3. 加快基础设施建设，促进生产要素海陆流动

现代产业的发展是以生产专业化不断增强、行业分工和地域分工不断细化为特点的，因此，生产要素能否在产业之间、地域之间合理高效流动，成为现代产业发展的主要影响因素。为此，要加快基础设施建设，为生产要素的合理流动提供保障。基础设施的建设主要包括两个层面：一是沿海港口城市之间的联系通道。辽宁省应积极建设滨海大道，不断提高公路等级，加快高速公路建设，不能让陆路运输成为生产要素流动的制约。二是打通沿海经济带和经济腹地之间的联系通道。加强港口的基础设施建设，完善信息平台，提高港口运行效率，增加吞吐量，优化进出港货物结构。加强港口集疏运体系建设，使到港货物快速、高效地到达经济腹地的产业区，提高沿海经济带和经济腹地联动发展的效率。

4. 促进港口与内陆城市互动，扩大海陆产业就业

从产业角度上讲，港口具有广泛的前向关联和后向关联效应。港口相关业务包括船代、货代、外供服务、港口集疏运、临港工业、信息、金融、保险、餐饮、旅馆、修造船、加工保税等，这些业务对劳动力的吸收能力都很强，都能为城市创造大量的劳动力需求。鼓励政府搭建港口与内陆城市的就业联动平台，建立港口相关业务专业培训机构，将陆域劳动力资源转化为高素质的港口人才资源，利用港口业务门槛较低及吸纳量大的特点，解决内陆腹地的就业问题。

参考文献

吕涛，聂锐. 产业联动的内涵理论依据及表现形式 [J]. 工业技术经济，2007（5）.

金益多，李南. 唐山市开放型沿海经济带发展战略研究 [J]. 港口经济，2007（1）.

芮明杰，刘明宇等. 论产业链整合 [M]. 上海：复旦大学出版社，2006.

Friedman JR.Regional Development Policy: a Case Study of Venezuela.Cambridge: MIT Press, 1966.

李小建. 经济地理学 [M]. 北京：高等教育出版社，1999.

董晓菲，韩增林，王荣成. 东北地区沿海经济带与腹地海陆产业联动发展 [J]. 经济地理，2009，29（1）.

（董晓菲，中共辽宁省委党校）

集装箱港口发展对区域经济增长的影响分析

——以深圳为例

一、引　言

凭借毗邻香港以及坐拥珠江出海口的天然区位优势，得益于广东及珠江三角洲（简称珠三角）货源腹地过往近 30 年来出口导向型经济的快速增长，深圳港迅速而稳健地崛起，目前已成为华南地区重要的集装箱枢纽港。2010 年，深圳港完成了集装箱吞吐量 2250.97 万标准箱，连续 8 年位居世界集装箱港口第 4 位，连续 13 年位居我国内地集装箱港口第 2 位，以此奠定了物流业作为深圳市四大支柱产业之一的坚实地位。

深圳港的快速发展，已经成为深圳经济发展的一个重要增长极，尤其是外贸型集装箱业务的发展在带动港口经济自身增长的同时，更通过乘数效应推动其他产业的增长，形成了深圳经济由集装箱港口的"点"的发展，到港口物流的"线"的增长，再到其他产业的"面"的综合增长格局。

二、深圳市集装箱港口发展概况

作为世界重要的集装箱港口，在过去 20 年间的发展中，依托本地及珠三角快速增长的外向型经济生成的丰沛集装箱货源、港口独特的区位优势以及在深圳市"以港强市"政策推动下的港口及集疏运等基础设施的持续稳定投资建设，深圳的集装箱港口取得了惊人的增长，深圳港集装箱吞吐量的增长情况反映了这一事实。

表 1　深圳港集装箱吞吐量及增长情况

项目名称	年份																
吞吐量 （万 TEU）	1995	1996	1997	1998	1999	2000	2001	2002	2003	2004	2005	2006	2007	2008	2009	2010	平均
	28.4	58.9	115	196	299	399	508	762	1065	1366	1620	1847	2110	2142	1825	2251	1037
增长率 （%）	58	107	95	70	53	34	27	50	40	28	19	14	14	1.5	−15	23	39

注：数据来源于深圳市港口统计。

深圳的集装箱港口发展按照其规模及影响力基本可以划分为三个阶段。①1995 年之前属于起步阶段，伴随着 1994 年香港和记黄埔投资的深圳市盐田国际集装箱码头的正式运营，深圳的集装箱港口发展进入了快速增长阶段，深圳的集装箱港口的影响力也开始与日俱增。②在 1995~2010 年的 16 年间，深圳港集装箱吞吐量已由起初的 28 万标准箱增长到 2010 年的 2251 万标准箱，年均增长率为39%。③2010年后，深圳的集装箱港口发展极有可能进入成熟期，增长速度将明显回落，很难再出现两位数的增长。

深圳的集装箱港口由东部和西部两个港区构成，东部港区主要是由香港和记黄埔主导投资运营的盐田国际集装箱码头，西部港区主要是由招商国际主导投资运营的蛇口集装箱码头、赤湾集装箱码头以及香港现代码头公司投资的大铲湾集装箱码头。截至2010年，深圳港已投入使用的5万吨至15万吨的集装箱专用泊位合计36个。

三、外贸集装箱港口与深圳经济增长的实证分析

改革开放30多年以来，深圳经济特区的发展取得了举世瞩目的成就，为针对性地研究集装箱港口发展对城市经济增长的影响，本文选取1995~2010年间深圳市的GDP增长作为反映深圳市经济增长的表征量。

表2 深圳市GDP及增长情况

项目名称	年份																平均
	1995	1996	1997	1998	1999	2000	2001	2002	2003	2004	2005	2006	2007	2008	2009	2010	
GDP（亿元人民币）	843	1048	1297	1535	1804	2187	2482	2970	2586	4282	4951	5814	6802	7787	8201	9511	4068.75
增长率（%）	29	24	24	18	18	21	13	20	21	19	7	17	17	15	5	16	18

注：数据来源于深圳市统计年鉴。

从表2中的数据可以看出，深圳市的GDP从1995年的843亿元增长到2010年的9511亿元，年均增长率为18%。对比表1，深圳港的集装箱吞吐量与GDP的变化趋势具有较强的一致性，如图1所示。

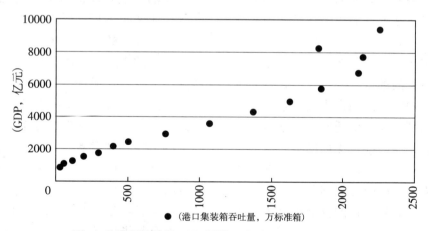

图1 外贸集装箱港口吞吐量与深圳市GDP相关性散点

通过对港口集装箱吞吐量与GDP散点图的直观分析，可以看出深圳市的港口集装箱吞吐量与GDP存在比较好的线性关系。为了更好地对两者之间关系进行研究，根据表1和表2数据建立一元回归模型：$Y = h + ax + u$，其中，Y为深圳市的GDP（亿元），X为深圳港的集装箱吞吐量（万TEU），a可以看做是深圳港集装箱吞吐量对深圳GDP的平均影响系数，u为随机干扰项（一般情况下可忽略不计）。

将表1和表2数据适当整理后导入Eviews软件进行参数估计，得出如下结果：

Dependent Variable：Y
Method：Least Squares
Sample：1–16
Included observations：16

Variable	Coefficient	Std.Error	t–Statistic	Prob.
C	702.9409	315.4213	2.228578	0.0427
X	3.246051	0.240095	13.51985	0.0000
R–squared	0.928857	Mean dependent var		4068.755
Adjusted R–squared	0.923775	S.D.dependent var		2806.087
S.E.of regression	774.7281	Akaike info crierion		16.25937
Sum squaren resid	8402852	Schwarz criterion		16.35594
Log likelihood	–128.0750	F–statistic		182.7863
Durbin–Watson stat	0.390237	Prob（F–statistic）		0.000000

Eviews 的分析结果表明，深圳市 GDP 增长与深圳港集装箱吞吐量之间存在正线性关系，估计结果中的可决系数为 0.928857，说明模型拟合情况比较理想，系数显著性检验 T 统计量为 13.51985，通过了不为 0 的概率为 5% 的 T 检验，表明深圳市的港口集装箱吞吐量对 GDP 有显著性影响。因此，可得到回归方程 Y=702.9+3.246X，伴随着深圳港每一万个标准箱吞吐量增长的是深圳市 GDP 3.246 亿元人民币的增长，或者伴随着每一亿元人民币 GDP 增长的是 3080.7 个标准箱吞吐量的增长。

四、集装箱港口对深圳经济增长的作用机理分析

上述关于集装箱港口对深圳经济增长的实证分析表明，港口经济在推动城市经济发展中起着重要作用，尤其是集装箱业务的发展对城市经济的促进作用更为突出。这主要在于集装箱港口是更为专业化、高效率的港口经济模式，其发展具有强烈的外向性。同时，深圳市集装箱港口的发展历程也恰好与深圳及其所依托的珠三角地区的外向型经济发展模式相匹配。深圳的集装箱港口发展为深圳及珠三角地区的外向型经济发展提供了港口物流服务支持，同时，深圳及珠三角地区的经济增长为深圳集装箱港口的发展提供了充足的货源保障。

集装箱港口对城市经济的拉动主要是指以港口为中心，港口相关产业为支撑，城市经济腹地为依托，实现产业与产业之间、产业与城市经济之间的相互联系、有机协调，进而推动城市及其周边区域经济的整体发展。深圳的集装箱港口处理的主要外贸型集装箱，带有明显的外向型经济特征，其发展首先带动港口产业的增长，再由港口产业的发展带动港口上下游相关产业的发展，这些产业又产生相互影响，协调共进，最终实现整个区域经济的增长。集装箱港口发展带动区域经济增长的模式体现了区域经济增长极的经济发展理论。在增长极理论的框架下，集装箱港口发展作为深圳经济发展的一个增长极，在自身发展的同时向区域内的其他产业辐射，以点带面拉动经济的良性互动发展。具体而言，集装箱港口对深圳经济增长的拉动作用主要可以体现在以下几个方面：

1. 集装箱港口对深圳经济的直接贡献

主要是指集装箱港口生产所直接获得的经济效益。这是由于集装箱港口本身就是深圳经济的一个重要组成部分，集装箱港口的生产经营直接为深圳经济创造产值、就业机会和税收。据初步统计，2009 年，深圳港口企业实现产值（其中集装箱港口占绝大部分）达 110 亿元，利润为 47 亿元，税收为 2.5 亿元，直接从业人员为 1.5 万余人。足见深圳集装箱港口发展对深圳经济增长做

出的重要贡献。

2. 集装箱港口对深圳经济的拉动效应

集装箱港口的发展需要物流相关行业的有效支持,其发展有助于带动深圳的仓储、物流、加工、贸易、金融、代理、口岸等行业的发展,体现集装箱港口发展具有的极大乘数效应。例如,在深圳集装箱港口操作一个标准箱重箱的港口包干费平均约为1000元,这只是集装箱港口企业的收费,而因操作1个标准箱带来的拖轮、引航、堆存、报关报检、代理、航运、内拖等收入约为港口包干费的6倍。

此外,还有主要依赖集装箱港口生存及发展的相关产业,如港口集疏运、临港工业、港口保税园区、港口工程建设、海运等行业也创造大量的产值并吸纳大量就业。例如,集装箱港口的发展带动了临港产业的快速发展,临港产业的发展又直接导致对为集装箱港口集疏运的道路等公共设施需求的增加,集装箱港口相关配套设施需求的增加将进一步带动相关建设项目的投入……港口相关设施建设投入的增加最终将带动区域经济的增长,而区域经济的增长又形成对集装箱港口增长的进一步需求,于是,形成了集装箱港口与港口所在区域经济发展之间的良性互动。据统计,2009年,深圳地区交通运输、仓储和邮政等产业固定资产投资额达390亿元,其中集装箱港口建设直接投资为11.83亿元。

3. 集装箱港口促进资源在国际范围内调配,支援深圳及周边区域经济增长

经济发展离不开各种资源,而资源的空间分布存在不均衡性,区域经济的发展需要资源在不同区域间,甚至国际间调剂余缺。资源在国际间的调配需要集装箱港口的服务。深圳及珠三角的经济建设和发展需要其他国家或地区的资源,深圳及珠三角也有其他国家或地区经济建设需要的资源。这样,深圳的集装箱港口就成为了深圳及珠三角地区与其他国家或地区进行相互资源调配的运输平台,为相关区域提供更优质、高效、低成本的服务,最终促进深圳及珠三角经济的快速发展。

4. 集装箱港口发展形成的世界影响,为深圳经济增长创造品牌效应

深圳集装箱港口经过20年间的发展已经形成较大规模,为世界瞩目。深圳地区也因其集装箱港口的海内外知名度而为更多国家或地区所知晓,这对于提升深圳在世界范围内的影响力有重要作用,随之而来的是更多的海外投资及合作项目。正因为深圳集装箱港口发展的国际影响力,最具影响力的国际海运业会议之一的泛太平洋海运会议(TPM)自2007年开始连续5年在深圳举办,这也是该大会首次在美国以外的地区举办。会议的举办不仅进一步提升了深圳集装箱港口在国际港航业界的知名度和影响力,同时也赋予了深圳走向世界并在世界范围内开展经济交流与合作的强有力的名片。

五、政策建议

通过上述关于集装箱港口发展与深圳经济增长的实证分析及作用机理阐述,可以得出集装箱港口发展对深圳经济增长具有显著的正向拉动作用的结论。为进一步推动深圳集装箱港口的发展及深圳经济的持续增长,提出如下政策建议:

一是继续实施"以港强市"的发展战略,持续稳定地增加对集装箱港口设施及与港口配套的相关公共基础设施和港口现代化、信息化方面的资金投入,保障集装箱港口继续发展的后劲,能够不断满足深圳及珠三角地区经济发展的需要。二是继续将集装箱港口业作为深圳经济的增长极,为集装箱港口的发展提供优先发展政策,在税费、口岸、生产环境、影响力提升、协调与周边港口的竞争关系、财政补贴等多方面给予力所能及的支持与扶植。三是围绕集装箱港口的发展,政府和港口企业共同努力,向高端港航物流服务业发

展过渡，完善集装箱港口发展所需要的配套服务行业，如开展港航金融物流，壮大船代、船舶修理、船舶租赁及交易等服务行业。四是加强与珠三角货源腹地间的多层次联系，推动集装箱港口企业开展与货源腹地相关单位的深层次合作，进一步扩大港口服务的辐射范围，加大集疏运网络的建设，提升集疏运效率。

参考文献

TIMOTHY P.RYAN.The Economic Impacts of the Ports of Lousiana and The Maritime Industry [J]. University of New Orleans. February, 2001.

Guoqiang Zhang.Container Ports Devlopment and Regional Economic Growth：An Emprical Research on the Pearl River Delta Region of China [J]. Proceedings of the Eastern Asia Society for Transportation Studies，Vol.5，2005.

童超，司林胜.物流对经济增长影响的实证分析 [G].中国物流学会.中国物流学术前沿报告（2007~2008）.北京：中国物资出版社，2007.

刘东英，贾美霞.河北港口物流发展与经济增长分析 [J].合作经济与科技，2009（6）.

深圳市统计局.深圳市统计年鉴 [M].北京：中国统计出版社，2010.

李文荣.港口经济对区域经济发展的影响分析 [J].大众科技，2006（7）.

范德成，刘春梅.计量经济学 [M].哈尔滨：哈尔滨工程大学出版社，2000.

（戴飞、韩彪，深圳大学经济学院）

区域性海洋旅游
——我国旅游行业新增长点

一、海洋旅游投资环境和政策

目前，我国已是旅游大国，2009 年，旅游收入为 1.26 万亿元，人均旅游消费为 663.15 元，旅游总人次约为 12 亿人次，比上年增长 9%，同比增长 11%；2010 年，全年旅游总人次为 15 亿人次，产值约 15 亿元，约比上年增长 20%（如表 1 所示）。无论是旅游人数，还是旅游销售额、总收入均与 GTP 增长相当，前两年金融危机对我国工业影响很大，但当年旅游业销售收入、利润水平与上年持平且略有增长。

表 1　2010 年 1~9 月各省市旅游概况（一）

	接待人数（人次）	同比增长（%）	接待人数构成（人次）			
			外国人	香港同胞	澳门同胞	台湾同胞
北　京	3665102	22.13	3150834	295501	9850	208917
天　津	1273931	17.22	1177179	36193	6023	54536
河　北	733045	15.60	647943	31321	12080	41701
山　西	972318	23.55	616903	149267	73330	132818
内蒙古	902736	30.96	892086	4090	3115	3445
辽　宁	2646694	19.15	2227735	181932	50706	186321
吉　林	418371	18.38	368987	29867	1852	17665
黑龙江	1211563	15.35	1167505	16112	3401	24545
上　海	5465392	41.75	4401038	469511	31760	563083
江　苏	4543290	16.52	3292542	396809	53786	800153
浙　江	4941120	20.33	3234369	607198	148280	951273
安　徽	1475000	24.07	899315	214260	51382	310043
福　建	2236417	11.54	773003	649854	54651	758909
江　西	883050	17.92	304112	293827	126723	158388
山　东	2604571	16.95	1971808	270951	75466	286346
河　南	1038839	12.76	678800	125660	54420	179959
湖　北	1210243	41.29	916455	135153	27541	131094
湖　南	1474793	41.74	844520	265681	105870	258722
广　东	20294444	14.63	4627689	12256683	1195896	2214176
广　西	1808942	24.19	1012420	307322	65779	423421
海　南	486911	19.05	335225	93376	6813	51497

续表

	接待人数 （人次）	同比增长 （%）	接待人数构成 （人次）			
			外国人	香港同胞	澳门同胞	台湾同胞
重 庆	1012236	30.12	767985	129345	3374	111532
四 川	760218	30.70	556619	89325	13821	100453
贵 州	351452	20.15	107142	72361	29768	142181
云 南	2406758	13.63	1652965	340583	106906	306304
西 藏	188757	38.16	180123	3010	1038	4586
陕 西	1367425	29.37	984091	148969	78318	156047
甘 肃	50968	21.97	36494	5257	331	8886
青 海	44359	43.06	28911	3385	120	11943
宁 夏	9001	-13.96	7562	501	56	882
新 疆	409291	48.98	360233	15752	4551	28755
总 计	66887237	20.38	38222593	17639056	2397007	8628581

数据来源：国家旅游局政策法规司。

表2　2010年1~9月各省市旅游概况 （二）

	接待人数 （人天）	同比增长 （%）	接待人天数构成 （人次）			
			外国人	香港同胞	澳门同胞	台湾同胞
北 京	15431776	22.90	13657975	1079807	33831	660163
天 津	5162213	18.95	4301429	424629	27062	409093
河 北	1653970	18.56	1476200	66418	25865	85487
山 西	1843413	21.31	1149494	340554	119973	233392
内蒙古	1993497	29.49	1977687	6450	4630	4730
辽 宁	7998478	21.11	6845376	525250	124420	503432
吉 林	1235914	26.40	1106445	78046	4452	46971
黑龙江	2736681	15.31	2663661	27724	4592	40704
上 海	19384723	39.35	15553695	1533484	110519	2187025
江 苏	18078089	15.45	12928534	1582249	162095	3405211
浙 江	13995144	22.45	9556008	1501655	323412	2614069
安 徽	2819789	22.66	1785470	377303	92570	564446
福 建	10529066	11.86	4365201	3245456	223998	2694411
江 西	1734357	13.27	584501	581506	257587	310763
山 东	7379508	18.73	5749057	693424	184548	752479
河 南	2097721	15.35	1336451	245852	105159	410259
湖 北	2504278	56.02	1905263	281370	47088	270557
湖 南	2691067	30.97	1722681	391075	166052	411259
广 东	38794842	17.05	10107752	22549596	1984135	4153359
广 西	3111705	28.83	1824333	498066	108030	681276
海 南	1361227	17.71	1098182	169421	11083	82541
重 庆	3012362	32.34	2398406	334841	8962	270153
四 川	1415891	27.90	1061702	166384	21050	166755
贵 州	463646	-4.90	152600	101427	39066	170553
云 南	4601442	9.59	3096463	703510	253062	548407
西 藏	428333	43.18	409050	6711	2300	10272

续表

	接待人数（人天）	同比增长（%）	接待人天数构成（人次）			
			外国人	香港同胞	澳门同胞	台湾同胞
陕　西	3396364	34.46	2460223	342629	140976	452536
甘　肃	73270	24.60	54104	7582	497	11087
青　海	85951	29.53	63181	6378	222	16170
宁　夏	15297	−25.10	13446	711	67	1073
新　疆	829993	37.80	748311	27649	7695	46338
总　计	176860007	21.47	112152881	37897157	4594998	22214971

资料来源：国家旅游局政策法规司。

　　2010 年 12 月 31 日，海南东环铁路建成通车，动车最高时速达到 350 公里，为海南旅游注入了新的力量。海洋旅游无论在过去还是现在，都有极大的发展潜力。

图 1　海南东环铁路 2010 年 12 月 31 日试运行

二、海洋邮轮旅游背景

　　邮轮旅游正成为热点。中国社科院财贸所旅游研究中心张广瑞认为："企业更多的是要寻找机遇。第一，我们的市场开始成熟。比如说旅游作为百姓需求，之前老百姓不会考虑旅游的事情，现在旅游成为了正常消费。旅游者可以非常好地表述自己的意愿，这种需求就大大变化了。第二，消费者需求期望值高了。过去在计划经济的时候好像服务的提供者是一种权利，我给你一种权利让你消费。今天不一样了。"

　　"现在大家都在通过服务满足这个市场，这个问题不能小看。我觉得如果说服务挑战可能是两个，市场成熟和企业成熟，有两个方面的挑战。"

　　我国的邮轮出境和长江内河旅游已开展多年，但规模较小。一般是国际邮轮和旅行社合作搞邮轮旅游，长江内河邮轮旅游人数缓慢增加且较稳定，旅游目的地主要是中国沿海和欧美的海洋邮轮旅游，旅游客源市场结构主要有两类：散客组团和为政府、企业开展的团购邮轮旅游。

　　随着人均年收入的稳定提高和旅游市场稳定的渐进式发展，我国旅游市场进入快速、成熟的发展阶段。近两年，上海、天津、海南、山东等地均开始扩建或新建邮轮码头，人们休闲时间的增加和休闲方式的多样化，邮轮旅游有很现实的增长空间。沿海城市邮轮旅游目的地主要是日本、韩国、俄罗斯，欧美邮轮旅游主要是美国沿海和南欧的沿海邮轮旅游，除此之外，海南省于2010年启动环岛屿邮轮旅游，还有南极旅游等特色邮轮旅游，我们可以看到邮轮旅游将成为旅游行业的新增长点。

三、海洋旅游的邮轮旅游现状

1. 市场定位

世界上有超豪华邮轮，通常吨位较小，30平方米的精品客舱，晚餐吃龙虾之类，其船费每人每天约为450美元，是普通邮轮的3倍左右，以团进团出为主。根据游客的文化背景、收入水准、品位的不同，可以做成购物团、人文团、纯观光团等。观光团的风险就是如何满足个性化的需求。

2. 线路

国内航线主要是上海。新的旅游线路可有两条：一条起点拟设在丹东或大连，终点是上海；另一条起点拟设在山东（威海或青岛），经厦门抵达广州。海外航线主要是俄罗斯、日本、韩国和我国台湾地区。每条航线设两三个登陆点，观光购物等陆上活动相结合。

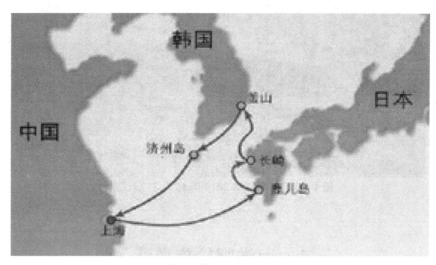

图2　皇家加勒比邮轮公司的日本、韩国航线

邮轮旅游订购流程

确认您的出行航线

拨打全国热线电话确认出行的时间，目的地。相同航线会随时间及舱位的等级有很大变化，邮轮旅游全面掌握各类邮轮产品信息，为您提供第一手的资料。邮轮有专业的客服根据您的需求和预算推荐合适的航线和舱位。

支付定金到指定的旅行社

邮轮旅游与全国多家旅行社合作，可根据客户的户口所在地指定有相关资质的旅行社办理。境外游签证会根据客户所在城市不同由不同的旅行社办理（邮轮公司不能直接卖票）。

签证及相关手续的办理

支付定金后，邮轮旅游会立刻启动各类证件的办理流程。不同的航线，涉及的签证资料和费用也有所差别，邮轮旅游的专业客户会全面配合旅行社及客户办理各类手续，为您成功出行做好准备。一切就绪快乐出行。

邮轮旅游已经为您做好出地的准备工作，付清余款，拿到船票后，将由邮轮为您呈上精彩邮轮旅游的导游资料，让您尽情享受船上的娱乐和设施。

3. 市场容量（单个航线年销售收入）

按上述 4 个沿海城市、6~7 个海洋旅游目的地中型邮轮 50% 旅游人数测算，2010 年邮轮出境旅游的收入 500 万~5000 万元（人民币）。未来年收益（过境外国人邮轮旅除外）可能达到亿元（人民币）规模，将达到旅游全行业年收入的 10%。

4. 案例

（1）山东威海旅行社韩国双船 5 日游。

韩国仁川首尔双船五日游					
▲行程费用：2380 元					
	城市	交通	日程	膳食	住宿
第一天	威海/仁川	邮轮	下午 15 点由石岛国际码头办理出境手续后，乘"华东明珠"号船赴韩国仁川（19 点开船）	晚餐	船上
第二天	仁川/首尔	大巴	上午 9 点左右抵达仁川市，参观月尾岛、华人街、战争纪念馆，下午乘车赴汉城，远观汉城 63 层生命大厦（可自费登至最高处俯视汉城市容），游览 2002 年世界杯足球场（如无赛事安排），参观游览在都市中的韩式传统房屋——南山谷韩屋村，后入住酒店休息	早餐午餐晚餐	四花酒店
第三天	首尔	大巴	早餐后参观韩国故宫——景福宫、民俗博物馆、总统府青瓦台、韩国政府指定的高丽人参公卖局、紫水晶加工厂，韩国化妆品店、保肝灵保健品免税店，后赴韩国人气最旺的东大门市场或明洞商业街自由购物，晚餐后参观韩剧《情定大饭店》的拍摄地——华克山庄、赌场、免税店，入住酒店休息	早餐午餐晚餐	四花酒店
第四天	首尔/仁川	大巴邮轮	早餐后可乘车赴三八线，赴休战线——三八线参观，鳌头山统一展望台、临津阁、自由之桥（自费人民币 220 元/人），临津阁里面陈列着朝鲜方面的资料，以及韩国战争时曾使用的坦克和飞机等文物，站在屋顶可以看到临津江和朝鲜的领土，下午汽车赴仁川，参观韩国土特产店后赴仁川港乘 17 点船返威海/石岛港	早餐午餐晚餐	船上
第五天	威海	邮轮	早 9 点抵达石岛，结束愉快的旅程！	早餐	

服务标准：
石岛/仁川/石岛往返船票（多人间上下铺，含往返船上餐费）、签证费、出境名单、卫生检疫费、韩国四花酒店住房、景点第一大门票、餐费、豪华空调旅游车、中文导游服务、码头出境费（50 元/人），境外司陪小费（90 元/人）韩国用餐。

费用不含：
护照工本费、个人旅游意外险、自费项目（三八线 220 元人民币，乐天世界 350 元/人，爱宝乐园 350 元/人，乱打秀 350 元/人）。交通延阻、罢工及人力不可抗拒的原因所引致的额外费用。

（2）天津旅行社双船双飞7天韩国旅游。

旅行价格：1880元/人

线路特色：双船双飞、天仁邮轮

景点安排、行程特色：

韩国特色饮食，全程双船，打造特色旅程；住宿韩国四花酒店（或同级）。

第一天　天津/仁川

北京早6点乘车去天津塘沽港，乘"天仁号"客轮前往韩国仁川。

11点开船，第二天14点左右到

餐饮：船上　　　　早、午、晚餐

第二天　仁川/首尔

到达仁川国际码头，午餐后下船，由专业导游接贵宾乘豪华旅游车参观月美岛国际街。晚餐后，参观具备韩国特有的端庄、典雅之美和典型拉斯维加斯风格的韩国偶像剧《情定大饭店》的拍摄地——华克山庄（可自费观看表演），设在华克山庄内的博彩娱乐场是汉城唯一的博彩娱乐场，也是韩国最大的一个赌场，之后返回酒店休息。

餐饮：韩国四花酒店（或同级）　　早、午、晚餐

第三天　首尔/统一展望台/首尔

早餐后，乘旅游车前往三八军事分界线——（自费）统一展望台、临津阁、自由之桥（2小时）及第三隧道。午餐后，游览景福宫（1小时）、青瓦台（外观/20分钟）、民俗博物馆（20分钟），清溪川（30分钟）、晚餐后入住酒店。

餐饮：船上　　　　早、午、晚餐

第四天　首尔/济州

早餐后，国内飞机赴首尔购物，参观人参专卖店、紫水晶工厂、化妆品专卖店等。下午乘飞机前往济州，抵达后游览神奇之路（10分钟），亲临感受没有发动机的车子自动跑起来的奇怪现象。后游览耸立于波涛汹涌的海岸，拥有神话的奇岩龙头岩（15分钟），晚上可（自费）观看乱打表演（90分钟），后入住酒店。

酒店：韩国四花酒店（或同级）　　早、午、晚餐

第五天　济州/首尔

早餐后，乘国内飞机游览世界最大的突出于海岸的火山口城山日出峰（约60分钟），涉地可支（40分钟），洋溢着为温带林围绕的热带风情，由树木茂盛的悬崖绝壁轰然直泄而下的天地渊瀑布（50分钟），城邑民俗村（40分钟）晚上乘机飞回首尔。

餐饮：韩国四花酒店（或同级）　　早、午、晚餐

第六天　首尔/仁川

早餐后，之后前往土特产店选购心宜物品，后前往仁川国际码头乘船。

餐饮：客轮、酒店　　　早、午、晚餐

第七天　仁川/天津/北京

抵天津港。乘车返回北京，结束愉快旅程。预计下午 14 点抵达，回到温馨的家。

就餐酒店：　　　　　早、午餐

旅行费用：

1. 交通：国际间交通费用，往返船票及税金

2. 签证费

3. 出境机场税

4. 住宿：船上 4 个人一个房间单独卫浴，韩国全程 4 星级酒店双人间

5. 游览期间的用餐（用餐时间在航班上的不再安排餐）

6. 所列景点门票费用

7. 全程交通高速费

8. 专职领队服务

9. 中文陪同讲解服务

10. 旅行社责任险

11. 旅游人身意外险

自费项目：

北京至天津交通费，三八线 + 第三隧道为 350 元、"乱打"表演为 350 元。

四、海洋邮轮旅游投入产出分析

市场竞争分析：

1. 哥诗达邮轮

歌诗达浪漫号日前有航线上海、天津—济州—福冈 5 晚 6 天游，标准内舱的船票各为 4900 元、2999 元/人起（提前 30 天预订）。游客在船上的活动空间大，感觉非常舒适。为保证邮轮上的每位客人都能得到同样优质的星级享受，歌诗达拥有超大规模的服务团队，乘客和服务人员的比例高达 2：1，这意味着每两位乘客就拥有一位专职的服务人员贴身服务。邮轮船上告示均以 6 种语言进行，如舱房内的安全须知、求生指南、电视菜单等，并且还都很贴心地将中文放了在第一栏。

2. 皇家加勒比海邮轮有限公司

该公司主要经营加勒比海巡游和日本、韩国两个旅游产品。他们不是简单定位迎合某个特定人群的需求，而是扩大延伸他们在餐饮的方面有自助餐厅面对大众，也有特色餐厅，可以满足各种需求，有各种美食。娱乐方面也是一样，游轮甚至可以溜冰。

3. 上海港务局和意大利合资企业

（略）邮轮旅行并非船体越大越好。国际邮轮业有两种方法衡量邮轮大小：一种方法是依吨位大小划分，5 万吨以下是小型邮轮，5 万~7 万吨是中型邮轮，7 万吨以上则是大型邮轮；另一种方法是看邮轮所能容纳的乘客人数，2000 人以上的是巨型邮轮。目前，国内的邮轮主要是 2 万吨以下，载客量 1000 人左右。

邮轮越大，乘客可以获得的活动空间就越大，选择自由度也更高，诸如大型歌剧院等场所非大船无法容纳。如想享受宁静的环境和较优质的服务，中等吨位的邮轮可能更适合。与大型邮轮相比起来，中小邮轮具有以下优势：能航行到更小的地方、登船离船更加方便、乘客更容易了解轮船设施和船上的其他乘客。但船越大，航行就相

对越平稳，故中小型游轮的缺点是不如大船稳，即舒适度弱于大型邮轮。

邮轮客舱通常分为内舱房、海景房、豪华海景套房三类，内舱房是最为便宜的舱位。但其实，坐同一艘邮轮，船票的差额也就只在舱位上，其他娱乐、餐饮等享受是完全一样的，很少有邮轮会对乘客区分等级对待。所以，内舱房其实是个不错的选择。近年来，不少邮轮公司的设计多倾向于"重娱乐"的逻辑：大多数人坐邮轮是为了玩，客舱"仅仅是一个睡觉的地方"，于是即便是豪华邮轮也更会压缩客舱的空间，腾出更多区域用于娱乐（这当然有缩小客舱便可容纳更多客人的考虑）。而多数乘客确实也不会都待在客舱内睡觉，要看海景大可去甲板上、图书馆、音乐厅等公共区域，只要玩得好，10平方米左右的内舱房也是一个很好的选择，甚至有些喜欢晚睡的游客专挑内舱房，因为早晨海上的光线不会影响休息。选择舱位时最好熟知每种舱位的性价比，如船中央到船头、船尾的距离一样，船中央的摇晃度最小，也最为方便（中大型邮轮上，但是从船两头的舱位走到中央电梯处都得百来米）；通常楼层越高，景观越好，但价格也越高，且高楼层的舱位摇晃度大，离甲板层近，较为吵闹；一般较贵的舱位都在船尾，方便看风景，不必吃当头风，但这个位置最吃浪。

邮轮假期一直被宣传为适合各个年龄层的休闲度假方式，包括家庭、夫妻、年轻人、老人等。邮轮假期没有旅途过多的辗转辛苦，对老年人来说相对轻松；对有孩子的家庭来说，邮轮上随处可见的儿童餐椅、小餐具、儿童娱乐室以及托管服务等也减轻了家长的旅行负担；邮轮蜜月或婚礼，是时下年轻夫妇热衷的旅行方式；还有许多公司选择在邮轮上举办年会、奖励旅行等活动。

按一个目的港年旅游人数最低200人，每人旅游费用1700~3500元计算，年销售收入可达30万~70万元。利润率为5%~10%，即单个目的港邮轮旅游毛利润15000~70000元。如经营较稳定，各旅游企业一个航班散客和团购为500~1000人次，预计一个旅游港口月邮轮最低500~1000人次，年均旅游人数6000人，年销售收入可达510万~750万元（人民币）。

邮轮旅游作为旅游细分市场的一个新旅游休闲方式和企业经济的新项目增长明显且稳定。

（夏鸿、王蔺）

工业发展与转型升级

"十二五"时期中国工业发展与结构调整的趋势展望

"十二五"时期是我国建设中国特色新型工业化道路、促进工业由大到强的关键时期。在这种背景下,深入剖析当前我国工业发展中所存在的问题,科学把握工业发展与结构调整的规律和趋势,对于我国在"十二五"时期针对工业发展与结构调整制定"合意"的产业政策具有十分重要的意义。

一、当前及"十二五"时期中国工业化发展阶段的判断

科学理性地判断当前我国工业化发展所处的阶段是正确认知"十二五"时期我国工业发展与产业结构调整演变趋势的根本基础和必然要求。然而,对于如何评价一个国家或地区工业化的水平和阶段,人们并没有形成一致的观点,而是存在多种不同的测评和划分方法。国外比较有代表性的工业化阶段划分方法包括钱纳里等基于人均国民收入水平的划分、基于霍夫曼系数的划分、罗斯托基于主导产业扩散效应的划分、日本经济学家南亮进基于物质生产特征的划分以及联合国基于制造业增加值占总商品生产增加值比重的划分等。国内也有许多学者对工业化进程的评价方法进行了研究,总体上有两种模式,即选择单个指标进行评价和划分(如袁志刚、范剑勇,2003)以及选择多个指标进行综合评价和划分(如吕政等,2003;陈佳贵等,2006)。考虑到中国工业化过程的复杂性,我们更倾向于采用多个指标的综合评价方法,这里我们使用陈佳贵等学者于2006年提出的工业化水平评价指标体系和方法对我国当前的工业化发展阶段进行评估与判断。

这一方法首先基于人均GDP,一、二、三产业产值比,制造业增加值占总商品生产部门增加值的比重,人口城市化率和第一产业就业占比5个指标对2009年中国的工业化水平进行了测评,相应的结果分别是2009年中国工业化水平处于工业化中期阶段、工业化中期阶段、工业化后期阶段、工业化初期阶段和工业化中期阶段;在此基础上计算了综合评价指数,最终结果为59,这表明2009年中国工业化水平处于工业化中期的后半阶段。与此同时,考虑到世界银行对2005年中国的购买力平价进行了较大幅度的修订,因此我们对陈佳贵等学者测算的2005年中国工业化水平进行了相应的修订,计算得到综合评价指数为45,这表明2005年中国工业化水平处于工业化中期的前半阶段。进一步来看,中国工业化综合评价指数在"九五"期间年均增长1.6,在"十五"期间年均增长3.8,而在"十一五"前4年平均增长3.5,这表明中国目前仍处于快速工业化阶段。按照这一增长速度,预计"十二五"期间中国工业化的综合评价指数必将超过66但小于82.5,由此工业化进程将进入后期的前半阶段。综合以上分析我们可以认为,当前中国工业化发展正处于工业化中期的后半阶段,并正快速朝着工业化后期迈进,预计"十二五"期间中国工业化发展水平将进入工业化后期的前半阶段。

表1 2009 年中国工业化发展的阶段判断

指标	绩效表现	工业化阶段判断
人均 GDP	5228 美元（当年美元价）	工业化中期阶段
一、二、三产业产值比	第一产业占比：10.3% 第二产业占比：45.9% 第三产业占比：43.0%	工业化中期阶段
制造业增加值占总商品生产部门增加值的比重	55%	工业化后期阶段
人口城市化率	46.6%	工业化初期阶段
第一产业就业占比	38.1%	工业化中期阶段
工业化水平综合评价指数	59	工业化中期的后半阶段

注：人均 GDP 采用汇率——平价法（将汇率法与购买力平价法结合，取其平均值），其中 2009 年美元兑人民币的累计平均汇率为 6.831，2009 年与 2005 年美元换算因子为 0.913，系根据美国经济研究局（BEA）提供的美国实际 GDP 数据计算。

资料来源：除按购买力平价法的 2009 年中国 GDP 数据来自世界银行网站外，其他基础数据来自《中国统计年鉴 2010》。

二、"十二五"时期中国工业发展的方向与取向

伴随着中国工业化进程将由工业化中期向工业化后期的迈进，中国工业的发展总体上将表现出"重化工业进一步深化、先进制造业加速发展、战略性新兴产业快速培育和信息化与工业化融合全面提速"的趋势。

1. 重化工业进一步深化

中国城市化进程加快和消费结构升级都将推动重化工业进一步深化。"十二五"期间，城市化进程的加快将会促进住房、道路、通信、水电煤气等公用基础设施投资的增加，推动钢铁、建材、化工、设备制造等重化工业的发展。消费结构转型也是推动中国工业结构重型化的一股力量。随着收入水平的增加，中国居民消费结构正逐步由温饱型向发展型、享受型升级，以食品、服装、日用品为代表的轻工产品在居民消费结构中的比重将下降，以汽车、通信电子为代表的重工业产品的比重将提高。

中国重化工业将由规模扩张向深化发展转变。随着环保要求的提高、资源价格的改革和劳动保护的加强，重化工业增长速度与增长质量之间的矛盾将进一步凸显。"十二五"时期，平衡速度和质量的关系将成为中国重化工业发展面对的主要挑战，"深化"发展将成为其发展的主题，并呈现高新化、集约化、大型化、链群化和绿色化 5 个方面的发展趋势。

2. 先进制造业加速发展

传统制造业向先进制造业加速转型。"十二五"期间，中国由工业化中期向工业化后期迈进的一个显著特点就是加速由传统制造业向先进制造业转变，这既是顺应世界制造业发展新潮流的客观需要，也是实现中国制造业由大变强的根本要求。近年来，中国政府高度重视先进制造业的发展，各地方取得积极进展。2009 年，国务院批复了《关于推进上海加快发展现代服务业和先进制造业，建设国际金融中心和国际航运中心的意见》；2010 年，国务院常务会议提出要建设先进制造业基地和现代产业集群，广东启动了先进制造业标准化试点。

"十二五"时期，先进制造业发展的重点方向是"调整、优化和提高"。具体体现在四个方面：一是先进制造技术实现突破。数字化、精密化、集成化、网络化、虚拟化、智能化和绿色化的先进适用技术是重点发展方向，先进制造业发展的技术支撑将得到加强。二是柔性化生产方式将普及。在信息化条件下，生产活动可以随时依据需求或竞争的变化加以调整，生产成本大幅下降。三是服务型制造加速发展。随着信息技术的广泛应用，以产品制造为核心的传统生产型模式将加快向基于产品提供综合服务型模式转变。四是将形成一批先进制造基地。集群化是先进制造业发展的基本趋势，先进制造业在空间上的聚集将打

造以高新技术为先导、高附加值产品为主体的产业集群区。

3. 战略性新兴产业快速培育

战略性新兴产业发展条件日渐成熟。经过"十一五"时期的发展积累,战略性新兴产业的市场规模和技术水平都得到显著提高,从而为"十二五"时期的发展奠定了良好基础。2010年10月10日,国务院发布了《关于加快培育和发展战略性新兴产业的决定》。该决定明确了未来战略性新兴产业培育和发展的目标、方向及相关政策措施。"十二五"期间,在中央和地方产业政策的推动下,科研人才、资金、技术等要素向新兴产业部门集聚的速度必将加快。

未来战略性新兴产业将呈现融合化发展的特征。一是新兴科技和新兴产业的深度融合。一方面,科技创新是驱动战略性新兴产业发展的根本动力;另一方面,战略性新兴产业的发展又充分体现了科技创新的方向。科技创新将为生产力发展打开新空间,引发新一轮产业变革,推动战略性新兴产业成为主导和支柱产业,引领人类进入绿色、低碳、智能时代。二是战略性新兴产业与传统产业之间的深度融合。一方面,传统产业为战略性新兴产业提供一定的产业配套和需求;另一方面,战略性新兴产业发展将会带动传统产业的技术改造和升级,提升传统产业技术水平。

4. 信息化与工业化深度融合

两化融合是中国的必然选择。信息化是现代工业化的核心,从发展逻辑关系来讲,信息化是工业化之后的产物。由于特殊的国情,中国不可能像西方发达国家那样在工业化完成之后再实施信息化,而必然是将信息化的时代特征与工业化的历史进程紧密结合起来,积极推进信息化与工业化融合发展。"十一五"以来,中国信息产业取得了长足发展,促进了工业生产自动化水平的提高。"十二五"时期,两化融合的深度和广度将进一步拓展,通过广泛利用信息技术、信息产品和信息设备,中国工业生产体系的信息化和智能化水平将显著提高,与发达国家之间的发展差距将缩小。

信息化和工业化融合将从企业、行业、区域3个层面全面推进。2008年10月以来,工业和信息化部先后在全国明确了上海、重庆等8个国家级信息化和工业化融合试验区,开启了从区域层面对推进信息化与工业化融合的积极探索。2009年10月,工业和信息化部下发了《关于推进消费品工业两化融合的指导意见》,开启了从行业层面对推进信息化与工业化融合的有益探索。2010年10月,工业和信息化部确定并公布了首批60家两化融合促进节能减排试点示范企业,开启了从企业层面对推进信息化与工业化融合的重点探索。大批试点工程的启动从多个方面消除信息化和工业化融合发展的障碍,扩散融合发展的成果经验。"十二五"时期,信息化与工业化融合将会全面提速,两化融合的广度和深度将进一步拓展。

三、"十二五"时期中国工业结构调整的方向与取向

工业结构调整与优化升级是加快工业经济发展方式转变的主攻方向,是"十二五"时期我国发展结构优化、技术先进、清洁安全、附加值高、吸纳就业能力强的现代产业体系的重要途径。"十二五"时期,我国将把工业结构调整与优化升级置于更加突出的战略地位,并总体呈现"力度大、范围广、深度深"的明显特征。

1. 产业层次结构:淘汰落后与发展先进并举

产业层次低、重复建设现象严重、核心竞争力不强是我国工业发展中长期存在的问题。我国多数行业都属于劳动密集型,处于全球产业链分工的中低端,竞争优势主要体现在加工组装环节,产品附加值较低。"世界工厂"的称号并没能使我国由工业大国变成工业强国,特别是我国多个行业仍在进行低层次的扩张,不断地进行重复建设,不仅钢铁、水泥等产能过剩的传统产业仍在盲目扩张,风电设备、多晶硅等新兴产业也出现了重复建设倾向,产能过剩严重,落后产能数量较大等,这些问题导致我国陷入了较长时期的行业结构不合理。一方面,传统行业产业层次低下,

产品附加值低，大而不强的问题十分突出；另一方面，高新技术行业又处于起步阶段，与国外先进国家差距非常明显。

基于我国长期存在的产业层次低下的突出问题，"十二五"时期我国工业结构调整的一个重点方向将是淘汰落后与发展先进相结合。一方面，要加快对传统产业中的过剩和落后产能进行淘汰，并通过技术改造等优化这些产业；另一方面，要加大先进制造业、战略性新兴产业等高技术行业。实际上，近几年来，我国对于过剩产能和落后产能的治理力度不断加大，先后出台了一系列淘汰落后产能的政策。2009年，国务院下发了《关于抑制部分行业产能过剩和重复建设引导产业健康发展若干意见的通知》。2010年，又下发了《国务院关于进一步加强淘汰落后产能工作的通知》，提出要以电力、煤炭、钢铁、水泥、有色金属、焦炭、造纸、制革、印染等行业为重点按期淘汰落后产能。为落实国务院关于淘汰过剩产能和落后产能的政策精神，工业和信息化部于2010年下发了《关于下达2010年工业行业淘汰落后产能目标任务的通知》，并公布了18个工业行业共计2087家淘汰产能企业名单，强力推进落后产能的淘汰工作。统计数据显示，我国淘汰过剩产能和落后产能已经取得了初步进展，2009年，炼钢、炼铁、水泥、平板玻璃、电解铝、焦炭等行业分别淘汰落后产能1691万吨、2113万吨、7416万吨、600万重量箱、31万吨、1809万吨，全年规模以上单位工业增加值能耗同比下降9%以上。

2. 产业组织结构：兼并重组和企业差异化发展

行业集中度低、无序竞争现象严重是我国多个行业共同存在的顽疾，由此导致这些行业普遍存在产业组织结构不合理，"多、小、散、乱"特征明显，大企业不大、不强，小企业不精、不专。行业集中度低也使得我国多个行业的利润水平不高，行业和企业的国际竞争力不强。

基于当前我国产业组织结构不合理的问题，优化产业组织结构也将是"十二五"期间我国工业结构调整的重点任务之一。其基本方向是要按照市场竞争、规模经济、专业分工、产业配套的原则，提高产业集中度，形成以产业链为纽带、骨干企业为龙头、大中小企业协作配套、产业链上下游企业共同发展的产业组织结构。推动产业组织结构优化的一个重要途径就是要合理引导企业兼并重组，提高产业集中度，同时正确处理大、中、小企业之间的关系，对大、中、小企业的发展进行科学定位，积极发展拥有国际知名品牌和核心竞争力的大中型企业，提升小企业专业化分工协作水平。2010年8月，国务院专门下发《国务院关于促进企业兼并重组的意见》，提出要以汽车、钢铁、水泥、机械制造、电解铝、稀土等行业为重点，推动优势企业实施强强联合、跨地区兼并重组、境外并购和投资合作，培养一批具有国际竞争力的大型企业集团。同年10月，国务院又下发了《关于加快推进煤矿企业兼并重组的若干意见》。可见，通过兼并重组提升产业集中度、培育有核心竞争力的大企业集团、做精做专中小企业将是"十二五"期间产业组织结构调整的重点和方向。

3. 产业技术结构：技术改造与自主创新提速

按照波特的理论，一国的经济大体分为四个阶段：第一阶段是廉价劳动力、自然资源等"要素驱动"阶段；第二阶段是大规模投资、改善技术装备成为支撑经济发展主要因素的"投资驱动"阶段；第三阶段是创新能力及其水平成为驱动经济发展主要动力的"创新驱动"阶段；第四阶段是"消费驱动"阶段。目前，中国正处于第二阶段，即"投资驱动"阶段，这决定了中国工业经济的高增长主要依赖于投资增长，技术进步缓慢，总体上技术水平不高，自主研发和创新能力不强。具体表现在：一是研发投入不足，原始创新能力较弱。2009年，我国研发投入占GDP的比重为1.7%，与发达国家的差距较为明显；规模以上工业企业中，有研发活动的企业占比只有8.5%，而所有企业的研发支出占营业收入的比重只有0.69%；国内有效发明专利量占有效发明专利总量的41.1%，国内外差距达到17.8%。二是装备制造业技术水平与发达国家差距明显，关键技术自给率低，核心技术缺失，基于自主知识产权的标准或事实标准较少，大部分工业发展所依赖的先进装备仍然主要依靠进口。三是生产设备和工艺流程较为落后，由此导致产品技术含量较低，一些高附加值、高技术含量的产品依然需要大量进口。

基于我国工业发展中存在的技术创新能力不足的局面，"十二五"时期我国将会着重从技术改造和加大自主创新力度两个方面提升工业的技术水平，这也是我国经济发展能否实现由"投资驱动"阶段向"创新驱动"阶段转变的关键因素。从技术改造来看，我国对于通过技术改造来提升产品质量、推进节能减排、加强安全生产、提高生产效率等方面更加重视，并集中于传统产业，国家发改委、工业和信息化部已经下发多个行业推进技术改造的政策文件。从提升自主创新能力来看，我国一方面将继续建立健全以企业为主体、以市场为导向、产学研用相结合的工业技术创新体系，突破关键共性技术，加快研发成果的产业化；另一方面会着力突破制约工业发展的核心技术、关键技术和关键设备、零部件研发，提高重大装备和产品制造的自主创新能力，同时加快发展以高新技术产业为代表的战略性新兴产业，提升新兴产业所占的比重。

4. 产业布局结构：集聚化发展和差别化调控

产业集聚是产业发展的内在规律，是市场经济条件下工业化发展到一定阶段的必然产物，产业在空间上的规模集聚已经成为世界经济发展的一个基本趋势。我国也十分强调产业积聚对促进产业合理布局的作用，2009年3月，工业和信息化部下发了《关于促进产业集聚发展和工业合理布局工作的通知》，并开展了"国家新型工业化产业示范基地"的建设。目前，我国在装备工业、钢铁工业、石化工业、汽车工业、电子信息产业等多个产业上都实现了高度集聚的布局，形成了多个特色产业带。例如，我国电子信息产业主要集聚在三大区域，即以上海为龙头，辐射苏州、南京、杭州等大中城市的长三角地区；以北京、天津为核心，包括大连、青岛等城市的环渤海地区；以深圳为龙头，延绵惠州、珠海、佛山、广州、东莞、中山七大城市的珠三角地区。

近些年来，我国地区增长格局不断变化，导致全国产业布局由过去向东部地区集中逐步转变为向中西部地区转移扩散，并对东、中、西部地区的产业发展形成不同的定位，这也使得我国产业布局越来越走向因地制宜发展和分类管理的阶段。"十二五"期间，我国工业布局的两个突出重点将是沿海开发战略的实施和主体功能区的建设。对于前者，自2009年以来，随着江苏、辽宁等多个沿海地区的发展规划上升为国家战略，意味着国家新一轮的沿海开发战略正式启动。在新一轮沿海开发战略中，加强现代化港口及港口群建设、布局临港工业、错落发展城市群成为核心。这是国家层面首次明确肯定港口、产业、城市"三位一体"互动发展的布局，也意味着我国开始按照现代临海型经济观对沿海国土进行再开发，重构沿海经济地理，推动沿海区域开发开放迈出新步伐。因此，大力发展沿海产业带将是"十二五"时期我国工业布局的重点之一。对于后者，主体功能区是为规范和优化空间开发秩序，按照一定指标划定的在全国或上级区域中承担特定主体功能定位的地域，属于经济类型区和功能区的范畴。推进主体功能区的发展，有利于实行空间管治，优化资源空间配置，便于分类管理和调控（魏后凯，2007）。我国在"十一五"规划纲要中已明确提出要"将国土空间划分为优先开发、重点开发、限制开发和禁止开发四类主体功能区"。2007年7月，国务院发布了《关于编制全国主体功能区规划的意见》，并在2010年6月的国务院常务会议上原则通过了《全国主体功能区规划》，明了四类主体功能区的范围、发展目标、发展方向和开发原则。因此，积极推进主体功能区的建设也将是我国"十二五"时期工业布局的重点任务之一，而相应的要求则是基于四类主体功能区实施差别化的区域调控政策。

四、"十二五"时期工业发展必须处理好的四个关系

1. 政府和市场的关系

第一，以市场为主导促进产业发展。"十一五"时期以来，中国社会主义市场经济体制进一步完善，市场作为资源分配的基础作用得到加强。"十二五"期间，中国工业发展无论是在制造业改造提升、战略性新兴产业培育和发展，还是在企

业兼并重组、中小企业发展、产业布局优化等方面都需要发挥市场机制作用。要通过建立完善资本、技术等生产要素市场，创造良好的产业发展环境；通过建立完善行业标准和市场准入制度，创造公平、有序的市场竞争环境；通过清除跨地区、跨部门障碍，形成统一开放、竞争有序的市场体系。

第二，发挥政府引导产业发展的作用。"十二五"时期，中国产业发展还面临"制度完善"和"技术赶超"两大严峻挑战，在强调市场作用同时，还需要发挥政府的合理引导作用。新兴市场培育和新兴产业发展，需要政府实施产业创新示范项目引导，建设基础配套设施；产业创新发展能力的提升，需要建设产业公共创新和服务平台；市场秩序的规范，需要政府完善相关制度、加强监管，等等。

2. 外需和内需的关系

第一，扩大内需是中国工业发展的基本立足点。一是扩大内需将有利于进一步强化产业基础。伴随国内市场和生产的扩大，可以充分发挥规模经济效应，提高产业配套能力，增强产业竞争力。二是适应国内消费需求升级有利于提升工业技术和服务水平。伴随国内消费需求升级，势必要求中国工业进一步提高产品技术含量和综合服务水平。三是国内需求有利于战略性新兴产业的发展。巨大的国内市场资源以及新兴产业同市场需求之间充分互动将会极大地促进战略性新兴产业培育和发展。

第二，稳定外需对中国工业发展具有重要的作用。扩大内需是一个渐进过程，在相当长时期还须进一步发挥外需对经济增长的重要拉动作用。一是稳定外需有助于促进国内消费。出口产品的增加，将有利于稳定就业，增加居民收入和改善民生，进而推动国内最终消费需求的增加。二是稳定外需有助于促进相关产业发展。外需作为最终需求，对相关产业及其上下游产业的投资需求，具有引导作用和乘数效应，同时还能够利用国内已形成的产能。

3. 工业和服务业的关系

第一，促进工业和服务业互动发展。工业与服务业互为前提和基础，工业扩张所引致的服务需求是服务业发展壮大的重要来源，服务业特别是生产性服务业发展又为工业发展提供了服务保障。工业和服务业互为对方重要的产品市场，工业品往往是服务产品的重要组成部分，同时工业发展又依赖金融、教育、物流、研发等生产性服务业。工业和服务业共同形成现代产业链将是未来发展的趋势。

第二，促进工业与服务业的融合发展。随着信息技术的发展和广泛应用，社会分工与专业化逐渐深化，经济效益越来越取决于在不同生产活动之间建立起来的相互联系，而不再仅仅取决于生产活动本身的效率。一方面，制造业的服务化趋势日益明显，制造业领域分工精细化促使服务性活动大幅度增加，现代制造业内部逐渐由以制造为中心转向以服务为中心；另一方面，服务业加速向制造业渗透，从前期提供技术研发，到中期提供的设计服务，再到后期提供营销服务，现代服务业已经融入了制造业全过程。"十二五"期间，应遵循产业发展规律，打破行业界限，以核心企业为中心，形成工业和服务业之间的战略联合，加快推进工业和服务业的融合发展。

4. 传统产业和新兴产业的关系

第一，传统产业是发展新兴产业的重要基础。一是中国传统产业已经形成了完备的产业配套体系，能够为新兴产业发展提供雄厚的产业支撑。大多数战略性新兴产业的发展不能凭空而为，必须依赖传统产业的技术积累、制造能力和产业体系。二是中国传统产业在国民经济中占主导地位，能够为新兴产业发展提供广阔的市场需求。"十二五"时期，产业结构调整的重点和难点在于传统产业的转型和升级，这就为新兴产业发展提出了现实需求。

第二，以新兴产业发展促进传统产业改造。新兴产业的核心是新技术，技术创新突破将会对新兴产业发展起到引领和支撑作用。通过新兴产业和传统产业的融合发展，能够促进新技术向传统产业的渗透，加快传统产业的改造步伐。传统产业并不等同于落后产业，在新兴产业的带动下，通过技术创新，传统产业本身可以实现向新兴产业的跃迁。

参考文献

陈佳贵，黄群慧，钟宏武. 中国地区工业化进程的综

合评价和特征分析 [J]. 经济研究，2006（6）.

吕政，郭克莎，张其仔. 论我国传统工业化道路的经验与教训 [J]. 中国工业经济，2003（1）.

袁志刚，范剑勇. 1978 年以来中国的工业化进程及其地区差异分析 [J]. 管理世界，2003（7）.

周子学等. 信息化与工业化融合：探索工业结构优化升级之路 [M]. 北京：电子工业出版社，2010 年.

付保宗. 当前我国重化工业发展阶段特征与建议 [J]. 宏观经济管理，2010（2）.

龚唯平，查伟伟，薛白. 先进制造业的三维理论模型及其特征 [J]. 学术研究，2008（6）.

魏后凯，邹晓霞. "十二五" 时期中国区域政策的基本框架 [J]. 中国经济研究报告，2010 年 9 月 10 日.

刘解龙，肖琛，刘丹侠. 论工业与服务业的融合及协同发展：以湖南为例 [J]. 长沙理工大学学报（社会科学版），2008（6）.

童洁，张旭梅，但斌. 制造业与生产性服务业融合发展的模式与策略研究 [J]. 软科学，2010（2）.

中共中央关于制定国民经济和社会发展第十二个五年规划的建议.

（王钦、肖红军，中国社会科学院工业经济研究所）

区域经济发展如何借鉴美日韩技术创新模式

自主创新的精神实质在于"以我为主"。"以我为主"的前提在于"以他为鉴",吸纳国际最新成果,借鉴他国成功经验。综观世界各国的创新模式,美国是原始创新最为成功的国家,而日本和韩国既受资源禀赋不足制约又是追赶型国家,从20世纪60、70年代开始,通过应用技术研究指导下的改进研究和创新,一举实现诸多产业技术跨越,成为引进创新、集成创新的成功典型。

一、美日韩企业技术创新启示

1. 美国以小企业为主体的原始创新

美国的经济实力和科技发展水平在世界处于领先水平,形成其原始创新战略。其主要模式有两种:以大公司为主的波士顿创新模式和小公司为主的硅谷创新模式,但美国更以小公司模式见长。

小企业是原始创新的主体和源泉。美国中小企业局收集的20世纪对世界有过巨大贡献的飞机、光纤检测设备、心脏起搏器、光学扫描器、个人计算机等65项重大发明,全都是由小企业或者个人创造的。美国每年新技术中的70%是由小企业创造的,小企业的人均创新发明是大企业的2倍。据统计,在美国,企业的研发活动始终居于主导地位。2004年,美国研发总费用高达3120.68亿美元,其中企业投入1990.25亿美元,占63.8%;联邦政府为933.84亿美元,占29.9%;其余来自高校、非营利组织、州及地方政府。从产业上看,非制造业公司的研发活动明显活跃于制造业。2002年,美国非制造业公司的研发费用占其净销售额的4.1%,其中软件业、科学研发服务、计算机系统设计及相关服务三个行业,分别高达21.4%、17.6%、14.3%;制造业公司研发费用占其净销售额的3.2%,其中化工、测控及科学仪器、机械三个产业分别为5.9%、5.4%和4.3%。它们既是美国技术创新成果最丰硕的行业,也是最具国际竞争力的行业。

2. 日本依托大企业的过程创新

日本R&D占GDP的比重一直在增长,目前已达到3%的水平,基本上是目前世界上这一比率最高的国家。但是在日本的企业中,R&D投入中2/3用于过程创新,而1/3用于产品创新。这使日本更加擅长于过程创新,而美国则更加擅长于产品创新。

日本产业技术创新主要依托大企业群体。大企业引导产业相关企业形成了一个金字塔式的企业群体,通过分包制使母公司与分包企业之间产生很强的技术外溢效应,企业与专业供应商之间的长期合作关系,使公司拥有一种竞争对手难以超越的竞争优势。日本在进行技术创新时,非常重视市场需求。市场既是技术创新的归宿,也是技术创新的始点。企业开发也都要通过研究市场后才能确定,任何不被市场接受的技术创新项目都注定要失败。

3. 韩国以出口带动技术创新

韩国作为后发国家,其创新形式主要是本国公司学习外国技术,并最终过渡到自身技术创造,形成出口带动技术创新。为了解决进入国际市场的市场进入障碍和技术障碍,韩国企业利用出口市场作为刺激技术创新的一种机制,在构建学习外国先进技术的学习机制的同时服务于出口市场,将技术机制和出口机制结合起来,形成了双重效应的市场和技术渠道。

韩国技术发展的阶段,经过了从早期的依靠OEM和许可证贸易到20世纪80年代转向ODM,然后再转为与国外公司建立技术上的战略性伙伴关系,并提高国内的R&D投入,同时进一步收购国外的一些高科技公司来促进本国公司技术的发展。大公司的组织模式是推进技术创新的决定性因素。但与日本不同的是,韩国的公司没有在产品供应链上的大量中小型公司,因此在90年代初期,韩国公司技术发展的根基出现过松动。

国外技术创新模式对我国的装备制造产业技术创新能力提升,有三点重要启示:

第一,企业技术创新是产业创新的基础,但必须通过经济和市场联系进行产业内及产业链的技术外溢,才能提升产业的整体竞争力。

第二,对于追赶型、承接国际产业转移的装备制造业来说,可以通过进口替代促进产业技术创新,从引进消化创新起步,围绕重点项目,集产业、政府和社会力量开展集成创新,向着原始创新的方向努力。

第三,产业技术创新的动力源和切入点,应以市场需求为导向,产品(项目)创新先行、重点创新突破、过程(工艺)创新兼顾的原则,实现投入、产出、效益三位一体、全过程的产业整合。

二、提高辽宁装备制造业产业技术创新能力的对策

产业技术创新能力是指采用先进的科学技术和手段开发新产品、新工艺使其形成经济效益的能力,是推动产业发展的能力。它是包括资源投入能力、创新管理能力、研究开发能力、制造能力和营销能力等的能力组合,主要包括三方面基本要素:技术创新投入、技术创新产出、技术创新效益。这三个要素的协调发展,对提高产业技术创新能力尤为重要。

辽宁装备制造产业集群技术自主创新能力的提升,必须完成从"制造能力"向"创造能力"的转变,由企业的"各自为政"向"区域整合"的产业集群发展,将"产品优势"上升为"产业强势"。根据有关资料显示中国三大装备制造基地产业技术创新状况是:2003年,中国装备制造业技术创新能力平均得分为52.2分。从构成技术创新能力的三类指标来看,技术创新投入平均为54.88分,技术创新产出平均为46.47分,技术创新效益平均为54.50分。中国装备制造业技术创新能力总体水平不高,原因是创新产出水平较低。

1. 充分发挥主导企业在产业技术创新中的作用

技术创新是指企业应用创新的知识和新技术、新工艺,采取新的生产方式和经营管理模式,提高产品质量,开发生产新的产品,提供新的服务,占据市场并实现市场价值。企业是技术创新的主体,创新的组织者是企业家。在产业集群中,主导企业不仅具有一定的技术创新条件和资源能力,而且对上下游产业链的企业技术创新具有很强的联动性和牵动性。

(1)走"进口替代"的技术创新之路。自主的技术创新是复杂的社会过程,根据初始动力不同,技术创新源头可简化为两大线性序列过程:一种是技术推动型(技术导向),即基础研究→应用研究→试验开发→技术创新;另一种是需求拉动型(市场导向),即市场需求→应用研究→技术创新。多年来引进和模仿技术创新模式的路径依赖,导致企业技术创新源动力不足。辽宁装备企业的技术创新,可以借鉴韩国的经验,以市场为导向,探索出一条"市场需求→引进技术/消化吸收+自主技术创新→国产化/进口替代→出口"的进口替代型技术创新之路。

我国每年高技术的装备制造产品60%来自进口,如果实现进口替代,不仅市场容量之大、前景之好,而且可以从单个零部件、单项产品逐渐拓展为核心主机和重要部件,以及整套产品系列,从而带动整个产业链条各企业的技术创新热情。进口替代的技术创新模式,可以较低研发成本,加快技术成果的市场化进程,促进产品的升级换代,提升产业品牌实力。

（2）构建有效的创新人才机制。技术创新的载体是人才，是人才智力的创新，有赖于建立有效的人力资本机制。企业技术创新能力的提升，必须以创新的管理和组织机制来组合各类创新人才，突出以人为本，建立激励培养和积聚科技人才的机制，设计合理的薪酬结构吸引各类人才。设立企业科技创新人才团队培养计划，改变过去只注重在科研院所、大专院校培养人才的做法，通过为企业培养创新团队和人才，凝聚吸引科研院所、大专院校的科研人员与之结合，形成创新联合舰队。建立官、产、学、研多部门的信息和人员交流机制，实现技术传递路径产业化、集群化、市场化。

积极探索技术入股、研发项目经理制、按销售或利润比例分成、校企双酬、工薪外重奖等多种分配形式，提高研发人员的收入所得。以工程项目带动科技进步，培养从设计、制造工艺到操作、管理、服务的各类各级研究型人才和应用型人才，为进口装备的本土化、装备国产化提供人力支持。

（3）提高企业创新能力的管理。企业技术创新能力的提高需要活跃的技术创新活动，也需要技术创新的有力组织，要在企业内形成技术创新的氛围、体系和队伍。体系、机制、人才是技术创新能力的三块基石。从产业层面讲，要加强以企业为主体的技术创新体系建设，促进企业创新能力的提高，并以企业创新能力的提高作为产业创新能力提高的基础和主体。从企业层面讲，装备制造企业可通过类比、移植、积累、修剪、演进、延伸、集成等主要途径，激活技术创新，逐步形成和提升技术创新能力。从操作层面讲，企业应不断提高自主创新的管理能力，即创新资源投入能力、创新管理能力、研究开发能力、制造能力和营销能力等技术创新能力要素的集成、优化能力。

2. 产业集群的技术创新与技术创新能力同步发展

技术创新是一个从新产品或新工艺的设想产生，通过研究、开发、商业化生产，到市场应用的全过程活动。而这一过程是否形成社会效益，并能保持持续的技术创新，不断支撑产业的发展，则体现为技术创新能力。辽宁科技力量集中在大学和科研机构，企业创新能力相对薄弱，企业和产业的技术创新迫切需要社会各种创新要素持续稳定的参与，形成产业技术创新能力，实现企业技术创新与产业技术创新能力的同步提升与发展。

（1）构建技术创新产业化、社会化的基础平台。企业是技术创新的产业化平台，但并不等于创新链条上的每个环节都要在企业内完成。目前，即使是规模较大的企业集团，也很难像发达国家那样集应用性基础研究与技术开发于一体。辽宁装备技术创新中面临的主要问题是重大技术和重大装备的引进技术消化吸收不良，系统设计、系统集成技术能力薄弱，而这些问题的解决，绝非单个企业所能力及的。鉴于辽宁装备产业集群的研发现状，完全靠自身力量开发自主品牌的技术创新比较有限，因此应拓展两个途径：

第一，走高起点产学研联合的路子，加强与国内外知名院校、研发机构的合作。通过为企业培养创新团队和人才，凝聚吸引科研院所、大专院校的科研人员与之结合，形成创新联合舰队。通过设立"产学研合作技术联盟"专项，引导企业与科研院所、大专院校建立以利益为纽带的"技术联盟"。研究解决技术创新中知识产权的归属、利益分配问题，形成利益共享、风险共担的激励机制。对重大装备的引进，用户单位应吸收制造企业参与，共同跟踪先进技术的发展，并在消化吸收和国产化的基础上，共同开展创新活动，形成自主知识产权。

第二，寻求国际科技合作，全方位整合世界科技资源。有选择地从国外引进一批产品居于世界领先地位的跨国公司，特别是装备类产品的技术研发中心。充分利用与外资合作的路径，争取吸引外资的研发中心进驻辽宁，在实施产品本土化的过程中，合作开发新产品。实施走出去战略，有能力和条件的大型装备企业集团到国外有目的的并购外企，获得科技人才资源，接近世界先进企业之中。加强国际交流与技术合作，建立国际科研联盟，借助国际技术开发力量，跟踪世界先进技术。

（2）建立产业技术创新战略联盟。产业自主创新能力的提高，与产学研结合的有效模式和机制的建立密切相关。我国已经创造出了 TD-SCDMA 产业联盟等很多好的经验和模式，但产学研结合的水平仍然较低，且多以"短、平、快"的项目合作为主。构建产业技术创新战略联盟的根本目的，就是要从产业层面增强国家或区域的自主创新能力，提升产学研结合的组织化和制度化程度，有效解决产业技术领域原始创新匮乏、共性技术供给不足、核心竞争力受制于人的突出问题，加快创新成果的大规模商业化应用，带动行业技术进步和竞争力的提升。

技术创新战略联盟的 3 个特征是：建立在企业自身发展需要的基础之上，以企业为主体，各方利益共享、风险分担；联盟技术方向与国家（地区）重点产业需求吻合；联盟成员通过具有法律效力的契约，保障技术创新合作关系的稳固和持续。产业技术创新联盟可以集聚各种创新要素于企业，通过明晰成员单位的责、权、利关系，在技术创新链条的不同阶段进行合理分工、优势互补、协同攻关，以缩短新技术从实验室到产业化的周期。产业联盟和技术联盟是世界产业技术创新的趋势，能够分散创新风险，提高创新效率，实现低成本与高收益相统一的产业技术创新。

（3）深化产业链之间的技术创新战略合作。当代的产业技术创新活动，已经不是某一个企业、环节的单一行为，而是整个产业链的共同行为，必须通过企业间的协同合作方式来推动。从技术创新过程看，涉及研发、新技术的应用、生产制造、商业化推广多个环节。在这个过程中，技术和市场共同起作用，这就要求企业必须通过合作的方式才能提高技术创新的成功率。大型企业集团是产业链的龙头，但中场产业的创新源泉则是中小企业，一个产业技术的整体突破需要在零部件、工艺设备上首先突破，因此要加强上下游之间的技术创新合作。

产业集群作为企业协同合作的一种方式，是一种有效的创新组织形式。集群内的中小企业在创新活力方面优于大企业，在创新资源方面是对大企业的一种有效替代。因此，应积极培育中小企业的技术创新能力，促进产业链条技术创新的分工合作，形成互动效应，在整个集群范围内进行资源整合和优势互补，获取技术创新的规模经济效益，提升整体产业集群的创新能力。建立促进重大技术装备发展的组织协调机制做好供方、需方和官方的有机结合，加强联合攻关的统筹协调力度。

3. 完善产业技术创新的社会支持系统和环境

产业技术创新是一个系统过程，在这个系统中，企业是技术创新的主体，也是创新投入、产出以及收益的主体，是创新体系的核心，需要大学与研究机构、其他企业、政府、中介机构以及金融机构五大行动主体构成的技术创新支持系统。

（1）突破产业技术创新的资金约束。技术创新具有外部性和半公共产品特征，政府必须在产业技术创新中发挥作用。通过政策引导、市场运作，整合社会资源解决技术创新投入瓶颈。在产业技术政策上，要实现 4 个转向：从支援个别企业为主转向重视创新结构体系；从全面分散型技术开发转向强化选择和集中技术开发方式；从供给中心的技术扩散转向需要中心的网络型技术扩散体系；从技术开发为主转向重视技术的扩散和实用化。

改善财政科技投入的管理体制，增加政府在研究开发投入的比重，在企业不愿意或无力进行投入的领域发挥积极作用，与企业研究开发形成互补。政府投入重点放在科技技术设施和公共技术平台的建设，加强基础研究，支持共性技术和共享技术的研究开发，培育产学研科技研发联合体，为企业提供技术创新服务。

支持或建立技术孵化器、风险投资体系，确立收税优惠制度、信贷支持、直接投资和政府采购等技术创新支持制度，促进创新型企业的建立。通过政策引导，扶持一批具有行业带动作用的各种形式的产业技术研究开发联合体，发展集资金筹集、研究开发、技术扩散功能于一体的专业技术公司。设立"科技创新平台建设"专项资金、重大专项基金、引进技术消化吸收再创新专项资金、科技成果转化资金等科技计划，重点推进企业研发中心建设，提高计划投入的集成度和支持力度，解决创新资金瓶颈约束。

·（2）举社会之力加强产业共性技术研究。产业发展需要扎实的基础研究，否则势必导致产业技术进步乏力，战略技术储备不足。装备制造科技发展的总体趋势是多学科交叉和综合，数字智能化、微型精密化、高效绿色化、柔性集成化已成为主流发展趋势。而当前学科发展和产业技术发展中，相互之间的关联和结合度较弱，影响了集成创新的效能。多数装备企业无力支持共性、基础及前瞻技术的研发，需要政府推动产业共性技术研究能力建设，支持并形成一支高水平、精干的研究队伍，强化装备技术创新体系，将交叉学科的新技术、新创造引入新装备、新系统，形成集成创新。

（3）促进技术创新成果的商业化、市场化。科技成果的商业化需要在市场上实现，应加快技术和多层次资本市场的建设，促进技术的转移、转化和利用。中介机构是产业集群技术创新的一个重要环节。目前，科研与企业严重脱节的局面，既不利于科技与经济结合，转化为社会生产力，也不利于科技自身的发展，两者间的有机耦合就有赖于中介机构的介入。利用市场通行的规则，中介机构可以为各创新主体提供信息和技术咨询、决策参考、成果鉴定、专利代理、产权交易、科技评估、人才交流、风险投资等方面的服务，成为自主创新与需求市场之间的桥梁，形成以市场为导向，围绕现实需求的运作方式，并利用资本的优势，实现科技成果在市场经济中的增值。中介机构主要包括技术转让和扩散机构、咨询与评估机构、政策研究机构、法律审计机构等，尤其是风险投资机构，在发达国家已经成为推动科技创新和产业升级的最强引擎。

（4）创建诚信机制，营造产业集群信任、互利、互动的发展环境。诚信是市场化运行的基本条件，企业之间长期的交易和承诺是一个无形之网，维系着企业间分工和协作关系的稳定性。尤其是产业集群中的企业，正是在这种"互识社会"中互动互补，借助信任和承诺，求荣共进。

加强知识产权制度保障是促进技术创新的重要措施。知识产权制度实质是在保护创新者利益和积极性的同时，促进技术合理、有偿地扩散，其最终目的是促进创新。因此，政府要加强知识产权保护，建立知识产权文化，实施知识产权管理，引导企业提高运用、管理和保护知识产权的能力。

参考资料

王福君，宋玉祥. 技术创新推动辽宁省装备制造业升级的机理和路径 [J]. 理论界，2008（12）.

王章豹，吴庆庆. 我国装备制造业自主创新之问题透视与路径选择 [J]. 合肥工业大学学报（社会科学版），2006（10）.

王仁祥，喻平. 引进外资、两部门模型与中国经济增长 [J]. 经济科学，2005（1）.

黄先海，郑亚莉. 利用外贸外资推动浙江产业升级研究 [J]. 浙江大学学报（人文社会科学），2000（12）.

王德鲁，宋学锋. 装备制造业结构升级与产业聚集的互动机理和模式选择 [J]. 科学学与科学技术管理，2009（1）.

刘小宁. 黑龙江装备制造业的信息化改造 [J]. 黑龙江社会科学，2008（3）.

张俊鸿. 浅论产业结构优化升级的规律 [J]. 运城高专学报（哲学社会科学版），1997（6）.

马云泽. 信息化时代产业结构的演进规律研究 [J]. 桂海论丛，2008（7）.

吕铁. 我国制造业结构的升级方向分析 [J]. 中国工业经济，1999（8）.

狄俊安. 制造业发展的规律及趋势初探 [J]. 闽江学院学报，2003（12）.

杨大庆，谭风其，舒纪铭. 世界先进制造业的发展经验及其借鉴 [J]. 北方经济，2006（2）.

石勇. 谈谈国外装备制造业的发展与振兴 [J]. 求是，2007（9）.

杜晓君. 制造业的国际转移规律和趋势 [J]. 经济理论与经济管理，2003（6）.

蓝庆新. 借国际制造业转移之势突强中国 [J]. 经济导刊，2007（2）.

王卫红，刘永祥. 广东省装备制造业发展对策探析 [J]. 科技管理研究，2008（12）.

彭迪. 上海装备制造业竞争力的路径选择 [J]. 世界经济情况，2007（1）.

姜绍华. 山东省装备制造业发展的思考 [J]. 山东经济，2007（4）.

李华凤，高熙宁. 辽宁装备制造业自主创新的对策探讨 [J]. 理论界，2008（11）.

辛晶晶. 东北老工业基地装备制造业集群式发展模式的探讨 [J]. 商场现代化，2006（10）.

雷来义. 辽宁装备制造业产业集群发展路径研究 [J]. 辽宁经济，2008（5）.

卢昌崇，李宏林，郑文权. 东北装备制造产业集群重构 [J]. 经济研究参考，2006（38）.

王健. 浙江产业调整的法律保证 [J]. 浙江理工大学学报，2006（6）.

张海星，许芬. 辽宁装备制造业竞争力评价与财税扶持政策 [J]. 财经问题研究，2008（10）.

Nagel R., Dove R. 21st Century Manufacturing Enterprise Strategy. An Industry Led View, Iacocca Institute Lehigh University, 1991.

Womch J., Jones D., Roos D. The Machine that Change the World, MIT Rawson Associates, 1999.

Next Generation Manufacturing (NGM). NGM Office. 1997.

Owen J. V. Job Shops on the Net. Manufacturing Engineering, 1998.

W.B. Lee & H. L. W. Lan. Factory on Demand: The Shaping of an Agile Production Network. International Journal of Agile Management Systems, 1999.

Jordan J. A., Michel F. Next Generation Manufacturing. Method and Techniques. New York: John Wiley & Sons. Inc., 2000.

Charles F. Larson. Integration of Manufacturing with R&D and Marketing for Global Competitiveness. Proceeding of the 4th International Conference on Manufacturing Technology. Hong Kong, 1997.

Thomas Klevers. Managing The Global Challenge A Key Success Factor HongKong, 1997.

Hitomi K. Automation. Its Concept and a Short History Technovation, 1994.

Press K., Golden S. L. and Ngel R. N. Cooperate to Compete. Van Nostrand Reinhold, 1996.

Kidd P. T. Agile Manufacturing: Forging New Frontiers. Adison Wesley Publishing Co, 1994.

Wang Jici, Wang Jixian, An Analysis of New - techagglomeration in Beijing: A New Industrial District in the Making, Paper Accepted by Environment and Planing A, 1996.

Goldman S. Nagel R. preiss K. Agile Competition and Virtual Organizations. New York: van Nostrand Reinhold, 1995.

Laurence H. Alberts, Hugh L. Randall, A. Guy Ashby China Logistics: Obstacle and Opportunity, Mercer Management Journal, 2000, pp.1-11.

Leslie Chang. China Considers Investment -Rule Change Asian Wall Street Journal, 1999.

WTO Council for Trade in Services, Work Program on Electronic Commerce, Interim Report to the General Counsel Meeting, 1999.

Martin Christopher. Logistics and Supply Chain Management: Strategies for Reducing Costs and Improving Services [M]. Pitman Publishing, 1992.

（荣宏庆，辽宁省委党校）

中国省域工业结构的聚类与时空演化研究

一、引　言

　　产业结构趋同，是我国经济发展过程中长期存在的一个结构性问题，最早被提出于 20 世纪 80 年代，但其存在却可以追溯到新中国成立初期的计划经济时代。改革开放以前，在国家区域平衡发展战略和三线布局思路指导下，国家大量资源和政策向中西部地区倾斜，从而使得经济基础较差的中西部地区也建立了完善的工业体系，地区产业存在同构化现象（江世银，2005）。改革开放以后，我国地区间产业结构趋同又经历过三次高峰期，前两次分别发生在 80 年代和 90 年代，最新的一次始于 2002 年，地区间盲目重复建设现象严重（张可云，2007）。在研究产业结构同构化问题中，一般使用的研究方法有三种：一是利用联合国工业发展组织国际工业研究中心提出的产业相似系数进行测度。二是根据区位商和专业化系数指标进行分析。三是根据主要产品的地区分布和地区主导产业的相似性进行研究。对于中国产业同构化现象，国内外许多学者都进行过相关的实证研究，尤其是在 90 年代末期，产业结构趋同成为经济研究中的一个热点问题。

　　改革开放以后的产业同构化现象产生的原因与计划经济时期存在差异。经济学家解释改革开放以后这种现象产生的原因最普遍的观点是，随着中央向地方行政性分权，地方政府出于利益驱动而实行地方保护主义，造成市场分割，从而导致产业同构化。也就是说，正是体制性问题造就了这一经济结构性问题（张平和李世祥，2007；银温泉和才婉茹，2001）。也有学者在行政性分权原因基础上也同时认为还存在历史原因（夏兴国

和李洪斌，1998；江世银，2005）。我国地区之间市场分割严重是个不争的事实，许多学者对地方保护主义和市场分割进行了研究。据研究发现，1985~1992 年，我国外贸进出口总额年均增速分别达到 10% 和 17%，而国内省份之间贸易额增长率仅为 4.8%，后者远远低于前者，也比同时期全国零售商品总额 9% 的增长率要低很多（转引自杨再平，1996）。Yong（2000）基于各地区农业、工业、建筑、交通、贸易和三产等 8 个部分的相对比重演变的研究发现，改革期间我国地方保护主义呈上升趋势。Poncet 等（2005）选取了 1987 年、1992 年和 1997 年 3 个年份各省份投入产出截面数据，研究了省际间贸易额占贸易总额的比重变化，发现其呈显著下降趋势。1997 年，省份间贸易壁垒甚至超过欧盟成员国之间的水平，中国消费者购买所属省份自制品数量是其他省的 21 倍，证明地方保护主义在进一步加强。黄赜琳等（2006）运用"边界效应"方法进行测度，也发现 1997 年中国地方保护主义相当于欧盟成员国之间的水平，但第二产业相对其他产业而言保护程度较轻。但也有学者得出相反的结论，即改革期间（1980—2004 年）产业结构同构化有减缓的趋势（贺灿飞、刘作丽、王亮，2008）。

　　普遍的观点认为地区之间产业同构化是个较为严重的问题，会损害分工效益和规模经济，并且地区之间市场分割必然造成资源浪费和产能过剩。也有学者认为不能简单地就对产业趋同一棍子打死，而是要区分合意的和非合意的产业趋同（陈耀，1998）；不同地区之间由于自然条件、要

素禀赋、发展水平、技术条件等的相似性，必然导致一定程度的产业趋同（鲍华俊、徐青和王德全，2004；朱同丹，2003；王志华和陈圻，2007）。至此可以看出，关于我国地区产业同构化的一些问题，学术界至今尚有争论，本文尝试运用新的视角，运用层次聚类法研究省份间的产业结构相似性的内部结构问题，观察其动态演化，以总结规律并进行相应分析。

二、数据来源及模型选择

1. 数据来源及处理

按照国家统计口径，工业包括采掘业、制造业和电力、燃气及水的生产和供应业，每一类下又进一步细分了具体的行业。本文整理了全国 31 个省份、39 个行业、10 个年份（2000~2009 年）的数据集，所用的行业数据为规模以上工业企业总产值数据，数据基本全面，均来源于各省区（市）历年统计年鉴。在对数据进行处理上，因从 2003 年开始，工业行业分类相比之前有了小幅度调整，主要表现为增加了废弃资源和废旧材料回收加工业一项，减少了木材及竹材采运业一项，因此为做到统计口径上的一致性，本文做如下处理：以 2003 年以后的统计方法为准，在前 3 年的行业分类基础上增加废弃资源和废旧材料回收加工业一项，将其产值以 0 处理；删除木材及竹材采运业一项，因为其从 2003 年起已被并入到第一产业中。某些省份的少数年份没有统计分行业的工业企业总产值该项数据，本文主要通过两种方法进行间接估算：一是通过临近年份该项数据按照固定变化率来估算，这主要针对的是单一年份数据缺乏的情况，采用该方法的有河北省（2008年）、湖南省（2009 年）和云南省（2008 年）。二是利用分行业工业增加值数据乘以该年份全国分行业工业总产值与工业增加值的比例估算，采用该方法的有天津市（2005~2007 年）、辽宁省（2005~2009 年）和河南省（2005~2009 年），由于其缺乏数据的年数较多且时间连续，采用第一种方法误差较大，因而采用这种方法。

2. 模型选择

在对事物进行聚类分析和研究中，层次聚类法是一种较为成熟和运用广泛的聚类方法。层次聚类法的基本原理为：确定距离的基本定义及类间距离的计算方法，然后按照距离的远近，将距离接近的数据一步步归为一类，直到数据完全归为一个类别为止。

本文在模型中定义的变量为各工业行业规模以上企业的总产值，共有 39 个变量，依次对应所选 39 个行业，每一个省份为一个样本。拟采用的计算距离的方法为相关系数距离（Pearson correlation），聚类方法为类间平均链锁法（Between-groups linkage）。相关系数距离（Pearson correlation）的计算公式为：

$$\rho_{x,y} = \frac{\text{Cov}(X, Y)}{\sqrt{D(X) \cdot \sqrt{D(Y)}}}$$

其中，$\rho_{x,y}$ 为数组 x 和 y 的相关系数，Cov(X, Y) 为两数组的协方差，$\sqrt{D(X)}$ 和 $\sqrt{D(Y)}$ 分别为数组 X 和 Y 的标准差。

类间平均链锁法（Between-groups linkage）的原理即为计算分别属于两个类别的两两数据点之间的距离，最后两个类别间的距离即为计算的所有这些两两数据点之间距离的平均值。

因为文中变量均以货币计量，量纲统一，且又使用相关系数作为距离测量，因此无需对变量进行标准化处理。模型实现的过程如下：

首先，将各省份数据各自作为一类，共计有 31 类，并按所定义的距离计算各省份数据之间的相关系数，形成一个距离矩阵。其次，将相似度最大的两个省份并为一个类别，从而形成 30 个类别，计算新产生的类别与其他各个类别之间的相似度，并形成新的距离矩阵。最后，重复步骤二，直到所有的数据都被合并成为一个类别为止。

三、聚类结果及分析

本文事先并不明确划定具体的聚类数，而是通过模型生成的谱系图（Dendrogram）对聚类过程和结果进行观察，由此确定最适宜的聚类数。本文认为有4年最宜聚成6类，其余6年最宜聚成5类，为了分析研究的方便，我们按照多数原则统一都聚成5类。按照经济发展水平从高到低的梯度，[①]本文所定义的5个类别分别为类Ⅰ、Ⅱ、Ⅲ、Ⅳ和类Ⅴ。

1. 聚类结果

由2000~2009年这10年产业结构的聚类结果变迁来看（如图1所示），依据产业结构的差异程度，可以将我国的31个省份基本概括成5个类别，且这种分类结果表现出较为稳定的特征，但不同的年份各个类别的成员会有所变动，因而同时又表现出其变迁的一面，进一步研究变动频率较大的省份将会发现，变迁主要集中在中西部一些省份。因此，总体上而言，所做的时间序列上的聚类结果表现出"基本稳定、稳中有变"的特点。

稳定的一面主要表现在部分省份产业结构相似度高，历年基本被聚成一个类别，或者是在偶尔的年份有所变动，但绝大部分年份较为稳定（如表1所示）。类Ⅰ由沿海发达省份组成，成员省份包括北京、天津、江苏、上海、浙江、福建和广东。其中，天津有两个年份被聚在类Ⅱ中，其余年份均在类Ⅰ中，除天津外的其余6个省份历年均被聚成一类，四川2000年产业结构与沿海发达省份相似。类Ⅰ表现出高度稳定性。类Ⅱ主要由部分东部沿海省份和中部省份组成，该类中

历年都没有发生变动的省份包括山东、河北、安徽、湖南和河南。只有单一年份未被划入类Ⅱ的省份有四川、广西和辽宁，有两个年份未被划入该类的有江西和内蒙古，其他中西部省份也有部分年份被划入类Ⅱ。黑龙江、陕西和新疆产业结构高度相似，而且这种相似性在过去10年未曾变动，这3个省份被概括在类Ⅳ。西藏藏族自治区在发展过程中其独特性明显，与其他省份产业结构差异大，因而独立成为一类，即类Ⅴ。

在聚类结果稳定的同时，也可以发现部分省份所属类别存在一定程度的变动，变动幅度较大的主要集中在中西部部分地区（如表2所示）。其中，变动幅度较小的省份有天津、四川、广西、辽宁、江西和内蒙古。天津有两个年份（2008年和2009年）由类Ⅰ变为类Ⅱ，四川在初始年份（2000年）归为类Ⅰ，其余年份均为类Ⅱ，广西和辽宁分别有一个年份被归为类Ⅲ，其余年份均为类Ⅱ，江西和内蒙古产业结构高度相似，均在最后两年（2008年和2009年）被归为类Ⅲ，其余年份均属于类Ⅱ。变动幅度较大的地区中，贵州、湖北、吉林、山西、云南和重庆在类Ⅱ和类Ⅲ之间徘徊，时间分配基本为类Ⅱ6年，类Ⅲ4年，海南、宁夏、甘肃和青海则在类Ⅱ、类Ⅲ和类Ⅳ三者间变动，跨度较大，其中宁夏、甘肃和青海属于类Ⅳ年份最多（4~5年），其次为类Ⅱ（3~4年），较少的为类Ⅲ。海南在时间分配上则较为平均，本文认为其原因是工业产值基数小因而产业结构变动大。

表1 各类别中的稳定组成省份

类别	省份组成
Ⅰ	北京、江苏、上海、浙江、福建、广东、天津**
Ⅱ	山东、河北、安徽、湖南、河南、四川*、广西*、辽宁*、江西**、内蒙古**
Ⅲ	无

---

① 同时也是由沿海向内陆延展的空间变化梯度。

续表

类别	省份组成
IV	黑龙江、陕西、新疆
V	西藏

注：＊表示有单一年份未被归为此类，＊＊表示有两个年份未被归为此类，未加标注的表示历年均被归为此类。
资料来源：作者根据结果整理。

表2 分类变动较大的省份的类别分布次数

省份	类别				
	I	II	III	IV	V
贵州		7	3		
湖北		6	4		
吉林		6	4		
山西		6	4		
云南		6	4		
重庆		5	5		
海南		3	4	3	
宁夏		4	2	4	
甘肃		4	1	5	
青海		3	2	5	

2. 地区之间产业结构演变规律

地区之间产业结构趋同是我国经济发展过程中的一个结构性问题，21世纪的前10年中，我国各地区经济均高速发展，产业结构变化明显加快。2001年，我国成功加入WTO，全球劳动分工将对中国经济发展方式产生重大影响。为此，本文利用2000~2009年的数据同时也做一个跟踪研究，以判断10年来我国地区之间的产业结构是趋同还是趋异。

我们利用模型生成的相似矩阵数据，计算出分类后组间、组内及总体相似度的平均水平，所得结果如图2所示。从图中可以发现，我国省份之间的总体平均相似度水平介于0.3~0.4，较为偏高。省份之间存在产业同构化现象，尤其是组内省份之间的产业同构化现象较为严重，平均相似度竟高达0.6左右，组间平均相似度也能达到接近0.3的水平。从总体、组内和组间平均相似度的动态变化来看，其均呈现较小幅度的周期性波动，总体均呈缓慢上升的趋势，2009年总体、组内和组间平均相似度与2000年水平相比分别上升了

8.07%、7.44%和15.51%，由此表明这段时期内我国不同省之间产业结构存在趋同现象。在2007年以前，组内和组间对总体相似度的贡献率呈现交替变化的现象，大抵各占50%。而2007年以后，组间贡献率逐渐增大，到2009年达到60%，而组内贡献率则下降为40%。

除此以外，我们还可以以历年的全国产业结构作为标准，计算出各省的相似系数，[①] 2000~2002年相似系数值超过0.8的省有3个，2003年和2007年有4个，2004~2006年有5个，2008年和2009年有6个，期末相比期初而言相似系数值数目超过0.8的省增长了1倍，总体也呈上升趋势，这也同样可以佐证我国省之间产业结构趋同的观点。

3. 调整后的最终聚类结果

从最终所得的10个年份的聚类结果变动中可以发现，虽然部分省份出现一定程度的变动，但整体而言其动态演化呈现出非常清晰的规律性，本文试图将这种规律性作为引导，再结合对部分地区变动进行合理的处理，以及结合10年聚类的结果而最终概括出一个固定的分类格局。本文大

---

① 此处相似系数依旧采用Pearson correlation。

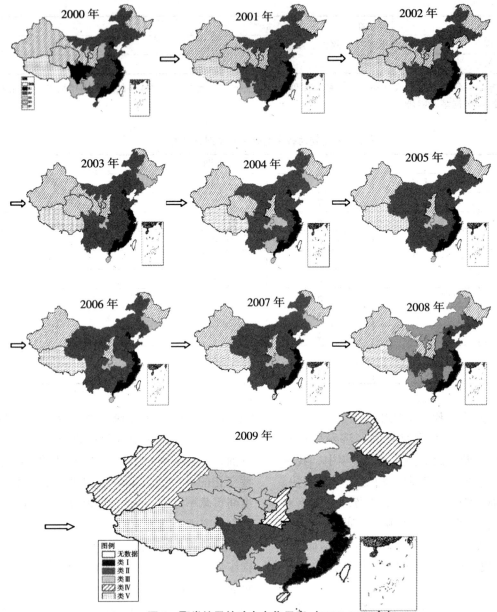

图1 聚类结果的动态变化示意 (2000~2009 年)

致按照经济发展水平由高到低,同样将聚类结果分为五类,分别为类Ⅰ、Ⅱ、Ⅲ、Ⅳ和类Ⅴ,则这些规律可以表述如下:

(1)类Ⅰ基本固定的由北京、天津、江苏、上海、浙江、福建和广东等发达的省市组成。

(2)类Ⅱ中固定的省份成员有山东、河北、湖南、安徽和河南5省,四川、广西和辽宁仅有一年未被归为类Ⅱ,其余年份也均稳定地被包括在类Ⅱ中。

(3)黑龙江、陕西和新疆3个省产业结构相似度高,历年均被归于类Ⅳ中。

(4)西藏由于其特殊性历年均独立成为一类,即类Ⅴ。

从聚类结果的动态变化可以发现31个省中过半数目的分类基本维持不变,其余省的聚类结果存在一定程度波动,但其波动也基本存有规律性,大致在某一位置呈上下浮动。本文给类Ⅰ、Ⅱ、Ⅲ、Ⅳ和类Ⅴ分别赋值为1、2、3、4和5,则可以计算出10年间各省平均聚类得分(如表3所示)。除参考分值外,本文也同时参考各省各年份的类别归属,具体做法为:如果10次结果中至少有8次被归为同一类,则忽略其少数年份的变异,

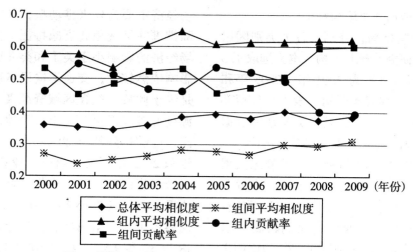

图 2　聚类后总体、组间和组内平均相似度的动态变化

将其归为此类，这样就能够确定类Ⅰ、Ⅱ和类Ⅴ。类Ⅳ则以产业结构高度相似的黑龙江、陕西和新疆为参照，再包括至少有 3 次及以上被划为类Ⅳ的海南、甘肃、宁夏和青海 4 个省。其他省在类Ⅱ和类Ⅲ之间波动，从未被聚在类Ⅰ和类Ⅳ中，因此将其归为类Ⅲ。由此，本文最终得到一个依据各省份产业结构相似性程度而得出的聚类结果（如图 3 所示）。以过往 10 年的数据来看，虽然伴随着经济的发展各省份产业结构有所变动，聚类的结果存在一定程度上的差异，但基本维持图 3 的分类格局不变。图 3 所显示的聚类结果规律性明显，类别的空间分布呈现由沿海向内陆推进的特点，沿海省份为第一梯度地区，与其邻近的沿海或内陆省份为第二梯度地区，更深入的内陆省份为第三梯度地区，西北及其他边陲地区为第四梯度地区，西藏为第五梯度地区。

表 3　各省份聚类结果详细及平均得分

省份	2000~2009 年所属类别	得分	省份	2000~2009 年所属类别	得分
浙江	Ⅰ、Ⅰ、Ⅰ、Ⅰ、Ⅰ、Ⅰ、Ⅰ、Ⅰ、Ⅰ、Ⅰ	1	内蒙古	Ⅱ、Ⅱ、Ⅱ、Ⅱ、Ⅱ、Ⅱ、Ⅱ、Ⅱ、Ⅲ、Ⅲ	2.2
江苏	Ⅰ、Ⅰ、Ⅰ、Ⅰ、Ⅰ、Ⅰ、Ⅰ、Ⅰ、Ⅰ、Ⅰ	1	贵州	Ⅲ、Ⅱ、Ⅱ、Ⅱ、Ⅱ、Ⅱ、Ⅱ、Ⅱ、Ⅱ、Ⅲ	2.3
上海	Ⅰ、Ⅰ、Ⅰ、Ⅰ、Ⅰ、Ⅰ、Ⅰ、Ⅰ、Ⅰ、Ⅰ	1	湖北	Ⅱ、Ⅱ、Ⅱ、Ⅲ、Ⅲ、Ⅲ、Ⅲ、Ⅱ、Ⅱ、Ⅱ	2.4
广东	Ⅰ、Ⅰ、Ⅰ、Ⅰ、Ⅰ、Ⅰ、Ⅰ、Ⅰ、Ⅰ、Ⅰ	1	吉林	Ⅱ、Ⅱ、Ⅱ、Ⅲ、Ⅲ、Ⅲ、Ⅲ、Ⅲ、Ⅱ、Ⅱ	2.4
北京	Ⅰ、Ⅰ、Ⅰ、Ⅰ、Ⅰ、Ⅰ、Ⅰ、Ⅰ、Ⅰ、Ⅰ	1	山西	Ⅲ、Ⅲ、Ⅲ、Ⅲ、Ⅱ、Ⅱ、Ⅱ、Ⅲ、Ⅲ、Ⅲ	2.4
福建	Ⅰ、Ⅰ、Ⅰ、Ⅰ、Ⅰ、Ⅰ、Ⅰ、Ⅰ、Ⅰ、Ⅰ	1	云南	Ⅲ、Ⅲ、Ⅲ、Ⅲ、Ⅲ、Ⅱ、Ⅲ、Ⅲ、Ⅲ、Ⅲ	2.4
天津	Ⅰ、Ⅰ、Ⅰ、Ⅰ、Ⅰ、Ⅰ、Ⅰ、Ⅰ、Ⅱ、Ⅱ	1.2	重庆	Ⅱ、Ⅲ、Ⅲ、Ⅲ、Ⅲ、Ⅲ、Ⅲ、Ⅲ、Ⅲ、Ⅲ	2.5
四川	Ⅰ、Ⅱ、Ⅱ、Ⅱ、Ⅱ、Ⅱ、Ⅱ、Ⅱ、Ⅱ、Ⅱ	1.9	海南	Ⅱ、Ⅱ、Ⅱ、Ⅲ、Ⅲ、Ⅲ、Ⅲ、Ⅳ、Ⅳ、Ⅳ	3
山东	Ⅱ、Ⅱ、Ⅱ、Ⅱ、Ⅱ、Ⅱ、Ⅱ、Ⅱ、Ⅱ、Ⅱ	2	宁夏	Ⅳ、Ⅳ、Ⅳ、Ⅳ、Ⅳ、Ⅳ、Ⅳ、Ⅳ、Ⅳ、Ⅳ	3
河北	Ⅱ、Ⅱ、Ⅱ、Ⅱ、Ⅱ、Ⅱ、Ⅱ、Ⅱ、Ⅱ、Ⅱ	2	甘肃	Ⅳ、Ⅳ、Ⅳ、Ⅳ、Ⅳ、Ⅳ、Ⅳ、Ⅳ、Ⅳ、Ⅲ	3.1
湖南	Ⅱ、Ⅱ、Ⅱ、Ⅱ、Ⅱ、Ⅱ、Ⅱ、Ⅱ、Ⅱ、Ⅱ	2	青海	Ⅳ、Ⅳ、Ⅳ、Ⅳ、Ⅳ、Ⅳ、Ⅳ、Ⅳ、Ⅲ、Ⅲ	3.2
安徽	Ⅱ、Ⅱ、Ⅱ、Ⅱ、Ⅱ、Ⅱ、Ⅱ、Ⅱ、Ⅱ、Ⅱ	2	黑龙江	Ⅳ、Ⅳ、Ⅳ、Ⅳ、Ⅳ、Ⅳ、Ⅳ、Ⅳ、Ⅳ、Ⅳ	4
河南	Ⅱ、Ⅱ、Ⅱ、Ⅱ、Ⅱ、Ⅱ、Ⅱ、Ⅱ、Ⅱ、Ⅱ	2	陕西	Ⅳ、Ⅳ、Ⅳ、Ⅳ、Ⅳ、Ⅳ、Ⅳ、Ⅳ、Ⅳ、Ⅳ	4
广西	Ⅱ、Ⅱ、Ⅱ、Ⅱ、Ⅱ、Ⅲ、Ⅱ、Ⅱ、Ⅱ、Ⅱ	2.1	新疆	Ⅳ、Ⅳ、Ⅳ、Ⅳ、Ⅳ、Ⅳ、Ⅳ、Ⅳ、Ⅳ、Ⅳ	4
辽宁	Ⅱ、Ⅱ、Ⅳ、Ⅱ、Ⅱ、Ⅱ、Ⅱ、Ⅱ、Ⅱ、Ⅱ	2.2	西藏	Ⅴ、Ⅴ、Ⅴ、Ⅴ、Ⅴ、Ⅴ、Ⅴ、Ⅴ、Ⅴ、Ⅴ	5
江西	Ⅱ、Ⅱ、Ⅱ、Ⅱ、Ⅱ、Ⅱ、Ⅱ、Ⅱ、Ⅲ、Ⅲ	2.2			

资料来源：作者根据相关数据整理。

4. 不同类别区域间产业结构对比

参照上文的分类格局，分别以各个类别区域作为整体并进一步研究其产业结构。本文选取了3个年份的截面数据（分别为2001年、2005年和2009年）进行比较，如表4所示，表中只包括部分产值比例最大的行业数据，其中类V地区数据未包括在表4中，因其特殊性本文将单独讨论。

比较同一类别区域不同行业之间的静态数据可以发现，类Ⅰ区域属于资源贫乏地区，采掘业所占比例较低，但由于其在资本和技术上所具有的比较优势，资源加工行业所占比例较高。以2005年为例，4个资源加工和制品行业①的比例之和达到20%左右。类Ⅰ区域制造业发达，尤其是资本和技术密集型制造业，其中通信设备、计算机及其他电子设备制造业为工业行业中占比最大的行业，同样以2005年为例，其比例高达18.7%。类Ⅰ区域劳动密集型制造业也很发达，纺织、服装、鞋、帽制造业、电气机械及器材制造业和设备制造业占比均高。类Ⅱ区域资源较为丰富，采掘业所占比例大约在8%的水平。资源加工和制品业发达，2005年4个行业累积占比高达34%左右。与此同时，类Ⅱ所在区域具有劳动力资源丰富、劳动力价格低廉的比较优势，其劳动密集型制造业发达，2005年农副食品加工业、设备制造业和电气机械及器材制造业占比分别为7.6%、7.2%和4.2%。资本密集型制造业也有一定程度的发展，但与类Ⅰ区域相比仍存在较大差距。类Ⅲ区域资源丰富，采掘业比例高，2005年达到9.2%，4个资源加工和制品行业的比例之和也高达30%。类Ⅲ区域制造业发展水平一般，尤其是劳动密集型制造业，其发展水平与类Ⅱ相比存在较大差距。但类Ⅲ区域的交通运输设备制造业占比非常高，较高年份（2001年）达到18.9%，较低年份（2005年）也能达到14.1%。这主要受吉林、重庆和湖北3省数据的影响。分析该类中各省的空间区位分布可以发现，其大致位于"胡焕庸线"②的东南两侧（如图3所示），历史上又属于计划经济时代"三线建设"的第三线地区；而我国发展市

场经济主要为外来推动型，其影响力由沿海向内陆推进并呈现距离衰减特征，类Ⅲ区域因此受市场经济的影响小于类Ⅰ和类Ⅱ区域，计划经济的影响依然较大，交通运输设备制造业比例偏高便是缘于此故。类Ⅳ区域资源极其丰富，尤其是能源资源表现得更为突出。该地区采掘业比例非常高，能够达到超过20%的水平，较高年份（2001年和2005年）甚至超过工业总产值的1/4。受原料产地指向的影响，类Ⅳ区域资源加工和制品业比重也高，以2005年为例，石油加工、炼焦及核燃料加工业和金属冶炼及压延加工业占比分别高达14.3%和9.5%，4个资源加工和制品业的比例之和达到29.6%，资源开采、加工、制品业的比例之和超过工业产值的一半。由于类Ⅳ区域人口密度低，又基本位于我国的边陲地带，区位条件较差，因而不具有发展制造业的比较优势，类Ⅳ区域因此制造业发展落后。类Ⅴ仅包括西藏自治区，西藏由于位于高海拔的青藏高原上，自然条件极其恶劣，人口数量少且文化与其他地区差异大，西藏地区工业化水平几乎为零。少数行业如非金属矿物制品业、有色金属矿采选业、饮料和医药制造业在产业结构中占比较高，但其行业发展的绝对水平非常低，2009年产值水平基本不超过10亿元。

由2000~2009年各类区域产业结构变动来看，类Ⅰ和类Ⅱ区域采掘业比重基本维持不变，类Ⅲ有较大幅度上升，而类Ⅳ有所下降。农副食品加工业在类Ⅰ区域有所下降，而在其他3个区域均呈上升趋势，在类Ⅲ和Ⅳ上升幅度较大。纺织、服装、鞋、帽制造业在各类区域都呈下降趋势。总体而言，资源加工和制品业在类Ⅰ区域的比重基本保持不变，其他区域均呈上升趋势，其中类Ⅳ上升幅度最大，其次为类Ⅲ。类Ⅰ区域制造业发展水平在2000~2009年得到了较大程度的提高，这种提高无论是在劳动密集型行业还是资本密集型行业都表现一致，其他区域劳动密集型行业比重都有所上升，其中类Ⅳ区域上升幅度较大，而资本密集型行业都呈下降趋势。其中，类Ⅲ区域

---

① 4个资源加工和制品行业分别为纺织、服装、鞋、帽制造业和化学原料及化学制品制造业、非金属矿物制品业和金属冶炼及压延加工业。

② 胡焕庸线，即为我国地理学家胡焕庸在1935年提出的划分我国人口密度的对比线，该线北起于黑龙江瑷珲，南至云南腾冲，大致为倾斜45°的一条直线，该线东南36%的国土居住有96%的人口。

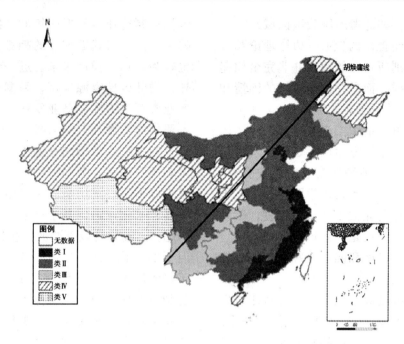

图3 依据产业结构相似度所得基本分类格局示意

下降幅度较大,这也进一步证明类Ⅲ区域交通运输设备制造业比重过高并非建立在资源合理配置的市场原则之上,其发展水平必然会在更具有比较优势的类Ⅰ和类Ⅱ区域的激烈竞争下不断被削弱。

表4 2001年、2005年、2009年不同类别区域部分行业产值比例

单位:%

	2001年				2005年				2009年			
	类Ⅰ	类Ⅱ	类Ⅲ	类Ⅳ	类Ⅰ	类Ⅱ	类Ⅲ	类Ⅳ	类Ⅰ	类Ⅱ	类Ⅲ	类Ⅳ
采掘业	1.3	8.0	6.9	26.6	1.4	8.1	9.2	26.5	1.5	7.9	12.7	21.1
农副食品加工业	2.6	7.3	3.9	3.7	2.1	7.6	3.3	4.1	2.3	7.9	5.8	5.9
纺织、服装、鞋、帽制造业	11.4	6.6	4.6	2.9	9.2	5.6	2.2	1.7	8.2	5.2	2.5	1.3
石油加工、炼焦及核燃料加工业	3.5	5.7	3.1	14.2	3.2	5.4	4.4	14.3	2.6	4.0	3.9	15.4
化学原料及化学制品制造业	6.6	6.8	8.1	3.7	6.2	6.9	7.4	3.8	6.5	7.3	7.1	4.8
非金属矿物制品业	3.4	5.8	4.2	3.2	2.8	5.3	2.8	2.0	3.1	6.3	4.3	3.4
金属冶炼及压延加工业	6.1	11.4	12.5	7.6	7.9	16.3	15.4	9.5	8.3	14.8	13.6	11.6
设备制造业	6.4	7.0	3.8	3.7	6.9	7.2	3.7	4.6	7.9	9.3	4.5	5.1
交通运输设备制造业	5.8	5.1	18.9	4.9	5.7	5.0	14.1	4.4	7.7	5.6	16.6	5.2
电气机械及器材制造业	7.6	4.7	2.2	2.3	7.4	4.2	1.6	1.9	8.6	4.7	2.4	3.2
通信设备、计算机及其他电子设备制造业	15.4	3.5	2.2	2.5	18.7	2.5	1.4	1.1	15.3	2.5	1.9	0.8
电力、热力、燃气和水的生产和供应业	4.5	7.1	7.9	8.5	6.3	7.8	21.0	14.9	6.1	6.1	9.4	9.9

注:纺织、服装、鞋、帽制造业为纺织业和纺织服装、鞋、帽制造业的合并项;金属冶炼及压延加工业为黑色金属和有色金属冶炼及压延加工业的合并项;设备制造业为通用设备和专用设备制造业的合并项。表4中数据由作者根据各省份统计年鉴数据整理。

5. 三个增长极的存在决定了基本空间分类格局

美国经济学家米尔顿·弗里德曼(M.Frideman)于20世纪60时代提出核心—边缘理论,用于解释区域经济发展原因及其内部各区域之间的经济技术联系。他将区域分成4个部分,依次为核心区、上进过渡区、下进过渡区和边缘区。通过本文所得出的分类格局(如图3所示)可以发现,按照产业结构特征进行划分,我国31省可以分成五类地区,其中,西藏地区基本表现为工业化社会中的"世外桃源",与其他地区缺乏经济联系,

是边缘区以外地区。如此考虑则我国区域经济发展非常符合弗里德曼提出的核心—边缘理论及其划分方法，但各类别所具有的特征并非完全如弗里德曼所描述的那样，而是在我国独特的国情和经济发展方式下具有自己独有的特征。

珠三角、长三角和京津二市是我国区域经济发展的增长极，其位于沿海地区，是我国发展对外经济的窗口和拉动我国经济高速增长的引擎。从图3可以看出，以三个增长极为圆心，距离不断向外延伸，增长极首先被类Ⅱ地区包裹，距离再远些是类Ⅲ地区，最后是类Ⅳ地区，增长极自身为类Ⅰ地区，除了海南和四川特殊外这种规律非常明显。

上文对各类别区域进行的产业结构对比可以作为我们考察各类别区域之间的经济技术联系。类Ⅰ区域制造业发达，是人口稠密之地，在经济发展梯度作用下有大量外地劳动力涌入，又是发展对外经济的最佳区位布局点，因而类Ⅰ劳动密集型产业发达。类Ⅰ区域同时又具有技术和资本优势，这从该区域资源贫乏但资源加工和制品业发达可以体现。因此，总体而言类Ⅰ区域经济发展主要依靠资本和技术。类Ⅱ地区区位优势仅次于类Ⅰ，其组成的省份基本为我国的人口大省，拥有众多的廉价劳动力，大量的人口流入类Ⅰ地区从事制造业。而近些年的"民工荒"现象，反映了外出人口就近就业的趋势。类Ⅱ区域制造业也较为发达，预计未来有进一步发展的潜力。此外，类Ⅱ区域资源丰富，采掘业占比较大，下游产业资源加工和制品业发达。类Ⅱ地区经济发展主要依靠资源和劳动力投入，且资源利用方式在开采和加工中更偏向于加工。类Ⅲ区域相对于类Ⅰ和类Ⅱ而言，劳动密集型制造业占比低，劳动投入并不是经济增长的主导生产要素。但其资源丰富，采掘业占比高于类Ⅱ地区且有进一步拉大的趋势。类Ⅲ区域资源加工和制品行业较为发达，但不如类Ⅱ地区。总体而言，类Ⅲ区域也是偏重于资源加工，其还有一个突出特点是交通运输设备制造业比例很高，总体上，类Ⅲ区域经济发展主要依赖自然资源投入。类Ⅳ地区采掘业比重非常高，其占工业比例远高于其他地区，可见其资源丰富程度以及资源开采在经济中所占的分量。该区域尤其是石油丰富，这可以从石油加工、炼焦及核燃料加工业所占比例看出，整体资源加工和制品业占比也高。该地区经济发展主要依赖生产要素为自然资源，利用方式为资源开采和加工并重。以上所论述的不同类别区域产业结构特点总结如表5所示。

表5　不同类别区域组成及其经济发展特征

类别区域	组成	经济发展特征
类Ⅰ	北京、天津、江苏、上海、浙江、福建、广东	依靠资本和技术投入
类Ⅱ	内蒙古、辽宁、河北、山东、河南、安徽、四川、江西、湖南、广西	依靠劳动力和资源投入；资源利用方式偏向于加工
类Ⅲ	吉林、山西、湖北、重庆、贵州、云南	依靠资源投入；资源利用方式偏向于加工
类Ⅳ	黑龙江、海南、陕西、宁夏、甘肃、青海、新疆	依靠资源投入；资源利用方式为开采与加工并重
类Ⅴ	西藏	工业化水平低

资料来源：作者根据研究结果总结。

四、结　论

总结文中聚类结果的动态变化规律，虽然部分省份在不同年份的聚类结果有一定程度上变动，但聚类结果基本保持固定格局不变，由此可以将我国31个省分成5个类别，各类别的划分及其基本特征如下：

类Ⅰ：包括北京、天津、江苏、上海、浙江、福建和广东7个省市。这些地区的共同特征是位于东部沿海，自然条件和区位条件优越，人口密集，有大量外来劳动力流入，区域自然资源贫乏，出口导向型经济显著，经济发展主要依赖资本和技术。

类Ⅱ：包括辽宁、内蒙古、河北、山东、河南、安徽、江西、湖南、广西和四川10个省。这些地区属于第二梯度地区，位于沿海或是毗邻沿海的内陆区域，紧邻沿海经济发达省份，人口较为密集，自然资源丰富。经济发展主要依赖劳动力和自然资源，资源利用方式偏重于加工，资本密集型行业也有一定程度的发展。

类Ⅲ：包括吉林、山西、湖北、重庆、贵州和云南6个省。这些地区位于中部纵深地带，除吉林和湖北地势较为平坦外，其余省均为山地地区，地势高，人口密度不如类Ⅱ。由于与东部沿海发达地区距离较远，区位条件不佳，但自然资源丰富，经济发展主要依赖自然资源，资源利用方式同样偏重于加工。与此同时，这些地区基本位于"胡焕庸线"两侧，由于计划经济时代产业布局的影响，使其交通运输设备制造业比重偏高，但随着我国市场化程度的加深其比重呈下降的趋势。

类Ⅳ：包括西北部的陕西、宁夏、甘肃、青海、新疆、最东北部的黑龙江和最南部的海南，共计7个省。这些地区基本为我国边陲地区，自然条件较差，人口密度低，这些省自然资源极为丰富，尤其是能源资源。经济发展主要依赖于自然资源投入，资源利用方式为开采与加工并重。

类Ⅴ：为西藏自治区。西藏位于青藏高原，自然条件恶劣，不具备工业发展的环境和条件，人口稀少，文化与其他地区差异较大，工业发展水平极低，西藏自然资源贫乏，基本处于未工业化阶段。

以上分类的空间规律可以同时证明三个增长极的存在，三个增长极也即为珠三角、长三角和京津二市（类Ⅰ）。其他类别的划分也基本呈现出其与增长极的空间距离的差异，依照距离增长极的远近，依次为类Ⅰ、Ⅱ、Ⅲ和类Ⅳ，类Ⅳ为边缘外地区。

通过文中的分析我们还可以得出结论，目前我国区域之间的劳动分工在一定程度上具有合理性，不同地区发挥了其比较优势，其原因是各类别区域资源禀赋不同，这成为产业发展过程中的硬约束。但我国不同省份之间产业结构同时存在趋同现象，同一类别中的省份之间趋同现象更加明显，这又说明我国地区之间劳动分工表现得并不合理。从过去10年经济发展的经验来看，地区之间并没有基于自身资源禀赋差异而建立更为合理的区域分工，相反，产业趋同在进一步加强，这种趋势无论是整体上，还是组内和组间都表现一致，我国经济发展过程中产业结构转换表现出各个类别的省份之间"齐步走"的现象。

参考文献

Poncet, Sandra. Domestic Market Fragmentation and Economic Growth in China [C]. Working Paper, 2005.

Yong A.. The Razor's Edge: Distortions and Incremental Reform in The People's Republic of China [J]. Quarterly Journal of Economics, 2000 (115).

鲍华俊，徐青，王德全. 长江三角洲地区制造业同构与经济效益的关系 [J]. 经济论坛，2004 (23).

白重恩，杜颖娟，陶志刚，仝月婷. 地方保护主义及产业地区集中度的决定因素和变动趋势 [J]. 经济研究，2004 (4).

陈耀. 产业结构趋同的度量及合意与非合意性 [J]. 中国工业经济，1998 (4).

陈耀. 对我国地区产业结构趋同要有准确判断 [J]. 经济管理，1998 (4).

贺灿飞，刘作丽，王亮. 经济转型与中国省份产业结构趋同研究 [J]. 地理学报，2008 (8).

胡向婷，张璐. 地方保护主义对地区产业结构的影响——理论与实证分析 [J]. 经济研究，2005 (2).

黄赜琳，王敬云. 地方保护与市场分割：来自中国的经验数据 [J]. 中国工业经济，2006 (2).

江世银. 我国区域产业结构形成及其趋同的历史分析 [J]. 中国经济史研究，2005 (1).

李钢. 新二元经济结构下的中国工业升级路线 [J]. 经济体制改革，2009 (5).

沈坤荣，马俊. 中国经济增长的"俱乐部收敛"特征及其成因研究 [J]. 经济研究，2002 (1).

沈立人，戴园晨. 我国"诸侯经济"的形成及其弊端和根源 [J]. 经济研究，1990 (3).

王志华，陈圻. 长三角省际贸易强度与制造业同构的关系分析 [J]. 产业经济研究，2007 (1).

夏兴园，李洪斌. 对转轨时期我国产业结构趋同的理论思考 [J]. 经济评论，1998 (6).

银温泉，才婉茹.我国地方市场分割的成因和治理[J].经济研究，2001（6）.

杨再平.我国资源配置中的地方干扰及其抑制试析.载董辅礽等著：集权与分权——中央与地方关系的构建［M］.北京：经济科学出版社，1996.

张可云.中国第三轮区域经济冲突凸现——国家"十一五"规划专家委员会委员张可云访谈［N］.南方周末，2007-03-22.

张平，李世祥.中国区域产业结构调整中的障碍及对策［J］.中国软科学，2007（3）.

朱同丹.长三角产业同构之我见［J］.江南论坛，2003（12）.

张文彤.SPSS统计分析高级教程［M］.北京：高等教育出版社，2004.

张晔，刘志彪.产业趋同：地方官员行为的经济学分析［J］.经济研究，2005（6）.

周耀东.我国地区产业结构趋同问题观点综述［J］.经济学动态，1998（11）.

（廖建辉，北京师范大学资源学院；李钢，中国社会科学院工业经济研究所）

适应重点产业发展需求的科技服务业产业生态

——以珠江三角洲为例

重点产业尤其是战略性新型产业是转变经济增长方式的重中之重、难中之难和关键突破口。当前，我国的战略性新兴产业正处于一个机遇与挑战并存的特殊时期，尽管我国的战略性新兴产业在很多领域取得了巨大发展，但与发达国家相比还有较大差距，还未完全超越起步晚、转化难、拥有自主知识产权少的境况。如珠江三角洲地区战略性新兴产业在发展过程中面临的问题主要有：一是原始创新能力不足，缺乏核心技术。二是技术研发能力不足。三是研发经费严重不足。四是科研成果转化难，转化率偏低。据统计，我国目前技术成果的转化率为 20% 左右，专利实施率还不到 10%，远远落后于发达国家，也落后于诸如韩国、新加坡等新兴工业化国家。五是产业化人才匮乏。六是产业结构比例失调，产业规模小。总体来说，也就是战略性新兴产业总体技术能力不高，战略专利、技术标准和主导设计受制于人；引进消化再吸收能力薄弱，模块集成创新能力薄弱；创新投入严重不均衡。针对战略性新兴产业在发展中存在的问题，科技服务从研发、技术测试、服务、维护等方面发挥着对战略性新兴产业的支持性作用，因此要加强科技服务对新兴产业在研发服务、技术成果、技术扩散、创新投资等方面的引领性作用。

科技服务业与重点产业存在直接和广泛的联系，具有较高的中间需求率，重点产业部门对科技服务业的需求快速增长，依赖程度增强。科技服务业成为研究开发链和重点产业链中不可缺少的服务性机构和服务性活动，科技服务业的发展必将有力推动重点产业发展快速走上依靠科技进步的轨道。随着我国社会经济的快速发展和科学技术的不断进步，以提供技术和知识服务为主要特征的科技服务业蓬勃发展，成为当今世界上科技与经济相结合中十分活跃且发展很快的领域之一。科技服务正在迅速成为现代服务业的核心内容，在第三产业乃至在整个国民经济中占有越来越重要的地位。本文从重点产业发展对科技服务业需求的视角，以珠江三角洲地区为例，对科技服务业产业生态进行初步探讨。

一、科技服务业与重点产业的内涵

1. 重点产业的内涵与特点

重点产业是在新的经济发展时期重点发展的产业，包括主导产业和战略新兴产业与高技术产业等。珠江三角洲地区已形成的主导产业包括现代服务业、先进制造业、优势传统产业等。其中，先进制造业包含重大装备和交通、通信、电力设备、通用和专用设备以及家用电器等；新兴产业与高技术产业包括电子信息、新能源、新材料、生物医药、海洋、航空等。这些重点产业发展的规模及在经济总量中所占的比重最大，发展趋势和对经济增长的影响力最大。

就主导产业而言，在经济发展的新时期，主导产业具有很高的创新率，能迅速引入技术创新，对一定阶段的产业结构升级转换具有重大的关键性的导向和推动作用，成为本身增长率较高、带动力较强的成长性产业。珠江三角洲地区主导产业体现出以下五个方面的特点：

（1）新阶段性，这些产业是新时期产业结构发展与调整的产物，是在改革开放时期培育、成长、成熟起来的主导产业。

（2）高创新性，在成长与成熟期具有很高的创新率。

（3）高增长性，增长率高于整个经济的增长率。

（4）高带动性，关联度比较高，带来一系列需求和外部经济效应。

（5）高扩散性，作为高梯度的创新源，在高创新率和高关联度的共同作用下，其先进技术在整个产业体系能迅速扩散，从而推动产业结构升级。

新兴产业与高技术产业是在经济增长方式转变过程中，承担着新的社会生产分工职能、代表着市场对产业结构的新要求及产业结构转换的新方向、体现高新科技产业化的新水平、处在形成期且具有一定规模和影响力的新型产业与高技术产业，是推动产业结构优化升级的新生力量。其具有以下特点：高成长性、高创新性、高引领性（新颖、导向、先进）。

加快发展主导产业，大力发展战略性新兴产业和高技术产业已成为珠江三角洲地区当前乃至未来一段时期转变经济增长方式、调整产业结构的重要目标。

2. 科技服务业的有关研究

关于科技服务业的理论研究与实践越来越受到高度的关注。国内对科技服务业的研究，从探索阶段进入到了理论形成期和实践深化阶段。按科技服务业企业在服务内容上的差异性，研究者们将科技服务业的众多功能划分为科技信息、科技设施、科技贸易、科技金融和企业孵化器五个子系统，分析研究了科技服务业的系统构成和功能作用（王晶，谭清美，黄西川，2006）。科技服务业在一定意义上决定着一个地区的创新能力和经济发展水平，部分学者从科技服务业发展水平、社会科技活动和科技服务业发展环境三个维度构建科技服务业服务能力的评价指标体系（陈岩峰，于文静，2009）。国外对科技服务业的研究主要内容大多集中在科技中介服务业和科技产业领域，包括科技产业集聚的机理、技术创新、组织创新、社会资本、经济增长与科技产业集聚的关系以及基于科技产业集聚的产业政策和实证研究方面。集聚能够提供培育产业、企业家能力和有利的商业环境。（Taylor，1980）。促进产业集聚的主要的向心力，包括知识的溢出效应、地方公共货物的供应、内部规模经济、外部规模经济、消费和生产结合的外部性、在与不同的代理商的贸易中获益（Palivos，Wang，1996）等。

二、科技服务业与重点产业供需链

1. 科技服务的功能与类型

科技服务作为一种科学技术的创新源，其高创新率能迅速引入和扩散技术创新。科技服务业作为创新的传导产业，其高创新率能迅速引入产业创新和企业创新。同时，作为新型的产业组织聚集，其新的经济增长效益能迅速推动新兴产业的成长与扩张。科技服务的类型根据其功能与作用可归纳如下：

（1）围绕研究与实验发展的科技服务，包括高新技术研发、科技成果孵化转化、技术贸易、科技成果交易、科技交流、推广服务业、技术检测、工程技术服务等。

（2）围绕创新的科技服务，包括技术创新服务、产品创新服务、品牌创新服务、工艺创新服

务、流程创新服务、金融创新服务等。

（3）围绕产品的科技服务，包括产品关键件核心技术研发、产品辅助技术研发、产品设计服务包括产品概念设计、产品功能设计、核心结构设计、产品造型设计、外装结构设计、商品包装设计等。

（4）围绕标准制定的科技服务，包括产品标准制定、标准平台建设服务包括信息平台、数据标准化平台、技术标准化平台、管理标准化平台等、质量标准体系服务、安全标准体系服务、环境标准体系服务、标准认证与维护服务。

（5）围绕经营管理的科技服务，包括企业管理服务、法律服务、咨询与调查（会计审计及税务服务、市场调查和社会经济咨询等）、科技金融、

战略策划服务、企业文化策划、管理流程策划、市场营销策划、企业运作策划、企业成本控制等。

（6）围绕知识管理的科技服务，包括企业人才开发包括人才测评、人才选拔、人才培训、知识管理、知识扩散、知识产权保护等。

（7）围绕信息的科技服务，围绕电信及其他信息传输的服务业（电信、互联网信息服务、广播电视传输服务和卫星传输服务）和计算机服务业包括软件应用开发与测试、计算机系统服务、数据处理和计算机维修、信息安全等。

2. 重点产业链同科技服务的偶合与匹配

从区域分析的角度看，产业链的构建受到区域自然环境、区位条件、现状基础、地域文化、历史背景、社会政治环境、生产技术等因素的影响。影响产业链形成与演化的因素主要有技术变化、需求变化、产品生命周期、创新影响、相邻产业结构的变化、企业战略、知识的扩散以及政府政策等。

以珠江三角洲地区电子信息产业的发展为例，

电子信息产业的每个领域几乎都涉及硬件、软件和服务业三大部分，其主链条抽象为硬件、软件、服务三个主要环节。在硬件—软件—服务产业链条上，软件和服务是电子信息产业链进入需求主导阶段后最具发展空间的环节。芯片及元器件—组件—整机产业链条上，芯片和元器件是技术含量较高、增值能力较强的产品，已成为当今世界电子信息产业竞争的核心。在研发—生产—销售产业链上，研发和销售环节是增值能力较高的环节，要努力向技术、市场两端靠拢。电子信息产业链形成的原因主要是由于需求结构的变化、政府政策引导以及市场竞争与引导等因素的综合影响，使得电子信息产业链从上游到中游，再到下游，形成一个完整的产业链条。产业链各环节对科技服务业产生了相关需求，同科技服务的各种功能和业务类型之间不断进行着动态的耦合与匹配，如图1所示。

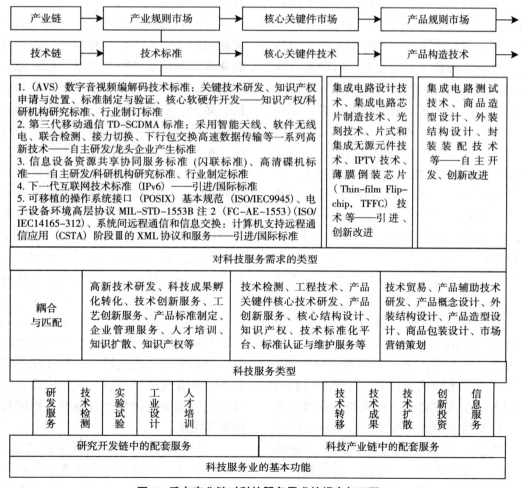

图1 重点产业链对科技服务需求的耦合与匹配

三、科技服务业产业生态系统

1. 科技服务业产业生态位

科技服务业产业生态位是产业生物因子与非产业生物因子在相互作用中选择、构建起来的。科技服务业产业生物因子包括本身拥有的人才、技术、知识、信息、物资资源、市场等因子，产业生物因子之间构成了类似于自然生态系统中的生态链，不同的链条之间相互交织形成了区域稳定的网络结构，价值、技术、知识和信息通过相互交织的网络在产业生物因子之间循环流动。非产业生物因子包括社会因子和相关产业因子。社会因子主要是对科技服务业产业的生存发展具有一定影响力的多种社会经济要素，如政策法规、经济环境、科学技术水平和社会文化背景等，相关产业因子是与科技服务业产业相关的上下游产业发展因子。科技服务业产业的生态位状态反映科技服务业在特定尺度下特定产业生态环境中的职能地位，既反映科技服务业在某一时期某一环境范围内的由自然资源、社会资源、人力资源以及信息资源等生态因子所形成的梯度位置，也反映科技服务业在经济生态系统的价值流动、科技传导、物质循环和信息传递过程中的角色，与其他产业以及社会环境构成的外部系统息息相关。合理构建物流业生态位，可以提高科技服务业的资源获取优势和利用效率，增强科技服务业的发展能力，优化产业链的供需模式，促进经济系统良性循环。

科技服务业产业的生态位变迁是科技服务业产业内部要素及自身特性与外部环境共同作用的结果。在科技服务业产业生态位构建过程中，必须根据所处的生态环境特征，选择适宜的生态策略以形成特定的生态位空间，实现协同演化。

产业生态系统由生产者、消费者、还原者、调控者以及环境系统构成，具有一定的结构和功能，多个相关的企业或者多个相关的企业组成的企业种群，存在着竞争和共生的耦合关系。产业上、中、下游层次的完整性、各层次内企业附加价值链的能力、企业集群、产业技术的完整性及商品化的经验是产业的基本内涵。科技服务业产业生态系统由产业生态位中的生物因子和非生物因子构成产业生态的基本框图。包括科技服务业产业生命支持系统的生存环境，即自然环境、经济环境、社会环境、政策环境以及资源环境等，同时包括技术、价值和信息流连接的上中下游产业链和终端消费市场，如图2所示。

2. 科技服务业产业生态环境

科技服务业形成与发展的影响因素包括：市场需求状况及变化趋势，包括科技服务业的市场容量与前景；投入要素供给状况及变化趋势，包括投入规模、速度与投入方式；相关辅助产业的发展状况及变化趋势；同重点产业的关联性与协调性；政府的相关政策与法规发展环境及其支持条件。

（1）资源环境。科技服务业作为珠江三角洲地区新兴高端服务产业培育与发展正当其时。资源的获取与利用所处的阶段是有形资源与资本开发利用的时代已经过去，依赖于无形的资源包括科技、知识、信息的时代已经到来。从企业利润源泉的寻求所处的阶段来考察，过去经历了3个阶段。第一利润源泉阶段是从劳动对象挖掘利润空间，实现了从依赖廉价原材料的采用到资源节约的转化。第二利润源泉阶段是从劳动力挖掘利润空间，实现了从依赖于廉价劳动力的使用到提高劳动效率从而节约人力资源成本的转化。第三利润源泉阶段是从劳动工具挖掘利润，实现了从依赖于利用现代化劳动工具到降低供应链各环节物流费用的转化。当今正面临进入第四利润源泉阶段，从生产力综合要素挖掘利润空间，通过科技、知识与信息挖掘利润，依赖于产品内涵、高附加值、创新驱动、内生增长。珠江三角洲地区人才资源、教育资源、科技资源、信息资源、科技服务平台资源等支持科技服务业发展的投入资源基础条件雄厚。

（2）经济环境。国际金融危机的发生及其深远影响的产生，促使各国对未来价值链与产业链重新进行战略性安排。跨国公司开始在全球范围内

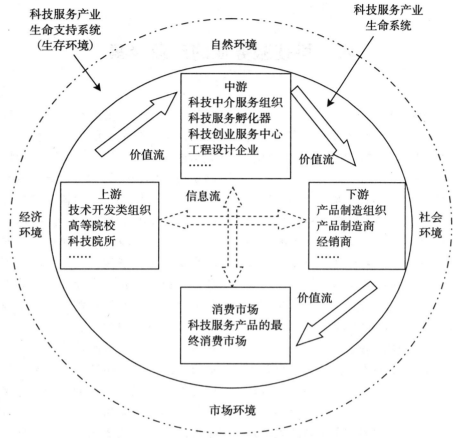

图2 科技服务业产业生态系统

重新筹划其研发、投资、贸易、生产、服务、融资、人才等经济活动，国际产业和技术转移出现新变化。产业分工深化与产业融合加速进行、服务科技化与科技服务化趋势显现、主导产业、新兴产业与高技术产业服务科技化发展步伐不断加快。珠江三角洲地区正面临大力推动经济发展方式转变和经济结构优化升级、推进改革开放和自主创新、注入经济增长活力和动力的关键时机。

（3）市场环境。珠江三角洲地区作为外向型经济前沿主要地区，随着外向型经济高速增长。对科技贸易需求快速增长。先进制造业结构与布局向合理化方向发展、规模迅速扩大，与科技服务业的融合日趋紧密，先进制造产业链延伸的各类科技服务需求市场结构与布局初现端倪，规模与潜力快速扩张。新兴产业发展的推进速度与区域产业聚集布局的协调发展正在带动与之相匹配的核心技术研发、创新服务、科技金融服务等高端科技服务业集群的形成。高新技术产业的高速增长和规模市场的形成对高新技术科技服务业配套

构筑了需求市场空间。

（4）政策环境。从战略目标性文件到规划、扶持一系列政策出台，如《关于加快建设国家创新型城市的若干意见》、《珠江三角洲地区改革发展规划纲要（2008~2020年）》、《广东省委广东省人民政府关于加快建设现代产业体系的决定》、《珠江三角洲产业布局一体化规划（2009~2020年）》。规划重点城市配套政策，如《深圳市综合配套改革总体方案》、《深圳国家创新型城市总体规划（2008~2015年）》、《中共深圳市委深圳市人民政府关于加快建设现代产业体系推进产业转移和劳动力转移的若干意见》，等等。

（5）自然生态环境。能源、气候和环境问题日益成为国际政治经济共同关注的新焦点，西方发达国家纷纷做出跨越国际金融危机的先导性战略安排，大力战略发展新兴产业与高技术产业成为我国产业发展重要战略目标，如资源消耗向知识资源转型，环境保护变成产业发展的重要环节，发展低碳经济节能减排，提高产品附加值等。

四、科技服务业的产业聚集

1. 产业聚集遵循的原则

(1) 适应性原则。适应重点产业发展需要,适应重点产业结构与布局以及增长速度与增长规模,满足重点产业对科技服务的需求。

(2) 先导性原则。发挥科技进步的作用,通过科技服务业的传导机制引领主导产业和新兴产业发展方向,有效提升主导产业发展的技术创新环境与服务配套水平,着力解决新兴产业成长过程中的前沿与核心技术研制约瓶颈。

(3) 匹配性原则。按照重点产业的发展规划与发展趋势,实现空间布局上的匹配、发展规模上的匹配和服务类型与领域的匹配。

(4) 协调性原则。形成各经济圈、城市群各市之间产业整体融合、关联互补、共生协同的科技服务产业群空间布局。

(5) 重点发展原则。根据科技服务业所处的发展时期与阶段以及需求特点,应突出科技服务业的重点引领特色,围绕重点产业、聚集重点区域、分布重点城市、着力重点领域推进科技服务业发展。

2. 产业聚集与形成路径

根据重点发展的原则,科技服务业重点领域的聚集分布应同重点城市的重点产业特色相适应和互动匹配。科技服务业产业聚集应同重点产业布局紧密匹配、协同发展,从科技服务业类型、发展规模和空间布局三方面展开。近几年,《广东省委广东省人民政府关于加快建设现代产业体系的决定》、《珠江三角洲地区改革发展规划纲要(2008~2020年)》、《珠江三角洲产业布局一体化规划(2009~2020年)》等对珠江三角洲区域提出了产业布局。据此,珠江三角洲区域应根据两类重点产业需求推进科技服务业的培育与成长。一是根据先进制造业的需求(如制造中心、产业基地、产业集群)和产业链的延伸需要,细化科技服务业产业分工,完善科技服务业同先进制造业的配套,逐渐形成协同发展的布局。二是根据战略新兴产业与高新技术产业的需求,如以深圳和广州高技术产业集聚区为核心,以国家级、省级高新区和多个国家级高新技术产业集群为载体,建设我国乃至世界重要的战略性新兴产业和高技术产业高地的需要,建立适应"由深圳、广州两个核心城市,佛山—广州—东莞—惠州—深圳高技术产业密集带构成的'两核一带'总体布局"要求的科技服务业协调匹配发展的格局。

围绕三大经济圈构建科技服务业集群。一是围绕深莞惠经济圈,构建以深圳为中心的现代服务业、以战略新兴产业为核心的先进制造业相匹配的科技服务业产业集群。二是围绕广佛肇经济圈,构建以广州为中心的现代服务业、以装备制造业为核心的先进制造业相匹配的科技服务业产业集群。三是围绕珠中江经济圈,构建以珠海为中心的重大成套装备为核心的先进制造业、依托优势发展战略新兴产业相匹配的科技服务业产业集群。以3个经济圈中的9个城市为重点布局科技服务业重点领域。

重点城市科技服务业发展的重点领域同各城市的重点产业特色相适应。广州科技服务业的重点领域应同国际产业服务中心相适应;佛山科技服务业的重点领域应同佛山构建国际产业制造中心相适应;肇庆科技服务业的重点领域应同肇庆打造传统产业转型升级聚集和重大装备制造配套基地相适应;深圳科技服务业的重点领域应同深圳构建国际产业创新中心相适应;东莞科技服务业的重点领域应同东莞构建国际产业制造中心相适应;惠州科技服务业的重点领域应同惠州打造世界级石化产业基地相适应;珠海科技服务业的重点领域应同珠海构建国际重大装备制造业中心相适应;中山科技服务业的重点领域应同中山科技服务业的重点领域应同江门打造国家级先进制造业基地相适应。

参考文献

姜大鹏,顾新. 我国战略性新兴产业的现状分析 [J]. 科技进步与对策,2010(9).

刘志阳,施祖留. 我国战略新兴产业自主创新问题与

对策研究 [J]. 福州论坛，2010 (8).

张金水，李志清，廖志坚. 广东科技服务业发展状况研究 [J]. 广东科技，2009 (12).

王晶，谭清美，黄西川. 科技服务业系统功能分析 [J]. 科学学与科学技术管理，2006 (6).

程梅青，杨冬梅，李春成. 天津市科技服务业的现状及发展对策 [J]. 中国科技论坛，2003 (3).

（沈小平、尹华杰、朱黎冰，深圳大学经济学院）

后危机时期京津冀区域产业升级研究

后危机时期，我国由于随着劳动力工资、资源价格、环境成本、土地成本的上升，传统低成本的比较优势逐渐丧失；发达国家推行再工业化，制造业在经济中的地位重新得到重视；以新能源、环保、生命科学技术为核心的低碳新兴产业加速崛起，并成为新经济增长点；西方国家对工业保护加强，贸易保护主义重新抬头；在资源环境矛盾加剧条件下要求降低能耗和排放强度，这些"倒逼"机制使京津冀产业面临着巨大的转型升级压力。

一、京津冀产业升级研究综述

对产业升级的研究，国外学者主要集中在产业升级的含义界定、影响因素、实现方式等几个方面。在20世纪90年代末之前，学者主要关注"产业结构调整"，如刘易斯的二元结构转变理论、赫希曼的不平衡增长理论、罗斯托的主导部门理论和筱原三代平的两基准理论。而从Gereffi（1994，1999）等人开始，则从全球价值链（GVC）的视角，将"产业升级"视为由低技术水平、低附加值状态向高新技术、高附加值状态的演变趋势。一些学者主要着眼于集群生命周期（Tichy，1998）和区域创新网络视角（Philip Nichol Cook，1994）来研究升级的路径。在我国，理论界过去对产业升级概念的理解，也主要基于"产业结构调整"，认为产业升级的过程，就是产业结构高级化、合理化的过程，近年来形成了越来越多的"价值链升级"思路。国内学者还从我国产业升级的背景（陈佳贵，2010）、战略选择（江小涓，2009）、产业分析和区域空间安排（金凤君，2010）等方面进行了深入研究。

关于京津冀产业升级的研究有：吴良镛的《大北京城市空间发展规划报告》（2001）认为要将北京建设成为国际大都市，有必要同天津、唐山、保定、廊坊等城市结合起来共同发展，建立大北京地区城市共同体。孙久文的《首都经济圈区域协调发展研究》（2004）认为京津冀已处于要素一体化阶段，下一阶段应重点研究政策一体化问题。北京大学杨开忠教授认为，京津冀产业分工继续深化，在经济一体化的同时，社会政策一体化和生态一体化也在大步推进，已进入到科学发展新阶段。中国社科院魏后凯研究员认为，当前中国已进入都市圈群体竞争的时代。北京社会科学院梅松副院长认为，由于首都圈内京津冀三地处于不同发展阶段，为区域产业合作提供了驱动力和发展空间。

二、后危机时期世界产业升级的趋势

1. 制造服务化

工业经济向服务经济的转型，生产性服务环节已经成为制造业的一部分，是价值链增值的一个主要驱动力。

2. 制造高端化

制造向高附加值环节集中，如美国发达国家制造业在总的 GDP 比重是下降的，但是在全球制造业的份额没有明显变化，其原因在于保留制造业一些高附加值环节，将低附加值环节转移至发展中国家。

3. 产业生态化

绿色、低碳科技产业发展已经是一个全球趋势，造就了以低碳技术、绿色制造、循环经济为特征的相关产业。

4. 价值链深化

从全球价值链（GVC）的视角，认为产业升级一般依循工艺流程升级—产品升级—产业功能升级—链条升级的路径进行。原来分工都是行业间、产品间分工，现在到产品内部，就是把每个生产部分放到成本最低的区位上，构成一个全球化生产网络。由于这些变化，人力资本的贡献在明显的加大。

5. 服务外包化

产业升级的关键在于价值链关键环节的突破，比如研发、设计、标准、营销网络、供应链管理、品牌、技术服务等，而这些都是生产型服务业。

总的来看，后危机时期世界产业升级是从低附加值向高附加值升级、从高能耗高污染向低能耗低污染升级、从粗放型向集约型升级，其实质上是产业创新、产业替代以及产业融合的过程。

三、当前京津冀产业发展阶段判定

1. 北京已进入工业化后社会，产业升级的主要方向是提升服务业中现代高附加值的服务业（如战略新兴产业）比重

作为国家首都、京津冀都市圈核心城市的北京，在全国已率先进入工业化后社会。其判定依据为：①从人均 GDP 来看，2009 年，北京人均 GDP 达到 68788 元，按年均汇率折合为 10070 美元，突破 1 万美元。②从产业结构及其贡献来看，2009 年，北京市三次产业结构为 1∶23.2∶75.8，2008 年其三次产业就业结构为 6.4∶21.2∶72.4。从三次产业贡献率来看，进入 21 世纪以后北京第三产业对 GDP 的贡献率一直保持在 70% 以上。2001~2008 年，第三产业对 GDP 的平均贡献率达 73.5%，其中 2008 年第三产业对 GDP 的平均贡献率达 92.1%。③从第三产业内部结构来看，北京第三产业的发展表现出内部结构高度化的趋势，一些新兴行业产值增长速度较快，像通讯、金融、保险、企业服务、不动产以及卫生保健、教育、文娱等部门。2009 年，文化创意产业实现增加值为 1497.7 亿元，比上年增长 11.2%，占地区生产总值的比重为 12.6%。高技术产业实现增加值 916.7 亿元，增长 7.6%，占地区生产总值的比重为 7.7%。生产性服务业实现增加值为 5878.9 亿元，增长 9.8%，占地区生产总值的比重为 49.5%。④从产业结构协调度来看，农业的相对比重逐年下降，体现了农业在北京市国民经济中所占地位的下降；在第二产业中呈现上涨趋势的只有采选业、通信设备、计算机及仪器仪表制造业、水的生产和供应业三个部门，其余均呈下降趋势，这说明了北京市的工业竞争力不强；第三产业中呈上升趋势的占了绝大多数，下降趋势的分别是交通运输及仓储业、批发和零售贸易业、旅游、住宿和餐饮业、其他社会服务业、公共管理和社会组织，主要是传统服务业。

2. 天津处于工业化后期阶段，产业升级的主要方向是发展高附加值的重化工业、现代制造和提升服务业

天津作为中国北方经济中心，其总体处于工业化中后期阶段。其判定依据为：①从人均 GDP 的水平看，2009 年，天津人均 GDP 按当年汇率换算超过 9000 美元，表明天津处于工业化后期阶段。②从产业结构来看，2008 年，天津市三次产业结构为 1.9∶60.1∶38，第三产值比重即使 2010 年达到人均 GDP 10000 美元时其比重也不会超过 50%，滨海新区作为中国第三增长极，根据中国第一增长极深圳和第二增长极上海的经验，达到 10000 美元并不意味着天津就步入后工业化时代，因此天津很可能在"十二五"期间都还处于工业化后期并开始向工业化后社会过渡阶段。③从霍夫曼系数来看，2007 年，其轻重工业比重为 17.42：82.58，工业结构高度化趋势明显，并开始由一般加工工业为中心向更高级的技术密集型加工工业为中心转变。在此发展阶段，天津应以合理的产业政策为导向，以大力发展装备制造业为核心，重点应该是重工业中的高新技术产业，包括电子信息设备制造、精细化工、机电一体化的产品。

3. 河北处于工业化中期阶段，产业升级的主要方向是继续提升工业化程度和发展环保型可循环的重化工业

河北处于工业化中期阶段。其判定依据为：①从人均 GDP 的水平看，2009 年，河北人均 GDP 达 24283 元，按当年汇率换算为 3556.3 美元，表明河北处于工业化中期阶段。②从产业结构来看，

2008 年，河北三次产业结构为 12.57：54.22：33.21，第二产业尤其工业是拉动河北经济增长的主要力量，第三产业在产业比重和贡献上都还落后于第二产业，由此判定河北处于工业化中期第二阶段。③从霍夫曼系数来看，2007 年，其轻重工业比重为 21.4：78.6，工业化进入重化工阶段，工业结构高度化趋势明显，并开始由一般加工工业为中心向更高级的技术密集型加工工业为中心转变。④从"高加工度化"程度来看，按全部大中型工业的工业总产值计算，重工业中的加工工业比重，2006 年为 61%，表现出了明显的工业化中期的高加工度特征，说明河北工业已经从原材料为中心的基础型重工业转向了以设备制造加工为中心的加工组装型重工业，进入高加工度阶段，即工业化中期第二阶段。

四、后危机时期京津冀产业合作可能性研究

京津冀产业发展面临多重任务，不仅包括发展模式的转型、产业结构的优化升级，还包括产业在区域空间上的扩散、集聚与整合，产业链在区域范围内的对接与分工等。京津冀产业存在较大差距，以新型产业分工为基础，完全有可能在区域内形成拥有基础产业、高端制造业与现代服务业等错位竞争、合作发展的新型产业分工格局。

1. 京津冀存在资源互补

北京是我国科技实力最雄厚、人力资本最丰富的地区，国家级科研机构大多坐落在北京，高等院校云集，科技投入和科技成果远远超过国内其他省市，因此，第三产业发展基础雄厚，对经济发展的贡献度也高。天津具有较好的科技、人才基础，但更突出的是大项目和制造业。天津制造业在总体规模和技术密集度方面处于全国领先地位。河北省虽然经济发展水平相对较低，但在区域经济发展中也具有很多优势。工业具有一定基础，劳动力资源丰富，在构建区域产业链、提供配套产品方面具有一定的竞争力，与京津可以形成产业互补关系。特别是在资源供给（包括农产品供应）和物流方面，河北省对北京、天津贡

献很大。三地若能形成良性经济互动关系，能够产生相互促进的共赢局面。

2. 京津冀在发展阶段上具有不同步性

正如本文第一部分所分析，京津冀三地在发展阶段上具有不同步性：北京已率先迈向后工业化社会，天津正处于工业化后期，而河北正处于工业化中期。处于不同发展阶段的城市，其发展目标、产业重点和利益需求有很大不同，特别是后危机时期，北京产业发展的首要任务是实现"升级"，因此"扩散"传统制造业和重化工业、大力发展"高端"制造业和现代服务业是必然趋势。天津及滨海新区产业发展的首要任务是"集聚"，在把现代制造和现代物流做大做强的基础上，向高端化发展，加快由制造经济向创造经济、生态友好型经济转型。而河北则主要发展钢铁、石化、现代装备、现代制药等重化工业。目前，京津两大城市的功能已经开始由以聚集为主转向以扩散为主，日益加重的资源、环境压力也要求其将一些不适应的产业向外围扩散。河北环京津周边市县应主动积极地做好其外迁企业的承接工作。京津冀产业的发展重点和经济的内在需求，

恰好为三方产业对接提供了历史契机和基本条件。正是由于京津冀发展阶段的不同步性，三次产业具有"三二一"与"二三一"的错位性，这为北京生产性服务业与天津现代制造业的结合、北京科技研发与天津现代制造及河北重化工业的对接、北京重化工业转移与河北重化工业链接等提供了契机。

3. 京津冀存在产业结构的梯度

首先，从经济和技术发展程度来看，京津冀三地在技术上存在梯度差距，并进而形成了产业的梯度差距，技术水平、产业结构水平由高到低呈北京→天津→河北的格局，由于存在产业上的梯度差，北京、天津与河北在产业结构上具备了梯度转移的条件。其次，从地理位置来看，京津冀地域相连，三地间的交易成本和生产要素结合成本低廉，可以大大提高生产要素的利用效率，降低产业结构的转移和调整成本，这就使京津冀具备了产业转移的地利条件。再次，从经济联系来看，京津冀在区域规划、产业政策等方面都将受到国家一定程度的支持，三省市在地理位置上的相依性和生产要素禀赋的互补性，使京津冀具备了相互合作的条件，可以做到优势互补。北京利用产业转移契机，将大量从事低科技附加值产业的工人转移出去，从而缓解北京城区人口及交通压力。

五、后危机时期京津冀产业发展趋势及战略重点

根据上述分析，本文认为京津冀产业升级的目标应该是：从价值链低端向价值链中高端转变；加快从以价格竞争为主向以价值竞争为主的转变，就是质量、品牌、服务的竞争；由"高投入、高排放"向"高效益、低排放"的发展模式转型。

北京由于其城市发展阶段与产业结构明显高出周边城市和地区，加之北京建设世界城市的步伐不断加快，随着产业结构的优化升级和部分传统制造业的扩散转移，必将促进周边城市和地区的产业集聚、产业链接、产业升级。在京津冀都市圈逐步形成新型产业分工格局的过程中，北京始终扮演着科技引领、服务支撑和产业联动的重要角色。滨海新区和曹妃甸作为京津冀都市圈未来的两大引擎，为了更好地竞争与合作，其分工为天津滨海新区主要发展先进的制造业，而曹妃甸则主要发展钢铁和化工。在港口上，天津港应主要发展集装箱运输，曹妃甸和黄骅港则主要发展散杂货运输。在产业布局上，曹妃甸的先天条件决定了其经济的重化工特点，只能围绕钢铁、石油、电力等基础产业来布局，而天津完全可以在更高层面上，在金融业、服务业和高新技术产业等方面进行重点突破。具体产业选择来说：

第一，北京应大力发展生产型服务业，尤其是与战略新兴产业相关的生产型服务业。目标是促进制造的服务化、服务的知识化，实现服务由低端向高端服务延伸。利用现在国际服务外包迅速发展时机，大规模吸收服务外包，学习国际经验并自主化。

第二，天津应发展高附加值的重化工业、现代制造和提升服务业。

第三，河北主要应改造提升传统产业。主要有三个方面：一是推进传统重化工向现代重化工转型。二是劳动密集型产业应提升人力资本，提升劳动力素质向劳动、知识、技能相结合的制造业和服务业的方向转型。三是加工贸易应运用高技术，产业由原有加工组装为主，向自主研发、设计、制造延伸。

第四，京津冀三地都应积极发展战略性新兴产业，抢占未来国际产业竞争的制高点。所谓战略性是指这些产业对于经济社会全局和长远发展具有重大引领带动作用。新兴是指目前尚处于发展初期，但未来发展潜力巨大。战略性新兴产业是新兴科技和新兴产业的深度融合，既代表科技创新的方向，也代表产业发展的方向。

六、后危机时期京津冀产业升级对策

1. 从分析京津冀空间规划新布局入手，研究京津冀产业对接的重点区域

从京津冀三地发展阶段的不同步性、产业结构的错位性、产品结构的差异性以及产业链环节的不同层次性等多重视角，来分析重构区域新型产业分工格局的可能性与现实基础。在高技术产业和制造业对接上，北京的高技术发展、科技资源和技术成果，明显优于天津，但高技术产业效益，天津优于北京。在京津冀制造业上，认为可采取多种途径来实现，如汽车产业——错位发展，装备制造业——强强联合；石油化工——产业链联动。北京科技研发与天津、河北现代制造的对接，可采取产业链对接，即研发、营销和管理控制等总部功能在北京，生产制造在天津，产业配套在河北，还可以共建合作项目、结成战略联盟、打造产业共同体等方式实现对接。在京津冀物流合作上，可从京津冀地区物流的"点、线、网"的建设入手，从共建天津东疆保税港区、河北曹妃甸港区入手。应加快京津与冀之间的市场对接、产业融合，优先向环京津贫困地区实施产业转移，将产业链向周边地区延伸。积极探索建立京津冀"双赢"或"多赢"的区域间协作发展机制，充分吸纳京津周边贫困地区的劳动力，将支持周边贫困地区的发展作为京津可持续发展的战略举措，建立长效的支持机制。

2. 进行体制机制创新

一是要梳理产业为什么要升级、升级什么以及如何升级等环节存在的体制机制障碍并加以解决。二是需要研究科技如何与产业的结合，如何使企业成为研发的主体。三是建立并完善科技成果转移机制。四是建立符合战略性新兴产业特点和要求的资本市场。五是改革管理体制，如完善新能源和节能环保产业的价格形成机制，完善生物医药产业的新药审批程序。

3. 改进产业发展的配套条件建设，促进产业健康发展

围绕重点产业，发展与其相关的各种上游产业和下游产业。消除企业和产业流动的制度和政策障碍，为企业和产业依据市场规则向某些区域聚集创造条件。大力发展产业发展所必需的各种形式的生产服务业。健全产业管理体制，适当加强政府在产业规划指导和综合协调方面的职能，合理发挥产业主管部门和行业协会在促进工业发展方面的作用。加强都市圈内部产业发展的规划协调。主动在资源开发、市场开拓、产业结构调整、重大项目安排和可持续发展战略实施方面与各省市进行协调，达成共识。统筹规划和建设区域基础设施网络，联合开发港口、机场、高速路、铁路、水利、能源等领域的重大项目，联合进行信息基础设施建设。进一步完善城市道路网和轨道交通网，建立以公共运输网络为主体，以快速交通为骨干的综合交通体系。培育产业发展的各种生产要素的区域性市场，组建区域性银行和产业发展的共同基金，优化产业配置。

参考文献

孙久文等. 京津冀都市圈区域合作与北京国际化大都市发展研究 [M]. 北京：知识产权出版社，2010.

祝尔娟. 全新定位下京津合作发展研究 [M]. 北京：中国经济出版社，2009.

吴敬华，祝尔娟，臧学英，王欣，张玉庆. 中国区域经济发展趋势与总体战略 [M]. 天津：天津人民出版社，2007.

郝寿义. 区域经济学原理 [M]. 上海：上海人民出版社，2007.

曹宝钢等. 京津冀协同发展前沿研究 [M]. 北京：中国经济出版社，2007.

（叶堂林，首都经济贸易大学城市学院）

全球价值链与广东汽车产业集群发展

随着中国经济的腾飞，全球价值链在延伸。21世纪，中国汽车工业必将面临快速发展的历史机遇，在抓住这一机遇的过程中，广东汽车工业正以集群化趋势演化。本文从全球价值链视角对广东产业集群"锁定效应"进行了一些初步探讨。

一、问题的提出

在激烈的全球化竞争背景下，产业集群嵌入全球价值链呈现不同的阶段性演化特征。联合国工业发展组织（UNIDO, 2002）在2002~2003年度工业发展报告《通过创新和学习来参与竞争》（Competing Through Innovation and Learning）中指出："全球价值链是指在全球范围内为实现商品或服务价值而连接生产、销售、回收处理等过程的全球性跨企业网络组织，涉及从原料采集和运输、半成品和成品的生产和分销、直至最终消费和回收处理的过程。它包括所有参与者和生产销售等活动的组织及其价值利润分配，并且通过自动化的业务流程和供应商、合作伙伴以及客户的链接，以支持机构的能力和效率。"汽车工业作为地方重要的支柱产业，其集群化趋势是提升区域竞争力的重要手段，它通过地理区位积聚获得低生产成本、低交易成本、低物流成本和高效协作与专业化分工优势。但是，汽车产业集群也存在"锁定"现象，导致其徘徊在价值链低端和创新不足。对此现象的研究具有明显的现实意义。

二、广东汽车产业集群发展的现状

广东汽车产业发展起步较晚，相关数据表明，1999年广东汽车工业利润排在全国末位。从2000年开始，广东汽车产业飞速发展，当年实现产值124.33亿元。到2006年，广东汽车产业产值达到1168.20亿元，成为广东首个超千亿元产业。到2010年，广东汽车工业产值月均在250亿元左右，全年的总产值超过3000亿元，约占全国份额的10%，与2000年相比，产值约增长23倍。目前，汽车制造业已成为全国同行最大的产业之一（仅次于山东），是广东九大支柱产业之一，也是拉动广东工业经济增长的重要引擎。

广东汽车及零配件产业集群具有以下鲜明特点：一是企业自发，市场主导，政府引导。二是以日本的技术和产品为主，集群内部兼容性很强，技术和产品相对国内较为先进。三是集群的产品一开始就面对海内外两个市场，具有高度外向性。

广东汽车及零配件产业集群发端于广州本田的成功实践。在广州本田示范影响下，日本其他汽车制造企业纷纷为广东汽车制造业发展前景所吸引。2000年，日产公司和东风公司合资的轿车项目落户在广东的花都。2003年5月，本田公司又与广东汽车集团以及东风公司进一步扩大合作，在广东出口加工区合资建设轿车生产及出口项目。2004年，丰田汽车公司与广东汽车集团签署了合作协议，在广东建设轿车合作项目，标志着本田、丰田和日产三家最具影响力的日本汽车制造企业全部云集广东。这些汽车巨头的落户，与广东周边地区的近百家汽车零部件企业共同形成了具有鲜明异地背景的广东汽车产业集群。

从地理上来看，广东汽车及零配件产业分布在花都、增城、黄埔和南沙开发区等地，特别是花都、增城、黄埔等地已经形成集群。

1. 花都汽车及其零配件产业基本情况

自2003年东风日产乘用车公司在花都挂牌成立以来，以东风日产乘用车公司为核心的汽车产业集群已发展成为花都工业经济的重要支撑。花都先后引进东风日产研发中心、36万台产能的发动机项目、优尼冲压和一批汽车零部件项目及华南理工大学广东汽车学院等，初步完成了50平方公里的花都汽车城首期15平方公里的开发。2006年，汽车工业产值达到345.13亿元，整车年产量为20.17万辆，实现产值289.58亿元，汽车零部件工业实现产值55.55亿元。2003年，花都汽车城被批准为省汽车产业基地，2005年，被国家科技部批准为"国家火炬计划广东花都汽车及零部件产业基地"。截至2007年底，累计落户花都汽车城的相关企业达到128家，其中，世界500强企业参与投资的就有11家。2009年，花都汽车产业发展势头强劲，全年产值达817.40亿元，增长44%；其中，东风日产累计生产整车52.30万辆，产值644.53亿元，销售51.90万辆，分别增长47.7%、50.4%和48.1%。短短10年内，花都初步形成以乘用车及零部件产品研发、制造及相关服务业为发展重点规划建设的整车生产区、汽车研发区等九大功能区的汽车产业集群，并延伸了包括汽车研发、整车制造、零配件生产、汽车贸易等在内的相对完善的汽车产业链。

2. 增城汽车及其零配件产业基本情况

增城市汽车工业起步于2000年，主要标志是广州本田增城工厂的建设。到2004年，增城市共有汽车及其零配件生产企业19家，完成工业产值24.12亿元。其中，整车生产企业3家，年产值达1亿元以上的企业有4家，年产值达1000万元及以上的有6家。主要分布在新塘镇和中新镇，主

要生产零配件产品有发动机、坐椅、空调、内饰件、弹簧、灯具、轮胎、轮毂等，配套对象主要包括广东本田、广东丰田、广东宝龙等汽车整车生产企业。随着广东本田增城工厂建成投产，其年内产量已达到1.88万辆。2006年，全年汽车及其零部件产业实现规模产值77.74亿元，增长143.08%。从2007年开始，增城市加快了汽车工业的推进步伐。增城市按照广州市"东进"战略，以园区为载体，大力发展汽车、摩托车及其零部件产业等先进制造业，与黄埔、广州开发区形成了三点一线的广州东部汽车产业带，已经成为广州市三大汽车产业板块之一。广州东部（增城）汽车产业基地规划控制面积为22平方公里，预计总投资50亿元，目前正在开发建设首期6平方公里，以打造广州东部汽车产业高新化、集群化、规模化发展的核心区域为目标，以广本增城工厂为龙头，以汽车、摩托车及其零部件产业集群发展为主导，大力发展高质量经济，力争5年内汽车集群产值达到1000亿元以上。2009年，增城规模以上汽车制造业完成产值323.24亿元，同比增长13.7%，其中，广汽本田增城工厂完成工业产值238.94亿元，同比增长14.13%。预计未来5年内增城汽车集群产值达到1000亿元以上。

3. 黄埔汽车及其零配件产业基本情况

黄埔汽车工业起步于2000年，主要标志是黄埔区广州本田汽车有限公司整车厂建设。至2004年，黄埔区汽车产业生产轿车为202312辆，占全市汽车产量的79.49%，完成工业产值325.87亿元，占全市汽车行业工业总产值（含零部件）的51.73%；拉动区工业增长16.01个百分点，拉动总体经济增长10.51个百分点。从2004年开始，黄埔区加大了汽车工业的推进力度，制定了专门的汽车产业园区发展规划。现在正在规划建设的汽车产业专业园区有将军山、状元山、横沙汽车零部件工业基地和沧联汽配园区。将军山汽车零部件工业基地，位于广州深公路以北，开发大道的两侧，广深铁路支线以东，总面积为91.55公顷（1373亩）。状元山汽车零部件工业基地位于规划中的护林路程（文冲段）两侧，广园东路，总面积为36.7公顷（550.5亩）。横沙汽车零部件工业基地位于广州本田厂以东，广园东路以北，丰乐北路以东，用地面积约50公顷（750亩）。沧联汽

配园区占地约 17 万平方米，建成后将建有 16 万平方米标准厂房，现已建成 7 栋 7.5 万平方米，已引进三樱制管等 2 家汽车零部件企业。2009 年，黄埔汽车产业保持快速发展，广汽丰田汽车新车型"汉兰达"下线，产销两旺。2009 年，黄埔汽车产量为 20.96 万辆，实现产值 388.28 亿元，增长 28.03%，增速比行业平均水平高出近 10%。目前，黄埔将成为广东最重要的汽车零部件及配套基地。

三、影响广东汽车产业集群发展的"锁定效应"及原因分析

"锁定效应"本质上是产业集群在其生命周期演进过程中产生的一种"路径依赖"现象。阿瑟（Arthur W.B.）最先做出关于技术演变过程中路径依赖的开创性研究。阿瑟认为，新技术的采用往往具有收益递增的机制，先发展起来的技术通常可以凭借先占的优势，实现自我增强的良性循环，从而在竞争中胜过自己的对手。与之相反，一种较其他技术更具优势的技术却可能因晚到一步，没有获得足够的支持者而陷于困境，甚至"锁定"（lock-in）在某种恶性循环的被动状态之中难以自拔。学者诺斯（North.D.C）认为，在制度变迁中同样存在着收益递增和自我强化的机制，这种机制使制度变迁一旦走上了某一条路径，它的既定方向会在以后的发展中得到自我强化。由此，锁定效应的演化过程为：空间集聚形成后集聚经济体的创新网络推动的产业集群不断演化，在一定阶段形成"路径依赖"的特征，促进产业集群不断成长并走向成熟。而"路径依赖"特征则将诱发产业集群生命周期演化中的"锁定效应"，并导致产业集群衰亡。

一般来看，"锁定效应"可以分为：

（1）功能性锁定，锁定到本地企业间的关系。

（2）认知锁定，认为将会有周期性低迷的长期倾向。

（3）政治锁定，保留原有传统产业结构很强的制度组织，影响到本地的内生潜力和创造力的发挥。在全球价值链背景下，广东汽车产业集群发展虽然取得了许多成绩，但也存在明显的"锁定效应"，突出表现在"功能性锁定"上。

第一，产品的自主研发能力薄弱，缺乏自主品牌。由于长期以来比较重视引进产品，没有在核心技术的消化吸收上下工夫，缺乏产品研发的实践，形不成产品研发的整体力量。具体表现为没有很好地掌握产品开发流程、过程、管理技术、项目管理技术和评价技术，没有很好地掌握系统继承配备技术，发动机关键组成和零部件开发的技术，缺乏产品开发需要的技术数据，尤其是轿车产品研发数据积累严重不足。合资企业的轿车产品，特别是高端产品几乎都是外国品牌，缺少自主品牌。主要体现在一个是汽车的高端品牌，无论是客车、货车、轿车。还有一个就是在轿车方面，尤其是中高档轿车自主品牌比较少。产生这一问题的主要原因在于产业发展过程中重技术引进，轻技术学习和二次创新。以汽车工业为例，不少企业多年一直在不断引进技术，但消化吸收能力不强，在发动机等关键核心部件和关键技术上一直依赖国外。广东在引进和消化技术方面的投入比例只有 1∶0.7，而韩国则达到 1∶50。

第二，与发达国家汽车工业相比，汽车生产技术水平差距明显。由于缺乏核心技术，除了轿车产品技术水平与国外存在较大的差距以外，商用车产品、摩托车产品技术水平与欧、美、日相比同样存在着不小的差距，如中型卡车在使用寿命、可靠性、故障率、舒适性和环保方面还存在着很大的差距。目前，广东汽车工业主要以 CDD（全散件组装）和 SKD（半散件组装）方式生产，核心技术完全依赖合资外方，经营风险集中。汽车新产品特别是轿车全部依靠国外引进技术和产品；绝大部分零部件企业设计开发能力不强，无法参与整车开发工作，没有实现模块化生产供货能力；现有汽车品牌绝大部分是日本汽车厂商品牌，没有自己的品牌。产生这一问题的主要原因是：对外技术依存度高和自主创新能力低，特别是汽车生产方式要从 CDD 和 SKD 型转变为自我主导型。

第三，汽车零部件技术基础还比较弱。广东汽车零部件技术长期滞后于整车的发展。零部件生产分散，过度的分散，广东有多少零部件企业到现在谁也说不清楚，我们平时讲的零部件的产值只是指一些规模以上的，比如说年产值在500万元以上的等。这些企业专业化程度也比较低，没有形成经济规模以及长期以来严重的投资不足。另外，发达国家发展汽车，零部件跟汽车整车的比重大概是1.7∶1，就是说投在整车上是1元钱，投在零部件上可能是1.7元。我们正好是相反的，我们是投在整车上1元钱，投在零部件上大概不到0.5元。所以造成产品开发能力薄弱，与正在形成的国际汽车产业零部件全球采购的趋势不相称。现在零部件国际化的趋势，我们现在的基础还是不相称的。产生这一问题的主要原因是对汽车零部件技术发展和建设重视不够，配套不够。

第四，汽车产业集群发展滞后于市场对产业发展的要求。目前，广东汽车产业集群发展在营销方式、服务、贸易理念以及汽车金融、消费信贷、二手车的流通、配件流通、报废回收拆解等方面，跟国际上先进的国家比，差距非常大。究其原因，除了政策上不配套外，就是车用能源、交通、环保和汽车工业快速发展的矛盾比较突出。例如，我国原油资源缺乏，进口依存度不断提高，当前汽车每年消耗掉国产85%左右的汽油和23%左右的柴油，这个比例随着汽车的快速增长还在不断地增长。另外，城市的交通拥堵现象越来越严重，汽车有害气体在城市排放中的分担物也越来越高等，这些因素都将制约汽车工业的快速发展，这是目前广东汽车工业发展存在的一个重要问题。

第五，产业规模偏小和规模竞争力有待提高。

虽然广东汽车产业近几年发展很快，汽车工业产值排在全国第3位，但与上海和长春还有较大差距。目前，广东规模最大的汽车厂家是广东汽车工业集团有限公司和广东风神汽车有限公司，但规模与国内三大汽车集团相比还有不小差距，在核心技术、产能、市场覆盖面等方面有待进一步扩展。产生这一问题的原因是：一方面，过去汽车等重型工业发展基础较弱；另一方面，市场潜力没有充分发挥，如汽车消费政策酝酿多年仍未出台，在"鼓励汽车进入家庭"的政策执行过程中，税费过高和搭车收费等不合理收费现象仍较为严重；城市中各类交通工具分流不合理，交通紧张，驾车出行压力大，汽车服务行业服务质量有待进一步提高；城市停车场地紧缺，汽车消费费用高等。

第六，民营企业长期处于低端市场，对中高端市场的影响有限。长期以来，广东民营车企集中在中低端汽车市场发展，现有技术实力、融资能力与企业规模同国内江浙等民企发达地区差距较大。由于民营企业都是中小企业，无论是整车制造，还是零部件制造，难有自己独立的、比较完整的产品研发能力，在很大程度上要通过技术市场来获取信息和技术来源。由于合资企业配套体系相对封闭，配套国内规模较小的民营企业又利薄量少，本地零部件企业不能参与整车企业研发过程，产品研发具有相对不稳定性，自主创新要获得较大发展相当困难。更重要的是，汽车工业特别是中高档汽车制造，是资本密集和技术密集产业，离开庞大的金融支持，难有长足发展。而现有的有关汽车民企融资、担保等一系列政策，尚处在浅表层次，还不能为民企汽车业提供大规模的资金扶持。

四、促进广东汽车产业集群发展的对策

未来，广东汽车产业集群具有很大发展空间，我们要珍惜发展机遇，通过多方努力，通力合作，共同推进广东汽车产业集群快速发展和持续增长。

第一，加大研发投入，创建自主品牌，特别要加强汽车零部件技术基础建设，夯实产业发展

基础。由于汽车产业与摩托车波及范围广，世界汽车发展的趋势是把各行业新开发的产品不断应用到汽车上来，所以汽车产品总是推陈出新，产品更新换代非常快。广东的汽车工业要取得长远发展，必须加大对汽车研发的投入，特别是零部

件开发的投入，形成一定的自有核心技术优势。广东汽车产业缺乏强有力的自主品牌，需要对自主品牌的建设加以探索，并采取相应的切实有效的发展对策，如加大研发投入、促进高校汽车专业设置和人才培育发展、促进汽车研发基地建设等。

第二，加快产业整合，促进汽车集群化发展。汽车产业是最具产业链整合优势的产业，通过汽车产业发展可以把相近产业和资源有效组合起来，形成地区经济的结构性置换，以少数强势企业为载体，把相关产业引进来，把非相关产业转移出去，从而优化地区经济的成长结构。广东要以区位整合为先导，聚集相近产业形成集群发展，使产业链在最短距离整合，发挥城市汽车制造基地的整合效应。一方面，要以中心城市为依托，形成市场集约发展，强化中心市场的资源集聚功能和统合功能；另一方面，和摩托车产业集群推动资源整合，进而演化为具有强大竞争力的集群经济。要通过汽车产业的集群化发展来提高产业关联度，在更深层次上增进经济区域的分工与合作，形成优势互补和优势整合，以及资源配置的叠加效应。

第三，改善产业消费环境，为产业发展提供更为广阔的市场空间，促进产业规模提升。由于摩托车市内已经基本禁止通行，广东摩托车发展的市场空间主要在外部其他地区，因此要加强摩托车外部市场的拓展。而对汽车工业，必须加快改善广东汽车消费环境。一是在税费管理上减少税费项目，取消不合理收费，简化征收手续。二是不断完善道路交通基础设施建设，协调好城市管理与交通管理的矛盾。三是进一步完善汽车消费信贷政策，鼓励金融机构以抵押、担保等形式积极推行汽车消费贷款。四是进一步改革汽车保险政策，有关部门要积极引导，切实保护汽车消费者的利益等。通过这些政策，大力促进促进产业规模提升。

第四，推动汽车专业镇建设，促进汽车专业化发展。广东在专业镇（特色镇）发展过程中，随着企业的不断成长和扩张和外来企业的不断涌入，土地资源、空间资源与环境资源变得紧张，对道路、自来水、电力、通讯等城市基础设施的需要会不断增长，也需要提供基础设施增量。目前，要加快落后地区"五通一平"建设，加快镇域交通支线与区外高速、快速干道连接，建设镇内外便利通畅的交通体系、信息网络体系。特别对已有重大汽车产业集群的地区，要加快基础设施建设，如要尽快启动地铁9号线建设，为花都汽车产业集群更好的交通条件等。

第五，开展金融改革和创新，系统解决汽车民企融资难的问题。一是在政策层面上，针对为汽车民企提供各种信用担保的机构应给予以下扶持：①通过创业扶持资金、风险创业扶持资金、风险准备金补助、相关税费优惠等方式，引导民间资金开办多种形式的信用担保机构。②创造良好的司法环境，为信用担保机构保驾护航，依法严厉打击恶意逃避债务行为。③开展诚信教育，建立相应的企业信用等级评估体系，尽可能减少信用风险的发生。④促进金融机构与信用担保机构间的合作，通过各种金融产品创新，为小型企业提供广泛的、便捷的金融服务。⑤相关部门加强对信用担保机构的指导、服务和监督，促进其持续健康的发展。二是要积极创新，利用政府信用增级功能，支持成立政策性的信用担保公司，妥善解决汽车民企贷款抵押难的问题。三是发挥行业协会优势，进行金融创新。要加大对行业协会的引导力度，通过行业协会建立担保基金，为会员融资提供担保，财政给予一定的贴息，支持会员扩大再生产。由于行业协会制定《章程》，明确会员权利义务关系，会员缴纳贷款担保金。行业协会运用其熟悉本行业经营的优势，对会员提出贷款项目的可行性进行审查，可避免投资的盲目性。利用与会员有较多了解的优势，可对会员的诚信度及资产状况进行审查，合理确定其信贷额度。会员以生产经营权、生产资料及企业不动产、个人财产对协会担保进行反担保。四是鼓励汽车民企联保，寻求企业融资新路子。解决汽车民企融资难的另外一条比较有效的途径是实行企业之间联保的方式向银行融资，即在汽车民企中几家相互信赖、信用良好、无不良贷款记录、经营状况好的企业组成互助的企业联合体。相对于传统的担保贷款，企业联保贷款不需另外担保、不用抵押，手续便捷，为企业节省了担保费、公证费等费用支出。使联保结成了权利共享、风险共担的利益共同体，相互协作，相互监督，增强企业的还款约束力，使企业满意，让银行放心。

参考文献

《广东统计年鉴》(1999~2010年). 中国统计出版社.

余国扬. 专业镇发展导论 [M]. 北京: 中国经济出版社, 2007.

顾翔华. 中国汽车产业发展现状及未来影响因素和趋势分析. 第三届中国宏观经济走势与产业发展高层论坛演讲.

刘可夫. 广东汽车产业集群化及其对策 [J]. 企业改革与管理, 2007 (5).

王立群. 嵌入全球价值链与产业集群升级研究, 2009.

(周立彩, 广东省委党校经济学部)

资源约束与中国工业布局的实证分析

一、土地资源与工业发展

1. 土地与工业布局

（1）土地资源的不可流动性特征是形成约束的重要原因。由于中国经济发展所具有的区位特征，加上工业相对于农业更高的效益，市场机制本身就有农业用地改为工业用地的倾向，大量的优质的农业耕地被改为工业用地。而且，在现行的土地制度下，土地价格很容易被政府和农村政权机构作为地区间竞争的主要手段之一，即以比其他地区更低的土地出让价格竞争工业产业资本的流入。而政府的土地收益又主要体现为非工业的城市建设用地（商业用地和住宅用地）的使用权转让，与低价的工业用地相比，后者的价格显著偏高，而且上涨很快。这些现象导致劳动力成本的提升，进而间接地提高工业的生产成本，对工业发展形成间接约束。近些年，我国大城市商品房价格大幅上涨，导致城市居民的生活成本大幅上升，必然间接地影响工业的生产成本。随着金融危机影响的减弱和东部地区出口的逐步回升，东部沿海地区尤其是珠三角地区出现了新一轮"民工荒"，除了结构性用工供需矛盾之外，与东部地区生活成本的提高有一定的关系。这将迫使企业提高工资，一部分依靠廉价劳动力的企业在国际竞争中的优势也将逐渐减弱。

土地资源和环境资源在物质形态上基本上是不可流动的，即使通过造地和环境工程来改变地区的土地和环境资源供应状况，也只是资本对土地和环境的替代，而土地资源的地区间"置换"和环境的交易（如污染排放权交易），则只是经济意义上的资源流动。所以，水资源、土地资源和环境承载力的供求具有高度的区域性，因而在工业发展的高密集地区，可能成为严重的制约因素。这种情况在中国的一些工业密集城市和地区已经越来越突出。

（2）城市化的快速发展导致工业与农业争地。随着工业化进程的加快，工业布局逐渐向城市外围的郊区方向发展。我国土地的城镇化快于人口的城镇化，对我国经济社会发展是一个巨大的威胁。城市空间快速蔓延，大片的耕地被征用，大量的失地农民因得不到合理安置出现生产和生活困难。据统计，2000 年，我国城市建成区面积是22439 平方公里，2007 年达到 35470 平方公里，城市面积扩张的速度平均每年增长 6.8%；相比之下，2000 年，我国城镇总人口为 45906 万人，2007 年增加到 59379 万人，城镇人口的年均增长速度为 3.7%，建成区面积增速与城镇人口增速之比为 1.84∶1。这种快速的城市扩张致使大约 4000万~5000 万农民失去土地，从而出现了就业、社会保障、征地补偿等社会问题。

工业用地增加速度较快。我国工业用地由1981 年的 1636 平方公里增加到 2007 年的 7446 平方公里，年均增长 6%；2000 年以来，增长速度波动比较大，2000~2007 年，工业用地年均增长6.24%，增速比 1981~2007 年的平均增速提高 0.24个百分点。

（3）城市工业用地比例高，生态环境保护的压力较大。中国城市工业布局的密集程度已经非常高，有关资料显示：美国城市建设用地中工业用地仅占 7.3%，而中国城市建设用地中工业用地占

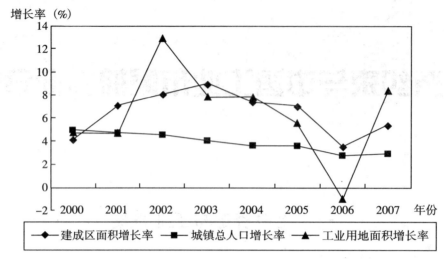

图1 2000~2007 年我国城市建设和工业用地增长率趋势比较图

21%以上（金碚等，2009）。但是土地的产出率并不高，如我国发展水平最高的产业集聚区长江三角洲地区，2003 年土地的产出率仅为 0.21 亿元/平方公里，而日本大阪产业密集区在 1985 年就达到了 46.94 亿元/平方公里。长江三角洲地区目前的土地产出率远不及日本大阪 20 世纪 80 年代的土地产出水平（张文忠，2009）。通过以上的对比，在数量上，说明我国城市土地将日益紧缺，对城市经济发展的约束将进一步增强；在质量上，也说明城市土地利用率还有很大的潜力可挖，而其他地区的土地利用潜力就更大。我们可以看到，越来越多的地区工业生产密集布局已经导致土地资源和水资源超量使用，水资源短缺和水源水质破坏严重，生态环境承受极大的压力。

（4）工业不同行业对土地的利用效率不同。顾湘等（2006）通过对江苏省工业企业的抽样调查得出：从行业看，重化工业行业企业的建筑容积率普遍低于轻工业，重化工业中的化工、医药、冶金、建材、机械、电力等行业的建筑容积率在 0.41~0.57；轻工业中的纺织、食品的建筑容积率较高；电子行业的容积率最高。

此研究结论对于我们分析东部地区土地资源约束还是有帮助的。工业不同行业的建筑容积率不同，重化工业占用的土地更多。从我国工业布局的演变趋势来看，重化工业向东部沿海地区集中的趋势没有发生改变，石化、钢铁、冶金、机械等行业向沿海地区集中的趋势短期内很难改变，这对于土地本来就已经很短缺的东部沿海地区而言，今后土地的制约程度将越来越强。东部地区调整产业结构和优化工业布局势在必行。东部沿海地区如江苏、浙江、广东等地工业向中西部转移的主要原因就是扩大企业规模没有土地。一些外商到靠近沿海的中部地区（如安徽）投资，主要也是因为长三角地区的土地紧张。

（5）工业用地价格低且上涨缓慢，区域之间有一定差异。通过数据计算，2000 年以来，我国城市工业用地价格呈逐渐上升趋势，2009 年比 2000年上涨 38.96%，年均上涨 3.72%。

从不同区域来看，经济发达的东南区和华北区工业用地价格明显高于经济发展相对落后的西部和东北地区，其中东北地区工业用地价格最低，呈现先涨后跌的趋势，2008 年比 2007 年大幅下降，且低于 2000 年的水平。2000~2008 年，东南区工业用地价格基本呈稳定上升趋势，年均上涨 4%；华北区除 2005 年基本稳定上升，年均上涨 2.1%；中南区稳定上涨，年均涨幅 3.9%；西南区和西北区稳步小幅上涨，年均分别涨 2%和 1.5%；东北区下降 0.07%。只有东南区的涨幅略高于全国平均（3.99%）的涨幅，中南区涨幅与全国的基本持平。

从三大经济圈城市工业地价的变化趋势看，长三角地区工业地价水平最高，但 2000 年以来价格基本稳定，年均仅上涨 0.57%；珠三角地区工业地价水平其次，涨幅较高，年均上涨 3.8%；环渤海地区工业地价水平最低，涨幅高于长三角地区，年均上涨 2.82%。

从不同用途地价看，工业地价最低，商业地价最高，居住用地价次之。2009年，商业用和居住用地价分别是工业地价的7.17倍和6.04倍；综合地价是工业地价的4.21倍。从价格涨幅看，居住用地价格涨幅最高，年均上涨16.8%，商业用地年均上涨11.8%，综合地价年均上涨11.2%。

2. 水资源与工业布局

水资源的可流动性较弱。除非河流的顺势自然水流或较近距离的人工水利工程调水，远距离调水的成本很高，代价也很大，甚至有可能影响到生态平衡。所以，富水地区和缺水地区的自然状态是较难改变的，大规模调水的成本很高。许多地区不仅生产用水紧张，甚至饮水安全都受到严重威胁。有关资料显示，2004年底，全国农村饮水不安全人口占全国农村人口的34%，其中，因水量、取水方便程度或者保证率达不到饮水安全标准的为30%，而因水质不达标的不安全饮水人口占70%。世界卫生组织驻中国代表处官员琼安娜·布兰特（Joanna Brent）认为，目前中国的很多地区面临缺水的困难，而更多的地区则因为来自工业和农业的水污染，失去了安全饮水供给。除了西部和中部、东部少数地区，中国在传统上并不是一个缺水国家。然而今天走到这一步，和国家的发展战略有很大的关系（郭凯，2007）。

我国"十一五"规划中提出到2010年末，万元工业增加值水耗比2005年下降10%。从2006年开始，国家发改委、水利部和国家统计局定期发布全国各地区万元工业增加值用水量，从工业侧面考察节水型社会建设的情况和效果。2005年以来，我国各地区工业单位产出用水量明显下降，由2005年的169立方米/万元下降为2008年的127立方米/万元，下降了24.9%，提前完成了"十一五"规划目标，全国各区域之间相差较大。在降水量小于800 mm的地区中，东部的北京、天津、河北、山东万元工业增加值用水量低于40立方米/万元，天津最低为12立方米/万元，仅相当于全国平均水平的9.4%；中部的山西和西部的陕西万元工业增加值用水量在50立方米/万元以下，相当于全国平均水平的39%左右；东北的黑龙江、西部的青海、西藏远高于全国平均水平，分别相当于全国平均水平的1.17倍、1.83倍和3.9倍。在降水量大于800 mm的地区中，只有东部的浙江和广东万元工业增加值用水量低于全国平均水平，分别为65立方米/万元和84立方米/万元。中部的安徽、江西、湖北、湖南和西部的广西、重庆、贵州万元工业增加值都在220立方米/万元，是全国平均水平的近两倍以上。这些地区水资源相对丰富，但是从可持续发展的角度，还应加大节水力度，挖掘节水潜力。尽管我国工业水耗明显下降，但是我国平均水平仍然是发达国家的5~10倍，节水的空间仍然很大。

二、能源与工业布局

1. 中国能源的现状

中国是能源资源严重短缺的国家。石油、天然气人均剩余可采储量仅有世界平均水平的7.7%和7.1%，储量比较丰富的煤炭也只有世界平均水平的58.6%。按目前探明储量和开采能力测算，中国煤炭、石油、天然气的可采年限分别只有80年、15年和30年，而世界平均水平分别是230年、45年和61年。改革开放以来，由于较粗放的经济增长方式使我国经济持续增长是依靠大量消耗资源推动的。尤其是近年来能源消费急剧增长，供需矛盾日益突出，已经成为中国经济社会持续发展的最大制约，直接威胁国家经济安全。

2007年，我国一次能源生产总量达到20.6亿吨标准煤，消费总量达到22.5亿吨标准煤，分别占全球的13.7%和14.8%，是世界第二能源生产和消费大国。煤炭产量突破22亿吨，发挥了重要的支撑作用。石油天然气产量稳步增长，西气东输工程顺利建成，塔里木、准噶尔、鄂尔多斯等西部油气田开发取得重要进展。发电装机容量超过5亿千瓦，实现了跨越式发展，电力供应紧张状况明显缓和。2007年，石油净进口量由2000年的0.76亿吨迅速增长到1.43亿吨。与能源短缺形成强烈反差的是能源浪费惊人。中国能源利用效率只有33%，比国际先进水平低10%左右。2004年，中国的国内生产总值约占全世界的4.4%，而煤炭消费占35%以上，原油消费占7.8%（按当年汇率计算）。

在国际社会，《京都议定书》给予发展中国家削减温室气体排放的豁免期截止于2012年，我国作为世界上最大的发展中国家、经济增长速度最快的新经济体、第二大温室气体排放国，在"后京都时代"将面临前所未有的压力和挑战。

2. 我国能源供给与工业布局存在空间错位

我国制造业主要集中在东部沿海地区，重点分布在山东、江苏、浙江和广东，而且从空间结构的演变趋势来看，这种分布格局在近期内难以改变。而我国的能源供给主要来自于中西部地区，从供给量上有日益短缺的趋势，从区域调配上将长期存在一些制约"瓶颈"和区域利益协调问题，

如运输成本问题、生态补偿问题、地区差距问题等。在西部重要生态功能区、生态脆弱地区，也存在盲目开发的现象，造成河湖干涸、土地沙化、生态退化，使国家和地区生态屏障遭到破坏。这种状况继续下去，势必影响可持续发展，影响中华民族的未来。

能源工业生产集聚性以及能源供需区域的不一致，决定了我国必须实行区域经济合作以解决空间上的供需矛盾。煤炭生产主要集中在以山西为中心的能源基地，石油生产主要集中在新疆、黑龙江、山东、陕西、天津5个省，这5个省区石油产量占了全国的一半多，天然气则集中在新疆、陕西、四川、青海4个省，水电发电量主要集中在湖北、四川、云南等省区，客观上决定了西气东输，西电东送的能源运输格局来解决空间上的供需矛盾。

三、土地与能源约束与工业布局的实证分析

1. 理论模型

索洛经济增长模型（简称索洛模型）由美国经济学家索洛（1956）和英国经济学家斯旺（1956）提出，并由米德、萨缪尔森和托宾等经济学家不断补充和发展而形成，得到广泛的应用。经典的索罗模型主要关注4个变量，即产出（Y）、资本（K）、劳动（L）以及知识或者劳动的有效性（A）。任何一种生产活动，都必须拥有一定数量的资本、劳动与知识，并且以一定的方式结合起来进行生产。

索洛模型中的生产函数采用如下形式：

$$Y(t) = F[K(t), A(t)L(t)] \quad (1)$$

其中，产出为Y，资本为K，AL表示有效劳动，并且假设资本与有效劳动是规模报酬不变的。

大卫·罗默在分析经济增长时就考虑到了土地及其他自然资源的影响，即在经典的索洛模型中引入了土地与其他自然资源。为了便于分析，他使用了柯布—道格拉斯生产函数，于是，典型的柯布—道格拉斯生产函数就变为：

$$Y(t) = K(t)^\alpha T(t)^\beta R(t)^\gamma [A(t)L(t)]^{1-\alpha-\beta-\gamma} \quad (2)$$

其中，$\alpha > 0$，$\beta > 0$，$\alpha+\beta+\gamma < 1$；R表示生产中可利用的资源（如能源），T为土地数量。

对式（2）两边取对数，

$$LnY(t) = \alpha LnK(t) + \beta LnT(t) + \gamma LnR(t) + (1-\alpha-\beta-\gamma)[LnA(t)+LnL(t)] \quad (3)$$

式（3）两边对时间求导数，并利用一个变量的对数对时间的导数等于该变量的增长率的事实，可以得到：

$$g_Y(t) = \alpha g_k(t) + \beta g_T(t) + \gamma g_r(t) + (1-\alpha-\beta-\gamma)[g_A(t)+g_L(t)] \quad (4)$$

如果经济处于平衡增长路径上，则$g_Y(t) = g_k(t)$，代入式（4）：

$$(1-\alpha)g_Y(t) = \beta g_T(t) + \gamma g_r(t) + (1-\alpha-\beta-\gamma)[g_A(t)+g_L(t)] \quad (5)$$

若$T=C$，则$g_T(t)=0$，那么式（5）改写为：

$$(1-\alpha)g_Y(t) = \gamma g_r(t) + (1-\alpha-\beta-\gamma)[g_A(t)+g_L(t)] \quad (6)$$

令A与L的增长率为g和n，则式（6）改写为：

$$g_Y^{bgp} = \frac{\gamma g_\gamma + (1-\alpha-\beta-\gamma)(g+n)}{(1-\alpha)} \quad (7)$$

其中，g_Y^{bgp} 表示平衡增长路径上 Y 的增长率。

由于 $\left[Ln\left(\frac{Y(t)}{L(t)}\right)\right]' = [LnY(t)]' - [LnL(t)]'$，

所以，单位劳动力平均产出的增长率为：$g_{Y/L}^{bgp} = g_Y^{bgp} - g_L^{bgp}$。

那么，

$$g_{L/Y}^{bgp} = \frac{\gamma g_\gamma + (1-\alpha-\beta-\gamma)(g+n)}{(1-\alpha)} - n$$

$$= \frac{\gamma g_\gamma + (1-\alpha-\beta-\gamma)g - (\beta+\gamma)n}{(1-\alpha)} \quad (8)$$

$g_{L/Y}^{bgp}$ 的含义可以解释为：在平衡增长路径上，单位劳动力平均产出的增长率可以为正，也可以为负。$g_{Y/L}^{bgp}$ 为负的经济含义是：土地和自然资源的限制会引起单位劳动力平均产出的下降。然而，经济增长的事实可能并非如此。虽然不断下降的单位劳动力平均利用的土地数量和自然资源数量会制约经济的增长，但是还有一种推动经济增长的动力——技术进步。如果技术进步所带来的经济增长的动力大于土地和自然资源限制所带来的阻力，那么，单位劳动力平均产出就可以持续增长。

本文采用诺德豪斯的一种计算方法，即首先计算出单位劳动力平均可利用土地和自然资源不变情况下处于平衡增长路径上的单位劳动力平均产出的增长率，然后再计算出存在土地和自然资源限制的情况下处于平衡增长路径上的单位劳动力平均产出增长率，最后计算这两者的差额。

假定 $T'(t) = g_T(t)$，最终计算出的单位劳动力平均产出的增长率为：

$$g_{Y/L}^{bgp*} = \frac{\gamma g_\gamma + (1-\alpha-\beta-\gamma)(g+n) + \beta \times n}{(1-\alpha)}$$

$$(9)$$

土地资源的限制所产生的"阻力"就等于假设不存在土地资源限制情况下的增长率与存在土地资源限制的情况下的增长率之间的差额，也就是式（9）-式（8）：

"土地阻力" $= g_{Y/L}^{bgp*} - g_{Y/L}^{bgp} = \frac{\beta \times n}{1-\alpha}$

"自然资源阻力" $= g_{Y/L}^{bgp*} - g_{Y/L}^{bgp} = \frac{\gamma \times n}{1-\alpha}$

2. 数据来源

设定模型的基本形式为：

$$LnY(t) = \alpha LnK(t) = \beta LnT(t) + \gamma LnR(t) + (1-\alpha-\beta-\gamma)[LnA(t) + LnL(t)] + \varepsilon_t$$

劳动力增长率 n 的计算公式为：$L_1(1+n)^t = L_t$

被解释变量是工业产出，用工业总产值表示。各个地区的工业总产值和固定资产净值都使用 2000 年的不变价。工业总产值 2000 年不变价用 2001~2007 年的各地区工业品出厂价格指数进行折算，计算公式为现价工业总产值/各年相对于 2000 年的工业品出厂价格定基指数，2000~2003、2005~2007 年数据来源于 2001~2004 和 2006~2008 年的《中国统计年鉴》，2004 年数据来自《中国经济普查年鉴 2004》。

解释变量有资本（K）、土地（T）、能源（R）、劳动力（L）及其劳动力有效性（A）。

资本（K）用各地区工业的固定资产净值年平均余额表示，固定资产净值年平均余额的 2000 年不变价用 2001~2007 年的各地区固定资产投资价格指数进行折算，计算公式为现价固定资产净值年平均余额值/各年相对于 2000 年的固定资产投资价格定基指数，数据来源于 2001~2008 年的《中国统计年鉴》。

土地（T）为工业用地，数据来源于 2000~2005 年《中国城市建设统计年报》和 2006~2007 年《中国城市建设统计年鉴》。2005 年北京数据缺，以 2004 年数据为基期，假定 2005 年和 2006 年新增的工业用地相等，进行推算；上海市 2003 至 2007 年数据缺，用 2002 年数据代替。

能源（R）用各地区能源消费量表示（由于工业能源消费占能源消费总量的 70% 左右，故用各地区的能源消费总量代替工业能源消费量），数据来源于《中国能源年鉴 2004》和 2006、2007、2008 年的《中国能源统计年鉴》。

劳动力（L）用各地区工业从业人员年均人数表示，2002~2007 年数据来自 2003~2008 年的《中国统计年鉴》；2000、2001 年从业人员人数来自 2001 和 2002 年的《中国工业经济统计年鉴》。

劳动力的有效性（A）用高中以上毕业人数占总人口的比重表示。高中以上毕业人数包括普通高校的本、专科毕业生、中等专业（职业）学校毕业生和普通高中毕业生人数；总人口用各地区的年末总人口数。数据来源于 2001~2008 年的《中国统计年鉴》。

3. 实证分析结果

由于省区层面的样本时间跨度较短，为了克服小样本问题，本文不对每个省分别估计模型，而是采用分区域的方式，将不同省区混合在一起进行 OLS 估计，进而提高估计精度，使用 stata10.0 软件估计结果，如表1所示。

表 1　模型分区域估计结果（2000~2007 年）

被解释变量	lnY (t)	lnY (t)	lnY (t)	lnY (t)
解释变量	东部	东北	中部	西部
LnK (t)	1.4932*** (9.84)	0.4455 (1.48)	0.4846 (1.42)	0.1814 (1.60)
LnT (t)	−0.7967*** (−10.85)	−0.8020*** (−5.30)	−0.1218 (−0.88)	−0.2749*** (−3.78)
LnR (t)	−0.0643 (−0.58)	0.6630*** (3.36)	0.4845** (2.24)	0.6661*** (8.71)
LnL (t) +LnA (t)	0.3679*** (5.58)	0.6933*** (8.20)	0.1528 (1.59)	0.4273*** (6.99)
Adjust-R²	0.9353	0.9489	0.7037	0.8952
样本量 N	80	24	48	88
劳动力增长率 n	0.0853	−0.0106	0.0133	0.0105
土地阻力	0.1378	0.0153	−0.0031	−0.0035
能源阻力	0.0111	0.0127	−0.0125	−0.0085

注：以上各回归方程均使用 OLS 方法估计，括号内的值为统计量 t 的值。其中 ***、**、* 分别表示在 1%、5%、10% 的显著水平上显著。由于没有西藏数据，此处不将其纳入分析范围。

考虑到本文将整个模型看成统一的整体，为了对比不同区域的回归结果，对于个别系数不显著的解释变量采取保留的策略，对其解释则加以谨慎。对于东部地区，土地阻力为 0.1378，即 2000~2007 年之间，由于土地资源的约束，我国工业增长速度平均下降 13.78%；而能源（LnR (t)）估计的系数没有显著地异于 0，于是很难从统计上估计东部地区的自然资源对工业增长的影响；对比各区域，发现东部地区资本对应的系数最大（1.4932），并且高度显著，可见东部地区资本密集度较高，由此削弱了土地资源约束的负面影响，东部地区资本的积累是该区域工业增长的主要原因。

东北地区，资本对工业增长的影响不显著，但其他因素均通过 1% 的显著性检验，调整 R₂ 也很高，模型拟合较好，计算出的土地阻力和能源阻力分别为 0.0153 和 0.0127，也就是由于土地制约和能源的制约，东北地区的工业增长平均下降 1.53% 和 1.27%。

中部地区，模型拟合较差，除了能源（LnR (t)）外，其他系数均不显著，由此也难以确切地估计土地阻力和自然资源阻力的大小。

西部地区，模型拟合较好，相应在土地阻力和自然资源阻力的大小分别为 −0.0035 和 −0.0085，对于西部地区，土地和自然资源反而促进了工业增长，每年平均为 0.35% 和 0.85%，这可能与西部地区的资源禀赋有关，西部地区煤、矿、气等资源丰厚，促进了地区的工业增长。

四、结　论

通过相关的数据分析，本文能够得出东部地区尤其是长三角地区、珠三角地区资源约束的事实以及逐渐增强的趋势。通过建立计量经济模型，得出的结论与之前的数据分析不太相同。分区域看，东部地区和西部地区的结论值得分析。由于东部地区资本产出弹性系数较高，在一定的程度上掩盖了资源对工业的约束程度。这个现实的解释方案还可以是：①由于东部地区的工业结构层次较高，对土地资源的依赖程度相对较低。②东部地区工业的技术水平相对较高，能源利用强度低于其他相对落后的地区。③资源价格改革还比较滞后，资源的稀缺程度在经济上（价格上）没有得到应有的体现。比较典型的例子就是煤电价格问题。煤炭价格趋近于市场化，而国家对电力价格的控制力度仍然较大，这不仅形成煤电两大产业之间的摩擦，而且由于供给与需求在空间上错位，导致能源对于不同区域阻力的较大差别。西部地区土地和能源对工业的阻力为负值，在一定程度上说明西部地区仍然处于依赖资源、粗放型的经济发展阶段，资源但没有成为工业发展的阻力，反而成为工业发展的推力。这样的结论与现实情况还是比较符合的。

不同区域的资源和环境约束的程度不同，东部地区的资源和环境约束更明显；西部地区目前仍然是资源消耗拉动型的经济增长方式，但是，随着资源消耗的增加，不可再生资源必然面临严重的约束。加上西部地区生态环境脆弱，环境污染不仅影响西部地区本身的可持续发展，而且将会给中国带来生态灾难。

参考文献

欧阳慧. 新疆制造业发展与产业升级——基于区域经济一体化的视角 [J]. 中国区域经济, 2009 (3).

李善同, 何建武. 从经济、资源、环境角度评估对外贸易的拉动作用 [J]. 发展研究, 2009 (4).

顾湘, 王铁成, 曲福田. 工业行业土地集约利用与产业结构调整研究——以江苏省为例 [J]. 中国土地科学, 2006 (12).

金碚. 中国工业化的资源路线与资源供求 [J]. 中国工业经济, 2008 (2).

金碚等. 资源与增长 [M]. 北京：经济管理出版社, 2009.

朱启荣. 中国工业用水效率与节水潜力实证研究 [J]. 工业技术经济, 2007 (9).

张文忠. 产业发展和规划的理论与实践 [M]. 北京：科学出版社, 2009.

（肖春梅，新疆财经大学经济学院）

中国食品制造业技术效率及影响因素的实证研究

一、引　言

新中国成立初期，食品工业产值占中国工业总产值比重高达 24.1%，是中国第一大工业。然而，随着中国工业体系的不断完善和整个国民经济的快速发展，尤其是近年来电子及通讯设备等制造业快速发展，食品工业在工业中的地位已退居第二，在工业经济中的比重下降到 8% 左右。即便如此，食品工业在整个国民经济中仍然占有举足轻重的地位，并成为国民经济发展中增长最快、最具活力的产业之一。

食品工业是关系国计民生的工业，也是一个国家经济发展水平和人民生活质量的重要标志。本文所指的食品工业包括食品加工业、食品制造业、饮料制造业和烟草制造业，按照我国国民经济行业划分门类标准（GB/T4754—2002），所属代码为 C 门类 13、14、15 和 16 大类。在食品工业几个细分行业中，食品制造业是食品工业的重要组成部分。近年来，中国食品制造业发展非常迅速，从 2000 年的 1442.52 亿元增长到 2005 年的 3779.39 亿元，增长了 162%，年均增长 21.2%，高于同期食品工业的年均增长速度近 2 个百分点（中国食品工业年鉴，2006）。值得强调的是，食品制造业的加工程度比其他 3 个细分行业要深，因此其技术效率问题显得更为重要，并将影响到整个食品工业的发展水平。[①] 本文主要关心以下几个问题：一是中国食品制造业快速增长的源泉是什么？是要素投入型，还是技术推动型？二是哪些因素影响了中国食品制造业的技术效率？三是中国食品制造业技术效率是否呈现出较大的地区差异性？本文将试图从食品制造业生产效率的角度着手，研究食品制造业的技术效率及地区差异，并分析影响我国食品制造业技术效率的因素。

二、研究方法

1. 有关技术进步和技术效率的文献综述

自 20 世纪 50 年代以来，经济学界因发展出经济增长的理论框架及对增长的核算技术，而进入了一个对生产率研究非常活跃的时代（Solow，1957；Denison，1967）。Jorgenson 和 Griliches（1967）指出，生产率就是产出的某种度量与所用投入的某种指数之比。生产率度量了一个行业或厂商在生产商品和服务时所用的技术的现有状态，

---

① 2008 年 10 月的奶制品三聚氰胺事件就发生在食品制造业。按现有统计口径，食品制造业主要包括糕点、糖果制造业、乳制品制造业、罐头食品制造业、发酵制品业、调味品制造业及其他食品制造业（豆制品、代乳品、制冰业、淀粉糖业、冷冻饮品等）。

并□想把这样一种度量的变化解释成为反映"技术进步"，即生产可能性向前沿的移动。Farrell（1957）则进一步指出，一个企业的效率应包括两个部分：一是技术效率，它反映企业在既定投入下获得最大产出的能力。二是配置效率，它反映在既定价格和生产技术水平下，企业使用最佳投入比例的能力，这两种效率的总和反映了企业总的经济效益。Leibenstein（1966）基于产出视角而提出了另一个技术效率的定义：技术效率是实际产出水平占有相同的投入规模、投入结构及市场价格条件下所能达到的最大产出量的百分比。值得指出的是，在有关技术效率方面的文献中，Farrell（1957）的论文被公认为开创性经典之作。

技术效率的研究有多种方法，主要包括随机前沿生产函数、数据包络分析和其他一些参数和非参数方法。考虑到数据资料的特征，本文采用随机前沿生产函数。其基本测量方法由 Farrell（1957）首先提出来，之后许多学者开发出各种特殊设定的模型及其测量方法，如 Kumbhakar 等（1991）开发的一般化模式、Huang 和 Liu（1994）开发的非中性（non-neutral）随机模式及 Battese 和 Coelli（1995）所提出的衡量技术无效率的各种模式。其中，Battese 和 Coelli（1995）提出的模型和计算方法得到了广泛应用，因为该模型可同时估计随机前沿生产函数和技术效率的影响因素。近年来，不少学者将上述方法用于估计中国的工业生产效率，并得出了一些富有启发性的结论，较具代表性的有姚洋和章奇（2001）、郑京海（2002）、张军（2003）、谢千里等（2008）。然而，中国工业部门较多，且差异较大，因此这种宽口径的考察并不利于深入研究某些细分行业，例如食品制造业。

2. 估计方法

（1）随机前沿生产函数。基于上述考虑，本文借鉴 Battese 和 Coelli（1995）的研究方法。基本模型函数形式如下：

$$Y_{it} = f(X_{it}) \exp(V_{it} - U_{it}) \quad i = 1, \cdots, N; \quad t = 1, \cdots, T \tag{1}$$

式（1）中，Y_{it} 表示生产单位 i 在 t 时期的产出，X_{it} 表示生产单位 i 在 t 时期的投入数量，F(·) 表示生产技术。误差项由 V_{it} 和 U_{it} 组成。前者服从独立同分布的正态随机变量，反映不可控因素对总产出的随机影响，其均值为 0，方差为 σ_v^2，即 $V_{it} \sim N(0, \sigma_v^2)$。后者表示在第 t 时期仅仅影响第 i 个生产单位的随机因素，为技术非效率因素。假设 U_{it} 服从均值为 m_{it}，方差为 σ_u^2 的半正态分布，即 $V_{it} \sim N(m_{it}, \sigma_u^2)$，且与 V_{it} 相互独立。其中，$m_{it} = Z_{it}\delta$ 为效率损失函数。Z_{it} 是影响生产单位 i 技术效率水平的变量；δ 为对应的待估参数，反映了相应变量 Z_{it} 对技术效率的影响。负值意味着该变量对技术效率有正影响，正值意味着该变量对技术效率有负影响。

U_{it} 代表产出角度的技术无效率，衡量实际产出 Y_{it} 与最大产出 $f(X_{it})$ 之间的差距，技术效率 TE_{it} 计算公式如下：

$$TE_{it} = \frac{Y_{it}}{f(X_{it})} = \exp(-U_{it}) \tag{2}$$

式（2）中，由于 $U \geq 0$，因此 $\exp(-U_{it}) \geq 1$，从而技术效率的值也小于等于 1。如果 $U_{it} = 0$，则 TE_{it} 处于技术效率状态，生产点处于生产前沿上；如果 $U_{it} > 0$，则 $0 < TE_{it} < 1$，则 TE_{it} 处于技术非效率状态。

$$\gamma = \frac{\sigma_U^2}{\sigma_v^2 + \sigma_U^2} \tag{3}$$

式（3）中，γ 为待估参数，在 0 与 1 之间。估计模型时，可以采用在该区间内搜寻的方式得到一个 γ 的初始值，然后利用非线性估计技术得到所有参数的最大似然估计量。对 γ 估计值的统计检验可以反映出生产单位间技术的变动是否具有统计显著性。

（2）随机前沿超越对数生产函数模型。与一般对数生产函数相比，超越对数生产函数放松了中性技术进步的假定，是一种变弹性生产函数，适合面板数据的实证分析。由于本文研究的样本是面板数据，因此在建立具体的随机前沿生产函数计量模型时，本文采用超越对数生产函数这一比较灵活的生产函数，其形式如下（假设只有 K 和 L 两种投入要素）：

$$\ln Y = \beta_0 + \beta_K \ln K + \beta_L \ln L + \beta_{KL} \ln K \ln L + \beta_{KK}(\ln K)^2 + \beta_{LL}(\ln L)^2 \tag{4}$$

式（4）中，K 表示资本投入，L 表示劳动力投入，β 为待估参数。所谓灵活性，是指这一函数被认为是任何形式生产函数的近似。例如，当 $\beta_{KL} + \beta_{KK} + \beta_{LL} = 0$ 时，上式即为 C-D 生产函数。

三、变量选择与计量模型设定

1. 变量设定

在空间上，为保持连续性和可比性，把西藏自治区的样本剔除，并把重庆市合并到四川省，这样共得到29个省。本文的研究仅限于大陆，不包括中国香港特区、澳门特区和台湾地区。为了行文简洁，把中国省、直辖市和自治区均统称为"省"。由于数据的可得性，本研究使用中国1993~2005年29个省的相关数据，主要变量定义如下：

（1）用食品制造业总产值衡量产出。现有研究大多采用增加值或总产值作为衡量产出的指标（大琢启二郎等，2000；张军，2003；沈能，2007；谢千里等，2008），本文用总产值作为产出指标。其主要原因在于工业增加值与总产出相比，缺少中间产品转移价值，而正是由于中间产品价值的重复计算，反映了规模节约和资源配置效率的经济效能，因此用工业增加值代替总产出，改变了全要素生产率的指标功能，这种估计会产生较大偏差（沈能等，2007）。

（2）投入变量包括劳动力、资本和中间投入。一是劳动力。理论上讲，劳动力投入包括劳动力数量和劳动力质量，如就业人数、劳动时间、劳动强度等。受数据可获性的限制，本文将选择年末从业人数来度量劳动力的投入。二是资本。虽然采用物质资本作为资本投入度量指标最好（Barro 和 Salai Martin，1995），但考虑到中国统计资料不提供物质形态投入方面的数据，本文将选择价值形态投入的数据。与大多研究类似，本文将选取固定资产净值年均余额和流动资产年均余额两个指标来度量资金投入（大琢启二郎等，2000；张军，2003；沈能，2007；谢千里等，2008）。三是中间投入。用总产值减去食品制造业增加值得到中间投入。

（3）考虑到数据的可获得性和基于一些重要的

经验研究，本文认为个是影响食品制造业技术效率的重要因素有以下几个：

第一，居民消费结构。伴随着社会经济的不断发展，人们的消费结构将发生较大变化，进而会影响到食品制造业的技术效率。基于上述考虑，本文将用恩格尔系数来反映居民消费结构的变化，以及探讨其对食品制造业技术效率的影响。

第二，地方保护主义。在现有文献中，地方保护主义与产业生产效率的关系，尤其是实证文献，尚未得到足够的重视。从现实观察来看，地方政府基于保护本地区税基和财政收入，解决就业等方面考虑，有可能会采取一些措施保护本地企业。而这种地方保护主义很可能会降低该地区的工业生产要素的资源配置效率，进而降低其生产技术效率，因为它在一定意义上来说排斥竞争，尤其是来自外部的竞争。有研究表明，中国食品工业存在较为严重的地方保护（李善同等，2004）。然而，如何衡量地方保护主义是面临的一个难题。受白重恩等（2004）的启发，本文采用税率（税收除以产品销售收入），而不是利税率来衡量地方保护水平。[1] 主要原因在于：一些地区食品制造业的利润和利税可能出现负数的情况，因此如果使用利润率或利税率作为指标，则经济含义难以解释。因为这意味着地方政府不仅不对本地区企业实行保护，反而"压榨"了本地企业。但是，企业上缴税收为正，因此这可以保证税率为正。

第三，农业资源禀赋。由于食品制造业与第一产业的关联度非常高，因而某地区第一产业资源禀赋可能会对该地区食品制造业的技术效率产生重要影响。本文采用第一产业产值反映各省的资源禀赋。

第四，城市化进程。伴随着城市化进程的不断加快和人们生活水平的日益提高，城镇居民会

---

[1] 白重恩等还利用国有成分比重作为衡量地方保护水平的指标。但本文认为，经历改革开放30多年市场经济观念的洗礼，地方领导人并不是狭隘的保护主义（即保护国有企业），而可能是力图保护本地企业。因此，本文放弃该指标。

消费更多的加工类食品。本文将用城市化率来探讨城市化进程对食品制造业技术效率的影响。

2. 计量模型设定

基于上述考虑，本文采用随机前沿超越对数生产函数模型，具体形式如下：

$$\ln Y_{it} = \beta_0 + \beta_1 \ln L_{it} + \beta_2 \ln FI_{it} + \beta_3 \ln FC_{it} + \beta_4 \ln X_{it} +$$
$$\beta_5 \ln L_{it} \ln FI_{it} + \beta_6 \ln L_{it} \ln FC_{it} + \beta_7 \ln L_{it} \ln X_{it} +$$
$$\beta_8 \ln FI_{it} \ln FC_{it} + \beta_9 \ln FI_{it} \ln X_{it} + \beta_{10} \ln FC_{it} \ln X_{it}$$
$$+ \beta_{11} (\ln L_{it})^2 + \beta_{12} (\ln FI_{it})^2 + \beta_{13} (\ln FC_{it})^2 +$$
$$\beta_{14} (\ln X_{it})^2 + \beta_{15} T + (V_{it} - U_{it}) \qquad (5)$$

式（5）中，i 表示省，t 表示年份。Y 为食品制造业产值（亿元）；L 为食品制造业从业人员年平均人数（万人）；FI 为食品制造业固定资产净值年均余额（亿元）；FC 为食品制造业流动资产年均余额（亿元）；X 为食品制造业中间投入（亿元）；T 为时间趋势变量，用以说明食品制造业生产前沿面的移动，反映技术进步对食品制造业生产的作用。β 为待估参数。V_{it} 和 U_{it} 为误差项，其含义如前述。

上述模型的效率损失函数为：

$$m_{it} = \delta_0 + \delta_1 CE_{it} + \delta_2 RE_{it} + \delta_3 TR_{it} + \delta_4 AG_{it} + \delta_5 CT_{it} +$$
$$\delta_6 T \qquad (6)$$

式（6）中，i 表示省，t 表示年份。CE 为城镇居民恩格尔系数，RE 为农村居民恩格尔系数，TR 为食品制造业税率，AG 为第一产业产值，CT 为城市化率，T 为时间趋势，用以反映技术效率随时间的变化。δ 为待估参数。

3. 数据来源与说明

首先，食品制造业产值、食品制造业从业人员年平均人数、食品制造业固定资产净值年均余额、食品制造业流动资产年均余额、食品制造业增加值和食品制造业税率等数据来自《中国食品工业统计年鉴（历年）》。食品制造业总产值、中间投入用工业品出厂价格指数进行平减；食品制造业固定资产净值用工业品固定资产价格投资价格指数平减，流动资产年末余额用工业品出厂价格指数平减。以上数据平减均以 1993 年为基期。

其次，恩格尔系数、第一产业产值、城市化率来自《中国统计年鉴（历年）》和各省历年统计年鉴。第一产业产值用农业总产值指数以 1993 年为基期进行平减。

四、计量结果与分析

1. 随机前沿超越对数生产函数

根据上述模型及其设定，利用中国 1993~2005 年 29 个省的面板数据，并采用最大似然估计法进行估计。为了得到合理的函数形式，采用逐步回归法，并采用似然比检验对估计方程进行检验，如表 1 所示。

表 1　随机前沿超越对数生产函数估计结果

变量	系数	t 值	变量	系数	t 值
常数项	0.575***	17.963	$(\ln X)^2$	0.077***	3.309
LnL	0.152***	4.428	T	0.008***	3.309
LnFI	−0.196***	−4.763	常数项	−1.255*	−1.550
LnFC	0.264***	5.715	CE	0.682*	1.418
LnX	0.721***	19.038	RE	1.623**	1.729
LnL* LnFI	−0.082***	−3.887	TR	−0.934	−0.905
LnL* LnFC	0.201***	6.720	AG	−0.003*	−1.234
LnL* LnX	−0.155***	−5.722	CT	0.029	0.415
LnFI* LnFC	−0.099**	−1.802	T	−0.006*	−1.012
LnFI* LnX	0.171***	3.961	δ^2	0.018***	2.078
LnFC * LnX	−0.201***	−3.053	γ	0.759***	5.586

续表

变量	系数	t 值	变量	系数	t 值
(LnL)²	0.013	0.962	对数似然函数值	444.059	
(LnFI)²	0.006	0.243	LR 单边检验误差	24.708	
(LnFC)²	0.081*	1.499	平均技术效率	0.961	

注: *** 表示显著水平为 1%; ** 表示显著水平为 5%; * 表示显著水平为 10%。

回归结果显示: ①过对数似然函数值 (= 444.059) 可以看出, 计量模型在统计上是可靠的, 整个模型的解释力很强。随机前沿生产函数模型比一般的模型能更好地描绘食品制造业生产中的技术及其变化。②γ 值为 0.759, 且在 1% 的显著性水平下不为 0, 这不仅意味着中国食品制造业生产存在显著的技术效率损失, 而且说明了当控制投入要素和其他不可控因素后, 75.9% 没有达到前沿面的产出水平由技术非效率带来。③从随机前沿生产函数估计结果的时间趋势系数来看, T 值在 1% 水平下显著, 但经济上不太显著, 系数值仅为 0.008, 说明中国食品制造业技术进步较为缓慢。④从食品制造业从业人员、固定资产净值、流动资产和中间投入等四大投入因素的产出弹性来看, 中间投入的产出弹性最大, 这说明中间投入是推动中国食品制造业增长的主要因素。因此, 食品制造业为中间投入推动型产业。

从表 1 还可以看出, 1993~2005 年间, 中国食品制造业的平均生产技术效率为 0.961, 说明如果消除技术效率损失, 食品制造业产值还可以增加 3.9%。

2. 技术效率的影响因素

表 1 还显示了食品制造业生产技术效率的估计结果。从表中可以看出: ①城镇居民恩格尔系数为正, 在 10% 水平下显著, 这说明城镇居民恩格尔系数与食品制造业生产技术效率损失呈正相关。随着城镇居民恩格尔系数的降低, 食品制造业生产技术效率损失下降, 食品制造业生产技术效率将上升。主要原因可能在于, 随着生活水平的不断提高, 城镇居民一方面对食品制造业所生产的食品需求量增大; 另一方面对产品品质要求

日益提高, 因而有助于提高食品制造业生产技术效率。②农村居民恩格尔系数对食品制造业技术效率影响为正, 在 5% 水平下显著, 这说明农村居民恩格尔系数与食品制造业生产技术效率损失呈正相关。随着农村居民生活水平的提高, 食品制造业生产技术效率损失下降, 食品制造业生产技术效率将提高。值得指出的是, 从经济意义上而言, 农村居民恩格尔系数比城镇居民恩格尔系数要大, 这意味着农村居民生活水平的提高对食品制造业的拉动作用要大于城镇居民生活水平的提高。对于这种现象, 本文认为主要原因在于, 当城镇居民的生活水平达到一定高度时, 他们对食品制造业产品的需求强度会逐渐降低, 而农村居民的生活水平目前还没达到这一高度, 因此表现出了较高的影响系数。③食品制造业税率系数为负, 但统计上并不显著, 这意味着地方政府的保护主义并不显著。此外, 城市化率在系数上虽然为正, 但统计上并不显著。对于这种现象, 本文认为可能的原因在于, 城市化率指标与其他几个影响因素变量间有较高的相关性, 然而, 当考察这些变量的相关系数时, 并没有发现它们有很高的相关性 (如表 2 所示)。④第一产业产值的系数为负, 在 10% 水平下显著, 意味着它对技术效率损失有显著的负影响, 这说明了在其他条件不变的情况下, 农业资源禀赋较好的地区, 食品制造业生产技术效率较高。⑤时间趋势 T 的系数在 10% 水平下显著, 但其值较小, 仅为 -0.006, 这意味着 1993 年以来中国食品制造业的生产技术效率得到了较为缓慢的提高。从技术效率的变化趋势来看, 中国食品工业生产效率从 1993 年的 0.941 提高到 2005 年的 0.977, 提高了 0.036 (如表 3 所示)。

表 2　技术效率影响因素的相关性检验

	CE	RE	TR	AG	CT
CE	1.000	0.725	0.260	−0.016	−0.199
RE	0.725	1.000	0.396	0.056	−0.523

续表

	CE	RE	TR	AG	CT
TR	0.260	0.396	1.000	−0.173	−0.275
AG	−0.016	0.056	−0.173	1.000	−0.479
CT	−0.199	−0.523	−0.275	−0.479	1.000

3. 技术效率变化及地区比较

为了更好地考察中国食品制造业生产技术效率的地区性差异，本文采用传统的区域分类方法，将全国划分为东部、中部和西部三大地区。东部地区包括北京、天津、河北、辽宁、上海、江苏、浙江、福建、山东、广东、广西、海南；中部地区包括山西、内蒙古、吉林、黑龙江、安徽、江西、河南、湖北、湖南；西部地区包括重庆、四川、贵州、云南、西藏、陕西、甘肃、青海、宁夏、新疆。

表3　1993~2005 年中国食品制造业生产技术效率变化及地区比较

年份	东部	中部	西部	平均
1993	0.962	0.918	0.943	0.941
1994	0.961	0.942	0.949	0.951
1995	0.942	0.926	0.868	0.912
1996	0.959	0.965	0.941	0.955
1997	0.970	0.960	0.947	0.959
1998	0.969	0.968	0.938	0.958
1999	0.970	0.972	0.960	0.967
2000	0.977	0.976	0.951	0.968
2001	0.975	0.976	0.969	0.973
2002	0.968	0.976	0.972	0.972
2003	0.976	0.980	0.975	0.977
2004	0.973	0.978	0.970	0.974
2005	0.974	0.981	0.975	0.977
平均	0.967	0.963	0.951	0.960

表 3 显示了 1993~2005 年中国食品制造业生产技术效率变化情况。[①] 从表中可以看出，1993~2005 年间，三大区域食品制造业平均生产技术效率在逐年提高，地区间差异呈收敛趋势。具体来说，东部、中部和西部地区食品制造业的平均技术效率分别为 0.967、0.963 和 0.951。

如果进一步分析，则可得到以下两个发现：一是从 2001 年以来，中部和西部地区食品制造业的技术效率提高较快，而东部地区食品制造业的技术效率则徘徊不前，甚至在某些年份还在下降，如 2001、2002 和 2004 年。二是从 2005 年的数据来看，东、中和西部三大地区的食品制造业技术效率分别为 0.974、0.981 和 0.975，由此得出，中部和西部食品制造业技术效率都要高于东部。这种结果与张军（2003）、沈能（2007）、于立（2007）、谢千里等（2008）的一般性工业生产技术效率的研究结论不太一致。这种现象的出现可能是由于中国东、中和西部三大区域对食品工业的重视程度不一样。与其他大多制造业相比，东部地区的食品制造业不仅产值较小，利润也较低，因而难以得到足够的重视。相反，中西部地区由于在一般制造业上不具备比较优势，因而当地政府完全有可能大力支持食品制造业的发展。此外，这还可提高非农和农业的就业率和效益（因为食

---

① 限于篇幅，本文没有给出各省生产技术效率的计算结果。

品制造业与农业关联度较高)。

五、主要结论与政策含义

本文采用随机前沿生产函数,研究了1993~2005年中国食品制造业生产技术效率的变化以及地区差异,并分析了影响中国食品制造业技术效率的主要因素。主要结论如下:

第一,中国食品制造业存在显著的效率损失,随机前沿生产函数中复合误差项的变异主要来自技术效率损失,使用SFA技术估计是必要的。

第二,总体来看,中国各地区食品制造业技术效率呈逐年增加的趋势,但技术效率的地区差距却越来越小。到2005年,东部、中部和西部已经基本持平。从某种意义上来说,这反映了中国食品制造业市场整合程度较高。

第三,虽然中国食品制造业技术效率得到较为明显的提高,但技术进步并不十分显著。

第四,在影响中国食品制造业生产技术效率的主要因素中,城镇居民恩格尔系数和食品制造业税率与食品制造业生产技术效率损失呈正相关关系。农村居民恩格尔系数、第一产业产值与食品制造业生产技术效率损失呈负相关关系。

本文的政策含义在于:一是由于中西部地区,尤其是西部地区,在食品制造业上具有一定的技术效率优势,因而中国政府在支援中西部时可把食品制造业作为优先对象。二是中国食品制造业技术进步较为缓慢,有待进一步提升,因此国家应注重科技创新和投入,为食品制造业发展提供重要的科技支撑。三是与城镇居民相比,农村居民生活水平的提高对中国食品制造业的发展更为重要,因此需要国家花大力气提高农村居民收入水平,进而实现食品制造业和提高农村居民收入水平的良性循环。

参考文献

Barro and Salaimartin. Economic Growth [M]. New York: McGraw-Hill. Inc., 1995.

Battese, G. E. Frontier Production Functions and Technical Efficiency: A Survey of Empirical Applications in Agricultural Economics [J]. Agricultural Economics, 1992 (7).

Battese, G.E. and Coelli, T.J. A Model for Technical Inefficiency Effects in a Stochastic Frontier Production Function for Panel Data [J]. Empirical Economics, 1995 (20).

Denison E F. Why Growth Rate Differ [M]. Washington: The Brookings Institution, 1967.

Farrell, M. J. The Measurement of Productive Efficiency [J]. Journal of Royal Statistical Society, Series A, 1957 (120).

Huang, C. J., and J. T. Liu. Estimation of a non-neutral Stochastic Frontier Production Function [J]. Journal of Productivity Analysis, 1994 (4).

Jorgenson, Dale W. and Zvi Griliches. the Explaination of Productivity Change [J]. Review of Economic Studies, 1967 (34).

Kumbhakar, C. S., and S. Ghosh, and J. T. McGuckin. A Generalised Production Frontier Approach for Estimating Determinants of Inficiency in U. S. Dairy Farms [J]. Journal of Business and Economic Statistics, 1991 (9).

Leibenstein H. Allovative Efficiency vs "X2 efficiency" [J]. American Economic Review, 1966 (56).

R. Solow. Technical Change and the Aggregate Production Function [J]. Review of Economics and Statistics, 1957 (39).

白重恩,杜颖娟,陶志钢,仝月婷.地方保护主义及产业地区集中度的决定因素和变动趋势[J].经济研究,2004 (4).

大琢启二郎,刘德强,村上直树.中国的工业改革[M].上海:上海人民出版社,上海三联书店,2000.

李善同,侯永志,刘云中,陈波.中国国内地方保护问题的调查与分析 [J].经济研究,2004 (11).

沈能,刘凤朝,赵建强.中国地区工业技术效率差异及其变动趋势分析——基于Malmquist生产率指数 [J].科研管理,2007 (4).

谢千里,罗斯基,张轶凡.中国工业生产率的增长与收敛 [J].经济学 (季刊),2008 (3).

姚洋,章奇.中国工业企业技术效益分析 [J].经济研究,2001 (10).

于立. 我国工业企业技术效率的比较分析——应用随机前沿生产函数进行的比较 [J]. 科研管理，2007（4）.

张军. 中国的工业改革与经济增长：问题与解释 [M]. 上海：上海人民出版社，上海三联书店，2003.

张莉侠，孟令杰. 我国食品加工业技术效率及影响因素的实证分析 [J]. 南京农业大学学报，2006（2）.

郑京海，刘小玄，Arne Bigsten. 1980~1994年期间中国国有企业的效率、技术进步和最佳实践 [J]. 经济学（季刊），2002（3）.

（刘志雄，中国政法大学商学院）

产业结构与就业结构互动关系研究述评*

一、国外相关理论研究

在西方国家，自威廉·配第（Willian Petty）以来，许多经济学家在揭示产业发展规律的同时也研究了劳动力在三次产业间的分布规律。产业结构和劳动力结构的互动研究是国外学者关注的重点问题。

1.配第—克拉克定理

早在20世纪40年代，英国经济学家柯林·克拉克（Colin Clank，1940）在他的《经济进步的条件》一书中，就发现了产业结构与就业结构的相关性。他运用三次产业分类法研究了经济发展和产业结构变化之间的关系和规律，考察了劳动力在各产业中的分布状况以及随经济发展而发生的变化。由于配第在此之前描述过类似的观点，后人总结为配第—克拉克定理。定理可以表述为：随着经济的发展，人均国民收入水平的提高，第一产业国民收入和劳动力的相对比重逐渐下降；第二产业国民收入和劳动力的相对比重上升；经济进一步发展，第三产业国民收入和劳动力的相对比重也开始上升。配第—克拉克定理不仅可以从一个国家经济发展的时间序列分析中得到验证，而且还可以从处于不同发展水平的不同国家在同一时点上的横断面比率中得到类似的验证，即人均国民收入水平越低的国家，农业劳动力所占份额相对越大，第二、三产业劳动力所占份额相对越小；反之，人均国民收入越高的国家，农业劳动力在全部就业劳动力中的份额相对越小，而第二、三产业的劳动力所占份额相对越大。

劳动力在产业之间的转移主要是因为需求的收入弹性的差异，第一产业的属性是农业，而农产品的需求特性是当人们的收入水平达到一定程度后，难以随着人们收入增加的程度而同步增加，即它的收入弹性出现下降，并小于第二产业、第三产业所提供的工业产品及服务的收入弹性。所以，随着经济的发展，国民收入和劳动力分布将从第一次产业转移至第二、三产业。劳动力在产业之间转移的另外一个原因是由于投资报酬（技术进步）差异，第一产业和第二次产业之间，技术进步有很大差别，由于农业的生产周期长，农业生产技术的进步比工业要困难得多，因此，对农业的投资会出现一个限度，出现"报酬递减"的情况。而工业的技术进步要比农业迅速得多，工业投资多处于"报酬递增"的情况，随着工业投资的增加，产量的加大，单位成本下降的潜力很大，必将进一步推动工业的更大发展。表1给出了美、英、德、法四国的劳动力产业构成变化情况，符合配第—克拉克定理所表述的发展趋势。

2.库兹涅茨定理

继克拉克之后，美国经济学家西蒙·库兹涅茨（Simon Smith Kuznets，1971）在其代表作《各国经济的增长》中，首次将国民收入和劳动力在三次产业间的演化趋势结合起来进行研究，指出产业结构与就业结构既相互联系又不完全同步发展的关系。他收集整理了57个国家在相当长时期的数据，对就业结构随产业结构而变化进行了研究，

* 基金项目：山东省社会科学规划研究项目"山东省产业结构调整与劳动力结构优化的互动关系研究"（10CJGJ06）。

表1　美国、英国、德国、法国劳动力产业结构变化情况

单位：%

	产业类别	19世纪70年代	20世纪初	20世纪20年代	20世纪40年代	20世纪60年代	20世纪80年代
美国	第一产业	50	37	27	17	7	3.6
	第二产业	25	30	34	31	34	30.2
	第三产业	25	33	39	52	59	65.2
英国	第一产业	—	9	7	6	3	1.6
	第二产业	—	47	50	46	45	37.4
	第三产业	—	44	43	48	52	60
德国	第一产业	—	34	30	27	12	5.8
	第二产业	—	40	42	41	48	45
	第三产业	—	26	28	32	40	49.2
法国	第一产业	43	33	29	21	20	8.8
	第二产业	38	43	36	35	37	35.4
	第三产业	19	25	35	44	43	55.8

资料来源：刘伟. 工业化进程中的产业结构研究 [M]. 北京：中国人民大学出版社，1995.

得出以下结论：

（1）农业劳动力在全部劳动力中的比重和农业部门在总产值中的比重都出现了明显的下降。

（2）工业部门的产值在总产值中的比重呈现明显的上升，而劳动力的比重略有上升。

（3）服务部门的劳动力占全部劳动力的比重的绝对上升或相对上升显著高于其产值占总产值比重的上升，亦即服务部门劳动力比重上升的比例更大，高于其产值比重的增加。

表2　人均GDP与产业结构、就业结构的关系（1958年）

单位：美元

人均GDP（美元）	第一产业（%）		第二产业（%）		第三产业（%）	
	产值	劳动力	产值	劳动力	产值	劳动力
70	48.4	80.3	20.6	9.2	31.0	10.5
150	36.8	63.7	26.3	17.0	36.0	19.3
300	26.4	46.0	33.0	26.9	40.0	27.1
500	18.7	31.4	40.9	36.2	40.0	31.4
1000	11.7	17.7	48.4	45.3	39.0	37.0

资料来源：西蒙·库兹涅茨. 各国的经济增长 [M]. 北京：商务印书馆，1999，126.

库兹涅茨定理和配第—克拉克定理相比，研究更深入。它不仅说明了农业劳动力比重的普遍下降，也说明了工业化达到一定阶段以后，第二产业就不能够大量吸引更多的劳动力，只有第三产业对劳动力具有较强的吸附能力，体现出较强的就业弹性。表2给出了人均GDP与产业结构、就业结构的关系。

3. 刘易斯和拉尼斯—费的农村剩余劳动力流动模型

刘易斯（W.A.Lewis，1954）、费景汉（J.C.H.Fei，1964）和拉尼斯（G.Ranis，1964）则从二元经济的角度研究产业结构与就业结构的关系，提出了刘易斯—费景汉—拉尼斯农业剩余劳动力转移模型。刘易斯认为，发展中国家经济的典型特征是具有二元结构，即传统的农业部门和现代化的工业部门并存。在这种结构中，发展中国家的就业具有特殊性。一方面，农业部门可以吸收大量的劳动力，但是由于资本和土地的匮乏，存在大量的劳动生产率等于或小于零的剩余劳动力，使农村劳动力只能维持在生存收入的水平上。另一方面，只要现代化部门的规模扩大，它就可以按照现行不变的工资水平雇用到所需要的劳动力。

随着资本积累的扩大，工业部门吸收的劳动力越来越多，直至农村剩余劳动力吸收完为止，这一点被称为刘易斯转折点。当传统农业剩余劳动力转移完以后，农业的边际劳动生产率就会提高，农业劳动力的收入也会提高。然而，工业部门的劳动力就会变得稀缺，劳动力供给具有弹性。这时，二元经济就会变成现代经济。

拉尼斯—费模型继承了刘易斯的二元经济模型，并且克服了其中的忽视农业发展、技术进步、技术的要素偏向以及人口的自然增长等缺陷，研究了不同经济阶段劳动力流动和工农两部门发展的状况。此模型详细叙述了在经济结构转换中就业结构转换的条件和阶段，提出了工业和农业两部门之间平衡发展的思想，并把农业剩余劳动力转移过程的实现由一种无阻碍过程转变为一种有可能受阻碍的三阶段发展过程，为农村剩余劳动力转移理论提供了新的内容。

4. 钱纳里—塞尔奎因就业结构转换滞后理论

1989 年，经济学家钱纳里（Syrquin）和塞尔奎因（Chenery）在研究发展中国家和发达国家的发展趋势中指出，在发达国家的工业化进程中，农业产值和劳动力就业向工业的转换基本上是同步的，即随着农业和工业产值份额的此消彼长，农业人口也相应地向工业转移。但是在发展中国家，产值结构转换普遍先于就业结构转换。一般来说，在工业化起点时，产业的产值比重比产业的就业比重大约高 25 个百分点，如果两者要同步发展，需要人均国民生产总值达到 1500 元以后。产业结构与就业结构的不协调，主要反映在现代部门产值相对于传统农业部门非常高，而就业人数又显得偏低。其主要原因在于发展中国家的许多部门正在使用越来越多的节约劳动的先进技术。

现代工业部门创造产值的能力大大高于创造就业机会的能力，特别是对人口众多的落后国家来说，就业结构的转换在初期必然是相当缓慢的。工业产值比重高的部分原因在于发展中国家工农贸易条件的不合理，即工业品价格偏高，农产品价格偏低。工业的发展在某种程度上是以牺牲农业为代价的。因此，相比之下，就业结构变动指标比产值指标更能真实地反映产业结构的实际变动状况，就业结构的滞后性更能说明为什么在经济迅速增长的过程中，就业增长的难度越来越大。

钱纳里—塞尔奎因就业结构转换滞后理论对于发展中国家来说具有重要的现实意义：发展中国家的农业剩余劳动力的转移具有滞后性，现代工业部门，首先要吸收那些在劳动密集、技术水平不太先进的工业部门的劳动力，然后再吸收农业部门的劳动力。劳动力结构的转移要滞后于产业结构的变化，这对分析发展中国家就业结构的转换、研究产业结构和劳动力结构的互动关系具有重要意义。

5. 托达罗劳动力流动模型

20 世纪 60 年代的大量事实表明，在许多发展中国家，在城市失业条件下，劳动力仍然不断从农村流向城市。托达罗（Todaro M.P., 1969）认为，农村劳动力迁入城市不仅取决于城乡实际的差异，还取决于人们对城乡预期收入的差距。这种预期收入的差距是由实际的城乡收入差距与城市获得就业机会的可能性两个变量相互作用决定的。因此，农村劳动力获得城市工作机会的概率与城市失业率成反比，人口流动率超过城市工作机会的增长率是可能的也是合理的。该模型解释了有些发展中国家城市失业水平虽然很高，但是农村劳动力仍会从农村迁移到城市的现象。

二、国内相关研究

国内开始重视产业结构与就业结构两者之间相互影响的研究始于 20 世纪 90 年代。由于特殊的国情，我国"八五"期间虽然经济高速增长、产业结构不断调整，但并没有因此带动就业的增长和劳动力结构的优化，从而影响到未来我国产业结构的优化升级和劳动力就业结构的优化。在此背景下，国内一些学者以西方相关理论为基础，结合我国和各地具体情况，对产业结构与就业结构的协调发展给予多角度的研究。

1. 在研究对象方面，主要集中于以全国或某地区的数据为基础，分析产业结构升级变迁对就业结构的影响和就业结构变化对产业升级的影响，或尝试对产业结构与就业结构失衡的状况进行描述性分析

前者如李晓嘉等（2006）对我国产业结构调整对就业增长的影响的研究，黄洪琳（2008）对中国就业结构与产业结构的偏差及原因探讨，王庆丰（2009）对我国产业结构与就业结构整体协调性测度研究等；后者如师博等（2003）、赵强（2010）对新疆产业结构与就业结构关系的研究，吴江等（2006）、吴瑾（2010）对四川产业结构与就业结构变动关系的实证研究，张宝东（2010）对云南产业结构与就业结构互动发展的实证研究，杨晓云（2010）对三峡库区产业结构与就业结构匹配度及协调发展研究，等等。

2. 在研究内容方面，主要涉及产业结构与就业结构相互作用机理研究、产业结构对就业的影响研究、产业经济增长与产业就业的关系的研究等方面

在产业结构与就业结构相互作用机理研究方面，如张建武等（2005）对产业结构与就业结构互动关系及政策含义的研究，周兵等（2008）对产业结构与就业结构之间的机制构建的研究等；在产业结构对就业的影响研究方面，如吕红平等（2002）对河北省经济增长和产业结构变动对就业

结构的影响，黄山松等（2010）对广西产业结构变动的就业结构效应及对策研究等；在产业经济增长与产业就业的关系方面，如袁锋军等（2007）对陕西产业结构与就业结构关系的实证分析，陈大红（2007）对产业结构与就业结构的关联性分析，李玉凤等（2008）对产业结构与就业结构的协整分析，李惠玲等（2008）对北京市产业结构和就业结构的弹性与关联分析，张梅等（2009）对CAFTA（东盟自由贸易区）进程中粤、桂、云、琼四省区产业结构与就业结构协调问题研究，等等。

3. 在研究方法和工具方面，主要采取定性与定量分析方法，或定性与定量相结合的分析方法，主要使用的研究工具有偏离度分析、比较劳动生产率的分析、就业弹性分析、相关性分析等，也有少部分学者使用比较复杂的方法进行实证研究

如张建武等（2005）对产业结构与就业结构的互动关系及其政策含义的研究属于定性分析方法。大多数实证研究则属于定性与定量相结合、以定量分析为主的方法，如黄洪琳（2008）、王庆丰（2009）、吴瑾（2010）等的研究。

4. 以山东省为对象进行研究比较缺乏

这方面的研究成果主要有王晓君等（2006）对山东省产业结构与就业结构协调发展研究，孙红芹（2009）对山东省产业结构与就业结构均衡性进行了实证研究等。

三、研究产业结构和劳动力结构互动的主要方法

总结出学者们应用的主要方法如表3所示：

表3 研究产业结构和劳动力结构互动的主要方法

方法	公式	判定条件	特点
比较劳动生产率	产业国民收入的相对比重/产业劳动力相对比重	小于1，该产业部门的劳动力就会向其他部门转移	从效益角度较好地考虑了产业结构和就业结构的协调性，侧重于产业细分层面，但无法从整体角度衡量和比较产业结构与就业结构的协调性
就业弹性	就业人员增长率/GDP增长率	系数越大，该产业吸收劳动力的能力越强；系数越小，该产业吸收劳动力的能力越弱	主要强调经济增长对劳动力的吸纳能力，对产业结构和就业结构的协调性研究不深入

续表

方法	公式	判定条件	特点
结构偏离度	产值比重－就业比重或者（产值比重/就业比重）－1	绝对值越小，结构越均衡	反映了产业结构与就业结构之间的对称状况或均衡状况，如需反映产业结构和就业结构的整体协调性时，通常将各产业的结构偏离度的绝对值相加求和，但是无法区分产业结构演变中各产业此消彼长的方向变化
协调系数	$$H_{se} = \frac{\sum\limits_{i=1}^{n}(S_iE_i)}{\sqrt{\sum\limits_{i=1}^{n}S_i^2 \sum\limits_{i=1}^{n}E_i^2}}$$ S_i 为第 i 产业的产业结构，E_i 为第 i 产业的就业结构	H_{se} 越接近于 0，说明一国或地区产业结构与就业结构协调性越差，两者之间越不均衡；H_{se} 越接近于 1，说明产业结构与就业结构越具有良好的协调性，两者之间越均衡	协调系数克服了上述三种方法的缺点和不足，利用该方法将产业结构和就业结构有关的数据结合起来，界定产业结构与就业结构的协调系数定义，利用该系数从整体的角度反映产业结构与就业结构的均衡发展状况
协整分析	① 单位根检验 ② 协整关系检验 ③ 格兰杰因果关系检验	首先，要检查序列的平稳性和单整阶数；其次，揭示时间序列长期稳定关系；最后，检验变量之间的因果关系	尽管两个或两个以上的变量序列为非平稳序列，但它们的某种线性组合却可能呈现稳定性，则这两个变量之间便存在长期稳定关系，即协整关系；如果两个变量都是单整变量，只有当它们的单整阶数相同时才可能协整；协整的意义在于它揭示了变量之间是否存在一种长期稳定的均衡关系

学者们对以上方法的主要应用情况如下：

虞孔卡、张干（2009）在《重庆产业结构与就业结构的协调性分析》一文中，利用比较劳动生产率、就业弹性系数、结构偏离度等方法分析重庆市的产业结构和就业结构的关系，并分析两者不协调的原因。

黄山松、钱吴永（2010）在《广西产业结构变动的就业结构效应及对策研究》一文中，采用相关性分析、比较劳动生产率、产业扩张弹性、就业弹性等来实证分析广西产业结构变动对就业结构的影响。结果表明，广西的产业结构变动与就业结构变动总体保持了良性互动关系，达到了相互促进和相互推动。

李惠玲、朱永杰（2008）在《北京市产业结构和就业结构的弹性与关联分析》一文中，利用就业弹性分析的方法对历史数据进行分析，并进行北京市三大产业结构与就业结构的关联分析，进而对北京市第二、三产业的就业结构与产业结构的变动趋势及其关联情况进行分析，得出相应的结论。

吴霖、江可申（2005）在《对江苏就业结构与产业结构的不对称的分析》一文中，通过分析江苏产业就业结构现状，比较苏南、苏中、苏北三大区域的空间差异，指出江苏整体、区域就业结构调整与产业结构的不对称性，提出就业弹性的变化规律，并根据就业弹性模型及三大区域的就业弹性值对江苏产业就业结构进行进一步分析。

宋艳菊、谢剑锋、陈欣（2009）在《辽宁省就业结构与产业结构的偏差及原因探析》一文中，针对辽宁省就业结构与产业结构关系中存在的高偏离度问题，采用实证分析方法，分析了辽宁省1978~2007年就业结构与产业结构的偏离程度，并与北京、上海比较，得出二元经济体制惯性、资本密集型主导、科技含量低是高偏离度形成的主要原因，最后提出打破城乡二元体制、坚持科学发展观、促进第二产业升级、扶植新兴行业发展等政策建议。

闫泓、李小平、肖怡然（2008）在《产业结构演变与劳动就业关联性研究——以四川省南充市为例》一文中，采用了就业弹性和产业结构偏离系数的方法，对产业结构和就业的关联性进行分析，得出两者之间的发展趋势和相互影响的关系。

王庆丰（2009）在《我国产业结构与就业结构整体协调性测度研究》一文中，界定产业结构与就业结构协调系数并提出相应计算方法，测算 1978~2006 年我国产业结构与就业结构协调系数以及 2006 年各省协调系数，从整体上了解和掌握产业结构与就业结构的均衡发展状况。

王小梅（2006）在《产业结构与就业结构协调分析——以青海为例》一文中，针对青海是产业发展"虚高度化"的现象，产业结构与就业结构不协调的突出矛盾，提出促进经济发展、提高就业水平的思路。

李玉凤、高长元（2008）在《产业结构与就业结构的协整分析》一文中，运用了协整分析的方法，揭示时间序列变量的长期稳定关系，分析产业结构和就业结构变动的状况，得到的结论与定性分析的结论相一致，运用的效果较好。

崔亮、艾冰（2008）在《对产业结构与就业结构关系的探讨——以新疆为例》一文中，利用结构偏离度和劳动生产率对新疆 1978~2005 年三次产业结构与就业结构的变化进行分析的基础上，进一步借用 VEC 模型揭示了就业结构和产业结构在这一期间的长期协整关系。

从学者们的研究当中可以总结出，在研究就业结构与劳动力结构的关系中，一般是综合运用多种方法的，以便得出更加合理的结果。

四、总结与展望

综合国内外的研究，学者们在产业结构与劳动力结构的互动理论研究上取得了很大的成果，在研究内容上探讨的范围较广泛，大部分以某一地区为例来进行研究，研究方法上注重多种方法的综合运用，并取得了很好的应用效果。未来的深入研究应当在以下几个方面努力：一是把国外的先进理论结合本国的国情进行本土化研究，总结出产业结构和劳动力结构的互动一般机理。二是国内学者应当对我国各省市的产业结构和就业结构关系进行实证研究。三是研究方法的多样化运用。就国内学者的研究而言，对山东省产业结构调整和劳动力结构优化的互动研究方面比较少，研究方法也较为单一。针对山东省现实的情况，产业结构和劳动力的互动研究非常重要，对山东省的经济发展和社会进步起着重要的作用，这也是笔者未来要继续深入研究的方向。

参考文献

钱纳里，塞尔奎因.发展的模式：1950~1970 [M]．北京：经济科学出版社，1988.

Hoffman, W.C. The Growth of Industrial Economics [M]. Modern University Press, 1958.

Todaro, M.P.. Economic Development in the Third World [M]. Longman：Politica Economica, 1985.

Gupta S.P. Population Growth and the Problem of Unemployment [M]. New Delhi：Anmol Publication, 1990.

Gold Michael. Employment and Industrial Relations in Europe [M]. Boston：Kluge Law International, 1999.

Hapiro C，Stigliz J. Equilibrium Unemployment as a Worker Discipline Device [J]. The American Economic Review, 1998, 74 (3).

Nicholas Kaldor. Welfare Propositions of Economics and Interpersonal Comparisons of Utility [J]. The Economic Journal, 1939, 49 (195).

Martin C. Price Adjustment and Market Structure [J]. Economics, 1993, 2 (41).

Noriyasu Yamada.The Future of Industrial Structure in Japan and the United States of America [J]. Japan and the World Economy, 2000, 12 (2).

Garonna. Intersectional Labour Reallocations and Unemployment in Italy [J]. Labour Economics, 2000 (7).

迈克尔·P. 托达罗. 发展中国家的劳动力迁移模式和城市失业问题 [M]. 北京：商务印书馆，1984.

西蒙·库兹涅茨. 各国的经济增长 [M]. 北京：商务印书馆，2009.

W.A.Lewis. Economic Development with Unlimited Supply of Labor [J]. The Manchester School of Economic and Social Studies, 1954 (22).

Syrquin, Chenery. Three Decades of Industrialization [J]. The World Bank Economic Reviews, 1989 (3).

H. 钱纳里，S. 鲁宾逊，M. 塞尔奎因. 工业化和经济增长的比较研究 [M]. 上海：三联书店，1989.

费景汉，拉尼斯. 增长和发展：演进观点 [M]. 北京：商务印书馆，2004.

李晓嘉，刘鹏. 我国产业结构调整对就业增长的影响 [J]. 山西财经大学学报，2006, 28 (1).

黄洪琳. 中国就业结构与产业结构的偏差及原因探讨 [J]. 人口与经济，2008 (4).

（刘潇琦、于庆东，青岛大学国际商学院）

贵州省人口城市化与产业结构的实证分析

一、前 言

城市是一个国家或区域经济增长的核心，城市化是一个国家或区域经济发展的必由之路，也是衡量经济发展水平的重要标志。城市化能够推动工业化和市场化，而工业化、市场化的必然结果就是促进就业结构的转变，进而推动产业结构的优化升级。产业结构的优化升级和城市化进程的进一步推动是我国"十二五"发展方式转变的趋势与重点。贵州省服务与发展报告指出，2009年，贵州省城市化率和工业化率分别为29.9%和32.17%，[①]三次产业增加值占生产总值的比重分别为14.2%、37.9%和47.9%。显然，其城市化滞后于工业化，这与西方发达国家城市化进程的发展经历相悖；其产业结构呈现"三二一"阶段，其服务业增加值占贵州省GDP的比重为47.9%，对GDP增长的贡献率达51.3%，服务业作为贵州省国民经济重要组成部分的地位更加凸显，但服务业总量与其他省份相比仍有较大差距，产业结构有待进一步优化。

城市化与产业结构之间关系得到国内外诸多学者的广泛关注。西蒙·库兹涅茨（Kuznets，1966）、H.钱纳里（Chenery，1975）等较早地考察了两者之间的关系，国内学者也从不同角度探讨了产业结构演变与城镇化关系等问题。然而上述研究对于产业结构与城市化关系研究较为单一，多侧重城市化与产业结构关系，缺乏城镇化与经济增长、结构变迁之间关系的定量分析。同时，上述研究虽然证实人口城市化水平与产业结构之间存在高度正相关，但没有区分产业结构变迁与人口城市化的短期效应和长期效应，更没考虑人口城市化对产业结构变迁可能产生的反馈作用。上述研究对于城市化与产业结构之间的关系也作了积极探索，但更多的是定性分析和建立回归模型的定量研究，且大都着眼宏观层面。为什么贵州省的城市化滞后于工业化，滞后于产业结构的优化升级？它们之间存在怎样的关系？在今后经济发展过程中，如何协调好其关系等？这一系列问题在贵州省今后发展的过程中，将会成为不可忽视的重要议题。本文试图在分析贵州省自改革开放以来的历年统计资料的基础上，运用现代计量经济学手段对人口城市化与产业结构之间的关系进行实证分析。

[①] 城镇化率按常住半年以上城镇人口比重表示，工业化率以工业增加值占全部生产总值比重，工业化率在20%~40%的为工业化初期。

二、研究思路和数据来源

1. 研究思路

目前，对于城市化与产业结构之间关系研究成果较为显著，主要从两个方面加以研究：一是城市化与特定产业之间的关系，如城市化与产业聚集关系的研究，城市化与服务业特别是生产性服务业关系研究和城市化与第三产业关系研究。二是城市化与产业结构或产业发展之间关系研究，如城市化是产业结构调整和升级的依托、城市化健康发展有利于产业结构调整和升级、中国城市化与三次产业发展关系的文献综述、东北地区 10 年来产业结构演变与城市化之间关系的回归分析。

以往的研究基本采用传统的回归分析或相关分析的方法，然而由于反映现实社会中的宏观经济变量是不平稳的，运用此数据进行分析会导致伪回归现象发生。为了避免对非平稳时间序列直接回归分析时，易造成伪回归的出现，在回归分析之前必须对变量进行平稳性检验（亦称 ADF 检验）。若检验的序列是不平稳的，需要对其进行一阶或二阶差分，直到平稳为止，一般经济序列都是一个或者不超过 2 个单位根。运用协整分析与误差修正模型等数学方法为研究非平稳序列变量

之间的均衡关系与相互影响提供了可靠的理论依据和手段。因此，鉴于上述研究方法或内容等不足之处，本文选择了经济发展中贵州省人口城市化率和二、三产业产值比重几个主要变量。首先，对这些变量的时间序列进行平稳性检验。其次，选用 Johansen 协整检验和 Granger 因果关系检验，探讨城市化率与产业结构变量之间的因果关系。最后，运用误差修正（VECM）模型来分析城市化率与产业结构之间的长期影响和短期波动情况。

2. 数据来源与说明

选取 1978~2009 年贵州省的相关数据作为研究时间段，选取变量有城市化率和产业结构。城市化率反映城市化发展水平，本文以常住半年城镇人口比重来表示城市化水平，记为 UR_t；用第二、三产业产值比重来表示产业结构概况，记为 ST_t。考虑到对时间序列数据进行对数化处理，易得到平稳序列，也便于分析变量的异方差性和变量间长短期的分析，本文在分析时均采用各变量的对数值，分别记为 $LnUR_t$ 和 $LnST_t$。

本文所选取数据来源于《贵州统计年鉴（1979~2010）》和 2009 领导干部手册。

三、贵州省人口城市化与产业结构关系的实证分析

1. 时间序列的平稳性检验

人口城市化（UR_t）与产业结构（ST_t）都是宏观经济数据，有可能是非平稳序列。对于一个非平稳序列，需经过 d 次差分，达到平稳序列，则该序列称为 d 阶单整，记为 I (d)。为避免模型中

出现"伪回归"问题，获取可靠的分析结果，本文选用 ADF（Augmented Dickey-Fuller）检验方法，对和以及差分序列进行平稳性检验，检验方程参照 SIC 准则确定最佳滞后阶数。

表1　各变量的平稳性分析结果

变量	ADF 值	检验形式	5%临界值	1%临界值	结论
$LnST_t$	−2.8540	(C, T, 0)	−3.5629	−4.2846	非平稳
$\Delta^1 LnST_t$	−1.1515**	(N, N, 0)	−1.9525	−2.6443	非平稳
$\Delta^2 LnST_t$	−2.9973***	(N, N, 1)	−1.9572	−2.6742	平稳

续表

变量	ADF值	检验形式	5%临界值	1%临界值	结论
$LnUR_t$	−3.4986	(C, N, 0)	−3.5629	−4.2846	非平稳
$\Delta^1 LnUR_t$	−2.1486**	(C, N, 0)	−2.9719	−3.6891	非平稳
$\Delta^2 LnUR_t$	−5.6619***	(C, T, 1)	−3.5806	−4.3240	平稳

注：Δ 表示一阶差分，Δ^2 表示二阶差分；(C, T, L) 中 C、T 和 L 分别表示单位根检验形式中包含截距项、趋势向、滞后阶数，N 表示不包含截距项和趋势向；ADF 检验法中的滞后阶数根据 SIC 准则（Schwarz Infromation Criterion）确定。*** 和 ** 分别表示在 1% 和 5% 水平上显著。

从表 1 可知，在 5% 的显著水平下，$LnUR_t$ 和 $LnST_t$ 是非平稳序列。分析判定，在 1% 的显著性水平下，$\Delta^1 LnST_t$ 和 $\Delta^1 LnUR_t$ 都是非平稳的，$\Delta^2 LnST_t$ 和 $\Delta^2 LnUR'$ 是平稳序列。由此可知，在 1% 的显著性水平下，$LnST_t \sim I(2)$、$LnUR_t \sim I(2)$ 是二阶单整。因此，不能选用传统的经济学理论来建立模型，故选用协整理论的分析方法来研究。

2. 协整检验与协整模型构建

（1）构建向量自回归（VAR）模型。为探求人口城市化（UR_t）与产业结构（ST_t）间协整关系，计量经济学中检验方法有两种：E-G（Engle-Granger）两步检验法和 Johansen 迹检验法，本文为了在考察变量间长期关系的同时，还得考察其短期关系，故选用 Johansen 迹检验法构建 VAR (K) 理论模型如下：

$$Y_t = \sum_{i=1}^{k} \prod_i Y_{t-1} + u + \beta_t \qquad (1)$$

式（1）中，Y_t 为 $LnUR_t$ 和 $LnST_t$ 的例向量组成的矩阵，i 为滞后期，k 为最大滞后期，t 为时间，u 为截距项矩阵，β_t 表示随机误差项矩阵。本文在综合考虑模型的 AIC 准则基础上，确定最佳滞后阶数，选取确定阶数为 2，建立 VAR(2) 模型如下：

$$LnUR_t = 0.0730 \times LnST_{t-1} + 0.0837 \times LnST_{t-2} + 1.2393 \times LnUR_{t-1} - 0.3850 \times LnUR_{t-2} - 0.19620 \qquad (2)$$

$R^2 = 0.9869$，$\bar{R}^2 = 0.9848$，$F = 53.2573$，$SC = -4.5839$，$F = 469.3480$

$$LnST_t = 1.0323 \times LnST_{t-1} - 0.2017 \times LnST_{t-2} - 0.1946 \times LnUR_{t-1} + 0.3345 \times LnUR_{t-2} + 0.3031 \qquad (3)$$

$R^2 = 0.9209$，$\bar{R}^2 = 0.9083$，$AIC = -3.0090$，$SC = -2.7755$，$F = 72.8179$

式（2）和式（3）中，$LnUR_t$ 和 $LnST_t$ 两向量自回归函数的判决系数（$\bar{R}^2$）分别为 0.9848 和 0.9083，F 值分别为 469.3480 和 72.8179，模型拟合效果较好，变量间的线性关系显著。

（2）协整检验。利用式（2）和式（3）为基础，对 $LnUR_t$ 和 $LnST_t$ 两个时间序列进行 Johansen 迹检验法，检验结果如表 2 所示。

表 2　协整关系检验结果

原假设	特征值	迹统计量	5%临界值	P 值	结论
RK (Π) =0	0.3663	20.2768	20.2618	0.0498	拒绝
RK (Π) ≤1	0.1972	6.5897	9.1645	0.1498	接受

注：此结果数据为运用 eviews6.0 软件进行相关计算得到。

由表 1 可知，在 5% 的显著性水平下，原假设 RK(∏) = 0 时，迹统计量 20.2768 > 20.2618，因此拒绝原假设，即 $LnUR_t$ 和 $LnST_t$ 之间存在协整关系；原假设 RK(∏) ≤ 1 时，迹统计量 6.5897 < 9.1645，接受原假设，即 $LnUR_t$ 和 $LnST_t$ 之间至少存在一个协整关系，为此用 OLS 法构建模型：[①]

$$LnST_t = 2.2399 + 0.6412 LnUR_t \qquad (4)$$
$$\quad\;(8.3719^{***}) \quad\; (7.2978^{***})$$

式（4）确定变量间的长期均衡关系，表明

[①] 括号内数据表示 T 值，*** 表示在 1% 的水平下显著，$\bar{R}^2 = 0.6276$，$SE = 0.099$，$F = 53.2573$。

LnUR$_t$ 和 LnST$_t$ 的上述协整关系成立。为此得出：贵州省产业结构变动相对于城市化的弹性值为 0.64，即贵州省城市化率每上升一个百分点，将会带来第二、三产业产值比重上升 0.64 个百分点。显然，城市化水平的提高对于贵州省产业结构的优化升级具有较大的积极作用。

（3）构建误差修正模型（VECM）。在考察贵州省城市化与产业结构之间的长期关系后，也需要知道其短期关系。为此，需对得出的长期均衡模型加以修正，从而得到一个新的能够分析经济变量短期波动的模型。根据滞后期间为 K 的 Engle-Granger 误差修正模型（ECM）的标准表达式，分析变量间的短期关系，构建误差修正模型如下：

$$\Delta X_t = \lambda_1 + \sum_{j=1}^{k} \beta_{1j}\Delta Y_{t-j} + r_1 ecmi_{t-1} + u_{1t}, \ ecmi_{t-1} = (X - pY)_{t-1} \quad (5)$$

$$\Delta Y_t = \lambda_2 + \sum_{j=1}^{k} \alpha_{2i}\Delta Y_{t-i} + \sum_{j=1}^{k} \beta_{2j}\Delta Y_{t-j} + r_2 ecmi_{2t-1} + u_2, \ ecmi_{2t-1} = (Y - \sigma Y)_{t-1} \quad (6)$$

上式 $ecmi_{t-1}$ 和 $ecmi_{2t-1}$（i = 1，2）是误差修正项，r_1 和 r_2 是调整系数，借助误差修正模型进行转换，方程（5）和方程（6）是 0 阶单整时间序列。结合 VAR（2）模型，得出 VECMM 模型（7）模型和（8），其中 D 表示一阶差分。

$$D(LnST_t) = -0.1762 \times (LnST_{t-1} - 0.8799LnUR_{t-1} - 1.4960) + 0.1422 \times DLnST_{t-1} -$$

$$0.2873 \times DLnST_{t-2} - 0.3262 \times DlnUR_{t-1} - 0.4568 \times DLnUR_{t-2} + 0.0367 \quad (7)$$

$$D(LnUR_t) = 0.1855 \times (LnST_{t-1} - 0.8799LnUR_{t-1} - 1.4960) - 0.0433 \times DLnST_{t-1} - 0.0735 \times DLnST_{t-2} + 0.1140 \times DLnUR_{t-1} + 0.2759 \times DLnUR_{t-2} + 0.0129 \quad (8)$$

式（7）中显示，33 年以来，贵州省产业结构转变相对于城市化水平提高的弹性值短期为 -0.78（滞后 1~2 期的和），然而在长期内其弹性值为 0.64，说明了贵州省的城市化与产业结构之间的长短期关系是不一致的。在短期内：当城市化水平变动一个百分点时，第二、三产业的产值比重会反向变化 0.78 个百分点；产业结构的前期水平对与后期具有正向的促进作用，弹性值为 0.36，即前期的第二、三产业产值的比重每上升一个百分点，就会带来当期第二、三产业产值比重增加 0.36 个百分点。同理可得方程（8），33 年以来，贵州省城市化水平的提高相对于产业结构调整的短期弹性值为 -0.1168，城市化水平自身弹性为 0.3890，解释与前式相同，在此不再赘述。

（4）Granger 因果关系检验。通过协整关系检验后，贵州省产业结构与城市化之间存在长期均衡关系，为进一步考察其因果关系，选用 Granger 因果检验方法检验变量间的因果关系，结果如表 3 所示。

表 3　Granger 因果关系检验结果

原假设	滞后期	F 值	P 值	结论
LnST$_t \neq$>LnUR$_t$	1	23.5862	4.E-05***	拒绝
LnUR$_t \neq$>LnST$_t$	1	2.8259	0.1039	接受
LnST$_t \neq$>LnUR$_t$	2	4.5918	0.0200**	拒绝
LnUR$_t \neq$>LnST$_t$	2	2.9058	0.0733*	拒绝
LnST$_t \neq$>LnUR$_t$	3	3.2734	0.0403**	拒绝
LnUR$_t \neq$>LnST$_t$	3	4.2874	0.0159**	拒绝
LnST$_t \neq$>LnUR$_t$	4	6.6412	0.0016***	拒绝
LnUR$_t \neq$>LnST$_t$	4	3.3475	0.0310**	拒绝

注：LnST$_t \neq$>LnUR$_t$ 表示 LnST$_t$ 不是 LnUR$_t$ 的格兰杰原因，其余类同；***、** 和 * 分别表示在 1%、5% 和 10% 水平上显著，结果运用 eviews6.0 软件进行相关计算得出。

表 3 表明，在 1% 的显著性水平下，在滞后期为 1 的情况下，LnUR$_t$ 和 LnST$_t$ 具有单向 Granger 因果关系，即产业结构优化升级是城市化水平提高的原因，但反之不成立。在滞后 2~4 期时，

$LnUR_t$ 和 $LnST_t$ 在相应的显著性水平下具有双向的 Granger 因果，这一结论与国内学者对此前的研究有很大不同。

四、结论与建议

1. 结论

本文通过对宏观经济变量 $LnUR_t$ 和 $LnST_t$ 进行 ADF 检验，构建 (VAR) 模型，采用协整分析、建立模型 (VECM) 模型和 Granger 因果关系检验的现代计量经济学的研究方法，对贵州省自改革开放以来，城市化的变动与产业结构之间的关系进行了实证研究，由此得出以下结论：

（1）城市化水平与产业结构变迁之间存在长期均衡关系，然不同于其之间的短期关系。通过协整检验，构建方程式（4），反映出城市化与产业结构之间存在长期的均衡关系，产业结构相对于城市化水平的长期弹性为 0.64；经过 (VECM) 模型分析得出方程式（7），在短期内，产业结构变迁相对于城市化水平的短期弹性值为 -0.78，由此表明，城市化与产业结构之间的长短期均衡关系并不一样，这一观点与国内学者对此地区以前的研究有很大不同。

（2）城市化水平与产业结构变迁之间基本上存在双向因果关系。根据 Granger 因果关系检验，由表 3 显示，在滞后 1 期时，$LnUR_t$ 和 $LnST_t$ 具有单向 Granger 因果关系。在滞后 2~4 期时，$LnUR_t$ 和 $LnST_t$ 在相应的显著性水平下具有双向的 Granger 因果关系，即自 1978 年改革开放以来，贵州省在经济发展过程中，城市化水平的提高能够直接或间接导致产业结构的优化升级，反之亦成立。

2. 建议

（1）政府决策部门应充分认识到目前贵州省经济发展中的城市化与产业结构之间的长短期关系，从而正确地制定宏观经济政策。贵州省"十二五"战略方针指出，贵州省发展的差距在工业，潜力在工业，希望也在工业。工业化、城镇化是贵州省转变发展、加速发展的重大战略决策。我们通过实证检验可以看到，城市化有利于推动产业结构的优化升级的结论；抓住机遇，创造优美投资环境，为贵州省制定产业结构升级战略、大力发展现代工业和第三产业、促进区域的经济增长提供了坚实的理论基础。

（2）进一步加强户籍政策改革力度。推进户籍制度改革，降低"农转非"门槛，对于符合转移条件的应积极办理；提高城市化水平，促进贵州省产业结构的优化升级。

（3）抢抓机遇，加快形成战略性产业，推进产业结构优化升级。抢抓新一轮西部大开发的机遇，加大贵州省重大城镇基础设施（高速公路系统、交通等）建设，优化投资环境，发挥城镇聚集经济和规模经济对城市化水平的提高，加快贵州省特色优势产业的发展，进行资源的深加工，延长产业链，加快形成战略新兴产业，积极推进产业结构的优化升级的正向促进作用。

参考文献

廖进中. 中国与世界同步——蛙声集 [M]. 北京：中国发展出版社，2007.

西蒙·库兹涅茨. 现代经济增长 [M]. 北京：科学出版社，1991.

霍利斯·钱纳里，莫尔赛斯·赛尔昆. 发展的格局 1950~1970 [M]. 北京：中国财政经济出版社，1989.

李诚固等. 城市化产业结构升级的城市化响应研究 [J]. 城市规划，2004（4）.

刘宏鲲. 我国城市化与经济发展关系的偏差分析 [J]. 重庆建筑大学学报，2003（5）.

安虎森，陈明. 工业化、城市化进程与我国城市化推进的路径选择 [J]. 南开经济研究，2005（1）.

罗薇薇. 产业聚集程度与城市化水平相关性实证分析——以 1988~2003 年的广东省为例 [J]. 兰州商学院学报，2006（2）.

郭文杰. 中国城市化与服务业发展的动态计量分析：1978~2004 [J]. 河北经贸大学学报，2007（3）.

彭荣胜. 第三产业发展与城市化进程关系的实证分析 [J]. 经济问题探索，2006（10）.

崔平军. 产业发展与城市化关系综述 [J]. 黑龙江对外贸易，2007（10）.

郝剑峰. 论城市化与产业结构的互动关系 [J]. 辽宁行政学院学报，2007 (9).

鲁霞等. 论城市化与产业结构互动 [J]. 沿海企业与科技，2007 (3).

黄晓军等. 东北地区城市化与产业结构演变相互作用模型 [J]. 经济地理，2008 (1).

易丹辉. 数据分析与 Eviews 应用 [M]. 北京：中国人民大学出版社，2008.

罗伯特·S.平狄克，丹尼尔·L.鲁宾费尔德. 计量经济学模型与经济预测 [M]. 钱小军等译. 北京：经济工业出版社，1999.

韩申山. 陕西省耕地资源数量与经济发展关系的计量分析 [J]. 地理与地理信息科学，2009，25 (6).

刘庆和，刘岸东. 经济增长、结构变化与人口城市化——贵州的经验数据 [J]. 财经科学，2004 (4).

Dickey, A.D. and Fuller, W.A. Likelihood Ration Statistics for Autoregressive Time Series with a Unit Root [J]. Econometrics, 1981 (49).

Engle, R.F. and Granger, C.W.J.Co –integration and Error Correction: Representation, Estimation and Testing [J]. Econometrics, 1987 (55).

（洪业应，贵州大学人口研究中心）

我国地区工业经济运行效益与影响因素分析

广阔的国土面积和经济发展历史原因，导致我国经济发展水平在地理位置上存在有明显的东中西部差异。我国工业经济的发展，东部地区明显好于中部地区，大多数中部地区也同样显著好于西部边远地区。本文将以主成分析法作为基本分析工具，对全国各省市区的工业经济运行效益分别从横向（不同地区在同一年度的工业经济运行效益比较）与纵向（同一地区在不同年度的工业运行效益比较）角度进行比较分析，以了解我国不同地区之间工业经济运行状况，把握各地区工业经济运行效益的年度变化趋势，深入分析影响地区工业经济运行效益的主要因素。为综合考

察地区工业经济运行状况，本文从经济效益与社会效益两个角度来衡量工业经济运行效益，具体指标包括工业企业总资产贡献率、成本费用利润率、工业企业资产负债率、工业企业流动资产周转次数、资本保值增值率、产品销售率、就业弹性、收入弹性、研发强度9个分析指标，其中，工业企业总资产贡献率、成本费用利润率、工业企业资产负债率、工业企业流动资产周转次数、资本保值增值率、产品销售率用来衡量工业经济运行的经济效益，就业弹性、收入弹性、研发强度用来衡量工业经济运行的社会效益。

一、地区工业经济运行指标及一般分析

本文根据相关资料整理获得全国除西藏以外2005~2009年30个省市区的工业经济运行数据。其中，工业企业总资产贡献率、成本费用利润率、工业企业资产负债率、工业企业流动资产周转次数、资本保值增值率、产品销售率的年度数据直接来自中经网统计数据库，就业弹性、收入弹性数据则是根据中经网统计数据库相关数据计算所得，研发强度数据来自中国科技统计年鉴。

首先，从各省市区工业经济的具体数据可知，在工业企业总资产贡献率、成本费用利润率、工业企业资产负债率、工业企业流动资产周转次数、资本保值增值率、产品销售率、就业弹性、收入弹性、研发强度9个分析指标中，产品销售率非常稳定，30个省市区的最大波动幅度也只有5%，最小波动幅度在0.5%以内。其次，工业企业资产负债率，最大波动幅度是38%，最小波动幅度是1%。其中，福建、广东等12个地区的工业企业资

产负债率的波动值都在5%以下，资产负债率基本上比较稳定，尤其是重庆，工业企业资产负债率波动幅度只有1%，5年中几乎没有发生什么变化。从资本保值增值率看，该指标也相对比较稳定。5年中，30个省市区的最大波动幅度为48%，最小幅度仅为4%。指标最大波动幅度超过100%的有工业企业流动资产周转次数、就业弹性、收入弹性、研发强度4个指标。其中，河北就业弹性数据最小值为0，导致就业弹性波动幅度为无穷大。排除河北就业弹性数据以外，就业弹性的最大波动幅度为67.33倍，就业弹性系数的最小波动幅度也达到了71%。

所有9个指标的5年平均值均存在有地区间的显著波动。从波动值看，波动最小的是就业弹性，只有1.17个单位的波动；波动值最大的是资本保值增值率，波动值为23.46。从波动百分比看，除工业企业资产负债率的波动幅度不到4%

外，其他 8 个指标的波动幅度均在 20% 以上。其中，工业企业总资产贡献率、成本费用利润率、工业企业流动资产周转次数、就业弹性、收入弹性、研发强度的波动幅度都超过了 100%。就工业企业总资产贡献率而言，北京处于最低水平，5 年平均只有 6.45%；而黑龙江则处于最优水平，5 年平均达到了 26.96%。辽宁的成本费用利润率最低，5 年平均值只有 4.15%，总体成本费用控制不力，成本明显过高，盈利显著偏低；而黑龙江则相应处于成本控制的最优水平，实现了 24.26% 的成本

费用利润率，在全部 30 个省市区中为最好水平。总体上看，江苏、江西、上海等地对研发投入最为重视，5 年研发强度的平均值都在 1.0 以上。广东、辽宁、四川也在研发投入上居于前列，5 年研发强度平均值均在 0.9 以上；海南对研发投入最不重视，投资强度明显不足，5 年平均研发强度只有 0.12，远低于全国平均水平。此外，吉林、内蒙古、青海、新疆对研发投入也明显不足，5 年研发强度平均值都在 0.5 以下。

二、各地区工业经济年度运行效益的比较

1. 地区工业经济年度运行效益主成分分析过程

对各地区工业经济运体效益的主成分分析过程同样借助于软件 SPSS19.0 来完成。由于各地区的分析过程基本一致，只是在主成分提取数量上、主成分指标载荷上存有差异，因而本文只是就北京市工业经济运行效益做具体过程说明，其他地区的分析过程被省略。

（1）数据的标准化处理。整理获得北京市工业

经济运行数据（如表 1 所示），将表 1 中所有数据输入到 SPSS19.0，然后通过 Analyze→Descriptive Statistics→Descriptive 功能来对原始数据进行标准化，将各指标对应的标准化指标定义为 ZVAR1、ZVAR2、ZVAR3、ZVAR4、ZVAR5、ZVAR6、ZVAR7、ZVAR8、ZVAR9，并将标准化数据存储在数据窗口。

表 1　北京市 2005~2009 年工业经济运行指标数据

	VAR1	VAR2	VAR3	VAR4	VAR5	VAR6	VAR7	VAR8	VAR9
2005	5.69	5.89	36.69	1.97	102.74	97.89	1.74	0.60	0.7
2006	6.32	6.17	38.91	2.06	107.15	99.18	0.05	0.91	0.9
2007	7.07	6.99	40.14	2.13	111.53	98.56	0.11	0.90	0.8
2008	6.22	5.09	48.12	1.9	89.80	98.95	0.62	1.37	0.8
2009	6.96	6.43	50.53	1.67	110.88	98.78	−0.51	1.38	0.9

（2）进行数据缩减过程。以表 1 中 9 个分析指标的初始值为基础，调用 Analyze→Data Reduction→Factor Analysis 过程，求初始指标的特征值以及

贡献率。具体输出结果分别如表 2、表 3、表 4 所示。

表 2　Correlation Matrix

Correlation	VAR1	VAR2	VAR3	VAR4	VAR5	VAR6	VAR7	VAR8	VAR9
VAR1	1.000	0.691	0.450	−0.122	0.593	0.402	−0.865	0.473	0.598
VAR2	0.691	1.000	−0.245	0.245	0.952	−0.105	−0.456	−0.277	0.254
VAR3	0.450	−0.245	1.000	−0.803	−0.218	0.452	−0.578	0.971	0.486
VAR4	−0.122	0.245	−0.803	1.000	0.074	−0.069	0.299	−0.670	−0.313
VAR5	0.593	0.952	−0.218	0.074	1.000	−0.083	−0.476	−0.270	0.365

Correlation	VAR1	VAR2	VAR3	VAR4	VAR5	VAR6	VAR7	VAR8	VAR9
VAR6	0.402	−0.105	0.452	−0.069	−0.083	1.000	−0.736	0.636	0.848
VAR7	−0.865	−0.456	−0.578	0.299	−0.476	−0.736	1.000	−0.647	−0.916
VAR8	0.473	−0.277	0.971	−0.670	−0.270	0.636	−0.647	1.000	0.583
VAR9	0.598	0.254	0.486	−0.313	0.365	0.848	−0.916	0.583	1.000

表3 Total Variance Explained

Component	Initial Eigenvalues			Extraction Sums of Squared Loadings		
	Total	% of Variance	Cumulative %	Total	% of Variance	Cumulative %
1	4.557	50.635	50.635	4.557	50.635	50.635
2	2.850	31.668	82.303	2.850	31.668	82.303
3	1.124	12.493	94.796	1.124	12.493	94.796
4	0.468	5.204	100.000			
5	6.21E−016	6.90E−015	100.000			
6	4.52E−016	5.02E−015	100.000			
7	1.35E−016	1.50E−015	100.000			
8	1.89E−017	2.10E−016	100.000			
9	−2.11E−016	−2.35E−015	100.000			

Extraction Method：Principal Component Analysis.

表4 Component Matrix (a)

	Component		
	1	2	3
VAR1	0.785	0.477	−0.125
VAR2	0.238	0.948	−0.198
VAR3	0.778	−0.529	−0.306
VAR4	−0.509	0.493	0.628
VAR5	0.276	0.901	−0.250
VAR6	0.742	−0.156	0.649
VAR7	−0.960	−0.261	−0.099
VAR8	0.826	−0.529	−0.074
VAR9	0.888	0.131	0.289

Extraction Method: Principal Component Analysis.

a：3 components extracted.

从表2看，成本费用利润率和资本保值增值率之间存在显著相关，工业企业资产负债率和收入弹性之间存在显著相关，就业弹性和研发强度之间存在显著相关。此外，工业企业总资产贡献率和就业弹性、工业企业资产负债率和工业企业流动资产周转次数、产品销售率和研发强度之间的相关性虽然并不显著，但相关系数都在0.8以上，也意味着存在强相关。所以，就北京市工业经济运行而言，各分析指标之间的强相关同样表明9个指标之间存在信息的冗余，有必要对分析指标利用主成分分析法来进行降维处理。

在进行地区分析选择主成分的时候，本研究设定了总贡献率大于0.85的主成分个数提取标准，以确保提取的主成分能够有效保留原信息、充分解释原变量，并同时达到减少分析变量的目的。根据上述所设定的总贡献率大于0.85的主成分提取标准，在对北京市工业经济运行效益进行分析时，我们提取了3个主成分。其中，第一个主成分在工业企业总资产贡献率、工业企业资产负债率、产品销售率、就业弹性、收入弹性、研发强度上具有较大载荷，解释了50.64%的原信息；第二主成分在成本费用利润率、资本保值增值率上具有较大载荷，解释了31.67%的原信息；第三主成分在工业企业流动资产周转次数上具有较大载荷，解释了12.49%的原信息。据此，可以建立如下主成分计算表达式：

$$F1 = 0.37 \times VAR1 + 0.11 \times VAR2 + 0.36 \times VAR3 - 0.24 \times VAR4 + 0.13 \times VAR5 + 0.35 \times VAR6 - 0.45 \times VAR7 + 0.39 \times VAR8 + 0.42 \times VAR9$$

$$F2 = 0.28 \times VAR1 + 0.56 \times VAR2 - 0.31 \times VAR3 + 0.29 \times VAR4 + 0.53 \times VAR5 - 0.09 \times VAR6 - 0.16 \times VAR7 - 0.31 \times VAR8 + 0.08 \times VAR9$$

$$F3 = -0.12 \times VAR1 - 0.19 \times VAR2 - 0.29 \times VAR3 + 0.59 \times VAR4 - 0.24 \times VAR5 + 0.61 \times VAR6 - 0.09 \times VAR7 - 0.07 \times VAR8 + 0.27 \times VAR9$$

由于选取的3个主成分对各年度北京市工业经济监督运行效益解释的能力不同，即它们对各年度北京市工业经济年度运行效益的贡献率各不相同，因此，为了求得一个能够综合反映北京市工业经济年度运行效益的分数，我们以各主成分的方差贡献率作为权数，建立描述北京市工业经济年度运行效益的综合评价模型如下：

$$F = \beta1 \times F1 + \beta2 \times F2 + \beta3 \times F3$$

以每个主成分所对应的特征值占所提取主成分总的特征值之和的比例作为权重计算主成分综合模型，得到综合得分模型如下：

$$F = \beta1 \times F1 + \beta2 \times F2 + \beta3 \times F3$$
$$= 0.28 \times VAR1 + 0.22 \times VAR2 + 0.05 \times VAR3 + 0.05 \times VAR4 + 0.22 \times VAR5 + 0.24 \times VAR6 - 0.30 \times VAR7 + 0.09 \times VAR8 + 0.28 \times VAR9$$

2. 地区工业经济年度运行效益主成分分析结果

根据上述分析思路，分别对福建等其他29个省市区的工业经济运行效益进行主成分分析，并利用主成分分析的结果计算各地区2005~2009年的工业经济运行效益值，并对各地区工业经济运行效益进行年度排序，得到如表5所示结果。

表5　2005~2009年全国30个省市区工业经济运行效益计算结果

	2005年	2006年	2007年	2008年	2009年	波动值	负值年数	变动方向
北京	-1.91	0.62	0.72	-0.68	1.24	3.15	2	波动
福建	-1.88	-0.53	1.80	0.90	-0.28	3.69	3	波动
甘肃	-0.94	-0.63	0.73	-0.68	1.51	2.45	3	波动
广东	-1.44	-0.94	0.02	0.09	2.26	3.70	2	趋好
广西	-1.05	-0.87	-0.79	1.00	1.72	2.77	3	趋好
贵州	-1.53	-0.49	1.52	0.78	-0.29	3.06	3	波动
海南	0.22	-0.96	-0.40	-0.67	1.81	2.77	3	波动
黑龙江	-1.08	-1.38	-0.32	-0.34	3.12	4.50	4	趋好
河北	-0.95	-0.11	2.90	-0.16	-1.68	4.59	4	波动
河南	-1.77	-0.65	-0.10	0.31	2.22	3.99	3	趋好
湖北	-1.88	-0.80	0.23	2.08	0.37	3.96	2	趋好
湖南	-1.67	-1.49	-0.01	1.06	2.11	3.78	2	趋好
吉林	-1.83	-0.16	-0.05	0.81	1.23	3.06	3	趋好
江苏	-1.24	-0.03	0.41	1.52	-0.67	2.76	3	波动
江西	-2.25	-0.78	0.18	1.86	1.00	4.10	2	趋好
辽宁	-1.61	-1.12	0.77	0.84	1.12	2.73	2	趋好
内蒙古	-1.20	-0.69	1.55	-0.42	0.76	2.75	3	波动
宁夏	-1.28	-0.86	0.52	-0.33	1.95	3.23	3	趋好
青海	0.99	0.65	0.87	-0.01	-2.50	3.49	2	恶化

	2005 年	2006 年	2007 年	2008 年	2009 年	波动值	负值年数	变动方向
山东	-1.40	-0.59	0.90	1.56	-0.48	2.96	3	波动
山西	-2.20	0.00	1.67	1.03	-0.50	3.86	2	波动
陕西	-0.52	0.28	0.66	2.12	-2.54	4.66	2	波动
上海	-0.53	-0.83	-0.18	-0.60	2.14	2.96	4	波动
四川	-2.31	-0.99	0.80	2.40	0.10	4.71	2	波动
天津	-1.24	-1.62	-0.62	0.57	2.91	4.53	3	趋好
新疆	0.53	1.14	2.01	0.18	-3.85	5.86	1	波动
云南	1.29	0.31	1.16	-1.71	-1.05	3.00	2	恶化
浙江	1.22	0.99	1.10	-1.47	-1.84	3.06	2	恶化
重庆	-1.57	-1.12	0.62	1.09	0.99	2.66	2	趋好
安徽	-2.03	-1.65	0.26	2.14	1.29	4.17	2	趋好
合计	-33.05	-15.32	18.93	15.26	14.18	3.56		

3. 各地区工业经济年度运行状况的基本判断

基于表5，可以得到如下主要结论：

（1）国际金融危机对地区工业经济运行效益的影响存在显著差异。国际金融危机向我国工业部门的渗透，不可避免地会影响到我国地区工业经济的发展，进而影响到地区工业经济运行效益的实现。但从30个地区2005~2009年工业经济运行效益的变动趋势看，国际金融危机对我国各地区工业经济年度运行效益及其变动趋势的影响存在有明显的差异。尽管2008年以来，我国总体上受到了国际金融危机的不利影响，全国总体工业经济运行效益出现了一定程度的下滑，但事实上却有北京等18个地区的工业经济2008年度运行效益高于前3年。尤其是广东、广西等13个省市区，尽管存在国际金融危机的不利影响，其工业经济运行效益依然呈现逐年趋好的趋势。其他地区则在不同程度上遭受了国际金融危机的不利影响，地区工业经济运行效益在2008年以来分别出现下滑。从表中数据看，地区工业经济年度运行效益下滑的程度也存在显著差异。

（2）各地区工业经济年度运行效益均存在宽幅波动。地区工业经济运行效益都存在明显变动，全部30个地区2005~2009年工业经济运行效益的平均波动值为3.56。其中，新疆的工业经济运行效益波动幅度最大，变动值为5.86；甘肃的工业经济运行效益波动幅度最小，但也达到了2.45。总体上看，各地区的工业经济运行效益的变动值基本上处于3到4之间。具体到每个地区，最差

工业经济运行效益出现在2009年的新疆，其工业经济运行效益的综合主成分值为-3.85；最佳工业经济运行效益出现在2009年的黑龙江，其工业经济运行效益的综合主成分值为3.12。最佳工业经济运行效益值与最差工业经济运行效益值的差达到了6.97。

（3）一半地区的工业经济主要在均值以上区间运行。从表5中数据看，地区工业经济在均值以上区间与均值以下区间运行的比例相当，有北京、广东、湖北、湖南、江西、辽宁、青海、山西、陕西、四川、新疆、云南、浙江、重庆、安徽15个地区的工业经济主要运行在均值以上区间，而福建、甘肃等其他15个省市区的工业经济则主要在均值以下区间运行。其中，黑龙江、河北、上海的工业经济自2005年以来，5年中有4年处于均值以下区间运行，工业经济运行形势不容乐观；而新疆则处于另一个极端，5年中只有2009年的工业经济处于均值以下区间运行。

（4）地区工业经济年度运行效益趋势不确定。总体上看，全部30个地区的工业经济运行效益在时间上呈现出无规则的变动特征，地区工业经济运行效益排序的时序关系存在明显分化。在全部30个省市区中，明显呈现出逐年趋好趋势的，有广东、广西、黑龙江、河南、湖北、湖南、吉林、江西、辽宁、宁夏、天津、重庆、安徽13个省市区；明显呈现出逐年恶化趋势的，有青海、云南、浙江3个省；其他14个省市区的工业经济运行效益变动在时间上则呈现出无规律波动特征。

（5）各指标对地区工业经济年度运行效益的影响存在明显差异。通过主成分分析法所获得的各地区工业经济年度运行效益综合主成分表达式的指标系数，反映了对该地区而言，各分析指标对工业经济年度运行效益的影响程度大小。对不同地区而言，在进行年度工业经济运行效益计算时，各个分析指标的系数在地区之间存在显著差异。从各指标的地区系数波动幅度看，最小波动值为0.52，最大波动值为0.79。从各指标系数值绝对值的平均值看，工业企业总资产贡献率、成本费用利润率、工业企业资产负债率、工业企业流动资产周转次数、资本保值增值率、产品销售率、就业弹性、收入弹性、研发强度依次是0.26、0.23、0.22、0.21、0.20、0.18、0.22、0.17、0.19。平均系数值也存在有一定程度的波动，从平均系数值看，在所有9个分析指标中，工业企业总资产贡献率、成本费用利润率、工业企业资产负债率、工业企业流动资产周转次数、就业弹性对地区工业经济年度运行效益的影响都较强，影响系数的均值都在0.2以上，其他几个指标的影响程度相对较弱。

三、地区间工业经济运行效益比较

1. 地区间工业经济运行效益主成分分析过程

同样利用SPSS19.0来对同一年度地区间工业经济运行效益进行横向比较。由于各年度的分析过程相同，因此本文只对2005年全部30个地区的工业经济运行效益进行主成分分析过程介绍，其他年度只直接列出分析结果。2005年度地区间工业经济运行效益的主成分分析过程如下：

（1）数据的标准化处理。整理获得2005年度全部30个省市区的工业经济运行数据（如表6所示），将表6中所有数据输入到SPSS19.0，然后通过Analyze→Descriptive Statistics→Descriptive功能来对原始数据进行标准化，将各指标对应的标准化指标定义为ZVAR1、ZVAR2、ZVAR3、ZVAR4、ZVAR5、ZVAR6、ZVAR7、ZVAR8、ZVAR9，并将标准化数据存储在数据窗口。

表6 全部30个省市区2005年度分析指标数据

	VAR1	VAR2	VAR3	VAR4	VAR5	VAR6	VAR7	VAR8	VAR9
北京	5.69	5.89	36.69	1.97	102.74	97.89	1.74	0.60	0.7
福建	11.19	5.52	52.71	2.41	114.28	97.33	1.10	1.25	0.7
甘肃	8.83	3.48	58.8	2.16	114.43	98.08	−0.56	1.00	0.5
广东	11.29	5.16	57.84	2.41	113.90	97.5	1.42	0.96	0.8
广西	11.09	5.88	61.58	2.19	113.91	98.08	0.31	0.75	0.6
贵州	9.74	4.92	65.26	1.66	113.29	96.69	0.08	1.10	0.7
海南	9.91	8.63	55.28	1.69	129.41	98.97	1.33	0.83	0.1
黑龙江	29.45	29.63	56.06	2.31	104.06	97.33	0.16	1.08	0.6
河北	13.52	6.97	61.14	2.81	116.59	97.95	0.30	0.69	0.6
河南	14.47	6.91	61.58	2.7	115.05	98.41	0.32	0.81	0.6
湖北	9.44	6.88	56.12	1.95	121.48	97.86	−0.19	0.24	0.7
湖南	13.61	4.65	61.89	2.6	108.49	99.3	0.33	0.82	0.7
吉林	8.75	4.07	59.49	2.13	102.08	98.57	0.08	0.32	0.5
江苏	10.5	4.51	61.66	2.55	115.68	98.2	0.54	0.87	0.9
江西	10.43	4.14	63.18	2.36	119.55	98.48	0.45	0.79	1
辽宁	7.84	3.46	58.22	2.13	107.36	98.47	0.39	0.62	1.1
内蒙古	10.85	8.68	62.23	2.26	126.36	97.62	0.14	1.02	0.4

	VAR1	VAR2	VAR3	VAR4	VAR5	VAR6	VAR7	VAR8	VAR9
宁夏	6.07	3.36	61.98	1.6	133.91	98.33	0.43	1.86	0.5
青海	11.07	19.14	67.54	1.4	128.20	97.38	0.06	0.42	0.5
山东	16.96	7.91	58.37	3.18	122.40	98.23	0.53	1.29	0.8
山西	10.57	6	67.58	1.8	107.26	96.87	0.62	1.43	0.4
陕西	14.39	14.46	62.15	1.72	124.29	97.74	0.16	0.70	0.8
上海	10.29	6.08	50.53	2.09	110.85	98.89	0.58	0.36	1
四川	9.59	5.86	62.4	1.91	118.15	98.72	0.21	1.02	1
天津	13.64	8.45	58.49	2.33	107.59	100.63	0.16	0.35	0.7
新疆	20.46	22.55	52.31	2.61	116.07	99.23	0.69	0.43	0.1
云南	17.42	10.63	52.18	1.62	112.28	99.28	0.78	1.37	0.4
浙江	11.03	5.04	59.62	2.24	120.50	97.81	1.09	2.89	0.8
重庆	9.4	4.85	59.72	1.85	116.99	98.79	0.29	0.55	1.2
安徽	10.72	5.14	61.63	2.25	120.33	98.24	0.04	1.27	0.7

（2）进行数据缩减过程。以表6中9个分析指标的初始值为基础，调用 Analyze →Data Reduction → Factor Analysis 过程，求初始指标的特征值以及贡献率。具体输出结果分别如表7、表8和表9所示。

表7 Correlation Matrix

Correlation	VAR1	VAR2	VAR3	VAR4	VAR5	VAR6	VAR7	VAR8	VAR9
VAR1	1.000	0.814	−0.040	0.360	−0.187	0.064	−0.085	0.010	−0.250
VAR2	0.814	1.000	−0.088	−0.036	0.002	−0.070	−0.075	−0.162	−0.386
VAR3	−0.040	−0.088	1.000	−0.077	0.354	−0.230	−0.573	0.170	0.052
VAR4	0.360	−0.036	−0.077	1.000	−0.215	0.165	0.046	−0.015	0.117
VAR5	−0.187	0.002	0.354	−0.215	1.000	−0.097	−0.087	0.262	−0.173
VAR6	0.064	−0.070	−0.230	0.165	−0.097	1.000	−0.015	−0.295	0.014
VAR7	−0.085	−0.075	−0.573	0.046	−0.087	−0.015	1.000	0.255	−0.076
VAR8	0.010	−0.162	0.170	−0.015	0.262	−0.295	0.255	1.000	−0.049
VAR9	−0.250	−0.386	0.052	0.117	−0.173	0.014	−0.076	−0.049	1.000

表8 Total Variance Explained

Component	Initial Eigenvalues			Extraction Sums of Squared Loadings		
	Total	% of Variance	Cumulative %	Total	% of Variance	Cumulative %
1	2.116	23.512	23.512	2.116	23.512	23.512
2	1.829	20.319	43.831	1.829	20.319	43.831
3	1.494	16.604	60.435	1.494	16.604	60.435
4	1.169	12.992	73.426	1.169	12.992	73.426
5	0.931	10.346	83.772	0.931	10.346	83.772
6	0.598	6.643	90.415	0.598	6.643	90.415
7	0.533	5.922	96.337	—	—	—
8	0.278	3.090	99.427	—	—	—
9	0.052	0.573	100.000	—	—	—

Extraction Method：Principal Component Analysis.

表 9　Component Matrix（a）

	Component					
	1	2	3	4	5	6
VAR1	0.871	0.306	−0.033	0.294	0.005	0.164
VAR2	0.810	0.451	0.084	−0.133	−0.163	0.251
VAR3	−0.386	0.699	−0.393	0.232	0.066	−0.092
VAR4	0.353	−0.269	−0.219	0.695	0.340	−0.241
VAR5	−0.368	0.566	0.218	−0.152	0.493	0.273
VAR6	0.232	−0.418	−0.342	−0.280	0.669	0.181
VAR7	0.078	−0.507	0.771	0.048	0.047	0.092
VAR8	−0.286	0.258	0.601	0.530	0.158	0.091
VAR9	−0.389	−0.390	−0.405	0.379	−0.259	0.564

Extraction Method: Principal Component Analysis.

a：6 components extracted.

从表 7 看，工业企业总资产贡献率和成本费用利润率显著相关，成本费用利润率和研发强度之间显著负相关，工业企业资产负债率和就业弹性之间显著负相关。这表明，就 2005 年度的地区工业经济运行而言，各指标之间也存在有一定程度的相关，信息存在一定程度的冗余，亦有必要借助于主成分分析法来进行降维处理。

为了能够满足总贡献率大于 0.85 的要求，本处必须提取多达 6 个主成分，与原变量个数相比，只是减少了 3 个处理变量。以 0.5 作为判断标准，第一主成分在工业企业总资产贡献率、成本费用利润率上有较大载荷，第二主成分在工业企业资产负债率上有较大载荷，第三主成分在就业弹性和收入弹性上有较大载荷，第四主成分在工业企业流动资产周转次数上有较大载荷，第五主成分在产品销售率上有较大载荷，第六主成分在研发强度上有较大载荷。基于上述分析可以建立如下主成分计算表达式：

$F1 = 0.53 \times VAR1 + 0.49 \times VAR2 - 0.24 \times VAR3 + 0.22 \times VAR4 - 0.23 \times VAR5 + 0.14 \times VAR6 + 0.05 \times VAR7 - 0.18 \times VAR8 - 0.24 \times VAR9$

$F2 = 0.24 \times VAR1 + 0.36 \times VAR2 + 0.55 \times VAR3 - 0.21 \times VAR4 + 0.45 \times VAR5 - 0.33 \times VAR6 - 0.40 \times VAR7 + 0.20 \times VAR8 - 0.31 \times VAR9$

$F3 = -0.03 \times VAR1 + 0.07 \times VAR2 - 0.33 \times VAR3 - 0.18 \times VAR4 + 0.18 \times VAR5 - 0.29 \times VAR6 + 0.65 \times VAR7 + 0.50 \times VAR8 - 0.34 \times VAR9$

$F4 = 0.30 \times VAR1 - 0.13 \times VAR2 + 0.23 \times VAR3 + 0.70 \times VAR4 - 0.15 \times VAR5 - 0.28 \times VAR6 + 0.05 \times VAR7 + 0.53 \times VAR8 + 0.38 \times VAR9$

$F5 = 0.01 \times VAR1 - 0.18 \times VAR2 + 0.07 \times VAR3 + 0.38 \times VAR4 + 0.55 \times VAR5 + 0.75 \times VAR6 + 0.05 \times VAR7 + 0.18 \times VAR8 - 0.29 \times VAR9$

$F6 = 0.20 \times VAR1 + 0.31 \times VAR2 - 0.11 \times VAR3 - 0.30 \times VAR4 + 0.34 \times VAR5 + 0.22 \times VAR6 + 0.12 \times VAR7 + 0.11 \times VAR8 + 0.70 \times VAR9$

为了求得一个能够综合反映 2005 年度各地区工业经济运行效益的分数，我们以各主成分的方差贡献率作为权数，建立描述地区工业经济运行效益的综合评价模型如下：

$F = \beta1 \times F1 + \beta2 \times F2 + \beta3 \times F3 + \beta4 \times F4 + \beta5 \times F5 + \beta6 \times F6$

以每个主成分所对应的特征值占所提取主成分总的特征值之和的比例作为权重计算主成分综合模型，得到综合得分模型如下：

$F = \beta1 \times F1 + \beta2 \times F2 + \beta3 \times F3 + \beta4 \times F4 + \beta5 \times F5 + \beta6 \times F6$
$= 0.29 \times VAR1 + 0.23 \times VAR2 + 0.01 \times VAR3 + 0.13 \times VAR4 + 0.09 \times VAR5 - 0.03 \times VAR6 + 0.07 \times VAR7 + 0.17 \times VAR8 - 0.20 \times VAR9$

692 | 中国区域经济学前沿（2011~2012）

2. 地区间工业经济运行效益主成分分析结果

根据 2005~2009 各年度的综合主成分计算表达式，得到 2005~2009 年全部 30 个省市区工业经济运行效益的评价值，并根据各年度地区间工业经济运行效益计算结果，对同年度工业经济运行效益进行排序，得到表 10 数据。

表 10　2005~2009 年各地区工业经济运行效益排序

	2005 年	2006 年	2007 年	2008 年	2009 年	极差	运行效益的稳定性
北京	27	24	25	30	24	6	比较稳定
福建	12	11	15	19	11	8	比较稳定
甘肃	21	27	29	25	25	8	比较稳定
广东	14	15	12	18	19	7	比较稳定
广西	18	26	21	21	23	8	比较稳定
贵州	22	25	28	22	27	6	比较稳定
海南	6	28	22	28	2	26	不稳定
黑龙江	1	1	7	2	5	6	比较稳定
河北	9	8	9	12	7	5	稳定
河南	8	4	5	3	1	7	比较稳定
湖北	24	16	23	11	18	13	不稳定
湖南	15	5	2	4	4	13	不稳定
吉林	26	29	27	13	9	20	不稳定
江苏	20	7	6	6	15	14	不稳定
江西	23	6	3	1	6	22	不稳定
辽宁	30	21	18	20	14	16	
内蒙古	7	20	19	10	8	13	不稳定
宁夏	17	30	30	24	30	13	不稳定
青海	10	22	26	17	26	16	不稳定
山东	3	3	4	5	3	2	不稳定
山西	13	23	24	23	28	15	稳定
陕西	11	14	20	7	13	13	不稳定
上海	28	13	8	27	16	20	不稳定
四川	25	19	11	16	17	14	不稳定
天津	19	9	10	15	20	11	不稳定
新疆	2	2	1	8	10	9	不稳定
云南	4	17	14	26	22	22	比较稳定
浙江	5	10	17	29	29	24	不稳定
重庆	29	18	13	14	21	16	不稳定
安徽	16	12	16	9	12	7	不稳定

3. 地区间工业经济运行状况的基本判断

基于 2005~2009 年各地区间工业经济运行效益的计算结果及工业经济运行效益的排序结果，可以得到如下主要结论：

（1）不同年度地区工业经济运行效益指标影响效果存在有明显差异。表 11 列出了在对同一年度各地区工业经济运行效益进行比较计算时综合主成分表达式的指标系数。从表 11 中数据看，在对不同年度地区工业经济运行效益进行比较计算时，所分析的 9 个指标的系数都存在显著变动。9 个指标中，最大系数变动值为 0.40，最小变动值为 0.14。这表明，在所分析的 5 个年度中，9 个指标在不同年份对地区工业经济运行效益的影响效果存在明显差异；同一个指标在某一年份可能起着重要作用，而在其他年份的作用却出现显著下降。

表11 2005—2009 地区间工业经济运行效益计算系数

	VAR1	VAR2	VAR3	VAR4	VAR5	VAR6	VAR7	VAR8	VAR9
2005 年	0.29	0.23	0.01	0.13	0.09	−0.03	0.07	0.17	−0.20
2006 年	0.30	0.19	0.03	0.24	0.01	0.18	0.07	0.09	0.11
2007 年	0.18	0.00	0.04	0.25	0.09	0.16	0.22	0.14	0.20
2008 年	0.27	0.11	0.06	0.27	0.27	0.01	0.07	−0.10	0.11
2009 年	0.33	0.19	−0.11	0.23	0.03	0.15	0.15	0.03	0.00
指标变动值	0.15	0.23	0.17	0.14	0.26	0.21	0.15	0.27	0.40

（2）各指标在工业经济运行效益中的作用明显不同。表11不仅反映了9个指标在各年度的地区工业经济运行效益计算中影响作用的波动，而且反映了各个指标在地区工业经济运行效益决定中的作用与地位。从表11看，所有9个分析指标中，工业企业总资产贡献率、工业企业流动资产周转次数、成本费用利润率、就业弹性4个指标，从总体上看，是各年度地区工业经济运行效益的决定性因素，尤其是工业企业总资产贡献率和工业企业流动资产周转次数，在所有年度中都具有较高的变量系数。相对而言，工业企业资产负债率、研发强度指标影响几乎可以忽略，尤其是对工业企业资产负债率这一指标而言，更是如此。在所有5个年度的地区工业经济运行效益综合主成分计算表达式中，最大变量系数绝对值也仅仅只是0.11而已，5年平均值表现为0。

（3）各地区工业经济运行状况存在显著分化。绝大多数地区的工业经济运行效益在这5年中的排名都出现较大幅度的变动。从名次变动值看，山东在这5年中的工业经济运行效益排名基本上没有出现什么大的变动，绝对名次波动值只有2；5年中最高排名为第3，最低排名为第5。其次是河北，5年中的排名波动值只有5个名次，最高排名为第7，最低排名为第12。最大波动值出现在海南，波动值达到了26个名次，海南在这5年中最高排名为第2，但最低排名却曾经下滑到第28名，在30个省市区中排倒数第3。第二大排名波

动幅度出现在浙江，排名波动值为24，最高排名为第5，最低排名仅列第29，居于倒数第2位。从平均值看，2005~2009年，30个省市区工业经济运行效益的年度排名极差的平均值达到了15.5，这表明，各省市区在这5年中的排名总体上都出现了较大幅度的波动，工业经济运行效益很不稳定，地区工业经济运行出现明显分化。

为区别各地区工业经济运行效益的稳定性，本文将地区工业经济运行效益排名波动值在0~5的标志为稳定，将波动值在6~10的标志为比较稳定，将波动值在11以上的标志为不稳定。根据这一标准，30个省市区被分为三类：河北、山东属于工业经济运行效益稳定区域，北京、贵州、黑龙江、广东、河南、安徽、福建、甘肃、广西、新疆10个省市区属于工业经济运行效益比较稳定的区域，天津、湖北、湖南、内蒙古、宁夏、陕西、江苏、四川、山西、辽宁、青海、重庆、吉林、上海、江西、云南、浙江与海南18个省市区属于工业经济运行效益不稳定的区域。很显然，工业经济运行效益稳定的地区极少，比较稳定的地区也只占1/3，几乎2/3的地区工业经济运行效益呈不稳定态势。

（4）工业经济效益与经济发展水平不相关。表12列出了除西藏以外2009年全国其他30个省市区GDP及人均GDP排名情况，并同时列出了30个省市区2009年工业经济运行效益排名。

表12 各地区 GDP 排名与工业经济运行效益平均排名

地区	GDP 排名	人均 GDP 排名	工业经济运行效益排名	地区	GDP 排名	人均 GDP 排名	工业经济运行效益排名
广东	1	6	19	黑龙江	16	14	5
山东	2	8	3	广西	17	26	23
江苏	3	5	15	陕西	18	17	13

续表

地区	GDP 排名	人均 GDP 排名	工业经济运行效益排名	地区	GDP 排名	人均 GDP 排名	工业经济运行效益排名
浙江	4	4	29	吉林	19	11	9
河南	5	15	1	天津	20	3	20
河北	6	12	7	山西	21	16	28
辽宁	7	9	14	江西	22	27	6
上海	8	1	16	云南	23	28	22
四川	9	24	17	重庆	24	18	21
湖北	10	13	18	新疆	25	21	10
湖南	11	20	4	贵州	26	30	27
福建	12	10	11	甘肃	27	29	25
北京	13	2	24	海南	28	22	2
安徽	14	25	12	宁夏	29	19	30
内蒙古	15	7	8	青海	30	23	26

从表12看，各地区2009年的经济发展水平排名与地区工业经济运行效益的排名之间似乎并不存在确定的关系，也就是说，并不能从地区经济发展水平的高低直接得出工业经济运行效益的基本判断。2009年，广东虽然具有最大的经济总量，在GDP总量上排第一，人均GDP排第6，但其工业经济运行效益却只位于第19位，在30个省市区中居于中下水平。相反，海南、黑龙江、江西，虽然经济发展水平均处于16位以后，但其工业经济运行效益却分别位居第2位、第5位和第6位，显然高居前列。从GDP总量看，只有山东、河北、福建、安徽、天津、云南、贵州与宁

夏，其经济发展水平与工业经济运行效益的排位基本相当。从人均GDP看，只有福建、内蒙古、吉林的人均GDP排名与工业经济效益排名基本相当。运用SPSS19.0计算GDP排名与工业经济运行效益排名的相关系数，得到相关系数为0.311，显著性水平为0.094，证明二者之间不存在相关；计算人均GDP排名与工业经济运行效益排名的相关系数，得到相关系数为0.092，显著性水平为0.628，二者之间也不存在相关。

（5）半数省市区的工业经济运行效益低于平均水平。表13列出了地区工业经济运行效益与平均水平之间的统计结果。

表 13　地区工业经济运行效益水平分布

年份	2005	2006	2007	2008	2009	均值
高于平均效益的地区数	14	15	17	15	13	14.80
低于平均效益的地区数	16	15	13	15	17	15.20

表13表明，总体上看，在全部30个省市区中，略多于一半的省市区的工业经济在平均水平以下运行，其运行效益处于较差水平，工业经济整体上处于不安全区域，地区工业经济运行效益尚待进一步改善。这一结论和前述部分从地区工业经济年度运行效益分析中得到的结论相一致。分年度看，2005年、2009年的地区工业经济运行效益相对较差，较多省市区都处于运行效益不佳

状态；2007年的地区工业经济运行效益相对最好，只有13个省市区的工业经济运行效益低于年度平均水平。这一状况和经济发展的总体态势基本一致，2005年经济发展水平处于最低水平，地区工业经济运行效益相对较差属于正常；2007年，经济发展水平处于最好水平，随后因国际金融危机的拖累，我国地区工业经济运行效益逐年下滑。

四、地区工业经济运行效益变化影响因素分析

1. 政策因素的影响

与全国工业经济运行效益受政府政策影响一样，地区工业经济的运行效益在很大程度上也受到中央政府和地方政府的政策影响。虽然中央政府的政策会对所有地区的工业经济运行效益产生影响，但这种影响的实际效果在很大程度上受到地区基础条件的干扰，基于我国各地区千差万别的基础条件差异，中央政府的政策效果在地区工业经济运行效益上的体现难免会有差异。此外，中央政府考虑到我国地区经济发展的不平衡，为促进经济的平衡发展，中央政府的政策本身就会在某些领域出现倾斜，这种倾斜不可避免地会带来地区工业经济发展的差异，从而产生不同的工业经济运行效益。

为了推动本地工业经济发展，各个地方政府都会根据自身条件出台一系列政策，这些地方性政策措施本身就不可能一样，其效果自然也就有所不同，从而导致地方工业经济运行效益的差异。相对而言，地方政府政策对地区工业经济运行效益的影响要比中央政府的政策更为显著。

2. 国际金融危机的影响

分析近年来的工业经济运行效益，不可能不谈及国际金融危机。发端于2008年初的国际金融危机，或迟或早地渗透到了我国工业经济的每个部门，对我国工业经济发展产生了深刻与长远的影响。国际金融危机在总体上影响了我国工业经济运行效益，使得工业经济运行效益在2008年出现下滑。但具体到每一个地区看，国际金融危机对我国30个分析地区的工业经济运行效益存在有明显的影响差异。广东、广西等13个省市区的工业经济运行效益几乎没有受到国际金融危机的影响，地区工业经济运行效益逐年趋好，而北京等其他省市区的地区工业经济运行效益则在不同程度上受到了国际金融危机的不利影响，地区工业经济运行效益出现不同程度的下滑或波动。

3. 地方政府目标导向的影响

一般而言，地方政府的目标导向可能通过两个途径对地区工业经济运行效益产生影响：一是政策制定者将地方政府的目标导向转化成地方政策，从而对地方工业经济的发展形成政策硬约束，强制性地影响地区工业经济的运行效益。二是将地方政府的目标导向以道义规劝的方式来对地方工业企业产生指导性影响，诱导地方工业企业朝着政府目标导向发展，从而对地方工业经济运行效益的实现产生软约束。事实上，随着我国地方政府法治程度的逐步提高，地方政府的目标导向更多地表现为道义规劝的形式。

地方政府的目标导向将在很大程度上对地区工业经济运行效益产生干扰，地区内部年度工业经济运行效益的变动，在很大程度上都是由于受到地方政府目标导向变动的影响。由于地方政府目标导向受到政府决策者个人因素、政绩考核机制与地区经济发展水平的影响，而且从目前来看更多的是受到了来自个人因素的影响，因而在很大程度上表现出目标导向的经常变动，从而引起了地方工业经济运行效益的频繁变动。如果地方政府确定了增加就业缓解地方劳动力就业压力的目标导向，当地工业企业的劳动力雇佣政策将会出现显著改变，就业弹性系数会显著提升；如果地方政府大力宣传研发的意义，努力改善研发环境，地方工业企业的研发强度将会有所提高。这些影响的最终结果必然是地区工业经济运行效益的改变。

4. 工业要素禀赋的影响

地区工业要素禀赋取决于地方特定的历史、自然条件。历史条件取决于本地区过去的工业经济发展，自然条件则通过地球本身的长期运动所自然形成，在短期内不会因为人为因素的影响而发生改变。全国30个省市区的地理位置是先天决定的，其境内的自然资源状况也因其先天的地理条件而千差万别，在过去的发展进程中，各地区的工业经济发展基础也不尽相同。从总体上看，30个省市区发展工业经济的工业要素禀赋存在明显的差异：东部地区具有明显的技术、交通要素

优势，但却缺乏原材料与燃料动力；中部地区具有明显的能源、原材料要素优势，但却在交通运输、技术等方面存在显著不足；西部地区存在有明显的原材料要素优势，但却缺乏能源、技术与交通条件的支持。

地区间工业要素禀赋的差异，将直接影响到不同地区工业企业的运行效率，进而对地区工业经济的运行效益产生影响。具体而言，在9个分析指标中，地区工业要素禀赋差异将会对工业企业总资产贡献率、成本费用利润率、工业企业流动资产周转次数、资本保值增值率、产品销售率、研发强度产生直接影响。这些影响往往通过要素的可取得性、要素利用价格与要素利用效率来实现。

五、结 论

本文的目的是对我国各地区的工业经济运行效益进行比较研究，但由于西藏缺乏研发强度方面的数据，因而实际上只是分析了除西藏以外的其他30个省市区的工业经济运行效益。

本文首先对分析数据的一般特征进行了分析，在9个分析指标中，除产品销售率基本稳定之外，其他8个指标都存在有较大幅度的波动。

本文分别利用主成分分析法对30个省市区2005~2009年度工业经济运行效益变动情况进行了横向与纵向的比较分析，分别构建了主成分计算模型，并以此计算出各年度的工业经济运行效益评价值，然后根据计算结果对地区工业经济运行状况做出综合判断。从纵向比较看，国际金融危机对我国地区工业经济运行效益的影响存在显著差异，各地区工业经济年度运行效益均存在有宽幅波动，我国一半地区的工业经济主要在安全区域运行，但地区工业经济年度运行效益的变动趋势存在不确定性，而且各分析指标对地区工业经济年度运行效益的影响存在明显差异。从横向比较看，不同年度我国地区工业经济运行效益指标影响效果存在有明显差异，各指标在工业经济运行效益中的作用明显不同，各地区工业经济运行状况存在显著分化，工业经济效益与经济发展水平不相关，半数省市区的工业经济运行效益低于平均水平。

本文最后对影响地区工业经济运行效益的因素进行了分析，分别探讨了中央政府与地方政府的政策、国际金融危机、地方政府的目标导向、地区工业要素禀赋差异对地区工业经济运行效益的影响。这些因素的变化，都会导致9个分析指标中某些指标发生变动，从而对地区工业经济运行效益产生影响。

（张航燕、刘兴国，中国社会科学院工业经济研究所）

重工业深化、技术转移与产业结构升级

一、引 言

库兹涅茨等学者认为,在工业化中期,经济增长主要由工业部门的高生产率拉动,制造业人均 GDP 的产出反应弹性值[1] 最大。钱纳里等学者运用标准模型证明了这一时期资本积累对经济增长的贡献高于其他要素,重化工业需求弹性和生产率上升超过整个工业的平均水平,成为这个阶段的主导与支柱产业。我国学者(吕政,2003; 陈佳贵,2006;金碚,2010)综合考虑中国经济的特殊性与复杂性,提出我国仍然处于以重化工业为主体的工业化中期阶段,而李平等 (2009) 通过对"十一五"期间中国工业结构的变动特征的分析,提出我国在"十二五"期间,重化工业将进入深入化发展(简称深化)阶段。

表 1　1998~2010 年我国轻重工业增加值增长率的比较

(单位:%)

年份	1998	1999	2000	2002	2003	2004	2005	2007	2010
轻工业	9.1	8.3	9.5	12.1	14.6	14.7	15.2	16.3	13.6
重工业	8.5	9.3	13.0	13.1	18.6	18.2	17.0	19.6	17.9

资料来源:1998~2010 年国民经济和社会发展统计公报。2010 年数据为 1~8 月同比增长。

从表 1 可以看出,重工业的增加值增长率不断提高,但是涨幅逐渐降低,重工业占工业产值的比重已达 70%,即工业内部结构逐渐趋于稳定,靠重化工业比重增加实现增长的空间缩小,而 90 年代以来的高投入、高消耗为重化工业高新技术化、集约化、大型化、低碳化的发展提供了机会,即重化工业在"十二五"期间将进入深化阶段。与经典理论不同的是,现阶段产业结构调整与升级是以国际市场产品内分工为特征,而且技术创新成为技术主导国家增长的最关键的因素。因此,中国重化工业的技术创新强烈地受到国际分工和国外技术创新路径的影响。在 Philippe Aghion、Peter Howitt 的理论中,技术创新的速度是原有技术水平的函数;Jones (1977) 和 Willianms (1997) 年对研发投入与技术创新收益的关系综述研究,得出的结论是研发投入与研发收益正相关;出于技术劣势,大多数发展中国家都实施模仿创新战略;Caballero 和 Jaffe (1993) 利用美国的专利引用数据证明技术知识的溢出是非常快的;Mansfiled (1985) 提供的证据表明:竞争者可以在 12~18 个月获得这些知识信息。新兴工业化国家的成就,证明了以技术溢出、模仿创新为立足点的后发优势的客观性,因此先进技术在国际间的转移是普遍的。若用 R&D 占 GDP 的比例表示研发强度,国际经验表明:研发强度小于 1%,企业属于使用技术阶段;研发强度在 1%~2%,是模仿阶段;到

---

[1] 产出反应弹性值:报告期与基期产业产值比重之比+产值比重增长率/人均 GDP 增长率。

2%以上，进入自主创新阶段。而我国是长期处于技术使用阶段，到 2000 年后，处于模仿创新为主的阶段。

表 2　我国不同年份 R&D 支出占 GDP 的比重（研发强度）

年份	1987	1991	1995	2000	2005	2006	2008
研发强度	0.62	0.74	0.60	1.00	1.34	1.42	1.54

资料来源：相关年份的《中国统计年鉴》。

但是各产业模仿创新的效果，要受特定的产业成本和技术条件影响。Adams 和 Jaffe（1996）综合美国化学工业的数据，结合地理与技术上的差异进行溢出效应分析，发现化学工业的溢出效应只是局部的，Klett（1996）对挪威的研究也得出了与 Adams 和 Jaffe 一致的结论。关于技术转移的战略负效应，Posner（1961）阐明，发达国家不仅是高技术产品的第一个出口者，而且其出口的领导权或垄断权将由 10 年延长至 20 年。Krugman（1979）也证明：技术创新与技术转移的连续发展决定了北南贸易模式的动态化，即北方发达国家凭借技术创新的领先性获得了在新产品市场上的垄断地位，占有高额垄断租，吞噬发展中国家的利益，导致进口国研发投入资金来源少，影响了动态创新能力。显然，Posner、Krugman 的理论说明，先进技术占有了未来利润，而这种利益格局将会持续，导致发展中国家对技术主导国家的长期依附与利益严重流失。

从我国工业的技术进步历程看，1949~1979年，我国成套设备和关键设备的合同金额占引进费用的 90%以上，主要是纺织、钢铁、化学等产业。1979~1991 年，该指标为 84.2%，主要集中在能源、机电、石油化工等行业。2005 年只有 28%，主要集中在电子通信设备制造、交通运输设备制造、金属冶炼延压、电力等行业，船舶制造设备、光纤通信设备、成套大型化工设备、高端机械装备、成套制造设备等主要依赖进口。显然，我国重化工业技术结构变迁和产业结构升级的过程，主要通过进口成套设备实现。

鉴于以上分析，必须从理论上回答 3 个方面的问题：一是产品内分工条件下，技术转移效果为什么会有产业差异？跨国公司向发展中国家转移的是哪个层次的技术？二是重化工业技术创新路径为什么有重复进口成套设备的偏好？三是重工业依赖外生性技术进步为深化路径，对我国产业结构升级产生哪些负效应？本文分 3 个部分分别讨论上述问题。

二、产品内分工条件下的技术转移——基于Spengler 模型的拓展分析

20 世纪 20 年代以来，资本密集特征使重化工业的 R&D 费用大幅度上升，研发作为专门化的活动逐渐与生产活动分离，并在 80 年代后，在全球产品内分工的背景下演化为国际分工。全球化公司凭借技术、资金优势，成为新产品新技术的发明者、生产者与出口者，而发展中国家则是模仿者、使用者与进口者。技术主导型的跨国公司、全球化公司凭借核心技术兼并下游生产环节，实现产业技术的地域转移与技术垄断，在全球范围内整合资源，获得高额技术垄断租金，强化了研发能力，维持了技术主导地位。这里要讨论的问题是，在产品内分工条件下，上游垄断技术的跨国公司是否存在兼并下游生产企业，内化技术溢出效应的动机？如果存在，是否会向东道国产业内的其他下游企业提供先进技术？提供哪个层次的技术？提供技术的产业条件是什么？本文运用 Spengler 纵向博弈模型拓展分析跨国公司与东道国之间技术扩散的条件。

1. 技术供应的 Spengler 基本模型

假定：上游跨国公司独家垄断最先进技术，并按每个产品 w 向下游企业收取技术费用，每个产品含研发费用 $c(c<w)$，下游企业的其他生产成

本为 0，因此，下游企业的边际成本为 w，下游企业确定给消费者的最终商品价格为 p，市场反需求函数为 $p = \beta - q$。脚标 u、d 分别表示上下游企业。上下游企业进行以下两阶段简单完全信息动态博弈：先由上游企业向下游企业确定技术价格 w，下游企业根据 w 确定市场价格 p。

用逆向递归法求该模型纳什均衡解，先确定下游企业的利润函数：

$$\underset{p}{\text{Max}}\ \pi_d = (\beta - q)q - wq = (p - w)(\beta - p)$$

由利润最大化的一阶条件得：

$$p = \frac{1}{2}(\beta + w);\ q = \frac{1}{2}(\beta - w);$$

$$\pi_d = \frac{1}{4}(\beta - w)^2$$

上游企业将 $q = \frac{1}{2}(\beta - w)$ 作为决策依据，并由此确定使自己利润最大的 w 决策：

$$\underset{w}{\text{Max}}\ \pi_u = (w - c)q = \frac{1}{2}(\beta - w)(w - c)$$

由一阶条件得：

$$w = \frac{1}{2}(\beta + c),\ \pi_u = \frac{1}{8}(\beta - c)^2$$

考虑到下游企业利润为正，上游跨国公司为获得更多利润，对下游企业实行纵向兼并（Vertical Merger），兼并企业（vm）直接面对市场，则兼并后跨国企业的利润函数为：

$$\underset{p}{\text{Max}}\ \pi_{vm} = (p - c)(\beta - q)$$

由一阶条件得：

$$p_{vm} = \frac{1}{2}(\beta + c);\ q_{vm} = \frac{1}{2}(\beta - c);$$

$$\pi_{vm} = \frac{1}{4}(\beta - c)^2$$

由于 $\pi_{vm} = \frac{1}{4}(\beta - c)^2 > \pi_u = \frac{1}{8}(\beta - c)^2$，兼并后的利润增加一倍，上游跨国公司存在兼并下游企业的动机。

基础模型中，纵向兼并阻碍技术转移，发展中国家市场换技术的战略受阻。但是东道国下游企业不止一家，都是跨国兼并企业的竞争者。那么，跨国公司纵向兼并时，对东道国其他下游企业是否封锁技术？接下来，运用拓展的 Spengler 兼并模型进行探讨。

2. 先进技术转移的 Spengler 拓展模型——下游有两家企业

若下游有 D_1 和 D_2 两家企业，进行古诺竞争。视上游跨国企业对下游其他企业的技术封锁为纵向圈定，市场反需求函数为 $p = \beta - q_1 - q_2$，未实施纵向兼并时，下游两个企业都支付技术产品价格 w，其利润函数分别为：

$$\underset{q_1}{\text{Max}}\ \pi_1 = q_1(\beta - q_1 - q_2 - w)$$

$$\underset{q_2}{\text{Max}}\ \pi_2 = q_2(\beta - q_1 - q_2 - w)$$

根据 FOC，得古诺纳什均衡解：

$$q_1 = q_2 = \frac{\beta - w}{3};\ p = \frac{\beta + 2w}{3}$$

此时，上游企业的利润为：

$$\pi_u = 2(\frac{\beta - w}{3})(w - c)$$

由一阶条件得：未兼并时上游企业均衡解：

$$w = \frac{\beta - c}{2};\ \pi_u = \frac{(\beta - c)^2}{6};\ p = \frac{2 + c}{3}$$

考虑上游企业 U 兼并下游 D_1，以成本价 c 向 D_1 提供技术，消除双重加价，并停止向 D_2 供应技术产品以排挤竞争对手，形成纵向兼并企业对技术和市场的独家垄断，D_2 退出市场。[1] 兼并企业面临的市场价格与利润分别为：

$$p = \frac{\beta + c}{2};\ \pi_{vm} = \frac{1}{4}(\beta - c)^2$$

由于 $\pi_u = \frac{1}{6}(\beta - c)^2 < \pi_{vm} = \frac{1}{4}(\beta - c)^2$，所以，跨国公司仍然会实施纵向圈定策略，阻止最先进的技术向东道国的其他企业扩散。

但是，全球化导致很多国家的跨国公司、全球化公司竞相到中国投资，形成以争夺市场为目的的上游技术供应战略竞争格局。如果某项技术不是一家垄断，而是多方供应，从普适性认定，这些技术相对成熟，已不是最高端的技术。因此，必须在多家上游国外技术供应企业，多家下游东道国技术使用企业的框架下，讨论纵向技术转移的均衡条件。

---

[1] 熊彼特认为，新技术的竞争是拥有决定性的成本和质量的竞争，它打击的不是现有企业的利润和产量边际，而是它们的基础和它们的生命。参见 Schumpeter, Joseph A. 1943: The Capitalism, Socialism and Democracy, London：Allen & Unwin; New York：Harper & Row, Colophon Edition，1975，p.84。

3. 成熟技术供应的 Spengler 拓展模型——上、下游均有两家以上企业

考虑一个上、下游均为双寡头的市场结构，脚标 u、d 分别表示上、下游企业。假定，上游有提供相同技术的企业 U_1、U_2，技术产品边际成本分别是：$c_1 = 0$，$c_2 \in (0, \frac{1}{2})$。考虑到供应技术的替代性与中间产品特性，上游技术供应企业之间进行博川德价格竞争。下游企业 D_1、D_2，展开古诺竞争，市场反需求函数为 $p = \beta - q_1^d - q_2^d$，$q_1^d$，$q_2^d$ 分别为下游两个企业的产品产量。考虑如下 3 个阶段：①上、下游企业分开经营与发生纵向兼并时的利润状况，比较在此基础上是否实施圈定。②上游企业进行 Bertrand 竞争，确定技术供应的 Bertrand 竞争均衡价格为 c_2。③下游企业进行 Cournot 竞争，确定均衡产量。

（1）兼并发生前分业经营时的博弈。由于 U_1 具有成本优势，进行 Bertrand 竞争时，获得以 c_2 向下游企业提供技术的机会（因为 U_1 可以 $c_2 - \theta$ 的价格向下游企业供应技术，θ 为无穷小量，此时 U_2 利润为负）。由于 Bertrand 竞争的结果是以边际成本制定技术价格，故下游的 D_1、D_2，就以边际成本 c_2 展开古诺博弈，得两个企业的利润函数和反需求函数：

$$\text{Max}_{q_1^d} \pi_1^d = q_1(p - c_2); \quad \text{Max}_{q_2^d} \pi_2^d = q_2(p - c_2),$$

$$p = \beta - q_1^d - q_2^d$$

根据 FOC，下游企业 D_1、D_2 的均衡产量：

$$q_1^d = q_2^d = \frac{\beta - c_2}{3}$$

D_1、D_2 的利润：

$$\pi_1^d = \pi_2^d = \frac{(\beta - c_2)^2}{9}$$

D1、D2 的市场均衡价格：

$$p = \frac{\beta + 2c_2}{3}$$

U_1 向下游的技术供应量为：

$$Q = q_1^d + q_2^d = \frac{2}{3}(\beta - c_2)$$

U_1 的利润为：

$$\pi_1^u = \frac{2}{3}(\beta - c_2)c_2$$

U_2 的利润为：

$$\pi_2^u = 0$$

（2）兼并后纵向圈定的博弈均衡。假定 U_1 对 D_1 实行纵向兼并，并停止向 D_2 供应技术，而由 U_2 向 D_2 以 W_2（$w_2 > c_2$）供应技术产品。纵向兼并消除双重加价，U_1 向 D_1 的技术供应价格为 $c_1 = 0$，市场古诺（Cournot）竞争在兼并企业与 D_2 之间展开。

$$\pi_1^{vm} = q_1^{vm}(p - c_1); \quad \pi_2^d = q_2^d(p - w_2)$$

$$p = \beta - q_1^{vm} - q_2^d$$

产品市场上兼并企业与 D_2 的利润函数分别为：

$$\text{Max}_{q_1^{vm}} \pi_1^{vm} = q_1^{vm}(\beta - q_1^{vm} - q_2^d - c_1);$$

$$\text{Max}_{q_2^d} \pi_2^d = q_2^d(\beta - q_1^{vm} - q_2^d - w_2)$$

根据 FOC 解得：兼并企业与 D_2 的产量分别为：

$$q_1^{vm} = \frac{\beta + w_2}{3}; \quad q_2^d = \frac{\beta - 2w_2}{3}$$

上游企业 U_2 的利润为：

$$\pi_2^u = (w_2 - c_2)\left(\frac{\beta - 2w_2}{3}\right)$$

由 FOC 求出 U_2 对下游 D_2 的最优定价：

U_2 的利润函数：

$$\text{Max}_{w_2} \pi_2^u = (w_2 - c_2)\left(\frac{\beta - 2w_2}{3}\right)$$

根据一阶条件得：

$$w_2 = \frac{\beta - 2c_2}{4}$$

由此，得兼并企业的均衡产量为：

$$q_1^{vm} = \frac{5\beta + 2c_2}{12};$$

利润为：

$$\pi_1^{vm} = \frac{(5\beta + 2c_2)^2}{144}$$

下游 D_2 的均衡产量为：

$$q_2^d = \frac{\beta - 2c_2}{6};$$

利润为：

$$\pi_2^d = \frac{(\beta - 2c_2)^2}{36}$$

上游企业 U_2 的利润为：

$$\pi_2^u = \frac{(\beta - 2c_2)^2}{24}$$

（3）兼并后非纵向圈定的博弈均衡。假设 U_1 与 D_1 实施兼并，以下标 f 表示非纵向圈定，以 c_1 向企业 D_1 供应技术，以 c_2 向 D_2 供应技术（$c_2 < w_2$），以保证获得技术产品的供货权，否则，参与 Bertrand 竞争的 U_2 将获得技术供应权，兼并企业

与 D_2 实施产品市场古诺竞争。

兼并企业的利润为：

$$\underset{q_2^{vm}}{\text{Max}}\ \pi_{1f}^{vm} = q_i(\beta - q_{1f}^{vm} - q_2^d - c_1)$$

D_2 的利润为：

$$\underset{q_2^d}{\text{Max}}\ \pi_2^d = q_2^d(\beta - q_{1f}^{vm} - q_2^d)$$

根据一阶条件，得古诺均衡产量为：

$$q_{1f}^{vm} = \frac{\beta + c_2}{3};\quad q_2^d = \frac{\beta - 2c_2}{3}$$

古诺均衡价格为：

$$p = \frac{\beta + c_2}{3}$$

兼并企业在产品销售市场所获得的利润为：

$$\pi_{1f}^{vm} = q_{1f}^{vm}p = (\frac{\beta + c_2}{3})^2$$

兼并企业的总利润为在市场上获得的利润和向 D_2 供应技术获得的利润：

$$\pi_{1f}^{vm} = (\frac{\beta + c_2}{3})^2 + (\frac{\beta - 2c_2}{3})c_2$$

（4）比较分开经营、纵向圈定、非纵向圈定时兼并企业的利润大小。U_1 与 D_1 分开经营的利润之和为：

$$\pi_1^s = \pi_1^d + \pi_1^u = \frac{2}{3}(\beta - c_2)c_2 + \frac{(\beta - c_2)^2}{9}$$

纵向圈定时的利润：

$$\pi_1^{vm} = \frac{(5\beta + 2c_2)^2}{144}$$

非纵向圈定的利润：

$$\pi_{1f}^{vm} = (\frac{\beta + c_2}{3})^2 + (\frac{\beta - 2c_2}{3})c_2$$

由于：

$$\pi_{1f}^{vm} - \pi_1^s = \frac{(5\beta + 2c_2)^2}{144} - \frac{2}{3}(\beta - c_2)c_2 - \frac{(\beta - c_2)^2}{9} = \frac{9\beta^2 - 44\beta c_2 + 84c_2^2}{144} > 0$$

$$\pi_{1f}^{vm} - \pi_1^s = (\frac{\beta + c_2}{3}) + (\frac{\beta - 2c_2}{3})c_2 -$$

$$\frac{2}{3}(\beta - c_2)c_2 - \frac{(\beta - c_2)^2}{9} =$$

$$\frac{3c_2^2 + \beta c_2}{9} > 0$$

结论：无论上游企业是否实施圈定，纵向兼并能够使利润增加，上游跨国公司在向东道国提供技术产品时，存在纵向兼并的动机。

（5）纵向圈定与非纵向圈定的利润变化及条件。

若：

$$\pi_1^{vm} > \pi_{1f}^{vm} = \frac{(5\beta + 2c_2)^2}{144} > (\frac{\beta + c_2}{3})^2 + (\frac{\beta - 2c_2}{3})c_2 \Leftrightarrow c_2 < \frac{3\beta}{14}$$

若：

$$\pi_1^{vm} \leqslant \pi_{1f}^{vm} = \frac{(5\beta + 2c_2)^2}{144} \leqslant (\frac{\beta + c_2}{3})^2 + (\frac{\beta - 2c_2}{3})c_2 \Leftrightarrow c_2 \geqslant \frac{3\beta}{14}$$

显然，在 $c_2 \in (0, \frac{\beta}{2})$ 的区间内，$\frac{3\beta}{14}$ 是实施圈定的分界线。当 U_2 的技术成本 c_2 不到净需求的 $\frac{3\beta}{14}$ 时，纵向兼并的跨国公司会实施纵向圈定策略，拒绝向东道国其他企业提供技术。若 U_2 的技术成本 c_2 接近并超过净需求的 $\frac{3\beta}{14}$ 时，跨国公司实施圈定策略是不可置信的，向其他企业提供技术产品才是有利的。因此，跨国公司、全球化公司在中国投资，并设立研发中心是有利的。从各产业研发费用的特征看，技术研发成本高、技术成熟的传统产业，跨国公司存在向东道国下游企业大量转移技术的激励。重化工业的生产设备技术、流程工艺都是相对成熟，研发成本极高，如果东道国的技术进步路线是模仿创新，随着产业转移大量转移技术就成为必然。

三、重化工业外生技术进步的激励分析

引言部分的资料表明：我国重化工业技术结构变迁和产业结构升级的过程，主要通过进口成套设备实现，严格地说，技术水平、生产率水平是外生的，是以资本扩张为前提的。一项宏观增长研究表明，以资本扩张为特征的重化工业时期，引进先进设备的激励高于自主创新的激励。相关资料显示，各国的重工业自主研发强度都低于工业的平均水平。以钢铁工业为例，2003年，我国钢铁工业R&D支出占销售收入的比重仅为不到1%，而同年新日铁为1.97%，韩国浦项为1.63%，德国蒂森—克虏伯伟为1.53%，我国的平均研发强度低于同期国家工业平均研发强度。本文从产业特性进行经济学解释，为什么重化工业自主研发强度降低，成套设备引进的激励增强，对我国产业结构升级有何影响？

1. 从研发费用看，重化工业的生产特征决定了研发过程的高额的研发费用

第一，重化工业生产过程与科学原理紧密结合，单靠个人积累经验的简单"干中学"模式难以完成，需要专门的科研人员、机构。第二，技术成果的系统性、复杂性强，需要专门化的试验系统，批量试验耗费的设备、资金极为昂贵，特别是冶金工业、化学工业，工艺流程特性导致每一次试验都耗费巨大的成本。可以说，技术特征、产品特征决定了重工业研发投入、技术成果及其试验的成本费用是高于其他产业的，资金约束导致技术创新收益、自主研发激励低于其他产业。特别是在资本贡献比例最高的重工业化时期，企业的效率选择必然是资本收益替代技术收益。统计显示，中国发明专利申请最集中的领域都是资本投入量低的产业，排序依次是：中药、软饮料、食品、汉字输入法。

2. 从研发效率看，研发基础薄弱使产业创新后获得市场机会的期望降低，抑制了自主创新的积极性

以技术创新作为竞争战略的特点是：率先完成创新的企业占有市场，竞争的关键是技术创新的速度。专利竞赛理论阐明了企业在研发与生产部门的选择：若不能率先创新，不如放弃创新，而创新的速度与研发投入、研发强度正相关。从我国重化工业的技术进步路径看，自主研发的基础、条件是薄弱的，产品内分工形成了不利于我国的利益分配格局，企业可积累的研发资金长期低于发达国家的水平，企业不愿意将有限的资金用于不定性强和期望效率较低的研发活动，相反大量购买成套设备，引进生产线，不仅可以兼容重工业化时期资本高贡献率与技术创新的双重好处，而且可以避免研发风险，加快生产规模扩张，增加市场份额。

3. 从技术需求激励看，重化工业具有资本密集和规模经济特性，采用新技术、新设备企业沉没成本效应明显，采用新技术的条件约束高于其他产业

假定：企业的份额与收入水平已定，新设备的效率在于技术上能降低产品的可变成本、边际成本，企业采用新技术的条件是新技术的前期投资加运行成本小于采用原有技术的前期投资加运行成本。

设：采用新技术的前期投资和投产后的年均成本分别为 I_n、AC_n，采用原有技术的前期投资和投产后的运行年均成本分别为 I_0、AC_0，设备寿命周期为 x 年，利率为 r，则对于新企业进入企业来说，采用新技术的条件是：

$$xAC_n + I_n < xAC_0 + I_0 \rightarrow I_1 - I_0 < x\Delta AC$$

考虑利率：

$$\frac{\Delta AC}{(1+r)^1} + \frac{\Delta AC}{(1+r)^2} + \cdots + \frac{\Delta AC}{(1+r)^x} > \Delta I$$

即只要采用新技术所节约的运行成本的现值高于新设备比原有设备增加的额外投资，企业就将采用新技术进行生产。

但是，重化工业产业组织特征是寡头垄断为主，前期投入大、规模经济显著形成了高的进入壁垒，创新通常由产业内续存企业生产线更新完成。续存企业原有设备投资 I_0，若采用新设备工艺，I_0 就将成为沉没成本，对于冶金工业、化学工业等前期固定资产投入较大的产业来看，前期投资额远高于其他产业。而且企业使用原有技术设备、工艺已经积累了经验，与新设备相比，使用原有设备的平均成本为 αAC_0，（其中：$0 < \alpha < 1$，因为干中学使工人对原有技术的掌控能力增强，降低了运行成本），则：企业采用新设备、新技术的条件是：

$$xAC_n + I_n + I_0 < \alpha xAC_0 + I_0$$

经过变换，得：

$$I_1 - I_0 < (AC_0 - AC_n)x - (1-\alpha)xAC_0 + I_0$$

考虑到利率，成本节约额的现值在超过增量投资的同时，还必须抵销沉没成本和弥补原有设

备使用中由于"干中学"增加的技术效率：[1]

$$\frac{\Delta AC}{(1+r)^1} + \frac{\Delta AC}{(1+r)^2} + \cdots + \frac{\Delta AC}{(1+r)^x} > \Delta I +$$

$$\{(1-\alpha)[\frac{AC_0}{(1+r)^1} + \frac{AC_0}{(1+r)^2} + \cdots +$$

$$\frac{AC_0}{(1+r)^x}] + I_0\}$$

从理论上分析，首先，考虑到"干中学"，新设备损失了 $(1-\alpha)xAC_0$ "干中学"效应，而且，重化工业的资金密集型特征使前期投资 I_0 很大，世界范围内资源约束加深导致设备资产价格快速上升增大了 Δ_I 值，形成知识折旧快于物资设备折旧的状态，物质设备折旧速度减慢，设备更新必定丧失规模经济的静态效率，使重工业进行技术更新的约束加强，动力减弱。

4. 我国以扩大内需为立足点的宏观调控政策，强化了现有的技术路径

改革开放以来的高速增长扩大内需等宏观因素，增强了对重化工业的需求，企业的重点转向迅速通过扩大生产规模占领市场，产品结构调整、技术改造、质量升级的压力减小。目前，还没有哪个生产要素能够替代这一时期资本对增长贡献的地位。随着人均收入水平的提高，对汽车、家电更新换代、住房等的需求逐步加强，拉动冶金、化学、机械、电子工业的需求增加，加之较长时期的就业压力和保增长的双重压力，促使地方政府不断强化这个过程，人民币升值会加快成套设备的进口，减缓我国机电产品的出口，一定时期内以资本扩张为特征的粗放经济增长依然存在很大的空间，只要资本对经济增长的贡献还很高，产业结构变迁还未达到稳定均衡状态，资本广化的过程就还会持续，不断挤压自主创新的机会。

四、重复引进技术的技术路径及后果

前面的分析表明，在产品内分工背景下，跨国公司向东道国转移的技术有两个特征：产业的成熟技术和研发成本高的技术。而重化工业恰好兼备这两项产业特征，因此，重化工业技术更新的外部供应是充足的。从技术需求方来看，重工业的采用新技术的激励也低于其他产业。在资本贡献高于其他要素贡献时，对于技术创新速度的竞争就演化成率先引进设备、快速占领市场的竞争，重复引进成套设备就成为稳定均衡的技术路径，即技术进步路径被锁定于外生型，并导致以下后果。

1. 使我国的产业结构成为发达国家产业结构升级的附属，长期处于世界供应体系的外围和低端

我国"十二五"规划的重要目标之一就是调整产业结构，实现产业结构的升级。产业结构升级是以技术进步、技术革命的路径为支撑的。发达国家输出传统成熟技术、转移传统产业，是获得国际分工中主导地位和国内产业结构升级的需要。我国不断引进国外相对成熟的技术，会从技术路径上引导我国生产体系的重心长期停留于资源密集的传统产业，满足发达国家产业结构升级时必需的低端市场供应，因此，资源配置过程强烈地带有技术主导国的资源配置效率要求和产业结构升级倾向，结果高新技术产业发展不足，产业结构将长期锁定于世界产业体系中的低端和外围。

表3所指的重化工业是指冶金、化工为主体的原材料工业。从固定资产投资结构看，抑制高投入、高消耗、高污染的宏观调控政策虽然使重化工业份额降低，但是，所占比重依然是最大的，高消耗的原材料工业仍然是我国制造业的主体。在资本对经济增长贡献较大的时期，引进成套设备提高规模经济效益既是我国资源配置的要求，也是国外转移高消耗传统产业、发展高新技术产业的要求。装备工业比重上升是产业结构升级的标志（金碚，2005），作为传导技术标准的功能性产业，若重大成套设备重复引进，核心技术由国

---

[1] 技术效率是指设备现实的规模与生产可能性边界即设计能力之间的比例。

表3 2004~2008年重化工产业、装备制造业、固定资产投资占工业固定资产总投资的比例

	2004	2005	2006	2007	2008
重化工业	54.50	52.94	48.85	45.96	44.97
装备制造	18.68	20.30	22.57	24.70	26.21
高科技产业	10.18	9.20	9.76	9.69	9.89

资料来源：根据相关年份《中国工业经济统计年鉴》数据计算。

外控制，就会促进国外资本品的出口和国外技术标准对我国产业更广泛的渗透，实质上也是强化国外技术体系、国际产品内分工格局向我国渗透的过程。如此，中国的技术体系就自动纳入了由发达国家主导的世界技术体系与分工体系，迷失了产业升级路径的技术基础。同时，高新技术产业的比重也没有上升。而且在高科技产业统计中，很多项目我们只完成了高新产业中的劳动密集加工阶段，高新技术产业中发达国家对核心技术部分的控制加大了。

2. 技术转移引导产业结构趋向与资源消耗，强化了不合理的世界资源配置格局，我国人均资源水平更为紧缺

发达国家进口初级产品，实际上是用资本换稀缺资源，出口资本密集品，进口劳动密集产品，实质是在占有高端最终产品市场的同时进口土地、劳动力。产品内分工条件下，发达国家只完成技术设计，控制销售，在输出技术的同时将高污染、高消耗产业、高新技术产业的劳动密集、资源密集的生产阶段转移到发展中国家，实际上是在获得了发展中国家的土地、能源、廉价劳动力等稀缺资源的同时，转移了污染，实现了在世界范围内技术对稀缺资源的占用，在更为广泛的意义上控制世界的生产体系。考虑到经济增长、劳动力就业等宏观目标，发展中国家承接资源密集型产业技术转移、产业转移的机会成本小于直接出口初级产品的机会成本，使用国外先进技术的静态

效率高于自主研发的效率，因此，用资本扩张替代研发、资源消耗替代自主创新的资源配置取向就成为必然选择。结果，从生产体系看，综合人均资源水平相对水平还会降低。

3. 长期的重复引进使我国在生产规模扩大的同时，技术空心化趋势出现，长期中产业结构升级的技术支撑体系日益弱化

技术创新只有在研发成果首次商业化应用之后才算完成，因此创新总是与市场需求变化紧密结合的，脱离市场任何企业都难以完成技术创新。克莱恩（Kline and Rosenberg）的连锁模型表明，技术创新过程以创意为起点，以市场销售为终点，而创意来自潜在的市场，潜在的市场是由目前的市场销售反映的。产品内分工格局是发达国家控制设计、技术和销售市场，客观上阻断了我国承接加工的企业进行创新的机会和过程。值得注意的是，生产与技术的分离阻碍商业性技术创新活动的实现。因为产品内分工导致了研发国家生产制造活动的空心化，减少了生产中改进技术的经验积累过程，同时也导致了生产国的经济利益丧失和技术空心化。但是，现代制造业的核心是技术，只要发达国家控制先进技术和生产过程的技术标准，制造业可以通过向不同发展中国家的竞标解决，而不会形成下游制造对上游的威胁，发达国家永远处于生产体系的控制地位，相反，发展中国家生产过程技术空心化局面却不可避免。

五、结论与政策建议

以上分析表明，产品内分工条件下，发达国家对研发成本高的成熟的传统技术不实施纵向圈定，存在持续提供技术的激励。同时，相对于其

他产业，重化工业的自主创新激励、应用新技术的激励比较弱，如此重复引进设备、生产线就成为稳定均衡。这将导致我国产业结构低位固化、

在世界资源配置格局中占比减少以及持续创新机会丧失等潜在的中长期风险。在经济全球化条件下，重化工业的发展创新很难从内部市场突破，必须要政府从外部干预，破解技术的重复引进循环，化解各种潜在风险。

1. 尽快建立、完善国家创新系统，培育创新机制

日本、韩国等新兴工业化国家的技术创新都是在国家干预条件下实现的。在产品内分工背景下，破解重化工业化阶段大量的重复引进，必须以企业为立足点，创立能够激励企业自主创新的机制，如对使用新技术的企业实行补贴、对重复引进的企业实行征税等。如韩国规定，同样的设备只能进口一套，结果韩国在 10 年之内奠定了自主创新的基础。同时需注重推动产学研联合，采取措施提高有限研发资源的利用效率等。

2. 加快重化工业的兼并重组，维持技术创新最小有效规模

冶金工业、化学工业和石油化工等资源密集产业的技术创新只有在大规模生产条件下才有效率。化学工业中，我国烧碱平均规模为 5.7 万吨/年，美国为 58 万吨/年；我国现有成套乙烯生产装置平均规模为 31.38 万吨/年，世界平均规模为 60 万吨/年，过于分散的市场结构不利于积累技术创新的资金。创新理论证明，企业数目与企业创新的积极性负相关。我国钢铁工业快速扩张期已经结束，进入低位平稳增长阶段，正是产业实现低成本兼并和单个企业规模扩张的时期，应当加快兼并重组，创造技术创新的规模条件。并适时地实施化工企业纵向一体化，保证新技术、新材料出现时，能够破除原有技术、材料性能的锁定，为新材料的应用提供市场空间。

3. 创新应当以机械电子工业的创新为主要突破口

首先，机械电子工业的分工程度高，前后向联系广泛，容易在专业化协作程中，通过阶段创新提高前后向相关产业的技术标准，容易实现"干中学"。例如，20 世纪 80 年代的日本汽车产业，汽车生产企业对零部件进行设计研发的比例很低，但是零部件行业中拥有自主研发能力的企业比例很高。其次，机械电子工业兼有劳动密集、资本密集和技术密集的特征，能够兼容要素密集度变化过程中的各种技术，技术更新目标与扩大就业目标的兼容度高。

4. 鼓励知识服务型企业、机构的建立，加快技术职业培训，提高技术效率，增强应有新技术的激励

从 2006 年起，我国在技术引进上，强化以专有技术和技术服务等软技术的方式，实现技术进步由引进成套设备和生产线为主向引进技术为主转变。但是，技术知识具有隐性特征，需要专门的劳动力从事技术破解与服务工作，如收集、处理和传播知识和信息，解读、显化知识信息，才能将购买的技术应用于生产领域，使设备效率接近生产可能性边界。

参考文献

菲利菲·阿吉翁，彼得·霍依特. 内生增长理论 [M]. 北京：北京大学出版社，2004.

斯蒂芬·马丁：高级产业经济学（中译本）[M]. 上海财经大学出版社，2003.

克利斯·弗里曼，罗克·苏特. 工业创新经济学 [M]. 北京：北京大学出版社，2004.

Caballero and Jaffe. How high are the giant shoulder: anempiriacl assessment of konwlege spillovers and creative destruction in a modol of economic growth.NBER Macroeconomics Annal, 1993.

Mansfied, Edwin. How rapily does new industrial technology leak out, Journal of Industrial Economoics, 1995, 34（2）.

Adams and Jaffe. Bounding the effects of R&D: An investigation using matched establishment –firm data.Rand Journal of Economics, 1998, 27（4）.

Klette. R&D scope economics and piant performance. Rand Journal of Economoics, 1996, 27（3）.

Posner. International trade and technical change, Oxford Economic Paper, 1961, Vol, 13.

Krugman. A model of innovation technology transfer and the world distribution of income, Journal of Political Economiy, 1966, Vol, 87.

中国社会科学院工业经济研究所. 中国工业发展报告 [M]. 北京：经济管理出版社，2009.

中国经济增长与稳定课题组. 资本化扩张与赶超型经济的技术进步 [J]. 经济研究，2010（5）.

中国社会科学院工业经济研究所. 中国工业发展报告 [M]. 北京：经济管理出版社，2007.

田力普. 知识产权保护是自主创新的重要环节经济日报，2005（12）.

植草益等. 日本的产业组织［M］. 锁箭，译. 北京：经济管理出版社，2000.

中国社会科学院工业经济研究所. 中国工业发展报告［M］. 北京：经济管理出版社，2006.

（安果，西南民族大学经济学院）

中国稀土产业发展现状及可持续发展的政策分析

资源安全及可持续发展问题是当今世界经济和政治活动中被关注的焦点，对国家资源安全战略及可持续发展等方面的研究迫在眉睫，近期对稀土资源的开发和利用、产业安全和可持续发展等相关问题已成为产业界和学术界的热点问题。

综观国内外相关文献，与稀土有关的专著几乎都是理工科著作，如徐光宪、倪嘉缵主编的大型专著《稀土》和肖纪美、霍明远主编的《中国稀土理论与应用研究》等，社科类著作十分鲜见，如苏文清（2009）主编的《中国稀土产业经济分析与政策研究》。从现有文献来看，虽然以稀土为研究对象的期刊文章很多，但主要以稀土元素的化学分析和应用为主，以资源为研究对象的文章也不少。国外的主要研究对象为大宗进出口物资，如铁矿石、原油、铜、小麦，大豆等，国内学者在国外学者研究的基础上也做了大量的研究，研究对象主要集中在期货市场以及矿产资源，其中，矿产资源主要以铁矿石和原油为主。近年来，关于稀土的经济管理类期刊论文主要分为三类：第一类为国家政策层面的研究：主要通过归纳总结各国政府的稀土相关战略措施，为政策制定提供借鉴；第二类为市场层面的研究：主要是对稀土的供求、出口及价格等进行定量实证研究；第三类为产业及企业层面的研究：主要分析稀土产业发展状况和存在的问题，以及探讨如何发展稀土产业集群等。总的来看，从经济和管理角度对稀土的相关研究尚不充分。

一、世界稀土市场状况分析

稀土是镧、铈、镨、钕、钐、铕、钇等17种化学元素的总称，由于其具有优越的磁、光、电等功能特性，被称为"工业维生素"和神奇的"新材料宝库"。稀土被广泛应用于冶金、石油化工、玻璃陶瓷、毛纺皮革和农业等传统产业，在荧光、磁性、激光、光纤通信、贮氢能源、超导等新材料领域有着不可缺少的重要作用，因此成为现代工业和高新技术发展的关键元素和国防工业中不可替代的稀有原材料，是关系国家安全和发展的最重要战略资源之一。

世界稀土资源储量巨大，但分布不均。中国是世界上稀土资源最丰富的国家，内蒙古白云鄂博、四川凉山冕宁牦牛坪、山东微山、南方五省区（包括江西、福建、湖南、广东、广西）等地是中国稀土资源集中分布区。除我国已探明资源量居世界之首外，澳大利亚、俄罗斯、美国、巴西、加拿大、印度及越南等国的稀土资源也很丰富。南非、马来西亚、印度尼西亚、斯里兰卡、蒙古、朝鲜、阿富汗、沙特阿拉伯、土耳其、挪威、格陵兰、尼日利亚、肯尼亚、坦桑尼亚、布隆迪、马达加斯加、莫桑比克、埃及等国家或地区也发现了一定规模的稀土矿床。

Fiscor Steve（2009）指出世界稀土金属需求不断增长，稀土金属被广泛应用于能源、汽车等领域，作为风力涡轮机、紧密型荧光球茎、机械磁体等其他相关装置的合金发挥着决定性的作用。此外，对稀土金属的需求已经激起世界性的稀土矿藏搜索。Roskill信息服务公司2007年的《稀土和钇的经济学》报告中指出，2004~2007 年，中国供应了 90%~95% 的世界稀土需求，但由于中国对稀土生产和出口的严厉控制，使得世界稀土供求在过去 3 年中发生了根本性的变化，即由过度供应转变为需求短缺。由于稀土应用的快速增长，预计世界稀土需求的年增长率为 8%~11%。中国稀土需求在过去 3 年中以每年 25% 以上的速度增长，并且这种趋势将延续。为了满足 2010 年 180000~190000 吨的 REO（氧化稀土）的世界预计需求，必须从中国以外寻找大约 40000 吨新的稀土供应能力。

Hiroshi Kawamoto（2008）指出日本稀土原材料 100% 依赖进口，而大约 90% 是从中国进口，于是日本大量使用稀土产品的厂商如家电、手机等厂商纷纷转移到中国，Robert F. Service（2010）预计到 2012~2014 年间，中国将全部使用自己生产的稀土，而将世界其他国家置于几乎断绝状态，应采取国家行动以应对稀土短缺。Johnson R. Colin（2010）指出，由于中国减少出口配额造成稀土短缺，从而使稀土价格上涨，受此影响的国家只好加速采矿和加工计划，以建立中国之外的供应链。Jacoby Mithch、Jiang Jessie（2010）指出，美国确保稀土供应越来越难，国家科技委员会因此举行关于稀土短缺的听证会，并开发化学方法提取稀土离子。Areddy James T.（2010）指出中国商务部于 2010 年 11 月 12 日宣布将申请稀土出口配额，以加强环境保护。

由于世界经济高速增长，稀土消费量以较快速度增长。目前与 10 年前不同的是，中国既是最大的稀土资源供应国，也是最大的稀土产品消费国。经过多年的发展，我国已建设成为世界最大的稀土资源生产、应用和出口国。我国的稀土产品主要有各类单一稀土氧化物、稀土盐类、稀土氟化物、稀土金属、稀土合金及稀土新材料（稀土永磁、发光、储氢材料）等 400 多种，近千个规格，是世界上唯一能够大量供应各种品级、规格产品的国家，占据国际市场 87% 左右的份额。在 1978~2007 年的 29 年间，中国稀土年消费量从 1000 吨增至 7.26 万吨，净增 72.6 倍。2009 年，稀土消费总量达 7.3 万吨。按照美国杰克利夫顿公司的预测，未来 5 年，中国的稀土消费将占世界消费总量的 60%~65%，而国内专家更是预测到 2020 年，中国对稀土的消费将占世界的 80%。

由于稀土资源禀赋、产业发展和生态环保等原因，1999 年，我国稀土产品出口开始实行配额管理，并从 2006 年开始逐步减少稀土出口量，2010 年全年的稀土出口配额总数为 3.0258 万吨，比 2009 年少了近 40%（世界需求为 4.8 万吨）。此举引致以美国、日本为首的国家公开指责我国破坏自由贸易精神。

二、中国稀土产业发展存在的问题

我国稀土产业在取得近 30 年来巨大发展的同时，也存在着诸多问题，主要包括开采无序导致资源浪费、产业集中度低、自主应用能力差、监管不到位等。

1. 缺乏稀土产品定价权

中国虽然生产并销售了世界 80% 以上的稀土产品，但是缺乏附加值高、价格昂贵的稀土产品的专利权和生产加工权，也不拥有稀土产品的定价权，稀土只卖了个“土”价钱。我国对稀土定价缺乏影响力的原因与我国稀土产业结构、产品技术含量、资源和环境保护、出口管理等密切相关。

2. 开采无序导致资源浪费

由于稀土产业进入门槛低、稀土项目实施相对容易等原因，20 世纪 80 年代中后期以来，国营企业、集体企业及私人等各类主体对稀土资源进行乱采滥挖、采富弃贫、漏采弃矿等无序开采活动，导致稀土产量激增、产能过剩、价格恶性竞争、大量稀土廉价出口，甚至出现大量走私贱卖现象，造成稀土资源严重浪费、水土流失以及生态环境的破坏。这种无序开采显然是由资源开发过程中的监管力度不够、行业准入把关不严造成的。

3. 监管不到位

由于稀土监管不到位，造成稀土企业经营管

理粗放、同类产品在低水平上重复建设、盲目生产、总量增长过快、生产能力过剩、产销严重失衡、产业内部恶性竞争、稀土市场供需失衡、稀土资源向海外市场低价流失等现象。由于稀土原料初级产品购买不受配额限制，国外一些企业采用在我国投资设厂的方式，在我国稀土资源区大量买入稀土原料和金属，简单加工后运至国外进行深加工或储备，从而规避了我国出口配额限制。我国有上百种稀土出口产品，仅有 40 多个税号，部分产品与税号脱节，无法满足监管需求，也导致了严重的资源流失和走私现象。

4. 产业集中度低

目前，我国拥有稀土生产骨干企业 20 余家，而历年来各地成立的稀土生产小企业达百余家，年处理能力在 2000~5000 吨的企业仅 10 家，其余企业年产量只有几百吨。绝大多数小企业开采水平落后，管理模式粗放。稀土行业产业链延伸不够，集聚优势没有出来，以产品和产业为纽带的协作配套体系还没有完全形成。由于中国稀土企业联合与重组的步伐缓慢，南方、北方稀土集团组建不起来，一些地方性稀土集团也是分分合合，造成我国稀土产业集中度偏低，龙头企业不多，龙头企业的辐射带动作用有限，无法形成规模经济优势和产业优势。

5. 自主应用能力差

中国在稀土产业链中，只占据分离产品之前的优势，从功能材料到器件和实用商品则远远落后于欧、美、日等发达国家，而实际上稀土的高价值恰恰在于产业链的后端。由于没有拉长稀土产品链，稀土产品的大部分需销往国外，对国际市场依赖性大。由于我国对稀土产业缺乏长期规划，长期以来对稀土基础研究和应用开发研究投入不足，人才供需矛盾日益突出，高技术人才匮乏，导致我国稀土应用技术含量低，开发应用滞后，自主创新少，初级产品竞争过度，高技术含量和高附加值产品缺少。这种畸形的产品结构严重束缚了我国稀土产业的发展。

三、外国政府关于稀土产业发展政策及安全战略

2008 年，美国国家研究理事会提出《二十一世纪军用材料管理》和《矿物、关键矿物和美国经济》两份报告。前者指出国防部应加强国防相关的战略关键材料的储备，进行有效的供应链管理，还应充分了解特殊材料（包括钇元素）的需求以及它们的供应信息，强调了建立国家国防材料管理系统新方法的重要性。在报告列出的 36 种战略关键材料中，包括铈、铕、钇、镧、钕、钐、镝、钇 8 种稀土元素。后者利用矿物风险度矩阵方法对铜、镓、铟、锂、锰、铌、铂族金属（铂、钯、铑、铱、锇、钌）、稀土元素、钽、钛、钒 11 种矿物或矿物族进行风险评估，指出美国目前处于最大风险的矿物有铟、锰、铌、铂族金属和稀土元素。同年，美国国防大学军事工业学院的《战略材料产业研究》报告也提出稀土元素对于美国的国防工业具有重要的作用。

2010 年，John T. Bennett 提出《建立美国首个稀土矿物储备的议案》，要求国防部和其他联邦部门振兴美国的稀土工业，呼吁建立国家的稀土储备。议案称，美国应当采取措施建立具有全球竞争力的国内战略性原材料工业，确保美国国内市场的自给自足，实现采矿、加工、冶炼和制造的多元化。鉴于稀土不是美国国家储备，该案要求国防部长开始购买对国家安全至关重要的稀土矿产品，并将之纳入国家储备。新法案将要求在法律生效后，国防储备中心从中国直接购买供 5 年使用的稀土。新法案还要求国防部长、商务部长、能源部长、内政部长和国务卿任命助理部长组成特别跨部门工作组，评估稀土供应链，并确定对国家和经济安全关键的稀土原材料。同年的《美国能源部制订首个稀土战略计划》宣称能源部将致力于部署稀土供应的战略计划，要多样化稀土的供应链，既要努力发展国内力量又要同时积极寻求国际份额。美国将就供应链建设提供资金援助，帮助美国获得发展长远的供应能力。

2009 年，日本的经济产业省（METI）提出

《确保稀有金属稳定供应战略》，提出通过各种方式保障日本的稀土供应，降低对中国资源的依赖程度，保护日本核心利益。2009年，日本颁布了《海洋能源及矿物资源开发计划》（草案），表示日本可能通过对海底矿产资源的开发，来保证资源的供给。草案显示，日本将从2010年度开始对其周边海域的石油、天然气等能源资源以及稀土等矿物资源进行调查，主要调查其分布情况和储量，并在10年以内完成调查的基础上进行正式的开采。

2008年，欧盟（EU）的《欧洲委员会提出新战略应对关键原材料需求》中提及的原材料中就包括多种稀有金属。欧盟委员会建议欧盟应首先确定哪些原材料是至关重要的，并从以下三方面保障欧盟的原材料供应：在国际层面上消除第三国对原材料贸易的限制性做法，确保欧盟进口；挖掘欧盟内部资源，促进原材料可持续供应；提高资源使用效率和回收利用。新战略还提出，欧盟应锁定第三国扭曲原材料贸易的行为，并利用一切可能手段，包括诉诸世界贸易组织争端解决机制，迫使对方加以纠正。

2009年，韩国政府发表了《稀有金属材料产业发展综合对策》，计划截至2018年投入3000亿韩元，开发二级电池、LCD及LED等尖端产业所需锂、镁等金属原创技术；将稀有金属自给率从目前12%提高至80%；积极培育稀有金属专门企业，将目前仅有的25家专门企业增加至100家；2010年在仁川松岛设立稀有金属产业综合支持中心；批准回收企业进驻产业园区等。

由上可见，目前国外正积极寻找稀土替代资源，预备重新开采稀土矿。由于很多国家或地区拥有稀土，所以对中国稀土的需求将减少。对此，中国政府已经作出反应，如国务院总理温家宝于2011年2月16日主持召开国务院常务会议，研究部署促进稀土行业持续健康发展的政策措施。会议强调，必须加快转变稀土行业发展方式，提升开采、冶炼和应用的技术水平，坚持保护环境和节约资源，坚持控制总量和优化存量，坚持统筹国内国际两个市场、两种资源，积极开展国际合作，力争用5年左右时间，形成合理开发、有序生产、高效利用、技术先进、集约发展的稀土行业持续健康发展格局。

四、促进稀土产业可持续发展的政策措施

基于以上分析，中国应该根据目前世界稀土市场状况和中国稀土产业存在的问题，同时针对国外政府关于稀土产业发展政策及安全战略，提出稀土市场、国际政策双重约束下的中国稀土产业政策措施及安全战略。

1. 引导有序生产经营，协调利益相关者利益

加强稀土监管和生态环境监测。提高稀土产业进入门槛，引导稀土有序生产经营，完善稀土资源供应、出口机制以及产品定价机制。加强市场动态研究和预测，避免重复建设和稀土发展宏观失控。结合稀土产业发展态势，分析及解决稀土利益相关者的利益问题。利益相关者包括国土资源部、国家发改委、工信部、商务部以及各大中央企业、各级地方政府、民企、非法开采的矿主。利益问题包括稀土矿权清理和整顿、矿产分配和开发、各方利益分配、补偿及协调等。

2. 加强稀土市场调节，发展稀土循环经济

通过政府对稀土精矿进行总量控制，优化稀土资源结构和产品结构；构建资源性商品出口价格联盟以及组建稀土"欧佩克"等；投资境外稀土资源，扩大资源占有率；注意控制稀土冶炼分离技术和人才外流；加强江西、广东等地区的中重稀土资源治理等；基于稀土资源枯竭度等指标，确定各区域稀土开发的最优次序和量度，以保证稀土有序、有效开发并获得经济和社会利益的最大化；按照循环经济的理念发展稀土循环经济，改变稀土产业能源消耗大、资源浪费严重的现状，加强稀土的科学开发、合理利用、资源保护以及环境管理，不断提升资源开发利用水平。

3. 完善区域稀土产业链，发展稀土高新技术产业群

随着各类稀土产业链的不断完善，区域性稀

土产业密集区已具有向规范化、现代化稀土产业集群成长的发展基础。目前，典型的稀土新材料产业链有：稀土永磁材料产业链、稀土光学材料和发光材料产业链、稀土防腐材料产业链、稀土绿色能源环保材料产业链、金属调质剂（稀土中间合金）产业链等。"十二五"期间，要统一规划、合理布局、清洁生产、综合利用，不断完善区域稀土产业链，加强稀土产业关联、延伸稀土产业链、发展稀土产业园区、促进企业和投资向各类稀土产业集群区相对集中，提高稀土产业的地域集中度，形成以稀土产业园区、稀土产业集聚区、稀土产业基地城市密集带为主要组织形式的稀土产业集群，全面增强整个稀土产业的国际竞争力。

4. 加快稀土企业整合，提高稀土产业发展规模

加快稀土产业价值链企业整合的进程。政府除了颁布指导性计划给予支持外，还应加强稀土整合的组织协调，使整合进程顺利推进；有关部门要引导企业加快淘汰落后的生产能力，推动稀土产业结构调整升级，积极引导稀土产业逐步建立技术创新体系，使企业真正成为研究开发、技术创新和成果应用的主体；中国稀土企业应利用自身优势，做好企业长期战略规划，高效利用手中资源，加速推进稀土产业的整合；引导稀土企业以资本为纽带，通过市场运作，加强与国内外及地方强势应用企业在稀土深加工、新材料与应用方面的合作与重组，通过合资、合作等多种方式，整合技术、资金、人才、信息、市场等资源，实现优势互补，提高稀土产业发展整体规模和水平。

5. 加大科技投入，提高稀土高端产品研发

要提高国家的稀土应用水平，从科技创新源头抓起，加大科技投入，同时重视知识产权，实施知识产权战略，抢占技术制高点。突破外资企业的技术限制，建立起我国自身的"高速公路"式的稀土产业链。尽快制定稀土高新技术产业发展战略，明确稀土产业与高新技术产业融合的发展方向。有关政府部门要引导企业加快淘汰落后的生产能力，推动稀土产业结构调整升级，积极引导稀土产业逐步建立技术创新体系，使企业真正成为研究开发、技术创新和成果应用的主体。如近年来，素有"稀土王国"之称的江西赣州市全力建设公共技术平台、科研成果市场转化平台、公共信息服务平台、教育与培训服务平台，以此支持企业提升自主创新能力。赣州市加大对稀土产业资金和财税等政策扶持力度，鼓励金融机构对深加工项目和落户产业园区的重点企业和项目增加授信额度、优先贷款，由财政予以贴息补助，并考虑建立新兴产业发展专项资金，用于支持稀土产业的发展。赣州市这些举措对于新形势下其他资源型城市的可持续发展具有一定的借鉴意义。

6. 建立稀土资源储备体系，取得稀土话语权

鉴于国际形势的复杂变化，为了确保我国国防安全和国家经济运行安全，必须加强对战略性稀土资源的宏观管理，尽快建立并加强国家级稀土资源储备制度及体系，实现平抑价格、合理利用资源、取得稀土话语权以及决定国家稀土未来走向等多重目标。2010年2月，包钢稀土发布公告，宣布已获得政府批准，兴建10个稀土氧化物储备设施，总储量在20万吨以上。包钢稀土计划在5年的时间里储备30万吨精矿，同时斥资30亿元在2~3年里储备8万吨氧化物。稀土资源储备是一项系统工程，要突出国家、地方政府、企业间的协同作战，更加强调储备的"系统"特性，而严格执行国土资源部对于每年度开采稀土矿总量的限制，对于建立战略储备库存也同样重要，总量控制下的储存才有现实意义。

此外，竞争和合作是相对统一的，中国在与欧美诸国展开稀土竞争的同时，还应尝试建立中国与西方诸国的稀土开发与合作机制。欧美国家需要资源，中国需要技术，已经成为共识，如何进行国际开发与合作也是决定未来世界稀土等战略资源关系的重要战略。

参考文献

陈家祚. 整合：中国稀土话语权实现的必由路径 [J]. 中国有色金属，2010 (2).

程建忠，车丽萍. 中国稀土资源开采现状及发展趋势 [J]. 稀土，2010 (4).

方辉. 中国廉价稀土资源30年连续出口 [N]. 中国经营报，2010年08月07日.

方建春，宋玉华. 资源性商品国际市场上中国的市场势力研究——以焦炭、稀土为例 [J]. 财贸经济，2010 (3).

倪平鹏，蒙运兵，杨斌. 我国稀土资源开采利用现状及保护性开发战略 [J]. 宏观经济研究，2010 (10).

王芳凝，罗贞礼. 2010 我国稀土材料产业现状及可持

续发展对策分析［J］.新材料产业，2010（8）.

稀土准入利剑砍掉落后产能［J］.稀土信息，2010（7）.

张佳峥.2009~2010年中国稀土工业发展研究年度报告，2010（3）.

张平.世界稀土市场现状分析及我国的对策 ［J］.国际贸易问题，2006（10）.

National Research Council.Managing Materials for a Twenty-first Century Military ［R］. National Academics Press, 2008.

National Research Council.Minerals, Critical Minerals, and the U.S. Economy ［R］. National Academics Press, 2008.

National Defense University. The Industrial College of the Armed Forces. Strategic Materials Industry Study（Final Report）［R］. National Defense University, 2008.

JOHN T. BENNETT. Bill Calls for Establishment of First U. S. Rare Earth Minerals Stockpile ［EB/OL］. Defense News ［2010-3-18］. http：//www. Defense news. com /story. php? i = 4545073& c = POL& s = TOP.

JOHN T. BENNETT. U. S. Energy Dept. to Craft First Rare Earths Strategic Plan ［EB/OL］.Defense News. ［2010-3-17］. http：//www.Defense news. com/story.php? i = 4543506& c =AIR& s = TOP.

Ministry of Economy, Trade and Industry（METI）. Announcement of " Strategy for Ensuring Stable Supplies of Rare Metals". ［EB/OL］. ［2009-7-28］. http：//www.meti. go. jp /english /press/data/20090728-01. html.

Ministry of Economy, Trade and Industry, "Supply and demand trends of scare resources."（Japanese） http：//www. meti.go.jp/policy/recycle/main/data/research/h17fy/180208 -1_src_1.pdf.

Ministry of Economy, Trade and Industry, "The current situation of the rare metal stockpiling system", （2004）（Japanese）, http：//www.meti.go.jp/committee/downloadfiles/g40423a40j.pdf.

T. Urabe, "Development of seabed rare mineral resources and Japan's strategy", NISTEP Lecture meeting（2007）（Japanese）.

M. Sekimoto, "Supply and demand situation of 7 ore types"（Japanese）, http：//www. jogmec.go.jp/mricweb/koenkai/061128/breifing_061128_5.pdf ［2006］.

Mining Subcommitteee for the Advisory Committee on Energy and Natural Resources, Rare Metal Policy Department,（independent analysis）, "Supply and demand situation of 10 key rare metals under review" Japanese）, http：//www.meti. go.jp/report/downloadfiles/g40728a03j.pdf.

（陈雁云，江西财经大学）

产业集群背景下企业战略联盟模式的选择

一、引 言

产业集群是近十年来出现的一种重要的经济现象，是一群在地理位置上靠近的相互联系的企业和关联机构，它们同处于一个特定的产业领域，由于具有共性和互补性而聚集在一起，具有特定的"产业内涵"，呈现出区域化分布、专业化经营、市场化联动、社会化协作等基本特征。通常集群的成员既包括上游的供给商，也包括下游的销售商及其网络客户，还包括侧面延伸的互补产品制造商、基础设施供给商以及技术和中介服务等。企业集群正是通过集群内大量的企业和相关企业之间的合作关系，形成高度灵活的专业化协作网络，具有极强的内生发展动力和持久的生命力。如宁波市的服装产业集群、温州市小商品产业集团群等，都以很快的速度发展起来并迅速占领了市场。

但是，如今这些企业在蓬勃发展的同时也出现了很多问题，导致一些企业不得不停业或者破产。这些问题除了外部经济环境的原因和企业内部经营管理水平低下外，集群内企业争夺生产要素和客户造成的恶性竞争、集群内企业之间联系松散等也破坏了集群本身存在的优势因素。为了更好地促进我国产业集群的发展，提高产业集群的水平和竞争优势，保持和扩大集群和集群内企业的活力，改善产业集群的竞争环境，本文提出集群内企业间采用战略联盟模式，以期改善企业间的不正当竞争关系，加强互惠互利的合作。

二、企业战略联盟的模式

企业战略联盟理论是由美国 DEC 公司总裁简·霍普兰德（J.H & Land）和管理学家罗杰·奈杰尔（R.Neg）提出的。国内学者李传裕提出的定义是：战略联盟指由两个或两个以上有着共同战略利益和对等经营实力的企业，或特定事业和职业部门为达到共同拥有市场、共同使用资源等战略目标，通过各种协议、契约而结成的优势互补或优势相长、风险共担的一种松散的合作模式。战略联盟现已成为最广泛使用的战略之一，它可以使企业共同分担风险、共享资源、获取知识，也使企业间不再是单纯的竞争关系，而是存在着一种以合作联盟为基础的竞争，并为获得更大的竞争优势而合作。

企业战略联盟的具体形式多种多样，从不同的角度进行分类，可以有不同的分类方法，形成了不同的合作模式。马克尔·波特、哈默尔和普拉哈拉德采用两分法：纵向联盟和横向联盟，即垂直联盟和水平联盟；伯约德按·L.塞蒙因根据双方合作的紧密程度和合作范围进行分类，可以分为非正式合作、契约式协议、合资、股权参与和国际联盟。更具体的可以按照企业的产品及视野拓展递进的角度进行分类，分为产品联盟、产品拓展、市场联盟、事业联盟、虚拟企业。还可以按照产业组织的角度分为股权参与和非股权参与联盟模式，本文将按照这种分类方法展开论述。

1. 股权式联盟的模式

股权式企业战略联盟模式是指合作伙伴之间相互持有一定股权，从而使双方利益紧密联系在一起。这种合作方式由于涉及各方利益，因而对联盟各方的责、权、利都有明确的规定，违约要承担相应的法律责任。联盟各成员在保持自身独立利益的同时，双方实行优势互补。相互持股联盟中联盟成员为巩固良好的合作关系，在一定时期内相互持有对方少量的股份，日本的企业多通过这种方式实现企业之间的战略联盟。企业之间虽然进行股份交叉，但是并不追求控制对方，而是寻求科技开发的合作、文化的交流和融合以及先进文化的学习。

（1）合资企业。合资企业是股权式战略联盟中最常见的一种类型，是指两个或两个以上的企业共同出资组建一个或多个具有法人地位的新组织，新组织仅限服务于母公司的目标。合资经营的母公司可以是两个，也可以是多个，对子公司的所有权既可以相同，也可以不同。总之，投资伙伴共同生产、共担风险和共享收益。这种合资企业与一般意义上的合资企业不同，联盟企业只是在某些局部功能上合伙经营，而在其主线产品和核心业务上又保持各自的独立性，并相互进行竞争。例如，戴姆勒—克莱斯勒与北京汽车制造厂建立合资企业，北京汽车拥有合资企业 58%的股份。合资建立两个持股的企业（并且让各自所在地的公司拥有较多的股份），对同一产品进行生产或销售。这样既可保证联盟双方的利益，又可充分发挥联盟双方各自的优势和积极性，同时，这两个企业也可以进行竞争。

（2）参股投资联盟。参股投资通常是指一个企业或几个企业共同出资直接购买目标企业不超过50%或很少3%~5%的股份，伙伴企业因为共同的参股投资而形成联盟（Yoshino & Rangan）。这种联盟方式并不产生新的组织实体，伙伴企业靠股权手段参与另一个企业的管理事务。参股投资联盟多见于高技术产业，如计算机设备、生物技术产业等，许多大公司往往采用非控股参股投资的方式获得进入一些新兴企业所统治的技术领域的

机会。

2. 非股权式联盟的模式

非股权式联盟，也称为契约式联盟，是指合作伙伴之间通过签订一系列的业务或战略合作协议，达成某种有一定约束力的正式协议而结成一个联盟。这是一种比较松散的合作方式，合作方不涉及股权的参与，只在利益结合点有紧密的合作，从性质上说，其具有准市场特征。契约式联盟经过一段时间的磨合，随着合作各方的了解与信任的增加，合作很有可能从契约式联盟往深层次股权式联盟演进。这种形式的企业战略联盟模式，是一种比较固定的企业战略联盟模式，一旦签订契约，联盟即告成立。只有在契约到期，或者其中一方消亡才告终止。它可以实现大型企业迅速占领市场、开发新产品的要求。

（1）技术许可协议。技术许可协议是指市场交易中，一个公司在支付费用并得到另一个公司授权的情况下，在一个特定时间段，使用其专利技术和生产工艺。与普通交易合同不同，许可协议还包括一些约束双方的附加条款。在许可协议中，合作双方保持各自组织的独立性和完整性。

（2）特许经营。特许经营是比许可协议更紧密的合作关系，特许经营企业可在一个特定市场区域使用授权企业的品牌经营，授权企业承担产品研发、广告、市场营销的费用。特许经营企业可以从开发的消费市场中获益，同时，在保证授权企业规定的价格和服务标准的前提下，特许经营企业有很大的自由度经营。这种企业战略联盟广泛应用于快餐业、加油站、汽车修理厂；适合小企业与著名品牌联姻。

（3）战略合作协议。战略合作协议是指在买卖双方或合作生产者之间签订的比价格机制约束更紧的一揽子协议，包括企业间维护、管理合同和国家间产业合作协议。其特征是合作双方共同进行战略问题的控制，共同承担责任和共享合作成果。例如，一个企业承揽了某发电设备甚至整个发电厂，除了按业主规定的技术参数生产设备外，还要签署维护设备的合同和交付使用前培训员工的协议，这就使得两者形成了战略合作协议关系。

（4）合伙研究开发。合伙研究开发比较多见于技术进步较快的生物医药、计算机产业。这些行业的企业为了回避技术开发失败的风险和分担高

昂的开发费用，往往将各自的优势资源汇集在一起，也共享开发的专利技术。简言之，就是从大规模研究开发中受益。合伙研究开发的组织弹性较大，既有用合同进行激励约束的接近高层企业的固定组织，也有用社会机制控制和协调的非固定组织。

三、两种企业战略联盟模式的特点及比较

1. 股权式联盟模式的特点

股权式联盟是以产权机制主导模式，主要依靠联盟成员共同所有权来有效降低合作伙伴的机会主义行为倾向。而共同所有权就是制约机会主义行为出现的有效工具，正如威廉姆森所说的"在一个企业中共享的产权能起到交换任职的作用"。因此，在股权式联盟的模式中，受共同所有权的制约，合作双方不仅要考虑机会主义行为可能带来的收益，还要考虑由此带来的成本，即企业双方共同承担风险分享利益。例如，机会主义行为导致了合资企业破产，机会主义者将完全不能收回原来的投资，这一方获得的收益一般难以补偿沉没成本的损失。这一情况类似于"囚徒困境"，只有双方都相互信任，做出最大的努力，才有可能获得最大的收益，实现双赢的状态，否则可能会两败俱伤，导致联盟的失败。值得注意的是，由于新建企业初始资金投入较大，对联盟企业的资金实力要求较高，一旦投资兴建新的企业，便形成了固定资产，撤资难度大，使得企业进入和退出壁垒较高，灵活性较差，并且，这种模式通常会促使企业规模扩大，容易受到政府反垄断政策的限制。

2. 非股权联盟模式的特点

非股权式联盟模式无需建立组织机构，联盟成员只以协议方式维持合作关系，这样几乎不会增加新的管理成本，也不会影响合作伙伴的组织结构，简单而灵活。如果联盟企业所拥有的互补性资源大多具有较强的资产专用性，并且难以准确计量，如品牌、营销网络、研发人才、专有技术等，此时建立非股权联盟模式是高效率的。与股权式联盟模式相比，非股权式联盟模式的进入成本和退出成本都较低，合作双方只需在相互信任和互惠互利原则下协调各自的行为，相互独立，处于平等地位，对合作领域的控制也是平等的。但是，该种模式以契约为合作纽带，组织相对松散，对联盟领域的控制力较差，缺乏稳定性和长远性。另外，该模式合作双方沟通机会较少、渠道单一，会影响效率。

相对于股权式联盟，非股权联盟由于更强调企业间的协调与配合，在经营的灵活性、自主权等方面比股权式战略联盟有更大的优势（如表1所示）。

表1 两种战略联盟模式的比较

	股权式联盟	非股权式联盟
所有权结构	共同或相互拥有股权	不涉及股权
运作机制	以控制机制为主	以信任机制为主
灵活性	低	高
执行成本	高	低
整合程度	高	低
执行程度的难易	难	易
对企业资金的要求	高	低
对企业文化的要求	高	低
利益分配	明确	明确
进退壁垒	高	低
失败的影响	高	低

（1）股权式战略联盟要求组成具有法人的经济实体，对资源配置、出资比例、管理结构和利益分配均有严格规定，而非股权式战略联盟无须组成新的经济实体和固定的组织机构，结构比较松散。

（2）在利益分配上，股权式战略联盟按出资比例分成，而非股权是战略联盟中各方可以根据自己的情况，在各自承担的工作环节上进行经营活动，取得自己的利益。

（3）股权式战略联盟各方按出资比例有主次之分，且对各方的资金、技术水平、市场规模、人员配备等有明确规定；而非股权式战略联盟各方一般都处于平等和相互依赖的地位，相对保持经营上的独立性。

（4）股权式战略联盟的初始投入较大，沉没成本较高，难撤离，灵活性差，风险大，政府的政策限制也很严格，而非股权是战略联盟则可避开这些问题。与此同时，股权式战略联盟有利于扩大企业的资金实力，并通过部分"拥有"对方的形式，增强双方的信任感和责任感，合作更能持久。非股权式战略联盟的弱点在于：企业对联盟的控制能力差，松散的组织缺乏稳定性和长远利益，联盟内成员之间的沟通不充分，组织效率低下等（D.格克纳、C.鲍曼，1997）。

3. 两种企业战略联盟模式运作风险的比较

从以上分析可以看出，两种联盟模式都各有其优点和缺点，无论选择哪种模式对于企业而言都会存在一定风险。为了减轻风险，下面将从联盟运作方面来分析企业面临风险的程度。

股权式战略联盟在合作中容易产生知识的转移和扩散。很多公司进入战略联盟的动机之一就是窃取其他合作伙伴先进的知识和技术，在这种战略联盟中，合作伙伴相互紧密地一起工作，它们就会暴露自己知识、技术和其他有价值的潜在资源，联盟就会很容易地成为秘密窃取其他合作伙伴技术的途径。另外，有些时候，建立股权式战略联盟也被有些大企业用来作为兼并前的准备。从这种意义上说，建立股权式战略联盟将会使公司暴露在很高的关系风险之下。如果一个公司越难保护它有价值的资源，合作伙伴就越容易产生机会主义行为，建立股权式战略联盟就会产生越大的关系风险。同时，股权式战略联盟一般也意味着增加了运行风险。因为首先，建立股权式战略联盟需要直接投资来获得一定的股权，如果联盟失败的话，企业损失也会很高。其次，如果联盟终止的话，由于在股权式战略联盟中企业在人员、资产等方面的使用已经稳固化、专用化，投资很难用于其他的用途，退出成本较高。最后，股权式战略联盟高的运行风险还来自于它们的高控制成本。共同拥有股权不仅使公司在战略方面的灵活性有所减弱，而且由于组织文化方面的差异，使得公司之间联合制定决策和实施时也更加困难。

非股权式战略联盟在控制合作风险方面更加有效。相对于股权式战略来说，契约式战略联盟中成员之间的关系较为松散，利益相关程度较薄弱，所以产生技术偷窃等的机会以及行为的可能性也较小。但这并不代表在这种形式的联盟中，就可以完全避免合作风险。因为只要存在合作，就会存在合作风险，这是战略联盟中特有的、不可避免的风险，只是不同形式的战略联盟所要面临的合作风险威胁的程度是不同的。在运行风险方面，非股权式战略联盟面临的威胁较小，因为市场主导运作模式更加灵活，它不受股权的限制，在遇到外部的不确定因素时，退出成本也较低。

四、企业战略联盟模式的选择

战略联盟的结构模式既有可能缓和、减轻风险水平，也有可能加剧风险水平，所以合理的战略联盟结构模式的选择应该使得联盟总体的风险水平不要过高。必须指出的是，没有哪一种特定的战略联盟的模式必然地比其他战略联盟的模式更好，关键是要使联盟的运作模式与联盟成员企业相匹配。

通过上面的比较，结合我国产业集群内多数为中小企业、私营企业和中小企业和私营企业规模较小、企业管理水平较低、缺乏高素质的专门人才等方面的现状，相比之下，股权式战略联盟比非股权式战略联盟更能有效地防范合作风险和运行风险。企业对未来战略联盟的运行风险的主观评价越高，就越偏好于选择以市场机制主导的非股权式运作模式。企业对未来战略联盟的运行风险的主观评价越低，就越偏好于选择产权机制主导运作模式。企业在进行战略联盟规划时，应当依据公司战略与风险相匹配的原则，选择最合适的联盟运作模式。

参考文献

Porter M E, Fuller M B, Coalitions and global strategy [J]. Competition in Global Industries. MA: Harvard Business School Press, 1986.

李传裕. 试论我国中小企业的战略联合 [J]. 企业经济, 2005 (9).

张燕. 战略联盟的结构模式选择偏好研究 [D]. 中国优秀硕士学位论文全文数据库, 2006.

高珊珊. 我国企业战略联盟研究综述 [J]. 企业改革与管理, 2009 (2).

戴淑芬, 侯巍伟. 企业集群与战略联盟的对比分析 [J]. 商业研究, 2005 (3).

（于唤洲、王新月，北京工业大学）

区域创新、结构调整与中国地区制造业转型升级

《中华人民共和国国民经济和社会发展第十二个五年规划纲要》提出，坚持走中国特色新型工业化道路，"转型升级，提高产业核心竞争力"。制造业的转型升级，不仅涉及行业层面，而且也涉及地区层面。促进各个地区制造业的转型升级，对于提升整个国家制造业的核心竞争力和实现"十二五"规划的目标具有双重重要意义。

一、"十一五"制造业转型升级的区域背景

1. 四大板块制造业的区域格局发生惊人变化

"十一五"时期，我国制造业的区域结构发生了很大变化，突出表现为沿海地区制造业占全国的比重下降，而内地制造业在全国的比重迅速上升。比较 2005 年到 2009 年的数据可以发现，沿海地区生产总值占全国的比重有一定程度的下降，但是沿海地区工业尤其是制造业在全国的比重下降比较明显。东北地区的工业增加值占全国的比重下降，但是制造业产值占全国的比重上升，这反映了东北地区原料工业在全国地位下降明显，尽管东北的制造业占全国的比重上升势头明显，但是还不足以弥补以资源开发为主的原料工业下降带来的缺口，导致出现整体工业在全国地位下降的趋势，连带影响到地区生产总值在全国的比重下降。与之对应的是，中部地区和西部地区其生产总值、工业增加值和制造业总产值三项指标的比重出现同步上升趋势。但中部与西部略有差别，中部地区制造业占全国的比重上升幅度更大，而西部地区工业增加值占全国上升幅度更大。这显示了中部地区的工业增长在一定程度上由制造业的规模扩张而实现，而西部地区的工业增长更多地依赖于资源采掘工业，这与国家西部实施在大开发战略后发展特色优势产业、加快西部能源资源开发和原料工业的发展不无关系（如表 1 所示）。

表 1 2005 年、2009 年我国四大区域地区生产总值、工业增加值和制造业产值构成

（单位：%）

	年 份	沿海	东北	中部	西部
地区生产总值	2005	55.48	8.62	18.78	17.12
	2009	53.84	8.51	19.32	18.33
地区工业增加值	2005	60.32	8.73	17.25	13.70
	2009	55.05	8.59	19.48	16.88
制造业总产值	2005	71.50	6.88	12.20	9.42
	2009	65.68	8.06	15.14	11.12

资料来源：根据《中国统计年鉴》(2010)、《工业统计年报》(2005)(2009)相关表格计算整理。

2010年，沿海地区工业增长慢于内地的趋势得以保持。根据国家发改委网站公布的数据，2010年，沿海、东北、中部、西部地区工业增加值比上年分别增长16.7%、17.8%、21.9%和20.3%，显示出中西部地区的工业增长依然是国内工业较快增长的重要驱动力。具体地说，2010年，中部地区增速列四大地区首位，中部六省工业均保持20%左右的高增长。在西部地区，广西、重庆、四川和青海增速分别达到23.7%、23.7%、23.5%和20.6%，沿海地区的天津和福建增速较快，分别增长23.7%和20.5%。

事实上，分省市来看，我国区域制造业的不平衡增长格局十分明显。将2005年与2009年的数据对照，各大区、各主要省份制造业的增长差异进一步显露出来。从沿海地区来看，省市制造业发展现实三个规律性：一是直辖市制造业的份额下降带有普遍性，表明大都市去制造业化的结构调整加快进行，北京、天津、上海占全国制造业的份额出现一致性下降的特点，三个直辖市制造业产值所占比重由2005年的12.49%下降到2009年的8.95%。二是南部相对轻型制造业密集省份出现制造业份额下降趋势。在市场需求急剧变化的引导下，浙江、福建、广东等南部沿海省份的制造业占全国比重处于下降通道，三省份制造业所占比重由2005年的28.18%下降到2009年的24.23%，是沿海制造业的又一重要"塌陷区"。这一区域在21世纪前十年曾经历冰火两重天的变化：在"十五"时期，加入WTO后在内外需求的双重扩大下，这一区域制造业实现了快速增长；而在"十一五"后期，这一区域因国际金融危机引发外需放缓的强烈冲击，制造业的增长大幅下降。三是北部沿海重型制造业相对密集省份制造业在全国地位迅速上升，避免了沿海地区制造业的整体"沦陷"。河北、江苏、山东三省制造业占全国的比重由2005年的30.66%上升到32.3%，对提升沿海地区制造业的全国影响发挥了关键作用。

表2　2005、2009年我国各省区制造业产值比重变化状况

	2005年		2009年	
	产值（亿元）	占全国比重（%）	产值（亿元）	占全国比重（%）
北京	6159.14	2.83	8897.26	1.86
天津	5919.31	2.72	11379.27	2.37
河北	9071.21	4.16	20197.37	4.21
山西	2929.89	1.34	4808.64	1.00
内蒙古	2065.57	0.95	6912.75	1.44
辽宁	9219.44	4.23	25015.25	5.22
吉林	3187.81	1.46	8777.49	1.83
黑龙江	2580.17	1.18	4820.23	1.01
上海	15121.28	6.94	22633.06	4.72
江苏	30816.65	14.15	69758.11	14.56
浙江	21287.02	9.77	37906.12	7.91
安徽	3804.12	1.75	11090.30	2.31
福建	7376.58	3.39	15257.76	3.18
江西	2509.73	1.15	8717.32	1.82
山东	26895.42	12.35	64849.14	13.53
河南	8031.08	3.69	22550.34	4.71
湖北	5239.25	2.41	13667.92	2.85
湖南	4059.98	1.86	11740.26	2.45
广东	32719.04	15.02	62950.81	13.14
广西	2165.59	0.99	5892.64	1.23
海南	376.71	0.17	915.35	0.19
重庆	2245.15	1.03	5973.85	1.25

续表

	2005 年		2009 年	
	产值（亿元）	占全国比重（%）	产值（亿元）	占全国比重（%）
四川	5161.33	2.37	15213.63	3.17
贵州	1150.91	0.53	2135.40	0.45
云南	2142.76	0.98	4106.26	0.86
西藏	18.58	0.01	32.74	0.01
陕西	2180.14	1.00	5713.91	1.19
甘肃	1561.04	0.72	2960.54	0.62
青海	239.72	0.11	676.51	0.14
宁夏	468.59	0.22	1026.81	0.21
新疆	1132.52	0.52	2622.68	0.55

资料来源：根据《工业统计年报》(2005)(2009)相关表格计算整理。

在东北振兴的政策支持下，东北地区的制造业增长突然发力。辽宁、吉林两省制造业占全国的比重出现明显上升趋势，尤其是辽宁制造业的增长势头十分迅猛，4 年期间制造业占全国的比重升高 1 个百分点，显示出辽宁制造业的主导产业、主要产品"顺市场化"的良好趋势。与之对应的是，黑龙江传统制造业的改造升级幅度还很有限，制造业在全国的影响力有所下降。

"十一五"期间，中部崛起的速度十分惊人。分省来看，除了山西省制造业占全国的比重有一定幅度下降外，其余省份制造业占全国的份额都出现上升趋势，是一个较好体现制造业整体板块提升的区域。安徽、江西、河南、湖北、湖南五个省份制造业占全国的比重由 2005 年的 10.86%上升到 2009 年的 14.14%。这显示出，制造业对中部经济增长的影响带动比较明显，中部制造业在全国的影响也进一步扩大。河南作为全国重要粮食大省，加诸制造业影响力的迅速扩张，经济增长优势进一步强化。

在西部地区制造业增长过程中，涨跌互现的特性比较突出。一是靠近沿海地区的区域制造业增长趋势明显，内蒙古、广西制造业的增长速度超过全国平均水平，制造业的国内影响力有所提升。二是西部传统的制造业大省大市，尤其是军工优势明显的省市制造业增长速度较快，显示出在结构调整过程中、在政府引导和市场推动下，这些省份制造业的自主发展能力有所提升。陕西、重庆、四川三省市制造业占全国的比重由 2005 年的 4.4%上升到 2009 年的 5.61%。三是一些制造业

专业化优势不明显的区域出现制造业比重下降趋势。贵州、云南、西藏、甘肃、宁夏等省区制造业份额相对降低，说明这些省份制造业的市场竞争力进一步转弱。

2. 制造业各行业的区域分布结构发生显著变化

利用 2005 年和 2009 年的《工业统计年报》，我们计算了全国四大板块主要制造业行业产值比重的变化状况，如表 3 所示。具体分析之后可以发现，农副食品加工业和食品制造业出现沿海生产比重大幅度下降、但东北和中部明显上升的趋势，显示出农副食品加工和制造重心正在由消费地向生产地转移，过去吃广东粮的市场状况有明显改变。这种转移意味着减少原粮数量的空间交换但提高食品加工制造成品的空间交换比重，减少了不合理的空间运输并提高农副产品的加工转化效率，促进农副产品加工制造业的合理布局；饮料制造业出现沿海大幅度下降但中部和西部地区大幅度上升的局面，这一结果与食品加工制造的方向基本一致，即受惠于国家扶持三农和西部大开发的政策，中西部地区特色优势农副产品生产规模不断扩大，尤其是特色林果蔬菜业的发展势头很猛，为饮料工业的发展奠定良好的基础。需要强调的是，饮料工业向饮料资源产地移动，可以大幅度降低资源移动在途损失，提高资源综合利用效率；烟草制品业在沿海、中部、东北比重上升和在西部比重下降，显示出这一受管制行业对原料的依存并不高，同时意味着这一制造行业的市场分布更加分散化，西部烟草产品原有的市场优势和品牌影响力都在下降。纺织、服装和

皮革制造行业都出现了沿海下降和中西部地区上升的情况，显示出这一行业受成本上升影响较大，产业转移正在向低成本区域、原料区域转移，交通运输基础设施的改善使得相关产业的地区迁移速度加快。不过，这类产业的生产重点还集中在沿海地区；木材加工、家具制造等行业也出现沿海下降、内地不同程度上升的趋势，显示出这些行业的劳动密集型产业特性，沿海地区尽管优势地位得以保持，但产业增长重心正在向内地的原料产地和低劳动力成本地区转移；造纸和印刷两个行业沿海地区比重下降和东北、中部、西部比重同时上升的趋势，显示出沿海地区受环境容量等因素影响增长速度明显放慢，而内地的产业扩张因此类产业的进入门槛较低而明显加快；与此相对照的，还有橡胶、塑料制品、非金属矿物制品等产业。石油加工和化学纤维制造是沿海和西部比重上升而中部、东北比重下降的产业，反映出此类产业空间布局更加带有资源依赖性，石油加工对国际市场石油依赖加大以及国内石油开采重点由东北向西部转移，这是后续加工工业产业布局发生空间变化的主要背景因素；与此形成对照的，医药制造业出现沿海与西部产业比重下降而中部、东北比重上升的趋势，反映了资本、资源和技术研发等因素在支持医药产业发展中的作用。当然，医药制造业的区域变化规律有待进一步发掘。例如，通化是东北重要的医药制造基地，但是通化本身的经济基础和技术基础都比较薄弱，医药制造业的产业集聚和产业爆发性增长带有一定的独特性。黑色金属冶炼与压延和有色金属冶炼与压延业也是两类沿海制造下降的产业，但是沿海地区的比重下降幅度相对有限，显示出沿海企业的规模优势比较明显，但中部地区有色金属冶炼与压延上升幅度较大，西部地区黑色金属冶炼与压延业上升幅度较大，显示出不同冶金制造产业空间的扩张对资本、原料产地和市场主销

地的区位依赖；金属制品业、通用设备制造和专用装备制造反映了区域装备制造加工水平，同时出现沿海地区比重下降而东北、中部和西部比重上升的趋势，尤其是东北和中部的上升趋势明显，反映出东北振兴的政策通过装备制造业的恢复性快速增长得到体现，而沿海地区装备制造业向中部地区的就近转移也在发生；与此形成对比的是，中部地区的电气机械及器材制造业、仪器仪表及文化办公用机械制造业增长十分迅速，足以引起人们的重视。值得注意的还有交通运输设备制造业。近年来，交通运输设备制造业受市场需求增加和国家政策支持的双重影响，出现了大规模的总量扩张，但是区域空间格局变化不大，各地比重增减变化幅度较小。与此类似的变化也发生在化学原料及化学制品业上，其空间成长规律性有待进一步发掘。在通信设备计算机及其他电子设备制造业发展上，沿海地区一直占据90%以上的产出，虽然比重下降，但绝对优势地位并未被撼动，显示出沿海在这一产业领域的技术创新优势、资本优势、管理优势和品牌号召力依然是其他地区所难以比拟的。可以对照的还有文教体育用品制造业。废弃资源和废旧材料回收加工业的技术渐次发展，循环型社会建设中资源利用的空间逐步打开，产业发展规模和水平与区域人口规模和经济规模相关联，在沿海地区产业比重下降的同时，中西部地区比重上升应该不难理解，反映出产业在区域空间扩张波浪形变化色彩，也反映了在资源开采重心向中西部转移和中西部城市化速度提升背景下，此类产业顺资源供给和市场需求进行区域扩张的规律性。在电力增长方面，中部和西部上升趋势明显，反映出此类产业对煤炭资源和水资源的相对依赖性，由于煤炭开采重心向中西部转移，水电资源又集中在西南地区，电力生产的空间区位调整有其必然性。

表3　2005、2009年我国四大区域制造业各行业产值构成变动趋势

（单位：%）

行业	年份	沿海	东北	中部	西部
农副食品加工业	2005	57.87	10.94	16.85	14.33
	2009	48.79	14.61	20.90	15.69
食品制造业	2005	60.81	6.86	17.67	14.66
	2009	53.12	9.49	21.56	15.84

续表

行业	年份	沿海	东北	中部	西部
饮料制造业	2005	48.79	14.61	20.90	15.69
	2009	43.15	9.22	20.88	26.75
烟草制品业	2005	34.71	3.44	26.16	35.69
	2009	34.83	3.63	26.44	35.10
纺织业	2005	84.58	1.67	9.01	4.73
	2009	80.23	1.73	12.24	5.80
纺织服装鞋帽制品业	2005	91.08	2.56	5.44	0.92
	2009	83.80	5.04	9.22	1.94
皮革毛皮羽毛（绒）及制品业	2005	86.85	2.57	6.81	3.77
	2009	81.06	1.21	11.65	6.08
木材加工及木竹藤棕草制品业	2005	67.93	11.09	14.55	6.43
	2009	56.72	14.24	20.00	9.04
家具制造业	2005	84.51	5.93	5.94	3.62
	2009	72.90	9.06	10.90	7.14
造纸及纸制品业	2005	76.27	2.95	13.98	6.80
	2009	69.82	3.76	17.70	8.72
印刷业和记录媒介复制业	2005	73.69	2.89	13.26	10.16
	2009	68.68	4.01	16.14	11.17
文教体育用品制造业	2005	96.05	1.14	2.67	0.14
	2009	92.52	1.45	5.50	0.53
石油加工炼焦及核燃料加工业	2005	50.11	20.45	15.68	13.76
	2009	50.70	17.16	15.17	16.97
化学原料及化学制品制造业	2005	68.49	7.21	12.64	11.66
	2009	66.19	6.69	15.20	11.92
医药制造业	2005	59.01	9.48	15.31	16.20
	2009	55.29	9.98	18.83	15.89
化学纤维制造业	2005	85.19	4.40	7.32	3.09
	2009	87.27	3.60	4.43	4.71
橡胶制品业	2005	78.44	5.65	10.63	5.28
	2009	76.04	5.78	12.53	5.65
塑料制品业	2005	82.91	3.93	8.66	4.50
	2009	75.42	6.86	11.23	6.49
非金属矿物制品业	2005	63.64	5.93	19.47	10.97
	2009	51.98	9.84	24.54	13.64
黑色金属冶炼及压延加工业	2005	59.84	9.47	17.74	12.95
	2009	58.61	9.00	17.74	14.65
有色金属冶炼及压延加工业	2005	45.20	4.26	27.16	23.38
	2009	43.08	4.55	30.48	21.90
金属制品业	2005	84.85	4.18	7.52	3.45
	2009	76.07	7.22	10.25	6.46
通用设备制造业	2005	74.99	8.77	9.79	6.45
	2009	68.00	12.25	11.73	8.02
专用设备制造业	2005	66.95	7.45	15.70	9.90
	2009	58.64	10.54	20.17	10.65

续表

行业	年份	沿海	东北	中部	西部
交通运输设备制造业	2005	57.64	14.58	14.56	13.22
	2009	57.62	13.67	14.86	13.85
电气机械及器材制造业	2005	83.48	3.64	8.15	4.72
	2009	76.93	4.78	12.01	6.28
通信设备计算机及其他电子设备制造业	2005	94.20	1.43	2.07	2.30
	2009	91.52	1.61	3.40	3.47
仪器仪表及文化办公用机械制造业	2005	88.17	2.40	5.33	4.10
	2009	81.57	3.99	9.02	5.42
工艺品及其他制造业	2005	85.14	1.91	9.72	3.23
	2009	81.22	2.99	11.76	4.03
废弃资源和废旧材料回收加工业	2005	83.56	2.04	8.61	5.79
	2009	73.58	3.60	12.02	10.81
电力燃气及水的生产和供应业	2005	56.67	8.78	17.65	16.90
	2009	54.11	7.38	19.19	19.32

资料来源：根据《工业统计年报》（2005）（2009）相关表格计算整理。

二、资源禀赋、政策导向与地区制造业转型升级趋势

1. 主要区域先进制造业快速增长的趋势已经确立

本文所言的先进制造业包括通用设备制造业、专用设备制造业、交通运输设备制造业、电气机械及器材制造业、通信设备计算机及其他电子设备制造、仪器仪表及文化办公用机械制造业、工艺品及其他制造业、废弃资源和废旧材料回收加工业，都是带有一定加工高度和技术含量的制造业行业，与国家制定的战略性新兴产业存在一定的契合关系。根据计算，从 2005 年到 2009 年，全国四大区域先进制造业占地区制造业的比重都出现了一定程度的上升。其中，沿海地区先进制造业占区域制造业总产值的比重由 40.66% 上升到 41.2%，东北地区先进制造业占区域制造业总产值的比重由 33.65% 上升到 37.18%，中部地区先进制造业占区域制造业总产值的比重由 25.58% 上升到 28.62%，西部地区先进制造业占区域制造业总产值的比重由 26.6% 上升到 28.84%。可见，先进制造业增长速度快于各个大区制造业的平均增长水平，成为拉动制造业成长的重要驱动力。分省市看，在全国 31 个省市自治区中，有 21 个省市先进制造业所占比重呈现上升趋势。换句话说，在全国较大范围内，都出现了先进制造业引领、带动地区制造业发展的状况。进一步分析可知，沿海地区先进制造业增长相对缓慢，这与广东、福建、海南等南部省份和天津先进制造业所占比重一定程度下降有很大关系；东北地区先进制造业比重上升明显，辽宁省的拉动作用功不可没；中部地区各省市中，除湖北略有下降外，其余省市先进制造业所占比重都有幅度不等的提升，湖南省的提升幅度尤其显著；西部地区除了西藏、陕西、青海等少数几个省份外，其余省区先进制造业所占比重都出现一定程度的提升。

2. 高新技术制造业成为推动各地区制造业发展的重要力量

高新技术产业工业产值和增加值是反映区域技术创新能力和高端制造业水平的重要标志。数据显示，近年来全国各地的高新技术产业增长迅速，成为各地制造业快速成长的驱动力量。2009 年，全国各地高新技术产业工业增加值达到 18485.4 亿元，占当年全国工业增加值的比重为 13.67%。当年高新技术制造业工业增加值的地区

表4　2005年、2009年全国各省市先进制造业产值及占各省市制造业产值比重

	2005年		2009年	
	先进制造业产值（亿元）	占本省市制造业产值比重（%）	先进制造业产值（亿元）	占本省市制造业产值比重（%）
北京	3597.85	58.41	5648.43	63.49
天津	3218.59	54.37	5555.94	48.83
河北	1506.56	16.61	4344.25	21.51
山西	392.77	13.41	757.56	15.75
内蒙古	243.52	11.79	917.46	13.27
辽宁	2790.59	30.27	9540.07	38.14
吉林	1455.99	45.67	3868.74	44.08
黑龙江	706.33	27.38	1297.87	26.93
上海	8411.94	55.63	13960.89	61.68
江苏	13355.27	43.34	33637.7	48.22
浙江	7842.76	36.84	15109.89	39.86
安徽	1273.42	33.47	4322.23	38.97
福建	2744.17	47.20	4939.57	32.37
江西	536.58	21.38	2068.12	23.72
山东	7951.86	29.57	21023.39	32.42
河南	1753.51	21.83	5391.6	23.91
湖北	1956.43	37.34	5079.28	37.16
湖南	926.01	22.81	3550	30.24
广东	19359.23	59.17	35969.37	57.14
广西	588.8	27.19	1855.01	31.48
海南	128.22	34.04	124.64	13.62
重庆	1259.43	56.10	3469.08	58.07
四川	1498.47	29.03	4989.04	32.79
贵州	193.06	16.77	376.91	17.65
云南	183.06	8.54	415.46	10.12
西藏	0.88	4.73	0.74	2.26
陕西	839.12	38.49	2170.57	37.99
甘肃	117.21	5.38	326.7	11.04
青海	21.98	9.17	56.94	8.42
宁夏	52.77	11.26	123.71	12.05
新疆	66.43	5.87	381.02	14.53

资料来源：根据《工业统计年报》（2005）（2009）相关表格计算整理。

分布为，沿海地区占65.04%，东北地区占5.46%，中部地区占17.48%，西部地区占12.02%。从高新技术产业工业增加值占当地工业增加值的比重看，2009年，北京、天津、上海、江苏、浙江、安徽、湖北、湖南、广东、四川的数值分别为23.09%、19.46%、27.96%、15.64%、12.16%、20.1%、13.56%、16.12%、13.98%、12.28%，高新技术工业在当地制造业中所占比重相对较高，但一些重要省份如辽宁、山东、河南、河北所占的比重分别只有6.43%、8.86%、6.61%和3.98%，显示出高新技术制造业在当地制造业中所占比重较小，如表5所示。从全国范围看，将高新技术产业地区分布与全国制造业地区分布相比较可以发现，高新技术产业表现出沿海和东北稍低而中部和西部略高的状况，尤其是中部地区高新技术制造业占比明显高于地区制造业占比，这对推动中部地区制造业崛起发挥了不可或缺的作用。

表5 2009年全国各省市高新技术产业发展主要指标

	企业数（个）	年末从业人员（万人）	工业总产值（亿元）	工业增加值（亿元）	出口创汇（亿美元）
北京	4658	75.16	2758.27	531.88	84.83
天津	739	22.61	3682.71	704.92	99.30
河北	380	21.15	1390.36	317.86	33.51
山西	144	11.59	1568.36	314.45	9.09
内蒙古	75	3.40	299.76	92.19	2.48
辽宁	458	21.05	1700.17	445.08	56.57
吉林	200	9.28	789.27	195.07	8.04
黑龙江	398	23.57	1659.58	369.34	10.85
上海	2465	75.36	7420.12	1512.38	368.26
江苏	2711	126.07	11337.96	2574.42	491.78
浙江	2794	91.79	21129.40	1447.77	194.30
安徽	951	35.15	3324.60	816.91	51.28
福建	897	38.41	2377.62	495.14	134.53
江西	94	6.27	401.87	96.96	4.61
山东	1163	65.63	6050.38	1497.24	128.75
河南	381	29.95	2442.74	654.61	23.44
湖北	580	31.32	2369.56	695.47	28.03
湖南	535	31.42	2511.00	653.29	36.80
广东	3106	179.69	9205.50	2916.65	570.24
广西	172	9.36	1065.58	273.81	7.72
海南	44	1.26	115.76	24.66	2.38
重庆	168	11.26	804.17	218.08	16.39
四川	973	36.49	2602.96	793.62	92.71
贵州	74	4.05	147.53	50.15	0.80
云南	204	8.22	758.84	154.86	8.86
西藏	—	—	—	—	—
陕西	823	24.18	1615.27	430.01	18.09
甘肃	61	2.64	104.60	31.40	1.01
青海	32	0.94	37.93	11.39	0.22
宁夏	25	1.98	79.00	25.44	2.65
新疆	81	3.54	362.49	140.33	4.94

资料来源：根据《中国火炬统计年鉴》（2010）相关表格计算整理。

3. 制造业的跨区域产业转移大规模发生

受全球经济一体化、沿海地区劳动力、土地和住房租金等成本上升、国内各地区交通运输基础设施改善、沿海地区环境压力增大以及其他地区承接产业转移条件完善等因素的影响，国内出现了较大规模由沿海指向内地的产业转移。其中，沿海地区制造业向内地尤其是就近向中部地区的转移速度加快，是推动内地尤其是中部制造业规模扩张的重要成因。一些分析表明，沿海地区的制造业转移包括主业带动型转移、产业集群式转移、产业链延伸型转移和市场扩张型转移。数据显示，安徽省2005~2008年利用省外资金年均增长53.9%，2008年实际到位省外资金达到3125.1亿元，是2004年的5.6倍。2008年，江西、河南、湖北、湖南分别为1101亿元、1850亿元、950亿元、1230亿元，比上年均有较大幅度的增长。根据有关方面的介绍，在中部地区承接的产业转移中，承接省外资金来源主要是长三角、珠三角、京津冀这三大沿海经济区。如2008年，安徽利用省外资金主要来源地是长三角地区，占利用省外资金（1000 万元以上项目）的 55.7%，其中来自上海、江苏、浙江三省市的资金总量分别达到 391 亿元、361.1 亿元和 719.8 亿元，分别占安徽利用省外资金总量的 14.8%、13.7% 和 27.2%。[①] 随着国家出台一系列支持产业转移的政策实施，内地承接沿海地区产业转移的规模也在进一步扩大。2010 年，河南实际利用外资 60 亿美元，增长 25%，总量居中部地区首位，实际利用省外资金 2700 亿元，增长 22.6%，成为历年来招商规模最大、来豫客商和签约项目最多、合同金额最大的一年。陕西承接沿海地区产业转移的规模也在加大。2010 年共承接沿海产业转移项目 752 个，实际到位资金 1035 亿元，占外省区市在陕投资当年到位资金的 42%。2010 年外省区市在陕西投资领域中，制造占了第一位，达到 740 亿元。[②] 根据海关总署的相关数据，2010 年我国中西部地区企业合计实现进出口总值 2449.4 亿美元，比上年增长 44.4%，比东部地区企业进出口平均增速高出 10.7 个百分点，加工贸易向中西部地区转移的趋势比

较明显。[③]

4. 区域制造业转型升级中支撑要素的培育取得进展

制造业的转型升级，需要技术创新支持。观察技术创新的投入状况，可以从一个侧面衡量制造业面支撑要素禀赋与结构变动趋势。根据 2005 年和 2009 年数据对全国各省市研究与开发内部支出数据，可以发现大部分省份研发投入都出现大幅度的增长，尤其是中西部地区增长更快。山西、内蒙古、江苏、安徽、江西、山东、河南、湖北、湖南、广东、广西、海南、西藏、宁夏、新疆等省市的研发内部支出增长十分迅速，如表 6 所示。全国四大板块研究与开发支出的结构也因而发生改变，沿海、东北、西部所占比重有所下降，中部比重有所上升。不过，在同一时期，沿海地区研发人员全时当量和有效专利数上升更快，如表 7 所示，反映出沿海地区尽管研发经费投入速度没有内地一些区域快，但是产出效率要高于内地。

表 6　2005、2009 年全国各省市研究与开发内部支出变化状况

地区	2005 年（元）	2009 年（元）	增长幅度（%）
北京	3820683	6686351	75.00
天津	725639	1784661	145.94
河北	589320	1348446	128.81
山西	262814	808563	207.66
内蒙古	116956	520726	345.23
辽宁	1247086	2323687	86.33
吉林	393039	813602	107.00
黑龙江	489073	1091704	123.22
上海	2083538	4233774	103.20
江苏	2698292	7019529	160.15
浙江	1632921	3988367	144.25
安徽	458994	1359535	196.20
福建	536184	1353819	152.49
江西	285314	758936	166.00
山东	1951449	5195920	166.26
河南	555824	1747599	214.42
湖北	749531	2134490	184.78
湖南	445235	1534995	244.76

① 江洪. 中部地区承接产业转移的现状与对策 [J]. 中国经贸导刊, 2009 (18).
② 彭红, 许祖华, 单纯刚, 余晓洁. 两会中西部地区的代表热议承接东部产业转移 [N]. 新华社, 2011-3-9.
③ 张帆. 加工贸易向中西部转移趋势显现 [N]. 中国经济时报, 2011-5-4.

续表

地区	2005 年（元）	2009 年（元）	增长幅度（%）
广东	2437605	6529820	167.88
广西	145947	472028	223.42
海南	15950	57806	262.42
重庆	319586	794599	148.63
四川	965760	2144590	122.06
贵州	110349	264134	139.36
云南	213233	372304	74.60
西藏	3497	14385	311.35
陕西	924462	1895063	104.99
甘肃	196136	372612	90.07
青海	29554	75938	156.95
宁夏	31681	104422	229.60
新疆	64087	218043	240.23

资料来源：根据《中国科技统计年鉴》（2006）（2010）相关表格计算整理。

表 7 2005、2009 年我国四大区域研究与开发进展状况

（单位：%）

	年份	沿海	东北	中部	西部
研究与试验经费内部支出（亿元）	2005	67.31	8.69	11.26	12.74
	2009	65.84	7.29	14.38	12.49
研究与试验发展人员全时当量	2005	56.33	9.96	16.73	16.98
	2009	61.42	7.61	16.94	14.03
有效专利数	2006	72.32	7.03	9.81	10.84
	2009	75.50	5.05	9.41	10.04

资料来源：根据《中国科技统计年鉴》（2006）（2010）相关表格计算整理。

事实上，在增强制造业内生发展能力方面，许多省份都强化了政策引导工作，以提升和优化区域制造业的要素禀赋。以江苏为例，近年来江苏积极落实国家增值税转型、国家重大技术装备进口税收优惠、企业进口设备免税、企业研究开发费用税前加计扣除、节能减排和高新技术企业税收优惠、技改贴息、国产设备首购首用等政策，制造业的产业竞争力明显增强。根据江苏省经信委、江苏省科技厅提供的数据，目前江苏工业企业主要装备的新度系数超过 70%，机械、电子、纺织、冶金等行业 40% 以上主要装备达到国际先进水平，60% 以上达到国内先进水平，重点行业骨干企业生产装备自动化率达到 85% 以上，计算机辅助设计普及率达到 90%，全省利用信息化手段实现产品销售的比重达到 40%。尤其值得强调的是，江苏省十分注重创新体系建设，以南京、苏州、无锡、常州这四个国家创新城市试点为契机，推动创新型省份建设。到 2010 年末，江苏省企业研发投入 680 亿元，居全国第一，占社会研发投入的 80% 以上，全省省级以上企业技术中心有 596 家，80% 以上的科技平台建在企业，80% 以上引进的高层次人才进入企业，50% 以上的科技获奖成果来自企业。在对外开放中，江苏与 70 多个国家建立长期科技合作关系，在近五年内组织实施 3000 多个国际科技合作项目，引进外资研发机构 411 家。企业专利申请量突破 12 万件，专利授权超 7 万件，总量居全国第一位。2010 年，江苏省研发投入占 GDP 的比重达到 2.1%，科技进步贡献率达到 54%，高新技术产业产值占规模以上工业比重由"十五"期末的 24% 提高到 33%，高新技术产品出口占全省的 45% 以上。以重点园区为平台，建设创新基地，实现集聚发展，也是许多省市的一大亮点。2010 年，江苏省高新区研发投入 214 亿元，占全省的 26%，建成区域范围的研发投入占地区生产总值的 5.0%，全省 16 个高新技术产业园区实现地区生产总值占全省的 18.2%，工业增加值占全省的 23.6%，高新技术产业产值占全省的 34.2%，高新园区高新技术企业数量占全省的 43%。

福建省在提升本省制造业要素禀赋方面也做出了巨大努力。以厦门市为例，作为国家经济特区之一，厦门市十分注重加强与科技部和中国科学院的联系。2010 年，科技部批准厦门建设"国家科技成果转化服务示范基地"，在今后两年建设期内将引进全国数万个优秀高新技术项目以及大院大所大企业的研发机构和人才资源；厦门市还成为中国科学院在全国重点布局的六个技术创新与成果产业化基地之一。厦门产业技术研究院立足于"高水平、应用型、服务化、开放式"建设方针，集成、整合市内外科技力量，以技术创新支持制造业的转型升级。与此同时，厦门市加强与中国台湾相关市县的科技交流，厦门成为国内首个"对台科技合作与交流基地"，厦门—台北科技联盟已经从台北拓展延伸至中国台湾大多数市县。

5. 不少地区在淘汰制造业落后产能方面有明显进步

制造业的转型升级不仅包括扶优扶强，也包括汰劣汰低。近年来，随着国务院一系列节能、降耗、减排政策的出台，各地在完善单位 GDP 能耗统计、监测、责任、考核方面取得一定进展，不少地方提出完善省级淘汰落后产能工作协调机制，严把项目审批、节能评估、环境评价、土地供应、安全生产准入关，落实设备专项监察、差别电价、生产许可证、排污许可证等制度，大力发展循环经济，淘汰落后产能步伐显著加快。

例如，江苏省注重健全倒逼、约束、激励三大机制，实施节能改造工程、减排治污工程、太湖水污染治理工程、循环经济示范工程、全社会节能减排系统工程，并根据国家要求，加大对钢铁、水泥、化工、造纸、制革、印染等行业的淘汰落后产能力度。"十一五"期间，江苏省累计淘汰落后炼铁 505 万吨，炼钢 657.2 万吨，关停小火电机组 728.6 万千瓦，淘汰落后水泥 3350 万吨，玻璃 14.5 万箱，焦炭 447.8 万吨，造纸 50.3 万吨，酒精 13.9 万吨，制革 94 万标张，化纤 26.5 万吨，关停化工企业 5159 家，约占现有化工企业的 1/3

多。"十一五"前四年，全省规模以上工业单位增加值能耗下降 31% 左右。

与江苏省类似，福建省在"十一五"期间淘汰落后产能方面的进展也可圈可点。通过建立落后产能退出机制和相关责任制度，并且实行差别电价政策，福建省累计淘汰炼铁 22.42 万吨，炼钢 30 万吨，造纸 26.08 万吨、皮革 280.05 万标张、水泥 2606 万吨、小火电 199.45 万千瓦，关闭小煤矿 145 处，产能 358 万吨，超额完成"十一五"时期淘汰落后产能任务。

6. 各地因地制宜地确定制造业转型升级方向

在推动制造业转型升级方面，各个地区都结合本地实际进行了一定程度的探索，也积累了不少宝贵经验。在随有关部门的近期调研中，笔者在江苏、福建两省就发现了沿海一些省市制造业转型升级的探索轨迹。

以江苏省为例，目前该省已经确立大力发展先进制造业，积极振兴新能源、新材料、生物技术和新医药，节能环保，软件和服务外包，物联网和新一代信息技术六大新兴产业的思路。该省的机械、纺织行业列全国第一，电子信息、石油化工、冶金、医药行业列全国第二，建材、轻工行业列全国第三和第四。在制造业的转型升级中，江苏省先后出台传统产业升级、新兴产业倍增等规划，突出三大方向：一是取向高端化方向，进一步突出新兴产业、先进装备制造和传统优势产业的方向。二是注重优化调整工业布局，包括两方面内容：①实现苏南、苏北、苏中错位发展、联动发展。地方政府出台了"四项转移"、南北合作共建开发园区等政策，促进苏北工业发展。统计显示，五年累计向苏北转移 500 万元以上的产业项目 10261 个，总投资 6293.4 亿元，实际引资 3267.7 亿元。省财政投入苏北转移支付和各项专项资金 1637.4 亿元。其结果是，苏北制造业发展速度明显加快，主要经济指标增速连续五年高于全国和全省平均水平。②突出"四沿"发展方向。沿海产业带重点布局建设风电、钢铁、石化等产业；沿沪宁线产业带重点建设电子信息、光伏、智能电网、轨道交通等产业；沿江产业带重点布局建设船舶及海工装备、新材料、精细化工等产业；沿东陇海线重点布局建设工程机械、新能源、资源加工等产业。三是注重重点基地建设。按照规模化、集约化、专业化方向，重点建设一批特色产业基地。例如，以昆山平板显示为代表的龙头带动型基地、以无锡物联网为代表的创新驱动型基地，以海门家纺为代表的品牌推动型基地。截至 2010 年，江苏省已认定省级特色产业基地 60 家，特色产业基地平均规模 340 亿元；千亿级基地 60 家。60 家基地主要涉及电子信息、新材料、生物技术和新医药、光伏、风电装备、环保装备、工程机械、轨道交通、船舶及海洋工业装备、汽车及零部件、输变电、电力电器、轻工纺织等，制造业是基地建设的主体。江苏省预计到 2012 年建成 10 家销售收入超过 1000 亿元、20 家销售收入超过 500 亿元的重点基地。

福建省积极推动传统产业高端化、高新技术产业化、新兴产业规模化，"十一五"期间，工业增加值增长 16.2%，比"十五"时期多 2.4 个百分点。2010 年，工业对全省经济增长贡献率达到 61%，而电子、机械、石化三大主导产业增加值占全省工业的 35.3%。该省已经形成产业集群 60 多个，其中增加值超 50 亿元的产业集群 21 个。在海峡西岸经济区获得批准后，福建省出台了《福建省加快闽台产业深度对接工作意见》，随后，厦门市出台了《厦门市加快制造业对台产业深度对接的工作意见》，提出在以下重点领域实现厦台产业的深度对接：①大力推进电子信息业发展。包括发展平板显示产业链、现代照明和太阳能光伏产业群、计算机及通信产品产业链等。②合作建设装备制造业基地，包括汽车及零部件行业、船舶行业、航空维修业、数控机床行业等。③实现消费品工业对接，主要包括发展体育用品制造业、水暖及厨卫产业、农副产品与食品加工业、纺织服装行业。④发展环保、新能源、新材料、生物产业与现代中药产业等。目前，厦门市累计引进台资企业 3000 多家，实际利用台资近 70 亿美元，台资企业工业产值占厦门市工业总产值的 4 成左右，成为拉动制造业增长的重要驱动力。

三、以加快区域创新和结构调整推动地区制造业的转型升级

制造业是维持和增强国家竞争力的重要领域，加快制造业的转型升级是加快转变经济发展方式的重要内容。经济研究和咨询公司 IHS Global Insight 最新报告显示，从制造业产值方面衡量，中国已经超过美国成为全球制造业第一大国。2010 年，中国制造业产值达 1.955 万亿美元，在全球制造业总产值中所占的比例为 19.8%，而美国制造业产值为 1.952 万亿美元，在全球制造业总产值中所占的比例为 19.4%。但从趋势看，美国制造业在 20 世纪 50 年代最高峰时期占全球制造业比重超过 40%，现在下降到不足 20%。这种对比显示，国家之间的核心竞争力已经出现此消彼长的趋势。但波士顿咨询集团（BCG）预测，到 2015 年，美国将在未来 5 年里重新成为制造业大国，美国可能略微领先于中国。可以预期，未来中美两国在制造业方面的竞争将更加激烈。提高中国制造业的竞争力，需要清楚把握资源禀赋、要素供求、经济优势和环境背景，加快建设国家调控和引导下的市场经济新体制，把握政府和市场两个方面的积极力量，引导各个地区制造业的转型升级。

加快地区制造业的转型升级有赖于顶层设计。根据福建省统计局提供的数据，2005 年到 2010 年，福建省规模以上工业高新技术产业增加值占工业增加值的比重分别为 15.0%、14.8%、12.6%、11.3%、9.5% 和 9.8%，不仅比重偏低，而且出现下滑走势，显示传统制造业依然占较大比重。事实上，在东南沿海一些轻型工业基础较好的省份，近年来出现了明显的热衷于大钢铁、大化工的建设倾向，在导致经济重型化、重复建设问题更趋恶化的同时，也带来较大的资源环境压力；东北和西部 SO_2 排放量占全国的比重上升、中部和西部工业废水中化学需氧排放量占全国的比重上升，如表 8 所示，显示出在产业跨地区转移大范围发生的同时，内地的环境压力也在不断加大；片面地把转变经济发展方式等同于转变生产方式，通过层层分解将节能降耗指标落实到具体企业，甚至一些地区对居民拉闸限电，但是对广泛存在的粗放型消费方式包括房地产空置导致的资源环境

负外部性问题熟视无睹，显示自上而下的科学调控思路还有待形成；在全国一定区域范围发生毒奶粉、瘦肉精、彩色馒头等事件，反映了在较大区域范围政府对制造业产品的市场质量监管还不到位；"十二五"开局之年传统制造业平面扩张的趋势得以重演，不少地区高耗能产业强劲扩张势头再起，而南方一些地区降水减少导致水电发电量减少，使得东南、中南部地区电力供求紧张矛盾大幅度上升，显示出转型升级的市场需求与中央政府加快经济发展方式转变目标之间还有不小差距。值得强调的是，过去理论界对中央与地方关系多从放权和促进竞争的意义方面加以理解，对地方锦标赛竞争中的正面作用充分肯定，但对于放权过程导致商业私利冲击公共利益、地方利益挑战中央调控权威的负面影响估计不足。在新的历史时期，对中央与地方关系需要重新审视。2010 年年底的中央经济工作会议提出，要加强改革的顶层设计。加强顶层设计，有助于加强和改进中央的宏观调控，理顺中央与地方的关系，更加有助于实现区域制造业的转型升级。

表 8　2005、2009 年我国四大区域 SO_2、化学需氧量排放状况

（单位：%）

	年份	沿海	东北	中部	西部
SO_2 排放量	2005	35.03	7.84	23.62	33.51
	2009	32.17	8.78	23.26	35.79
工业废水中化学需氧量排放量	2005	33.96	10.20	22.15	33.69
	2009	30.57	10.81	23.45	35.17

资料来源：根据《中国环境统计年鉴》（2006）（2010）相关表格计算整理。

1. 以区域创新体系建设支持制造业的转型升级

为促进制造业转型升级，推动制造业又好又快地发展，加快区域创新体系建设显得尤为重要。而构筑制造业区域创新体系，支撑在科技、核心在体制、希望在人才、关键在政策。

第一，构筑区域制造向区域创造转变的整体思路。加快各地区制造业的技术改造、技术升级和新技术产生，促进创新型省份、创新型城市、创新型园区、创新型企业的不断涌现，在经济增长中提高技术创新的贡献率，使创新成为区域核心竞争力成长的推动力，建设包括学习型社会、知识型社会与创新要素集成与转化于一体的创新型社会，构筑传统制造高端化、先进制造信息化、战略性新兴产业规模化、高新技术产业化的制造业发展新格局。

第二，推动重点制造区域成为重点创新区域。运用 2009 年数据，我们计算了制造业各行业四省集中度的分布结构。从整体上看，制造业的庞大产业平台主要集中分布在沿海地区；从主要制造业行业四省集中分布度看，制造业主要行业重点集中在广东、江苏、山东、浙江四大省份。如表 9 所示。以庞大的制造业基础为平台，集成各类科技资源与要素，要远比移动制造业基础及科技资源与要素花费较少的成本。因而，以庞大的制造力量集成科技资源，把制造优势与科技优势结合起来，形成以创造融合制造、以创造提升制造的新趋势，通过创造新技术、新产品、新专利、新流程、新思想，加强对共性技术和关键技术的联合攻关，促进重点区域制造业的转型升级。在以创新体系建设提升沿海主要制造业区域创新能力的同时，把沿海地区的传统制造业向内地尤其是就近向中部扩散，通过产业转移提升中部地区制造业能力，有助于扩大中部地区的制造业规模和增强制造业的就业能力。

表 9　我国制造业产业四省集中度与产业创新体系重点建设省份

	制造业四省集中度（%）	建设产业创新体系重点省
副食品加工业	45.91	山东、河南、辽宁、江苏
食品制造业	45.33	山东、河南、广东、内蒙古
饮料制造业	39.33	四川、山东、广东、河南
烟草制品业	41.49	云南、湖南、上海、湖北

续表

	制造业四省集中度（%）	建设产业创新体系重点省
纺织业	71.19	江苏、山东、浙江、广东
纺织服装鞋帽制品业	65.72	江苏、广东、山东、浙江
皮革毛皮羽毛（绒）及制品业	64.72	广东、福建、浙江、山东
木材加工及木竹藤棕草制品业	46.47	山东、江苏、河南、广东
家具制造业	60.13	广东、山东、浙江、辽宁
造纸及纸制品业	56.71	山东、广东、江苏、浙江
印刷业和记录媒介的复制业	51.20	广东、山东、浙江、江苏
文教体育用品制造业	79.22	广东、江苏、浙江、山东
石油加工炼焦及核燃料加工业	40.23	山东、辽宁、广东、河北
化学原料及化学制品制造业	54.62	山东、江苏、广东、浙江
医药制造业	39.86	山东、江苏、浙江、广东
化学纤维制造业	81.28	浙江、江苏、福建、山东
橡胶制品业	60.00	山东、江苏、浙江、广东
塑料制品业	59.15	广东、浙江、江苏、山东
非金属矿物制品业	46.26	山东、河南、广东、江苏
黑色金属冶炼及压延加工业	47.25	河北、江苏、山东、辽宁
有色金属冶炼及压延加工业	40.90	江苏、山东、河南、广东
金属制品业	59.46	广东、江苏、山东、浙江
通用设备制造业	56.05	山东、江苏、浙江、辽宁
专用设备制造业	45.57	山东、江苏、河南、辽宁
交通运输设备制造业	39.05	江苏、广东、山东、上海
电气机械及器材制造业	63.54	广东、江苏、山东、浙江
通信设备计算机及其他电子设备制造业	75.28	广东、江苏、上海、北京
仪器仪表及文化办公用机械制造业	65.77	江苏、广东、浙江、山东
工艺品及其他制造业	65.19	广东、山东、浙江、福建
废弃资源和废旧材料回收加工业	66.14	广东、浙江、江苏、天津
电力燃气及水的生产和供应业	35.88	广东、浙江、江苏、山东

资料来源：根据《工业统计年报》（2009）计算整理。

第三，进一步深化体制机制改革。在体制机制改革中进一步深化产学研合作，在合作中积极发现制造业的技术需求，并满足制造业转型升级的技术需求；鼓励企业成为区域技术创新投入、技术成果应用和专利申请的主要责任者，成为研究开发人员聚集的载体。建立以企业为依托的重大技术项目中试基地；支持有技术优势和特色的企业、科研院所、高等学校合作共建中试基地，鼓励大学和科研机构在各类园区设立开发机构，构建激励约束机制，促进科研机构更多产出能够面向制造业需求的技术专利与诀窍。

第四，加强开发区、"孵化器"等创新型产业融合平台建设。积极探索园区发展新模式，促进园区成为制造业各类先进要素集中和合作的重要载体。探索和创新服务方式，提高科技园区服务质量与管理水平。引进科技中介机构落户园区，完善社会化支撑服务体系，努力营造良好的软环境。按照有关政策要求，切实加强"孵化器"建设，鼓励"孵化器"建立科技人员和大学生科技创业见习基地，聚集政府、高校、"孵化器"资源，科学引导科研人员自主创业。

第五，更好发育技术市场。规范技术市场管理，加强知识产权管理，保护制造业行业技术发明人的权益不受侵犯，以促进技术的拥有者和需求者之间有效交流，以市场引导制造业技术的传播与扩散，使市场更好地发挥配置各地区制造业技术资源的作用。

2. 积极推动各地区产业结构调整

从全局角度和地区角度引导经济结构调整，是实现地区制造业转型升级的重要内容。

（1）国家应该着眼于从宏观经济政策上引导全国的结构调整，以促进各个地区的结构调整优化。一是有针对性地加强宏观调控，保障产业之间的协调发展。必须继续加强对房地产行业的调控。如果不能控制最终需求端的不合理消费、有效抑制房地产行业的投机冲击，建设资源节约型环境、友好型社会的设想自然就只能流于空洞，房地产业与制造业争资源、争空间、争市场的趋势就会加剧，高通货膨胀率的局面难以扭转，也会进一步恶化制造业转型升级的市场环境。应以制造业的市场价格管理经验来约束房地产业的投机行为，为制造业的进一步转型升级提供更好的环境，降低制造业的转型升级成本。二是合理引导产业之间的关系协调。从长期发展方向看，制造业都将是参与国际竞争的主导产业。判断中国产业之间的关系，不能脱离中国制造业出口需求引导的因素。制造业比重偏高，只是显示其部分价值是在国际市场实现的，有其市场需求存在的现实合理性，不宜严格以行政命令方式按照一个国际标准性的比例关系去刻意约束制造业与其他产业的比重关系，一相情愿地降低制造业的比重。优化制造业与服务业关系的核心应该是，如何以生产性服务业的有效发展促进制造业的竞争力提升。三是加强对转变制造业发展方式的政策引导。继续坚持走新型工业化的战略思路，支持制造业按照高端化、规模化、品牌化、信息化、集聚化、绿色化方向发展，促进制造业转型升级优势资源的集成与支撑要素的培育，以加快制造业转型升级、推动国民经济结构战略性调整。四是积极发展战略性新兴产业。战略性新兴产业发展应瞄准前沿，顺应市场需求变化，政府应该积极引导要素集聚、组合，但也不能揠苗助长。过度运用政策工具也会造成负面效果，削弱战略性新兴产业发展中的竞争效率。五是加强对高污染性产业的调控。建立高的污染控制准入标准，在减排目标上向国际高标准看齐，按照单位产能的污染物排放量对落后产能进行末位淘汰。

（2）中央政府还应该合理把握政策调控力度与方向，有效运用区域政策引导制造业的转型升级。一是鼓励跨地区制造业企业的扩张、扩散与重组。在自由竞争的背景下，鼓励优势企业跨区域兼并、重组和改造提升劣势企业。二是鼓励制造业的生产要素的跨地区流动。鼓励企业、个人按照区域比较优势和回报选择有利的发展区位，促进投资、技术、人才的跨地区自由流动，寻求最佳的资源组合。三是按照主体功能区规划的要求，按照各地区环境承载力配置制造业资源，促进各个地区制造业按照资源节约型、环境友好型的模式发展，使制造业发展与各地区生态环境状态相适应。四是引导高耗能产业向能源基地集中。高耗能产业是制造业整个产业中的一个必要链条，不可能退出制造业序列，应该提高其发展的科学性。关键在于，既要加强对消费终端不合理需求，如空置房地产的管理，以抑制对高耗能行业的不合理需求，满足市场对高耗能产业正常需求；又要促使高耗能产业向能源基地集中，减轻能源的传输损失和运输压力。

参考文献

中共中央关于制定国民经济与社会发展第十二个五年规划的建议 [N]. 新华网，2010-10-27.

国务院. 中华人民共和国国民经济和社会发展第十二个五年规划纲要 [N]. 新华网，2011-3-16.

温家宝. 政府工作报告 [N]. 新华网，2011-3-16.

周民良. 工业化、城镇化与中国的科学发展 [J]. 甘肃行政学院学报，2010 (1).

周民良. 中国地区工业战略的演变与前瞻 [J]. 开发研究，2009 (5).

周民良. 规范与完善区域规划的形成机制 [J]. 西部论丛，2010 (4).

周民良. 促进中部崛起的政策取向 [N]. 中国经济时报，2006-10-10.

周民良. 改革是 2011 年关键词 [N]. 科学时报，2011-3-17.

（周民良，中国社会科学院工业经济研究所）

基于跨国公司的外源型产业集群形成机理研究

一、引　言

产业集群因其对区域经济、企业发展的巨大促进作用而一直是经济学、管理学、地理学、社会学等的研究热门领域之一。所谓"企业集群"是指一组在地理上接近，同处在一个特定的产业领域，由于具有共性和互补性而相互联系的企业和关联机构的集合（Porter，1998）。根据集群模式形成方式的不同，产业集群可分为内生型产业集群和外源型产业集群。前者指依靠当地资源或历史文化背景本土企业自发形成或在政府推力下形成的产业集群，如浙江省的"块状经济"、我国各地已成集群效应的经济开发区。后者指在外资企业带动下形成的产业集群，如苏州、东莞的电子信息产业群。在外源型产业集群中，跨国公司发挥主导作用，处于核心地位（陶凌云、赵增耀，2009）。外源型集群并非是跨国公司投资的行为目的，而是一种客观行为结果。

那么，外源型集群形成的内在机理如何？通常情况是，为了获取地理位置、资源禀赋、政府政策等区位优势，跨国公司选择在某国或地区投资，其配套企业网络也随之进入，随着外资和相关企业的大量集聚，集聚经济效应日益凸现，并与外资形成一种良性循环，外源型集群应运而生。外源型集群的形成机制包括两个方面内容，集群的形成以外资企业为主。

二、产业集群形成机制

下列因素的共同作用导致产业集群的形成：政策诱因下的叠加效应、聚集经济、全球化背景下的专业化。

1. 政策诱因下的叠加效应

20 世纪 80 年代初，改革开放的政策促成了日见其多的外资进入我国沿海地区。以广东东莞为例，由于 20 世纪 80 年代初是中国香港地区产业向外转移的时期，东莞有效利用了改革开放的政策，利用廉价的劳动力、土地和位邻香港的区域优势，使三来一补的港资企业在东莞迅速发展。在基础设施不断升级的基础上，东莞当地政府有效完善税收、投资等招商政策，加之中国台湾本土生产制造业成本不断攀升，吸引少量小规模台资的进入。随着对投资环境的熟悉，越来越多的台商进入，这又形成了完善的生产网络体系，进一步吸引了技术越来越先进的企业进入，叠加效应非常明显。至 20 世纪末，东莞已成为全球电脑业制造集聚地。截至 2000 年底，台资 IT 企业已经超过 800 家，已经成为东莞 IT 产业的支柱力量，台资 IT 企业产值就占了一半以上（易先桥，2006）。由此可见，早期的引资政策的引导，加上劳动力、土地成本的廉价，吸引小规模的投资，其后产出示范作用，不断扩大规模的投资和集聚经济的相互循环，从而产生叠加效应。

2. 聚集经济

阿尔弗雷德·韦伯(Weber, 1997)在《工业区位论》中从工业区位论的角度对产业聚集进行了深入研究,并首次提出了"聚集经济"的概念。韦伯从微观企业区位选择的角度出发,将区位因素分为区域因素(regional factor)和聚集因素(agglomeration),从聚集因素造成的经济性"一般经济开支成本"降低来说明产业集群产生的动因,并把共享辅助性服务和公共设施带来的成本节约作为企业在地区集中的原因。在韦伯的聚集经济理论中,尤其强调了工业企业在空间上的规模化,将聚集经济视为一种规模经济效益,或者说聚集能够享受专业化分工的好处。集聚经济的实质是生产或交易上关联企业之间的一种协同效应。对集聚经济的追求,是企业地理空间聚集的重要诱因。企业在空间上的集中使生产、技术、人才集聚到特定区域,为跨国公司投资提供便利;集聚区域内往往汇聚着提供原材料、零部件、设备、中间产品的供应商和下游的销售企业、顾客群等,跨国公司在该区域投资更易接近相关产品的供给市场和销售市场,减少了搜寻成本,增加了市场机会(Dana, 2003)。

3. 全球化背景下的专业化

近几十年来,国际经济格局变动的一重大推动要素就是经济全球化,与之相适应的是国际分工的深化。当前,某个产品生产被拆散在不同国家进行,在诸多制造业部门相当普遍。甚至过去认为不可地域分离的服务,如售后服务和技术支持,也出现具有工序分工性质的新型国际分工方式。现代国际分工导致在全球范围内有效利用并整合全球资源,从而产生全球价值链的概念。全球价值链(GVC, Global Value Chain)则指产品在全球范围内,从概念设计到生产消费直到报废或回收的整个生命周期中所有创造价值的活动范围(Khalid and Halder, 2005)。

全球价值链中各个价值环节在形式上虽然可以看作是一个连续的过程,不过在空间上一般离散性地分布在各地,每个地方从事专业化生产。专业化在本质上就是将生产活动集中在较少的不同职能的操作上受自身特点影响,企业在产业集群内不断聚集。正因如此,在美国硅谷、我国中关村形成以研发为主的集群,在东莞、苏州形成制造性 IT 集群,在纽约、伦敦形成金融服务业集群(任胜钢,2006)。

三、外资企业为主机制

外源型产业集群往往形成一个以外资企业为主的封闭网络体系,以致中资企业很难加入其价值链,这是下列要素共同作用的结果:网络关系移植、中间品质量的可保证性、寡占反应。

1. 网络关系移植

市场和企业并非是相互对立的,而是相互联结、相互渗透的。这种介于企业与市场之间的中间体组织就是网络组织。网络组织理论将社会经济活动放到了更加现实和更为广阔的背景下,注意到企业内部或外部实际存在的各种交互作用的网络关系(王缉慈,2001)。网络组织可以降低交易成本。FDI 产业集聚是这种已有的垂直生产网络结构在东道国的复制和延伸,它大大降低了企业投资东道国的成本和风险。当跨国公司在某区域投资后,它希望把自己原先熟悉的也是全球统一的商业模式复制到该区域,而这个商业模式就包括跨国公司的客户链,这些客户既包括为跨国公司提供中间产品的生产商,也包括为跨国公司提供物流、仓储、采购、咨询、会计和金融的生产性服务商。如追随瑞典宜家(IKEA)进入中国的全球最大的物流服务商——丹麦马士基集团,其承揽了宜家在全球 29 个国家、2000 多家供应商、164 家专卖店、10000 多种家具材料的物流任务。对中国台湾商人和日本商人,这种网络关系移植更加明显,当核心企业向外投资时,为了追求零库存,降低生产成本,其往往会劝说配套企业共同投资。因而,当富士康将生产基地内迁时,中西部政府官员极尽招商之能事就不足为奇了,因为富士康不是一个企业,而是带去一大批配套企业。

2.中间品质量的可保证性

当跨国公司在本地投资，出于成本和便利性考虑，可能倾向于在当地进行中间品采购。但是，中间品是要素的综合体，除有形内容外，还包括知识、技术、服务等无形内容，当地提供不了或满足不了跨国公司所要求的中间品，导致跨国公司只好从原有的配套体系获取，从而又强化了跨国公司的网络体系，在技术性行业中尤为明显。江小涓（2001）对北京、上海、深圳、苏州127家跨国公司在华投资企业进行了调研，发现在被调研企业中65%的企业引进国内空白技术，其余35%的企业使用先进技术，没有企业使用属于国内一般水平的技术。这就决定了大部分国内企业无法成为上游供应商，跨国公司只有要求原有配套企业进行跟进式投资。

3.寡占反应

1973年，尼克博克（Frederick T. Knickerbocker）出版《垄断性反应与跨国公司》一书，从垄断企业战略竞争角度出发，尼克博克提出了寡占反应理论，也称寡头垄断行为理论。进一步发展了海默—金德尔伯格的"垄断优势论"。他通过分析187家美国跨国公司的投资行为，发现在一些寡头垄断性工业中，外国直接投资很大程度上取决于竞争者之间的相互行为约束和反应，导致对外直接投资的成批性，因为只有处于高盈利高行业的跨国公司才能拥有雄厚的资金实力，才能做出迅速的防御反应。20世纪末，苏州良好的投资环境开始引起中国台湾地区IT企业的注意，掀起了台商投资的高潮。随着对苏州投资活动的拓展，台商逐步转变短打、取巧式的投资心态，大型IT企业进行了大规模跨国公司与产业集聚模式的投资。

在外源型产业集群形成机制中，产业集群形成中和外资企业为主的机制共同作用如图1所示。

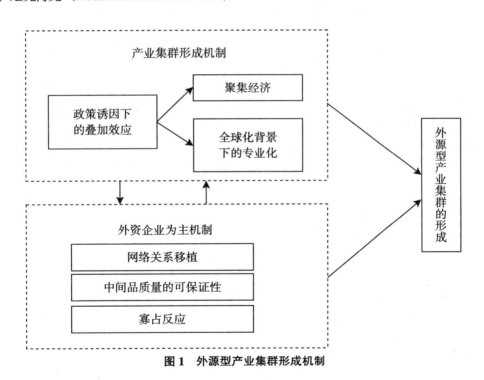

图1 外源型产业集群形成机制

四、启 示

吸引跨国公司投资，带动当地就业，增加税收和促进本地企业的升级，是众多中国地方政府的愿望，但是，跨国公司在当地投资后，往往将配套企业带去当地，形成封闭体系，虽然贡献了一些就业和税收，但并没有与本土企业形成互动，一旦当地的资源、劳动力、政策等不再有吸引力后，往往是核心企业的搬迁带动一大批企业离开，形成典型的"候鸟效应"，给当地的经济以沉重的打击。当地政府要怎样留住跨国公司？单纯依靠有形的政策优惠越来越难以留住跨国公司，更应依靠良好服务、改善外企员工的生活环境等。另外，本土企业必须奋力直追，缩小与跨国公司的差距，否则外企有心发展本土供应商，却发现当地很难找到合格的企业。

参考文献

Dana，M. MNC Knowledge transfer subsidiary absorptive capacity and HPM [J]. Journal of International Business Studies，2003，39：586-599.

Nadvi K，Halder G.Local clusters in global value chains: Exploring dynamic linkage between Germany and Pakistan.

[J]. Entrepreneurship & Regional Development，2005，17 (5)：339-363.

Porter M E. Clusters and new economics of competition [J]. Harvard Business Review，1998，76 (6)：77-90.

阿尔弗雷德·韦伯. 工业区位论 [M]. 李刚剑等译，北京：商务印书馆，1997.

江小娟，荆林波. 跨国公司在华并购投资：意义、趋势及应对战略 [J]. 管理世界，2001 (3)：34-41.

任胜刚，论跨国公司与产业集群的互动关系 [D].上海：复旦大学博士论文，2004：77-85.

陶凌云，赵增耀. 与产业集群互动机制的分析：基于上海和江苏的例证 [J]. 开发研究，2009 (4)：63-69.

王缉慈等. 创新的空间——企业集群与区域发展 [M]. 北京：北京大学出版社，2001：87-89.

易先桥.跨国公司于产业集群 [D].武汉：中南财经大学博士论文，2006：103-106.

（江青虎，中国计量学院经管学院）

中国省际劳动利用效率分析

——基于包含劳动力素质的 SBI 方法

改革开放以来，尤其是进入 21 世纪后，中国劳动力的素质有了较大的提升，劳动力受教育的程度不断提高、技术水平也随之上升，这为中国经济持续快速发展提供了可能性。但是，这种可能性是否会成为现实，还要看高素质劳动力是否能够充分发挥作用，这取决于当前的经济是否能够充分有效地利用各种素质水平的劳动力。本文将利用 SBI 方法，测算考虑劳动力素质之后的劳动利用效率以及地区间劳动利用效率的差异，并分析其影响因素，这对于提高我国的劳动生产率、促进经济增长具有重要意义。

一、引　言

随着经济的发展，劳动力尤其是高素质劳动力的作用愈加重要。劳动力素质的提高能够促进技术进步，提高劳动生产率。新增长理论认为，经济增长主要是由技术进步驱动的（Romer，1990；Lucas，1988）。而技术进步的最重要要素来源是高素质的劳动力。在这方面，人力资本理论取得了大量的研究成果。从技术研究和开发的角度来说，从事研究与开发的人力资本越多，技术进步率就越高。从技术应用和推广的角度来说，劳动者的素质越高、受教育程度越高和技术水平越高，就越容易接受和掌握新技术，从而使新技术得到较快应用和普及；高素质的劳动力，更容易操作复杂的机器，从而加工更多的生产资料，生产出更多的产品，促进劳动生产率的提高。

劳动力素质的提高能够促进产业升级。一方面，多样化高素质的劳动力能够提升经济活动的层次，使生产和服务过程从简单的产品组装生产向设计、复杂生产和营销推进。另一方面，多样化高素质的劳动力能够促进产品升级，通过设计人员的努力来改进产品功能和用途，以增加产品的附加值。

技术进步和产业升级是多层次递进的，因而也需要各种不同层次素质的劳动力，以合理的组合来共同合作。从组装生产、复杂生产、营销、产品设计到技术研究，工作复杂度不断增长，相应地要求各环节劳动者的素质和技能也不断提升。但综合而言，劳动力总体素质越高，对技术进步和产业升级就越有利。

但是，上述分析的高素质劳动力对技术进步和产业升级的促进作用，仅是可能性，这种可能性要成为现实，还需要以各种素质层次的劳动力的充分利用为前提，这就需要考察各种素质劳动力的利用效率。

影响劳动利用效率的因素有很多，在宏观方面，包括经济体的产业结构是否能够与劳动力的素质结构相匹配、社会经济体制对高素质人才的重视；在微观方面，主要的影响因素是企业的人才管理制度是否合理，能否给各类人才提供足够的激励，以最大限度地激发劳动者的积极性。只有当各种素质层次的劳动力都获得了与其自身素质水平相适应的工作岗位，并且在有效的激励制度下积极工作，高素质劳动力对技术进步、产业升级和经济发展的促进作用才能充分发挥出来。

本文将利用 SBI 方法和全国经济普查数据，对中国各地区的劳动利用效率进行实证分析。文章结构安排如下：第二部分利用全国经济普查数据，介绍劳动力素质的衡量方法；第三部分介绍本文的主要分析框架——考虑劳动力素质后的SBI方法；第四部分介绍地区劳动力早用效率的差异分析；第五部分为结论与建议。

二、劳动力素质的衡量

劳动力素质是一个综合的指标，包含了受教育程度、技术水平、身体健康状况、精神状态和职业操守等许多方面的内容。单纯从劳动力对技术进步、产业升级和经济增长的促进作用来看，劳动力的受教育程度和技术水平是劳动力素质中最重要的内涵。一般而言，当劳动力的受教育程度提升时，劳动力的技术水平也相应不断提升。但是，劳动力技术水平与受教育水平有一定的区别。劳动力受教育水平是劳动力素质的基础，也是一个广泛的衡量指标。除了要具备必要的教育水平外，劳动力在进入某个行业后，还需要掌握与该行业相适应的具体的、专业的劳动技能和专业技术知识，其掌握的程度则由技术等级和技术职称等指标来衡量。[1]事实上，劳动力的素质结构对经济发展和产业发展的影响更为直接。因此，以技术等级和技术职称来衡量劳动力素质更为合适。

受限于数据的可获得性，此前的大部分研究都使用受教育程度来衡量劳动力素质水平。2004年和2008年，中国分别进行了第一次和第二次全国经济普查，在许多方面取得了更详细数据，其中就包括了劳动力技术等级和技术职称的分省数据，这就为以技术等级和技术职称来衡量劳动力素质，进而测算劳动利用效率提供了可能。

本文以2004年的经济普查数据为基础，以劳动者的技术水平衡量劳动力素质，测算在考虑劳动者素质之后的劳动力效率。

以技术水平来衡量劳动力素质，首先需要构造可以衡量劳动力平均技术水平的指标，一个简单的思路是，为不同的技术等级和职称等级赋予相应的衡量权重，将各级技术水平的信息都进行合并。参考劳动力平均受教育年限的构建方法，计算劳动力平均技术水平：

$$tech_i = \sum_j p_{ij} \times w_{ij} \tag{1}$$

其中，$tech_i$是第i个地区就业人员的平均技术水平，p_{ij}是第i个地区技术等级或专业技术职称等级为j的从业人员所占比重，$j=1,2,\cdots,8$，分别表示8个技术等级或专业技术职称等级：高级技术职称人员、中级技术职称人员、初级技术职称人员、高级技师、技师、高级工、中级工、无技术职称的普通劳动者。W_{ij}是第j个技术等级或专业技术职称等级的合并权重，依次设定为：26、23、21、18、15、12、9、6。[2]该指标同时也反映了劳动力的技术结构。

---

[1] 一般来说，对劳动力专业技术水平和专业技能的衡量有两个平行的考察体系，即技术等级和技术职称，这是针对不同类别的劳动力而设立的。其中，技术等级是针对工人的专业技术水平而设立的衡量体系，由低到高分别是初级工、中级工、高级工、技师、高级技师、正高级技师。技术职称是针对干部的专业技术水平而设立的衡量体系，由低到高分别是初级技术职称、中级技术职称和高级技术职称。因此，衡量劳动力的技术水平，需要结合劳动力的技术等级和技术职称水平两方面的内容来进行考察。

[2] 技术权重的选择，主要是根据经验，依照各技术等级就业人员的成长时间而设定。因为，设定其权重与初中及以下水平的权重一样，为6。一般而言，中级工需要经过两年的锻炼和学习，才能成为高级工，因此，中级工的权重为9，高级工的权重为12。其余技术层次的权重设置也是以此类推。

三、考虑劳动力素质的 SBI 分析方法

DEA 方法由于对生产函数没有具体形式的要求，因此被广泛应用于效率测算。考虑存在产出与投入的情形。如图 1 所示，横轴表示投入 x，纵轴表示产出 y。假设有 B、C、D 三个生产单位，对于第 i 个生产单位，x^i 与 y^i 分别表示投入要素与产出。

根据生产可能性集的单调性、凸性（哈尔·瓦里安，1997）等假设，此时的生产可能性集为包络线 OBCDE 与 x 轴之间的部分，而包络线 OBCDE 即为生产可能性前沿面。

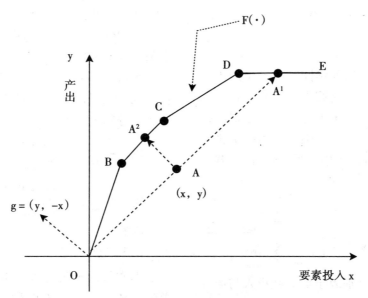

图1 方向性产出距离函数

1. 效率测度：从产出距离函数（SDF）到基于松弛量的方法（SBM）

显然，B、C、D 是有效率的，而位于生产可能性前沿面之内的 A 则是低效率的。那么，怎样衡量单位 A 的效率损失呢？这就需要首先测算产出损失。产出损失的测算有多种方法，按照逻辑顺序，主要有以下几种方法：

传统的产出距离函数法假设投入与产出同时等比例增加，在图中表现为，将 OA 线延长至生产可能性前沿上的 A^1，则产出距离函数可以定义为：

$$D(x, y; f) = \sup\{\alpha : (x, y) + \alpha f \in P\}$$
$$= \sup\{\alpha : (x, y) + \alpha(x, y) \in P\}$$
$$= \sup\{\alpha : [(1+\alpha)x, (1+\alpha)y] \in P\} \quad (1)$$

其中，D(x, y; g)代表 A 至生产前沿面的距离，在图 1 中为 AA^1。第二个等式利用了产出距离向量 f(x, y)，其经济意义为，投入与产出同时等比例增加。利用 F(x, y; g) = (1 + D(x, y; f))y(x)，A 的生产效率可以表示为：

$$\rho^{SDF}(A) = \frac{y(x)}{F(x, y; g)}$$
$$= \frac{y(x)}{(1 + D(x, y; g))y(x)}$$
$$= \frac{1}{1 + D(x, y; g)} \quad (2)$$

后来的方向性距离函数法则假设，企业有可能在增加产出的同时降低投入。定义方向性距离函数为：

$$\vec{D}(x, y; g) = \sup\{\beta : (x, y) + \beta g \in P\}$$
$$= \sup\{\beta : (x, y) + \beta(-x, y) \in P\}$$
$$= \sup\{\beta : ((1-\beta)x, (1+\beta)y) \in$$

$P(x)$

其中，第二个等式利用了方向性向量 $g = (-x, y)$，其经济意义为，企业可以在减少投入的同时增加产出，而且，产出扩张与投入缩减的比例相同。

满足上述条件的 β 即是方向性距离函数值 $\vec{D}(x, y; g)$，在图1中表示为 AA^2。利用 $F(x, y; g) = (1 + \vec{D}(x, y; g))y(x)$，A，A 的生产效率可以表示为：

$$\rho^{DDF}(A) = \frac{y(x)}{F(x, y; g)}$$
$$= \frac{y(x)}{(1 + \vec{D}(x, y; g))y(x)}$$
$$= \frac{1}{1 + \vec{D}(x, y; g)} \quad (3)$$

方向性距离函数方法虽然同时考虑了产出增加与投入缩减的情况，但是假设产出扩张与投入缩减的比例是相同的。基于松弛量的方法则放松这一假设，允许投入的缩减比例与产出的扩张比例不同，其具体比例取决于松弛量（Slack）。基于松弛量的计算方法为：

$$\rho^{SBM}(x, y; g_x, g_y) = \min_{s_x, s_y} \frac{1 - \frac{1}{N}\sum_{n=1}^{N}\frac{S'_{n,x}}{g_{n,x}}}{1 + \frac{1}{M}\sum_{m=1}^{M}\frac{S_{m,y}}{g_{m,y}}} \quad (4)$$

其中，$S_{n,x}$ 与 $S_{m,y}$ 分别表示第 n 种投入与第 m 种产出的松弛向量，其计算方法在后文一并介绍。SBM 虽然允许投入与产出按不同比例扩张或缩减，但其表达形式为分式，难以按投入与产出进行分解，因此分解出各种投入对于生产效率的贡献。

2. 基于松弛量的效率损失测度法（SBI）

借鉴 Fukuyama 和 Weber（2009），同时考虑投入与产出的效率损失函数为：

$$IE^{t,k'} = \max_{s_x, s_y, s_b} \frac{\sum_{n=1}^{N}\frac{S_{n,x}^{t,k'}}{g_{n,x}^{t,k'}} + \sum_{m=1}^{M}\frac{S_{m,y}^{t,k'}}{g_{m,y}^{t,k'}}}{M + N}$$

$$s.t. \sum_{k=1}^{K}z^{t,k}x_n^{t,k} + s_{n,x}^{t,k'} = x_n^{t,k'}, \ \forall n; \ \sum_{k=1}^{K}z^{t,k}y_m^{t,k} - s_{m,y}^{t,k'}$$
$$= x_m^{t,k'}, \ \forall m;$$

$$\sum_{k=1}^{K}z^{t,k} = 1, \ z^{t,k} \geq 0, \ \forall k; \ S_{n,x}^{t,k'} \geq 0, \ \forall n,$$

$$S_{m,y}^{t,k'} \geq 0, \ \forall m \quad (5)$$

$IE^{t,k'}$ 表示 t 时期、k 个生产单元中 k'的效率损失值。其中，$x^{t,k'}$ 与 $y^{t,k'}$ 分别表示 t 时期生产单元 k 的投入向量与产出向量，两种向量包含的种类数分别为 N 与 M；$S_{n,x}^{t,k'}$ 与 $S_{m,y}^{t,k'}$ 分别表示 t 时期生产单元 k' 的第 n 种投入与第 m 种产出的松弛向量；$z^{t,k'}$ 表示权重。松弛向量均取非负值：若取值为零，则表明不存在投入使用过多（$S_{n,x}^{t,k'} = 0$）或产出不足（$S_{m,y}^{t,k'} = 0$）；若取值为正，则表示投入使用过多（$S_{n,x}^{t,k'} > 0$）或合意产出不足（$S_{m,y}^{t,k'} > 0$）。$\sum_{k=1}^{K}z^{t,k} = 1$，$z^{t,k} \geq 0$，$\forall k$ 的约束条件意味着规模报酬可变（VRS），如果去掉这一约束条件则意味着规模报酬不变（CRS），本文主要测算 VRS 条件下的效率损失值及环境全生产率。

可进一步将效率损失函数值分解为投入效率损失与产出效率损失。对于 t 时期的生产单元 k'，两者可分别表示为：

$$IE_x^{t,k'} = \frac{1}{M + N}\sum_{n=1}^{N}\frac{S_{n,x}^{t,k'}}{g_{n,x}^{t,k'}} \quad (6)$$

$$IE_y^{t,k'} = \frac{1}{M + N}\sum_{m=1}^{M}\frac{S_{m,y}^{t,k'}}{g_{m,y}^{t,k'}} \quad (7)$$

则有：

$$IE^{t,k'} = IE_x^t + IE_y^t \quad (8)$$

本文的产出为各省、市、自治区的地区生产总值，$M = 1$。投入有两种：固定资本存量与经济技术水平调整过的劳动投入量，因此，$N = 2$。将 $IE_x^{t,k'}$ 中的 x 分别改为 L 与 K，则可以分别得到劳动与资本的利用效率损失值。

3. 加入劳动力素质的效率损失测度法

与多数研究以从业人员数量作为劳动投入不同，本文将经劳动者素质调整后的劳动者数量作为劳动投入变量。具体而言，采用两种方法。第一种方法是以劳动者平均技术水平作为调整系数，计算考虑劳动者素质之后的劳动投入量，计算方法为：

$$L_{tech} = L_Q \times tech \quad (9)$$

其中，L_{tech} 表示经调整后的劳动投入量，Q 表示未经调整的从业人员总数，tech 表示从业人员的平均技术水平。

第二种方法是将具有各级技术水平的劳动者数量直接作为投入，则劳动力用效率损失值表示为：

$$IE_L^{t,k'} = \frac{1}{M+N} \frac{1}{J} \sum_j \frac{S_{n,Lj}^{t,k'}}{g_{n,Lj}^{t,k'}} \quad (10)$$

将劳动利用效率损失值进一步分解为：

$$IE_{L_j}^{t,k'} = \frac{1}{M+N} \sum_j \frac{S_{n,L_j}^{t,k'}}{g_{n,L_j}^{t,k'}} \quad (11)$$

其中：$IE_L^{t,k'}$ 表示劳动利用效率损失值，$IE_{L_j}^{t,k'}$ 表示第 j 种技术水平的劳动力资源的利用效率损失值，J 表示技术等级的数目。

将除港澳台与西藏外的各省、市、自治区分别看作是生产单元。产出为各省、市、自治区的地区生产总值，并调整为 2000 年不变价。投入有两种：固定资本存量与经劳动者素质调整过的劳动投入量。其中，固定资本存量借鉴张军等（2004）的方法测算，并调整为 2000 年不变价，由于 1997 年之前的固定资产投资价格指数将重庆与四川合并在一起，本文在测算固定资产投资时也将重庆与四川合并为"四川"，数据来源于《中国统计年鉴》、《新中国六十年统计资料汇编》。经劳动者素质调整后的劳动投入量的测算方法见上文。

四、地区劳动利用效率的差异分析

1. 分地区劳动力素质的分布状况

目前，中国各地区的劳动力素质差异虽然不是很大，但是其空间分布配置是不均衡的。根据式（1）计算的各省劳动力的平均技术水平如图 2 所示。

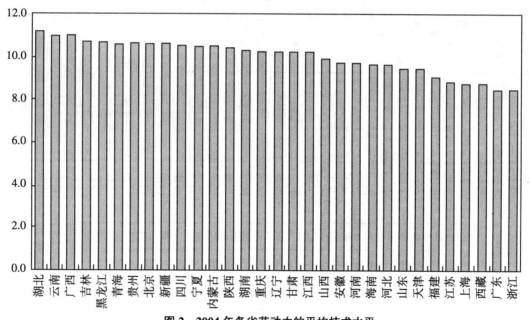

图 2　2004 年各省劳动力的平均技术水平

资料来源：作者计算而得。

2004 年全国就业人员的平均技术水平是 9.9，相当于全国就业人员的平均技术水平处于略高于中级技术工人，但仍未达到高级技术工人的水平。分省来看，平均技术水平最高的省份为湖北、云南、广西、吉林、黑龙江、青海等省份；平均技术水平最低的省份为浙江、广东、西藏、上海、江苏、福建。该结果初看似乎与人们的直观感受有些差异，但是，这一结果综合考虑了各种技术层级的劳动力结构，就业人员的平均技术水平不仅取决于最高素质劳动力的绝对数量和相对比例，还取决于与其他素质的劳动力的比重。从这一角度看，上述结果就与现实基本吻合。例如，广东省虽然 GDP 较高，但是其参与的主要是加工贸易环节，因此，广东省吸纳的劳动力主要是普通劳动力，尤其是农村剩余劳动力，而高素质劳动力在其从业人员中所占的比例较低，因此，广东省总体劳动力的平均技术水平比较低。北京市虽然是从业人员中具有高级技术职称比例最高的地区，但是，该地区其他技术水平的劳动者比例并不突出，具有技师、高级工、中级工的比例都相对较小，因此，北京市总体劳动力的平均技术水平并不是最高的。

2. 纳入总体平均素质因素后的劳动利用效率

我们利用公式（10）测算出考虑劳动者平均素质、劳动利用效率的情况以及各地区的劳动利用效率差异。

（1）劳动利用效率的比较：未考虑劳动力素质与素质劳动力因素的差异。大部分地区在纳入劳动力素质因素后，劳动利用效率出现了提高。以 2004 年为例，在考虑了劳动力的技术水平因素后，广西、黑龙江、辽宁、吉林、云南、北京、宁夏、内蒙古、安徽、湖南、新疆、河南、四川、江西、甘肃、山西等地区的劳动利用效率都出现了提高，其中提高幅度最大的是广西、黑龙江、辽宁、吉林、云南等省。如图 3 所示。

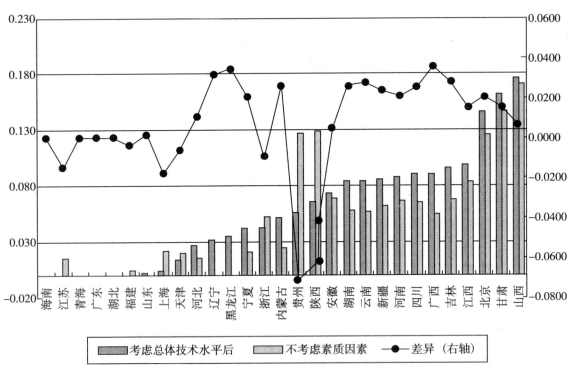

图 3　考虑劳动力总体平均技术水平前后的劳动利用效率对比（2004 年）

资料来源：作者计算而得。

这说明，上述地区的经济发展程度、产业结构和经济制度能够有效地识别出不同素质层次的劳动力，并将其按照经济运行的需要分配到相应的工作岗位上。例如，相对低素质水平的劳动力被吸纳到对技术要求相对较低的简单劳动工作岗位上，高素质的劳动力被吸纳到对技术要求相对较高的复杂劳动工作岗位上，从而使得高素质的劳动力能够产生更高的劳动生产率，相当于倍乘

的简单劳动力。这样，各种素质层次的劳动力都得到相对较充分的利用，劳动力总体的利用效率就会提高。

少数地区在纳入劳动力素质因素后，劳动利用效率出现了下降。以 2004 年为例，在考虑了劳动力的技术水平因素后，贵州、陕西、上海、江苏、浙江、福建、天津等地区的劳动利用效率都出现了下降，如表 1 所示。其中，下降幅度最大的是贵州、陕西、上海。这意味着，这些地区的经济发展程度、产业结构和经济制度并不能够有效地识别出不同素质层次的劳动力，或者是，即便识别出来，也未能有效地将其分配到相应的工作岗位上。在这些地区，不同素质层次的劳动力在一定程度上被同一化，劳动力的素质差别在一定程度上被忽略。高素质劳动力并没有被安排到更高的需要、更复杂技术的工作岗位上，而是与普通劳动者一样，被安排到普通的、对技术要求不高的工作岗位上，这样，高素质劳动力就不能

充分地发挥其应有的作用，并未起到倍乘的劳动力作用，而只是起到了普通劳动者的作用。因此，在考虑了素质因素后，劳动力的利用效率反而下降了。

此外，还有一部分地区，无论是否考虑劳动力素质，劳动利用效率都处于生产前沿面上，这些地区对劳动力的总体利用，在全国来看都是效率最高的。这些地区包括海南、青海、广东、湖北等。

表1　考虑劳动力总体平均技术水平前后的劳动利用效率（2004年）

地区	考虑技术后的劳动利用效率	不考虑技术的劳动利用效率	差异
海南省	0.000	0.000	0.0000
江苏省	0.000	0.015	−0.0149
青海省	0.000	0.000	0.0000
广东省	0.000	0.000	0.0000
湖北省	0.000	0.000	0.0000
福建省	0.000	0.004	−0.0038
山东省	0.001	0.000	0.0014
上海市	0.003	0.021	−0.0181
天津市	0.013	0.019	−0.0059
河北省	0.026	0.016	0.0104
辽宁省	0.031	0.000	0.0313
黑龙江省	0.034	0.000	0.0342
宁夏回族自治区	0.041	0.020	0.0208
浙江省	0.042	0.052	−0.0099
内蒙古自治区	0.051	0.025	0.0262
贵州省	0.055	0.126	−0.0709
陕西省	0.065	0.129	−0.0636
安徽省	0.073	0.068	0.0046
湖南省	0.084	0.058	0.0260
云南省	0.084	0.056	0.0273
新疆维吾尔自治区	0.085	0.061	0.0236
河南省	0.087	0.066	0.0209
四川省	0.090	0.065	0.0251
广西壮族自治区	0.090	0.054	0.0359
吉林省	0.095	0.067	0.0280
江西省	0.098	0.083	0.0151
北京市	0.145	0.125	0.0203
甘肃省	0.161	0.146	0.0153
山西省	0.176	0.171	0.0054

资料来源：作者计算而得。

（2）劳动利用效率的差异：地区比较。将劳动力总体的平均素质水平纳入SBI方法中，从计算而

得的劳动利用效率结果来看，各个省的劳动利用效率差异较大。从全国范围来看，劳动利用效率损失值的平均值为 0.056，以此为界限，可以将全国各省市划分为三类地区。

第一类地区是处于生产前沿面上的、劳动利用效率最高（即劳动利用效率损失值为 0）的地区，包括海南、江苏、青海、广东、湖北、福建 6 个省份。从整体上看，这 6 个省份对各种素质层次劳动力的需求和供给相对平衡，其经济发展程度、产业结构与劳动力结构比较匹配，各种素质层次的劳动力能较大程度地发挥作用。

对湖北省和广东省的情形深入考察有助于理解劳动力的利用效率。虽然这两个省都处于生产前沿面上，劳动利用效率都是最高的，但其背后的作用机制可能有所差异。正如前面分析的，2004 年湖北省的平均技术水平是最高的，而广东省的平均技术水平则是最低的。从经济发展水平来看，湖北省与广东省 2004 年的人均 GDP 分别为 10500 元和 19707 元。从劳动力的平均技术水平和经济发展水平来看，两者似乎属于不同类型的地区，要理解两地劳动利用率均相对有效这一现象，需要进一步考察两个省的产业结构。从产业结构来看，2004 年，湖北省和广东省的工业占总产出的比例分别为 48.6% 和 64.4%。广东省的工业比重较高。湖北省和广东省的第三产业占总产出的比例分别为 29.6% 和 25.9%，湖北省的服务业所占比重更高。目前来看，加工贸易对广东省经济的发展仍很重要，2006 年，广东省的来料加工贸易出口额占总出口额的 14.3%、进料加工贸易出口额占总出口额的 54.7%，两者合计占出口总额的比重为 69%。①而加工贸易往往位于产业链条的中低端环节。其需要的劳动力也主要是普通劳动者，而对高技术水平的劳动力的需求相对较小。实际上，广东省也正是农村剩余劳动力的主要接收地，从另一个侧面说明广东省对劳动力素质的需求并不高。而湖北工业的技术水平相对较高。例如，湖北是中国第二大汽车生产基地和最大的中型货车生产基地、最大的重型机床和包装机械生产基地；信息产业也是湖北的主要工业产业，其产值占全

省工业总产值的比重在 2005 年达到 8.5%。这些行业对劳动力的技术要求都比较高，因此，湖北的产业结构能够吸纳更多高技术水平的劳动力，其对各层次素质劳动者的利用相对有效。

第二类地区是劳动力利用效率相对较高（劳动利用效率损失值低于全国平均水平 0.056）的地区。包括山东、上海、天津、河北、辽宁、黑龙江、宁夏、浙江、内蒙古和贵州 10 个省、市、自治区。其原因可能是，这些地区高素质劳动力的供给略大于需求，也就是说，这部分地区的经济发展程度或产业结构的提升程度相对滞后于劳动力素质结构的提升速度，因此部分劳动力，尤其是素质相对较高的劳动力没有得到充分利用，出现了劳动力利用的效率损失。

第三类地区是对劳动力的利用效率较低（劳动利用效率损失值高于全国平均水平 0.056）的地区，包括陕西、安徽、湖南、云南、新疆、河南、四川、广西、吉林、江西、北京、甘肃与山西 13 个省、市、自治区。其原因可能是，这些地区的经济发展程度或者产业结构的提升程度相对滞后于劳动力素质结构的提升速度，或者经济制度并未给劳动力提供足够的激励，导致现在的各种素质的劳动力并没有得到充分利用。

在第三类地区中，需要对北京市深入分析。北京市的就业人口平均技术水平相对较高，其平均技术水平值为 10.5，排在全国第 8 位，但其劳动利用效率仅为全国倒数第 3。

北京市劳动力技术水平相对较高与劳动利用效率非常低下的矛盾，可能是三方面因素的结果。第一个因素是，与劳动力素质结构的升级相比，北京的产业结构升级可能相对滞后。为了更好地理解这一点，可以对上海和北京进行对比分析。从平均技术水平来看，北京的劳动力平均技术水平远高于上海，但是，北京产业结构升级的幅度却不如上海（吴福象、朱蕾，2011）。通过对比北京和上海的六大支柱产业（电子信息业、金融业、商贸流通、汽车制造、成套设备制造业、房地产业）增长值占 GDP 的比重，可以发现，2004 年除了金融业和商贸流通业外，其他四个支柱产业增

---

① 根据《广东统计年鉴》（2010）表 16-4 "按贸易方式和经济类型分的进出口额"中的数据计算而得。

加值占 GDP 的比重均低于上海① 产业结构的相对滞后，使得北京无法为高素质人才提供充足的、能够利用的工作机会，导致劳动力尤其是高素质劳动力并未充分利用。

造成北京市劳动利用效率低的第二个因素可能是，北京的高素质人才过于密集，竞争过度导致了效率损失。深入分析 2004 年北京市的技术结构可以发现，北京劳动力结构的一个明显特征是，高级人才非常集中。在全部就业人口中，具有高级技术职称的人员占 4.55%，在所有省市中是最高的。高素质劳动力集中在北京，部分原因是该地区对高素质人才的需求较大、能够吸纳较多高素质人才，另外部分原因是，由于北京地位特殊、生活水平较高并且各种公共服务资源优越，促使高素质劳动力过度密集进入该地区，导致高素质劳动力供给远大于需求。过度竞争的后果是，部分高素质劳动力未能进入与其相适应的工作岗位，利用效率过低。

造成北京市劳动利用效率偏低的第三个可能因素是，各种素质劳动力的配比关系出现了失调。在特定的经济发展阶段，各种素质的劳动力之间存在着一个最优的配比关系，各种素质和专业的劳动力进行分工与合作。这个最优的配比关系是由技术水平客观决定的。如果各种素质的劳动力配比能够达到与技术水平相适应的最优配比，则各种素质的劳动力都能达到最充分的利用；如果各种素质的劳动力之间的配置无法达到最优配比，就一定会出现某一层次素质的劳动力利用效率低下的情况。

为更好地理解这一点，我们将北京与处于劳动利用效率前沿面的江苏以及全国平均劳动力配比状况进行比较。虽然北京和江苏的技术水平存在一定差异，但是北京和江苏都是经济发展水平较高的地区，因此即便两地的生产技术水平存在差异，这种差异也不会很大，两者的劳动力配比具有一定的可比性。2004 年，就业人员中具有高级技术职称的就业人员数量与具有初级技术职称的就业人员数量的比例，北京是 0.4∶1，而江苏是 0.2∶1，全国平均也是 0.2∶1，这意味着，与江苏及全国平均水平相比，北京的高级技术职称人员相对于初级技术职称人员过多；具有高级技术职称的就业人员数量与高级技师的数量相比，北京是 15.9∶1，而江苏是 7∶1，全国平均是 8∶1，这意味着，与江苏及全国平均水平相比，北京的高级技术职称人员相对于高级技师比重过大。正是由于北京市高素质劳动力的比例相对过高而中等素质劳动力的比例相对过低，该地区的劳动力配比偏离了最优比例，导致了其劳动利用效率较低。

3. 纳入分级别素质因素后的劳动利用效率

我们利用公式（12），考察在考虑不同技术水平的劳动力素质后，劳动利用效率的状况。

（1）不同技术水平的劳动利用效率：全国平均水平。从全国平均水平来看，在不同技术水平的劳动力群体中，普通劳动者的利用效率最高，其次为初级技术职称从业人员，再次是高级技术职称从业人员，最后是高级技术职称从业人员、中级技术职称从业人员和技师，三者的利用效率基本相等，最低的是中级工和高级工。

普通劳动者的利用效率最高，其主要原因是，目前中国的产业结构和经济发展水平对普通劳动者需求较大，一些地区甚至出现普通劳动者供不应求的情况。对高级工和中级工的利用效率最低则意味着，中国目前在全球价值链中处于较低端的位置。

（2）不同技术水平的劳动利用效率：地区差异。从技术等级来看，劳动利用效率的省际差异也非常明显。总体而言，东部沿海地区、东北地区的黑龙江与辽宁、西部地区的内蒙古与青海省等省份，对各类技术等级劳动力的利用效率比较高。多数内陆省份对各技术等级劳动力的利用效率相对较低，除了普通劳动力的利用率高之外，对其他技术等级劳动力的利用效率都低于全国平均水平。

---

① 吴福象，朱蕾. 技术嵌入、产业融合与产业结构转换效应 [J]. 上海经济研究，2011 (2).

五、结论与建议

综上所述，可以得到以下结论：

第一，各地区的劳动利用效率存在着较大差异，这些差异一方面是因为各类技术等级的劳动力在各省之间的分布不均衡，另一方面是因为在各省内部，劳动力素质结构与产业结构、经济发展水平的匹配程度不同。

第二，在各类技术等级的劳动力中，利用效率最高的是普通劳动者，高素质劳动者次之，最低的是中低技术水平劳动者。

根据本文的研究结论，相应的建议是：

第一，促进劳动力的跨地区流动，使各种素质层次的劳动力能够适应当地的产业结构。

第二，加强对高素质劳动者和中低技术水平劳动者的激励，提高其劳动积极性和生产效率。

第三，也是最重要的，是要加快产业结构升级调整，为高素质劳动者提供更多的机会，使其能够充分发挥作用。

参考文献

Lucas, Robert. On the mechanics of economic development [J]. Journal of Monetary Economics, 1988, (22).

吴福象，朱蕾. 技术嵌入、产业融合与产业结构转换效应[J]. 上海经济研究，2011（2）.

张军，吴桂英，张吉鹏. 中国省际物质资本存量估算：1952~2000 [J]. 经济研究，2004（10）.

Paul M. Romer. Endogenous technological change [J]. The Journal of Political Economy, 1990, 98（10）.

Cooper, William W., Lawrence M. Seiford& Joe Zhu. Handbook on data envelopment analysis [M]. Kluwer Academic Publishers.

Chambers, Robert G., Rolf Färe & Shawna Grosskopf. Productivity growth in APEC countries [J]. Pacific Economic Review, 1996（3）.

Färe, Rolf, & Shawna Grosskopf, directional distance functions and slacks –based measures of efficiency [J]. European Journal of Operation Research, 2010（1）.

Färe, Rolf, Shawna Grosskopf, Mary Norris & Zhongyang Zhang. Productivity growth, technical progress, and efficiency change in industrialized countries [J]. The American Economic Review, 1994（1）.

Fukuyama, Hirofumi & William L. Weber. A Directional slacks –based measure of technical inefficiency [J]. Socio - Economic Planning Science, 2009（4）.

Gray, Wayne B. The cost of regulation: OSHA, EPA and the Poductivity slowdown [J]. American Economic Review, 1987（5）.

（梁泳梅、李钢、董敏杰，中国社会科学院工业经济研究所、中国社会科学院研究生院）

中西部地区发展

区域新格局下的中原经济区建设

中国自 1999 年提出"西部大开发"以来，形成了东部率先、西部开发、中部崛起和东北振兴"四大板块"，还出现了"八大经济圈"，即以长三角城市群为核心的大长三角经济圈，以京津冀、山东半岛为核心的泛渤海经济圈，以珠三角为核心的大珠三角经济圈，以辽中南为核心的东北经济圈，以海峡西岸城市群和台北为核心的海峡经济圈和以长江中游、中原城市群、湘中城市群为核心的中部经济圈，以川渝城市群为核心的西南经济圈和以关中为核心的西北经济圈。国家为解决日益复杂的区域问题，采取了一系列重大举措，包括划分主体功能区，目的是明确开发方向，控制开发强度，规范开发秩序；实施综合配套改革试点，目的是创新区域发展模式，为全国的经济体制改革、政治体制改革、文化体制改革和社会各方面的改革提供新的经验和思路；设立经济区，目的是打破行政区划的限制和阻隔，实现要素通畅流动，用区域经济的理念和办法组织经济活动。这些举措对中国的区域发展产生了重大影响。谋划中原经济区，就是在这样的宏观背景下进行的。

一、我国区域发展格局的演变

新中国成立以来，随着形势的变化，我国区域划分不断调整。与此相适应，我国的区域战略也发生了重要变化，我国的区域关系，也在悄然变动中。

1. 我国区域划分的演变

新中国成立初期，我国区域布局被划分为两大区域，即沿海与内地。按照当时的划分，沿海地区主要包括辽宁、河北、天津、北京、山东、江苏、上海、安徽、浙江、福建、广东和广西，其余为内地。在此基础上，又细分为东北、华北、华东、中南、西南、西北六大区（1954 年，撤销）。六大区域既是行政区又是经济区，其职能之一是促进各行政区内各省区市的分工与协作。1958 年，成立了东北、华北、华东、华中、华南、西南、西北七大经济协作区。20 世纪 60 年代中期，鉴于我国周边形势的变化，特别是中苏关系恶化，"三五"计划做出了全国按照一、二、三线进行整体布局和集中力量建设"三线"地区的决策。1970 年，在编制的"四五"计划时，决定以大军区为依托，将全国划分为西南区、西北区、中原区、华南区、华北区、东北区、华东区、闽赣区、山东区、新疆区 10 个经济协作区。

20 世纪 80 年代中期，国家在制定第 7 个五年计划时，按照经济发展水平和地理位置相结合的原则，把全国划分为东、中、西部三大经济地带。东部包括辽宁、河北、北京、天津、山东、江苏、上海、浙江、福建、广东、海南、广西，共 12 个省市区（1988 年，海南撤区建省）；中部包括黑龙江、吉林、内蒙古、山西、河南、安徽、湖北、江西、湖南，共 9 个省区；其余的包括陕西、甘肃、青海、云南、贵州、四川、重庆、宁夏、西藏、新疆，共 10 个省市区属西部（1997 年，重庆改为直辖市）（以下简称"老三区"）。实施"西部大开发"战略之后，我国将原属东部的广西和原属中部的内蒙古划入西部，由此形成了新三大地带的地域框架（简称"新三区"）。21 世纪初期，有关部门综合考虑地理区位、经济技术水平、市场开放和政治因素，对"东、中、西"赋予了新的含义，并在此基础上提出了一批重点发展区。例如，在西部提出"三大经济带"；在中部提出"长江、陇海、京广、京九、京哈等交通干线沿线地区"；在东部则提出"环渤海、长江三角洲、闽东南地区、珠江三角洲等经济区域"。

1999年9月，党的十五届四中全会提出"国家要实施西部大开发战略"。2002年11月党的十六大报告中，提出促进地区协调发展，其中提到了振兴东北。2003年10月，党中央、国务院制定振兴东北老工业基地的11号文件，提出了振兴东北的若干政策措施、指导方针、目标原则等。2004年3月5日，温家宝总理在政府工作报告中提出"促进中部地区崛起"。2004年12月，中央经济工作会议再次提到促进中部地区崛起。2005年3月，温家宝总理在政府工作报告中提出，抓紧研究制定促进中部地区崛起的规划和措施。"十一五"规划提出"坚持实施推进西部大开发，振兴东北地区等老工业基地，促进中部地区崛起，鼓励东部地区率先发展的区域发展总体战略"。据此，"四大板块"的空间布局格局呈现出来。东部地区包括河北、北京、天津、山东、江苏、上海、浙江、福建、广东、海南，共11个省市；中部地区包括山西、河南、安徽、湖北、江西、湖南，共6个省；西部地区包括陕西、甘肃、青海、云南、贵州、四川、重庆、宁夏、西藏、新疆、广西、内蒙古，共12个省市区；东北地区包括黑龙江、吉林、辽宁、内蒙古东部五盟市（呼伦贝尔市、兴安盟、通辽市、赤峰市和锡林郭勒盟），共3省和内蒙古5盟市。

2. 我国区域战略的演变

我国的区域发展战略，经历了由均衡发展到非均衡发展再到协调发展的演变。为了改变旧中国遗留下来的工业基础薄弱、沿海与内地布局畸轻畸重的格局，同时，鉴于新中国成立初期的国际政治环境和出于战备的考虑，国家实施了均衡发展战略，即利用计划经济体制、沿海的基础和适当外援，促使工业布局向内地推进，形成全国工业布局相对均衡、各大经济协作区自成体系、相互促进的格局。依据这种战略，国家把50%以上的基本建设资金投入内地，在落后的内地区域进行了大规模的开发建设。实施区域经济均衡发展战略的基本内容表现为三个方面：一是重点加强内地建设。如"一五"时期的156项重点项目，①在沿海布局的只占全部项目的五分之一。二是强调建立区域独立的工业体系。1958年以后，各省市都致力于建立独立的、自成系统的工业体系，所谓"一省一盘棋、各省成体系"，基本建设"星罗棋布、遍地开花"。三是转向以备战为中心。1965年，中共中央作出加速全国各省市战略后方建设的决策，把全国划分为一、二、三线地区。②根据这一决策，经济建设的投资重点为三线地区，工厂布点要"靠山、分散、隐蔽"，有的要"进洞"。70年代中后期，我国对外关系开始改善，面临的国际环境发生了较大变化，国家的投资重点有所东移。但从总体上看，改革开放前，我国的宏观区域经济发展战略是区域经济均衡发展战略。

党的十一届三中全会后，我国开始进行经济体制改革和实施对外开放政策，对资源配置和区域经济发展战略开始做相应的调整，着重充分发挥和利用各区域优势尤其是东部沿海区域的经济技术区位优势，在总体上实施了区域非均衡发展战略。其也可以称作东部优先发展战略，具体表现在：一是对外开放向东部倾斜。到20世纪90年代初，先后创办了4个经济特区，开放了14个沿海城市，开辟了13个经济技术开发区和长江三角洲、珠江三角洲、闽南三角地带以及山东、辽东半岛及海南岛，开发开放上海浦东，形成了拥有2亿多人口的沿海开放地带。二是优惠政策向东部倾斜。国家对东部沿海开放地区从财政、税收、信贷、投资等方面给予了一系列优惠。三是投资布局向东部倾斜。1995年，在全国的全社会固定资产投资19445亿元中，东部地带为12188.4亿元，占62.7%。四是体制改革向东部倾斜。国家的许多改革方案和措施，或是先在东部区域试行和实施，或是较多地考虑东部区域的情况和需要，对东部区域的经济发展产生了有利的促进作用。这一时期实施的区域经济非均衡发展战略，促进了整个国民经济的高速增长，加快了我国改革开

---

① 在"一五"时期156项重点项目中，有4项在"一五"时期没有实施，2项重复计算，实际施工建设的是150项。

② 所谓一、二、三线是按我国地理区域划分的，一线地区为地处东南沿海的战略前沿；二线为中部地区；三线地区为战略后方，包括两大片：一是云、贵、川三省及湘西、鄂西地区的西南三线；三是陕、甘、宁、青及豫西、晋西地区的西北三线。

放进程,使我国的经济实力迅速上升,为20世纪末实现国内生产总值比1980年翻两番的战略目标作出了积极的贡献。

根据邓小平关于"两个大局"的构想,20世纪末期,党中央审时度势,统揽全局,对区域经济非均衡发展战略进行调整,转向实施区域经济协调发展战略。党的十六大明确提出:"积极推进西部大开发,促进区域经济协调发展。"党的十六届五中全会进一步提出了我国区域发展总体战略,即"坚持实施推进西部大开发,振兴东北地区等老工业基地,促进中部地区崛起,鼓励东部地区率先发展的区域发展总体战略"。党的十七大对我国区域发展的战略目标再次进行了部署,强调必须"统筹区域发展","缩小区域发展差距","推动区域协调发展","城乡、区域协调互动发展机制和主体功能区布局基本形成",等等。区域协调发展战略最大的特点,是实现了从"单极思维"到"多极思维"、从"单极突进"到"多轮驱动"的转变。实施区域协调发展战略,有利于积极推进西部大开发,有效发挥中部综合优势,支持中西部地区加快改革发展,振兴东北地区等老工业基地,鼓励东部有条件地区率先基本实现现代化,逐步形成东中西经济互补、南中北经济联动、互相促进、协调发展的区域经济格局,意义十分重大。

3. 我国区域关系的演变

与区域战略的演变相适应,我国的区域关系也经历了由协作为主、协作与竞争并存,到竞争为主的演变。从新中国成立到改革开放以前,区域关系以协作为主。计划经济体制条件下,中央政府以指令性的计划投资和生产、管制价格、集中税收与统一金融为基础。在这种"四位一体"的管理体制下,地方政府只是充当中央计划的执行者,地方政府不具有独立利益主体的地位,缺乏经济管理权力和资源配置功能,区域关系是以协作为主的,不存在明显的冲突和竞争。为加强区域协作,1958年6月,中共中央发出加强协作区工作的文件,决定把全国划分为东北、华北、华东、华南、华中、西南和西北7个经济协作区,并要求各协作区尽快建立大型工业骨干和经济中心,形成若干个具有比较完整的工业体系的经济区域。1970年,全国计划会议又把全国划分为10个经济协作区,指出在"四五"时期要建立不同

水平、各有特点、各自为政、大力协同的经济协作区。

改革开放以来,随着经济体制变革,一元经济利益主体逐步为国家、区域、企业和个人等多元经济利益主体所取代,地区经济利益主体地位不断加强,企业的经济利益得到政策的承认并在一定程度上兑现。但是,从传统产品经济向市场经济转化过程中,新旧体制并行产生了许多前所未有的新矛盾。这些矛盾在不同层次的经济中均有所反映。在区域层次上,这些矛盾的共同特征是竞争加剧。在20世纪80年代初到90年代初,由于计划与市场两种体制并存,区域关系表现为协作与竞争并存。党的十四大后,随着社会主义市场经济体制的确立,区域关系表现为以竞争为主。在协作与竞争并存时期,区域竞争主要是"争市场"。在这一时期区域竞争的基本线索是:重复建设(即盲目引进与重复布局)→原料大战→市场封锁→价格大战。出于对财政收入的追求,各地区竞相向见效快、价高利大的加工工业投资,竞相从国外引进这些加工工业的设备与技术,造成重复建设和原材料供应短缺。各地区为了不使本区内的加工能力闲置,政府、企业甚至个人纷纷加入原材料大战行列。资源省区采用各种强制性手段明令禁止区内农副产品与原材料输出,到处封关设卡,加工省区则以抬高价格、强行闯关等方式抢购。后来,中央为治理过热的经济采取紧缩政策,卖方市场开始向买方市场转变,于是,以保护本地市场不被侵占为主要内容的区域间市场封锁逐步蔓延。为了维护本地经济发展,各级地方政府还插手资金流转领域,清理企业债务时采取"先区内后区外"的清欠原则,致使"三角债"越来越复杂,最终中央政府不得不出面组织清理"三角债"与限产压库工作。

1992年,我国确立社会主义市场经济体制为经济体制改革的目标模式。随着体制目标模式的确立,"八五"初期出现了全国性的、以集体经济和私营经济为主、各种经济成分全面异常扩张为特征的新一轮区域重复建设与区域竞争,导致了"八五"后期全国经济过热及随后的市场需求不足。新一轮重复建设与80年代初相比,具有参与者更多因而扩张速度更快、其所导致的恶性价格战的负效应更大等特点。"九五"计划确定了化

工、机械、汽车、电子与建筑五大产业为支柱产业，于是出现支柱产业的重复建设，如"九五"规划编制时，全国有 23 个省市区把化学工业作为支柱产业。其他行业也普遍存在重复建设问题。如羊绒衫生产，1992 年，全国羊绒衫生产厂不足 10 家，到 1998 年全国大小羊绒制品加工企业已达 2600 家，加工能力达 2000 万件，加工能力是原绒产量的 5 倍，产量大于市场需求 5 倍以上。

进入新世纪，区域竞争有了新的表现形式，就是"争位置"。随着国家批准重庆和成都设立"全国统筹城乡综合配套改革试验区"以及武汉城市圈和长株潭城市群为"全国资源节约型和环境友好型社会建设综合配套改革试验区"，各地都希望本地的发展战略得到中央认可，在全国格局中有一席之地，于是纷纷加入"位置之争"。在各地的努力下，皖江城市带承接产业转移示范区、海峡西岸经济区、关中—天水经济区、黄河三角洲高效生态经济区、鄱阳湖生态经济区、北部湾经济区、成渝经济区等一批地区发展规划获得国家批复。各地的"位置之争"实质是区域竞争的深化和新的表现形式，其目的在于以区域规划的整体诉求，获得国家层面的认可，进而争取国家优惠或支持政策。

4. 优化区域关系的国家方略

区域竞争带来的首先是区域发展的动力。中国已经成为世界第二经济体，这与中国各地在竞争中形成的不竭动力有莫大的关系。中国发展市场经济只有 30 年左右的时间，但已经形成了独特的市场经济模式，即中央政府主导、地方政府推动型的市场经济模式，这一模式的最大特点是地方发展经济的积极性、主动性和创造性。但是，区域竞争也带来负面的影响，如前所述的重复建设、产能过剩，以及资源浪费、环境污染等都属于此类问题。概括起来，我国经济发展出现的不平衡、不协调、不可持续问题，都可以从不合理的区域竞争中找到原因。国家为优化区域关系，遏制不合理的区域竞争，采取了许多针对性的措施。大的方面是三大方略：

（1）设立主体功能区。就是要根据不同区域的资源环境承载能力、现有开发密度和发展潜力，统筹谋划未来人口分布、经济布局、国土利用和城镇化格局，将国土空间划分为优化开发、重点开发、限制开发和禁止开发四类，目的是确定主体功能定位，明确开发方向，控制开发强度，规范开发秩序，完善开发政策，逐步形成人口、经济、资源环境相协调的空间开发格局。中央在"十一五"规划纲要建议中提出功能区的概念，并最终列入"十一五"规划纲要。党的十七大提出了建立主体功能区布局的战略构想，并首次把这个概念写入了党代会的政治报告。建立主体功能区布局，意在妥善处理好几个方面的关系：一是处理好开发与发展的关系。二是处理好政府与市场的关系。三是处理好局部与全局的关系。四是处理好主体功能与其他功能的关系。五是处理好行政区与主体功能区的关系。六是处理好各类主体功能区之间的关系。七是处理好保持稳定与动态调整的关系。

作为国土空间管制的一种新的制度安排，主体功能区布局规划不仅涉及各地区的发展利益，同时也涉及各部门的政策调整，因而这一战略构想直到 2011 年初才正式发布。

（2）实施综合配套改革试点。我国从 2005 年起实施综合配套改革试点。综合配套改革试验区是我国在经济社会发展的新阶段为促进地方经济社会发展而推出的一项新的举措。它是我国改革开放继深圳等第一批经济特区后建立的第二批经济特区，亦即"新特区"。综合配套改革试验区设立的核心要义在于"综合配套"，其宗旨是要改变多年形成的单纯强调经济增长的发展观，要从经济发展、社会发展、城乡关系、土地开发和环境保护等多个领域推进改革，形成相互配套的管理体制和运行机制，为创新区域发展模式、新道路，提升区域乃至国家竞争力提供新的经验和思路。

这些改革试点共有 9 个，被称为 9 个"新特区"，包括 2005 年 6 月批准上海浦东新区为第一个综合配套改革试验区，任务是探讨政府职能的转变；2006 年 5 月设立天津滨海新区，探讨新的城市发展模式；2007 年 6 月批准重庆和成都（成渝）全国统筹城乡综合配套改革试验区，目的是探索改变中国城乡二元经济结构的路径；2007 年 12 月批准武汉城市圈和长沙、株洲、湘潭（长株潭）城市群为全国资源节约型和环境友好型社会建设综合配套改革试验区，希望在解决资源、环境与经济发展的矛盾问题上先行先试，取得经验；

2009年5月，批复通过《深圳市综合配套改革总体方案》，提出深圳"争当科学发展示范区、改革开放先行区、自主创新领先区、现代产业集聚区、粤港澳合作先导区、法制建设模范区，强化全国经济中心城市和国家创新型城市地位、加快建设国际化城市和中国特色社会主义示范市"的目标定位，做综合性的"新特区"；2010年4月批准沈阳经济区综合配套改革试验区，主要任务是紧扣走新型工业化道路主题率先突破；2010年12月1日批复设立"山西省国家资源型经济综合配套改革试验区"，主要任务是加快产业结构的优化升级和经济结构的战略性调整，建设资源节约型和环境友好型社会，统筹城乡发展，保障和改善民生等。

（3）设立经济区。目的是探索如何打破行政区划的限制和阻隔，通过减少行政干预，减少商务成本，实现要素流动通畅，用区域经济的理念和办法组织经济活动。目前，国家批准设立的经济区包括：2008年2月，国务院批准实施《广西北部湾经济区发展规划》。北部湾经济区的功能定位是：立足北部湾、服务"三南"（西南、华南和中南）、沟通东中西、面向东南亚，充分发挥连接多区域的重要通道、交流桥梁和合作平台作用，努力建成中国—东盟开放合作的物流基地、商贸基地、加工制造基地和信息交流中心，成为重要国际区域经济合作区。2009年5月，国务院批准《关于支持福建省加快建设海峡西岸经济区的若干意见》。海峡西岸经济区的战略定位是：两岸人民

交流合作先行先试区域，服务周边地区发展新的对外开放综合通道，东部沿海地区先进制造业的重要基地，我国重要的自然和文化旅游中心。2009年6月，国家发展改革委批准《关中—天水经济区发展规划》。设立关中—天水经济区的目标是：建设大西安、带动大关中、引领大西北，战略定位是：全国内陆型经济开发开放战略高地，统筹科技资源改革示范基地，全国先进制造业重要基地，全国现代农业高技术产业基地彰显华夏文明的历史文化基地。2009年11月，国务院批复《黄河三角洲高效生态经济区发展规划》。其功能定位是：全国重要的高效生态经济示范区，全国重要的特色产业基地，全国重要的后备土地资源开发区，环渤海地区重要的增长区域。2009年12月，国务院批复《鄱阳湖生态经济区规划》，其发展定位是：建设全国大湖流域综合开发示范区，长江中下游水生态安全保障区，加快中部崛起重要带动区，国际生态经济合作重要平台，南海资源开发和服务基地，国家热带现代农业基地。2010年4月，批准设立沈阳经济区，主要任务是：着眼于建立新型工业化的体制机制推进改革，着眼于建立新型工业化的制度支撑体系推进改革。2011年5月，国务院批复《成渝经济区区域规划》。其战略定位是：建成西部地区重要的经济中心、全国重要的现代产业基地、深化内陆开放的试验区、统筹城乡发展的示范区和长江上游生态安全的保障区。

二、建设中原经济区正当其时

所谓经济区，是指在劳动地域分工基础上形成的不同层次和各具特色的地域经济单元，是以中心城市为核心、以农业为基础、以工业为主导、以交通运输和商品流通为脉络、具有发达的内部经济联系、在全国经济联系中担负某种专门化职能的地域生产综合体。无论从历史演进角度，还是从现实经济联系的实际，以河南为主体涵盖周边的中原地区，都是一个山水相连、血缘相亲、文脉相承、经济相联、使命相近、客观存在的经济区域。构建中原经济区，有深刻的时代背景和

重大的现实意义，可以说，正当其时，十分必要。

1. 建设中原经济区意义重大

"中原"是我国一个非常重要的地域概念。中原经济区的范围大体包括河南全部以及晋东南、冀南、鲁西南、皖西北、苏北等周边地区。该区域同属中原历史文化支脉，历史上经济、文化联系较为密切，发展阶段大体相近，面临的发展难题和发展任务基本相同。建设中原经济区，有着深刻的时代背景和重大的现实意义

实现中原崛起要求建设中原经济区。实现中

原崛起反映了中原地区经济社会发展的内在规律。实现中原崛起的思路和内容有一个不断完善和丰富的过程。总体上看,河南历届省委、省政府围绕振兴河南、加快中原崛起提出的指导思想、发展目标、实现途径和战略举措,都是符合当时河南发展实际和发展需要的,都对河南经济社会发展发挥了重要的推动作用。

在新的形势下,要谱写中原崛起新篇章,必须以大视角启迪大智慧,以大思路谋划大战略。

而从国家战略的高度看,河南省优越的区位、丰富的资源、雄厚的实力以及中原文化的包容等,早已使其影响渗透到周边省份的相邻地区。构建中原经济区,有利于充分释放河南的发展能量,在统一的框架下整合更大区域范围内的发展潜力,真正形成我国中部地区的战略支撑和增长板块。另外,河南省周边省份相邻的地区,多处于各主体经济地域的边缘地带,其经济社会发展面临各种不同的问题,构建中原经济区,可以整合这些地区的力量,实现共同发展。纳入中原经济区范围的周边省份的相邻地区,自古以来与河南省都有较为密切的经济、文化、交通联系,如果中原经济区战略能够上升到国家层面,相信对这些地区的凝聚力会大大增强。

促进中部崛起要求建设中原经济区。首先,构建中原经济区有利于中部崛起总体发展目标的实现。以河南为主体的中原经济区拥有人口1.7亿,占中部地区的47%。但人均经济水平、民生水平和工业化、城镇化水平明显偏低。2008年,中原经济区人均GDP只有17000元左右,城镇居民可支配收入12000余元,农民人均纯收入是4300多元,城镇化率30%左右,都低于中部平均水平。如不加快中原经济区建设,将影响到中部崛起总目标的实现。其次,构建中原经济区有利于"三个基地、一个枢纽"建设。相对中部其他区域,以河南为主体的中原经济区在建设"三个基地、一个枢纽"的目标中,有利条件最多,基础条件最好。建设中原经济区,有利于继续发挥该区域的综合优势,提升该区域在中部发展格局中的战略地位。最后,构建中原经济区有利于实现重点地区更好更快发展。以河南为主体的中原经济区,位于沿京广、陇海、京九"两纵一横"经济带的交会地带,是中部人口最密集、经济总量最大、交通区位优势最突出、最具发展潜力的区域。中原城市群是中部最具成长性的城市群。建设中原经济区,促进中原城市群加快发展,可以在中部地区构筑具有强大集聚作用和辐射作用的核心增长极。

服务全国发展大局要求建设中原经济区。首先,建设中原经济区有利于保障国家粮食安全。中原地区在国家粮食安全中举足轻重,该区域耕地面积约1.9亿亩,占全国耕地资源的十分之一以上。2008年,该区域粮食总产量9000多万吨,占全国粮食总产量的六分之一强,其中夏粮产量占全国的二分之一。建设中原经济区,有利于进一步加强中原地区粮食生产基地建设,为保障国家粮食安全作出新的更大贡献。其次,构建中原经济区有利于完善全国经济布局。在沟通东部和西部的国土开发战略中,沿江经济带和陇海兰新经济带是两条带动我国经济发展的重要的东西经济走廊。中原地区位于京广、陇海兰新两大经济带主轴的交会区域,也处于沿海经济带沟通西北内陆地区的关键位置。构建中原经济区,能够形成我国区域发展新的重要增长极,同时为加强发达地区和欠发达地区的经济联系提供了良好的条件。最后,建设中原经济区有利于形成全国生态屏障。中原经济区地处淮河、汉江、海河、黄河等重要河流中上游,是南水北调中线工程的源头,环境保护和生态建设压力大。从现实情况看,河南生产方式粗放,2008年全省单位生产总值能耗、单位工业增加值能耗分别比全国平均水平高10.6%、40.7%。这些问题如不及时解决,不仅将制约河南经济社会的发展,也将影响中部地区的发展。

2. 建设中原经济区十分紧迫

建设中原经济区,不仅十分必要,而且十分紧迫。中原经济区是一个客观存在、相对独立、欠发达特征明显、亟待实现历史复兴的经济区域,提出建设中原经济区是大势所趋,使命所在。

中原经济区是一个客观存在的经济区域。所谓"客观存在",即建设中原经济区有很多客观存在的有利条件,跨省建设中原经济区具有共同基础。首先,地缘人文条件接近。中原经济区虽然地跨河南和周边数省,但具备整合发展的基础条件,特别是相近相似的地理条件和地缘人文因素,是构成中原经济区的内在纽带。在当今市场经济条件下，跨地区、跨省域的区域协作关系更加紧密。如安阳与邯郸、焦作与晋城、三门峡与运城、商丘周口与皖北苏北诸市、濮阳与菏泽聊城等，虽分属不同省份，但地缘相邻，交通相连，经济和人员交往交流频繁。其次，发展任务大体相当。目前，中原经济区内各地经济社会发展水平大体接近，所担负的发展任务也大体相当，都面临着解决"三农"问题、统筹城乡发展的迫切问题，都处于工业化起步或加快推进工业化、城镇化的阶段，都处于亟待转变经济发展方式、推进产业结构升级的关键时期。这些相同相似的阶段特征更易实现中原经济区不同地区之间的深度融合。最后，区域协作广泛持久。改革开放以来，中原经济区相邻的各省、各市甚至县乡之间早已出现了多形式、多层次的区域经济合作。这些地跨省内外、延续至今的区域经济协作体的出现，为中原经济区构建奠定了广泛的经济社会基础。

中原经济区是一个相对独立的经济区域。该区域优势明显，功能特殊，但远离珠三角、长三角、环渤海等经济高地。区域经济理论研究表明，中心城市、城市群的辐射能力、影响能力是有限的，辐射范围最大到350公里左右。而以河南为中心的中原经济区，距离大的中心城市比较远。如该区域的河南省会郑州，距离环渤海最大的城市北京800多公里，距离长三角最大的城市上海1000公里，距离珠三角最大的城市广州1600多公里，因而，该区域就成了所谓"七不沾八不靠"的区域，因而受沿海三大增长极的辐射、带动和影响是较小的。与此形成对比的是，同为中部的江西，早就把成为上海的"后花园"作为发展目标，安徽则努力打造皖江承接产业转移示范带，它们仰仗的都是毗邻长三角的地缘优势；湖南提出"湖南向南"，主动融入泛珠三角，也与经济发展受到珠三角影响较大有密切关系；山西则深受首都经济圈的影响。由此不难理解，中原地区的产业门类比较齐全，自我配套能力、自我修复能力比较强，如工业有39个大类，河南的工业就有38个，这是区位特点所决定的，是由相对独立的经济单元这样的客观规律所决定的，是"求生"的需要，是"不得已"的选择。经济区域的相对独立性是形成经济区的重要条件。

中原经济区是一个欠发达特征明显的区域。改革开放以来，中原地区经济社会发展取得了长足进步，但与东部沿海地区相比，人均经济水平、民生水平和工业化、城镇化水平明显偏低，呈现出明显的欠发达特征。2008年，中原经济区人均GDP只有17000元左右，比全国平均水平低5000多元，只是全国平均水平的四分之三；人均财政收入800余元，仅为全国平均水平4600元的五分之一强；第一产业占15%左右，比全国平均水平高出4个百分点，第三产业占30%左右，比全国平均水平约低10个百分点；城镇居民可支配收入12000余元，比全国平均水平低近3000元；农民人均纯收入4300多元，比全国平均水平低近400元；城镇化率达到30%左右，不到全国平均水平的三分之二。消除欠发达的现象，亟需谋划大战略。建立中原经济区，有利于加快该区域经济发展，增加居民收入，启动农村市场，积极探索内需尤其是消费需求拉动经济增长的有效路子，为实现"弯道超车"创造条件。

中原经济区是一个亟待实现历史复兴的区域。中原地区位居中国之中部，是中华文明和中华民族最重要的发源地。从中国第一个世袭王朝夏朝建都于河南偃师至清王朝覆灭的4000余年历史中，中原处于全国政治、经济、文化的中心地域长达3000年，先后有20多个朝代建都或迁都于此。北宋时期，都城开封是当时最繁华的国际大都市，是世界中心，商业贸易额占全国一半，人口近百万，而同时期的英国伦敦人口还不到5万。然而，随着近代列强对中国的侵略和掠夺，中原地区同祖国一样积贫积弱而衰落。新中国成立以来，中原地区经过艰苦奋斗和探索追求，经济社会发展取得了巨大成就，已经站在了实现崛起的新的历史起点上。中原是中国的一个缩影和面临问题的写照。中原始终与祖国同命运、共兴衰。中原兴。中华兴；没有中原的振兴，就没有中华民族的伟大振兴。一个新兴的中原经济区的迅速崛起，将为国家现代化建设和中华民族的伟大复兴作出重要贡献。

3. 建设中原经济区任重道远

建设中原经济区从谋划到得到各方认可，上升为国家战略，前后只有一年左右时间。关于中原经济区的内涵、建设的意义和必要性、发展目标和定位等，从自己弄明白，到让别人听明白，再到得到高层认可，困难可想而知。现在，尘埃落定，使中原经济区上升为国家战略的初衷已经实现，但是，河南各级政府和干部没有"松口气"的理由，因为"立题"难，"作文"更难。过去，我们向中央要"牌子"，现在，"牌子"给了，但中央给"牌子"不是让我们欣赏的，而是让我们干事的。所以，如何推进中原经济区建设，已经现实地摆在了河南一亿人民面前，丝毫懈怠不得。

推进中原经济区建设，要突出主题和主线，就是坚持科学发展的主题和转变经济发展方式的主线；突出持续和提升，就是持续中原崛起的好态势、好趋势、好气势，持续河南这些年围绕中原崛起形成的好思路、好经验、好举措，同时，根据新的形势和需要，不断加以拓展、完善、丰富和提升；突出特色和优势，就是要充分挖掘区位、粮食、文化、人力资源开发等方面的潜力，在服务全国大局中发挥更大作用；突出富民和强省，就是要坚持富民为基，强省为要，加快中原全面小康进程，提高区域竞争力；突出落实和实干，就是要强化一种理念，即中原经济区是干出来的，不是喊出来的，要从我做起，从现在做起，从可以做的事情做起，推动中原经济区尽快取得突破。

建设中原经济区，核心任务是探索不以牺牲农业和粮食、生态和环境为代价的"三化"协调发展路子。推进"三化"协调发展，是破解河南当前发展中若干重大问题的关键环节，也是一项复杂的系统工程，的确有不少难题有待破解。在实际工作中，要把握几个着力点：一是加快推进产业结构调整和优化升级。河南能源、原材料等资源与资本密集型产业比重过大的产业结构，不利于"三化"协调发展，必须按照新型工业化的要求，把推动自主创新与改造提升传统产业、培育战略性新兴产业结合起来，努力构建多元化现代产业体系，着力提升产业发展质量。继续加大支农惠农政策力度，积极发展现代农业，用现代物质条件装备农业，用现代科学技术改造农业，用现代经营形式推进农业，用现代发展理念引领农业，用培育新型农民发展农业。进一步加快技术改造创新，为新兴战略支撑产业释放发展空间。进一步推动自主创新，培育一批战略性新兴产业。二是大力发展服务业特别是现代服务业。各级政府要把发展服务业特别是现代服务业作为落实科学发展观、转变经济发展方式、提升产业结构、扩大就业的重要方面来认识。要制定现代服务业发展规划，明确支持现代服务业具体方向，突出重点。三是积极统筹城乡经济社会一体化发展。工业化、城镇化与农业现代化之间存在着互动发展的内在联系，但目前河南"三化"协调发展的这种内在机制受到了城乡分割制度的制约。因此，推进"三化"协调发展，必须打破分割，统筹城乡一体化发展。要加快建立城乡一体的交通、供水、流通、能源、信息网络体系，大力发展农村各项社会事业，促进基础设施建设和公共服务的城乡统筹、区域共享。要建立健全推进城乡一体化的体制机制，加快户籍制度改革，建立城乡一体化的就业体系和社会保障体系，深化土地流转制度改革。四是坚持走产业城镇融合发展之路。只有产城融合，才能使农村富余劳动力实现就业空间和就业部门的双重转变，从而持续推进工业化和城镇化，带动农业现代化。因此，促进"三化"协调发展，必须坚持走产城融合发展之路，建设产业生态良好、吸纳就业充分、人居环境优美的现代化新城镇。

三、中原经济区跨越式发展和进步

跨越就是超常规，跨越式发展就是超常规发展。超常规发展，包括发展速度超常规、发展模式超常规、发展质量超常规等。谋划中原经济区，就是为了借全国改革开放之大势，借全国区域协调发展之大势，借促进中部地区崛起之大势，重构中原版图，推动这个区域实现跨越式发展。

1. 中原经济区跨越式发展的基础

中原经济区的核心区域河南省，在北宋之前

一直是中国的政治、经济、文化中心。北宋以后，由于战乱和灾荒，河南逐渐衰落下来，到新中国成立之初，成了全国最贫穷落后的省份之一。1949年，河南人口为4174万人，占全国总人口的7.7%；工农业总产值为21.02亿元，仅占全国工农业总产值的4.5%；工业总产值仅为2.29亿元，占工农业总产值的10.9%，占全国工业总产值的1.6%；全省粮食总产142.7亿斤，占全国粮食总产量的6.3%，亩产110斤，为全国平均粮食亩产的60%左右；人均工农业总产值为50.3元，比全国平均水平低41%。

新中国成立以来特别是改革开放以来，河南发生了翻天覆地的变化。初步测算，2010年，全省生产总值达到22270亿元，稳居全国第5位和中西部首位；人均生产总值达到23440元，折合3350美元。河南工业发展突飞猛进，工业总量上升到全国第5位，进入全国第一方阵。在全国统计的191个工业行业门类，河南有185个，其中123个在全国具有竞争优势。形成了食品、有色金属、石油和煤化工、汽车及零部件、装备制造、纺织服装等战略支撑产业和产业链，成为全国重要的食品工业基地、能源工业基地、有色工业基地。河南农业稳步发展，用占全国十六分之一的耕地生产了全国十分之一以上的粮食，粮食产量连续5年稳定在1000亿斤以上，成为全国第一粮食生产大省、国家粮食主产区，为保障国家粮食安全做出了重要贡献。城镇化快速推进使中原城市群的辐射带动能力显著增强，全省城镇化率预计达到39.4%。这些重大成就表明河南已成功实现了由传统农业大省向全国重要的经济大省、新兴工业大省和有影响的文化大省的历史性转变，初步探索出了一条不以牺牲农业和粮食为代价的加快工业化、城镇化的路子，全省经济社会发展保持了好的趋势、好的态势和好的气势，已经站在了新的更高的平台上，进入了转型升级、蓄势崛起的新阶段。

但也应清醒地看到，河南省人均水平低、地方财力弱、工业化和城镇化发展滞后的问题依然突出，河南人口多、底子薄、发展不平衡的基本省情没有根本改变。2009年，河南生产总值为19367亿元，居全国第5位，地方财政一般预算收入1126亿元，居全国第9位；人均财政收入1133元，位列全国倒数第一；公共服务人均支出也居全国后列。2009年，城镇居民人均可支配收入只相当于全国平均水平的83.7%；农民人均纯收入只相当于全国平均水平的93.3%。改变"总量靠前、人均靠后"现状的唯一出路是实现跨越式发展。保持跨越式发展，也是形势发展的需要。国家《促进中部地区崛起规划》提出了到2015年中部地区的发展目标，要求人均生产总值达到36000元，城镇化率达到48%，城镇居民人均可支配、农村居民人均纯收入分别达到24000元、8200元。经测算，河南要达到上述目标，考虑到人口增长的因素，2010~2015年生产总值年均增速应在11%以上，城镇化率需年均提高1.72个百分点，城镇居民可支配收入、农民人均纯收入年均增长应分别保持在8.9%和9.3%以上。事实证明，河南如果不改变主要依赖物质投入、拼资源环境、靠外延扩张的传统发展方式，保持经济平稳较快发展的目标就难以实现，而发展速度一旦过低，不仅全面小康战略目标难以实现，还会引发一系列矛盾和社会问题。

2. 从"四个重在"到"四个持续"

在2009年12月召开的河南省委经济工作会议上，省委书记卢展工提出了"四个重在"（重在持续、重在提升、重在统筹、重在为民）的要求。"四个重在"的提出，是河南深入贯彻落实科学发展观的客观需要，也是推进"中原崛起、河南振兴"的总体要求和实践要领。

2010年12月，河南省委经济工作会议在郑州召开，省委书记卢展工就贯彻落实中央经济工作会议精神，围绕河南经济工作怎么看和怎么干，提出在工作中要把握"四个持续"，即正在持续、难在持续、重在持续、为在持续。"四个持续"科学概括了河南发展的总体情况、存在的突出问题、下一步的发展方向和工作要求，是指导今后一个时期工作的纲领性要求。

从提出"四个重在"，到强调"四个持续"，蕴涵着深刻的含义，体现了工作思路的连贯性。"四个重在"的第一个就是"重在持续"，一年来，持续得怎么样了？"正在持续"就是对"重在持续"的呼应和总结，是对一年来河南经济社会发展的总体判断，反映了谋划决策的科学性。保持清醒，昭示了蓄势崛起的必然性。当前，经济全球化和区域经济一体化深入发展，国际产业向发展中国家转移、东部地区产业向中西部地区转移的趋势不断加强，国家促进中部崛起战略加快实施，河南仍处于可以大有作为的重要战略机遇期，面临难得的历史机遇。从发展阶段看，河南工业化、城镇化、农业现代化进程加快推进，"十一五"规划目标任务胜利完成，综合经济实力显著增强，全省上下谋求发展的共识、服务全局的合力、攻坚克难的精神进一步增强，经济社会发展呈现出好的趋势、好的态势、好的气势。河南站在了新的战略起点上，进入了蓄势崛起的新阶段。也表明了破解难题的坚定性。破解"钱从哪里来、人往哪里去、民生怎么办、粮食怎么保"四道难题，是走出传统发展方式困局的关键，也是科学发展绕不过去的坎；是加快经济发展方式转变的出发点，也是加快经济发展方式转变必须破解的难点。"四难"，需要持久努力，不懈奋斗。解难之力在持续，要重"长性"，重"韧性"，不动摇、不懈怠、不刮风、不呼隆、不折腾。

坚持"四个重在"、"四个持续"，是推动中原经济区跨越式发展的实践要领。根据河南当前经济社会发展现状和实际工作中存在的不适应、不符合"四个重在"、"四个持续"要求的问题，必须增强坚持"四个重在"、"四个持续"的自觉性、主动性，按照"求实求效"的要求，重点在以下几个方面下工夫：一是统一思想认识。要切实把思想和行动统一到中央和省委的决策部署上来，自觉主动地从那些不利于科学发展、不适应"四个重在"、"四个持续"要求的观念、做法和体制的束缚中解放出来。要着力营造解放思想的氛围，激发解放思想的活力，凝聚解放思想的合力，推进解放思想的实践。要克服片面发展、盲目发展、只顾眼前发展等问题，坚持统筹兼顾、协调发展。要进一步提升思想认识、视野境界和工作要求，倡导创新思路、创新理念、创新方法，坚持把求实求效作为推进工作、推动发展的根本要求。二是谋划发展战略。国际金融危机加速了世界经济格局的重构，推动了产业梯度转移和区域经济发展格局的调整，河南要持续保持发展势头，必须充分利用国家的区域发展政策调整整合的契机，以更加主动的姿态、更加开放的胸怀，在参与和融入区域竞争乃至国际竞争中寻求自己的发展定位，积极寻求战略转型。三是转变发展方式。要善于把转变发展方式与提升竞争力有机结合，强化产业支撑理念，大刀阔斧调整产业结构、产品结构、城乡结构和地区结构，努力提升抗击风险和市场竞争的实力。四是深化体制改革。要着力增强经济发展内生动力，深化财税金融体制改革，深化科技体制改革、文化体制改革，构建和完善有利于循环经济发展的制度支持体系，增强经济发展的内生动力和活力。五是营造良好环境。要围绕发展第一要务和经济建设中心形成合力，通过团结、集聚、协调来形成上上下下、方方面面、内部外部的合力，通过研究问题、思考问题、学习提高求合力。

3. 中原经济区跨越式发展的战略举措

第一，优化产业结构，构建现代产业体系。要加大支农惠农政策力度，积极发展现代农业。逐步做到用现代物质条件装备农业，用现代科学技术改造农业，用现代经营形式推进农业，用现代发展理念引领农业，用培育新型农民发展农业，提高农业水利化、机械化和信息化水平，提高土地产出率、资源利用率和农业劳动生产率，提高农业素质、效益和竞争力。完善高新技术产业发展的政策支撑体系。进一步完善高新技术产业发展的政策支撑体系，突出自身在高新技术产业发展中的比较优势，制定高新技术产业发展路线图，对高新技术产业发展中、长期目标做出预测和规划，在具有一定优势的高新技术产业领域，鼓励、引导成长性好、竞争力强的企业与国内外高端要素结合，推动高新技术产业的成果转化和规模扩张。推进产业结构的战略性调整，促进传统优势产业的资源整合与优化升级。进一步发挥比较优势，在存量调整上下工夫，推动优势产业对国际、国内产业资源进行有效整合，促进优势产业借助当前机遇实现低成本扩张，围绕核心竞争力推动优势产业优化升级，超前规划一批技术改造和产品更新换代项目，并提供配套资金支持，引导企业在新的经济形势下寻求新的产业支撑。大力发展服务业特别是现代服务业。充分发挥服务业发展引导资金作用，高度重视，科学规划，突出重点，择优扶持，加强制度创新和政策调整，优化服务业发展环境，推进服务业快速、健康发展。

第二，加快城镇化步伐，构建现代城镇体系

坚持中心城市带动战略。按照统筹城乡发展的要求，加快形成国家区域性中心城市、地区中心城市、中小城市、小城镇、农村社区层次分明、结构合理、功能互补、协调发展的现代城镇体系。以交通互联互通为突破口，尽快形成以郑州为中心的中原城市群"半小时"交通圈和"一小时"交通圈；加快推进郑汴新区建设，努力把郑州建成全国区域性中心城市，把郑汴新区打造成中原城市群核心增长极。把县城建设成为人口规模在20万以上的中等城市。合理规划布局中心镇建设，承担农村区域服务中心功能。推动城市发展方式转变。用复合型城市理念进行城市建设；促进一、二、三产业复合，经济功能、生态功能、宜居功能复合，城市与产业耦合发展。推动城市建设由粗放型向紧凑型转变，把节地、节水、节材、节能等落实到城市规划建设管理的全过程，特别要建立起集约用地、高效用地的新机制，鼓励发展城市集合体、高层建筑等，为未来发展预留空间。创新城市发展机制。以产业聚集创造的就业岗位来决定人口转移的规模，以产业发展的规模和程度来决定城市发展的规模和进度，以城市功能的完善促进产业集聚发展，增强对农村转移人口的吸纳能力。加强投融资平台建设和管理，真正建立起"政府引导、社会参与、市场运作"的社会投融资机制，缓解城镇建设资金约束。

第三，加快技术进步，构建自主创新体系。积极培育创新主体。注重发挥企业的关键作用、科研院所的骨干作用和高等院校的生力军作用，积极引导和支持企业开展自主创新和产学研用结合。加快创新型科技人才队伍建设，特别要抓住当前海外人才回流的机遇，引进一大批急需的高层次科技人才。努力打造创新平台。围绕构建现代产业体系，加快建设和发展工程研究中心、技术研究中心、企业技术中心，加强重点实验室、工程试验室、高校重点实验室建设，积极发展创业孵化基地，着力打造不同层级、不同层次的创新平台。注意发挥产业集聚区、城市新区以及各类开发区在资产、资源、环境、技术、人才等方面的集聚优势，努力将其建成高新技术产业集群发展基地、产学研结合平台和科技成果转化中心，发挥其示范引领作用。不断完善创新机制，建立健全科技创新投融资机制，充分发挥政府各类投融资平台的作用，优先支持创新型企业上市融资，建立、完善创业风险投资和技术产权交易市场。完善科技成果评价和奖励机制，科技成果和科技资源效能的评价要以产业化、市场化和商品化为主要标准。

第四，各级党委政府要适应跨越式发展的新要求。从人民的立场深刻认识跨越发展。各级党委和政府要着眼于人民群众的根本利益、长远利益，着眼于人民群众的实际利益、具体利益，真正把人民愿意不愿意、赞成不赞成、满意不满意作为发展实践的检验标准。在跨越发展的实践中，要尽可能把数量扩张、速度提高、效益增加、质量提升结合起来；把产业扩张、结构优化、方式转变结合起来；把总量扩大、区域协调、城乡统筹结合起来；把经济快速发展、社会全面进步、政治文明建设、文化实力提升、生态环境改善结合起来。以强烈的责任心助推跨越发展。各级干部要有良好的精神状态，有强烈的事业心和责任感，做到责随职走、心随责走，忠诚履责、尽心尽责，勇于负责、敢于问责。要本着对党和人民高度负责的态度，讲党性、重品行、作表率，带头强化责任意识。要善于发现问题、提出问题，更要善于提出解决问题的办法，创造性地开展工作。靠有效运作落实跨越发展。要注重运作、敢于运作、善于运作，坚持用创新的理念、发展的办法解决跨越崛起中的困难和问题。要精心运作，一切从实际出发，善于把上级精神与本地实际结合起来，提出针对性强的实施举措，并认真落实到每一个层面、每一个细节。要耐心运作。尊重规律、认识规律，按规律运作，充分利用有利条件，实现既定的目标。要细心运作，把握好运作的"度"，用好用足政策，深化项目带动，达成好与快的统一、质与量的统一、短期利益与长期利益的统一、局部利益与全局利益的统一。

四、建设中原经济区要立足实干

2011 年 3 月 27 日，河南省委书记、省人大常委会主任卢展工在会见以全国政协人口资源环境委员会副主任、九届浙江省政协主席、长三角（浙江）民营经济研究会会长李金明为团长的长三角（浙江）民营经济研究会考察团时指出：在刚刚结束的全国"两会"上，中原经济区正式写入国家"十二五"规划纲要，上升为国家战略，全省上下备受鼓舞。当前，我们正以"四个重在"为实践要领，抓住机遇、加快发展，推动中原经济区建设。中原经济区建设要靠干，靠全省干部群众脚踏实地干出来。这些话，揭示了一个朴实的真理，也道出了河南一亿民众的心声。

1. 争取政策支持与立足实干的关系

建设中原经济区，离不开中央的支持，这是由中原经济区在全国发展大局中的地位和作用决定的。中原经济区是中国的缩影，中原经济区在全国的地位和特点与中国在世界的地位和特点相似，中原经济区发展所要破解的难题其实也正是实现中华民族伟大复兴所面临的一些基本问题。特别是在统筹城乡发展、破解"三农"问题方面，中原经济区是最具典型意义的地区。中原经济区人口在全国占较大比重，其中河南人口超过 1 亿，占全国的十三分之一，这个地区如果不能如期实现全面建成小康社会的目标，会对全国全面小康进程发生负面影响。由于人口多、底子薄、基础弱，中原经济区主要人均经济指标与全国平均水平尚有较大差距。解决中原经济区全面小康问题，既需要中央给予财力上的支持帮助，同时也需要中央赋予一些实实在在的政策，提高中原经济区的内生发展能力。中原经济区位于我国腹地，承东启西，连接贯北，经济规模大，内需市场广阔，劳动力成本低，在全国产业梯度转移中具有不可替代的战略地位。如果中央能够给予适当政策支持，中原经济区一定可以成为中西部地区承接产业转移的重要基地、东中西合作互动的典型区域。中原经济区人口规模大，人力资源丰富。如果中央给予适当的政策支持，中原经济区一定可以成

为全国重要的人力资源基地，在全国发展大局中发挥更大作用。中原经济区的粮食生产在全国具有举足轻重的地位。保障国家粮食安全，既是地方的责任，更是中央的责任。中央应通过有效的政策和制度安排，调动地方政府和农民种粮积极性。中原文化是华夏文明之根，培育以根文化为重点的中原文化品牌，对于增强海内外同胞的向心力、提高中华民族的凝聚力、彰显中国文化等，都具有全局意义。总之，中原经济区在全国发展中具有典型性、示范性、全局性，理应得到中央各方面的政策支持。

建设中原经济区要立足于实干。说到底，中原经济区是干出来的，不是喊出来的。中央政策支持固然重要，但起决定作用的还是中原地区人民的艰苦奋斗和实干精神。事实上，中原经济区能够上升为国家战略，本身就是河南上上下下立足实干的结果。2010 年 7 月，河南省委召开专题研究河南发展的战略思路问题的常务扩大会议，明确适时启动《中原经济区建设纲要》的编制。2010 年 9 月，经过河南有关方面的努力和争取，国务院发展研究中心、中国国际经济交流中心和中国区域经济学会分别在北京召开了 3 次建设中原经济区高层研讨会，为中原经济区鼓与呼。2010 年 10 月 7 日，河南省委、省政府在北京召开"河南省建设中原经济区汇报座谈会"，全国人大常委会副委员长、九三学社中央主席韩启德，全国人大常委会副委员长、民建中央主席陈昌智，全国政协副主席、民进中央常务副主席罗富等领导应邀参加会议，表示了对中原经济区的支持态度。2010 年 11 月 17 日至 19 日召开的河南省委八届十一次会议，审议并原则通过了《中原经济区建设纲要（试行）》，建设中原经济区被确定为河南"十二五"发展的总体战略。2010 年 11 月 26 日，河南省第十一届人大常委会第十八次会议审议通过了《河南省人民代表大会常务委员会关于促进中原经济区建设的决定》，这意味着建设中原经济区已经上升为全省人民的共同意志和行动。河南省

立足实干建设中原经济区的谋划，得到了中央的肯定与支持。温家宝总理于 2011 年 1 月 22 日在河南调研时指出："河南是中国的缩影，也象征着祖国的发展，我对中原经济区建设、对河南发展寄予厚望。国务院已经原则同意把中原经济区建设摆在重要位置。河南这块古老的大地，一定能够通过中原经济区的带动焕发青春。"2011 年 1 月 26 日，河南省发改委通过媒体宣布，在国务院近日印发的《全国主体功能区规划》中，中原经济区正式纳入国家层面。2011 年 3 月出台的国家"十二五"规划纲要，将中原经济区纳入国家重点推进的区域。中原经济区从提出设想，到得到广泛认同，再到中央正式做出决策，每一步都体现了实干的精神，都是实干精神的结晶。在其上升为国家战略后，更要靠各级干部和广大群众立足实干来推进。各地要找准定位，主动融入，不等、不靠，推动中原经济区起好步开好局。

2. 立足于实干要强化科学运作

河南省委书记卢展工指出："建设中原经济区，有很长很艰难的路要走。今后关键就是做。"河南各地各部门在建设中原经济区的实践中，要认真研究区域经济发展规律，既站位全局又突出个性，既考虑当前又谋划长远，把本地本单位发展的"小战略"与中原经济区建设这个"大战略"有机衔接起来，形成局部突破与全局发展相互促进的良好局面。要坚持求真、务实、重干，立足于实、立足于做、立足于效，一步一个脚印地把中原经济区建设的宏伟蓝图变为现实。要注意发挥优势。优势就是地位，优势决定地位。要注意发掘优势、发现优势、创造优势，既使自身优势得到充分发挥，又要实现优势互补、有机整合，产生聚合效应。要注意统筹协调。建设中原经济区是一项复杂的系统工程，需要统筹各方力量来共同推进，使中原经济区建设的各项工作、各项事业、各个环节相互协调、相辅相成，围绕科学发展这个主题形成一个有机的整体。要注意密切协作。协作产生合力，协作产生效率，协作产生共赢。各地各部门要密切配合，创新协作机制，拓展协作领域，加强中原经济区内各地区间的相互配合、相互协作，增强互补性、融合性，推动各地经济相连、优势整合、一体发展。要注意求实求效。要把谋划中原经济区的热情转化为实干

精神、实际行动，脚踏实地、集中精力，把心思真正放在研究问题、谋划发展、推动工作上。

要看到，在实际工作中，有的地方、有的干部还不适应新形势的要求，不能真正理解有效运作的深刻含义，有的干部不想运作，满足于功劳簿上"晒"贡献，数字报表上"抖"成绩，习惯于照搬老经验、老做法、老措施，满足于"上级咋说我咋做"，以文件落实文件，用会议贯彻会议。有的不敢运作，害怕触及深层次矛盾，担心干了事情会得罪人，"和稀泥、打太极"。即便有好的项目，也前怕狼后怕虎，没有快刀斩乱麻的勇气，更缺乏大刀阔斧的锐气。有的不会运作，看似忙忙碌碌，却没有抓住主要矛盾和矛盾的主要方面，眉毛胡子一把抓。该为的不为，不该为的乱为，不懂得也不尊重客观规律，不领会也不会自觉运用客观规律办事。有的不善运作，一说推动工作就大轰大嗡，方法简单粗放，结果是工作干了不少，力气花了不小，但因为方法不对而事倍功半。强化科学运作，就要在工作中多一点思考，多一点行动，多一点服务，多一点表率，力争在抓具体中持续提升，在抓基层基础中寻求突破，在项目带动中力求实效，不断推进各项工作，努力保持河南经济社会发展的良好趋势、良好态势和良好气势。

3. 贯彻"三具两基一抓手"工作方法

第一，要提高贯彻"三具两基一抓手"工作方法的自觉性。"三具"，就是做任何事情一具体就突破，一具体就深入，一具体就落实；"两基"，就是切实抓好基层，打好基础；"一抓手"，就是把实施项目带动作为各项工作的总抓手。"三具两基一抓手"体现了事物发展的内在联系，反映出对实践操作要求的方法论认识。要"突破"必须"深入"，深入才能落实；"深入"、"突破"、"落实"必须有载体即"项目"的带动和实在的抓手，表现出对各实践环节关联性的重视。"三具两基一抓手"强调具体事物本身的客观性与主观认识的一致性，强调从事物内在的规定性去发现问题，解决问题，注重从事物本身规定性入手去寻找相适应的途径和"抓手"，充分体现了深刻的哲学辩证法。"三具两基一抓手"内含着科学发展的根本要求，又创造性地体现了落实科学发展观在操作上的具体性，从共产党人的执政理念、执政要求、

执政实践、执政方法和执政途径上全面体现了共产党人的核心价值观，发展要取得成效，必须抓好"基层"，打好"基础"，各项发展必须通过实实在在的"项目"来带动。所以，"三具两基一抓手"是在实践中总结出来的方法论，体现了求是的工作理念、求真的工作态度、求效的工作方法、求实的工作作风，是我们贯彻落实科学发展观、推动各项工作的有效方法。另外，"三具两基一抓手"体现了不尚空谈，求真务实，切中时弊，是坚持"四个重在"、破解"四个难题"、弘扬"三平精神"的有机延续，对河南广大干部干好工作、求实求效具有重要的现实意义。

第二，要认清落实"三具两基一抓手"工作方法的着重点。"三具两基一抓手"从根本上来说就是讲工作该怎么干，怎样干才更好。坚持"三具两基一抓手"的工作要求，在工作中要多点思考，多点行动，多点服务，多点表率，力争在抓具体中持续提升，在抓基层基础中寻求突破，在抓项目中力求创新，不断推进各项工作。要在求效上多下工夫，以求真、求是为前提，以求效为目的，把对全局的要求具体化为对各个局部的要求，把对面上的要求具体化为每个单位的要求，把对群体的要求具体化为对个体的要求，一个问题一个问题地解决，一件工作一件工作地落实。要努力做到少说多做，说到做到，说好做好，努力创造出经得起历史、经得起实践、经得起群众检验的工作业绩。落实"三具两基一抓手"工作方法，领导干部要带头。领导干部要真学、真信、真懂、真用，以身作则，为群众树立真抓实干的好榜样。要经常深入基层一线搞好调查研究，真正了解群众在想什么，需要领导解决哪些实际问题，不能只听汇报、只看材料，更不能以会议落实会议，以文件落实文件。要抓具体、具体抓，搞项目带动，但不能陷入庞杂繁重的日常事务性工作中。落实"三具两基一抓手"工作方法，问责机制要健全。在实践中，有些干部不敢干，害怕触及深层次矛盾，害怕干事得罪人、招是非，缺乏开拓创新的勇气；有些干部不会干，工作方法简单粗放，不尊重客观规律，习惯于照搬老经验。改变这种现状，要求建立健全完备的监督、检查、考核、问责机制，确保布置的工作事事有着落，件件有回应。

参考文献

温家宝.我对中原经济区建设和河南发展寄予厚望[N].河南日报，2011-1-24（1）.

国家发展和改革委员会.促进中部地区崛起规划.2010-1-12.

李克强.关于调整经济结构促进持续发展的几个问题[J].求是，2010-6-1.

卢展工.用领导方式转变加快发展方式转变[J].人民日报，2010-6-3.

中共河南省委.中原经济区建设纲要（试行），2010年11月.

喻新安，蒋晓明.中原城市群一体化研究[M].北京：经济管理出版社，2007.

喻新安.中原经济区研究[M].郑州：河南人民出版社，2010.

王胜今，吴昊，于潇.推动区域协调发展的几个战略[J].求是，2009-6-30.

杜鹰.全面开创区域协调发展新局面[J].求是，2009-6-30.

喻新安，龚绍东，陈明星等.工农业协调发展的河南模式[M].郑州：河南人民出版社，2009.

（喻新安，河南省社会科学院）

促进新疆经济发展的若干思路

最近召开的新疆工作座谈会指出：促进新疆发展是提高新疆各族群众生活水平、实现全面建设小康社会目标的必然要求，是深入实施西部大开发战略、培育新的经济增长点、拓展我国经济发展空间的战略选择，是我国实施互利共赢开放战略、发展全方位对外开放格局的重要部署，是加强民族团结、维护祖国统一、确保边疆长治久安的迫切要求。

一、集群发展，打造天山北坡城市群

新疆幅员面积大，人口较少，属于中国少数地广人稀的省区之一，依托天山雪水的滋润，形成了若干环境幽美、物产丰富的绿洲。新疆多数城市分布在天山南北，尤其是天山北坡分布有乌鲁木齐、昌吉、石河子、五家渠、吐鲁番、奎屯、克拉玛依等城市。城市规模虽不是很大，但相距不远，经过一段时间的发展，将成为中国西部一个有一定规模的城市群。

所谓城市群是指在特定的区域范围内云集相当数量的不同性质、类型和等级规模的城市，以一个或几个特大城市为中心，依托便捷的交通条件，城市之间的内在联系不断加强，共同构成一个相对完整的城市"集合体"。由此可见，城市群由若干城市组成，彼此的联系越来越紧密，共同对区域发展产生影响。在城市群中，无论是大城市，还是小城镇，都承担一定的功能，相互服务，相互支撑，基础设施共建共享。

国家"十一五"规划纲要明确：要把城市群作为推进城镇化的主体形态；具备城市群发展条件的区域，要加强统筹规划，以特大城市和大城市为龙头，发挥中心城市作用，形成若干用地少、就业多、要素集聚能力强、人口分布合理的新城市群。天山北坡的城市沿天山东西分布，故也称天山北坡城市带，其中，乌鲁木齐市规模最大，和昌吉市、五家渠市距离均在30公里左右，三市的一体化速度很快，将共同成为城市群的核心。处于乌鲁木齐市西部的奎屯、乌苏及克拉玛依市的独山子区，呈品字形布局，可作为城市群的西翼。加上东部的吐鲁番、中部的石河子、北部的克拉玛依，呈"北斗星"状布局。未来的产业应向天山北坡城市群集聚，人口规模可达到千万人以上，成为我国西部最发达的地区之一。

二、集中发展，培育经济增长极

除天山北坡之外，其他城市均相距较远，城市之间的联系也不是很密切。如库尔勒、阿克苏、喀什、和田、伊宁、哈密、塔城和阿勒泰等基础设施建设较完备，产业有一定基础，均是一定区域的经济政治中心，有几个城市已达到中等城市规模。未来应依托这些城市，形成较为完整的相互配套的产业体系，辐射带动整个区域的发展。应选择具有交通优势、水资源丰富、环境条件好的地方作为经济增长极进行培育，使之发展成为支撑新疆经济发展的新的增长点。

增长极理论最初由法国著名经济学家弗朗索瓦·佩鲁（Francqis Perroux）于20世纪50年代提出的。增长极理论的基本观点是："增长并非同时出现在所有的地方，它以不同的强度首先出现于一些增长点或增长极上，然后通过不同的渠道向外扩散，并对整个经济产生不同的最终影响。"也就是说，经济增长并不是在每个地区按同一速度平衡增长，而是在不同的地区按不同速度不平衡增长。"增长极"通过其吸引力和扩散力作用不断地增大自身的规模，对所在地区产生支配性影响，从而不仅使所在地区获得优先增长，而且带动其他地区的迅速发展。"增长极"恰似物理学上的"磁极"，能够产生吸引或辐射效应，形成地域经济综合体，产生"凝聚经济效果"。区域要实现工业化和加快经济发展，必须建立增长极，通过增长极的自身发展及对其他地区的影响，推动整个地区的经济发展。增长极的形成既可由市场机制的自发调节引导企业和行业在某些地区聚集发展而自动产生增长极，也可由政府通过经济计划和重点投资来主动建立增长极。

改革开放以来，一个重要经验就是通过设立特区和开发区，在国家支持下，建设比较完善的基础设施，制定优惠的政策，强化服务和管理，使投资者能够有利可图。在短时间内崛起了一个又一个经济增长极，如广州的深圳、上海的浦东、福建的厦门、天津经济技术开发区、大连经济技术开发区、青岛经济技术开发区等。加快发展新疆，也应采取这一行之有效的模式。

新疆总体上属于欠发达地区，通过市场机制形成经济增长极的可能性不大，应当通过重点投资来实现，也就是说通过"培育"来形成新的经济增长极。通过设立"特区"来培育经济增长极是我国改革开放以来最成功的试验，如深圳和浦东等。建议国家在新疆地区选择一到两处设立经济特区，国家给予重点支持，实行深圳、浦东的政策，吸引国内外投资者来此地投资兴业。喀什有着悠久的历史、灿烂的文化，是维吾尔族的发源地。喀什作为祖国最西端的一座城市，周边与塔吉克斯坦、阿富汗、巴基斯坦、吉尔吉斯斯坦、印度五国接壤，有红其拉甫、吐尔尕特、伊尔克什坦、卡拉苏4个口岸对外开放，是祖国向西开放的重要门户。喀什水土光热、旅游、矿产、石油天然气、农副产品资源十分丰富，发展潜力巨大。喀什与周边经济互补性强，对内地投资者来说喀什是进入中亚南亚市场有利之地。周边国家轻工纺织、食品工业滞后，中亚国家每年进口大量蔬菜、肉制品，对机电产品需求也十分广阔。相信不久的将来，"特区"效应即可显现出来。

根据考察研究，新疆还可考虑在霍尔果斯建立经济特区。霍尔果斯位于伊利州，毗邻哈萨克，有国家一类口岸和中哈经济合作区。伊犁州水资源丰富、土地资源丰富、矿产资源丰富、农产品资源丰富，气候宜人，是名副其实的"塞外江南"。精河至霍尔果斯的铁路已经通车，交通条件根本改善。一张白纸，平地起家，好画最新最美的图画。随着投资者的涌入和产业的聚集，人口也会向此地集中，用不了多久，霍尔果斯就能发展为名副其实的"经济增长极"，一个在边境崛起的现代化大城市，一个保卫边疆、防止国家分裂的坚强堡垒。此外，可在和田、塔城、克拉玛依、哈密、博乐、库尔勒、阿克苏等地建立国家经济技术开发区，实行特区政策，完善基础设施建设，实行招商引资、管理服务"一条龙"服务。

三、东西合作，共建边境经济合作区和开发区

在考察中发现，新疆很早就成立的边境经济技术合作区的基础设施建设仍非常薄弱，招来的项目寥寥无几。其根本原因是基层政府缺乏资金投入，政策优势无法发挥。改革开放尤其是西部大开发以来，国家批准在边境地区规划建设了若干个经济技术合作区，对当地招商引资起了重要作用，但也给当地财政带来了越来越大的压力。由于资金不足，基础设施建设缓慢或不完善，不

同程度地制约了招商引资的进程，比较有效的方式应是东西部合作建设合作区和开发区。可以采取政府和企业、行政手段和市场手段相结合的办法，对口支援共建合作区和开发区。东部地区办得比较成功的开发区可以到西部边疆地区合作建设国际经济合作区。边境地区的政府以优惠价格提供土地，东部地区开发区提供资金和管理人才，按照东部地区开发区那样的体制进行管理，税收和利润分成，做到互利双赢。伊犁清水河江苏工业园对此进行了卓有成效的探索。清水河江苏工业园位于伊犁霍城县境内，2005年启动建设，规划面积为3平方公里。该园区以规划为龙头、标准厂房建设为着力点，全力打造在集约用地、产业聚集、吸纳投资、配套服务等方面的特色和优势。2006年，该园区利用江苏援疆资金3000万元启动了15000平方米的标准化厂房、园区服务中心、污水处理厂和垃圾处理站四大配套工程。不到一年，即引进太湖钢构、懋盛棉业、亚太肠衣等14家江苏企业入区投资，投资总额达到2.7亿元。这种模式已显现出良好的效果。建议通过进一步研究，总结经验，制定办法，鼓励东中西共建合作区或开发区，推动东中西合作。

四、链条延伸，化资源优势为经济优势

新疆的突出优势在于两方面：一是处于中国与中亚地区经贸合作的前沿。二是具有重要的、高品质的、具有特色的矿产资源、农牧产品资源和旅游资源。新疆是中国相邻国家最多、国境线最长的省区，与8个国家接壤，有5600公里的边境线。它也是我国批准开放陆路口岸最多的省区，已与哈萨克斯坦、吉尔吉斯斯坦、塔吉克斯坦、蒙古、巴基斯坦5个周边国家开展了直达运输，共有直达国际道路运输线路101条，其中客运线路50条，货运线路51条，有16个公路口岸。此外，连云港至霍尔果斯全长4395公里的高等级公路完成建设，已成为国内重要的东西运输走廊。与这条公路基本并行的是全长1.1万公里的新欧亚大陆桥，可辐射30多个国家和地区，覆盖世界约75%的人口。新疆的土地资源丰富、人均占有量大；水土光热资源特殊，能生长养育许多特色农产品；矿产种类全、储量大，目前发现的矿产有138种，其中，9种储量居全国首位，32种居西北地区首位。新疆的旅游资源丰富而独特，在中国旅游资源68种基本类型中新疆至少拥有56种。新疆的生物资源种类繁多、品种独特、特性优良，开发利用和保护的潜力很大。新疆的矿产资源非常丰富，但在当地深加工的比重较小。原油、原煤开采后运到东部，附加值较低，也不利于增加就业。中央决定，在新疆率先进行资源税费改革，将原油、天然气资源税由从量计征改为从价计征，新疆资源丰富地区的财政收入将大幅度增加。但缺少资源的地区将难以从此政策中受惠。新疆离内地距离遥远，资源尤其是煤炭不适于长距离运输，因此，应尽可能在当地深加工，但当地市场狭小，加工制造业企业少。目前，新疆引进的多数是资源开采型企业，煤矿开采居多，开采后将原煤运出去，不仅加剧交通运输压力，其经济效益也不明显。未来，新疆应注重大力引进面向中亚、欧洲及南亚市场的制造业，通过制造业的发展增加就业，吸引高素质人才进入新疆，扩大在当地的需求；应加大向西开放的力度，开拓中亚、南亚和欧洲市场，发挥新亚欧大陆桥的作用，积极解决现存的通而不畅的问题；通过需求市场的扩大拉动制造业企业进入新疆，化资源优势为经济优势，将新疆打造成为我国向西开放的桥头堡。

（肖金成，国家发改委国土开发与地区经济研究所）

西部开发与内陆开放

——"十二五"时期中国西北经济发展战略研究

在制订"十二五"规划关键时期,在西部大开发10周年之际,面对国际金融危机影响,我国加速转变经济发展方式,中央及时召开了西部大开发工作会议,提出了治理西部的新思路和新政策,要求必须坚持把保障和改善民生作为一切工作的出发点和落脚点,让各族群众共享改革发展成果。本文以宁夏为视角来研究内陆开放型经济、重点经济区率先发展、现代产业体系三个新一轮西部大开发重点问题。

一、内陆开放型经济必须具有国家发展战略眼光

1. 内陆开放型经济的内涵与意义

内陆开放型经济发展战略,是以经济全球化为背景,以全国统一市场为基础,通过持续深化对内对外开放,充分利用国际国内两种资源、两个市场,在全球范围内优化资源配置,不断深化国际分工与合作。内陆开放型经济与以沿海地区为主的外向型经济不同,其主要内涵:一是内陆欠发达地区通过全面开放促进自身发展的战略思维,突破了我国长期以来内陆地区只注重经济开发而忽视开放的策略选择。二是区域协调发展的国家战略,摒弃了加工贸易梯度转移理论等不利于内陆地区的封闭发展理论,特别强调改变大进大出的低附加值加工贸易增长方式。三是建立在市场化基础上的制度性开放发展战略,内陆开放型经济是国外国内全方位开放,内陆地区应该形成具有自身特色的开放型经济模式。四是更加注重培育经济增长的内生机制,推进国内外经济技术合作,不断提高内陆地区贸易质量和科技含量。五是更加注意可持续发展,更加注重节约资源和保护环境,加快转变我国西部地区以高耗能资源性产品为主的对外贸易结构。

扩大西部地区内陆开放与"向西开放"的力度,一是可以变区位劣势为地缘优势。西部地区虽然不沿海,但在向西、向北、向南等方位具有开放优势,西部地区有广阔的边境线,开放潜力巨大,必须打通陆路国际开放通道。二是可以变文化优势为经贸优势。可以充分发挥西部地区穆斯林聚居优势,扩大与阿拉伯国家和伊斯兰地区的经贸合作;可以利用沿边地区与邻国在文化、民族等方面的联系及其地缘来扩大开放。三是可以变内陆劣势为中心优势。内陆地区在全方位开放中应该树立中心地意识,而不是边缘化意识。发展内陆开放型经济是不沿海不沿边地区的重要方向,内陆地区的开放对中国经济会产生更大的带动作用。宁夏应该成为我国"向西开放"的前沿阵地,银川市应该成为我国西北地区东北部的开放门户城市。

2. 中国内陆开放型经济及宁夏的战略地位

重庆在1997年就筹划了"中西部对外开放实验区",以争取特殊政策,弥补在吸引外资方面的劣势。2007年10月,商务部与重庆市在京签署《共同建设内陆开放型经济合作备忘录》,以探索内陆地区发展开放型经济的全新模式。2009年,国务院出台《关于推进重庆市统筹城乡改革和发展的意见》,2010年5月批复同意设立重庆两江新区。"两江新区"是统筹城乡综合配套改革试验的

先行区，着眼于建设内陆开放经济，要建设成为内陆开放的重要门户。特别是其两路寸滩保税港区是中国第一个内陆型保税港区，使重庆成为首个内陆开放型经济试验区。

2008 年，国务院《关于进一步促进宁夏经济社会发展的若干意见》要求着力发展宁夏内陆开放型经济，构筑内陆开放经济区。宁夏确立了以面向穆斯林世界开放为特色来发展内陆开放型经济的策略。随着与欧美发达国家贸易摩擦加剧，中国越来越寻求贸易的多元化格局。2004 年，中阿合作论坛成立，2009 年 11 月，温家宝总理在开罗阿拉伯国家联盟总部演讲，2010 年，我国与东盟国家建成自由贸易区，为宁夏"向西开放"奠定了基础。近年来，中央领导频繁视察宁夏，对宁夏给予高度期望。宁夏处于大西北地区的中心地带，是我国唯一的省级回族自治区和最大的穆斯林聚居区。把宁夏作为我国内陆开放型经济的战略高地和"向西开放"的前沿阵地，对加快西北地区发展，特别是加强中阿经贸合作都具有国家战略意义。2010 年全国两会上，宁夏代表团以"将宁夏列为国家级内陆开放型经济（面向穆斯林世界开放）先导区的建议"作为第一号议案提交。

2010 年，中央新疆工作会议，决定新疆率先实施资源税改革，建立喀什经济特区，将乌洽会升级为"中国—亚欧经贸博览会"，加强投资促进新疆跨越式发展等。新疆将全方位扩大对内对外开放，坚持全面推进"外引内联、东联西出、西来东去"的开放战略，促使将新疆对外开放提升为国家战略。中央治疆思路由稳定压倒一切转为发展与稳定并重、着力发展经济与改善民生。新疆新政对西部民族地区发展具有示范效应，但宁夏领衔"向西开放"的可能性也随之失去，将形成宁夏内陆开放型经济与新疆边疆开放型经济的我国"向西开放"的"双核"开放格局。

宁夏是 20 世纪 80 年代中期就提出建设"银川伊斯兰内陆经济特区"的省区，也是我国"向西开放"的积极倡导者。新疆与宁夏虽然在"向西开放"上具有一致性，但其职能却并非完全相同。宁夏内陆开放型经济更多的是作为我国实施多元化贸易战略的一枚棋子，以地方政府出面加强与伊斯兰国家贸易为制衡，特别是加强中国与中东、北非、中亚等穆斯林国家的能源合作，带

动西北地区转变发展方式。宁夏能否抓住机遇承担大任还有待观察。新疆边疆开放型经济则注重中国与欧洲通过欧亚大陆桥的贸易合作，是在上海合作组织框架下的中亚国际区域合作重点地区，重在加强与中亚西亚周边国家的能源等合作，更加注重边疆稳定和国家安全，民族团结也仍然是重要目标。宁夏应该借鉴新疆、重庆建设开放型经济的政策，高水平承办中阿经贸论坛和博览会，推进伊斯兰金融业务试点，积极争取穆斯林国家在银川设立领事馆，积极争取建立内陆开放型经济先导区，争取建设"银川伊斯兰内陆经济特区"等特区政策。

中央新一轮西部大开发会议，对内陆开放型经济进行了全新的部署。一是全面推进西部地区对内对外开放，说明内陆开放型经济加速，进入全面推进阶段，宁夏作为先导区的优势已经不再。二是打造重庆、成都、西安等内陆开放型经济战略高地，说明成都、西安虽然低调，但其在西部地区开放地位仍然十分重要。三是积极推进宁夏、新疆、甘肃等省自治区同中亚、中东国家的经贸合作，说明中央肯定"向西开放"的方向，并给予宁夏重要地位。

3. 宁夏内陆开放型经济的空间布局

有关宁夏内陆开放型经济空间格局，目前还鲜有论述。中国社会科学院工业经济研究所在《宁夏内陆开放型经济规划研究》报告中，提出"一圈两带"。"一圈"即由宁东、内蒙古西部、陕北共同构成的能源化工产业圈，"两带"即沿黄城市带和中部生态发展带。自治区发改委《宁夏内陆开放型经济中长期发展规划（2011~2020 年）》，提出"一核（银川市）一轴（宁夏沿黄城市带）一区（固原生态经济区）"的区内空间格局。

我们认为宁夏内陆开放型经济的空间布局，不能仅仅局限于宁夏范围，就宁夏说宁夏就降低了内陆开放型经济的地位，宁夏内陆开放型经济必须能够起到带动西北地区发展的重任。其空间布局应该为："一个门户"、"两向开放"、"三区共轭"、"四个中心"。

（1）一个门户。将银川市建成西北地区东北门户城市。在西北地区中，西安市是东南门户城市，其以悠久的历史文化和丰富的旅游资源为优势，是西北地区国际知名度最高的国际大城市。乌鲁

木齐市是西部门户城市。以其新欧陆大陆桥桥头堡城市，及其中亚地区中心城市地位，承担中亚区域合作职责。银川市应该成为西北地区的东北门户城市，以穆斯林优势为纽带，以鄂尔多斯盆地能源经济为基础，努力使银川市成为国际伊斯兰文化城市。宁夏要积极争取将"中阿经贸论坛"建设成为与"中国—东盟博览会"、"中国—亚欧博览会"等同等影响的国际区域合作平台。

（2）两向开放。宁夏内陆开放型经济是全方位、多层次、宽领域的对内对外开放，要把巩固宁夏"向东开放"基础和提高"向西开放"水平有机结合起来。一是继续加强通过东部沿海地区的港口城市、中心城市为桥头，面向以发达国家为主的对外开放。2008年，宁夏出口总额中欧美市场和东亚市场分别占34.7%和30.4%，贸易格局短期内难以改变。京津冀地区近代以来一直是对宁夏地区发展具有重要影响的地区，天津港更是宁夏最为便捷的出海口岸。惠农陆路口岸是天津与宁夏合作建设的首个内陆无水港，已经实现宁蒙甘青地区出口货物"陆海联运"。要积极利用宁洽会、广交会等机会提高对外贸易水平，加强与北京、上海、广州、西安、香港等中心城市，及天津、青岛、烟台、厦门、深圳等口岸的联系。

二是把面向穆斯林国家开放作为宁夏对外开放的重点和特色。坚持把宁夏作为我国"向西开放"的前沿阵地，积极利用新欧亚大陆桥通道，新疆喀什特区和霍尔果斯口岸，内蒙古二连浩特口岸等。建设银川航空口岸，积极开辟银川市至中东、中亚、南亚等穆斯林国家的空中航线。

（3）三区共轭。积极争取呼包银经济区和西兰银经济区上升为国家发展战略，优化宁夏全区生产力布局，以宁夏沿黄城市带为中心形成三区共轭的内陆开放型经济格局，这是宁夏内陆开放型经济赖以依靠的区域基础。一是依托鄂尔多斯盆地能源经济区的资源优势，建成国家重要能源化工基地、西部资源深加工基地、装备制造业基地和战略性新兴产业基地。二是依托黄河上游地区在水利、生态等方面的重要地位，积极促进甘宁青小西北地区跨越式发展，解决地区差距和城乡差距问题，充分重视黄河上游经济区在新疆、西藏和内蒙古等边疆地区稳定和发展中的战略地位。重视在国家生产力布局中的包兰西线的地位，把它与陇海新线的地位同等对待。积极加强西兰银城市带建设。三是以宁夏沿黄城市带为中心，积极加强对中部干旱带和南部山区的辐射和带动能力。

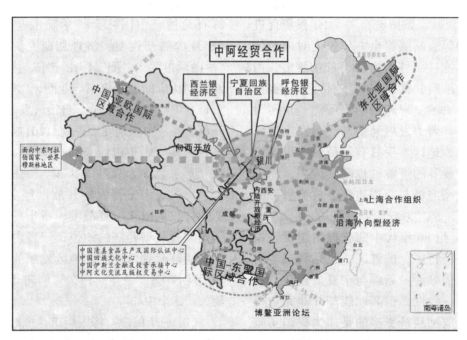

图1 中国地方政府主导的国际区域合作与宁夏内陆开放型经济空间格局①

---

① 本图由宁夏职业技术学院教务处卜晓燕硕士协助制作。

（4）四个中心。一是将宁夏建成中国回族文化中心。宁夏是全国唯一的回族自治区，全国回族有 1000 多万人，宁夏应该积极承担在全国回族族群公共事务方面的职责，积极满足全国广大回族群众的物质和精神需要。这也是对内开放的重要内容。二是将宁夏建成中国清真产品国际认证中心。充分利用宁夏作为全国唯一的清真食品认证中心地位，组建清真产业发展局，扩大国际清真认证与合作范围，把宁夏建成我国清真食品认证

及集散地。三是将宁夏建设成为中国伊斯兰金融和投资承接中心。在先行试点伊斯兰金融基础上，组建宁夏伊斯兰银行，积极争取穆斯林国家金融机构入住宁夏，逐步扩大招商引资范围。四是将宁夏建成中阿文化交流和版权交易中心。把穆斯林文化创意产业作为宁夏战略性新兴产业，以宁夏为平台加强中国与穆斯林国家文化交流，积极发展具有回族穆斯林特色的文化产业。

二、以重点经济区为引擎：呼包银、西兰银及沿黄经济区

西部大开发会议提出以线串点、以点带面，推进重点经济区率先发展，形成西部大开发战略新高地，辐射带动周边地区发展。中央对重点经济区划分为三个层次：一是具有全国影响的经济增长极，主要是成渝、关中—天水、广西北部湾经济区。二是西部地区新的经济增长带，如呼包银、陕甘宁、兰西格、新疆天山北坡经济区等。三是省域经济增长点，如宁夏沿黄经济区等。

关中—天水经济区的产业优势是高新技术产业、装备制造业、文化旅游产业等，其提出一核（西安—咸阳）、一轴（宝鸡—天水陇海线）、三辐射的空间格局。由于该经济区与西北地区蓬勃发展的能源化工经济联系不够紧密，国家发改委及陕西一些学者提出建立"大关中经济区"，涵盖鄂尔多斯盆地能源区的蒙西、陇东、宁东和固原、山西、河南等部分地区，形成"中国能源极"。我们认为加强关中—天水经济区对宁夏固原等地的辐射对宁夏发展有利，但宁夏应该积极谋求呼包银经济区成为与关中—天水经济区并列的国家级经济区。呼包银经济区是中国增长最为迅速的地区，宁鄂榆能源金三角是其核心，但庆阳、延安等地与宁鄂榆能源金三角产业结构相似，发展也很迅速。宁夏资源富集程度和运输条件相对较差，但煤炭与水资源结合综合条件好，应该加强与鄂尔多斯、榆林、延安、庆阳等市的经济联系，充分发挥周边地区煤炭、石油、天然气等资源富集优势，将宁夏建成国家资源深加工基地。同时，要把建设呼包银经济区及宁蒙陕甘毗邻地区合作

作为经济区建设重点。西兰银经济区被称为"弱弱联合"，但其作为国家西部安全、水资源、生态、资源深加工、面向穆斯林国家开放等方面都具有重要意义，宁夏内陆开放型经济需要周边地区的支持，大柳树工程和南水北调西线工程、西兰银城际交通等都应该是西兰银经济区需要解决的问题。宁夏沿黄城市带作为全国十大新天府之一，会成为呼包银、西兰银等经济区的核心之一。

目前，呼包银重点经济区规划和宁东—鄂尔多斯—榆林能源金三角规划正在制定之中，甘宁青三省区政协还联合开展了《关于规划建设黄河上游（西兰银）经济区的建议》研究工作。虽然《意见》提出兰西格经济区概念，但青海和甘肃更希望能够拓展为"西兰银经济区"，能够将宁夏纳入以增强影响力。将呼包银经济区、西兰银经济区上升为国家发展战略，建设陕甘宁经济区和宁夏沿黄经济区，对宁夏跨越式发展具有非常重要的意义。

1. 努力使呼包银经济区上升为国家发展战略

内蒙古自治区党委于 2002 年委托国务院发展研究中心开展《呼包银—集通线经济带发展战略研究》，其中呼包银是该经济带的核心区。随着国际能源日益紧张，呼包银经济区作为我国重要的能源化工经济区，以宁鄂榆能源金三角为核心的呼包银经济区战略地位大大提高。目前，呼包银地区已被确定为西部大开发第二个十年规划的重点经济区域，成为今后 10 年西部发展新的经济增长极。呼包银经济区包括宁夏中北部、内蒙古西部、陕西榆林市等地区，面积为 28.36 万平方公里，预测资

源量：煤炭 2.41 万亿吨、石油 86 亿吨、煤层气 7.8 万亿立方米、天然气 11.3 万亿立方米，煤炭探明储量约占全国 33.7%，天然气探明储量约占 33%。国家发改委西部开发司已经委托浙江大学中国西部发展研究院负责呼包银重点经济区发展规划前期研究。宁夏沿黄经济区四市（银川市、石嘴山市、吴忠市、中卫市）已被列入规划范围，目前宁夏正积极争取将"宁东—鄂尔多斯—榆林"能源金三角也纳入规划。课题组初步确定呼包银经济区五方面的定位：建设国家新能源和原材料基地，西部产业结构调整升级的示范区，西部地区生态保护的试验示范、国家生态屏障和节水农业、城镇化和生态移民的示范区，西部社会保障事业改革的试验区，大西北地区内陆开放的战略高地。

我们认为呼包银经济区最大的定位应该是国家级能源化工基地，并且应该上升为与关中—天水经济区一样地位的具有全国影响的经济增长点。作为能源和化工基地，呼包银经济区有其特殊的优势。今后呼包银经济区煤炭、石油和天然气等资源的开发进程将会进一步加快，并为华北、东北地区经济发展所需的新能源和原材料提供强大的支撑。但呼包银经济区不应该仅仅作为原材料基地，宁夏应该积极利用鄂尔多斯盆地能源富集优势，提高其国家重要能源化工基地地位，并积极发展油气炼化产业，进一步确立作为西部资源深加工基地的地位。新能源也是呼包银经济区乃至整个西北地区的强项，强调发展新能源可以更能获得中央认可，积极发展新能源和节能环保产业，发展低碳经济，是增强西部地区能源优势的重要体现。宁夏学者也将呼包银经济区称为黄河河套生态经济区，积极发展河套特色农业，保护绿洲和草原。加强环境保护和生态建设，治理沙漠和水土流失，也是重要任务。

2. 充分重视黄河上游（西兰银）经济区的重大战略地位

《意见》提出支持兰（州）西（宁）格（尔木）经济区发展问题。其实甘肃省学者很早就提出了建设西（宁）兰（州）银（川）经济区的主张，西兰银经济区包括黄河上游青海东部地区、甘肃中部地区、宁夏中北部地区，总面积为 12.84 万平方公里，2009 年末总人口达到 1472 万人，是甘宁青三省区经济社会发展最具有活力的精华地带。青海省政协从 2009 年开始从事规划建设西兰银经济区的提案调研。由全国工商联提交的《关于建立"兰西银经济区"进一步推动西部大开发的提案》还提出，将甘肃、青海、宁夏三省联合，突出农牧业、矿产和绿色能源等优势。2010 年初，青海省政协白玛主席率队分别赴甘肃和宁夏开展调研，获得三省区主要党政领导的大力支持，并于 7 月在兰州市，由三省区政协起草了《关于规划建设黄河上游（西兰银）经济区的建议》，提交国家有关部门审议。大家认为西兰银经济区是比西兰格经济区更有战略意义的规划。我们提出黄河上游经济区应该包括甘宁青三省区全部地区，以区别西兰银经济区范围，黄河上游经济区又比西兰银经济区更具有生态、民族、安全等战略意义。

黄河上游经济区是对我国维护西部地区生态环境，改善水资源平衡重要的地区，也是维护新疆、西藏、内蒙古等边疆地区稳定和发展的战略地区，西兰银地区也是西部地区联系最为紧密的省会城市带。宁夏在黄河上游经济区建设中，应该重点做好以下工作：一是积极促进大柳树水利枢纽工程早日上马。黄河黑山峡河段进行开发长期存在两种方案之争，争论的焦点集中在河段开发功能定位、坝址区地震问题以及移民安置、权益分配等关键问题上。大柳树工程被称为西部大开发的标志性工程，可以解决黄河上游经济区水资源制约及其生态问题、贫困问题，促进"国家能源金三角"开发建设和西兰银经济区建设。宁夏应该积极参与黄河上游经济区规划论证，利用各种平台尽快促进大柳树工程上马。二是积极做好南水北调西线工程前期工作。由于南水北调东线工程已经改善了黄河下游供水状况，应该积极争取国家适当调高宁夏等省区引黄用水指标，以重点确保西部大开发中生态、城镇、工矿、人畜饮水等新增用水需求。三是加强黄河上游经济区基础设施建设。积极争取银川至北京、西安、兰州、西宁等城市的快速铁路建设，提高中卫市作为西北地区铁路运输中心的地位，改善银川市至我国西南地区、华北地区、新疆等地的交通运输条件。由于黄河上游经济区对新疆、西藏、内蒙古等边疆地区稳定和发展具有重要战略地位，不能使其成为交通的"卡脖子"地区。四是积极改善生态环境。青海省是我国三江源地区，对黄河上游地区生态保护和环境保护，具有全国意义。宁夏要积极参与建设西北草原荒漠化防治区和黄土高原水土保持区，加强黄河上中游宁夏段水环境综合治理，加快重点生态工程建设。五是把改善和保障民生作为出发点和落脚点。甘宁青三省区被称为"政策的凹地、发展的凹地"，必须积极加快基本公共服务均等化，加快城乡统筹发展，努力增加城乡居民就业和收入，加强社会保障体系建设，促进民族地区跨越式发展。六是积极发展特色优势产业。宁夏是西北地区重要的水产品基地和特色农产品基地，也是重要的火电基地和能源化工基地。宁夏平原是我国十大新天府之一，是西北地区最适合居住和创业的地区。应该积极发挥银川平原农业和能源优势，为西北地区发展做出贡献。

3. 积极做好陕甘宁经济区建设

为了加快陕甘宁革命老区发展，国家有关部门已经开始规划建设包含陕西延安、榆林，甘肃省平凉、庆阳、白银和宁夏吴忠、固原7个城市的陕甘宁革命老区生态能源经济示范区，要把"陕甘宁经济区"建设成我国能源基地和资源深加工基地。陕西提出将榆林市建设成为陕甘宁经济区中心城市。宁夏应该利用周边地区石油、天然气富集优势，积极支持在盐池县建设国家级石油化工资源深加工基地。

4. 加强黄河金岸建设，提高宁夏沿黄城市带一体化水平

城市群的发育是社会经济集约化发展的产物和标志，宁夏沿黄城市群构想是自治区党委政府适应我国城市群大发展时代的要求而做出的正确决策。《意见》提出把宁夏沿黄经济区作为省域经济增长点。一是继续改善城市之间的交通运输能力，打造"一小时经济圈"和"半小时通勤圈"，切实提高沿黄带对山区的辐射带动作用。二是沿黄城市群与其经济区和城市群相比，还具有"早产儿"的羸弱，政府应该充分利用政策手段，基础设施一体化先行，来弥补其先天不足。三是充分保护城市之间的竞争关系，并打破行业垄断，逐步使一体化和合作成为城市之间的内在需求，培育沿黄产业带，发挥沿黄城市带整体竞争力对宁夏这个小省区非常重要。四是充分重视银川市—贺兰县城—永宁县城—宁东基地、大武口区—平罗县城、吴忠市—青铜峡市—灵武市县城的相邻城市之间的同城化，加强城市规划的统一与合作，形成宁夏3个组团式大城市。五是加快黄河金岸建设，建设沿黄滨河景观大道和西夏渠延伸工程，改善城市带生态环境。六是把宁夏作为一个以黄河金岸为核心区、固原为次中心的大城市来规划建设，加快推进山川统筹发展和城乡统筹发展。

三、转变经济发展方式，实现从特色优势产业体系到现代产业体系的提升

中央西部大开发工作会议首次提出了西部产业发展目标，即到2015年西部地区初步形成特色优势产业体系，到2020年基本形成现代产业体系，并形成传统优势产业、战略性新兴产业和现代服务业协调发展新格局。实际上从特色优势产业体系到现代产业体系升级，核心问题是转变经济发展方式。

1. 把构建现代产业体系作为宁夏未来产业发展目标

西部大开发战略实施以来，中国西部地区经济快速增长，但西部产业结构大多以资源开采及其初加工为主，过分依赖于资源开发，过分依赖于投资拉动，过分依赖于国有经济，经济增长的内生动力不足，难以保障可持续发展。西部地区产业的发展是一切发展的基础，要把产业培育和提升作为西部大开发的主攻方向。构建现代产业体系，是宁夏新一轮西部大开发重中之重。

特色优势产业是指因本地特色资源、区位等条件而形成的优势产业。目前，资源禀赋优势仍然是西部地区最大的比较优势和参与区域分工最大的砝码，实施优势资源就地转化战略，可以延长产业链，降低资源投入在经济活动中的比重，

优化产业结构。培育内生动力，还需要提高自主创新能力，努力提高人力资本水平；也需要加大制度创新能力，如发展内陆开放型经济等；还有承接产业转移，但发展特色优势产业是目前比较现实的主要途径。

现代产业体系是现代元素比较显著的产业构成，主要体现在现代服务业和先进制造业为主导产业。现代产业体系中现代服务业一般要占其GDP的70%左右。宁夏目前第三产业占GDP比重为39.5%，第二产业占51%，第二产业比重仍然处于上升趋势。西方发达国家19世纪后期就已经实现了经济发展方式转变。宁夏目前仍然以特色优势产业为主，以资源开发及初加工为主，离现代产业体系还有相当差距。

宁夏的主导产业是特色优势产业，即"五优一新"中的能源、煤化工、新材料、装备制造、农副产品加工等优势产业。培育内生动力是未来西部大开发的关键，宁夏要尽快转变经济增长方式，提高特色优势产业技术水平，进一步形成特色优势产业体系，以构建现代产业体系为目标。

2. 积极利用宁夏周边资源富集优势，建设国家级资源深加工基地

西部地区是我国资源富集地区，我国计划经济时期形成的廉价资源和廉价劳动力的畸形价格体系至今还没有完全改变，使西部在产业链分工中处于劣势。《意见》对鼓励西部地区将资源优势转变为经济优势提出了一些新的思路。一是建设西部资源深加工基地。鼓励能源资源开发利用项目优先在西部地区布局。二是推进资源税改革。对煤炭、原油、天然气等的资源税由从量计征改为从价计征，增加资源产地地方财政收入。三是加快资源性产品价格改革。健全资源有偿使用制度，探索推进资源环境成本内部化。《意见》突破了西部地区主要依托资源发展特色优势产业的路径依赖，为宁夏在全国乃至国际生产力布局中摆脱原料基地的产业角色定位、建设资源深加工基地提供了发展机遇。

（1）又好又快发展宁东基地。宁东基地定位于国家级大型煤炭基地、"西电东送"火电基地和煤化工基地。宁夏是煤炭集团化整合最早的地区，特别是神华集团入主宁煤集团以后，煤炭产量急剧提高，宁夏从2005年的2327万吨增加到2009

年的5670万吨，使宁东成为亿吨级大型煤炭基地。2009年，在山西等地煤矿整合过程中，煤炭供给较少，价格提高，宁夏抓住机遇扩大产能，外运煤炭2500万吨，煤炭利润达到24.47亿元，比2008年翻了一番。《意见》中提出稳步推进宁东等13个大型煤炭基地建设。

2009年，宁夏工业增加值中前3位的产业是：煤炭采选和洗煤业，达122.9亿元，电力热力生产和供应业，达97.7亿元，化学原料及化学制品制造业，达51.5亿元，总共占全部工业总产值的18.7%。利润总额靠前的是神华宁煤集团、英力特电力、宁夏电力公司、国电宁夏石嘴山公司、宁夏发电集团等电力公司和个别化工企业。宁东基地在煤化工上比重还不高。《意见》提出合理发展煤化工，宁夏计划未来每年开采原煤1.5亿吨，其中6000万吨煤转化成电，2500万吨转化成烯烃，4500万吨煤制油。

胡锦涛总书记在视察宁东基地时指示要"又好又快建设宁东能源化工基地，实现资源优势向经济优势转化"。又好又快建设宁东基地，一是走深加工之路。宁夏煤炭储量远远低于蒙西、陕北和山西等地，要逐步减少煤炭输出，提高煤炭加工转化比重，使宁夏成为煤炭净输入地区。二是发展低碳产业，提高清洁煤技术水平，压缩中小型高耗能工业，发展节能环保产业和循环经济。三是积极推进资源税改革和资源性产品价格改革，建立资源型企业可持续发展准备金制度，推进资源环境成本内部化，建立健全生态补偿机制。四是建立合理的收入分配机制。中东海湾地区因石油富集而成为最富裕国家，中国西北地区也是能源富集地区，却是全国最为落后的地区。近些年来，鄂尔多斯人已经迅速富裕，榆林地区也出现了城乡免费医疗的"神木模式"，应该在利益分配中更多地向地方倾斜，更多地造福于当地居民，更多地承担起社会职责和生态职责。

（2）利用宁蒙陕甘毗邻地区石油天然气富集优势，在盐池建设石化基地。宁蒙陕甘毗邻地区是石油、天然气、煤炭等能源富集地区，宁夏化肥生产等炼化企业也有一定发展基础。盐池县因石化产业而成为宁夏率先摆脱贫困的山区县，要充分利用周边资源富集优势，在盐池县城或大水坑建设一个国家级石化基地。

（3）利用中卫交通枢纽及新疆煤炭等资源，在甘塘建设新宁能源化工基地。中卫市是我国西北地区重要的交通枢纽城市，是我国新疆及中亚的石油、天然气、煤炭东输的必经之路，应该在中卫甘塘地区建设一个大型的油气资源战略通道和储备基地和资源深加工基地。利用新疆煤炭、石油、天然气等资源再造一个宁东基地。

（4）发展特色优势农产品加工业，提高羊绒、枸杞、清真食品等产业链竞争力。宁夏农产品深加工，具有全国影响的是羊绒产业、枸杞产业、清真食品产业三大产业链。

第一，羊绒产业。宁夏是全国乃至全球最大的原绒流通贸易基地和无毛绒分梳加工基地，目前深加工比重已经占宁夏羊绒加工总产值的40%多。在产业链中，宁夏在研发设计和终端销售上还相当薄弱，而国外羊绒从业者主要集中于产业上游的设计和下游的品牌销售等领域，宁夏要努力提高自主创新水平，从关注产品功能转向关注品牌时尚，变橄榄型结构为哑铃型结构。

第二，枸杞产业。中宁县是中国枸杞之乡，宁夏虽然不是全国枸杞产量最多的省区，却是全国枸杞最大的集散地。宁夏应该加强枸杞原产地标志及中宁枸杞品牌的保护，进一步延长枸杞产业链。枸杞产品是宁夏人馈赠外地亲朋最主要的礼品，应该丰富枸杞深加工产品品种。宁夏要始终作为全国枸杞加工中心，联合枸杞主产区共同发展枸杞及其深加工业。

第三，清真食品产业。宁夏清真食品产业存在产业规模小、发展层次低、知名品牌少等问题，要利用中阿经贸论坛、宁洽会等积极宣传清真产品，出台发展清真食品产业的扶持政策，打造清真食品深加工基地，使中国清真食品能够进入穆斯林国家的包装、贴牌、认证、物流基地和国际清真食品、穆斯林用品研发、设计、认证基地。

3. 积极发展战略性新兴产业，培育宁夏产业链竞争新优势

2010年9月8日，国务院总理温家宝主持召开国务院常务会议，审议并原则通过《国务院关于加快培育和发展战略性新兴产业的决定》。其中，节能环保、新一代信息技术、生物、高端装备制造、新能源、新材料和新能源汽车7个产业，被确定为我国的战略性新兴产业。根据宁夏实际，应该选择以下产业作为战略性新兴产业。

（1）新能源产业。低碳产业是在人类生产、流通和消费的一系列社会活动中，积极开发、使用可再生能源等非化石燃料，同时使化石燃料的利用实现低碳化；对二氧化碳等温室气体排放实行管制，从而使它的排放量降低到最低限度，进而防止地球变暖的一种可持续发展的经济模式。我国已经成为世界太阳能电池生产第一大国、风电装机第二大国，宁夏已经形成了硅石—工业硅—高纯硅—多晶硅—单晶硅—太阳能光伏发电等较为完善的产业链。应该进一步鼓励宁东发展光伏发电，支持开发区发展光电、光热、风电装备制造业，在农村开展生物质能源的应用示范。

（2）新型煤化工产业。煤化工产业是以煤为原料，经过化学加工使煤转化为气体、液体、固体燃料以及化学品的过程。煤化工分传统和新型两种，传统煤化工涉及煤焦化、煤电石、煤合成氨（化肥）等领域，新型煤化工通常指煤制油、甲醇、二甲醚、烯烃四种。宁夏现已建成神华宁煤集团25万吨/年煤制甲醇、21万吨/年煤制二甲醚，正在建设60万吨/年甲醇项目。宁夏神华宁煤集团与南非沙索公司共同合作的煤炭间接液化CTL项目也于2009年底进入可行性报告预审阶段，预计2016年11月建成投产。宁东基地是我国重要的新型煤化工基地，应该把新型煤化工产业作为宁夏主导产业。

（3）新材料产业链延伸。新材料产业链延伸就是充分利用宁夏在钽铌铍镁铝等新材料产业优势及充分利用纳米材料等新材料技术，将产业链从中间产品型产业延伸到最终需求产业领域。宁夏目前已经形成了钽铌铍稀有金属冶炼及加工业、镁及镁合金材料、铝合金及型材、煤基炭材产品、多晶硅单晶硅等光伏产业5个产业链。宁夏的新材料产业以原材料为主，存在产业链延伸程度较低、附加值低、研发投入不足等问题。现有的新材料主要是高科技消费类产品的原料，在电子类等产业发展水平极低，应该积极利用新材料优势延长产业链。

（4）节能环保产业。节能环保产业包括节能、资源循环利用和环境保护，涉及节能环保技术与装备、产品和服务等。节能减排成为全世界关注的焦点，一些国家和地区已经将节能环保产业列

为支柱产业。国家发改委正在制定《节能环保产业发展规划》。银川市应该支持循环经济技术研发、示范推广和能力建设，抓好节能、节水、节地、节材工作，推进矿产资源综合利用、工业废物回收利用、余热余压发电和生活垃圾资源化利用，努力建设以低碳排放为特征的产业体系和消费模式。

（5）高端装备制造业。装备制造业是为国民经济发展提供技术装备的基础性产业，《意见》特意提出把建设装备制造业基地作为西部大开发建设"四个基地"之一，近期又把高端装备制造业作为7个战略性新兴产业之一，可见中央对装备制造业的重视。宁夏财政已经出台政策助推装备制造业发展，将发挥产业比较优势，大力发展数控机床、煤矿综采设备、自动化仪表、铁路牵引变压器、轴承等优势产品，积极推动风力发电等高新技术产品的研制和生产，提高本地配套水平，形成六大装备制造业产业集群。

（6）生物医药产业。宁夏在发酵和生物制药产业方面，具有气候、能源和水资源等多方面得天独厚的优势，在初级产品规模稳步发展的同时，要重点提高企业的工艺水平和科技水平，增强自主创新能力，培养一批龙头企业和特色产品，不断延伸和壮大发酵和生物制药产业链，走多元化发展之路，逐步建立独具特色、具有核心竞争力的生物发酵产业群。

（7）穆斯林文化创意产业。创意产业包括广告、建筑艺术、艺术和古董市场、手工艺品、时尚设计、电影与录像、交互式互动软件、音乐、表演艺术、出版业、软件及计算机服务、电视和广播等行业。应该加强宁夏与穆斯林国家文化交流，加大阿语教育、翻译出版、建筑设计、时尚设计等行业的伊斯兰特色，把穆斯林文化创意产业作为一种特色优势产业。

总之，战略性新兴产业一般属于高新技术产业，可通过加快与新兴产业产业融合来改造传统产业，通过延长特色优势产业链来加快发展新兴产业。宁夏传统优势产业技术水平还不够高，战略性新兴产业刚刚兴起，现代服务业严重滞后。要用资源优势为产业发展奠定基础，用技术和服务来为特色优势产业创造新竞争优势，形成相互协调的产业新格局。

参考文献

中共中央关于制定国民经济和社会发展第十二个五年规划的建议 [N]. 2010-10-18.

段庆林. 后金融危机时期宁夏发展的战略性抉择 [C]. 宁夏经济蓝皮书2010.宁夏：宁夏人民出版社，2011.

袁进琳，汪建敏. 新战略新思路——宁夏面向阿拉伯国家和穆斯林地区开放 [C]. 宁夏：黄河出版传媒集团阳光出版社，2010.

（段庆林，宁夏社会科学院综合经济研究所）

"西三角"经济圈农民收入与金融财政支持的关系

一、问题的提出

作为"三农"问题的核心，农民增收关乎我国宏观经济发展与社会主义和谐社会的构建，长期以来一直是政府和学术界关注的重中之重，连续6年的一号文件都涉及了这个问题，也凸显了其特殊地位。在以往研究影响农民增收因素的文献中，大多基于全国整体情况出发，却鲜有实证分析我国西部地区金融、财政支农水平与农民收入之间的相互关系。然而，结合我国城乡二元经济结构和东西部收入差距不断加大的现实，西部地区的农民群体已经成为落后地区中的弱势群体，成为最需要政策和资金扶助的对象。因此，如何提升西部地区金融、财政支农水平以及两者在优化资源配置和全局调控方面的效率，进而加快资本积累和技术变革，最终提高西部地区农民收入水平，将是目前亟待研究的课题之一。

在抑制和缩小东西部区域经济差距的"均衡发展"政策背景下，建立以"重庆、成都、西安"三城为轴心，"川、陕、渝"三地为广义空间范围的"西三角"经济圈，[①]成为中国第四经济增长极，以辐射整个西部经济发展的命题，已在2009年3月人大二次会议后正式进入论证阶段。对农民收入与金融、财政支持之间的各种关系进行梳理，更快提高该地区占总人口四分之三以上的农业人口收入水平，也将成为"西三角"经济圈的命题下一个最为现实和务实的问题。鉴于此，以1985~2007年"川、陕、渝"三地区的相关数据为样本，以实证分析的方法特定考察该地区农民收入与金融、财政支持之间的关系，将为"西三角"经济圈的论证甚至整个西部经济发展中"三农"问题的解决提供进一步的经验依据。

二、相关文献回顾

1. 金融支农的相关研究

学界对金融支农问题的研究多以金融发展理论为基础（Gurley and Shaw，1955；Goldsmith，1969；Mckinnon，1973；King and Levine，1993），该理论认为积极运作的金融体系可以有效改善资源配置，促进资本积累和技术革新，最终提升产出水平。以此为依据，国外的分析较为深入，对不同经济发展阶段的金融支农模式、效率都有研究。Jensen（2000）和Townsend（2001）对政府资助的农业信贷体系对信贷市场的扭曲进行检验，发现发达国家的农业信贷模式逐步向市场化的融资方式转变，而发展中国家政府主导的政策性农

---

① 此处"西三角"经济圈的概念仅限于"川、陕、渝"三地的空间范围，本文对"西三角"经济圈从政策设立与否的层面上不做涉及。

业信贷体系会增加农村金融风险，并且金融支农缺乏效率。Ulrich Koester（2000）深入研究了在转型经济中健全的农村金融市场的对资源配置的核心作用，研究表明转型期间缺乏有效的农村金融市场体系，金融、财政支农的效率较低。

在国内，针对金融支农的研究内容从早期的资本形成逐渐转变为对支农效率的研究，研究方法上也由定性分析向定量研究转变，其结论大多表明农村金融发展水平的提升无法促进农民增收。钱彦敏（1991）通过理论分析了中国农业资本的形成及困境，认为财政支农水平低、投资需求不足以及城乡二元结构是农业资本形成的主要障碍。何广文（2002）、林毅夫（2003）和张杰（2003）认为农业信贷的回报率低导致国有金融机构撤出农村，政策性金融支农乏力，导致中国正规金融机构支农水平的低效。温涛等（2005）、季凯文等（2008）、谭燕之（2009）采用计量分析的方法对农村经济或农民收入与金融发展水平进行实证检验，其结果均显示金融发展对农民增收具有负效应，无法成为农民增收的原因。

2. 财政支农的相关研究

限于约束条件差异，国外学者对财政支农持有不同观点，Goodwin 和 Ligia（2007）认为政府的财政支农资金会扰乱市场经济规律的运行，并给农业生产的长期发展带来风险。但 Carlo 等（2007）则认为利用财政支农资金进行粮食救济可以巩固农业生产和波动性市场的根基，因此财政支农是有效的调控手段。

国内的研究多是基于我国现有经济体制，对于财政支农的应该与否并无争议。其研究内容主要集中在两个方面：一是财政支农的机制和效率。

二是财政支农与农业产值的关联程度。胡荣华（2002）、许冰（2006）、刘穷志等（2007，2009）、彭克强（2008）、李燕凌（2008）分别对我国财政支农的效率进行分析。其中，许冰分析了财政支农的时变边际效应及其弹性，发现经济相对发达省份的财政支农水平高于全国平均水平。彭克强的研究发现：财政与金融彼此割裂式单干支农格局致使财政支农未能有效发挥杠杆作用，并建议整合金融、财政支农。在对财政政策和农业产值的关联程度的研究中，众多学者的结果较为一致（魏朗，2007；刘宏杰，2008；刘涵，2008；王汉章等，2009），即地方财政支农水平提升确实有利于农业经济增长，但各项支农支出有待优化。此外，魏朗（2006）和胥巍等（2008）分别对财政支农对西部农业经济增长的贡献以及东、西部之间的比较进行研究，结果表明西部地区对财政支农的依赖性更大，而东部的支农效率则更高。

综上文献回顾可以看出，多数学者对我国金融、财政支农的研究结论较为一致，即中国金融抑或农村金融的发展无法有效促进农民收入的增加，财政支农对农业发展地位重要却缺乏效率，这与 Guasch 和 Braverman（1990）对发展中国家的观点是一致的。但是，学者对经济相对落后的西部地区关注明显不够，上述文献中仅有魏朗和胥巍从西部整体出发，考察了财政支农水平与农业产值增加的关系。特别是在"西三角"经济圈命题论证背景下，更需要在区分西部各省（区）政策差异和实地情况基础上深入分析。因此，鉴于"川、陕、渝"在"西三角"概念上的战略统一，本文对该地区的农民收入与金融、财政支持的关系做进一步的实证研究。

三、理论模型、指标设计与研究方法

1. 理论模型

在借鉴以往文献的基础上，本文也以金融发展理论为基础。该理论中，解释资金支持、金融发展与经济增长的模型很多，如 AK 模型、动态两部门模型、Schumpeterian 增长模型等。本文选用 Odedokun（1996）的动态两部门经济效率模型为

框架，将金融资金支持、财政资金支持与固定资产投资一起视为生产投入项，并综合生产函数建立整体方程：

$$Y_t = F(FI_t, RF_t, PF_t, L_t) \tag{1}$$

式（1）中，Y_t 表示农业总产出；原资本投入量 K_t 被分为 FI_t、RF_t、PF_t 三项，依次表示农业固

定资产投资、金融支农水平和财政支农水平；L_t 表示农业劳动投入水平。根据经济效率模型，经济增长取决于资本投资增加或经济效率提升抑或两者之同时变动，即：

$$\Delta Y_t/Y_t = IOCR\ (\Delta K_t/Y_t) \tag{2}$$

式（2）中 $\Delta K_t/Y_t$、IOCR 分别表示资本投资变动、投资转化率即经济效率变动。因为当期资本 K_t 由前期资本存量 K_{t-1} 和当期资本投资转化量共同构成，所以结合（2）式，在不考虑折旧的情况下将农业资本投入表达为：

$$K_t = K_{t-1} + IOCR\ (FI_t,\ RF_t,\ PF_t) \tag{3}$$

式（3）中 IOCR（FI_t，RF_t，PF_t）代表经济效率或农业资本投入配置效率，表示固定资产投资水平、金融支农水平和财政支农水平的提高或配置效率的提升，进而增加农业总资本量，促进农业经济发展的作用过程。将方程（3）式代入方程（1）式并做线性处理后得：

$$Y_t = K_{t-1} \times L_t + IOCR(FI_t,\ RF_t,\ PF_t) \times L_t + C \tag{4}$$

此处将影响农业总产出的其他因素定义为常数量 C，并将 IOCR（FI_t，RF_t，PF_t）一阶 Taylor 展开式的近似值代入方程（4）中，然后在方程两边同时除以劳动投入量 L_t，进一步得到农业的人均产出模型：

$$Y_t/L_t = K_{t-1} + IOCR\ (0,\ 0,\ 0) + IOCR_{FI}'\ (0,\ 0,\ 0)\ FI_t + IOCR_{RF}'\ (0,\ 0,\ 0)\ FI_t + IOCR_{PF}'\ (0,\ 0,\ 0)\ PF_t + C' \tag{5}$$

根据（5）式可得知，农业资本存量、农业固定资产投资、金融支农水平和财政支农水平都是影响农业产出及其增长的相关变量。同时，农业产出及其增长也依赖于农业存量资金利用效率 [IOCR（0，0，0）]、固定资产投资效率 [$IOCR_{FI}'$（0，0，0）]、金融支农资金的投资效率 [$IOCR_{RF}'$（0，0，0）] 和财政支农资金的投资效率 [$IOCR_{PF}'$（0，0，0）] 的提高。在本文中把这些变量都归结为资金配置效率因素，即农业产出及其增长依赖于农业资金配置效率的提高。从理论上看，若金融支农和财政支农的资金配置是有效率的，那么在（5）式中，这两个变量的系数将大于零；否则，则表明金融支农和财政支农的无效性，即无法促进农业人均产出水平。

2. 指标设计

（1）农民人均纯收入（RI）。本文此处用农民人均纯收入替代农村人均 GDP 来表示农业人均产出水平，并作为被解释变量。首先，相对于农村人均 GDP，农民人均纯收入更为真实地反映了农村经济发展和生活水平提高。其次，可以避免多个指标涉及 GDP 而导致多重共线性的存在。

（2）金融支农水平（RF）与财政支农水平（PF）。RF 是指各金融机构农业贷款总额与农林牧渔总产值的比率，PF 是指政府财政支农支出占财政支出总额的比率。两者作为 RI 的主要解释变量。

（3）固定资产投资水平（FI）。FI 是其他影响农民收入的主要因素，由于无法以完整的时间序列来获取"川、陕、渝"三地农业固定资产投资的数据，在此借鉴胡金焱等（2008）所选取的指标，选择该区域全社会固定资产投资与区域生产总值（GDP）的比率作为控制变量加入模型。

研究所选取的数据来源于《四川统计年鉴》、《重庆统计年鉴》、《陕西统计年鉴》等相关各期如图1所示。其中，农民人均纯收入为3个地区各自的农民人均纯收入按农业人口数加权平均后求得，同时为了消除物价因素影响、剧烈波动和异方差，以四川省农村居民消费价格指数为代表进行平减，然后取自然对数，用 LNRI 表示；总量指标均为"川、陕、渝"三地各指标加总，由于 FI、RF、PF 均为相对值指标，物价因数已相抵消，故无须进行调整。

3. 研究方法

较采用实证方法研究。具体步骤如下：一是为了避免伪回归现象，利用 ADF 单位根检验说明变量的平稳性及单阶整数。二是若变量均为同阶单整，则利用上述理论模型进行协整检验，分析变量之间是否存在长期稳定的均衡关系。三是利用协整关系建立向量误差修正模型 VEC，分析当变量之间均衡关系偏离长期均衡关系时，模型的调整速度和变量间的短期影响。四是利用 Granger 因果检验讨论变量之间是否存在因果关系。五是通过脉冲响应函数和方差分解进一步分析变量间的动态关系。计量分析采用 eviews5.0 软件。

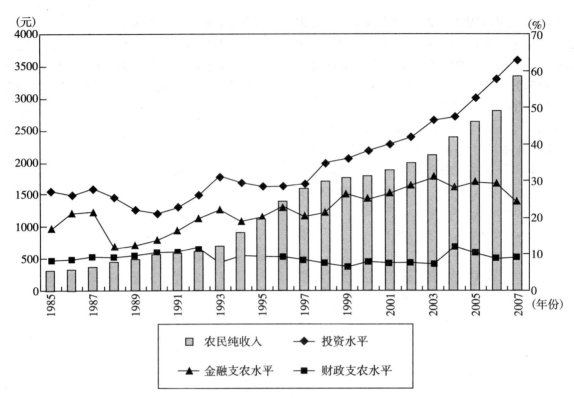

图1 "川、陕、渝"三地相关指标时序数据（1985~2007 年）

注：图中农民纯收入为物价平减前数据。

四、实证分析过程及结果

1. 检验变量平稳性

在协整分析之前，为了避免"变化趋势"存在所导致的伪回归现象，本文采用 Dickey-Fuller 的 ADF 检验方法对变量的平稳性进行验证。检验

结果如表 1 所示，所有变量的一阶滞后差分均在 5%的显著性水平下显示平稳，符合协整检验的前提条件。

表1 变量单位根检验结果

变量	类型 (c, t, k)	ADF 值	1%临界	5%临界	10%临界	结论
DLNRI	(c, 0, 4)	−3.013661	−3.788030	−3.012363	−2.646119	平稳 **
DFI	(c, T, 4)	−5.627115	−4.571559	−3.690814	−3.286909	平稳 ***
DRF	(c, 0, 4)	−4.545138	−3.788030	−3.012363	−2.646119	平稳 ***
DPF	(c, 0, 4)	−6.482524	−3.788030	−3.012363	−2.646119	平稳 ***

注：检验类型（c，t，k）分别表示 ADF 检验中是否会有截距项 c、时间趋势项 t 和滞后期数 k；***、** 分别表示1%、5%的显著水平。

2. Johansen 协整检验

协整理论是研究非平稳时间序列之间关系的重要依据。Engle 和 Granger 认为非平稳变量的线

性组合可能是平稳变量，这种平稳的线性组合称为协整方程且可被解释为变量之间的长期稳定的均衡关系。因为 Johansen-Juselius 协整检验有非常

好的小样本特性，是一种进行多变量协整检验的常用方法，所以本文在此采用 JJ 协整检验验证变量间的协整关系。

根据 AIC 和 SC 准则，确定协整检验的最优滞后阶数为 2。在上述设定基础上得到特征根迹检验（Trace）和最大特征值检验（Maximum Eigenvalue）结果如表 2 所示。

表 2　Johansen 协整特征根迹检验和最大特征值检验结果

特征值	Trace 统计量（P 值）	λ-Max 统计量（P 值）	原假设协整向量个数
0.818297	81.03731（0.0000）*	34.10769（0.0063）*	0 个
0.790246	46.92962（0.0002）*	31.23635（0.0014）*	至少 1 个
0.529062	15.69327（0.0467）*	15.06058（0.0373）*	至少 2 个
0.031139	0.632690（0.4264）	0.632690（0.4264）	至少 3 个

注：* 表示在 5%的显著性水平下拒绝原假设。

从上述检验结果可知，特征根迹检验和最大特征值检验均表明在 5%的显著性水平下 LNRI 和 FI、RF、PF 之间存在 3 个协整关系，其标准化协整向量分别为（1，-0.035983，-0.131040，-0.081841）、（1，0，-2.251452，-5.997051）、（1，0，0，0.368523）。本文此处选取最有代表性的（1，-0.035983，-0.131040，-0.081841）建立协整方程为：

$$LNRI = 0.035983FI + 0.131040RF +$$
$$\quad\quad (0.02348)\quad\quad (0.05077)$$
$$\quad\quad 0.081841PF \quad\quad\quad\quad\quad (6)$$
$$\quad\quad (0.08093)$$

以上协整检验表明，1985~2007 年，"西三角"经济圈人均农民纯收入与金融支农水平和财政支农水平存在长期稳定的正向变动关系：LNRI 对 RF、PF 的弹性系数分别为 0.131040、0.081841，即当控制变量 FI 和另外一个解释变量不变时，RF 每增加 1%，LNRI 将增加 0.131040%；PF 每增加 1%，LNRI 将增加 0.081841%。可见在长期内，"西三角"经济圈金融支农水平和财政支农水平的提升均有利于农民人均纯收入的增长，并且金融支农水平对农民人均纯收入增长的促进作用要略大于财政支农水平。

3. 向量误差修正模型 VEC 的建立

Engle 和 Granger 将协整与误差修正模型结合起来，建立了向量误差修正模型 VEC。只要变量之间存在协整关系，便可以由自回归分布滞后模型 ADL 推导出误差修正模型 ECM。而 VAR 模型中的每个方程都是一个 ADL 模型，因此可以认为

VEC 模型是含有协整约束的 VAR 模型。将协整方程正规化可得：

$$vecm = LNRI - 0.035983FI - 0.131040RF -$$
$$\quad\quad 0.081841PF - 2.086224 \quad\quad (7)$$

经过反复检验，在此选取滞后期为 2 期，有截距项但没有时间趋势项建立 LNRI、FI、RF 和 PF 之间的 VEC 模型，结果如下：

$$D（LNRI）= -0.102252vecm_{t-1} +$$
$$\quad\quad 0.318776D（LNRI（-1））-$$
$$\quad\quad 0.019235D（FI（-1））-$$
$$\quad\quad 0.004525D（RF（-1））-$$
$$\quad\quad 0.026424D（PF（-1））+$$
$$\quad\quad 0.121039D（LNRI（-2））-$$
$$\quad\quad 0.003685D（FI（-2））-$$
$$\quad\quad 0.012492D（RF（-2））-$$
$$\quad\quad 0.024897D（PF（-2））+$$
$$\quad\quad 0.110519$$

根据上述 VEC 模型可以得到模型的误差修正项系数为-0.102252，并且在统计上都是显著的。这表明当"西三角"经济圈农民人均纯收入 LNRI 偏离均衡状态时，误差修正项对其具有负向的调节作用，即农民人均纯收入 LNRI 偏离长期均衡状态时，误差修正项会对其进行调整速度为-0.102252 的负向修正直至回归均衡状态，且调整速度较为明显。LNRI 的一阶滞后项和二阶滞后项系数分别为 0.318776、0.121039，说明在短期内农民人均纯收入对自身有较明显的正向调整作用。而 RF、PF 的一阶滞后项和二阶滞后项系数分别为-0.004525 和-0.012492、-0.026424 和-0.024897，

这说明在短期内，"西三角"经济圈金融支农水平和财政支农水平对农民纯收入变动的调整符合负向修正机制，但影响相对农民收入本身来讲较弱。

4. Granger 因果检验

上述的协整检验和向量误差修正模型 VEC 表明 LNRI 与 RF、PF 具有正向变动的协整关系，以及误差修正项在各个变量偏离均衡状态时的调整速度。为分析变量之间是否具有因果关系及其方向和力度，在此采用格兰杰因果关系检验。该检验实质上是检验一个变量的滞后变量是否可以引入到其他变量方程中，从而使解释程度提高。如果一个变量受到其他变量的滞后影响，那么则称它们具有格兰杰因果关系。由于格兰杰因果检验对于滞后期的选取比较敏感，且目前尚无选取滞后期的有效标准，为比较清晰地反映相关变量之间格兰杰因果关系状况，本文分别检验这些变量滞后 1~5 期的格兰杰因果关系，从中选取与本研究有密切关系的检验结果并予以分析，结果如表 3 所示。

表 3　变量间格兰杰因果检验结果

滞后期 ＼ 原假设	RF 不是 LNRI 的原因	LNRI 不是 RF 原因	PF 不是 LNRI 原因	LNRI 不是 PF 原因
1	0.51058 (0.44963)	0.03784** (4.98234)	0.77888 (0.08111)	0.30791 (1.09774)
2	0.91737 (0.08671)	0.02176** (4.90875)	0.81012 (0.21336)	0.53228 (0.65610)
3	0.23945 (1.59060)	0.01022** (5.70361)	0.89095 (0.20522)	0.76356 (0.38800)
4	0.48710 (0.92481)	0.08331* (2.82499)	0.68466 (0.57908)	0.10599 (2.53675)
5	0.01938** (5.83499)	0.11553 (2.68064)	0.88218 (0.32615)	0.29109 (1.53897)

注：括号内为 F 统计量；*、** 分别表示在 10%、5% 的置信水平下拒绝原假设。

从表 3 可以得出：在 10% 的置信水平下，滞后期为 1~4 期时，农民人均纯收入 LNRI 是金融支农水平 RF 的格兰杰原因；在滞后期为 5 期时，金融支农水平 RF 是农民人均纯收入 LNRI 的格兰杰原因；而在滞后期 1~5 期中，农民人均纯收入 LNRI 与财政支农水平 PF 均互无格兰杰因果关系。

上述检验结果反映出两个方面的问题：一是金融支农的风险规避性。从格兰杰因果检验可以明显看出，在未来 1~4 期内，"西三角"经济圈农民人均纯收入的增长皆为金融支农水平即金融机构农业贷款增加的原因，而在第 5 期，农民人均纯收入才会因金融机构农业贷款的增加而增长。农村个人或家庭收入的增长对于金融机构来讲代表了农民"信用"的提升——在一定条件下还贷能力的增强，进而引致金融机构农业信贷的增加。从中可以看出金融机构倾向于将资金放贷于"较为富裕"的客户，以规避经营风险，这对广大富裕程度和收入水平较低却急需资金支持发展生产的农民是不利的。二是财政支农的低效性。在未来 1~5 期内，"西三角"经济圈农民人均纯收入与财政支农水平均互无格兰杰因果关系。该结果表明地方政府对财政支农资金的运用上存在问题，抑或支农项目并非为农民增收产生直接影响的重要项目，抑或由于某些原因如支农资金的挤占行为，致使财政支农资金难以有效地直接促进农民收入的增长。

5. 脉冲响应函数检验

在向量自回归模型中，某一变量 t 时期发生扰动后，通过变量之间的动态联系，对 t 时期以后的各变量将会产生连锁变动效应。脉冲响应函数即描述系统对于单位冲击的动态反应。同时，通过比较不同变量的脉冲响应，可以判断不同变量所受到的冲击效果的大小，进而判断变量之间的互动关系。因此，为了进一步分析变量间的关系，本文利用从 VEC 模型生成的脉冲响应函数分别计算和分析金融支农水平和财政支农水平变动对

"西三角"经济圈农民人均纯收入的动态影响。选用残差协方差矩阵的 Cholesky 因子的逆来正交化脉冲，并且进行小样本的自由度修正，设定响应

函数追踪期数为 10。结果如图 2、图 3、图 4、图 5 所示，其中横轴代表响应函数的追踪期数，纵轴代表响应程度。

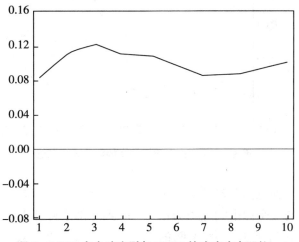

图 2　LNRI 自身冲击引起 LNRI 的脉冲响应函数

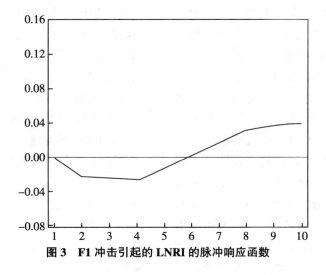

图 3　F1 冲击引起的 LNRI 的脉冲响应函数

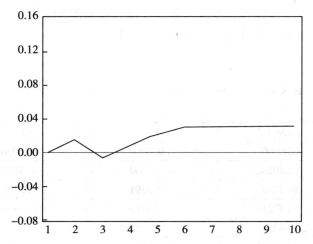

图 4　RF 冲击引起 LNRI 的脉冲响应函数

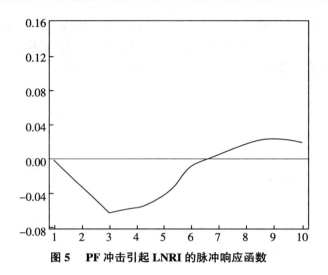

图5　PF 冲击引起 LNRI 的脉冲响应函数

显然，在图 2~图 5 中，"西三角"经济圈农民人均纯收入 LNRI 对于自身的一个冲击响应均为正向，第 1 期为 0.084106，此后上升至第 3 期的 0.122314，再降至第 7 期的 0.084571，最后升至第 10 期的 0.100826。这表明，农民人均纯收入对于自身信息的一个冲击表现为显著的长期正向效应，并呈现"N"型特征。农民纯收入 LNRI 对于金融支农水平 RF 的一个冲击响应则先升后降，在第 2 期为 -0.005902，然后在平稳上升，至第 9 期最大值为 0.034151。这表明，金融支农水平受到某一外部条件冲击后，为农民人均纯收入所带来的冲击仅在第 2 期为负向且很微弱，其余各期均有稳定的正向促进作用，并也呈现"N"型特征。农民人均纯收入 LNRI 对于财政支农水平 PF 的一个冲击响应在第 7 期前为负，并在第 3 期达到最低值 -0.061543，从第 7 期开始为正，至第 9 期达到峰值 0.023332。这表明，当财政支农水平受到某一外部条件冲击后，为农民人均纯收入将带来期数为 6 并较为显著的负向冲击，此后转变为持续的正向效应。

综上所述，首先，农民人均纯收入对于自身受到外部条件冲击所带来的影响是最大的。其次，由于支农力度、效率等方面的相关原因，金融支农水平和财政支农水平受到冲击时对农民人均纯收入的影响不尽相同。金融支农的影响多为正向（除第 2 期为负），而财政支农在较长一段时期内（第 1~6 期）均为负向影响，且较为明显。因此，如何有效利用这种情况，对金融支农和财政支农进行有区别、有重点的调整，将有利于进一步提高"西三角"经济圈农民人均纯收入水平。

6. LNRI 的方差分解

脉冲响应函数描述了 FI、RF、PF 以及 LNRI 自身受到外部条件某一冲击对 LNRI 产生的影响，而要通过分析每一个结构冲击对内生变量变化（通过差分方程）的贡献度，进而评价不同结构冲击的重要性，则需要进行方差分解检验。分解结果如表 4 所示，每列分别表示各变量的方程信息对各期预测均方误差的贡献度，每行结果相加为 100。

表4　金融支农水平与财政支农水平对农民人均纯收入影响的方差分解

(单位：%)

未来时期	LNRI	FI	RF	PF
1	100.0000	0.000000	0.000000	0.000000
2	91.40292	2.585602	1.013124	4.998353
3	84.37895	3.083791	0.612797	11.92446
4	81.53310	3.572515	0.659396	14.23499
5	81.42568	3.143069	1.225895	14.20536
6	82.50142	2.751202	2.252966	12.49441

未来时期	LNRI	FI	RF	PF
7	82.63088	2.807123	3.190421	11.37157
8	81.96037	3.467841	3.977262	10.59453
9	81.14953	4.269092	4.605206	9.976175
10	80.90096	4.954913	4.893359	9.250767

表4数据说明，在"西三角"经济圈农民人均纯收入LNRI的方差分解中，其自身贡献度在未来1~10期内最大并呈现波动下降趋势，其中第1期最高为100%，第10期最低为80.90096%，各期贡献度均在80%以上。财政支农水平PF对农民人均纯收入LNRI变化的贡献度排在第2位，从第1期的0迅速上升至第4期的最大值14.23499%，其后缓慢衰减到第10期的9.250767%。金融支农水平RF对农民人均纯收入LNRI变化的贡献度相对较小，第1~2期从0上升至1.013124%，第3~4期则回落到1%以下，此后逐渐上升至第10期的最大值4.893359%。

从中可以得出，对农民人均纯收入贡献率最大的仍是农民人均纯收入的自身因素，其他3个变量的贡献率相对较小；在不考虑自身贡献率的情况下，财政支农水平对农民人均纯收入的贡献率是最大的，这与脉冲响应函数检验中财政支农水平引起的响应更为显著是一致的。

五、结论与政策启示

实证结果表明：首先，1985~2007年"西三角"经济圈的农民人均纯收入的增长与金融支农水平和财政支农水平之间有着明显的长期正向相关关系，在面临农民人均纯收入的短期波动时，金融和财政支农可起到的一定的调整作用，但相对收入自身的惯性作用来讲较弱。其次，由于财政支农效率低下、金融支农风险规避，两者难以对农民增收产生直接的因果影响，所起只是间接作用。再次，在未来10年内，相对于金融支农水平而言，财政支农水平对农民增收的贡献率更大，若当财政支农资金受到冲击时，对农民收入水平的负面影响也较大。

基于上述实证结果，针对如何更好发挥金融、财政支农对"西三角"经济圈农民增收的促进作用，本文得到如下启示：

第一，继续强化金融、财政支农水平。金融机构的农业信贷和政府的财政支农资金可以在长期内稳定地促进农民增收，因此，农村金融机构应积极探索金融创新，根据农民客户的不同特点，从信贷的期限、额度、还贷方式等方面设计出相应的金融产品以提升信贷水平。财政支农方面，在取消农业税的基础上，应进一步强化转移支付功能，同时增加对生产型和科技型支农项目的预算，弥补农业产业结构升级中的资金不足。

第二，优化金融支农的结构功能和制度安排。一方面，明晰商业性、合作性、政策性金融在支农领域的功能定位，通过政府的担保、贴息和补偿等方式降低正规金融机构经营风险，重塑农村金融市场主体进而引导农村资金回流。另一方面，鉴于非正规金融在改善农村资源配置方面的积极作用，应在加强风险监管的基础上，促进非正规金融的规范化成长并提高其支农自由度。

第三，提高财政支农的效率。鉴于财政支农对未来时期农民增收的更大贡献，在强化支农水平的同时还要不断提高支农的效率。首先，应对较为臃肿的涉农机构精简，缩减行政事业费用支出转而增加生产型和科技型支农费用支出，优化财政支农结构从而提高支农效率。其次，应加强政府内部行政管理，建立健全支农资金专款专项管理制度，排除其他部门对支农资金运用的介入，减少财政支农资金的挤占。

参考文献

Gurley J.G. and Shaw E.S. Financial Aspects of Economic Development [J]. American Economic Review, 1955, 45 (September).

Goldsmith R. Financial Structure and Economic Development [M]. New Haven: Yale University Press, 1969.

MacKinnon Ronald. Money and Capital in Economic Development [M]. Washington DC: Brookings Institution, 1973.

King Robert G. and Levine Ross. Finance and Growth: Schumpeter Might Be Right [J]. Quarterly Journal of Economics, 1993 (108).

E.Jensen. The farm credit system as a government-sponsored enterprise [J]. Review of Agricultural Economics, 2000 (22).

Townsend Robert M.and Jacob Yaron. The Credit Risk-contigency System of an Asian Development Bank [R]. Federal Reserve Bank of Chicago, Economic Perspectives, 2001.

Koester Ulrich. CAP is Something We Can be Pround of [R]. Working Paper, University of Kiel, 2000.

Carlo del Ninno, Paul A.Dorosh, Kalanidhi S.R.. Food Aid, Domestic Policy and Food Security: Contrasting Experiences from South Asia and Sub-Saharan Africa [J]. Food Policy, 2007 (32).

Goodwin B.K., Ligia A.V. Public Responses to Agricultural Disasters: Rethinking the Role of Government-Canadian [J]. Journal of Agricultural Economics, 2007 (55).

Guasch, J.Luis and Braverman. Avishay: The Theory of Rural Credit Markets [R]. Working Paper, University of California, San Diego, 1990.

Odedokun M.O. Alternative Econometric Approaches for Analysing the Role of the Financial Sector in Economic Growth: Time-Series Evidence from LDCs [J]. Journal of Development Economics, 1996, 50 (1).

Engle, Robert F. and C. W. J. Granger. Co-integration and Error Correction: Representation, Estimation, and Testing [J]. Econometrica, 1987 (55).

钱彦敏. 农业投入中资本形成的困境 [J]. 经济科学, 1991 (1).

何广文等. 农村金融服务问题研究专题报告 [R]. 农业部中国农业和农村经济结构战略性调整课题组, 2002.

林毅夫. 金融改革与农村经济发展 [J]. 北京大学经济研究中心讨论稿, No.C2003026, 2003.

张杰. 中国农村金融制度: 结构、变迁与政策 [M]. 北京: 中国人民大学出版社, 2003.

温涛, 冉光和, 熊德平. 中国金融发展与农民收入增长 [J]. 经济研究, 2005 (9).

温涛, 王煜宇. 政府主导的农业信贷、财政支农模式的经济效应: 基于中国1952~2002年的经验验证 [J]. 中国农村经济, 2005 (10).

季凯文, 武鹏. 农村金融深化与农村经济增长的动态关系 [J]. 经济评论, 2008 (4).

谭燕芝. 农村金融发展与农民收入增长之关系的实证分析: 1978~2007 [J]. 上海经济研究, 2009 (4).

胡荣华. 我国财政支出作用及效率的统计分析 [J]. 江淮论坛, 2002 (5).

许冰. 财政支农的时变边际效应与弹性实证分析 [J]. 中国农村经济, 2006 (8).

刘穷志. 公共支出效率测度及数量优化: 基于社会公平目标 [J]. 南大商学评论, 2007 (13).

刘穷志, 卢盛峰. 财政支农支出绩效评估与数量优化研究 [J]. 中南财经政法大学学报, 2009 (2).

彭克强. 财政支农杠杆效应的实证研究: 1987~2007 [J]. 统计研究, 2008 (11).

李燕凌. 基于DEA-Tobit模型的财政支农效率分析: 以湖南省为例 [J]. 中国农村经济, 2008 (9).

魏朗. 财政支农支出对我国农业经济增长影响的研究 [J]. 中央财经大学学报, 2007 (9).

刘宏杰. 中国财政支农支出对第一产业增加值的影响研究: 1952~2006 [J]. 华南农业大学学报, 2008 (3).

刘涵. 财政支农支出对农业经济增长影响的实证分析 [J]. 农业经济问题, 2008 (10).

王汉章, 李上炸, 刘伯恩. 财政支农支出对农业GDP长期影响的实证分析 [J]. 中央财经大学学报, 2009 (5).

魏朗. 财政支农支出对西部农业经济增长的贡献 [J]. 财经科学, 2006 (4).

胥巍, 曹正勇, 傅新红. 我国东、西部财政支农对农业经济增长贡献的比较研究: 基于协整分析与误差修正模型 [J]. 软科学, 2008 (5).

胡金焱, 董鹏. 农村金融发展与农民收入的关系: 山东例证 [J]. 改革, 2008 (2).

高铁梅. 计量经济分析方法与建模: Eviews应用及实例 [M]. 北京: 清华大学出版社, 2006.

（谢欣、星焱，西南财经大学财税学院）

促进西部地区开发与转变经济发展方式的政策法律思考
——以西部地区发展知识经济为视角

《国民经济和社会发展十二五规划纲要》指出："促进区域协调互动发展。实施区域发展总体战略和主体功能区战略，把实施西部大开发战略放在区域发展总体战略优先位置，充分发挥各地区比较优势，促进区域间生产要素合理流动和产业有序转移，在中西部地区培育新的区域经济增长极，增强区域发展的协调性。"大量中外实践证明，培育新的经济增长极，实现西部地区开发与经济发展方式的转变，离不开运用政策立法手段作为可靠保障。

一、提高西部大开发战略中知识经济含量的应有认识

"实现各地区知识经济的共同发展必须使各地区的优势得以充分发挥，进行优势互补和整合。党和国家在实施西部大开发战略过程中，不再单纯地实行地区倾斜政策，而是强调要从全国经济协调发展的战略高度，着眼于地区优势的相互结合，相互补充，相互促进，共同发展，把东、中、西部各地区的积极性都调动起来，进行优势互补和整合。"然而，在要不要提高对西部大开发中知识经济含量问题上，存在着如下几种具有代表性的不同观点：

1. "知识经济会弱化我们的优势"的观点

中国社会科学院西部发展研究中心陈耀博士认为："现在生物工程、信息技术这些新兴产业发展以后，西部在有些行业、领域完全可以跳过过去传统的阶段，直接瞄准世界领先的行业。知识经济时代到来对西部开发的负面效应也是很大的，因为它采用新的材料、新的手段、新的工作方法，知识经济对资源的需求越来越少，西部的优势是资源和劳动力，知识经济会弱化我们的优势。"

该观点显而易见是自相矛盾的，知识经济的发展与资源和劳动力的多寡并不矛盾。"知识经济对资源的需求越来越少"本身也有一个如何理解和最低限度的问题，"西部的优势是资源和劳动力，知识经济会弱化我们的优势"的说法更是难以成立的。如果知识经济的发展使得西部地区经济发展赶上甚至于超过了东部沿海地区，西部人民的生活水平跨入小康水平或接近于中等发达国家水平，那么与西部地区的资源和劳动力优势的弱化又有什么关系呢？对于开发西部而言，提高知识经济的含量，也不存在什么"负面效应"的问题，相反只应该出现积极效应的放大。

2. "信息、技术流"与"需要相应的承载环境"的观点

中国社会科学院人口研究所所长蔡昉认为："从历史上看，开发西部无非是通过三种资源的转移，或称三种资源流。"三种资源流即所谓的"物质资本流"、"信息和技术流"和"劳动力和人才流"。中外西部开发历史实践证明，仅靠"物质资本流"，结果都不尽如人意。而西部地区由于缺乏相应的承载环境，因此"信息和技术流"也难以在西部地区奏效。只有"劳动力和人才流"才最可能产生预期的效果，因此，西部开发战略本该把增强这一地区可持续发展能力即人力资本放在首位。

应该说,"三种资源的转移"这一说法概括性很强,对中外西部开发史中经验教训的认识也非常深刻,但是文章观点明显带有肯定一点而否定其余的倾向,且不论蔡昉以美国东西部大铁路修建并未像人们想象预料的那样得到应有的回报,来简单对比并告诫目前中国西部开发初期公路、铁路等基础设施建设不要重蹈覆辙,也不论是否只有加大"劳动力和人才流"的投资才是西部开发战略的首选考虑,仅就"信息、技术流该不该向西部地区灌输过去而论,蔡昉对此是明显抱否定消极态度的。他以当年德国农业科学家李比希力排众议,认为将农学院办在农村,缺乏农业科学发展所需要的整体科学技术环境,并最终取得了坚持将农学院办在城市,从而挽救了德国农业科学的胜利为例,说明西部地区发展信息和技术,"如果应用某种水平的技术的环境比这种技术应该具备的环境低很多,这种技术是不能得到有效应用的。"其实这种担忧是不必要的,也是不切合实际的。西部地区并非都是各方面环境均差强人意,也并非因为承接环境差而不需要高新技术的引进与带动。以位居西部的直辖市重庆为例,改革开放的长期实践证明,它的飞速建设与发展,除了有赖于雄厚的传统工业基础外,当然离不开信息和技术的培育和带动。其他9个西部省份的开发和各行各业的建设,同样离不开信息和高新技术的培育与带动。如自古以来以贫穷落后著称的甘肃省,在西部开发这一千载难逢的历史性机遇面前,甘肃人强烈地意识到,唯有信息和高科技才能使该省带来脱贫致富的希望。

3. "应首先考虑在大西北布置最前沿的高新技术产业"的观点

早在1999年8月23日,一位专家在银川市"西部大开发理论研讨会"上提出:"未来市场需要什么,西部就应该发展什么。""西部地域辽阔,自然环境恶劣,平面大推进式开发几乎不可能,因此,点轴增长理论或发展极理论可资借鉴。选择若干个具有现代工业基础的经济地理空间,以中心城市为依托,形成几个发达的经济区,发挥经济区的集聚和辐射效应,就能逐步增高整个中西部地区的综合经济实力。不失为一条成本、收效快的开发思路。"

上述观点应该说是积极的,也具有一定的可行性,但是在提法上仍存在可供商榷之处。如"未来需要什么,西部就应该发展什么"的提法实际上是不太现实和不大可能的,宜改为"西部适合于发展什么,就应该发展什么","西部有可能发展什么,就应该发展什么",抑或是"国家或发达区域合理扶持什么,西部就应该合理发展什么"等。以近年来上海高校支持西部开发实践为例,扶持西部发展高新技术不仅是可行的,而且已经取得显著实效。2000年初始,上海交大、同济大学、华东师大、华东理工大学等高校坚持智力输出先行、科技合作和人才培训先行,以自身的人才、技术和教育优势积极参与西部开发,已与中西部10多个省、自治区的企业签订数百项科技合作项目,联手开发西部地区的优质资源,有力地推动了当地的科技进步。如上海交大"高校在西部开发中的地位与作用及参与的途径"、"绿色建筑工程在西部开发中的作用"、"生态农业与农村经济开发"、"新能源示范基地"等战略研究及"经济金融支西","教育支西"、"智力支西"和参与西部若干城市的信息化与数字城市等项目的规划与实施。华东理工大学完成的"浮选剂"新工艺技术,已成功应用于青海盐湖集团钾肥公司年产25万吨氯化钾生产线,2000年该集团仅投入13万元的技术开发费用,当年就创造经济效益1000万元。华东理工大学国家生化工程技术研究中心应用网络遥控技术,成功遥控远在1500多公里以外的内蒙古金河集团金霉素生产全过程,从而使其原有的发酵能力提高30%,生产车间可年增经济效益3000万元。在本世纪初始,上海实施"双百、双千、双万"工程,"即组织100批讲师团、医疗队、博士团、志愿者等西进;援建100个'希望工程',帮助培养1000名教育师资、1000名医务骨干,培训和输送1万名各类人才,资助1万名贫困学生完成学业等"。西部大开发,规划是基础、科技是动力、人才是关键。可以预料,我国东部各省、市以各自的人才、技术和教育优势为西部开发提供有力的支持,西部开发一定会在不太长的历史时期内结出灿烂的科技经济文化之果。

二、西部是发展知识经济的广袤热土

毋庸置疑，西部应是发展知识经济的广袤热土，然而目前西部地区经济发展远远落后于东部，东西部之间人均GDP差异呈逐年扩大的趋势。在新的知识时代和信息革命中的中西部地区，为了避免落伍的危险，急需通过政策法律的保障与促进，奋起直追，后来居上。

1. 重视发展知识经济对西部地区传统产业结构的拉动作用

为了实施西部大开发战略，加快中西部发展，早在本世纪初，党中央就已决定成立国务院西部地区开发领导小组。2000年1月，该小组在京召开西部地区开发会议。会议认为，实施西部大开发是一项规模宏大的系统工程，也是一项艰巨的历史任务，在当前和今后一个时期，要集中力量抓好几件关系西部开发全局的重点工作：一是加快基础设施建设。二是切实加强生态环境和建设。三是积极调整产业结构。四是发展科技和教育，加快人才培养。五是加大改革开放力度。

2000年3月1日，中国科学院发布的《2000年科学发展报告》中，就我国中西部反贫困提出了三大战略：知识发展战略、人力资源开发战略和可持续发展战略。其中，知识发展战略，就是要充分利用当代世界所提供的知识、信息、教育、技术要素促进经济和社会发展，强化本地区获取外界知识的能力和创造本地区知识的能力，提高全体人民吸收知识的能力和交流知识的能力，优先缩小与发达地区之间的知识、信息、教育和技术差距。

中央关于调整产业结构和发展科技教育等的西部开发战略决策，以及中国科学院提出的关于西部地区的知识发展战略是有远见的。就西部目前现状而言，也急需重视发挥高科技产业对传统产业结构的拉动和知识经济的作用。出于国防考虑，早在"三线"建设时期，我国就发展建设了相当一批重化工和军工企业，西部地区由此形成了较为雄厚的工业基础。改革开放以来，由于未能很好利用军转民的历史机遇积极发展高新技术，

大力提高技术层次，因此西部地区的总体产业结构调整进展缓慢，工业效益不够明显。而在西部地区的酒泉、西昌两个卫星发射中心、西安飞机制造基地重庆钢铁和汽车生产基地、兰州石油化工基地等，都不同程度地为当地高科技产业提供技术、培养科技人才、拉动经济发展做出了贡献。国内外的有关经验证明，正是由于落后地区的自然环境和人文环境条件差，因此更需要且有可能利用落后地区原有的工业基础和技术力量，在有条件的个别地区和个别行业，积极发展高科技产业，以实现落后地区的全面跨越式经济发展。

2. 大力培植西部地区知识经济的增长点

我国2001年3月起实施的《"十五"计划纲要》就已提出"实施西部大开发战略，促进地区协调发展"，要"推广应用高新技术和先进适用技术，有重点地发展高新技术产业"。提高开发西部中的知识经济含量，大力培植西部地区知识经济的增长点，对于东部乃至全国而言，既不是单向扶贫，也不是定向支持，而应被视为一项有利于拉动东西部经济共同增长、实现"双赢"或"共赢"的重大战略部署和战略目标。西部相当一些地区科技、资金势力薄弱，尚不具备全面发展知识经济的客观条件，但是完全可以采用地区间合作、互补等方式参与发展知识经济；如一些有加工优势的地区，可以与一些有技术、智力优势的地区分工协作，通过积累技术和资金，逐步发展知识经济；而具有自然资源优势的地区，可以直接引入高科技，提高资源的附加值，发展特色产业。只有基于这样的认识，才能调动起东部和全国发达地区支持和发展西部地区知识经济的积极性，才能不断培植出西部地区知识经济新的增长点。

根据我国西部大开发战略规划（至2010年），已经成为西部地区各省市自治区知识经济含量很高或知识经济增长点的分别有：陕西：完善9条国家一级光缆和省内光缆干线环网工程；甘肃：建成兰州、长庆、玉门三大石油化工基地和白银、金川、兰州、西成四大有色金属基地；青海：加

大柴达木盆地油气资源开发，加快黄河上游水电资源开发，使之成为西气、西电重要基地；宁夏：发展生态农业，开发特色系列药品和保健品，形成中国西部"药谷"；新疆：塔北油田建成全国最大的石油天然气工业基地；重庆：宽带全业务综合通信网成为西部地区信息枢纽，建设大学科技园和二期高新技术开发区；四川：建成成（都）德（阳）绵（阳）高新技术产业现代化师范区和攀西钒钛、国土资源综合开发区，壮大水电、电子信息、机械冶金、医药化工、医疗食品、旅游六大支柱产业；贵州：实施西电东送战略，建成我国南方能源基地，基本建成覆盖全省的远程教育体系和教育管理体系；云南：建设中华生物谷等生物资源开发产业，建成"绿色经济强省"；西

藏：建立以区内资源为依托的附加值较高的加工工业群等。

不言而喻，知识经济增长点将会给西部地区经济、文化、教育等领域的发展带来巨大的推动力。当然，随着东部地区和全国对西部开发力度的加大，今后西部地区的知识经济增长点将远不止上述这些地区。同时，还应该清醒地看到，要真正落实东西联动、积极推进西部地区知识经济的快速发展，尚存在认识或操作等方面的诸多问题，应尽快消弭目前制约内地企业西进中存在的信息不灵、激励不足、地方保护、融资困难、服务不善等不利因素，并及早形成各种相应的机制保障等。

三、各国制定保障促进发展落后地区高新技术的政策法律借鉴

许多国家均有通过制定政策法律保障和促进发展落后地区高新技术的成功实践，这里仅撷取几个有代表性国家的做法。

1. 美国：建立专门机构保障配套法规政策实施

用政策法律保证以高科技带动落后地区经济的发展，是美国政府一项长期成功经验。美国政府在区域开发和创新过程中，主要通过以下四个方面的行为发挥其作用：①科技资源投入与管理。②改革科技管理体制。③采取措施，促进技术创新。④执行产业政策。为了加大对西部地区开发的力度，在20世纪60年代，美国政府先后成立了地区再开发署和经济开发署等专门负责落后地区开发工作的机构，并相继颁发了一系列重要法令，如1961年的《地区再开发法》、1962年的《加速公共工程法》和《人力训练与发展法》、1964年的《经济机会均等法》、1965年的《公共工程与经济开发法》与《阿巴拉契亚地区开发法》以及《农村发展法》等。与此同时，美国政府还确定了开发落后地区所应遵循的主要基本战略："①综合战略，即通过广泛的财政、货币政策等综合措施，使贫困地区的经济发展保持高的增长率。②减缓痛苦战略，即通过失业津贴、医疗保健方案，公共援助等长期和短期援助，消除落后地区的困境。

③根治战略，即通过地区开发计划、职业训练和教育，促进落后地区自我发展。"由于政策、法律和资金的到位，美国最早抓住了高新技术的发展及其对传统工业产业结构的升级实现突破性发展的历史性机遇。第二次世界大战以后，美国西部地区以其土地价格低廉、资源丰富、气候温暖、劳动力价格相对便宜，以及适合宇航、原子能、电子、生物工程等高新技术工业的发展等优势，以高新技术产业的发展推动了产业结构的升级。如位于中西部的犹他州，在美国各州中长期处于经济发展缓慢、工业相对落后的状态。然而从20世纪90年代初起，该州迅速崛起，现已成为全美最大的软件业基地，州经济年增长率一直保持在70%左右。此外，美国一些最著名的高新技术产业开发区，如加州的"硅谷"、北卡罗来纳的"三角研究区"、佛罗里达州的"硅滩、亚特兰大的计算机工业等，都位于美国的中西部地区。由于高科技的带动，中西部各州的各种基础设施建设、教育事业、中小高科技企业的开办得到空前发展，生活环境也得以明显改善，从而大大缩小了美国各州之间经济、科技、文化和生活水平等方面的地区性差异。

2. 日本：区域发展政策的法律化

日本虽然国土面积狭小，资源匮乏，但是高科技经济却十分发达，现人均 GDP 位居世界首位。日本高科技经济迅猛发展的一条重要成功因素，就是直接得益于区域发展政策的法律化。自 20 世纪 50 年代以来，日本抓住加入世界贸易组织的前身关贸总协定的机遇，利用关贸总协定框架下的国际市场，不失时机地对本国的经济机构、产业结构进行调整和优化，同时非常重视地区间的均衡发展问题，加强对落后地区的援助，致力于缩小太平洋沿岸地区与东北、西南及日本海沿岸地区的经济差异，大力发展高科技工业和教育事业。日本政府历来高度重视区域发展政策，重视发挥全国性的区域发展规划对地方和企业的指导或诱导作用，注重强化财政金融对落后地区的援助，积极采取大力建设和完善交通系统以缩小地区差异的重要措施。此外，尤为重要的一条是积极实现区域发展的法律化。如为了开发落后的北海道地区，日本早在 1950 年就专门制定了《北海道开发法》，为了限制大城市圈工业布局，1959 年相继制定了《控制首都圈市区内工厂等新建的法律》、《工厂立地法》等。为了诱导工业向地方转移，振兴地方工业和高科技产业，1962 年、1964 年、1971 年、1972 年、1979 年和 1988 年，日本分别制定了《新产业城市建设促进法》、《工业整备特别地区整备促进法》、《振兴特定电子工业及特定机械工业临时措施法》、《工业再配备促进法》、《高技术工业集聚地区开发促进法》以及《特定产业积聚促进法》等。这些法律化的政策措施，以其固有的严肃性、规范性和稳定性，保证和促进了日本落后地区开发和全国范围高科技产业不断持续稳定地增长，实现了经济腾飞，从而一跃成为世界上屈指可数的高科技产业大国之一。

3. 以色列：致力于将开发行为长期化和法治化

以色列的沙漠面积占全国总面积的 60% 以上，其土地贫瘠、水资源极度匮乏情形与我国西北沙漠地区十分相似，然而，位于该国南方的内格夫沙漠如今却到处呈现出一派勃勃生机的场面。该国可耕地面积由立国之初的 10 万公顷猛增到 44 万公顷，灌溉面积从 3 万公顷扩大到 26 万公顷，农业产值增长了 16 倍。这一举世瞩目的奇迹，得益于该国将沙漠开发行为的长期化和法治化。其主要做法是：由国家制定科学的法规，开发与生态保护并举，注重可持续发展和长远规划通过植树种草，建造森林区，大大改善了当地的气候和生态环境。新中国成立后，陆续出台了自然资源保护、规划建筑、水源、水井控制等方面的法规；开发沙漠现代农业技术，科研和生产密切结合政府建立了很多沙漠研究所，开发出许多高精尖沙漠农业实用技术；实行政策倾斜和市场机制并举，如政府把沙漠地区列为最优惠开发区，鼓励和扶持该地区的出口型农产品企业和工业项目发展，采取对此类企业 10 年免税等优惠措施。以色列环境部制订了可持续发展战略规划和一系列保护资源与环境的法规，建立资源"红线"对主要水源加利利湖和地下水建立"红线"制度，严格控制水质和采水量，陆续对土地、空气等重要生态系统建立"红线"制度。以色列注重用经济手段和市场机制保护资源、环境，实行用水许可证、配额制及鼓励节水的有偿用水制，推广节水技术。农业用水执行配额奖惩，水成本每立方米为 0.3 美元，城市水价为 0.7 美元，农用水价为 0.18~0.28 美元，用水超过配额加价 3 倍。以色列污水利用率达 90%，占农业用水的 20%。目前，为了引导、鼓励绿色消费，以色列还建立起国家绿色核算体系，污染税、环境许可证、绿色标志等环保制度。

以上各国运用法律等手段，大力发展与促进高科技产业，成功开发本国落后地区的做法，对于我国今天西部开发无疑具有十分重要的借鉴价值。

四、发展西部知识经济，政策要先行、法律法规要配套、保障机制要健全

为了保证西部开发目标的顺利实现，各种法律、法规的先行出台，就显得极其重要了。西部

各省的人大、行政机关及执法部门，在贯彻党中央关于西部开发的法律、法规的基础上，尽快制定出适合西部地区实际情况的法规和措施，为西部地区的开发建设创造一个宽松、有序的政治、经济和社会环境。中央同样急需出台关于西部开发的一系列总体性或指导性法律法规，其中当然应该包括制定提高西部开发中知识经济含量的法律法规，并适时将有关政策上升为法律法规。

1. 政策要先行

技术转移规律昭示：技术作为一种知识商品，通常向梯度最小的方向转移，即谁最容易掌握某种技术，该技术就向谁转移得最快；相反，如果被转移的一方缺乏相称的吸收消化能力，技术就很难转移过去，难能可贵的是，目前西部地区已经出现了一批新的经济增长点，有的经济增长点已经孵化成新兴产业，这些技术起点高、成长性好、对产业升级有较强带动作用。如电子、信息工程、生物工程、现代医药、节能环保等朝阳企业，是西部地区乃至全国的战略性支柱产业，为了保障和促进以上亮点乃至整个西部经济的健康快速发展，建议国家及早制定适应开发战略所要求的相关配套政策。包括：①中央财政对地方的政策性转移支付应增加对西部地区的额度。②国家应建立西部开发促进基金和西部开发专项基金。③对西部地区有发展前景的优秀骨干企业实行优惠政策。④调整工业基础原料和资源性产品与加工工业品的比价。⑤加快培育新的经济增长点，并将其纳入国家新兴产业发展规划加以扶持。⑥加强引导东西部地区进行经济技术联合协作，促进东西部间的优势互补。⑦加快西部地区基础设施建设。⑧制定促进中西部开发的产业政策。⑨制定对西部重点国有企业的援助政策。⑩建立和完善有利于促进西部开发的税收优惠政策，充分调动内、外资投资西部的积极性等。

2. 法律法规要配套

提高西部开发中的知识经济含量，既是西部地区面临的机遇和挑战，也是促进西部经济快速发展的必由之路。或者说，只有提高知识经济的含量，才能使西部地区真正实现科技进步、经济发展、优化产业结构、增强与其他地区甚至是国外的科技经济竞争力。而这一理想境界状况的实现，必须用配套的法律法规加以可靠保证。国家和地方关于保证提高知识经济含量的立法，应该根据轻重缓急的立法原则，在全面统筹、适当超前、急用先立、有机协调前提下，把提高知识经济含量的西部开发法律保障立法工作摆到优先和经常性的立法议事日程上来。根据国内外已有的成功经验，该立法工作宜从以下几个具体法律法规的制定积极展开。

(1) 加快制定《中华人民共和国西部地区开发促进法》。2005年2月，温总理撰文指出要将《西部开发促进法》列入立法计划。西部开发是一项长期国家行为，为了避免开发行为的随意性或无计划性，应加快制定《西部开发促进法》的速度，运用立法手段，规定必须以政府主导为基础，赋予国务院西部开发办公室在组织领导含发展知识经济在内的西部各个领域开发的法律地位，使西部开发在法律上和组织上得到长期、稳定、可靠的保障。

(2) 制定《扶持与促进西部地区科技进步法》。通过各种优惠待遇或强制规定，刺激与鼓励发达地区或发达国家在西部地区积极从事技术创新、加大投资力度、优化产业结构、吸引高科技人才、发展教育事业、扶持建立科技型中小企业、保障择优形成重点支柱产业、促进科技成果转化、提高科技创新能力、营造有利于技术创新的良好环境等。通过提高知识经济含量等手段，尽快缩小与发达地区的科技经济文化等方面的差距。

(3) 制定一系列有利于提高和促进知识经济含量的法规性条例。这些条例可以被视为《西部开发促进法》和《扶持与促进西部地区科技进步法》基本内容的具体展开及可操作性规定。目前，需制定的条例有：《生态补偿条例》、《西部科技开发专项基金条例》、《西部引进科学技术人才》、《加快西部教育事业和人才培养条例》、《促进西部科技成果转化条例》、《鼓励西部技术创新条例》、《西部官产研(学)合作条例》、《优化西部产业结构条例》、《东西部科技合作条例》、《西部优秀骨干企业减免税收条例》、《西部高新技术产业开发区条例》、《西部高科技引进条例》、《促进西部高科技中小企业发展条例》、《对西部地区高新技术风险投资条例》等。同时还应视必要与可能，积极进行适合在西部发展的前瞻性的知识经济立法调研与立法论证，把提高和促进知识经济含量的法律保障和保驾护航工作做在西部开发的前头。

3. 建立完善适应西部大开发的各种新型机制

加快体制机制创新步伐，急需建立完善适应西部大开发的各种新型机制，包括自我发展机制、多元化投融资机制、资源价格形成机制、新型合作和帮扶机制、资源开发和生态环境补偿机制等。

参考文献

《国民经济和社会发展十二五规划纲要》"第四章政策导向"［N］. 人民日报，2011-3-17.

季丽. 我国知识经济发展水平的地区比较［J］. 知识纵横，2007（2）.

陈耀. 西部大开发的思路与对策［J］. 四川社会科学界，2000（3）.

蔡昉. 拿什么开发西部地区［J］. 上海改革，2000（7）.

魏凤琴. "西部大开发理论研讨会"概述［J］. 四川社科界，1999（5）：40.

何连弟，陶洪光. 上海高校奏响"西进序曲"［N］. 文汇报，2001-1-29.

邱成利等. 西部增值［J］. 北京：中国经济出版社，2000.

胡霞. 日本边远后进地区开发模式的反省和发展新方向［J］. 经济研究参考，2005（27）.

张守营. 尽快出台《西部开发促进法》［N］. 中国经济导报，2011-3-24.

（杨鸿台，华东政法大学刑事司法学院）

新时期北部湾经济区开放型经济发展的态势及路径创新

开放型经济是以优化经济结构与提高经济效益为中心，发挥比较优势与后发优势，以全面参与国际分工与合作为途径，提升经济整体水平为目标的经济类型。新阶段开放型经济的核心是提升统筹国内发展与对外开放的水平。对外开放必须服务于新的发展战略，形成支撑新发展战略的开放型经济。《国务院关于进一步促进广西经济社会发展的若干意见》明确提出，要培育广西沿海经济发展新的增长极的战略任务，到2015年基本形成广西开放型经济发展格局的发展目标。因此，研究北部湾经济区如何创新开放型经济发展路径，以提高开放型经济发展水平，带动和支撑广西经济发展，显得尤其迫切和重要。

一、北部湾经济区开放型经济发展的态势

尽管受到了国际金融危机的冲击，但由于相继出台了一系列加快北部湾经济区开发建设的优惠政策和措施，有力促进了北部湾经济区开放型经济的迅速发展，使之呈现高速增长态势。

1. 外商投资高速增长

从表1可以看出，近年来北部湾经济区对外资的吸引力不断增强，外商投资总额不断增长，年增长率均呈现出高速增长的态势，已成为外商在广西投资的主要区域。2009年，北部湾经济区实际利用外资8亿美元，占广西实际利用外资的46%。钦州市2010年外商直接投资2.5亿美元，相当于2005年的4倍，年均增长33.5%；实际到位国内资金320亿元，相当于2005年的8倍，年均增长53%。

表1 北部湾经济区新签外商直接投资项目和金额

年份	2005	2007	2008
广西新签外商项目个数	351	287	206
北部湾经济区新签外商项目个数	156	131	107
北部湾经济区所占比重（%）	44.44	45.64	51.94
广西新签外商项目合同外资额（万美元）	110182	234460	153306
北部湾经济区新签外商项目合同外资额（万美元）	62585	125769	89110
北部湾经济区所占比重（%）	56.8	53.64	58.12

资料来源：根据2009年广西统计年鉴整理。

2. 进出口贸易额迅速飙升

2008年，北部湾经济区进出口总值60.6亿美元，增长48.4%，占同期广西进出口总值的45.6%，所占比重比上年提高1.1个百分点。受国际环境影响，2009年前8月，北部湾经济区进出口总值达到36.8亿美元，下降13.3%，但占同期广西进出口总值的47.2%。随着全球经济回暖，2010年前11个月，北部湾经济区对外贸易增长强劲，进出口值达到56.92亿美元，占全广西进出口总值的将近一半，增长62%；出口26.40亿美元，

增长66.5%，进口30.52亿美元，增长达到58.3%。进出口、出口、进口的增长速度全部高于全广西总量水平。其中，防城港市进出口总值21.41亿美元，增长71.3%，规模列广西各市之首；南宁市17.26亿美元，增长52.9%，规模列广西各市第3。南宁市出口规模最大，钦州市出口增幅第2。

3. 增长极效应开始显现

近4年来，北部湾经济区的生产总值年均增长16.4%，财政收入年均增长26.5%，全社会固定资产投资年均增长40.7%，外贸进出口总额年均增长36.6%，成为中国经济发展最快、最有活力的地区之一。2009年上半年，北部湾经济区GDP达1117.59亿元，比上年同期增长16.3%，增幅比2010年一季度加快1.5个百分点，比全广西高2.8个百分点，占全广西GDP的比重达34.6%，对全广西GDP增长的贡献率达37.7%。2009年，北部湾经济区不但连续4年保持地区生产总值年均增长16.7%，超过全国、全广西的增长速度，更在中国经济受到金融危机影响之时，保持生产总值增长15.9%，这一数字比全国还高出7.2个百分点。2010年上半年，北部湾经济区生产总值达1287多亿元，同比增长14.8%。

4. 产业集群初步形成

随着北部湾经济区铁路、公路、机场、港口等基础设施建设日臻完善，沿海港口吞吐能力超过1亿吨，功能强大的保税物流体系正在加快建设，以石化、冶金、林浆纸、电子、能源、电力、生物技术、轻工食品、海洋产业为主的产业集群初步形成。总投资151亿元的中国石油广西石化1000万吨/年炼油工程、广西金桂林浆纸一体化项目一期30万吨化机浆项目不久前在钦州市正式竣工投产。北部湾经济区在未来3~5年内，将在产业、港口、交通、物流、城建、旅游等8个方面共实施1390多个建设项目，估算总投资超过1.5万亿元人民币。

5. 开放合作向纵深拓展

广西钦州保税港区于2008年5月获国务院批准设立，成为中国第6个保税港区。2008年12月，国务院批准设立广西凭祥综合保税区。2009年2月，批准设立南宁保税物流中心。2010年6月，南宁市、钦州市一起入选首批全国流通领域现代物流示范城市。2008年4月，商务部将南宁、钦州两市列入国家加工贸易梯度转移重点承接地。2010年11月，北海市被认定为第三批加工贸易梯度转移重点承接地。2010年11月，经国务院批准，钦州港经济开发区升级为国家级经济技术开发区。2009年12月，钦州保税港区被列为汽车整车进口口岸，这是我国继天津、大连、上海、广州之后第5个沿海整车进口口岸，也是我国唯一具备整车进口口岸功能的保税港区。现在又面临着中国—东盟自由贸易区建成，我国新一轮扩大外开放尤其是新一轮西部大开发的历史机遇，北部湾经济区已经形成了全方位、宽领域、多层次、有重点的对外开放型格局。

6. 海关特殊监管区成开放合作的重要平台

近年来，开放、优惠的保税物流体系政策已吸引中石油大型原油储备、新加坡光大物流、大新华仓储、美国光伏集团太阳能光伏及电厂、清华同方数字电视总装项目等一批加工贸易、仓储物流项目进入钦州保税港区发展。随着北海出口加工区保税物流功能的拓展，2010年，北海出口加工区完成工业总产值73.7亿元，分别是2008年、2009年的16.4倍和4.15倍。南宁保税物流中心也将与钦州保税港区、凭祥综合保税区和北海出口加工区并肩携手，共同构建北部湾经济区保税物流体系，成为联系我国西南地区和东南亚国家的核心枢纽以及连接海港、空港和边境口岸的大型物流商贸基地。

7. 民营企业成对外贸易主力军

2009年，广西民营企业累计实现外贸进出口79.6亿美元，比上年同期增长45.9%，占全广西进出口总值的56%。其中，北部湾经济区民营企业共实现进出口总值36.3亿美元，增长35%，占同期民营企业进出口总值的45.7%。2010年一季度，广西民营企业进出口总额20.27亿美元，同比增长80.6%，其中，出口15.40亿美元，增长91.3%；进口4.88亿美元，增长53.5%。2010年一季度，钦州民营企业共进出口货物3689万美元，增长50.9%，占同期钦州口岸边贸总额的97.1%。2010年上半年，北海民营企业外贸进出口总额37108.97万美元，同比增长150.02%，占全市进出口总额的62.97%。

二、北部湾经济区开放型经济发展的问题

当前,北部湾经济区开放型经济发展迅速,但也存在一些困难和问题。

1. 低端产业多,民间中小资本进入滞后

集聚的产业以能源重化工业为主,低端产业多,高科技含量少,自我调整、自我发展的困难较多。重大项目建设和产业布局较多依赖政府投资和外部大型企业集团注入,属于投资拉动型经济。

2. 对外贸易规模小,出口商品种类少

近年来,虽然北部湾经济区对外贸易进出口总值保持着较高的发展态势,但是从对外贸易规模上来说仍是比较小。由于工农业生产基础薄弱,可供出口的亿美元以上大宗产品种类很少,只有10多个商品,机电产品尤其是高新技术产品更是缺乏。

3. 工业产业结构不完整,产业链尚未形成

中石油1000万吨炼油项目、林浆纸一体化等项目刚建成,有些项目正处于一期、二期工程建设阶段。因此,产业集聚效应刚开始显现,项目下游产业配套速度相对缓慢,从而使工业产业结构出现暂时性失衡,整体产业竞争力同国内其他沿海经济区域相比还不强。

4. 对外开放的龙头作用未充分发挥

尽管北部湾经济区近年来在促进广西对外开放和西部大开发中的贡献不容小觑,但与上海对长三角,深圳对珠三角的牵动和影响作用比差距还很大,对广西及西部的经济贡献还不多,示范效应不够强,辐射力量不足,对腹地与国际市场要素的集散力量不突出。

5. 对外开放的质量水平不够高

对地区产业结构升级、主导产业拉动作用强的大项目不够多;资源性、粗加工产品比重比较大,出口竞争力较弱;"走出去"的规模小、层次低、盈利少;现代服务业利用外资不充分,服务贸易水平较低,一些高端领域有待进一步开放。

6. 对外开放的载体建设不够快

北部湾经济区实施建设东南亚区域国际航运中心的战略几年了,但集装箱吞吐量、中转量、远洋干线数少,港口对国内外经济要素的配置能力与国际航运中心的要求比差距较大,港口竞争力与周边的深圳港、湛江港比差距还很大。

7. 对外开放的软环境建设不够完善

与周边的深圳、湛江等地相比,政府的职能转变不够,对外开放体制机制及运作模式落后,行政效率不高,已经成为制约北部湾经济区对外开放水平的一个显著问题。例如,深圳口岸通过营造便利的通关环境,仅2010年前11个月,已为云南向东盟出口葡萄1.88万吨,同比增长了近3倍。

三、新时期北部湾经济区开放型经济发展的路径创新

要适应新时期国家区域经济发展战略的要求,提高北部湾经济区开放型经济水平,增强发展活力,打造国际经济合作新高地和发展新一极,必须进一步深化改革开放,大胆创新发展路径。

1. 增强开放合作观念,树立创新意识

必须增强开放合作的观念,并把开放合作观念转化为实际行动,面向广东、福建、浙江、江苏等沿海地区找出差距,树立创新意识,构建大开发、大开放格局。只有这样,才能加快北部湾经济区及全广西的开放开发,才能积极参与多层次的区域合作,把区位优势和政策优势转化为发展优势,实现北部湾经济区及广西的跨越式发展、科学发展。

2. 加快城市群建设,形成开放型经济的城市格局

遵循区域一体化的原则,推进防城港—钦

州—南宁城市一体化进程，构建以南宁为核心的大都市圈，促进大中小城市和小城镇协调发展，构筑多层次、多样化的开放型经济发展新格局。充分发挥南宁市在广西北部湾开放开发中的核心城市地位作用，把南宁市建设成为开放型经济战略高地、区域性国际城市。

3. 创新园区建设和招商模式，加快产业集群发展

按照优势互补、错位发展、产业聚集、配套协作的要求，加快综合物流园区、出口加工区、产业园区建设，探索创建国际共建、省际共建、东西部共建产业园区。以产业园区作为新兴产业集聚的新平台，以产业园区合作开发带动现代产业发展。实施"招大引强引新"招商战略，切实引进一批世界大财团和大项目，通过大项目的带动和牵引，集聚大产业；加强与央企、民企和国内重点省区的合作，共建产业园、临港产业园；加强与国内知名科研院校合作与交流，积极推动国家重大科技成果转化项目落户，发展先进制造业和新兴战略产业。

4. 加快综合交通建设，推进国际航运中心建设

推进高速公路、高速铁路、沿海铁路、航运枢纽、外环高速等重大项目建设和国道、省道干线路网建设改造，提高技术等级和路网整体效率，完善交通枢纽系统，构建出海、出边、出境的大交通、大港口，形成北部湾"大交通"和"国际通道"发展格局。加快大型、深水、专业化泊位和现代化集装箱泊位以及深水航道建设，力争早日建成亿吨级港口；组建矿石运输系统、集装箱运输系统、煤炭运输系统、石油及油品运输系统、旅游及客运系统，逐步形成多功能、现代化的大型综合性港口；发挥以钦州保税港区为龙头的保税物流体系作用，推进国际航运中心建设，以此带动相关的国际物流、国际贸易、出口加工、商品展示等行业快速发展。

5. 加快平台建设，推动开放合作

切实把握好多重机遇和优惠政策叠加的优势，打造扩大开放和深化区域合作的核心平台。加快推进钦州保税港区、凭祥综合保税区、南宁保税物流中心和钦州港国家经济技术开发区建设，深化北海出加工区、南宁国家经济技术开发区、南宁国家高新技术开发区建设，尽快建立跨境经济合作区和进口资源加工区。推进南宁、钦州、北海加工贸易梯度转移重点承接地，国家汽车及零部件出口基地和钦州保税港区整车进口口岸建设。扩大防城港、钦州、北海港口岸和边地贸口岸对外开放范围，推进中越边境跨境运输和口岸通关便利化。进一步提高中国—东盟博览会、泛北部湾经济合作论坛、中国东盟自贸区论坛等"大平台"的影响力，加快形成中国—东盟区域性物流基地、加工制造基地、商贸基地和交通枢纽中心、信息交流中心、金融中心。

6. 深化开放合作，积极创造新优势

充分利用中国—东盟自由贸易区平台，办好中国—东盟博览会及商务与投资峰会、泛北部湾经济合作论坛。参与大湄公河次区域合作，推动有关合作项目纳入合作框架。加大对泛北部湾经济合作的支持力度，构建南宁—新加坡经济走廊，深化与港澳台合作。谋求在更大的范围和更高的层次上参与国际经济技术合作，强化对引进技术的消化吸收创新，增强国内产业配套能力，推动产业结构优化升级。扩大对内开放，消除地方保护主义，实现内外公平和非歧视性开放，把市场竞争激励作为促进经济发展、产业升级和贸易结构转换的动力。积极参与泛珠三角区域合作，加强与长三角、环渤海等区域合作。积极利用海关特殊监管区域发展加工贸易，引导区外加工贸易企业到区内规范经营，推动加工贸易发展继续上台阶、上水平。

7. 加快金融改期创新，推动区域性国际金融中心建设

完善开放型的经济体系，扩大开放与深化改革要同步。深化外汇管理体制改革，加强金融服务，改进进出口贸易收付汇核销和外商投资和对外投资外汇管理方式，加强银政企合作，推进对外贸易和国际投融资便利化。推动在保税港区、综合保税区开展离岸金融、国际船舶融资、国际航运保险、国际贸易和跨境贸易人民币结算等业务。引进各类金融机构，加快中小银行重组改革步伐，拓展证券、保险、期货等各类金融业务，进一步完善金融体系，积极进行国际金融交流与合作，构建南宁区域性国际金融中心。

8. 实施民间创业创新策略，大力提升民营经济

以民营企业家的新老交替为契机，加快特色优势产业提升技术含量和品牌价值、实施跨国经营和跨行业整合发展的进程。积极鼓励和引导高素质人才创业，培育发展形成一批从事高新技术产业和现代服务业的新生代企业家队伍。合理引导，形成新生代企业家创新式创业、老一辈企业家扶持引导、创业投资基金保障的联动创业机制，提升创业创新水平。

9. 实施多元化战略，优化对外投资结构和贸易结构

优化进出口结构，支持优势产品扩大出口，进一步开拓东盟市场，积极拓展欧美、日韩、中东和俄罗斯市场，加大国内短缺能源、原材料进口。加大国有企业改革力度，采取多种有效方式，推进国有资本、民营资本和外资的融合，培育多元的市场主体，培植具有竞争力的大型企业集团，建立行业中的龙头企业。出台系列扶持政策，加大财税支持力度，优化贸易方式，帮助企业开拓国际市场，调整出口产品结构，帮助出口企业增强竞争力。加强商务、财政、海关、检验检疫、银行、外汇、税务等部门间的协调合作，改善通关条件，优化审批流程，压缩审批时间，优化政务环境，提高工作效率。加快培育参与国际竞争与合作的一流大企业大集团，积极稳妥地开展境外投资和国际经济金融合作。推动企业在国外建立资源开发和农产品加工基地，开展境外资源合作开发、工程承包、劳务合作、合作办厂。

参考文献

杜庆霞. 新时期下对开放型经济内涵的认识 [J]. 现代经济信息, 2010 (8).

裴长洪. 新阶段开放型经济的新目标、新要求、新任务 [J]. 中国经贸导刊, 2009 (6).

广西壮族自治区统计局. 2009 年广西统计年鉴 [M]. 北京：中国统计出版社, 2009.

何晨. 广西如何构建开放型经济 [N]. 中国企业报, 2010-1-20.

张松涛. 全面提高开放型经济水平的若干问题 [J]. 国际贸易, 2008 (1).

黄良浩，郭斯兰. 结构优化：开放型经济发展的战略选择 [J]. 浙江经济, 2008 (5).

（傅远佳，钦州学院商学院）

促进中西部欠发达地区发展的金融政策选择

改革开放以来，我国经济社会总体发展水平快速提高，但中西部欠发达地区与发达地区的发展差距却不断扩大，区域发展不平衡问题成为制约我国经济社会和谐发展的重大矛盾。为了促进区域协调发展，党中央、国务院相继提出了实施西部大开发、振兴东北地区等老工业基地、大力促进中部地区崛起、积极支持东部地区率先发展的区域发展总体战略，成为指导我国经济社会发展的重大战略方针。因此，加快中西部欠发达地区跨越式发展、逐步缩小同发达地区的差距，是加快推进我国社会主义现代化进程的战略任务，也是新时期我国践行科学发展观、全体国民共享改革发展成果和构建社会主义和谐社会的必然要求。

经济发展理论和世界各国的实践已充分证明，投资不仅本身是经济发展必不可少的基本要素，而且对其他生产要素起着黏结作用，是促进欠发达地区经济腾飞的启动剂和催化剂。而金融作为一种重要的资本融通工具，在促进欠发达地区经济发展方面无疑有着不可替代的作用。

本文以金融支持政策为切入点研究中西部欠发达地区经济跨越式发展的基本出发点和立足点，以促进我国中西部欠发达地区经济的跨越式发展为目标，以金融作为一种有效的政策工具，从金融支持欠发达地区发展的视角，在分析欠发达地区经济社会发展特点和金融需求特点，案例解析我国重点欠发达地区金融政策实践的基础上，对我国欠发达地区现行的金融支持政策效果进行评价，总结存在问题和典型经验，并在此基础上，依据金融支持与区域经济发展的内在机制，提出我国中西部欠发达地区金融支持政策优化和创新的方向与路径，提出产业政策、财政政策等方面的配套措施，以期为国家制定针对中西部欠发达地区发展的金融政策提供决策依据。

一、欠发达地区的特点及金融的作用

1. 欠发达地区的概念和特点

一般来讲，欠发达地区是指受历史、区位、观念、资源禀赋等条件的限制和国家不平衡发展战略的影响，在经济和社会的发展水平上与发达地区有较大的差距，经济综合实力达不到本国现有水平的平均值，生产力发展不平衡、科技水平还不发达的区域。欠发达地区是个相对概念，从空间上看，相对于东部经济地带，中西部是欠发达地区，但东部发达地区也有欠发达的县域，西部欠发达地区也有发达的县域；从时间上看，现在的欠发达地区，在一定条件下通过跨越式发展也可能跻身于发达地区行列。考虑到问题的集中性、矛盾的突出性、统计数据的可获得性和可对比性，本文在欠发达地区的界定上采用目前我国通用的东中西部地理划分法，即将中部6个省和西部20个省作为研究对象。

2. 金融对于欠发达地区跨越式发展的作用

欠发达地区的经济发展问题是一个世界性的命题，主流经济理论都对如何促进欠发达地区的经济发展给予了高度关注，发展经济学理论更是直接以欠发达国家和欠发达地区为研究对象。尽管不同学派分别从资源、资本、技术、制度变迁等多个视角强调各种技术经济措施对于欠发达地区经济发展的重要性，但几乎所有学派都对资本的作用给予了充分肯定，认为通过资本的大力注入，加快欠发达地区的资源开发、产业发展和基础设施建设等是促进欠发达地区经济腾飞的启动剂和催化剂。

增加对欠发达地区的资本投入有多种途径，如国家财政转移支付、国家直接投资、利用外资和国际援助等，但金融作为最重要的资本融通工具对于欠发达地区的经济发展具有不可替代的作用。首先，金融作为一种资金政策工具，直接影响着全社会的资本流向，从而决定着欠发达地区的要素流入流出水平和产业结构演进方向。其次，金融作为一种重要的生产服务，区域金融体系的完善程度成为影响其他产业发育和发展的重要基础条件。最后，金融业作为成长性、辐射性极强的高端产业，本身就是欠发达地区跨越式发展的重要突破方向。

二、中西部欠发达地区存在问题及案例实证

1. 现状与问题

实施西部大开发战略以来，我国政府对中西部欠发达地区经济发展采取了一系列支持性金融政策，在一定程度上促进了欠发达地区的经济发展。但与欠发达地区对金融的需求相比，目前的金融政策仍存在许多需要进一步完善和深化的领域。

第一，中西部欠发达地区资本市场落后。主要表现为：一是上市公司数量少。截至2010年2月，全国共有境内上市公司1706家，其中中西部省份有583家，占总数的37.87%，而东部省份有1060家，占总数的62.13%。二是欠发达地区在资本市场融资能力薄弱。以历史上筹资最高年份的2007年为例，全国A股市场共筹资4591亿元，其中东部地区筹资额为3981亿元，占86.73%，中部地区筹资额为483亿元，占10.51%，西部筹资额为127亿元，仅占2.76%。

第二，中西部欠发达地区金融体系不完善。表现为中西部欠发达地区金融机构数量少，覆盖程度低。尽管受行政化布局影响东中西部商国有商业银行数量差别不大，但是最能体现地区金融经营活力的地方性城市商业银行及外资银行的发育和发展却明显滞后于东部地区。从地区城市商业银行数量看，截至2010年2月，中西部18省区共有城市商业银行77个，分布的密度为每省4.3个，而同期东部省份共有城市商业银行63家，分布密度为每省5.73个。拥有外资银行的数量差距则更为明显，2006年东部省份的外资银行办事处及分行数量分别为233家和189家，而同期中西部地区分别仅为9家和20家。

第三，中西部欠发达地区资金流出严重。由于中西部地区经济发展落后，投资效益和贷款保障程度相对较低，中西部地区贷款规模的增长速度远小于存款规模增长速度，各商业金融机构通过同业拆借市场使欠发达地区大量资金流出，客观上形成了"西储东贷"的格局。2003年至2008年，西藏、四川、陕西、新疆、甘肃等地的存贷差额一直居高不下，占存款余额比例达到30%以上，且存贷差金额与存款余额的比率呈现日益增长的趋势。这种只存不贷或多存少贷现象导致的资本流出严重影响欠发达地区经济发展。

2. 案例与实证

为了深入了解国家金融支持政策情况，本文以广西和内蒙古两个西部省份为例进行分析。近年来，两省区抓住国家实施西部大开发的战略机遇，内蒙古充分发挥能源矿产资源富集优势，加速推进资源转化，经济增长速度从2000年以来连续保持全国第一，人均GDP水平不仅名列西部第一，在全国的位次也进入了前列；广西加大对外开放力度，积极推进北部湾等重点区域开发，加速推进东盟中国自由贸易区建设，经济社会也实现了跨越式增长。分析两省区的经济增长路径可以看出，固定资产投资的高速增长是支撑经济增长的重要源泉，其中金融工具在区域开发投融资的作用功不可没。但现存的问题也暴露出金融政策的支持功能尚未得到有效释放，存在许多需要深化的领域。

第一，金融在地区经济发展中的功能在弱化。从内蒙古和广西的固定资产投资来源构成看，银

行信贷投资的规模虽然不断扩大，但信贷投资占全部固定资产投资的比重却呈逐年下降态势，而招商引资资金、民间投资资金成为支撑地区投资增长的主体。

第二，现行金融体系及政策与地区经济发展的金融需求不适应。鄂尔多斯是近几年内蒙古发展最快的区域，金融需求旺盛。近几年，鄂尔多斯市民间金融发展迅猛，各类小额贷款公司、典当行及地方商业银行纷纷建立，很好地支持了地区经济的快速发展。这种现象在反映了地区金融创新的活跃的同时，也客观地反映出正规金融的缺位和产品创新的不足。

第三，中小企业金融需求仍难满足。调研中发现，尽管内蒙古和广西的经济发展成就引人注目，但中小企业的融资难问题始终未能很好地解决。中小企业作为扩大就业、增收富民的主力军，国家金融政策应该对于中小企业的投融资问题予以重点支持，通过转变服务理念、改革管理体制、更新服务模式和创新金融产品等措施满足中小企业的融资需求。

三、金融支持中西部欠发达地区的支持思路与政策选择

利用金融政策工具支持中西部欠发达地区发展，必须使金融政策工具的优势与中西部欠发达地区的金融需求特点双向契合，建立起政策金融与商业金融相互配合，资本市场、货币市场、债券市场和保险市场相互配套，法律保障和宏观政策共同促进的系统化政策体系。据此，提出我国促进中西部欠发达地区实现跨越式发展的四大金融政策。

1. 培育完善的金融市场

要积极培育货币市场与资本市场两个层次：

在货币市场方面，要采用区域性、倾斜性的货币政策吸引资金流入欠发达地区。首先，降低准备金率及再贴现率，提高再贷款与再贴现限额，提高欠发达地区基础货币供应量。其次，实行差别化的优惠利率，切实降低欠发达地区资本价格。最后，放宽金融机构业务创新和市场准入限制，吸引更多的国内外金融机构增加对欠发达地区的信贷投入。

在资本市场方面，首先，要加大欠发达地区股票及债券发行的政策倾斜力度。对欠发达地区企业上市政策实行适当的区域或产业优先，特别是在创业板市场应提高欠发达地区企业的上市比例，形成欠发达地区板块效应。其次，要开放债券市场，允许地方银行发行地区金融产业债券，同时加大企业债券发行力度。再次，要加快信用担保体系建立，在欠发达地区试点成立企业信用担保结构，为当地企业发行债券筹资进行担保，从而提高企业发行债券筹资的可能与效率。此外，建立各种发展基金，如开发基金、产业投资基金及中外合资基金等形式。最后，重点培育并发展区域性资本市场，建立区域性金融中心，形成对周围地区的集聚和辐射作用，引导资源有效配置。

2. 建立健全金融机构体系

要深化欠发达地区的金融机构改革，围绕将"抽水机"改为"蓄水池"的科学金融功能观，进行各方面的金融制度建设，逐步完善政策性金融机构、国有商业银行、中小金融机构及保险机构的功能及组织体系，切实减少金融业交易成本，提高资源配置效率，真正发挥金融在支持欠发达地区经济增长中的作用。

第一，政策性金融机构方面。尽快组建新的政策性金融机构，该机构应针对区域特色，重点关注重大项目建设、产业发展及进出口发展等方面；拓宽政策性金融机构的融资渠道，可以适当增加对社会保障基金、邮政储蓄、保险基金和住房公积金等社会资金的融资力度，使其成为政策性金融长期稳定的资金来源；加强对政策性银行风险的防范和控制，提高政策性金融运行效率。

第二，国有商业银行方面。一是适当降低欠发达地区设立金融机构的门槛，适度降低欠发达地区设置区域性商业银行、非银行金融机构在资本金、营运规模等方面的要求。二是对欠发达地区国有商业银行给予更为积极的优惠政策，如在商业银行内部实行资产负债比例管理与贷款规模

管理相结合，加大授信力度，增强欠发达地区商业银行支持经济大开发的信贷供给能力。三是帮助欠发达地区商业银行减轻包袱。各商业银行总行要考虑欠发达地区的实际，适当加大欠发达地区银行不良资产剥离的额度。四是加大对欠发达地区银行营运资金的拨付，增强欠发达地区银行资金实力。五是倾斜支持呆坏账核销，考虑欠发达地区银行承担国家政策性业务较大的实际，各商业银行总行对欠发达地区银行呆账、坏账要适当放宽政策，做到准备金整体上划，呆账、坏账全部由总行核销。

第三，中小金融机构方面。中央银行对欠发达地区现有中小金融机构的发展给予必要的扶持。一是要允许中小金融机构针对不同的贷款对象和贷款种类确定不同的贷款利率，允许中小金融机构在中央银行规定的幅度内适当提高居民和企业存款利率水平，使中小金融机构的存贷款客户有一个风险和利益的比较选择空间。二是扩大欠发达地区中小金融机构资金来源和应用渠道。三是支持中小金融机构业务创新，增加业务品种。四是改变现有的不利于中小金融机构发展的限制性政策，为中小金融机构营造公平竞争的环境，积极促进多种形式的中小金融机构的发展，稳步推进小额贷款公司和融资租赁机构的发展，引进和建立区域性非国有商业银行，组建中小企业商业信用联合会。

第四，保险机构方面。要切实重视保险业在欠发达地区对于经济平稳持续发展的保障剂作用，尤其重视建立农业保险体系，保障农业生产持续发展，稳定提高农民收入水平。具体建议：一是采取"四三三制"的方式，着力解决资金缺口问题，即由中央财政拨补40%的资金，欠发达的各省（区）财政拨补30%的资金，地市级财政拨补30%的资金，筹措农业保险基金，组建政策性农业体系。二是进一步完善农业保险制度，落实相关政策。三是建立完善农村担保体系，采取地方财政出资、企业和农户参股的方式，有效分散金融支农风险。

3. 建立欠发达地区金融改革试验区

支持欠发达地区跨越式发展，需要多方面的金融创新。根据国际经验，本文认为，我国可以在欠发达地区选择部分区域中心城市试点建立区域金融改革试验区，针对欠发达地区的金融需求，推进金融体制、机制改革的先行先试，并以开放民间金融为试验重点和突破口，系统化设计政策体系，探索促进欠发达地区实现跨越式发展的政策模式。

以西南地区为例，可以选择西南地区的中心城市成都作为区域金融改革试点城市，试点进行金融配套改革。为推动这一中心的快速形成，首先，要充分发挥政府推动作用，中央政府应当明确西部金融中心的功能和定位，从区域经济协调发展、地区间均衡的角度予以支持。地方政府要积极提升金融业在地方经济中的地位，提高金融产业增加值占GDP的比重。其次，努力争取国家财税、金融政策倾斜，在成都先行试点金融创新工具等。再次，加强金融法规建设和深化金融管理，可考虑由中国人民银行西南分行制定创建金融试点所需的有关金融法规。最后，积极改善金融生态环境，着重开发新的金融工具。

4. 创新金融工具大力发展风险投资

金融工具是实现资源优化配置的必要媒介，风险投资作为金融工具创新的一种重要形式，在引导资金合理配置方面发挥着越来越大的作用。目前，我国风险投资发展最大的"瓶颈"也正是风险资本有效供给不足。为弥补这一先天缺陷，首先，中央政府对欠发达地区风险投资的发展应给予资金支持。其次，从法律、税收等方面提供优惠措施，大力吸收民间资本参与。再次，支持欠发达地区有实力的企业创立风险投资公司。最后，引进外资参与欠发达地区的风险投资。

四、政策配套与部门协作

促进中西部欠发达地区经济跨越式发展是一项系统工程，需要以金融政策为核心，加强部门协作，实现国家产业政策、财政政策和人力资源政策等各种调控工具全方位地配合，以期形成全力，共同促进欠发达地区经济社会发展。

第一，产业政策配套。制约欠发达地区经济社会发展的首要因素是产业结构不合理。欠发达地区要结合地区资源禀赋优势和区位特点因地制宜地优化产业布局，调整产业结构。具体而言，要大力发展高新技术产业，促进高技术产业集群的形成；发展包括风能、太阳能、地热能在内的低碳经济发展；加快发展以金融保险业、现代物流业、现代商贸业、旅游业、信息与科技服务业、文化产业及中介服务业为代表的现代服务业；巩固装备制造业和军工产业。

第二，财政政策配套。一是要建立规范化的新型转移支付制度。二是加大对基础产业的财政投入。三要加大税收优惠，从直接优惠为主转向间接优惠为主。四是要完善财政补贴制度。五是创新财政投入模式，发挥财政资金的杠杆作用。

第三，人力资本政策配套。人力资本是决定一个国家和地区经济增长与发展的重要因素。首先，要大力发展国民教育。其次，建立科学的人力资本投资与回报的收入分配机制、完善开放的人力资本市场配置机制、有效的人力资本市场体系及相应的政策法规体系，弥补市场缺陷。最后，要完善促进人力资源形成机制。

参考文献

何炼成，姚慧琴，蔡立雄. 西部大开发十周年 [J]. 经济研究，2009 (6).

杨小玲. 经济发展的金融支持——以四川省为例 [J]. 经济与管理，2009 (3).

刘贵生. 金融支持西部大开发回顾与展望 [J]. 中国金融，2009 (3).

（龚晓菊，北京工商大学经济学院）

中国少数民族地区自我发展能力构建研究*

一、问题的提出

2010年7月，中共中央、国务院召开的西部大开发工作会议强调指出，今后10年是深入推进西部大开发承前启后的关键时期。新形势下深入实施西部大开发战略，必须以增强自我发展能力为主线，突出西部地区自我发展能力的构建，是西部新10年政策的一个非常鲜明的特点，标志着中央寄望西部在新10年走上由输血式为主的外源式发展转向造血为主的内生型发展道路。考虑到我国少数民族聚居地区主要在西部地区，因此西部大开发实际上就是少数民族地区的大开发。增强西部地区自我发展能力首先要增强少数民族地区的自我发展能力。

改革开放以来，特别是西部大开发战略实施以来，中国少数民族地区在国家的政策支持和资金支持下，在全国各地区的大力帮扶下，经过民族地区各级地方政府和各族人民的艰辛努力，经济社会得到了全面发展，取得了巨大成就。但是民族地区与东部地区比较，发展水平的差距仍然较大，而且发展的绝对差距还在扩大，全面建设小康社会的任务还很艰巨，依然是全国全面建设小康社会的难点和重点地区所在。

发展不足，自我发展能力低，自生能力弱，是民族地区经济社会发展面临的重要的内源性制约因素。因此，增强民族地区的自我发展能力，是未来加快民族地区经济发展和发展方式转变的重要着力点。

二、区域自我发展能力构建：分析框架

1. 基本概念的界定

与本文主题相关的几个概念是能力、发展、发展能力、自我发展能力。能力（Capacity）这个词，在不同的人和不同的语境下，其含义和解释是不同的。最基本的含义是：基于个体而言，能力是指顺利完成某一活动所必需的心理条件，能胜任某项任务的主观条件。因此，能力和活动是紧密联系着的，能力表现在活动中，并在活动中得到发展。一方面，人们在活动中形成和发展着不同的能力，并在活动中表现出来；另一方面，从事一定活动必须以能力为前提，缺乏能力必然影响活动效率，甚至不能顺利地完成活动。从发展的角度看，联合国开发计划署（UNDP，1998）给能力下的定义是"能力，定义为个人和组织或者组织化的单位高效可持续地履行其职能的才能"（Capacity is defined as the ability of individuals and

* 基金项目：2009年度国家社科基金重大招标项目"新形势下推动民族地区经济社会全面发展的若干重大问题研究"（项目编号09&ZD011）的阶段性成果。

organisations or organisational units to perform functions effectively, efficiently and sustainably)。世界银行给出能力的定义是，可利用的资源与社会利用这些资源以可持续的方式去确认和追求其发展目标的效力和效率（Capacity – The availability of resources and the efficiency and effectiveness with which societies deploy these resources to identify and pursue their development goals on a sustainable basis）。

发展（Development）一词来自于拉丁文词根，是舒展、展开的意思。发展是指生物演变、成长的阶段，并不含有任何价值判断的因素。发展，从哲学层面可理解为事物由小到大、由简到繁、由低级到高级、由旧物质到新物质的运动变化过程。托达罗（M.P.TM）在其名著《第三世界的经济发展》一书中，将发展定义为"一个社会或社会体系向着更加美好和更为人道的生活的持续前进"。他说："所谓经济发展，必须达到以下三个标准：第一，增加能够得到的诸如食物、住房、卫生和保护等基本生活必需品的数量，并扩大对生活必需品的分配；第二，提高生活水平，除了获得更高的收入外，还应提供更多的工作、更好的教育，并对文化和人道主义给予更大的重视；第三，通过把人们从奴役和依附中解放出来，来扩大个人和国家在经济和社会方面选择的范围。"刘易斯曾强调指出："经济增长的好处不在于财富增进幸福，而在于财富扩大了人类选择的范围。"随着以人为中心的发展思想的兴起，发展的含义在于赋权。1993 年，联合国开发计划署的《人文发展报告》称当今年代为"人民的年代"，提出"发展以人为中心，发展围绕'人'转；而不是人以发展为中心，人围绕'发展'而转。发展的中心含义是"增加人们选择的机会"。综上所述，我们可以认为发展就是改进人民生活质量的过程，其基本目标是满足基本需要，提高人类尊严，扩大选择自由，增加选择的机会。发展是一个综合的多维度的过程，涉及经济、政治、文化、社会和环境等方面，而且这些方面是相互联系和彼此促进的，因此，可以用下面的式子反映发展。

发展 = 经济发展 × 政治发展 × 文化发展 ×
社会发展 × 环境发展

从心理学上讲，自我（Self，Oneself）强调独立自我主体存在的自觉性，即本我的意识能动性。自我发展（Ego-development）在精神分析理论中是关于自我形成的见解。心理学认为，人格由本能的本我、现实的自我和道德化的超我三部分组成。本我是人生而具有的本能。随着个体的生长发展，受现实的影响，自我从本我中分化出来，在现实原则的支配下，管制本我的冲动。超我从自我中分化出来，根据道德原则指导自我，监督、管制本我。从区域发展角度看，区域的发展可以是主要依靠区域外部的因素（外源）推动的发展，也可以是主要依靠区域内因素（内源）发展，如果主要是依靠区域内部因素推动的，就可以说是区域的自我发展。

发展能力（Development Capability），最初主要指企业的发展能力，说的是企业在生存的基础上，扩大规模、壮大实力的潜在能力。这种能力是一个实现某种更好结果的程度与可能性。把它用到区域发展上，基本的含义是：区域在维持区内各主体生存需求的基础上，扩大其发展规模、提升其发展实力的潜在能力。

无论是一个国家的发展还是一个区域的发展，真正的发展是要培育自我发展的能力。自我发展能力是内因，是发展的根本所在，是持续发展的真正动力。外因最终要通过内因起作用。所谓区域自我发展能力（Regional self-development Capability），反映一个区域在没有外部扶持的情况下，区域将完成它所期望的功能和实现某种更好结果的程度与可能性。区域自我发展能力要受到区域内自然资源禀赋、环境和文化传承等多方面因素的影响。

2. 区域自我发展能力的构建：一个分析框架

能力构建（Capacity Building）所从事的活动包括：提升个人的知识、能力、技能和行为，不断改善制度结构和过程，使组织能以可持续的方式有效地履行其职责。能力构建是一个长期的过程。UNDP（1998）提出了一个能力构建的框架，识别出了三种层面的能力构建：个人层面、组织或实体层面、系统层面，如表 1 所示。

UNDP 这一框架的中心思想是：能力构建是一个复杂的综合性的战略，应该保证能力在三个层面得到开发，这三个层面的能力构建是相互关联的。训练有素的个人不能在真空中工作，他需要

表1 UNDP 的能力构建框架

层面	解释
个人层面	开发个人能力（或人类能力）是能力构建的必要组成部分。个人需要有能力去设计和完成某项活动。如果个人没有必要的技能，组织就不能有效地运行，国家政策就成为无效的了
组织层面	特定的机构或组织如政府或其行政部门运营。该层面的能力构建会影响组织的结构和它的运作。对于国家而言，行政部门的效率影响国家的总体功能的发挥。政府法规的颁布和有效实施、预算优先于公共服务，尤其是穷人应获得基本的公共服务，这些都需要政府及其代理机构的能力构建
系统层面	这是最广泛层面的能力构建。各类组织机构和个人在一个系统中运行，因此系统的能力关系到个人和组织能力的发挥。以国家为例，国家作为一个系统，它的治理能力、制定和有效实施其政策的能力、制定自己发展战略的能力等是国家这个系统能力构建的主要内容

资料来源：Dalia S. Hakura and Saleh M. Nsouli, The Millennium Development Goals, the Emerging Framework for Capacity Building, and the Role of the IMF, IMF Working Paper, WP/03/119，有修改。

在一个组织环境中工作，该组织给他提供了必要的支持，反过来，组织利用了他的专长。但是即使如此，组织的有效性决定于组织运作的更广泛的系统或环境。为使效力最大化，三个层面的能力在任何时候都必须得到同样的重视，否则，如果有一个层面的能力没有得到有效开发和利用，它就成为一个"瓶颈"，影响其他层面能力的开发。

本文主要从区域层面讨论能力构建。我们认为区域自我发展能力的构成要素可以有多个视角，从产业发展能力看，有第一产业发展能力、第二产业发展能力和第三产业发展能力；从发展的投入要素看，区域自我发展能力体现为区域发展要素的数量和要素的生产率，这些要素大体可区分为自然资本、人力资本、物质资本、社会资本等；

从发展的内容看，有经济发展能力、政治发展能力、社会发展能力、文化发展能力和生态发展能力等。本文基于自我发展主体的视角，认为区域自我发展能力的含义包含了区域发展中三个主体：政府、企业和家庭。政府是公众利益的代表，是社会公正的化身，是区域发展的主要承担者和责任者，政府的作用有利于经济发展和社会进步。企业和家庭是区域发展的主要经济实体，是推动区域全面发展的动力。政府、企业和家庭三个主体之间相互依存，共同促进区域全面发展。基于自我发展主体的视角，区域自我发展能力可分为：政府能力、企业能力、家庭能力和区域创新与学习能力（见图1）。

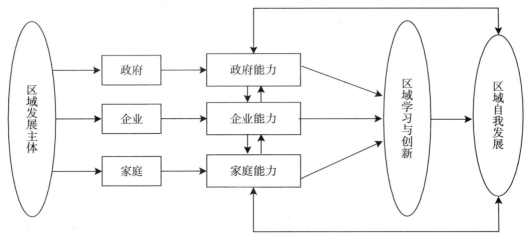

图1 区域自我发展能力框架图

（1）政府自我发展能力。学者们对有关政府能力的界定有不同的看法，从行政主体角度看，政府能力是"将自己意志目标转化为现实的能力"；

从行政客体角度看，政府能力是"能否成功地适应环境挑战的程度"；从政府职能角度，世界银行认为"政府能力是指有效地采取并促进集体性行动的能力",也可以说是"有效地提供集体物品的能力"。本文基于政府职能角度考虑政府能力就是"政府该干什么,不该干什么",政府能力与完成一定政府职能的政府行为联系在一起,能力又是在实现行政职能的行政行为的活动中来体现的。政府能力具体可指政府为区域内自我发展创造一个平等机会,为区域内自我发展提供经济发展所需要的硬件设施和法律制度、文化软环境、区域财政能力及提供公共产品的能力。

(2)企业自我发展能力。林毅夫(1999)提出的"自生能力"(Viability)概念可以很好地表达企业自我发展能力。他用一个开放、自由和竞争市场中一个正常经营的"企业的预期利润率"来定义"自生能力"。如果一个正常经营管理的企业预期能够在自由、开放和竞争的市场中赚取社会可接受的正常利润,那么这个企业就是有自生能力的,否则,这个企业就是没有自生能力的。很显然,如果一个正常经营管理的企业预期不能获取社会可接受的正常利润,那么就没有人愿意投资,这样的企业除非政府提供支持,否则就不会存在。

也可以把企业的自我发展能力定义为企业在生存的基础上不断扩大规模、壮大实力的潜在能力,具体包括产品的竞争能力、创新能力和盈利能力。产品竞争力不仅因自身条件不同而异,而且因竞争对手能力的消长会表现出不同的方式和强度。创新能力是企业得以持续发展的核心,是其他企业难以模仿和超越的竞争优势。企业盈利能力是企业得以生存的基础。

(3)个人(家庭)自我发展能力。家庭是区域劳动力的供给者,家庭的自我发展能力具体体现在劳动者的人力资本能力,其为区域内的自我发展提供人力保障,具体包括劳动者的受教育程度、健康状况及道德素质。可以写成:人力资本 = 知识资本 × 健康资本 × 社会资本。这里的社会资本指的是"促进互利的集体行动的规范和网络",包括了深藏在民间的商业精神、发展意识、创业激情和创业冲动、价值取向、冒险精神及具有生产力的社会网络关系。

(4)区域的学习与创新能力。本文考察的中国的少数民族地区,是我国发展滞后的地区。我们认为,对于发达和欠发达地区共存的经济体,欠发达地区的发展过程首先是一个学习发达地区的

过程,因此欠发达地区的学习能力就至关重要。在教育心理学中,学习能力的一个定义是:"个体所具有的能够引起行为或思维方面比较持久变化的内在素质,并且,还必须通过一定的学习实践才能形成和发展"。把它用到区域发展上,区域的学习能力就是区域主体借鉴和模仿发达地区发展经验和发展方式的能力,从这个角度看,实际上欠发达地区的学习能力是和所谓"后发优势"相联系的。欠发达地区在学习和模仿发达地区过程中,把发达地区的经验和发展方式与本地区的具体实践相结合,就具有了创新的空间。在经济学上,创新的概念是和熊彼特(1912)相联系的。熊彼特在《经济发展概括》中提出:创新是指把一种新的生产要素和生产条件的"新结合"引入生产体系。熊彼特区分出了五种情况:①引入一种新产品。②引入一种新的生产方法。③开辟一个新的市场。④获得原材料或半成品的一种新的供应来源。⑤实现一种新的工业组织。把熊彼特的创新概念引入到区域发展中来就是区域创新。所谓区域创新,是在一定区域范围内,通过在生产体系中引入新要素或者实现要素的新组合而形成的促进资源有效配置,创造新东西的新手段、新能力,包括区域技术性变化的创新及非技术性变化的组织创新。

需要再次说明的是,政府的自我发展能力、企业自我发展能力、家庭自我发展能力以及区域的学习和创新能力不是分割的,而是相互联系的,它们共同促进区域的发展。

3. 区域自我发展能力指数的构建

基于自我发展主体的视角,区域自我发展能力指标就由政府能力指数(GCI)、企业能力指数(ECI)、家庭能力指数(HCI)和区域学习与创新能力指数(LII)构成。区域自我发展能力指数(DCI)可定义为:

$$DCI = \sqrt[4]{GCI \times ECI \times HCI \times LII}$$

在指数的设计上,本文遵循如下的原则:①能测量自我发展能力的基本内涵。②只包括有限的变量以便于计算并易于处理。③是一个综合指数而不是过多的独立指标。④保持指数范围和理论的灵活性。⑤有充分可信的数据来源保证。

(1)政府发展能力指数。政府的发展能力指标应能集中反映政府履行职责的能力和政府的治理

水平。本文用地方一般预算收入满足一般预算支出的程度来测度，定义为一般预算支出/一般预算收入。

(2)企业发展能力指数。一般地，分析企业发展能力有：营业收入增长率、资本保值增值率、资本积累率、总资产增长率、营业利润增长率、技术投入比率、营业收入三年平均增长率和资本三年平均增长率。在本文的考察中，我们采用各地区工业企业总资产贡献率，它反映了企业全部资产的获利能力，是企业经营业绩和管理水平的集中体现，是评价和考核企业盈利能力的核心指标。计算公式为：

$$总资产贡献率（\%）=$$
$$\frac{利润总额 + 税金总额 + 利息支出}{平均资金总额} \times 100\%$$

(3)家庭发展能力指数。受教育水平和健康状况是家庭发展能力的最重要方面，因此本文用人口平均受教育年限和人口平均预期寿命两个指数构造的综合指数来测度。其中，人口平均受教育年限是 6 岁及以上人口中，不同受教育程度人口的受教育年限（其中，不识字或识字很少为 0 年，

小学为 6 年，初中为 9 年，高中为 12 年，大专及以上为 16 年）用各种受教育人口占 6 岁及以上人口的比重加权平均得到。人口平均预期寿命是假若当前的分年龄死亡率保持不变，同一时期出生的人预期能继续生存的平均年数，可以反映出一个社会生活质量的高低。这里使用的数据来自人口普查。令 H（I）代表人口平均受教育年限指数，L（I）代表人口平均预期寿命指数，于是家庭发展能力指数（HCI）为：

$$HCI = \sqrt{H(I) \cdot L(I)}$$

(4)学习与创新能力指数。科技进步是经济社会发展的决定性因素。因此，区域的科技进步对于区域的学习与创新具有重要作用。科技进步是一个内涵丰富、外延广泛的概念，指的是科学技术活动规模的拓展、水平的提高，以及对经济社会发展推动作用的增强，是科技实力、科技绩效、科技创新、科技贡献等诸多概念的总和。因此，这里用综合科技进步水平指数来代表学习与创新能力，该指数由科技部发布。

综合前面的分析，本文给出的区域自我发展能力构建的框架如表 2 所示。

表 2 区域自我发展能力构建：分析框架

	含义	指标
家庭自我发展能力	劳动者的人力资本能力，受教育水平和健康状态是家庭发展能力的两个最重要方面	人口平均受教育年限；人口平均预期寿命
企业自我发展能力	如果一个正常经营管理的企业预期能够在自由、开放和竞争的市场中赚取社会可接受的正常利润，那么这个企业就是有自生能力的，否则，这个企业就是没有自生能力的	总资产贡献率
政府自我发展能力	政府为区域内自我发展创造一个平等机会，为区域内自我发展提供经济发展所需要的硬件设施和法律制度、文化软环境、区域财政能力及提供公共产品的能力	一般预算支出/一般预算收入
区域学习与创新能力	学习能力是区域主体借鉴和模仿发达地区发展经验和发展方式的能力。创新能力是在一定区域范围内，通过在生产体系中引入新要素，或者实现要素的新组合而形成的促进资源有效配置，创造新东西的新手段、新能力，包括区域技术性变化的创新及非技术性变化的组织创新	综合科技进步水平指数

三、民族地区自我发展能力的评估

基于上面的讨论，这部分内容对民族地区的自我发展能力进行评估。不同于上述内容的是，这里使用的相对自我发展能力指数，以全国为基准，计算了各地区相对于全国的自我发展能力指

数。例如，某地区的家庭的相对自我发展能力指数的计算公式为：

$$HCI(R) = \sqrt[4]{\frac{该地区人均受教育年限}{全国人均受教育年限} \times \frac{该地区人口平均预期寿命}{全国人口平均预期寿命}}$$

企业的自我发展能力指数、政府的自我发展能力指数及区域学习与创新能力指数的计算类似。

1. 民族地区家庭的自我发展能力指数

家庭的自我发展能力主要表现在人口平均受教育年限和人口平均预期寿命两个方面。从人口平均受教育年限看，2009年与1982年相比，各少数地区都有了大幅度提高，如表3所示。1982年，全国人口平均受教育年限为4.64年，2009年提高到8.38年，提高了3.74年，民族地区中除了西藏、广西两地外，人口平均受教育年限提高幅度都比全国大，其中新疆提高了4.18年，宁夏提高了4.54年，内蒙古提高了3.80年，云南提高了3.84年。

表3 民族地区人口平均受教育年限的变化

(单位：年)

地区＼年份	1982	1990	1995	2000	2009	1982~2009
内蒙古	4.69	5.74	6.40	7.75	8.49	3.8
广西	4.59	5.37	5.97	7.58	8.10	3.51
贵州	3.17	4.16	4.96	6.18	7.08	3.91
云南	3.07	4.14	4.79	6.40	6.91	3.84
西藏	1.53	1.81	2.21	3.55	4.55	3.02
青海	3.54	4.42	4.63	6.16	7.45	3.91
宁夏	3.68	4.81	5.45	7.08	8.22	4.54
新疆	4.48	5.59	6.19	7.72	8.66	4.18
全国	4.64	5.52	6.09	7.63	8.38	3.74

资料来源：1982年、1990年和2000年的数据根据人口普查数据计算得到。1995年和2009年根据人口抽样调查数据计算得到。

从人口预期寿命的变化看，改革开放以来，在中央政府和发达地区地方政府的大力帮助下，通过民族地区地方政府和各族人民的努力，医疗卫生条件得到极大的改进，人民群众看病难的问题得到一定程度的缓解，各种疾病的发病率大幅度下降，人民群众的健康水平有了大幅度的提高。

如表4所示，1981~2000年民族地区各地区人民的预期寿命都有较大的提高，如内蒙古预期寿命从1981年的66.8岁提高到2000年的69.87岁，西藏的预期寿命从1990年的59.64岁提高到2000年的64.37岁。

表4 民族地区人口预期寿命的变化

	预期寿命岁（岁）			增长率（%）	
	1981年	1990年	2000年	1981~1990年	1990~2000年
内蒙古	66.8	65.68	69.87	-1.677	6.379
广西	70.2	68.72	71.29	-2.108	3.74
贵州	61.6	64.29	65.96	4.367	2.598
云南	61.1	63.49	65.49	3.912	3.15
西藏	—	59.64	64.37	—	7.931
青海	61.1	60.57	66.03	-0.867	9.014
宁夏	65.7	66.94	70.17	1.887	4.825
新疆	60.7	62.59	67.41	3.114	7.701
全国	67.67	68.55	71.40	1.300429	4.1575

资料来源：根据各年的《中国人口统计年鉴》统计。

把这两个方面结合起来，以全国平均水平为基准，计算得到各民族地区家庭的相对自我发展能力指数，如表5所示。我们可以看出，1990~2009年，民族地区家庭自我发展能力总体上相对均有提高，同时也看到有些地区，如西藏、贵州、云南、青海等地离全国平均水平有较大差距。

表5 民族地区家庭的相对自我发展能力

地区 \ 年份	1990	1995	2000	2009
内蒙古	0.9982	1.0034	0.9970	0.9957
广西	0.9875	0.9913	0.9959	0.9824
贵州	0.8407	0.8740	0.8650	0.8835
云南	0.8335	0.8535	0.8771	0.8697
西藏	0.5341	0.5619	0.6477	0.6996
青海	0.8411	0.8196	0.8641	0.9067
宁夏	0.9224	0.9348	0.9550	0.9818
新疆	0.9616	0.9634	0.9774	0.9878

资料来源：作者根据《中国人口统计年鉴》（各年）计算得到。

用民族地区和其他地区比较，以2009年为例，如图2所示，可以看出，8个民族地区家庭自我发展能力指数均低于全国水平，而且排序均靠后。分项看，2009年，人口受教育年限，民族地区中高于全国平均水平的只有内蒙古和新疆，其余地区都比全国低，而且均属于最低之列。从文盲率看，2009年民族地区的文盲率属于最高之列，最高的西藏达到39.6%，青海、贵州、云南的文盲率都在13%以上，是全国水平的近两倍。因此，民族地区的教育发展还很滞后，如果考虑到教育质量，差距就更大。民族地区卫生事业的发展与人民群众的需要相比，与发达地区相比，差距还很大，看病难、就医难的问题尚未得到根本改变。民族地区卫生事业的发展与发达地区均存在不小的差距，这些差异仅仅是数量方面的差异，如果考虑到医疗的质量，差距也更大。这些差别的存在，为我们进一步加强西部人力资源开发、提高居民素质指明了工作重点和方向。

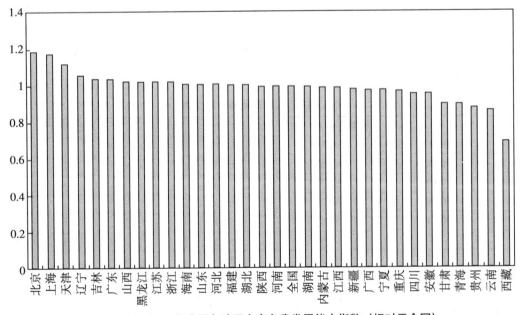

图2 2009年中国各地区家庭自我发展能力指数（相对于全国）

资料来源：作者根据《中国统计年鉴》（2010）光盘版数据计算绘制。

2. 民族地区企业的自我发展能力指数

本文把各地区 2007 年、2008 年和 2009 年规模以上工业企业的总资产贡献率平均，再与全国水平比较，计算了各地区企业的自我发展能力指数。如表 6 所示，民族地区规模以上工业企业的总资产贡献率是较高的，大都高于全国平均水平。

表 6 民族地区规模以上工业企业总资产贡献率

(单位：%)

地区 \ 年份	2009	2008	2007	三年平均
内蒙古	15.25	14.77	43.59	24.54
广西	11.88	10.89	33.12	18.63
贵州	10.69	11.54	35.33	19.19
云南	14.60	15.36	36.44	22.13
西藏	4.57	4.46	56.72	21.92
青海	8.53	13.44	41.66	21.21
宁夏	7.50	7.11	34.79	16.47
新疆	14.16	20.87	42.37	25.80
全国	13.44	13.96	28.89	18.76

资料来源：《中国统计年鉴》(2008、2009、2010) 光盘版。

3. 民族地区政府的自我发展能力指数

民族地区财政汲取能力低，是制约其履行职能，供给地方公共产品的主要因素。把民族 8 省区作为一个整体看，如图 3 所示，地方财政一般预算收入占地区生产总值的比重，分税制改革前在 10% 以上，分税制改革后大幅度下降到 7% 以上，西部大开发战略实施以来有所上升，2009 年为 9.22%。地方一般预算收入占一般预算支出的比重（即财政自给率），1978~2009 年经历了先上升后急剧下降，再后相对稳定，目前稳定在 1/3 左右。财政能力是地方政府发展能力最重要的一个方面，民族地区目前的财力状况基本上维持在吃饭财政水平上，有些地区连吃饭财政也难以为继，就更谈不上提供公共产品了。

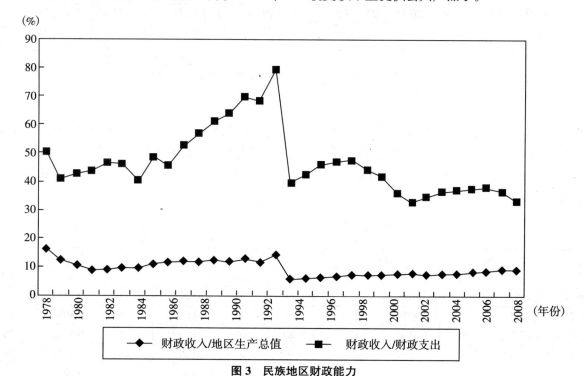

图 3 民族地区财政能力

资料来源：作者根据《新中国六十年统计资料汇编》和《中国统计年鉴》(2010) 光盘版数据计算绘制。

4.民族地区区域学习与创新能力指数

表7给出了民族地区近年来综合科技进步水平指数的变化，一个基本判断是民族地区学习与创新能力进步较快，如内蒙古的综合科技进步水平指数从2002年的23.98%增加到2009年的40.34%，从位次上，在大陆31个省级行政区中，由第25位上升到21位。但是，与全国比较起来，民族地区的差距很大，即使是2009年民族地区综合科技进步指数最高的新疆，也与全国相差14.67个百分点。根据科技部公布的中国科技统计资料汇编，把全国31个地区根据综合科技进步水平指数划分为五类，其中民族地区大都属于第四类和第五类，从中可以看出民族地区与全国和发达地区的差距。这五类是：

第一类：综合科技进步水平指数高于60%的地区，包括上海、北京、天津和广东。

第二类：综合科技进步水平指数低于60%，但高于全国平均水平（56.99%）的地区，包括江苏和辽宁。

第三类：综合科技进步水平指数低于全国平均水平（56.99%），但高于40%的地区，包括浙江、陕西、湖北、山东、福建、重庆、黑龙江、吉林、湖南、四川、新疆、河北、宁夏、山西、内蒙古和甘肃。

第四类：综合科技进步水平指数在40%以下，但高于30%的地区，包括安徽、青海、海南、河南、江西、广西、云南和贵州。

第五类：综合科技进步水平指数低于30%的地区，只有西藏。

表7 民族地区综合科技进步水平指数

年份 地区	2002		2003		2004		2005		2006		2007		2008		2009	
	指数	位次	指数	位次	指数	位次	指数	位次	指数	位次	指数	位次	指数	位次	指数	位次
内蒙古	23.98	25	24.3	28	30.1	19	29.44	24	33.02	21	35.54	22	38.62	21	40.34	21
广西	25.38	22	24.83	27	27	23	29.47	26	31.19	26	30.33	30	33.05	30	34.36	28
贵州	20.76	29	23.73	29	26.41	28	27.27	29	27.18	30	31.53	28	34.26	28	32.48	30
云南	23.21	27	25.51	24	25.71	29	27.02	30	29.43	29	31.51	29	34.16	29	33.83	29
西藏	19.83	31	18.79	31	19.2	31	20.01	31	20.03	31	22.17	31	24.46	31	27.38	31
青海	20.57	30	22.55	30	26.53	27	29.79	25	29.49	28	32.71	26	38.42	22	39.15	24
宁夏	22.06	28	25.31	26	25	30	27.82	28	31.58	25	34.78	24	40.62	18	41.97	19
新疆	26.45	20	26.92	21	29.6	20	32.66	20	32.54	23	35.82	20	41.08	16	42.32	17
全国	35.44		38.46		41.51		45.61		47.11		50.78		54.4		56.99	

资料来源：中国科技统计资料汇编（历年）。

5.民族地区自我发展能力指数

把上面几项进行综合得到民族地区区域自我发展能力，表8给出了2009年的计算结果。从排位看，在全国31个省级行政单位中，内蒙古排13位，新疆排19位，其他6个地区均排在25位以后，因此民族地区自我发展能力是不足的。图4给出了全国31个地区的自我发展能力指数，靠后的大都属于民族地区。

表8 民族地区自我发展能力

地区	家庭		企业		政府		区域学习与创新		区域自我发展能力	
	指数	位次	指数	位次	指数	位次	指数	位次	指数	位次
内蒙古	0.9960	19	1.3077	4	0.8268	13	0.7078	21	0.9344	13
广西	0.9822	22	0.9929	22	0.7169	19	0.6029	28	0.8058	25
贵州	0.8836	29	1.0226	17	0.5683	26	0.5699	30	0.7355	28
云南	0.8694	30	1.1796	7	0.6697	22	0.5936	29	0.7991	26
西藏	0.6995	31	1.1681	8	0.1198	31	0.4804	31	0.4657	31

续表

地区	家庭		企业		政府		区域学习与创新		区域自我发展能力	
	指数	位次	指数	位次	指数	位次	指数	位次	指数	位次
青海	0.9066	28	1.1304	10	0.3375	30	0.6870	24	0.6982	29
宁夏	0.9817	23	0.8776	27	0.4832	28	0.7364	19	0.7441	27
新疆	0.9877	21	1.3750	3	0.5405	27	0.7426	17	0.8592	19

资料来源：作者根据《中国统计年鉴》2010年光盘版和中国科技统计资料汇编（2010）相关数据计算得到。

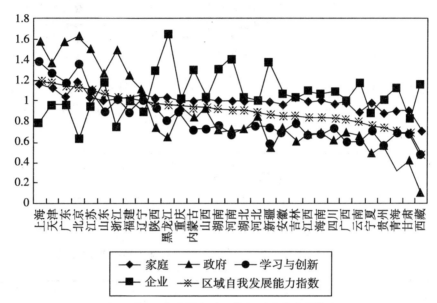

图4　2009年全国各地区的相对自我发展能力

四、加强能力建设，增强民族地区的自我发展能力

上面的研究表明，改革开放以来，民族地区的自我发展能力虽有所增强，但总体上仍是不足的。目前，民族地区的发展已经站在了新的历史起点上。在新阶段，加快民族地区的发展必须着力于提升区域自我发展能力。增强民族地区自我发展能力主要应当依靠民族地区自己的努力，同时也离不开全国和东部地区的援助和支持，如图5所示。

1. 必须持续加大对民族地区的援助力度

作为全国宏观经济重要组成部分的民族地区，其发展状态对全国经济社会发展具有决定性作用。要充分认识民族地区在全国重要的战略地位，考虑民族地区发展的阶段和区情，持续加大对民族地区的援助和支持力度。很多事情特别是有利于民族地区发展的政策措施，比如财政税收和对外

开放政策的制定实施，具有带动力的项目以及人才、资本等的快速集聚等，仅靠民族地区的努力是难以实现的。况且，民族地区为全国的发展做出了历史性的贡献，如维护边疆稳定、保护生态环境、提供资源要素等，理当得到国家以及率先发展起来的地区的支援和帮助。

国家和东中部对民族地区的支援和帮助应更多地着眼于授之以"渔"，着力增强民族地区的自我发展能力。例如，在中央政府的政策支持上，赋予民族地区优先发展的机会，完善和制定支持民族地区发展的政策体系，实行比东部地区更有力的政策倾斜，或者政策倾斜的力度至少要和东部地区一致。在资金援助上，除了关注对东部地区有利的资源开放型项目（如直接的资源开发和利于资源运输的跨区域通道建设）外，应更多地

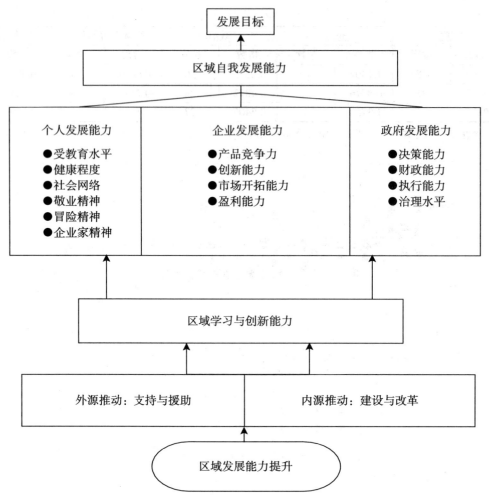

图5 区域自我发展能力提升框架

帮助民族地区发展有市场潜力和带动能力的项目，同时，对资源型产品输出较多的地区实行相应的、有利于当地发展的税收政策。推动教育发展适当向民族地区倾斜，提高人力资源素质。在对口支援政策上，一方面，适当加大支持力度；另一方面，在援助目标上要定位于提升民族地区的自我发展能力上，着力于扩大民族地区产品的市场范围，通过多方面努力，激励东中部企业的进入，帮助民族地区建立和完善市场经济体制和机制。

2. 民族地区必须加大能力建设力度

自我发展能力的获取，不可能主要由外源推动，更主要地要靠民族地区自身的努力。

（1）进一步加强人力资本投资，优先提升民族地区个人的发展能力。区域自我发展能力形成需通过对人力资本的形成和积累来获得。人力资本作为经济发展的源动力，价值创造主体，为区域技术创新提供有力的智力支持和技术保证。一个

区域的人力资本规模、人力资本结构、人力资本素质、人力资本投入及人力资本供求关系直接影响区域发展。研究发现，一个地区劳动者平均受教育水平越高，则地区学习能力普遍较高，相应地区经济增长速度受到学习能力的影响。教育具有社会效益和私人收益两个方面，对区域经济增长有正外部性，也就是说教育对区域经济增长的社会效益要高于私人效益。健康投资对区域经济发展也会产生十分重要的影响。正如舒尔茨所说的那样，"改善穷人福利的决定性生产要素不是空间、能源和耕地，而是人口质量的改善和增进"。一要抓好少数民族和农村地区计划生育工作。二要进一步加快民族地区基础教育和职业教育的发展。三要加强对人力资源的开发和培训。四要大力普及科学知识，推广先进适用技术，提高民族自治地方自主创新能力。五要投资于人民健康，为人们提供基本公共卫生服务。

（2）进一步改善投资环境，加强企业管理，提升企业发展能力。在自由、开放和竞争的市场经济中，区域资源禀赋结构是区域经济比较优势的基础，在很大程度上影响甚至决定着区域内企业的产业和技术选择，因而也就在很大程度上影响甚至决定着区域内企业自生发展能力。企业的发展和盈利是区域发展的基础，无论是政府财政收入还是居民收入均来自具有"自生能力"的企业。在民族地区，企业发展能力的提升，首先，要进一步加强软硬基础设施建设，在投资环境方面向东部地区看齐。其次，充分利用好自己的各种优势资源，大力发展特色产业，使特色产业成为经济发展的主打产业。再次，创造条件，努力承接国内外发达地区的产业转移，实现自我发展能力的提升。最后，进一步加强企业管理，努力提升企业管理水平。

（3）进一步转变政府职能，改善治理，努力提升政府供给公共产品的能力。提升政府发展能力的一个关键是政府职能的转变。改革开放以来，民族地区在转变政府职能方面取得了显著进展，但政府主导型的发展模式仍未彻底扭转，在民族地区政府"缺位"和"越位"的事还普遍存在。因此，提升政府发展能力，必须紧紧抓住政府职能转变这个关键，推动发展方式转变和经济结构调整，实现经济社会的可持续发展。一要全面树立科学行政理念。二要深化体制、机制改革，完善制度建设。三要突出重点，强化公共服务职能建设。四要转变推动经济发展的模式和方式。五要合理界定中央政府、各级地方政府的事权职责。

（4）进一步加大科技投入，改革科技创新体制，提升区域学习与创新能力。民族地区科技创新弱，科技对经济发展的贡献率低，这既制约了自我发展能力的提高，更制约了民族地区经济发展方式的转变。今后，首先，要进一步提高认识，不断增强科技创新的紧迫感和责任意识。其次，要进一步加大对科技的投入，不断提高科技创新的竞争力。再次，要进一步提升企业创新能力，不断优化产业结构和经济增长方式的转变。最后，要进一步加快农牧业领域的科技进步，不断促进农牧业增效和农民增收。

（5）必须进一步扩大开放和解放思想。民族地区对内对外开放滞后，国内外民间资本进入较少，外向型经济发育迟缓，缺乏带动作用较大的经济核心区，严重制约了区域自我发展能力的提升。民族地区的发展要迈上新台阶，必须着力扩大对内对外开放。民族地区的开放可以分为两个层次：一是向全国开放，积极而有选择地承接东部产业转移。发展是有梯度的。改革开放以来，东部经过多年的发展，土地、劳动力等资源变得相对稀缺，而民族地区的这些要素则相对充裕。因此，只要有好的发展环境，民族地区就会迎来一轮大发展。但同时，民族地区必须注意避免走上先污染后治理、片面追求 GDP 的发展之路。二是向世界开放，在引进来、走出去的过程中学习、提高，完成必要的积累。民族地区是我国陆上对外开放的前沿。与之相邻的国家资源丰富、市场广大，加强与这些国家的经济贸易交流与合作对民族地区的发展和能力提升有着特别重要的意义。首先，充分利用"中国—东盟自由贸易区"和建设"长吉图开发开放先导区"凸显的新机遇，积极参与我国与东南亚、东亚、中亚、东北亚地区各国的双边、多边投资贸易合作，构筑民族地区对外开放的新格局。其次，建立和完善一批边境出口加工区和边境自由贸易区。再次，加快交通运输大通道的建设，形成以"亚欧大陆桥"、"西南大通道"为轴线，以重点边境口岸为桥头堡，形成优势互补、共同发展的国际走廊。最后，继续大力推进实施"走出去"战略，鼓励民族地区有条件的企业以多种形式在境外投资，参与对外贸易、资源开发、产业合作、科技人才和文化交流、工程承包、劳务合作等国际经济技术合作。

提升民族地区自我发展能力，加快民族地区经济社会发展步伐，还必须进一步解放思想。民族地区由于地理位置远离国家的政治经济核心区，同时自然经济、计划经济影响比较深，还有千百年来所形成的相对封闭、保守、墨守成规的生活观念和重农抑商、不患寡而患不均的文化积淀，相对于东中部，民族地区解放思想的难度更大。如果不解放思想，实现民族地区的跨越式发展就会流于空谈。民族地区解放思想的关键就是打破安于现状、不思进取的思维定势，学会用市场经济的思维方式解决经济发展中的"瓶颈"问题，即用互利的、"双赢"的方式引进人才和资本，善于把资源变成资本，善于把比较优势变成竞争优势。在新的历史起点上，民族地区在发挥市场配置资源的基础性作用、国有企业改革、发展民营经济、创造良好环境等问题上，都应当进一步解放思想，而不应有任何顾虑。

参考文献

郑长德. 中国西部民族地区的经济发展 [M]. 北京：科学出版社，2009.

United Nations Development Program，1998，"Capacity Assessment and Development in Systems and Strategic Management Context，" Technical Advisory Paper No. 3 （New York：United Nations Development Program，Management Development and Governance Division，Bureau for Development Policy）.

托达罗（Todaro，M.P.）. 第三世界经济发展（上）[M]. 于同申等，译. 北京：中国人民大学出版社，1988.

刘易斯. 经济增长理论 [M]. 上海：上海三联书店、上海人民出版社，1994.

联合国开发计划署，1993 年人文发展报告，http：//ch.undp.org.cn/.

Dalia S. Hakura and Saleh M. Nsouli，The Millennium Development Goals，the Emerging Framework for Capacity Building，and the Role of the IMF，IMF Working Paper，WP/03/119

王绍光，胡鞍钢. 中国国家能力报告 [M]. 沈阳：辽宁人民出版社，1993.

加布里艾尔·A.阿尔蒙德，G.宾戈姆·小鲍威尔. 比较政治学：体系、过程和政策 [M]. 上海：上海译文出版社，1987.

世界银行. 变革世界中的政府 [M]. 北京：中国财政经济出版社，1997.

林毅夫，刘培林. 自生能力和国企改革 [J]. 经济研究，2001（9）.

约瑟夫·熊彼特. 经济发展理论 [M]. 北京：商务印书馆，1997.

中华人民共和国科学技术部. 中国科技统计资料汇编（各年）. http：//www.most.gov.cn/kjtj/.

西奥多·W. 舒尔茨. 论人力资本投资 [M]. 北京：北京经济学院出版社，1990.

李义平. 把西部大开发推向新高度　应着力增强西部自我发展能力 [N]. 西安日报，2010-11-08.

（郑长德，西南民族大学经济学院）

我国中部地区产业集群品牌培育基础研究

一、问题的提出

早在 20 世纪 90 年代初期，我国政府就提出了促进地区经济协调发展的总方针。现今，地区经济协调发展仍然是我国"十二五"期间重要的发展方针。该方针再次强调，主要原因之一在于东中西部地区间巨大的发展差距依然存在。东（中）西差距的扩大并非从改革开放之后开始，但1978 年以来实行的东倾政策、外商投资和出口高度集中在东部少数地区，以及中国经济向市场经济的转轨无疑起到了重要推动作用（魏后凯、邬晓霞，2010）。随着西部大开发、东北工业基地振兴、促进中部崛起战略和国家多项政策的支持，中西部地区的经济建设取得长足发展，东部与中西地区的部分差距已由扩大转为缩小。[①] 尽管如此，相比其他地区，中部地区目前仍然没有获得更多来自国家政策方面的优势。中部地区要实现与东部差距的进一步缩小，必须要更多依靠自身发展，形成自己的竞争优势，这其中的关键就是要寻求并实施更优的发展战略。

二、产业集群品牌战略的选择动因

产业集群品牌是把集群整体作为一个品牌进行管理和经营，它具有区域性和品牌效应双重特性（赵广华、任登魁，2009）。产业集群发展初期，区域优势效益提升显著，产业集群发展到了一定阶段，随着区域经济效益的提高，区域品牌效应凸显，提升区域品牌势在必行（熊爱华，2008）。虽然这里使用了区域品牌的概念，但区域品牌建立在产业集群基础之上，与产业集群有着紧密联系（熊爱华，2008）。由此可以认为，产业集群品牌是产业集群发展的更高级阶段。

产业集群品牌具有众多优势。产业集群首先能够提高内部企业或产业的生产力，其次能够增强创新能力进而促进生产力的提升，再次通过刺激新企业的成型进而支持创新并扩大整个产业集群（迈克尔·波特，2009）。对于各种不同发展程度的产业集群来讲，品牌都具有三个重要职能，即强化产业集群在吸引投资、风险资本、技术工人和新的市场参与者方面的能力；使所有参与者拥有一个共同的目标，并团结在一个共同体中；能够辅助企业的市场营销和协同营销活动（Lundequist，Power，2002）。将产业集群作为一种产品进行品牌化，是将其与竞争对手区别开来的一种手段，特别是在消费者面临广泛选择而又必须经常借助品牌进行识别的经济活动中尤其如此

[①] 魏后凯、邬晓霞（2010）研究发现，2004 年以后，东部与中西部地区间人均 GRP 绝对差距仍在不断扩大，但其相对差距系数已开始出现逐年缩小的态势。所以，笔者认为差距是部分缩小的。

（Rosenfeld，2002）。产业集群和品牌有机结合而形成的产业集群品牌具有三大优势：①吸引资源集中，产业链双向延伸并向高端发展，有利于优化产业集群价值链，提高综合竞争力；②集群内部资源的共享、整合和成本降低、扩张，有利于产业集群资产增值；③品牌效应所带来的知名度和影响力，有利于增强产业集群的对外影响力（赵广华、任登魁，2009）。

与东部地区相比，中部地区的产业集群无论在数量上还是质量上均有较大差距。在数量上，我国东中西部产业集群的数量比例约为 79∶12∶9（王珺、杨本建，2010），长三角、珠三角和环渤海湾三大沿海地区更是占据了全国集群数量的90%和大比例的销售收入（中国产业集群发展报告，2009）。在质量上，东部地区的产业集群多依赖市场环境，中部地区的产业集群多依赖资源（中国产业集群发展报告2007~2008，2008），即后者的发展基础更为初级。在"2009 中国百佳产业集群"评选中，东部地区有 79 个产业集群上榜，

而中部地区仅有 12 个（中国社会科学院工业经济研究所，2010）。

产业集群间的竞争即是争夺产业链的环节。目前，我国产业集群主要集中于制造业，而东部地区产业集群业已占据了制造业产业链的有利位置，中部地区产业集群如果再在同一市场进行同水平的竞争，其代价将十分巨大。迈克尔·波特（2005）提出了三种基本的竞争战略，即总成本领先战略、差异化战略和目标集聚战略。由于东部地区产业集群的量和质的优势，中部地区产业集群要实现总成本领先将变得十分困难，而寻求差异化和目标集聚将十分有效。通过产业集群品牌化，即培育产业集群品牌，不仅能以品牌同东部地区产业集群区分，实现差异化，而且能以品牌战略确定的目标群体锁定某个特定的顾客群、某个产业链（产品链）的细分区段或某个地区市场，从而取得竞争优势，实现现有产业集群的升级，推动中部地区的经济发展。

三、产业集群品牌培育基础的构成

产业集群品牌化不是空中楼阁，也不能一蹴而就，需要有相应的支撑条件作为培育基础。

1. 产业集群

产业集群是区域品牌形成和传播的基础，但产业集群并不能自动产生区域品牌，只有产业集群的优势和功能被外界认可，区域品牌才能形成（熊爱华，2008）。具体而言，一方面，产业集群品牌需要建立在产业集群的逐步成长之上；另一方面，产业集群品牌需要将产业集群作为形成和传播的物质基础，即现有一定的产业集群发展基础，才能培育产业集群品牌。因此，产业集群的发展是培育产业集群品牌的基本条件。

2. 地区开放度

经济开放与产业集群发展密切相关。我国产业集群兴起与发展主要得益于传统的手工业优势、市场化的制度环境和不断扩大的内外市场需求，其中后两个因素同我国经济开放密切相关（刘世锦，2008）。一方面，居民对消费品的强烈需求刺

激了江浙一带服装、纺织、制鞋等传统产业的发展，结合先行建立的市场经济体制，从而确立了经济转型过程中的竞争优势，为东部地区产业集群兴起奠定了优势；另一方面，逐步扩大的对外开放使得我国外贸需求大幅增长，加上内需的刺激，使得东部地区产业集群数量、质量和类型显著提升，随后中西部地区产业集群也得到了快速发展。因此，我国产业集群的发展同经济开放有着内在的逻辑关系，高度开放的市场是产业集群品牌化的优良平台。开放包括对内开放和对外开放，虽然对内开放是先决条件，对外开放建立在对内开放的基础之上，但对外开放是最终表现形式，即对外开放水平可以整体反映开放水平。

3. 区域创新环境

更新和营造区域创新环境是很多国家政府为增强国家竞争优势而选择的一种重要的弹性政策措施（Maillat，1991），对于区域也是如此。作为产业集群的幼体，产业集聚是实现创新的手段

(Cooke，Morgan，1990)，创新反过来推动产业集群的发展。产业（企业）集群的自主创新活力是区域发展最根本的内在动力，这种创新活力来源于地方文化中蕴涵的企业家精神，以及有利于地方创新主体竞争与合作的制度和社会结构（王缉慈，2001）。知识创新与知识学习是本地化的过程，地方产业氛围可以培养身处其中的人对该种产业相关知识与创新的敏感性（王缉慈，2001）。因此，良好的区域创新环境将为产业集群品牌化过程注入活力。

4. 集群内的大企业

创建区域产品的品牌策略可采用品牌伞策略（Kotler，1993）。在这一策略指导下，作为集群活动主体的企业发挥着多重功能。一方面，强势企业品牌是构成集群品牌的基础。产业集群内是否有领头企业、领头企业是否发挥带头作用，是影响集群整体品牌创建和集群内中小企业个体品牌创建的关键因素（李大垒，2009）。另一方面，强势企业是集群文化的引导者。产业集群品牌具有自身特有的集群文化。集群内的企业文化会外溢到集群中和其他企业中，形成一定的文化氛围，尤其是强势企业对集群内其他企业的文化产生重要的影响和辐射，从而成为集群文化的主旨（赵广华、任登魁，2009）。因此，集群内的强势企业品牌是创建产业集群品牌的主力军。

5. 地方政府

一方面，政府能够为产业集群发展提供公共产品，维持市场秩序，消除集群外部负效应（如污染），调节集群发展中出现的"集群失灵"（如重复建设）。另一方面，产业集群品牌的创建通常需要政府的支持和引导，政府能够引导集群的发展。实践中，我国地方政府在推动本地产业集群发展中主要发挥了两方面的作用：一是出台系列政策引导和鼓励集群发展，二是主导工业园区以集群方式发展（刘世锦，2008）。因此，政府在产业集群品牌化过程中起着重要的促导作用，地方政府能力和效率的高低与集群发展密切相关。

6. 区域智力知识支持

政府机构、企业、高等院校、科研院所通过大量的、无限的相互作用而融合在一起，是一场深刻的制度创新，可以诱发经济增长（王缉慈，2001）。大学和科研机构不仅可以创造新知识与新技术，还可以通过教育、培训以及成果转化等方式，有效地促进产业集群中知识、信息、技术等的扩散（胡宇辰，2005）。在企业层次，高度创新型企业作为行业中的技术领先者，更倾向于通过与大学建立正式的、企业特定的技术合作关系来获得大学的技术知识，其技术信息外部来源更多地依赖于大学和其他的公共研究机构（Monjon，Waelbroeck，2003；Bercovitz，Feldman，2007）。在技术层次，当企业旨在开发新的原创性技术，而不是将既有的成熟技术应用于新的问题，当研究项目很大程度上具有实验性质时，更倾向于与大学共同研发或者将研发项目外包给大学（Cassiman 等，2005）。因此，集群所在区域的智力知识支持能为集群的持续发展提供动力，能推动集群品牌形成核心竞争力。

培育产业集群品牌需要多方面的基础，还有些方面此处未提及。基于上述分析，本研究将从产业集群发展水平、对外开放度、地区创新环境、大型企业、地区政府作用竞争力和地区知识经济竞争力6个方面展开分析，探讨中部地区培育产业集群品牌的可行性基础。

四、各项培育基础的分析

1. 中部地区产业集群发展水平

经过多年的发展，中部地区产业集群已经初具规模，具有一定的良好基础，如表 1 所示。根据国家发改委办公厅《关于请报送产业集群发展情况的通知》（发改办企业［2007］1872 号）中对产业集群的统计口径统计,① 中部地区的湖北拥有集群 206 个,河南 143 个,总体居全国中等位置。其中湖北的产业集群销售收入占全省的 60%,居于全国前列;河南的产业集群销售收入也占到全省 31.2%,说明中部地区的产业集群对地方经济发展发挥了重要的作用。湖北的产业集群利润占比达到 69.5%,仅次于位于第一的重庆,说明其经济效益明显。但与全国相比,中部地区产业集群的规模普遍较小。湖北 64%的产业集群以及河南 59%的产业集群销售收入不到 10 亿元,而超过 50 亿元的比例分别仅有 7%和 8%,不仅与排名第一的福建(64%)相距甚远,而且均低于全国其他区域。由此可见,中部地区的产业集群总体呈现出效益高、规模小的特点。

表 1 全国部分区域产业集群发展水平

地区		集群总量	销售收入占全省(市)比重	利润占比	销售收入小于 10 亿元集群数量及占比	销售收入 10 亿~50 亿元集群数量及占比	销售收入 50 亿元以上集群数量及占比
长三角	浙江	510	46.20%(2005 年)	—	251(50.50%)	185(36.00%)	74(14.50%)
	江苏	155	40.00%	53.00%	3(2.00%)	73(47.00%)	79(51.00%)
	上海	—	60.00%	—	—	—	—
珠三角及福建	广东	123(64)	—	—	4(6.00%)	26(40.50%)	34(53.50%)
	福建	49	59.35%	55.54%	3(6.00%)	15(30.00%)	31(64.00%)
环渤海湾地区	北京	—	—	—	—	—	—
	天津	17	—	—	10(59.00%)	3(17.50%)	4(23.50%)
	河北	238	28.10%	23.10%	88(37.00%)	109(46.00%)	41(17.00%)
	山东	220	28.20%	26.50%	46(21.00%)	113(51.00%)	61(28.00%)
东北地区	辽宁	105(19)	—	—	7(37.00%)	8(42.00%)	4(21.00%)
西南地区	四川	39	11.20%	16.80%	16(41.00%)	17(43.50%)	6(15.50%)
	重庆	23	84.00%	86.00%	3(13.00%)	9(39.00%)	11(48.00%)
华中地区	湖北	206	60.00%	69.50%	131(64.00%)	60(29.00%)	15(7.00%)
	河南	143	31.20%	—	85(59.00%)	47(33.00%)	11(8.00%)
西北地区	陕西	103(19)	—	—	42(41.00%)	39(38.00%)	22(21.00%)

资料来源:2009 年机械工业出版社出版的《中国产业集群发展报告》,第 26~27 页。

2. 中部地区的对外开放度

在综合前人研究的基础上,本文选取以下指标进入对外开放度的指标体系:外贸依存度、进口依存度、出口依存度、外商实际投资额、外商投资企业数(年末注册登记数)、人均对外承包工程经营额、人均对外劳务经营额、人均对外设计咨询营业额、国际旅游外汇收入比重(国际旅游外汇收入/GDP)。②

首先,利用公式 $O_{ij} = (o_{ij} - o_j)/\delta_j$(若 $\delta_j = 0$,则令 $O_{ij} = 0$;o_{ij} 是第 i 个地区 j 指标的值,o_j 是各地区 j 指标的均值,δ_j 是 j 指标值的标准差)对各子指标值进行无量纲化处理。其次,将标准化后的数据输入 SPSS 进行因子分析,经 PROMAX 转化,得出公因子载荷矩阵。从表 2 中可以看出,前三个公因子的累积贡献率已达到 87.46%,大于 85%,因此可以用前三个公因子的变化代表整个样本相关变量的变化。

---

① 统计口径为同一区域、同一产业领域相关关联企业不低于 100 户,具有一定经济规模,在本区域经济社会发展中具有重要地位的经济群落。

② 数据来源:《中国统计年鉴 2009》、《中国贸易外经统计年鉴 2009》、《中国城市统计年鉴 2009》。

表 2　公因子载荷矩阵

公因子	特征值	方差贡献率（%）	累积贡献率（%）
1	6.340	63.405	63.405
2	1.407	14.075	77.480
3	0.998	9.980	87.460

根据 Quartimax 法得到的旋转后因子载荷矩阵表，如表 3 所示，外商实际投资额、三资企业工业产值、外商投资企业数、出口依存度、国际旅游外汇收入比重这 5 个指标在公因子 1 中承担较大的载荷，这 5 个指标被称为国际资本项目流动因子；外贸依存度、进口依存度、人均对外设计咨询营业额、人均对外劳务经营额这 4 个指标在公因子 2 中承担较大的载荷，被称为国际经常项目流动因子；人均对外承包工程经营额在公因子 3 上的载荷很大，被单独归为对外承包工程因子。

表 3　旋转后的公因子载荷矩阵

指标	公因子 1	公因子 2	公因子 3
三资企业工业产值	0.968	0.042	−0.053
外商投资企业数	0.960	0.176	−0.083
外商实际投资额	0.931	0.177	−0.119
国际旅游外汇收入比重	0.920	0.256	−0.147
出口依存度	0.835	0.479	0.023
外贸依存度	0.510	0.660	−0.135
人均对外设计咨询营业额	−0.086	0.786	0.211
人均对外劳务经营额	0.378	0.768	−0.198
进口依存度	0.469	0.699	−0.238
人均对外承包工程经营额	−0.087	−0.025	0.963

利用公因子权重计算公式（$W_j = \lambda_j / \sum \lambda_j$，$j = 1，2$）得到三个公因子的权重 W_1、W_2、W_3；同时，根据因子值和公式（$O_i = \sum W_j \times F_{ij}$，$O_i$ 为第 i 个地区的对外开放度，F_{ij} 为第 i 个地区公因子 j 的值），最终得出各地区对外开放度的评价值。其中，本文分别计算出 2005 年和 2009 年的开放度值和排名，并进行了比较（"开放度值变化"和"排名变化"项目中，正值表示上升，负值表示下降）。

2009 年，中部地区整体开放度水平全国居中，但相比 2005 年有了巨大的提高，如表 4 所示。其中，河南的名次提升了 15 位，湖南提升了 10 位，山西、湖北和江西均提升了 5 位。虽然安徽的排名略微下降，但其排名居于中部六省之首。从对外开放度值来看，中部六省的开放度均有显著提升。虽然安徽的排名下降 1 位，但其对外开放度值仍有提升。由此可见，中部地区的对外开放水平正逐步大幅提升。

表 4　中部地区对外开放度排名

地区	2009 年开放度	2005 年开放度	开放度值升降	2009 年排名	2005 年排名	排名升降
安　徽	−0.17373	−0.21411	0.04038	11	10	−1
山　西	−0.19130	−0.49182	0.30052	12	17	5
河　南	−0.19933	−0.61694	0.41761	13	28	15
湖　北	−0.20196	−0.50909	0.30713	14	19	5
湖　南	−0.23990	−0.58202	0.34212	16	26	10
江　西	−0.27413	−0.56467	0.29054	20	25	5

注：2009 年由《中国统计年鉴 2009》、《中国贸易外经统计年鉴 2009》、《中国城市统计年鉴 2009》相关数据计算得到；2005 年结果参考张秀生等所著的《中部地区经济发展》，由中国地质大学出版社于 2009 年出版。

3. 中部地区创新环境

综合来看，中部地区拥有较好的创新环境，但有些方面仍显不足，如表5所示。从创新水平排名来看，中部地区处于中等偏上的位置，其中湖北和安徽表现优异，分别位于第9名和第11名。其中，河南总体创新实力第10名，总体创新潜力第6名；湖北总体创新实力第9名，总体创新效率第10名，总体创新潜力第6名；安徽总体创新效率第9名，总体创新潜力第3名；江西总体创新潜力第8名。从具体指标看，山西在创新经济效益方面具有极强的潜力（全国第1）；河南的技术创新环境与管理具有较强的实力（全国第6）和潜力（全国第6），企业技术创新能力实力较强（全国第8）；湖北企业具有较强的技术创新能力，实力、效率、潜力表现俱佳（全国排名分别为第9、第9、第4），且创新的经济效益发展潜力巨大（全国第5）；湖南知识创造的效率很高（全国第8）；安徽企业技术创新能力很强（全国第5）且具有潜力（全国第6），创新的经济效益优异（实力、效率、潜力均位于全国前10）；江西知识创造和技术创新环境与管理具有发展潜力（分别为全国第6和第3）。但中部地区总体在创新知识创造与获取方面表现较差，其实力、效率和潜力多在20名之后。由此可见，中部地区的创新环境总体表现为潜力巨大，但发展不平衡。

表5　中部地区创新发展水平

地区	指标	2009年综合指标		2008年排名	升降	2009年分项指标排名		
		指标值	排名			实力	效率	潜力
山西	综合值①	24.69	20	21	1	18	23	17
	知识创造综合指标②	12.92	28	27	−1	20	29	28
	知识获取综合指标③	18.32	21	21	0	21	22	11
	企业技术创新能力综合指标④	30.08	17	19	2	15	21	18
	技术创新环境与管理综合指标⑤	23.42	21	16	−5	18	22	21
	创新的经济效益综合指标⑥	33.14	19	29	10	28	25	1
河南	综合值	28.40	16	16	0	10	26	6
	知识创造综合指标	19.40	19	15	−4	14	25	17
	知识获取综合指标	18.13	22	23	1	23	26	14
	企业技术创新能力综合指标	32.97	14	15	1	8	24	15
	技术创新环境与管理综合指标	30.62	9	13	4	6	28	6
	创新的经济效益综合指标	34.37	15	18	3	11	21	11
湖北	综合值	32.76	10	9	−1	9	10	4
	知识创造综合指标	27.94	10	9	−1	10	6	18
	知识获取综合指标	22.95	14	15	1	12	15	17
	企业技术创新能力综合指标	42.34	8	12	4	9	9	4
	技术创新环境与管理综合指标	28.39	11	9	−2	10	24	17
	创新的经济效益综合指标	37.21	12	11	−1	10	15	5

① 由其余5项指标构成。
② 由研究开发投入、专利和科研论文3项综合指标构成。
③ 由科研合作、技术转移、外资企业投资3项综合指标构成。
④ 由企业研发投入、设计能力、制造生产能力和新产品销售收入4项综合指标构成。
⑤ 由创新基础设施、市场环境、劳动者素质、金融环境和创业水平5项综合指标构成。
⑥ 由宏观经济、产业结构、产业国际竞争力、就业和可持续发展与环保5项综合指标构成。

续表

地区	指标	2009 年综合指标		2008 年排名	升降	2009 年分项指标排名		
		指标值	排名			实力	效率	潜力
湖南	综合值	28.94	15	14	−1	15	12	24
	知识创造综合指标	24.08	12	10	−2	12	8	25
	知识获取综合指标	20.50	15	17	2	19	10	26
	企业技术创新能力综合指标	34.86	13	14	1	16	10	20
	技术创新环境与管理综合指标	27.20	14	14	0	11	27	14
	创新的经济效益综合指标	33.69	17	17	0	21	18	18
安徽	综合值	31.90	11	11	0	14	9	3
	知识创造综合指标	18.28	20	25	5	16	19	15
	知识获取综合指标	20.25	16	19	3	13	21	12
	企业技术创新能力综合指标	41.18	9	10	1	13	5	6
	技术创新环境与管理综合指标	32.28	8	7	−1	12	7	10
	创新的经济效益综合指标	38.88	10	15	5	9	10	7
江西	综合值	25.82	18	19	1	21	18	8
	知识创造综合指标	16.91	24	20	−4	22	26	6
	知识获取综合指标	18.78	19	14	−5	27	19	20
	企业技术创新能力综合指标	27.73	20	20	0	21	15	22
	技术创新环境与管理综合指标	27.59	13	23	10	17	15	3
	创新的经济效益综合指标	33.19	18	16	−2	15	17	23

资料来源：根据中国科技发展战略研究小组《中国区域创新能力报告 2009》公布数据整理而成。

4. 中部地区的大型企业

一方面，现阶段我国产业集群分布与国有企业的发展密切相关，呈现出不均衡的分布态势，如图 1 所示。产业集群占比最高的江苏、山东、广东、浙江等省区，国有企业占比最少；中部地区产业集群占比整体处于中游，其中国有企业所

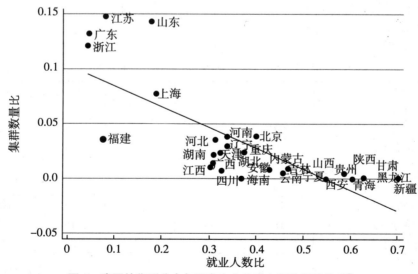

图 1　我国的集群分布与国有企业比重之间的相关关系[①]

资料来源：王珺，杨本建.企业所有权结构与产业集群的形成 [J]. 管理世界，2010（4）：68.

[①] 此处以国有企业就业人数比代表国有企业的比重，国有企业就业人数比重是用规模以上国有工业企业的就业人数除以当年的工业企业的就业人数计算而得。

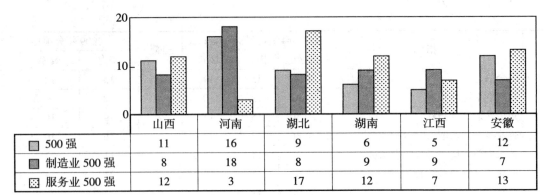

图 2　中国企业 500 强在中部六省的分布（2010 年）

资料来源：根据中国企业联合会和中国企业家协会《2010 中国 500 强企业发展报告》公布数据整理而成。

占比例较高。因此，在中部地区产业集群发展过程中，国有企业不仅占有重要的位置，而且发挥了巨大的作用，是现有集群中不可或缺的重要组成部分。另一方面，大企业地域分布不均衡，这种情况不仅出现在全国范围，也出现在中部地区，如图 2 所示。我国 500 强企业在中部地区仅有 59 家，其中河南最多，拥有 16 家，江西最少，仅拥有 5 家。从行业类型看，河南制造业强于服务业，两类企业数量之比为 18∶3；山西、湖北、湖南和安徽制造业弱于服务业，两类企业数量之比分别为 8∶12、8∶17、9∶12 和 7∶13；江西制造业和服务业大体相当，两类企业数量之比为 9∶7。因此，中部地区 200 强企业总体上服务业强于制造业（仅参考两类企业数量）。综上可知，中部地区的大型企业总体呈现出国有企业为主、服务性企业较强的态势。

5. 中部地区政府竞争力

与全国相比，中部地区政府作用总体居中，能力提升不足，如表 6 所示。其中，仅湖北政府呈现优势，而其余中部五省处于中势甚至劣势。具体来看，山西政府规划调控能力突出，保障能力居中，发展能力不足；河南政府发展和规调能力居中，保障能力不足；湖北政府发展能力突出，保障能力居中，规调能力不足；湖南政府发展和规调能力居中，保障能力不足；安徽政府发展和保障能力居中，规调能力不足；江西政府保障能力突出，发展能力居中，规调能力不足。综上所述，中部地区政府作用总体呈现竞争力居中、各有长短的特征。

表 6　中部地区政府作用竞争力排名及预测（2009~2012 年）

地区	指标	2009 年	2010 年	2011 年	2012 年	趋势	优劣度
山西	政府作用竞争力（综合）[①]	15	15	14	14	持续↑	中势
	政府发展经济竞争力[②]	22	22	21	21	持续↑	劣势
	政府规调经济竞争力[③]	8	6	5	5	持续↑	优势
	政府保障经济竞争力[④]	17	17	18	18	持续↓	中势
河南	政府作用竞争力（综合）	16	17	16	17	波动↓	中势
	政府发展经济竞争力	15	15	15	15	持续→	中势
	政府规调经济竞争力	18	18	17	16	持续↑	中势
	政府保障经济竞争力	23	23	23	23	持续→	劣势

① 由其余 3 项指标构成。

② 由财政支出用于基本建设投资比重、财政支出对 GDP 增长的拉动、政府公务员对经济的贡献、政府消费对民间消费的拉动和财政投资对社会投资的拉动 5 项指标构成。

③ 由物价调控、调控城乡消费差距、统筹经济社会发展、规范税收和人口控制 5 项指标构成。

④ 由城市城镇社区服务设施数、医疗保险覆盖率、养老保险覆盖率、失业保险覆盖率、下岗职工再就业率和城镇登记失业率 6 项指标构成。

续表

地区	指标	2009 年	2010 年	2011 年	2012 年	趋势	优劣度
湖北	政府作用竞争力（综合）	10	10	9	9	持续↑	优势
	政府发展经济竞争力	8	6	6	6	持续↑	优势
	政府规调经济竞争力	16	19	19	21	持续↓	劣势
	政府保障经济竞争力	19	19	17	16	持续↑	中势
湖南	政府作用竞争力（综合）	18	18	20	20	持续↓	中势
	政府发展经济竞争力	17	17	16	16	持续↑	中势
	政府规调经济竞争力	17	17	15	14	持续↑	中势
	政府保障经济竞争力	24	24	24	26	持续↓	劣势
安徽	政府作用竞争力（综合）	19	22	22	23	持续↓	劣势
	政府发展经济竞争力	9	10	12	11	波动↓	中势
	政府规调经济竞争力	27	29	29	30	持续↓	劣势
	政府保障经济竞争力	14	15	15	14	波动→	中势
江西	政府作用竞争力（综合）	12	11	11	12	波动→	中势
	政府发展经济竞争力	13	14	14	14	持续↓	中势
	政府规调经济竞争力	22	22	25	25	持续↓	劣势
	政府保障经济竞争力	8	7	7	7	持续↑	优势

资料来源：根据李闽榕等《中国省域经济综合竞争力预测研究报告》（2009~2012）相关数据整理而成。

6. 中部地区知识经济竞争力

与全国相比，中部地区知识经济发展总体居中，具有一定潜力，如表7所示。其中，河南知识经济竞争力较强，而其余中部五省处于中势。具体来看，山西教育发展突出，科技和文化发展居中；河南教育发展特别突出，科技和文化发展居中；湖北科技优势明显，文化发展居中，教育发展不足；湖南科技、教育和文化发展均处于中游；安徽文化发展突出，科技和教育发展居中；江西教育发展突出，科技发展居中，文化发展不足。综上所述，中部地区知识经济总体呈现竞争力居中、部分优势明显但发展不均衡的特征。

表 7　中部地区知识经济竞争力排名及预测（2009~2012 年）

地区	指标	2009 年	2010 年	2011 年	2012 年	趋势	优劣度
山西	知识经济竞争力（综合）①	10	11	12	12	持续↓	中势
	科技竞争力②	16	14	15	16	波动→	中势
	教育竞争力③	7	7	7	6	持续↑	优势
	文化竞争力④	9	10	14	15	持续↓	中势
河南	知识经济竞争力（综合）	9	10	8	8	波动↑	优势
	科技竞争力	14	20	14	14	波动→	中势
	教育竞争力	5	2	1	1	持续↑	强势
	文化竞争力	17	18	17	17	波动→	中势

① 由其余 3 项指标构成。

② 由万人科技活动人员、R&D 经费占 GDP 比重、人均科技经费支出、高技术产业规模以上企业增加值、高新技术产业增加值占 GDP 比重、万人技术市场成交额和万人发明专利授权数 7 项指标构成。

③ 由教育经费、人均教育经费、教育经费增长率、人均文化教育支出占个人消费支出比重、中小学学校数、万人中小学学校数、万人中小学专任教师数、万人高等学校在校学生数、高等学校数、万人高等学校数和万人高等专任教师数 11 项指标构成。

④ 由图书和期刊出版数、报纸出版数、音像制品出版数、城镇居民人均文化娱乐支出、农村居民人均文化娱乐支出、城镇居民人均文化娱乐支出占消费性支出比重和农村居民人均文化娱乐支出占消费性支出比重 7 项指标构成。

续表

地区	指标	2009 年	2010 年	2011 年	2012 年	趋势	优劣度
湖北	知识经济竞争力（综合）	14	15	15	14	波动→	中势
	科技竞争力	10	10	8	8	持续↑	优势
	教育竞争力	22	23	26	24	波动↓	劣势
	文化竞争力	14	17	18	18	持续↓	中势
湖南	知识经济竞争力（综合）	15	14	16	17	波动↓	中势
	科技竞争力	20	19	18	18	持续↑	中势
	教育竞争力	15	17	16	12	波动↑	中势
	文化竞争力	10	15	16	19	持续↓	中势
安徽	知识经济竞争力（综合）	19	18	18	16	持续↑	中势
	科技竞争力	18	15	17	17	波动↑	中势
	教育竞争力	21	21	20	19	持续↑	中势
	文化竞争力	15	12	10	10	持续↑	优势
江西	知识经济竞争力（综合）	16	16	17	18	持续↓	中势
	科技竞争力	19	18	16	15	持续↑	中势
	教育竞争力	14	16	15	10	波动↑	优势
	文化竞争力	20	22	22	23	持续↓	劣势

资料来源：根据李闽榕等《中国省域经济综合竞争力预测研究报告》（2009~2012）相关数据整理而成。

五、研究结论与对策建议

通过以上对涉及产业集群品牌培育过程中的重要基础（产业集群发展水平、对外开放度、地区创新环境、大型企业、地区政府作用竞争力和地区知识经济竞争力）的研究发现，中部地区各项基础环境总体处于全国中等水平，但是发展潜力巨大。其中，中部地区所具有的优势集中表现在：产业集群总体效益高，对外开放水平提升快，创新环境发展态势良好，服务性大型国有企业表现突出，教育和科技具有竞争力。而产业集群规模小，创新发展和知识经济发展不平衡，政府作用不强等均为中部地区较为突出的劣势。

综上所述，中部地区已经基本具备培育产业集群品牌的基础。需要说明的是，良好的基础并非是实施产业集群品牌战略的充要条件。一方面，实施产业集群品牌战略需要中部地区具有一定的相应基础，中部地区已经具备。另一方面，并非首先具备极佳的环境才能培育产业集群品牌；相反，正是要通过实施产业集群品牌战略，提升地区基础环境，进而更有力地推动产业集群品牌化。

但是，中部地区必须从以下方面着手做好准备：

1. 进一步扩大开放，完善市场机制

扩大开放要从两方面着手，即对内开放和对外开放并重。通过加快产业结构调整，积极承接东部地区优势产业转移，加强推进地方政府间和区域间合作，消除中部省域间资源流动障碍，进一步扩大对内开放；通过营造良好的对外开放软环境和硬环境，开展区域营销，吸引更多优质外资，进一步扩大对外开放。在扩大开放的同时，进一步完善市场机制，为地区产业集群发展提供优良的市场环境，大力促进产业集群的升级，形成更大规模的优质产业集群。

2. 完善创新机制，优化创新环境

在强化并提升湖北、安徽、湖南、河南现有创新环境的同时，加快推进江西和山西的创新发展。通过完善地区创新机制，加强创新实力，提高创新效率，充分挖掘创新潜力。通过鼓励科研合作、技术转移和外资企业投资，提高企业研发投入、设计能力、制造生产能力和新产品销售能力，扭转知识创造与知识获取两个薄弱环节，进一步优化地区创新环境。

3. 强化大企业引领作用，优先发展服务业集群

一方面，进一步完善集群内国有企业的市场化改制，使国有企业的经营和发展真正以市场为导向；通过将集群内相对强势的企业品牌塑造成领头品牌，充分发挥其辐射、带动与支撑作用，形成产业集群品牌的整体优势；通过鼓励中、小、微型企业，特别是民营企业的进入与发展，鼓励集群内国有企业或大企业与之广泛合作，强化聚集效应。另一方面，选择拥有强势服务性企业的产业集群优先发展，率先形成差异化和竞争优势，同时兼顾制造型产业集群的发展。

4. 完善政府职能，提升政府竞争力

一方面，中部地区要大力提升政府的作用，形成较强的竞争力。通过综合提升政府发展经济能力、政府规划调控能力和政府保障能力，在进一步巩固和发展湖北政府优势竞争力的同时，大力提升山西、河南、湖南、安徽、江西政府的竞争力；通过政府职能的转变和机构的改革，充分发挥对产业集群升级和产业集群品牌化的促导作用，进一步提升政府的作用。另一方面，中部地区政府要加强省域间合作与协调，加强与发达地区政府的交流与合作，汲取经验，统筹协调，优化产业集群发展政策环境。

5. 重视知识经济发展，强化知识经济功能

一方面，在强化中部地区各省知识经济现有优势的同时，从科技、教育和文化建设方面综合提升中部各省的知识经济发展水平，特别是要弥补湖北教育建设的劣势和江西文化建设的劣势，促使中部各省知识经济的均衡发展，使人力、智力、技术等资源大量在产业集群内聚集。另一方面，政府要大力促进集群内科研院所、高校与企业的合作，通过提供财政性或金融性鼓励政策，有效保护知识产权、制定高校技术入股的特别条款等政策手段，尽可能为产学合作提供良好的政策环境，使知识经济更好地为集群的持续发展提供动力。

六、研究局限与未来研究方向

培育产业集群品牌还涉及一些重要的基础环境，如集群内的中介机构和中、小、微型企业，此外，在实践中地方政府间的统筹协调也具有重大影响。由于资料收集的限制，本研究暂未对此进行深入探讨。这些研究的不足恰好构成了未来的研究方向。

参考文献

Bercovitz, J. and Feldman, M. Fishing Upstream.Firm innovation strategy and university research alliances [J]. Research Policy, 2007, 31: 8-9.

Cassiman, B., Di Guardo, C and Valentini, G. Organizing for innovation: R&D rrojects, activities and partners [R]. IESE Business School Working Paper, 2005.

Kotler, P., Haider, D.H. and Rein, I. Marketing places: attracting investment, industry, and tourism to cities, states, and nations [M]. New York: The Free Press, 1993.

Lundequist, P. and Power, D. Putting porter into practice? Practices of regional cluster building: evidence from sweden [J]. European Planning Studies, 2002, 10 (6).

Maillat, D. The Innovation Process and the Role of the Milieu. In Bergman, E.M., Maier, G. and Todtling, F. (eds.): Regions Reconsidered: Economic Networks, Innovation, and Local Development in Industrialized Countries [M]. New York: Mansell, 1991.

Monjon, S. and Waelbroeck, P. Assessing spillovers from universities to firms [J]. Journal of Industrial Organization, 2003, 21 (2).

Cooke, P. and Morgan, K. Learning through networking: regional innovation and the lessons of Baden -Wurtemburg [M]. Cardiff: University of Wales, 1990.

Rosenfeld, S.A. A guide to cluster strategies in less favored regions [R]. Paper presented at the conference of regional technology strategies, North Carolina: USA, 2002.

李大垒. 产业集群品牌创建的影响因素 [J]. 经济管理, 2009, 31 (3).

李闽榕, 李建平, 黄茂兴. 中国省域经济综合竞争力预测研究报告 (2009~2012) [M]. 北京: 社会科学文献出版社, 2010.

刘世锦. 中国产业集群发展报告（2007~2008）[M].北京：中国发展出版社，2008.

迈克尔·波特. 竞争论 [M]. 北京：中信出版社，2009.

王缉慈. 创新的空间——企业集群与区域发展 [M]. 北京：北京大学出版社，2001.

王珺，杨本建. 企业所有权结构与产业集群的形成 [J]. 管理世界，2010（4）.

魏后凯，邬晓霞. "十二五"时期中国区域政策的基本框架 [J]. 经济与管理研究，2010（12）.

熊爱华. 基于产业集群的区域品牌培植模式比较分析 [J]. 经济管理，2008，30（16）.

熊爱华. 区域品牌与产业集群互动关系中的磁场效应分析 [J]. 管理世界，2008（8）.

张秀生. 中部地区经济发展 [M]. 北京：中国地质大学出版社，2009.

赵广华，任登魁. 产业集群品牌提升的机理与路径 [M]. 北京：科学出版社，2009.

中国产业集群发展报告 [M]. 北京：机械工业出版社，2009.

中国科技发展战略研究小组. 北京：中国区域创新能力报告2009 [M]. 北京：科学出版社，2010.

中国企业联合会，中国企业家协会. 2010中国500强企业发展报告 [M]. 北京：企业管理出版社，2010.

中国社科院工业经济研究所. 2009中国百佳产业集群 [R]. 2010.

（张司飞，武汉大学中国中部发展研究院）

西部地区对外开放度实证研究：2000~2009

一、引 言

我国西部地区包括陕西省、甘肃省、青海省、宁夏回族自治区、新疆维吾尔自治区、四川省、重庆市、云南省、贵州省、西藏自治区、内蒙古自治区、广西壮族自治区12个省、直辖市、自治区，面积为685万平方公里，占全国的71.4%。改革开放以来，国家政策向东部地区的严重倾斜，导致西部地区与东部地区的贫富差距逐步拉大，严重影响了民族团结和谐社会的构建。于是，中央政府不失时机地提出了西部大开发战略。西部地区投资匮乏，市场狭小，尽管国家不断加大资金投入，但是对于广大的西部地区而言，只靠国家投资显然是不足的，也是不可持续的。因此，积极提高对外开放度、引进外资、增加对外贸易，是成功实现西部大开发战略、提高西部地区经济发展水平的一条出路。

近些年来，不少学者对我国区域对外开放度进行了相关研究。兰宜生（2002）利用外贸依存度和外资依存度计算了我国各省市区1985~1998年的历年对外开放度，并用对外开放度对经济增长做了计量回归分析，认为对外开放度与各地经济增长有显著的正相关性，对外开放有力地推动了我国国民经济发展；东部地区对外开放水平高于中西部地区。晏玲菊（2006）认为我国地区开放与经济增长存在正相关关系，但由于各地经济存在开放程度上的差异，因此必然存在各地经济增长速度差异，且随着开放进程的推进，正相关关系逐渐凸显后，这种地区差异将被进一步放大。罗忠洲（2007）研究结论指出，长三角地区外资依存度的提高对该地区经济增长的促进作用最大，环渤海地区外贸依存度的提高对该地区经济增长的促进作用最大，珠三角地区的对外开放度对经济增长的弹性最低，而环渤海地区最高，并提出环渤海地区重点要加快对外开放的步伐，而珠三角、长三角地区应以调整吸收外资的结构为主要目标的政策建议。谢守红（2007）对我国34个中心城市的对外开放度进行了比较研究，结果发现我国城市对外开放度总体呈现上升趋势，但发展很不平衡，区域的差异也非常显著。谷卓越（2008）从因子分析的角度对我国内地对外开放度进行了评价，并指出要挖掘东北三省的对外开放潜力、加强中西部地区对外开放的软环境建设、加强各地区之间的合作与协调发展等提高我国对外开放度的措施。郑展鹏（2009）通过构建外贸依存度、外资依存度、对外开放度等指标体系，对2000~2007年中部六省的对外开放度进行了测度和分析。研究结果表明：2000~2007年中部六省的对外开放度呈现出不断增长的发展态势，但与全国相比依然处于非常低的发展水平。中部六省外资依存度达到或接近全国平均水平，但外贸依存度与全国相比依然存在非常大的差距，处于很低的水平，说明中部六省的对外贸易在对外开放中的贡献非常低。基于省际的发展，中部六省对外开放也不均衡，六省中安徽省的对外开放度最高，河南省最低。

综观前人研究，发现专门研究西部地区对外开放度的成果比较少。李志军和闫奕荣（2006）实证分析了西部"六强"：四川、广西、云南、陕西、重庆和内蒙古的对外开放度，但是，研究比较浅显。因此，我们有必要对西部地区对外开放度进行深入全面的研究，加深对西部地区各省市区对外开放现状的认识，发现问题和差距，从而为更好地实施西部大开发战略提供政策参考。

二、对外开放度指数构建与数据说明

（一）对外开放度指数构建

对外经济开放度是衡量一国经济对外开放程度的综合性指标，也表示了一国经济融入国际经济的程度（即对国际经济的依存程度）。一般来说，衡量一国的对外开放度可以综合采用两个方面的内容——总量上的开放度（即对外开放的广度）和价格上的开放度（即对外开放的深度）。总量上的开放度一般包括贸易开放度和金融开放度两个方面，其衡量指标主要有外贸依存度和外资依存度。价格上的开放度是一国经济活动与国外经济活动在价格上的关联程度，但衡量价格开放度的指标选择比较困难，无法建立起一套比较完整的指标体系，并且其结果的可靠性也比较差。因此，本文只考虑总量上的对外开放度。

外贸依存度是指一个国家或地区进出口总额占国内生产总值的比重。它不仅用来衡量一个国家的经济对国际市场的依赖程度，也同时反映一个国家的经济开放程度。外资依存度是指一个国家或地区实际利用外资总额占全社会固定资产投资总额的比重，衡量资本对外部投资的依赖程度。外资的流入扩大了当地的投资规模，从而进一步拉动地区生产总值的发展，外资依存度也可以在一定程度上反映区域经济的对外开放程度。外贸依存度和外资依存度的计算公式为：

$$FTR = TVIE/GDP \times 100\% \qquad (1)$$

$$FCR = TAFIAU/GCF \times 100\% \qquad (2)$$

式中：FTR 和 FCR 分别表示外贸依存度和外资依存度；TVIE 和 TAFIAU 分别表示进出口总额和实际利用外资总额；GDP 和 GCF 分别表示国内生产总值和全社会固定资产投资总额。

在发展中国家，外国资本投资企业一般也是出口企业，所以外贸依存度和外资依存度是正相关的，把外贸依存度和外资依存度简单平均或加权平均所得出的对外开放度也许不是衡量一个国家或地区对外开放程度的最好方法。因此，我们把对外开放度的计算方法设定为：

$$FO = \sqrt{FTR \times FCR} = \sqrt{(TVIE/GDP) \times (TAFIAU/GCF)} \times 100\% \qquad (3)$$

式中：FO 表示对外开放度，综合反映一个国家或地区在总量上的对外开放程度。

（二）数据说明

本文所使用的基础数据主要来源于西部地区各省市区 2010 年统计年鉴，部分缺失数据来源于《中国统计年鉴》(2010) 和《新中国 60 年统计资料汇编》。因为统计年鉴中列出的进出口总额和实际利用外资额大都是以美元为单位，所以我们依据《中国统计年鉴》(2010) 中列出的每年平均人民币对美元的汇率将进出口额和实际利用外资额换算成以人民币计算的数额。

三、西部地区对外开放度分析

（一）西部地区外贸依存度分析

从图1可以看出，2000~2009年，西部12省市区的进出口都发生了不同程度的持续增长，尤其四川和新疆增长得最快，四川进出口年均增长高达25.74%，而青海和西藏增长得最慢。进入

2009年后，西部12省市区的进出口增长率除四川外都变成负值。尤其新疆下降幅度最大，2009年进出额仅为2008年的60%左右。四川的进出口增长也出现了减缓。说明2008年全球金融危机的发生，不只对东部地区的进出口有冲击，对落后的西部地区的进出口也产生了不利影响。

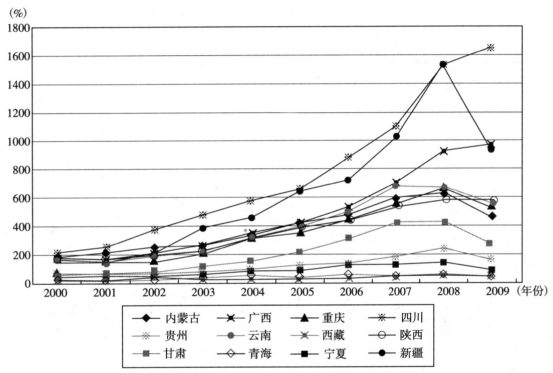

图1 2000~2009年西部12省市区进出口总额变动趋势

利用公式（1）计算2000~2009年西部12省市区每年的外贸依存度如表1所示。图2是2000~2009年西部地区外贸依存度的变动趋势。从总体看，2000~2008年，西部地区的外贸依存度是不断提高的，从2000年的7.96%提高到2008年的12.26%。然而，2009年，西部地区的外贸依存度却下降到了9.33%。全国外贸依存度从2000年的39.58%提高到2006年的最高值65.17%，此后连年下降，直至2009年的44.24%。尽管西部地区的外贸依存度与全国平均水平相比还存在着相当大的差距，只有全国平均水平的20%左右，但是差距

在不断缩小。很低的外贸依存度说明西部地区对外贸易对经济增长的贡献非常低，还存在相当大的对外贸易发展潜力和空间。外贸依存度的提高说明西部大开发战略对提高西部地区对外开放有很大的促进作用，对外贸易对西部地区经济增长的贡献在逐步提高，西部地区出现了贸易开放度提高的良性发展趋势。

从西部地区内部差异来看，新疆外贸依存度的变化最为明显。新疆的外贸依存度从2000年的13.75%螺旋上升到2008年的最高值36.89%，期间存在两次快速的增长和两次下降，但是下降幅度

表1 2000~2009年西部12省市区的外贸依存度

(单位：%)

年份\地区	2000	2001	2002	2003	2004	2005	2006	2007	2008	2009
内蒙古	10.95	12.31	12.81	10.79	11.02	10.83	9.59	9.17	7.30	4.74
广　西	8.11	6.53	7.97	9.36	10.34	10.66	11.21	12.11	13.10	12.51
重　庆	8.25	7.68	6.65	8.40	10.52	10.14	11.16	12.11	11.41	8.06
四　川	5.36	5.97	7.83	8.75	8.92	8.77	10.11	10.36	12.15	11.69
贵　州	5.50	4.96	4.83	6.01	7.87	5.74	5.51	5.99	6.57	4.03
云　南	7.46	7.70	7.97	8.64	10.07	11.21	12.46	13.99	11.71	8.88
西　藏	9.16	5.64	6.66	7.21	8.40	6.76	9.00	8.76	13.46	6.22
陕　西	9.82	8.50	8.17	8.90	9.49	9.53	9.01	9.10	7.91	7.03
甘　肃	4.48	5.73	5.89	7.85	8.64	11.15	13.39	15.46	13.36	7.79
青　海	5.02	5.65	4.78	7.19	10.22	6.23	8.01	5.84	4.69	3.70
宁　夏	12.43	13.07	9.72	12.14	14.00	12.93	15.79	13.11	10.86	6.07
新　疆	13.75	9.83	13.82	20.94	21.12	24.98	23.83	29.60	36.89	22.08
西　部	7.96	7.61	8.39	9.77	10.63	10.92	11.39	12.15	12.26	9.33
全　国	39.58	38.47	42.70	51.89	59.76	63.22	65.17	62.73	57.29	44.24

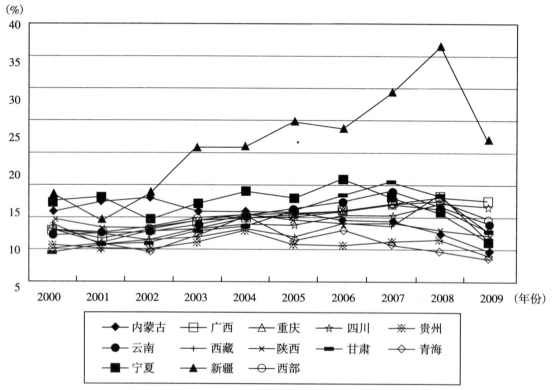

图2 2000~2009年西部12省市区外贸依存度变动趋势

不是很大。2000~2008年，新疆外贸依存度的平均增长率高达13.13%。然而，2009年新疆的外贸依存度迅速下降到22.08%。2000~2009年，西部地区其他省份的外贸依存度没有大的变化，都在10%左右波动。其中，陕西和贵州的外贸依存度在十年间没有一年超过10%，最高值只有9.53%（2005年）和7.87%（2004年）；青海的外贸依存度只有2004年达到10.22%；西藏的外贸依存度也只有2008年达到13.46%，其他年份都在10%以下。2009年，西部12省市区的外贸依存度出现了不同程度的下降。从整体来看，西部地区各省市区的外贸依存度普遍偏低，采取措施增加对外贸易，提高贸易开放度，进而促进地区经济增长的潜力和空间很大。

（二）西部地区外资依存度分析

从图3可以看出，2000~2009年，西部12省市区中，内蒙古、重庆和四川3个省市区实际利用外资额提升幅度特别明显；其他大部分省区实际利用外资额变化不是很明显，处于100亿元以下，其中陕西实际利用外资额虽是连续增加的，但是不明显。2004年以前，内蒙古实际利用外资额增长缓慢，4年仅增长了63.5%；2004~2009年，内蒙古实际利用外资额增长加快，从2004年的74.2131亿元快速增加到2009年的217.2388亿元，5年增加了近两倍。四川实际利用外资额在2005年以前小幅度波动，不超过100亿元，然而2005

年以后，四川实际利用外资额快速增加到2009年的282.0745亿元，增长两倍多，居于西部12省市区第二位。重庆实际利用外资额在2000~2007年一直小于四川和内蒙古，然而在2008年和2009年，重庆实际利用外资额增长迅速，2009年达到286.3405亿元，超过四川和内蒙古，两年增长两倍多，占据西部12省市区第一位，说明近年来重庆基础设施和投资环境的改善吸引了大量的外国投资，成效斐然。从绝对量上看，西藏实际利用外资额最小，十年基本没有变化；内蒙古、四川和重庆三省市区实际利用外资额相对较高，且增长明显；其他省区实际利用外资额居中，变化幅度不明显。西部12省市区实际利用外资额差别相当大，2009年，实际利用外资额最大的重庆是最小的西藏的近150倍。

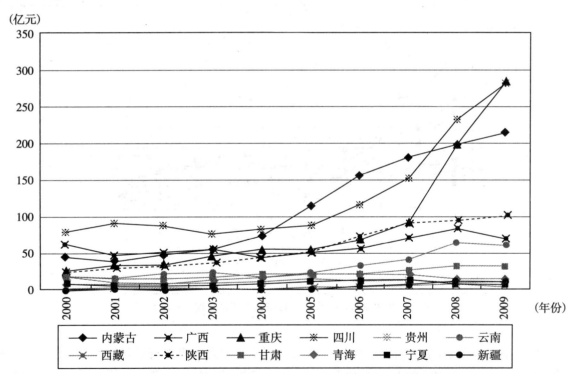

图3　2000~2009年西部12省市区实际利用外资额变动趋势

利用公式（2），计算2000~2009年西部12省市区外资依存度，如表2所示。图4是西部12省市区外资依存度十年的变动趋势。从全国平均水平看，全国外资依存度呈现持续快速下降的趋势，从2000年的14.93%快速下降到2009年的2.79%，下降幅度高达80%以上，说明外资对全国对外开放的贡献在快速下降。与全国外资依存度发展态

势相似，西部地区也呈现出缓慢下降趋势，从2000年的4.73%下降到2009年的2.15%，下降幅度达50%以上，说明外资对西部地区对外开放的贡献也在下降。只有2008年，西部地区的外资依存度出现了轻微提高。尽管全国和西部地区的外资依存度都在下降，但是由于全国平均水平下降快，因此，西部地区外资依存度与全国平均水平的差距不断缩小。

表2　2000~2009年西部12省市区的外资依存度

（单位：%）

地区＼年份	2000	2001	2002	2003	2004	2005	2006	2007	2008	2009
内蒙古	10.54	7.89	6.74	4.55	4.10	4.27	4.61	4.12	3.54	2.88
广西	9.44	6.52	6.13	5.78	3.52	2.96	2.52	2.42	2.27	1.24
重庆	4.36	4.38	3.74	3.69	3.48	2.88	2.85	2.93	4.90	5.38
四川	5.64	5.79	4.89	3.55	3.13	2.60	2.60	2.61	3.05	2.35
贵州	4.02	2.17	1.23	1.45	1.33	1.58	1.23	0.78	0.65	0.50
云南	2.62	2.33	2.83	2.39	1.33	1.36	1.54	1.50	1.84	1.37
西藏	0.00	0.10	0.22	0.28	1.33	0.48	0.52	0.68	0.52	0.51
陕西	3.20	3.55	3.49	3.02	2.82	2.60	2.82	2.50	1.96	1.57
甘肃	3.77	3.37	3.25	3.11	2.88	2.40	2.12	2.22	1.91	1.42
青海	2.84	2.29	3.84	5.56	5.86	5.93	5.22	4.84	2.62	1.83
宁夏	4.68	2.15	1.14	1.87	2.72	2.60	2.13	2.07	0.98	0.87
新疆	0.26	0.24	0.44	0.33	0.33	0.29	0.53	0.51	0.58	0.52
西部	4.73	4.04	3.71	3.21	2.79	2.60	2.62	2.50	2.59	2.15
全国	14.93	11.05	10.47	8.36	7.52	5.89	4.86	4.34	3.83	2.79

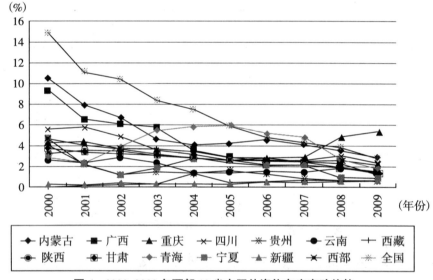

图4　2000~2009年西部12省市区外资依存度变动趋势

　　从西部12省市区内部差异来看，相对2000年的水平，除重庆、西藏和新疆外，2009年其他省区的外资依存度都呈现了下降趋势。10年间，外资依存度下降幅度最大的是广西，从2000年西部高水平9.44%持续快速下降到2009年西部中等水平1.24%，下降幅度高达85%以上。其次是内蒙古，外资依存度下降也很快，从2000年西部最高水平10.54%快速下降到2009年的2.88%，下降幅度超过70%。由于贵州和宁夏两省区历年外资依存度都不高，所以其下降幅度也很大，都在80%以上，并且宁夏外资依存度在10年间呈现明显的上下波动趋势。青海外资依存度在10年间上下波动幅度特别明显，2000年为西部中等水平2.84%，2001年下降到2.29%，2003年快速上升到5.56%，其后缓慢上升到10年内最高值，2005年也是西部地区最高值5.93%，之后就连年下降到西部中等水平，2009年为1.83%，2005~2009年的下降幅度也较大。重庆的外资依存度在2000年处于西部中等水平，之后缓慢下降，2008年快速上升到西部最高水平4.90%，比2007年提高1.97个百分点，

2009 年进一步上升到 5.38%，仍然处于西部最高水平。西藏和新疆两区的外资依存度一直处于西部最低水平，新疆的外资依存度没有一年超过 1%，西藏外资依存度也只有 2004 年超过 1%，达到 1.33%。但是两区的外资依存度总体趋势是上升的。西部其他省份的外资依存度在十年间呈现上下波动趋势，但波动幅度不是很大。

与全国平均水平相比较，2000 年西部 12 省市区的外资依存度都低于全国，并且差别特别大。2000 年，全国外资依存度是西部最高水平内蒙古的 1.4 倍，是最低水平西藏的近 750 倍。然而，2009 年，重庆和内蒙古两市区的外依存度超过了全国平均水平，并且其他省区与全国平均水平的差距明显缩小。2000~2009 年，西部地区的外资依存度与全国平均水平的差距不断缩小，说明西部地区金融开放度对对外开放的贡献逐步接近全国平均水平。

（三）西部地区对外开放度分析

利用公式（3），计算 2000~2009 年西部 12 省市区的对外开放度，如表 3 所示。图 5 是 2000~ 2009 年西部 12 省市区对外开放度的变动趋势。从图 5 中可看出，西部地区的对外开放度在 2000~ 2009 年 10 年中呈现总体下降趋势。与全国平均水平相比较，尽管西部地区的对外开放度还有很大差距，但是差距在逐步缩小。西部地区与全国平均水平的比重从 2000 年的大约 1/4 上升到 2009 年的接近 1/2。西部地区对外开放度的下降趋势说明实施西部大开发战略以来，西部地区的对外开放在广度上不仅没有扩大反而有所降低。

表 3 2000~2009 年西部 12 省市区的对外开放度

（单位：%）

地区＼年份	2000	2001	2002	2003	2004	2005	2006	2007	2008	2009
内蒙古	10.75	9.86	9.29	7.01	6.72	6.80	6.65	6.15	5.08	3.70
广西	8.75	6.52	6.99	7.36	6.03	5.61	5.32	5.41	5.45	3.94
重庆	6.00	5.80	4.99	5.57	6.05	5.40	5.64	5.96	7.48	6.59
四川	5.50	5.88	6.19	5.57	5.28	4.77	5.13	5.20	6.09	5.24
贵州	4.70	3.28	2.44	2.95	3.23	3.01	2.60	2.17	2.06	1.42
云南	4.42	4.23	4.75	4.54	3.66	3.91	4.38	4.58	4.65	3.49
西藏	0.15	0.76	1.22	1.42	3.34	1.80	2.17	2.44	2.65	1.77
陕西	5.61	5.49	5.34	5.18	5.18	4.98	5.04	4.76	3.94	3.33
甘肃	4.11	4.39	4.38	4.94	4.99	5.17	5.33	5.85	5.05	3.32
青海	3.77	3.60	4.29	6.33	7.74	6.08	6.47	5.31	3.51	2.61
宁夏	7.63	5.30	3.32	4.76	6.18	5.80	5.80	5.22	3.26	2.29
新疆	1.89	1.53	2.47	2.63	2.63	2.68	3.54	3.90	4.64	3.39
西部	6.14	5.54	5.58	5.60	5.45	5.32	5.47	5.51	5.63	4.48
全国	24.31	20.62	21.14	20.83	21.20	19.29	17.80	16.50	14.81	11.11

从西部地区内部来看，只有内蒙古的对外开放度是连年下降的，从 2000 年西部最高水平 10.75% 快速下降到 2009 年西部中等水平 3.7%，下降幅度为 60% 以上。广西对外开放度波动下降，幅度也很大。青海和宁夏两省区的对外开放度波动幅度最大，但宁夏的降幅比青海降幅更大。需要特别指出的是重庆、西藏和新疆，2009 年三市区的对外开放度相对 2000 年都有所上升。重庆的对外开放度从 2000 年西部中等水平 6% 上升到 2009 年西部最高水平 6.59%。西藏的对外开放度从 2000 年西部最低水平 0.15% 上升到 2009 年的 1.77%，超过贵州。新疆的对外开放度从 2000 年西部低水平逐步上升到 2009 年西部中等水平，上升比较明显。其他省份的对外开放水平处于西部中等水平，上下波动，但不是很明显。需要指出的是，2009 年西部 12 省市区的对外开放度都出现了下降。

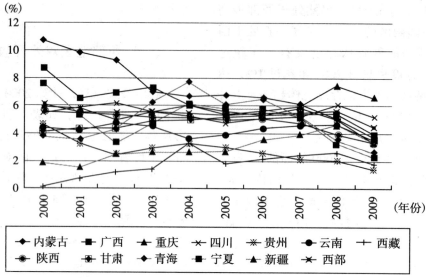

图5 2000~2009年西部12省市区对外开放度变动趋势

四、结　论

利用外贸依存度和外资依存度尝试重新构建对外开放度模型，选取指标衡量了2000~2009年我国西部12省市区十年的外贸依存度、外资依存度和对外开放度，并进行了比较深入的分析。研究结果表明，2000~2009年，西部地区的对外开放在广度上呈现逐步下降的发展趋势，尽管与全国平均水平的差距在不断缩小，但是差距依然很大。2009年，西部地区的对外开放度只有40.28%。西部地区外资依存度逐步接近全国平均水平，占全国平均水平的比重从2000年的31.67%提升到2009年的76.89%。但是，外贸依存度与全国平均水平相比依然很低，只有全国平均水平的1/5左右。从西部地区内部来看，12省市区对外开放度在10年间的变动明显。其中，重庆的对外开放度从2000年中等水平提升到最高水平，而内蒙古的对外开放度从2000年的最高水平下降到2009年的中等水平。其他省区的对外开放度有升有降，处于中低水平波动。2002年以后，新疆的外贸依存度一直处于西部最高水平，大大领先于其他省市区。需要特别指出的是，无论是外贸依存度、外资依存度，还是对外开放度，西部12省市区在2009年都出现了比较明显下降，表明2008年全球金融危机的发生对西部地区的对外贸易和外资引进都产生了不利影响。

西部地区经济发展水平低，资金匮乏、市场狭小，迫切需要提高利用外资和国际市场的能力，从而加快促进地区经济发展。首先，西部12省市区应该在发展战略上重视对外开放工作。西部地区经济落后，人们思想观念陈旧，对对外开放工作的重视不够，严重削弱了引进外资、利用国际市场的能力。今后，西部地区需要在发展战略上重视对外开放工作，做好对外开放宣传工作，提高对对外开放政策的认识，在广度和深度上都要提高对外开放程度，提高利用外资和国际市场的能力，积极利用对外开放充分享受经济全球化带来的经济福利。其次，西部12省市区应该积极发展对外贸易，提升对外贸易对地区经济增长的贡献。西部地区产业发展滞后，应该积极承接东部地区和国外的产业转移，发展对外贸易，尤其是出口贸易，充分利用国际市场促进经济发展。最后，西部地区应该改善投资环境，做好招商引资工作，提高利用外资水平。西部地区各省市区应该加大基础设施建设投入，改善投资环境，把握外国投资方向，出台相关优惠政策，吸引外国投资，引进先进技术，促进产业结构升级和经济增长。

参考文献

兰宜生. 对外开放度与地区经济增长的实证分析 [J]. 统计研究，2002（2）：19-22.

晏玲菊. 对外开放度与经济增长的地域差异分析 [J]. 商业时代，2006（30）：35-36.

罗忠洲. 东部沿海地区对外开放度与经济增长的实证分析 [J]. 财经论丛，2007（5）：1-6.

郑展鹏. 中部六省对外开放度的实证研究：2000-2007 [J]. 国际贸易问题，2009（12）：70-74.

李志军，闫奕荣. 西部"六强"对外开放实证分析 [J]. 开发研究，2006（3）：25-29.

（马燕坤，福州大学管理学院）

中原经济区农业发展与生态建设格局

中原经济区作为振兴中华的重要区域经济板块，已正式列入国家"十二五"规划，标志着中原经济区建设正式上升到国家战略层面。农业始终是治国安邦的头等大事，始终是国民经济和社会发展的基础。中原经济区是我国悠久而传统的农业大区，是全国土地耕种强度最高、农副产品供给能力最强的地区，无论粮食生产，还是肉蛋奶菜产量在全国都具有举足轻重的地位，在确保国家粮食安全中发挥着至关重要的作用。而且，中原经济区位居我国中部，是国家十分重要的生态功能区板块，其生态建设的成效事关国家生态文明建设的全局。为此，中原经济区要有高度的责任感，采取有力措施，加强粮食核心区建设，大力发展特色产业，积极拓展农业功能，加快完善生态体系。

一、搞好粮食核心区建设

河南作为中原经济区的主体，是当今我国最重要的农业产区，在确保国家粮食安全中发挥着至关重要的作用。国家粮食战略工程河南粮食核心区建设的主体范围确定在黄淮海平原、南阳盆地和豫北豫西山前平原的 95 个县（市、区），控制着全省耕地面积的 83.5%、基本农田面积的 85%，其中国家认定的粮食生产大县 70 个。河南粮食核心区建设的总体目标：经过 10 多年的努力，粮食生产的支撑条件明显改善，抗御自然灾害能力进一步增强，粮食综合生产能力和农业综合效益显著提高，成为全国重要的粮食稳定增长的核心区、体制机制创新的试验区、农村经济社会全面发展的示范区。规划到 2020 年，通过对现有高产田进一步巩固提高，粮食亩产平均提高到 2100 斤水平，吨粮田面积由现在的近 1000 万亩扩大到 2500 万亩；对 3200 万亩中产田实施高标准开发，使其粮食亩产提高到 1800 斤以上；对 1800 万亩低产田实施综合改造，使其粮食亩产提高到 1600 斤以上。到 2020 年，在各种生产要素具备、没有不可抗御的自然灾害、农民种粮积极性充分调动的前提下，确保全省粮食净增 260 亿斤，总产量达到 1300 亿斤，调出原粮和粮食加工制成品 550 亿斤以上。其中，黄淮海平原区增产 203 亿斤；山前平原区增产 19 亿斤；南阳盆地增产 38 亿斤。这既是保障国家粮食安全的重大任务，也是河南作为人口大省消费和食品工业大省发展的实际需要。

进行粮食核心区建设，实现河南粮食生产能力达到 1300 亿斤或新增 260 亿斤的目标，主要潜力在于中低产田改造。耕地是粮食生产的基础。多年来，受非农建设占用、生态退耕、自然灾害损毁等影响，加上工业化城市化的推进等，耕地资源在逐年减少。在耕地资源日益严峻的形势下，突出抓好中低产田改造，不仅是缓解人地矛盾、长期确保粮食安全的重要措施，也是实现土地资源可持续利用的有效途径，是一项功在当代、利在千秋的伟业。根据投入产出理论和农业生产边际报酬递减规律，在高产田促进粮食大量增产是不现实的，而通过中低产田改造来大幅度提高粮食产量却是可行的。目前，河南中低产田所占比重高达 60% 左右，抗御自然灾害能力差，没有从根本上摆脱靠天吃饭的局面。中低产田亩产率很低，单产又很不稳定，这表明中低产田改造的潜力很大、粮食增产的潜力很大。从实践来看，每改造一亩中低产田，可平均增产150~200公斤的粮食生产。在高产稳产田增产潜力已得到比较充分发挥的背景下，中低产田改造责无旁贷地成为粮食稳定增产的主力。因此，必须以加大中低产田改造为"抓手"，强化农业基础建设，增强农业综合生产能力。

（1）健全稳定增加中低产田改造投入的长效机制。一要加大对农业基本建设投资力度，提高农田水利建设投资的比重。针对粮食比较效益低的状况，按照健全中央和地方财力与事权相匹配体制的要求，依据全国新增1000亿斤粮食生产能力的总体目标，大幅度增加粮食生产核心区农业综合开发投入，在中低产田改造上投入更多的资金。二要激励农民投资投劳的积极性。稳定农户的土地承包关系，进一步明晰农地使用权的产权界定，严厉打击违法违规占用耕地的行为，切实保护农民的耕地永久使用权和一切应有的务农权益。三要广开投资渠道。中低产田改造完全依靠财政投资和农民投入并不现实，应积极通过发行金融债券、吸收社会闲散资金、争取银行贷款和国际援助、鼓励工商资本投入等多元化措施，增加中低产田改造的投入渠道。

（2）加快科技进步和水利建设，促进适度规模经营。一要强化粮食增产的科技支持政策。把"主攻单产、提质提效"作为粮食稳定增产的重点，不断增加粮食生产的科技投入，大力支持生物技术、良种培育、丰产栽培、农业节水、疫病防控、防灾减灾等领域的科技创新，积极发展新型肥料、低毒高效农药、多功能农业机械及可降解农膜等。二要强化项目支撑。搞好规划，集中连片推进农村土地整治，实行田、水、路、林综合治理。推广测土配方施肥和保护性耕作。加快病险水库除险加固、大型灌区续建配套，加快灌排泵站更新改造，加强重要水源工程建设。三要推进适度规模经营。按照依法自愿有偿原则，积极推进土地承包经营权流转，发展多种形式的适度规模经营，为持续增加耕地投入创造条件。

（3）将中低产田改造放在统筹农村发展大视野中。进行中低产田改造，一要与土地整理相结合。积极将适宜建设基本农田的废弃地、废弃路、旧村等土地整理项目纳入中低产田改造范畴，增加有效耕地面积。二要与农业综合开发相结合。把中低产田改造为高标准农田，作为农业综合开发的重点和着力点，综合运用基建、生物和科技等措施。提高农业生产的集约化、规模化和组织化，实现统一机耕、统一播种、统一灌溉、统一施肥和统一机收。三要与村镇规划相结合。积极促进农业区域化布局，把中低产田改造项目选择在面积集中连片的区域，选择在远离工业集聚区、干线公路和村镇建设规划等需要占用耕地的地方，将其打造成"田成方、树成行、渠相连、路相通、旱能灌、涝能排"的稳产高产农田。

（4）完善生态环境保护机制和监督管理机制。一要开发，保护并重。提高农业生态承载能力，稳妥推进中低产田改造，不过度开发。积极进行生态防护林工程建设，减少风沙、酸雨、干热风等不利影响，减轻水土流失和耕地沙化，提高土壤的蓄墒能力。二要防治并重。加大农村面源污染防治力度，以改善流域生态质量为重点，进行农业环境综合整治。加大人工影响天气基本建设的投入，加强灾害性天气和地质的监测预警，增强防灾减灾能力，最大限度地减轻水旱灾害损失和污染危害。三要建管并重。强化农田水利建设质量的监督，加强农田水利工程运行的管理。对项目区内的井渠、管网、树木及浇灌设施，通过明晰产权、市场化运作等使之受益并用于农业基础设施的养护，确保农业投资效益的持续发挥。

（5）创新体制机制，确保资金的安全和高效使用。在规划环节，根据区域主导功能定位，科学制订区域中低产田改造规划，统一组织实施中低产田改造，努力提高农业综合开发水平。在保障环节完善粮食核心区政绩评价机制。实行产粮大县地位动态淘汰。加强粮食增产激励，实施"稳定基数、奖励增量"的政策。创新投资机制，采取以奖代补等形式，鼓励农民开展小型农田水利建设。鼓励产业化龙头企业参与中低产田改造。创新农田设施产权管理机制，提高农民对农业设施管护的积极性。在协调环节，协调好有关部门和利益主体的经济关系，建立专业中低产田改造机构，高效率进行中低产田改造。加大监督检查和奖优罚劣力度，确保支农资金安全运行和高效使用。

二、大力发展特色农业

农业的发展，有特色才有优势，有特色才有市场，有特色才有竞争力。作为中原经济区主体的河南，是传统的农业大省，农业资源和农产品丰富多样，其得天独厚的自然和人文环境为农产品特色的形成提供了坚实的基础。河南属于北亚热带向南暖温带的过渡区域，南北气候交替，光热水土资源丰富，这使得河南宜农生物物种资源极为丰富。而且，河南人民在漫长的农业发展历史中积累了大量独特的农业生产技术，形成了精耕细作的农业文化，厚重的农业历史文化也是特色农产品发展的宝贵资源。改革开放以来，河南不断推进农业科技进步，积极调整农业农村经济结构，注重发挥农业的区域优势，使特色农业不断发展，特色农产品产业带已初步形成，这为河南新时期进一步加快发展特色优势农产品奠定了良好基础。

第一，初步形成了豫北、豫西北地区土壤质地偏黏、肥力水平较高、小麦全生育期特别是抽穗后降雨量偏少、光照相对充足的优质强筋小麦种植区；豫南淮河沿岸中低产沙土地和稻茬土区的弱筋小麦种植区；豫中、豫东和豫西南以中筋小麦为主、兼种强筋小麦的种植区。

第二，形成了不同的玉米优势产区。饲用玉米优势区分布在从东北部到西南的黄淮海平原及南阳盆地。青贮玉米作为养牛、养羊的青饲料，重点在养牛、养羊集中的地区布局。工业加工玉米优势区，包括高淀粉、高油玉米等，重点布局在淀粉、味精、酒精等加工企业较为集中的地市。食品加工玉米优势区，主要集中在城市近郊和大食品加工企业周围。

第三，基本形成了豫东、南阳盆地和豫北三大棉区，种植面积分别占全省总种植面积的68%、19%和11%。

第四，形成了西部黄土高原和东部黄河故道两个苹果优势产区。两大苹果产区的果园面积合计达92.69千公顷，占全省苹果果园面积164.45千公顷的56.4%。

第五，肉牛和肉羊带已经大致形成。商丘、南阳、周口、驻马店、平顶山、许昌、洛阳、三门峡8市所属的32个县为河南省牛肉主要生产基地；郑州、开封、商丘、周口、南阳、驻马店、许昌、安阳、鹤壁、新乡、焦作、三门峡、济源等14个地市所属的34个县（市）为河南省肉羊的优势产区。

同时，河南形成了一批标准化特色农产品种植和养殖基地。目前，已建立了国家、省、市、县（区）四级农业标准化示范基地项目581个，涉及粮食、油料、蔬菜、水果、畜禽、水产、花卉、食用菌、中药材、林产品等。重点发展的有新郑大枣、灵宝苹果、信阳毛尖、西峡猕猴桃、山茱萸、中牟大蒜、泌阳蘑菇、鹤壁肉鸡、龙云蔬菜、原阳大米、新乡强筋小麦、漯河生猪、焦作四大怀药、平舆白芝麻、鄢陵花卉等突出地方特色的农产品项目。

河南还初步形成了一批知名的特色农业品牌，这些品牌产品在国内外市场具有较强的竞争力。在企业品牌方面，漯河龙云集团通过对无公害农业生产的严格标准化管理，打响了"龙云无公害蔬菜"的品牌；信阳市依靠"信阳毛尖"的知名原产地品牌优势，催生出"文新"、"五云"、"新霖"等知名企业品牌；卢氏"山特牌"绿壳蛋等知名产品。在原产地品牌方面如，河南的一些著名传统特色农产品如洛阳牡丹、新乡金银花等，已取得了原产地标记；方城县的"方娇"牌小辣椒在国家商标局注册，其品质超过国家一级标准；固始的"固始鸡"、"固始鸡蛋"获得了国家绿色食品认证、原产地标记认证。

虽然河南发展特色农业取得了很大成就，但还存在着不少制约因素，如农民的教育水平偏低，农户生产规模小、布局分散，农业基础设施不完善，农民积极性还没有充分调动起来等。由于这些制约因素及其他一些因素的影响，河南在特色农业的发展中出现了一些突出问题：特色农产品开发的产业链条短而单一；名牌产品少，对原产地品牌开发和保护力度不够；特色农产品的经营管理粗放，基层政府的服务功能有待完善；地区农业的主导行业和主导特色产品不够明确，特色农业发展的区域布局有待调整等。

当前，河南正处在发展特色农业的重要时期，必须加快步伐发展，实现特色农业发展的大跨越，这对提高农业竞争力、增加农民收入具有重大现实意义。河南特色农业发展的总体思路和目标可表述为：以服务农户生产和增加农民收入为中心，以提高农业的分工、市场化和产业集群化为主要手段，进一步调整农业的产品结构和区域结构，积极促进特色农产品的产业开发进程，在纵向、横向上延长和拓展农业产业链条，做大、做强特色农业，形成一批驰名中外的特色农产品原产地品牌和企业品牌，不断增强河南农产品的市场竞争力，促进河南由农业大省向农业强省的转变。为此，需要采取以下措施：

1. 统一要求与分类实施相结合

由于各地在区位环境、经济基础、发展水平和文化传统等方面存在一定差异，因此，发展现代特色农业必须从当地实际出发，因地制宜，分类实施。要在"新、特、优"上下工夫，增强特色农业发展的目的性、针对性和实效性。要根据当地的资源优势、区位特点，明确产业定位、布局定位和功能定位，结合主体功能区划，制订实施现代特色农业发展规划，充分发挥规划的引导作用。在发展现代特色农业的工作安排上，各地要各有侧重，从自己最迫切需要解决的现实问题入手，实施重点突破，务求实效。要长短兼顾、远近结合，既要打攻坚战，抓紧解决当前制约特色农业发展的突出问题，又要打持久战，循序渐进、持之以恒，多做打基础、管长远的工作，为传统农业向现代特色农业的根本性转变创造条件。

2. 保护和整合特色农业资源

发展特色农业，必须增加对特色农业资源保护的财政资金投入，严格保护特色农业集中地区的生态环境；加强对传统种养殖物种、传统生产工艺等潜在特色农业资源的抢救和开发，建立各级特色农业资源基因库；完善特色农业资源保护立法，并严格执法；组织开展特色农产品原产地命名、品牌标注等工作，并实行依法保护；依托并整合特色农业资源，按照比较优势原则，开展

特色农业发展区域规划，加强政策引导，不断优化农业结构和区域布局。加快农业功能由单一向多元化转变，通过农业功能的拓展，进一步提升特色农业的综合效益。

3. 完善农业农村基础设施

发展特色农业，必须加强对与特色农产品开发相关的农村基础设施建设的政策倾斜，合理配置资源，提高特色农业的综合生产能力。努力搞好以水利为重点的农业基础设施建设，大幅度增加农田水利工程建设补助资金，加快大中型灌区改造，加大节水基础设施建设，积极推广"喷灌"、"滴灌"，推广农业机械化、抗灾防灾。坚持山、水、林、川、路综合治理，为特色农业可持续发展构筑生态屏障。实施农村清洁工程，提高污染物处理水平和资源利用效率，创新和推广新型农业生产模式，实现区域农业生产循环化和无害化。完善农产品市场销售网络，加强乡镇集贸市场、城区农贸市场和农产品批发市场的建设。加强农村通信网建设，提高农业信息化水平。

4. 推进特色农业产业化进程

发展特色农业，必须大力扶持农产品龙头企业成长，提高特色农业附加值；集中扶持建设一批高起点、高标准的特色农产品加工园区，引导加工企业向园区集聚，加强配套服务；加快特色农产品标准化生产体系建设，提高农户的标准化生产意识，积极推动农产品标准化生产管理体系认证工作；增强对特色农产品生产和流通的信贷支持，增加信贷投入规模，完善特色农产品保险制度，构建特色农产品可持续发展的金融支撑体系；扶持特色农产品龙头企业发展，将企业品牌和原产地品牌的开发有机结合起来，努力提高特色农产品的知名度和美誉度，加快特色农业发展方式向产业化、规模化、集约化、企业化、品牌化转变。

5. 健全特色农业科技支撑体系

发展现代特色农业，必须将其发展方式转移到依靠科技进步和提高劳动者素质的轨道上来，建立有利于节约资源、保护环境、提高效益的生产方式。因此，要加快推进农业科技创新和推广能力建设，鼓励并引导企业、非营利组织和个人对农业科研活动进行投资，建立对农业科研投入的长效机制；制订农业人才规划，完善人才激励

机制，保障农业科研人才队伍的稳定；加大特色农业科技研发，尤其要加强对特色农业小品种、小产量农产品的生产、收获机械的研发和生产，实现特色农业生产资料的产业化和特色农业生产技术的标准化；加强绿色农业技术创新，提高特色农产品生态质量；健全特色农业技术推广体系，加强农民技术培训工作。

6. 提高发展特色农业组织化程度

加快发展特色农业，必须提高农民的组织化程度。健全龙头企业与农户的利益联结机制，鼓励引导特色农业龙头企业和农户按照"自主经营、自愿结合、市场调节、相互扶持、利益均沾"的原则，建立风险基金制度、保护价制度、合同制度等基本制度，并引导企业与农户通过股份制、股份合作制等形式，建立稳定的购销关系和利益分配机制；大力扶持发展农业专业合作经济组织和农民经纪人队伍，努力提高农民进入市场的组织化程度；依靠统一经营体制的创新与发展，改善家庭经营方式，鼓励特色农业从业农民在专业合作社的基础上发展更高层次的联合，开展合作社之间的合作。同时，要充分发挥政府的推动作用，加强调控、引导、服务，加大对特色农业发展的政策支持，进一步完善政策体系，健全政府主导、社会参与、市场运作的投入机制，营造鼓励支持发展特色农业的社会环境。

三、积极拓展农业功能

随着市场经济的发展，农业的多功能性特征越来越凸显，从衣食保障、原料供给和就业增收等传统功能，正向更广阔的生态调节、文化传承、休闲观光等领域扩展。这些功能的发挥，有利于经济社会进步、农耕文化传承和可持续发展。在中原经济区建设中，要积极拓展农业传统的经济功能之外的社会功能、保障功能、生态功能、文化功能等其他功能，这对于优化农业区域分工、促进农业现代化，具有重要意义。河南省是中原经济区的主体，根据其境内的地形地貌的特殊性和实际条件，在农业功能区方面可分为以下四大区域：

1. 黄淮平原和南阳盆地农产品供给功能主导区

该区域农业资源丰富，农业生产条件较好，农业现有发展水平较高，农业发展潜力较大，农产品供给功能突出，是农产品的重要产区，农产品供给功能是该区域农业的主导功能。该区域的发展思路是以市场为导向，以农业增效、农民增收为中心，加大农业基础建设投入，提升产品商品率和外向度。应采取的措施包括：调整和升级农业结构，充分发挥农业区域资源优势，通过规划引导、政策扶持和项目支撑等综合性手段，加快优势农产品产业带、特色农产品经济区和专业化基地建设；运用政府信用担保、财政贴息等扶持政策，支持农业产业化企业的发展，积极发挥龙头企业的带动效应，推进农产品产业化；完善市场服务体系，加快推进农业品牌化、标准化，开展无公害农产品、绿色产品、有机食品和名牌产品认证；完善农产品质量安全标准体系，加强农村面源污染治理和环境整治，提高农村生态环境质量。

2. 黄海平原农业就业和农产品供给功能主导区

该区域从农业资源角度看，与农产品供给功能主导区很相近，农业资源丰富、禀赋较高，也是农产品的重要产区，虽然农业现有发展水平一般，但农业发展潜力较大，农业的就业与生活保障功能突出。因此，就业和农产品供给功能构成该区域农业的主导功能。该区域的发展思路是，充分挖掘当地资源优势，着眼于农产品品种和结构的调整创新，加大农村劳动力转移力度，形成具有明显特色和区域优势的主要产品和产业区。应采取的措施包括：投入更多的资金支持农业基础设施建设；对农业结构实行战略性调整，以财政补贴和税收优惠鼓励特色优势农业发展；完善土地流转制度，促进土地适度规模经营；利用自然资源多样性，进行农业的深度和广度开发，不断培育农业新的增长点；把发展劳务经济作为促进农民增收的一大战略，以更多的财政资金支持进行农业劳动力技能培训，以财政补贴和税收优惠鼓励更多的农村劳动力转移就业。

3. 山地丘陵农业生态调节功能主导区

在山地丘陵地区，农业生态调节功能是区域农业的主导功能。保护发展的思路是，坚持保护优先、适度开发、有选择开发，使农业逐步成为该区域主要的生态屏障。应采取的措施包括：以公共财政资金为主，结合林业生态省的建设，在天然林保护地区、生态功能区、退耕还林地区、水源保护地区、水资源严重短缺地区、自然灾害频发地区、水土流失严重地区等，建立一批以保护和恢复自然生态环境为中心的重点工程；加强农业资源和生态环境的保护，建立健全农村环境保护法制建设，完善农业生态环境管理和监测系统；落实农业生态环境管理和保护的优惠政策，加大财政对生态环境保护和建设的支持力度，推动农业生产废物资源化利用和灾害化处理；扩大用于生态移民和扶贫的财政资金规模，增加用于公共服务和生态环境补偿的财政转移支付，逐步使当地农民享有均等化的基本公共服务，促进当地群众收入有所增长和生活平稳提高。

4. 城区周边农业文化传承和休闲功能主导区

该区域基于结构调整和农业比较收益原则，农业的发展主要承担着文化传承和休闲功能。随着这一功能的不断提升，必须高度关注其农业自然资源与环境承载能力，因此，目前该区域要注意有序发展，防止各类主要发挥文化传承和休闲功能的景观、园区过度和无序扩张，并强化农业文化传承和休闲功能的整合。应采取的措施包括：加大财政资金支持，支持农村交通、通信、生态环境工程等基础设施建设，保护具有独特的地域、民族农业文化特征的农业非物质文化；营造良好的投资环境，鼓励企业等社会各方面力量参与农业文化和休闲农业的开发；增强区域性公共服务能力，建立以科技、信息为主体的观光农业服务体系；严禁破坏耕地、森林、自然景观、古代灌溉工程设施等具有农业景观特色的农业物质文化遗产；推广无公害农业生产技术，积极发展生态农业和休闲观光农业。

四、加快完善生态体系

党的十七大把"建设生态文明"提到了发展战略的高度，要求到 2020 年我国成为生态环境良好的国家。我国第十二个五年规划纲要强调：坚持保护优先和自然修复为主，加大生态保护和建设力度，从源头上扭转生态环境恶化趋势。这就要求以创建林业生态省为载体，建成高效益的农业生产生态防护体系、城乡宜居的森林生态环境体系、持续稳定的国土生态安全体系，为促进人与自然和谐、建设秀美中原做出新的贡献。根据地形、地貌、气候、植被、土壤等自然区域特征及决定区域差异的主导因素、林业建设现状及其主导功能差异，参照全国生态功能区划，作为中原经济区主体的河南要积极进行四大生态体系建设，即山地丘陵生态体系建设、平原地区生态体系建设、城镇乡村生态体系建设、生态廊道网络体系建设。

1. 山地丘陵生态体系建设

山地丘陵地区包括西北部的太行山、西部的伏牛山以及南部的大别山和桐柏山等山地丘陵区，总面积为 11287.3 万亩，占全省国土面积的 45.4%。该区担负着保持水土、涵养水源和保障生态安全的重任。地势自西向东呈阶梯状下降，中山一般海拔 1000 米以上，高者超过 2000 米；低山 500~1000 米；丘陵低于 500 米。气候属北亚热带和暖温带气候区，具有明显的过渡性特征，多年平均降水量 600~1200 毫米。土壤类型主要有棕壤、黄棕壤、黄褐土、褐土等，区内植被类型多样，汇聚了极其丰富的植物资源，是河南省生物多样性最丰富的地区。森林覆盖率 29.61%。该区域目前存在的问题主要是：区域森林资源分布不均，水土流失严重；天然次生林较多，林地生产力较低；局部无规划采石采矿较为严重；植被破坏后难以恢复。该区是河南省林业生态建设的重点区域，建设重点是大力加强对天然林和公益林的保护，重点营造水源涵养林、水土保持林、名优特新经济林、生态能源林等。在局部地区实施生态移民，加速矿区生态修复，同时加强中幼林抚育和低质低效林改造。山地丘陵生态体系建设，具体包括下面三大亚区：

（1）太行山生态亚区。太行山生态亚区位于河南省西北部，属太行山的南麓和东坡，构成黄淮海平原西北部的天然屏障，地理位置十分重要，可御西北寒流袭击，可纳东南暖湿气流。目前，太行山生态亚区存在问题：多为基岩裸露的石质山地，生境破碎、植被覆盖率低；降雨量少、蒸发量大，土壤瘠薄，植被恢复困难，林木生长缓慢，生态环境极为脆弱，是全省治理难度最大、任务最艰巨的地区。太行山生态亚区的建设重点是在保护好现有森林资源的基础上，注重提高生态系统的自我修复能力，重点对浅山、丘陵立地条件差、植被破坏严重的地段，因地制宜、综合治理，多林种、多树种科学配置，实行封、飞、造一齐上，加快治理速度和提高治理质量，有步骤地实施生态移民，有效遏制生态环境恶化趋势，使生态环境、生存环境步入良性发展轨道。

（2）伏牛山生态亚区。伏牛山生态亚区位于河南省的西部，包括黄河以南、京广线以西及南阳盆地以北山丘区的大部分地区。区内植被类群丰富，广泛分布有南北过渡带物种，主要植被类型有以栎类为主的落叶阔叶林、针叶林、针阔混交林、灌丛植被、草甸、竹林以及人工栽培植被等。目前伏牛山生态亚区存在问题：总体生态状况良好，南北生态环境存在明显差异，现有宜林地造林难度较大；旅游和矿山等开发对生态环境造成不良影响，水土保持、水源涵养功能降低。伏牛山生态亚区的建设重点：保护好现有森林资源，搞好中幼林抚育和低质低效林改造；有步骤地实施生态移民，以减轻生态压力；加快林业重点工程建设，提高林地生产力和防护效能，改善生态环境，充分发挥森林的综合效益。

（3）大别桐柏山生态亚区。大别桐柏山生态亚区位于河南省的南部，秦岭淮河以南地区。目前，大别桐柏山生态亚区存在的问题主要有：森林资源分布不均，林种结构不合理，难以发挥森林的防护效能，后继资源严重不足；旱涝等自然灾害

及人为活动频繁，水土流失日趋严重，对当地和下游的生态环境及经济社会发展构成较大的威胁。大别桐柏山生态亚区的建设重点：重点实行综合治理，结合森林资源结构和林业产业结构的调整，在充分利用现有宜林地的基础上，积极拓展可利用空间，加快山区生态体系建设，尽快恢复和扩大森林资源，有效提高涵养水源和保持水土能力。

2. 平原地区生态体系建设

平原地区生态区包括黄淮海平原及南阳盆地，是我国重要的粮、棉、油生产基地和经济作物的重要产区，涉及郑州、开封、洛阳、平顶山、安阳、鹤壁、新乡、焦作、濮阳、许昌、漯河、南阳、商丘、信阳、周口、驻马店、济源17个省辖市131个县（市、区），总面积为13577.1万亩，占全省国土面积的54.6%。该区地域辽阔，地形地貌较为复杂，大致划分为堆积平原、沙丘、堆积盆地三种地貌类型。地势起伏不大，海拔一般在40~200米。季风性气候特征明显，干旱、暴雨、干热风、大风与沙暴等自然灾害较为严重。年均气温13~15℃，光、热、水资源充足，年降水量一般为600~1000毫米，年蒸发量为1500~2100毫米。主要土壤种类有潮土、砂姜黑土、风沙土、黄褐土、盐碱土、水稻土等，土层深厚，肥力较高。森林覆盖率7.34%。目前该区域存在问题：区域森林资源总量少，林业发展不能满足区域经济发展的需要；生物多样性低，抗逆性差；针阔混交、乔灌结合的林带比例较低，已建的农田林网局部不够完整，部分林带残缺不全；在县与县、乡与乡接合部缺乏有效的管护机制。该区域的建设重点：按照"配网格、改品种、调结构、强产业、增效益"的要求，建设高效的农田防护林体系；通过完善政策机制，拓展林业发展的领域和空间，大力营造防风固沙林，积极发展用材林及工业原料林、园林绿化苗木花卉基地等；在低洼易涝区着力营造用材林及工业原料林。平原地区生态体系建设，具体包括下面三大亚区：

（1）一般平原农业生态亚区。本亚区是指淮河以北，基本上是京广铁路线以东的广大平原地区及南阳盆地，占平原区土地面积的86.8%。目前该区存在问题，主要是森林植被较少，部分农田林网进入成、过熟期，网格不完整，断带现象严重，防护效能低下。局部地区起步较晚，绿化标准不

高，树种单一，病虫害严重，个别地方管护不到位。因此，该区建设的重点：重点抓好农田防护林体系建设，大力发展用材林及工业原料林、经济林、苗木花卉等基地，高标准建设生态廊道，提升绿化的档次和质量；大力推进城乡绿化一体化进程，改善城乡宜居环境；全面提高绿化美化水平，实现生态、社会和经济效益的稳步增长。

（2）风沙治理亚区。本亚区主要分布在豫北黄河故道区及豫东黄河泛淤区，是河南省主要的农业低产区，占平原区土地面积的9.1%。目前该区存在的问题主要是部分地区重治理、轻保护，对防沙治沙的重要性、紧迫性、艰巨性认识不足；小树多，大树少，现有森林植被的屏障作用和防护效能日趋低下，自然灾害频繁，严重制约着当地工农业生产的发展。因此，该区建设的重点：大力营造防风固沙林，在沙化耕地上高标准建设农田林网和农林间作，拓展生存与发展空间，积极发展用材林及工业原料林、经济林，着力改善生态环境，促进沙区经济发展，维护沙区社会稳定。

（3）低洼易涝农业生态亚区。该亚区是全省最低的地区，占平原区土地面积的4.1%。该区存在问题，主要是经济发展相对滞后，加之地势多为浅平凹地和湖洼地，河道曲折，排水不畅，容易发生水涝灾害。平原林业建设基础比较薄弱，局部农田林网不完整，绿化水平不高。该区生态建设的重点：结合农田水利基本建设，实施农田防护林体系改扩建工程；在河道两岸结合护岸固堤，着力营造用材林及工业原料林和经济林。

3. 城镇乡村生态体系建设

城镇乡村生态体系建设包括城市绿化美化和村镇绿化美化两大体系。

城市绿化美化体系，涉及全省18个省辖市和107个县（市、区）城市建成区总面积460.5万亩，其中已绿化面积113.8万亩，城市绿化覆盖率24.7%。该区存在的主要问题：可绿化用地规模有限，城市森林总量不足，植物配置和结构层次单一，没有构成复合稳定的植物群落，绿化美化水平不高。城市周围的森林公园、环城防护林带及城郊森林较少，且发展不平衡。该区生态建设的重点：按照改善城市生态环境、建设生态文明城市的总体要求，建设以廊道绿化、城中绿岛、环城林带、城郊森林为主要内容的城市森林生态防护体系，提高城市居民的生活环境质量。在城市建成区内，高标准绿化、美化街道及庭院，扩大街头公园、滨河公园、植物园、休闲游憩园等城中绿岛建设规模；在城郊生态环境较脆弱的地段营造城郊森林和环城防护林带。

村镇绿化美化体系，涉及全省1895个乡镇和47603个行政村的建成区总面积2199.1万亩，其中已绿化面积688.3万亩，村镇绿化覆盖率31.3%。该区存在的主要问题：缺乏统一规划，整体绿化质量、档次不高；局部存在绿化"盲点"，区域绿化水平不平衡；村镇中心建筑密集，绿地不足，绿化标准有待进一步提高。该区生态建设的重点：以县（市、区）为单位，以村镇为基础，以农户为单元，乔灌结合，村庄周围、街道和庭院绿化相结合，扎实抓好围村林、行道树、庭院绿化、美化，推进城乡绿化一体化进程。要根据分类指导的原则，对不同类型的村镇采用不同的绿化布局和绿化重点。抓好围村林建设，采用混交、多层的树种配置模式，形成复杂多样、生态功能与景观效果俱佳的村镇植被生态系统。

4. 生态廊道网络生态体系建设

生态廊道网络体系建设即生态廊道网络，在河南包括南水北调中线干渠及全省范围内所有铁路（含国铁、地方铁路）、公路（含国道、高速公路、省道、县乡道、村道、景区道路等）、河渠（含黄河、淮河、长江、海河四大流域的干支流河道及灌区干支斗三级渠道）及重要堤防（主要指黄、淮河堤防）。河南省现有廊道总里程20.2万公里，其中现有廊道里程19.2万公里，规划期内新增廊道里程1万公里。在现有廊道里程中，适宜绿化里程16.3万公里，已达标绿化里程4.3万公里，已绿化但未达标里程6.1万公里，未绿化里程6万公里。该区存在的主要问题：投入不足，政策、机制不完善，各地建设进展不平衡，缺乏科学规划设计，造林树种单一，配置不合理，廊道建设质量较低，景观效果较差。因此，该区生态建设的重点，是以增加森林植被、构建森林景观为核心，高起点、高标准、高质量地建成绿化景观与廊道级别相匹配，绿化布局与城乡人文环境相协调，集景观效应、生态效应和社会效应于一体的生态廊道。

参考文献

吴海峰，陈明星.加强粮食主产区建设，确保国家粮食安全［N］.经济日报，2008-10-20.

吴海峰.社会主义新农村建设的十个结合［J］.中国农村经济，2006（1）：23-27.

吴海峰.结合区域功能主体定位进行新农村产业结构调整［J］.红旗文稿，2007（2）：22-23.

吴海峰，郑鑫.中国发展方式转型期的特色农业发展道路探索［J］.中国农村经济，2010（12）：87-92.

吴海峰，陈明星.农业功能拓展与区划实践［M］.哈尔滨：黑龙江人民出版社，2010.

河南省人民政府.河南林业生态省建设规划.2007-11-23.

（吴海峰，河南省社会科学院）

对中原经济区"三化"协调发展先行先试的思考

一、前 言

工业化、城镇化和农业现代化，既是经济发展的客观趋势，又是强国富民的必由之路，三者之间存在着循环演进又良性互动的关系。目前，中原经济区的工业化、城镇化和农业现代化进入了关键时期，但是尚未形成互动协调发展机制，甚至三者在耕地保护、资源利用和生态环境等方面存在着一些矛盾。实现三者良性互动、协调持续发展，这对中原经济区实现经济社会转型发展、科学发展、跨越发展具有重大的现实意义。《中原经济区建设纲要（试行）》明确指出，中原经济区的战略定位首要是打造全国"三化"协调发展示范区，在加快工业化、城镇化进程中保障国家粮食安全，推进农业现代化，率先走出一条不以牺牲农业和粮食、生态和环境为代价的"三化"协调科学发展路子。

打造全国"三化"协调发展示范区，尽快构筑"三化"协调发展新格局，前提是争取先行先试政策。在主客观条件相同的情况下，先行者必然先发展，先行先试给区域经济发展带来的好处不言而喻。不管是在获批的国家综合配套改革试验区还是近年国家出台的区域发展规划中，先行先试都成为其中最吸引眼球的政策。对中原经济区来说，抓住这一轮"先行先试"机遇，通过先行先试有效地化解工业化、城镇化与农业现代化的矛盾，才能在全国形成示范作用。但是，"三化"协调发展包含经济社会的方方面面，制约中原经济区"三化"协调发展的因素也非常多，国家不可能在各方面都给予支持政策。因此，有必要分析国家选择某一区域在某一方面先行先试的共性支撑条件，以便给中原经济区争取"三化"协调发展先行先试提供经验借鉴，这样带有先行先试内容的区域规划才容易得到国家批准。

这是因为，已经获批先行先试地区的申报之路并不都是一帆风顺的，如武汉城市圈获批全国综合配套改革试验区花费了五年，方案六易其稿，方案的核心主题从最初的民营经济改革试点到科技创新改革试点、综合行政体制改革试点、武汉新区试点、武汉城市圈，最后获批的申报主题是资源节约型和环境友好型社会建设。前面三个方案虽然都是从武汉发展的现实需要提出的，而这三个方案被国家发改委否定的主要原因都是本地区不具有相关改革的优势、对其他地区示范作用不强。

对国家选择在某一经济区的某一方面进行先行先试的支撑条件，相关研究多是以某一经济区作为研究对象。例如，廖元和（2007）认为，国家选择在成都和重庆设立统筹城乡综合配套改革试验区是由于两市城乡二元经济结构特点突出和所辖农村地区的自然条件和经济发展方面在全国比较具有代表性；李春洋（2007）认为，国家在武汉和长株潭地区设立"两型社会"综合配套改革试验区有利于促进东中西部区域协调发展和中部崛起；陈振明、李德国（2008）认为，综合配套改革改革选择的试点所存在的问题、障碍应该具有较大的典型性和代表性，而且能够形成一定的辐射力。目前对经济区先行先试共性支撑条件缺乏系统研究。

二、其他经济区获批某一方面先行先试的支撑条件分析

在国家近几年出台的区域规划中,获批先行先试的地区占了绝大多数,这些区域发展规划中先行先试的内容主要体现了我国三个战略指向:一是着眼于综合改革,重点地区率先发展和加快发展,为全国的发展创造新经验。二是着眼于落实国家提出的科学发展战略,如"两型"社会建设、环境保护、自主创新、城乡协调等。三是着眼于国家深化开放合作的需要,如两岸关系、沿边开发、东中西合作等。在这三个战略取向下,国家之所以选择这些地区进行先行先试,主要有三个共性的支撑条件。

1. 具有引领和带动作用

这些区域在全国或东、中、西及东北地区的发展大局中具有引领和带动作用,典型代表有长三角、珠三角、成渝经济区等。长三角、珠三角之所以成为综合改革的先行先试地区,与它们作为我国改革开放引领者的地位分不开。长江三角洲地区是我国综合实力最强的区域,自改革开放特别是推进上海浦东开发开放以来,长江三角洲地区对服务全国大局、带动周边发展做出了重要贡献,积累了丰富经验。珠江三角洲地区一直是我国改革开放的先行地区,是我国重要的经济中心区域,在全国经济社会发展和改革开放大局中具有突出的带动作用和举足轻重的战略地位。长三角、珠三角空间内的深圳、上海浦东新区一直是我国改革开放的先行区。成渝经济区之所以能成为全国统筹城乡综合配套改革试验区,是因为成都和重庆这两个特大中心城市在中西部具有重大影响和带动作用,赋予成渝地区先行先试的权利,对西部其他地方的发展具有示范作用。

2. 具有相对独特的优势或者需要解决的矛盾比较突出

先行先试能反映本地区改革发展的特点、优势和现实需要。有些经济区在探索科学发展模式、重大合作等方面具有相对独特的优势,典型地区有皖江城市带、海西经济区、图们江区域、鄱阳湖生态经济区、黄河三角洲地区、武汉城市圈以

及长株潭城市群等。有些地区面临的问题比较突出,问题的解决更利于在全国形成示范作用,典型地区有山西、沈阳经济区等。

皖江城市带能够作为承接产业转移示范区,主要原因是皖江城市带是实施促进中部地区崛起战略的重点开发区域,是泛长三角地区的重要组成部分,是长三角向中西部地区产业转移和辐射最接近的地区。这一区域承东启西、连南接北,长江黄金水道、快速铁路、高速公路等综合交通体系比较完善,区位优势明显;与长三角山水相连、人缘相亲、文化相近,产业分工互补,合作基础较好。

海西经济区能够在两岸人民交流合作先行先试,主要是因为海峡西岸经济区东与中国台湾地区一水相隔,海峡西岸经济区具有血缘、商缘、文缘、地缘、法缘的独特优势。

图们江区域是我国参与东北亚地区合作的重要平台。以吉林省为主体的图们江区域在我国沿边开放格局中具有重要战略地位,赋予图们江区域合作开发领域先行先试,是新时期我国提升沿边开放水平、促进边疆繁荣稳定的重大举措。

鄱阳湖生态经济区在生态环保方面先行先试,主要因为鄱阳湖流域既是一个相对独立的生态系统,又对长江流域生态环境有着重要的影响。建设鄱阳湖生态经济区,对于促进区域协调发展、实现人与自然和谐与可持续发展具有重大意义。而且,早在1983年,江西省就开始实施"山江湖开发治理工程",创造了"治湖必治江、治江必治山、治山必治贫"这一全新的生态修复和发展模式。因此,鄱阳湖在建设全国大湖流域综合开发示范区方面具有一定的基础和优势,可以为我国大江大湖区域综合开发提供良好示范。

武汉城市圈和长株潭城市群能够作为"两型社会"综改试验区,一方面,因为这两个地区对污染非常敏感。长株潭三个城市都在湘江沿线,武汉在长江的中游,污染会从上游转移到下游。因此,这两个地区一定要拒绝污染型的产业。另

一方面，作为历史上的"粮仓"，两地区必须探索土地资源节约路子。如果两地区和珠三角地区一样，在发展中大量耕地被作为工业用地，中国的粮食安全问题势必更为紧张。

黄河三角洲之所以在流转土地使用产权、林权和海域使用权抵押融资方面先行先试，主要是黄河三角洲位于渤海南部的黄河入海口沿岸地区，土地后备资源得天独厚，目前区内拥有未利用地近800万亩。这些丰富的后备资源开发需要钱，钱从哪里来，就需要在土地流转、使用权抵押融资等方面进行改革试验。

山西省在资源型产业转型方面先行先试，主要因为山西是我国重要的能源和原材料供应基地，但长期高强度的开发导致支柱产业单一粗放、生态环境破坏严重，安全生产事故多发，资源枯竭问题逐渐暴露，资源型经济发展的深层次矛盾和问题日益突出，严重地制约着全省经济社会的可持续发展。

沈阳经济区之所以在新型工业化方面先行先试，主要是其作为老工业基地，振兴发展任务繁重。在老工业基地振兴发展中暴露出的许多深层次体制性、机制性和结构性矛盾和问题必须通过综合配套改革解决，并且沈阳经济区在经济发展方式转变、资源型城市转型、资源节约和环境保护、就业再就业和社会保障等方面的任务也比较繁重。

3. 具有先行先试的工作基础

这些城市在相关领域已经进行了有益的改革探索，并已走在全国前列，积累了一定的实践经验，具备了先行先试、率先突破的工作基础。通过试点，能够在体制创新上取得新突破、创造新经验，为其他地区的新体制建设提供示范。同时也具备一定的经济实力，能够支付必要的改革成本。比较突出的如中关村、天津滨海新区、江苏沿海地区等。

中关村能够作为国家自主创新示范区，是因为中关村科技园区是我国第一个国家级高新技术产业开发区，也是我国最大的科技创新高端资源密集园区。20多年来，中关村科技园区快速发展，已经成为全国最重要的科技创新区域，是我国高等院校、科研院所、高科技企业以及两院院士、高端人才最为密集的地区，在自主创新方面取得一定经验，创新发展的潜力巨大。

天津滨海新区能够作为我国金融改革的先行先试地区，是和这一区域金融改革的基础分不开的。事实上，早在2005年，国家发改委已批复同意天津设立渤海产业投资基金。这是国务院特批在天津滨海新区进行试点的我国首个利用国内资金设立的产业投资基金；2006年初，渤海银行在天津开业，这是国内首家在发起设立阶段就引入境外战略投资者的全国性股份制商业银行，也是全国性股份制商业银行首次在发起设立时，就通过集合信托方式吸引自然人入股。2006年12月，滨海新区首家注册的法人金融机构——天津港财务有限公司正式开业，开全国港口企业集团财务公司先河。

江苏沿海地区能够作为东中西合作示范区，是因为近年来连云港与郑州、西安、兰州、银川、西宁、乌鲁木齐等中西部城市建立了战略合作关系，在内地建设了一批"无水港"，与苏南发达地区合作共建产业园区，在区域合作发展上进行了许多有益的探索，做了一些先行先试的基础性工作。

三、中原经济区争取"三化"协调发展先行先试的支撑条件

根据其他经济区获批先行先试的支撑条件，中原经济区在争取先行先试政策时必须坚持：一是要考虑那些其他区域没有或尚不成功的国家重大改革和科学发展模式探索，使得在中原经济区先行先试的内容对全国其他区域有示范意义；二是必须从全国大局出发，考虑国家对中原经济区的定位和时代转型发展的要求；三是要紧密结合中原经济区的发展特点，能够借鉴中原经济区的前期改革探索的经验，在制约自身发展的重要领域争取先行先试，使中原经济区先行先试的探索有助于实现中原崛起；四是先行先试的内容不宜太多，应该突出一条主线，实现重点突破，其他

配套领域协同跟进。结合国家战略定位和自身发展的需求，参考其他经济区入选先行先试的支撑条件，笔者认为，中原经济区在争取"三化协调"先行先试方面具有一定的独特优势。

1. 对全国特别是中西部地区具有示范意义

三化协调是我国探索科学发展模式亟待突破的重要领域。如何实现工业化、城镇化与农业现代化的互动协调发展，一直是困扰发展中国家的一个难题，我国也不例外。长期以来，我国的城镇化滞后于工业化，同时农业现代化也落后，这就延缓了我国的农业现代化进程。目前，我国正处在城镇化、工业化加快发展的时期，在这一过程中城乡关系、工农关系、耕地的保护、劳动者身份的转换以及三化变动过程中引发的社会问题等都亟需解决，特别是我国中西部广大地区发展任务重、政府财力弱、居民收入低，如何走出一条"三化"协调的路子亟需探索。党的十七届五中全会通过的《中共中央关于制定国民经济和社会发展第十二个五年规划的建议》明确提出了"在工业化、城镇化深入发展中同步推进农业现代化"这一重大任务。

中原经济区在争取"三化"协调先行先试政策时，必须考虑国家对中原经济区及河南的定位，并符合科学发展的时代要求，只有这样，河南在"三化"协调方面的探索才能在全国形成示范作用。根据《全国主体功能区规划》，中原经济区被定位为全国重要的高新技术产业、先进制造业和现代服务业基地，能源原材料基地、综合交通枢纽和物流中心，区域性的科技创新中心，中部地区人口和经济密集区，成为支撑全国经济又好又快发展的新的经济增长板块。规划还将河南列入国家层面的农产品主产区和重点生态功能区加以支持。温家宝总理在谈到中原经济区建设时特别指出"注重统筹和协调"，强调"对中原经济区来讲，要做到这一点，关键在于城乡统筹，在于实现工业现代化和信息化，同时推进农业的现代化。中原经济区的发展绝不以牺牲农业和粮食为代价，这不仅是河南发展的需要，而且是国家全局的需要。城乡统筹、工业农业两手抓，实现工业和农业现代化两个伟大目标，这就是中原经济区的一个十分重要的战略方针"。中原地区作为传统农区，既要顺应工业化、城镇化不可逆转的趋势，

又要确保国家粮食安全。因此，中原经济区探索"三化协调"发展绝不能以牺牲农业和粮食、生态和环境为代价。中原经济区 "三化"协调的核心就是在加快工业化、城镇化进程中保障国家粮食安全，推进农业现代化，在新的发展基础上构筑"三化"协调新格局。具体来讲，一是在新型城镇化引领下，以集聚发展为特征，推动产业、人口、生产要素集中度明显提高，建设生态高效的现代城镇体系和现代产业体系，形成以产带城、以城促产的良性互动局面。二是在新型工业化引领下，以协调发展为特征，推动新型工业化带动和提升农业现代化的能力进一步增强，新型城镇化和社会主义新农村建设协调推进，形成工业反哺农业、城市支持农村的长效机制。

2. 对中原经济区实现科学发展将具有重要的现实意义

"三化"协调发展的内涵覆盖面广，不仅把工业化、城镇化、农业现代化的内容包括在内，也把生态保护、循环经济、统筹城乡发展等囊括其中；同时这一定位立足中原的资源禀赋和发展优势，具有鲜明的地方特点，是科学发展观在中原经济区建设的具体体现。

中原经济区与全国相比，工业化水平低，城镇化水平更低，农业现代化进展缓慢，而人口压力与保护耕地的压力比较大。目前，中原经济区的工业化、城镇化和农业现代化既呈现明显的互动特征，但又存在不少问题，互动协调发展机制尚未形成。尤其是三者的协调发展与同步推进在耕地保护、资源利用和生态环境等方面存在诸多制约。中原经济区探索"三化"协调科学发展的路子，有助于解决区域科学发展中的许多矛盾和问题。

3. 具有扎实的实践基础

20世纪90年代初，河南省委、省政府就做出"围绕农字上工业，上了工业促农业"的决策，提出"工业、农业两篇文章一起做"，开始了工农业协调发展的探索。2003年省委七届五次全会通过的《河南省全面建设小康社会规划纲要》，明确提出把"加快工业化进程，走新型工业化道路；加快城镇化进程，充分发挥城市的集聚辐射带动作用；用工业理念发展农业，推进农业现代化"作为实现中原崛起的基本路径。河南不断地在发展

中摸索，在摸索中完善，加快新型工业化，构建现代产业体系；加快新型城镇化，构建现代城镇体系；推进农业现代化，加快社会主义新农村建设。据测算，"十一五"期间河南工业对全省经济增长的贡献率达到61.3%，2009年城镇化率为37.7%。在工业化、城镇化迅猛发展的同时，河南粮食总产连续五年超千亿斤。通过实践，河南不但积累了"三化"协调发展的一些成功经验，也更加明确了走不以牺牲农业和粮食、生态和环境为代价的"三化"协调科学发展的路子。

四、中原经济区"三化"协调先行先试的着力点

工业化、城镇化、农业现代化，涵盖了经济社会生活的方方面面，制约"三化"协调的因素也非常多。探索"三化"协调发展的新路子，必须抓住中原经济区发展中的主要问题。利用重点突破、协同推进的方法，尽快构筑"三化"协调发展的新格局。

1. 在统筹城乡发展上先行先试

率先探索城乡统筹发展新机制，在推进新型城镇化过程中推进农业现代化，保护好农民利益。一是建立完善统筹城乡的土地利用制度。稳步开展城乡建设用地增减挂钩试点，逐步建立城乡统一的建设用地市场，设立"河南农村土地交易所"；在土地利用总体规划控制指标内，允许省政府批准各市土地年度利用计划，探索建立土地利用总体规划实施动态监测与评价机制；探索建立重点建设项目省域内跨区域补偿耕地机制；探索建立财政投入与社会投入相结合的土地开发整理多元投入机制。二是建立耕地保护补偿机制和激励机制。构建以保护农民权益和推进农村发展为核心的土地动态调控管理机制。合理控制土地开发强度，健全节约集约用地新机制。探索建立多种补偿安置渠道，解决好被征地农民就业、住房和社会保障问题。三是探索建立城乡一体的社保体系。努力破解城乡社保二元体系。积极推进医疗、教育、养老等基本社保的城乡一体化。四是建立有效的制度和机制，鼓励农村居民转化为永久性城镇居民，提高城镇化的质量。实行"两衔接"、"两置换"，即探索建立城乡对接的养老保险和医疗保险等社会保障制度，在农民转为市民时将其在农村的养老、医疗保险等折算为城镇养老和医疗保险；对上交农村承包地的农村居地，置换为城镇养老保险，为其计算一定时限（如5年或8年）的城镇养老保险交费；对上交宅基地的农村居民，置换为城镇住房，奖励其一定的城镇住房面积（如每人30平方米），解决好农民工因户籍、住房等难以在城市永久落户问题，在资金和政策方面给予支持。

2. 在走新型工业化、信息化道路上先行先试

探索新型工业化和信息化道路，把中原经济区建成全国重要的高新技术产业、先进制造业和现代服务业基地。一是在中原经济区设立承接产业转移示范区。进一步加大对河南承接产业转移的支持力度，允许中原经济区比照执行，赋予安徽皖江城市带承接产业转移示范区的相关财税、投资、金融、土地、对外开放等政策进一步引导产业有序转移和科学承接。二是探索工业反哺农业的长效机制。设立涉农工业产业投资基金，推动中原经济区涉农工业的发展，积极创建国家新型工业化产业示范基地，带动农业发展并提升农业现代化水平。

3. 在走新型城镇化道路方面先行先试

发挥新型城镇化的引领带动作用，统筹安排城镇建设、产业集聚、农田保护、生态涵养等空间布局。一是必须坚持产城互动，大力发展二三产业，有效接纳从农业生产中分离出来的农村剩余劳力，使他们能够转得出、留得下，就业有保障、生活有提高；二是要创新城市发展形态，突出发展城市群，合理布局、复合设计、联接高效、合力发展，既要注重克服大城市病，也要有效提高区域竞争力；三是要突出城乡统筹发展，坚持以工促农、以城带乡，统筹城乡人口、经济、社会、资源、环境等协调、一体化发展。

4. 在更好发挥农业优势方面先行先试

一是建立粮食生产利益平衡和激励机制。尽

快建立和完善合理的国家粮食安全责任分担机制，做到粮食调入地与调出地共同分担国家粮食安全的责任。二是加快推进现代农业的发展。探索建立具有明确指向的、更为完整的、由粮食生产核心区独享的粮食生产补偿制度，加大对农业基础设施建设的投入；鼓励社会资金特别是一些企业加大对农业生产经营方面的投资，推进农业集约经营和农业生产方式的改变。

5. 在统筹经济发展与生态环境保护方面先行先试

抓住国家支持重点生态功能区生态建设的机遇，率先构建全方位、多层次的生物多样性保护体系，逐步建立完善区域生态补偿机制，推进生态工程建设。加强中原经济区内海河、黄河、淮河、长江流域生态建设，为国家生态安全提供保障。建设沿黄生态区，提升防灾减灾能力。

五、"三化"协调先行先试的政策取向

以往被中央确认的经济特区，大都享受某些特殊优惠政策，而对现在担负"先行先试"任务的经济区来说，优惠政策不再是其主要特色，甚至有些经济区的先行先试完全没有给予优惠政策，而是鼓励体制机制。对中原经济区来说，在争取国家支持政策的同时，同样也必须坚持体制机制创新。

立足中原经济区的实际，需要建立一整套推动"三化"协调的政策体系。在土地政策上，既要守住红线、集约高效，又要在如何建立城乡统筹的土地管理机制和城乡一体的市场方面有所突破，着力破解"三化"协调中的土地难题；在财政政策上，要强化支持，破除"瓶颈"，特别是在粮食生产、农民转市民、城镇化方面给予支持，探索财政资金引领社会资金破解"三化"协调资金"瓶颈"的路径；在金融政策上，既要加强郑州区域金融中心的建设，强化中原经济区建设的支撑能力，又要在农村金融改革上有所突破，为全国农村金融改革创造经验；在科技政策上，要创造宽松环境，在农业技术创新方面领先，建成国家级的农业创新基地，在信息化等方面也要实现跨越式发展；在人才政策上，积极探索新的人才评价机制和激励机制，培育人力资源开发利用的新优势；在教育政策上，要率先推行义务教育均衡制度，把中原经济区建成全国重要的职业教育基地，在开放方面有大的突破。

六、结　论

中原经济区打造全国"三化"协调发展示范区，核心是解决好"协调"问题，关键是以改革创新率先建立"三化"协调科学发展的体制机制，包括探索建立城乡互动机制、工农互动机制、粮食主销区与粮食主产区之间的互动机制等，着力在城乡统筹、工业农业两手抓、新型工业化和信息化道路、发挥农业优势、经济发展与生态环境保护协调发展等方面取得新的突破。我们应该抢抓本轮先行先试的机遇，争取获得中央赋予的"先行先试"权，通过"三化"协调发展先行先试，坚定敢为"天下先"的信心，培育改革创新氛围，增强敢打"攻坚战"的魄力，推动中原经济区实现跨越式发展。

参考文献

吕宗恕. 武汉5年6次申报新特区终获国务院批准[N]. 新京报，2007-12-10.

廖元和. 重庆市统筹城乡综合配套改革的背景与战略思路[J]. 开放导报，2007(8).

李春洋. 中部地区建设国家综合配套改革试验区的战略意义[J]. 开放导报，2007(4).

陈振明，李德国. 国家综合配套改革试验区的实践探索与发展趋势[J]. 中国行政管理，2008(11).

（林凤霞、喻新安，河南省社会科学院）

构建中原经济区点轴呼应与带动格局

随着中原经济区上升为国家战略，河南经济社会发展站到了新的历史起点。科学选择行之有效的开发模式，已成为中原经济区建设面临的突出问题之一。基于区域开发理论的最新研究成果，结合中原经济区的自身优势，我们认为中原经济区在总体布局上应实施点轴发展战略，促进区域生产要素从中心城市向四周扩散，从而带动中原经济区"三化"协调发展。

一、点轴开发模式的作用机理分析

从区域开发的理论看，目前主要有四种开发模式，即梯度推进、增长极、点轴开发和网络开发。点轴开发模式基于地区发展的区位差，强调点线带动、城乡协调，近年来在区域经济发展中被广泛应用。由于中原经济区地域辽阔，经济社会发展差距相对较大，因此点轴开发模式也逐渐被认为是目前最符合中原经济区实际的开发模式。

（一）区域开发中的集聚与扩散效应

区域经济的发展过程存在两个相辅相成的过程：集聚过程和辐射过程。中心城市的形成过程就是一个空间集聚的结果，因为集聚效应能够产生中间投入品的规模经济、可以共享劳动力市场、可以节约企业间的交流成本等正的外部性。增长极一般分布在大中城市、交通通信沿线、资源聚集点或政治文化中心等地，一般也是某区域的经济、政治、文化、金融活动中心，生产力发达，对周围地区有着强烈的极化效应和辐射效应。在增长极涌现的过程中，次发达地区特别落后地区也就相应出现。往往这些地区社会经济发育水平低，但某些资源独特而富有。然而当集聚效应不断增大，城市规模不断膨胀，集聚的负外部性逐渐占据主导，就容易产生人口、产业过度聚集、交通拥塞、环境污染、生活质量下降等一系列"大城市病"，那么空间扩散过程就成为需要。空间扩散的方式可分为墨渍式和跳跃式，但两者都存在缺陷，由此便提出了点轴渐进扩散方式。

点轴渐进式扩散过程是指一个或多个扩散源，沿着若干线状基础设施渐次扩散社会经济"流"，在距中心不同距离的位置形成强度不同的新集聚。由于扩散力随距离延伸而衰减规律的作用，新集聚的规模也随距离的增加而变小，相邻地区扩散源扩散的结果使扩散通道相互联结而成为发展轴线。随着社会经济的进一步发展，发展轴线进一步延伸，新的规模相对较小的集聚点和发展轴不断形成。

（二）点轴开发模式的作用机理

点轴开发模式的动能来自于区域发展的不平衡性，它强调利用区位差带动相邻区域的发展。点轴开发理论把国民看作由点、轴组成的空间组织形式，点即城市，轴线即交通干线。一般来讲，干线上的城市经济发展水平和现代化程度相对较高，轴线两侧的经济发展水平和现代化进程相对较低，形成区位差。轴线上城市的资本、技术、人才和先进的思想观念、思维方式和生活方式就会向两侧落后地区传播渗透，以高带低，以先进带后进，以城市带农村，从而在整体上推动整个地区的经济发展和现代化进程。

中原经济区以河南为主体，延及周边，涉及5省，覆盖27个地级市，总面积大约25万平方公里。这里既有像郑州、洛阳等相对较发达的地区，也有黄淮及豫西等欠发达地区，经济发展程度存在明显差距。同时，中原经济区具有承东启西的区位优势，铁路、公路等交通设施较为发达。由此看来，以点轴开发模式推进中原经济区建设具有较强的可行性。借助于便利的交通设施，推进中原经济区点轴呼应与带动，有利于推动发达地区与欠发达地区良性互动，有利于带动欠发达地区加快发展，从而走出一条不以牺牲农业和粮食、生态和环境为代价的"三化"协调科学发展路子。

二、中原经济区点轴开发空间格局

基于点轴开发模式的集聚与扩散效应以及河南省独特的区位交通优势，促进中原经济区全面、协调、可持续发展，迫切需要构建以轴带点、点轴呼应、聚点成块的空间发展格局，促进中原经济区大中小城市和乡镇协调发展。

（一）中原经济区的节点城市

根据城市规模的大小、带动力的强弱，可将中原经济区节点城市分为四级：一级节点城市主要指郑州和洛阳两市。作为特大城市，郑州工农业基础好，经济发达，人口众多，是中原经济区的核心，具有很强的辐射和带动能力。洛阳是全国重要的老工业基地，拥有雄厚的工业基础和丰富的科技、文化资源，是中原经济区的副中心，对中原经济区尤其是西部板块具有较强的辐射和带动能力。二级节点城市主要包括开封、安阳、新乡、许昌、漯河、平顶山、南阳、焦作八个大城市，这类城市具有接受郑州、洛阳核心城市辐射的良好基础，同时在区域范围内也具有较强的辐射力和带动力，是中原经济区发展的中坚力量。三级节点城市主要包括鹤壁、濮阳、三门峡、周口、商丘、驻马店、信阳、济源八个中等城市，这类城市具有一定的辐射接受能力和辐射带动能力，是中原经济区发展的重要依托。四级节点城市主要包括众多的县级市和县城，是中原经济区发展的基础。

（二）中原经济区的发展轴线

根据交通干线的通行能力和对区域辐射作用的大小，可将中原经济区发展轴线分为三级：

一级发展轴包括沿陇海发展轴和沿京广发展轴。按照国家"两横三纵"城市化战略格局，依托陆桥通道，强化郑州、洛阳、开封的重要支撑作用，发挥商丘、三门峡等城市的支撑作用，形成沿陇海发展轴。这是中原经济区工业的脊梁，是河南能源原材料工业、食品工业、铝工业、机械装备制造业、太阳能等高新技术产业最集中布局的区域。依托京广通道，发挥安阳、鹤壁、新乡、许昌、漯河、平顶山、驻马店、信阳等城市的支撑作用，形成沿京广发展轴。这是中原经济区农业最发达的地区，也是我国重要的钢铁、汽车、煤炭、食品、有色金属、装备制造等工业基地。

二级发展轴包括沿京九发展轴和沿焦柳发展轴。依托京九铁路，发挥濮阳、商丘、周口、信阳等市的支撑作用，形成沿京九发展轴。这一发展带要主动承接东部产业转移，立足特色资源优势，形成资源性产品生产和加工基地。依托焦柳铁路，发挥焦作、洛阳、平顶山、南阳等城市的支撑作用，形成沿焦柳发展轴。这是中原经济区重要的能源、化工基地，是中原经济区发展重要的能源支撑。

三级发展轴包括城际铁路、高速公路、干线公路等。这是沿陇海、京广发展轴以及沿京九、焦柳发展轴向中原经济区腹地的延伸，是提高核心城市辐射深度、增强轴线带动作用的重要依托。

（三）中原经济区的经济板块

按照中原经济区点轴呼应与带动格局，结合点、轴辐射的不同影响，把中原经济区分为中部板块、北部板块、西部板块、西南板块和东南板块。

中部板块：该板块主要包括郑州、开封、新乡、焦作、许昌、漯河、平顶山等市，该板块定位于重要的综合交通枢纽和商贸物流中心、先进制造业和现代服务业基地、重要的能源原材料基地，同时也是中原经济区的文化旅游、科技人才中心。

北部板块：该板块主要包括安阳、鹤壁、濮阳、济源以及河北的邯郸、邢台，山西的晋城、长治，山东的菏泽、聊城等城市，综合经济实力较强，是中原经济区北部的重要支撑。该板块的战略定位是钢铁与有色金属的生产基地，能源、化工及装备制造业的生产基地。

西部板块：该板块主要包括洛阳、三门峡、济源和山西的运城等地区，是中原经济区重要的装备制造、化工、电力、能源基地，也是与陕西、山西等省开展区域合作的前沿阵地。

西南板块：该板块主要指南阳市，是一个相对独立的地理单元，产业发展协调性较好，产业体系相对独立和完整，战略定位是"三化"协调发展的示范区、可持续发展的实践区、国际国内知名的文化旅游区和西南地区的区域性经济中心。

东南板块：该板块主要包括商丘、驻马店、周口、信阳以及安徽的淮北、宿州、阜阳、亳州等地区，地势平坦，农业资源丰富，是中原经济区的"粮仓"，战略定位是粮食生产加工基地，农村改革发展试验区，农业生态、观光、文化旅游区。

三、推进中原经济区点轴开发的战略取向

基于中原经济区点轴开发空间格局特征，借鉴发达经济区空间开发的成功经验，当前，要充分发挥中原经济区点轴呼应和带动作用，加快形成以点促线、以线带面的区域协同发展机制。

（一）强化"两核"、"双环"引领功能

"双核"、"双环"即构建以郑州为核心的环郑州城市圈和以洛阳为核心的环洛阳城市圈的"双核"、"双环"经济板块，这将成为中原经济区具有全国性乃至世界性地理经济战略意义的隆起板块。

实施郑州—洛阳"双核"带动战略。郑州都市区拥有雄厚的工业基础与科技、文化资源，是全国重要的现代装备制造和汽车产业基地、电子信息产业基地、新材料产业基地、食品加工业基地，是中原经济区无二选择的核心。洛阳是全国重要的现代装备制造产业基地、全国重要的能源电力基地、新材料产业基地、硅光电产业基地、中西部最大的石油化工基地，在河南省经济社会发展的地位非常重要。加快提升郑州和洛阳在中原经济区的核心增长极和副中心地位，充分发挥郑州和洛阳在中原经济区、中西部的辐射带动作用，郑州与洛阳就要联合结成"双核"战略联盟，实施郑州—洛阳"双核"带动战略。

构建环郑州、环洛阳两大经济圈。一是构建环郑州经济圈。大郑州都市区作为中原经济区的核心，对周边城市的辐射影响力日益扩大，除了开封，许昌、新乡都在主动靠近郑州，已经形成跨区域联合融城的良好局势。因此，从中原经济区发展战略出发，应围绕着大郑州都市区构建环郑州经济圈，即构建以郑州为核心，包括开封、许昌、新乡的环郑州城市圈，加快推进许昌、新乡与郑州的全面联合融城。这对强化中原经济区核心增长极的辐射带动作用具有重要意义。二是构建环洛阳经济圈。洛阳市在中原经济区的副中心地位已经明确，其对所辖区域城市，以及对周边尤其是豫西城市，具有传统性的辐射影响力。济源、三门峡都在主动靠近洛阳市，已经在谋划跨区域构建"洛三济"经济区的战略合作，推进"洛三济"经济隆起带的建设。因此，从中原经济区发展战略出发，应围绕着洛阳市区构建环洛阳经济圈，即构建以洛阳为核心，包括三门峡、济

源和焦作的环洛阳经济圈，加快推进豫西板块全面融合发展。这对强化中原经济区副中心的辐射带动作用也具有重要意义。

（二）提升"两轴"辐射带动作用

沿陇海、京广两轴是中原经济区发展的骨架，发挥沿"两轴"的辐射带动作用，是促进中原经济区区域、城乡协调发展的重要依托。为此，要不断凝聚"两轴"的发展优势，扩大"两轴"的辐射空间。

不断提升"两轴"经济发展实力。发挥陇海铁路欧亚大陆桥的优势，加强与沿海和西北地区交流合作，进一步扩大东西双向互动，培育形成"郑汴洛"工业走廊，壮大能源原材料、现代制造业等支柱产业。依靠京广铁路沿线人力资源优势和产业基础，增强安阳、鹤壁、新乡、许昌、漯河、平顶山、驻马店、信阳等城市的支撑作用，大力发展原材料工业、装备制造业、高新技术和劳动密集型产业，形成我国重要的制造业基地。

不断提升"两轴"辐射带动能力。依托京广、陇海两大轴线便利的交通条件，推动郑州都市区优势资源沿轴线在四个方向上向下游扩散，加快沿轴线城市经济发展，并推动郑州与沿线城市的互动和协调。同时，基于陇海、京广发展轴与其两侧经济发展水平和现代化程度的区位差，加快推动轴线上城市的资本、技术、人才和先进的思想观念、思维方式和生活方式就会向两侧落后地区传播渗透，以高带低，以先进带后进，以城市带农村，从而在整体上推动整个地区的经济发展和现代化进程。

（三）构建"两圈"快速交通体系

加快中原经济区轨道交通体系建设，形成以郑州综合交通枢纽为中心的"半小时交通圈"和"一小时交通圈"。其中，"半小时交通圈"指以城际快速轨道交通和高速铁路为纽带，实现以郑州为中心、半小时通达洛阳等8个省辖市；"一小时交通圈"指以高速铁路为依托，形成以郑州为中心、一小时通达南阳等9市的格局。

加快铁路运输网络建设。加快客运专线、城际铁路建设，实现省辖市均通快速铁路（客运专线或城际铁路），构建覆盖区域、辐射周边、服务全国的铁路网。建成石家庄至武汉、郑州至徐州、郑州至重庆、商丘至杭州客运专线，推动郑州至济南、郑州至太原客运专线建设。实施中原经济区城际铁路网建设规划，建设郑州至焦作及云台山支线，郑州至开封、新郑机场、新乡，新郑机场至许昌、至登封、至洛阳，以及焦作至济源至洛阳、许昌至平顶山、平顶山至洛阳等城际铁路，形成以郑州为中心、高速铁路和城际铁路为纽带，通达开封、洛阳、许昌、新乡、焦作、漯河、平顶山、济源等市的半小时通勤圈，通达其他中心城市的一小时交通圈，连接周边省会城市的高效便捷的交通格局。

完善公路运输网络建设。打通出省通道，推进与省外公路网络高效衔接，提升互联互通能力，形成功能完善、结构优化、与城乡一体化发展要求相适应的公路网络。以豫西地区高速公路及跨省通道为重点，继续加快高速公路建设，建成河南省高速公路规划网，完成京港澳、连霍高速河南段拓宽改造，适时拓宽改造其他高速公路拥挤路段，建设县城至高速公路快速通道，实现所有县城（市）30分钟以内上高速公路，形成内联外通的高速公路网。结合全省现代城镇体系布局规划和产业集聚区规划，改造提升干线公路。扩容改造G107、G310等重要国道，将国省道交通拥挤路段升级为一级公路，对穿越城区路段实施升级改造，有序推进城际快速通道建设。

（四）实现"三区"互补互动融合

基于点轴开发的集聚和辐射效应，中原经济区要形成连点成轴、由轴带面、互动协同发展的新格局。按照区域自然条件、资源环境承载能力、经济社会发展基础，优化中原经济区空间发展整体布局，形成以郑州和与之相毗邻的5个城市为核心区、其余12个省辖市为主体区，以联动发展的周边地区为合作区，融入全局、发挥优势、准确定位、互动联动，构筑区域经济融合发展、主体功能互促互补、国土空间高效利用、人与自然和谐相处的区域发展格局。

强化核心区的引领功能。中原经济区核心区

主要包括郑州和与之毗邻的开封、新乡、焦作、洛阳、许昌等城市，其中，郑州是核心区的"心脏"，也是整个中原经济区的"发动机"。要大力推进郑州都市区建设，强化郑州的龙头带动作用，提高郑州城市首位度，增强对全省经济发展的辐射带动作用。开封、新乡、焦作、洛阳、许昌等城市，作为中原经济区核心区的战略支撑点，要主动融入大郑州，实现与郑州的对接，在空间、交通、产业方面联动起来。

发挥主体区的骨干作用。中原经济区主体区主要包括平顶山、漯河、南阳、安阳、鹤壁、濮阳、三门峡、商丘、驻马店、周口、信阳、济源12个省辖市。基于其在中原经济区中不同的功能定位，各地市经济发展互补互动，融合发展。平顶山市突出建设中原电气城、中原化工城和全国重要的能源化工基地。漯河市致力于创建国际食品名城，创建中原经济区"三化"协调发展先行区。鹤壁市扭住"两化"，带动"三化"，致力于建设中原经济区城乡一体化的示范区。周口市着力构建现代农业产业体系，打造中原经济区粮食生产核心区。信阳市提出打造中原经济区农村改革发展综合试验区。南阳、安阳、濮阳、三门峡、驻马店、商丘、济源等城市也都提出了打造区域中心城市，形成中原经济区区域支撑点的战略目标。

发挥合作区的协同效应。依托河南省周边地市与邻省交界地区合作的良好基础，加快推进积极推动区域合作，实现联动发展和合作共赢。在西部板块，依托三门峡市，通过晋陕豫黄河金三角四市国家区域协调发展综合试验区这一平台，与山西省运城市、临汾市和陕西省渭南市开展合作。在北部板块，依托安阳、新乡、焦作、濮阳、鹤壁、济源，通过中原经济协作区平台，与山西省的长治、晋城，河北省的邯郸、邢台，山东省的聊城、菏泽、临清等地区开展深度合作。在东南部板块，依托商丘市，通过淮海经济协作区核心区共同体和豫皖苏鲁金边七市平台，与苏北、豫东、鲁南、皖北等地区开展深度合作。通过交通互联、产业互补、市场互通、文化互融、人才互动，建立有省无界、优势互补、资源共享、互利共赢的发展平台，在加强区域合作中促进区域共同发展、共同繁荣。

参考文献

喻新安，顾永东.中原经济区策论［M］.北京：经济管理出版社，2011.

喻新安.中原经济区研究［M］.郑州：河南人民出版社，2010.

陆大道.关于点轴空间结构系统的形成机理分析［M］.地理科学，2002（12）.

栾贵勤，孟仁振，田芳.点轴开发模式在长江三角洲地区的应用研究［C］.全国经济地理研究会第十二届学术年会暨"全球化与中国区域发展"研讨会论文集，2008.

张莉，陆玉麒."点—轴系统"的空间分析方法研究——以长江三角洲为例［J］.地理学报，2010（12）.

（唐晓旺，河南省社会科学院经济研究所）

增强中原经济区战略腹地效应研究

"腹地效应"就是最大化地发挥腹地的资源优势，承接中心经济地带的经济资源，做大腹地经济，从而实现腹地经济持续快速发展，最终达到与中心地的互利共赢、共同发展、协调发展。中原经济区是一个区位独特、潜力巨大、承载重大使命的经济区域，发展腹地经济的优势非常明显。增强中原经济区战略"腹地效应"，就是在发挥中原经济区区位、资源、交通等诸多优势的基础上，强化内陆经济战略支撑，不断增强区域的辐射力和影响力，形成我国区域发展新的重要增长极。

一、增强中原经济区战略"腹地效应"的重要意义

发挥中原经济区战略"腹地效应"，不仅有利于中原经济区自身规模的发展壮大，同时有利于促进中部地区发展、实现中部地区崛起，而且更为重要的是对于促进东中西互动融合发展、完善全国经济发展大局、实现全国协调均衡发展具有重要的意义。

（一）做大做强腹地经济，促进自身经济持续快速健康发展

改革开放以来，中原经济区经济社会发展取得了长足进步，但与东部沿海地区相比，人均经济水平、民生水平和工业化、城镇化水平明显偏低，呈现出明显的欠发达特征。2008 年，中原经济区人均 GDP 只有 17000 元左右，比全国平均水平低 5000 多元，只是全国平均水平的 3/4；人均财政收入 800 余元，仅为全国平均水平 4600 元的 1/5 强；第一产业占 15% 左右，比全国平均水平高出 4 个百分点，第三产业占 30% 左右，比全国平均水平约低 10 个百分点；城镇居民可支配收入 12000 余元，比全国平均水平低近 3000 元；农民人均纯收入 4300 多元，比全国平均水平低近 400 元；城镇化率 30% 左右，不到全国平均水平的 2/3。从总体上来看，中原经济区经济社会发展水平低，主要人均指标落后于全国平均水平，"三农"问题十分突出，工业化、城镇化发展滞后，人口多、基础差、底子薄、发展不平衡的基本特征尚未根本改变。因此，增强中原经济区战略"腹地效应"，就是要通过推进城乡统筹、产业集聚、产城互动、城际开放，全面激发发展潜能，做大做强腹地经济，增强区域整体实力和综合竞争力，推动地区经济持续快速健康发展。

（二）加快中部地区发展，促进中部地区崛起

中原经济区是中部地区举足轻重的经济板块，2009 年末河南省人口总量占中部的 26.6%，经济总量占 27.6%。因此，增强中原经济区战略"腹地效应"，对促进中部崛起意义重大。一是有利于中部崛起总体目标的实现。国家《促进中部地区崛起规划》提出了到 2015 年中部地区发展的总体目标，包括城镇化率达到 48%，人均 GDP 达到 36000 元，城镇居民人均可支配收入达到 24000 元，农村居民人均纯收入达到 8200 元等。中原经济区拥有人口 1.7 亿，占中部地区的 47%，但人均经济指标、产业层次和城镇化水平明显偏低。增强战略"腹地效应"，加快中原经济区发展，有利于深化、细

化规划的各项要求，促进规划总体目标的实现。二是有利于"三个基地、一个枢纽"建设。相对中部其他区域，中原经济区在建设"三个基地、一个枢纽"中，有利条件最多，基础条件最好。加快中原经济区发展，有利于继续发挥该区域的综合优势，巩固和提升中原经济区在中部地区发展格局中的战略地位。三是有利于实现重点地区更好、更快发展。《促进中部地区崛起规划》提出加快形成"两横两纵"经济带。中原经济区位于沿京广、陇海、京九"两纵一横"经济带的交会地带，是中部最具发展潜力的区域。加快中原经济区发展，有利于在中部地区构筑具有强大集聚作用和辐射作用的核心增长极。四是有利于中部生态建设和经济社会协调发展。中原经济区地处淮河、汉江、海河、黄河等重要河流中上游，是南水北调的源头，环境保护和生态建设压力大。加快中原经济区发展，有利于改善生态环境，促进该区域各项社会事业的发展。

（三）促进区域间经济合作，推动东中西互动融合发展

促进东中西良性互动，形成合理的区域经济布局，是实施全国区域发展总体战略的基本要求。沿海、沿江、沿陇海兰新经济带是我国生产力布局的主体。中原经济区居于我国中部地区，位于陇海兰新经济带的核心区域，具有承东启西区位优势，不仅对于陇海兰新经济带的整体发展和提升起着关键支撑作用，而且对促进东中西互动发展起到至关重要的作用。改革开放以来，由珠三角、长三角、海峡西岸等经济区构成的沿海经济带实现了率先发展，由武汉城市圈、成渝经济区构成的沿江经济带也取得了长足发展，而沿陇海兰新经济带发展相对薄弱。建设中原经济区，就是要通过加快这一地区发展来构筑全国经济发展重要的增长极，形成对沿陇海兰新经济带的有力支撑，加强与长三角的对接，强化对大西北的辐射带动，与沿江经济带共同支撑中部地区"东融西拓"的战略布局；就是要依托《国家促进中部地区崛起规划》确定的沿京广、沿京九经济带，在内陆地区逐步形成从环渤海到珠三角的完整发展布局，构筑沿海经济带向内陆地区纵深推进的战略格局，促进东中西协调互进、共同发展。发挥中原经济区战略"腹地效应"，加快中原经济区发展，有利于全国各地区尤其是东中西部地区各个经济体之间的相互协作，有利于促进东中西部互动融合发展。

（四）优化全国经济布局，促进全国区域均衡发展

中原经济区是我国内陆战略腹地，建设中原经济区，其意义不仅在于促进当地的经济发展，更在于发挥贯通全国经济格局的"腹地效应"，形成全国经济增长的"倍增器"。从全国的生产力布局来看，沿海、沿江、沿京广、沿陇海兰新经济带构成了我国区域经济带的主体。中原经济区位于京广、陇海兰新两大经济带主轴的交会区域，也处于沿海经济带沟通西北内陆地区的关键位置。中原经济区具有承东启西、连南通北的战略地位，为加强发达地区和欠发达地区的经济联系提供了良好的条件。增强中原经济区战略"腹地效应"，强化中原经济区战略支撑，既可以完善自沿海向西北延伸的经济带，增强沿海发达地区与西北欠发达的地区区域联系，把西南和西北都涵盖于整个西部大开发的战略当中；也可以强化京广经济带，增强京津冀与武汉经济区、珠江三角洲之间区域沟通，加强我国南北地区经济联系。可以预期的是，随着中原经济区构建，内陆地区将形成与沿海三大经济区遥相呼应的四大经济区（圈），即中原经济区、武汉经济圈、成渝经济区、关中—天水经济区。这些经济区（圈）共同支撑中国内陆地区经济发展，缺少其中任何一个都将不利于全国区域经济布局的完善。

二、增强中原经济区战略"腹地效应"的核心内容

增强中原经济区战略"腹地效应"的核心内容可以概括为四个方面，即提高支撑发展能力、强化平台载体能力、提升承接转移能力和增强吸纳辐射能力。

（一）提高支撑发展能力

增强中原经济区战略"腹地效应"最为核心的内容，就是提高支撑发展能力。中原经济区的主体河南省是国家重要的经济大省，连续几年经济总量位居全国第五位、中西部第一位；是国家重要的农业大省，粮食产量占全国的1/10，其中小麦产量超过全国的1/4，不仅解决了近亿人口的吃饭问题，每年还调出300多亿斤的原粮及加工制成品，对保证全国粮食安全和市场粮价基本稳定做出了巨大贡献；是全国第一人口大省，人口超1亿，占全国的7.5%，为经济发展提供了重要的人力资源支撑；是国家有影响的文化大省，地下文物、馆藏文物、历史文化名城、重点文物保护单位数量均居全国第一；是新兴的工业大省，装备制造业、食品加工业、铝工业等产业在全国占有较大份额；是国家重要的交通枢纽，具有承东启西、连南通北的区位优势，是中国多方向跨区域运输的交通要冲和多种交通运输网络交会的枢纽地区；是国家重要能源、原材料基地，原煤、原油、天然气生产量均居全国前十位，电力装机规模居全国第五位，钼、钨、铝土矿、天然碱等矿产资源储量位居全国前三，金、银、硅石等矿产储量居全国前列，氧化铝、电解铝、铅产品产量均居全国首位，甲醇、纯碱、烧碱等化工产品产量分别位居全国第一、三、四位，粗钢、水泥、玻璃以及耐火材料等产业在全国有较强的竞争优势。增强中原经济区战略"腹地效应"，就是依托上述诸多基础和优势，进一步做大规模、做强基础，提升支撑发展能力，不仅为中原经济区快速发展提供充足动力，同时也为中部崛起、东部地区发展、国家经济社会快速发展提供重要支撑。

（二）强化平台载体能力

增强中原经济区战略"腹地效应"，就是依托中原经济区位于我国内陆腹地且具有承东启西、连南通北的区位优势，在承接产业转移、促进东中西互动发展等方面，发挥通道、载体和平台作用。首先是通道作用。中原经济区地处我国内陆腹地，是中国多方向跨区域运输的交通要冲和多种交通运输网络交会的枢纽地区，承担着全国跨区域客货运输的重要任务，在全国现代综合运输体系和物流体系中具有重要地位。同时，独特的区位优势和发达的立体交通体系大大降低了中原经济区对外交流的成本，使中原经济区成为全国重要的物资和产品集散交换中心。其次是载体作用。中原经济区丰富的人力资源、独特的产业优势、实力较强的中原城市群、发展势头较好的180个产业集聚区等基础和优势，为承接东部地区产业转移提供了重要的载体。最后是东中西互动战略平台。中原经济区位于我国内陆地区，地处中部地区的中心地位，区位、交通、经济发展水平等决定了中原经济区在东中西互动中的战略平台作用。一方面，中原经济区将承接更大规模、更高层次的东部地区产业和资本的梯度转移，延伸和放大东部的辐射效应，支持西部大开发的推进，同时通过引进资金、技术、人才，进一步调整中原经济区的资源配置和经济结构；另一方面，中原经济区可以为西部地区原材料、产品以及资源、劳动力等向东部乃至海外输出发挥通道作用。

（三）提升承接转移能力

增强中原经济区战略"腹地效应"，就是在区位、产业等优势基础上，不断提升承接产业转移能力。中原经济区位于京广、陇海兰新两大经济带主轴的交会区域，也处于沿海经济带沟通西北内陆地区的关键位置，不仅在经济地理层面上具

有承东启西的作用，而且在产业发展的层面上也具有承东启西的作用。从产业梯度看，我国东、中、西部地区间经济发展水平、技术水平和生产要素禀赋的不同，形成了地区间在产业结构层次上的阶梯状差异。这种产业梯度导致了产业在地区间的转移，这也是依据梯度层次进行的。中原经济区交通区位重要，基础设施完善，劳动力资源丰富，当前正处于承接产业转移、加速经济发展的关键时期。经济发展状况和资源禀赋的特点，使中原经济区在产业转移过程中起到了承上启下的作用。作为中原经济区的核心区，河南近年来经济发展速度加快，经济实力显著增强，劳动力资源丰富，粮食增长能力持续增强，工业体系日趋完善，农业正在加快发展，这些优势决定了河南是承接产业战略转移的首选之地，是中西部地区承接产业转移首要的选择。据统计，在 2010 年 11 月 12 日举行的"中国郑州 2010 产业转移系列对接"活动上，河南省共签约项目 381 个，投资总额 1371.3 亿元。

（四）增强吸纳辐射能力

增强中原经济区战略"腹地效应"，就是在实施优惠政策、优化发展环境、打造发展载体等的基础上，不断提升中原经济区的吸纳辐射能力。一是提升要素集聚能力。依托中原经济区现有基础和独特优势，实施更加开放的政策，营造更加优越的环境，构建更加有力的发展平台和载体，吸纳区内外人流、物流、资金流、信息流、技术流等生产要素向中原经济区集聚、集中，形成诸多生产要素汇集的洼地，推动中原经济区的快速发展。二是提高辐射带动能力。依托中原经济区现有基础，优化整合区域资源，加强招商引资和项目建设，强化产业支撑，提升自主创新能力，加快支撑能力建设，做大做强中原经济区实力和规模，提升中原经济区经济发展水平，把中原经济区打造成为辐射带动中原崛起、河南振兴和中部崛起重要经济增长板块。同时，积极发挥中原经济区产业优势、区位优势等诸多优势，不断提升对西部地区的辐射带动能力。例如，发挥中原经济区装备制造业的优势，为西部开发提供迫切需要的基础设施建设装备和各种产业装备；为西部特色经济的发展提供便利的市场、交通条件和相应的金融服务，为东西部的经济交流提供完善的通道，等等。三是发挥中原城市群的重要作用。中原城市群是中原经济区的核心区，是中原经济区经济实力最强、发展水平较高的地区。增强中原经济区战略"腹地效应"，一定要把中原城市群放在更加突出的位置，全力做大做强，使其成为带动中原经济区经济快速发展的辐射源，成为促进中部地区崛起和西部地区发展的重要战略引擎。

三、增强中原经济区战略"腹地效应"的着力点和突破口

如何更好地增强中原经济区战略"腹地效应"，笔者认为应在做大做强大郑州、提高自主创新能力、提升产业层次、推动一体化发展、优化发展环境、创新体制机制等方面下工夫、谋思路、做文章。

（一）做大做强大郑州

郑州是中部地区重要的中心城市、国家重要的综合交通枢纽，也是中原经济区的核心城市。增强中原经济区战略"腹地效应"，一定要把郑州放在更加突出的位置，全力做大做强。一是加快中心城区发展。加快建设郑东新区各组团，改造提升老城区，加快发展经济技术开发区、高新技术开发区等产业集聚区，加快建设现代综合交通枢纽，着力完善基础设施和公共服务设施，全面提升环境质量，不断增强对中部地区的区域中心服务功能和对中原经济区的辐射带动能力。二是打造郑州都市区。以撤县（市）设区为契机，以快速通道为纽带，打造以中心城区为核心，以巩义、新密、新郑、荥阳、登封等为组团的郑州大都市区。三是构建郑州都市圈。以交通一体为突

破口，加快建设干线铁路、干线公路和城际轨道交通、城际快速客运通道、城际快速货运通道"两干三城"交通体系，积极推进产业链接、服务共享、生态共建，尽快实现郑州与开封、许昌、新乡、焦作、洛阳发展的对接，积极推进大郑州都市圈建设。四是强化产业支撑。加快产业发展，推动产业向中高端发展，重点发展汽车、装备制造、现代物流、现代商贸、文化创意、旅游、电子信息等战略支撑产业，加快发展新材料、新能源、生物医药、农业生物育种、节能环保、物联网等战略性新兴产业，着力提升食品、纺织服装、铝工业、建材耐火、化工等战略提升产业，不断提升产业发展层次，壮大产业发展规模。

（二）提高自主创新能力

自主创新能力是一个国家或地区经济社会持续快速发展的动力引擎。增强中原经济区战略"腹地效应"，要紧紧抓住新一轮世界科技革命带来的战略机遇，更加注重自主创新，谋求经济长远发展主动权，形成长期竞争优势，为加快中原经济区发展提供强有力的科技支持和动力支撑。一要增强科技创新能力。坚持自主创新、重点跨越、支撑发展、引领未来的方针，增强共性、核心技术突破能力，提升原始创新、集成创新和引进消化吸收再创新能力，在现代农业、装备制造、生态环保、能源资源、信息网络、新型材料、安全健康等领域取得新突破。二要完善科技创新体制机制。加快建立以企业为主体、市场为导向、产学研用相结合的技术创新体系，着力解决影响自主创新的体制机制障碍，促进产学研用紧密结合、政府与市场共同作用、科技与资本有效对接，切实把科技优势转化为产业优势和经济发展优势。三要实施人才强区战略。坚持服务发展、人才优先、以用为本、创新机制、高端引领、整体开发的指导方针，改进人才管理方式，营造良好发展环境，加强各类人才队伍建设，充分发挥国内人才作用，积极引进和用好海外高层次人才。

（三）提升产业层次

产业发展是推动中原经济区快速发展的核心

动力。增强中原经济区战略"腹地效应"要把产业发展放在优先发展的位置，加快产业优化升级，推动产业链式发展，全面提升产业发展水平和发展层次，促进三次产业在更高水平上协调发展。一要优化产业结构，推进产业融合发展。推动产业融合发展，把推进现代农业建设与农业资源深加工特别是建设新型产业基地结合起来，把促进工业由大变强与发展服务业特别是现代服务业结合起来，把发展服务业与提高一、二产业层次特别是产业链条的前伸后延结合起来，把淘汰落后生产能力与抢占新兴产业制高点结合起来，促进三次产业在更高水平上协同发展、融合发展。二要加快推动产业转型升级。要积极改造提升传统优势产业，大力发展战略支撑产业，重点发展战略性新兴产业，不断提升产业发展层次和水平，推动产业转型升级。三要强化战略基础产业。重点抓好高铁、航空、高速公路建设，适当发展管道运输，构筑中原经济区交通区位新优势；积极发展核电、风电、太阳能等新兴能源，构建清洁、高效、安全的能源体系；统筹推进水利基础设施，提高水资源保障能力。四要依托比较优势，积极培育特色主导产业，推动产业链式发展。依托农产品和矿产资源优势，推动农产品加工业和矿产加工产业向专业化、精深化、高科技化、高附加值转变；依托人力资源优势，加快发展劳动密集型产业和现代生产性服务业，着力推动劳动密集型与技术密集型、劳动密集型与服务型产业的融合发展；依托地理区位优势，加快商贸、物流、会展、信息、金融等现代服务业和加工组装产业的发展；依托人文资源优势，全面发展旅游、创意、文化产业。

（四）推动一体化发展

一体化发展是中原经济区建设的重要目标和客观要求，也是增强中原经济区战略"腹地效应"的有效途径。增强中原经济区战略"腹地效应"，要把统筹区域发展和加强区域合作作为重要途径，全力推动区域一体化发展。一是推进核心区一体化发展。加快郑汴新区建设，推进郑汴产业带建设，深化郑汴一体化发展。着力推进郑州与洛阳、许昌、新乡、焦作等城市的发展对接，加快郑洛工业走廊建设，积极推进郑许一体化、郑新一体化和郑焦一体化。二是统筹区域发展，推进跨区域合作。统筹洛阳、三门峡、济源发展，密切三市联系，构建"洛三济"经济圈。强化安阳、濮阳、鹤壁三市相互配合、相互协作，形成良性互动、相互促进的新格局。加强许昌、漯河和平顶山区域合作，构建许漯平金三角经济圈。三是发挥商丘、三门峡、安阳、南阳等边界城市作用，推进与合作区一体化发展。依托连霍高速、陇海铁路、京九铁路等交通通道，密切商丘与徐州、亳州联系，强化产业分工，加强区域协作，着力推进商丘与徐州、亳州的一体化发展。加强三门峡与临汾、运城、渭南区域合作，共同打造晋陕豫黄河金三角区域协调发展综合试验区。依托京珠高速公路、京广铁路等交通通道，加强安阳和邯郸分工与协作，推进安阳和邯郸的一体化发展。依托两广高速公路、焦枝铁路等交通通道，加快南阳和襄樊的发展对接，推进南阳和襄樊一体化发展。四是推进中原经济区城乡一体化进程。围绕构建城乡经济社会发展一体化新格局的目标，在鹤壁、济源、巩义、义马、舞钢、偃师、新郑等试点市的基础上，实现省域范围内的全覆盖，逐步实现城乡规划、产业布局、基础设施建设、公共服务和社会管理的一体化。

（五）优化发展环境

发展环境是中原经济区快速发展的重要保障，也是增强中原经济区"腹地效应"的重要组成部分。增强中原经济区战略"腹地效应"，一定要把优化发展环境作为重大战略任务来抓，多管齐下，"软"、"硬"兼施，全力优化发展环境，推动中原经济区快速发展。一是解放思想，更新观念，牢固树立"人人都是投资环境、事事关系投资环境"的理念，增强"亲商"意识，以实际行动"引商"、"安商"、"富商"、"留商"，使中原经济区真正成为投资的热土、创业的乐园。二是加快交通、能源、通信、电力等基础设施建设，完善医疗、教育、体育等公共设施配置，加大生态环境治理和建设，全力打造优越的"硬"环境。三是改革政府现行管理和运作体制，转变政府职能，营造优化投资的政策和制度环境。四是强化责任意识，

对企业或群众提出的问题和要求，实行"马上办、现场办、限时办"的服务机制，努力营造言必信、行必果、重合同、守信誉、有诺必践的诚信环境。五是强化市场监管和行业自律，规范市场主体的行为，严厉打击制售假冒伪劣商品等违法犯罪活动，维护公平竞争、优胜劣汰的市场秩序，努力营造规范有序的市场环境。六是采取强有力的措施，加强社会治安监控和综合治理，坚决打击损害投资者利益的违法犯罪行为，强化对滥用职权、不严格依法办事的行政执法部门和个人的监督，努力营造有法必依、执法必严、违法必究、人人依法办事的法制环境。七是坚持以人为本的服务理念，通过采取"微笑服务"、"来客一杯茶"、"限时服务"、"一站式办公"、"引资企业现场办公"等服务形式，坚决杜绝门难进、脸难看、事难办的"衙门作风"，努力营造便捷、优质的服务环境。

（六）创新体制机制

体制机制创新是加快中原经济区发展、增强中原经济区战略"腹地效应"的重要保障和根本动力。增强中原经济区战略"腹地效应"，要把体制机制创新放在重要位置，着力破除体制机制障碍，建立健全有利于经济发展的体制机制和政策体系。一是深化市场体制改革。加强制度建设，完善反映市场供求关系、资源稀缺程度、环境损害成本的生产要素和资源价格形成机制，建立节能减排市场化运作机制，从根本上破解导致浪费资源、破坏环境的机制和制度性制约，营造公平有效的市场环境。二是建立全面、科学的政绩考核制度和升迁激励机制。合理制定政府政绩考核指标、考核办法以及激励措施，形成规范化的政府官员政绩考核和升迁制度。三是完善科技、财税、金融等相关体制机制。深化科技体制改革，全面提升自主创新能力。完善省以下财政管理体制，积极推行省直管县财政管理改革，逐步建立财力向基层倾斜的机制，增强基层政府提供公共服务的能力。开展金融创新，完善融资担保机制，支持企业自主创新、节能减排、结构调整。四是加快构建区域合作机制，破解行政区划障碍。从统计、税收、转移支付、金融等方面着手，及时

在政府层面、行业层面、企业层面形成多层次跨区域的合作机制，建立健全有利于总体目标与区域发展有机结合的利益协调机制，推动建立全国性或者区域性的市场、金融体系和资本市场，增强综合协调功能，提高政府对区域合作的组织和协调能力。

（杨兰桥，河南省社科院）

西北地区对外经贸发展比较研究

改革开放以来，特别是国家实施西部大开发战略 10 周年以来，西北地区对外开放步伐不断加快，对外经贸获得了巨大的发展，对西北地区经济社会跨越式发展发挥了积极的作用，为发展内陆开放型经济奠定了比较坚实的基础。但由于受地理位置、生态环境、人口、经济发展水平等诸多因素的影响，西北各省区对外经贸发展水平还存在较大差距，在实施西部大开发战略的第二个 10 年中，各省区应该进一步加强对外经贸往来工作，为促进内陆开放型经济和经济社会的跨越式发展做出新的贡献。

一、西北各省区对外经贸往来的发展现状

改革开放以来，西北各省区普遍重视发展对外贸易，进出口贸易额大幅增加，对外贸易取得了令人瞩目的成就，如表 1 所示。由于受国际金融危机的影响，2009 年西北各省区进出口贸易额除陕西省略有增加外，其他各省区均有较大幅度的下降。

表 1　西北各省区进出口贸易比较

（单位：亿美元）

年份	贸易额	陕西	甘肃	宁夏	青海	新疆
1978	总额	0.12	0.35	0.30	0.11	0.23
	出口额	0.12	0.35	0.23	0.01	0.09
	进口额	—	—	0.07	0.10	0.14
1988	总额	4.03	1.66	1.07	0.54	4.08
	出口额	2.80	1.52	0.82	0.46	2.99
	进口额	1.23	0.14	0.25	0.08	1.09
1998	总额	20.52	4.56	3.13	1.14	15.32
	出口额	11.77	3.53	2.82	1.04	8.08
	进口额	8.75	1.03	0.31	0.10	7.24
2008	总额	83.68	60.84	18.82	6.88	222.17
	出口额	54.07	16.00	12.59	4.19	192.99
	进口额	29.61	44.80	6.23	2.69	29.18
2010	总额	120.81	73.25	19.60	7.89	171.28
	出口额	62.07	16.39	11.70	4.66	129.70
	进口额	58.74	56.86	7.90	3.23	41.58

资料来源：各省 2009 年统计年鉴、2010 年国民经济和社会事业发展统计公报。

目前，陕西省已与 183 个国家和地区建立了　　经贸往来关系，2008 年进出口总额达到 83.7 亿美

元，比 1978 年进出口总额 1190 万美元增长了 702.19 倍。陕西省进出口贸易 1980 年以前仅有出口而无进口并呈下降趋势，1981 年以后有出有进，对外贸易额逐年增加且出口额始终大于进口额。2010 年进出口总额 120.81 亿美元，其中，进口 62.07 亿美元，出口 58.74 亿美元，分别比 2008 年增长 44.37%、14.80%、98.38%。

甘肃省已与 181 个国家和地区建立了贸易伙伴关系，2008 年进出口总额达到 60.8 亿美元，比 1978 年进出口总额 3454 美元增长了 175.35 倍。进出口贸易 1980 年以前仅有出口而无进口，1981 年以后有出有进，2005 年以后各年度进口额始终大于出口额。2010 年外贸进出口总额为 73.25 亿美元，其中出口总额为 16.39 亿美元、进口总额为 56.86 亿美元，分别比 2008 年增长 20.40%、2.44%、26.88%。

宁夏已与 124 个国家和地区建立了经贸往来关系，成功举办了两届回商大会和两届中国（宁夏）国际投资贸易洽谈会（宁洽会），2008 年实现进出口总额 18.82 亿美元，比 1978 年进出口总额 2962 万美元增长了 62.58 倍。2010 年进出口总额 19.60 亿美元，其中出口总额 11.70 亿美元、进口总额 7.90 亿美元，比 2008 年增长 4.14%、下降 7.07%、增长 26.81%。

青海已与 88 个国家和地区建立了经贸往来关系。2008 年进出口总额 6.88 亿美元，比 1978 年进出口总额 1064 万美元增长了 63.91 倍。2010 年进出口总额 7.89 亿美元，其中出口额 4.66 亿美元、进口额 3.23 亿美元，分别比 2008 年增长 14.68%、11.22%、20.07%。2007 年以来，青海省已连续举办了三届中国青海国际清真食品及用品展会。经过历届展会的精心培育，中国（青海）国际清真食品用品展已经成为我国目前最大的中外清真产品展示、贸易的交流平台，极大地促进了我国清真食品及用品企业对外的合作与发展。

新疆是我国国土面积最大、边境线最长、接壤国家最多的省区。在我国改革开放发展的进程中，新疆作为中国向西开放的"桥头堡"和"枢纽站"，其地缘、人文、资源优势凸显，逐渐成为中国通往中、西、南亚乃至欧洲市场双向的能源、物流、信息大通道。在中国加入世贸组织、上海合作组织作用不断扩展、中亚区域经济合作快速发展以及中哈原油管道开通、中土天然气管道将要开通的新形势下，新疆作为中国东南亚、东北亚、中西南亚三个区域经济合作区中的重要组成部分，在我国经济发展中起着越来越重要的作用。它已与 147 个国家和地区建立了经贸往来关系，2008 年新疆对外贸易进出口总额 222.17 亿美元，比 1978 年的 2346 万美元增长了 944.4 倍，在全国占位由第 26 位上升到第 12 位，在我国西部排第一位。2010 年进出口总额 171.28 亿美元，其中出口 129.70 亿美元、进口 41.58 亿美元，分别比 2008 年下降 22.91%、下降 32.79%、增长 42.49%。

二、西北各省区对外经贸发展比较

（一）对外贸易发展水平比较

1978 年西北五省区进出口贸易总额都只有几千万美元，相差不大，按进出口贸易总额排序甘肃省居第一位、宁夏居第二位、新疆居第三位、陕西居第四位、青海省排最后一位。在 1978~2008 年的 30 年中，新疆对外贸易发展速度最快，年均增长幅度高达 25.66%；其次是陕西，年均增长率达到 24.42%；甘肃居中，年均增长率为 18.82%；宁夏和青海发展速度最慢，年均增长率均小于 15%。到 2008 年，新疆对外贸易总额达 222.17 亿美元，跃居第一位；陕西上升为第二位，甘肃省退居第三位，宁夏退居第四位，青海省仍为进出口贸易额最低省份，仅有 6.88 亿美元，仅占新疆对外贸易额的 3.1%，如表 2 所示。2010 年新疆对外贸易额仍远高于其他各省区，位居第一位，但外贸额比 2008 年下降 22.91%，陕西省外贸额比 2008 年增长 44.37%，增长率居第一位。

表2　西北各省区进出口贸易成就

(单位：亿美元)

年份	贸易额	陕西	甘肃	宁夏	青海	新疆
1978 年	总额	0.1190	0.345	0.296	0.106	0.235
1998 年	总额	20.520	4.560	3.130	1.140	15.320
2008 年 比 1978 年增加 比 1998 年增加	总额	83.680	60.840	18.820	6.880	222.170
	倍数	702.190	175.350	62.580	63.910	944.400
	倍数	3.080	12.340	5.010	4.980	13.500
2010 年 比 2008 年增长	总额	122.810	73.250	19.600	7.890	171.280
	百分比	44.370	20.400	4.140	14.680	−22.910

资料来源：各省 2009 年统计年鉴、2010 年国民经济和社会发展统计公报。

(二) 对外贸易条件比较

由于西北各省区所处地理位置、自然资源、人口、经济发展水平的不同，如表 3 所示，对外贸易条件有较大差异。其中，土地资源以新疆最丰富，人口以陕西和甘肃省最多，地区生产总值和固定资产投资以陕西省最高，人均地区生产总值以陕西最高，边境口岸以新疆最多，对外贸易发展水平以新疆最高，陕西次之。新疆地处我国西北部，邻蒙古、俄罗斯、哈萨克斯坦、吉尔吉斯斯坦、塔吉克斯坦、阿富汗、巴基斯坦、印度 8 国，边境线长达 5600 多公里。具有边境线长、毗邻国家多、通商口岸多、贸易伙伴多、交通运输距离短、地域辽阔、农牧产品丰富的区位优势和

资源优势。经过 30 年的发展，新疆形成了以乌鲁木齐为龙头，沿边、沿桥 (亚欧第二大陆桥) 市县为前沿，各大口岸为窗口的四类口岸，即沿大陆桥天山北坡经济带构成向西开放的"经贸通道"口岸带；依托南疆陆路交通主干线构成与中亚、西亚、南亚经贸合作的口岸群；依托公路交通主干线构成与蒙古经贸合作的边境口岸；依托开发园区和城镇构成对外开放的二类口岸。拥有经国家批准开通的一类口岸 17 个，其中公路口岸 14 个、陆路 (公路、铁路、管道) 口岸 1 个、航空口岸 2 个；二类口岸 12 个，成为我国向西开放的重要门户。而宁夏和陕西、甘肃、青海省地处内陆地区，不沿边、不靠海，对外贸易运距远、物流成本高，发展对外贸易优势较小。

表3　2010 年西北各省区资源及经济发展概况

省区	总面积 (万平方千米)	人口 (万人)	全年 GDP (亿元)	人均 GDP (元)	固定资产投资 (亿元)
陕西	20.6	3732.74	10021.53	26848	8562.04
甘肃	45.4	2557.53	4119.46	16107	3378.10
宁夏	6.64	630.14	1643.41	17668	1464.70
青海	72.0	562.67	1350.43	24000	1068.73
新疆	166.5	2181.33	5418.81	24842	3539.00

资料来源：各省 2009 年统计年鉴、2010 年第六次全国人口普查主要数据公报 (第 2 号)、2010 年国民经济和社会事业发展统计公报。

(三) 主要贸易国家比较

西北各省区对外贸易面都比较广，主要贸易国家为发达国家和传统贸易国家。但由于各省区

地理位置、资源条件、贸易传统和进出口产品的不同，主要贸易国家有较大的差别，如表 4 所示。从出口前十位的国家和地区看，陕西、宁夏、青海等省区出口的国家和地区具有一定的雷同性。但宁夏在对欧盟、美国、韩国、日本等传统市场

出口保持较高的贸易规模的同时，对阿联酋、澳大利亚、巴西、印尼等新兴市场出口增长较快，市场结构日益趋向多元化。甘肃则以穆斯林国家为主，新疆以邻近周边国家为主。从主要进口国家和地区看，陕西、宁夏、青海等省区具有高度的重合性，均以欧美、日本等发达国家和澳大利亚为主，但陕西主要进口国家和地区较多。甘肃省仍以印度和穆斯林国家为主，新疆以周边邻近国家及欧美日韩发达国家为主。

表4 宁夏及周边省区主要贸易国家和地区比较

省区	出口前十位的国家和地区	主要进口国家和地区
陕西	欧盟、美国、东盟、日本、安哥拉、韩国、印度、中国香港、俄罗斯、土库曼斯坦	欧盟、美国、日本、巴西、澳大利亚、韩国、中国台湾、东盟、瑞士、加拿大
甘肃	印尼、土耳其、摩洛哥、印度、尼日利亚、伊朗、埃及、巴基斯坦、孟加拉国、阿尔及利亚	伊朗、印度、土耳其、印尼、摩洛哥
宁夏	日本、美国、印度、意大利、韩国、中国香港、德国、比利时、加拿大、泰国	澳大利亚、德国、马来西亚、日本、美国、泰国、意大利、印度
青海	日本、美国、韩国、中国香港、英国、澳大利亚、土耳其、沙特阿拉伯、意大利、巴基斯坦	澳大利亚、德国、美国、中国香港、日本
新疆	哈萨克斯坦、吉尔吉斯斯坦、俄罗斯、巴基斯坦、塔吉克斯坦、阿塞拜疆、乌兹别克斯坦、美国、日本、意大利	哈萨克斯坦、俄罗斯、美国、吉尔吉斯斯坦、乌兹别克斯坦、德国、意大利、日本、韩国、伊朗

资料来源：各省区 2010 年统计年鉴。

（四）与穆斯林国家经贸往来比较

目前与穆斯林国家经贸往来最多省区的是新疆，除区位优势和资源优势外，还具有信仰相同、生活习俗相近的民族文化优势，在出口前 10 位国家中，穆斯林国家就占了 6 个；进口前 10 位国家中，穆斯林国家就占了 4 个。甘肃具有与穆斯林国家发展经贸的传统，在出口前 10 位国家中，有 9 个穆斯林国家和 1 个穆斯林人口大国；5 个主要进口国家均为穆斯林国家和穆斯林人口大国。陕西具有与穆斯林国家发展经贸的资源优势和科技优势。宁夏、青海和甘肃均具有与穆斯林国家发展经贸往来的资源优势、民族文化优势、清真食品及穆斯林用品产品生产优势，特别是宁夏民族文化优势及清真食品生产优势明显，宁夏已成立国际清真食品认证中心。但是，随着穆斯林国家人民生活水平的提高和穆斯林国家对发达国家贸易的增加，对清真食品的质量标准和认证要求进一步提高，已影响到各省区清真食品的出口。新疆对中东穆斯林国家在出口活羊、活牛时，由于运输距离远、运输技术装备落后、运输时间长、掉膘严重、体质下降，达不到进口国的质量要求而受到严重影响。目前，西北各省区对穆斯林国家的出口贸易仍以日用消费品、机电产品、高新技术产品和特色农产品为主。甘肃、青海的穆斯林用品出口有一定的增加，宁夏的清真牛羊肉、清真调味品、毛皮制品已出口到约旦、马来西亚、利比亚等穆斯林国家。

（五）对外贸易商品结构及主要贸易方式比较

1. 对外贸易商品结构比较

近年来，在西北各省区出口贸易中，高新技术产品和机电产品出口都有不同程度的增加，资源性产品出口均有不同程度的下降，但资源性产品出口仍占主要地位，高新技术产品和机电产品出口比例除陕西省外其他各省区均较低。

在 2008 年陕西省出口商品总值中，高新技术产品占 12.3%、机电产品占 50.1%、矿产品占 16.6%、农产品占 13.6%、纺织品服装占 4.9%、其他产品占 3.5%。

2008 年甘肃省主要出口产品为铁合金、钢材、合成纤维、柠檬酸、氟化铝、石墨电极、干酪素、羊毛地毯、扁豆、番茄酱等。进口产品主要为矿砂（铁矿砂、铜精矿、镍矿砂、锌矿砂、铬矿砂）、润滑油添加剂、开心果三大类。在出口商品总值中，高新技术产品占 1.88%、机电产品占 16.88%。2010 年高新技术产品和机电产品出口分别占出口商品总值的 5.55%、19.34%，比 2008 年有所上升。

2008 年宁夏主要出口商品为金属镁、钽及制品、无毛绒、硅铁、碳化硅、双氰胺、银及制品、增炭剂、活性炭、轮胎、生物医药、羊绒纱线、轴承等。其中，以钽铌铍制品、子午线轮胎、活性炭和生物医药为代表的高新技术产品出口占全区出口总值的 32.1%；以机械设备和金属制品为代表的机电产品出口占全区出口总值的 11.8%。2010 年高新技术产品出口 3.82 亿美元，占全区出口总额的 32.6%，比 2008 年增长 0.5 个百分点；机电产品出口 1.31 亿美元，增长 50.2%；碳化硅出口增长 2 倍；金属镁、钽铌铍及制品和铁合金出口分别增长 87.6%、79.9% 和 59.3%。

2008 年青海省出口商品以硅铁、未锻造的铝及铝材、地毯、汽车零件、山羊绒、碳化硅、钢材、服装、纺织纱线、织物及制品、玻璃制品、皮革手套等。进口商品以氧化铝、通断及保护电路装置、金属冶炼铸造设备及零件、金属加工机床、阀门、纺织机械及零件、计量监测分析自控仪器及器具等为主。在出口商品总值中，高新技术产品占 0.07%、机电产品占 5.01%。在 2010 年主要出口产品中，硅铁出口在 2009 年下降的基础上，快速恢复增长，比上年增长 1.5 倍；服装及衣着附件、纺织纱线、织物（地毯）及制品出口持

续增长。在出口商品总值中，高新技术产品占 0.19%、机电产品占 6.37%，分别比 2008 年提高 0.12、1.36 个百分点。在主要进口产品中，金属加工机床进口 0.26 亿美元，比上年增长 3 倍；纺织机械及零件进口 0.19 亿美元，增长 3.6 倍；氧化铝进口 1.35 亿美元，下降 23.9%。

2008 年新疆出口商品主要为轻工产品（鞋、棉纱、肠衣、地毯）、农产品（茄酱、棉花）、电视机、药材等。主要进口商品为钢材、原油、成品油、肥料、牛皮革及马皮革、医疗仪器及器械、原木、羊毛及毛条等。在出口商品总值中，高新技术产品占 0.81%、机电产品占 16.27%。2010 年新疆货物出口比 2008 年下降 32.79%；进口增长 42.49%。其中机电产品出口增长 7.71%，高新技术产品出口增长 32.10%；机电产品进口增长 69.49%，高新技术产品进口增长 116.91%。

2. 主要贸易方式和利用外资比较

2010 年，宁夏、甘肃、青海 3 省区一般贸易所占比重为 85% 以上，新疆得益于边贸口岸条件，边境小额贸易比重高，陕西省加工贸易比重较高如表 5 所示。实际利用外资数量以陕西省最多，其他各省区均较少。从对外承包工程和劳务合作看，新签合同额和实际完成营业额陕西较高、甘肃次之，其他 3 省区对外承包工程和劳务合作未做统计。2010 年，西北各省区除新疆外对外贸易出口额均有一定幅度的增长，利用外资水平、对外承包工程和对外劳务合作各省区之间差异较大。

表 5 2010 年西北各省区对外贸易比较

		陕西	甘肃	宁夏	青海	新疆
货物进出口总额（亿美元）		120.81	73.25	19.60	7.89	171.28
其中	出口额（亿美元）	62.07	16.39	11.70	4.66	129.70
	进口额（亿美元）	58.74	56.86	7.90	3.23	41.58
主要贸易方式占比	一般贸易占（%）	56.50	85.20	97.46	98.27	21.22
	加工贸易占（%）	34.9	7.2	2.37	0.70	1.91
	边境小额贸易占（%）	—	—	—	—	58.63
外商投资	项目（个）	139	28	25	17	51
	合同资金（亿美元）	22.1	—	2.84	3.17	6.46
实际利用外资	资金额（亿美元）	18.2	1.35	2.32	2.19	2.37
	比上年增长（%）	20.5	1.03	63.4	2.0	10.1
对外承包工程劳务合作	新签合同额（亿美元）	9.28	4.07	—	—	—
	完成营业额（亿美元）	8.37	1.91	—	—	—

资料来源：2010 年各省区国民经济和社会事业发展统计公报。

(六) 对外贸易发展战略比较

近年来，在深入实施西部大开发战略中，西北各省区普遍加大了对外开放的力度，不断提高经济发展水平、对外开放水平和人民生活水平，纷纷提出了提升开放水平，优化进出口结构，巩固传统出口市场，开拓新兴市场，推动贸易方式和市场多元化，促进和扩大对外贸易的发展战略，努力提高对外贸易发展水平。

陕西省提出，优化进出口结构，巩固果品及深加工等传统出口产品的地位，扩大汽车、机电和高新技术产品的出口份额，引导和扶持文化产品出口，促进服务贸易快速增长。扶持有条件的企业到境外投资办厂和参与国际工程招投标，扩大劳务输出规模，保持对外贸易平稳增长。

甘肃省提出，提升对外开放水平，积极调整进出口经营主体、产品和市场结构，支持资源型产品转型升级。努力扩大机电产品、农产品、医药、高新技术产品和文化产品出口，提高出口产品科技含量和附加值。鼓励企业利用市场机遇，增加先进技术、先进设备和紧缺原材料进口。

宁夏提出，统筹对外开放与对内开放，统筹出口与进口、外销与内销、全球和全国市场，着力培育一批具有国际竞争力的大企业和知名品牌，扩大特色产品出口规模。积极建设内陆开放经济区，在巩固与欧、美、日、韩等国家和地区经贸合作的同时，进一步扩大面向穆斯林国家和地区的开放，建立内外联动、互利共赢、安全高效的内陆开放经济体系。

青海省提出，以培育藏毯、民族用品、数控机床等优势产品为重点，健全对外贸易政策支持、市场服务和风险防范体系，调整外贸主体结构、出口商品结构和出口市场结构，推动贸易方式和市场多元化，促进和扩大对外贸易。加快西宁口岸建设，深化同海内外的文化交流与经贸合作。

新疆提出，积极构建向西开放新格局，进一步转变外贸发展方式，优化贸易结构。巩固和扩大边境贸易优势，促进边境贸易持续稳定增长。鼓励企业扩大产品出口和自营出口，加大农产品、建材以及机电、高新技术产品出口力度。

(七) 综合评价

综上所述，西北各省区对外贸易发展均取得了令人瞩目的成就，但由于各省区所处地理位置、自然条件、人口、经济发展水平的不同而导致对外贸易条件和发展水平差异大，经贸往来的国家和地区还不够宽泛，对外主要贸易市场具有一定的重叠性，对外贸易额还比较小，利用外资水平低，出口商品中高耗能产品多、附加值低。据2008年统计，西部地区对外贸易依存度仅为12.72%，而全国平均外贸依存度已达59.21%，东部地区则高达87.95%，西部地区对外贸易发展程度远低于全国平均水平，与东部地区的差距则进一步拉大，对外贸易发展还面临着诸多困难。但西北各省区却具有与穆斯林国家发展经贸往来的资源优势、民族文化优势、清真食品及穆斯林用品产品生产优势，特别是民族文化优势及清真食品生产优势明显。同时，西北各省区均提出了大力发展对外贸易，巩固传统市场，积极开拓新兴市场，进一步转变外贸发展方式，优化贸易结构的发展战略，为进一步提高对外开放水平奠定了良好的基础。

三、加强西北地区对外经贸往来的对策建议

(一) 加大高新技术产品的开发力度，努力提高外贸产品附加值

从对外贸易出口商品结构看，高新技术产品和机电产品出口西部各省区都有不同程度的增加，但目前所占比重仍比较低；资源性产品出口均有不同程度的下降，但仍占主导地位。随着世界经济的发展，消费水平的不断提高，消费观念的不断变化，人们对商品的需求也在变化。传统的出

口产品已不适应市场竞争的需要，努力提高出口产品的质量和档次，增加花色品种，满足不同市场、不同层次的需求，不断开发新产品，满足消费需求的变化，这是我国对外贸易所面临的重要任务之一。因此，西北各省区应根据本省区的资源优势和产品优势，努力加大高新技术产品的开发力度，进一步优化进出口产品结构，提高高新技术产品的出口份额，引导和扶持文化产品出口，促进服务贸易快速增长。充分利用国际经济环境变化形成买方市场的有利条件，支持企业引进先进技术和急需设备，促进产业结构优化升级，努力提高出口产品附加值和市场竞争力。

（二）面向穆斯林世界开放，加大特色优势产品的对外贸易

近年来，随着全球经济的发展，中东、中亚、西亚、南亚、非洲的穆斯林国家和地区以及穆斯林人口大国——印度，已发展成为对外贸易的新兴市场，世界各国普遍加大了对上述国家和地区的对外经贸往来，西北各省区也与上述国家和地区建立了一定的经贸往来关系。在清真食品的生产和出口方面，宁夏、青海和新疆都已形成一定规模，但所占外贸份额还比较小；在穆斯林用品的生产和出口方面，青海和甘肃发展基础较好，特别是青海的穆斯林服装、纺织加工用品（包括孟加拉帽、沙特帽、阿拉伯男女长袍、女士纱巾、阿文刺绣、阿拉伯挂毯、礼拜毯及床上用品等民族系列产品）已占领中东等穆斯林国家市场，形成了一定的优势。因此，西北各省区应充分利用民族文化优势和特色资源优势，努力加强对穆斯林国家和地区的市场开拓和经贸往来，大力实施向西开放战略。在出口产品的选择上，既要重视优势特色产品的出口，又要重视高新技术产品的开发出口，应逐步减少资源性产品和高耗能产品的出口。西北各省区应积极建立外贸协调机制，形成出口产品生产、开发的合理布局，积极开发新的适销对路产品，努力形成自己的特色，避免出口产品的雷同性和市场恶性竞争。在穆斯林用品的出口生产上，各省区应注意发挥各自的优势和特色，避免穆斯林服装、纺织加工品的雷同性，重点加强羊绒制品和穆斯林用品新产品的开发与

生产，努力扩大穆斯林用品的对外贸易规模。在清真食品的生产和外贸出口方面，重点加强清真食品的研发和清真食品的国际认证，应建立全国统一的食品安全质量认证标准、清真食品认证标准和认证体系，必须保证质量上乘、品种多样，以增强市场竞争力。特别是应进一步围绕各省区的特色优势产业，大力开发、生产优势特色产品，着力增加产品的科技含量，加大特色优势产品的对外贸易。由于西北各省区特色优势资源有限，应走联合发展之路。

（三）成立专门的研发中心，大力培养和引进专业人才

随着全球经济一体化的发展以及与穆斯林国家对外经贸往来的发展，穆斯林群体对食品和日常生活用品在质量和品种多样性上的要求越来越高，出口产品因质量原因被退货、拒付货款、投诉等贸易争端日益增加，现有清真食品、穆斯林用品的质量和品种已无法满足出口的要求，严重影响到对外贸易的扩大。制约产业发展的主要因素是技术和人才，其中人才是关键。为了培育、发展和壮大西北地区的清真食品加工业、穆斯林用品加工业、高新技术产业和特色优势产业，需要依托各省区大型企业和高校建立产业研发机构，积极开展新技术、新产品研发。必须加大专门人才的引进与培养，在相关科研部门和大专院校设置相关专业研究机构和人才培养专业，加大专业人才的培养力度。积极鼓励和支持企业研发新技术、新产品。同时，改善用人环境，改革用人机制和薪酬制度，采取积极措施引进和留住人才，为企业和产业发展提供保障。

（四）加强对外文化交流，促进文化产业发展

随着党中央关于大力发展文化产业的精神的贯彻落实，西北各省区都把文化产业的发展摆上了重要位置，文化产业的各个领域都有了巨大的发展，对外文化交流也达到了一个新的水平。随着国家《文化产业振兴规划》的出台，全国文化产业的发展都将会迎来新一轮冲击波，这无疑给西

北各省区文化产业的发展带来了新的机遇和挑战。因此，各省区应充分挖掘地方文化特色资源，大力实施文化精品工程和"走出去"战略，大力加强文化产品的开发和对外交流，使大批优秀民族文化产品和影视作品走出国门、走向世界。充分利用当地丰富的文化旅游资源，大力发展旅游产业，打造文化旅游精品工程，吸引世界各国广大游客旅游观光。

（五）加强口岸建设，大力发展口岸经济

新疆、陕西等省区发展对外贸易的经验显示，加强边境公路、铁路口岸和内陆城市口岸通关能力建设以及边境经济合作区建设，大力发展口岸经济，提高进口资源落地加工能力，对促进口岸加工贸易、边境小额贸易，推动对外经贸往来发展发挥了巨大的作用。因此，西北各省区应进一步加强口岸通关能力建设和内陆保税区建设，大力发展内陆开放型经济，为企业创造良好的投资环境，通过建设和完善公路口岸、铁路口岸、航空口岸以及"海关特殊监管区"等，依托口岸建设，大力发展口岸经济，促进经济结构调整，带动外贸经济发展。

（六）规范出口市场中介组织建设，加强行业协会管理

根据其他国家的经验，许多国家在规范出口市场秩序上，不仅有法律加以规范，还有中介组织的协调和管理，出口企业必须接受协调，以防止低价竞争，自相残杀。为了加强对市场的管理，西北乃至西部各省区应联合建立出口市场行业协会等中介组织，履行行业监管职责，对市场价格进行监督、指导和协调，对低价竞争的企业进行处罚，以创造一个公平竞争的环境和正常的经营秩序。在行业协会等中介组织的建立与发展中，应研究制定相关的专门性政策、诚信评价办法，建立诚信奖惩制度和守信激励机制。扶持上规模、有发展潜力的中介组织；实行不受地域和所有制限制的联合、重组，以培育形成一批有实力、有信誉、有品牌、有特色的市场中介组织；引进高级职业中介人才，并对其个人所得给予政策优惠；

鼓励市场中介组织积极申报著名商标；充分发挥中介行业协会在诚信体系构建中的独特作用。成立中介组织管理机构，负责组织协调行业协会和市场中介的改革与发展工作，加强对中介组织及行业协会的管理，为对外经贸发展构建良好的市场竞争环境。

（七）大力实施出口市场多元化战略，努力开拓新兴市场

目前，我国与东亚地区和新兴经济体贸易继续强劲增长，对拉美、非洲等发展中国家的出口增速在加快。出口市场多元化战略有利于我国在国际贸易中争取有利的贸易条件，有利于全面参与国际分工、提高在国际分工中的地位，有利于减少贸易摩擦、规避市场风险。在世界向多极化发展，国际经济区域化、集团化加速发展的背景下，实施市场多元化战略，有助于分散市场风险，减少贸易摩擦，提高外贸整体经济效益。西北地区应充分利用国家实施出口市场多元化战略的有利条件，在稳定传统市场的基础上，进一步加强与发展中国家、穆斯林国家和地区的经贸往来，努力开拓新兴市场。

（八）加大政策扶持力度，先行获得制度优势

目前，西北各省区均提出了调整外贸主体结构、出口商品结构和出口市场结构，推动贸易方式和市场多元化，促进和扩大对外贸易发展的要求。因此，西北地区应在现有对外贸易政策的基础上，进一步完善外贸政策体系，设立海关特殊监管区，赋予特殊的财政、税收、投资、土地、贸易以及其他配套的产业政策，以进一步推动对外贸易的快速发展，为促进内陆开放型经济发展做出新的贡献。

应充分利用宁夏回族自治区的信仰优势，积极支持建立中国·宁夏国际清真食品认证中心和穆斯林国家清真食品国际认证体系，将其建设成为西部少数民族地区乃至中国西部地区的国际清真食品认证基地。制定出台与国际接轨的清真食品卫生检验规程和国家技术标准；在牛羊屠宰场的

设置、畜禽宰后环节的检验程序及产品无害化管理等方面出台更严格的国家与地方相配套的法规。

参考文献

陕西省统计局.2009 陕西统计年鉴 [M].北京：中国统计出版社，2009.

陕西省统计局，国家统计局陕西调查总队.2010 年陕西省国民经济和社会发展统计公报.陕西省统计信息网，http：//www.sn. stats.gov.cn/news/qsgb/201133164 839.htm.

甘肃年鉴编委会.甘肃年鉴（2009）[M].北京：中国统计出版社，2009.

甘肃省统计局，国家统计局甘肃调查总队.2010 年甘肃省国民经济和社会发展统计公报.中国甘肃网，2011-03-25. http：//www.gscn.com.cn/pub/ gssj/sjjd/2011/03/25/1301039 205091.html.

宁夏回族自治区统计局，国家统计局宁夏调查总队.宁夏统计年鉴（2009）[M].北京：中国统计出版社.

宁夏回族自治区统计局，国家统计局宁夏调查总队.宁夏回族自治区 2010 年国民经济和社会发展统计公报 [N].宁夏日报，2011-3-24.

青海省统计局，国家统计局青海调查总队.青海统计年鉴（2009）[M].北京：中国统计出版社，2009.8.

青海省统计局.2010 年青海省国民经济和社会发展统计公报.青海统计信息外网，2011-3-5.http：//www.qhtjj.gov.cn/tjgb/ndgb/201103/t20110302_39875.asp.

新疆维吾尔自治区统计局.新疆统计年鉴（2009）[M].北京：中国统计出版社，2009.

新疆维吾尔自治区统计局.新疆维吾尔自治区 2010 年国民经济和社会发展统计公报，新疆统计信息网，2011-03 -07.http：//www.xjtj.gov.cn/stats_info/tjgb/11371240456169_3.html.

袁纯清.政府工作报告——2010 年 1 月 25 日在陕西省第十一届人民代表大会第三次会议上 [N].陕西日报，2010-2-5.

徐守盛.甘肃省人民政府 2010 年政府工作报告——2010 年 1 月 25 日在甘肃省第十一届人民代表大会第三次会议上 [N].甘肃日报，2010-1-31.

王正伟.宁夏回族自治区人民政府 2010 年政府工作报告——2010 年 2 月 2 日在宁夏回族自治区第十届人民代表大会第三次会议上 [N].宁夏日报，2010-2-8.

骆惠宁.青海省人民政府 2010 年政府工作报告——2010 年 1 月 25 日青海省第十一届人民代表大会第三次会议上 [N].青海日报，2010-2-2.

努尔·白克力.新疆维吾尔自治区 2010 年政府工作报告——2010 年 1 月 12 日在新疆维吾尔自治区第十一届人民代表大会第三次会议上 [N].新疆日报，2010-1-18.

（张耀武，宁夏社会科学院）

西部地区实现资源优势向经济优势转化的经济学思考

——以宁东能源重化工基地为例

一、引 言

西部地区大多资源丰富、交通不便、观念落后、缺乏资金和技术、劳动力素质低下，地处我国西北的宁夏也属于这种情况。西部经济落后地区，要缩小乃至消除与东部地区的发展差距，唯一的选择只能是不断加快自身发展步伐，走追赶型、跨越式发展的道路，实施以资源转换型模式为主体的经济发展战略，将资源优势转化成现实的经济优势。目前，国内外关于发展循环经济，走集约化道路，由资源优势转化为经济优势的研究，其中共识就是坚持人类的不可再生资源的有限性和可持续发展的道路，提高生活质量，理性地建设人类共同的家园。研究中存在不足之处在于，结合某一基地或区域建设的理论研究较少，本研究正填补了这一不足。

二、资源优势向经济优势转化是西部落后地区实现跨越式发展的理性战略选择

（一）资源优势

宁夏有三大资源优势：农业资源、能源资源、旅游业资源。这里结合宁东能源重化工基地，着重研究能源资源。宁夏的面积为 66000 多平方千米，人口 495 万，是全国面积最小的省（除中国台湾）。但宁夏在全国是资源大省，宁夏的煤炭储量在全国排第五位，已经探明的储量有 310 亿吨，全国排第六位。宁夏优势资源集中。青铜峡灌区和卫宁灌区，是宁夏经济核心区的重要组成部分，也是能源资源的富集区。一是煤炭资源丰富。宁东煤田探明储量高达 270 多亿吨，灵武矿区煤炭远景开采量每年可达 3000 万吨。煤种为不粘结煤和长焰煤，具有特低灰、特低硫、低燃点、低变质、高化学活性、高发热量、易气化的特性，是优良的气化用煤和动力用煤。同时，地质条件简单，开采条件好，采掘成本低。另外，邻近基地的陕、蒙、甘等周边地区也有大量的煤炭资源储备，可作为基地建设用煤的补给地区。二是水能资源丰富。基地区域内黄河干流水能蕴藏量在 250 多万千瓦以上。已建成多年的青铜峡水利枢纽工程，装机容量 30.6 万千瓦，建设中的沙坡头水利枢纽工程装机容量 11.6 万千瓦，大柳树水利枢纽工程装机容量 200 万千瓦。三是丰富的天然气资源。邻近基地的陕甘宁盆地天然气田，是世界级特大型气田。2000 年底，探明加控制储量已达 7000 多亿立方米。目前，天然气年生产能力 40

亿~50亿立方米。该气田已具备大规模开发的可靠资源条件，亟待落实下游工业大用户。基地邻近气田，管线距离仅200公里，路径平坦，输气管道和输气运营成本低。因此，基地是发展天然气化工的理想区域。四是良好的煤层气和油气资源前景。有关地质资料分析表明，包括基地区域在内的银川盆地，石油、天然气、煤层气、地热等资源前景十分广阔。初步分析，预计宁夏深埋在1000米以浅的煤层气资源量为2419亿立方米，埋深2000米以浅的煤层气资源量可达4000亿立方米；鄂尔多斯盆地在1500米以浅煤层气总量达8000亿立方米（宁夏占1/3）。同时，宁夏是极具油气资源开发潜力的地区，一旦取得实质性突破，对基地建设将发挥重大作用。

（二）经济优势

宁夏和我国的许多西部省份一样，一边是资源富集，一边是经济贫困。2008年我国人均GDP突破3000美元，达到3250美元；宁夏人均GDP为2575美元，低于全国平均水平。据2007年数据，在全国31个省份中，宁夏排名第23位。2006年我国人均地区生产总值16084元，宁夏人均地区生产总值11847元。地区财政收入广东省最高达21794608万元，北京11170514万元，宁夏613570万元，位居全国倒数第三，仅高于西藏和青海省。[①]

（三）实现资源优势向经济优势的科学转化

如何把能源资源转换成经济优势？我们提出"兴工强区"战略，即打造宁东能源化工基地，把它变成全国的能源基地、化工基地。国家已经把宁东基地列入全国13亿吨矿区之一，也已把它列为发展循环经济示范区。

宁夏宁东能源重化工基地位于自治区首府银川市灵武境内。基地规划建设范围：分为远景规划区和规划区两部分。远景规划区面积约2855平

方公里；规划区面积645平方公里，主要包括鸳鸯湖、灵武、横城三个矿区以及石沟驿井田和重化工项目区，其中重化工项目区规划面积13.57平方公里。

建设分期：一期为2003年到2010年，二期为2010年至2020年。包括煤、电、煤化工三大产业项目和基础设施建设项目。总体目标：规划到2020年，形成煤炭生产能力1.1亿吨，电力装机2000万千瓦以上，煤炭间接液化生产能力1000万吨，煤基二甲醚生产能力200万吨，甲醇生产能力170万吨。初步测算，基地总投资将达到2055.66亿元，全部项目建成后，将新增工业增加值约297.6亿元，并拉动其他行业形成产值897.39亿元。届时，宁东能源重化工基地将建设成为以煤炭、电力、煤化工三大产业为支撑，全国重要的千万千瓦级火电基地、煤化工基地和煤炭基地。

宁东能源重化工基地建设，基于煤、水、电、天然气等资源优势，交通优势和政策优势，投资成本低，开发建设条件十分优越，在国内实属少见，完全能够建设成为我国西部重要的大型能源重化工基地。基本思路：一是大力发展以能源化工为主导的产业结构，并与其他产业优化互补，相互促进，共同发展。二是采用高新技术，实现煤炭资源的洁净、高效、合理转化。三是重点发展能源产品和石油替代产品，突出高技术、高附加值、高竞争力的特点。力争把基地建设成产业特色鲜明、配套设施完善、经营成本较低的以能源化工为主导的大型产业集群。

我们按这个思路去挖煤、发电，发展西电东送，然后发展煤化工。让经济实现翻番，宁夏与全国同步实现小康，也依赖于宁东能源化工基地。即经济总量的60%都要靠工业，也要靠宁东基地的发展。[②]

资源节约是资源优势向经济优势转化的前提，主要基于两个方面：①资源的不可再生性。西部宁夏能源资源中的煤、天然气、煤层气和油气均属不可再生资源，经过多年地质变迁形成的资源，如果按传统方法粗放经营，一方面是资源性初级产品的低附加值，另一方面是资源枯竭后的继续

① 参见《中国区域统计年鉴》（2007）。
② 来源于2008年7月凤凰新闻网。

贫穷。资源是自然赐予人类生存的最好礼物，如果我们不认真对待、善于经营，将遭受自然法则的惩罚。②资源开发的成本收益比。西部经济落后地区在从资源优势向经济优势转化的过程中，必须考虑资源开发的成本收益比。也就是说，要通过对资源的合理配置，实现效益的最大化，即使单位数量的资源耗费产生出最大效益，或使一定的经济效益使用最少量的资源。从资源开发战略上看，首先必须正确地认识资源。要在对资源的基本情况进行普遍调查的基础上，对收集到的各种资料进行综合与科学分析，从而得出各种资源的数量与品质、开发条件要求的高与低、市场前景的好与坏、投入与产出比率的大与小等。总之，要认清自己拥有的资源是否是优势资源，能否带来较大的经济效益，以至具有广阔的开发利用前景。这是我们制定科学的开发利用战略和发挥资源优势的前提。

三、环境友好是资源优势向经济优势转化的必然要求

（一）粗放经营向集约经营的发展是符合市场经济的有效率的方式

资源开发由粗放型向集约型转变是现代经济发展的必由之路。粗放经营的特点是技术加工层次低，经营规模小，从而造成消耗大、浪费多、质量差、效益低。要提高西部经济落后地区的资源开发水平，必须逐步走集约发展道路。

在计划经济体制下，通常搞的是封闭经济，只考虑自己能利用现有资源生产什么。而在市场经济条件下，从经济学意义上看，因地制宜是指根据自己的资源优势，生产出符合市场需求的产品，以获得最大的经济效益。市场经济是开放经济，各个地区经济是通过市场交换紧密联系在一起的。一个地区的发达或落后，是与它经济优势的发挥程度相关联的。因此，资源富集的西部经济落后地区，对资源的开发利用，必须树立起因地制宜的新观念，不能把眼光只放在本地区的自给自足上，而应放在是否有市场前景、有竞争力、有效益上。

中，基本上不考虑（也没有能力考虑）对环境的影响，更不可能把环境的代价计入开发成本。因此，造成了今天生态环境的如此恶化。当今，环境已成为全人类共同关注的重大问题，实现经济、社会、环境的协调可持续发展，已在全球深入人心，成为世界各国共同遵循的新的发展观。我国党和政府也把加强生态建设、遏制生态恶化、加大环境保护和治理力度作为重大战略部署在全国实施。资源开发对环境造成的负面影响主要有，一是从环境中提取资源，破坏（或改变）了环境原有的结构和功能，有可能引起资源本身的耗竭（对不可更新资源来说），引起环境朝逆向方向演化；二是资源开发后在加工成产品的过程中，产生出"三废"污染物质，造成对环境的污染。因此，资源开发不得不在与环境破坏的代价中，求得协调、平衡，不得不考虑环境的制约和开发后对环境的补偿，否则将会得不偿失。因为今后治理环境的成本更高，这种社会成本从整体的视角不容忽视。事实证明，先发展后治理的路子不适合我国的国情，必须在发展的过程中考虑透支恶化环境的代价。

（二）以牺牲环境为代价的经济优势成本过高

我国是一个贫穷落后、人口众多的国家，由于生产力水平低，物资严重匮乏，受吃饭问题的压力和计划经济体制的约束，在过去的资源开发

（三）过度开发和不经济开发资源不符合可持续发展战略

在资源不可再生的制约前提下，开发必须是合理的科学开发。过度开发将会破坏自然法则中的自我更新能力和环境承载力，也不符合代际分

配的原则，会占用子孙后代的资源。

在开发策略制定的思考中，不能只考虑有没有绝对收益，必须在经济学的成本中包括对环境污染和治理的成本。关于水权交易的例子就是人们如何分配使用有限资源的例子。在条件不成熟的时候，如开发技术、合作商、市场前景的时机，可以把资源先保护起来，待时机成熟的时候进行开发。只有这样，才是理性的开发，符合可持续发展的开发。

四、宁东基地产业群以重化工为主导，合理规划产业布局，注重资源节约和循环经济

（一）"开"与"发"并重，建立煤—电—煤化工基地

所谓"开"是指对资源的开启，所谓"发"是指对资源的利用。在过去的长时间中，我们对资源开发的认识十分不全面，在开发中实际上只重视"开"，不重视"发"，关心的只是资源能不能开，而对开之后能不能"发"、能不能充分有效利用则考虑得不够。因此，资源开发不关心市场，不重视成本核算，不重视从资源内涵和深层次提高附加值等现象普遍存在。人们一提开发，就意味着新开矿山、新建工程、新设开发区。当代的资源开发，要真正做到既开又发，为发而开，开之必发，则必须坚持以市场为导向，十分重视资源开发的成本，重视资源开发的技术投入，尽可能以较少的资金投入取得较大的开发成果，以较少的资源消耗换取最大的经济效益。因此，西部经济落后地区必须把合理使用、节约和保护资源，提高资源利用率和综合利用水平，作为资源开发的重点。不仅要积极上新项目，设新点、建新矿山、辟新区，而且更要在现有工矿企业中积极稳妥地推进改革、改组、改造，努力提高现代管理水平和技术水平，为实现资源优势转化为经济优势创造条件。

（二）五大核心产业链：煤炭产业、电力产业、煤化工产业、环境保护产业和装备制造业及其他直接服务业

宁东能源化工产业集群由煤炭产业、电力产业、煤化工产业、环境保护产业和装备制造业及其他直接服务业这五大核心产业链构成。经过8~12年的发展，预计到2020年，宁东能源化工基地将成为全国领先的示范性能源化工产业基地、大型煤炭基地、煤化工产业基地和西电东送火电基地之一。宁东基地将形成产业优势突出、技术先进、功能设施完善、环境优良、生态友好的"能（源）—化（工）—材（料）产业一体化、资源配置生态化、科技及管理现代化"的国际先进水平、国内领先的能源化工产业集群。[1]

宁东基地年产20万吨醋酸、30万吨醋酸乙烯等23个以甲醇、尿素及焦化产品为原料的煤化工项目和以电解铝为原料的铝镁加工项目可研报告通过专家审查。这意味着宁东基地"全产业链"战略拉开新帷幕。为提高产品附加值，提升能源化工产业发展层次，带动相关配套服务产业的发展，银川市宁东基地管委会精心打造"全产业链"，积极实施产品结构调整，不断延伸产业链。经广泛、深入调研，2008年筛选了23个下游加工项目开展可行性研究，所选的23个下游加工项目体现了循环经济理念，突出了对环境的保护，对优化地区资源配置、延伸煤电化产业链和带动相关配套服务产业的发展具有积极意义。2009年又

① 来源于2009年6月银川新闻网。

调研筛选了30个以聚丙烯、甲醇为原料的下游项目和废物循环利用项目以及硅材料、氟化工项目拟开展可行性研究。目前，宁东基地形成了良好的下游产业发展基础。宁东基地23个下游加工项目可研报告通过专家评审，意味着宁东基地将阔步向下游产业进军，实现资源优势向经济优势转化，成为全区经济增长极。

在五大核心产业中，煤化工产业既是促进煤炭深度转化的主导产业，也是带动下游化工、材料等相关产业发展的龙头产业，并且还可通过"煤电化一体化"、"多联产"等新技术应用与电力产业等其他相关产业优化组合，实现有效节能减排和循环经济的快速发展。在通过五大产业集群建设过程中，逐渐形成能源、化工、材料为主体的三大基地，并利用三大基地的外延发展不断促进相关产业集群的迅速壮大。

（三）资源开发带动区域基础设施建设和现代服务业的发展

资源开发与基础设施建设并举是落后地区发展的战略选择。首先，完善的基础设施通常是资源开发的前提，应将资源开发与基础设施建设配套，与城镇建设配套，并以基础设施建设促进资源开发，以资源开发带动基础设施建设。这样才能使资源开发与市场沟通，减少资源开发后的积压、损失，尽量缩短产品变商品的周期。其次，

基础设施的配套，能使资源与全省、全国乃至全球联网，参与更广泛的市场竞争，发挥资源的经济效益。再次，资源与基础设施配套，才能创造更好的投资环境，吸引外界的信息、技术、资金、人才，为资源的深加工和扩大再生产创造良好的条件。最后，通过资源开发带动区域基础设施建设，才能逐步改变落后面貌，真正起到资源开发导向带动社会经济整体发展的目的。特别是对许多运输量大的资源开发，铁路、公路、管道及生活基础设施建设，都应同步或提前进行。西部经济落后地区之所以落后，重要原因就是交通不便、信息不灵、基础设施差、投资环境不好等的综合竞争力低，从而使资源优势难以转变为经济优势。

在宁东基地，要加快发展现代的交通、通信和物流业，以保证货运畅通，无大量积压造成的各种成本损失。如灵武矿区产量大，区内市场空间小，区外销售运力严重不足，产运销矛盾十分突出。建议包括之举，一是将企业自备车运行区间延伸到兰州局，开通大坝至秦皇岛的自备车专列运输，将灵武煤水路联运到南方市场；二是加快宁乌铁路建设，尽快打开宁东煤炭外运的东大门，使铁路联网贯通于宁东服务基地。大力发展第三产业和公共服务设施，通过对道路、供电、供水、供气、供热、电信等网络将各矿区、电厂、工业园区、镇区联系在一起。加强基地与相邻市区银川、灵武及河东机场的便捷通道建设。

五、西部地区实现跨越式发展与环境资源和谐发展

（一）西部矿产资源优势与脆弱的生态环境

西部地区宁夏，一面是矿产资源富集的优势，一面是脆弱的生态环境的劣势。在自然环境上，区内降水稀少，年平均降水量为200~250毫米，植被以荒漠草原为主。生态系统抗干扰和自我修复能力极差。宁东基地的建设，导致部分地表形态变形，地面水系和地下水环境变化，植被退化。

同时，废水、废气、废渣的排放也将对环境造成一定的影响。

根据国家"十一五"规划纲要关于推进主体功能区的要求，根据宁东基地所在区域的环境承载能力及目前的开发密度，考虑其发展潜力，统筹规划宁夏地区的人口分布、经济布局、国土利用和城镇化格局。在整体规划上，将基地区域确定为重点开发的主体功能区，在基地内部及其毗邻区进一步划出重点开发、限制开发和禁止开发三类次级主体功能区，按照各自的主体功能定位，

规范空间开发秩序，以促进基地生态环境保护和经济社会协调发展。

（二）跨越式发展的战略与技术薄弱的现状，资源开发过程中环境的保护与治理

西部经济落后地区只有坚持资源的科技开发，才能为今后步入技术导向型的发展道路打下坚实的基础，并最终实现经济的腾飞。现代自然资源的开发，技术是手段，又是催化剂、加速器、增值剂。科技对资源开发的投入，是建立资源集约型产业体系的关键，既能提高开发速度，提高产品质量，降低消耗，提高效益，更能创立名牌，增强竞争力。

宁东基地建设中的煤化工产业可以说既缺技术又缺人才，有些技术国内也难以解决，既需要引进技术，又需要引进人才。一方面有关企业应走出去学习"取经"，并以优厚的待遇引进人才；另一方面政府应采取有力措施，组织、协调和加快对本地专业人才的培养，以尽快适应生产之需要。

在资源开发中的环境保护方面，应大力提倡循环经济，在煤气化、发电规模较大的区域内的项目实施过程中，进一步强化循环经济产业链的延伸作用。针对产业集群规划主导项目区内固体废物和污水排放量较大、环境压力明显加大的问题，实行减量化、再利用再循环的原则，企业内部、企业之间、工业园区总体注重生态设计，各生产环节综合利用能源和原料，废气、废水、废渣都要经过处理加以循环利用。宁东基地还制订了低热值燃料综合利用规划、煤层气（瓦斯）治理措施、矸石电厂污染防治方案等。积极采用新型建材及巷道回填等新技术，将固体废物的污染程度降到最低；针对宁东基地诸多项目的量产、空气质量仍存在环保压力，各企业采取了强化措施，力争做到零排放；加大节水力度，采取严格的点对点水权转换措施，并充分落实资金安排，以确保节水措施落到实处。

积极推广点、线、面结合的林地拓展模式。由于林地和湿地对于改善区域生态环境作用显著，可在供水条件较好的建设用地内部和周边提高绿化率。"点"：指利用矿井和电厂用水处理回用，在矿井井口工业广场、电厂、灰厂、农村居民点营造林地。"线"指在道路沿线、输水管线沿线、河沟两岸、道路两侧各种30米宽防护带。"面"指镇区、工业园区、水库周围的林地。计划近期绿地率达10%，远期绿地率达20%。

（三）努力实现经济效益、社会效益、生态效益三者高度统一

1. 社会效益

宁夏既属于国家西部大开发的省区，又属于少数民族地区和老少边穷落后地区，宁夏的落后既有自然原因又有人为因素，是在历史长河中形成的。新中国成立60多年来，在党中央和国务院的关心支持下，全区人民艰苦奋斗，宁夏的落后面貌有了很大改变，但和全国及发达省区相比，差距仍在不断拉大。如果宁夏这种少数民族地区长期落后，可能不利于构建和谐社会。

宁东能源化工产业基地是国家经济发展战略和保障经济安全的需要。石油在国家经济发展和国家安全中具有极为重要的意义。有关分析资料表明，如果没有新的储量增加，按目前的开采量，10年后我国石油将仅能维持目前的产量，石油资源储备形势十分严峻。我国迫切需要不断发掘新的资源储备或寻求替代产品。在宁夏建设国家级大型能源重化工基地，其中一项重要内容是生产二甲醚，它是完全可替代石油产品的新型洁净能源。我国是人口与农业大国，粮食产量大，需要化肥多。目前，从发展趋势来看，各国均以天然气为原料生产合成氨。而以轻油、重油和煤为原料生产合成氨，其成本较高，在市场竞争中无优势可言，今后将逐步被淘汰。我国现阶段在大型合成氨装置中，以天然气为原料生产合成氨的仅占20%，而就近利用陕甘宁盆地天然气生产合成氨，正是宁夏沿黄（河）地带国家级大型能源重化工基地建设的重要内容。规划建设的以天然气为原料、年产200万吨合成氨的国家大型氮肥生产基地，对促进我国的化肥工业发展和保障我国的粮食安全，意义十分重大。

2. 经济效益

宁东能源化工产业基地是缩小东、西差距，促进民族团结和社会稳定，实现西部大开发战略目标的需要。初步估算，基地建设中主要项目总

体投资 1000 多亿元,这将使宁夏工业企业年销售收入和利税实现翻番。基地建设还将带动荒地资源的开发利用与生态建设,刺激农副产品的市场需求和农业人口向城镇、工矿区集中,促进银川、吴忠、灵武、青铜峡、中宁、中卫等一系列城镇的发展,相应带动旅游、房地产开发等第三产业的发展。北部石嘴山地区是宁夏煤炭工业主要生产基地,探明储量仅占宁夏 12% 左右。近些年来,同全国煤炭行业一样,石嘴山和石炭井两大矿区生产经营陷入困境,亏损严重,下岗职工增多,成为严重影响社会稳定的重要因素。宁夏沿黄(河)地带国家级大型能源重化工基地,规划建设千万千瓦级电力基地,初步匡算,需要消耗 3000 万吨左右发电用煤。目前,宁夏全区煤炭生产能力仅为 1800 多万吨,将彻底摆脱当前全区煤炭行业生产经营困境,并实现宁夏煤炭工业重心由北向南的战略转移。

宁东能源化工产业基地是经济结构调整与优化升级的需要,符合国家的产业政策。结构调整是"十五"期间国民经济和社会发展的主线。宁夏经济结构中以原材料初级产品为主,产品技术含量低、附加值低,结构效益低下。充分利用区域内的资源综合优势,建设宁夏沿黄(河)地带国家级大型能源重化工基地,变输煤为输电,同时开展煤化工、天然气化工等资源的深加工,将优势资源就地转化为技术含量和附加值高的产品,

是实现宁夏经济结构调整与优化升级的重大举措。同时,这一举措符合国家产业政策,符合党的十五届五中全会精神。到 2020 年,基地固定资产投资总规模预计达到 5000 亿元,可实现工业增加值 670 亿元,带动全区相关产业实现增加值 540 亿元,新增地方财政收入 180 亿元。经模拟测算可以带动沿黄城市带新增就业岗位 50 万个,沿黄城市带吸纳南部山区、中部干旱带人口转移定居 50 万人,促进全区城镇化率达到 60%。由于宁夏在西北地区的特殊位置,在促进完善社会主义市场经济体制的过程中,有利于推动经济结构的战略性调整,促进区域经济协调发展。

3. 生态效益

宁东能源化工产业基地将构筑以先进节能技术为依托的能源化工产业共生网络,从根本上改变过去的初级产品粗放经营的局面,以循环经济为指导思想的产业链最终是有利于生态和可持续发展的。另外,宁东工业基地建设过程中的重点开发、限制开发和禁止开发三类次级主体功能区的划分,以废水处理后营造点、线、面的绿化方案,也是符合边治理边发展的思路的。基地带来巨大的经济效应,一方面方案中对于开发区生态保护做了科学严密的考证和相应措施制定,另一方面经济上也为进一步生态保护提供了保障,使得人进沙退、一派现代化的绿洲工业城市成为可能。

六、结 语

宁东能源化工产业基地最终是实现经济效益、社会效益、生态效益三者高度统一的符合科学发展观的重要的国家级能源化工生态工业基地。宁东基地建设所体现的由资源优势向经济优势转化,包含了粗放经营向集约经营、可持续发展理论、资源开发的成本收益关系、环境治理中的社会成本、产业结构的调整和优化、产业链、循环经济等经济学理论,是区域经济发展理论中的可贵尝试和重要战略举措。

参考文献

陈海泉. 关于西部经济落后地区实现资源优势向经济优势顺利转化的思考[J]. 成都行政学院学报, 2003(2).

自治区发展计划委员会课题组. 关于宁夏建设国家级大型能源重化工基地的构思[J]. 市场经济研究, 2001(3).

汪一鸣、赵亚峰. 宁夏能源化工基地的环境保护与生态建设[J]. 宁夏工程技术, 2008(6).

祁彦斌. 宁东又好又快发展十大对策研究[J]. 宁夏社会科学, 2008(1).

(郑爱文,北方民族大学商学院)

深入实施西部大开发背景下的西部地区对外开放问题研究

一、引 言

我国的对外开放政策始于1978年底，十一届三中全会决定对内改革经济体制、对外实行开放政策。从1979年7月中央确定在广东、福建两省实行"特殊政策"和"灵活措施"，并提出在深圳、珠海、汕头、厦门试办经济特区开始，我国逐渐形成了经济特区—沿海开放城市—沿海经济开发区—内地的梯度推进开放格局。

我国30多年的对外开放成绩辉煌，为社会主义市场经济发展、实现社会主义现代化目标、全面建设小康社会奠定了坚实的基础。但是，我国西部地区的对外开放无论在量的方面，还是在质的方面，都落后于东部地区。经过10年的西部大开发，西部地区对外开放水平有了质的飞跃，是西部大开发的"助推器"。在落实科学发展观、转变经济发展方式、全面建设小康社会和深入实施西部大开发的全新历史背景下，进一步扩大西部地区的对外开放，构建我国"海陆并进"的对外开放格局是西部地区科学发展的重要内容之一。

二、西部地区对外开放的重大意义

西部地区国土面积占全国的71.4%，人口占全国的28.6%，"没有西部地区的小康就没有全国的小康"，"没有西部地区的现代化就没有全国的现代化"，"没有西部地区的稳定就没有全国的稳定"。同样，没有西部地区的对外开放就没有全国的对外开放。西部地区对外开放，让西部地区与世界相连，已经成为国家战略，具有重大的意义。国家也先后制定了针对西部地区对外开放的政策，对西部地区的对外开放起到了积极的推进作用。

1. 促进我国经济发展方式转变的重要动力

我国经济还没有摆脱传统发展模式，依然保持着高投入、高消耗、高污染的不可持续特征。党的十七大提出了转变经济发展方式的基本要求，胡锦涛总书记在《省部级主要领导干部深入贯彻落实科学发展观加快经济发展方式转变专题研讨班上的讲话》中指出"加快经济发展方式转变是我国经济领域的一场深刻变革"，并提出转变经济发展方式包括加快推进经济结构调整、加快推进产业结构调整、加快推进自主创新、加快推进农业发展方式转变、加快推进生态文明建设、加快推进经济社会协调发展、加快发展文化产业、加快推进对外经济发展方式转变八个方面。

西部地区对外开放为我国经济发展方式转变提供了不同层次的动力。从宏观层面来看，西部地区的对外开放有利于我国在更广阔的市场配置资源，同时为我国商品拓展市场，开拓我国经济发展的新空间；西部地区对外开放水平的提高，促使西部地区劳动生产率的提高，从而提高国民收入，扩大内需，改善我国内外需结构。

从中观层面来看，西部地区的对外开放会促进西部地区产业结构的优化升级，为西部地区发展特色优势产业、改造提升传统产业、发展战略性新兴产业、转变农业发展方式、促进服务业发展提供资本、技术、人才、信息等支持，加快西部地区现代产业体系的形成，从根本上转变经济发展方式。

从微观层面来看，西部地区的对外开放为市场主体——企业带来新的发展机遇。既能够通过招商引资等方式引进企业，又为我国企业的"走出去"创造了机会。

2. 调整我国经济结构的有力举措

调整经济结构是转变经济发展方式的主攻方向，在《中共中央关于制定国民经济和社会发展第十二个五年规划的建议》中指出："坚持把经济结构战略性调整作为加快转变经济发展方式的主攻方向。"经济结构包括需求结构、产业结构、要素投入结构、空间结构，经济结构调整就是要促进经济增长由主要依靠投资、出口拉动向依靠消费、投资、出口协调拉动转变，由主要依靠第二产业带动向依靠第一、第二、第三产业协同带动转变，由主要依靠增加物质资源消耗向主要依靠科技进步、劳动者素质提高、管理创新转变，并且实现区域协调发展和城乡协调发展。

（1）对外开放能引进西部地区缺乏的资本和技术。从我国对外开放的效果来看，我国引进了大量的资金、技术、设备，改变了我国技术进步慢、生产设备工艺落后的状况。西部地区利用对外开放引进资本和技术，加速发展现代农业和现代服务业，促进一、二、三产业协调发展；同时能改变当前的要素投入结构，提升工业发展水平，优化二次产业对国民经济的支撑作用。

（2）对外开放能优化我国的需求结构。西部地区对外开放有利于加强与西亚、中亚、东南亚、南亚、欧洲、非洲国家的联系，改变我国对美国、日本等国市场过度依赖的现状。对外开放促进西部地区经济增长，增加居民收入，激活西部地区的消费市场，产生新的基础设施、民生工程方面的投资需求，优化我国的投资结构。

（3）对外开放能优化我国经济空间结构。我国东、西部经济发展水平的差距仍然处于扩大阶段，加快西部地区的对外开放，缩小东、西部经济发展差距，对实现"两个大局"战略和形成全方位的开放格局具有重要意义。西部地区城乡二元结构矛盾依然突出，通过对外开放，加快西部地区中心城市的发展和新的增长极的形成，推进西部地区城市化进程；同时，通过对外开放的渐次推进，加快统筹城乡发展，逐步缩小城乡差距，实现城乡和谐发展。

3. 深入实施西部大开发战略的重要内容

2010年7月5日、6日，胡锦涛总书记、温家宝总理在西部大开发工作会议上发表了重要讲话，要求全党全国一定要从大局出发，深刻认识深入实施西部大开发战略的重要性和紧迫性，奋力将西部大开发推向深入，努力建设经济繁荣、社会进步、生活安定、民族团结、山川秀美的西部地区，为实现全面建设小康社会奋斗目标、实现中华民族伟大复兴做出新的更大的贡献。对外开放是深入实施西部大开发战略的重要内容之一，正如《人民日报》社论所指出的"要坚持社会主义市场经济改革方向，充分发挥市场在资源配置中的基础性作用，大胆探索、先行先试，以改革促开放，以开放促开发"。[①]

虽然西部大开发取得了巨大成就，但西部地区仍然面临着经济发展水平不高、自我发展能力不强等诸多问题，仍然是我国经济相对落后和欠发达地区。西部地区的对外开放有利于发挥西部地区比较优势，提升西部地区对外贸易竞争力；有利于西部地区吸引外资，合理承接国际、国内产业转移；有利于西部地区开展对外经济技术合作，提升西部地区产业技术水平和自我创新能力。因此，扩大西部地区对外开放的广度和深度是深入实施西部大开发战略的重要内容。

4. 维护西部稳定的必然要求

"没有西部地区的稳定就没有全国的稳定"，西部地区的安全、稳定直接影响着国家安全。西部地区是我国少数民族集中分布区，只有通过推动少数民族和民族地区的跨越式发展，切实提高人民生活水平，才能巩固和发展平等团结、互助

---

① 奋力将西部大开发推向深入（社论）[N]. 人民日报，2010-07-07（4）.

和谐的社会主义民族关系，才能巩固民族团结、边疆安全的局面，更好地维护国家主权、安全、发展利益，更好地维护祖国统一、边疆稳定、国家长治久安。

少数民族和民族地区的发展离不开对外开放。一方面，对外开放加强民族地区和世界的经济交流，通过对外贸易、利用外资、经济技术合作等方式，加快民族地区经济发展，提高人民生活水平；另一方面，对外开放加强民族地区和世界的文化交流，使各民族独特的文化与世界新的文化、理念相互碰撞、融合，改变千百年来民族地区封闭、落后的现状。因此，加快少数民族和民族地区发展，维护西部地区的稳定，要求西部地区持续的对外开放。

三、西部地区对外开放政策及评价

1. 西部地区对外开放政策

纵观我国对外开放 30 多年来的历程，西部大开发战略实施以前对外开放政策主要针对东部地区。第一个涉及西部地区的对外开放政策是 1996 年中央政府出台中西部地区对外开放的优惠政策，主要内容包括：进一步扩大中西部地区特别是沿边地区和内陆中心城市对外开放的范围和领域，尤其是在开发当地优势资源和加快基础设施建设方面，允许采取灵活多样的方式；外国贷款项目、多边或双边援助项目，除有特殊要求以外，将全部安排在中西部地区；中西部从速从宽审批本地区大中型生产企业和科研院所的对外经营权；对外贸易方面，结合国家配额、许可证管理制度的改革措施，对中西部地区实行某些优惠政策，凡以中西部地区为主产地的配额商品，要实行定向招标，将大部分配额拨给该地区，对其他商品则尽量照顾。

1999 年，西部大开发战略开始实施，随着西部大开发的深入推进，针对西部地区对外开放的政策力度不断加大，先后出台了《国务院关于实施西部大开发若干政策措施的通知》、《关于外商投资企业境内投资的暂行规定》、《外商投资产业指导目录》、《国务院进一步推进西部大开发的若干意见》、《西部大开发"十一五"规划》等政策文件。西部对外开放的政策主要包括四个方面的内容：进一步扩大外商在西部地区的投资领域；进一步拓宽利用外资的渠道；扩大对外经济贸易合作；推进地区协作与对口支援。①

2. 评价

国家对于西部地区对外开放政策随着西部地区的发展而不断调整，从时间上来划分，可以大致划分为两个阶段：一是西部大开发之前（1999 年之前），这一时期的西部对外开放政策主要针对西部沿边地区和中心城市，这些政策基本是东部开放政策在区域范围上的拓展；二是西部大开发之后（1999 年之后），这一时期的西部对外开放政策针对西部十二省的所有范围，结合了西部地区的实际情况，以"引进来"为主。西部地区对外开放 30 年来，特别是西部大开发战略实施以来，对外开放取得了辉煌的成就，主要表现在以下几个方面：

（1）对外贸易规模持续扩大。2008 年，西部地区进出口贸易总额达到 223.16 亿美元，占全国的 1.58%，比 2000 年提高 0.51 个百分点。其中进口总额 128.89 亿美元，出口总额 94.27 亿美元，分别是 2000 年的 6.6 倍和 9 倍。

（2）引进外资数量与质量同步提升。2000~2007 年，西部地区实际利用外资总额年均增长 14.29%，2007 年西部地区实际利用外资总额达占全国的 6.09%。西部地区引进外资已经从劳动密集型的传统产业转向精细化工、生物医药、电子信息等战略性新兴产业及金融、旅游、信息服务等现代服务业。同时，西部地区引进外资也改变了以小项目为主的情况。在投资结构上，2008 年引进外资在一、三产业的比重明显提高。

（3）对外经济技术合作不断深化。西部地区对

---

① 江世银，杨伟霖.建立和完善增强西部地区发展能力的对内对外开放政策 [J]. 兰州商学院学报，2010（2）：21-25.

外直接投资总额不断提高，在对外承包工程、劳务合作、设计咨询业务方面营业额提升明显，"走出去"规模和水平不断提升。

总体来说，西部地区的各项对外开放政策取得了重要的阶段性成果。西部地区对外开放深入推进，对外贸易、引进外资、对外经济技术合作等方面都取得了长足的进步，为进一步的对外开放打下了坚实的基础。

四、西部地区对外开放的条件

1. 自身发展水平不高，内部差异较大

东部地区是我国经济发达地区，经济实力较强、产业基础较好、科技人才汇集，因此，东部地区在对外贸易、引进资本、技术、开展国际合作上有着西部难以匹敌的优势；东部沿海各省发展水平相当，可以实行统一的对外开放政策。

西部地区与东部地区相比，发展水平还不高，而且内部差异明显。2008年西部地区生产总值为58256.58亿元，占全国的17.8%，而东部地区生产总值达到177579.6亿元，占全国的54.3%；西部地区人均GDP为16000元，东部地区则达到了37213元；西部地区三次产业结构为15.6：48.1：36.3，而东部地区为6.8：51.7：41.5。从西部地区内部来看，地区生产总值最低的西藏仅为生产总值最高的四川省的3.17%；人均生产总值最高的为32214元，最低的仅为8824元。因此，西部地区的对外开放不能复制东部地区对外开放模式，而应该从自身实际的发展水平和内部差异明显的现实出发，探寻西部地区对外开放模式。

2. 毗邻国家和地区发展水平参差不齐

我国东部对外开放以东向为主，主要面向港澳台地区以及日本、美国和欧洲各国，这些国家和地区市场经济发达、国民收入水平高、技术水平高、资本充裕，因此东部地区在开放内容上以引进技术、资本，输出商品为主。

我国西部地区同蒙古、俄罗斯、哈萨克斯坦、吉尔吉斯斯坦、塔吉克斯坦、阿富汗、巴基斯坦、印度、尼泊尔、锡金、不丹、缅甸、老挝、越南14个国家接壤，这些国家和地区绝大多数是发展中国家，技术、资本相对缺乏，购买力不强，但是这些地区是资源富集区。因此，西部地区的对外开放在内容和形式上都不同于东部地区的对外开放。

3. 自然条件恶劣，以陆路运输为主

我国东部地区处在沿海地带，地势平坦、气候温和、交通便捷，或为滨海之都，或为江南水乡，容易形成优良的投资环境。东部地区的对外开放以海洋运输为主要联系纽带，南起北部湾、北至渤海湾的国际海洋运输通道为东部开放提供运量大、成本低的运输方式。因此，东部地区对外开放依托东部沿海港口和开放城市，呈扇面状铺开。

我国西部地区则远离海洋，边境口岸多为高山、戈壁、沙漠，气候条件恶劣，交通闭塞。西部地区对外开放以陆路运输为主，且铁路、公路线路险要，运力有限、成本较高。西部地区对外开放的空间分布只能以西部地区各交通枢纽为依托，沿交通线路呈叶脉状分布。

4. 可利用的社会经济关系更加复杂多样

由于历史原因，东部地区在历史上与港澳台地区以及日本、美国等存在着密切的联系，形成了对外开放的传统。东部地区有大量旅居海外的华侨和华人，他们与东部地区有着天然的联系，成为促进东部地区对外开放的重要力量。

西部地区也有着悠久的对外开放历史，西部地区的少数民族与毗邻国家以及西亚、中东国家存在着民族、宗教、文化传统的共同性，是促进西部地区对外开放的有利因素。但是，西部地区的少数民族众多，各民族的宗教、文化传统迥异，与毗邻国家间的社会经济关系更加复杂、多样。因此，如何利用好这些社会经济关系、趋利避害，将比东部地区更加复杂。

五、西部地区对外开放思路：沿边开放与内陆开放并举

从文献资料来看，西部地区对外开放思路、战略问题的研究集中在两个时期：一是20世纪80年代末90年代初，国家提出东部地区率先开放时，专家学者对于西部地区如何进行对外开放的战略思考；二是2000年左右，西部大开发战略实施前后，学者在西部大开发的历史背景下对西部地区对外开放战略的重新思考，但这一时期多集中于照搬东部开放的模式，仍然强调发挥资源、劳动力优势，换取资本和技术。

经过西部大开发10年的快速发展，西部地区对外开放已经站在了新的历史起点上，其对外开放思路要做出新的调整。

西部地区新时期的对外开放要以科学发展观为指导，要集中体现"以科学发展为主题，以转变经济发展方式为主线"，坚持沿边开放与内陆开放并举的总体思路，加快西部地区经济发展，增强西部地区自我发展能力和可持续发展能力；促进形成东向开放与西向开放并重，坚持"引进来"和"走出去"并行，西北地区开放与西南地区开放并进的格局，全面提升西部地区对外开放水平。

1. 东向开放与西向开放并重

长期以来，我国的对外开放以沿海的东向开放为主导，即使西部地区实行对外开放，也是舍近求远，以东向为主。实践证明，以东向为主导的对外开放格局不利于我国经济的长远发展。首先，过度依赖亚太市场会增加我国经济的不稳定风险，2008年金融危机的冲击充分证实了这一点；其次，亚欧大陆资源富集，我国经济发展中的资源短缺问题只能通过与亚欧大陆国家间的经济合作来解决；最后，面向亚欧大陆国家开放可以充分发挥西部地区的地缘优势。因此，西部地区对外开放既要注重东向开放，发展同亚太地区国家的经济合作，又要充分发挥与亚欧大陆国家的地缘优势，大力发展同亚欧大陆国家间的交流合作。

新亚欧大陆桥为西部地区的东西双向开放提供了物质基础。新亚欧大陆桥东起连云港、西至荷兰的鹿特丹，在我国境内经江苏、安徽、河南、陕西、甘肃、新疆，横跨我国东、中、西三大地带。新亚欧大陆桥将西部地区同我国东、中部地区和亚太地区相连接，又直接与西部毗邻国家和欧洲相连，为西部地区的东西双向开放创造了优越的交通条件。

西部地区的东向开放，主要面向我国东部地区和亚太地区，在国际、国内产业转移的浪潮下，西部地区东向开放可以以承接产业转移为主，积极开展对外贸易，通过吸纳发达国家和地区的资本、技术、人才等要素，实现西部地区产业结构的调整、升级，进而带动经济的腾飞。而西向开放主要面对处于同一发展水平的发展中国家，西部地区西向开放可以发挥地缘优势，以资源合作开发、技术、人力资本的输出为主要内容，利用产业互补，开展对外贸易，寻求经济技术合作。

2. "引进来"与"走出去"并行

以往的对外开放以"引进来"为主，在招商引资、承接产业转移方面发展迅速，西部地区也吸引了大量的外资，为西部地区的发展提供了大量的资金。但是"走出去"同样是对外开放的重要内容，西部的发展离不开世界，世界的发展同样离不开西部。从西部地区走出去的企业、产品数量较少，无论在数量还是规模上都远远低于引进外资的水平，西部地区的"走出去"还以劳务输出和工程承包为主要形式，已经不能适应新的发展要求。

西部地区的对外开放要"引进来"与"走出去"并行，一方面要提高"引进来"的质量和数量，从"引资"向"选资"转变，选择有利于西部地区转变经济发展方式、调整优化经济结构的外资；另一方面，要着重提高"走出去"的规模和水平，以自主创新为驱动力，增强西部地区企业的核心竞争力，参与全球产业分工与竞争的洪流中去。

3. 西北开放与西南开放并进

西部地区12个省区中西北地区和西南地区地理区位、自然条件、产业基础、毗邻的国家和地

区截然不同，因此，西部地区对外开放可以形成西北、西南两个各有侧重的对外开放片区。

西北片区包括新疆、内蒙古、宁夏、甘肃、青海、陕西6省区，矿产资源和能源丰富，在石油和天然气开采、有色金属、黑色金属、化学工业等方面具有优势，航空、航天、核工业基础雄厚。西北片区主要面向蒙古、巴基斯坦、阿富汗、印度、俄罗斯等接壤国家以及西亚、东欧诸国，充分发挥西北地区加工制造业和高技术优势，开展对外贸易和技术合作；加强能源领域的合作开发；积极开展劳务输出。

西南片区包括西藏、云南、广西、四川、贵州、重庆6省区，装备制造、农产品加工、高新技术产业具有较大优势。西南片区主要面向南亚次大陆、东南半岛，发挥西南地区制造业的优势，拓展对外贸易；利用西南地区与周边国家的技术梯度，鼓励企业"走出去"。

参考文献

江世银.西部大开发新选择［M］.北京：中国人民大学出版社，2007.

涂裕春.中国西部的对外开放［M］.北京：民族出版社，2001.

涂裕春，汪丽华.构建具有西部地区特色的对外开放格局［J］.西南民族大学学报，2002（6）：23-27.

丁志刚.西部对外开放的战略定位［J］.甘肃社会科学，2001（1）：36-38.

马保平.西部大开发中的对外开放问题研究［J］.兰州商学院学报，2001（12）：14-19.

魏后凯，孙承平.我国西部大开发战略实施效果评价［J］.开发研究，2004（3）：21-25.

毛筠，杜晓燕.西部区域发展与利用外资［J］.经济问题，2002（11）：63-65.

伟霖.建立和完善增强西部地区发展能力的对内对外开放政策［J］.兰州商学院学报，2010（2）：21-25.

关于西部大开发的战略思考［N］.开放导报，2000-04-07（01）.

奋力将西部大开发推向深入（社论）［N］.人民日报，201007-07（4）.

（吴振明，四川大学经济学院）

其他领域

城市水域问题与休闲旅游利用国际经验

一、城市水域问题

联合国环境规划署预测水污染将成为 21 世纪大部分地区面临的最严峻的问题。[①] 我国光鲜的城市外表已赶超发达国家的许多城市，但水域环境却仍然带着落后的印迹。[②] 笔者不仅实地踏勘了上海、北京、大连、桂林、张家界、丽江、凤凰城、周庄、西塘等城市（镇）水域，也于 2010 年 8 月至 2011 年 2 月实地考察了美国芝加哥、纽约、圣安东尼奥、孟菲斯等城市水域，发现中美两国城市水域环境差别很大。最重要的差别就是美国城市水域已悄然从区域生产功能演变成休闲旅游功能。例如，芝加哥东部的密歇根湖，蔚蓝色湖水美丽如画，摩天大楼与湖面保持了得体而礼貌的距离，中间则是宽约五六百米的林带和草地。市民在草地踢球，在林间漫步，在湖面上驾驶游艇。中国的城市水域，先是被提升城市 GDP 的工厂占用，后被增加地方卖地收入的房地产压逼。不仅林草地被钢筋水泥代替，水面也被不断侵占，甚至完全被水泥板覆盖。于是，城市的气味变臭了，水域成了排污池。由于河道被截弯取直，缓冲、过滤的林草、湿地被工厂或楼盘利用殆尽，城市之"肾"已功能衰竭，每逢雨季，就被"透析"几次。一些城区毁掉使用时间不长的地面砖，换成透水砖，但透水砖下却做成不透水的水泥地面，劳民伤财，于"水"无补。与芝加哥具有可比性的上海市，黄浦江与苏州河主河道经过治理已不再黑臭，但其郊区的一些河段，悠远宁静、自然宜人的水乡泽国、鱼米之乡，已逐步演变成"河水黑臭"、"鱼虾难觅"、"垃圾堆岸"的景象。这些水域附近的居民闻着臭水，喝着脏水，看着污水，与"城市，让生活更美好"的世博会主题相悖离。[③]

二、美国城市水域休闲旅游经验

20 世纪 60~70 年代，美国公众对日益败落的环境视觉质量就提出过尖锐批评。1990 年提出并实施了庞大的水域景观生态恢复计划[④]（Davenport T.，1999），在 2010 年之前恢复受损河流 64 万平方公里，湖泊 67 万平方公里，湿地 400 万平方公里。美国低迷的房价、义务教育、大学生贷款读书的风气以及较为完善的医疗保障，使得美国工薪阶层可以尽情休闲旅游，水域是其最为理想的

① 高珊，黄贤金. 发达国家城市水污染治理的比较与启示 [J]. 城市问题，2011（3）：91-94.
② 全华. 生态旅游区建设研究综述 [J]. 地域研究与开发，2004（3）：70-74.
③ 杨竹莘，全华. 城市水域景观分析及综合治理 [M]. 北京：法律出版社，2009.
④ Davenport T. The federal clean lakes program works [J]. Wat Sci Tech, 1999, 39 (3)：149-156.

去处。① 笔者于 2010 年 8 月至 2011 年 2 月，对美国城市水域进行了为期半年的实地考察。美国城市水域休闲旅游开展得较好的主要有芝加哥、达拉斯、迈阿密、圣安东尼奥，其水域休闲旅游值得借鉴。

1. 芝加哥：湖水洁净的休闲港湾

美国密歇根湖西南岸的芝加哥，不仅高楼林立，而且密西西比河、芝加哥河流、卡拉麦特河在此构成纵横交错的水网。市政部门通过建设水位提升设施和闸门，将原本流入密歇根湖的芝加哥河的流向倒转，使其转而向南流入伊利诺河。从此，城市的污水不再注入密歇根湖，蔚蓝色的密歇根湖成了城市与水域和谐的世界样板。芝加哥在保护湖水洁净的基础上，注重沿湖开展休闲旅游。全长 900 米的海军栈桥经过大规模改修后，被开辟为儿童博物馆、三维立体剧院、露天舞台、庭园等休闲游憩复合体，游客可以在悠闲轻松的散步中欣赏音乐家或表演家的精彩献艺。在洁净的密歇根湖面上，不时有游艇漂过，一群群海鸥在低空盘旋。西北侧是以深色西尔斯大厦领衔的摩天大楼群，高低错落，与湖面一起构成芝加哥特有的天际线，有"世界十大最美天际线"之称。湖边是居民休闲的好去处。芝加哥《太阳报》曾报道："当奥巴马还不太出名时，会带女儿去湖边的普罗蒙特角玩。"

2. 达拉斯：森林围护湖泊的休闲城市

美国前总统布什定居的达拉斯市，水域休闲利用经验也可圈可点。笔者实地考察的白岩湖（White Rock Lake），位于市区东北部，湖水感官质量与上海青浦的淀山湖差不多。虽然湖面不如密歇根湖宽阔，但其亚热带气候、湖周围茂密的植被以及蓝色的天空组合成一幅恬静的休闲画面。石油大王和得州富豪大多在湖畔建有豪华住宅，布什那座价值 210 万美元的豪宅也在达拉斯。在湖北端铁丝网围合而成的遛狗场所内，各种名犬相互追逐嬉戏。狗主人也在旁边溜达休闲。湖边

黄色树冠与挂着大半轮银色月亮的蓝色天幕，在相机显示屏里格外艳丽。驱车沿湖东岸南行，变换的树景、湖景、桥景、游艇静泊的港湾、野鸭戏水的动景，不断地留住人们休闲的脚步。

3. 迈阿密：世界邮轮休闲之都

美国迈阿密拥有 12 个超级邮轮码头，2000 米岸线，泊位水深达 12 米，可同时停泊 20 艘邮轮，堪称世界邮轮休闲之都。这里的邮轮休闲旅游，可谓工薪族价格、富豪的享受。笔者曾进行西加勒比海五日四晚的邮轮休闲旅游。除了赌场、酒吧以外，邮轮上的所有吃喝玩乐不用另外付费。游客不仅可以在邮轮顶层玩高尔夫、打乒乓球、游泳、滑水，而且每天近百场演艺、游乐活动，令人目不暇接。邮轮的抵达与离去，为迈阿密带来数以万计的乘客，他们在这里休闲娱乐、餐饮、购物消费。每年迈阿密接待的邮轮休闲旅客超过 300 万人次，经济效益过百亿美元。虽然迈阿密的邮轮休闲具有许多难以复制的天然优势，但其高效率管理、低廉的费用、洁净的水域环境是其他类似港口城市所不具备的。

4. 圣安东尼奥：闹市中心的森林河谷

圣安东尼奥市以其繁华而又古树浓密的河畔步行街（River Walk）闻名于世。4.5 公里长的河畔步行街，坐落在低于城市街道层面的河谷地带，从城里街道看去，只见满河谷的古树蔚为壮观。这里的河面不宽，河流两岸古树参天。宽敞的红色机动船徐徐穿行林间，在低矮的桥下进进出出，有的坐满了游客，有的被泊在岸边，等候包船业务，包一条船游览一小时需 100 美元。河边除了古树林、小桥、小船外，也有高楼，但一层却是专为河水预留的空间。涓涓细流从一楼穿过，人造出跌水、瀑布、喷泉等多种水域景观形态。圣安东尼奥建市已 300 多年，在市区人口超过 120 万的城市中心，能保持河流如此干净、古树如此浓密、高楼如此环保，难能可贵。

---

① Timothy，D.J . Supranationalist alliances and tourism: insights from asena and SAARC［J］. Current Issues in Tourism，2003（3）：250-266.

三、欧洲城市水域休闲旅游利用经验

许多欧洲城市水域也曾经历过污染的阵痛。历史上欧洲主要的河流不仅促进了文化以及商业的传播，而且为一代代的艺术家和作家提供了创作灵感。然而这些河流同样面临着环境污染和过度开发的问题。[①] 20 世纪 50 年代初，英国的泰晤士河被称为臭水沟和死水河。由于各国只顾自己工业和经济的快速发展，而忽略了环境污染的问题，使莱茵河成了"欧洲的阴沟"。[②] 德国首先推行重新自然化的水域景观保护策略，随后周边诸国如瑞士、奥地利等也相继实行，力争将水域景观恢复到接近自然的状况，使一度污染严重的欧洲河流大有改观。为了使城市河流治理成果得到维持和巩固，城市水域及其附近地区的工商业活动逐步被休闲旅游替代。

1. 巴黎塞纳河：打造浪漫休闲的文化型河流

塞纳河休闲旅游开发是 1989 年根据巴黎城市规划进行的。[③] 目前，塞纳河休闲旅游项目有 6 种：观光游、趣味游、教育游、午餐游、晚餐游、私人包租游。手持电子导游设备有 13 种语言选择，解说词有几个版本，都有文化背景的介绍。教育游针对不同年龄段孩子准备不同解说，还有儿童版解说词，充满乐趣和教育意义。[④] 塞纳河休闲旅游开发突出的理念和特点在于：

第一，文化底蕴的强大支持及有效的景观保护。塞纳河将巴黎最精华的旅游资源串联在一起，同时注重文化遗产的保护。完善的立法保护、有效的管理体制以及全民的保护参与都为其提供了卓有成效的保护。

第二，水陆互动结合，游船节目丰富，河道突出亲水特点。塞纳河的旅游设计是开放性的，水陆联动突出，水、岸遍布休闲场所。其游船功能齐备，节目丰富，每经过一个典型景观，游船的解说系统都会配以相应的解说词和相关的文学、

艺术作品，充分调动游客感官。

第三，与巴黎城市悠闲浪漫气质协调一致。塞纳河是法国巴黎的"代言人"，处处散发出悠闲的氛围、艺术的气息，以及浪漫的情韵。从功能上说，它集运输、旅游、娱乐、休闲于一身；从历史上看，它是巴黎的发源地，塞纳河留下了不同时期的印记，代表着巴黎的发展；从氛围角度看，塞纳河充满了浪漫和闲适。这些都是巴黎典型的气质，这样的契合使塞纳河成了巴黎浪漫都市的典型代表，获得了巨大的增值效应。

2. 多瑙河：凸显音乐的轻松与战争的沉重

多瑙河是一条国际性河流，流经多瑙河畔的"音乐之都"维也纳，也流经饱受战乱之苦的波兰和柏林。多瑙河休闲旅游所利用的，主要围绕这两大题材展开。

第一，多瑙河畔上演多种歌剧、音乐会、戏剧、舞蹈、表演和展览。多瑙河岛节、Wiener Festwochen 音乐节是多瑙河旅游的亮点。欧洲最大的露天音乐节 Donauinselfest 每年 3 天的演出时间会吸引 300 万人前来，欣赏 1000 个不同音乐风格的乐队现场表演，从摇滚到流行音乐、hip-hop、爵士乐、布鲁斯、传统维也纳音乐和美国乡村音乐。7~8 月，来自各大洲的世界级舞蹈指导，前卫的舞蹈团前来表演最新和经典的现代舞。多瑙河华尔兹小屋中的施特劳斯纪念馆、贝多芬纪念馆、莫扎特纪念馆、舒伯特出生的小屋等景点，可以让人享受顶级的音乐休闲。

第二，在音乐的旋律中，游客感受到哈布斯堡家族的辉煌时光，从市中心的霍夫堡英雄广场、国会大厦、博物馆、剧院到旧日皇宫，尽是上百年宏伟建筑、石檐雕塑、英雄石像及对奥地利极有影响力的特丽莎女皇坐像、千军万马的气魄、回荡的交响乐曲，皆令人沉湎在醉人的艺术气息

---

① M.cooper, Bruce Prideaux. River tourism [M]. UK: MPG Books Group, 2009.
② 杨明生. 内陆水域污染、监测与治理研究进展 [J]. 孝感学院学报，2006（3）：22-26.
③ 沈虹，冯学钢. 都市文化型河流旅游开发研究——以上海苏州河为例 [J]. 桂林旅游高等专科学校学报，2006（5）：542-545.
④ 张璟，杨媛媛. 城市水上旅游解说系统初探 [J]. 生态经济，2009（2）：147-151.

之中。

第三，组织游客凭吊多瑙河畔大量的历史遗迹。美如童话世界的建筑，波希米亚风采，大教堂的钟响，马蹄声，恍如隔世，无论晴日还是雨夜，"布拉格之春"的浪漫凄美，为过客留下心醉回忆。

第四，客观展现多瑙河畔悲壮的战争创伤。旅游线路延伸至波兰，游客在这里可游览第二次世界大战后几乎全毁、从战火中重建的华沙。多瑙河旅游产品在这里有两个重要的支撑景点：维利奇卡盐矿以及震惊世人的奥斯维辛纳粹集中营。柏林墙使多瑙河旅游线路画上圆满的句号。

3. 泰晤士河：以活动为主导的休闲旅游模式

泰晤士河休闲旅游以举办主题活动为重心，采取活动主导的开发模式，两岸众多具有历史、文化、景观意义的建筑、公园、桥梁，被广泛用于各种体育、娱乐、政治活动。[①]主要的活动项目：①剑桥牛津划艇比赛，1829 年开始举办，至今已举办了 157 届比赛。②泰晤士河节，每年 9 月在泰晤士河两岸举行，集合了来自不同地域的艺术家表演和美食，该节庆活动将泰晤士河休闲旅游推向一个高潮，提升了休闲旅游的参与性和狂欢性。③英国皇家的仪式活动，这样的传统仪式或活动，不仅突出了当地特有的文化历史，并且这种仪式所体现的庄重和神圣也丰富了泰晤士河的内涵。④旁听威斯敏斯特宫下议院辩论，该活动带给游客一种难得的经历和体验，这就是它作为旅游吸引因素的价值所在。

诸如此类的活动巧妙地联系了泰晤士河及其两岸的资源，使休闲旅游和参与性活动融为一体，为文化型河流休闲旅游树立了典范。

四、日本城市水域休闲旅游利用经验

尽管日本大地震、海啸和核辐射，让人们"谈日色变"，但其城市水域休闲旅游利用经验，也是值得重视的。近 20 年来，日本在恢复河流的自然景观方面，具有诸多经验供我们借鉴。日本着力推广应用治河生态工程措施，建设有魅力的水边空间，恢复和创造有生命的河流，使河流的生态环境和生态系统得到很大的改善，从而更加有利于人们居住、休闲与旅游。

1. 水域景观生态工程措施

为了建设有魅力的休闲旅游水域和有生命的河流，日本采取了河流生态工程措施。其基本经验可归纳为，一是在满足防洪和水资源利用的同时尊重自然原有的生态多样性；二是依照现存的自然条件，建设和恢复良好的水生态环境；三是采用有效的措施，再生创造河流生态系统，积极保护自然生态系统。

2. 休闲河段的生态旅游

日本河流旅游推广与发展的基础是生态旅游，时时以环境保护为保障的前提，开展各种与地形相结合的休闲旅游活动吸引游客。

日本最近还掀起了低碳革命，发展低耗能、低排放的交通工具。闲适的水运也再次受到人们的青睐。在日本的东京湾，搭乘水上巴士沿隅田川驶向浅草附近的航线，颇受休闲居民和游客的欢迎。

五、结论与启示

城市水域，特别是位于阴暗角落不被关注的城乡接合部、行政区划过渡地带、部门属地分界

① 赵乾坤，鲁特，洪毅，钟翔，张凌健，魏巍. 大河：穿行世界文明的经络 [J]. 中国三峡，2009（2）：71-77.

线等处的河网水体及其岸滩，常年积污纳垢，沦为景观美化与环境保护的"公地悲剧"、"弱势区域"和"污染源头"，成为构建和谐社会、改善民生的"顽疾"。综观国内外有关研究和实践，使用工程技术手段，可使城市水域问题得到局部改善，但难以扭转其整体恶化。而美国、欧洲、日本等，对城市水域的休闲旅游利用，为解决城市水域问题，可持续利用水资源，展示出一种新视角、新方法、新经验。

参考文献

Davenport T. The federal clean lakes program works [J]. Wat Sci Tech, 1999, 39 (3)：149-156.

Timothy，D.J．Supranationalist alliances and tourism：insights from asena and SAARC [J]．Current Issues in Tourism6，2003 (3)：250-266.

M.cooper and Bruce Prideaux. River tourism [M]．UK：MPG Books Group，2009.

高珊，黄贤金. 发达国家城市水污染治理的比较与启示 [J]. 城市问题，2011 (3)：91-94.

全华. 生态旅游区建设研究综述 [J]. 地域研究与开发，2004 (3)：70-74.

杨竹莘，全华. 城市水域景观分析及综合治理 [M]. 北京：法律出版社，2009.

杨明生. 内陆水域污染、监测与治理研究进展 [J]. 孝感学院学报，2006 (3)：22-26.

沈虹，冯学钢. 都市文化型河流旅游开发研究——以上海苏州河为例 [J] 桂林旅游高等专科学校学报. 2006 (5)：542-545.

张璟，杨媛媛. 城市水上旅游解说系统初探 [J]. 生态经济，2009 (2)：147-151.

赵乾坤，鲁特，洪毅，钟翔，张凌健，魏巍. 大河：穿行世界文明的经络 [J]. 中国三峡，2009 (2)：71-77.

（全华、杨竹莘、赵磊，上海财经大学国际工商管理学院、华东政法大学商学院）

关于中国模式的负面效应与挑战[*]

改革开放以来，我国经济实现了三十多年的持续、高速增长，创造了举世瞩目的"中国奇迹"：GDP 由 1978 年的 3645.2 亿元增加到 2009 年的 340506.9 亿元，在世界各国中的位次由第 10 上升至第 3（现在已是第 2）；货物进出口总额由 1978 年的 206.4 亿美元增加到 2009 年的 22075.4 亿美元，在世界各国中的位次由第 10 上升至第 2；到 2009 年，中国的外汇储备已达到 23992 亿美元，是排名第 2 位的日本（9970 亿美元）的 2.4 倍。2008 年，中国多种主要工业产品和主要农业产品的产量都居于世界前列：钢、煤、水泥、化肥、棉布、谷物、肉类、籽棉、花生、茶叶、水果均列世界第一；发电量、油菜籽列世界第二。[①]另外，中国的汽车、计算机、移动通信手机的产量都已达到世界第一。而在高速铁路方面，中国尽管起步较晚，但通过跨越式的发展，目前已成为世界上运营里程最长、运营速度最高、在建规模最大的国家。

中国所取得的经济发展奇迹引起了世界的广泛关注。在 20 世纪 80~90 年代，经济学界就有一些关于中国模式的讨论。自 2004 年 5 月雷默提出"北京共识"以后，有关"中国模式"的研究更是雨后春笋般地出现在各种报刊和媒体中。其中，大部分研究对"中国模式"持肯定的态度，一些研究甚至认为，"中国模式"与"盎格鲁—撒克逊模式"、"莱茵模式"、"东亚模式"取得了同样的成功，并且对其他发展中国家具有推广和普适的意义。本文则认为，我们在充分肯定"中国模式"所取得的巨大经济发展成就的同时，还应该深刻认识其本身的负面效应和未来面临的严峻挑战。

一、关于中国模式的负面效应

尽管中国模式已经取得了巨大的经济发展成就，创造了举世瞩目的"中国奇迹"，但其本身还是存在着一些明显的负面效应。

（1）中国经济增长的财富累积效应偏弱。世界金融危机爆发以来，欧美和日本等发达国家饱受冲击，经济一蹶不振。而中国经济则可谓"一枝独秀"，继续保持着高速的增长。自改革开放以来，中国经济始终保持着持续、高速的增长，30 年间 GDP 的平均增长速度达到近 10%。这在整个世界经济增长史上都可以说是一个了不起的"奇迹"。但是，在 GDP 这一流量保持高速增长的同时，中国的财富（存量）是否也在以同样的速度迅速积累呢？答案应该是不尽然的。这与中国特色的经济增长方式有着密切的关系。以近年来非常热门的房地产产业为例，我们在快速盖起一幢又一幢的高楼大厦、迅速改变城市景观的同时，也在一大片、一大片地进行着房屋拆迁。更有甚者，我们经常看到这样的报道：某某宾馆或大楼（十几层甚至几十层）虽然盖起来的时间不长（几年或十几年），但其各项设施均已无法适应时代的

* 基金项目：教育部人文社会科学研究一般项目"工业化过程中政府作用的比较研究：以英、美、日、中为例"（批准号10YJA790246）。

① 根据 2010 年《中国统计年鉴》，第 4-5 页，表 1-2；第 1028 页，附录 2-6；第 1032 页，附录 2-10，由中国统计出版社出版。

发展需要，因而必须炸毁重建。于是乎，我们所看到的是，中国到处是大兴土木、高楼林立，同时 GDP 也在迅速地增长。在拆迁的过程中，我们固然能增加一些就业和创造 GDP，但是，那些被拆掉的房屋本身所包含的大量的财富却一下子化为乌有。例如，我们要炸掉一幢旧的大楼而要盖起一座新的、更高的大楼。如果旧的大楼价值为 1 亿元，新盖的大楼造价为 3 亿元（含炸楼），其中增加值为 6000 万元。[①] 这样，我们炸掉了旧的大楼，并盖起了新的大楼，其中对 GDP 的贡献是 6000 万元（增加值法）。但是，被炸掉的旧的大楼所包含的 1 亿元的财富却几乎荡然无存了。这样的"除旧建新"的做法在中国并不罕见，这种做法无疑会创造出更多的就业机会，同时会促进 GDP 的增长。但是，相对于 GDP 的高速增长而言，中国财富存量的累积速度肯定要大打折扣。相比之下，英美老牌资本主义发达国家尽管其长期经济增长速度远低于中国，但经济增长的财富累积效应却要明显好于中国，因为它们远没有中国这样大规模的拆迁和原地"拆旧建新"。因此，单从经济增长的速度来看，中国确实大大地高于英、美、日等发达国家，但是，就财富存量的增加速度而言，中国的优势肯定不如 GDP 所表现出来的那样明显。

（2）中国经济增长的产品质量效应堪忧。通常我们是用 GDP 的增长速度来衡量经济增长。而 GDP 体现的是一个国家在一定时期（一般为一年）在其领土范围内所生产的最终产品和劳务的市场价值。因而，经济增长速度的差异可以从数量上反映出两个国家在物质产品和劳务总产出的差别。经济的持续、高速增长使得中国经济实力迅速增强，其经济总量已超过日本而成为世界第二。但是，仅仅是总量的增长并不能实现经济的真正发展和人民福利水平的提高。我们所生产的最终产品和劳务的质量也是非常重要的。与发达的市场经济国家相比，我们在这方面存在着很严重的问题。多年以来，假冒伪劣产品屡禁不止，充斥着大大小小的市场。从假酒、假烟、假鸡蛋到各种"山寨版"的产品，消费者的反应从最开始的惊

讶、愤怒逐渐转变为司空见惯后的无奈甚至是接受。而一些伪劣产品不仅仅是给我们的 GDP 加注了水分，更是给人们带来了严重的经济损失，甚至是危害到人们的身体健康和生命。近年来，假种子、假化肥坑害农民的事件屡见报端，对农民收入和农业生产造成了严重的破坏。而一些假药则使得有些患者永远失去了本不该失去的生命。从 2004 年的阜阳大头娃娃到 2008 年的三鹿奶粉，近年来不断出现的问题奶粉事件，不仅让民族奶粉业遭到了空前的信任危机，给奶粉行业造成了重大破坏，更严重的是严重影响了众多婴幼儿的健康成长。据 2008 年 9 月的媒体报道，全国共有 24 万多名婴幼儿因食用问题奶粉而导致泌尿系统结石（患儿多有食用三鹿牌婴幼儿配方奶粉的历史），并有多人死亡。三鹿奶粉事件不仅震惊了全国，而且在国际上产生极为恶劣的影响。它不仅使我国乳制品行业背负恶名，而且祸及几乎所有中国企业。美国《商业周刊》就此事曾这样撰文："中国商人对最天真无辜的婴幼儿都能做出这种事情，他们还有什么事情做不出来？"虽然这一评述有些过于夸大，但它确实应该引起我们对于假冒伪劣产品的关注和反思。2011 年 3 月中旬，中国最大的肉类加工基地、中国大型工业企业百强双汇集团被曝"瘦肉精"事件，导致全国各地双汇产品下架、双汇股票跌停、每天的销售额减少约 1 亿元。除经济上的损失外，双汇用 20 多年时间铸就的放心肉品牌受到质疑，损失难以估量，整个肉类行业也受到严重的影响。这些"事件"的不断出现，不仅使我国当前的食品安全问题引起人们的日益担忧和关注，而且使我们对现有的经济增长方式本身进行更为深刻的认识和反思。

（3）中国经济增长的就业带动效应很小。改革开放以来，我国一直保持着很高的经济增长：1979~2009 年我国 GDP 的年均增长速度为 9.9%，远高于世界的其他国家。但是，在这持续高速增长的过程中，国民经济所创造的就业数量却不尽如人意。一个比较突出的问题是，在经济增长速度没有降低甚至还有所提高的情况下，我国的就业增长速度却呈现出不断下降的趋势。1979~2009

---

① 根据 2010 年《中国统计年鉴》的数据，2008 年、2009 年全国各地区建筑业总产值约为 6.20 万亿元和 7.68 万亿元，而同期全国各地区建筑业增加值约为 1.25 万亿元和 1.56 万亿元；故我们可以大体假定建筑业的增加值约为其总产值的 1/5。

年，我国的就业平均增长速度为2.2%，而这主要归因于改革开放初期就业增长速度较高。自20世纪90年代开始，我国的就业增长速度明显放慢。1991~2009年，我国的就业平均增长速度为1.0%，其中2001~2009年平均增长速度仅为0.9%。就业增长速度的下降，造成了城镇失业率的不断上升：1979~2009年我国城镇登记失业人数的年均增长速度仅为1.8%，其中1991~2009年为4.7%，而2001~2009年则达到5.0%。自2003年以后，我国每年的城镇失业登记人数都在800万人以上，城镇登记失业率达到4%以上。大量的失业，不仅浪费了宝贵的人力资源，而且给失业者及其家庭带来严重的不利影响。与西方发达国家相比，我们的失业保险制度还很不完善，因而大多数的失业者都无法得到失业救济金。例如，2008年、2009年我国的城镇登记失业人数分别为886万和921万，而这两年全年发放失业保险金人数为516.7万和483.9万。若大体按照3口之家来计算，则这两年有1100万~1300万人受到失业的影响。而且，我国的实际失业人数可能还要远大于这一数据。在2008年、2009年，我国就业人员合计为77480万和77995万，同年年末参加失业保险的人数分别为12399.8万和12715.5万。[①] 也就是说在2008年、2009年，我国只有16.0%和16.3%的劳动力参加了失业保险，而在未参加失业保险的大约84%的劳动力中相当一部分失业者并没有计入城镇登记失业人数之中。

（4）中国经济增长的收入分配效应较差。改革开放以来，在经济持续高速增长的同时，我国的收入分配状况却在不断恶化。改革开放初期，我国居民的收入差距是比较小的。1978年我国农村和城镇的基尼系数分别是0.212和0.16，到1990年上升至0.310和0.23。[②] 此后，我国的收入差距进一步扩大，基尼系数迅速上升。对于我国的基尼系数到底是多少，不同的学者和研究机构有着不同的结论。赵人伟认为，概括起来大概有三种：一是国家统计局做出的0.4左右（低估计），二是中国社科院经济研究所做出的0.45左右（中估计），三是南开大学做出的0.5左右（高估计）。[③] 不论是何种研究，学者普遍认为我国的基尼系数已经超过国际公认的警戒线0.4。我国收入分配状况恶化的一个突出表现是城乡收入差距的拉大。1978年，我国城市居民家庭人均可支配收入为343.4元，农村居民家庭人均纯收入为133.6元，两者的比例为2.57∶1。在改革开放初期，农村实行的家庭联产承包责任制极大地调动了广大农民的生产积极性，粮食产量出现了奇迹般的增长，加上政府逐步放开了粮食的价格，使得农民的收入增长速度超过了城市居民。到1990年，城市居民家庭人均可支配收入为1510.2元，农村居民家庭人均纯收入为686.3元，两者的比例缩小为2.20∶1。但是，自20世纪90年代开始，由于粮食价格徘徊不前，而化肥、农药等生产资料价格迅速上涨，加上各种税、费等名目繁多的负担，导致农民收入增长缓慢。而在同一时期，城市居民的收入继续保持较高的增长到2000年，城市居民家庭人均可支配收入为6280.0元，农村居民家庭人均纯收入为2253.4元，两者的比例扩大至2.79∶1。进入21世纪以后，我国城乡收入增长速度的差距进一步拉大。2001~2009年，我国城市居民家庭人均可支配收入的年平均增长速度达到9.9%，而农村居民家庭人均纯收入的年平均增长速度仅为6.6%。结果，到2009年，城市居民家庭人均可支配收入增长速度。到17174.7元，而农村居民家庭人均纯收入仅为5153.2元，两者的比例扩大为3.33∶1。[④] 如果再考虑城市居民所获得的各种转移支付和补贴等因素，则城市居民和农村居民实际的收入差距可能要达到5∶1左右。我国收入分配状况恶化的另一个特点是不同收入阶层居民的收入差距在迅速扩大。1990年，我国最低收入的20%的人口占收入或消费的百分比份额为6.4%，最高收入的20%和10%的人口占收入或消费的百分比份额分别为41.8%和

① 来源于2010年《中国统计年鉴》，第117页，表4-1；第910页，表22-45，由中国统计出版社出版。
② 赵人伟.李实.中国居民收入差距的扩大及其原因[J].经济研究，1997（9）.
③ 赵人伟.我国经济转型中的收入分配和财产分布——三十年的回顾与思考[J].群言，2009（1）.
④ 来源于2010年《中国统计年鉴》，第11页，表1-2；第342页，表10-2，由中国统计出版社出版。

24.6%。① 到 2001 年，我国最低的 20% 的人口占收入或消费的百分比份额下降到 4.7%，而最高的 20% 的人口占收入或消费的百分比份额进一步上升到 46.6% 和 50.0%。② 这表明，1990~2001 年的短短十余年中，我国最富有的 20% 的人口的收入或消费份额增长了近 20%，而最为贫困的 20% 的人口的收入或消费份额则下降了 1/4 以上。而在城镇中，不同收入阶层居民的收入差距表现得更为明显。1995 年，我国城镇中 10% 的最高收入户平均每人全部年收入为 8231.31 元，而 10% 的最低收入户平均每人全部年收入为 2177.72 元，前者仅为后者的 3.8 倍。到 2009 年，我国城镇中 10% 的最高收入户平均每人全部年收入为 51349.57 元，而 10% 的最低收入户平均每人全部年收入为 5950.68 元，③ 前者为后者的 8.6 倍。

（5）中国经济增长的环境破坏效应过大。自改革开放以来，为了实现持续、高速的经济增长，我们在资源和环境方面已经付出了巨大的代价。蓝天白云、青山绿水、空气清新、鸟语花香，这些过去人们日常生活中习以为常的免费的"公共品"，如今已经成为很多中国人特别是城市居民难以企及的"奢侈品"了。从全球范围来看，亚洲的水和空气是最脏的，而我国的环境污染情况在亚洲是非常突出的。按照世界银行的估计，在世界上 20 个污染最严重的城市中，有 16 个在中国。在环境污染方面，淮河就是一个突出的例子。1989 年 2 月，我国第三大河淮河发生首次重大污染事故，自来水厂被迫关闭，几百万人生活受到严重威胁，经济损失过亿元。1994 年启动的淮河治污工程，是我国政府在重点流域打响的第一个环保战役。然而 10 年的治污和 1600 亿元的巨额投资，并没有使淮河污染得到真正的改善。2004 年 7 月，淮河下游再次发生重大污染事故，干流形成一条长 100 多公里的污染带，祸及两岸百姓。④ 另外，现代科技产品在给人们带来更多快捷和享受的同时，也产生一些新的污染源。例如，汽车排放的尾气已经成为城市空气污染的一个重要原因。又如，废弃的电器（电视机、电冰箱、洗衣机、电脑等）中含有铅、铬、聚氯乙烯、溴化阻燃剂等大量有毒有害物质，如不加以处理而直接抛弃，就会严重地威胁环境质量。目前，电子垃圾已经是一个困扰全球的大问题。我国面临的电子垃圾污染的形势更为严峻：一方面，我国自身不断地生产着越来越多的电子产品；另一方面，大量的国外电子垃圾涌入国内。据统计，在全世界的电子垃圾中，有 80% 被运到亚洲，而其中的 90% 被运到我国，这就意味着全世界 70% 的电子垃圾涌入了我国。并且，这种洋垃圾进入我国的地域还有日益扩大的趋势，目前已经从广东地区向浙江、上海、福建、山东、湖南等地蔓延。一些调查显示，浙江台州地区正逐渐成为我国最大的洋电子垃圾市场。在台州，数以千计的非法小作坊以焚烧等落后工艺拆解来自国外的洋电子垃圾，给当地的生存环境和居民身体健康造成了严重的损害：恶臭的河水、枯死的树木、夭折的婴儿、烂手烂脚的村民以及更高的癌症发病率。⑤

二、关于中国模式所面临的挑战

经过三十多年的持续增长，中国的经济实力和综合国力大大增强。面对新的时代和国际经济环境，中国有着不少的发展机遇。对此，王小广提出：就国际经济环境变化来看，中国存在着"弯道超越"的机遇；就经济发展所处的阶段看，中国经济存在实现新的历史大突破的机遇；就国

---

① 世界银行.1993 年世界发展报告（光盘版）[M].北京：中国财政经济出版社，1999.

② World Bank.World development report 2005：A better investment climate for everyone [M]. A Copublication of The World Bank and Oxford University Press. 2004.

③ 来源于 2010 年《中国统计年鉴》，第 346~347 页，表 10-7，由中国统计出版社出版.

④ 舒安娜.加快淮河治污进程 [J].新安全，2006（4）.

⑤ 来源于《人民日报》(海外版)，2005 年 8 月 8 日。

内发展环境来看，中国面临着世界上最大的国内市场释放的机遇；作为世界经济的"平衡器"，中国可能更充分、更有效利用全球资源。[①] 但是，我们认为，中国的增长模式在资源、需求和供给三个方面都面临着非常严峻的挑战。

1. 有限的资源难以支持中国经济未来的持续、高速增长

长期以来，我们一直认为我国"地大物博、矿藏丰富"。但是，如果与其他一些国家进行简单的比较，我们就不难发展现，实际上我国并不是一个资源丰富的国家。从世界上国土面积较大的几个国家来看，我国的国土面积是 960 万平方公里（居世界第 4），俄罗斯联邦为 1709.8 万平方公里，加拿大为 998.5 万平方公里，美国为 963.2 万平方公里，巴西是 851.5 万平方公里，澳大利亚是 774.1 万平方公里。但是，由于我国的人口数量远多于这几个国家，因而我们的人口密度大大高于这些国家。在 2008 年，我国的人口数是 132466 万人，人口密度（人/平方公里）是 142；而美国的人口数是 30406 万人，人口密度是 33；加拿大的人口数是 3331 万人，人口密度是 4；俄罗斯的人口数是 14195 万人，人口密度是 9；巴西的人口数是 19179 万人，人口密度是 23；澳大利亚的人口数是 2143 万人，人口密度是 3。[②] 由于我国的人口密度是其他几个大国的几倍甚至几十倍以上，人均资源拥有量必然大大落后于这些国家。再从我国和美国的比较来看，两国的国土面积大体相等，但是土地状况和自然资源条件却相差很大。美国的土地大多是平整、肥沃的，可利用率很高，水资源和森林资源极为丰富，而且多种矿产资源居世界前列。相比之下，我国的情况则要差得多。如果按照地形划分，我国的山地、高原、盆地、丘陵占土地总面积的比例分别为 33.33%、26.04%、18.75%和 9.90%，而平原占土地总面积的比例仅为 11.98%；如果按照特征划分，则我国的耕地、森林、内陆水域面积占土地总面积的比例分别仅为 12.68%、20.36%和 1.82%，可利用草地土地总面积的比例为 32.64%，[③] 这就意味着我国大约有 1/3 的土地（如沙漠、盐碱地）是没有多少利用价值的。对此，我们曾经自豪地宣布：中国以占世界 7%的耕地养活了占世界 22%的人口。这固然体现了我们付出的努力和取得的成绩，但同时也说明我国人均耕地拥有量大大落后于世界的平均水平。从水资源来看，我国人均水资源的占有量仅为世界平均水平的 1/4。在全国 660 个城市中，约有 400 个城市缺水。而且，我国的水资源分布极不平衡，以致国家不得不花费数千亿元来建设"南水北调"工程。从长期来看，由于人口数量的不断增长，我国水资源的紧缺状况将进一步加剧。从 2000 年到 2009 年，我国的水资源总量由 27700.8 亿立方米下降至 24180.2 亿立方米，人均水资源量由 2193.9 立方米/人下降至 1816.2 立方米/人（而北京、天津、上海分别仅为 126.6 立方米/人、126.8 立方米/人和 218.3 立方米/人），仅 10 年时间就减少了 17.2%。[④] 总之，尽管我国的国土面积很大，而且也有一些矿产储量居世界前列，但从人均资源的拥有量来说，我国还是一个资源较为紧缺的国家。

近年来，我国能源的生产迅速增加。2009 年，我国的煤产量列世界第一，发电量列世界第二，原油产量列世界第四。但是，随着经济的快速增长，我国能源和资源短缺问题日益突出。2008 年我国进口原油 17888 万吨，2009 年增加到 20379 万吨，增加了 13.9%；2008 年进口铁矿砂及其精矿 44356 万吨，2009 年增加到 62778 万吨，增幅达 41.5%。2008 年，我国一次能源生产量达 260552 万吨标准煤，全年能源消费总量 291448 万吨标准煤，进口量为 36764 万吨标准煤，即大约有 12.6%的能源需要依赖进口。其中，石油的情况尤其不容乐观，1990 年，我国进口石油 755.6 万吨，仅占当年石油消费量（11485.6 万吨）的 6.6%，到 2009 年，我国进口石油的数量达到 23015.5 万吨，占当年石油消费量（37302.9 万吨）的 61.7%。[⑤]

---

① 王小广.中国经济发展模式调整与战略思路 [J].改革，2010（8）.

② 中国统计年鉴 [M].北京：中国统计出版社，2010：1023.

③ 中国统计年鉴 [M].北京：中国统计出版社，2010：406.

④ 中国统计年鉴 [M].北京：中国统计出版社，2010：417.

⑤ 中国统计年鉴 [M].北京：中国统计出版社，2010：245，270.

改革开放以来，我国在能源使用效率方面已经取得了一定的进步。从 1978 年到 2004 年，我国以年均增长 4.8% 的能源消费支撑了年均 9.4% 的经济增长速度。从 1990 年到 2004 年，我国每万元 GDP 的能耗下降了 45%，但是，这个指标仍然是世界平均水平的 3 倍，是美国的 4 倍多，是日本的 7 倍多。① 根据国家发展和改革委员会的统计，2003 年，我国消耗的各类国内资源和进口资源约合 50 亿吨，原油、原煤、铁矿石、钢材、氧化铝和水泥的消耗量分别约占世界消耗量的 7.4%、31%、30%、27%、25% 和 40%，而创造的 GDP 仅相当于世界的 4%。② 这表明，我国的资源利用效率远远低于世界的平均水平。显然，日益稀缺的有限资源将难以支持这种高投入、高能耗粗放式的经济增长。

2. 政府主导的以投资为主（"内需不足"）的增长方式难以持续

改革开放以来，我国经济的高速、持续增长在很大程度上是依靠大量投资实现的。1991~2009 年，我国全社会固定资产投资总额的年均增长率高达 22.5%，远远超出了同期 GDP 10.5% 的年均增长速度。这种"重投资、轻消费"的经济增长模式从我国 GDP 的构成中明显表现出来。在 2007 年，我国家庭消费、政府消费、总资本形成（投资）以及商品和劳务的国外收支（净出口）占 GDP 的比重分别为 34%、14%、44% 和 8%；而美国这四个量占 GDP 的比重分别为 71%、16%、19% 和 -6%，日本分别为 59%、20%、21% 和 -1%，德国分别为 58%、18%、18% 和 5%，英国分别为 64%、22%、18% 和 -4%。由此可以看出，与我国 GDP 构成中家庭消费比重过小而投资比重过大形成鲜明对比的是，这几个市场经济较为完善的发达国家主要是依靠国内家庭消费来实现经济增长的。事实上，世界上绝大多数国家都是以家庭消费作为其经济增长的主要动力。在 2007 年，中低收入经济体系的家庭消费、政府消费、总资本形成（投资）以及商品和劳务的国外收支（净出口）占 GDP 的比重的平均值分别为 61%、15%、25% 和 -1%；高收入经济体系的平均值分别为 62%、18%、21% 和 -1%；全世界的平均值分别为 61%、17%、22% 和 0。③

同时，在我国经济增长的过程中，政府的主导性作用不但没有减弱，反而还在不断地强化。这里，我们不妨考虑两个重要的变量：政府的财政支出和国有经济中的固定资产投资。1992 年，我国的国家财政支出和国有经济的全社会固定资产投资分别为 3742.2 亿元和 5498.7 亿元，④ 两者占当年 GDP 的比重（26651.9 亿元）分别为 14.0% 和 20.6%，到 2009 年，我国的国家财政支出和国有经济的全社会固定资产投资分别增加到 76299.9 亿元和 69692.5 亿元，⑤ 占当年 GDP 的比重（340506.9 亿元）分别为 22.4% 和 20.5%。这意味着，自 1992 年党的十四大提出建立社会主义市场经济体制以来，尽管随着改革的不断推进，我国的市场化程度不断提高，同时民营经济迅速发展，但国有经济的固定资产投资占 GDP 的比重几乎没变，而政府财政支出所占的比重却增长了 60%。这说明政府在控制投资和主导经济增长方面的作用进一步强化了。如果把政府的财政支出和国有经济中的固定资产投资之和看作是政府所主导的经济份额，那么从 1992 年到 2009 年，政府主导的经济占整个国民经济的比重由 34.6% 上升到 42.9%。

我国长期经济增长过程中政府主导作用的加强，还体现为国家财政收入的迅速增加和居民收入的缓慢增长。1991 年，我国的财政收入为 3149.48 亿元，占当年 GDP（21826.2 亿元）的比重为 14.4%；到 2009 年，我国的财政收入为 68518.30 亿元，是 1991 年的 21.8 倍，占当年 GDP（340506.9 亿元）的比重上升至 20.1%，增长了 39.5%。其结果是，导致了广大居民收入增长缓慢。1991 年，我国的工资总额为 3323.9 亿元，占当年 GDP 的比重为 15.2%；到 2009 年，工资总额为 40288.2 亿元，是 1991 年的 12.1 倍，占当年 GDP 的比重为 11.8%，比 1991 年减少了 22.3%。

① 来源于《人民日报》（海外版），2005 年 9 月 14 日。
② 来源于《人民日报》，2004 年 3 月 22 日。
③ 世界银行. 2009 年世界发展报告：重塑世界经济地理［M］. 北京：清华大学出版社，2009：356-357.
④ 2003 年中国统计年鉴［M］. 北京：中国统计出版社，2003：55，186，281.
⑤ 2010 年中国统计年鉴［M］. 北京：中国统计出版社，2010：38，155，286.

2009 年，我国城镇居民人均可支配收入和农村居民人均纯收入为 17174.7 元和 5153.2 元，是 1991 年这两项收入（1700.6 元和 708.6 元）的 10.1 倍和 7.3 倍。在 1991~2009 年，我国城镇居民人均可支配收入和农村居民人均纯收入的年均增长速度分别为 8.3% 和 5.5%，比同期 GDP 的年均增长速度（10.5%）分别低 2.2 个和 5.0 个百分点，比同期国家财政收入的年均增长速度（18.4%）分别低 10.1 个和 12.9 个百分点。[①]

广大居民收入增长缓慢必然会影响其消费支出的增长，是导致我国长期"内需不足"的主要原因。如上所述，相对于世界上绝大多数国家（包括发达国家和发展中国家）都以消费需求作为经济增长的主要动力而言，我国这种由政府主导的"高投资、高速度"增长是一种很不健康的增长模式。从经济发展的角度而言，国家追求经济增长的最终目的应该是为了满足人民的生活需要而提高人民的生活水平。而我国的这种"重投资、轻消费"的经济增长模式不仅难以做到这一点，而且还会对国家长期的经济发展产生非常不利的影响。如果国民经济长期保持高速增长，但同时绝大多数人的收入水平和生活质量又得不到明显提高和改善，则人们生产的积极性就会受到严重的损害，并且对改革的支持也会不断下降。另外，从经济增长本身而言，如果没有较高的、稳定的国内消费需求而必须始终依赖于大量投资，就会面临更大的宏观经济波动的风险。一旦由于某种原因使得投资大量减少，经济增长的速度就会迅速下降。因此，从需求的角度而言，我国经济如果要想持续增长下去，解决好"内需不足"的问题已经成为当务之急。

3. 缺少高技术和创新的劳动密集型生产（"供给低效"）难以为继

在一些劳动密集型产品的产业，我国已经成为世界上最主要的生产者。据估计，我国生产的玩具占世界产量的 70%，自行车占 60%，鞋子占 50%，旅行行李占 1/3，还有相当数量的纺织品和服装（由于 WTO 要求的配额限制而受到一定的影

响）。现在，在世界各地都可以非常容易找到标有"Made in China"（中国制造）字样的商品。因此，一些外国人开始把中国称为"世界的工厂"。（19 世纪中叶，世界上最早完成工业化的英国就曾经被称为"世界工厂"）

但是，正如经济学家 Peter Hugh Nolan 指出，我国正在成为"世界的加工厂"（the workshop for the world），而不是"世界的工厂"（the workshop of the world）。因为我国 60% 的出口工业品都是由外资企业生产的。而且，我国出口的很大一部分商品或者原始设备制造商（Original Equipment Manufacture，简称 OEM）的工业产品，或者是为全球一些大企业生产的低附加值、低技术含量的非知名品牌的商品（服装、鞋类、家具、玩具等）。当世界上的一些大企业在我国迅速建立起研发基地并且雇用相对便宜但高技能的研究人员时，我国本土的企业用于研究和开发的经费却少得可怜。在研发支出方面列世界前 700 位的企业中没有一家中国企业。在全世界最知名的 100 个品牌中也没有一家中国的品牌。国内的一些龙头企业在国外几乎没有什么知名度。如果没有政府的保护，进入世界 500 强的 14 家中国企业没有一家是具有真正的全球竞争力的公司（宝钢也许除外）。[②]

虽然近年来我国的出口增长很快，但由于自主创新能力不足和缺少知名品牌，我国的出口产品主要是利润很低的劳动密集型产品。纺织品出口就是一个比较典型的例子。例如，在位于浙江宁波的雅戈尔集团，生产一件衬衫要经过 72 道工序，平均成本为 7.5 美元。2005 年上半年，雅戈尔集团向美国出口超过 40 万件衬衫，每件衬衫平均出口离岸价为 8 美元。而当这些衬衫出现在美国各地的零售网点时，已经涨至 30~40 美元一件。据我国纺织业界估计，国内的纺织品制造企业在对美出口中获得的利润不超过整个利润总额的 10%，其余 90% 的利润则被国外服装品牌所有者、美国批发商和进口商共同拿走。[③]

虽然目前我国在劳动密集型产品的出口方面仍然具有一定的优势，但是随着国内工人工资水

---

① 2010 年中国统计年鉴［M］. 北京：中国统计出版社，2010：38，103，286，342.
② Peter Hugh Nolan. China at the Crossroads［J］. Journal of Chinese Economic and Business Studies，2005，3（1）：2-3.
③ 来源于《人民日报》(海外版)，2005 年 8 月 31 日。

平的提高,我们劳动力价格相对较低的比较优势将逐渐丧失。如果不能在技术进步和创新方面有所突破,我们将在日益激烈的国际竞争中处于更为不利和被动的地位,持续、高速的经济增长也将难以为继。

参考文献

World bank. World development report 2005: A better investment climate for everyone [M]. A Copublication of The World Bank and Oxford University Press, 2004.

Peter Hugh Nolan. China at the crossroads [J]. Journal of Chinese Economic and Business Studies, 2005, 3 (1).

国家统计局. 2003 年中国统计年鉴 [M]. 北京:中国统计出版社, 2003.

国家统计局. 2010 年中国统计年鉴 [M]. 北京:中国统计出版社, 2010.

世界银行. 1993 年世界发展报告 (光盘版). 北京:中国财政经济出版社, 1999.

世界银行. 2009 年世界发展报告:重塑世界经济地理 [M]. 北京:清华大学出版社, 2009.

王小广. 中国经济发展模式调整与战略思路 [J]. 改革, 2010 (8).

赵人伟,李实. 中国居民收入差距的扩大及其原因 [J]. 经济研究, 1997 (9).

(张进铭,江西财经大学经济发展研究院)

典型贫困地区妇女参与新农村产业发展分析

产业结构是指生产要素在各产业部门间的比例构成和它们之间相互依存、制约的联系。农村产业结构是一个多层次的组织系统，是地区性的结构概念，是指在农村这个地域内产业之间、产业内部各层次之间的相互关系结构。农村经济系统是一个包含三大产业协调发展的多层次复杂型系统。典型贫困地区是资源约束性地区，随着大规模的农村剩余劳动力外出打工，大部分女性受"男主外、女主内"传统性别分工模式的影响而滞留在农村，女性劳动力成为农业生产的主要承担者。越是贫穷的地区，资源环境的承载能力越弱，男性劳动力外出人数越多，农村经济女性化越明显，区域特征要求典型贫困地区降低工业发展的强度，发展资源环境可承载的特色产业，这就意味着农村妇女必然要担负起产业结构调整升级的重任。

在做典型贫困地区新农村产业发展妇女参与分析时，我们选取了甘肃定西的安定区和通渭县、宁夏西海固地区的盐池县和泾源县四个县区，对16个行政村的400名妇女进行问卷调查，获得有效问卷323份，有效率84.3%。年轻的、文化程度高的女性实现非农就业，年龄大、文化程度低的女性滞留在农村从事生产，而典型贫困地区农村妇女问卷调查结果更强化了这一特点。

一、新农村产业发展

农村产业发展是指农村区域内的农业产业和非农产业发展，是农村区域内产业发展中量的扩张、质的改善和结构改进，是农村区域内传统产业向现代产业不断进化和发展的过程。[1]新农村产业发展是在社会进步推动下，在新型农民的主导下，积极发展现代农业，繁荣农村二、三产业，促进农村产业经营一体化。

现代农业发展是指用现代物质条件装备农业，提高土地产出率、资源利用率和农业劳动生产率，提高农业水利化、机械化和信息化水平；用现代科学技术改造农业，培养新型农民发展农业，提高农业素质、效益和竞争力；用现代产业体系提升农业，形成以特色优势产业为龙头、集结现代工业和服务业，深化种植业、原料生产、简单加工到深加工的产业链，引导农业产业集群发展；用现代经营形式推进农业，完善农村现代流通体系，用现代发展理念引领农业，最终实现农业现代化和可持续发展。[2]现代农业是新农村建设的基础产业，是促进粮食稳定发展、农民持续增收的根本途径，是实现农业可持续发展的必由之路。

新农村非农业产业发展是指农村新型的二、三产业不断优化发展，形成以高新技术产业为先导，以新型农用工业为基础，以新型非农工业为支撑，物流、金融、文化等现代服务业配套齐全、协调发展的新农村产业格局。[3]贫困地区的农村工业特别是特色优势工业和农产品加工业的发展，可以优化农村产业结构、促进农民就业增收、延长农业产业链、提高农产品附加值，改善农村落后面貌。

新农村现代物流和信息化服务体系是农村产

①②③ 李佐军.中国新农村建设报告（2007）[M].北京：社会科学文献出版社，2008：5，7.

业发展的重要内容，是实现新农村产业发展的重要动力。贫困地区服务业的发展壮大可以有效缓解资源短缺、提高资源利用效率。不仅可以为农村的发展提供专业化的服务，而且可以更好地满足人们的生活需要，提高农村居民的生活质量，也是实现农村富余劳动力就业、增加农民收入的重要途径。

二、典型贫困地区新农村产业发展现状及妇女参与分析

1. 典型贫困地区农村区域背景

（1）农村绝对贫困面大。典型贫困地区经济社会发展总体水平仍相当落后，自然条件差、基础设施薄弱、社会发展程度低等多种致贫因素尚未从根本上得到解决，按照 1350 元贫困标准，2010 年宁夏仍有贫困人口 100 万人左右，其中，西海固 8 县有 78.6 万贫困人口。

（2）生态环境问题突出。典型贫困地区自然环境、生态条件恶劣，对农业生产的制约很大。例如，宁夏西海固地区水土流失面积占总面积的 83.7%，8 个国定贫困县中有 5 个县水土流失、植被退化、土地荒漠化和盐渍化严重、生物多样性下降，环境污染等几乎所有的生态问题都不同程度地存在。

（3）产业化进程缓慢。由于生产经营服务体系不健全，农户联合与合作的组织化程度不高，典型贫困地区乡村自我发展能力不强，家庭生产经营水平低，规模化生产、专业化经营还处在起步探索阶段，加上农产品生产与市场联结不紧密，地方性特色农产品数量小、规模效益不高，缺乏市场竞争优势。

（4）农村教育、卫生、社会保障等事业发育迟缓。

（5）收入差距继续呈扩大趋势，返贫现象严重。2009 年，宁夏西海固地区 8 县（区）农民人均纯收入仅为 2916 元，占宁夏全区农民人均纯收入的 71.9%、全国农民平均水平的 56.6%，与宁夏区内川区农民收入差距从 2005 年的 1896 元拉大到 2009 年的 2360 元，与全国农民收入差距从 2005 年的 1567 元拉大到 2009 年的 2237 元。从目前情况看，典型贫困地区与其他地区的经济社会发展差距、农民收入差距、基础设施和社会服务事业差距都出现持续扩大的趋势。

2. 典型贫困地区新农村产业发展及妇女参与现状

典型贫困地区由于资源的短缺性、环境的脆弱性及其经济发展尚处于待开发阶段，其新农村产业发展缓慢。经过问卷统计分析，证明典型贫困地区农村妇女绝大多数依然以传统农业生产为主，而且兼业特点明显，尤其是经营批发零售和住宿餐饮业（农家乐）的妇女均从事农业生产活动。

（1）典型贫困地区农村经济发展依然以传统农业为主，第一产业升级缓慢。近年来，典型贫困地区加大培育特色优势产业，在调查中发现，各试点村都依托当地自然资源条件和已具备一定规模的主导产业，大力促进特色优势产业开发。例如，甘肃定西地区通渭县平襄镇宁堡村的马铃薯、全覆膜玉米种植，宁夏西海固地区泾源县的草畜、苗木、劳务都已经形成一定规模。由于受经济条件限制，基础设施薄弱，水资源短缺，农业机械化、现代化程度低；同时受自然条件限制，农产品市场体系不健全，劳动力结构不合理，影响农业生产水平的提高。

接受问卷调查的 323 名妇女，有 311 人从事农业生产活动，只有 12 名妇女没有从事农业生产活动。在从事农业生产活动的妇女中，有 277 名妇女从事单一的家庭农作物种植业，科技含量和市场化程度很低。其余 37 名妇女除经营种植业外还兼业，其中 4.3% 从事畜牧养殖，0.9% 的妇女从事林果业，2.2% 的妇女从事设施农业，还有 9.3% 的妇女从事其他类型的生产活动。另外，专门从事畜牧业、林果业和设施农业的妇女各有 1 人。从调查数据看，贫困地区的妇女依然主要从事传统农作物种植，极少数妇女从事畜牧养殖、林果、设施农业以及其他生产活动。有一部分妇女利用农闲时间给种植大户及经营设施农业的农户打工。妇女的这种农业生产从业结构，明显带有浓厚的小农经济色彩，使得典型贫困地区农业经济效益长期得不到有效的提高，如表 1 所示。

（2）典型贫困地区农村第二产业发展严重滞后。按照钱纳里和塞尔奎因的三产比重分析法和人均GDP分析法等指标，测算出典型贫困地区的县区基本上仍处于农业经济发展阶段，受基础设施、资源、资金、技术和人才的影响，典型贫困地区的工业总量小，城镇化水平低。第二产业主要包括建筑业、矿山开采业以及加工层次和技术含量都极低的服装加工、农副产品初级加工业、中药材加工业等。产品附加值低，产业链条短。许多县几乎没有像样的工业，即便有，也仅仅是一些没有资质的土建建筑工程队。吸纳劳动力就业和增加农民收入的能力有限。

受此影响，典型贫困地区农村妇女从事第二产业的仅占2.4%，其中从事农产品初级加工（马铃薯淀粉加工、粮食加工）、服装加工的占1.5%，从事建筑业的占0.9%。值得注意的是，部分年龄偏大、无法离家的妇女仍利用农闲时间在县内的建筑工地就近打工。

（3）服务业发展态势良好，发展速度有待提高。贫困地区偏僻广袤的土地上有迷人的自然风光；千百年来勤劳的人民在这块土地上创造了灿烂的历史文化遗存；更有富集的红色经典旅游资源及独特的民俗风情。这些构成了典型贫困地区丰富的自然人文景观和独特的民俗民风旅游资源。随着经济社会的发展，休闲旅游已经成为人们生活的一个重要组成部分，典型贫困地区独特的无污染旅游休闲资源成为人们休闲度假的理想景区。特色休闲旅游不仅带动了交通运输业、住宿餐饮业、批发零售业、邮电通信业及其他服务业的发展，推动当地城镇化的进程，而且促进了典型贫困地区农村产业结构与就业结构的升级。但是，服务业的发展主要集中在一些传统的、低水平的交通运输业、商业、餐饮业等领域，规模偏小，专业化、社会化、产业化水平低，而具有现代服务业特征的新型服务业，如金融服务、信息咨询、科技服务等发展滞后。

通过问卷统计可以看到，从事第三产业的妇女占4.1%，比从事第二产业的高1.6个百分点。以旅游为龙头的服务业成为产业结构与就业结构变迁的新亮点。

表1　妇女在第一产业从事的生产活动

			畜牧业	林果业	设施农业	其他	没有兼业	合计
是否从事种植业	是	人	14	2	6	15	274	311
		(%)	4.3	0.6	1.9	4.6	84.8	96.3
	否	人	1	1	1	5	4	12
		(%)	0.3	0.3	0.3	1.5	1.2	3.7
合计		人	15	3	7	20	278	323
		(%)	4.6	0.9	2.2	6.1	86.0	100.0

资料来源：问卷调查统计所得。

3. 典型贫困地区新农村产业发展对妇女的影响及"女能人"的带动作用

在典型贫困地区，新兴潜力产业、能人资源均可带动当地产业发展和经济增长。

（1）宁夏泾源县扶贫旅游经济对妇女从业的影响。2000年，国务院批准建立了全国第一个旅游扶贫试验区——六盘山旅游扶贫试验区。泾源县位于国家级旅游扶贫实验区核心区。有国家级自然保护区和森林公园，森林覆盖率达70%以上，有老龙潭、二龙河、鬼门关、凉殿峡、野荷谷、白云山六大景区的60多个景点，被誉为黄土高原上的"湿岛"和"绿岛"。利用得天独厚的旅游资源，泾源县拓展现代服务业，引导农村妇女就业创业。2007年，首先在位于六盘山国家森林公园东南2公里处的冶家村支持贫困妇女兴办"农家乐"。冶家村有268户1245人，是个典型的贫困村，在2005年以前村里主要靠种植业发展生产，年人均纯收入不到1000元。截至2010年底有37户妇女经营"农家乐"，每月户均纯收入在5000元左右。在旅游扶贫效益的带动下，泾源县又相继开发了香水镇大庄、黄花乡羊槽村等一批民俗旅游度假村，同时开发刺绣、剪纸、水锈石等特色旅游产品。

伴随旅游业兴起的交通运输业、餐饮业、社

会服务业（住宿、娱乐、游览）、批发零售业等服务业以及刺绣、剪纸、水锈石等特色旅游产品，都是以贫困妇女为主的。贫困妇女的辛勤劳动不仅改变了家庭的贫困状况，也提高了其家庭地位，而参与"农家乐"的农户不再外出打工，在家专心经营"农家乐"，促进了家庭和社会和谐。借助旅游产业，当地的产业联动使贫困农民走一条可持续发展的"造血式"扶贫的道路。截至 2010 年上半年，泾源县共有 110 户农户经营"农家乐"项目，全县农家乐经营户总收入逾 300 万元，户均年收入 5 万元，带动了当地上千名农村妇女就业。

（2）典型贫困地区"女能人"对新农村产业发展的促进作用。农民创业无非来源于两个途径：一是外来创业者的创业，二是本地创业者的创业。目前，在典型贫困地区农村基础设施建设落后、资源相对匮乏、经济社会及市场发育落后的情况下，外来者到典型贫困地区农村创业是根本不可能的。因此，典型贫困地区农村创业只有依靠本地农民。

宁夏西海固地区原州区"固原新月养殖有限公司"董事长马玉芳正是一位创业型的回族妇女。1994 年底，马玉芳开始创业。1996 年 6 月马玉芳成立了"固原新月养殖有限公司"，自任公司董事长。公司采用"公司＋基地＋农户"的方式运作，对经济基础薄弱的农户采取"输血"的方式，即在农户没钱时，可将鸡苗、饲料、药品等必需品先赊欠给农户，并免费为贫困户提供技术服务。经过新月公司"输血"扶持起来的贫困户有 3000 多家，截至 2011 年初，养殖户年户均养殖收入达 25000 元。

经过不断的发展，马玉芳创办的新月公司已经形成肉鸡饲养、蛋鸡饲养、饲料、鸡苗、兽药、养殖设备、鸡蛋、活鸡、白条鸡、清真屠宰加工及配套"一条龙"的生产体系。生产加工的白条鸡、鸡蛋通过了农业部"无公害"农产品认证。公司注册商标"阿敏"成为宁夏回族自治区著名商标。2010 年销售额达 5000 万元，实现利润 200 万元。马玉芳的创业行为，使家禽养殖业发展成为当地的支柱产业和贫困农民主要的经济来源。

三、典型贫困地区妇女参与新农村产业发展的困境与对策

区域经济学的"后发优势"、"比较优势"理论认为地区经济发展起点越低，发展速度就有可能越快。经济上总体落后的地区，其某一门类或某些产业却有优势地位。这一理论对典型贫困地区制定农村产业化发展战略具有指导意义。典型贫困地区由于其资源的短缺性、环境的脆弱性，长期处于贫困状态。近年大量男性劳动力外出打工，强化了农村女性化的特征。按照当前典型贫困地区经济社会、产业发展和劳动力的现状，摆脱贫困需要走很长的路。在新农村建设中，如何充分利用典型贫困地区的比较优势，充分发挥妇女的作用，实现农村产业的升级近而实现扶贫开发是必须要考虑的。

1. 典型贫困地区妇女参与新农村产业发展的困境

新农村建设产业发展的主体力量是"有文化、懂经营、会技术"的农民，显然，典型贫困地区的农村妇女无法达到这样的标准。

（1）由于性别和自身素质低等因素的限制，贫困地区妇女在获得就业机会和就业选择上与农村男性劳动力相比，仍有较大的差距，明显处于不利地位。农业、农村工业和服务业领域的劳动力市场常常根据性别进行分隔，妇女往往集中于那些较少的更为传统而收入较低的工作行列，这使得她们在经济发展中的贡献和在经济发展中得到的利益受损。外出打工者中女性所占比例也很低，多半是有一定文化程度的未婚女青年，已婚文盲、半文盲妇女很少有机会外出打工挣钱。绝大部分妇女从事传统低回报的农地劳动，视野狭窄，观念落后，这对妇女经济地位的改善、妇女素质的提高是一个严峻的挑战。如果不排除旨在使妇女通过平等获得广泛参与发展机会的障碍，妇女对贫困地区经济发展的贡献率将会下降。

（2）妇女的工作能力和生产效率往往受到文化

与传统的限制,而这些限制通常会妨碍妇女得到信息和技术,限制妇女的教育和培训机会,阻止妇女得到信贷与资源,阻碍妇女进入市场。在典型贫困地区,由于男尊女卑的思想,对子女的教育培训存在重男轻女倾向,受教育程度偏低是制约农村妇女进入二、三产业发展的"瓶颈"之一。在调查中我们发现,在两个子女家庭模式中,绝大部分家庭偏向于二男或一男一女的结构,绝大多数家庭很难接受没有男孩的事实,男孩被视为传宗接代和家庭未来幸福的保证。在这种观念支配下,妇女获得参与发展的机会将会减少至男性所得剩余后的最低限度。妇女在经济发展中的参与及贡献被现存的机制、传统的社会性别关系边缘化。

(3)典型贫困地区农村缺乏产业结构整合、升级以及发展的必要资源。首先,农业科技投入不足,妇女缺乏必要的技术支持以解决农业产业化进程中的技术问题。其次,农村人才流失极为严重。众多受过良好教育、具有较高素质的农村人才纷纷转居城市,留守农村的妇女劳动力基本是不具备相当生产力的劳动力,从而形成农村产业结构调整中出现巨大的人才缺口,严重影响了产业变迁升级的效率。最后,农业产业结构调整缺乏足够的金融支持。农村金融市场不健全,农民融资途径有限且融资难度大、门槛高,许多产业调整项目都由于资金缺乏而被迫中止。

(4)贫困地区农民的自我发展能力弱。在产业结构调整过程中,无论是新农业种植品种的引进,还是对现有产品的深加工、新产业的形成和发展都需要一定的资金。典型贫困地区农民收入是在总量较低的水平上增长,经济基础薄弱,可持续发展能力弱,是贫困农民生产投入的主要制约因素。

(5)典型贫困地区农村经济存在着严重的路径依赖。这是指在制度变迁中,无效的现有制度的自我强化机制,在市场不完全、组织无效的情况下,会阻碍生产的发展。典型贫困地区农村产业结构调整过程中始终受到路径依赖问题的困扰,致使农村产业结构形成了一定的惰性(刚性、黏性),始终无法突破传统产业结构的束缚。

2. 引导典型贫困地区妇女参与农村产业发展的对策

典型贫困地区生态脆弱,资源环境的承载能力较弱,产业的发展要因地制宜,发展资源环境可承载的特色产业,降低工业发展强度,不断完善生态区域的功能。

(1)立足本地资源,积极发展特色经济。客观地说,典型贫困地区产业发展受到许多因素的制约和限制。深入分析典型贫困地区资源就会发现,特色农产品、林产品、土特产品,旅游休闲资源都是产业发展的资源,不仅能够吸纳更多的劳动力就业,而且投资少、见效快、领域广阔,能够促进农村产业结构的转变。

(2)提高妇女的科技文化素质。积极整合社会各类优势资源,多形式、多渠道、多层次地加大对农村妇女实用技能的培训,并坚持普及培训与重点提高相结合、理论传授与实践指导相结合,培养有文化、懂技术、善经营、会管理的新型女性农民。积极引导广大农村妇女参与产业结构调整;积极引导广大妇女参与各类科技示范园区、专业技术协会、合作社和龙头企业建设,提高农村妇女专业化、组织化程度。建立培训服务体系,把提高妇女科技文化素质作为长期发展战略。建立健全农村科技服务指导中心。

(3)积极创新培训方式。将农村妇女劳动力的技能培训列为专项计划。培养一批有文化、懂技术、善思考、懂经营、会管理的妇女人才队伍。创新载体,为农村妇女提供学习交流的好机会、好场所。组织异地考察培训,开阔眼界,增长见识,拓宽思路。在培训方法上,采用农闲季节实地培训以取得实效。

(4)树立典型,发挥妇女科技示范户双学双比女能手的示范帮带作用。开展对种养业女能手、科技示范户、农村女经纪人和妇女专业合作组织带头人的综合素质培训,深入实施"巾帼科技致富网上行"活动,积极开展"女能手产业化素质提高系列讲座",扶持她们依靠科技知识做大、做强、做优产业,带领妇女共同就业创业。

(5)切实提高农村妇女的组织化程度。在新农村建设中应注意吸收日本重视发展农协的成功经验,提高农民的组织化程度,坚持民办、民营、民管的原则,大力发展各类专业协会。

(6)提高妇女的心理素质。教育妇女树立市场意识、竞争意识、发展意识,勇于走出家门,走向社会,应对挑战。

（7）加快小城镇建设，降低农村妇女劳动力转移成本和就业风险，就地实现妇女剩余劳动力的有序转移。

参考文献

李佐军. 中国新农村建设报告（2007）[M]. 北京：社会科学文献出版社，2008（1）.

李先锋. 基于旅游增加值的六盘山扶贫旅游经济影响实证研究 [J]. 北京：资源与产业，2010（4）.

庞淑芬. 农村产业结构调整面临的困境 [J]. 集体经济，2009（17）.

董章清. 构建江西社会主义新农村产业基础的突破口探析 [J]. 安徽农业科学，2007（25）.

吕瑞华. 河北省新农村产业结构优化研究 [J]. 经济与管理，2009（6）.

郭丹，谷洪波，尹宏文. 基于农村产业结构调整的我国农村劳动力就业分析 [J]. 中国软科学，2010（1）.

张进海，陈冬红. 2010 年宁夏经济形势分析与预测 [M]. 银川：宁夏人民出版社，2010（1）.

田宝强. 农村产业结构与就业结构问题和对策 [J]. 理论研究，2010（6）.

郑春晓. 边疆农村产业结构调整刍议 [J]. 佳木斯大学社会科学学报，2009（1）.

胡茂成，谭宇. 新农村建设视角下的农村产业结构调整 [J]. 商业时代，2009（6）.

程立新. 农村产业结构升级理论产业调整研究 [J]. 科技资讯，2006（6）.

何蕾. 中国农村产业结构调整的困境与对策 [J]. 经营管理者，2010（18）.

董金友. 新时期农村产业结构优化调整研究 [J]. 地域研究与开发，2007（6）.

（郭亚莉，宁夏社会科学院经济研究所）

农业产业链融资模式比较与金融服务创新
——重庆调研的经验与启示

传统分散农业向现代集约农业的转化实际上是生产要素优化配置的过程，而资金要素在农村地区一直以来都是极度稀缺的，因此，如何缓解农村地区的资金约束，成为推动现代农业发展必须解决的问题。就目前来看，我国农村信贷的供给与需求之间还存在较大的缺口，刘玲玲（2009）对陕西、山东、辽宁、内蒙古四省区的调研显示，农户信贷中只有34%是来自金融机构，58%以上是通过非正规渠道获得。根据世界银行统计，我国中小企业的流通资金只有12%是通过银行贷款获得，规模在20人以下的小企业该比例仅为2.3%，乡镇企业则更少。

导致金融机构服务"三农"阻力重重的原因，主要是农业固有的高风险、低收益、高成本、周期性特征与金融资本追求利润、规避风险的属性相矛盾。因此，只有通过金融服务创新，缓解上述矛盾，才能促使金融机构有效率、可持续地为农业提供源源不断的资金资源。通过整合农业产业链，原来分散的信贷主体相互合作、制约，达到降低信贷风险、提高规模收益的目的，是金融机构在农业产业化加快发展的背景下，服务"三农"的创新实践。课题组于2011年3月对重庆市农业产业链融资状况进行了调查，在总结现有模式的基础上，提出了完善我国农业产业链融资的启示。

一、理论探讨与综述

1. 产业链融资的一般探讨

产业链融资也称供应链融资，是20世纪90年代兴起于生产、贸易领域的一种金融创新方式。根据胡跃飞（2007）提出的概念，产业链融资是指在对产业链内部的交易结构进行分析的基础上，运用商品贸易融资的自偿性信贷模型，并引入核心企业、物流监管公司、资金流导引工具等新的风险控制变量，对产业链的不同节点提供封闭的授信支持及其他结算、理财等综合金融服务。

产业链融资与传统融资的主要区别：①打破对有形、固定资产抵押严格限定的授信条件，通过对产业链中核心企业的财务状况以及整个产业链效率的评估作为授信的依据；对于企业的评估则更看重其在产业链中的地位。②资金用途限定于产业链内部交易，严格控制资金挪用，并以技术措施引入核心企业的资信作为控制授信风险的辅助手段。③产业链融资强调授信还款来源的自偿性，引导销售收入直接用于偿还授信。

2. 农业产业链融资的特殊性

如果把农业生产经营过程看成一个整体，可以发现，从农资（种子、饲料、机械等）供应到农产品生产，从农产品加工（分级、包装、储藏等）再到农产品经销是由一系列公司和团体所组成的有序链条。在农产品市场不断由区域化向全国化甚至国际化的发展中，农业竞争更表现为产业链条和运作体系的整体竞争（陈丹梅，2004），而依托产业链开展金融服务是金融机构的必然选择。现有关于农业产业链融资的研究较多集中在工业产业链融资的经验借鉴方面，如贾彦乐（2008）指出，以龙头企业为先导的农业产业链通常以三种模式构建：结盟与直控相结合模式、电子商务与第三方物流结合模式、业态扩展与转移模式。王婷睿（2010）从需求、供给、效益三个方面论述金融机构开展农业产业链融资的可行性。韩明辉（2010）基于保兑仓融资、融通仓融资和应收账款融资模式从采购、运营、销售三个阶段分析了农业产业链融资的特点。实际上，由于我国尚未完成现代农业转型，直接将工商业产业链融资模式复制到农业领域是值得商榷的。一方面，在全国27000多个龙头企业中，年销售收入上亿元的企业仅占4.3%，由于农业龙头企业规模不大，辐射能力有限，其原料来源和销售渠道存在较大的随意性（韩明辉，2010）。另一方面，农业产业链成员间关系不稳定，难以形成各节点企业的长期战略合作，制约了农业产业链的综合效益。此外，由于我国农民的组织化多集中在生产领域，销售领域较少，这在一定程度上也会影响农业产业链的运行稳定性。因此，金融机构开展农业产业链信贷业务必须结合我国农业发展的实际状况和农业产业链的特征，通过业务创新，既满足农业产业链发展的金融需求，也合乎金融机构自身对"三性"的要求。

二、三种农业产业链融资模式的比较分析

本研究以重庆市作为调研区域主要基于以下几个方面的考虑：首先，重庆位于西南地区，传统农业区县面积广阔，农业人口比例较高，达71.03%，农业产值占比为9.2%，略低于全国平均水平（10.3%），[①] 能够在一定程度上代表我国农业的发展状况。其次，近年来，重庆加速推进城乡统筹发展战略，出台多项惠农政策，特别是两翼农户"万元增收工程"的实施，使农村社会经济发生了深刻的变化，农业产业化发展迅速。最后，重庆建设西部内陆金融中心的战略，使该地区金融环境比较宽松，为农村金融服务创新提供了优越的条件。通过调研，可以将重庆市开展农业产业链融资的模式纳为三种，分别为园区主导型产业链融资、政府主导型产业链融资、核心企业主导型产业链融资。

1. 园区主导型产业链融资

园区主导型产业链融资是以农业园区建设为依托，农业产业集群为对象，利用供应商、生产商、销售商、服务中介以及专业协会间纵向一体化的合作关系，满足农业产业链资金循环需求的金融服务。该模式主要依靠产业集群内农业经营主体间在信息、资源、技术、销售渠道上的相互依存来缓解农业信贷风险，提高金融机构收益。本研究以荣昌县畜牧科技园为对象，重点考察农业银行荣昌支行开展园区产业链融资的情况。

荣昌县畜牧科技园是全国唯一的畜牧类产业园。园区内拥有畜牧业生产、加工、销售企业150余家，饲料、兽药加工企业80余家，以及西南地区最大的畜牧产品交易市场。西南大学荣昌校区、重庆市畜牧科学院等科研机构也坐落于此，拥有科技人才1300余人。目前由园区带动的养殖农户15.8万户，养殖业合作社50多个，已经基本形成生产、市场、科研、服务一体化的产业网络。

荣昌畜牧科技园区产业链融资包括园区建设融资、"企业＋企业"融资、"企业＋农户"融资三个层次，如图1所示。首先，银行通过与县级政府合作，通过参与园区基础设施建设融资，完善园区金融设施与设备布放，拓展产业链融资平台。比如，农业银行对荣昌畜牧产品交易市场基础建设发放信贷1.6亿元，同时与市场管理部门签订协议，承接交易市场内的服务网点、结算系统等"一揽子"金融服务。其次，银行通过产业调查和评价，建立项目库，加强对园区产业项目的参与和监督，明确产业链条分布。如农业银行专门制作了荣昌县和畜牧园区的产业金融生态图谱，以及时跟踪产业链发展状况。再次，银行通过与中介机构（保险公司、担保公司）合作，整合园区内的饲料、养殖、屠宰、加工等畜牧企业，利用核心价值判断、定制反担保协议，预设化解方案等措施对关联企业开展金融服务，实现"企业＋

[①] 根据《重庆统计年鉴2010》计算得到。

企业"融资。最后，银行通过核定农户种养或加工规模、订单情况、担保途径，采用"固定额度，到期归还"或"总额控制、循环使用"方式对产业链中的农户实行集中授信，实现"企业+农户"融资。其中政府部门设立的风险基金以及生猪保险等，对于银行向农户提供无担保贷款起到了极大的促进作用。① 如荣昌县仁义镇广济村的养殖大户，通过五户联保的方式贷款 10 万元，与企业合作统供统销，2010 年种猪和肥猪的销售毛收入能达到 20 万元，净收益 5 万~6 万元。

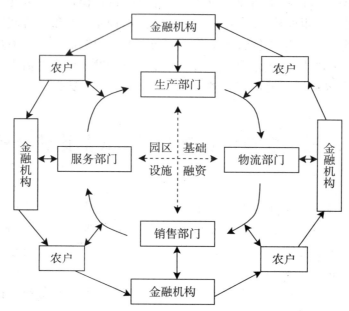

图 1　综合园区主导型产业链融资

由于农业产业集群以中小企业为主，因此，"企业+企业"融资是园区主导型产业链融资的核心部分。如图 2 所示，处于产业链上游的农业企业在销售产品后，不能及时收到下游企业的货款，在这种情况下，上游企业可以利用未到期的应收账款向金融机构办理融资业务。银行将上游企业视为借款人，将下游企业视为担保人，同时利用担保公司或者物流企业作为其第二还款来源以降低信贷风险，而后者则可以通过控制上下游企业之间的物流或者提出反担保措施，如专利、商标、屠宰许可、订单协议抵押来影响企业行为。一旦融资企业出现问题，银行不但可以优先从下游企业获得应收货款，还能和担保、流通企业分担风险。当然，银行提供贷款是在对产业链进行评估的基础上进行的，而下游企业和担保中介的监督也能有效降低融资企业的信用风险。由此可见，

"企业+企业"产业链融资最重要的是考察上下游企业间依存关系和信用关系以及整个产业链的运行情况。

2. 政府主导型产业链融资

政府主导型产业链融资是指政府从地方发展战略出发，投资建立农业生产基地，鼓励农户组织化和规模化生产，引导龙头企业进入基地发展衍生产业形成产业链条，并与金融机构合作对产业链条进行融资的模式。在这一过程中，政府不但发挥引导产业发展、提供公共服务的作用，还在产业链融资中扮演了"穿针引线"的角色。一方面，运用平台融资，建设产业基地；另一方面，通过政府担保，促进农户和企业融资。

以忠县柑橘产业带为例，在国家和重庆市的鼓励下，该县将柑橘作为重点发展产业，② 预计至 2017 年将投资 40 亿元，建成面积 50 万亩的标准

① 调查中了解到，重庆市规定建立农业风险基金，市县两级政府承担 35%，金融机构承贷 65%。生猪保险规定，农户对生猪的保费 4 元、保险价值 600 元，肥猪保费 10 元、保现价值 1000 元。
② 国务院三峡建委出台《三峡库区柑橘产业开发规划》、重庆市人民政府办公厅出台《关于进一步加快柑橘产业发展的意见》、忠县人民政府出台《忠县产业建设规划（2008—2017 年）》。

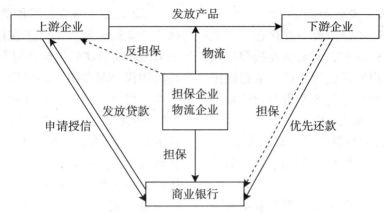

图 2　上下游企业间的产业链融资

化生产基地。目前，基地已经形成柑橘种植带 15 万亩，引进两家重点龙头企业，拥有全球最大的柑橘脱毒容器育苗中心和亚太地区首条 NFC 鲜冷橙汁生产线，带动 16 个乡（镇）、69 个村、近 5 万户、14 万名果农。

忠县柑橘基地产业链融资的特点包括：①政府主导初期投资。以产业基地为中心，通过政府投资形成产业链，引导金融机构和社会资本介入，培育多样化的融资渠道。如在基地建设初期，政府利用以工代赈、农业综合开发等十多种专项资金 1.5 亿元，打捆投入 9 万多亩基地果园的道路、水利、改土等基础设施建设，为社会资本的介入创造条件，至 2010 年，在新建基地果园中，民间资本投资比重已经超过 70%。②市场带动金融资本。政府与重庆农业银行、农村商业银行，农业发展银行联合开展以果园为载体的担保融资，并

设置柑橘产业发展金和风险金，提高抵御市场风险的能力。③补贴带动农户融资。为了鼓励大户采用新品种，进行标准化连片经营，政府通过补贴给予支持，并依托"合作社 + 农户"模式鼓励农户向银行融资。① 如针对柑橘种植大户实行市级补助（1500 元/亩）和县级配套（1085 元/亩）相配套。目前，引导农户在果园基地改土，苗木购买、运输及管护等环节投入资金 6330 万元。

在成熟的市场环境下，金融机构替代政府融资主体地位是必然的趋势，如图 3 所示，银行可以通过抵押担保向龙头企业融资、通过融资平台向产业基地融资、通过风险基金担保向农户融资，而政府主要起到引导、补贴和提供服务等中介功能。从长期来看，银企合作、职能互补是决定政府主导型产业链融资成功与否的关键。

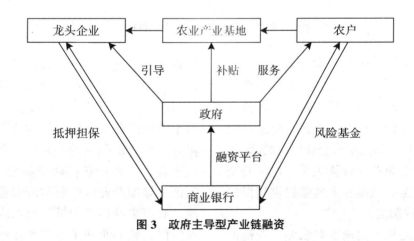

图 3　政府主导型产业链融资

---

① "合作社 + 农户"融资一般先经专业合作社审核后再向银行推荐，银行通过实地调查，确定目标客户，集中统一授信。贷款发放时由合作社为农户提供保证担保，柑橘销售后由专业合作社负责优先偿还贷款本息。由于专业合作社与农户存在利益与风险关联，能够配合商业银行对农户进行贷后管理，及时向银行提供贷款户的相关信息，积极协助农行按时收回贷款本息。

3. 核心企业主导型产业链融资

核心企业主导型产业链融资主要存在于"企业＋合作社＋农户"模式中，龙头企业按照市场需求，与合作社或农户签订生产协议，依据规定标准生产、供给初级农产品，企业为农户提供生产资料和技术指导，并统一收购加工农产品。金融机构开展的该类产业链融资就是针对龙头企业、合作社、农户之间存在的资金、劳动力、产品循环所提供信贷服务。

如图4所示，在核心企业主导型产业链融资中，由农户向银行申请贷款，银行与龙头企业以及担保公司共同核定农户信用和贷款额度，其中担保公司为农户提供担保，同时通过与龙头企业签订回购协议规避市场风险或者通过与农户签订反担保协议规避信用风险。银行则将贷款划拨到企业账户，由企业集中向农户发放贷款或者购买农资，以保证贷款的使用方向。农产品收购之后，企业优先偿还银行贷款，然后结算农户的货款。

以黔江县农业银行开展的"担保公司＋农户"烟草产业链融资为例。①在信贷审核方面，银行要求由政府组建的担保公司为贷款农户提供担保，并由担保公司和银行共同依据烟草公司提供的订单农户名单，选择有烟叶种植经历和掌握一定技术的烟农作为目标客户，实施集中统一授信。②在确定贷款发放和管理方面，银行依据烟农总投资和自有资金核定贷款额度；通过与烟草公司间的代收代付系统，在烟农授权的基础上将烟农用于购烟草、肥料的贷款直接划给烟草公司；烟草公司收购烟叶后，将收购贷款优先偿还银行贷款本息。③在贷后检查方面，银行除了入户调查外，还利用烟草公司定期上门技术咨询的信息了解烟农的生产经营状况，及时掌握贷款风险状况。目前，黔江分行烟草产业链融资服务已经累计发放信贷2662万元，其中只有因借款人外出无法归还而形成不良贷款17.8万元，不良率为0.67%。

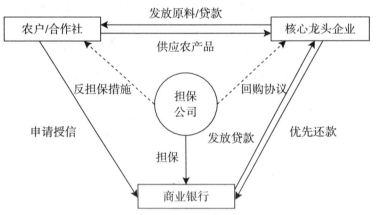

图4 农户与龙头企业间的产业链融资

由于核心企业主导型产业链的环节较少，银行在开展融资过程中，一方面必须确保核心企业与农户之间具有牢靠的合作关系，这往往需要农民合作社或者村集体作为中介，确保订单执行的可靠性；另一方面必须掌控龙头企业经营的状况，银行一般通过与核心企业的合作关系，以核心企业的征信水平为依据，核准企业能够提供担保的额度和对农户信贷的额度。

上述三种模式是从不同角度对农业产业链融资的归纳，园区主导型产业链融资是由农业产业集群的需求引发融资服务创新，属于需求引导型；政府主导型产业链融资是由政府和金融机构提供投资平台促进产业链形成，属于供给引导型；而核心企业主导型产业链融资只发生于企业、合作社与农户之间，属于一种简单的产业链融资类型。由于农业产业化还处于探索阶段，产业链的特点决定了产业链融资的差异性。但是，从动态的角度来看，三种产业链融资类型也存在内在联系。园区主导型产业链融资对应农业产业化的成熟阶段，政府主导型产业链融资对应农业产业化的发展阶段，核心企业主导型产业链融资对应农业产业化的初级阶段，而且核心企业主导型产业链融资往往包含于园区和政府主导型产业链融资中。三种模式随农业产业化发展与产业链延伸，从低级向高级转化，同时，不同模式间也可能在某一产业链融资中相互交织共生。

三、农业产业连融资的成效与问题

1. 农业产业链融资的主要成效

（1）有利于降低农业信贷风险。①通过产业链将农户和企业联接整合，形成组织化、规模化的生产方式，能够最大限度地降低分散农业所难以克服的自然风险。同时，企业与企业、企业与农户之间的长期良性合作，能够将外部风险内部化，形成经营风险的分担机制。②产业链多样化的内、外部担保渠道，以及同伴监督机制可以有效降低信用风险。③产业链上的企业和农户围绕同一系列的农产品进行生产，产业周期和规模更容易得到控制，提高了金融机构信贷风险预测的准确程度。

（2）有利于降低农业信贷成本。通过产业链融资将分散的农户集中化、上下游企业联合化，可以增大贷款金额规模，有效降低农业信贷的信息搜寻成本、契约的执行成本以及风险的监督成本。如忠县农行对柑橘产业链的融资，通过实行调查、审查、审批一站式办理，可以实现对有条件贷款2个工作日内办结，对流动资金贷款8个工作日内办结，对其他融资类事项7个工作日内办结的高效运作。

（3）有利于金融资本与农业长期结合。金融机构通过对产业链中贷款发放及回收状况的积累，有利于系统地评定企业及农户信用；重复博弈对信贷者违约行为制约也有利于营造良好的农村信用环境，促进企业与企业、企业与农户建立合作信誉联盟。以荣昌县为例，为了加强产业链条中小额结算的便利性，农业银行为龙头企业和养殖大户免费安装转账电话和"惠农通"信息机近1000台，加快了产业链上资金的转账，提高了结算效率，也有利于银行系统监督信贷资金的使用方向。

（4）有利于为农业信用担保创造条件。由于农村信用担保体系不完善，独立的农业企业和农户很难获得担保机构的支持。通过产业链融资，扩大了抵押品（企业资产、不动产、林权等）以及抵押替代品（商标、许可证、股权等）的范围；使商业性担保机构介入的积极性大幅提高。如重庆市农业担保公司从2009年以来已经与12家商业银行建立了合作关系，累计担保额8.2亿元，其中大部分是通过农业产业链融资的方式开展业务的。

2. 农业产业链融资存在的问题

（1）金融机构操作风险提高。由于农业产业链的差异化特征，金融机构必须协调各参与主体之间的物流、资金流、信息流，从而提供多元化的产业链融资服务，这对于业务操作的规范性、合法性和严密性要求很高。随着农业产业链的日趋复杂，发生信息传递错误的机会相应增多，如果对于贷前、贷中和贷后的制度设计、管理流程和风险监测不完善，就会导致产业链融资操作中不准确的资金配置和无效管理，从而影响金融机构债权的有效实现。

（2）农业产业链自身结构缺陷。相对于农户来说，产业链上的核心企业处于优势地位。如果核心企业与农户良性合作，可以将农户的边际信用提高到与核心企业同等水平，如果核心企业出现道德风险，它可以利用价格、交易、账期方面的优势通过侵占农户利益实现短期收益最大化。核心企业通过迫使产业链的资金紧张，诱导农户融资，引起农户承受高债务负担。由于农民缺乏议价能力，一旦债务超过其负担能力，他们可能选择违约，这是导致农业产业链不稳定的重要因素。

（3）产业链融资的制度障碍。农业产业化往往伴随土地经营权流转，这也是农业产业链融资的实施基础，但是我国相关法规，如《中华人民共和国土地管理法》和《中华人民共和国农村土地承包法》还没有对土地流转方式和程序加以规范；土地确权、评估机制不完善，因此土地的抵押价值难以实现，无法成为撬动产业链融资的杠杆。同时，农业产业链融资出现的抵押替代物，如专利、许可、订单契约等也由于缺乏合理的价格评估机制，成为不易处置的"担保物"，阻碍了产业链融资的发展。此外，政府担保尚未形成退出机制，也是决定农业产业链融资可持续性的重要因素。

四、启　示

通过上述对农业产业链融资不同模式的归纳及其成效和存在问题的分析,可以得到如下启示:

(1)以市场为导向确定产业链融资项目。金融机构应该以市场为导向,在坚持流动性、安全性和营利性的原则上开展农业产业链融资服务。深入乡镇、村庄,了解地区产业特征,把符合市场需求并具有竞争优势的特色产业纳入产业链融资服务项目库。搭建企业与农户的桥梁,积极参与地方政府主导的农业产业化项目。从目前来看,农业产业链在形成初期多是在政府的引导下完成的。

(2)以创新为突破拓展产业链融资模式。金融机构应该主动创新,探索多样化的产业链融资服务方式。对处于产业化初期的农业企业,采取核心企业主导模式,着重控制核心企业的经营状况和征信水平。对于政府主导形成的产业链,积极探索"公司 + 农户 + 担保 + 政府"的融资模式,巩固银政合作,助推传统农业向现代农业的跨越发展。对于已经形成企业集聚、市场集中、环节完善的农业产业,则可以在"园区主导型"产业链融资模式的基础上,引进现代金融服务方式,如信托融资、股权融资、金融电子化渠道等,推动其快速发展。

(3)以多方合作为手段畅通资金渠道。产业链融资最重要的是确保资金流、物流、信息流的顺畅流动,对金融机构来说,资金流是最重要的。因此,金融机构需要注重与核心企业、合作组织、物流或保险机构建立战略合作关系。借助核心企业的资金、人力资源和商业网络优势,丰富金融服务渠道;依托农民合作组织管理分散的农户,降低管理成本;借助物流公司、担保公司作为第三方监管,更好掌握客户信息,降低信息不对称。

(4)以风险管理为关键保障资金安全。一方面,将业务拓展与风险管控相结合,规范操作流程。在项目选择和办理信贷服务过程中重点审查借款人和担保人的资信状况;同时规范财务管理、资金管理等流程中对产业链融资的监控及核查,尽可能将风险管控全面融入业务流程。另一方面,完善资信核实制度、管理制度、信用分级制度等一系列制度体系;在产业链运营过程中,及时跟踪评估其经营状况,对现金流、单笔业务的交易背景、交易过程和交易记录等全方位的信息予以监控。

(5)以信用环境建设为基础确保业务创新可持续。①通过电视、网络、标语等媒介宣传,增强农民信用意识,引导诚实守信风尚。②开发农村信用评级系统,与政府部门联合建立农户、企业信用档案。积极开展"信用村"、"信用乡镇"的评选工作。③联合工商、税务、法院等相关部门构建激励相容的机制保障,对于信誉良好的农户和企业在项目审批、贷款发放、利率定价等方面给予优惠,而对于恶意违约的农户和企业制定惩戒措施,优化农村诚信环境。

参考文献

刘玲玲.杨思群等.2008 年陕西、山东、辽宁、内蒙古四省区农村金融调研报告 [M].中国农村金融发展研究报告,北京:清华大学出版社,2010:3-41.

胡跃飞.供应链金融——极富潜力的全新领域 [J].中国金融,2007 (22):38-39.

陈丹梅.供应链管理:农业产业化发展新思路 [J].上海农村经济,2004 (8):16-19.

贾彦乐.供应链金融在服务"三农"中的应用 [J].现代金融,2008 (4):29-30.

王婷睿.供应链金融——解决农民贷款难问题新途径探析 [J].金融发展研究,2010 (4):60-62.

韩明辉.供应链金融下农业小企业融资模式研究 [J].融资研究,2010 (6):23-24.

韩明辉.供应链金融下的农业小企业融资信用风险研究 [J].会计之友,2010 (4):56-57.

(满明俊、周民良,中国农业银行博士后工作站、中国人民大学博士后流动站、中国社会科学院工业经济研究所)

出口企业在内陆省市的区位选择研究
——行业层面的考察

一、引　言

改革开放以来，对外贸易一直集中在沿海省份。近年来，由于沿海地区生产要素价格上涨与人民币的升值，出口贸易发展受到了较大影响。为了应对，政府尝试通过政策扶持，促进部分出口产业向内陆省市转移和内陆省市本身出口产业的发展。不过，这一进程需要克服贸易等成本增加所带来的阻力；同时，国际金融危机的爆发和蔓延又影响了我国产品的外需，到目前为止，上述政策尚未取得明显效果。

本文尝试从微观角度来研究这一问题，以2000 至 2008 年[①]内陆省市各行业出口企业个数为因变量，依据企业、行业、地区等多层面的数据，运用负二项式模型，分行业考察出口企业在内陆省市进行区位选择的影响因素，尤其是与出海口的距离和工资因素的影响；以进一步探讨内陆省市承接部分出口产业转移、发展外向型经济的可能性与路径。

二、文献回顾

内陆省市承接及发展出口产业首先需要克服与出海港口距离较远带来的不利影响。在国际经济学理论中，贸易成本倾向于被忽视，至多将国家间的贸易成本以"冰山型运输成本"的方式纳入分析；贸易国本身则被视为没有面积的"点"（Gries 等，2009）。近年来，内陆地区的对外贸易成本在国际经济学的经验研究中得到了关注，有关文献强调了至出海口距离、制度、基础设施、行业特征等因素的影响。

如果忽略空运，跨国货物运输距离可以分为海运距离和陆运距离，本文研究的是出口企业在内陆省市的区位选择，主要涉及陆运。Limao 等（2001）指出，陆地运输的成本远高于海运成本，

1000 公里陆地运输的成本与约 6500 公里的海路运输的成本相当。同时，地理距离并不仅仅意味着运输成本，还反映了时间成本、信息成本、文化和心理距离等因素。这可以被 Blum 等（2006）和 Huang（2007）的相关经验研究所证实。

那么，对于不同行业的贸易，地理距离的影响有什么差别？Ghemawat（2001）分析了文化、制度、地理和经济四种距离对不同行业的国际贸易的影响，他的"地理距离"定义涵盖了距离、出海口、国土面积、交通和通信联系、气候等因素，认为地理距离对产品单位重量价格较低（如水泥）或产品易碎、易腐烂（如玻璃、水果）行业的国际贸易额有较大的负面影响。

---

① 受可得的企业数据限制，本文样本最近只能取到 2008 年。

当然，除了地理条件外，影响制造业企业区位的还有要素价格、基础设施水平、集聚经济等多方面的因素（徐康宁等，2008）。相关文献很多，本文不在此赘述，文中相关解释变量的构造主要参照了Holl（2004）。这些因素对不同行业出口企业的影响也应是有较大区别的。

此外，在新经济地理学方面，Crozet等（2004）及相关文献的数理分析表明，外向型经济的发展是否导致贸易国经济活动向口岸附近集聚取决于各地区要素禀赋、贸易自由化前的经济分布、贸易自由化程度、外需的大小、规模经济、集聚经济等因素。依据Brulhart（2010）的综述，相关的经验研究文献结论一致：在贸易国内，贸易自由化导致经济活动向靠近国际市场的区域聚集并扩大了这些区域与内陆的发展水平差距。这与我国的经济现实相符，反映了内陆省市发展外向型经济的"地理劣势"（geographic disadvantage）。

总之，从已有研究结论和经济现实判断，内陆地区照搬沿海外向型经济发展模式并不可行；不过，内陆部分省市具备在某些行业成功发展出口产业或承接沿海外向型产业转移的可能。本文的工作有助于在行业层面上评估这种可能性。

三、变量设定与数据来源

除因变量外，解释变量可分为三组，分别衡量影响出口企业在内陆省市区位选择的市场接近度、生产成本、集聚经济等方面的因素。本节说明了各变量的设定及其数据来源。

1. 因变量

出口企业数：N_{it}，为该行业第i省第t年出口交货值占工业销售产值的比例超过10%的企业个数，[1] 数值从0至290不等。数据来源于2000~2008年中国工业企业数据库，该数据库包括了全国各工业行业规模以上（年主营业务收入大于500万元）的所有企业的各项指标，但2004年的数据库没有"出口交货值"指标，因而不包括当年数据。由于采掘业企业的选址依赖于矿产资源所在地，工艺品制造业的数据不全，本文只研究二位码从13至41的制造业行业的企业。结合地理位置与外向型经济发展状况，将大陆地区除广西外的靠海省市加上北京市定义为"沿海省市"，而将其他省市定义为"内陆省市"。由于西藏在样本期间基本不存在出口企业，河南省企业的出口交货值和出口企业个数在2005~2007年间暴起暴落、极不正常，[2] 本文研究其他18个内陆省市的情况。

2. 衡量市场规模和市场接近度的解释变量

各省至出海口距离：$TDIS_{it}$，用来衡量对国际市场的接近度，考虑到内陆出口贸易对铁路交通的依赖和货车的特点，定义为该年各省省会至出海港口的最慢普快列车的运行时间，单位为10小时，整理自历年火车时刻表。一个内陆省份出海口的选择，不仅受该省与各港口间地理距离的影响，也受交通体系（尤其是铁路线路）设置、计划经济时代对口协作关系等因素的影响，本文依据各种相关资料确定了各内陆省份的出海口，如表1所示。近年来，不少内陆省份尝试与邻国港口合作，打通跨国出海口，不过在样本期间，这些努力均还未取得实质性成果。

表1　各内陆省份的出海口

出海口	内陆省、市、自治区
大　连	黑龙江、吉林
天　津	内蒙古、新疆、山西、宁夏、北京、青海
连云港	甘肃、陕西、安徽

---

① 考虑到研究目的，本文更多地将出口企业视为"有出口能力的企业"，而非"以出口业务为主的企业"。

② 由于统计口径有别，依据工业统计数据库计算的某地出口交货值与该地同期海关出口额通常不相等，但差距不大；河南省2005年、2006年间的出口交货值超过海关出口额分别达到了71%、53%。

续表

出海口	内陆省、市、自治区
上　海	湖北、江西、重庆
广　州	湖南、云南、四川、贵州

本省市场：定义为 $MAR_{it} = Y_{it}/D_{ii}$。其中，Y_{it} 为该省 t 年的地区生产总值，单位为亿元，根据历年各省国内生产总值指数调整为 2000 年不变价；D_i 则为该省内部的货物运输距离。本文采纳 Nitsch（2000）的方法估算地区内部平均运输距离，即 $D_{ii} = \sqrt{A_i/\pi}$，其中 A_i 为该省的土地面积，取自各省统计年鉴。

3. 衡量生产成本的解释变量

工资：WA_{it}，依据工业企业数据库，为该行业第 i 省第 t 年所有出口企业的人均工资的算术平均数，单位为万元，人均工资系用该企业的本年应付工资总额除以全部从业人员年平均人数，根据历年各省居民消费价格指数调整为 2000 年不变价。为规避内生性，工资作为解释变量时滞后一期。

本省中间品供给（Supplier Access，SA）：略去年份下标后可定义为 $SA_i = \sum_{k=1}^{K} \alpha_k \times Y_{ik} \times D_{ii}^{-1}$。其中，$Y_{ik}$ 为该省第 k 行业的产品销售收入，根据历年工业品出厂价格指数调整为 2000 年不变价，单位为百亿元；α_k 表示第 k 行业产出中用作其他行业中间投入的比重，分别根据从 2002 年（针对 2000~2003 年的数据）、2007 年（针对 2005~2008 年的数据）中国投入产出表的基本流量表合并得到的 37 × 37 工业部门的直接消耗系数矩阵计算。

运输基础设施指数：INF_{it}。参考 Limao 等（2001）、Clark 等（2004）的设置方法计算，首先，将该省该年拥有的铁路营运里程乘以高速公路里程再乘以有货运业务的机场个数，前两者取自历年《中国统计年鉴》的"各地区运输线路长度"表，后者取自历年《中国交通年鉴》的"国内航空港客货吞吐量统计"表，再除以该省面积。

4. 衡量集聚经济的解释变量

本省产业基础：$INDU_{it}$，等于该省 t 年该行业产品销售收入占全国该行业销售收入的比重，反映已有的产业基础带来的外部性。

赫芬达尔指数：HE_{it}，参照 Holl（2004）等文献，定义为 $HE_{it} = \sum_k (ekit/eit)^2$，衡量地区产业多元化带来的外部性。其中，ekit 代表该省 k 行业 t 年的产品销售收入，[①] eit 为该省所有制造业行业的销售收入。指数越大，代表产业多元化程度越低，对出口企业的支持可能越小，因此其系数预期为负。

本省服务业支持：SER_{it}，定义为该省该年交通运输业、信息传输业、金融业、租赁和商务服务业产值占全国该行业产值的比重，体现生产者服务业的集聚带来的外部性。

四、检验结果与分析

1. 检验方法

本文因变量的性质属于计数变量（count variable），取值为零值较多的非负整数，不服从正态分布，因而通常采用泊松模型（poisson model）或负二项式模型（negative binomial model）进行估计。前者要求因变量的条件均值与条件方差相等，但本文的数据不满足该条件（条件方差均大于条件均值，即过度分散），因而选择了适用情况更广泛的负二项式模型，这时，因变量的期望可以被表示为一个指数模型：

$$E(N_{it}|Z_{it}) = \exp(\alpha_i + \beta \cdot Z_{it}) \qquad (1)$$

其中，i、t 分别表示省市、年份；Z_{it} 代表各解释变量，α_i 表示不随时间变化的地区特征。进一步，可以设立计量模型如下：

---

① 该指数通常采用雇佣职工人数计算，但因数据不全，本文改用产品销售收入。

$$N_{it} = \alpha_i + \beta_1 TDIS_{it} + \beta_2 SA_{it} + \beta_3 INDU_{it} +$$
$$\beta_4 WA_{it-1} + \beta_5 MAR_{it} + \beta_6 INF_{it} + \beta_7 SER_{it} +$$
$$\beta_8 HE_{it} + \gamma DUMMIES + \varepsilon_{it} \qquad (2)$$

并通过极大化一个负二项式分布的似然函数来估计各参数。在式（2）里，各解释变量。上文中已有说明，ε_{it} 为扰动项。DUMMIES 表示各年份虚拟变量，如年份虚拟变量均未通过显著性检验

而略去，限于篇幅其结果未列出。

因出口企业数据不全，烟草业、有色金属加工业未进行检验。对于其余二位码制造业行业，均采用 2000~2008 年（其中缺 2004 年）、18 个省市的面板数据进行估计。依据 Hausman 检验的结果，各式基本选择了随机效应回归，只有化学纤维制造业选择了固定效应回归。

表 2　对各行业的检验结果（因变量为 N）

行业/变量	TDIS	SA	INDU	WA	MAR	INF	SER	HE	loglikelihood	Waldtest
食品加工业	-0.26**	-0.15	-0.24***	-0.15	-0.04*	-0.25	0.10	-6.45***	-388	227***
食品制造业	0.01	-0.05	0.15**	-0.08	-0.02	0.31*	0.05	-3.74**	-333	119***
饮料制造业	-0.26	-0.40	-0.01	-0.02	0.02	-0.30	0.20	0.68	-224	23*
纺织业	0.04	-0.35***	0.08	0.05	0.09***	0.30**	0.08	0.56	-434	69***
服装鞋帽业	-0.20	0.47**	0.32***	-0.23	0.02	0.02	0.30**	0.49	-309	181***
皮革制品业	-0.28**	-0.81*	0.52***	-0.2**	0.07**	0.36	0.29**	-4.34*	-272	128***
木材加工业	-0.08	-0.61	0.28***	-0.11	0.04	0.41**	-0.19	-1.72	-297	74***
家具制造业	-0.13	-0.11	-0.40**	0.05	-0.04	0.31	0.22	-1.55	-228	84***
造纸业	-0.69***	-1.02	0.30	0.33	0.07	0.26	0.77**	-2.14	-143	30***
印刷业	-1.09***	0.39	0.45*	0.04	0.09**	-1.11*	-0.24	6.41*	-73	62***
文教用品业	-0.60***	-0.44	1.07***	-0.08	0.05	0.61**	-0.01	-7.56*	-181	89***
石油加工业	-0.04	-0.06	0.01	-0.60	0.16	-0.52	0.48	-1.87	-58	2.89
化学原料业	0.09	-0.01	0.43***	-0.55**	0.02	0.35**	-0.08	1.39	-469	148***
医药制造业	0.02	-0.02	0.08	-0.21*	0.04**	0.26	0.03	-0.36	-320	79***
化纤制造业	-0.89	2.67	0.12	-0.25	-0.23	0.54	-0.58	59.18**	-39	21.4
橡胶制品业	-0.33***	-0.34	0.28***	0.10	0.09***	-0.16	0.02	-4.29*	-177	96***
塑料制品业	-0.23	-0.03	0.60***	0.30	-0.01	0.33	-0.31	2.60	-189	39***
非金制品业	-0.32***	0.02	0.17***	-0.03	0.02	0.04	0.16*	-1.05	-346	122***
黑金加工业	-0.05	0.05	0.09	-0.08	-0.02	0.49*	-0.07	-1.93	-290	8.65
金属制品业	-0.01	-0.23	0.13	-0.37**	0.05**	0.15	0.17	-3.70	-303	57***
通用设备业	-0.18*	0.02	0.32***	0.02	0.03**	0.09	0.13**	-0.87	-333	139***
专用设备业	-0.20**	-0.01	0.14**	0.14	0.03	-0.05	0.20	-6.73***	-287	168***
交通设备业	0.40**	0.02	-0.01	-0.09	0.05***	0.19	-0.01	-0.85	-310	143***
电气机械业	-0.03	0.04	0.41**	-0.16	0.06***	0.49**	-0.06	-5.26**	-260	310***
通信设备业	-0.24*	-0.14	-0.03	-0.11	0.07**	0.09	0.38***	-2.29	-325	140***
仪器制造业	-0.11	-0.22	0.27	0.02	0.01	0.27	0.40***	-7.79***	-301	31***

注：（1）*、**、*** 分别表示在 0.10、0.05、0.01 的显著性水平上拒绝了原假设。
（2）为简便起见，行业名称为简称；各变量均略去下标。
（3）通过显著性检验的系数估计值乘以 100 后，大致等于解释变量每提高一个单位时因变量期望值变化的百分点数。

2. 检验结果与分析

如表 2 所示，对 26 个行业检验的结果表明，除了饮料、石油加工、化纤、黑色金属加工 4 个

行业外，系数联合显著性 Wald 检验均在 0.01 的显著性水平上拒绝了原假设，说明解释变量的系数在整体上显著。对于采掘业及相关行业，矿藏的

分布情况才是决定因素；饮料业出口企业的分布，则可能受原料产地、政策、文化等因素的较大影响。正如 Ghemawat（2001）指出的，食品、酒类行业的国际贸易容易受到贸易国之间文化距离的影响。

在其他 22 个行业中，均有若干系数的 Z 统计量拒绝了原假设，且符号基本符合预期。显然，对不同行业出口企业在内陆省市区位选择的主要影响因素有很大的差别。对于至出海口距离（TDIS）较敏感的行业，包括食品加工、皮革、造纸、印刷、文教用品、橡胶、非金属制品、通用设备、专用设备、通信设备等行业，大多符合产品单位体积大、价值低的特点；机械（通用、专用）、通信设备业则可能与其生产过程较为依赖进口零部件有关。[①] 交通设备业是唯一系数显著为正的行业，结合其本省市场（MAR）系数显著为正进行分析，可能说明该行业在内陆省市的出口企业设立时主要针对当地市场，部分产品出口只是权宜之计。对本省市场（MAR）敏感的行业，包括纺织、皮革、印刷、医药、橡胶等行业，不少

行业的出口企业对国内外市场的接近度均很敏感。

成本因素方面，对工资（WA）敏感的行业只有皮革、化学原料、医药和金属制品业，与预期相符，大量流动劳动力的存在降低了工资因素对出口企业区位选择的影响力；对本省运输基础设施（INF）敏感的行业包括食品制造、纺织、木材、化学原料、电气机械等；本省中间品供给（SA）的检验结果与预期有差距，只有 3 个行业的系数通过检验，除了服装业外，其余两个显著为负，推测是由于各省中间品供给增长速度很快，造成该变量不平稳，影响了检验结果。

在集聚经济因素方面，本省产业基础（INDU）、本省服务业支持（SER）的结果显示，前者比后者的作用要明显得多，参考 Holl（2004）的分析，这说明选址内陆的出口企业大多还处于发展的早期阶段，对生产者服务业的需求水平较低。产业多元化水平（HE）的外部性也得到了检验结果的支持，对赫芬达尔指数敏感的包括食品加工、食品制造、专用设备、电气机械、仪器等行业，基本符合预期。

五、结论与启示

本文依据 2000~2008 年企业、行业、地区等多层面的数据，运用负二项式模型，分行业分析了出口企业在内陆省市进行区位选择的影响因素。计量检验结果表明，对不同行业的出口企业，影响因素有很大的区别。概括而言，对国内、外市场的接近度、本省运输基础设施、本省产业基础和产业多元化水平的作用更明显，包括工资在内的其他因素影响不大。

上述结果意味着，内陆省市未来承接和发展出口产业的主要竞争力来源可能并非是其较低的劳动力价格，至出海口距离也并非对所有行业的出口企业都重要。对不少行业来说，本省产业基础、运输设施、产业多元化水平等因素都可以构成内陆省市承接和发展出口产业的相当有利的条

件。此外，沟通沿海与内陆地区的交通线路的建设，也能在一定程度上促进出口产业向内陆省市、特别是向中部省市的转移及其发展。在行业层面上定量地评估各内陆省市承接和发展出口产业的潜力，是下一步的研究方向。

参考文献

Blum, B., Goldfarb, A. Does the Internet defy the law of gravity?[J]. Journal of International Economics, 2006, 70: 384-405.

Brulhart, M. The spatial effects of trade openness: A survey [R]. University of Nottingham, GEP Research Paper, 2010.

Clark, X., Dollar, D. and A. Micco. Port efficiency, maritime transport costs, and Bilateral Trade [J]. Journal of

---

① 根据平新乔等（2005）的计算结果，2003 年各相关行业出口的垂直专门化比率（VS）分别为：机械工业（0.2168）、通信设备制造业（0.2284），均属于 VS 比率最高的行业。

Development Economics，2004，75：417–450.

Crozet，M.，Koenig，P. EU enlargement and the Internal geography of countries ［J］. Journal of Comparative Economics，2004，32（2）：265–278.

Ghemawat，P. Distance still matters：the hard reality of global expansion ［J］. Harvard Business Review，2001，79（9）：137–147.

Gries，T.，Naude，W.，Matthee，M. The optimal distance to port for exporting firms ［J］. Journal of Regional Science，2009，49（3）：513–528.

Huang，R. Distance and trade：disentangling unfamiliarity effects and transport cost effects ［J］. European Economic Review，2007，51：161–181.

Holl A. Start–ups and relocations：manufacturing plant location in portugal ［J］. Papers in Regional Science，2004，83：649–668.

Limao，N.，Venables，A. Infrastructure，geographical disadvantage，transport costs and trade ［J］. The World Bank Economic Review，2001，15（3）：451–479.

Nitsch，V. National borders and international trade：evidence from the european union ［J］. Canadian Journal of Economics，2000，33：1091–1105.

平新乔等. 垂直专门化、产业内贸易与中美贸易关系［R］. 北京大学中国经济研究中心工作论文，2005.

徐康宁，陈健. 跨国公司价值链的区位选择及其决定因素［J］. 经济研究，2008（3）.

（薛漫天、何玉梅，东南大学经济管理学院）

我国区域旅游产业发展潜力的时空差异研究

一、引　言

世界旅游组织的统计资料表明，旅游产业是当前世界上发展最快、具有广阔前景的"无烟"产业。由于其较强的产业关联性和较大的辐射力，各国均将其列为重点发展的新兴产业（Cai et al, 2006）。作为一个幅员辽阔、旅游资源相对丰裕的发展中大国，自改革开放以来，我国旅游产业也取得了迅速发展，并初步形成了各区域既竞争又合作的良好发展态势。然而，由于资源禀赋、区位、社会经济、交通等条件存在差异，各地区旅游产业发展潜力以及开发现状均呈现出非平衡性。为了促进各区域旅游产业协调、持续发展，充分洞悉各地区旅游产业发展潜力，寻求未来成长空间和发展前景，并把发展潜力适时地转化为发展实力就显得十分必要。与此同时，根据世界旅游组织的预测，到2020年我国内地将成为世界第一大旅游目的地，而伴随这一旅游产业国际转移过程的是全球旅游产业竞争更加激烈（UNTWO, 2007）。因而，深入分析并挖掘我国各地区旅游产业潜力，对加快实现我国由旅游大国向旅游强国转变也意义深远。

然而，当前关于旅游产业发展潜力的定量研究还十分有限。为数不多的研究或者聚焦于旅游产业的某一方面，如资源、市场和就业潜力等（Abdul Rahmi Samsudin, 1997；薛惠锋，1991；胡应成，1996；赵英丽，2006）；或者关注某一较小的地域范围（杨敏，2004；毛明海，2002）。只有极少数文献研究了我国各省区旅游产业发展潜力（曹新向，2007），但其分析仍为静态的，且评价指标和方法值得商榷（王兆峰，2008）。可见，我国各地区旅游产业发展潜力的研究仍十分欠缺。本文在借鉴国内外旅游产业潜力研究经验基础上，基于产业自我成长潜力和外源支撑潜力的视角构建了旅游产业发展潜力评价指标体系，并运用加权主成分 TOPSIS 价值函数模型对我国各地区旅游产业发展潜力的时空差异进行了分析。最后，依据各地区旅游产业发展潜力及发展实力提出了相应的建议。

二、旅游产业发展潜力研究回顾

相对于比较成熟的旅游产业竞争力研究，旅游产业潜力研究不仅数量少，而且较为零散。概括地说，主要涉及以下三方面的内容。

1. 旅游产业发展潜力的内涵、构成及相关的定性分析

Canestrill（1991）较早地关注了旅游地竞争力与发展潜力的关系，指出旅游地的承载力是影响旅游地发展潜力的重要因子。Mckercher B.（1993）指出，社会、环境因素对旅游可持续发展潜力有重要影响。Hunter（1997）则更明确地提出，旅游产业的发展潜力是基于社区发展、人们生活水平的提高、旅游者安全的需要、环境资源的保护和文化建设的发展而提高的。国内学者关于旅游产业发展潜力内涵的界定则主要有两类观点，一是"差距说"，以马勇等（1997）为代表，他们将特定时段内由区域环境所限制的、社会经济所支持的和旅游资源所能达到的供应极限总量定义为区域持续发展潜力；另一类是"支持保障说"，杨敏（2006）认为旅游产业发展潜力是旅游产业发展过程中所体现出来的潜在的、在一定的要素刺激下能够发挥出来并能促进旅游产业持续发展的能力。王兆峰（2008）进一步指出，区域旅游产业发展潜力是在旅游资源、社会经济、环境容量等相互作用下旅游产业持续发展的空间，它既是衡量区域旅游产业发展的关键，也是衡量区域旅游产业的持续发展前景的综合测度。于秋阳（2009）也持这类观点，并强调旅游产业发展潜力是对旅游产业未来的竞争力和发展力的支持与保障，并在一定条件下能够转化为竞争实力和发展力。此外，朱红（2002）、刘春梅（2003）、严永军（2004）、康传德（2006）等从定性的角度探讨了较小地域范围内旅游产业中旅游产品、旅游市场的潜力。

2. 旅游产业发展潜力的指标构成研究

Henry 与 Jackson（1995）认为在环境资源的可持续发展前提下，旅游产业的可持续发展潜力与政治、社会、经济、生态学和风土人情均有关系，因而在旅游产业发展潜力指标构建方面应包括上述因素。马勇等（1997）则是国内最早对旅游产业发展潜力进行定量评价的文献，它将区域旅游可持续发展潜力分为区域旅游资源的潜在保障力、区域社会经济的潜在支持力和区域环境容量的潜在承载力。吴必虎（1998）则基于系统论的视角将旅游产业发展潜力分解为微观层面上的旅游产业自身成长潜力、中观层面上的旅游产业市场扩张潜力和宏观层面上旅游产业环境的可持续发展潜力三个方面。后来，于秋阳（2009）对这一指标构成进一步进行了细化。杨敏（2006）则认为旅游产业发展潜力应包括经济发展能力、基础设施与环境保障能力、旅游市场需求潜力、政府管理能力、文化发展水平及科技创新能力、旅游产业发展状况。曹新向（2007）从旅游需求潜力、旅游供给潜力、旅游潜力保障力和旅游潜力支持力四个方面概括了旅游产业发展潜力。王兆峰（2008）在批评现有评价指标缺乏完整性和

可操作性的基础上，选取了影响区域旅游产业发展潜力的最主要的五类因素，即旅游资源潜力、旅游市场潜力、旅游开发的效益、各种社会经济支撑和开发条件，并对每类因素涉及的具体指标进行了归纳。此外，李华（2005）、杨秀平等（2006）、莫帮洪等（2005）以及白晶（2006）或者基于生态足迹理论，或者对旅游环境承载力发展潜力、城市旅游发展潜力的指标构成进行了探讨。

3. 旅游产业发展潜力的评价方法及定量研究

现有关于潜力研究的方法较多，如 Isard（1960）在"引力模型"基础上提出的潜力分析模型，Lenotief 等（1963）提出的区域投入—产出分析潜力模型等。具体到旅游产业发展潜力分析中，常用的权重确定方法有德尔菲法、层次分析法、因子分析法以及模糊数学分析法等。如曹新向（2007）采用了因子分析法和加法合成原理对我国省域旅游产业发展潜力进行了研究。在旅游产业发展潜力的定量研究方面，Abdul Rahmi Samsudin（1997）、Michele Langlois（1999）、Julianna Priskin（2001）等对马来西亚温泉旅游、英国游客市场以及自然旅游资源潜力进行了研究。其中，以国家为研究对象分析旅游发展潜力的文献主要有，越南旅游业发展潜力研究报告（1995），约旦旅游产业发展潜力研究（Marjorie Kelly，1998）以及 Derek Wade 等（2001）对坦桑尼亚旅游业的历史、市场现状以及未来趋势和发展潜力的研究。国内关于旅游产业的定量研究起步较晚，且多以较小的地域范围或者旅游产业的某一方面为研究对象，如陈才等（2003）、丁雨莲等（2006）。而以国家层面为研究对象系统定量研究旅游产业发展潜力的文献仅有曹新向（2007）一篇。

基于对上述国内外旅游产业发展潜力研究文献的回顾不难看出，正如王琼英等（2008）在对旅游产业发展潜力研究综述时总结的，旅游产业发展潜力研究至少存在三方面的不足：国家层面的研究过少、指标体系有待完善、缺乏动态评价。此外，还需要强调的是旅游产业发展潜力评价方法中，层次分析法和模糊评价法属于主观评价法，权重选择主观性较强，主成分分析和因子分析法虽然以主因子的方差贡献率作为权数，较为客观，但评价值有正负之分，不便于分析。因此，本文试图突破以上不足，运用加权主成分 TOPSIS 模型

方法，以 31 省市以及四大区域（东、中、西、东北）为研究尺度，对 21 世纪以来（2000 年与 2007 年）我国区域旅游产业发展潜力的时空变化情况进行综合评价。

三、旅游产业发展潜力特性及评价指标体系

1. 区域旅游产业发展潜力界定

现有文献对旅游产业发展潜力定义进行了积极的探索，并初步形成了"差距说"和"支持保障说"两类观点。前者对应于特定时期内特定区域环境所限制、社会经济所支持和旅游资源所能达到的供应极限，后者则强调旅游产业发展过程中所体现出的潜在的、能被外在要素刺激并促进旅游产业持续发展的保障和支撑。事实上，以上两类观点各有侧重、互为补充。旅游产业具有较强的产业关联性和辐射力，既依赖于自身发展的条件，也离不开整个社会经济发展环境的支撑。基于现有的研究，本文认为，区域旅游产业发展潜力主要是反映区域旅游产业未来发展的潜在后劲，是指区域旅游产业改善自身现有生产要素非正常利用（利用不足或过度利用），以及刺激区域内与旅游产业相关的其他要素转化、促进和支撑旅游产业可持续发展的能力。具体包括旅游产业自我成长潜力和外源支撑潜力。其中，自我成长潜力主要指区域内旅游产业自身生产要素得到有效利用所实现的旅游产业成长的能力；外源支撑潜力则指区域内与旅游产业相关的其他要素转化、促进和支撑旅游产业发展的能力。

2. 区域旅游产业发展潜力特性

（1）综合性。旅游产业虽然被归类为第三产业，但它本身是由第一、第二和第三产业，以及诸多行业和部门复合而成的一个综合性产业群。其发展必然要受到来自方方面面的各种因素的影响和制约。因此，旅游产业发展潜力是一个复杂的综合体，必须尽可能全面地考察各种因素及其相互作用的影响。

（2）非现实性。区域旅游产业发展潜力主要表现为旅游产业发展的后劲，是特定区域旅游产业所具有的但又未表现出来的能力，具有非现实性。由于这种潜在的能力需要人们通过对客观存在的事物现象进行仔细观察和深入分析才能得到相关结论或基于一定的发展状态对未来做出预测，因而难以量化。不过，预测的结果虽然难以十分精确，但对各地区规划和指导旅游产业发展具有重要意义。

（3）非确定性和动态性。发展潜力是一种非现实能力，最大限度地释放并转化为现实竞争力是其价值所在。区域旅游产业发展潜力转化为现实的旅游产业竞争力不是必然的，需要克服影响它的各种因素的制约，而且，这种转化通常具有很强的非确定性。此外，区域旅游产业发展潜力还会随着时间的变化而变化，由于和其他任何产业一样，旅游产业也具有生命周期特性，故产业自我成长潜力具有周期性的动态特征，同时，外源支撑潜力也会随着社会经济、开发条件和环境承载能力的变化而呈现出动态性。

（4）滞后性。区域旅游产业发展潜力转化为现实的产业发展实力需要经历一定时间的量和质的积累与提升，因而具有滞后性。并且，旅游产业发展潜力的发挥程度可以用开发度加以衡量，如公式（1）。

$$R = \frac{S_t - S_0}{P_0} \times 100\% \qquad (1)$$

其中，R 代表旅游产业发展潜力开发度；S_t 代表报告期旅游产业发展实力；S_0 代表基期旅游产业发展实力；P_0 代表基期旅游产业发展潜力。

（5）加和性。在区域旅游产业发展过程中的某一时点上，作用于某区域旅游产业发展的潜力包括产业自我成长潜力和外源支撑潜力，并且是两者综合作用的结果，这表明旅游产业发展潜力具有加和性，可以用公式表示：

TDP（旅游产业发展潜力）= IDP（产业自我成长潜力）+ OSP（外源支撑潜力）+ α　　(2)

其中，公式（2）中 α 表示不确定性因素。

（6）产业自我成长潜力和外源支撑潜力的非对称性。产业自我成长潜力和外源支撑潜力的划分

相当于"内因"和"外因"的划分。虽然前者的充分发挥离不开后者的支撑，但后者必须通过前者才能转化为现实的旅游产业发展能力。而且，外源支撑潜力的价值及其积累速度取决于产业自我成长潜力的开发程度。可见，旅游产业自我成长潜力是旅游产业发展潜力中的主导和先行元素。

3. 评价指标体系

在综合考虑国内外现有旅游产业发展潜力评价指标，以及获取指标的全面性、客观性、代表性和现实性原则基础上，结合我国区域旅游产业发展的实际情况，本文基于产业自我成长潜力与外源支撑潜力的视角选择了 27 个具体指标，如表

1 所示。其中，17 种主要旅游资源拥有种类数（x_1）、17 种主要旅游资源质量得分（x_2），两指标的数据根据董红梅（2010）的研究成果整理而得；居民生活质量指数（x_{11}）来自于张平等（2010）编著的《中国经济增长报告（2009~2010）》；环境承载力（x_{24}）数据取自石刚（2010）的研究成果；与三大中心城市的临近性（x_{19}）指标数据则通过计算到北京、上海、广州三市的陆地交通距离加权和的倒数所得；其他指标的数据则全部来源于《中国统计年鉴》（2001、2008）、《中国旅游统计年鉴》（2001、2008）以及国家旅游局网站（http://www.cnta.gov.cn）。

表 1　我国区域旅游产业发展潜力指标体系

			指标
旅 游 产 业 发 展 潜 力 指 标	自我成长潜力	旅游资源条件	17 种主要旅游资源拥有种类数 x_1（个）、17 种主要旅游资源质量得分 x_2（分）、A 级以上景区数量 x_3（个）、4A 以上景区所占比重 x_4（%）
		旅游市场容量	接待入境旅游者 x_5（万人次）、接待入境旅游者人均天花费额 x_6（美元）、接待入境旅游者平均停留时间 x_7（天）、入境接待人数近 3 年平均同比增长率 x_8（%）
		旅游开发效益	旅游收入 x_9（亿元）、旅游企业税金 x_{10}（万元）、居民生活质量指数 x_{11}、旅游企业全员生产率 x_{12}（%）
	外源支撑潜力	社会经济支撑	政府财政支出 x_{13}（万元）、吸引 FDI 金额 x_{14}（亿美元）、人均 GDP x_{15}（元）、最终消费支出 x_{16}（亿元）、每 10 万人中高等学校在校人数 x_{17}（人）、旅游产业从业人数 x_{18}（人）
		开发条件支撑	与三大中心城市的临近性 x_{19}、每平方公里公路和铁路里程 x_{20}（公里/平方公里）、旅行社数量 x_{21}（家）、星级宾馆数量 x_{22}（家）、旅游院校学生人数 x_{23}（人）
		环境承载支撑	环境承载力 x_{24}、环保费占财政支出的比重 x_{25}（%）、工业废水排放达标率 x_{26}（%）、建成区绿化覆盖率 x_{27}（%）

四、评价模型

借鉴吕萍等（2010）的经验，本文主要采用加权主成分 TOPSIS 模型方法对我国旅游产业发展潜力空间分布进行综合评价，具体模型如下：

1. 主成分分析法

主成分分析法是一种通过投影的方式实现数据降维的方法，在损失较少的数据信息的基础上把多个指标转化为几个有代表意义的综合指标。该分析方法的基本思路是，设有来自某个总体的 N 个样本，每个样本测得 M 个指标的数据，则共有

N×M 个数据。一般而言，M 个指标之间存在一定的线性相关关系，利用线性代数原理，可以从 M 个指标中提炼出数量较少的几个综合指标，用少数几个指标在损失较少信息的前提下替代原来 M 个指标，其理论模型如下：

设随机向量 $X^T = \{X_1, X_2, \cdots, X_M\}$ 有协方差矩阵，其特征值为 $\lambda_1 \geq \lambda_2 \geq \cdots \geq \lambda_M$，考虑 λ_M 的线性组合：

$$\begin{cases} Y_1 = a_{11}X_1 + a_{12}X_2 + \cdots + a_{1M}X_M \\ Y_2 = a_{21}X_1 + a_{22}X_2 + \cdots + a_{2M}X_M \\ \cdots \\ Y_M = a_{M1}X_1 + a_{M2}X_2 + \cdots + a_{MM}X_M \end{cases} \quad (3)$$

式（3）中，$a_i = (a_{i1}, a_{i2}, \cdots, a_{iM})^T$ 是单位化向量，即 $a_i^T a_j = 1$，$i, j = 1, 2, \cdots, M$，$X_1, X_2, \cdots, X_M$，是原始变量经过标准化处理后的值。$Y_1, Y_2, \cdots, Y_M$ 是一组互不相关的新变量，是对应于特征值的 $\lambda_1, \lambda_2, \cdots, \lambda_M$ 的主成分。

2. TOPSIS 价值函数模型

逼近理想解排序法（简称 TOPSIS 法）是系统工程中有限方案对目标决策分析的一种常用方法，其核心思想是，最优的方案应与正理想方案的距离最小，与负理想方案的差距最大。该方法可对多个具有可度量属性的被评价对象进行排序，具体步骤如下：

第一，用向量规范化的方法求得规范决策矩阵 $T = \{t_{ij}\}$。

第二，赋予向量矩阵权重 $w = (w_1, w_2, \cdots, w_n)^T$，则构成加权规范阵 $X = \{x_{ij}\}$，其中，$x_{ij} = w_j \times z_{ij}$，$i =$ 1, 2, $\cdots$, n；j = 1, 2, $\cdots$, m。

第三，确定正理想解 x^+ 和负理想解 x^-，则 $x^+ = \max_i(x_{ij})$；$x^- = \min_i(x_{ij})$。

计算各方案到正理想解和负理想解的距离 S_i^+ 和 S_i^-，再计算各方案到正理想解的相对接近程度 S_i（即综合评价指数）。S_i 取值在 0 和 1 之间，愈接近 1，表示方案越接近于最优水平；反之，该值愈接近于 0，表示该方案越接近于最劣水平。

$$S_i^+ = \sqrt{\sum_{j=1}^{m}(x_{ij} - x_j^+)^2}, \quad (i = 1, 2, \cdots, n) \quad (4)$$

$$S_i^- = \sqrt{\sum_{j=1}^{m}(x_{ij} - x_j^-)^2}, \quad (i = 1, 2, \cdots, n) \quad (5)$$

$$S_i = \frac{S_i^-}{S_i^+ + S_i^-}, \quad (i = 1, 2, \cdots, n) \quad (6)$$

3. 加权主成分 TOPSIS 价值函数模型

加权主成分 TOPSIS 价值函数模型是主成分价值函数模型的拓展，先应用主成分分析法求得主成分决策阵；然后运用 TOPSIS 法进一步将低维系统降为一维系统，得到评价值；最后，对评价结果进行排序。

五、实证结果

基于 TOPSIS 主成分价值函数模型，本文对 2007 年我国区域旅游产业发展潜力进行实证分析，具体步骤如下：

1. 主成分分析法确定权数

（1）主成分权重确定。本文利用 Eviews 6.0 中的 Principal Components 过程确定各主成分的权重。如表 2 所示，按照累计方差贡献率大于 80% 的原则，自我成长潜力和外源支撑潜力指标分别提取 5 个主成分和 4 个主成分，它们在区域旅游产业发展潜力评价中分别包括 83.01% 和 83.05% 的信息，能较充分地解释和表征原始数据。进一步地，将每个主成分对应的贡献率除以主成分的累积贡献率，可得到每个主成分的权重。其中，自我成长潜力的 5 个主成分的权重分别为 41.39%、20.89%、18.61%、11.36% 和 7.76%，外源支撑潜力的 4 个主成分的权重分别为 62.89%、16.22%、14.03% 和 6.84%。

表 2　总方差分解表

指标	公共因子	特征值	方差贡献率（%）	累计方差贡献率（%）
自我成长潜力	1	4.12	34.36	34.36
	2	2.08	17.34	51.70
	3	1.85	15.45	67.15
	4	1.13	9.43	76.58
	5	0.77	6.44	83.01

指标	公共因子	特征值	方差贡献率（%）	累计方差贡献率（%）
外源支撑潜力	1	7.83	52.23	52.23
	2	2.02	13.47	65.71
	3	1.74	11.66	77.37
	4	0.85	5.68	83.05

（2）标准化主成分系数确定。表3是将原始变量标准化后表示主成分的系数，据此可以求得自我成长潜力和外源支撑潜力标准化原始变量所表示的主成分表达式（7）和（8）。

表3 主成分得分系数矩阵

指标	自我成长潜力 component					外源支撑潜力 component			
	1	2	3	4	5	1	2	3	4
X_1	0.233	−0.388	0.181	0.096	−0.397				
X_2	0.251	−0.397	0.042	0.448	−0.134				
X_3	0.297	−0.404	−0.262	−0.073	−0.021				
X_4	0.018	0.428	0.426	0.268	−0.251				
X_5	0.311	0.009	0.502	−0.181	0.235				
X_6	0.330	0.184	−0.391	0.233	−0.041				
X_7	0.268	0.355	−0.206	0.225	−0.257				
X_8	−0.166	−0.058	0.114	0.735	0.510				
X_9	0.414	−0.079	0.027	0.007	0.079				
X_{10}	0.371	0.016	0.412	−0.142	0.205				
X_{11}	0.270	0.104	−0.281	−0.125	0.565				
X_{12}	0.327	0.407	−0.073	0.021	−0.094				
X_{13}						0.321	−0.199	0.106	−0.010
X_{14}						0.277	0.013	0.281	−0.033
X_{15}						0.233	0.407	0.252	0.217
X_{16}						0.315	−0.250	0.128	−0.123
X_{17}						0.174	0.514	0.025	0.410
X_{18}						0.306	−0.220	0.158	0.100
X_{19}						0.262	0.142	−0.245	−0.412
X_{20}						0.281	0.211	−0.143	−0.202
X_{21}						0.300	−0.141	0.032	−0.271
X_{22}						0.283	−0.274	0.121	−0.006
X_{23}						0.144	−0.403	−0.069	0.652
X_{24}						−0.103	0.149	0.663	−0.063
X_{25}						−0.231	−0.157	−0.103	0.106
X_{26}						0.241	0.102	−0.493	0.127
X_{27}						0.287	0.201	−0.104	0.138

自我成长潜力 5 个主成分的表达式：

$$\begin{cases} Y_1 = 0.233X_1 + 0.251X_2 + \cdots + 0.270X_{11} + 0.327X_{12} \\ Y_2 = -0.388X_1 - 0.397X_2 + \cdots + 0.104X_{11} + 0.407X_{12} \\ Y_3 = 0.181X_1 + 0.042X_2 + \cdots - 0.281X_{11} - 0.073X_{12} \\ Y_4 = 0.096X_1 + 0.448X_2 + \cdots - 0.125X_{11} + 0.021X_{12} \\ Y_5 = -0.397X_1 - 0.134X_2 + \cdots + 0.565X_{11} - 0.094X_{12} \end{cases} \tag{7}$$

外源支撑潜力 4 个主成分的表达式：

$$\begin{cases} Y_1 = 0.321X_{13} + 0.277X_{14} + \cdots + 0.241X_{26} + 0.287X_{27} \\ Y_2 = -0.199X_{13} + 0.013X_{14} + \cdots + 0.102X_{26} + 0.201X_{27} \\ Y_3 = 0.106X_{13} + 0.281X_{14} + \cdots - 0.493X_{26} - 0.104X_{27} \\ Y_4 = -0.010X_{13} - 0.033X_{14} + \cdots + 0.127X_{26} + 0.138X_{27} \end{cases} \tag{8}$$

2. 加权主成分 TOPSIS 法排序

（1）主成分决策阵。将 31 个省份的标准化数据代入主成分表达式（7）、（8）可求得主成分决策阵。由 $t_{ij} = y_{ij} - \min_i\{y_{ij}\}$，（$i = 1, 2, \cdots, 31$；$j = 1, 2, 3, 4, 5$）得到单向主成分决策矩阵 T。结合前文中求得的各主成分对应的权系数 w_j，可以得到加权的规范阵 $X = \{x_{ij}\}$，如表 4 所示。

表 4　我国 31 省（市）加权后规范数据

省　份	自我成长潜力					外源支撑潜力			
	F_1	F_2	F_3	F_4	F_5	F_1	F_2	F_3	F_4
北　京	3.183	0.637	0.000	0.290	0.192	5.769	1.078	0.318	0.221
天　津	1.005	0.904	0.028	0.127	0.248	3.506	1.146	0.207	0.149
河　北	1.177	0.259	0.288	0.198	0.201	3.872	0.473	0.103	0.045
山　西	1.014	0.343	0.352	0.325	0.256	2.700	0.555	0.065	0.062
内蒙古	1.779	0.018	0.186	0.206	0.249	1.662	0.500	0.286	0.079
辽　宁	1.889	0.300	0.167	0.270	0.230	4.231	0.477	0.225	0.143
吉　林	1.046	0.234	0.109	0.143	0.305	2.286	0.627	0.123	0.119
黑龙江	1.466	0.057	0.122	0.306	0.230	2.236	0.476	0.163	0.147
上　海	2.634	1.408	0.313	0.295	0.201	5.825	1.058	0.369	0.097
江　苏	3.227	0.274	0.059	0.297	0.219	6.546	0.497	0.406	0.027
浙　江	2.299	0.066	0.335	0.286	0.181	5.758	0.342	0.379	0.079
安　徽	1.256	0.269	0.331	0.299	0.157	3.439	0.520	0.000	0.012
福　建	1.698	0.655	0.540	0.413	0.000	3.627	0.665	0.102	0.059
江　西	0.728	0.150	0.481	0.276	0.180	3.540	0.600	0.001	0.040
山　东	2.039	0.000	0.168	0.311	0.195	5.877	0.374	0.233	0.008
河　南	1.279	0.030	0.554	0.288	0.075	4.108	0.445	0.047	0.000
湖　北	1.213	0.053	0.241	0.210	0.194	4.094	0.580	0.044	0.061
湖　南	1.363	0.288	0.278	0.309	0.125	3.654	0.471	0.050	0.069
广　东	3.135	0.277	1.425	0.075	0.301	7.001	0.090	0.524	0.116
广　西	0.900	0.474	0.509	0.203	0.163	2.756	0.478	0.098	0.087
海　南	0.550	0.731	0.501	0.226	0.148	2.387	0.663	0.095	0.134
重　庆	1.197	0.570	0.224	0.239	0.227	2.168	0.505	0.029	0.122
四　川	1.729	0.025	0.269	0.275	0.212	3.581	0.000	0.120	0.325
贵　州	0.684	0.294	0.372	0.268	0.184	1.698	0.473	0.131	0.050
云　南	1.198	0.024	0.400	0.247	0.099	2.642	0.292	0.191	0.083
西　藏	0.000	0.446	0.582	0.732	0.362	0.000	0.566	0.755	0.055
陕　西	1.119	0.310	0.213	0.216	0.135	2.721	0.619	0.019	0.119
甘　肃	0.319	0.427	0.346	0.000	0.231	1.503	0.448	0.154	0.119
青　海	0.104	0.612	0.508	0.213	0.152	0.177	0.535	0.559	0.069
宁　夏	0.307	0.497	0.307	0.106	0.221	0.918	0.586	0.126	0.099
新　疆	0.739	0.268	0.155	0.136	0.197	1.485	0.532	0.524	0.086

(2)确定正理想值 x^+ 和负理想值 x^-，根据前式计算自我成长潜力 F_1、F_2、F_3、F_4 和 F_5 的正理想值分别为 3.227、1.408、1.425、0.732 和 0.362，外源支撑潜力 F_1、F_2、F_3 和 F_4 的正理想值分别为 7.001、1.146、0.755 和 0.325，自我成长潜力和外源支撑潜力的负理想值均为 0。

（3）计算 31 省市的指标数据与正负理想值的距离。首先，根据式（4）和（5）计算各方案到正理想解和负理想解的距离 S_i^+ 和 S_i^-，然后，根据式（6）计算各方案到正理想解的相对接近度 s_i（即综合评价指数），结果如表 5 所示。

表 5　我国 31 省（市）旅游产业发展潜力比较

	自我成长潜力				外源支撑潜力				产业总潜力			
	2000 年		2007 年		2000 年		2007 年		2000 年		2007 年	
	数值	排序	数值	排序	数值	排序	数值	排序	数值	排序	数值	排序
北　京	0.717	1	0.659	3	0.694	3	0.818	4	1.411	1	1.477	4
天　津	0.432	7	0.335	16	0.361	14	0.511	13	0.793	13	0.846	14
河　北	0.385	11	0.323	17	0.449	11	0.543	10	0.834	9	0.866	13
山　西	0.342	15	0.307	21	0.258	22	0.385	19	0.600	21	0.692	19
内蒙古	0.328	20	0.429	9	0.206	25	0.246	26	0.534	24	0.675	22
辽　宁	0.479	6	0.470	8	0.519	7	0.595	7	0.998	7	1.065	7
吉　林	0.260	29	0.282	23	0.263	21	0.332	22	0.523	25	0.614	24
黑龙江	0.362	13	0.368	12	0.344	17	0.321	23	0.706	14	0.689	21
上　海	0.672	2	0.692	2	0.652	5	0.825	3	1.324	3	1.517	3
江　苏	0.570	4	0.640	4	0.741	2	0.878	1	1.311	4	1.518	2
浙　江	0.506	5	0.537	5	0.546	6	0.789	6	1.052	6	1.326	5
安　徽	0.287	26	0.347	15	0.388	12	0.484	16	0.675	17	0.831	15
福　建	0.377	12	0.495	6	0.498	8	0.515	11	0.875	8	1.010	8
江　西	0.333	18	0.240	26	0.325	18	0.500	14	0.658	18	0.740	16
山　东	0.412	9	0.477	7	0.659	4	0.798	5	1.071	5	1.275	6
河　南	0.323	21	0.356	13	0.476	9	0.573	9	0.799	11	0.928	9
湖　北	0.355	14	0.315	19	0.467	10	0.575	8	0.822	10	0.890	11
湖　南	0.414	8	0.368	11	0.380	13	0.513	12	0.793	12	0.881	12
广　东	0.635	3	0.725	1	0.770	1	0.865	2	1.406	2	1.590	1
广　西	0.302	25	0.300	22	0.307	19	0.391	17	0.610	20	0.691	20
海　南	0.311	24	0.267	24	0.239	24	0.346	21	0.550	23	0.613	25
重　庆	0.409	10	0.351	14	0.248	23	0.311	24	0.657	19	0.663	23
四　川	0.338	16	0.427	10	0.350	16	0.496	15	0.688	15	0.923	10
贵　州	0.332	19	0.229	27	0.169	27	0.247	25	0.501	27	0.476	26
云　南	0.322	22	0.322	18	0.359	15	0.373	20	0.681	16	0.695	18
西　藏	0.254	30	0.240	25	0.098	31	0.119	30	0.352	31	0.359	29
陕　西	0.285	27	0.307	20	0.271	20	0.389	18	0.557	22	0.696	17
甘　肃	0.311	23	0.169	31	0.156	29	0.221	28	0.467	28	0.389	28
青　海	0.211	31	0.199	29	0.160	28	0.104	31	0.370	30	0.303	31
宁　夏	0.283	28	0.175	30	0.117	30	0.152	29	0.400	29	0.327	30
新　疆	0.337	17	0.214	28	0.183	26	0.230	27	0.520	26	0.444	27

为了考察我国区域旅游产业发展潜力的动态变化，本文同时计算了 2000 年我国各省市旅游产业发展潜力评价值及排名。其中，在 2000 年各省市评价制值的计算中缺少 17 种主要旅游资源拥有

种类数、17种主要旅游资源质量得分、环境承载力和环保费占财政支出比重4项指标，鉴于篇幅限制，具体计算过程从略。

3. 结果分析

（1）我国区域旅游产业发展潜力总体呈现增加态势，但产业自我成长潜力和外源支撑潜力变化趋势稍有不同。从时间维度来看，自2000年以来，四大区域中外源支撑潜力和产业总潜力均呈增加趋势，但在产业自我成长潜力方面，中西部地区有所下降、东部和东北地区则略有上升。从排名来看，在产业自我成长潜力方面，东部地区大于东北地区，中部地区次之，西部地区最小；在外源支撑潜力方面，东部地区居首，中部地区次之，东北和西部地区位居三、四；在产业总潜力方面，东部居首，西部最后，中部地区反超东北地区位居第二，如表6所示。具体而言，产业

自我成长潜力增长最快的省份是内蒙古、安徽、河南、福建、四川、西藏、陕西、云南、吉林，下降最快的为天津、河北、山西、江西、湖北、重庆、甘肃、贵州、新疆；而外源支撑潜力变化幅度相对较小，增长较快的省份有山西、江西、海南，下降最快的是黑龙江、安徽和云南；产业总潜力增长最快的是四川和陕西，下降最快的是黑龙江、北京和重庆。以上动态趋势表明，旅游产业发展潜力与当地经济发展水平密切相关，各地区经济快速发展为旅游产业发展提供了很好的支撑，外源支撑潜力不断增长，但外源支撑潜力向产业自我成长潜力转化相对滞后，中西部地区甚至出现了产业自我成长潜力下降趋势，同时，产业总潜力增长也说明了旅游产业潜力释放速度慢于增加的速度，意味着加快释放我国区域旅游产业发展潜力的迫切性。

表6 我国四大区域旅游产业发展潜力比较

	自我成长潜力		外源支撑力		产业总潜力	
	2000年	2007年	2000年	2007年	2000年	2007年
东部	0.502	0.515	0.561	0.689	1.063	1.204
中部	0.342	0.322	0.382	0.505	0.724	0.827
西部	0.309	0.280	0.219	0.273	0.528	0.553
东北	0.367	0.376	0.375	0.416	0.743	0.790
全国平均	0.380	0.373	0.384	0.471	0.764	0.843

（2）我国区域旅游产业发展潜力呈现出东部较强，中部潜力中等、东北和西部地区较弱的空间分布格局，如表6所示。通过对四大区域所包括省份旅游产业发展潜力的评价值汇总平均处理发现：2007年我国区域旅游产业发展潜力分布呈现出东部地区较强（1.204）、中部次之（0.827）、东北第三（0.790）、西部地区最弱（0.553）的格局，如图1所示。其中，旅游产业发展潜力居于我国前五位的是东部地区的广东、江苏、上海、北京和浙江，后五位为西部地区的新疆、甘肃、西藏、宁夏和青海。东部地区除河北（13）、天津（14）和海南（25）外，其余均排名前10位，尤其是"长三角"地区，江苏、上海、浙江分别排在第2、3和5位；中部六省旅游产业发展潜力相差不大，全部处于10到20名之间，最强的为湖北（11）和湖南（12），最弱的为山西（19）；在东北三省中，辽宁表现抢眼，2000年和2007年均稳居第7

位，黑龙江（21）和吉林（24）则排名中等偏后；西部地区四川（10）、陕西（17）和云南（18）排名相对靠前，有较大的发展潜力，特别是四川，潜力上升较快。

与目前国内唯一的省域旅游产业发展潜力评价研究文献（曹新向，2007）的结论相比，我们的结果具有高度的一致性，其中总潜力排名前五的省份完全相同（排名次序稍有不同）。此外，与省域旅游竞争力相关研究的结论也基本相符（王娟，2006；王凯，2006），即我国省域旅游产业发展潜力的强弱与旅游竞争力有较大的相关性，旅游竞争力强的地区，旅游产业发展潜力也相应较大；反之亦然，如图1所示。

（3）我国区域旅游产业发展潜力差异较大，区域内部发展不平衡。根据2007年我国区域旅游产业发展潜力得分将区域旅游业发展潜力类型划分为潜力强区（1~2）、潜力中等区（0.8~1）、潜力弱

区（0.6~0.8）和潜力差区（0~0.6）四种类型，并根据 2000 年到 2007 年各省份排名位次的变化分

为上升型、平稳型和下降型三大类，如表 7 所示。

表 7　我国区域旅游产业发展潜力类型

	潜力强区（1~2）	潜力中等区（0.8~1）	潜力弱区（0.6~0.8）	潜力差区（0~0.6）
上升型	江苏、广东、浙江	安徽、河南、四川	山西、内蒙古、吉林、江西、陕西	西藏
平稳型	上海、辽宁、福建	湖南	广西	甘肃
下降型	北京、山东	天津、河北、湖北	黑龙江、海南、重庆、云南	贵州、青海、宁夏、新疆

由表 7 不难发现，有 7 个省为东部发达地区省份处于潜力强区，只有天津、河北和海南分别处于潜力中等区和潜力弱区；西部地区则有一半省份处于潜力差区；中部地区 6 个省中有 4 个省份处于潜力中等区、2 个处于潜力弱区；东北地区内部则差距更为明显，辽宁跻身于潜力强区，黑龙江和吉林则处于潜力弱区。出现以上区域发展不均衡格局，一方面是由旅游产业综合性特性所决定的，其发展依赖于区域经济及其他产业的发展，我国当前经济发展的非均衡格局必然导致区域旅游产业发展潜力的非均衡分布；另一方面也与旅游资源、区位条件、政府对旅游产业发展政策以及旅游产业的集聚效应不无关系，特别是新经济地理学的"中心—外围"理论也适用于旅游产业。此外，相对于 2000 年而言，旅游产业发展潜力上升的区域和下降的区域分别为 12 个和 13 个省份，上海、辽宁、湖南等 6 个省份的排名不变。当然，我们不能简单地判断在一定时期内旅游产业发展潜力上升、平稳和下降孰优孰劣，"下降型"区域可能是旅游产业发展潜力转化为产业竞争力而减少，也可能是旅游产业发展潜力尚未发挥就已损失。因而，对于"上升型"潜力区关键在于寻找时机加快将潜力转化为实力，并规划未来的"潜力极"；而"平稳型"潜力区应该循序渐进地释放潜力；"下降型"潜力区则要加大潜力培育力度，增加发展后劲。

（4）区域旅游产业发展潜力与旅游产业实力并非完全一致。总体而言，区域旅游产业发展潜力与旅游产业发展实力之间存在着较大的相关性（曹新向，2007；王娟，2006；王凯，2006），但旅游产业发展潜力大的区域并不一定旅游产业实

力强，同样，旅游产业发展实力强的区域并非发展潜力一定大。结合 2007 年我国各省份人均旅游收入（元）数据，我们对比分析了各地区旅游产业发展潜力与旅游产业实力（以人均旅游收入表示），并将其划分为超潜力发挥地区 I（低潜力高实力）、领先地区 II（高潜力高实力）、潜力未发挥区 III（高潜力低实力）以及落后地区 IV（低潜力和低实力）4 个象限区域。①

由散点图 1 可见，我国大部分省份落在第 III、IV 象限，尤以第 IV 象限中的省份最多，没有一个地区的旅游产业实现了超潜力发挥。其中，仅有东部地区的上海、北京、广东、福建和天津属于领先地区，其旅游产业既有中等以上的发展潜力，又有较高的发展实力，尤其是上海和北京两地的领先地位更为明显；东部地区的江苏、浙江、山东、河北，东北地区的辽宁，西部地区的四川以及大部分中部地区省份（除江西和山西外）属于潜力未发挥区，特别是江苏、浙江、山东和辽宁 4 省，其旅游产业发展潜力排名都在 10 名以内，但其人均旅游收入不高，如山东旅游产业发展潜力（1.275）排名第 6 位，但其人均旅游收入为 112.204 元，还不到旅游产业发展潜力（1.477）排名第 4 但人均旅游收入（1842.266 元）排名第 2 的北京的人均旅游收入的 1/16，对于这些地区，当务之急是加快将旅游产业发展潜力转化为发展实力；其余 16 个省份均为落后地区，其中绝大部分为西部地区省份，这些地区不仅要加快培育旅游产业发展潜力，而且要不断地将旅游产业发展潜力转化为发展实力。总体而言，我国区域旅游产业发展潜力尚未得到完全挖掘，这是一种巨大的资源浪费，迫切需要加快旅游产业发展。

① "高低"的划分依据分别为：旅游产业发展潜力的临界值为 0.8，旅游产业实力临界值为人均旅游收入 500 元。

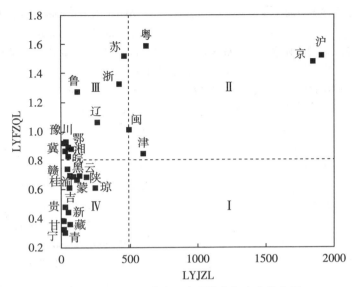

图1 我国区域旅游产业发展潜力与实力散点图

注：图中的四个象限分别表示：Ⅰ为超潜力发挥地区；Ⅱ为领先地区；Ⅲ为潜力未发挥地区；Ⅳ为落后地区。

六、结论与启示

基于加权主成分 TOPSIS 分析法，本文首次对我国区域旅游产业发展潜力的时空差异进行了系统分析，并得到了如下初步结论：①我国区域旅游产业发展潜力呈现明显的增加趋势，但总体潜力处于中等水平（0.843），并且呈现出东部较强、中部次之、东北第三和西部最弱的空间分布格局。②区域旅游产业发展潜力具有动态性，我国各区域旅游产业外源支撑潜力均有所增加，但中西部地区旅游产业自我成长潜力略有下降，而总潜力仍在不断增加。③当前经济发展空间格局和发展趋势是影响我国区域旅游产业发展潜力空间格局和变动趋势的关键因素，经济快速发展保障了外源支撑潜力对旅游产业发展总潜力的重要贡献，但外源支撑潜力向产业自我成长潜力转化滞后制约了旅游产业的发展。④我国大多数省份旅游产业发展潜力没有得到有效发挥，加快发展潜力向发展实力转化是当前我国旅游产业发展的首要任务。

从以上结论中，我们可以得到如下两点启示：①研究各区域旅游产业发展潜力对把握我国旅游产业发展趋势、制定差别化和具有针对性的旅游产业发展政策具有重要的意义。②针对当前我国

区域旅游产业发展潜力非均衡的空间布局，应实施不同的发展对策。东部地区是我国旅游产业"中心"，发展潜力和发展实力都具有明显的优势，但该区域也有近一半的省份旅游产业发展潜力没有得到有效发挥，这可能与这些地区制造业中心不无关系，因而，东部地区关键是要加快旅游产业发展潜力向发展实力转化，同时兼顾未来"潜力极"培育。中、西部和东北地区为我国旅游产业发展潜力的"外围"地区，特别是西部地区，旅游产业发展潜力相当有限，培育发展潜力是其当务之急。中部和东北地区旅游产业发展潜力中等偏弱，且没有得到有效发挥，因而，中部地区和东北地区应双管齐下，实现两者的良性互动。总体而言，在中、西部和东北地区旅游产业发展中，也要充分利用本区域内的"潜力极"（湖北、湖南、四川、陕西、辽宁），实现"梯度开发"和"增长极"带动。

参考文献

王琼英，冯学钢，胡小纯. 旅游产业发展潜力研究综述[J]. 经济问题探索，2008（4）：97-102.

曹新向. 中国省域旅游业发展潜力的比较研究 [J]. 人文地理, 2007 (1): 18-22.

王昕. 重庆旅游经济发展时空分异研究[J]. 经济地理, 2010 (3): 519-523.

于秋阳. 旅游产业发展潜力的结构模型及其测度研究 [J]. 华东师范大学学报 (哲学社会科学版), 2009 (5): 114-119.

王兆峰. 区域旅游产业发展潜力评价指标体系构建研究 [J]. 华东经济管理, 2008 (10): 31-35.

吕萍, 李忠富. 我国区域经济发展潜力的时空差异研究[J]. 数量经济技术经济研究, 2011 (11): 37-51.

杨敏. 青海省旅游产业发展潜力 [J]. 统计与决策, 2006, 4 (14): 42-44.

王娟. 中国省域旅游业竞争力综合定量评价 [J]. 人文地理, 2006, 21 (3): 78-82.

王凯, 韩贵锋. 中国省区旅游竞争力的测评与评价 [J]. 湖南师范大学学报, 2006, 29 (2): 106-111.

马勇, 董观志. 区域旅游持续发展潜力模型研究 [J]. 旅游学刊, 1997 (4): 37-40.

Abdul Rahin Samsudin, Umar Hamzah, Rak -miab. Thermal springs of Malaysia and their potential development [J]. Journal of Asian Earth Sciences, 1997, 15 (2): 275-284.

Ca, i J., P. Leung, et al. Tourism's Forward and backward linkages [J]. Journal of Travel Research, 2006 (45).

Derek J Wade, B C Mwasaga, Paul F J Eagles. A history and market analysis of tourism in Tanzania [J]. Tourism Management. 2001 (22): 93-101.

Marjorie Kelly. Jordan's potential tourism development [J]. Annals of Tourism Research, 1998, 25 (4): 904-918

S.Michele Langlois, John Theodore, Elizabeth, M. In Poland: In - bound Tourism from the UK [J]. Tourism Management, 1999 (20): 461-469.

Tourism development in Vietnam [J]. Tourism Management, 1995, 16 (4): 315-325.

(丁建军、朱群惠, 吉首大学商学院、中央财经大学经济学院)

金融不稳定性及金融风险、金融脆弱性和金融危机
——基于熵理论的思考

一、引　言

什么是"金融体系不稳定性"呢？首先要明确"金融体系稳定性"的含义。金融稳定即指不存在金融不稳定的状态。目前对于金融体系稳定性并没有统一的定义。一般来说，各种金融机构及其构成的市场、金融管理机构及其管理规章制度的总和构成一国的金融体系。金融脆弱性的基本内涵强调脆弱是金融业的本性，是高负债经营行业的特点决定的，这是狭义的金融脆弱性，有时称为"金融内在脆弱性"。

对金融脆弱性的研究侧重点和研究方法各异。早期学者认为金融脆弱性很大程度上源于经济基础的恶化。Minsky（1982）认为金融脆弱性来自于金融业高负债经营的本性。Diamond 和 Dybvig（1983）指出对银行的高度信心是银行部门稳定性的源泉，认为银行体系脆弱性主要源于存款者对流动性要求的不确定性以及银行的资产较之负债缺乏流动性。随着信息经济学及行为金融学的发展，诸多的研究强调了投资者所能获取的信息及其预期对于解释金融市场行为的意义，并形成了金融机构内在脆弱性理论。亚洲金融危机使许多研究集中到诸如对外借款、不良贷款、金融自由化、汇率制度等方面，分别从不同的角度解释了金融脆弱性。

虽然这些文献对研究金融体系脆弱性做出了巨大贡献，但是主要着眼于影响金融稳定性的单方面因素，没有综合考虑金融系统的开放性、复杂性、非线性和动态性，因而没有从根本上解决金融脆弱性存在的问题。而在这方面，作为普遍科学方法论并被誉为"宇宙至高无上的哲学规律"的熵理论给我们提供了新的分析视角。

本文就尝试从熵理论出发来分析金融体系不稳定性问题，阐明熵与金融风险、金融脆弱性、金融不稳定性及金融危机的关系，并试图给出减少金融体系不稳定性的政策建议。

二、把金融熵引入到金融领域

熵理论已经从单纯描述微观世界的热力学物理概念，演变为一个与自然和社会相统一的动态开放的概念。这一理论也被推广到几乎所有科学领域，包括社会学范畴。爱丁顿从认识论和方法论的角度，将熵增定律誉为"宇宙至高无上的哲学规律"，爱因斯坦则称之为"一切科学的根本法则"。

尽管熵理论在自然科学领域产生了巨大的成功，然而若直接把它应用到社会科学领域，如社会学、政治学、经济学等，必然会产生不少问题。因为任何理论都有其适用范围，不加限制的推广

是不可取的。本文把熵分为热力学熵和非热力学熵两大体系,后者主要指一切人文社会科学领域的熵,并对非热力学熵变规律界定为,在同一层次上,系统内的正熵和负熵具有共轭性(既共存又相反的性质),总熵变等于正熵、负熵的累加之和,其结果属于实数,可分为大于零、等于零、小于零三种情形;对于理想情形,总熵变等于零。虽然金融体系和热力学体系是两种完全不同的物质运动体系,存在不同的运动形式,但是金融体系中却存在着与热力学体系中产生熵的相似条件。这两种看似完全不同的运动体系实质上都是传递能量的运动系统。正因为这一点,我们试图把金融体系和热力学体系进行模拟,把金融资源的运动和热运动结合起来,提出"金融熵"的概念。

金融体系是一个金融能量持续运动并不断转化的系统,而且人类社会的一切经济活动都具有不可逆性,所以一切金融资源的运动都是不可逆的过程。根据热力学第二定律,这正是系统产生熵的条件,因此,金融体系的不可逆性的运动形式必然会产生金融熵。本文将"金融资源"定义为,在某一时期内可转化为实体经济投资的金融资产。将金融体系所拥有的金融资源总和称为金融资源的总供给,把单位金融资源所能实现的GDP产出称为金融资源的产出能力,把金融资源的总供给与单位金融资源产出能力之积定义为金融能量。同时将金融系统中所储存的金融能量的无效耗散部分称为金融熵,以这一概念表示金融系统的混乱程度。

三、用金融熵对金融不稳定性的阐释

著名的货币金融学家弗里得里克·S.米什金(Fredric S. Mishkin)在《全球金融不稳定:分析框架、现象和问题》一文中对金融不稳定做了这样的定义:"当金融体系所受的某些冲击已经明显干扰了信息传递,进而导致金融体系不再能有效地将资金传输给生产性投资机会时,金融不稳定就发生了。事实上,如果金融不稳定的程度达到了十分严重的地步,它就会导致整个金融市场功能的丧失,即引起人们通常所说的金融危机"(Mishkin, 1999)。简言之,金融不稳定是指在各种内部冲击之下,大部分或所有金融资产的价格和规模在一定时期内出现超常变动,进而导致金融体系不能有效地发挥作用,并且影响到实质经济正常运行的一种经济失衡现象。在这种失衡达到十分严重的情况下,金融不稳定将表现为金融危机。换言之,金融危机是金融不稳定的集中表现。

本文将金融不稳定性界定为,金融体系抵御风险的能力不足而导致的自身不稳定性及易受攻击性,其实质是金融体系内部的运动状态混乱和无序的直观外在表现。而其内部的混乱和无序状态是因金融资源在传递与转化金融能量的过程中,出现无效金融能量耗损而致使金融熵增并累积所致。所以,本文认为,金融不稳定性是因金融系统中的熵增而产生并存在的。即存在如下机理:金融熵增—金融风险—金融脆弱性—金融不稳定性—金融危机。

四、从熵的角度重新审视金融危机(以东南亚金融危机和
美国次贷危机为例)

金融危机,又称金融风暴,是指一个国家或几个国家与地区的全部或大部分金融指标(如短期利率、货币资产、证券、房地产、土地价格、商业破产数和金融机构倒闭数)的急剧、短暂和超周期的恶化。传统的经济理论告诉我们很多造成金融危机的原因和解决危机的办法,但20世纪90年代以来多次发生的货币危机和金融危机却给予这些理论以"证伪",尤其是1997年影响深远

的亚洲金融危机和2008年美国次贷危机出现了许多新特点，说明GNP、通胀率、失业率、财政赤字等传统衡量经济状态的指标不再完全适用，与日益一体化的世界经济相比较，宏观经济学的理论已经远远滞后了。所有这些变化，促使人们重新认识现代经济金融体系下潜藏的不稳定根源。事实上，现代虚拟金融资产和实物资产的倒金字塔结构是现代经济金融体系不稳定的内在根源。这种倒金字塔结构引起了金融系统的熵增，而熵增使金融风险产生、累计，并诱发金融脆弱性演变为金融不稳定性，当不稳定性达到一定程度就引起金融危机。

1. 东南亚金融危机的原因

（1）东南亚金融危机的最根本原因还是在于这些国家和地区内部经济的矛盾性，即内部的宏观经济政策、经济体制尤其是企业制度和金融制度的缺陷性因素的积累及由此引发的经济结构、资源配置方式的不当与低效率：①经济发展过热，结构不合理，资源效益不佳。②以出口为导向的劳动密集型工业发展的优势，随着劳动力成本的提高和市场竞争的加剧正在下降。③银行贷款过分宽松，房地产投资过大，商品房空置率上升、银行呆账和坏账等不良资产日益膨胀。④经济增长过分依赖外资，大量引进外资并导致外债加重。泰国外债在1992年为200亿美元，1997年货币贬值前已达860亿美元；韩国外债更是超过1500亿美元。⑤汇率制度僵化。⑥在开放条件和应变能力尚不充分的情况下，过早地开放金融市场，加入国际金融一体化，当国际游资乘机兴风作浪时，一些东南亚国家和地区不知所措或措施不力，完全处于被动地位。

（2）从外部原因看，国际游资的投机活动引发了金融危机。由于东南亚各国过早地实行了本币的完全自由兑换，于是，国际炒家从当地银行贷出大量该国货币投向外汇市场，当该国货币贬值后，再以较低价格购回，除了归还银行贷款和利息外，还可以获得巨额利润。国际炒家的投机对东南亚各国实施的钉住美元汇率制的稳定，形成了巨大的冲击。

这些因素导致了金融系统中的熵增，引起金融风险累计，使金融脆弱性演变为金融不稳定性，并最终演化为金融危机。

2. 美国次贷危机发生的根本原因（金融创新引起熵增的实例分析）

美国次级抵押贷款危机产生的最根本原因是资产价格泡沫增加了市场投资者的风险偏好，贷款机构在利益驱动下放松了信用风险的管理。次级抵押贷款是一些贷款机构向信用程度较差和收入不高的借款人提供的贷款，本身就属于高风险产品。

第一，从金融产品创新来看，金融产品创新既有风险又有收益。金融创新更多的还是要在优质资产的基础上进行金融产品创新，美国次贷危机之所以爆发，原因是次级贷款本身就不是优质的产品，是有问题的资产，是对于有问题的资产进行重新整合和打包，当然这种方式有可能对有投资风险偏好的人比较适合，但会造成巨大的风险。在创新过程当中要更多使用优质资产，不良资产或者是有问题的资产是不适合创新的，否则会导致金融系统的熵增，增大金融创新过程中的风险。

第二，分散抵押贷款机构的信用风险及流动性风险，美国的投资银行通过资产证券化这一金融创新工具，将同类性质的按揭贷款处理成债券形式而在次级债市场出售。最具有代表性的金融创新产品是所谓的"债务抵押证券"（CDO），它是将基于次级按揭的按揭支持证券（MBS）再打包发行的证券化产品，这一过程被称为二次证券化。在这次证券化过程中，基础资产池中的信用风险不同程度地转移到不同档次的CDO投资者。此外，以信用违约互换（CDS）为代表的金融创新产品在风险转移过程中也发挥了重要作用。一方面，CDS可以用于高级档CDO的信用增强，将信用风险转移给信用保护出售者，进而获得资本市场准入；另一方面，CDS也可以被信用保护出售者用于构造高风险的合成CDO，以承担次级按揭风险来获取高收益。金融创新产品让风险转移进一步市场化、扩散更广，使得金融系统熵增，最终酿成金融危机。

上述分析表明，金融创新与危机产生和传导密切相关，金融创新产品使金融体系信用风险承担总量增加，导致了信用风险由信贷领域转移到资本市场，进而传导至更加广泛的投资者。由此可见，金融创新在本次危机中发挥了重要的作用，使金融业在传统风险的基础上面临越来越大的金融创新风险。可以说，金融创新引起了金融系统中的熵增，即金融创新——金融熵增——金融风险——金融脆弱性——金融不稳定性——金融危机。

无论是东南亚金融危机还是美国次贷危机都是由于金融系统中的熵增而产生金融风险累积而导致金融脆弱，引起金融不稳定性直至金融危机，也可以说是金融生态恶化所致，即金融熵增——金融风险——金融脆弱性——金融不稳定性（金融生态恶化）——金融危机。

由如下模型表示其机理：

$$E = aI(U + V + W + X + Y + Z) + BJ + cK$$

其中，E——金融熵增，I——内部因素，U——经济结构不合理，V——银行呆账、坏账等不良资产，W——汇率制度僵化，X——过早地开放金融市场，Y——经济增长过分依赖外资，大量引进外资并导致外债加重，Z——金融创新，J——外部原因（国际游资的投机活动），K——其他（如征信体系不健全、金融产权制度不清晰、金融监管不到位等），a、b、c代表权重。

五、减少金融体系不稳定性的政策建议——构建我国的金融稳定制度

源于金融脆弱性（Finacial Fragility）的特征，金融危机（Finacial Crash）已成为世界金融史上的一个"幽灵"。从20世纪70年代后期到2000年，共有93个国家先后爆发了112场系统性金融危机。频频爆发的金融危机让各国付出了高昂的代价，从金融机构本身到财政、货币以致经济、社会和国家安全都受到冲击。因此，防止金融脆弱、建立稳定金融制度是我国目前面临的重大问题之一。

就我国而言，金融体系存在内在的不稳定性。我国的转轨过程为双重转轨，即由计划经济向市场经济转轨的同时，小农经济向现代化转轨。而在这双重转轨中都孕育着不稳定性。在双重转轨中的诸多非稳定性因素，对中国金融稳定性必然产生影响。表现为风险和不稳定性因素向金融体系的集中，为金融体系承担了相当多的转轨和改革成本，金融制度本身变迁中蕴涵的不稳定性，从而决定了转轨时期中国金融制度的内在不稳定性。

（1）构筑有效的金融安全网制度。
（2）加强征信体系建设。
（3）完善金融产权制度。
（4）人民币汇率采取管理浮动制。
（5）采取多种监管形式，加强金融监管。

总之，既然金融不稳定达到一定程度就会引起金融危机，那么降低不稳定性的有效途径是发挥金融系统的自组织功能，以及从系统外部环境引入负金融熵流，这就需要构建金融稳定制度。构建金融稳定制度是一项复杂的系统工程，需要各方面的协调和努力，只有银行、证券、保险业运行有序，稳健、和谐，从金融系统外部引入负熵，金融系统才能健康发展。

参考文献

黄福赐. 工程热力学原理和应用 [M]. 北京：电力工业出版社，1982.

青木昌彦，奥野正宽. 经济体制的比较制度分析 [M]. 北京：中国发展出版社，1999.

王恒君. 经济能·经济熵·经济危机 [J]. 数量经济技术经济研究，2002（2）.

何刚，陈文静，叶阿忠. 熵理论与制度变迁方式的选择 [J]. 财经研究，2004（3）.

南旭光，罗慧英. 基于熵理论的金融脆弱性分析 [J]. 美中经济评论，2003（5）.

南旭光. 金融脆弱性的动态视角：金融熵及制度变迁 [J]. 重庆广播电视大学学报，2005（5）.

黄德思，单顺刚. 运用分析热力学系统的熵理论分析中国金融生态 [J]. 中国乡镇企业会计，2006（3）.

黄金老. 金融自由化与金融脆弱性 [M]. 北京：中国城市出版社，2002.

石俊志. 金融危机生成机理与防范 [M]. 北京：中国金融出版社，2001.

（黄煦凯，西华大学经济与贸易学院）

通过历史看 GDP 并不能代表国力强弱

目前，我国各部门都在追求 GDP 的增长，这无疑是一件好事。提高国民经济水平和能力，提高全民经济发展水平，提高人民物质文化生活水平是一件好事。然而 GDP 增长了，是否就表示国家强大了呢？其实并不然。

一、引 言

从清朝看，康熙、乾隆时期中国的 GDP 在世界列第一位，远远高于西方国家，就在八国联军入侵中国以后，中国的 GDP 还处在世界一流。为什么中国当时的 GDP 处于世界一流却遭到入侵呢？单从这一点看，一个国家光有 GDP 是不能代表强大的。一个国家的强大涉及政治、军事、文化、经济等诸多方面的原因，因此，GDP 并不涉及综合国力的强大。而西方国家在发展 GDP 的同时，注重发展本国的科学技术，大力培养人才，提高国家的综合国力。从 13 世纪开始，世界科技创新中心由中国转移到欧洲，欧美国家在科技创新能力上不断加强，产生了许多发明，特别是发明了一系列工业品，包括枪炮。中国虽然是火药的发明者，但在枪炮技术上远远落后于西方国家。清朝政府虽然在经济上很繁荣，但科技不发达，特别是军事工业极不发达，清朝末期所造大炮的射程还不及明朝末期。而那时西方国家已经有了很先进的枪炮。可见，虽然当时中国的农业和商业很发达，但工业和科学技术落后，即使再繁荣的经济，也会成为他国割裂和分割的对象。因此，一个国家单一发展 GDP，并不能说明国家强大。

国家要强大，首先要有大批科技、文化人才。从科技文化全方位领导和创新各项事业。科技促使各方面协调发展，文化协调各种有机联系，共同系统地促使社会全面发展创新。在元朝时期，中国经济不处于世界领先地位，但凭借强大的军事力量征服了一些国家。苏联经济也不是世界最发达的，但却是一个地跨欧亚的大国。因此，一个国家要军事、政治、经济、文化全面发展。单一发展经济是靠不住的。整个世界并非人们想像得那么太平，弱肉强食是自然选择的原因，即使国家的经济强大，但如果军事弱小，强大的经济也不能保持。而军事强大，并非人口众多，重要的是要有科技人才，人才创新科技，科技促使社会发展。因此，一个国家只有综合国力强大，全面发展，才能从根本上、总体上提高国家的地位和能力，最根本的就是要发展本国的人才和科技。

二、一个国家要强大就要有一个科学思想和科学方法

科学思想是指导我们前进的指路明灯，思想科学了，行动才有力，才会发生作用。中国特色社会主义理论，改革开放是一个科学思想，中国的经济社会文化都得到了发展。中国的经济总量

已跃居世界第三，很有可能超过日本而跃居世界第二。事实证明，中国特色社会主义理论是一个科学理论。科学理论是事业成功的根本。在自然科学中，科学理论成为认识规律的前提和基础。牛顿定律、爱因斯坦理论，指导人类进入太空探索更为深刻的道理。而像燃素说、永动机理论使科学陷入泥潭，因此，科学理论是指导各项事业前进的"明灯"。

我国在干部的使用方面，提倡德才兼备，选拔了一大批优秀的干部，为社会主义建设事业做出了贡献。改革开放以后，我们走过一段偏差，过分注重才能，而忽视品德，出现了腐败现象。坚持科学的干部选拔原则、德才兼备的用人原则是我们事业成败的关键，没有科学理论的指导，我们的事业就会走弯路。同样，科学理论也要有科学方法，我们强调发展经济，就要在保持可再生资源和生态环境的情况下发展经济。如果忽略方法，虽然经济发展了，却断了子孙万代的发展路，这种方法不科学，不能取。要有科学理论，但更要有科学方法。在干部的选拔原则中，虽然都认为要选拔德才兼备的干部，但在选拔方法上不同，选出的干部就不同。如果看选票，则有的人就拉选票，拉帮结派；如果看政绩，则有的人就搞面子工程等，这都是没有科学方法。虽然有科学思想，但方法不科学，也不行。因此，在领导干部的选拔中既要坚持科学思想，又要坚持科学方法，如量化工作的质量和数量，就是一个科学方法。总之，要有一个科学思想和方法。

三、国家富强，要有一个可持续发展状况

一个国家要强大，就要有持续发展的状况，要在一百年、几百年内持续发展，走向繁荣。这样的发展不只是从一个方面来维持的，是要从经济、政治、军事、科技、文化、社会诸方面全面协调发展，仅一个方面发展GDP是不会成为持续发展的。苏联在"二战"期间，国家GDP持续发展，但苏联体制存在诸多问题，最终导致解体。因此，我们要衡量一个大国的因素，不只从GDP衡量，要从总体上看是否能持续发展，这自然要求国家具备持久发展科技及创新能力，持久发展人力人才资源，科技持久创新，人才不断涌现，则国家才能不断发展，才能走向大国。世界上众多国家都想成为大国，然而有的失败了。英国在工业革命和新思想影响下，科技发展了，人员素质提高了，在近代发展史上成为一个大国。然而，美国在近代以后更加重视科技创新和人才的发展而跃居英国之上成为超级大国。苏联虽然发展了，但大量科技人才流入欧美，人才技术落后，俄罗斯失去了昔日苏联大国的地位。大国只有在科技和人才方面不断发展，才不会走向衰落。有人认为一个科学家相当于几个师的兵力，在经济上相当于数亿元的投资，这在人才科技创新方面的认识是非常深刻的，要成为大国，就要有人才，有科技创新，才有持续发展。

四、党管人才是一个科学办法

在革命年代，以毛泽东同志为首的老一辈无产阶级革命家开创了党指挥枪的先河，使中国革命取得了胜利，建立了新中国。在建设中国特色社会主义新时期，我们党非常重视人才，提出了各种管理、使用人才的科学方法，新时期我们党又提出了党管人才的科学思想，这与革命时期党指挥枪的作用是一样的。一个国家的强大，并不在于GDP有多少，而要有一个统一的人才"集团"。人才在任何时代都有，但如果不把人才统一起来，不运用到社会主义建设中，就会出现浪费和流失。在旧中国，许多优秀人才远渡重洋，到海外谋生，定居海外的杨振宁、李政道等一批科

学家就是当时的优秀人才。他们在灾难深重的中国无法施展才华。新中国成立以后，我们加强了对人才工作的力度，许多优秀人才，如钱学森、钱三强等回国，为祖国的繁荣和发展做出了贡献。只有这些高水平人才在党的团结和领导下，国家才变得强大。没有党的领导，人才没有施展才华之地，没有党的领导，人才没有凝聚力，不可能有大的作为，国家也不可能强大。有位名人说，一头雄师带领的一群绵羊胜过一只绵羊带领的一群雄师。可见，人才要有一个科学合理的领导，才会发挥巨大的作用。党管人才，就是把中华儿女优秀人才统一在党的领导下，为祖国各方面的发展和建设服务，这样才会发挥出巨大作用。

国力的强弱，经济发展速度的快慢，人民生活水平的高低，主要看是否有高素质人才，有高素质人才，国家才会强大。美国的科技人才库在美国发展中发挥了重大作用。1939 年 8 月 2 日，美国应西拉德和尤金威格纳的请求，爱因斯坦写信给罗斯福总统，建议美国研制原子弹防止纳粹德国，经过征求多位科学家的建议，罗斯福最后批准了这样一个建议。曼哈顿工程先后动用了 18 万名科学家，这一活动最终成功显示了美国在世界的强大地位，也为结束"二战"打下了基础。而美国的强大不是来自于美国的经济实力，而是来自于科学技术人才和科技专家的贡献。此后美国政府总统拥有重要的智囊团，有大批科技人才为智囊团成员。因此，美国的强大是来自于美国优先发展的科学技术和专业人才。在美国有着这样一句形象描述："美国的脑库研究报告，决定着美国从出生到死亡的一生。"可见专家智囊团对美国社会影响之大。此外，国力强大要有人才，更要有科学统一的领导。

五、国家强大要有一批领军人才

一个国家要强大，没有突出的领军人才是不行的。在诺贝尔奖获奖者中，美国科学家占据了多数，而其中有一大部分是从其他国家吸引来的。新中国成立 60 余年，经济、政治、军事都取得了发展，但我们的领军人才还不够。如果没有新中国成立初回国的钱三强、钱学森、朱光亚等科学领军人才，我们不可能有两弹一星，我们也不可能有强大的国际势力。可见领军人才对国家强大是如何重要。我们要普遍提高民族科学文化水平，提高国民智力能力，同时也要吸引世界各地科技领军人才。改革开放，我们派出的留学人员近 100 万人，而回国的仅几十万人。这反映了我国在人才管理上存在的问题。我们要克服困难，培养和吸引领军人才，促使国家强大。我国在人才管理上采用不当激励方法，使大量人才流失。兰州大学校长说，几十年兰州大学流失的人才可以建立一所与当今兰州同水平的大学。国家和政府要搞好人才管理，要激励人才、要吸收借鉴美国等国家吸引人才、管理人才优秀方法。留住一流人才，国家才能强大。

六、国家强大要具有不断创新的精神和意识

国家如同一个人，一个家庭，固有的财富可能会随时间而流失，只有创新、不断创造财富，才会逐渐强大。古语云，家有万贯财，不如薄技在身。一个国家，无论历史上如何富有，不能创新人才，不能不断创新技术、创造财富，也会弱小。在清朝康熙、乾隆时期，中国经济发展在世界上是首屈一指的，然而几十年以后，由于八旗子弟没落，汉族人士被压制，缺少创新技术和创新人才，中国开始衰落了，原因就是缺少人才，缺少创新精神。国家强大，要有众多具有创新精神的人才，要不墨守成规，要有创新精神。中华民族富强崛起，就是由中华民族中具有创新精神

的人才带动的。第一代领导人毛泽东等创新吸收了马列主义，引导中国革命取得胜利。第二代领导人邓小平等创立了新的理论，促使中国社会发展，以江泽民和胡锦涛为首的新一代中央领导也是一个不断创新的领导集体，正是他们的创新精神才带动中国不断繁荣强大。事实证明，国家要强大就要不断创新。仅有经济资源并不能强大。

创新是由人才完成的，创新精神是人才的创新精神。一个国家要有人才，要有高素质人才，才能有创新精神，才会有好的制度，才能留住人才，发挥人才的作用，才会激励人才。实际上，我国政府已经认识到人才的重要作用，提出了人才强国的战略方针，这是一个科学合理的战略方针，国家强盛，首先就是要有人才。

七、国家强大，还在于人才

许多人认为国家的强大在于经济发达，而事实上，国家的强大在于人才，在于人的素质。因此，要培养大量优秀人才。西方发达国家如此强大，源于不断有大批优秀人才流向发达国家，这种马太效应式的人才流动，使发达国家更加强大，落后发展中国家更加弱小。要发展，首先要制订科学的人才发展和培养计划。有计划、科学合理地培养和使用人才，逐渐使国家强盛起来。培养人才，更重要的是使用人才。只有重用人才，才能吸收和引进人才，留住人才，国家才能强大。

（高安宁，中共陕西省委党校图书馆）

地方政府扶持与中小企业上市
——基于西部大开发新疆地区分析

一、问题提出

实施西部大开发，是党中央总揽全局，面向21世纪做出的重大战略决策。加快西部发展，逐步缩小西部与东部地区之间的差距，最终实现全国各地区经济协调发展，离不开西部各省、市、自治区的不懈努力。占有166万多平方公里国土面积、处于西北边陲的新疆，更是具有举足轻重的作用。2010年5月，新疆工作座谈会议在北京拉开帷幕，这是在西部大开发浪潮中，对新形势下新疆工作的又一次全面部署，会议紧紧围绕新疆经济社会实际，进一步明确加快经济建设的工作重心，以实现新疆的跨越式发展和长治久安。新疆的发展能否达到预期效果，关键在于经济的发展，而经济发展离不开资金的支持。早在18世纪，亚当·斯密在《国富论》中就对经济发展的源泉进行论述，认为资金在经济增长中扮演着十分重要的角色。虽然自西部大开发以来，国家财政对西部地区投入了大量的资金，但是投资重点在交通、通信、水利等重大基础建设项目和公益型

项目，作为经济发展引擎的微观市场主体，中小企业所需的资金并未得到有效供给。就新疆而言，自2000年至2009年，国家累计补助资金3999亿元，投入到农林、水利、交通等基础设施建设的就达1108.2亿元，而对中小企业的资金投放则微乎其微，导致中小企业资金紧张、融资难的问题更加凸显。2009年一季度，新疆各家商业银行提供给中小企业的贷款约为6.625亿元，只能满足需求总额的9.71%，中小企业的资金缺口十分巨大。① 因此，新疆中小企业的发展单纯依靠中央政府的补助资金或是援疆省市的援助资金是远远不够的。必须激发市场潜力，优化中小企业生存环境，通过加大政府对中小企业的扶持力度，促进中小企业上市，进而借助资本市场的筹资功能、资源配置功能、企业转制功能，实现新疆地区中小企业的可持续发展，完成资金的筹集、经济结构的优化以及现代企业制度的建立，只有这样才能促进新疆经济腾飞，实现跨越式发展和长治久安。

二、新疆中小企业的发展现状描述

虽然我国西部地区矿产资源比较丰富，但由于受思想观念、自然环境、地理位置的制约，资金形成不足、人口素质较低、经济发展相对落后，

这就使得创办大型企业资源优势难以在短时间内转化为经济优势。因此，西部地区应该采取各种扶持政策，大力促进中小企业的发展，使之成为

---

① 数据来源于腾讯财经网：http://finance.qq.com/a/20091214/001521.htm。

地区竞争优势和产业成长的主力军。与西部其他省市相比，新疆的少数民族大多以游牧为生，传统的游牧业产能低下，造成大量劳动力闲置，不仅不利于经济的发展，更可能为社会的安定带来隐患。大力发展中小企业，在拉动地区经济增长、增加财政收入来源、改善人民生活条件的同时，能够扩大就业，解决闲置劳动力的配置问题，从而有助于实现社会的长治久安。

2009年《国务院关于进一步促进中小企业发展的若干意见》(国发〔2009〕36号)出台，要求各省、市、自治区全面支持中小企业发展。新疆政府积极响应中央号召，大力发展中小企业。近年来，新疆中小企业实力逐步增强，涉足领域不断扩大，吸纳就业能力有所提高，对新疆经济的增长做出较大的贡献。据统计，2009年新疆规模以上中小工业企业1857家，完成工业总产值1706.55亿元，占工业企业的43.9%。从业人员年平均人数32.75万人，占55.2%。① 到2009年年底，全疆民营企业发展到9.4万家，新增4230家，其中95%为中小企业。② 中小企业缴纳的国税额占国税收入总额的36.7%，中小企业创造的最终产品和服务价值占全区GDP的30%左右。到2010年12月，新疆全区共有中小企业3.25万家，占到了全区所有企业总数的99.8%；资产总额约5242亿元，占全区企业的60.5%。全区中小企业从业人员已达到89.86万人，超过全区企业就业总人数的七成，进出口贸易和边境小额贸易占全疆的65%以上。③ 中小企业在新疆经济建设中扮演着越来越重要的角色。

然而新疆中小企业的发展在取得了一定成绩的同时，仍然存在问题。根据国家统计局的调查研究，目前新疆中小企业的发展并没有呈现出强劲的势头，与全国相比，新疆中小企业无论是在发展速度、产业规模、技术水平还是在国民经济中的地位都处于底层，在国民经济中所占份额较小，对经济运行的影响力有限。就新疆中小企业总体来看，在产业分布上，以劳动密集型和传统资源粗加工业为主，电子信息等高新技术产业和现代服务业发展不足；在硬件投入上，大多数企业生产设备先进性不强，管理、技术类人才缺乏，企业产品科技含量较低；在自主创新上，受资金、技术、人力等生产要素的限制，中小企业的自主创新能力有限，缺少自主品牌，产品结构雷同，名优产品、高附加值产品更是凤毛麟角。一系列弊端的存在，导致企业在持续增长、自我扩展、支撑带动和综合竞争方面能力不强。缓解新疆中小企业发展困境，关键在于资金的投入。在中央和地方财政针对中小企业发展拨款不足的情况下，2004年5月，经国务院批准，证监会批复同意深交所在主板市场内设立中小企业板块，为中小企业上市提供资本平台，这无疑为中小企业资金的筹集带来了新的契机，为中小企业发展注入了新的活力。通过上市来筹集资金，拓宽中小企业发展空间，提升中小企业发展水平已成为摆在新疆经济面前的重要任务。

三、地方政府扶持中小企业上市的必要性分析

中小企业通过上市来拓宽融资渠道、改善治理结构、优化资源配置的同时，能够推动制度创新、管理创新和技术创新，实现中小企业的做大做强和长久发展。此外，上市中小企业发展壮大，在扩大就业、促进社会稳定的同时，还能通过后向联系和前向联系，带动上游与下游企业生产力的加强和生产率的提高，发挥经济辐射作用，以点带面，促进新疆地区经济的全面增长。由此可见，中小企业上市成功与否不仅关系到企业自身的发展，更是与新疆地区的经济腾飞和社会长治久安息息相关，因此地方政府应该整合一切资源，全力扶持中小企业上市。

① 数据来源于天山网：http://www.tianshannet.com/news/content/2010-04/21/content_4924364.htm。
② 数据来源于新浪财经网：http://finance.sina.com.cn/roll/20100112/00023177857.shtml。
③ 数据来源于中国广播网新疆分网：http://www.cnr.cn/xjfw/jjxj/szyw/201012/t20101227_507507827.html。

中小企业受规模和定位的限制，与大企业相比，在资金融通、市场地位、信息获取、资源享有等众多方面处于劣势，因此中小企业的上市离不开地方政府的扶持。曾国平（2000）立足于西部地区民营经济的发展困境，认为资本市场是解决资金困难的有力手段，重点强调了政府的服务功能，要求地方政府加大对中小企业上市的扶持力度，通过资本市场实现企业的做大做强，从而帮助企业走出融资困境，突破地方经济发展"瓶颈"。王黎明、刘国华（2003）在参考发达国家中小企业发展经验和分析我国中小企业存在问题的基础上，从中小企业管理机构建立、金融扶持体系和社会化服务体系创建、科技创新资助等方面来探讨政府对中小企业扶持作用的发挥。范跃华（2008）仅从融资方面对政府扶持中小企业上市的必要性进行了讨论，认为目前我国中小企业发展面临的主要问题是融资困难，由于中小企业上市门槛太高，导致其直接融资渠道堵塞，而以银行贷款为主的间接融资渠道过窄成为制约中小企业发展的"瓶颈"，在这种情况下，政府、社会、企业必须联合起来，充分发挥政府扶持作用，建立中小企业上市融资体系，大力改善融资环境，促进中小企业健康发展。萧少秋、任丁、左志强（2010）以四川省中小企业面临的资金缺乏困境为出发点，认为通过资本市场融资是解决企业资金缺口的有效途径，并从区域性证券市场建立和资本市场培育两方面论述了政府扶持企业上市融资的必要性。在相关理论的指导下，以深交所中小企业板块为契机，2005年初，由深交所牵头，国家发展和改革委员会、科技部、全国各高新园区等政府部门共同推动的"中小企业上市资源培育工程"启动，全国各地都在积极采取一系列的措施为中小企业"输血"和"加油"，合力支持中小企业上市。2008年以来已有近50个地方政府，出台或细化了扶持中小企业改制上市的有关措施，以期把握资本市场机遇，发挥资本市场功能，带动地方经济持续快速、协调健康发展。2009年10月，深交所创业板设立，首批28家创业板公司挂牌上市，我国完成了以主板为主导、以中小板为依托、以创业板为推手的多层次资本市场建设，为中小企业上市提供了资本平台。

新疆政府对扶持中小企业上市也采取了积极的措施，2006年9月，新疆通过实施《中华人民共和国中小企业促进法》的办法，积极为中小企业的创立和发展创造环境；2008年5月，《关于加强自治区企业上市工作的意见》颁布实施；2008年7月2日，为加强对自治区上市工作的领导，推进更多优势企业上市，自治区人民政府成立了企业上市推进领导小组。然而效果却不尽如人意，2010年在中小板和创业板新上市的企业有318家，新疆仅占2家，比例低至0.63%。根据深交所、上交所2011年6月10日公布的行情数据，截至2011年6月10日，新疆上市公司总计37家，其中在中小板上市的企业8家，仅占中小板上市公司总数（584家）的1.37%；在创业板上市的企业2家，仅占创业板上市公司总数（227家）的0.88%。[①]新疆中小企业在资本市场上的发展远低于广东、浙江、江苏等沿海发达省份，也未达到全国的平均水平。在此情况下，2010年5月新疆启动了"自治区百家重点成长性企业培育工作"，随后又出台了《新疆维吾尔自治区关于促进中小企业发展的实施意见》，并于2011年推出了具体的上市培育方案《非上市公司培育和上市推进专项资金使用实施细则》，初步建立了促进中小企业上市的政府扶持体系，希望借此推动新疆地区中小企业的长期发展和地区经济繁荣。

四、地方政府扶持中小企业上市的对策建议

中小企业能否成功上市，除了企业自身努力之外，关键在于政府的扶持。而对于新疆这样一个经济基础薄弱的地区来说，扶持中小企业上市是一个长期的、系统的、动态的工程，必须整合

---

① 数据来源于深圳证券交易所网站：http://www.szse.cn。

政府、企业、金融、保险等资源和要素，以资本市场为纽带，重视政府强势推动与市场化机制的有机结合，通过社会各界通力合作，不断为中小企业上市提供服务与支持。

1. 地方政府扶持中小企业上市的研究现状

目前，全国已有 50 个地方政府出台或细化了扶持中小企业改制上市的相关措施，国内理论界和实务界也对中小企业上市的政府扶持机制展开了讨论，主要存在四种代表性观点：一是建立上市领导小组。时军（2010）认为在市场经济条件下，必须认清政府的引导和扶持作用，强化各级地市企业上市领导小组统筹协调的功能，形成以领导小组为核心、以市直有关部门协作配合为支撑的工作局面，为本地区企业上市工作创造良好的舆论氛围和政策环境。浙江、江苏等证券大省，已专门建立了上市工作联席会议制度，由政府牵头、多部门配合，共同协调企业上市相关事宜。二是建立上市后备资源库。《深圳证券交易所第七届保荐机构联席会议简报》指出，对后备上市资源的扶持工作要从政策优惠、培育规划、宣传引导等方面落到实处。天津市已经开始具体实施，而北京、湖南、浙江等省市也先后建立了梯度后备资源库。三是建立中介培育机构、中小企业融资平台等配套系统。企业顺利上市，需要法律、保险、证券等中介机构的支持和银行等融资平台的配合。浙江省的小额贷款公司试点工作，以及北京市的中小企业投资基金服务平台，在一定程度上弥补了中小企业的资金缺口。四是开展中小企业上市培育工作。朱艳阳（2008）认为，政府需要通过举办培训班和座谈会、完善风险投资、畅通与中介机构合作渠道等方式开展中小企业上市培育工作，促进中小企业改善治理结构，快速健康发展，尽早具备上市条件。自深圳市政府自 2004 年出台《中小企业上市培育工程实施方案》以来，深圳中小企业上市工作取得了良好的成效，2011 年该市中小企业上市培育基地的建成无疑又将中小企业上市推向了新的高潮。

可以看出，目前我国关于扶持中小企业上市的整体论述，大部分来源于深交所对各地政府的经验介绍，虽然还未形成中小企业上市的理论体系，但是各地方政府的扶持政策已经取得了一定的成绩，为中小企业上市提供了良好的支持平台。

鉴于此，本文在借鉴其他省份中小企业上市扶持经验的基础上，立足于新疆中小企业的具体情况，结合政府部门的规章制度，从上市扶持对象界定、上市需求刺激和政府引导作用发挥三个方面出发，探讨新疆政府扶持中小企业上市的对策建议，为提高中小企业质量，促进中小企业上市，进而实现新疆跨越式发展和长治久安提供参考。

2. 地方政府扶持中小企业上市的对策建议

（1）界定扶持上市对象范围。中小企业上市必须要满足相关的条件，目前我国从股本总额、资产规模、盈利能力、现金流量等方面对上市条件进行了严格界定。另外，通过创业板上市的企业还必须在科技含量、技术创新方面达到更高的要求。所以，在扶持中小企业上市时，必须要有针对性，扶持对象要能基本满足上市条件，坚决杜绝"遍地撒网"的情况出现。对于新疆来说，中小企业发展壮大需求与扶持资金短缺的矛盾日益凸显，受资金制约，政府在培育主体选择上更要谨慎，以免造成人力、物力、财力的浪费，或者延误潜在上市企业的上市时机。建议政府可以采用实地考察和企业报名的形式，建立中小企业信息资源库，重点培育够条件的企业，时刻关注有潜力的企业，长期服务和规范基础相对较差的企业，预选一批，培育一批，上市一批，储备一批，长期规划，坚持不懈地实行跟踪指导、分类服务、梯度培育和动态管理制度。

（2）刺激中小企业上市需求。中小企业上市的关键在于企业自身的认识，只有中小企业切实体会到通过上市带来的资金、技术、管理以及竞争力方面的优势，才会积极争取上市。然而，由于我国资本市场起步较晚，而且在很长一段时间内，资本市场的服务对象仅局限于国有大中型企业，以中小企业居多的民营企业对资本市场和企业上市认识不足，尤其在巨额上市成本的压力下，更是对上市避而远之。新疆偏远的地理位置、闭塞的信息渠道、落后的管理理念，更使得很多中小企业主完全不了解资本市场，认为企业上市遥不可及，或者对资本市场存在严重的认识偏差。因此，政府必须通过实地调研和座谈，把握企业的主观认识和客观环境。对于具备上市条件但不愿意上市的企业，要通过专家讲解，纠正认识偏差来实现上市；对于不具备上市条件但希望上市的企业，通过建立专家智囊团队，提供技术、资金、管理建议来实现上市；对于既不具备条件又不愿意上市的企业，则放弃，暂不纳入上市后备库，但仍应该持续关注。

（3）发挥政府上市引导作用。在锁定扶持对象、纠正上市观念的前提下，中小企业上市工作能否取得预期效果，关键在于政府的上市引导。充分发挥政府引导作用是中小企业顺利上市的基本保证，新疆政府应该从思想转变、资金支持、配套投入、经验借鉴四个方面着手扶持中小企业上市。首先，政府必须转变思想，破除部门权力化和利益化的偏差，真正为促进发展铺路搭桥，为中小企业上市服务。如针对中小企业开辟业务办理绿色通道，整合疆内管理类和法律类专家学者以形成专家智囊团，为中小企业上市提供专业帮助等。其次，政府必须为中小企业上市提供资金支持。企业上市是需要成本的，而这些成本的支出并不能带来立竿见影的效益，故很多企业不愿意上市，如果政府能够解决一部分上市成本，无疑会大大提高企业的积极性。目前，新疆政府已经开始从财政中拨出专门款项用于支持中小企业上市，但是财政拨款的力度终究有限。可以借鉴浙江省发展小额贷款公司的经验，弥补资金缺口，必要时还可以发行中小企业债券或者中小企业集合票据。再次，中小企业上市需要多种资源整合，各部门通力合作。政府必须做好配套投入，针对人才、信息、市场、技术等资源出台相应的支持政策，并与金融机构、风险与创业投资机构以及证券、产权交易、资产评估、会计、法律、咨询等中介机构建立沟通协调机制，按照"企业为主、政府推动、中介尽责"的原则，形成中小企业上市扶持的联动工作机制，构建新疆中小企业改制上市的良好格局。最后，新疆要多向东南沿海省份学习，"他山之石，可以攻玉"，要学习借鉴其他省份的成功经验，结合本地区实情，融会贯通，为我所用。

参考文献

易承愚. 西部大开发的资本形成与投融资对策研究[D]. 长沙：湖南大学，2001.

2009~2010年新疆经济社会形势分析与预测——经济社会蓝皮书 [R]. 新疆维吾尔自治区人民政府网，http://www.xinjiang.gov.cn.

李瑞芳，张艳芳. 采取有力措施推动中小企业跨越式发展 [N]. 新疆经济报，2010-12-28.

新疆：确立依托大企业战略、促进中小企业发展壮大 [R]. 中华人民共和国国家统计局，http://www.stats.gov.cn.

曾国平. 试论西部地区民营经济突破性发展的着力点[J]. 西南民族学院学报（哲学社会科学版），2000（11）.

王黎明，刘国华. 论中小企业政府扶持体系的构建[J]. 经济体制改革，2003（5）.

范跃华. 当前我国中小企业融资环境现状及存在的问题 [J]. 经济论坛，2008（16）.

萧少秋，任丁，左志强. 西部大开发资金筹措问题研究 [J]. 西南金融，2010（4）.

时军. 促进中小企业创业板融资对策分析 [J]. 中国管理信息化，2010（15）.

朱艳阳. 加快中小企业上市培育工作 [J]. 企业改革与管理，2008（12）.

（朱君，东北师范大学城市与环境科学学院）

中国双边货物出口的影响因素及潜力

——基于扩展引力模型的截面数据分析

一、引 言

改革开放以来，受国家出口导向型经济发展方式的推动，我国的总出口和作为总出口最重要组成部分的货物出口均呈现出指数级的迅猛增长态势，如图1所示。在服务出口相对滞后的情况下，中国的货物出口在1978~2009年年均增长速度高达22.1%，比世界同期货物出口年均7.6%的增长速度高出14.5个百分点，比金砖五国之中的巴西、印度和南非的同期货物出口年均增长速度分别高出13.7、11.2和16.9个百分点。进入21世纪，中国货物出口依旧保持强劲增长势头，2001~2008年年均增长速度高达21.9%。在世界范围内，贴有"中国制造"标签的商品已经屡见不鲜。

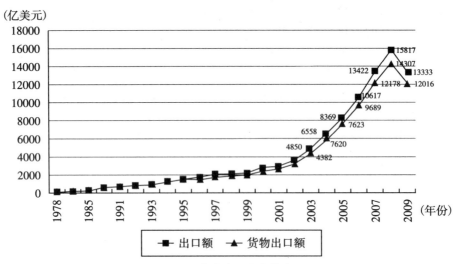

图1 1978~2009年总出口和货物出口

资料来源：World Bank，WDI & GDF（2011）。

与此相对应的，是外汇储备的快速增加和贸易依存度的节节攀升。根据国家外汇管理局的统计数据，截至2006年2月底，我国外汇储备达到8537亿美元，首次超过日本，位居世界第一；2006年10月，外汇储备首次突破一万亿美元，之后便一路高歌猛进，2009年4月更是突破两万亿美元，之后在不到两年的时间里，于2011年3月顺利突破三万亿美元关口，稳居世界第一，被外界戏称"可以买下整个意大利"，而且还在以每年超过四千亿美元的速度快速增长。贸易依存度也从1978年的13.7%增加到2006年的最高点70.6%，已经远远高出美国、日本等发达国家，也明显高出其他新兴经济体（如金砖四国中的巴西、印度、俄罗斯等）。尽管受国际金融危机的影响，出口总额、货物出口额和贸易依存度都有所回落，但三者的基数依然很大，而且在世界范围内的排名基本没有改变。

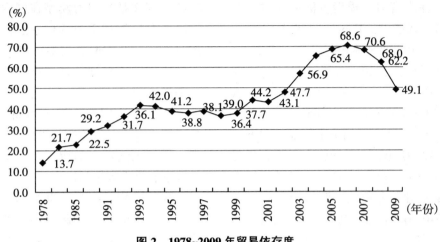

图2 1978~2009年贸易依存度

资料来源：World Bank，WDI & GDF（2011）。

虽然外汇储备总存量和外贸依存度没有国际统一的安全标准，我国的巨额外汇储备及其快速增加的势头和处在高位的外贸依存度并不能说明中国经济已经不安全，然而，依靠对外贸易拉动经济增长的发展模式必须以出口目标国的经济增长为先导（鲁晓东、赵奇伟，2010）。一旦外部市场不确定性增加或者出现复杂局势，就会加大中国经济宏观调控的难度，这次全球范围内的金融危机就是明证。基于此，分析中国双边货物出口的外部影响因素和潜力格外具有现实意义。

二、文献简述

本文运用国际贸易领域广为接受的引力模型分析中国对前90个贸易伙伴双边货物出口的影响因素和潜力。引力模型最早发端于物理学中牛顿提出的万有引力公式，即两个物体之间的引力与它们的质量乘积成正比，而与它们之间距离的平方成反比。经济计量学家Tinbergen（1962）和德国经济学家Poyhonen（1963）最先将引力模型应用到国际贸易领域，并认为两国的双边贸易流量与它们各自的经济规模成正比，而与它们之间的地理距离成反比，两者的经济规模分别反映了出口国的潜在供给能力和进口国的潜在购买能力。Linnemann（1966）是第三位将贸易引力模型应用于双边贸易流量计量分析的经济学家，首次对贸易引力模型的研究分析进行了系统集成，在模型构造和变量设计方面形成了独特的技术路径和学术思想（谷克鉴，2001），并首次将人口变量加入引力模型中。然而人口变量对双边贸易流量的影响并没有得到经济学家的一致同意，比较有代表性的观点如Linnemann（1966）、Bergstrand（1985）等经济学家发现人口变量与贸易流量负相关且在统计上显著，而Brada和Mendez（1985）则发现人口变量与贸易流量正相关且在统计上显著。我国学者盛斌、廖明中（2005）在研究中发现人口变量和人均收入可以相互替代，两者中的任一变量都不会影响回归效果的敏感度，他们在回归分析中利用人口变量代替人均GDP变量进行回归，所得结果几乎相同（系数相似、符号相反）。这也是本文在后面的实证研究中将人口规模和人均收入两个变量同时纳入引力模型中出现多个变量不显著时，果断舍弃人均收入变量的依据之一。

基于模型表述的简明性，20世纪60年代以来，引力模型被广泛应用于国际贸易领域，并获得了相当程度的认可。期间，经济学家将优惠贸易协定、共同语言、人均收入的绝对差额、两国消费价格指数、殖民关系等外生变量相继引入基本引力模型中，在丰富引力模型内涵的同时也扩大了引力模型的解释能力。Rauch（1999）甚至认为引力模型是预测国际贸易流量标准的（事实上，也是唯一的）实证分析框架。然而，引力模型在发展过程中也遇到了一些批评和责难（Anderson & van Wincoop, 2003；Bergstrand, 1985）。争论的焦点在于模型的理论基础，正如 Bergstrand（1985）在自己的论文摘要中所说，"尽管引力方程在解释贸易流量方面取得了经验上的成功，但因为模型缺乏较强的理论基础，方程的预测潜力受到了限制"。不过，经由 Anderson（1979）、Helpman 和 Krugman（1985）、Bergstrand（1989）以及 Deardorff（1995）等经济学家的不断发展，引力模型的理论基础已经日渐稳固，并催生了大量新的引力模型文献（盛斌、廖明中，2004）。

在国内，虽然应用引力模型分析我国双边贸易流量的文献已经很多，但专门针对中国出口贸易流量的研究相对匮乏（鲁晓东、赵奇伟，

2010），研究中国双边货物出口影响因素的文献更是凤毛麟角。盛斌、廖明中（2004）是国内较早应用引力模型分析我国出口贸易流量决定因素的学者，其文献对引力模型在国内学术界的发展和应用具有广泛和重要的借鉴意义。鲁晓东、赵奇伟（2010）即在两者研究的基础上，运用随机前沿方法和面板数据估计了中国的"前沿"出口水平和出口潜力。此外，周念利（2010）运用引力模型研究了中国双边服务贸易流量和出口潜力。张海森、谢杰（2008，2011）运用引力模型研究了中国—东欧农产品贸易和中国—非洲农产品贸易流量的决定因素与潜力。

鉴于目前国内几乎没有学者运用引力模型对中国双边货物出口的影响因素展开分析，笔者抓住这个机会对此进行研究，同时注意到前人在分析中国出口贸易流量和潜力时未将外商在华直接投资（FDI）纳入引力方程，由于 FDI 同时具有贸易替代效应和贸易创造效应，本文将贸易伙伴的 FDI 纳入引力方程，运用新得到的扩展引力模型对中国双边货物出口的影响因素和潜力进行截面数据分析。

三、实证分析

（一）模型说明

1. 模型构建

基于引力模型实证分析贸易流量的影响因素，一般采取引力模型的对数形式，这主要是因为经济活动中各因素间的相互作用往往以几何形式而非算术形式存在，而对数形式不仅可以使引力公式线性化，而且可以减少数据中的异常点，并可以避免数据残差的非正态分布和异方差问题（张海森、谢杰，2008）。笔者根据基本引力模型的构建、前人对引力模型的扩展，结合本文的研究目的，将贸易伙伴的经济规模、人均收入、与中国之间的地理距离、人口规模、在华直接投资、货物贸易依存度、与中国人均收入之差的绝对值及二维虚拟变量"是否临海"和"是否与中国签订

贸易协定"、三维虚拟变量"贸易伙伴是发达国家、发展中国家还是最不发达国家"等解释变量纳入模型，得到如下扩展的引力模型：

$$\ln export_i = \beta_0 + \beta_1 \ln Y_i + \beta_2 \ln YBAR_i + \beta_3 \ln DIS_i + \beta_4 \ln FDI_i + \beta_5 \ln DEP_i + \beta_6 \ln YGAP_i + \beta_7 \ln POP_i + \beta_8 ADJ_i + \beta_9 DL_i + \beta_{10} RTA_i + \mu_i$$

其中，β_i 表示模型参数，$i = 1, 2, \cdots, 90$；μ_i 表示随机扰动项，是一个白噪声。各个变量的含义、预期符号和理论解释，如表 1 所示。

2. 样本选择

本文选取与中国货物贸易最为活跃的 120 个国家作为样本，利用国际贸易领域广为使用的引力模型对数据进行横截面分析。根据数据可得性，最终选出 90 个有效样本，按照中国对其货物出口额排序，这些样本国家是美国、日本、韩国、德

表1　变量含义、预期符号及理论解释

变量	含义	预期符号	理论解释
export$_i$	中国对贸易伙伴 i 的双边货物出口额（万美元）		被解释变量
Y$_i$	贸易伙伴 i 的名义国内生产总值（亿美元），用来表示其经济规模	+	反映了贸易伙伴的潜在进口能力，经济规模越大，需求越强劲，中国的货物出口越多
DIS$_i$	贸易伙伴 i 与中国之间的地理距离（公里）	－	反映了中国出口货物的运输成本，是影响中国货物出口的重要因素
YBAR$_i$	用贸易伙伴 i 的人均国内生产总值（GDP per capita）表示的贸易伙伴 i 的人均收入（美元）	+	反映了贸易伙伴的经济发展水平，随着人均收入的提高，贸易伙伴的货物需求数量和进口产品种类都会增加
FDI$_i$	贸易伙伴 i 的在华直接投资额（万美元）	+	根据日本学者小岛清的理论，直接投资可以创造贸易，增加东道国对母国的出口能力
DEP$_i$	贸易伙伴 i 的货物贸易依存度（%）	+	通常来说，货物贸易依存度反映了一国对货物贸易的依赖程度，依存度越高，货物进口越多
YGAP$_i$	中国与贸易伙伴 i 人均收入之差的绝对值	－	根据林德（1961）提出的"相似偏好"或"重叠需求"假设，具有相似偏好和相近收入水平的国家之间的贸易量是最大的，据此，中国对与本国人均收入水平相近国家的货物出口可能较大
POP$_i$	贸易伙伴 i 的人口规模（万人）	不确定	反映了贸易伙伴国内市场大小，但人口众多也会促使国内进口替代产业的发展，从而减少进口，因此不确定
ADJ$_i$	虚拟变量，表示贸易伙伴 i 是否临海，临海则取值为 1；反之，取值为 0	+	传统上，海洋运输是成本较低的运输方式，除非陆路交通技术足够发达，否则临海可以增加贸易量
DL$_i$	虚拟变量，表示贸易伙伴 i 的发展阶段，如果是最不发达国家取值为 0，发展中国家取值为 1，发达国家则取值为 2	不确定	与发展中国家之间的产业内贸易多一些，与发达国家之间的产业间贸易多一些
RTA$_i$	虚拟变量，表示区域贸易协定（Regional Trade Agreement），与中国签有此类协定，取值为 1，否则取值为 0	+	区域贸易协定通过取消成员之间的贸易壁垒，创造更多的贸易机会，促进货物的自由流动

注：鉴于本文以 2009 年的货物出口作为样本数据，所以只考察 2009 年 1 月前中国签订并已生效的区域贸易协定（RTA），此类协定主要有东盟—中国贸易协定（ASEAN-China）、亚太贸易协定（APTA）、智利—中国贸易协定、中国—新加坡贸易协定、中国—新西兰贸易协定、巴基斯坦—中国贸易协定。因为中国—秘鲁自由贸易协定生效时间为 2010 年 3 月 1 日，所以该协定不在本文考察的范围之内。

国、荷兰、英国、新加坡、印度、法国、澳大利亚、意大利、马来西亚、阿联酋、加拿大、俄罗斯、越南、印度尼西亚、巴西、西班牙、泰国、墨西哥、比利时、沙特阿拉伯、菲律宾、土耳其、伊朗、哈萨克、波兰、南非、巴拿马、巴基斯坦、尼日利亚、匈牙利、埃及、捷克、智利、芬兰、孟加拉国、丹麦、瑞典、以色列、乌克兰、阿根廷、希腊、卢森堡、委内瑞拉、挪威、瑞士、哥伦比亚、安哥拉、罗马尼亚、叙利亚、摩洛哥、秘鲁、新西兰、利比亚、爱尔兰、约旦、葡萄牙、利比里亚、伊拉克、斯里兰卡、加纳、奥地利、斯洛伐克、肯尼亚、埃塞俄比亚、塞浦路斯、也门共和国、蒙古、黎巴嫩、厄瓜多尔、坦桑尼亚、柬埔寨、卡塔尔、乌拉圭、斯洛文尼亚、突尼斯、立陶宛、保加利亚、多米尼加共和国、阿塞拜疆、巴拉圭、巴林、拉脱维亚、喀麦隆、马达加斯加、老挝、爱沙尼亚、吉布提。

3. 数据来源

中国的货物出口 export$_i$ 和贸易伙伴的在华直接投资 FDI$_i$ 数据来自《中国统计年鉴》（2010），贸易伙伴的经济规模 Y$_i$、人均收入水平 YBAR$_i$、人口规模 POP$_i$ 数据来自世界银行 2011 年 4 月 14 日发布的《世界发展指标和全球发展融资》（World Bank，WDI & GDF）。中国与贸易伙伴的地理距离 DIS$_i$ 由笔者根据 Travel Distance Calculator 网站测算获得。虚拟变量 ADJ$_i$ 由笔者根据谷歌地球（Google Earth）判断得出，虚拟变量 DL$_i$ 根据联合国于 2005 年对发达国家的最新定义和联合国网站列出的 48 个最不发达国家名单进行判别（剔除发达国家和最不发达国家剩下的归为发展中国家），虚拟变量 RTA$_i$ 来自世界贸易组织的 RTA 数据库。

（二）实证结果

由于本文采用的是横截面数据，且对变量进行了取自然对数处理，模型应该不存在自相关和异方差问题。最主要的问题可能是变量之间存在的多重共线性问题，为了解决此问题，本文先从基本的引力模型开始进行回归分析，然后根据扩展模型逐一引入边缘变量，并依据变量的统计显著性和系数符号判别该变量是否应该引入模型中，直至所有核心变量和引入的边缘变量基本都统计显著为止。本文的实证结果统一由 Eviews5.0 计量软件得出，回归结果如表 2 所示。

通过表 2 可以看到：①在基本方程 1 中，解释变量 Y_i 和 DIS_i 的变化很好地解释了被解释变量 $export_i$ 70.53% 的变化，所有解释变量的系数符号都与事先预期的符号相一致，而且两个解释变量的系数都具有相当高的统计显著性，相应 t 统计量的绝对值均大于 3，即在 1% 的显著性水平上通过检验。②在三个扩展方程中，虽然方程 2 经调整后

的判定系数与另外两个方程差不多，但核心变量 Y_i、DIS_i 和边缘变量 $YBAR_i$、$YGAP_i$ 及虚拟变量 DL_i、RTA_i 对应的 t 统计量的绝对值都非常小，无法通过显著性检验，而且虚拟变量 RTA_i 的系数符号与预期也不一致。③笔者本着"经济计量模型必须保留理论上的核心变量，不论该变量是否在统计上显著"的原则进一步剔除统计上不显著的边缘变量 $YBAR_i$ 和虚拟变量 DL_i、RTA_i，保留核心变量 Y_i 和 DIS_i，得到扩展方程 3，并在方程 3 的基础上进一步剔除统计上不显著的变量 $YGAP_i$，得到扩展方程 4。对比扩展方程 3 和 4，我们发现，虽然方程 3 经调整后的判定系数略高于方程 4，但方程 4 中的核心变量 Y_i 在统计上更加显著（反映为 t 统计量的绝对值更大），同时解释变量 FDI_i、DEP_i、POP_i 和 ADJ_i 都在 1% 的显著性水平上通过了统计检验，F 统计量的取值也更大（唯一不足的是，变量 DIS_i 没有通过显著性检验），因此本文选择扩展方程 4 作为中国货物出口的最佳解释方程，并据此估计中国的货物出口潜力。

表 2　计量回归结果

	基本方程	扩展方程		
	1	2	3	4
常数项 C	10.4322*** (6.6601)	3.0885 (1.1606)	3.2310 (1.5568)	4.2158** (2.2333)
ln Y_i	0.6520*** (14.0092)	0.1802 (0.9416)	0.3116*** (4.3450)	0.3537*** (5.7569)
ln DIS_i	−0.5979*** (−3.7161)	−0.2818 (−1.6548)	−0.2221 (−1.5048)	−0.2326 (−1.5764)
ln $YBAR_i$		0.0793 (0.3887)		
ln FDI_i		0.1719*** (4.6272)	0.1550*** (4.5262)	0.1662*** (5.0625)
ln DEP_i		0.4514*** (2.8992)	0.4602*** (3.0007)	0.4305*** (2.8443)
ln $YGAP_i$		0.1033 (1.3605)	0.0759 (1.1327)	
ln POP_i		0.4259** (2.3133)	0.3220*** (4.1591)	0.2671*** (4.4189)
ADJ_i		0.5678*** (3.2461)	0.5029*** (3.0338)	0.4779*** (2.9041)
DL_i		−0.1383 (−1.1799)		
RTA_i		−0.1850 (−0.7614)		

	基本方程	扩展方程		
	1	2	3	4
调整后的 R²	0.7053	0.8162	0.8176	0.8169
DW 值	1.7019	1.9818	2.0031	2.0213
F 统计量	107.5109	40.5295	57.9730	67.1923

注：①右上标 * 表示在 10% 的水平上显著，** 表示在 5% 的水平上显著，*** 表示在 1% 的水平上显著；②括号内是相应参数估计量的 t 值；③所有数值都取四位小数。

(三) 结果分析

从总体来看，扩展方程 4 的拟合效果较好。首先，除地理距离外，其余五个解释变量都在 1% 的水平上通过了显著性检验。表示运输成本的地理距离变量 DIS_i 在统计上不显著，笔者认为可能有两个方面的原因：一方面，随着现代航海技术不断发展并应用于现实中，大宗货物运输（如集装箱）和远洋运输逐渐出现，运输成本占运输货物总价值的比例越来越小，运输成本阻碍货物运输的作用越来越不明显；另一方面，以地理距离表示运输成本有个前提假定，即单位距离的运输成本是同质的，然而现实中采用不同的运输方式、运送不同的货物都会对此假定产生冲击，从而导致地理距离偏离乃至无法反映真实的运输成本。其次，较高的判定系数 (0.8169) 表明，贸易伙伴的经济规模 Y_i、与中国之间的地理距离 DIS_i、人口规模 POP_i、在华直接投资 FDI_i、货物贸易依存度 DEP_i 和虚拟变量贸易伙伴是否临海 ADJ_i 较好地解释了中国货物出口 $export_i$ 的变化。再次，各个解释变量的符号都与预期符号相同。最后，DW 值非常接近 2，表明方程不存在自相关问题。下面对回归结果进行具体分析。

(1) 中国的货物出口与贸易伙伴的经济规模正相关且在统计上高度显著，说明中国货物出口的"需求拉动"特征明显，这与引力模型的描述相一致。经济规模通常反映了一个国家对进口货物的潜在需求能力，一个国家的经济规模总量越大，对进口货物需求量越大。中国的货物出口也符合这种逻辑：对经济规模大的国家出口相对多，对经济规模小的国家出口相对少。现实中我们也有这种经验感受，随着中国货物出口的增多，美国、欧盟、日本等经济规模最大的经济体逐渐成为中

国最大的出口市场。

(2) 中国的货物出口与贸易伙伴的人均收入正相关，但在统计上没有通过显著性检验。从理论上看，人均收入通常反映了一个国家的发展水平，人均收入高，则发展层次高，对货物的需求数量大、需求种类也多。没有通过检验的原因可能是，贸易伙伴的人均收入与其他多个变量之间存在多重共线性问题，从扩展方程 2 中也可以看出，人均收入变量的 t 统计量的绝对值非常小，而剔除该变量后其他变量却变得相对更加显著。

(3) 中国的货物出口与贸易伙伴的在华直接投资正相关，且在统计上高度显著，反映出 FDI 具有明显的贸易创造效应。根据日本一桥大学教授小岛清 (1987) 的理论，国际直接投资通常包括资本、技术、信息、经营管理知识等的"一揽子"要素转移，主要由投资国特定产业的特定企业向东道国的特定企业转移，这种转移增加并强化了东道国的比较优势，产生贸易创造效应。中国自改革开放初始就积极引进外资，1993 年成为引进 FDI 最多的发展中国家，随着 FDI 的大量流入，中国吸引外资的目的已从最初的弥补国内资金不足转向利用外资促进国内技术进步，即 FDI 对中国企业的技术外溢效应逐渐显现，表现为内资企业的劳动生产率、生产能力和竞争能力的不断提升，结果大大增加了国内企业的对外出口能力。作为东道国，中国拥有稳定和宽松的投资环境、廉价的劳动力、土地等生产要素和广阔的市场竞争优势，容易消化和吸收投资国从"边际产业"开始进行的对华直接投资。在华外资企业生产的产品大量返销投资国国内市场，扩大了中国对贸易伙伴的货物出口。

(4) 中国的货物出口与贸易伙伴的货物贸易依存度正相关且在统计上高度显著。货物贸易依存度反映了一个国家在国际货物市场上的对外开放

程度，不断升高的外贸依存度反映出中国在国际货物市场上活跃度和对外开放度不断上升，中国在国际货物市场已经是一个开放的国家。在这种情况下，贸易伙伴的货物贸易依存度就对中国的双边货物出口具有显著影响。

（5）中国的货物出口与中国和贸易伙伴的人均收入之差的绝对值正相关，但在统计上没有通过显著性检验，可见林德的重叠需求理论不适用于中国的双边货物出口。林德在1961年发表的《论贸易和转变》中提出了重叠需求理论。该理论假设：国内贸易是国际贸易的基础，国际贸易是国内贸易的延伸，各国应当出口那些拥有巨大国内市场的制成品，即大多数人需要的商品，一个国家在满足这样一个市场需求的过程中，可以获得以后向具有相似偏好和收入水平的国家出口该类商品所必需的经验和效率，该国将会进口国内高收入和低收入的少数人所需要的商品。也就是说，国内贸易取决于本国国民的需求偏好，而本国国民的需求偏好取决于本国的人均收入，因此两国的人均收入越接近，两国需求重叠的部分就越大，从而两国的贸易量就越大。但是，林德的理论只在其祖国瑞典得到了证实，其他国家并不适用。

（6）虚拟变量是否临海对中国的货物出口具有显著影响。虽然随着将现代技术进步不断应用到远途运输上，海运相比陆运和空运的成本优势越来越小，但本文的实证结果显示，海运相较于非海运依然显著有利于中国的货物出口。

（7）虚拟变量贸易伙伴是发达国家、发展中国家还是最不发达国家和区域贸易协定对中国货物出口的影响不显著。这很可能是因为：一是中国已经加入到世界贸易组织，享受成员国之间相互减免关税、降低贸易壁垒的优惠，区域贸易协定对双边贸易的影响逐渐式微；二是中国签订的区域贸易协定还很少，尚未发挥出非常明显的作用；三是本文模型设定的问题，无法将现实中难以量化的因素考虑进来。

四、中国双边货物出口潜力估计

出口潜力是运用引力方程估计的出口模拟值，即在各种影响因素下的潜力值，也称理论值、平均值或者期望值。将实际值与模拟值进行比较，如果实际值大于模拟值，则称为"贸易过度"，否则称为"贸易不足"。本文将实际货物出口额与货物出口潜力的比值命名为实际货物出口指数，如果实际货物出口指数大于1，则称为"贸易过度"，否则称为"贸易不足"。接下来，笔者根据表2中的扩展方程4估计中国对主要贸易伙伴的双边货物出口潜力，并计算实际货物出口指数，进而判断中国对主要贸易伙伴的货物出口是过度还是不足。估计结果见附录B。

从附录B的估计结果来看，中国对本文选取的90个贸易伙伴的实际货物出口总额为9704.6亿美元，潜力出口总额为7217.6亿美元，实际货物出口额与货物出口潜力的比值即实际货物出口指数为1.34。因此，从总体来说，中国的货物出口处在"贸易过度"的状态，这与盛斌、廖明中(2004)对中国出口潜力的研究结论相一致。分国别来看：

（1）对美国、巴拿马和利比里亚的货物出口"相当过度"，对这三国的实际货物出口指数均大于3，分别为3.42、5.88和7.58。对这三国来说，今后可供挖掘的货物出口潜力已经比较有限，三国的国内市场对中国出口的货物相对"饱和"。

（2）对阿联酋、哈萨克、捷克和卢森堡四国的货物出口"比较过度"，相应的实际货物出口指数均大于2小于3，分别为2.46、2.50、2.06和2.38。因此，未来中国对这四国货物出口的增长空间相对较小。

（3）对日本、韩国、德国、荷兰、英国、新加坡、澳大利亚、马来西亚、俄罗斯、越南、巴西、墨西哥、波兰、南非、尼日利亚、匈牙利、智利、芬兰、孟加拉国、乌克兰、希腊、哥伦比亚、叙利亚、摩洛哥、秘鲁、利比亚、约旦、加纳、斯洛伐克、埃塞俄比亚、塞浦路斯、蒙古、拉脱维亚、吉布提等国的货物出口"刚好过度"，相应的实际货物出口指数均大于1小于2。因此，中国对这些国家的货物出口还有一定的增长空间，可以针对每个国家制定具体出口措施，进一步挖掘货物出口的增长潜力。

（4）对卡塔尔和乌拉圭的实际货物出口额恰好等于潜力出口额，这说明对这两个国家的货物出口刚好达到由各种因素决定的"理想水平"，"既不多也不少"，但考虑到没达到总体货物出口指数水平，因此未来还有比较大的出口潜力可供挖掘。

（5）对印度、法国、意大利、加拿大、印度尼西亚、西班牙、泰国、比利时、沙特阿拉伯、菲律宾、土耳其、伊朗、巴基斯坦、埃及、丹麦、瑞典、以色列、阿根廷、委内瑞拉、挪威、瑞士、安哥拉、罗马尼亚、新西兰、爱尔兰、葡萄牙、伊拉克、斯里兰卡、奥地利、肯尼亚、也门共和国、黎巴嫩、厄瓜多尔、坦桑尼亚、柬埔寨、斯洛文尼亚、突尼斯、立陶宛、保加利亚、多米尼加共和国、阿塞拜疆、巴拉圭、巴林、喀麦隆、

马达加斯加、老挝、爱沙尼亚等国的实际货物出口指数都小于1，处在"贸易不足"的状态。对这些国家的货物出口还没达到理想的出口水平，未来中国对这些国家的货物出口潜力还很大。

（6）在中国的前十大贸易伙伴中，只有对印度和法国的实际货物出口指数小于1，可见中国对最主要贸易伙伴的货物出口基本都处在"贸易过度"的状态。因此，未来中国货物出口潜力最大的当属实际货物出口指数小于1的这些发展中国家、发达国家和绝大多数最不发达国家，如突尼斯、柬埔寨、马达加斯加等。可能由于中国与这些国家的经贸关系并不十分亲密或者因为这些国家的市场化程度和国家开放程度都比较低，中国对其实际货物出口仍处在一个相对"应当出口"的较低水平上，即处在"贸易不足"的状态，打开这些国家的市场是中国货物出口未来的发展方向之一。

五、结　论

本文利用2009年中国对主要贸易伙伴的双边货物出口截面数据，基于扩展的引力模型对中国双边货物出口的影响因素和潜力进行了实证分析。实证结果显示，在1%的显著性水平上，贸易伙伴的经济规模、人口规模、在华直接投资、货物贸易依存度和是否临海都通过了显著性检验。其中，中国的双边货物出口与贸易伙伴的经济规模正相关且在统计上高度显著，揭示了中国货物出口的"需求拉动"特征；中国双边货物出口与贸易伙伴的在华直接投资正相关且高度显著，FDI的贸易创造效应明显；中国双边货物出口与贸易伙伴和中国人均收入之差的绝对值正相关但在统计上不显著，揭示了"林德效应"不适用于中国的双边货物出口；虚拟变量是否临海在1%的显著性水平上通过检验，显示出海运在成本方面依然优于其他运输方式。贸易伙伴与中国的地理距离在10%的显著性水平上没有通过统计检验，可能是由于现代航海技术的发展和运输成本的非同质性，地理距离不能正确衡量中国货物运输中的成本因素。由于模型变量选取的原因，或者现实经济中存在

的无法量化的因素的作用，贸易伙伴的人均收入变量及贸易伙伴是发达国家、发展中国家还是最不发达国家和区域贸易协定两个虚拟变量并没有显著影响中国的双边货物出口。

双边货物出口潜力估计结果显示：总体上，中国对主要贸易伙伴的货物出口属于"贸易过度"，实际货物出口指数为1.34。尤其是对前十大贸易伙伴基本都处在"贸易过度"阶段。其中，对美国、巴拿马和利比里亚的货物贸易最为过度，实际货物出口指数都大于3。对贸易伙伴关系不是十分亲密的某些发展中国家和大多数最不发达国家则处在"贸易不足"的阶段。因此，打开发展中国家和最不发达国家的市场、深入挖掘对这些国家的贸易潜力可以作为今后中国扩大出口的战略选择。

注释

资料根据国家统计局和世界贸易组织数据库整理得到。

原文：The standard（indeed, the only）empirical framework used to predict how countries match up in international trade is the gravity model。

原文：Despite the gravity equation's empirical success in explaining trade flows, the model's predictive potential has been inhibited by an absence of strong theoretical foundations。

由于加工贸易比重较大等原因，本文的样本不包括中国香港、中国澳门和中国台湾。

学术界对于发达国家的定义一直存在争议，公认的发达国家是 24 个 OECD 原始成员国。本文采取广为接受的标准，即 24 个 OECD 原始成员国外加 2005 年新增的 8 个发达国家，共 32 个发达国家，它们是奥地利、比利时、加拿大、丹麦、法国、德国、希腊、冰岛、爱尔兰、意大利、卢森堡、荷兰、挪威、葡萄牙、西班牙、瑞典、瑞士、土耳其、英国、美国、日本、芬兰、澳大利亚、新西兰、塞浦路斯、巴哈马、斯洛文尼亚、以色列、韩国、马耳他、匈牙利、捷克。

它们是阿富汗、安哥拉、孟加拉国、贝宁、不丹、布基纳法索、布隆迪、柬埔寨、佛得角、中非共和国、乍得、科摩罗、刚果民主共和国、吉布提、赤道几内亚、厄立特里亚、埃塞俄比亚、冈比亚、几内亚、几内亚比绍、海地、基里巴斯、老挝人民民主共和国、莱索托、利比里亚、马达加斯加、马拉维、马尔代夫、马里、毛里塔尼亚、莫桑比克、缅甸、尼泊尔、尼日尔、卢旺达、萨摩亚、圣多美和普林西比、塞拉利昂、所罗门群岛、索马里、苏丹、多哥、图瓦卢、乌干达、坦桑尼亚联合共和国、瓦努阿图、也门共和国、赞比亚。

截至 2008 年 7 月 23 日，世界贸易组织共有 153 个成员，涵盖世界最主要的国家和地区，包含本文研究的所有样本国家。

参考文献

[日] 小岛清. 对外贸易论 [M]. 周宝廉译. 天津：南开大学出版社，1987.

谷克鉴. 国际经济学对引力模型的开发与应用 [J]. 世界经济，2001 (2)：14-25.

鲁晓东，赵奇伟. 中国的出口潜力及其影响因素——基于随机前沿引力模型的估计[J]. 数量经济技术经济研究，2010 (10)：21-35.

盛斌，廖明中. 中国的贸易流量与出口潜力：引力模型的研究 [J]. 世界经济，2004 (2)：3-12.

张海森，谢杰. 中国—东欧农产品贸易：基于引力模型的实证研究 [J]. 中国农村经济，2008 (10)：45-53.

张海森，谢杰. 中国—非洲农产品贸易的决定因素与潜力 [J]. 国际贸易问题，2011 (3)：45-51.

周念利. 基于引力模型的中国双边服务贸易流量与出口潜力研究 [J]. 数量经济技术经济研究，2010 (12)：67-79.

Anderson James E and van Wincoop E. Gravity with gravitas: A solution to the border puzzle [J]. The American Economic Review, 2003, 93 (1)：170-192.

Anderson James E.A. Theoretical foundation for the gravity equation [J]. The American Economic Review, 1979, 69(1)：106-116.

Bergstrand Jeffrey H. The generalized gravity equation, monopolistic competition, and the factor-Proportions theory in international trade [J]. The Review of Economics and Statistics, 1989, 71 (4)：143-153.

Bergstrand Jeffrey H.The gravity equation in International trade: Some microeconomic foundations and empirical evidence [J]. The Review of Economics and Statistics, 1985, 67 (4)：474-481.

Brada Josef C and Méndez José A. Economic integration among developed, developing and centrally planned economies: A comparative analysis [J]. The Review of Economics and Statistics, 1985, 67 (4)：549-556.

Deardorff Alan V. Determinants of bilateral trade: does gravity work in a neoclassical world? [J]. NBRE Working Paper, 1995, 5377：7-35.

Helpman E. and Krugman P. R. Market structure and foreign trade: Increasing returns, imperfect competition and the international economy [M]. Cambridge MA：The MIT Pr., 1985.

Linder S. B.An essay on trade and transformation [M]. New York：Wiley Pr., 1961.

Linnemann H.An econometric study of international trade flows [M]. Amsterdam：North-Holland Pub. Co., 1966.

Poyhonen P.A. Tentative model for the volume of trade between countries [J]. Weltwirtschaftliches Archiv, 1963, 90：93-100.

Rauch James E. Networks versus markets in international trade[J]. Journal of International Economics, 1999, 48：10.

Tinbergen J.Shaping the world economy: Suggestions for an international economic policy [M]. New York：Twentieth Century Fund Pr., 1962.

附录 A 本文实证数据

贸易伙伴	export	FDI	Y	POP	DIS	DEP	ADJ
美国	220802	2555.0	141190	30701	10863	19	1
日本	97868	4105.0	50690	12756	1465	22	1
韩国	53670	2700.1	8325	4875	1476	82	1
德国	49916	1216.6	33300	8188	7756	62	1
荷兰	36684	741.3	7921	1653	8190	119	1
英国	31278	679.0	13959	6184	8493	38	1
新加坡	30052	3604.8	1822	499	4738	283	1
印度	29656	55.2	13773	115535	4416	30	1
法国	21460	653.7	26494	6262	8597	39	1
澳大利亚	20642	394.4	9248	2187	8663	35	1
意大利	20243	351.7	21128	6022	8591	39	1
马来西亚	19632	428.7	1931	2747	4651	146	1
阿联酋	18632	102.7	2303	460	6596	137	1
加拿大	17675	861.8	13361	3374	10323	48	1
俄罗斯	17519	31.8	12319	14185	6232	40	1
越南	16298	5.9	972	8728	2705	131	1
印度尼西亚	14721	111.7	5403	22996	5409	39	1
巴西	14119	52.5	15945	19373	18043	18	1
西班牙	14063	302.9	10512	4596	9624	35	1
泰国	13286	48.7	2638	6776	3692	109	1
墨西哥	12296	0.9	8748	10743	11549	54	1
比利时	10872	56.6	4712	1079	8340	153	1
沙特阿拉伯	8977	113.7	3758	2539	7223	77	1
菲律宾	8591	111.0	1612	9198	3068	52	1
土耳其	8334	18.6	6146	7482	7375	40	1
伊朗	7919	19.1	3310	7290	6324	39	1
哈萨克	7833	22.4	1153	1589	4175	62	0
波兰	7487	10.8	4301	3815	7366	65	0
南非	7366	41.2	2854	4932	13541	48	1
巴拿马	6523	18.0	247	345	14061	35	1
巴基斯坦	5528	3.8	1620	16971	4744	30	1
尼日利亚	5476	0.3	1730	15473	11513	53	1
匈牙利	5343	20.3	1290	1002	7791	126	0
埃及	5108	10.9	1884	8300	8126	36	1
捷克	5024	1.6	1903	1049	7874	115	0
智利	4928	3.2	1637	1697	18520	59	1
芬兰	4526	52.9	2380	534	6691	52	0
孟加拉国	4441	0.9	894	16222	3607	41	1
丹麦	4225	315.5	3096	553	7573	57	1

续表

贸易伙伴	export	FDI	Y	POP	DIS	DEP	ADJ
瑞典	4157	327.1	4061	930	6901	62	0
以色列	3652	17.6	1954	744	7723	50	1
乌克兰	3604	4.6	1135	4601	6919	75	0
阿根廷	3483	12.4	3072	4028	19369	31	1
希腊	3458	9.0	3299	1128	8142	24	1
卢森堡	3050	160.6	523	50	8335	86	0
委内瑞拉	2812	2.0	3261	2838	14292	30	1
挪威	2676	39.9	3818	483	7356	50	1
瑞士	2658	301.7	4919	773	8491	67	0
哥伦比亚	2396	0.1	2340	4566	14727	28	1
安哥拉	2386	6.1	755	1850	12388	76	1
罗马尼亚	2377	3.9	1611	15473	7557	59	0
叙利亚	2211	1.9	522	2109	7515	51	1
摩洛哥	2129	0	914	3199	10359	51	1
秘鲁	2099	0	1303	2916	15724	37	1
新西兰	2085	85.0	1267	432	10379	40	1
利比亚	2002	0.3	624	642	9234	73	1
爱尔兰	1979	101.3	2272	445	8596	78	1
约旦	1958	0.9	251	595	7640	81	1
葡萄牙	1923	11.8	17004	1063	10049	49	1
利比里亚	1882	0.2	9	396	13088	80	1
伊拉克	1838	1.4	658	3149	6892	116	1
斯里兰卡	1569	1.5	420	2030	5704	42	1
加纳	1534	0.2	262	2384	12389	52	1
奥地利	1428	88.6	3811	836	7901	74	0
斯洛伐克	1399	0.1	876	542	7861	127	0
肯尼亚	1276	2.0	294	3980	9844	50	1
埃塞俄比亚	1252	0.2	285	8282	8952	34	0
塞浦路斯	1204	10.2	250	87	7633	36	1
也门共和国	1168	4.4	264	2358	8047	53	1
蒙古	1068	2.3	42	267	1622	96	0
黎巴嫩	1057	1.2	345	422	7552	60	1
厄瓜多尔	1004	0.3	572	1363	15043	50	1
坦桑尼亚	914	0.3	214	4374	10284	44	1
柬埔寨	907	13.4	104	1481	3660	100	1
卡塔尔	872	0.1	983	141	6784	65	1
乌拉圭	820	2.2	315	334	19442	39	1
斯洛文尼亚	770	1.6	485	204	8162	109	1
突尼斯	711	2.6	396	1043	9423	85	1
立陶宛	656	0.2	372	334	6979	93	0
保加利亚	596	3.8	487	759	7853	82	0
多米尼加共和国	592	0.4	468	1009	13286	38	1
阿塞拜疆	553	0.1	430	878	6090	64	0
巴拉圭	514	3.0	142	635	18370	71	0

贸易伙伴	export	FDI	Y	POP	DIS	DEP	ADJ
巴林	475	3.6	206	79	6806	93	0
拉脱维亚	452	0.2	262	226	6913	67	0
喀麦隆	416	1.8	222	1952	11599	33	1
马达加斯加	395	5.8	86	1963	10237	51	1
老挝	377	2.4	59	632	3180	37	0
爱沙尼亚	363	0.8	191	134	6741	100	0
吉布提	295	1.0	10	86	8456	46	1

注：export 和 FDI 数据单位是万美元，Y 的数据单位是亿美元，POP 的数据单位是万人，DIS 数据单位是公里，DEP 数据单位是%，ADJ 值取 1 表示临海，取 0 表示不临海。

附录 B　中国双边货物出口潜力估计结果

贸易伙伴	Actual（百万美元）	Fitted（百万美元）	Ratio	贸易伙伴	Actual（百万美元）	Fitted（百万美元）	Ratio
美国	220802	64639	3.42	委内瑞拉	2812	3134	0.90
日本	97868	65361	1.50	挪威	2676	4945	0.54
韩国	53670	43776	1.23	瑞士	2658	5842	0.45
德国	49916	43341	1.15	哥伦比亚	2396	1964	1.22
荷兰	36684	20481	1.79	安哥拉	2386	3097	0.77
英国	31278	21280	1.47	罗马尼亚	2377	4128	0.58
新加坡	30052	18971	1.58	叙利亚	2211	2190	1.01
印度	29656	32075	0.92	摩洛哥	2129	1160	1.84
法国	21460	26837	0.80	秘鲁	2099	1277	1.64
澳大利亚	20642	12235	1.69	新西兰	2085	3089	0.68
意大利	20243	22119	0.92	利比亚	2002	1351	1.48
马来西亚	19632	16191	1.21	爱尔兰	1979	5492	0.36
阿联酋	18632	7563	2.46	约旦	1958	1290	1.52
加拿大	17675	19595	0.90	葡萄牙	1923	7794	0.25
俄罗斯	17519	16783	1.04	利比里亚	1882	248	7.58
越南	16298	9188	1.77	伊拉克	1838	3663	0.50
印尼	14721	17974	0.82	斯里兰卡	1569	1890	0.83
巴西	14119	12028	1.17	加纳	1534	1122	1.37
西班牙	14063	14577	0.96	奥地利	1428	4719	0.30
泰国	13286	14912	0.89	斯洛伐克	1399	1038	1.35
墨西哥	12296	7540	1.63	肯尼亚	1276	1996	0.64
比利时	10872	11003	0.99	Nation01	1252	878	1.43
沙特	8977	11028	0.81	塞浦路斯	1204	819	1.47
菲律宾	8591	11835	0.73	Nation02	1168	2045	0.57
土耳其	8334	9735	0.86	蒙古	1068	623	1.71
伊朗	7919	7997	0.99	黎巴嫩	1057	1216	0.87
哈萨克	7833	3138	2.50	厄瓜多尔	1004	1223	0.82
波兰	7487	5007	1.50	坦桑尼亚	914	1261	0.72

贸易伙伴	Actual (百万美元)	Fitted (百万美元)	Ratio	贸易伙伴	Actual (百万美元)	Fitted (百万美元)	Ratio
南非	7366	7114	1.04	柬埔寨	907	2469	0.37
巴拿马	6523	1110	5.88	卡塔尔	872	875	1.00
巴基斯坦	5528	5682	0.97	乌拉圭	820	822	1.00
尼日利亚	5476	3929	1.39	Nation03	770	1517	0.51
匈牙利	5343	3333	1.60	突尼斯	711	2050	0.35
埃及	5108	5630	0.91	立陶宛	656	689	0.95
捷克	5024	2437	2.06	保加利亚	596	1377	0.43
智利	4928	2925	1.68	多米尼加	592	1010	0.59
芬兰	4526	2905	1.56	阿塞拜疆	553	736	0.75
孟加拉国	4441	4389	1.01	巴拉圭	514	631	0.81
丹麦	4225	7057	0.60	巴林	475	601	0.79
瑞典	4157	5899	0.70	拉脱维亚	452	441	1.02
以色列	3652	3779	0.97	喀麦隆	416	1181	0.35
乌克兰	3604	3078	1.17	Nation04	395	1272	0.31
阿根廷	3483	4319	0.81	老挝	377	507	0.74
希腊	3458	3274	1.06	爱沙尼亚	363	545	0.66
卢森堡	3050	1280	2.38	吉布提	295	196	1.50
				总样本	970463	721763	1.34

注：①Actual 表示实际货物出口额，Fitted 表示货物出口模拟值即出口潜力，Ratio 是 Actual 和 Fitted 的比值；②为了便于排版，分别用 Nation 01、Nation 02、Nation 03、Nation 04 表示埃塞俄比亚、也门共和国、斯洛文尼亚、马达加斯加。

(张洪胜、李庆楠，浙江大学经济学院、上海交通大学安泰经管学院)